Baumgärtel/Brunner/Bugarin
Arbeitsplatz ReFa: Der Allrounder

Arbeitsplatz ReFa: Der Allrounder

Kanzleiorganisation – Mandatsbetreuung – Sachbearbeitung

4. Auflage 2018

von

Gundel Baumgärtel, geprüfte Bürovorsteherin
Rechtsanwaltsbereich/Notariat
Berlin,

Michael Brunner-Ovadia, Rechtsfachwirt
Berlin,

und

Ivana Bugarin, Rechtsfachwirtin
Berlin

ZAP

Zitiervorschlag:
Baumgärtel/Brunner/Bugarin, Arbeitsplatz ReFa: Der Allrounder, § 1 Rn 1

Hinweis
Die Formulierungsbeispiele in diesem Buch wurden mit Sorgfalt und nach bestem Wissen erstellt. Sie stellen jedoch lediglich Arbeitshilfen und Anregungen für die Lösung typischer Fallgestaltungen dar. Die Eigenverantwortung für die Formulierung von Verträgen, Verfügungen, Schriftsätzen etc. trägt der Benutzer. Autor und Verlag übernehmen keinerlei Haftung für die Richtigkeit und Vollständigkeit der in dem Buch enthaltenen Ausführungen und Formulierungsbeispiele.

Anregungen und Kritik zu diesem Werk senden Sie bitte an

kontakt@zap-verlag.de

Die Autorinnen, die Autoren und der Verlag freuen sich auf Ihre Rückmeldung.

www.zap-verlag.de

Satz: Reemers Publishing Services, Krefeld
Druck: Westermann Druck Zwickau GmbH, Zwickau
Umschlaggestaltung: gentura, Holger Neumann, Bochum
ISBN 978-3-89655-934-0

Bibliografische Information der Deutschen Nationalbibliothek
Die Deutsche Nationalbibliothek verzeichnet diese Publikation in der Deutschen Nationalbibliografie; detaillierte bibliografische Daten sind im Internet abrufbar über http://dnb.d-nb.de.

Vorwort 2018

Was Sie in den Händen halten, ist die bereits **vierte aktualisierte Auflage des „Allrounders“**.

Ein Fachbuch – Ähnlichkeiten mit tatsächlichen Büroabläufen und alltäglichen Problemen der anwaltlichen Praxis sind beabsichtigt und insbesondere wünschenswert. Wir Autoren nennen dieses Fachbuch nur „Der Allrounder“, denn das ist es, was wir geschrieben haben: Ein Fachbuch für Auszubildende, Rechtsanwaltsfachangestellte, Rechtsfachwirte und auch Rechtsanwälte, das eine wesentliche Arbeitserleichterung für Sie bringen wird. „Der Allrounder“ ist das Ergebnis der gebündelten Erfahrung von insgesamt über **75 Berufsjahren** in der Büroleitung der anwaltlichen Kanzlei.

Er ist **aus der Praxis für die Praxis** geschrieben und spiegelt Strukturen aus unterschiedlichen Kanzleien wieder; das macht ihn so wertvoll.

Ziel war es, alle typischen Tätigkeiten in einer klassischen Anwaltskanzlei abzubilden: Die Akte von A wie Aktenanlage bis Z wie Zwangsvollstreckung. Wie gewohnt haben wir Wissenswertes aus den Bereichen Büroorganisation, Mahnverfahren, Zwangsvollstreckung, RVG, Verfahrensrecht und besondere Verfahrensarten sowie Personalrecht für Sie zusammengestellt.

Ebenso wie die Parteien bei der Regierungsbildung 2018 hat uns bei dieser vierten Neuauflage jedoch ein Thema besonders beschäftig, und zwar **„die Digitalisierung im Berufsleben“**. Obwohl die geplante Einführung des **besonderen elektronischen Anwaltspostfachs (beA)** zum 1.1.2018 kläglich gescheitert ist und verschoben werden musste, lässt sich die Entwicklung nicht aufhalten und wurde entsprechend von uns für Sie – zumindest theoretisch – aufbereitet. Bis zur Abgabe der aktuellen Manuskripte war leider das beA noch nicht wieder am Start. In der BRAK-Hauptversammlung wurde jedoch am 27.6.2018 die schrittweise Wiederinbetriebnahme des beA beschlossen. Ab dem 4.7.2018 wird ein neuer Client Security zum Download und zur Installation bereitstehen und am 3.9.2018 sollen die beA-Postfächer wieder freigeschaltet werden. Nach Auskunft der BRAK wird die Einrichtung und das Arbeiten mit dem beA unverändert in der neuen Version sein, so dass wir uns entschlossen haben, Ihnen den beA-Abschnitt nicht vorzuenthalten. Des Weiteren wurden auch erstmals die **elektronische Akte** und die **Europäische Datenschutzrichtlinie (DSGVO)**, die ab 25.5.2018 in den Kanzleien umgesetzt werden muss, behandelt.

Der **RVG Teil** wurde aktualisiert und hat wie gewohnt die **Optimierung Ihrer Vergütung** im Visier.

Sie finden diverse Vergütungsvereinbarungen (auch Erfolgshonorar), Auftragsbestätigungen, Vollmachten, Bürgschaften, Hinterlegungen, Zustellungen, das Muster einer

Vergütungsklage und diverse Belehrungen, die vermeiden, dass der Vergütungsanspruch verloren geht.

Auch die immer wieder erforderlichen Auseinandersetzungen mit Rechtsschutzversicherungen und Gerichten bei der Kostenfestsetzung und in der Zwangsvollstreckung haben wir berücksichtigt. Alle Muster berücksichtigen die gebührenrechtliche Problematik und beugen durch eine hohe Effektivität Nachfragen der Gerichte vor.

Die ersten Azubis, die nach der novellierten Ausbildungsverordnung ausgebildet worden sind, haben zwischenzeitlich ihren Abschluss erworben. Da es hierbei noch immer zu Unsicherheiten in den Kanzleien kommt, haben wir uns für Sie mit der **Ausbildung nach der Novellierung** beschäftigt.

Wir Autoren leben in Berlin und sind seit 14 Jahren gut befreundet. Wir haben uns entschieden, dass jeder seinen eigenen Stil beibehalten soll und erhoffen uns, dass unser Fachbuch auch dadurch leicht lesbar wird. Darüber hinaus haben wir uns bemüht, durch einen lockeren Stil möglichen Ermüdungserscheinungen beim Leser vorzubeugen. Unser Beruf ist spannend, diese Spannung haben wir durch Beispiele und Muster im gesamten Allrounder aufrechterhalten.

Leider konnten wir nicht alle Fragen beantworten, die in diesem **Traumberuf** auftreten. So haben wir nicht im Detail die Vergütung in familienrechtlichen Angelegenheiten beleuchtet, das Strafrecht haben wir nur an wenigen Stellen erwähnt, weil es den Rahmen des Allrounders überschritten hätte. Immer dann, wenn wir ein Problem behandelt haben, haben wir dies intensiv und sorgfältig getan. Aber der Allrounder ist kein Kommentar und in bestimmten Fällen (Strafrecht) müssen Sie zumindest für schwierige Probleme auf weitere Literatur zurückgreifen. Den kanzleiüblichen Standard haben wir dargestellt.

Wir haben von häufigen Literaturzitaten abgesehen. Wenn wir Urteile des BGH ohne weitere Fundstelle genannt haben, dann bieten wir Ihnen auch die Anleitung, wie Sie vorgehen müssen, um z.B. über das Internet schnell auf das Urteil zugreifen zu können.

Unser Ziel ist es, dass Sie immer, wenn Sie ein Problem haben, zum Allrounder greifen, um dann vermutlich schnell fündig zu werden.

Ein Wort zur Ansprache im Text: Auch wenn teilweise nur die weibliche Ansprache gewählt worden ist, sind selbstverständlich sowohl männliche als auch weibliche Vertreter unseres Berufes angesprochen.

Insofern, lassen Sie sich von Weiterbildung verführen, je mehr Sie wissen, je mehr Sie können, desto größer ist der berufliche Erfolg.

Ihr Autorenteam

Gundel Baumgärtel   Michael Brunner-Ovadia und   Ivana Bugarin

Berlin, Juni 2018

Inhaltsübersicht

Autorenverzeichnis

Gundel Baumgärtel
ist nach langjähriger Anstellung als geprüfte Bürovorsteherin in Kanzleien als Dozentin und Beraterin tätig, bevorzugt zu den Themen Vergütungsrecht und Zivilprozessrecht. Sie ist Autorin des im selben Verlag erschienenen Kommentars zum RVG sowie mehrerer Praxishandbücher und diverser Veröffentlichungen in Fachzeitschriften und wirkte an der Entwicklung einer Software zum RVG mit. Aufgrund ihrer 34-jährigen Berufserfahrung stand sie den Rechtsanwaltskammern Berlin und Brandenburg langjährig als Prüferin zur Verfügung und wirkte mit Ideen und Anregungen in den jeweiligen Berufsausbildungsausschüssen mit.

Michael Brunner-Ovadia
arbeitet seit 1994 Jahre als Büroleiter in verschiedenen Kanzleien in Berlin und ist geprüfter Rechtsfachwirt. Neben seinen Tätigkeitsschwerpunkten in der Zwangsvollstreckung und im Gebührenrecht befasst er sich gezielt mit berufs- und arbeitsrechtlichen Fragen. Daneben ist er Jahrzehnte als Ausbilder tätig und prüft seit 2014 für die RAK Berlin die auszubildenden ReNos. Er ist ständiger Autor von Beiträgen für die Fachzeitschriften RENOpraxis und Berliner Anwaltsblatt. Ehrenamtlich ist er in den Berufsbildungsausschüssen der RAK Berlin (ordentliches Mitglied) und der NOK Berlin (Vertreter) als Arbeitnehmervertreter berufen und engagiert sich dort für die berufspolitischen Belange der ReNos. Seit 2017 ist er zugleich Mitglied des Vorstandes des Landesverbandes RENO Berlin-Brandenburg e.V. und kümmert sich dort insbesondere um die Themen Ausbildung und Kontakt zur Berufsschule.

Ivana Bugarin
ist geprüfte Rechtsfachwirtin und arbeitet seit 1997 als Büroleiterin bei verschiedenen Rechtsanwälten. Ihr Interessenschwerpunkt ist das Gebührenrecht, Verfahrensrecht und die Büroorganisation. Sie ist Seminardozentin und seit Jahren als Ausbilderin tätig.

Literaturverzeichnis

Baumbach/Lauterbach/Albers/Hartmann, Zivilprozessordnung: ZPO, Kommentar, 72. Aufl. 2014

Baumgärtel/Hergenröder/Houben, RVG, 16. Aufl. 2014

Brox/Walker, Zwangsvollstreckungsrecht, 11. Aufl. 2018

Feuerich/Weyland, Bundesrechtsanwaltsordnung, Kommentar, 9. Aufl. 2016

Gerold/Schmidt, Rechtsanwaltsvergütungsgesetz, Kommentar, 23. Aufl. 2017

Goebel, AnwaltFormulare Zwangsvollstreckung, 5. Aufl. 2016

Hartmann, Kostengesetze, Kommentar, 48. Aufl. 2018

Henssler/Prütting, BRAO, Kommentar, 4. Aufl. 2013

Hintzen, Forderungspfändung, 4. Aufl. 2017

Jessnitzer/Blumberg, Bundesrechtsanwaltsordnung, Kommentar, 9. Aufl. 2000

Rehberg/Xanke, RVG – Rechtsanwaltsvergütungsgesetz, 6. Aufl. 2015

Schneider/Wolf, Anwaltkommentar RVG, 8. Aufl. 2017

Zimmermann, Zivilprozessordnung, Kommentar, 10. Aufl. 2015

Zöller, Zivilprozessordnung, Kommentar, 32. Aufl. 2018

Abkürzungsverzeichnis

A

ABL	Amtsblatt
Abs.	Absatz
abzgl.	abzüglich
a.E.	am Ende
a.F.	alte Fassung
AG	Amtsgericht/Aktiengesellschaft
AktG	Aktiengesetz
Alt.	Alternative
AnfG	Anfechtungsgesetz
AO	Abgabenordnung
ArbGG	Arbeitsgerichtsgesetz
Arg.	Argumentum
Art.	Artikel
AUG	Auslandsunterhaltsgesetz
AVAG	Anerkennungs- und Vollstreckungsausführungsgesetz
AZ	Aktenzeichen

B

BAG	Bundesarbeitsgericht
BaySchlG	Bayerisches Schlichtungsgesetz
BDSG	Bundesdatenschutzgesetz
beA	Besonderes elektronisches Anwaltspostfach
BeurkG	Beurkundungsgesetz
BFH	Bundesfinanzhof
BGB	Bürgerliches Gesetzbuch
BGBl.	Bundesgesetzblatt

BGH	Bundesgerichtshof
BMJ	Bundesjustizministerium
BRAO	Bundesrechtsanwaltsordnung
BSG	Bundessozialgericht
Bsp.	Beispiel
Buchst.	Buchstabe
BV	Bestandsverzeichnis
BVerfG	Bundesverfassungsgericht
bzgl.	bezüglich

C

ca.	circa

D

d.h.	das heißt
DSGVO	Datenschutzgrundverordnung
DVO	Durchführungsverordnung

E

EBAO	Einforderungs- und Beitreibungsanordnung
e.G.	eingetragene Genossenschaft
EGStGB	Einführungsgesetz zum Strafgesetzbuch
ESt	Einkommensteuer
EStG	Einkommensteuergesetz
EU	Europäische Union
EUGFVO	Verordnung (EG) Nr. 861/2007 des Europäischen Parlaments und des Rates vom 11. Juli 2007 zur Einführung eines europäischen Verfahrens für geringfügige Forderungen

EUGVVO	Verordnung (EG) Nr. 44/2001 des Rates vom 22. Dezember 2000 über die gerichtliche Zuständigkeit und die Anerkennung und Vollstreckung von Entscheidungen in Zivil- und Handelssachen
EuMVVO	Verordnung (EG) Nr. 1896/2006 des Europäischen Parlaments und des Rates vom 12. Dezember 2006 zur Einführung eines europäischen Mahnverfahrens
EUVTVO	Verordnung (EG) Nr. 805/2004 des Europäischen Parlaments und des Rates vom 21. April 2004 zur Einführung eines europäischen Vollstreckungstitels für unbestrittene Forderungen
EuUntVO	Europäische Verordnung über die Anerkennung und Vollstreckung von Entscheidungen und die Zusammenarbeit in Unterhaltssachen
e.V.	eidesstattliche Versicherung
EZB	Europäische Zentralbank

F

FA	Finanzamt
Fa.	Firma
FamG	Familiengericht
FamFG	Gesetz über das Verfahren in Familiensachen und in den Angelegenheiten der freiwilligen Gerichtsbarkeit
ff.	fortfolgende
FlSt.	Flurstück
FlNr.	Flurstück Nummer

G

ggü.	gegenüber
GenG	Gesetz betreffend die Erwerbs- und Wirtschaftsgenossenschaften (Genossenschaftsgesetz)
gem.	gemäß
gez.	gezeichnet

GG	Grundgesetz
GKG	Gerichtskostengesetz
GmbH	Gesellschaft mit beschränkter Haftung
GmbHG	Gesetz betreffend die Gesellschaften mit beschränkter Haftung
grds.	grundsätzlich
GV	Gerichtsvollzieher
GVG	Gerichtsverfassungsgesetz
GVGA	Geschäftsanweisung für Gerichtsvollzieher
GVO	Gerichtsvollzieherverordnung

H

Halbs.	Halbsatz
HGB	Handelsgesetzbuch
h.M.	herrschende Meinung

I

i.d.R.	in der Regel
i.H.d.	in Höhe des/der
i.H.v.	in Höhe von
insbes.	insbesondere
InsO	Insolvenzordnung
InsVV	Insolvenzrechtliche Vergütungsverordnung
i.R.d.	im Rahmen der/des
i.S.d.	im Sinne der/des
i.S.v.	im Sinne von
i.Ü.	im Übrigen
i.V.m.	in Verbindung mit

J

JurBüro (Zs)	Juristisches Büro
JBeitrO	Justizbeitreibungsordnung

K

Kfz	Kraftfahrzeug
KFB	Kostenfestsetzungsbeschluss
KG	Kommanditgesellschaft
KGaA	Kommanditgesellschaft auf Aktien
KostO	Kostenordnung
KVGKG	Kostenverzeichnis Gerichtskostengesetz

L

LG	Landgericht
LGVÜ	Luganer Vollstreckungsübereinkommen

M

Max	Maximal
MRRG	Melderechtsrahmengesetz
m.w.N.	mit weiteren Nachweisen

N

n.F.	neue Fassung
NJW (Zs)	Neue Juristische Wochenschrift
NJW-RR (Zs)	NJW-Rechtsprechungs-Report Zivilrecht

O

OG	Obergeschoss

OLG	Oberlandesgericht
OVG	Oberverwaltungsgericht

P

P-Konto	Pfändungsschutzkonto
PfÜB	Pfändungs- und Überweisungsbeschluss
PKH	Prozesskostenhilfe
Pkw	Personenkraftwagen

R

RA	Rechtsanwalt
Rdn.	Randnummer innerhalb des Werks
Rn.	Randnummer in anderen Veröffentlichungen
RPfleger (Zs)	Rechtspfleger
RPflG	Rechtspflegergesetz
RSB	Restschuldbefreiung

S

S.	Satz
s.	siehe
s.a.	siehe auch
SchlG	Schlichtungsgesetz
SCHUFA	Schutzgemeinschaft für allgemeine Kreditsicherung
SGB	Sozialgesetzbuch
s.o.	siehe oben
sog.	sogenannte
StGB	Strafgesetzbuch
s.u.	siehe unten

U

u.a.	unter anderem
Urt. v.	Urteil von
Ust	Umsatzsteuer
usw.	und so weiter
u.U.	unter Umständen

V

v.a.	vor allem
VGH	Verwaltungsgerichtshof
vgl.	vergleiche
VV RVG	Vergütungsverzeichnis Rechtsanwaltsvergütungsgesetz

W

WEG	Wohnungseigentumsgesetz

Z

z.B.	zum Beispiel
ZPO	Zivilprozessordnung
Zs	Zeitschrift
z.T.	zum Teil
ZVG	Gesetz über die Zwangsversteigerung und Zwangsverwaltung
ZwV	Zwangsvollstreckung
ZwVwV	Zwangsverwalterverordnung

Musterverzeichnis

§ 1 Berufsrecht

Inhalt

A. Verschwiegenheitspflicht

Brunner-Ovadia

Die Verschwiegenheitspflicht des RAs gehört zu den Grundsäulen des Mandanten-Anwalts-Verhältnisses in einer Demokratie und bedarf daher gesonderten Schutzes. 1

Daher ist gem. § 2 Abs. 4 Berufsordnung für RA (BORA) die Rechtsanwaltsfachangestellte vom RA zur Verschwiegenheit zu verpflichten und anzuhalten.

Und wer kennt sie nicht, die berühmte Verschwiegenheitserklärung, die man bei Aufnahme einer Tätigkeit unterzeichnen muss?

> *Praxistipp:* 2
>
> Wenn bisher keine Verschwiegenheitsverpflichtung unterschrieben worden ist, so sollte dies unbedingt nachgeholt werden.

I. Form

Grds. unterliegt die Verschwiegenheitserklärung keiner Formvorschrift. 3

Die schriftliche, von den Rechtsanwaltsfachangestellten handschriftlich unterzeichnete Erklärung dient lediglich **Beweiszwecken**.

4 Vielfach wird eine zusätzliche Verpflichtung auch in den **Anstellungsvertrag** eingearbeitet. Eine mögliche **Vertragsklausel** könnte wie folgt aussehen:

▼

5 **Muster 1.1: Erklärung zur Verschwiegenheitspflicht**

§ (fortlaufende Nummer des Anstellungsvertrages) **Verschwiegenheitspflicht**

„Der Arbeitnehmer nimmt zur Kenntnis, dass in der Kanzlei vertrauliche und persönliche Daten der Mandanten besprochen und verwahrt werden. Der Arbeitnehmer verpflichtet sich, über alle geschäftlichen Angelegenheiten, die ihm im Rahmen seiner Tätigkeit zur Kenntnis gelangen, jederzeit – auch nach Beendigung des Anstellungsverhältnisses – Stillschweigen zu bewahren. Diese Verpflichtung besteht gegenüber jedermann, so auch

- gegenüber Familienangehörigen,
- gegenüber Arbeitskollegen, soweit eine Mitteilung nicht aus dienstlichen Gründen erfolgt, und
- gegenüber Personen, die von der betreffenden Tatsache bereits Kenntnis erlangt haben.

▲

II. Personenkreis

6 § 2 Abs. 4 BORA nennt nicht nur ausdrücklich die Mitarbeiter des RA, sondern auch alle sonstigen Personen, die bei der beruflichen Tätigkeit des Anwalts mitwirken.

Hierzu gehören unzweifelhaft

- Auszubildende,
- Praktikanten,
- Referendare,
- freie Mitarbeiter,

aber eben auch (und leider gerne vergessen)

- Reinigungsfachkräfte und
- externe Systemadministratoren.

7 Seit 1.7.2015 wird in § 2 Abs. 3 BORA auch klargestellt, dass **kein Verstoß** gegen die Verschwiegenheitspflicht vorliegt, soweit das Verhalten des RAs

- mit Einwilligung des Mandanten,
- in Ausübung berechtigter Interessen oder
- im Rahmen der Arbeitsabläufe der Kanzlei einschließlich der Inanspruchnahme von Leistungen Dritter erfolgt und objektiv einer üblichen, von der Allgemeinheit gebilligten Verhaltungsweise im sozialen Leben entspricht (sogenannte Sozialadäquanz).

Ohne Zweifel fallen hierunter externe Reinigungskräfte und Systemadministratoren, da weder vom RA verlangt werden kann, seine Kanzlei selbst zu reinigen noch sich selbst umfassende IT-Kenntnisse anzueignen.

III. Eigene Rechte und Pflichten der Rechtsanwaltsfachangestellten

Um die Verschwiegenheitspflicht des RA nicht durch seine Mitarbeiter auszuhöhlen, haben diese eigenständige Rechte und Pflichten: 8

- § 203 Abs. 3 StGB sieht eine Gleichstellung der Rechtsanwaltsfachangestellten zum RA vor, mit der Folge, dass diese wegen Geheimnisverrates mit Freiheitsstrafe bis zu einem Jahr oder Geldstrafe bestraft werden könnten, wenn sie die Verschwiegenheit brechen. Sollte die Verschwiegenheit jedoch gegen Entgelt gebrochen worden sein, so kommt sogar eine Freiheitsstrafe bis zu zwei Jahren oder eine Geldstrafe infrage.
- § 53a Abs. 1 StPO hingegen räumt den Rechtsanwaltsfachangestellten ein berufliches Zeugnisverweigerungsrecht ein, wobei jedoch über die Ausübung dieses Rechtes der RA entscheidet. Ist der RA von seiner Mandantschaft von der Schweigepflicht bereits entbunden, so gilt dies automatisch auch für seine Mitarbeiter.
- In allen anderen Gerichtszweigen (z.B. Zivil-, Verwaltungs-, Sozial- oder Arbeitsgerichtsprozess) ist ein entsprechendes Zeugnisverweigerungsrecht geregelt.
- Insbesondere die Vorschriften des § 203 StGB und des § 53a StPO wurden durch das Gesetz zur Neuregelung des Schutzes von Geheimnissen bei der Mitwirkung Dritter an der Berufsausübung schweigepflichtiger Personen vom 30.10.2017 mit Wirkung zum 9.11.2017 auch auf die sonstigen mitwirkenden Personen (sprich: externe Dienstleister) ausgeweitet.

IV. Formulierung

Es gibt unterschiedlich lange Verschwiegenheitsverpflichtungserklärungen, die alle ihren Zweck erfüllen. Die meisten Rechtsanwaltskammern haben entsprechende Formulare auf ihren Seiten ins Netz gestellt. Die Verschwiegenheitsverpflichtungserklärung der Bundesrechtsanwaltskammer finden Sie unter nachstehendem Link: 9

http://www.brak.de/fuer-anwaelte/beruf-anwalt/ausbildungsdokumente-refa-zum-download/verschwiegenheitsverpflichtung.pdf

Ich persönlich bevorzuge die nachstehende Kurzvariante, da diese zu Dokumentationszwecken völlig ausreicht. 10

1.2

▼

11 **Muster 1.2: Verschwiegenheitsverpflichtungserklärung**

Verschwiegenheitsverpflichtungserklärung

Herr/Frau , derzeit wohnhaft ,

verpflichtet sich, über alle Angelegenheiten und Vorgänge, die ihm/ihr im Rahmen

seiner/ihrer Tätigkeit in der Kanzlei zur Kenntnis erlangen, während und nach der Beendigung des Anstellungsverhältnisses gegenüber jedermann strengstes Stillschweigen zu bewahren.

Über die gesetzlichen Bestimmungen zum Zeugnisverweigerungsrecht sowie über die Strafbarkeit der Verletzung der Schweigepflicht (siehe Anlage) wurde ich belehrt.

(*Als Anlage wird sodann das nachstehende Formblatt beigefügt.*)

▲

1.3

▼

12 **Muster 1.3: Hinweisblatt zur anwaltlichen Verschwiegenheitspflicht**

Vorschriften zur anwaltlichen Verschwiegenheit

I. Verschwiegenheitspflicht

Bundesrechtsanwaltsordnung (Auszug)

§ 43a Abs. 2 BRAO Grundpflichten des Rechtsanwalts

(2) Der Rechtsanwalt ist zur Verschwiegenheit verpflichtet. Diese Pflicht bezieht sich auf alles, was ihm in Ausübung seines Berufes bekannt geworden ist. Dies gilt nicht für Tatsachen, die offenkundig sind oder ihrer Bedeutung nach keiner Geheimhaltung bedürfen.

Berufsordnung der Rechtsanwälte (Auszug)

§ 2 BORA Verschwiegenheit

(1) [1]Der Rechtsanwalt ist zur Verschwiegenheit verpflichtet und berechtigt. [2]Dies gilt auch nach Beendigung des Mandats.

(2) Ein Verstoß gegen die Pflicht zur Verschwiegenheit (§ 43a Abs. 2 Bundesrechtsanwaltsordnung) liegt nicht vor, soweit Gesetz und Recht eine Ausnahme fordern oder zulassen.

(3) Ein Verstoß ist nicht gegeben, soweit das Verhalten des Rechtsanwalts

a) mit Einwilligung erfolgt oder

b) zur Wahrnehmung berechtigter Interessen erforderlich ist, z.B. zur Durchsetzung oder Abwehr von Ansprüchen aus dem Mandatsverhältnis oder zur Verteidigung in eigener Sache, oder

c) im Rahmen der Arbeitsabläufe der Kanzlei einschließlich der Inanspruchnahme von Leistungen Dritter erfolgt und objektiv einer üblichen, von der Allgemeinheit gebilligten Verhaltensweise im sozialen Leben entspricht (Sozialadäquanz).

(4) Der Rechtsanwalt hat seine Mitarbeiter zur Verschwiegenheit schriftlich zu verpflichten und anzuhalten, auch soweit sie nicht im Mandat, sondern in sonstiger Weise für ihn tätig sind.

(5) [1]Abs. 4 gilt auch hinsichtlich sonstiger Personen, deren Dienste der Rechtsanwalt in Anspruch nimmt und

a) denen er verschwiegenheitsgeschützte Tatsachen zur Kenntnis gibt oder

b) die sich gelegentlich ihrer Leistungserbringung Kenntnis von verschwiegenheitsgeschützten Tatsachen verschaffen können.

[2]Nimmt der Rechtsanwalt die Dienste von Unternehmen in Anspruch, hat er diesen Unternehmen aufzuerlegen, ihre Mitarbeiter zur Verschwiegenheit über die Tatsachen gemäß Satz 1 zu verpflichten. [3]Die Pflichten nach Satz 1 und 2 gelten nicht, soweit die dienstleistenden Personen oder Unternehmen kraft Gesetzes zur Geheimhaltung verpflichtet sind oder sich aus dem Inhalt der Dienstleistung eine solche Pflicht offenkundig ergibt.

(6) Der Rechtsanwalt darf Personen und Unternehmen zur Mitarbeit im Mandat oder zu sonstigen Dienstleistungen nicht hinzuziehen, wenn ihm Umstände bekannt sind, aus denen sich konkrete Zweifel an der mit Blick auf die Verschwiegenheitspflicht erforderlichen Zuverlässigkeit ergeben und nach Überprüfung verbleiben.

(7) Die Bestimmungen des Datenschutzrechts zum Schutz personenbezogener Daten bleiben unberührt.

II. Strafbarkeit der Verletzung von Privatgeheimnissen

§ 203 Strafgesetzbuch (Auszug)

(1) Wer unbefugt ein fremdes Geheimnis, namentlich ein zum persönlichen Lebensbereich gehörendes Geheimnis oder ein Betriebs- oder Geschäftsgeheimnis, offenbart das ihm als

> 3. Rechtsanwalt, Kammerrechtsbeistand, Patentanwalt, Notar, Verteidiger in einem gesetzlich geordneten Verfahren, Wirtschaftsprüfer, vereidigtem Buchprüfer, Steuerberater, Steuerbevollmächtigten oder Organ oder Mitglied eines Organs einer Rechtsanwalts-, Patentanwalts-, Wirtschaftsprüfungs-, Buchprüfungs- oder Steuerberatungsgesellschaft,

anvertraut worden oder sonst bekannt geworden ist, wird mit Freiheitsstrafe bis zu einem Jahr oder mit Geldstrafe bestraft.

(3) [1]Kein Offenbaren im Sinne dieser Vorschrift liegt vor, wenn die in den Absätzen 1 und 2 genannten Personen Geheimnisse den bei ihnen berufsmäßig tätigen Gehilfen oder den

bei ihnen zur Vorbereitung auf den Beruf tätigen Personen zugänglich machen. [2]Die in den Absätzen 1 und 2 Genannten dürfen fremde Geheimnisse gegenüber sonstigen Personen offenbaren, die an ihrer beruflichen oder dienstlichen Tätigkeit mitwirken, soweit dies für die Inanspruchnahme der Tätigkeit der sonstigen mitwirkenden Personen erforderlich ist; das Gleiche gilt für sonstige mitwirkende Personen, wenn diese sich weiterer Personen bedienen, die an der beruflichen oder dienstlichen Tätigkeit der in den Absätzen 1 und 2 Genannten mitwirken.

(4) [1]Mit Freiheitsstrafe bis zu einem Jahr oder mit Geldstrafe wird bestraft, wer unbefugt ein fremdes Geheimnis offenbart, das ihm bei der Ausübung oder bei Gelegenheit seiner Tätigkeit als mitwirkende Person oder als bei den in den Absätzen 1 und 2 genannten Personen tätiger Beauftragter für den Datenschutz bekannt geworden ist. [2]Ebenso wird bestraft, wer

1. als in den Absätzen 1 und 2 genannte Person nicht dafür Sorge getragen hat, dass eine sonstige mitwirkende Person, die unbefugt ein fremdes, ihr bei der Ausübung oder bei Gelegenheit ihrer Tätigkeit bekannt gewordenes Geheimnis offenbart, zur Geheimhaltung verpflichtet wurde; dies gilt nicht für sonstige mitwirkende Personen, die selbst eine in den Absätzen 1 oder 2 genannte Person sind,
2. als im Absatz 3 genannte mitwirkende Person sich einer weiteren mitwirkenden Person, die unbefugt ein fremdes, ihr bei der Ausübung oder bei Gelegenheit ihrer Tätigkeit bekannt gewordenes Geheimnis offenbart, bedient und nicht dafür Sorge getragen hat, dass diese zur Geheimhaltung verpflichtet wurde; dies gilt nicht für sonstige mitwirkende Personen, die selbst eine in den Absätzen 1 oder 2 genannte Person sind, oder
3. nach dem Tod der nach Satz 1 oder nach den Absätzen 1 oder 2 verpflichteten Person ein fremdes Geheimnis unbefugt offenbart, das er von dem Verstorbenen erfahren oder aus dessen Nachlass erlangt hat.

(5) Die Absätze 1 bis 4 sind auch anzuwenden, wenn der Täter das fremde Geheimnis nach dem Tod des Betroffenen unbefugt offenbart.

(6) Handelt der Täter gegen Entgelt oder in der Absicht, sich oder einen anderen zu bereichern oder einen anderen zu schädigen, so ist die Strafe Freiheitsstrafe bis zu zwei Jahren oder Geldstrafe.

III. Zeugnisverweigerungsrecht

§ 53 Strafprozessordnung – Zeugnisverweigerungsrecht aus beruflichen Gründen (Auszug)

(1) Zur Verweigerung des Zeugnisses sind ferner berechtigt

> 3. Rechtsanwälte, Patentanwälte, Notare, Wirtschaftsprüfer, vereidigte Buchprüfer, Steuerberater und Steuerbevollmächtigte, Ärzte, Zahnärzte, Psychologische Psychotherapeuten, Kinder- und Jugendlichenpsychotherapeuten, Apotheker und

Hebammen über das, was ihnen in dieser Eigenschaft anvertraut worden oder bekannt geworden ist, Rechtsanwälten stehen dabei sonstige Mitglieder einer Rechtsanwaltskammer gleich;

(2) Die in Absatz 1 Satz 1 Nr. 2 bis 3b Genannten dürfen das Zeugnis nicht verweigern, wenn sie von der Verpflichtung zur Verschwiegenheit entbunden sind.

§ 53a Strafprozessordnung

(1) [1]Den Berufsgeheimnisträgern nach § 53 Absatz 1 Satz 1 Nummer 1 bis 4 stehen die Personen gleich, die im Rahmen

1. eines Vertragsverhältnisses,
2. einer berufsvorbereitenden Tätigkeit oder
3. einer sonstigen Hilfstätigkeit

an deren beruflicher Tätigkeit mitwirken. [2]Über die Ausübung des Rechts dieser Personen, das Zeugnis zu verweigern, entscheiden die Berufsgeheimnisträger, es sei denn, dass diese Entscheidung in absehbarer Zeit nicht herbeigeführt werden kann.

(2) Die Entbindung von der Verpflichtung zur Verschwiegenheit (§ 53 Absatz 2 Satz 1) gilt auch für die nach Absatz 1 mitwirkenden Personen.

§ 383 Zivilprozessordnung (Auszug)

(1) Zur Verweigerung des Zeugnisses sind berechtigt:

6. Personen, denen kraft ihres Amtes, Standes oder Gewerbes Tatsachen anvertraut sind, deren Geheimhaltung durch ihre Natur oder durch gesetzliche Vorschrift geboten ist, in Betreff der Tatsachen, auf welche die Verpflichtung zur Verschwiegenheit sich bezieht.

(3) Die Vernehmung der unter Nummern 4 bis 6 bezeichneten Personen ist, auch wenn das Zeugnis nicht verweigert wird, auf Tatsachen nicht zu richten, in Ansehung welcher erhellt, dass ohne Verletzung der Verpflichtung zur Verschwiegenheit ein Zeugnis nicht abgelegt werden kann.

§ 385 ZPO (Abs. 2) – Ausnahmen vom Zeugnisverweigerungsrecht

(2) Die im § 383 Nr. 4, 6 bezeichneten Personen dürfen das Zeugnis nicht verweigern, wenn sie von der Verpflichtung zur Verschwiegenheit entbunden sind.

Das Zeugnisverweigerungsrecht ist für die anderen Gerichtszweige und auch für Verwaltungsverfahren genauso wie für den Zivilprozess und den Strafprozess geregelt.

Vergleiche:

§ 15 Abs. 1 Gesetz über die Angelegenheiten der freiwilligen Gerichtsbarkeit

§§ 46 Abs. 2, 80 Abs. 2 Arbeitsgerichtsgesetz

§ 98 Verwaltungsgerichtsordnung

§ 118 Abs. 1 Sozialgerichtsgesetz

§ 84 Abs. 1 Finanzgerichtsordnung

§ 28 Abs. 1 Bundesverfassungsgerichtsgesetz

§ 65 Abs. 1 Verwaltungsverfahrensgesetz

§ 102 Abgabenordnung

▲

V. Bewusstsein entwickeln

13 Hin und wieder sollten Kanzleiabläufe überdacht werden, insbes., ob diese dem Erfordernis der Verschwiegenheit genügen. So ist es durchaus problematisch, wenn sich der Wartebereich direkt vor dem Schreibtisch der Rechtsanwaltsfachangestellten befindet und der wartende Mandant bei Telefonaten Teile des Gesprächs mit anderen Mandanten mithören kann. Auch sollte man Auskünfte an Freunde oder Ehepartner des Mandanten nur nach ausdrücklicher schriftlicher Entbindung von der Schweigepflicht erteilen.

▼

14 **Muster 1.4: Schweigepflichtentbindungserklärung**

Hiermit entbinde ich,

(Name des Mandanten),

Herrn Rechtsanwalt (Name des Anwalts)

von seiner Schweigepflicht in Sachen (Bezeichnung der Angelegenheit) gegenüber folgender Person

– (vollständiger Name der Person)

Herr Rechtsanwalt (Name des Rechtsanwalts) ist von mir ermächtigt über den Sachstand, über Schriftsätze sowie über den Inhalt der Akte an die vorstehende Person Auskunft zu erteilen. Sofern keine Beschränkungen von mir bestimmt werden, ist die Auskunft ebenso umfassend wie die, die mir als Mandant selbst erteilt wird.

Datum, Unterschrift des Mandanten

▲

15 Aber auch Gespräche mit Kollegen von fremden Kanzleien (z.B. in fachbezogenen Informationsgesprächen im örtlichen ReNo-Verein oder in Seminarpausen) bergen Gefahren in sich, da manchmal ein Fall gerade zum Geschehen passt. Hier ist äußerste Diskretion geboten.

B. Belehrungspflichten

Bereits bei Mandatsannahme obliegen dem RA diverse Belehrungspflichten gegenüber seinem Auftraggeber. Alle Belehrungspflichten sind jedoch eng mit dem Vergütungsanspruch des RA verbunden und werden daher ausführlich und mit Mustern unter § 8 Rdn 2 ff. behandelt. 16

C. Berufshaftpflichtversicherung für RA

Gem. § 51 Bundesrechtsanwaltsordnung (BRAO) ist das Abschließen einer Berufshaftpflichtversicherung für RA Pflicht und muss sowohl bei der Erstzulassung als auch während der gesamten Dauer der Anwaltstätigkeit nachgewiesen werden. In den abzuschließenden Vertrag ist die Versicherung zu verpflichten, der zuständigen Rechtsanwaltskammer den Beginn und die Beendigung des Vertrags sowie jede Änderung mitzuteilen. 17

Solange der Rechtsanwaltskammer kein Nachweis über die Berufshaftpflichtversicherung vorliegt, erteilt sie dem Anwalt auch nicht seine Erstzulassung. Sollte die Kammer hingegen später von einer Beendigung bzw. Änderung des Vertrags Mitteilung bekommen, so wird der betreffende RA um Klärung und Nachweis des bestehenden Versicherungsschutzes gebeten. Erfolgt dies nicht in einer gesetzten Frist, kann die Zulassung entzogen werden.

Es gehört dazu auch zu den Aufgaben des Sekretariats, für die jährliche fristgerechte Überweisung der **Versicherungsprämie** Sorge zu tragen. 18

Die Versicherungssumme muss derzeit mindestens 250.000,00 € pro Versicherungsfall betragen und kann gem. § 51 Abs. 4 Satz 2 BRAO innerhalb eines Versicherungsjahres für alle erbrachten Leistungen auf den vierfachen Betrag der Mindestversicherungssumme begrenzt werden, somit auf 1.000.000,00 €.

In den meisten Fällen ist die **Mindestversicherungssumme** ausreichend. Sollte Ihnen jedoch bei der Aktenanlage auffallen, dass aufgrund des **Streitwerts** die Versicherungssumme in einem bestimmten Fall nicht ausreichend erscheint, so könnten und sollten Sie Ihren Arbeitsgeber auf folgende Möglichkeiten hinweisen:

- Die Versicherungssumme könnte im konkreten Fall erhöht werden. Durch eine schriftliche Vereinbarung mit dem Mandanten könnte diese zusätzliche Versicherungsprämie dem Mandanten nach Nr. 7007 VV RVG in Rechnung gestellt werden (vgl. § 9 Rdn 13).
- Mit dem Mandanten könnte schriftlich vereinbart werden, dass im Schadensfall die Entschädigungssumme begrenzt wird.

§ 51a BRAO stellt dabei Mindestanforderungen an die Haftungsbeschränkungen. Mit **Individualvereinbarung** kann die Haftung auf 250.000,00 € beschränkt werden, mehr ist 19 möglich, weniger nicht. Bei vorformulierten Allgemeinen Vertragsbedingungen beträgt die Mindestsumme hingegen 1 Mio. €.

Weitere Voraussetzung ist, dass Versicherungsschutz in dieser Höhe und auch dem Grunde nach besteht.

Mit Individualvereinbarungen kann ferner die Haftung für jede Fahrlässigkeit beschränkt werden, mit vorformulierten Bedingungen nur für einfache Fahrlässigkeit (eine Haftung für grobe Fahrlässigkeit ist ausdrücklich zu erwähnen).

Eine Individualvereinbarung ist daher insbes. in den kleinen bis mittelständischen Kanzleien vorzuziehen, wo Fälle mit einem extrem großen Gegenstandswert und damit hohem Haftungsrisiko eher selten vorkommen.

20 *Hinweis:*

Das Entwerfen einer solchen Individualvereinbarung fällt, wie die Ausarbeitung vorformulierter Allgemeiner Vertragsbedingungen, ausschließlich in den Zuständigkeitsbereich des RAs und gehört nicht zu den Aufgabengebieten von Rechtsanwaltsfachangestellten.

Dies liegt v. a. auch daran, dass für eine Individualvereinbarung die nachfolgenden Punkte eingehalten werden müssen:

- Die Vereinbarung muss ausgehandelt werden (d.h., der Mandant muss eine Einflussmöglichkeit auf die Gestaltung der Vereinbarung gehabt haben). Eine Wahlmöglichkeit, die nur darin besteht, den Vorschlag des Anwalts anzunehmen oder sich einen anderen Anwalt zu suchen, reicht nicht aus.
- Jede Klausel muss einzeln und für jedes Mandat neu verhandelt werden.

21 In der Literatur wird z.T. die Möglichkeit eines **Tarifwahlprinzips** akzeptiert, bei der der Mandant die Wahl hat, gegen ein höheres Honorar eine Haftungsbeschränkung auf eine höhere Summe zu vereinbaren oder gegen ein geringeres die niedrigere Summe hinzunehmen.

D. Partnerschaftsgesellschaft mit beschränkter Berufshaftung

22 Seit dem 19.7.2013 gilt das PartGG, mit dem die Partnerschaftsgesellschaft mit beschränkter Berufshaftung eingeführt worden ist. Bei der PartGmbB kann die Haftung für Verbindlichkeiten **aus Schäden wegen fehlerhafter Berufsausübung** auf das Gesellschaftsvermögen begrenzt werden (§ 8 Abs. 4 PartGG). Hinsichtlich anderer Verbindlichkeiten (z.B. aus Arbeitsverhältnissen oder Mietforderungen) gilt diese Beschränkung nicht, die Partner haften hierbei auch weiterhin neben dem Gesellschaftsvermögen mit ihrem Privatvermögen.

Mit Abschluss eines Partnerschaftsvertrages wird die PartGmbB im Innenverhältnis begründet. Jedoch ist die **Eintragung** ins Partnerschaftsregister **konstitutiv,** d.h. im Außenverhältnis entsteht die Partnerschaftsgesellschaft erst mit Eintragung in das Partnerschaftsregister. Bis zur Eintragung ist die PartGmbB im Verhältnis zu Dritten noch keine wirksame juristische Person. 23

Der **Partnerschaftsvertrag** selber bedarf **der Schriftform** (§ 3 Abs. 1 PartGG) und muss folgenden Inhalt enthalten:

- den Namen und den Sitz der Partnerschaft;
- den Namen und den Vornamen sowie den in der Partnerschaft ausgeübten Beruf und den Wohnort jedes Partners sowie
- den Gegenstand der Partnerschaft.

Die **Anmeldung zum Partnerschaftsregister** muss dann jedoch gem. §§ 5 Abs. 2 PartGG, 12 Abs. 1 S. HGB in **öffentlich beglaubigter Form**, d.h. Beglaubigung der Unterschriften durch den Notar, eingereicht werden.

Die Umwandlung von einer PartG in eine PartGmbB ist unproblematisch, da hier nur der bestehende Partnerschaftsvertrag hinsichtlich der Haftungsbeschränkung durch eine Beschlussfassung geändert werden muss. 24

Anders sieht es bei einer „Umwandlung" von einer **GbR** zu einer PartGmbB aus. Die „Umwandlung" gleicht einer Neugründung und es muss ein neuer Partnerschaftsvertrag geschlossen werden. Da es sich hier jedoch um einen **identitätswahrenden Rechtsformwechsel** außerhalb des Umwandlungsgesetzes (UmwG) handelt, ist hier eine Liquidation der GbR nicht notwendig und das Gesellschaftsvermögen der GbR geht in das Gesellschaftsvermögen der PartGmbB über.

Gem. § 2 Abs. 1 PartGG muss der Name der Partnerschaftsgesellschaft mindestens den Namen eines Partners sowie die Berufsbezeichnungen aller in der Partnerschaft vertretenen Berufe enthalten. Die Angabe von Vornamen ist dabei nicht erforderlich, reine Fantasienamen sind somit ausgeschlossen. Nach § 8 Abs. 4 S. 3 PartGG muss bei der PartGmbB der Name der Partnerschaft den Zusatz „mit beschränkter Berufshaftung" oder die Abkürzung „mbB" oder eine andere allgemein verständliche Abkürzung dieser Bezeichnung enthalten.

Es ist insbesondere darauf zu achten, dass der Namenszusatz auch auf dem Briefkopf gem. § 7 Abs. 5 S. 1 PartGG angeben werden muss.

Da die PartGmbB nur mit dem Gesellschaftsvermögen für Verbindlichkeiten aus fehlerhafter Berufsausübung haftet, sieht § 51a BRAO eine **deutlich höhere Mindestversicherungssumme** bei der Berufshaftpflichtversicherung vor. Die Mindestversicherungssumme für jeden Versicherungsfall beträgt **2,5 Mio. €**. Allerdings können die Leistungen des Versicherers für alle innerhalb eines Versicherungsjahres verursachten Schäden auf 25 den Betrag der Mindestversicherungssumme, **vervielfacht mit der Zahl der Partner**, begrenzt werden. Die Jahreshöchstleistung muss sich gem. § 51 Abs. 1 S. 3 BRAGO jedoch **mindestens auf den vierfachen** Mindestversicherungsbetrag belaufen.

Nachstehend 3 Beispiele für die Berechnung der zulässigen Jahreshöchstleistung:

3 Partner	2,5 Mio. € x 3 Partner = 7,5 Mio. € **Achtung:** wegen § 51a Abs. 2 S. 3 BRAGO muss die Jahreshöchstleistung jedoch mindestens die vierfache Mindestversicherungssumme betragen → **10 Mio. €**
4 Partner	2,5 Mio. € x 4 Partner = **10 Mio. €**
6 Partner	2,5 Mio. € x 6 Partner = **15 Mio. €**

26 Mandate, die bereits vor der „Umwandlung" geschlossen worden sind, fallen nur unter die zukünftigen Haftungsbeschränkung,

- wenn der Mandant über den Wechsel **informiert** worden ist und
- in die Haftungsbeschränkung für berufliche Fehler **eingewilligt hat.**

27 Buchhalterisch weist die **PartGmbB** keine Besonderheiten zur GbR oder normalen PartG auf, es kann auch weiterhin eine **Einnahmenüberschussrechnung (EÜR)** erstellt werden. Die PartGmbB muss somit weder Gewerbesteuer zahlen noch bilanzieren (anders als die GmbH).

28 *Praxistipp:*

Es sollte auch rechtzeitig mit der Hausbank die **Umstellung der Geschäftskonten** besprochen werden, da es bei den Banken unterschiedliche interne Dienstvorschriften hierzu gibt.

Bei einigen Banken werden die Konten nach Eintragung der PartGmbB in das Partnerschaftsregister einfach auf die Partnerschaftsgesellschaft umgestellt, bei anderen Banken gilt dies immer als „Neugründung" mit der Folge, dass erneut ein Kontoeröffnungsantrag gestellt werden muss und unter Umständen sogar eine neue Kontonummer für das Geschäftskonto zugeteilt wird, was nach Möglichkeit vermieden werden sollte.

E. Fortbildungsnachweis bei Fachanwälten

29 Rechtsanwaltsfachangestellte, die bei einem Anwalt tätig sind, der eine oder mehrere **Fachanwaltsbezeichnungen** führt, müssen beachten, dass der Rechtsanwalt jedes Jahr sich entsprechend der jeweiligen Fachrichtung qualifiziert. Dies kann durch die Teil-

nahme an fachspezifischen Fortbildungen oder alternativ dazu durch Dozieren eines eigenen fachspezifischen Seminars oder durch Publizieren erfolgen.

Seit **1.1.2015** sieht § 15 FAO vor, dass mindestens **15 Zeitstunden** für Fortbildung gegenüber der Rechtsanwaltskammer nachgewiesen werden müssen.

Durch die letzte Änderung wird neuerdings auch die Teilnahme an **interdisziplinären** Veranstaltungen akzeptiert.

Die klassische Fortbildung erfolgte in der Vergangenheit meist durch die Teilnahme an 30
Seminare in **Präsenzform**. In den letzten Jahren kamen aber verstärkt auch **Online-Seminare** hinzu. Die Anforderungen an diese wurden nunmehr in § 15 Abs. 2 FAO konkretisiert, wobei die Kriterien bereits in der Vergangenheit von den jeweiligen Veranstaltern eingehalten worden sind. Die Online-Veranstalter müssen garantieren, dass eine Interaktion zwischen dem Referenten und den Teilnehmern sowie zwischen den Teilnehmern untereinander möglich ist und dass eine gängige Teilnahme des Teilnehmers dokumentiert wird (dies erfolgt meist durch Zwischenfragen, wo jeder Teilnehmer einen Button drücken muss).

Nach § 15 Abs. 4 FAO können **5** von den 15 **Zeitstunden im Selbststudium** erbracht wer- 31
den. Dabei erhält der RA das Selbststudium-Material (DVD, Artikel) vorab zugesandt und kann frei entscheiden, wann er sich das Wissen aneignet. Zum Nachweis erfolgt im Abschluss ein schriftlicher Test, wobei die Testfragen zu einem frei bestimmbaren Zeitpunkt abgefordert werden und dann die Antworten innerhalb eines engen Zeitfensters an den Fortbildungsanbieter zurückgeschickt werden müssen.

Nachstehend noch einmal der vollständige Gesetzestext in seiner aktuellen Version. Die 32
wesentlichen Änderungen sind dabei in Fettdruck hervorgehoben.

§ 15 Fortbildung

(1) Wer eine Fachanwaltsbezeichnung führt, muss **kalenderjährlich** auf diesem Gebiet wissenschaftlich publizieren oder an fachspezifischen der Aus- oder Fortbildung dienenden Veranstaltungen hörend oder dozierend teilnehmen. Die hörende Teilnahme setzt eine anwaltsorientierte oder **interdisziplinäre** Veranstaltung voraus.

(2) Bei Fortbildungsveranstaltungen, die nicht in Präsenzform durchgeführt werden, müssen die Möglichkeiten der Interaktion des Referenten mit den Teilnehmern sowie der Teilnehmer untereinander während der Dauer der Fortbildungsveranstaltung sichergestellt sein und der Nachweis der durchgängigen Teilnahme erbracht werden.

(3) Die Gesamtdauer der Fortbildung darf je Fachgebiet 15 Zeitstunden nicht unterschreiten.

(4) Bis zu **5 Zeitstunden** können im Wege des **Selbststudiums** absolviert werden, sofern eine Lernerfolgskontrolle erfolgt.

(5) Die Erfüllung der Fortbildungspflicht ist der Rechtsanwaltskammer durch Bescheinigungen oder andere geeignete Unterlagen unaufgefordert nachzuweisen. Fortbildung im Sinne des Absatzes 4 ist durch Bescheinigungen und Lernerfolgskontrollen nachzuweisen.

33 Bereits mit der FAO-Reform zum 1.3.2010 wurde das damals geltende Stichtagsprinzip aufgegeben. Ab 2010 müssen die Fortbildungsnachweise immer **kalenderjährlich** zum Jahreswechsel (31.12.) für das abgelaufene Jahr der entsprechenden Rechtsanwaltskammer vorgelegt werden.

Im einigen Kammerbezirken (so z.B. bei der RAK Berlin am 3.4.2012) wurde zumal eine Änderung der Verwaltungspraxis beschlossen, wonach der Fortbildungsnachweis bereits auch im Jahr der Antragstellung erforderlich ist. Bisher hatte man mit Hinweis auf den Terminus „kalenderjährlich" in § 15b FAO von diesem Erfordernis abgesehen, weil zum Zeitpunkt der Antragstellung das Kalenderjahr zwangsläufig noch nicht vollständig abgelaufen ist.

34 Der Einwand, dass es sich um eine allgemeine Berufspflicht des RA handelt und er selber hierfür zuständig ist, greift nicht. Entsprechende Fristen zu notieren und ggf. den RA rechtzeitig daran zu erinnern, gehört zum Gebiet der allgemeinen Büroorganisation, für das grds. Rechtsanwaltsfachangestellte zuständig sind.

Durch sorgfältige Fristbeachtung vermeiden Sie es, dass verstärkt kurz vor Fristablauf Seminare besucht werden, um auf die entsprechende Anzahl der Zeitstunden zu kommen.

Pausenzeiten werden übrigens herausgerechnet, sodass genau auf die Formulierung in der Bescheinigung zu achten ist. So manches Seminar, das für sechs Stunden angesetzt ist, erweist sich in der Praxis als effektive fünf Zeitstunden Fortbildung i.S.v. § 15 FAO. Eine mögliche Formulierung wäre z.B., „das Seminar umfasste effektiv 5 Zeitstunden".

35 *Praxistipp:*

Es hat sich bewährt, dass für den Nachweis der Fortbildung nach § 15 FAO gegenüber der Rechtanwaltskammer zwei Fristen notiert werden, und zwar einmal die eigentliche Nachweispflicht und weiterhin noch eine Frist ein halbes Jahr früher, um ggf. den Anwalt an die Teilnahme an Seminaren zu erinnern.

36 In Ausnahmefällen, wenn ein Seminar kurz nach Ende der eigentlichen Nachweispflicht stattfinden soll, sollte man ein kurzes Schreiben an die jeweilige Rechtsanwaltskammer mit der Bitte um Fristverlängerung stellen. Die Kammern sind hierbei meistens sehr kulant.

1.5 ▼

37 **Muster 1.5: Verlängerung der Nachweisfrist nach § 15 FAO**

Rechtsanwaltskammer ______ (*Ort*)

Anschrift ______

Nachweis der Fortbildung gemäß § 15 FAO

Sehr geehrte Damen und Herren Kollegen,

ich bitte Sie, die in § 15 FAO genannte Jahresfrist um einen weiteren Monat zu verlängern, da ich leider erst am (genaues Datum der Veranstaltung) an einem fachspezifischen Seminar teilnehmen kann.

Die Seminarbescheinigung gemäß § 15 FAO wird umgehend nach Beendigung des Seminares an Sie übersandt werden.

Mit freundlichen kollegialen Grüßen

Rechtsanwalt

▲

Für den Fall, dass Sie in einen Kanzlei tätig sind, in der mehrere Fachanwälte arbeiten, bietet es sich an, eine entsprechende Fachanwaltsliste zu führen, wie nachstehend abgedruckt: 38

▼

Muster 1.6: Liste Nachweis Fachanwälte 39

Name RA	Besuchte Seminare mit Zeitstunden	Stichtag für Nachweis	Erledigungsvermerk
RA A	1. BGH-Rechtsspr. SozR: 4 Std	jeweils 31.12.	
RAin B	1. ArbR aktuell 10 Std 2. BAG-Rechtspr. 5 Std.	jeweils 31.12.	Nachweis erbracht 05.01.??

▲

F. Anwaltsvertretung im Krankheitsfall und Urlaubsvertretung

Bugarin

Jeder hat das Bedürfnis nach Erholung und Urlaub – so auch der RA. Während dieser Zeit sollte er sich für gewöhnlich nicht in der Kanzlei aufhalten, sondern dort, wo Entspannung und Erholung vom Arbeitsalltag garantiert sind. Es kommt aber auch vor, dass der RA wegen Krankheit gehindert ist, in der Kanzlei anwesend zu sein und seinen Beruf auszuüben. 40

Um aber einen reibungslosen Ablauf des Kanzleibetriebs zu ermöglichen, sind während der urlaubs- oder krankheitsbedingten Abwesenheit des RA Vorkehrungen wegen einer Vertretung des RA zu treffen, die gerade aus haftungsrechtlichen Gesichtspunkten zwingend notwendig sind. 41

42 Unproblematisch ist die Lösung des Problems in den Kanzleien, in denen Partner oder angestellte RA für den „Fall der Fälle" aushelfen und einspringen können. Viele Kollegen und Kolleginnen sind zudem in der Lage, einen plötzlichen Ausfall des Chefs kurzzeitig zu überbrücken, weil sie den Betrieb auf dem Laufenden halten können. Selbstverständlich stoßen auch die versiertesten Kollegen an ihre Grenzen; darüber hinaus können viele Aufgaben aus Haftungsgründen ausschließlich vom RA erledigt werden.

43 Jeder von Ihnen kennt das einer Ladung zum Termin zur mündlichen Verhandlung oder das einem Urteil beiliegende **Empfangsbekenntnis**. Mit seiner Unterschrift bestätigt der RA, an einem bestimmten Tag, Kenntnis (und nicht Zugang) vom dem Schriftstück erhalten zu haben. Wussten Sie z.B. dass Sie nicht befugt sind, dieses Empfangsbekenntnis zu unterzeichnen? Dieses Empfangsbekenntnis (das auch nicht mit einem Eingangsstempel versehen werden sollte) ist ausschließlich von dem RA oder seinem Vertreter zu unterzeichnen und mit dem Datum zu versehen, an dem er Kenntnis von dem Schriftstück erlangt hat.

44 Bei Zustellungen gegen Empfangsbekenntnis trifft ausschließlich den RA eine echte Mitwirkungspflicht. Ob eine Mitwirkung konkret erforderlich ist, hängt davon ab, ob die Zustellung ordnungsgemäß erfolgt ist oder nicht. Die Prüfung obliegt dem RA nach den einschlägigen Zustellungsvorschriften, wobei ausschließlich eine Prüfung nach objektiven Kriterien zu erfolgen hat. Eine subjektive Beurteilung steht dem RA nicht zu.

> *Beispiel:*
>
> Ist der RA nicht zustellungsbevollmächtigt oder ist ein Schriftstück nicht vollständig zugegangen, ist eine ordnungsgemäße Zustellung nicht erfolgt.

Bei Vorliegen einer ordnungsgemäßen Zustellung ist der RA in der Pflicht, das Empfangsbekenntnis unverzüglich i.S. des § 121 BGB, somit ohne schuldhaftes Verzögern, mit Unterschrift und Datumsangabe zu versehen und zurückzusenden. Wie bereits erwähnt, ist das pflichtauslösende Ereignis nicht das Datum der Zustellung, sondern der Zeitpunkt der Kenntnisnahme durch den RA. Dies gilt im Übrigen auch dann, wenn der Absender die Zustellung anderweitig, z.B. durch Vorliegen eines Faxsendeberichtes oder den Zustellungsvermerk eines Boten nachweisen kann.

Im Falle einer nicht ordnungsgemäßen Zustellung kann der RA die Mitwirkung verweigern. Er ist aber verpflichtet, dem Absender den Grund der fehlenden Mitwirkung mitzuteilen.

> *Beachte:*
>
> Ein Empfangsbekenntnis ist nur dann wirksam im Sinne von § 174 ZPO erteilt, wenn es eigenhändig durch den Rechtsanwalt unterzeichnet wurde. Die Unterzeichnung durch eine Rechtsanwaltsfachangestellte oder einen Rechtsreferendar genügt diesem Erfordernis nicht.

Nach einer Entscheidung des BGH vom 26.10.2018, Urteil. vom 26.10.2015, GeschäftsZ: AnwSt (R) 4/15, ist die in § 14 BORA geregelte Mitwirkungspflicht nur gegenüber Gerichten und Behörden geregelt. Nach dieser Entscheidung besteht keine berufsrechtliche Verpflichtung, bei einer Zustellung von Anwalt zu Anwalt gem. § 195 ZPO mitzuwirken.

Der RA hat zur Erfüllung seiner Mitwirkungspflicht die notwendigen organisatorischen Voraussetzungen zu erfüllen und ggf. für eine Vertretung Sorge zu tragen.

Eine Vertretung ist zulässig

- durch einen Kanzleisozius,
- bei urlaubs- oder krankheitsbedingter Abwesenheit länger als eine Woche durch den amtlich bestellten Vertreter (§ 53 BRAO),
- durch einen Zustellungsbevollmächtigten gem. § 30 BRAO, wenn eine Entbindung zur Pflicht zur Kanzleiführung vorliegt,
- durch den Kanzleiabwickler gemäß § 55 BRAO.

> *Beachte:*
>
> Im Falle einer Mandatsniederlegung bleibt der RA in Anwaltsprozessen solange für den Empfang zuständig und in der Mitwirkungspflicht des § 14 BORA, bis sich ein neuer RA für die Partei meldet (BGH, Beschluss vom 25.1.2011, Az. VIII ZR 27/10, §§ 87 Abs. 1; 172 ZPO).

In der BRAO (Bundesrechtsanwaltsordnung) ist geregelt, wann der RA für einen Vertreter sorgen muss, wenn er sich **von der Kanzlei entfernen** will oder er **gehindert ist, seinen Beruf auszuüben**. 45

Die einschlägige Vorschrift ist in § 53 BRAO geregelt.

> **§ 53 Abs. 1 BRAO**
>
> Der RA muss für seine Vertretung sorgen,
>
> 1. wenn er länger als eine Woche daran gehindert ist, seinen Beruf auszuüben;
> 2. wenn er sich länger als eine Woche von der Kanzlei entfernen will.

> *Hinweis:* 46
>
> Gemäß § 53 Abs. 4 BRAO kommen als Vertreter des RA ausschließlich in Betracht:
>
> 1. Zugelassene RA,
> 2. andere Personen, die die Befähigung zum Richteramt haben,
> 3. Referendare, die seit mindestens 12 Monaten im Vorbereitungsdienst beschäftigt sind.

Die Bestellung des Vertreters kann 47

- entweder durch den RA selbst erfolgen, wenn der Vertreter derselben Rechtsanwaltskammer angehört wie der vertretene RA

- oder aber
- durch die zuständige Rechtsanwaltskammer.

Bestellt der RA den Vertreter selbst, so ist die Vertretung der Rechtsanwaltskammer anzuzeigen (§ 53 Abs. 6 BRAO).

48 Eine Vertretungsanzeige wegen urlaubsbedingter Abwesenheit könnte wie folgt aussehen:

▼

49 **Muster 1.7: Vertretungsanzeige**

Rechtsanwaltskammer *(Ort)*

Anschrift

Vertretungsanzeige gem. § 53 Abs. 2 Satz 1 BRAO

Sehr geehrte Damen und Herren,

sehr geehrte Kollegen und Kolleginnen,

in der Zeit vom 15.5. – 5.6.2008 trete ich meinen Jahresurlaub an.

Während dieser Zeit bestelle ich Frau Rechtsanwältin/Herrn Rechtsanwalt *(Anschrift, PLZ)* als allgemeine Vertreter/in.

Mit freundlichen kollegialen Grüßen

Rechtsanwalt/Rechtsanwältin

▲

50 *Hinweis:*

Der RA ist nicht verpflichtet, den Grund der Abwesenheit anzugeben.

Der Rechtsanwaltskammer ist entweder der in § 53 Abs. 1 Nr. 1 oder Nr. 2 BRAO genannte Tatbestand mitzuteilen.

51 Die Vertretung des RA erfolgt **ausschließlich für die anwaltliche Tätigkeit**. Gem. § 53 Abs. 7 BRAO stehen dem Vertreter dieselben Befugnisse zu wie dem Vertretenen.

So ist der Vertreter in Prozessen für den Vertreter Prozess-/Verfahrensbevollmächtigter. Höchstpersönliche Bereiche (z.B. Abschluss eines Mietvertrags über neue Gewerberäume oder die Abgabe einer Einkommensteuererklärung) sind von der Vertretung nicht erfasst.

Der Vertreter tritt auch nicht in die zwischen dem vertretenen RA und seinen Mandanten geschlossenen Anwaltsverträge ein. Er ist vielmehr ein **Erfüllungsgehilfe** und gesetzlicher Vertreter des vertretenen RA (§ 287 BGB).

Der Vertreter kann neue Mandate annehmen, diese darf er jedoch nicht als eigene behandeln.

> *Praxistipp:* 52
>
> Um etwaige Missverständnisse oder Nachfragen zu vermeiden, sollte der Vertreter in Schriftsätzen, die er unterzeichnet, mit dem Zusatz
>
> Rechtsanwalt/Rechtsanwältin …
>
> „als allgemeine/r Vertreter/in"
>
> oder
>
> „als amtliche/r Vertreter/in" (im Fall der Bestellung durch die Rechtsanwaltskammer)
>
> benannt werden.

Ist der RA krankheitsbedingt nicht in der Lage, seinen Beruf länger als eine Woche aus- 53
zuüben, so gilt auch in diesem Fall das oben Gesagte.

Gerade im Hinblick auf die Einlegung und Begründung von Rechtsmittelfristen muss der 54
RA – auch im Falle von Krankheit – alles ihm Zumutbare tun, damit diese Fristen gewahrt werden.

> *Beispiel:*
>
> Der RA begibt sich von Freitag bis Sonntag zu einer Familienfeier 600 km entfernt vom Kanzleisitz. An diesem Wochenende leidet er plötzlich unter starkem Fieber. Als sein gesundheitlicher Zustand sich nicht verbessert, begibt er sich am Sonntag in das Krankenhaus, wo er sich die nächsten zwei Tage aufhalten muss. Er informiert Sie, dass er am Donnerstag in der Kanzlei erscheinen wird. Am Freitag läuft die Frist zur Einlegung der Berufung ab. Den Auftrag hat der Mandant erteilt. Am Dienstagabend verschlechtert sich leider der gesundheitliche Zustand des RA, sodass er nicht wie geplant am Donnerstag aus dem Krankenhaus entlassen wird. Es ist ungewiss, ob er am Freitag pünktlich in der Kanzlei erscheinen wird.

Zwar liegt hier zunächst die Zeit, in der RA nicht in der Lage ist, seinen Beruf auszuüben, unterhalb der in § 53 Abs. 1 genannten Frist – dies ändert jedoch nichts daran, dass die Berufung spätestens am Freitag eingelegt werden muss.

> *Praxistipp:* 55
>
> Treffen Sie für solche unerwarteten Fälle Vorkehrungen im Hinblick auf die Vertretung. Der RA sollte deshalb mit mindestens einem Rechtsanwaltskollegen (oder einer zur Vertretung berechtigten Person) eine dahin gehende Vereinbarung schließen, dass dieser für ihn als Vertreter auftritt.

56 Gem. § 53 Abs. 2 Satz 2 BRAO kann ein Vertreter auch von Vornherein für sämtliche Verhinderungsfälle, die es dem RA nicht ermöglichen, seinen Beruf auszuüben, bei der Rechtsanwaltskammer von dem RA bestellt werden. Diese Bestellung des RA kann jederzeit widerrufen werden.

Beispiel:

Der RA ist aufgrund seiner Erkrankung nicht in der Lage, am Freitag im Büro zu erscheinen. Er bittet Sie, einen befreundeten Kollegen mit Einlegung der Berufung zu beauftragen. Dieser fertigt die Berufung, unterzeichnet diese in Vertretung für den RA und Sie faxen die Berufungsschrift fristgerecht an das Rechtsmittelgericht. Die Frist ist „gerettet". Da der RA auf unvorhersehbare Zeit nicht in der Lage sein wird, seinen Beruf auszuüben, muss die erfolgte Bestellung des Vertreters der Rechtsanwaltskammer angezeigt werden.

57 Sofern der RA nicht in der Lage sein sollte, selbst einen Vertreter zu bestellen, können Sie die zuständige Rechtsanwaltskammer über die Umstände informieren. In diesem Fall wird die Rechtsanwaltskammer einen **amtlichen** Vertreter bestellen.

58 Hinsichtlich der **Vergütung** hat der RA an den Vertreter eine angemessene Vergütung zu zahlen. Dies ergibt sich aus § 53 Abs. 10 BRAO.

59 *Praxistipp:*

Wegen der Bestimmung der Vergütung des Vertreters können Sie bei der zuständigen Rechtsanwaltskammer nach der üblichen Vergütung des Vertreters Auskünfte einholen.

§ 2 Kanzleiorganisation

Inhalt

A. Kurzüberblick Kanzleimitarbeiter

Bugarin

So vielseitig Ihr Beruf ist, so vielseitig sind auch die Berufsbilder der Mitarbeiter einer Anwaltskanzlei. Folgende Mitarbeiter sind in Anwaltskanzleien vertreten: 1

1. RA,
2. Angestellte RA/Freie Mitarbeiter,
3. Bürovorsteher/Rechtsfachwirte,
4. Referendare,
5. Rechtsanwaltsfachangestellte/Rechtsanwalts- und Notariatsfachangestellte,
6. Buchhalter,

7. Auszubildende zum Rechtsanwaltsfachangestellten/Rechtsanwalts- und Notariatsfachangestellten,
8. Fremdsprachensekretäre/innen,
9. Systemtechniker,
10. Schreibkräfte.

2 Die Kompetenzen der einzelnen Mitarbeiter sind von Kanzlei zu Kanzlei sehr unterschiedlich und können daher nicht pauschal dargestellt werden. Der Hierarchieaufbau kann von Kanzlei zu Kanzlei verschieden sein.

Dennoch ist es sinnvoll und nützlich, für die Mitarbeiter in der Kanzlei eine konkrete Kompetenzzuordnung vorzunehmen und ggf. einen sog. „Hierarchiestammbaum" aufzunehmen.

Nachfolgend wird ein möglicher Hierarchieaufbau einer Kanzlei dargestellt.

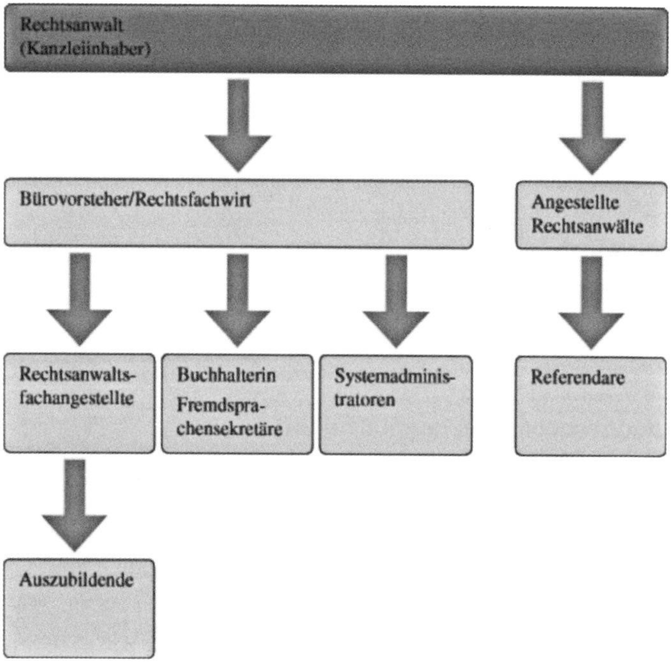

B. Richtiges Telefonieren

Brunner-Ovadia

Eigentlich könnte man meinen, telefonieren kann jeder. Die Telefon-Praxis ist jedoch allzu häufig sehr ernüchternd. Gerade das Telefon spielt in der Anwaltskanzlei eine bedeutende Rolle, da der Mandant meist mit einem Telefonat den ersten Kontakt mit der Kanzlei aufnimmt. Und der erste Eindruck entscheidet häufig, ob ein Mandat erteilt wird. 3

I. Annahme des Telefonats

I.d.R. sollte das Telefonat nach dem zweiten und vor dem fünften Klingeln angenommen werden. 4

Mit dem ersten Klingeln wäre man zu schnell am Hörer und würde signalisieren, man hätte nichts anderes zu tun und würde nur vor dem Telefon sitzen und warten. Außerdem sollte man sich für den Anrufer auch Zeit nehmen und einmal durchatmen, bevor man ans Telefon geht.

Lässt man das Telefon hingegen zu lange klingeln, erweckt man den Eindruck, die Kanzlei wäre zurzeit nicht besetzt. Es könnte passieren, dass der Anrufer enttäuscht auflegt.

II. Meldung

Immer wieder hört man die Meldung „*Anwaltsbüro, Guten Tag*“. Diese Meldung mag vor 20 Jahren zeitgemäß gewesen sein, entspricht jedoch nicht mehr dem heutigen Standard. 5

> *Hinweis:* 6
>
> Die Regel lautet: Tagesgruß (z.B. Guten Morgen) – Firmennamen – persönlicher Vor- und Zuname

Wichtig ist dabei, immer langsam und deutlich zu sprechen, insbes. wenn sich der Firmenname aus einer freien Buchstabenkombination wie z.B. „itg Rechtsanwälte“ zusammensetzt. 7

Im Rahmen der Corporate Identity (Firmenidentität) sollte die Kennung kanzleiintern festgelegt sein und von allen Mitarbeitern benutzt werden.

Bei Sozietäten mit mehreren RA sollte sich auf eine möglichst kurze, prägnante Firmenkennung geeinigt werden. Nichts ist für den Anrufer, der ein wichtiges Anliegen hat, belastender als eine endlose Meldung am Telefon.

Letztendlich ist dies jedoch eine Entscheidung der Chefs und kann von den KollegInnen nur durch Vorschläge unterstützt werden.

8 Ein weit verbreiteter Einwand bei der Kennung ist ferner: *„mein Vorname geht niemanden etwas an“.*

Der eigentliche Grund dafür ist nicht wirklich ersichtlich.

I.d.R. verbessert sich das Telefonverhalten der Anrufer deutlich, wenn eine vollständige persönliche Namensnennung erfolgt.

Dies liegt wohl daran, dass

- man sich Namen sehr viel besser merken kann, wenn man Vor- und Nachnamen kennt. Insbes. ausländische Mandanten können sich so Namen besser merken und sprechen Sie gezielt an.
- man zeigt mit der Nennung des Vornamens mehr Präsenz und signalisiert mehr Fachkompetenz. Bedenken Sie, letztendlich ist der Vorname Ihres/r Chefs/in auch bekannt. Insbes. im Rahmen funktionierender Chefentlastung und Assistenz erleichtert die Nennung des Vornamens die Gesprächsführung. In den Augen des Mandanten ist Frau A „nur“ die Sekretärin, die Telefonate weiterverbindet und Kaffee kocht. Doch der Job von Rechtsanwaltsfachangestellten ist eben weit mehr, – eben auch Sachbearbeitung und assistierende Tätigkeiten. Assistenten werden jedoch (auch gerade in der Wirtschaft) mit **Vor- und Namen** vorgestellt.
- man durch die Nennung des Vornamens noch einmal den Anrufer ein Signal setzt, dass dieser nunmehr besonders aufpasst, um Ihren Namen zu verstehen.

III. Lächeln am Telefon

9 Immer wieder in Telefonseminaren gefordert ist ein Lächeln am Telefon.

Damit ist gemeint, dass sich Ihre allgemeine Stimmung auf den Anrufer überträgt und somit den weiteren Gesprächsverlauf beeinflusst und Sie daher in einer freundlichen Grundstimmung ans Telefon gehen sollten.

Sie werden vielleicht bereits gemerkt haben, dass Sie, wenn Sie gut gelaunt ans Telefon gehen, der Gesprächsverlauf – auch bei möglichen Beschwerden – meist viel erfreulicher verläuft. Callcenter hängen deshalb Spiegel an die Telefonkabine, um so ihren Mitarbeitern die Kontrolle des Lächelns zu ermöglichen.

Hintergrund hierfür ist, dass jede Kommunikation über den eigentlichen Wortsinn weit hinausgeht. Jede Botschaft besteht zunächst einmal aus einem verbalen (den eigentlichen Worten) und einem nonverbalen Teil (Intonation oder Körperhaltung). Dabei bestimmt auch die Körperhaltung am Telefon durchaus die Intonation des Gesagten.

10 *Praxistipp:*

Eine interessante Übung hierzu können Sie gern einmal mit Ihren Kollegen ausprobieren:

Sagen Sie den Satz: „Was kann ich für Sie tun“ mit folgenden Grundstimmungen:

1. Eilig
2. Aggressiv
3. Müde
4. Freundlich

Und fragen anschließend Ihre Kollegen, wie sie den jeweiligen Satz empfunden hat.

Soweit die Theorie, die Praxis sieht jedoch in den Anwaltskanzleien meist anders aus. In den wenigsten Kanzleien (meistens nur in den Großkanzleien) gibt es nur Telefonistinnen. Die Rechtsanwaltsfachangestellten sind klassischer Weise Allrounder, die gleichzeitig Mandanten bewirten, Akten abrechnen, Zwangsvollstreckung betreiben, Bänder schreiben und eben auch telefonieren – am besten auf mehreren Leitungen gleichzeitig. In diesem Multitasking-Stress bleibt häufig das Lächeln auf der Strecke. 11

Praxistipp: 12

Was jedoch fast immer hilft: Nehmen Sie sich vor der Annahme des Anrufes die Zeit kräftig durchzuatmen. Dadurch wird der Stress minimiert und das Finden eines „Lächelns“ wird einfacher.

IV. Richtiger Mitarbeiter

Besonders wichtig ist ferner, dass ein Anrufer möglichst direkt – ohne weitere Umwege – mit dem zuständigen Sachbearbeiter verbunden wird, denn nichts ist nerviger als mehrfach weiterverbunden zu werden und andauernd in die Warteschleife zu kommen. Zudem bekommt der Anrufer dabei den Eindruck, das Büro wäre schlecht organisiert, da man ihm nicht sofort weiterhelfen konnte. 13

Besonders in mittleren bis größeren Kanzleien bietet es sich an, evtl. auch gesonderte Durchwahlnummern für einzelne Dezernate einzurichten, damit der Mandant immer sofort mit einer für dieses Fachgebiet kompetenten ReFA verbunden ist.

V. Telefonnotiz

Sollte der RA einmal nicht telefonisch erreicht sein, so sollte in den meisten Fällen über den Anruf eine ausführliche Telefonnotiz angefertigt werden. Dies gilt insbes. für Anrufe von Mandanten und Gerichten. Dabei ist nicht nur der Name des Anrufers, sondern auch die Telefonnummer, die Akte und ggf. auch die Erreichbarkeit des Anrufers und das Anliegen zu notieren. 14

Die meisten Rechtsanwaltsprogramme bieten spezielle Lösungen an, um diese Notizen direkt im Computerprogramm anzufertigen und in einer **speziellen „Job- bzw. Telefonliste“** anzuzeigen, sodass der RA, sobald er wieder telefonisch verfügbar ist, die Liste abtelefonieren kann.

VI. Vermeidbare Fehler

15 Nicht zu jeder Zeit kann der Mandant seinen Anwalt sprechen, da dieser z.T. vormittags bei Gericht ist oder nachmittags Besprechungstermine hat. In solchen Fällen ist jedoch wichtig, den anrufenden Mandanten das Gefühl zu geben, dass sein Anliegen dennoch Gehör findet.

16 Problematisch sind daher z.B. folgende Formulierungen:

„Es tut mir leid, Herr RA R diktiert gerade eine wichtige Klage.“

„Es tut mir leid. Frau RAin R ist gerade in einem wichtigen Besprechungstermin.“

Bei beiden Formulierungen wird dem anrufenden Mandanten das Gefühl gegeben, dass seine Sache weniger wichtig ist. Dies ist jedoch zu vermeiden.

Allzu häufig wird als Notlüge auch angegeben, dass der RA sich gerade auf einer Fortbildung befindet. Diese Aussage sollte man jedoch mit Vorsicht verwenden, auch wenn sie der Tatsache entsprechen sollte. Der Mandant, der dies mehrfach im Jahr hört, könnte so den Eindruck erlangen, sein RA hätte Defizite, die dieser durch Fortbildungen ausgleichen muss.

VII. Telefonzeiten und Anrufbeantworter

17 Das Thema Telefonzeiten führt grds. zu Konflikten.

Unter Servicegesichtspunkten ist eine möglichst umfangreiche Telefonzeit wünschenswert und entspricht wohl auch der **Tendenz zum gehobenen Dienstleistungsbüro**. In Anbetracht der geänderten Arbeitswelt gibt es immer mehr Anwaltskanzleien, die von morgens 09.00 Uhr bis abends um 20.00 Uhr erreichbar sind.

Dagegen spricht jedoch, dass in **telefonfreien Zeiten** die Aktenbearbeitung sowohl bei RA als auch bei Rechtanwaltsfachangestellten **effektiver** ist.

Jede Kanzlei muss daher ihre eigene Lösung finden, mit dem vorhandenen Personal die gewünschten Telefonzeiten abzudecken und dennoch eine effektive Sachbearbeitung zu garantieren.

Viele Anwaltskanzleien benutzen in den telefonfreien Zeiten eine Mailbox oder einen Anrufbeantworter. Aus haftungsrechtlichen Gründen sollte jedoch lediglich ein Begrüßungstext verwendet werden, der die üblichen Sprechzeiten nennt. Die Möglichkeit, Nachrichten zu hinterlassen, sollte ausgeschlossen sein.

Sollte in einer Kanzlei gewünscht sein, auch Nachrichten auf dem Anrufbeantworter zu hinterlassen, so ist besondere Sorgfalt geboten, dass zeitnah alle Nachrichten abgehört und bearbeitet werden. Das Risiko einer Haftung ist hier besonders hoch, da evtl. durch ein technisches Problem Nachrichten verloren gehen können.

VIII. Konfliktbewältigung durch aktives Zuhören

In Telefonschulungen wird „aktives Zuhören" zur Konfliktbewältigung empfohlen. 18

Dabei liegt die eigene Konzentration ganz aufseiten des Gesprächspartners. Aktives Zuhören besteht dabei aus drei Schritten:

1. Aufmerksam zuhören,
2. das Gesagte auf den Punkt bringen und
3. die vermuteten Gefühle und Bedürfnisse des Gesprächspartners ansprechen.

Bei der Zusammenfassung sollte der Gesprächspartner das Gefühl haben, das Gesagte mit einem einfachen „Ja, so ist es" bestätigen zu können.

Wichtig ist es ferner, keine Bewertungen des Verhaltens des Anrufers abzugeben. Eine Konfliktbewältigung sollte nach dem aktiven Zuhören auch eine Lösung anbieten.

> *Beispiel:*
>
> *Sollte z.B. ein nicht zahlender Mandant aufgebracht in der Kanzlei anrufen, da er nunmehr nach der dritten Mahnung einen Mahnbescheid zugestellt bekommen hat, so könnte man zunächst einmal durch aktives Zuhören die Gründe für die ausbleibende Zahlung herausfinden und somit Verständnis für seine Situation signalisieren. Meistens dürfte sodann das Gesprächsklima etwas freundlicher werden. Im zweiten Schritt könnte man nunmehr als Lösung eine Ratenzahlung vorschlagen, die sowohl für die Kanzlei angemessen als auch vom Mandanten tragbar ist.*

IX. Englisch am Telefon

Europa wächst zusammen mit der Folge, dass in den letzten Jahren immer mehr fremdsprachige Mandanten auch in den kleinen und mittleren Kanzleien betreut werden und nicht nur in den großen international agierenden Wirtschaftskanzleien. 19

Die nachstehende Liste soll nur einen kleinen Überblick über häufige Sätze am Telefon geben. In den letzten Jahren werden spezielle Englischkurse u.a. bei den örtlichen RENO-Vereinen angeboten, um evtl. Schulenglischkenntnisse aufzufrischen und die Hemmschwelle zum Englisch-Reden abzubauen. 20

Anfang	**Beginning**
ITG Rechtsanwälte, Sie sprechen mit Michael Brunner. Wie kann ich Ihnen helfen?	ITG law office. Michael Brunner is speaking. What can I do for you?
Bleiben Sie bitte kurz dran, ich habe noch einen weiteren Anruf auf der anderen Leitung.	Hold on a moment, please. I've got a call on the other line.
Ich bitte vielmals um Entschuldigung, ich muss Sie aus Versehen aus der Leitung geworfen haben.	I'm awfully sorry for having cut you off.
Könnten Sie bitte etwas lauter sprechen, ich kann Sie kaum verstehen.	Could you speak up, please? I can hardly hear you.
Die Verbindung ist sehr schlecht und ich kann Sie kaum verstehen. Könnten Sie es bitte noch einmal versuchen.	This is a bad connection and I can barely hear you. Could you try it again, please?
Ok, die Verbindung ist jetzt viel besser. Können Sie mich jetzt einigermaßen verstehen?	Ok, the connection is a lot better now. Can you hear me well enough?
Würden Sie bitte Ihren Namen wiederholen?	Could you repeat your name, please?
Können Sie das kurz buchstabieren?	Could you spell that, please?
Könnten Sie mir bitte Ihre Aktennummer sagen?	Could you tell me your file number, please?
Verbindung und Rückrufe	**Connection and recalls**
Einen Moment bitte, ich verbinde Sie mit Herrn Müller.	Just a moment, please. I'll put through to Mr. Müller.
Es tut mir leid, Herrn Müllers Leitung ist belegt. Seine Durchwahl ist 222.	I'm afraid Mr. Müllers line is engaged. His extension is 222.
Noch einen kleinen Augenblick bitte. – Herr Müller kann jetzt Ihren Anruf annehmen.	Hold on a second. –Ok, Mr. Müller can take your call now.
Soll ich ihn um Rückruf bitten oder möchten Sie es später selbst noch einmal versuchen?	Do you want me to ask him to give a call back or do you try it again later?
Ich kann Sie jetzt leider nicht durchstellen, da Herr Müller gerade in einer Besprechung ist.	I'm afraid but I can't put you through right now as Mr. Müller is in a meeting.
Er ist leider gerade nicht da. Möchten Sie eine Nachricht hinterlassen?	I'm afraid he's not here at the moment. Would you like to leave a message?
Ok, ich habe das notiert. Lassen Sie mich kurz Ihre Rufnummer wiederholen.	Ok, I've jotted that down. Let me just repeat your phone number, please.
Es tut mir leid, sie ist wohl gerade gegangen, sollte aber in 2 Stunden wieder zurück sein.	I'm afraid, she must have just left, but she should be back in two hours.
Es tut mir schrecklich leid, aber ich darf Ihnen die Mobilfunknummer nicht geben.	I'm terribly afraid, but I can't give you the cell number.

Er kommt leider erst heute Nachmittag nach fünf Uhr zurück?	I'm afraid but he won't be back before 5 pm.
Er ist heute leider außer Haus. Darf ich Sie mit seinem Kollegen/Assistenten verbinden?	I'm afraid he's out of the office today. Do you want me to put you through to his colleague/his assistant?
Darf ich fragen, worum es geht? Ist es sehr dringend?	May I ask why you're calling? Is it very urgent?
Ich sage ihr, dass sie Sie anrufen soll, sobald sie wieder im Büro ist.	I'll tell her to call you back as soon as she returns to the office.
Wann kann Frau Schulz Sie am besten erreichen?	When would be a good time for Mrs. Schulz to call you back?
Dafür bin ich leider nicht zuständig, ich verbinde Sie mit Frau Schulz, die für diesen Aufgabenbereich zuständig ist.	I think you've got the wrong person. I will connect you with Mrs. Schulz, who is responsible for this area.
Wir benötigen Ihre Anfrage schriftlich, um diese an die Fachabteilung weiterzuleiten.	We need your request in written format so that we can forward it to the appropriate department.
Terminierung	**Termination**
Sie benötigen einen Termin bei Rechtsanwalt Müller?	Do you want an appointment by attorney Müller?
Wann würde es Ihnen passen?	When would suit you?
Haben Sie nächste Woche Zeit?	Have you got time next week?
Wie wäre es mit Dienstag? Sagen wir 17:00 Uhr?	How about Tuesday? Shall we say 5 pm.?
OK, dann sehen wir uns nächsten Freitag um 15:00 Uhr in unserem Büro.	All right then. We'll see us at 3 pm. in our office.
Ende	**Finish**
Rufen Sie mich einfach an, wenn Sie weitere Hilfe benötigen.	Just give me a call if you need any further help.
Ich rufe Sie zurück, sobald ich weitere Informationen von Herrn Müller erhalte.	I'll call you back as soon as I receive some more information from Mr. Müller.
Auf Wiedersehen.	Good bye. You're welcome.
Eigene Anrufe	**Own calls**
Hallo, hier ist Michael Brunner von itg Rechtsanwälte. Kann ich bitte mit Herrn Schmidt sprechen?	Hello, this is Michael Brunner from itg law office. May I speak to Mr. Schmidt, please?
Sagen Sie ihm bitte, dass er mich unter 030/222444666 zurückrufen möchte.	Please ask him to call me back on 030/222444666,

Die Landesvorwahl für Deutschland lautet 0049.	The national code of Germany is 0049.
Würden Sie ihm bitte ausrichten, dass ich nur noch bis 14 Uhr zu erreichen bin.	Please, would you tell him that I'll be in the office until only 2 pm.
Hallo Frau Meyer, ich rufe an, weil ich gerne einen Termin zwischen Ihnen und Rechtsanwalt Müller vereinbaren möchte.	Hello Mrs. Meyer, I'm calling to schedule an appointment between you and attorney Müller.
Sie haben am nächsten Montag einen Termin bei Rechtsanwalt Müller. Würde es Ihnen etwas ausmachen, den Termin zu verschieben?	You have an appointment with attorney Müller next Monday. Would you mind if we postponed the appointment?

21 *Praxistipp: I'm afraid und I'm sorry (2x „Es tut mir Leid")*

Der englische Muttersprachler verwendet „I'm afraid" und „I'm sorry" in unterschiedlichen Situationen.

Mit „I'm sorry" drückt er sein persönliches Bedauern aus, er übernimmt somit die persönliche Verantwortung für eine Handlung. z.B. „Es tut mir leid, dass ich Sie verletzt habe." – I'm sorry that I hurt you."

Mit „I'm afraid" hingegen drückt der Muttersprachler sein Bedauern aus, für das er persönlich nichts kann und das unveränderlich für ihn ist. z.B. „Es tut mir leid, aber Herr Müller ist gerade nicht im Büro." – „I'm afraid but Mr.Müller is not in the office now."

22 *Praxistipp:*

Vermeiden Sie Missverständnisse bei der telefonischen Mitteilung von Telefonnummern! Im Englischen ist es üblich, die Zahlen einzeln auszusprechen.

Beispiel: 312964 = three one two nine six four (und nicht etwa – wie manchmal unter deutschen Gesprächspartner gebräuchlich – in Zweiergrüppchen: thirty-one twenty-nine sixty-four).

Kommt in einer Gruppe eine Zahl zweimal vor, wird meist das Wort *double* verwendet (im amerikanischen Englisch wird die Zahl i.d.R. zweimal genannt).

Beispiel: 312775 – three one two double seven five (amer.: three one two *seven seven* five

Die Zahl Null wird *„oh"* ausgesprochen.

Beispiel: 105 – one oh five

X. Private Telefonnutzung

Die private Telefonnutzung kann grundsätzlich zu einem Konflikt zwischen Arbeitnehmer und Arbeitgeber führen, wobei die gleichen Grundsätze wie für die private Email-/Internetnutzung gelten (vgl. Rdn 172). 23

C. Mandatsbeginn/Mandantenbetreuung

Bugarin

I. Allgemeines

Ein nicht zu unterschätzender Aufgabenbereich in einer Anwaltskanzlei ist die Betreuung und der Umgang mit Mandanten. So sind in erster Linie Sie **Kontaktperson** und **Ansprechpartner der Mandanten**. 24

So wie Sie erwarten, höflich behandelt zu werden, wenn Sie Dienstleistungen in Anspruch nehmen, so hat auch der Mandant selbstverständlich einen Anspruch darauf, von Ihnen in erster Linie freundlich, zuvorkommend und hilfsbereit behandelt zu werden. 25

Für den Mandanten, der sich mit der Klärung eines rechtlichen Falls an einen RA wendetet, geht es dabei oft um sehr viel. Er sollte das Gefühl haben, in Ihrer Kanzlei genau richtig zu sein. Frei nach dem Motto: Der Kunde ist König. Durch einen positiven ersten Eindruck schaffen sie die beste Grundlage dafür, dass sich der Mandant in Ihrer Kanzlei gut aufgehoben und automatisch eine Vertrauenssituation geschaffen wird, die dem Mandanten das Gefühl vermittelt, weiterhin (auch fachlich) gut aufgehoben zu sein. Denn der Mandant ist i.d.R. derjenige, der dazu beiträgt, dass Ihr Job sicher ist und Ihr Lohn gezahlt wird. In Zeiten zunehmender Zulassungszahlen und steigender Konkurrenz entscheidet nicht nur der Erfolg der Dienstleistung, sondern vielmehr die Art und Weise wie wir mit dem Mandanten umgehen.

Sie sind das **Aushängeschild der Kanzlei**, denn der erste Umgang des Mandanten findet i.d.R. mit Ihnen statt. Der Eindruck, den Sie auf den Mandanten hinterlassen, sollte insgesamt stimmig sein.

Auch in gestressten Situationen wird ein entsprechendes Auftreten nichts an der Situation ändern, vielmehr kommt nur ein weiteres Problem hinzu, das die Lage noch weiter verschlechtert: Ein verärgerter Mandant. 26

Stellen Sie sich vor, der Mandant ruft in Ihrer Kanzlei an und bittet Sie, ihm die Kopie des letzten gegnerischen Schriftsatzes zuzusenden, da er das Schriftstück verlegt hat und nicht wieder auffinden kann. In diesem Telefonat treten Sie dem Mandanten freundlich gegenüber und versprechen ihm die umgehende Zusendung des besagten Schrei- 27 bens. Genauso wichtig wie Ihre telefonische Zusage ist die umgehende Umsetzung der Anfrage, also des Zusendens der Kopien.

28 Auch zwischen den einzelnen Sachgebieten einer Kanzlei ist deshalb auf Einheitlichkeit und Stimmigkeit besonderen Wert zu legen. Wenn Sie dem Mandanten z.B. zusagen, dass der RA ihn zurückruft, dann muss dieser Rückruf erfolgen.

So ist es zwingend notwendig, dass Sie und der RA dahingehend klare Regelungen und Anweisungen treffen, wie in solchen Fällen vorzugehen ist.

29 Unser Beruf bedeutet nicht nur, fit im RVG, der Zwangsvollstreckung und der übrigen Sachbearbeitung zu sein, nein, eine außerordentliche Voraussetzung ist, dass wir **Freude am Umgang mit Menschen** haben. Dass nicht alle Mandanten einfach sondern vielmehr schwierige „Kaliber“ sein können, ist bekannt. Hier kommt das eigene Selbstvertrauen zum Tragen: mögen Sie sich und kennen Sie Ihren eigenen Wert, so fällt es mit einer gesunden Portion Selbstbewusstsein leicht, die schwierigsten Situationen zu meistern.

Arbeiten Sie stets an sich, bemühen Sie sich um sich, denn wer Selbstvertrauen hat, strahlt das aus.

30 Der erste Eindruck ist entscheidend. Achten Sie

- auf ein gepflegtes Äußeres,
- auf eine sympathische Ausstrahlung,
- eine offene Körperhaltung (gehen Sie auf den Mandanten zu) und
- auf eine freundliche Stimmlage.

Wussten Sie, dass – laut Umfragen – sympathischen Menschen eher eine fachliche Kompetenz unterstellt wird, als unfreundlichen und ungepflegten Menschen?

31 Der eine oder andere kennt sicherlich folgende Situationen:

32 *Beispiel: Missverständnis bei Terminabsprache*

Sie vereinbaren telefonisch mit dem Mandanten am Donnerstag, 15.00 Uhr, einen Besprechungstermin. Sie notieren den Termin im Terminkalender. Einen Tag vorher, am Mittwoch, erscheint der Mandant um 15.00 Uhr zu dem Besprechungstermin. Ein ungünstiger Zeitpunkt, der Chef ist im Stress, das Wartezimmer voll besetzt, Fristenschriftsätze müssen heute noch diktiert werden.

- Unterstellen Sie dem Mandanten nicht, dass er Sie falsch oder nicht richtig verstanden hat. Sagen Sie ihm vielmehr, dass Sie sich falsch ausgedrückt haben und dass Sie das Missverständnis bedauern.
- Suchen Sie nach einer Lösung und schicken Sie den Mandanten nicht sofort weg. Sofern die Möglichkeit besteht, sollte der RA, sofern er in der Kanzlei ist, den Mandanten empfangen – auch wenn nur kurz aber dafür persönlich.

- Sagen Sie dem Mandanten, dass er aufgrund des Versehens und wegen anderer Termine leider Wartezeit in Kauf nehmen muss und fragen Sie ihn, ob er damit einverstanden ist.
- Bieten Sie ihm eine Tasse Tee, Kaffee oder ein Wasser an und seien Sie stets freundlich.

Beispiel: Rückrufbitte 33

Der Mandant ruft in der Kanzlei an und möchte mit dem RA sprechen. Der RA ist gerade in einer Besprechung. Im Wartezimmer warten bereits andere Mandanten.

- Sagen Sie dem Mandanten nicht, der RA wird **versuchen**, ihn im Laufe des Tages zurückzurufen. Sagen Sie dem Mandanten vielmehr, dass der RA gerade in einer Besprechung ist und ihn zurückrufen wird.
- Sollte der RA aber nicht in der Lage sein, den Mandanten zurückzurufen, dann ist es **Ihre Aufgabe**, den Mandanten zurückzurufen und ihm zu erklären, dass ein Rückruf heute leider nicht möglich ist, der RA ihn aber morgen in der Zeit von … bis … zurückrufen wird.

Beispiel: Auskunft zur Sache 34

Der Mandant ruft Sie an und bittet um Mitteilung, ob die Zwangsvollstreckungsmaßnahme gegen den Schuldner bereits Erfolg hatte. Sie sind in der Telefonzentrale und bearbeiten keine Zwangsvollstreckungssachen.

Sagen Sie dem Mandanten nicht, dass Sie ihm nicht helfen können, da eine andere Kollegin bzw. ein anderer Kollege die Akte bearbeitet. Sagen Sie ihm vielmehr, dass die Kollegin K Ansprechpartnerin ist und ihm gerne weiterhelfen wird. Bitten Sie den Mandanten um einen Moment Geduld und verbinden Sie ihn dann mit der zuständigen Sachbearbeiterin.

Beispiel: Anruf in der Mittagspause 35

Der RA ist gerade beim Mittagessen, als der Mandant anruft.

Sagen Sie dem Mandanten nicht, dass der RA zu Tisch ist, sondern geben Sie ihm vielmehr Auskunft darüber, wann der RA wieder zu erreichen ist.

II. Erster Kontakt mit einem „Neumandanten“

I.d.R. erfolgt der Erstkontakt telefonisch. Der „Neumandant“ kann sich aber ebenso schriftlich oder persönlich bei Ihnen vorstellen. 36

Die Entscheidung, ob der RA das Mandat annimmt, obliegt nicht den Kanzleimitarbeitern, es sei denn, dass es sich um ein Rechtsgebiet handelt, das in der Kanzlei nicht bearbeitet wird. Aber auch in diesen Fällen muss vorher eine Regelung getroffen sein, dass eine entsprechende Annahme des Mandats aus diesem Grunde nicht infrage kommt.

37 Bei „Neumandaten“ sind folgende Informationen einzuholen und folgende Regeln einzuhalten:

- Erfassen des Vor- und Nachnamens mit Anschrift und Telefonnummer,
- Kollisionsprüfung,
- Information über das Rechtsgebiet,
- Prüfung dahingehend, ob Fristen/Termine in Bezug auf das mögliche Neumandat vorhanden sind. Ggf. sind diese vorsorglich sofort zu notieren.
- Fertigung eines Vermerks über das Neumandat und Vorlage an den RA.

38 Insbes. im Umgang mit dem Mandanten (allerdings nicht nur mit dem Mandanten) sollten Sie über folgende Eigenschaften verfügen, die Sie i.Ü. als qualifizierte/n Mitarbeiterin/Mitarbeiter auszeichnen:

1. Freundlichkeit,
2. Höflichkeit,
3. Hilfsbereitschaft,
4. Zuverlässigkeit,
5. Glaubwürdigkeit,
6. Aufmerksamkeit,
7. Einfühlungsvermögen.

III. Umgang mit Beschwerden

39 Es lässt Sich leider nicht immer vermeiden, dass sich einige Mandanten beschweren. Vielleicht kennen Sie das auch: häufig rechnet man, wenn man sich beschwert, mit einer „Abwehrhaltung“ des anderen – frei nach dem Motto: Angriff ist die beste Verteidigung. Wie angenehm überrascht ist man, wenn genau das Gegenteil eintrifft.

40 Folgende Dinge sollten Sie berücksichtigen:

- Bereits bei dem **ersten Anzeichen einer Beschwerde**, sollten Sie dem Mandanten „den Wind aus den „Segeln“ nehmen. Bedanken Sie sich zunächst freundlich für die vorgetragene Beschwerde.
- Versuchen Sie nicht, mit dem Mandanten **zu diskutieren**, suchen Sie vielmehr nach einer Lösung des Problems und geben Sie dem Mandanten das Gefühl, dass Sie seine Beschwerde ernst nehmen und Verständnis haben – ohne Zugeständnisse zu machen.
- Je nach **Art der Beschwerde** besprechen Sie das mit dem RA oder einem Vorgesetzten.

- Geben Sie dem Mandanten ein „**Feedback**", in dem Sie ihm eine Lösung seiner Beschwerde unterbreiten. Der Mandant, der vielleicht eher mit einem „Angriff" und nicht mit so einer positiven Reaktion gerechnet hat, behält dies in guter Erinnerung. Dieser Mandant wird die Kanzlei, auch wenn er sich beschwert hat, anderen Mandanten weiterempfehlen, weil er zufrieden ist. Selbstverständlich dürfen Beschwerden nicht die Regel sein. Sonst können Sie so freundlich wie möglich sein, wenn ein bestimmtes Maß an Beschwerden erreicht wird, kommt der Mandant nicht mehr wieder. Die Regel ist, dass es keine Beschwerden geben darf.
- Schlimmer als eine Beschwerde ist **die nicht geäußerte Kritik von Mandanten**, die stillschweigend zu einem anderen Anwalt wechseln. Um das zu verhindern, sollten Sie gegenüber dem Mandanten, wie zuvor ausgeführt, in einer freundlichen, hilfsbereiten und zuvorkommenden Weise auftreten und Einfühlungsvermögen zeigen. So wird der Mandant keine Scheu davor haben, sich wegen einer Beschwerde an Sie zu wenden.

IV. Mandanten-Aufnahmebogen

Zu Ihren Aufgaben zählt auch, den RA mit ihrem Wissen und ihren Fähigkeiten in der Weise zu unterstützen, dass Sie ihm eine Reihe von Aufgaben abnehmen können, damit er in der Lage ist, sich auf seine eigentliche Arbeit zu konzentrieren. 41

Stellen Sie sich vor, ein neuer Mandant betritt die Kanzlei. Der RA hat gerade Zeit und bittet den Mandanten in das Besprechungszimmer. Noch bevor der Mandant sein Anliegen schildert, benötigt der RA sehr viele persönliche Informationen über den Mandanten. Zudem müssen vergütungsrechtliche Aspekte geklärt werden. Diese Informationen können Sie im Vorfeld einholen. Damit ersparen Sie dem RA sehr viel Zeit und der Mandant hat nicht das Gefühl, von dem RA mit Fragen überzogen zu werden, bis er „endlich zum Punkt" kommen kann. 42

> *Praxistipp:* 43
>
> An dieser Stelle ist dringend zu empfehlen, dass keine Beratung des Mandanten erfolgen sollte, ohne dass wichtige „Eckdaten" des Mandanten bekannt sind oder dass hinsichtlich einer Vergütung eine Abrede erfolgte.

Hier kommen Sie zum Einsatz. Mit dem sog. „**Mandanten-Aufnahmebogen**" können Sie sehr viele Informationen über den Mandanten einholen. 44

- Dieser Aufnahmebogen sollte jedem neuen Mandanten vorgelegt werden, mit der Bitte, diesen vollständig auszufüllen.

- Teilen Sie dem Mandanten freundlich mit, dass seine Angaben in diesem Aufnahmebogen es Ihnen ermöglichen, das Mandat bestmöglich zu betreuen und dass Sie diese Informationen zum Anlegen der Akte benötigen.
- Lassen Sie dem Mandanten bei der Ausfüllung des Fragebogens Zeit und verlassen Sie das Wartezimmer.
- Sagen Sie dem Mandanten, dass Sie bei Rückfragen zu dem Fragenbogen gerne zur Verfügung stehen.

45 Der Mandanten-Aufnahmebogen sollte folgende wesentliche Punkte beinhalten, die zum reibungslosen Führen eines Mandates notwendig sind:

1. **Persönliche Daten des Mandanten**
   - Vorname, Name, ggf. Geburtsname,
   - Geburtsdatum/Geburtsort,
   - Anschrift,
   - Telefon, Telefax, E-Mail, (geschäftlich und privat),
   - Vorsteuerabzugsberechtigung.
2. **Rechtsschutzversicherung**
   - Name der Versicherungsgesellschaft,
   - Versicherungsschein-Nr.
3. **Bankverbindung**
   - Name des Kreditinstitutes,
   - Konto-Nr.,
   - Bankleitzahl.

> *Praxistipp:*
>
> Wegen der Angabe der Bankverbindung können Sie den Mandanten darauf hinweisen, dass diese Angabe dazu dient, Gelder von dem Gegner oder Dritten an ihn weiterzuleiten.

4. **Information darüber, wie der Schriftwechsel geführt werden soll:**
   - per Post,

> *Praxistipp:*
>
> Zu empfehlen ist die Aufnahme des Zusatzes, ob eine abweichende Anschrift als die Anschrift des Mandanten für die Zusendung der Post gewünscht ist.

   - per Mail,
   - per Telefax.

Praxistipp:

Räumen Sie dem Mandanten die Möglichkeit ein, auch mehrere Alternativen anzukreuzen. Entscheidet sich der Mandant für Telefax oder E-Mail, so können Sie zwischen einer der beiden Alternativen wählen. Da der Schriftverkehr via E-Mail der kostengünstigere Weg ist, entscheiden Sie sich für diesen.

5. **Information darüber, wie der Mandant auf sie aufmerksam geworden ist:**
   - Empfehlung,
   - Internet-Suchmaschine (z.B. Anwalt24 u.Ä.),
   - Kanzlei-Homepage,
   - Telefonbuch/Gelbe Seiten/Branchenbuch,
   - Sonstiges.

Hinweis:

Diese Information ist sehr wichtig für die Kanzlei. Denn so können Sie auswerten, inwieweit Sie Mandanten-Werbung verstärken und ausbauen können.

Wenn Sie z.B. feststellen, dass sehr wenige Mandanten auf Empfehlung zu Ihnen kommen, so kann dieses Problem in Angriff genommen werden. (Analyse: Sind Mandanten ggf. unzufrieden und warum? Was kann verändert werden?)

Für den Fall, dass Sie z.B. viel Geld für eine Anzeige in den Gelben Seiten/Branchenbücher aufwenden und kaum Mandanten auf diesem Weg auf Sie aufmerksam werden, ist zu überlegen, ob der Kostenpunkt hier ggf. reduziert werden kann.

An dieser Stelle können Sie den Mandanten auch um Information darüber bitten, ob und inwieweit er mit der telefonischen Mandatsannahme, Freundlichkeit etc. zufrieden war. Dies ist eine Geschmackssache. Der Mandant sollte nicht mit zu vielen Fragen konfrontiert werden.

6. **Hinweis/Belehrung/Zustimmung: elektronische Speicherung der Daten**
   Gem. § 33 BDSG (Bundesdatenschutzgesetz) ist der Mandant vor einer Speicherung seiner Daten und der Zweckbestimmung der Speicherung der Daten zu informieren. Daneben besteht für den RA gem. § 50 BRAO die Verpflichtung, die Handakte des Mandanten fünf Jahre nach Beendigung des Auftrags aufzubewahren.
   Diese Aufbewahrungspflicht entfällt, wenn der RA den Mandanten vor Ablauf dieses Zeitraums auffordert, die Handakte in Empfang zu nehmen. Kommt der Mandant dieser Aufforderung nicht nach, kann der RA die Handakte nach Ablauf von sechs Monaten seit der Aufforderung, die Akte in Empfang zu nehmen, vernichten.

> *Praxistipp:*
>
> Für den Fall der verkürzten Aufbewahrungspflicht ist dringend zu empfehlen, dem Mandanten die Aufforderung schriftlich – gegen Empfangsbekenntnis – auszuhändigen. Wenn der Mandant die Akte innerhalb von sechs Monaten nicht abholt, können Sie die Handakte vernichten.

2.1

▼

46 **Muster 2.1: Hinweis zu der Speicherung der Daten**

Wir weisen Sie darauf hin, dass die regelmäßige Aufbewahrungsfrist von Handakten grundsätzlich fünf Jahre nach Beendigung des Auftrags beträgt. Diese Verpflichtung entfällt vor Ablauf dieses Zeitraums, wenn Sie von uns schriftlich gebeten werden, die Handakte in Empfang zu nehmen.

Wir weisen Sie darauf hin, dass nach Ablauf von sechs Monaten seit der schriftlichen Benachrichtigung die Handakte hier vernichtet wird.

Hinweis § 33 BDSG:

Hinsichtlich der von Ihnen erteilten Daten in diesem Aufnahmebogen erfolgt eine elektronische Speicherung. Die Speicherung der Daten hat ausschließlich den Zweck, Ihre Angelegenheit sachgerecht und umfassend zu bearbeiten. Eine Weitergabe ohne Ihre Zustimmung an Dritte erfolgt nicht. Für den Fall, dass Sie die Speicherung Ihrer Daten nicht wünschen, bitte ich um einen Hinweis. In diesem Fall erfolgt eine Löschung gem. den gesetzlichen Vorschriften.

Mit Ihrer Unterschrift erklären Sie sich mit der Speicherung Ihrer Daten einverstanden.

_____ *(Datum)*

_____

(Unterschrift Mandant)

▲

47 Ein Muster für einen Mandanten-Aufnahmebogen können Sie wie folgt gestalten. Je mehr Informationen umso besser. Achten Sie aber darauf, dass Sie den Mandanten nicht mit all zu vielen Fragen überfordern.

2.2

48

▼

Muster 2.2: Mandanten-Aufnahmebogen

Persönliche Daten

Anrede:		Titel:	
Vorname:		Name:	
Geburtsdatum:		Geburtsort:	

Anschrift

Straße/Haus-Nr.:	
ggf. Zusatz:	
Postleitzahl:	
Ort:	

Kontaktdaten

Festnetztelefon:		Mobiltelefon:	
Telefax:		E-Mail:	

Welche Versendungsform des Schriftverkehrs wünschen Sie? Das Zutreffende bitte ankreuzen

☐ Post ☐ E-Mail ☐ Fax

ggf. von Anschrift abweichende Postanschrift:	

Bankverbindung

Kontoinhaber/in		Konto-Nr.	
Name der Bank		Bankleitzahl	

Rechtsschutzversicherung – falls vorhanden –

Name		Versicherungs-Schein-Nr.	

Selbstbeteiligung	☐ Ja	in Höhe von €
	☐ Nein	

Zutreffendes bitte ankreuzen

Sind Sie zum Vorsteuerabzug berechtigt?	☐ Ja	☐ Nein

Zutreffendes bitte ankreuzen

Wie sind Sie auf unsere Kanzlei aufmerksam geworden?

☐ Ich war/bin bereits Mandant

☐ Persönliche Empfehlung

☐ Homepage

☐ Gelbe Seiten

☐ Anwalt-Suchservice

☐ Internet-Suchmaschine

☐ Sonstiges

Hinweis § 33 BDSG:

Hinsichtlich der von Ihnen erteilten Daten in diesem Aufnahmebogen erfolgt eine elektronische Speicherung. Die Speicherung der Daten hat ausschließlich den Zweck, Ihre Angelegenheit sachgerecht und umfassend zu bearbeiten. Eine Weitergabe ohne Ihre Zustimmung an Dritte erfolgt nicht. Für den Fall, dass Sie die Speicherung Ihrer Daten nicht wünschen, bitten wir um einen Hinweis. In diesem Fall erfolgt eine Löschung gem. den gesetzlichen Vorschriften.

Mit Ihrer Unterschrift erklären Sie sich mit der Speicherung Ihrer Daten – bis auf Widerruf – einverstanden.

Datum Unterschrift

▲

D. Aktenverwaltung und Aufbewahrungsfristen

49 S. hierzu die Ausführungen unter Rdn 77 ff. und siehe § 8 Rdn 407.

E. Postein- und Postausgang

I. Allgemeines

Die Bearbeitung des Postein- und auch Postausgangs ist eine Aufgabe, die keinesfalls unterschätzt werden darf und aufgrund Ihrer großen Bedeutung ausschließlich in den Aufgabenbereich einer ausgebildeten und mit der Kanzlei vertrauten Fachkraft fallen sollte. Insbes. die **Fristenberechnung** und **Terminverwaltung** bei der Eingangspost darf nur von einer ausgebildeten Fachkraft ausgeführt werden. 50

Wichtig bei der Postbearbeitung ist, 51

- den Überblick zu behalten,
- konzentriert
- und mit größter Sorgfalt zu arbeiten.

Sofern möglich, sollte die mit der Postbearbeitung betraute Fachkraft ausschließlich dieser Tätigkeit nachgehen und nicht durch andere Arbeiten abgelenkt werden. Gerade im Hinblick auf die Fristen- und Terminspost sollte die/der Mitarbeiter/in weder durch Telefon, Mandantenempfang noch durch andere Einflüsse gestört werden. Während dieser Tätigkeit sollten keine anderen Aufgaben zur Erledigung übertragen werden, da anderenfalls eine große Gefahrenquelle im Hinblick auf haftungsrechtliche Folgen entsteht, da Fehler bei Notieren von Fristen und Terminen unterlaufen können. 52

Die Kollegen und Kolleginnen, die „**Einzelkämpfer**“ sind, können sich bei der Postbearbeitung nicht vom Telefonklingeln, Mandantenempfang, eiligen Rückfragen des Chefs entziehen. Sie müssen im besonderen Maße konzentriert arbeiten.

II. Arbeitsanweisung Posteingang

Bei der Bearbeitung des Postein- und -ausgangs sollten **zwingend Arbeitsanweisungen** getroffen werden. Angefangen vom Öffnen der Post, Heraussuchen aktenbezogener Post sowie der Bearbeitung von Post mit Fristen und Terminen. 53

Eine Arbeitsanweisung sollte folgende Punkte enthalten. Sie kann beliebig erweitert und ergänzt werden. 54

1. Zuständige Bearbeiter des Posteingangs

- Welche Mitarbeiter (Vertreter) sind für die Bearbeitung des Posteingangs zuständig – einschließlich der Ermittlung, Berechnung und Notierung von Fristen, der Notierung von Terminen sowie Überwachung und Kontrolle von Fristen und Terminen beim Postausgang? 55

Bei dem Postbearbeiter muss es sich um eine ausgebildete Fachkraft handeln. Dieser Mitarbeiter ist auch regelmäßig der Fristensachbearbeiter der Kanzlei.

- Welcher Mitarbeiter (Vertreter) sucht die aktenbezogene Post heraus?
- Wer kontrolliert den Posteingang und legt ggf. die Post der Postbearbeiterin/dem Postbearbeiter vor?

2. Nicht zu öffnende Post

56 Ob und inwieweit **private Post** oder **Kontoauszüge** geöffnet werden dürfen, sollte vorher von dem RA mitgeteilt werden. Der Posteingangsbearbeiter ist darüber zu informieren.

3. Kontrolle des Posteingangs

57 Der Posteingang findet nicht nur am Vormittag statt, wenn der Briefträger im günstigsten Fall die Eingangspost auf Ihren Schreibtisch legt, sondern über den ganzen Tag verteilt – auch außerhalb der Bürozeiten. Sicherlich kennen Sie die Flut von **E-Mails** und **Telefaxen**, die zunächst an einem Montagmorgen im Büro warten.

Mittlerweile gibt es auch **private Postzusteller**, die zu anderen Tageszeiten die Post zustellen. Neben der Zusendung von Schriftstücken per Telefax findet der Posteingang im Zeitalter des Internets und des elektronischen Rechtsverkehrs zudem auch via E-Mail statt.

Sehr viele Mandanten machen ebenfalls von dieser Art der Kommunikation Gebrauch.

Aus diesen Gründen ist ein besonders großes Maß an Sorgfalt und Kontrolle beim Posteingang an den Tag zu legen. Zu berücksichtigen sind:

- Posteingang durch den Briefträger in den Kanzleiräumen,
- Posteingang durch private Zusteller in den Kanzleiräumen,
- Posteingang durch Einwurf in den Briefkasten,
- Posteingang durch Boten/Kurier,
- Posteingang via Telefax,
- Posteingang via E-Mail,
- Posteingang in einem bei der Post unterhaltenen Postfach,
- Posteingang durch persönliche Übergabe von Mandanten/Dritten.

Die Kontrolle des Posteingangs hat in der Weise zu erfolgen, **dass regelmäßig täglich** der Briefkasten auf Posteingang kontrolliert und geleert wird.

58 *Praxistipp:*

Hier könnte ein Vordruck verwendet werden, wann welche Mitarbeiterin zu welcher Uhrzeit den Briefkasten auf Posteingang kontrolliert und ggf. geleert hat. Der letzte

Kontrollgang zum Briefkasten und die letzte Leerung sollten kurz vor dem Ende der Bürozeiten erfolgen.

In dem Vordruck können Sie die Uhrzeit der Leerung, den Wochentag sowie das Ergebnis der Kontrolle angeben. Der Mitarbeiter, der die Kontrolle vorgenommen hat, sollte die Angaben mit einem Handzeichen versehen.

Ein entsprechender **Vordruck, wann wer den Briefkasten auf Posteingang kontrolliert** hat, kann wie folgt gestaltet werden: 59

In dem Beispiel wird eine Kontrollerfassung durch die Mitarbeiter, deren Handzeichen Ma. und Be. lauten, bis zum Dienstag notiert.

2.3

▼

Muster 2.3: Vordruck Posteingangskontrolle 60

Kontrolle/Leerung Briefkasten

für die Zeit von

Montag (*Datum*) bis Freitag (*Datum*)

Wochentag	**Uhrzeit/Handz. Mitarbeiter**	**Uhrzeit/Handz. Mitarbeiter**	**Uhrzeit/Handz. Mitarbeiter**
Montag	9.00 Uhr Leerung Ma.	14.30 Kein Post-E Ma.	17.30 Kein Post-E Ma.
Dienstag			
Mittwoch			
Donnerstag			
Freitag			

▲

Ihrer Fantasie bei dem Erstellen eines solchen Vordrucks sind keine Grenzen gesetzt. 61
Achten Sie bei dem Entwurf darauf, dass die Uhrzeit notiert ist und dass Sie den Wochentag mit Datum, Unterschrift/Handzeichen angeben. Achten sie auch darauf, dass

- das Telefaxgerät auf Posteingang kontrolliert wird.
- das E-Mail-Postfach auf Posteingang kontrolliert wird.
  Hier ist zu empfehlen, auch den sog. „Spam-Filter" auf Posteingang zu kontrollieren, da es durchaus passieren kann, dass Post dort eingeht.

Das LG Bonn hat mit Urt. v. 10.1.2014 zum AZ 15.O.189/13 festgestellt, dass täglich der Spamordner kontrolliert werden muss.

4. Posteingang bei Akten im Umlauf

62 Des Weiteren muss eine Regelung darüber getroffen werden, wie mit den Akten zu verfahren ist, die im Umlauf sind:

- Hier könnte die Regelung getroffen werden, dass eine „Haftnotiz“ mit einem entsprechenden Vermerk „Akte x./.y befindet sich beim Posteingang“ deutlich sichtbar an die entsprechende Stelle, wo sich die Akte befand, angebracht wird.
- Es könnte auch eine Liste/Vordruck mit der Überschrift „Akten befinden sich bei dem Posteingang“ mit der Bezeichnung der jeweiligen Akten angefertigt werden.
- Werden Akten z.B. vom Banddiktat entfernt, könnte wie oben beschrieben verfahren werden. Bei diesen Akten ist bei Vorlage der Post an den RA zudem ein Vermerk anzubringen, dass die Akte wieder ggf. zum Banddiktat zurückgereicht werden soll.
- Nach Möglichkeit sollte eine „zentrale Postbearbeitungsstelle“ vorhanden sein. Dort sollte sich auch stets der Papier-Kalender befinden.

Sofern vonseiten des RA oder Sachbearbeiters nicht gewünscht ist, dass die Akte, die sich im Umlauf befindet, von ihrem Ort entfernt wird, muss eine Regelung dahingehend getroffen werden, dass diese Akte zum Posteingang verbracht werden muss. (Fristen und Termine sind immer mit der Akte zu notieren).

63 *Praxistipp:*

In diesem Fall kann der Posteingang in die Akte gelegt werden und mit einem Haftnotizzettel deutlich sichtbar an der Akte angebracht werden „Achtung Posteingang, Bitte die Akte Frau/Herrn … zwecks Postbearbeitung vorlegen“.

III. Bearbeitung des Posteingangs

1. Vollständigkeit

64 Der Posteingang ist immer auf Vollständigkeit zu überprüfen. Sind in dem Schriftstück **Anlagen** aufgeführt, ist sofort zu überprüfen, ob die betreffenden Anlagen beigefügt sind. Ist ein **Empfangsbekenntnis** beigefügt, sind die in dem Empfangsbekenntnis genannten Anlagen mit den übersandten Schriftstücken auf Vollständigkeit und Richtigkeit zu überprüfen.

Wenn Sie hier Nichtübereinstimmungen feststellen, sollten Sie dies sofort auf einem Beizettel (ggf. ein sog. Haftnotizzettel) notieren und so an das Schriftstück anbringen, dass es für den RA oder den Bearbeiter der Akte sofort erkennbar ist.

2. Eingangsstempel

Original-Urkunden und Dokumente, Kontoauszüge, Schecks sollten nicht mit einem Eingangsstempel versehen werden. Verwenden Sie hierfür ein Beiblatt, das Sie an das betreffende Dokument anheften und versehen Sie dieses Beiblatt mit einem Eingangsstempel. 65

Sie können wahlweise anstelle des Beiblattes auch den Briefumschlag, mit dem das Dokument übersandt wurde, verwenden.

3. Briefumschläge

Vernichten Sie Briefumschläge nicht sofort. Oftmals kann der auf dem Briefumschlag versehene **Posteingangsstempel** vom Datum des Briefes erheblich abweichen und könnte als Nachweis oder Information dienen. 66

Überprüfen Sie stets das Kuvert, ob es geöffnet oder beschädigt ist und vermerken Sie dies. Dies könnte letztlich als Beweisfunktion dienen. Nehmen Sie sodann eine „Leerkontrolle" vor, indem Sie überprüfen, ob Sie auch alles aus dem Kuvert entnommen haben. Schließlich sollten Sie auch eine Datumskontrolle vornehmen, indem Sie das Briefdatum mit dem aktuellen Kalenderdatum vergleichen. Fallen die Daten stark auseinander, sollten Sie auch dies vermerken, gerade im Hinblick auf fristgebundene Post. 67

Sofern auf dem Posteingang der Absender des Schriftstücks nicht zweifelsfrei erkennbar ist, sollten Sie den Briefumschlag ebenfalls aufheben. In diesem Fall dient der Briefumschlag, auf dem der Absender vermerkt ist, der leichteren Zuordnung der Akte.

> *Beispiel:*
> *Der Mandant übersendet ein unterzeichnetes Vollmachtsformular ohne Anschreiben.*

4. Empfangsbekenntnis

Vom Gericht oder Behörden übermittelte Empfangsbekenntnisse sind nicht mit einem Posteingangsstempel zu versehen. 68

Die Zustellung eines Schriftstücks per Empfangsbekenntnis gilt dann als zugestellt, wenn der RA Kenntnis von dem Schriftstück erlangt hat. Dies ist für die Praxis – gerade im Hinblick auf die Berechnung von Fristen – von erheblicher Bedeutung, denn der Zeitpunkt des Posteingangs in der Kanzlei kann von dem der Kenntnisnahme des Schriftstücks durch den RA abweichen.

Die **Frist** beginnt jedoch erst dann an zu laufen, wenn der RA **Kenntnis von diesem Schriftstück erlangt hat**. 69

Damit ist jedoch nicht der Weg eröffnet, den Lauf von Fristen zu verzögern. Dem stehen standesrechtliche Verpflichtungen des RA entgegen (§ 14 BORA):

§ 14 BORA Zustellungen

Der Rechtsanwalt hat ordnungsgemäße Zustellungen entgegenzunehmen und das Empfangsbekenntnis mit dem Datum versehen unverzüglich zu erteilen. Wenn der Rechtsanwalt bei einer nicht ordnungsgemäßen Zustellung die Mitwirkung verweigert, muss er dies dem Absender unverzüglich mitteilen.

70 Das Empfangsbekenntnis ist vom RA mit Datum und Unterschrift zu versehen. Dasselbe gilt auch für Empfangsbekenntnisse, die mittels Telefax oder E-Mail versandt werden.

71 Die für die Praxis von großer Bedeutung geregelte Vorschrift des § 174 ZPO lautet wie folgt:

§ 174 Zustellung gegen Empfangsbekenntnis

(1) Ein Schriftstück kann an einen Anwalt, einen Notar, einen Gerichtsvollzieher, einen Steuerberater oder an eine sonstige Person, bei der aufgrund ihres Berufes von einer erhöhten Zuverlässigkeit ausgegangen werden kann, eine Behörde, eine Körperschaft oder eine Anstalt des öffentlichen Rechts gegen Empfangsbekenntnis zugestellt werden.

(2) [1]An die in Absatz 1 Genannten kann das Schriftstück auch durch Telekopie zugestellt werden. [2]Die Übermittlung soll mit dem Hinweis „Zustellung gegen Empfangsbekenntnis" eingeleitet werden und die absendende Stelle, den Namen und die Anschrift des Zustellungsadressaten sowie den Namen des Justizbediensteten erkennen lassen, der das Dokument zur Übermittlung aufgegeben hat.

(3) [1]An die in Absatz 1 Genannten kann auch ein elektronisches Dokument zugestellt werden. [2]Gleiches gilt für andere Verfahrensbeteiligte, wenn sie der Übermittlung elektronischer Dokumente ausdrücklich zugestimmt haben. [3]Für die Übermittlung ist das Dokument mit einer elektronischen Signatur zu versehen und gegen unbefugte Kenntnisnahme Dritter zu schützen.

(4) [1]Zum Nachweis der Zustellung genügt das mit Datum und Unterschrift des Adressaten versehene Empfangsbekenntnis, das an das Gericht zurückzusenden ist. [2]Das Empfangsbekenntnis kann schriftlich, durch Telekopie oder als elektronisches Dokument (§ 130a) zurückgesandt werden. [3]Wird es als elektronisches Dokument erteilt, soll es mit einer qualifizierten elektronischen Signatur nach dem Signaturgesetz versehen werden.

5. Posteingang mit Fristen und Terminen

72 Posteingang mit Fristen und Terminen sollten Sie gesondert trennen und sofort bearbeiten.

IV. Postarten

73 Nach dem Öffnen der Post und der Zuordnung der aktenbezogenen Eingangspost, sollten Sie die Post aufgliedern.

Die Aufteilung des Posteingangs ist wie folgt möglich:

- **Aktenbezogene Post:**

  Bei dem aktenbezogenen Posteingang können Sie den Posteingang trennen nach:

- Posteingang mit Fristen und Terminen,
- Posteingang ohne Fristen und Termine.

  Der Posteingang mit Fristen und Terminen sollte sofort als erstes bearbeitet werden. Dies gilt auch für Posteingang mit Fristen und Terminen bei nicht aktenbezogener Post und/oder ungeklärtem Posteingang.
- **Ungeklärter Posteingang:**

  Dies kann Posteingang sein, der nicht sofort zugeordnet werden kann. Ggf. kann es sich bei ungeklärtem Posteingang um Unterlagen ein **Neumandat** betreffend handeln.

  Der Posteingang ist auf Fristen und Termine zu prüfen und die Notierung von Fristen und Terminen hat umgehend zu erfolgen. Diese Post ist dem RA unverzüglich vorzulegen mit einem Vermerk hinsichtlich einer weiteren Arbeitsanweisung.
- **Rechnungen/Kontoauszüge**
- **Private Post**
- **Fachzeitschriften/Bücher**
- **Werbepost**

> *Praxistipp:* 74
>
> Zu empfehlen ist, neben einer Postbearbeitungsstelle einen festen Platz zu bestimmen, an dem die dem RA vorzulegende Post nach Einteilung der Postarten vorgelegt wird.
>
> Dies kann in der Weise geschehen, dass z.B. ein Sideboard, ein Regal, ein Beitisch oder dergleichen eigens zur Vorlage des Posteingangs dient.
>
> Auf keinen Fall sollte der Posteingang einfach zwischen anderen Akten auf den Arbeitstisch des RA vorgelegt werden.
>
> Für den RA oder den Sachbearbeiter der Post muss klar erkennbar sein, dass die auf diesem bestimmten Platz befindlichen Akten der aktuelle Posteingang sind.

V. Posteingang mit Fristen und Terminen

Die Bearbeitung des Posteingangs einschließlich der Fristen- und Terminspost ist von einer ausgebildeten Fachkraft auszuführen. Dabei muss es sich um eine erfahrene Fachkraft handeln. Keinesfalls ist diese Tätigkeit Auszubildenden oder Kollegen, die die Ausbildung gerade abgeschlossen haben, zu übertragen. 75

Fristen- und Terminspost ist, wie in Rdn 15 aufgeführt, gesondert von der anderen Post zu trennen und sofort, mit Vorlage der Akte zu bearbeiten. Ohne Akte sind keine Termine und Fristen zu notieren, es sei denn, dass es sich dabei um nicht aktenbezogene Frist- und Terminspost handelt oder um „ungeklärte“ Post, die ebenfalls Termine und Fristen enthalten kann. 76

1. Fristen

a) Allgemeines

77 Im Hinblick auf die Ermittlung, Berechnung und Notierung von Fristen muss zunächst eine **Arbeitsanweisung** erfolgen, welche Fristen von dem Fristensachbearbeiter ermittelt, berechnet und notiert werden und welche Fristen von dem RA zu ermitteln und zu berechnen sind.

78 Zu unterscheiden ist dabei zwischen den in Ihrer Kanzlei **gängigen** Fristen und den Fristen, die in Ihrer Kanzlei demzufolge **unüblich** sind.

> *Beispiel:*
>
> *RA R hat sich auf strafrechtliche Mandate spezialisiert. Er vereinbart regelmäßig mit seinen Mandanten Vergütungsvereinbarungen. In einem Ausnahmefall war RA R für einen Mandanten in einer zivilrechtlichen Angelegenheit tätig. Das Gericht hat den Streitwert durch Beschluss festgesetzt. Gegen diesen Beschluss beabsichtigt RA R sofortige Beschwerde einzulegen.*

Bei dieser Frist (sofortige Beschwerde) dürfte es sich um eine nicht übliche Frist handeln. In diesem Fall ist die Frist von dem RA zu ermitteln und zu berechnen. Ob und inwieweit „unübliche Fristen“ vorab von dem Posteingangs- und Fristensachbearbeiter zu ermitteln, berechnen und notieren sind und eine gesonderte Prüfung durch den RA zu erfolgen hat oder ob diese Post unverzüglich dem RA vorgelegt werden muss, ist in einer **Arbeitsanweisung** festzuhalten. In jedem Fall muss der RA die Ermittlung und Berechnung der Frist vornehmen.

Bei den Fristen in strafrechtlichen Verfahren dürfte es sich gem. dem o.g. Fallbeispiel dagegen um übliche Fristen handeln.

79

> *Praxistipp:*
>
> Es ist zu empfehlen, dass der RA gemeinsam mit dem Fristensachbearbeiter eine Liste der gängigen bzw. üblichen Fristen erstellt.

b) Arbeitsanweisung Posteingang mit üblichen Fristen

aa) Ermittlung der Fristen

80 Die üblichen Fristen sind von der Posteingangsbearbeiterin, die gleichzeitig Fristensachbearbeiterin ist, unter Verwendung der „Üblichen Fristenliste“ zu ermitteln.

Bei nicht üblichen Fristen ist die Akte dem RA vorzulegen, mit einem deutlich gekennzeichneten Zusatz „Achtung, Prüfung/Ermittlung unüblicher Frist“. Die Ermittlung und Berechnung der Frist erfolgt sofort durch den RA oder seinen Vertreter. Die Akte ist der Fristensachbearbeiterin nach Berechnung der Frist zwecks Notierung der Frist umgehend vorzulegen.

bb) Reihenfolge der Notierung von Fristen

Nach der Ermittlung der üblichen Frist, ist diese in der nachfolgenden Reihenfolge wie folgt zu notieren: 81

1. Notieren der Frist im Papierkalender unter Angabe der Aktenbezeichnung und Aktennummer. Die Frist ist zu benennen (z.B. Berufung, sofortige Beschwerde usw.). Das Handzeichen des Fristenbearbeiters ist anzugeben.
2. Notfristen, Ausschlussfristen und Berufungsbegründungsfristen sind mit einem roten, wasserfesten Stift im Papierkalender zu notieren. Alle anderen Fristen sind mit einem schwarzen/blauen, wasserfesten Stift zu notieren.
3. Bei Notfristen, Ausschlussfristen und Berufungsbegründungfristen sind zudem angemessene Vorfristen zu ermitteln, zu berechnen und notieren.
4. Notieren der Frist im elektronischen Kalender.
5. Nach dem Notieren der Frist im elektronischen Kalender ist ein Fristenzettel auszudrucken und die Akte abzuheften.
6. Notieren der Frist auf dem Handaktenvorblatt.
7. Notieren der Frist auf dem Schriftstück, in dem die Frist mitgeteilt ist.

> *Hinweis:*
>
> Auf dem Schriftstück ist zudem das Handzeichen des Mitarbeiters mit dem Vermerk „not." (notiert) anzugeben. An dieser Stelle ist anzumerken, dass dies nicht der letzte Schritt sein muss, sie können auf dem Schriftstück als erstes die Frist ermitteln und notieren und, wie oben ausgeführt, die weiteren Notierungen der Fristen vornehmen.

c) Arbeitsanweisung Fristen/Termine bei Terminsprotokollen

In vielen Terminen wird dem RA ein Terminsprotokoll ausgehändigt. In diesem Protokoll können Fristen und Termine enthalten sein. 82

In solchen Fällen ist eine Arbeitsanweisung zu treffen, wie zu verfahren ist. So könnte die Reihenfolge der Arbeitsschritte z.B. wie folgt aussehen:

1. Der RA muss die Akte der Posteingangs- und Fristenbearbeiterin sofort vorlegen.
2. Die Posteingangs- und Fristensachbearbeiterin prüft das Protokoll auf vorhandene Fristen und Termine, ermittelt und berechnet diese und notiert diese, wie bereits ausgeführt.
3. Nach der Notierung der Fristen/Termine erfolgt die Vorlage an den RA zur weiteren Bearbeitung.

d) Arbeitsanweisung Posteingang bei „versteckten" Fristen

Ein besonderes Augenmerk muss auf „versteckte Fristen" gerichtet sein. Akten mit „versteckten Fristen" müssen einer täglichen Kontrolle unterliegen. 83

Beispiel für eine „versteckte Frist"

In einem zivilrechtlichen Verfahren vertreten Sie den Beklagten. Im Anschluss an die mündliche Verhandlung erlässt der Richter/die Richterin den nachfolgenden Beschluss, der dem Beklagten und Ihnen in den folgenden Tagen zugestellt wird:

1. *Dem Kläger wird eine Frist zur Erwiderung des Schriftsatzes des Beklagten vom ... (Datum) innerhalb von drei Wochen gesetzt.*
2. *Dem Beklagten wird eine Frist zur Stellungnahme auf den zu erwartenden Schriftsatz des Klägers innerhalb von weiteren drei Wochen gesetzt.*

Für den Kläger in dem Verfahren ist es unproblematisch, die ihm gesetzte Frist zu ermitteln und zu berechnen. Für den Beklagten (in Ihrem Fall) kann keine zutreffende Frist ermittelt werden, da Sie zum einen nicht wissen, wann dem Kläger der Beschluss zugestellt wurde und sie zum anderen demzufolge nicht wissen können, wann die Stellungnahme des gegnerischen RA zugestellt werden wird.

84 Zunächst können Sie tagtäglich eine **Sonderwiedervorlagen-Frist** für diese Akte notieren. So ist gewährleistet, dass Ihnen die Akte täglich zur Kontrolle und Prüfung vorliegt.

Es ist zu empfehlen, auf die versteckte Frist hinzuweisen. Dies sollte nicht mit einem kleinen Klebezettel oder kurzen Satz erfolgen. Vielmehr ist zu empfehlen, für den Fristen-Vermerk einen DIN-A4-Bogen zu verwenden. Dieser ist fest an die Akte anzubringen. Ggf. klammern Sie ihn an der Akte fest, um zu verhindern, dass sich der Zettel von der Akte löst.

Die Akte darf nicht in den Schrank gehängt werden, sondern muss sich an einem festen Platz befinden. Sie darf nicht mit anderen Akten „zugestapelt" werden. Sie sollte sich am Arbeitsplatz der Fristensachbearbeiterin befinden. Sobald der RA die Akte zwecks Bearbeitung benötigt, muss eine Arbeitsanweisung regeln, dass diese Akte wieder an ihren Ursprungsort (der Arbeitsplatz der Sachbearbeiterin) zurückgelegt wird, sowie dass die Fristensachbearbeiterin schriftlich über die Wegnahme der Akte zwecks Bearbeitung zu informieren ist.

Da „versteckte Fristen" in Kanzleien nicht unüblich sind, sollte eigens für diese Akten ein besonderes Fach oder Ablageort eingerichtet werden. In einer Arbeitsanweisung kann festgehalten werden, dass dieses Fach täglich zu prüfen und zu kontrollieren ist.

Ein Hinweiszettel für eine versteckte Frist könnte wie folgt lauten: 85

▼

Muster 2.4: Hinweiszettel für versteckte Frist

ACHTUNG!!!!!!

VERSTECKTE FRIST

FRISTABLAUF

Sobald in dieser Akte ein Schriftsatz der Gegenseite eingeht, ist sofort die gem. Beschluss des Amtsgerichts vom (*Datum*) gesetzte und genannte Frist unter Nr. 2.) zu notieren.

Der Gegenseite wurde durch Beschluss des Amtsgerichts vom (*Datum*) eine Frist zur Stellungnahme auf unseren Schriftsatz vom (*Datum*) innerhalb von drei Wochen gesetzt.

Auf diesen zu erwartenden Schriftsatz der Gegenseite hat uns das Gericht eine Frist zur Stellungnahme innerhalb von drei Wochen seit Zustellung gesetzt.

1. Sobald der Schriftsatz der Gegenseite eingeht, ist zu prüfen, ob es sich um den Erwiderungsschriftsatz der Gegenseite handelt.
2. In diesem Fall ist sofort die Frist zu ermitteln, zu berechnen und zu notieren.
3. Die Akte darf nicht ohne Rücksprache mit dem/der Fristensachbearbeiter/in von ihrem Standort entfernt werden. Ist eine Rücksprache mit dem/der Fristensachbearbeiter/in nicht möglich, ist der/die Fristensachbearbeiter/in schriftlich, durch Hinterlegung einer Benachrichtigung in dem Fach darüber zu informieren, wer die Akte aus dem Fach entnommen hat und wo sie sich befindet.
4. Sofern es erforderlich ist, die Akte von diesem Standort zu entfernen, ist sie nach erfolgter Bearbeitung unverzüglich wieder dorthin zurück zu bringen.

,

(*Name Fristensachbearbeiter/in*), (*Datum*)

▲

e) Arbeitsanweisung bei Fristen im Zusammenhang mit Neumandaten

Bei Fristen im Zusammenhang mit Neumandanten ist ebenfalls eine klare Arbeitsanweisung zu treffen, wie in diesen Fällen vorzugehen ist. 86

Stellen Sie sich folgende Situation vor: Sie erreicht ein Briefumschlag mit diversen Unterlagen. Unter anderem ist den Unterlagen eine Klageschrift nebst richterlichen Verfügungen beigefügt sowie eine Ladung zum Termin. Daneben hat der Absender ein

Schreiben an den RA beigefügt, in dem er ihn um die Vertretung in diesem Verfahren bittet.

Zwar ist zwischen dem Anwalt und dem Absender kein Anwaltsvertrag geschlossen – unabhängig davon sind die Schriftstücke auf Fristen und Termine zu prüfen.

Die Fristen und Termine sind vorsorglich zu notieren. Die Unterlagen sind dem RA zur sofortigen Bearbeitung – unter Hinweis auf laufende Fristen und Termine – vorzulegen.

2. Termine

87 Das Notieren von Terminen erfolgt in derselben Reihenfolge wie das für die Fristen beschriebene, siehe Rdn 81. Bei der Notierung von Terminen jeglicher Art ist eine sofortige Prüfung hinsichtlich von **Terminskollisionen** durchzuführen (Terminsüberschneidung, Abwesenheit/Verhinderung RA). In diesem Fall ist die Akte mit einem zusätzlichen Vermerk, unter Beifügung eines Ausdrucks des Terminszettels dem RA vorzulegen mit der Bitte, hinsichtlich eines Verlegungsantrags oder Beauftragung eines Vertreters, weitere Anweisung zu erteilen.

VI. Postausgang

1. Allgemeines

88 Unter Postausgang ist nicht nur das Kuvertieren und Frankieren von Briefen zu verstehen, die sodann in den Briefkasten eingeworfen werden. Die **Postausgangskontrolle** findet viel früher statt. Sie muss, ebenso wie der Posteingang, strengen Maßstäben unterliegen. Die Rechtsprechung des BGH im Hinblick auf Anforderung an die Postausgangskontrolle ist eindeutig (z.B. BGH, Beschl. v. 10.12.2008 – XII ZB 132/08, Beschl. v. 17.7.2008 – IX ZB 165/08).

2. Arbeitsanweisung Postausgang

89 Auch beim Postausgang ist eine Arbeitsanweisung zu empfehlen, die ausnahmslos sowohl für die Mitarbeiter als auch für die RA verbindlich ist.

90 Die Arbeitsanweisung kann bspw. in folgende Punkte unterteilt werden:

a) Benennung der zuständigen Mitarbeiter

91 Um einen reibungslosen Ablauf des Postausgangs zu gewährleisten, ist zu empfehlen, dass ausgebildete Fachkräfte für die Bearbeitung und Kontrolle des Postausgangs zuständig sind. Sie sollten namentlich benannt werden und im Fall einer Verhinderung des/der zuständigen Postausgangs-Bearbeiters/in sollte eine Vertretung feststehen.

b) Benennung eines festen Postausgangs-Arbeitsplatzes

Es ist zu empfehlen, einen festen Arbeitsplatz einzurichten, an dem ausschließlich der Postausgang bearbeitet wird. An diesem Arbeitsplatz sollten sich Postausgangskörbe/-fächer/-regale oder dergleichen befinden und/oder die Unterschriftenmappen rechtzeitig zur Postausgangsbearbeitung bereit gelegt werden. 92

In unmittelbarer Nähe dieses Postausgangs-Arbeitsplatzes sollten sich sämtliche zur Postausgangsbearbeitung dienenden Arbeitsmittel und -geräte befinden (Telefaxgerät, Briefmarken, Stempel, Frankiermaschine, Terminkalender, elektronischer Kalender, Postausgangsbuch, Briefwaage etc.).

c) Benennung der Zuständigkeit für Briefkasten mit Spätleerung

Dringend zu empfehlen ist, die Post, sofern Sie nicht auf eine besondere Versendungsart verschickt wird, in einen Briefkasten mit Spätleerung aufzugeben. So ist i.d.R. gewährleistet, dass bei rechtzeitiger Aufgabe die Postlaufzeit bei einem bis max. zwei Tagen liegt (ausgenommen Weihnachtsfeiertage, an denen üblicherweise mit einer viel längeren Postlaufzeit zu rechnen ist). Es sollte auch festgehalten werden, wer die Post zu dem Briefkasten mit Spätleerung bringt (z.B. Auszubildende). 93

Zu empfehlen ist weiterhin, sofern dies organisatorisch möglich ist, dass die Post während der Arbeitszeit zum Briefkasten gebracht wird und die Mitarbeiterin/der Mitarbeiter wieder nach dem Gang zum Briefkasten in der Kanzlei erscheint. So können Sie gewährleisten und sicherstellen, dass die Post z.B. nicht mit nach Hause genommen wird oder in einen Briefkasten ohne Spätleerung eingeworfen wird, der sich auf dem Nachhauseweg befindet. Letzteres soll keine „Unterstellung" der Autorin an die Mitarbeiter sein, die die Post zum Briefkasten bringen. Doch unter besonderen Umständen (Stress, Zeit- und Termindruck) kann nicht immer ausgeschlossen werden, dass die Post nicht rechtzeitig in den nach der Arbeitsanweisung zugewiesenen Briefkasten mit Spätleerung eingeworfen wird. 94

d) Checkliste der einzelnen Arbeitsabläufe

Checkliste Arbeitsabläufe Postausgang 95

- ☐ Ist das Schriftstück unterzeichnet?
- ☐ Ist die Unterschrift leserlich? Achten Sie darauf, ob die Unterschrift, gerade bei fristwahrenden Schriftstücken (gerade in Rechtsmittelverfahren) leserlich ist.
- ☐ Ist die beiliegende Vergütungsberechnung unterzeichnet? Bei Anschreiben, denen Vergütungsberechnungen des RA beiliegen, ist zu prüfen, ob auch diese unterzeichnet ist.
- ☐ Ist die beglaubigte Abschrift unterzeichnet? Bei Gerichtspost ist zu prüfen, ob neben dem Schriftsatz an das Gericht, die beglaubigte Abschrift ebenfalls unterzeichnet ist.
- ☐ Sind die in den Schriftstücken aufgeführten Anlagen vollständig beigefügt?
- ☐ Stimmen die Anlagen mit den in dem Schriftstück aufgeführten Anlagen überein?

- ☐ Ist/Sind einer beglaubigten Abschrift die Anlage(n) ebenfalls vollständig beigefügt?
- ☐ Sind die Kopien von ausreichend guter Qualität? Bei Anlagen, die in Kopie beifügt werden, ist zu prüfen, ob diese lesbar sind.
- ☐ Ist eine bestimmte Versendungsform eines Schriftstücks vorgeschrieben, um den Zugang des Schriftstücks nachzuweisen? Z.B. Einschreiben-Rückschein, Zustellung durch Gerichtsvollzieher, Telefax, Kurier, Zustellung von Anwalt zu Anwalt gegen Empfangsbekenntnis.
- ☐ Handelt es sich bei dem Postausgang um ein fristwahrendes Schriftstück, das einer besonderen Versendungsform und Postausgangskontrolle bedarf?
- ☐ Einkuvertieren der Briefe, ordnungsgemäßes Abwiegen der Briefe.
- ☐ Gang zum Briefkasten und Einwurf der Post.

3. Schriftstücke mit besonderer Versendungsform

96 Bei Schriftstücken mit besonderer Versendungsform handelt es sich um solche, bei denen ein zeitlicher Nachweis darüber zu führen ist,

- dass dem Empfänger das Schriftstück zugestellt wurde,
- wann das Schriftstück dem Empfänger zugestellt wurde.

Es ist in keinem Fall ausreichend, ein empfangsbedürftiges Schriftstück frankiert in den Briefkasten einzuwerfen, denn wie wollen Sie im Streitfall nachweisen, dass der Empfänger das empfangsbedürftige Schriftstück erhalten hat?

Bei dieser Versendungsform sollte vorher eine **Anweisung** des RA oder des zuständigen Sachbearbeiters erfolgen, welche Versendungsform für das jeweilige Schriftstück zu erfolgen hat.

Generell sollten empfangsbedürftige Schriftstücke, sofern möglich, vorab per Telefax, übermittelt werden.

97 Beachten Sie jedoch, dass eine Übermittlung von Schriftstücken nicht immer die Wirkung hat, dass eine ordnungsgemäße Zustellung erfolgte. Wenn in dem Gesetz die Schriftform eines Schriftstücks vorgeschrieben ist (§ 126 BGB), so muss dieses Schriftstück dem Empfänger im Original vorliegen. Zwar hat der Empfänger Kenntnis von dem Schriftstück. Dies ändert jedoch nichts daran, dass die gesetzlich vorgeschriebene Form nicht eingehalten wurde. Solange dem Empfänger das Schriftstück lediglich per Telefax vorliegt, muss es von ihm nicht beachtet werden. Die Übermittlung per Telefax hat keinerlei Wirkung. Vielmehr hat die Nichteinhaltung der Schriftform die Nichtigkeit des Rechtsgeschäfts zur Folge (§ 125 BGB).

Beispiel:

M beauftragt RA R mit der Kündigung eines Wohnraummietverhältnisses. Die Kündigung des Wohnraummietverhältnisses ist gem. vertraglicher Vereinbarung spätestens am dritten Werktag eines Kalendermonats für den Ablauf des übernächsten Monats zulässig. M beauftragt den RA am 27.09. mit der Kündigung des Mietverhältnisses. Um eine wirksame Kündigung des Mietverhältnisses Ende Dezember dieses Jahres zu erreichen, muss die Kündigung des Mietverhältnisses spätestens am 03.10. in Schriftform an den Vermieter erfolgen. Liegt dem Vermieter das Kündigungsschreiben jedoch am 03.10. lediglich per Telefax vor, so ist keine wirksame Kündigung des Mietverhältnisses erfolgt. Die Kündigung eines Wohnraummietverhältnisses bedarf der Schriftform (§ 568 Abs. 1 BGB).

Mögliche Versendungsformen empfangsbedürftiger Schriftstücke: 98

a) Versendung durch die Post

Beim Versenden mittels Einschreiben gegen Unterschrift beim Empfänger erhalten Sie den Nachweis über die Einlieferung des Briefes bei dem Empfänger. 99

Die Auslieferung an den Empfänger erfolgt nur gegen Unterschrift an den Empfänger, seinen Bevollmächtigten oder einen anderen Empfangsberechtigten.

Folgende Arten Einschreiben gibt es: 100

- **Einschreiben-Rückschein**
  Zusätzlich zu dem Einlieferungsnachweis von der Post, erhalten Sie eine Empfangsbestätigung mit der Originalunterschrift des Empfängers/Empfangsberechtigten, die den Erhalt der Briefsendung dokumentiert. Wird der Empfänger der Sendung jedoch nicht angetroffen, wird eine Benachrichtigungskarte hinterlegt. Das Schriftstück ist von dem Empfänger oder von einem zum Empfang der Sendung Bevollmächtigten bei der Post abzuholen. Bei fristwahrenden oder empfangsbedürftigen Schriftstücken ist zu beachten, dass das Schriftstück erst dann zugestellt ist, wenn die persönliche Übergabe bzw. die Abholung des Schriftstücks durch den Empfänger (oder Bevollmächtigten) erfolgte. Holt der Empfänger das Schriftstück nicht innerhalb von sieben Tagen ab, wird es an den Absender zurück gesandt.
- **Einwurf-Einschreiben**
  Hier erfolgt ein Nachweis darüber, dass die Sendung in den Briefkasten (oder Postfach) des Empfängers eingeworfen wurde. Nach einer Entscheidung des OLG Koblenz (Urt. v. 11.1.2006 – 11 WF 1013/04) reicht das Einwurf-Einschreiben als Nachweis nicht aus, da keine persönliche Aushändigung des Schriftstücks an den Adressaten erfolgt. Im Streitfall kann nicht bewiesen werden, dass das Schriftstück den richtigen Empfänger erreicht hat.
- **Einschreiben-Eigenhändig**
  Bei dieser Versendungsform wird die Sendung nur an den Empfänger persönlich oder an einen von dem Empfänger ausgewählten Bevollmächtigten übergeben.

101 *Hinweis:*

Keine der genannten Versendungsformen durch die Post ist m.E. aufgrund der ausgeführten Folgen bei Nichtantreffen der Parteien (Benachrichtigungskarte und Rücksendung nach sieben Tagen bzw. fehlender Nachweis der Zustellung an den richtigen Empfänger) bei fristwahrenden und/oder empfangsbedürftigen Schriftstücken zu empfehlen.

b) Versendung durch Boten/Kurier

102 Der Vorteil eines Boten- oder Kurierdienstes besteht darin, dass eilige Sendungen grds. schnell gegen Nachweis zugestellt werden.

Zu empfehlen ist bei dieser Versendungsform die Anforderung, dass der Kurierdienst – i.d.R. erfolgt dies gegen einen Preisaufschlag – unter seiner namentlichen Benennung die Zusendung des Schriftstücks schriftlich bestätigt.

Der Auftrag an den Boten-/Kurierdienst sollte zunächst dahin gehend lauten, dass eine persönliche Zustellung an den Empfänger versucht werden soll und anderenfalls die Sendung in den Briefkasten/Briefkastenschlitz an der Tür einzuwerfen ist.

103 *Hinweis:*

Sofern in eiligen Angelegenheiten eine persönliche Zustellung durch den RA oder seinen Mitarbeiter erfolgen soll, ist zu empfehlen, dass ein Zeuge anwesend ist.

104 Nach der unmittelbaren Zustellung ist ein **Zustellungsvermerk** anzufertigen. Der Zustellungsauftrag sollte so präzise wie möglich angefertigt werden.

105 Dieser könnte wie folgt lauten:

2.5 ▼

Muster 2.5: Zustellungsvermerk

Ich habe heute, am (*Datum*), um (*Uhrzeit*) das Schreiben vom (*Datum*), gemeinsam mit (*Name des Zeugen*) in den Briefkasten (*zweiter von unten links*) eingeworfen. Auf dem Briefkasten befand sich ein Namensschild mit der Aufschrift (*Name*). Der Briefkasten machte auf mich den Eindruck, dass er regelmäßig geleert wird.

Der Briefkasten befindet sich in dem Hinterhof des Gebäudes der (*Straße, Haus-Nr.*) und befindet sich im Treppenhaus auf der rechten Wandseite.

(*Ort, Datum, Unterschrift*)

▲

c) Zustellung durch Gerichtsvollzieher

Die Zustellung durch den Gerichtsvollzieher dürfte die sicherste Form der Zustellung sein. Sie können den Nachweis darüber führen, welches Schriftstück dem Empfänger zugestellt worden ist. 106

Dies erfolgt in der Weise, dass Sie das Schriftstück unverschlossen dem Zustellungsauftrag an den Gerichtsvollzieher beifügen.

Es ist zu empfehlen, das zuzustellende Schriftstück in dem Zustellungsauftrag an den Gerichtsvollzieher zu benennen.

Richten Sie den Zustellungsauftrag an die **Gerichtsvollzieherstelle** des AG. Im Fall von Urlaub, Krankheit oder anderer Abwesenheit des Gerichtsvollziehers von seinem Büro ist nicht gewährleistet, dass das Schriftstück zügig zugestellt wird. Aufgrund der Vielzahl von Aufträgen ist der Gerichtsvollzieher i.d.R. in der Praxis mit Vollstreckungshandlungen beschäftigt.

Bei der Gerichtsvollzieherverteilerstelle des AG werden, sofern der zuständige Gerichtsvollzieher verhindert ist, die in seinem Fach hinterlegten Aufträge an einen **Vertreter** des Gerichtsvollziehers zur Auftragsbearbeitung weitergegeben.

Hinweis: 107

Auch wenn die Zustellung über einen Gerichtsvollzieher ggf. teurer ist als die zuvor genannten Versendungsmöglichkeiten, sollte die Beauftragung eines Gerichtsvollziehers dennoch in Erwägung gezogen werden. Im Hinblick auf die Bedeutung der Beweisfunktion des Nachweises von empfangsbedürftigen Schriftstücken ist diese Verfahrensweise sogar sehr zu empfehlen.

Praxistipp: 108

Sie können beispielhaft auf der folgenden Internetseite einsehen, in welcher Höhe der Gerichtsvollzieher Kosten für Zustellungen berechnet:

- http://www.der-gerichtsvollzieher.de/Kosten/KV-GVKostG/kv-gvkostg.html
- http://www.der-gerichtsvollzieher.de (Unterpunkt Kosten)
  (Auf der o.g. Internetseite finden Sie zudem sehr viele weitere nützliche und für die Praxis hilfreiche Informationen.)
- http://www.kuckuckspost.de/Kostenrecht/Download/Kostentabelle%20von%20Druckerei%20in%20 Euro.pdf

2.6

▼

109 **Muster 2.6: Zustellungsauftrag an den Gerichtsvollzieher**

Amtsgericht
– Gerichtsvollzieherverteilerstelle –
Anschrift

Zustellungsauftrag

Sehr geehrte Frau Obergerichtsvollzieherin/Gerichtsvollzieherin,

sehr geehrter Herr Obergerichtsvollzieher/Gerichtsvollzieher,

Sie werden hiermit beauftragt, das beiliegende Schriftstück:

Kündigungsschreiben vom ______ (*Datum*)

(Ordentliche Kündigung des Arbeitsverhältnisses)

an den Zustellungsempfänger

______ (*Vorname, Name*)

______ (*Straße, Haus-Nr.*)

______ (*Postleitzahl/Ort*)

amtlich zuzustellen.

Ihre Kostenrechnung bitte ich, zusammen mit dem Zustellungsnachweis, aufzugeben.

Mit freundlichen Grüßen

Rechtsanwalt/Rechtsanwältin

▲

110 Diesem Auftrag fügen Sie das betreffende Schriftstück bei. Achten Sie zwingend darauf, dass nicht nur der Auftrag an den Gerichtsvollzieher unterzeichnet ist, sondern vielmehr auch das betreffende Schriftstück. Prüfen Sie zudem, ob auch ggf. erwähnte Anlagen beigefügt sind (z.B. Vollmacht).

4. Versendungsform fristwahrender Schriftstücke

111 Die Versendung von fristwahrenden Schriftstücken ist mit größter Sorgfalt zu bearbeiten. Bei dem Postausgang fristwahrender Schriftstücke müssen Sie einen Nachweis darüber führen,

- wann das betreffende Schriftstück abgesandt wurde,
- wann das betreffende Schriftstück bei dem Empfänger zugegangen ist.

Diese Schriftstücke sollten grds. immer, sofern möglich, vorab per Telefax dem Empfänger übermittelt werden.

Erst wenn Sie alle zwingend notwendigen und erforderlichen Arbeitsabläufe, die an die Versendung von fristwahrenden Schriftstücken gestellt werden, erfüllt haben, ist diese Post zu kuvertieren, ordnungsgemäß und richtig abzuwiegen, mit dem zutreffenden Porto zu versehen und zur Post zu bringen (ggf. ist zu prüfen, ob nach dem Versand des Schriftstücks – vorab per Telefax – eine besondere Versendungsform zu beachten ist. 112

Für den Postausgang fristwahrender Schriftstücke ist daher ebenfalls eine **Arbeitsanweisung** zu treffen, die folgende Punkte beinhalten sollte: 113

▼ 2.7

Muster 2.7: Arbeitsanweisung Postausgang fristwahrende Schriftstücke

1. Jedes fristwahrende Schriftstück ist von dem/der Postausgangs- und Fristensachbearbeiter/in darauf zu prüfen, ob es unterzeichnet ist.
2. Es ist eine Prüfung vorzunehmen, ob die Unterschrift lesbar ist.
3. Das Schriftstück ist auf Vollständigkeit der Seitenzahlen zu prüfen und darauf, ob die in dem Schriftstück genannten Anlagen beigefügt sind.
4. Das Schriftstück ist darauf zu prüfen, ob der Empfänger richtig bezeichnet ist. Die aktuelle Anschrift ist ebenfalls zu überprüfen.
5. Jedes fristwahrende Schriftstück ist vorab per Telefax an den Empfänger zu übermitteln. Die Bedienung von **Kurzwahlspeichernummern** ist untersagt, da leicht versehentlich eine falsche Kurzwahlnummer gewählt werden kann und zudem die Aktualität der Telefax-Nr. mangels Kontrolle nicht gewährleistet ist.

   Die Eingabe der Telefaxnummer erfolgt unter Verwendung der zum Zeitpunkt der Fristversendung aktuellen Telefaxnummer des Empfängers. Hierbei ist eine „doppelte Prüfung“ vorzunehmen.

   Bei fristwahrenden Schriftstücken an das Gericht kann dies z.B. in der Weise erfolgen, dass die Telefaxnummer, die sich auf einem aktuellen Schreiben des Gerichts befindet, mit der Telefaxnummer verglichen wird, die sich aus den Kontaktdaten der aktuellen Internetseite des entsprechenden Gerichts entnehmen lässt.
6. Bei der Eingabe der Empfänger-Telefaxnummer ist vor dem Versand durch Abgleich zu prüfen, ob diese identisch mit der Telefaxnummer des Empfängers ist (z.B. Vergleich mit vorliegenden Adressdaten).
7. Während der Übertragung des Schriftstücks per Telefax an den Empfänger hat der Postausgangs- und Fristensachbearbeiter die Übersendung des Schriftstücks zu beaufsichtigen. Er darf sich nicht von dem Telefaxgerät entfernen.

Insbes. ist zu prüfen, ob nicht mehrere Seiten gleichzeitig „eingezogen“ werden. In diesem Fall ist die Faxübermittlung abzubrechen und sofort zu wiederholen.

8. Nach der Übermittlung des Schriftstücks per Telefax hat sofort eine Kontrolle zu erfolgen, ob die Telefaxnummer auf dem Sendebericht identisch ist mit der Telefaxnummer des Empfängers.
9. Des Weiteren ist zu kontrollieren, ob die auf dem Sendebericht aufgezeigte Seitenanzahl identisch ist mit der Seitenanzahl des fristwahrenden Schriftstücks.
10. Nach der Übermittlung des fristwahrenden Schriftstücks und den durchgeführten Kontrollen ist das Schriftstück zu kuvertieren und ausreichend frankiert zum Postausgangsfach zu legen. Der Fristensachbearbeiter hat dahin gehend abschließend eine Kontrolle durchzuführen.
11. Nach Ausführung der Schritte 1 bis 10 sind von dem Fristensachbearbeiter die entsprechenden Vermerke auf dem Fristenzettel einzutragen. Die Frist ist sodann im Papierkalender und im Fristenkalender als erledigt zu notieren.

▲

F. Termine/Fristen

I. Allgemeines

114 Jede Kanzlei für sich ist verschieden – bedingt durch die Rechtsanwälte/Rechtsanwältinnen und ihre Mitarbeiter, die der Kanzlei eine persönliche und individuelle Note geben, durch die Größe der Kanzlei und nicht zuletzt durch die vielen verschiedenen Rechtsgebiete. Einige Kanzleien spezialisieren sich auf bestimmte Rechtsgebiete und andere Kanzleien sind „Wald- und Wiesenkanzleien“, die Dienstleistungen für fast alle Bereiche anbieten.

115 So viele Unterschiede es auch gibt, so hat jede Kanzlei, ob es eine große Wirtschaftskanzlei oder die Kanzlei eines „Einzelkämpfers“ ist, eines gemeinsam: Der tägliche Umgang mit **Terminen** und **Fristen**.

116 Eine der wichtigsten „Säulen“, auf die eine Kanzlei gestützt ist, ist die **Kanzleiorganisation**. Insbes. die Organisation im Umgang mit Terminen und Fristen. Um dieses Arbeitsgebiet erfolgreich zu führen, ist eine effiziente und zuverlässige Büroorganisation unabdingbar. Klare Arbeitsanweisungen, die einzuhalten sind, sind ein Muss.

117 Etwa $\frac{1}{3}$ der Haftpflichtfälle betrifft die Folgen von fehlerhafter Fristen- und Terminsführung. Dabei muss das eigentlich nicht sein. Vielmehr könnte dies im Falle einer perfekt geführten Büroorganisation vermieden werden.

Es ist primär Ihre Aufgabe, die Verwaltung von Terminen und Fristen so zu steuern, dass kein Grund gegeben ist, **Wiedereinsetzungsverfahren** vor Gerichten zu führen oder wegen anderer versäumter Termine und Fristen die Haftpflichtversicherung einzuschalten. 118

Tagtäglich muss das Ziel erfüllt werden, eine zuverlässige und erfolgreiche Fristen- und Terminverwaltung zu gewährleisten.

In der Praxis bieten sich dazu eine Vielzahl von Hilfsmitteln und Arbeitsschritten.

Bitte bedenken Sie stets immer eines: Auch wenn wir die Telefaxnummer eines bestimmten Gerichts auswendig kennen, sollten wir niemals in Versuchung geraten – gerade bei einem fristwahrenden Schriftsatz – die Nummer, ohne sie vorher Zahl für Zahl aus einem aktuellen Verzeichnis abgelesen zu haben, einzugeben und das Schriftstück zu versenden. Gehen Sie, gerade im Umgang mit Terminen und Fristen, mit der größten Sorgfalt und Genauigkeit vor.

Es geht nicht immer um Schnelligkeit, sondern vielmehr um Sorgfalt, Zuverlässigkeit und Genauigkeit. Wenn Sie als Fristensachbearbeiter/in eingesetzt sind, spricht dies für einen Vertrauensbeweis des RA oder Ihrer/s Vorgesetzten. Schätzen Sie diesen Vertrauensbeweis und zeigen Sie sich Tag für Tag für das entgegengebrachte Vertrauen erkenntlich, in dem Sie sich auf diesem Gebiet, das sicherlich nur eines von vielen weiteren Arbeitsgebieten Ihrer Tätigkeit darstellt, unschlagbar und sozusagen unbezahlbar machen.

Finden Sie nicht auch, dass die Vielseitigkeit dieses Berufes das besondere „Quäntchen“ im Vergleich zu anderen Berufen ist?

II. Termin- und Fristenkalender

Der Termin- und Fristenkalender ist das **elementarste Organisationsmittel einer Kanzlei**. 119

Ein Termin- und Fristenkalender besteht i.d.R. aus einem 120

- Kalender in Papierform (nachfolgend P-Kalender genannt),
- Kalender in elektronischer Form (nachfolgend E-Kalender genannt).

Der Termin- und Fristenkalender gibt Ihnen auf den ersten Blick sofort Auskunft über anstehende: 121

- Gerichtstermine,
- Ortstermine,
- Fristen,
- Vorfristen,
- Wiedervorlagen,
- Mandantentermine,
- Dauertermine.

122 Des Weiteren zeigt er Ihnen auf,

- wann Fristen zu bearbeiten sind,
- wann Termine wahrgenommen werden müssen,
- wann und welche Wiedervorlagen bearbeitet werden müssen,
- inwieweit der RA ausgelastet ist,
- inwieweit Terminskollisionen (Gerichtstermine) gegeben sind,
- Abwesenheit des RA von der Kanzlei.

123 So können Sie sofort die erforderlichen Maßnahmen einleiten.

1. Papier-Kalender

124 Im Hinblick auf die Führung und den **Umgang des P-Kalenders** sollten folgende **Arbeitsanweisungen** getroffen werden:

a) Stammplatz

125 Es ist dringend zu empfehlen, für den P-Kalender einen festen „Stammplatz" in der Kanzlei zu bestimmen. Nach Möglichkeit sollte dies der Postein- und -ausgangsarbeitsplatz sein. So weiß jeder Mitarbeiter der Kanzlei, wo sich der P-Kalender befindet. Der Fristensachbearbeiter erspart sich dadurch (gerade in Großkanzleien) das zeitaufwändige Suchen des Kalenders.

b) Verantwortlicher/Vertreter

126 Es sollten Fristensachbearbeiter (mit Vertretung) genannt werden. Ausschließlich diese Mitarbeiter nehmen Eintragungen in dem P-Kalender vor. Bei diesen Mitarbeitern muss es sich um ausgebildete Fachkräfte handeln. Sinnvoll ist, dass es sich bei diesen Mitarbeitern um die für die Postein- und -ausgangskontrolle zuständigen Fachkräfte handelt, s.a. Rdn 91, 55.

Sofern durch besondere Umstände keiner dieser Mitarbeiter anwesend ist, fällt die Verwaltung und Führung des P-Kalenders in den Aufgabenbereich des **Bürovorstehers/ Rechtsfachwirts/Büroleiters** und im Falle seiner/ihrer Verhinderung in den Aufgabenbereich des RA/der RAe. In keinem Fall darf diese Tätigkeit einem/r Auszubildenden anvertraut werden.

127 Regelmäßig wird vom BGH (Beschl. v. 5.2.2003 – VIII ZB 115/02, NJW 2003, 1815; Beschl. v. 17.1.2007 – XII ZB 166/05, NJW 2007, 1453; OLG Frankfurt am Main, Urt. v. 8.3.2007 – 4 U 74/03) zu Recht die Auffassung vertreten, dass die Fristenbearbeitung voll ausgebildetem, zuverlässig arbeitendem Fachpersonal obliegt. Denn für eine erfolgreiche Ermittlung, Berechnung und Notierung von Fristen sind fundierte Kenntnisse notwendig.

c) Rangfolge

Alle Eintragungen, unabhängig davon, ob es sich um eine Frist, einen Gerichtstermin, allgemeinen Termin, Besprechungstermin usw. handelt, erfolgen immer und ausschließlich zuerst in dem P-Kalender. 128

d) Erledigte Fristen

Erledigte Fristen werden in der Weise gekennzeichnet, dass Sie mit einem Häkchen (✓) oder dem Vermerk „erl.", dem Handzeichen sowie Datum der Erledigung durch den Fristensachbearbeiter versehen werden. 129

e) Änderungen/Korrekturen

Sofern eine Änderung von bereits eingetragenen Terminen und Fristen aufgrund von Fristverlängerungen oder Terminsaufhebungen und -verlegungen erfolgt, sind die hinfälligen Termine und Fristen in der Weise zu vermerken, dass sie gestrichen werden und mit einem entsprechenden **Erledigungsvermerk** versehen werden. 130

Die Termine und Fristen dürfen nicht durch Tipp-Ex unkenntlich gelöscht werden.

> *Beispiel:*
>
> *Am 23.1.2018 ist eine Frist wie folgt notiert:*
>
> *Mustermann ./. Mustermann, 500/09 (Prozessregister-Nr.), Berufungsbegründung,*
>
> *Dem Antrag des RA, die Frist zur Begründung der Berufung bis zum 23.2.2018 zu verlängern, gibt das LG fristgerecht statt. Die Frist zur Berufungsbegründung läuft am 23.2.2018 ab.*

Sie gehen wie folgt vor: 131

1. Sie streichen den Termin: *Mustermann ./. Mustermann, 500/09 (Prozessregister-Nr.), Berufungsbegründung.*
2. Geben Sie den Grund für die Streichung des Termins an: z.B. *Fristverlängerung LG Berlin v. 15.1.2018*
3. Notieren Sie das Datum der Streichung mit Handzeichen.

f) Zentraler Einzelkalender

Es sollte immer nur ein P-Kalender vorhanden sein. Mehrere Kalender sind nicht zu empfehlen – auch nicht in Großkanzleien, da im Hinblick auf die Verwaltung von Fristen und Terminen mit mehreren Kalendern einige Gefahren lauern. 132

Beispielhaft nenne ich folgende:

- Die Kalender können bei der Eintragung von Fristen, auch wenn sie farblich voneinander getrennt sind, verwechselt werden.
- Erfolgt die Notierung eines Gerichtstermins und/oder einer Frist in einem von mehreren Einzelkalendern ist keine Kontrolle über Terminskollisionen gewährleistet. Ist

der zuständige RA unvorhersehbar verhindert, kann es, weil keine zentrale Ermittlung der Gerichtstermine und Fristen erfolgte, leicht zu Fristversäumnissen oder „geplatzten“ Terminen führen. Die Ermittlung eines Vertreters innerhalb der Kanzlei aufgrund mehrerer Einzelkalendern erschwert die zeitliche Lösung des Problems. Die Termine/Fristen des RA, der verhindert ist, müssen dann in dem Kalender des Vertreters erneut eingetragen werden.

- Die Fristensachbearbeiter benötigen eine umfassende Übersicht über alle Termine und Fristen „auf einen Blick“. Bei mehreren Kalendern ist dies nicht arbeitsfördernd und vielmehr unübersichtlich.

Das bedeutet nicht, dass die einzelnen RAe auf einen Einzelkalender verzichten müssen. Vielmehr kann das Problem in der Weise gelöst werden, dass jeder RA über den elektronischen Kalender einen Einzelkalender einrichten kann, auf den er, neben dem P-Kalender, Zugriff hat. Hierbei ist dennoch die Regel, dass Fristen und Termine von dem Fristensachbearbeiter notiert und auf den elektronischen Einzelkalender übertragen werden.

g) Aufbewahrung nach Büroschluss

133 Ein weiterer wesentlicher Punkt ist die Aufbewahrung des P-Kalenders nicht nur während der Bürozeit, sondern auch danach.

Es muss gewährleistet und sichergestellt sein, dass der P-Kalender so aufbewahrt wird, dass unbefugte Dritte ihn nicht einsehen oder entwenden können. Des Weiteren sollte der P-Kalender in der Weise aufbewahrt werden, dass er „wind-, wasser- und feuergeschützt“ ist.

2. Elektronischer Kalender

134 Der E-Kalender ist der Beikalender des P-Kalenders. Bitte bedenken Sie stets, dass im Falle eines Systemausfalls der E-Kalender keinerlei Funktion erfüllen kann. Sofern Sie keinen P-Kalender neben dem E-Kalender führen, sind sie im Fall der Fälle hilflos. Bis der System-Administrator das Problem behoben hat, können im schlimmsten Fall Fristen und Termine versäumt werden.

Der P-Kalender hat größte Priorität. Wie bereits unter Rdn 128 ausgeführt, sind alle Eintragungen zuerst im P-Kalender auszuführen.

Für den E-Kalender sollten ebenfalls klare Anweisungen getroffen werden, die von allen Mitarbeitern der Kanzlei (einschließlich der RAe) einzuhalten sind.

a) Zuständigkeit

135 Eintragungen in dem zentralen E-Kalender werden, wie bereits unter Rdn 132 dargestellt, von denselben dort genannten Fristensachbearbeitern (und Vertretern) ausgeführt.

b) Übertragung zentraler Kalender

Sofern Einzel-Kalender geführt werden, hat der Fristensachbearbeiter neben der Eintragung der Termine und Fristen im zentralen P-Kalender die Pflicht, die für den zuständigen E-Kalender betreffenden Termine und Fristen zu notieren. I.d.R. erfolgt dies über die Auswahl des im E-Kalender aufgeführten Sachbearbeiters durch Bestätigen des Namensfeldes. Üblicherweise erfolgt eine **dezentrale** Erfassung der Termine, sodass bei entsprechender Eingabe der Termin/die Frist sowohl im zentralen P-Kalender als auch im zuständigen Einzelkalender eingetragen ist. 136

c) Löschung erledigter Termine

Termine, insbes. Gerichtstermine, die sich erledigt haben (z.B. Terminsverlegung) können Sie, anders als bei Fristen, im E-Kalender löschen. Sie können (einige RA-Programme bieten das auch an) diese Termine als „erledigt" löschen. 137

> *Beispiel:*
>
> *Im E-Kalender wird, nachdem zuvor im P-Kalender eine Eintragung erfolgte, folgender Gerichtstermin eingetragen:*
>
> *15.1.2018, 11.00 Uhr, Saal 205, AG Schöneberg, MV (Mündliche Verhandlung).*
>
> *Das Gericht hebt den Termin wegen krankheitsbedingter Abwesenheit des Vorsitzenden Richters auf.*

Diesen Termin können Sie in der Weise löschen, dass der Termin als erledigt notiert wird. Als Grund können Sie z.B. Terminsaufhebung notieren.

d) Löschung erledigter Fristen

Erledigte Fristen dürfen im E-Kalender nicht gelöscht werden. 138

> *Beispiel 1:* 139
>
> *Nachdem ein fristwahrendes Schriftstück zutreffend an den Empfänger (nach eingehender Kontrolle) übermittelt wurde, das Schriftstück kuvertiert und frankiert zum Postausgang gegeben wurde, hat der Fristensachbearbeiter die Frist im P-Kalender als erledigt notiert.*

> *Beispiel 2:* 140
>
> *Unter dem 23.1.2018 ist eine Frist wie folgt notiert:*
>
> *Mustermann ./. Mustermann, 500/09 (Prozessregister-Nr.), Berufungsbegründung,*
>
> *Dem Antrag des RA, die Frist zur Begründung der Berufung bis zum 23.2.2018 zu verlängern, gibt das LG fristgerecht statt. Die Frist zur Berufungsbegründung läuft nunmehr am 23.2.2018 ab. Die neue Frist wurde im P-Kalender, Aktenvorblatt, Schriftsatz des LG sowie im E-Kalender notiert.*

141 *Zu Beispiel 1:*

Die erledigte Frist ist im E-Kalender als erledigt zu notieren. Dies erfolgt in der Weise, dass das Datum der Erledigung der Frist und sofern möglich, der Name des Fristensachbearbeiters eingegeben wird.

142 *Zu Beispiel 2:*

Die hinfällige Frist vom 23.1.2018 darf nicht gelöscht werden. Vielmehr ist sie als „erledigt“ im E-Kalender zu notieren.

143 In keinem Fall, dürfen Fristen in dem E-Kalender gelöscht werden. Es muss jederzeit der Verlauf der Fristen im E-Kalender nachvollzogen werden können.

III. Fristen

144 Bei den Fristen im Zivilverfahren wird zwischen

- gesetzlichen Fristen,
- richterlichen Fristen,
- Ausschlussfristen,
- Notfristen,
- gewöhnliche Fristen

unterschieden.

145 Im Zivilprozess sind die allgemeinen Vorschriften über die Fristen in den §§ 221 bis 229 ZPO geregelt.

146 Nachstehend soll ein Überblick über die in einer Kanzlei wichtigsten Fristen im Zivilprozess dargestellt werden. Wegen der besonderen Einzelheiten zu den Fristen verweise ich auf die Ausführungen unter Rdn 114 ff.

Rechtsmittel/Rechtsbehelfe	**Frist/Gesetzliche Vorschriften**
Berufung	§§ 511, 517 ZPO
Berufungsbegründung	§ 520 ZPO
Revision	§§ 542, 548, 551 ZPO
Sprungrevision	§ 566 ZPO
Anschlussrevision	§ 554 ZPO
Nichtzulassungsbeschwerde	§ 544 ZPO
Sofortige Beschwerde, Anschlussbeschwerde	§§ 567, 569, 793 ZPO
Rechtsbeschwerde, Anschlussrechtsbeschwerde	§§ 574, 575 ZPO
Erinnerung	§ 573 ZPO
Einspruch gegen Versäumnisurteil	§§ 338, 339 ZPO

Rechtsmittel/Rechtsbehelfe	Frist/Gesetzliche Vorschriften
Nichtigkeitsklage	§§ 579, 586 ZPO
Restitutionsklage	§§ 580, 586 ZPO
Widerspruch gegen Mahnbescheid	§ 694 ZPO
Einspruch gegen Vollstreckungsbescheid	§ 700 ZPO
Wiedereinsetzung in den vorigen Stand	§§ 233, 234 ZPO
Berichtigung des Tatbestands	§ 320 ZPO
Ergänzung des Urteils	§ 321 ZPO

G. E-Mailverkehr/Outlook

Brunner-Ovadia

Mittlerweile hat fast jede Kanzlei einen internetfähigen Rechner und zumindest eine eigene E-Mail-Adresse. Der Fortschritt kommt also auch in den Kanzleien an. **147**

Die meisten Kanzleien verwenden derzeit wohl **Outlook 2016** bzw. **Outlook 365** als E-Mail-Programm, so dass nachstehend die Einstellungen anhand dieser Versionen dargestellt werden. Die theoretischen Grundüberlegungen dahinter geltend natürlich für alle Versionen. **148**

> In immer mehr Kanzleien setzt sich zwischenzeitlich das Modell Office 365 durch. Im Gegensatz zum klassischen Office zahlen Sie bei „Office 365" monatlich oder jährlich einen Abonnement-Betrag, erhalten dabei aber immer **die aktuelle Version**. Microsoft erlaubt weiterhin, dass Sie Office 365 pro Benutzer auf bis zu fünf Rechnern gleichzeitig installieren. Der Rechtsanwalt kann somit z.B. mit einer Lizenz, seinen Tower im Büro, seine Laptop und sein Tablet ausstatten.

Zunächst wird kurz der Aufbau des Outlook 2016 dargestellt, Neben dem Menüband gibt es einen Ordnerbereich, eine Nachrichtenliste und einen Lesebereich. Über die Navigationsoptionen kann man im Übrigen zwischen den weiteren Funktionen von Outlook wie Kalender, Personen etc. wechseln. **149**

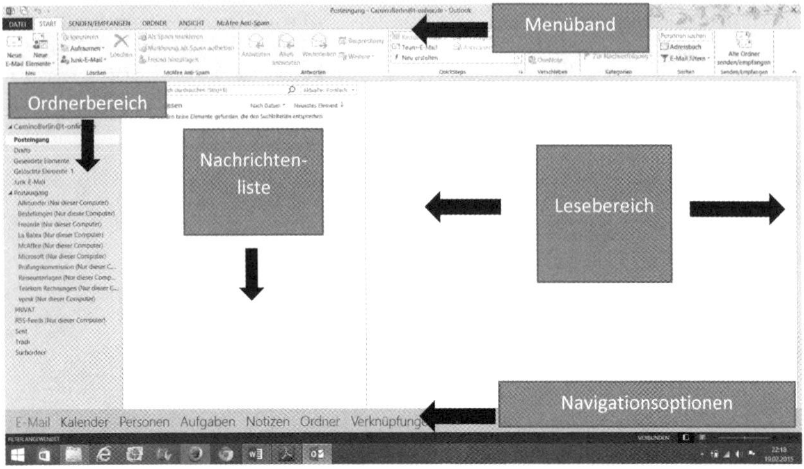

150 Das Outlook 2016 ist sehr anpassungsfähig und es können weitere Funktionen über das Menüband → Ansicht und dann Aufgabenleiste (Layout) zur Outlook-Startseite hinzugefügt werden, wie z.B. der Kalender.

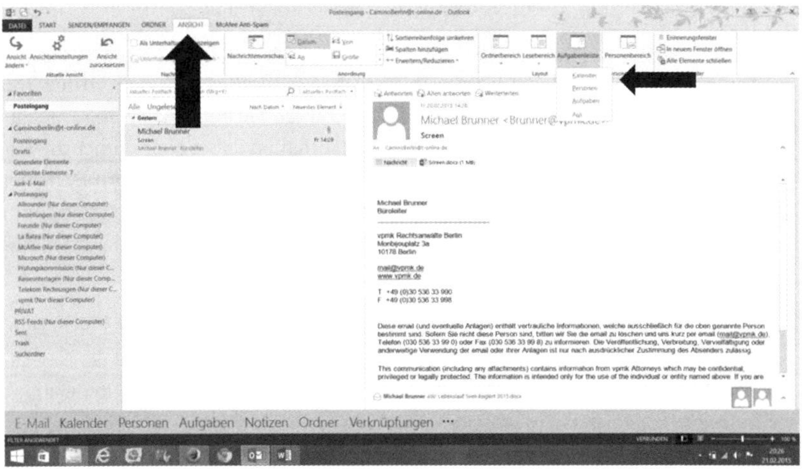

151 Danach erscheint der Kalender bei jedem Start rechts neben dem Lesebereich.

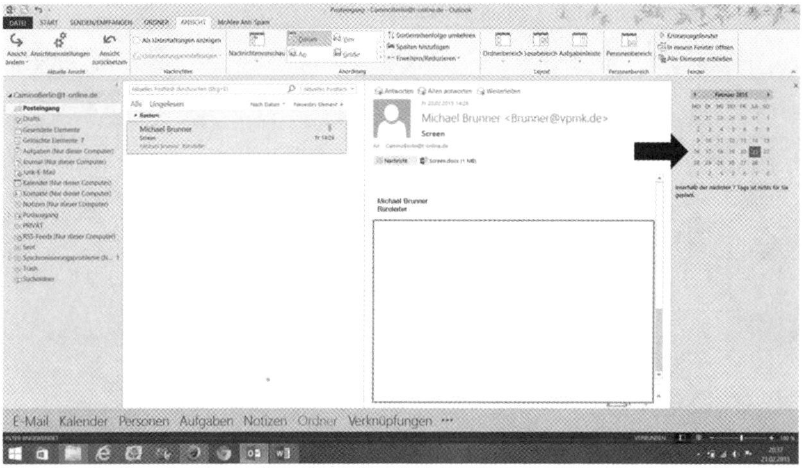

I. Schnelligkeit und Ordnung

Durch Einsatz von Internet und E-Mails ist jedoch das Kanzleileben schneller geworden. **152**
Hatte man noch vor Jahren eine Anfrage an den Mandanten per Post gestellt, so erhält man heute z.T. innerhalb von kürzester Zeit die Rückantwort und kann diese z.T. am gleichen Tag weiterbearbeiten.

Doch immer wieder werden die Handhabungspflichten für E-Mails verkannt: **153**

- Grds. kann bei einfachen Anfragen erwarten werden, dass diese der Schnelligkeit des Mediums entsprechend im Laufe des Tages, zumindest am nächsten Tag beantwortet werden. (Dies gilt übrigens auch bei Faxen).
- Ist die E-Mail-Adresse auf dem Briefbogen enthalten, so ist meines Erachtens eine zeitnahe Kontrolle des E-Maileinganges über den gesamten Tagesverlauf angebracht und nicht nur zweimal am Tag morgens und abends. Bei persönlichen E-Mail-Postfächern sollte ferner die **Abwesenheitsnotiz**/der Abwesenheitsassistent aktiviert werden, sobald man nicht in der Kanzlei ist.

Um die Schnelligkeit zu gewähren und das E-Mail-Postfach in den Griff zu bekommen, **154**
muss man den Posteingang unbedingt ordnen. Es bietet sich daher an, verschiedene Ordner anzulegen und eingehende Emails ggf. entsprechend zu verschieben. Als Ziel sollte man sich setzen, dass am Abend der E-Mail-Posteingang völlig leer ist.

Die Anlage eines neuen Ordners erfolgt in Outlook 2016 über den Ordnerbereich. Mit ei- **155**
nem rechten Mouseklick öffnet sich eine Optionsleiste.

Wählen Sie dort den Befehl Ordner → Neuer Ordner:

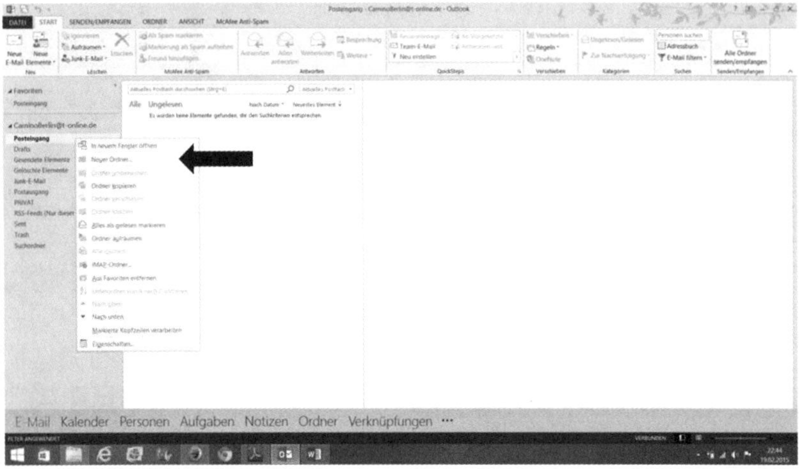

156 Sie können nunmehr den neuen Ordner benennen.

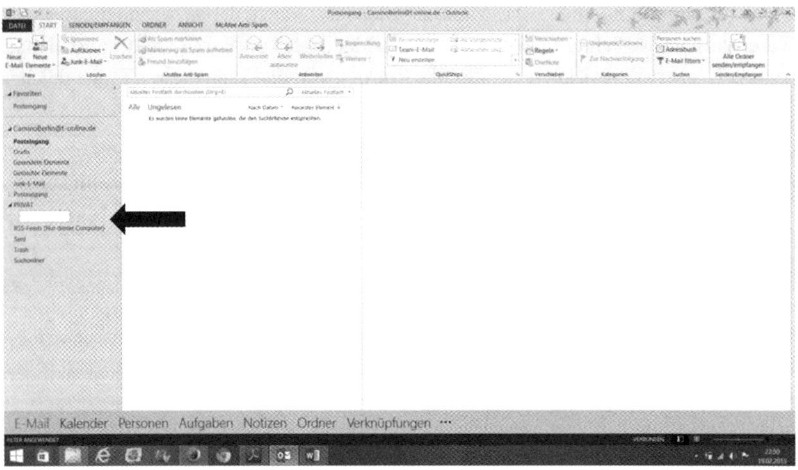

157 Neben den üblichen Ordnern, die bereits in Outlook vorangelegt sind, wie

- Posteingang,
- Postausgang,
- gesendete Objekte,
- Entwürfe,

könnte man z.B. folgende Unterordner einrichten:

- beim Posteingang:
  - WICHTIG – noch zu bearbeiten,
  - Mandantenkorrespondenz,
  - Internes,
- beim Archivordner:
  - Rechnungen,
  - Kanzleiverfügungen.

Mit der Zeit werden Sie sicherlich Ihr eigenes Ordnungssystem entwickeln. 158

Zum Thema Ordnung in Outlook gehört auch die Kontrolle und Bereinigung des Spamordners. Ich möchte insbesondere auf die ständige Rechtsprechung (vgl. LG Bonn, Urt. v. 10.1.2014, 15.O.189/13) hinweisen, die die **tägliche Emailkontrolle des Spamordners** für notwendig hält und bei Nichtbeachten dieser Regel von einem Versäumnis des Rechtsanwalts und einer evtl. Haftung ausgeht. 159

II. Ordnungsgemäße Kennung

Die ausgehende E-Mail ist wie der Geschäftsbrief die erste **Visitenkarte** der Kanzlei. Daher verwundert es umso mehr, wenn keine ordnungsgemäße Kennung am Ende der E-Mail enthalten ist. Diese ist recht einfach in Outlook einzurichten und sollte kanzleiintern einheitlich formatiert sein. 160

Gehen Sie hierzu im Menüband auf Datei und dort auf den Befehl Optionen. 161

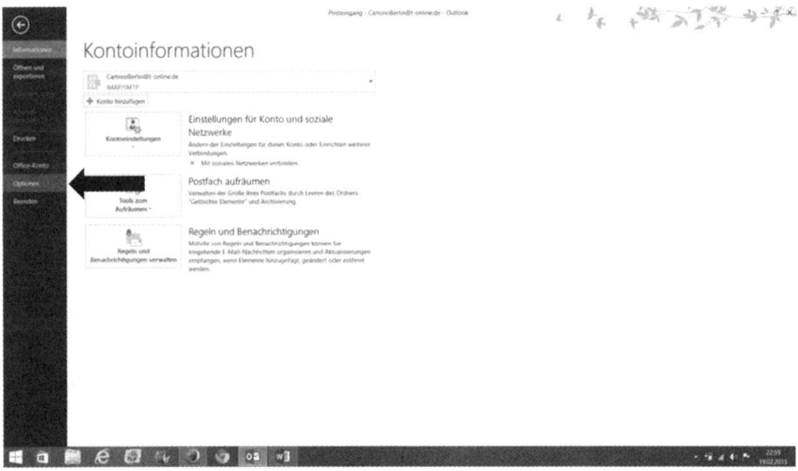

162 Es öffnet sich nunmehr ein weiteres Fenster mit Outlook-Optionen. Wählen Sie dort unter Emails → Nachrichten verfassen → Signaturen aus.

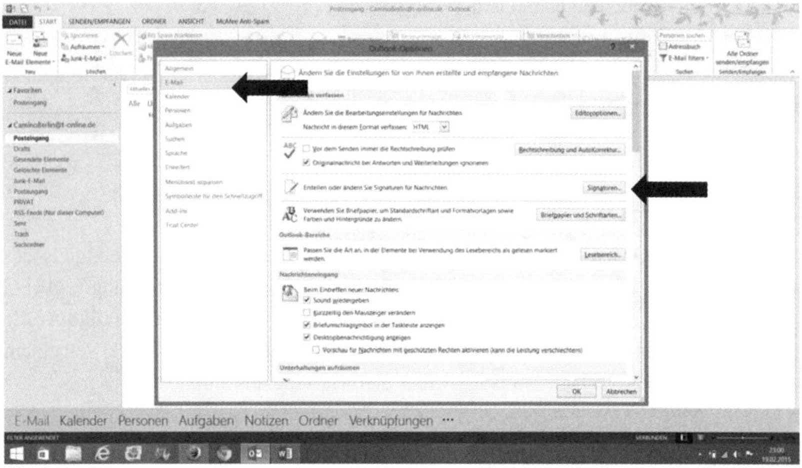

163 Klicken Sie auf der Registerkarte E-Mail-Signaturen nunmehr auf den Button Neu und geben Sie einen Namen für die Signatur ein.

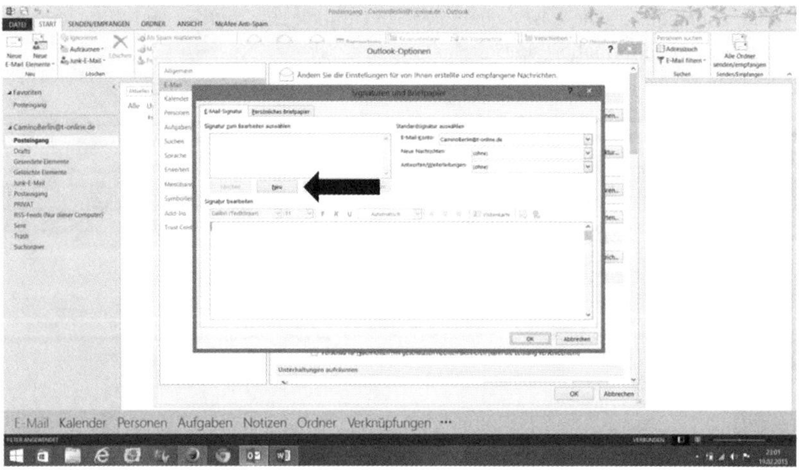

164 Im Feld Signaturen bearbeiten können Sie den Text der Signatur eingeben und formatieren.

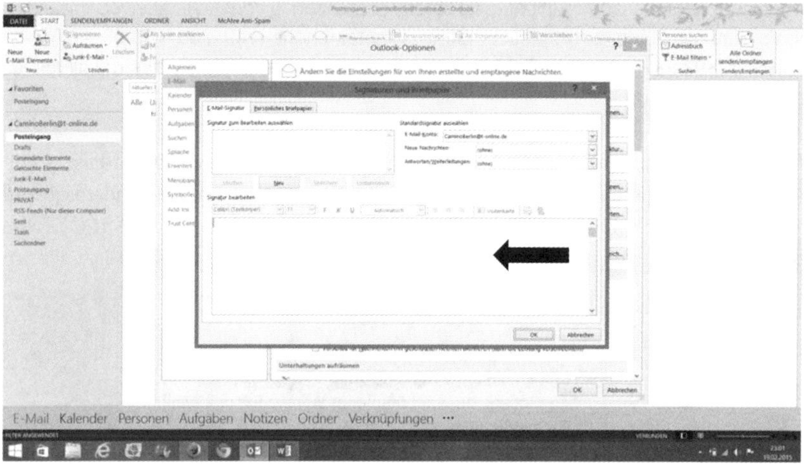

Eine mögliche Signatur könnte wie folgt aussehen: 165

2.8

Muster 2.8: Signatur 166

Petra Muster (Name ReFa)
Sekretariat
itg Rechtsanwälte Berlin
Fasanenstraße 81 B
10623 Berlin
mail@itg.de
www.itg.de
T +49 (0)30 98 98 – 0
F +49 (0)30 98 98 – 600

Diese E-Mail (und eventuelle Anlagen) enthält vertrauliche Informationen, welche ausschließlich für die oben genannte Person bestimmt sind. Sofern Sie nicht diese Person sind, bitten wir Sie die E-Mail zu löschen und uns kurz per E-Mail (mail@itg.de), Telefon (030 98 98 – 0) oder Fax (030 98 98 – 600) zu informieren. Die Veröffentlichung, Verbreitung, Vervielfältigung oder anderweitige Verwendung der E-Mail oder ihrer Anlagen ist nur nach ausdrücklicher Zustimmung des Absenders zulässig.

This communication (including any attachments) contains information from itg Attorneys which may be confidential, privileged or legally protected. The information is intended only for the use of the individual or entity named above. If you are not the intended recipient, you are hereby notified that any review, disclosure, copying, distribution or use of the contents of this communication is strictly prohibited. If you have received this electronic transmission in error, please notify us by telephone (+49 – 30 – 98 98 – 0) or fax (+49 – 30+98 98 – 600) or by E-Mail to mail@itg.de, and immediately destroy all copies of this transmission.

▲

167 Damit die Signatur jedoch immer automatisch an Ihre E-Mails angefügt wird, ist es notwendig, die entsprechende Signatur zuzuordnen. Dies geschieht über Standardsignatur auswählen, jeweils für Neue Nachrichten und Antworten/Weiterleiten. Mit OK wird die Signatur letztendlich gespeichert.

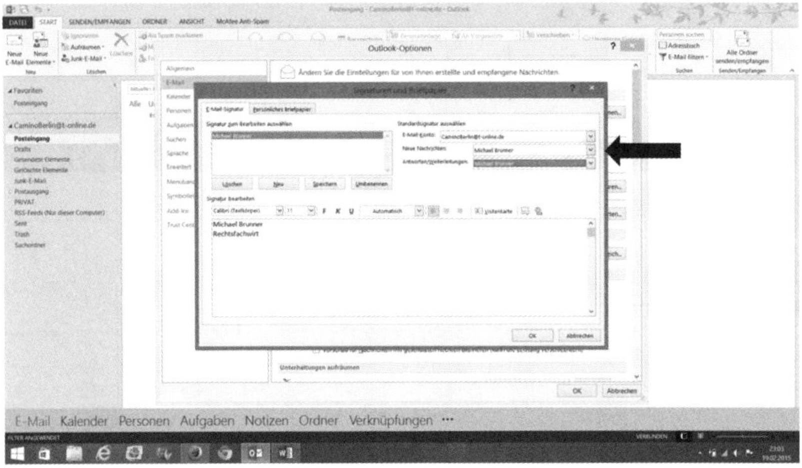

III. Abwesenheitsassistent

168 Bereits ab einem Tag Abwesenheit sollte der Abwesenheitsassistent aktiviert werden. Erhalten Sie nach der Aktivierung in Ihrer Abwesenheit eine E-Mail, so wird der Absender zumindest über Ihre Abwesenheit informiert.

169 Der Assistent ist wie folgt einzustellen: Gehen Sie hierzu im Menüband auf Datei und erscheint ein neues Fenster mit Kontoinformationen. Gehen Sie dort auf Automatische Antworten → Automatische Antworten senden und wählen dann Ihre Optionen aus. Diese Funktion setzt allerdings ein Microsoft Exchange Server-Konto voraus, das allerdings in den meisten Kanzleien verwendet wird,

Markieren Sie dann den Punkt „Automatische Antworten senden". Im darunterliegenden Feld können Sie Ihren individuellen Text für die Abwesenheitsnachricht eingeben und zwar ab Outlook 2013 getrennt für außerhalb und innerhalb der Organisation. 170

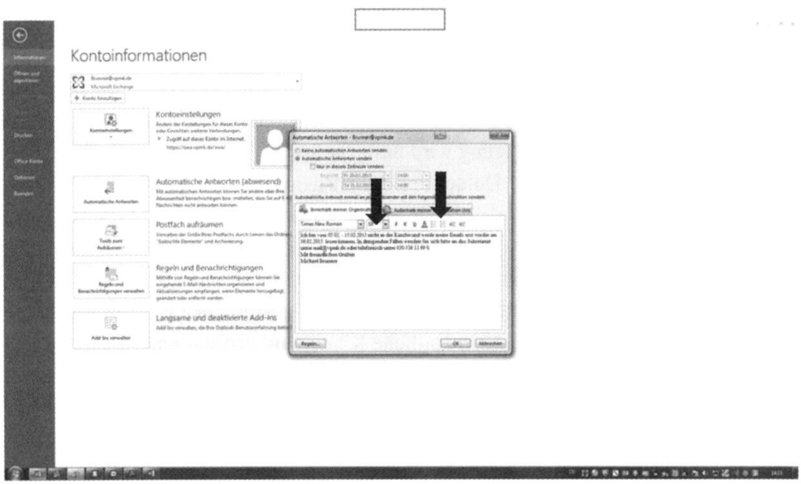

Schließen Sie dann den Assistenten mit dem OK-Button. Die Aktivierung ist erfolgt. 171

IV. Private E-Mail- (und Internet-) Nutzung

172 Inzwischen verfügen die meisten Kanzleien über einen Internetzugang und viele Kolleginnen und Kollegen haben einen Arbeitsplatz mit Netzanbindung. Da E-Mails häufig zur internen Kommunikation innerhalb der Kanzleien genutzt werden, haben viele Kolleginnen und Kollegen eine eigene E-Mail-Anschrift. Dies verleitet teilweise dazu, vom Arbeitsplatz aus privat E-Mails zu schreiben und im Internet privat zu surfen. Dieses Verhalten kann grds. zu einem Konflikt zwischen Arbeitgeber und Arbeitnehmer führen.

173 Die Nutzung von E-Mails und Internet ist immer dann erlaubt, wenn ein Bezug zu dienstlichen Aufgaben besteht. Dabei findet keine Überprüfung der Zweckmäßigkeit der Nutzung statt und sogar eine private Kommunikation via E-Mail kann dienstlich sein. Dies ist z.B. dann gegeben, wenn man seinem Lebenspartner per E-Mail mitteilt, dass man wegen der Bearbeitung einer wichtigen Fristsache später als vorgesehen nach Hause kommt.

174 Liegt hingegen eine private Nutzung vor, kommt es auf die Regelung in der entsprechenden Kanzlei an. Dabei sind drei Varianten möglich:

- **Ausdrückliches Verbot**
  Der Arbeitgeber als Inhaber des Internetzugangs kann grds. jedwede private Nutzung von E-Mails und Internet verbieten. Ein Verbot wird manchmal auch nur teilweise ausgesprochen, z.B., dass man zum Schutz vor Computerviren keine Anhänge privater E-Mails öffnen darf.
  Ein Verstoß gegen dieses Verbot kann zur **außerordentlichen Kündigung** führen.
- **Gewohnheitsrecht**
  In vielen Kanzleien existieren oft keine klaren Regeln für die E-Mail- und Internetnutzung und die private Nutzung wird **außerhalb der Bürozeiten** stillschweigend vom Arbeitgeber geduldet. Duldet der Arbeitsgeber die private E-Mail-Nutzung über einen längeren Zeitraum (ab ca. einem Jahr), so entsteht ein sog. **Gewohnheitsrecht**. Aufgrund dieses Gewohnheitsrechts durfte der Arbeitnehmer zu Recht annehmen, dass das private Versenden von E-Mails in der Kanzlei nicht verboten ist. Eine geringfügige Nutzung des Internets zum Versenden von privaten E-Mails wäre demnach kein Grund für eine außerordentliche Kündigung. Erfolgt jedoch eine geringfügige private Nutzung **innerhalb der Arbeitszeit**, so wäre dies zumindest ein **Abmahnungsgrund**.
  Erfolgt die private Nutzung durch den Arbeitnehmer jedoch in erheblichen zeitlichen Umfang während der Arbeitszeit, so erbringt der Arbeitnehmer einen maßgeblichen Teil seiner Arbeitsleistung nicht mehr. Es liegt hier eine Verletzung der Hauptverpflichtung des Arbeitsnehmers aus dem Arbeitsvertrag vor, die grds. zu einer außergerichtlichen Kündigung führen kann.
- **Erlaubniserteilung durch den Arbeitgeber**
  Die Erlaubniserteilung seitens des Arbeitsgebers erfolgt in den Kanzleien i.d.R:

- im Arbeitsvertrag bzw. einer späteren arbeitsvertraglichen Zusatzvereinbarung oder
- durch öffentliche Verkündung (mündlich oder durch schriftlichen Aushang/Rundmail).

  Grds. ist die Gestattung von privater E-Mail-Nutzung eine freiwillige Leistung des Arbeitgebers, die dieser jederzeit ohne Angabe von Gründen widerrufen kann.

Ist die Erlaubnis jedoch arbeitsvertraglich geregelt, so bedarf eine Änderung der Zustim- 175
mung des Arbeitnehmers. Eine **Änderungskündigung** dürfte nicht in Betracht kommen, da diese laut Rechtsprechung des BAG nur bei dringenden betrieblichen Erfordernissen zulässig ist. Der Arbeitgeber könnte sich jedoch bereits im Arbeitsvertrag einen Widerruf der Erlaubnis vorbehalten haben. In diesem Fall wäre eine Rücknahme unproblematisch.

Aber auch die gestattete **private E-Mail- und Internet-Nutzung** muss sich im angemes- 176
senen Rahmen bewegen und darf vom Arbeitnehmer nicht missbraucht werden. Wann dabei die Grenze des für den Arbeitgeber hinnehmbaren Verhaltens überschritten ist, ist im Einzelfall zu bestimmen. Laut BAG können folgende Fälle zu einer außerordentlichen Kündigung im Einzelfall führen:

- Verstoß gegen eine zeitliche Beschränkung der Nutzung (z.B. 1 Std./Woche in den Pausenzeiten),
- Herunterladen von strafbaren und pornografischen Inhalten,
- Herunterladen von erheblichen Datenmengen, insbes. bei Gefahr, dass das System mit Computerviren infiziert wird,
- wenn dem Arbeitgeber durch die Nutzung zusätzliche Kosten entstehen oder
- bei Privatnutzung während der Arbeitszeit, weil der Arbeitnehmer während des Surfens bzw. E-Mailverkehrs seine Arbeitsleistung nicht erbringt, dies jedoch seine Hauptpflicht ist.

Die gleichen Grundsätze geltend i.Ü. **auch für das private Telefonieren** am Arbeits- 177
platz.

Praxistipp: 178

Immer mehr Kanzleien verbieten grundsätzlich die private Nutzung des Internets, um so Diskussionen mit dem Arbeitnehmer, was ein angemessener Rahmen ist, zu vermeiden. Zwischenzeitlich gibt es auch gute Überwachungsprogramme, die den Internetverlauf aufzeichnen, so dass eine individuelle Verlaufslöschung (z.B. beim Internet Explorer unter Extra-Internetoptionen- allgemeinen Browserverlauf löschen) wiederhergestellt werden kann.

H. Word-Serienbrief

179 Die Serienbrieffunktion ist eine sehr hilfreiche Funktion in Word, um gleichartige Schreiben an eine Vielzahl von Empfängern zu versenden.

Die Serienbrieffunktion könnte Ihnen z.B. bei folgenden Schreiben helfen:

- Weihnachtsschreiben oder Infosendungen an die Mandanten,
- Mahnschreiben an eine Vielzahl von Schuldnern für einen Großmandanten oder
- eigene Mahnschreiben an Mandanten.

Sogar die Erstellung von gleichartigen Verträgen für einen Mandanten für die Verwendung einer Vielzahl von Vertragspartner wäre denkbar.

I. Grundlagen

180 Für die Erstellung eines Serienbriefes (bzw. Serientextes) bedarf es zum einen eines **Rohtextes** (auch Hauptdokument genannt) und zum anderen einer **Steuerdatei** (auch Datenquelle genannt), mit der sodann der Rohtext verknüpft werden muss.

Die Steuerdatei enthält dabei die variablen Daten des Serienbriefes in Form einer Tabelle. I.d.R. wird meist eine Exceltabelle verwendet, aber auch Tabellen im Word- und Access-Format können verarbeitet werden.

Die meisten Rechtsanwaltsprogramme stellen sogar einen Export ihrer Daten in eine Exceltabelle zur Verfügung, die dann als Steuerdatei mit einem Rohtext zu einem Seriendruck verknüpft werden kann. Die nachstehende Anleitung zur Erstellung eines Serienbriefes berücksichtigt den Funktionsaufbau in Word 2016/Word 365. Aus Gründen der Übersichtlichkeit wurde auf die Darstellung älterer Word-Versionen verzichtet, das Grundprinzip ist jedoch ähnlich wie in Word 2016.

Beispiel:

Es soll nunmehr ein Serienbrief erstellt werden, um säumige Mandanten letztmalig zur Zahlung aufzufordern. In der Kanzlei itg Rechtsanwälte sind folgende Rechnungen unbezahlt:

Frau Berta A	*500,00 €*	*RE Nr. 9980 – 18*	*Ehescheidungssache*
M GmbH	*2.000,00 €*	*RE Nr. 8997 – 18*	*GmbH-Vertrag*
Herrn Franz B	*200,00 €*	*RE Nr. 5676 – 18*	*Arzthaftung*

Alle Rechnungen wurden bereits 3-mal angemahnt, es soll nunmehr die gerichtliche Geltendmachung mit Fristsetzung angekündigt werden.

II. Erstellung des Rohtextes

Als Erstes muss nunmehr der Rohtext erstellt werden, die **Variablen** werden zunächst durch XXX dargestellt und werden später durch Serienbriefdruckfelder ersetzt. 181

▼ 2.9

Muster 2.9: Rohtext

Sehr geehrte XXX,

trotz mehrfacher Mahnungen haben Sie in Ihrer Angelegenheit wegen XXX unsere Rechnung mit der Rechnungsnummer XXX in Höhe von XXX nicht bezahlt.

Wir setzen Ihnen daher eine letzte Zahlungsfrist bis zum 31.05.2018.

Nach fruchtlosem Ablauf der Frist werden wir unsere berechtigte Forderung nebst Verzugsschaden ohne weitere Ankündigung gerichtlich geltend machen.

Mit freundlichen Grüßen

Rechtsanwalt

▲

Öffnen Sie nunmehr ein leeres Worddokument und schreiben den obigen Rohtext ab. 182

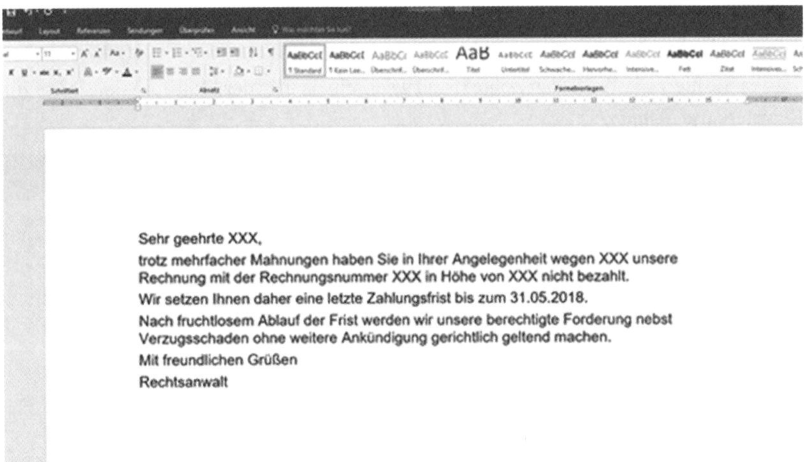

III. Erstellen der Steuerdatei/Datenquelle

Da in der Praxis am häufigsten eine Excel-Tabelle als Steuerdatei verwendet wird, sollen die Angaben zu den säumigen Mandanten aus dem Übungsfall in eine Excel-Tabelle ein- 183 getragen werden. Zur Veranschaulichung wurden Anschriften erfunden und in der Tabelle vervollständigt.

184 Öffnen Sie ein Excel-Arbeitsblatt und tragen die variablen Informationen über die säumigen Mandanten ein. Es ist hierbei zu beachten, dass die Begriffe in der ersten Zeile als spätere Serienbriefplatzhalter-Namen dienen.

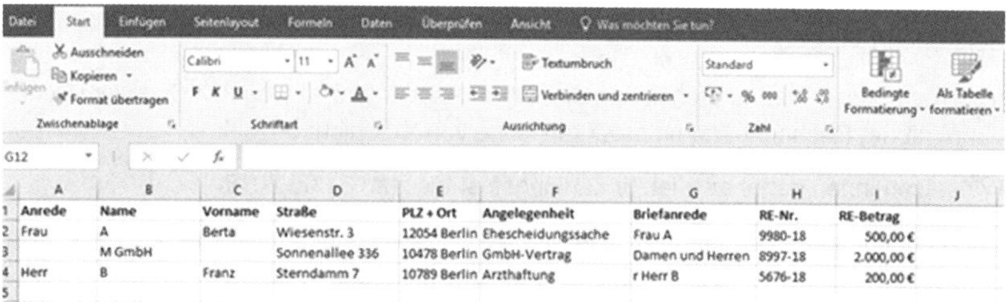

185 Die Steuerdatei sollte danach gespeichert werden z.B. unter den Namen „Serienbrief-Daten.xls“ oder „.xlsx“.

IV. Kombination der Steuerdatei mit dem Rohtext

186 Wenn sowohl die Steuerdatei vorliegt als auch der Rohtext erstellt worden ist, müssen diese beiden Komponenten kombiniert werden.

187 Starten Sie hierzu in Word den Rohtext und wechseln dann in der Multifunktionsleiste zur Registerkarte *Sendungen*.

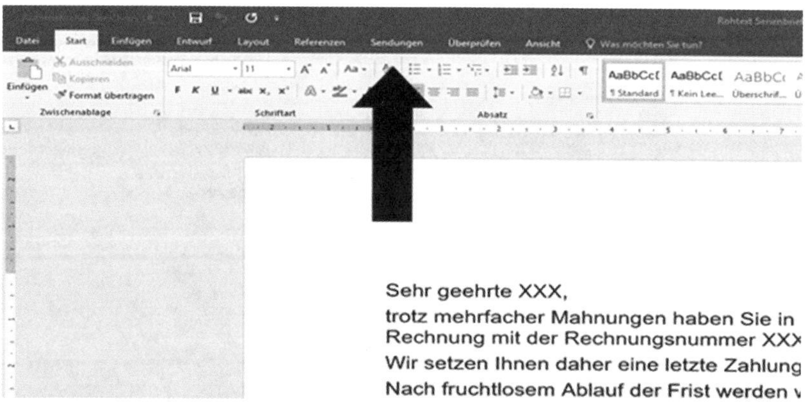

188 Auf der Registerkarte finden Sie verschiedene Gruppen über die alle Serienbrieffunktionen gesteuert werden können.

Klicken Sie den Button *Seriendruck starten* an und wählen dort die Art der Sendung, in unserem Beispiel *Briefe*, aus.

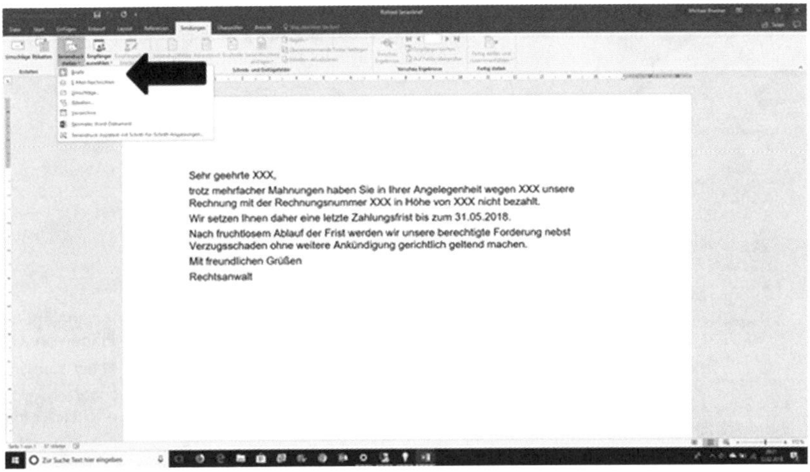

Damit ist unser Word-Rohtext als Briefvorlage für den Seriendruck eingerichtet. Als Nächstes muss die Steuerdatei als Datenquelle angegeben werden. 189

Dazu muss in der Multifunktionsleiste der Button *Empfänger auswählen* angeklickt werden. Da wir bereits die Steuerdatei erstellt haben, wählen Sie bitte den Befehl *Vorhandene Liste verwenden* aus.

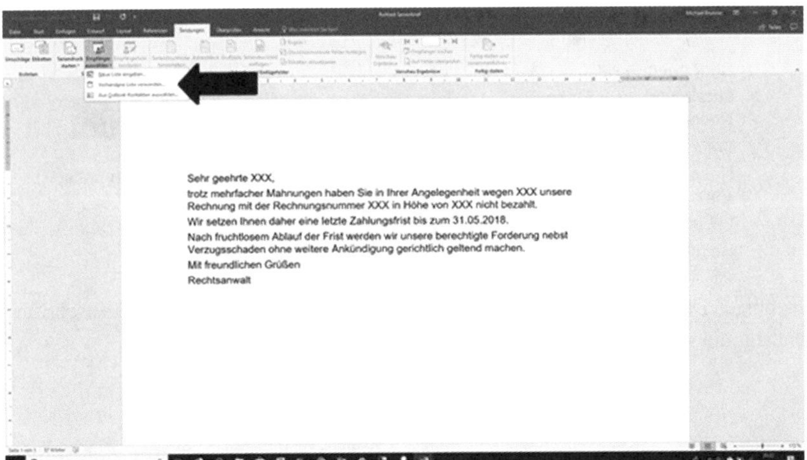

190 Im Dialogfeld *Datenquelle auswählen* müssen Sie nunmehr nur noch die abgespeicherte Tabelle, im Beispiel *Serienbrief-Daten.xls*, zuordnen.

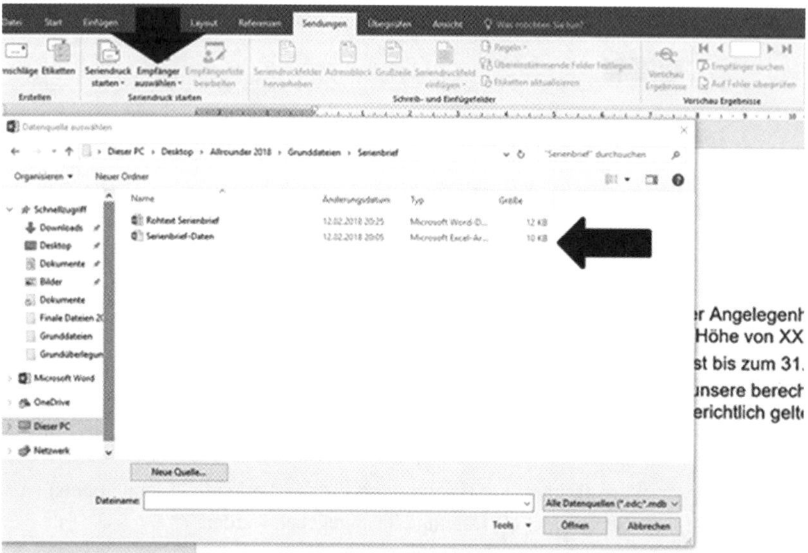

191 Eine Excel-Arbeitsmappe kann aus mehreren Arbeitsblättern bestehen, die alle dann auch alle angezeigt werden. Wählen Sie nunmehr Tabelle 1 aus, da sich unsere Steuerdaten auf dem ersten Arbeitsblatt befinden.

192 Im obigen Dialogfeld lässt sich zudem angeben, dass die erste Zeile Spaltenüberschriften enthält, die später als Namen der Seriendruckfelder benutzt werden.

Mit Zuordnung der Datenquelle zum Rohtext stehen Ihnen die weiteren Funktionen des Serienbriefes zur Verfügung. Die ehemals grau hinterlegten Buttons wurden aktiviert. 193

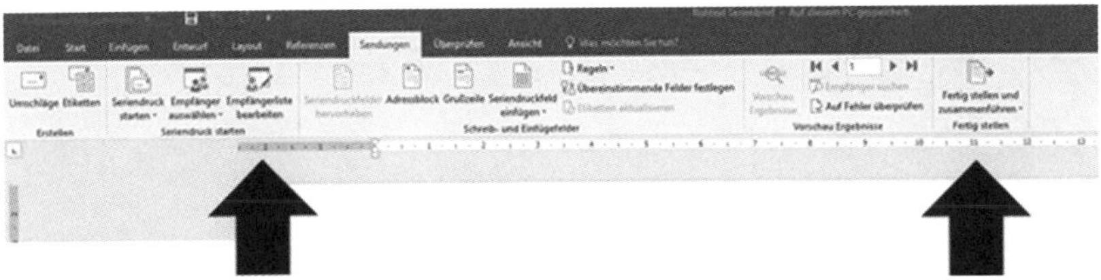

Als Nächstes können Sie die Platzhalter „XXX" durch Seriendruckfelder im Rohtext ersetzen. Wenn Sie den Befehl *Seriendruckfeld einfügen* auswählen, so erscheint eine Liste sämtlicher Namen der möglichen Seriendruckfelder. 194

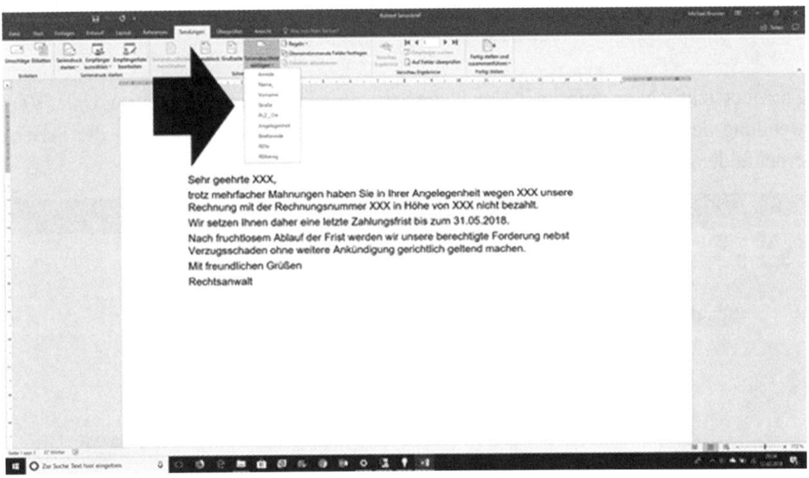

195 Nach Einfügen aller Seriendruckfelder sieht unser Serienbrief wie folgt aus:

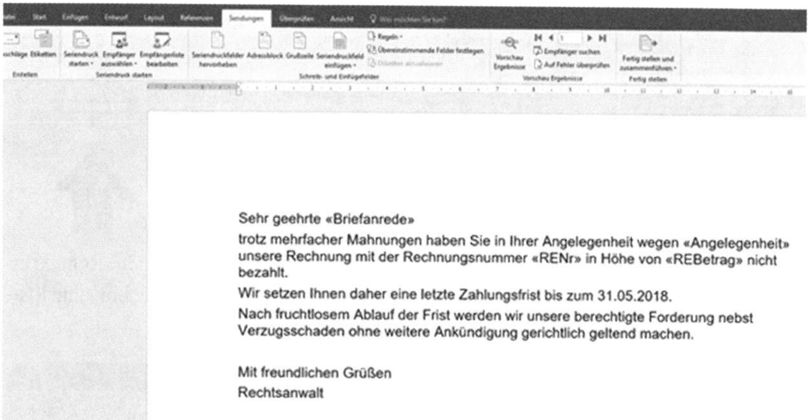

196 Zur Übersichtlichkeit empfiehlt es sich, die Seriendruckfelder hervorzuheben. Unter Verwendung des entsprechenden Befehls in der Multifunktionsleiste werden die Seriendruckfelder grau hinterlegt.

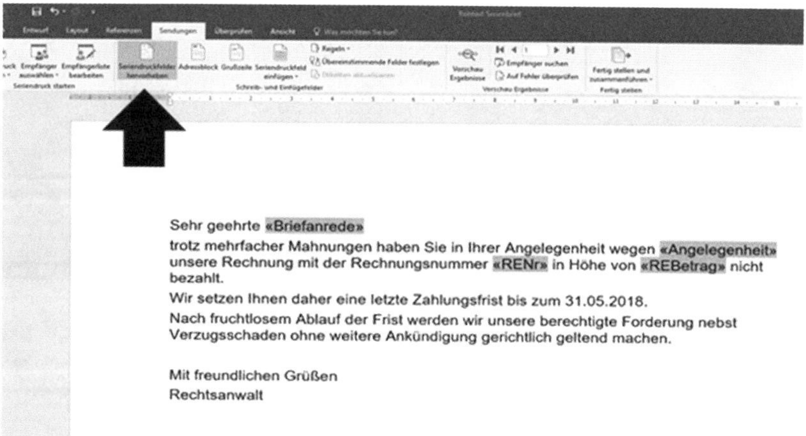

In Word besteht ferner die Möglichkeit, die Empfängerliste zu bearbeiten. Bei umfang- 197
reichen Adressbeständen ist es evtl. nicht immer erwünscht, dass das Schreiben an alle in der Steuerdatei enthaltenen Empfänger geht.

Wählen Sie hierzu den Befehl *Empfängerliste bearbeiten* in der Multifunktionsliste aus und es erscheint folgendes Dialogfeld:

Durch das „Ausklicken" einer Datei (z.B. den Datensatz eines Mandanten) wird der „Empfänger" nicht mehr im Serienbrief berücksichtigt. Daneben besteht jedoch auch noch die Möglichkeit, die Empfängerliste zu sortieren oder zu filtern.

Sobald der Serienbrief vollständig vorliegt und ggf. eine bereinigte Empfängerliste vor- 198
handen ist, kann der **Seriendruck** gestartet werden.

Zur Vermeidung eines Fehlversuchs bietet es sich an, einen Test durchzuführen. Durch 199
den Befehl *Vorschau Ergebnisse*, werden die Daten der Empfängerliste in den Serienbrief eingefügt und Sie können nun alle Datensätze kontrollieren, indem Sie weiterblättern oder die Nummer des entsprechenden Datensatzes eingeben.

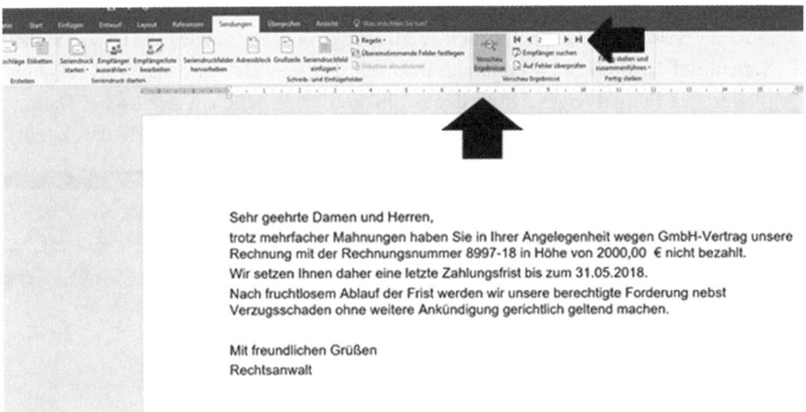

Wenn die Vorschau zu einem positiven Ergebnis führte, können Sie den Seriendruck star- 200
ten. Wählen Sie hierzu den Befehl *Fertig stellen und zusammenführen* aus. Es erscheint ein Dialogfeld, in dem Sie ggf. auch nur einen Teil der Datensätze auswählen können.

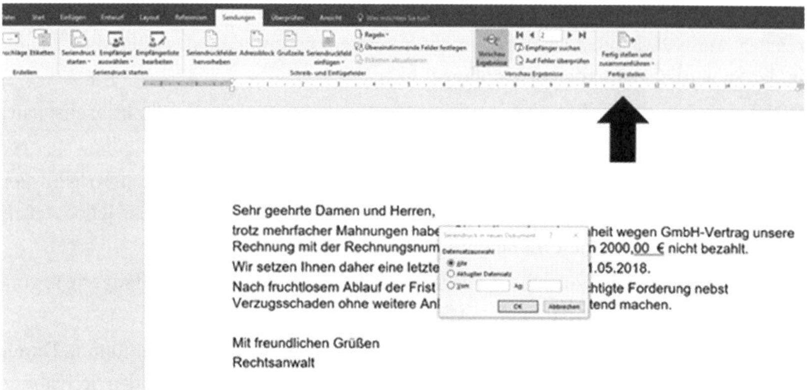

201 Durch Bestätigung mittels des OK-Buttons erfolgt der Seriendruck.

202 *Praxistipp: Probleme mit dem Datum*

Ab der Version 2013 kann es bei der Übertragung von Datumsdaten aus Excel in einen Serienbrief zu Problemen kommen, insoweit dass das Datum danach im US-amerikanischen Format angezeigt wird, obwohl die Exceltabelle ein „Deutsches Datum" enthält (z.B. wird das Datum 31.5.2018 nach Übertragung als 05/31/2018 dargestellt).

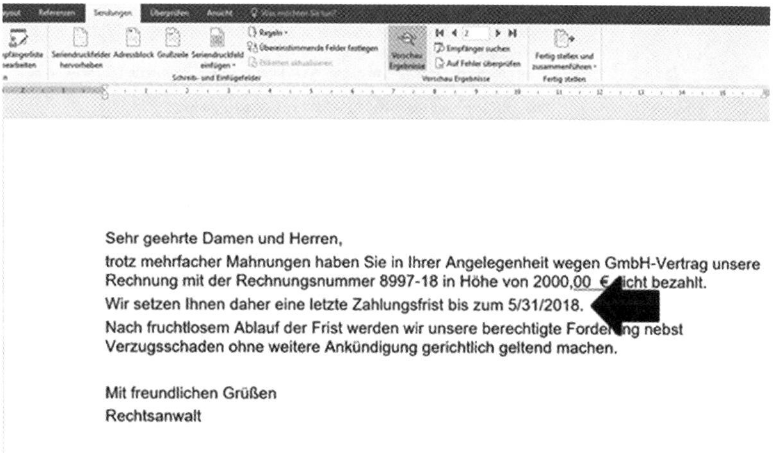

Dieses Problem lässt sich jedoch recht einfach lösen.

- Fügen Sie das Seriendruckfeld DATUM in Ihren Rohtext wie gewohnt ein und gehen anschließend zu Ihrem „Datum"-Feld und klicken mit Rechts drauf. Wählen Sie im Kontextmenü den Befehl *Feldfunktionen ein.*

- Sie sehen nun ein grau hinterlegtes Feld, in welchem z.B. je nach Spaltenname etwas wie *{MERGEFIELD Datum_Zahlungsfrist_}* steht. Platzieren Sie den Cursor am Ende des Feldes direkt vor die schließende geschweifte Klammer. Fügen Sie dort ein Leerzeichen und den folgenden Code ein: • „dd. MM yyyy". Wichtig ist hierbei, dass die beiden MM für den Monat groß geschrieben werden, der Rest klein.

Sehr geehrte «Briefanrede»,
trotz mehrfacher Mahnungen haben Sie in Ihrer Angelegenheit wegen «Angelegenheit» unsere Rechnung mit der Rechnungsnummer «RENr» in Höhe von «REBetrag» € nicht bezahlt.
Wir setzen Ihnen daher eine letzte Zahlungsfrist bis zum { MERGEFIELD Datum_Zahlungsfrist_ \@ „dd. MM yyyy"}.
Nach fruchtlosem Ablauf der Frist werde[illegible] unsere berechtigte Forderung nebst Verzugsschaden ohne weitere Ankündigung gerichtlich geltend machen.

Mit freundlichen Grüßen
Rechtsanwalt

- Klicken Sie nun erneut mit der rechten Maustaste drauf, um die Feldfunktionen wieder auszublenden. Das Datum wird nunmehr im richtigen Format übertragen.

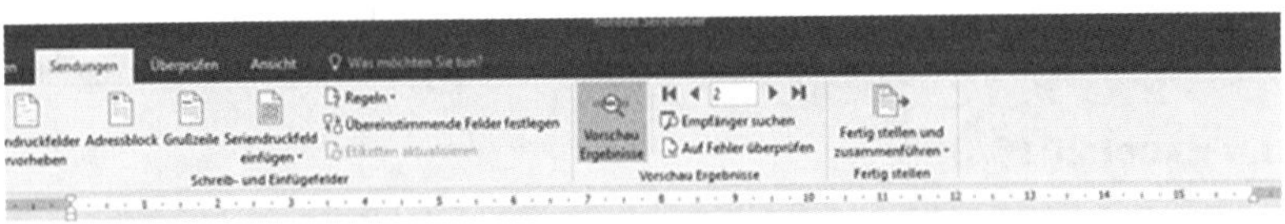

Sehr geehrte Damen und Herren,
trotz mehrfacher Mahnungen haben Sie in Ihrer Angelegenheit wegen GmbH-Vertrag unsere Rechnung mit der Rechnungsnummer 8997-18 in Höhe von 2000,00 € nicht bezahlt.
Wir setzen Ihnen daher eine letzte Zahlungsfrist bis zum 31.05.2018.
Nach fruchtlosem Ablauf der Frist werden wir unsere berechtigte Forderung nebst Verzugsschaden ohne weitere Ankündigung gerichtlich geltend machen.

Mit freundlichen Grüßen
Rechtsanwalt

V. Rechtliche Anmerkungen zum Verzugsschaden

203 Als **Verzugsschaden** kommen hier in erster Linie Verzugszinsen gem. § 288 BGB in Betracht. Die Zinsen würden bei der ersten und bei der dritten Rechnung der Serienbriefe 5 Prozentpunkte über dem Basiszinssatz, bei der zweiten Rechnung 9 Prozentpunkte über dem Basiszinssatz betragen, da es sich bei dem zweiten Datensatz um **keinen Verbraucher** (M GmbH) handelt.

204 Diese Zinsen sind allerdings erst ab Verzug zu berechnen und nicht ab Rechnungsstellung. Grds. kommt der Schuldner (Mandant) erst mit der ersten Mahnung in Verzug gem. § 286 Abs. 1 BGB. Die sog. 30-Tage-Regelung gilt nämlich nicht für Verbraucher gem. § 286 Abs. 3 Satz 1, 2. Halbs. BGB, es sei denn, er wurde in der Rechnung besonders darauf hingewiesen. Die meisten Anwaltsrechnungen enthalten jedoch kein Zahlungsziel (Endtermin, zu dem eine Zahlung spätestens erfolgen muss), sodass in diesen Fällen erst durch die erste Mahnung Verzug eintritt.

205 Im obigen Beispiel könnten Verzugszinsen bei dem ersten und dritten Datensatz erst ab der ersten Mahnung geltend gemacht werden, Nr. 2 betrifft dagegen eine Rechnung an einen Nicht-Verbraucher (Unternehmer), sodass hier die 30 Tage-Regelung gilt und der Mandant bereits ohne Mahnung nach Ablauf von 30 Tagen ab Zugang der Rechnung in Verzug ist.

206 Ferner stellt sich die Frage, ob für das letzte Schreiben (Serienbrief) nicht noch **Rechtsanwaltsgebühren** anfallen, die gleichwohl später als Verzugsschaden geltend gemacht werden können. Denkbar wäre hier eine Ansetzung einer 1,3 Geschäftsgebühr gem. Nr. 2300 VV RVG nach einem Gegenstandswert i.H.d. offenen Forderung.

Eine gesonderte Gebühr entsteht hier jedoch nicht. Eine gesonderte Gebühr entsteht hier nur, wenn der Schuldner sich bereits in Verzug befindet, nicht jedoch für die In-Verzugsetzung.

I. Excel 2016/365

207 Die Grundkenntnisse von Excel, wie einfache Formeln, haben sich die meisten Kollegen selber mit „learning by doing" beigebracht. Doch immer wieder stößt man an seine Grenze, wenn es um die Übersichtlichkeit von Excel-Tabellen geht.

208 Als Beispiel soll eine Übersicht über die Personalkosten einer Anwaltssozietät erstellt werden, die nach einzelnen Dezernaten und fortlaufend nach Monaten geordnet ist.

In dem Beispiel wurden ausnahmsweise fiktive Namen verwendet, da Abkürzungen wie Frau A und Herr B meist schlechter zu merken sind und die Aufmerksamkeit von der eigentlichen Aufgabe, eine übersichtliche Tabelle zu schaffen, abgelenkt würde.

Das Gerüst unserer Exceltabelle besteht dabei aus der Spalte A sowie der Zeile 1.

In Spalte A werden zunächst die einzelnen Dezernate mit den entsprechenden Mitarbeitern eingetragen. Lassen Sie jedoch die Zeile 1 frei, da wir hier später die einzelnen Monate eintragen werden.

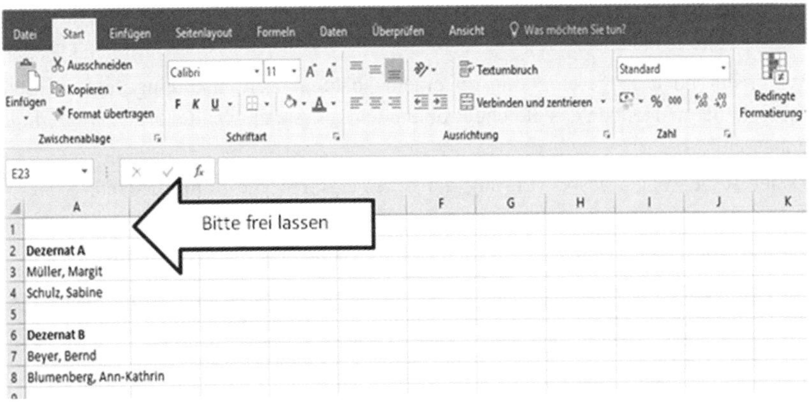

I. Zeilenumbruch in der Zelle

Bereits hier ergibt sich das erste Problem. Durch die unterschiedliche Länge der Namen reichen einige in die Spalte B hinein. Sobald Sie etwas in die benachbarten Zellen der Spalte B eintragen, wird jedoch der Name abgeschnitten. 209

Die meisten lösen dieses Problem, indem sie die Spaltenbreite korrigieren. Dies geht ähnlich wie in einer Word-Tabelle wie folgt:

1. Zeigen Sie auf den Spaltentrennstrich zwischen den Spalten A und B. Der Mauszeiger nimmt die Form eines Doppelpfeils an.

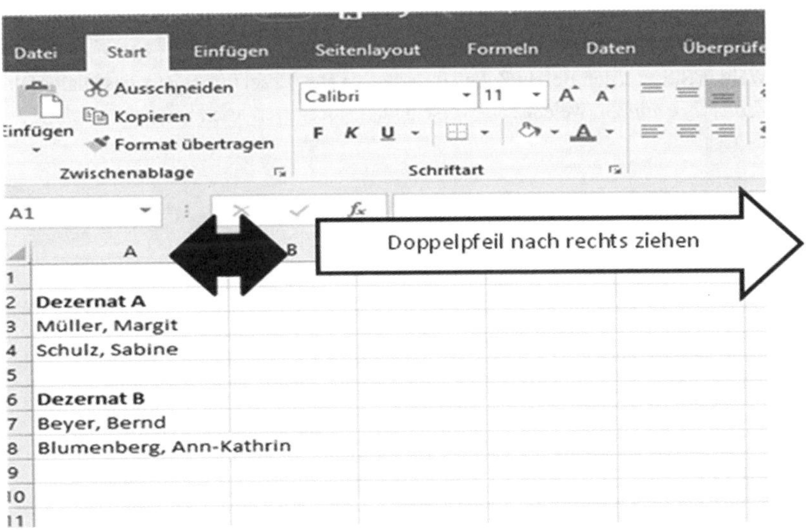

2. Ziehen Sie jetzt einfach den Spaltentrennstrich nach rechts bis die gewünschte Spaltenbreite erreicht ist.

210 Wenn ein noch längerer Name zu einem späteren Zeitpunkt eingefügt werden muss, hätte man jedoch das gleiche Problem und müsste die Spaltenbreite wiederholt anpassen.

Daher ist die weitaus bessere Lösung, die Zellen entsprechend zu formatieren.

1. Markieren Sie hierzu zunächst die Zellen der Spalte A.
2. Mit Klicken der rechten Maustaste kommen Sie nun ins sog. **Kontextmenü**.

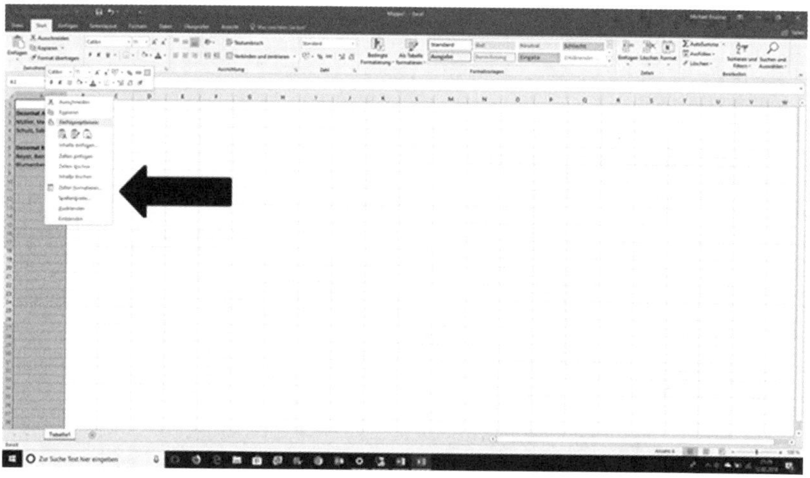

Wählen Sie jetzt den Befehl *Zellen formatieren* aus. Excel öffnet jetzt das Dialogfeld *Zellen formatieren*, welches aus verschiedenen Registerkarten besteht.

3. Auf der Registerkarte *Ausrichtungen* setzen Sie bei *Zeilenumbruch* ein Häkchen.

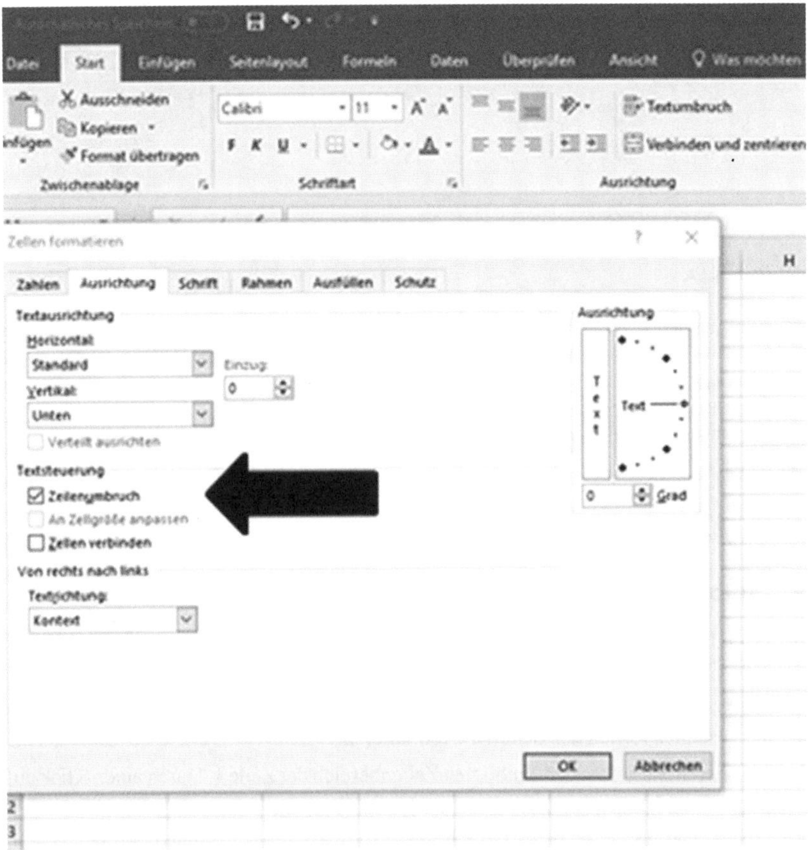

Es erfolgt nun ein Zeilenumbruch innerhalb der Zelle, sodass der Name immer vollständig 211
angezeigt wird. Die Zelle wird entsprechend größer.

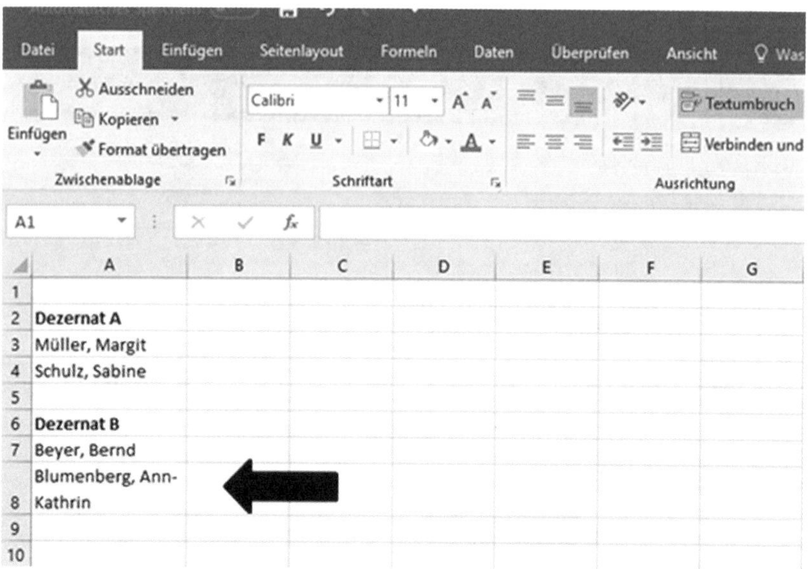

II. Automatische Umwandlung von Zahlen

212 In der Zeile 1 werden nunmehr die einzelnen Monate eingegeben mit einer entsprechenden Jahreszusammenfassung. Um nicht unliebsame Überraschungen zu erleben, dass Excel eingegebene Zahlen umwandelt (z.B. bei der Eingabe 01/07 in 1. Juli), bietet es sich an, die gesamten Zellen der Zeile 1 zu formatieren.

1. Markieren Sie hierzu den benötigten Zellenbereich der Zeile 1. Durch einen Klick auf die rechte Maustaste gelangen Sie wieder ins Kontextmenü.
2. Gehen Sie diesmal jedoch auf die Registerkarte *Zahlen* und wählen dort den Befehl *Text* aus. Dies hat zur Folge, dass alle Zahlen wie eingegeben dargestellt und nicht umgewandelt werden.
3. Vorsorglich sollte auch hier auf der Registerkarte *Ausrichtung* wieder der Zeilenumbruch angeklickt werden.
4. Da später auch noch die Dezernatssummen gebildet werden sollen, fügen Sie ferner in Zeile 5 mit rechter Maustaste eine neue Zeile ein für „Gesamt Dezernat A".

Unsere Tabelle sieht jetzt wie folgt aus: 213

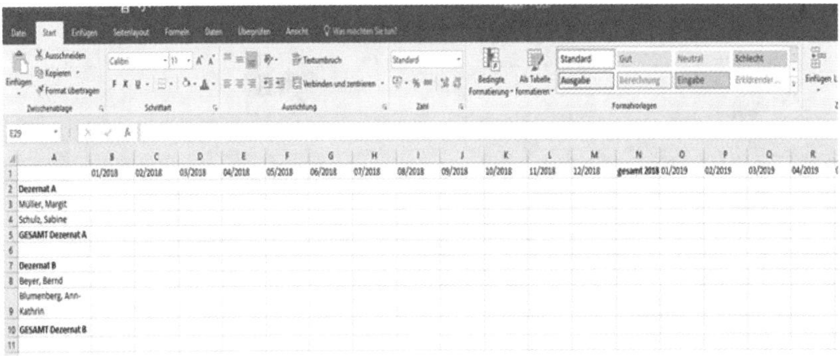

III. Tabellenfenster fixieren

Unser Grundgerüst steht. Bei umfangreichen Tabellen muss zum Ansehen der Tabelleneinträge häufig nach unten oder nach rechts geblättert werden. In unserem Beispiel würde unsere Namens- und Dezernatsliste in Spalte A beim Rechtsblättern irgendwann aus dem sichtbaren Bereich „herauswandern". Sie können jedoch Excel mit folgenden Schritten anweisen, die Spalte A zu fixieren. 214

1. Gehen Sie in Zelle A 2 um den Bereich ab dieser Zelle zu fixieren.
2. Wählen Sie auf der obigen Multifunktionsleiste die Registerkarte *Ansicht* aus und öffnen Sie in der Gruppe *Fenster* die Schaltfläche *Fenster fixieren.*
3. Dort können Sie jetzt den Befehl *erste Spalte fixieren* auswählen.

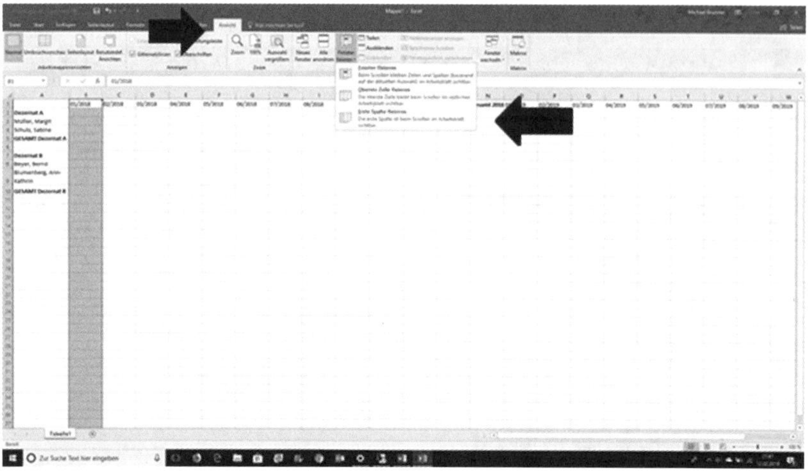

IV. Zellhintergrund einfärben

215 Zwecks Übersichtlichkeit bietet es sich ferner an, den Zellhintergrund einzufärben.

1. Markieren Sie hierzu wieder den entsprechenden Zellbereich, hier die Spalte A.
2. Öffnen Sie auf der Multifunktionsleiste die Registerkarte *Start* und dort sodann in der Gruppe *Schriftart* die Schaltfläche *Füllfarbe*.

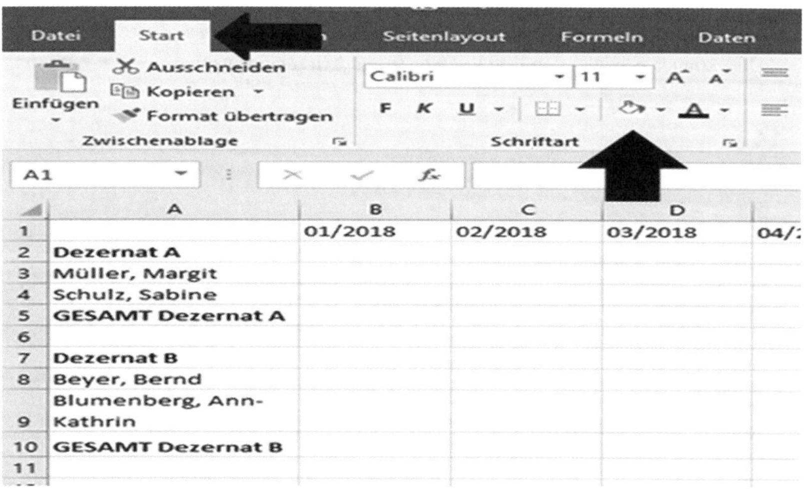

Wählen Sie eine Ihnen zusagende Farbe aus.

V. Währungseingabe

Die einzelnen Gehälter können eingegeben werden. Um die Zahlen jedoch als Währung anzuzeigen, müssen die Zellen wiederum entsprechend formatiert werden. 216

1. Markieren Sie hierzu die Zellen, in denen die Gehaltssumme eingetragen werden sollen.
2. Mit Klicken der rechten Maustaste kommen Sie wieder ins Kontextmenu.
3. Wählen Sie den Befehl *Zellen formatieren* aus und dort die Registerkarte *Zahlen* und dann den Befehl *Währungen*.

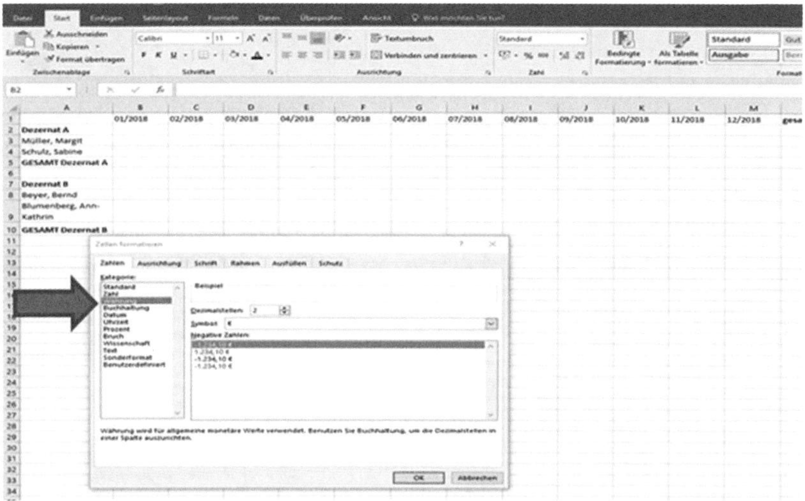

Die Gehälter können jetzt problemlos in € eingegeben werden. 217

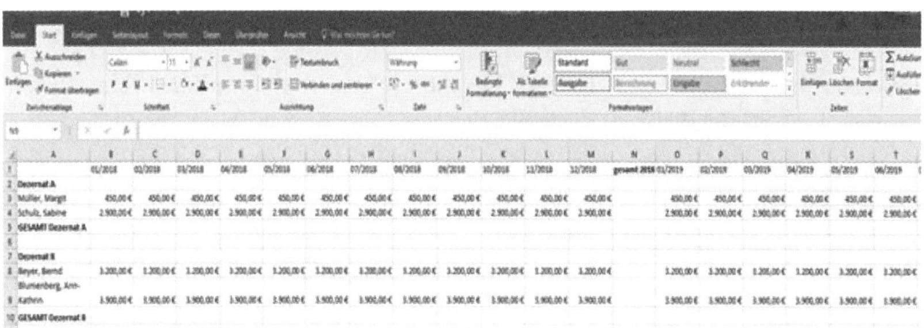

VI. Summenfunktion

218 Nach Eingabe der einzelnen Gehälter können die Gesamtbeträge mithilfe der Summenfunktion gebildet werden.

1. Markieren Sie hierzu die entsprechenden Zellen, die addiert werden sollen, einschließlich der Zelle, in der das Summenergebnis ausgewiesen werden soll.
2. Gehen Sie auf das entsprechende Summenzeichen.

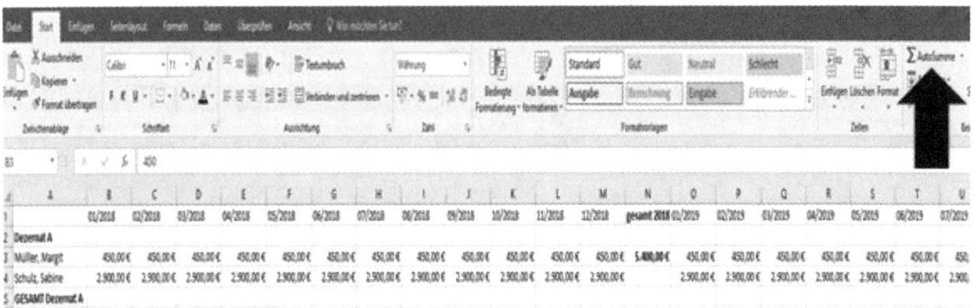

219 Wiederholen Sie diesen Vorgang solange, bis alle Summen gebildet worden sind.

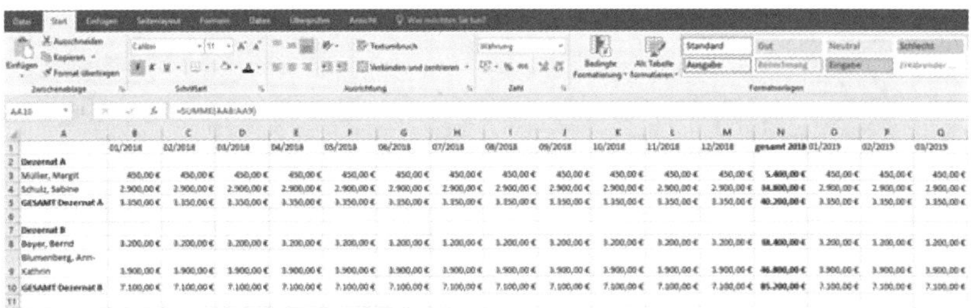

VII. Gruppierungen

220 Besonders bei größeren Excel-Tabellen bietet es sich an, bestimmte Zahlen einfach zum Zwecke der Übersichtlichkeit „auszublenden".

221 Im vorliegenden Beispiel soll eine Reduzierung der Tabelle lediglich auf die Dezernate und auf die Jahresausgaben erfolgen. Um jedoch weiterhin einen einfachen Zugriff auf die dahinter stehenden Daten zu erhalten, werden die betreffenden Zeilen und Spalten nicht einfach ausgeblendet, sondern mithilfe der Excel-Funktion *Gruppierungen* bearbeitet.

222 Zunächst einmal sollen die Mitarbeiter der einzelnen Dezernate zusammengefasst werden.

1. Markieren Sie hierzu die entsprechenden Nummern der Zeilen.

2. Gehen Sie in der Multifunktionsliste auf die Registerkarte *Daten* und dort auf die Gruppe *Gliederungen*.
3. Wählen sie den Befehl *Gruppieren* aus.

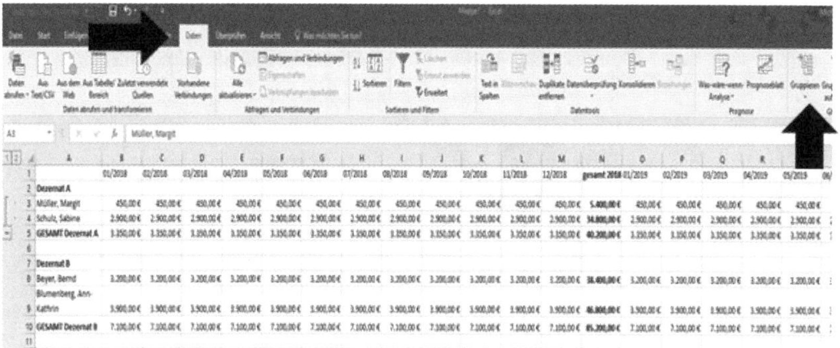

Nach Ausführen des Befehls wird der markierte Zellbereich zusammengefasst, es erscheint ein Plus- oder Minuszeichen am Rande der Tabelle zum Auf- und Zuklappen des entsprechenden Bereichs, ähnlich der Ordnerstruktur im Explorer oder Outlook. 223

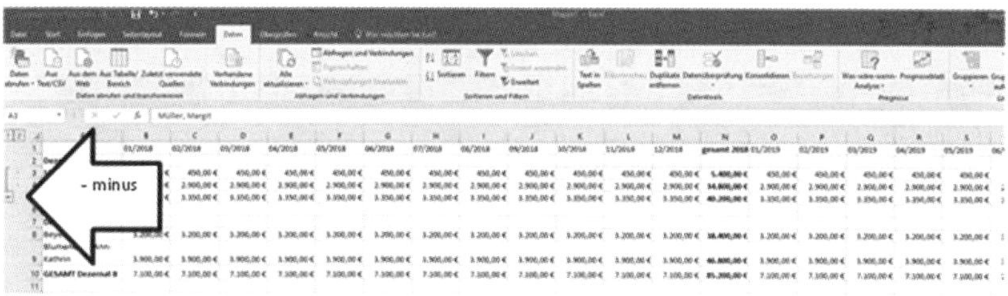

Bzw. 224

Des Weiteren sollen die einzelnen Monate des jeweiligen Jahres zusammengefasst werden. 225

1. Markieren Sie hierzu die entsprechenden Buchstaben der Spalten.

2. Führen Sie wiederholt den Befehl *Gruppierungen* aus.

226 Unsere Komplettübersicht über die Mitarbeiter der Sozietät ist nun vollständig. Zugeklappt und daher für einen Gesamtüberblick besonders geeignet, sieht sie wie folgt aus:

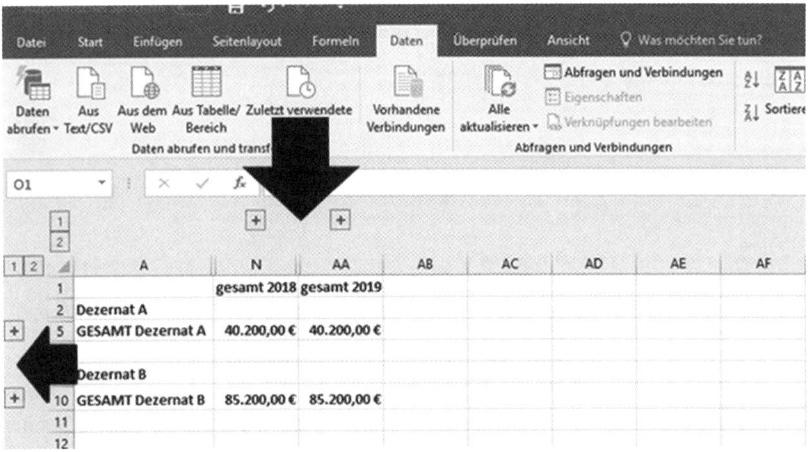

227 Für Detailfragen kann man die Tabelle jedoch jederzeit in den einzelnen Bereichen aufklappen.

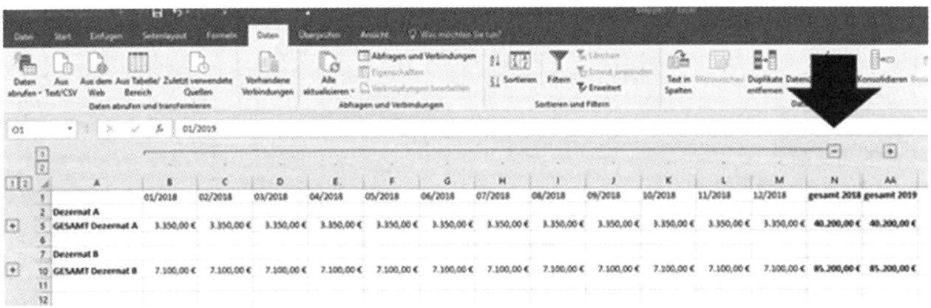

228 *Praxistipp:*

Excel-Tabellen sollten grds. das Merkmal der Übersichtlichkeit erfüllen, um Gesamtzusammenhänge schnell zu erfassen. Hierzu bietet Excel – wie oben dargestellt – einige sinnvolle Formatierungsfunktionen.

229 Auch der übersichtliche Ausdruck einer umfangreichen Exceltabelle ist für viele Benutzer problematisch. Geht man nur auf die Funktion „Drucken", so wird die gesamte Tabelle über mehrere Blätter ausgedruckt.

Meist will man jedoch nur einen gezielten „Druckbereich" in Händen halten und ausdrucken. 230

Wählen Sie hierzu den gewünschten Druckbereich aus und markieren diesen. Gehen Sie anschließend in der Multifunktionsleiste aus Seitenlayout und dort auch „Druckbereich festlegen". Wenn Sie nunmehr auf Drucken gehen, wird nur noch der festgelegte Druckbereich ausgedruckt.

231

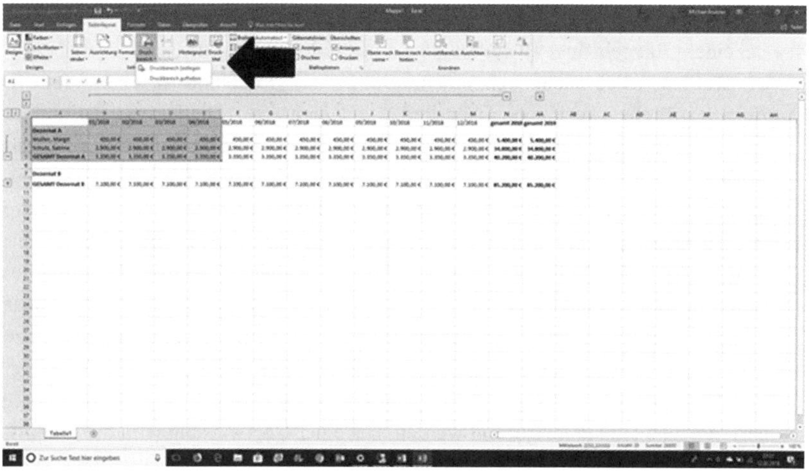

Praxistipp: 232

Die Darstellung erfolgte hier in der Version Excel 2016/365, da diese nach meiner Kenntnis derzeit am meisten von den Kanzleien genutzt wird. Die Benutzung der alten Versionen von Excel ist jedoch sehr ähnlich.

J. Umgang mit Fremdgeldern/Geldwäschegesetz

Immer wieder gibt es Unsicherheiten bei der Bearbeitung von Fremdgeldern. 233

I. Grundlagen

Die rechtlichen Grundlagen für die Behandlung von Fremdgeldern befinden sich in § 4 BORA, § 43 BRAO und §§ 2 Abs. 2 Satz 2, 3 Abs. 1 Satz 2 Nr. 1, 8 Abs. 1, 9 Abs. 1 GwG (Geldwäschegesetz). 234

1. Vom Grundsatz her muss Fremdgeld unverzüglich, d.h. ohne schuldhaftes Verzögern, weitergeleitet werden.
2. Ist dies nicht möglich, so muss das Fremdgeld vom Geschäftskonto ausgelagert und auf ein **Anderkonto** gem. § 4 Abs. 2 Satz 2 BORA weitergeleitet werden. Bei kleineren Beträgen und einer Verwahrungsdauer von unter einem Monat kann dies durchaus ein **Sammelanderkonto** sein.
3. Ab einem Monat Verwahrung und/oder einem Betrag von 15.000,00 € muss der Fremdgeldbetrag auf ein **Einzelanderkonto** hinterlegt werden.
4. Bei einem **Bargeldfluss ab 15.000,00 €** muss zudem das Geldwäschegesetz beachtet werden. Dies sieht bei einem Betrag ab 15.000,00 € eine **Identifizierungspflicht** – auch gegenüber dem Mandanten – vor. Die Daten des Empfängers bzw. des Einzahlers müssen dokumentiert werden bzw. eine Kopie des Ausweispapieres aufbewahrt werden. Die Aufbewahrungspflicht für diese Dokumentation beträgt fünf Jahre. Lehnt der Einzahler die Identifizierung ab, darf der RA das Geld nicht annehmen. Er verstößt damit nicht gegen seine Pflichten aus dem Mandatsverhältnis, da er mit Annahme des Geldes ohne Identifizierung des Einzahlers gegen ein Gesetz verstoßen würde. Es würde hier nur eine **bargeldlose** Zahlung infrage kommen, da in diesem Fall die Bank die Identifizierung vornehmen wird. Auch eine Auszahlung eines Fremdgeldbetrags ab 15.000,00 € bedarf der Identifizierung – selbst wenn sie an den Mandanten erfolgt. Bei einer Ablehnung darf kein Geld in bar ausgezahlt werden. Bei einer Überweisung wird die Identifizierung durch die Bank durchgeführt.

235 *Praxistipp:*

Mit dem Gesetz zur Umsetzung der vierten Geldwäscherichtlinie wurde das GwG erneut mit Wirkung zum 26.6.2017 verschärft.

Es ist zunächst für die Kanzlei **eine Risikoanalyse (§ 5 GwG)** durchzuführen und zwar unter Berücksichtigung folgenden Faktoren:

- Struktur der Kanzlei/Größe
- Geschäftsbereiche national/international
- Mandats- und Mandantenstruktur national/international
- Persönliche Kontakte durch Dritte
- Treuhänderische Tätigkeit
- Zugehörigkeit zu besonderen Risikogruppen

Nach § 5 Abs. 2 Nr. 1 GwG ist diese Risikoanalyse zu **dokumentieren**, regelmäßig zu überprüfen und ggf. anzupassen.

Hat die Analyse z.B. in Hinblick auf den Mandantenstamm ergeben, dass nur ein **geringes Risiko** der Geldwäsche und der Terrorismusfinanzierung besteht, so kann der

Umfang der zu ergreifenden Sorgfaltspflichten und Sicherungsmaßnahmen gem. § 14 GwG risikoorientiert reduziert werden.

Wurde jedoch ein **erhöhtes Risiko** festgestellt, sind zu den nachstehend genannten allgemeinen Sorgfaltspflichten verstärkte risikoangemessene Maßnahmen zu ergreifen:

- **Identifizierung:** Vor Transaktion des Geldes (Ein- oder Auszahlung) ist die Identität des Mandanten anhand eines amtlichen Ausweispapieres festzustellen, bei juristischen Personen hat die Identifizierung z.B. anhand eines Handelsregisterauszuges zu erfolgen. Der gesetzliche Vertreter der juristischen Firma hat sich daneben durch seine Ausweispapiere zu identifizieren. Tritt der Mandant nicht in der Person, sondern durch einen Dritten auf, ist dieser zusätzlich zu identifizieren. Ist der Mandant nicht selbst der wirtschaftlich Berechtigte, so ist neben dem Mandaten der tatsächlich wirtschaftlich Berechtigte (§ 3 GwG) zu identifizieren. Dies gilt übrigens auch für „bekannte" Mandanten, die zuvor noch nicht identifiziert worden sind.
- **Die Art und der Zweck der Geschäftsbeziehung** (z.B. Betreuung eines Grundstückskaufes, Gründung einer GmbH etc.) müssen zweifelsfrei erkennbar sein bzw. müssen im Zweifel aufgeklärt werden.
- Wie bisher auch ist zu prüfen, ob der Mandant bzw. der wirtschaftlich Berechtigte eine **„politisch exponierte Person"** im Sinne des § 1 Abs. 12–14 GwG ist.
- **Kontinuierliche Überwachung:** Die Geschäftsbeziehung ist nach § 10 Abs. 1 Nr. 5 GwG kontinuierlich zu überwachen.

Diese allgemeinen Sorgfaltspflichten sind nicht nur vor Geldtransaktionen von 15.000 € oder mehr zu beachten, sondern auch **stets bei Verdachtsmomenten** in Zusammenhang mit einer Geldwäsche oder Terrorismusfinanzierung.

Sowohl die Risikoanalyse als auch die Umsetzung der allgemeinen Sorgfaltspflichten sind nach § 8 GwG zu dokumentieren und für die **Dauer von fünf Jahren** aufzubewahren.

Verdachtsmeldungen müssen **ab dem 1.1.2018** grundsätzlich in **elektronischer Form** an die Zentralstelle für Finanztransaktionsuntersuchungen (Financial Intelligence Unit = FIU) erfolgen. Auf der Website der FIU unter www. FIU.bund.de wurde das Meldeprotal „goAML" eingerichtet, das jedoch zunächst eine Anmeldung voraussetzt.

Die Pflicht zur Abgabe einer Verdachtsmeldung ist jedoch für Rechtsanwälte nach § 43 Abs. 2 GwG eingeschränkt, insoweit dass **keine Verpflichtung** besteht, wenn sich der meldepflichtige Sachverhalt auf Informationen bezieht, die der RA im Rahmen des der Schweigepflicht unterliegenden Mandatsverhältnisses erhalten hat. **NUR wenn der RA weiß**, dass der Vertragspartner das Mandatsverhältnis für den Zweck der Geldwäsche, der Terrorismusfinanzierung oder einer anderen

Straftat genutzt hat oder nutzt, ist er zur **Verdachtsmeldung nach dem GwG verpflichtet.**

Im letzteren Fall ist es dem RA grundsätzlich nach § 47 Abs. 1 GwG untersagt, den Mandanten oder sonstige Dritte von einer beabsichtigten oder erstatteten Verdachtsmeldung, ein daraufhin eingeleitetes Ermittlungsverfahren oder ein Auskunftsverlangen der FIU zu unterrichten.

Die entsprechende Transaktion darf nach Meldung gem. § 46 GwG grundsätzlich nur noch mit Zustimmung der FIU oder der Staatsanwaltschaft erfolgen.

Fazit:

Insbesondere bei Akten mit „größeren Bargeschäften" (über 15.000 €, dies gilt im Übrigen auch für gestückelte Zahlungen) sollte eine genaue Überprüfung nach dem GwG erfolgen, da hier nur der RA die Überprüfung wahrnimmt.

Sollen Zahlungen über ein Anderkonto abgewickelt werden (z.B. für den Kauf eines Grundstücks), so überprüft neben den RA auch noch einmal das entsprechende Kreditinstitut – **eigenständig und eigenverantwortlich** – die Kriterien des Geldwäschegesetzes.

II. Möglichkeit von Verrechnung mit Vergütungsansprüchen

236 Die entscheidende Frage beim Fremdgeld ist jedoch, unter welchen Umständen Fremdgeldbeträge mit offenen Vergütungsansprüchen des RA verrechnet werden können. Dies soll an folgenden Fällen dargestellt werden:

237 *Fall 1:*

Der Mandant zahlt 500,00 € zur Weiterleitung an seinen Gläubiger auf das Sammelanderkonto. Der Rechtsanwalt möchte dies mit seiner fälligen und abgerechneten Vergütungsforderung verrechnen.

Grds. ist die Verrechnung aus dem Umkehrschluss aus § 4 Abs. 3 BORA möglich, soweit das Fremdgeld nicht zweckgebunden ist und an einen Dritten weitergeleitet werden soll. Hier ist jedoch das Fremdgeld zur Weiterleitung an einen Dritten (hier der Gläubiger) zweckgebunden, sodass eine Verrechnung ausgeschlossen ist. Dies nennt man auch das sog. **anwaltsspezifische Aufrechnungsverbot**. Dieses gilt zum Bespiel auch bei der Weiterleitung von Gerichtskosten.

238 *Fall 2:*

In einer Forderungsangelegenheit gehen 2.000,00 € vom Gegner auf das Rechtsanwaltssammelanderkonto ein. Der eingehende Betrag entspricht der Hauptforde-

rung des Mandanten nebst Verzugszinsen. Der Rechtsanwalt möchte einen Teil davon mit seinen noch nicht abgerechneten Gebühren verrechnen.

Für die Verrechnung von Fremdgeldern ist nach dem BGH (Urt. v. 2.7.1998 – IX ZR 63/97, NJW 98, 3486) die Einforderbarkeit der Vergütung erforderlich. Eine Vergütung ist jedoch erst vom Auftraggeber einforderbar, wenn sie

1. fällig (§ 8 RVG) ist bzw. als Vorschuss (§ 9 RVG) geltend gemacht wurde und
2. eine ordnungsgemäße Rechnungsstellung gem. § 10 RVG erfolgt ist.

Beides ist im vorliegenden Fall nicht erfolgt, sodass auch hier eine Aufrechnung zum jetzigen Zeitpunkt ausgeschlossen wäre. Der RA könnte jedoch zu dem Zeitpunkt, in dem das Fremdgeld bei ihm eingeht, eine Vorschussrechnung an den Mandanten stellen und sodann das Fremdgeld verrechnen.

Fall 3: 239

Mandant M hat sowohl als Privatperson als auch mit seiner Firma (M & S GbR), die er zusammen mit seinem Geschäftspartner S betreibt, Akten bei Ihnen. In der Privatakte M ./. C gehen 1.000,00 € auf das Sammelanderkonto ein. Der RA möchte wie folgt verrechnen:

a) *500,00 € auf seine einforderbare Vergütung in der Sache GbR-Gründung und*
b) *500,00 € auf seine Vorschussrechnung in Sachen M ./. dito Ehescheidung.*

Bei der Verrechnung ist zu beachten, dass der **Auftraggeber identisch** sein muss. Eine Verrechnung vom Fremdgeld aus einer Privatakte mit Vergütungsansprüchen aus einer Firmenakte ist daher immer ausgeschlossen (Beispiel a).

Hinsichtlich der Verrechnung von Fremdgeld aus einer Privatakte mit Vergütungsansprüchen einer anderen Privatakte ist die Rechtsprechung nicht einheitlich. Der BGH (BGH, Urt. v. 2.7.1998 – IX ZR 63/97, NJW 1998, 3486) hat eine Verrechnung auch bei **nicht konnexen** (zusammenhängenden) Forderungen **nicht** ausgeschlossen. Das OLG Düsseldorf (MDR 1999, 64) hingegen hat eine Verrechnung in diesen Fällen verneint, mit der Begründung, der RA würde hier seine Stellung treuewidrig ausnutzen. In der Praxis sollte man daher genau abwägen, ob eine Verrechnung vorgenommen werden soll, zumal man ggf. noch ein **Zurückbehaltungsrecht** gem. § 273 BGB geltend machen könnte. In diesem Fall müsste das Geld jedoch weiterhin auf einem Anderkonto verwahrt werden und dürfte nicht auf das Geschäftskonto transferiert werden (Beispiel b).

Fall 4: 240

Auf dem Rechtsanwaltssammelanderkonto geht ein Unterhaltsbetrag von 250,00 € monatlich für den Mandanten ein. Der Rechtsanwalt will diesen Fremdgeldbetrag mit seinem einforderbaren Vergütungsanspruch verrechnen.

In diesem Fall ist der Fremdgeldbetrag für den Auftraggeber und nicht für einen Dritten bestimmt, sodass das anwaltsspezifische Aufrechnungsverbot nicht eingreift.

Der RA hat aber auch die **allgemeinen** Aufrechnungsverbote gem. § 394 BGB zu beachten. So sind etwa **gesetzliche Unterhaltszahlungen** oder **Kindergeld** unpfändbar, aber auch die Pfändungsfreigrenzen der §§ 850 ff. ZPO bei Auszahlung von Gehältern in arbeitsrechtlichen Angelegenheiten sind zu beachten.

Im vorliegenden Fall wäre eine Verrechnung daher ausgeschlossen.

241 *Praxistipp:*

Auch bei einer ordnungsgemäßen und erlaubten Verrechnung bedarf es ferner der detaillierten Information an den Auftraggeber über die durchgeführte Verrechnung. Diese hat gem. § 23 BORA spätestens am Ende des Mandates zu erfolgen.

III. Strafrechtliche Relevanz

242 Bei der unsachgemäßen Verrechnung von Fremdgeldern bzw. deren unsachgemäßen Verwendung kommt grds. neben berufsrechtlichen Sanktionen der Straftatbestand der Untreue gem. § 266 StGB in Betracht. Das Gesetz sieht hierfür bis zu fünf Jahren Freiheitsstrafe oder eine Geldstrafe vor.

Bei der Verrechnung von Unterhaltsansprüchen hat z.B. das OLG Köln (Anwaltsblatt 1999, 608) einen RA wegen Untreue verteilt.

Auch für den Fall, dass der RA das Fremdgeld nicht dem Anderkonto zuführt, sondern anderweitig – z.B. für die Bezahlung seiner Miete – verwendet, ist der Tatbestand der Untreue grds. erfüllt. Es sei denn, er ist uneingeschränkt bereit und jederzeit fähig, den entsprechenden Betrag aus eigenen flüssigen (nicht z.B. auf Festgeldkonten deponierten) Mitteln vollständig auszukehren, so der BGH (StraFo 2004, 33).

K. Elektronische Akte

243 Immer mehr Kanzleien gehen dazu über, ihre Akten **rein elektronisch** zu führen.

Um die Umstellung zunächst zu erleichtern, wird dabei teilweise weiterhin die alte Papierakte parallel dazu geführt, um zumindest noch die eingehende Post abzulegen. Insbesondere von der Vernichtung der eingehenden Post nach dem Einscannen schrecken viele Kanzleien zurück.

Mit der Einführung des elektronischen Rechtsverkehrs und des beAs wird die Führung einer elektronischen Akte erheblich erleichtert, da gerichtliche Schriftsätze und Schriftsätze von gegnerischen RA i.d.R. direkt nur noch in elektronischer Form eingehen werden und somit ein Scannen dieser Papierpost weitestgehend entfällt. Lediglich Post vom Mandanten und Gegner, die anwaltlich nicht vertreten werden, muss noch gescannt werden.

I. Allgemeines

Bei der elektronischen Akte geht es darum, unterschiedliche Informationsobjekte (wie z.B. ein- und ausgehende Post) so miteinander zu verknüpfen, dass der Benutzer durch einen Blick in die elektronische Akte eine **ganzheitliche, vorgangsbezogene Sicht** auf alle relevanten Informationen bekommt. 244

Elektronische Akten **gleichen** dabei hinsichtlich ihrer Struktur oftmals der **physischen Papierakte**. Oft gibt es auch ein Aktendeckblatt oder eine Aktenstruktur, die eine Bedienung erheblich erleichtern kann.

Bei der Einführung der elektronischen Aktenführung müssen zwei Themenkomplexe vorab aufgearbeitet werden: 245

- Technik und
- Organisation.

An Technik wird neben einem bereits sowieso vorhandenen Computer insbesondere ein **Scanner** benötigt, damit eingehende und ggf. auch ausgehende Papierpost gescannt und elektronisch verarbeitet werden kann. Hierbei ist zu achten, dass der Scanner eine gewisse Scangeschwindigkeit aufweist, damit ggf. auch größere Mengen an Dokumente unproblematisch gescannt werden können. 246

Daneben ist zu überlegen, ob nicht eine **Software-Lösung** der gängigen Rechtsanwaltsprogramme angeschafft werden sollte. Diese Komplettlösungen bieten i.d.R. Schnittstellen zwischen den einzelnen Modulen an, mit denen eine **Überleitung in die elektronische Akte** teilweise sogar automatisch erfolgt. Z.B. ist es sehr komfortabel, wenn nach Versendung einer E-Mail das Programm nachfragt, ob diese E-Mail (sogar mit Anhängen) in die elektronische Akte überführt werden soll und man dies nicht selbst manuell vornehmen muss.

Auch die IT-Sicherheit sollte noch einmal vorsorglich überprüft werden. Insbesondere der Zugriff von außerhalb der Kanzlei auf die elektronische Akte sollte nur durch einen sicheren sogenannten **VPN-Tunnel** (Virtual Private Network) erfolgen.

Spätestens beim Arbeiten mit der elektronischen Akte wird man feststellen, dass **zwei Bildschirme pro Arbeitsplatz** äußerst hilfreich sind. Auf dem einen Bildschirm kann man die elektronische Akte öffnen und auf dem zweiten Bildschirm z.B. seinen Schriftsatz entwerfen.

Hinsichtlich der Organisation sind **Grundüberlegungen zur elektronischen Aktenführung** anzustellen und letztendlich muss die **Akzeptanz der Mitarbeiter** zur Einführung der elektronischen Akte, z.B. durch rechtzeitige Informationsveranstaltungen, **gefördert werden**. Auf diesen Informationsveranstaltungen sollten sowohl die Vorteile der elektro- 247 nischen Akten vorgestellt als auch die Mitarbeiter aktiv in mögliche Strukturprozesse eingebunden werden.

Hier bedarf es zum Teil einer klaren Ansage an die Mitarbeiter, um einen meist vorherrschenden Widerstand aufzulösen. Es sollte dabei klar sein, dass das Projekt von der Geschäftsführung beschlossen worden ist und somit umgesetzt wird. „Über die Details der Umsetzung könnte man reden, nicht jedoch über den Grundsatz selbst."

Vorteile der elektronischen Akte zur klassischen Papierakte sind insbesondere:

- Vermeidung der täglichen Papierflut (zum Wohle der Natur und als Kostenersparnis).
- Nur Originalurkunden (z.B. Eheurkunde) müssen noch zeitweise (bis zur Einreichung/Weiterleitung) in wenigen Akten aufbewahrt werden.
- Ein Zugriff auf die Akte ist grundsätzlich auch von außerhalb der Kanzlei möglich.
- Das lästige Aktensuchen an diversen Orten in der Kanzlei entfällt, die Akte ist elektronisch immer verfügbar.

Des Weiteren sollten den Mitarbeiter und den RAe rechtzeitig vor der Einführung entsprechende **Schulungen** angeboten werden.

Nach einer Übergangzeit, die meines Erachtens nicht länger als max. ein Jahr sein sollte, muss letztendlich überlegt werden, ob nicht noch die restlichen laufenden alten Papierakten in eine elektronische Akte überführt werden können, um dann wieder ein einheitliches System zu haben.

II. Grundüberlegungen zur elektronischen Aktenführung

248 Egal welches Programm man für die elektronische Aktenführung benutzt, so ist es jedoch stets erforderlich, vorab Organisationsanweisung für die Bearbeitung zu formulieren, um so den Mitarbeitern die Arbeit mit der elektronischen Akte zu erleichtern.

- Es sollte eine **Negativ- und Positivliste** erstellt werden, die Auskunft darüber gibt, welche Dokumente nach der elektronischen Verarbeitung vernichtet werden können. So kann sichergestellt werden, dass z.B. Ausfertigungen von notarielle Urkunden, Ehescheidungsurkunden, vollstreckbare Titel usw. in gesonderten Ordnern für die spätere Verwendung auch weiterhin in Papierform aufgehoben werden.
- Die **Vernichtung der nicht mehr benötigten Dokumente** darf dabei aber keineswegs durch einen Schredder und anschließende Entsorgung in den Hauspapiermüll erfolgen. Vielmehr gilt hier der alte Grundsatz für die Entsorgung von Handakten, der eine **professionelle** Aktenvernichtung durch einen lizenzierten Dienstanbieter vorsieht. Die Protokolle über die ordnungsgemäße Entsorgung sind aufzubewahren.
- Insbesondere die **einheitliche und spezifische Benennung der Dokumente** muss geklärt sein. Hier gilt der Grundsatz, dass eine Standardisierung einer Individualisierung vorgeht. Aus der Benennung sollten sowohl der Absender als auch der Inhalt

schlagwortartig hervorgehen, um später ein mögliches Suchen nach einzelnen Dokumenten in der elektronischen Akte zu erleichtern.

- Die Mitarbeiter sollten dafür sensibilisiert werden, dass die **Zuordnung zur richtigen Akte** äußerst wichtig ist. Dies galt jedoch auch bereits für die herkömmlichen Papierakten. Für Vor-Mandatsanfragen sollten ggf. Sammelakten angelegt werden.
- In den meisten Programmen ist es darüber hinaus möglich, sogenannte **Aktenstrukturen** anzulegen. Diese sollten standardisiert angelegt werden und können dann individuell ggf. in der einzelnen Akte ergänzt werden. Eine mögliche Struktur wäre z.B. „wichtige Dokumente" – „Schriftsätze Mandant" – „Schriftsätze Gegner" – „Rechnungen". Die elektronischen Dokumente werden bei der Verarbeitung dabei nicht nur der richtigen Akte, sondern auch gleich innerhalb der Aktenstruktur zugeordnet. Dies stellt keine wirkliche Mehrarbeit da, erleichtert später aber das schnelle Suchen in der Akte.
- Teilweise besteht bei den unterschiedlichen Computerprogrammen die Möglichkeit, mit einem meist kostenpflichtigen Zusatzmodul im Hintergrund eine **OCR-Umwandlung** vorzunehmen, die es sodann ermöglicht, ganze Dokumente nach bestimmten Begriffen zu durchsuchen. Insbesondere in sehr umfangreichen Akten kann dies die Arbeit mit der elektronischen Akte erheblich erleichtern und stellt einen großen Vorteil zu reinen Papierakte da.
- Für die Übergabe von **E-Mails** sollte eine einheitliche Arbeitsanweisung geschaffen werden und zwar insbesondere, welche Seiten bei **Mailketten (geschachtelten E-Mails)** übertragen werden sollen.
- Es sollte klar sein, welche Teile vom Programm durch welchen Mitarbeiter hauptsächlich genutzt werden. So wird der **RA** hauptsächlich mit seinem **virtuellen Posteingang arbeiten** und dort dann Aufgaben an seine **Mitarbeiter** verfügen, die dann hauptsächlich den **Aufgabenteil** bearbeiten werden und wahrscheinlich weniger Post im eigenen Posteingang haben.

L. Europäische Datenschutzverordnung (DSGVO)

Die Europäischen Datenschutzrichtlinie (DSGVO) ist seit dem 24.5.2016 in Kraft und **249**
soll in allen Staaten der EU für gleiche Standards in der elektronischen Datenverarbeitung sorgen. Die zweijährige Übergangsfrist ist am 24.5.2018 ausgelaufen und sorgte Anfang 2018 in vielen Kanzleien „überraschend" für Aufregung.

I. Allgemeines

Die DSGVO wirkt ab dem **25.5.2018 unmittelbar und vorrangig** in allen EU-Mitglieds- **250**
staaten. Daneben gibt es jedoch auch weiterhin das Bundesdatenschutzgesetz (BDSG),

das neu gefasst wurde und zum gleichen Zeitpunkt in Kraft tritt. Im BDSG-neu wurden dabei einige Spielräume genutzt, die sich aus der Öffnungsklausel des DSGVO ergeben.

Die DSGVO sieht bei einem Verstoß gegen die ordnungsgemäße Datenverarbeitung Bußgelder bis zu einer maximalen Höhe von 20 Millionen € vor.

In der Vergangenheit hat sich die Anwaltschaft, sobald es um das Bundesdatenschutzgesetz ging, immer auf das Anwaltsgeheimnis berufen. Nach neuem Recht gibt es jedoch keinen Zweifel mehr daran, dass das **Datenschutzrecht auch für Mandats- und Mandantendaten gilt**.

Die DSGVO gilt dabei für jede Form der Datenverarbeitung, also für das Erheben, Speichern, Weitergeben und Löschen von Daten (Art. 4 Nr. 2 DSGVO).

In einer Anwaltskanzlei werden dabei vielfältig Daten verarbeitet, zum einen über das Abspeichern von Adressdaten in den Datenbanken und zum anderen beim Betreiben einer Website (hier werden Besucherdaten im Hintergrund gespeichert) oder dem Einrichten eines Newsletters.

In den Datenbanken befinden sich die Namen und Anschriften unterschiedlicher Personengruppen:

- Mitarbeiter,
- Lieferanten und sonstige Dienstleister,
- Mandanten,
- Prozessgegner,
- Drittbeteiligte.

251 *Hinweis:*

Alle Personengruppen fallen zunächst unter den Schutz der DSGVO. Deutschland hat jedoch die Öffnungsklauseln genutzt, um das Anwaltsgeheimnis weitestgehend zu schützen. Insbesondere wäre es für die Bearbeitung eines Falls nicht sinnvoll, beim Gegner erst die Zustimmung zur Datenverarbeitung einzuholen, bevor man die Akte im Computer anlegen kann.

- § 29 Abs. 3 BDSG-neu: Die Aufsichtsbehörde hat kein Recht auf Zugang zu den Kanzleiräumen und hat auch kein Recht zur Einsichtnahme in die anwaltliche Datenverarbeitung.
- § 29 Abs. 1 BDSG-neu: Die Betroffenenrechte (Information, Auskunft, Benachrichtigung) **gelten nicht für Prozessgegner und andere Außenstehende**, so dass dadurch das Anwaltsgeheimnis geschützt wird.

II. Pflichten im Umgang mit Daten

Für die Daten von Mandanten, Lieferanten und Mitarbeitern gilt jedoch der Grundsatz, dass die Erhebung, Verarbeitung und Nutzung personenbezogener Daten verboten ist, es sei denn 252

- es ist durch eine Rechtsvorschrift ausdrücklich erlaubt oder angeordnet oder
- der Betroffene hat seine Einwilligung erklärt. Die Einwilligung muss dabei insbesondere freiwillig und in Schriftform erfolgen.

Die Einwilligung des Mandanten zur Verarbeitung seiner Daten reicht jedoch nicht aus, um alle Anforderungen der DSGVO zu erfüllen, da diese **grundliegende organisatorische Sicherungsmaßnahmen** vorsieht. 253

Die Umsetzung erfolgt dabei in fünf Schritten:

1. Betrieblicher Datenschutzbeauftragter

Sind in einer Kanzlei mehr als zehn Personen mit der Datenverarbeitung beschäftigt, so ist zwingend ein betrieblicher Datenschutzbeauftragter nach Art. 37 Abs. 4 DSGVO i.V.m. § 38 BDSG-neu zu bestellen. Hierbei ist zu beachten, dass es auf **die Kopfzahl** der Personen ankommt und sowohl die Kanzleiinhaber als auch die Angestellten und freien Mitarbeiter „als eine Person“ zählen, egal ob diese in Voll- oder Teilzeit arbeiten. 254

Der Datenschutzbeauftragte ist unmittelbar der Geschäftsführung unterstellt und in der Ausübung seiner Datenschutz-Aufgaben weisungsfrei. Er sollte zumal die nötige Fachkunde und Zuverlässigkeit besitzen und ggf. an entsprechenden Fortbildungen teilnehmen.

> *Hinweis:*
>
> Der Datenschutzbeauftragte genießt zudem **besonderen Kündigungsschutz**. Während der Bestellung und ein Jahr danach darf ihm nur aus wichtigem Grund (z.B. Arbeitsverweigerung, Diebstahl aus der Handkasse) gekündigt werden.
>
> Die DSGVO regelt zwar nicht ausdrücklich diesen Kündigungsschutz. Art. 38 Abs. 3 S. 2 DSGVO enthält jedoch die Regelung, dass „der Datenschutzbeauftragte wegen der Erfüllung seiner Aufgaben nicht abberufen oder benachteiligt werden darf“. Der Kündigungsschutz wurde jedoch – wie oben dargestellt – in § 6 Abs. 4 BDSG-neu konkretisiert.
>
> Dieser Kündigungsschutz gilt natürlich **nur für Arbeitsverhältnisse**. Für externe Datenschutzbeauftragte, die auch zulässiger Weise bestellt werden können, gibt es einen solchen Schutz nicht.

Die Geschäftsführung einer Kanzlei ist übrigens nicht an das Votum des Datenschutzbeauftragten gebunden, die Letztverantwortung bleibt dabei beim Kanzleiinhaber.

2. Erstellung eines Datenverarbeitungsverzeichnisses

255 Gem. Art. 30 DSGVO muss ein **Verzeichnis über alle Datenverarbeitungen** der Kanzlei erstellt werden, hierzu gehören insbesondere

- die elektronische Akte,
- die Kanzleisoftware inkl. Buchhaltung,
- die Lohnbuchhaltungssoftware und elektronische Personalakten,
- die Kanzleisoftware und
- Social Media-Profile der Kanzlei (Facebook & Co.).

Das Verzeichnis muss **schriftlich oder elektronisch** geführt werden und einem entsprechenden Aufbau entsprechen.

Es sind folgende Angaben zwingend vorgeschrieben:

- Kanzleiname und Kantaktdaten,
- Name und Kontaktdaten des Datenschutzbeauftragten (soweit erforderlich),
- Zweck der Datenverarbeitung,
- Art der Personen, deren Daten verarbeitet werden (z.B. Mandanten, Mitarbeiter)
- Art der verarbeiteten Daten,
- mögliche Empfänger der Daten,
- Übermittlung der Daten in die USA oder in ein sonstiges Land außerhalb der EU (z.B. bei nicht europäischen Cloud-Lösungen),
- Löschfristen und
- Maßnahmen zur Datensicherheit.

Die Erstellung dieses Verzeichnisses ist zeitintensiv, kann jedoch auch kanzleiintern dafür genutzt werden, bestimmte „eingefahrene“ Prozesse zu überdenken und zu optimieren.

3. Gap Analysis

256 Die DSGVO sieht sodann vor, dass mögliche **„Lücken“** anhand des Verzeichnisses erkannt und geschlossen werden.

Wird z.B. immer sichergestellt, dass ein aktueller Virenscanner auf allen Rechner installiert ist?

Am Ende der Gap Analysis steht immer ein Maßnahmenplan, der die Lückenschließung zum Ziel haben soll.

4. Datensicherheit

Die Datensicherheit hat ein besonderes Gewicht in der DSGVO. Daher sollte man sich hier spezieller IT-Firmen bedienen. 257

Folgende Maßnahmen sind vorgeschrieben:

- Die Daten sollten – soweit möglich – verschlüsselt werden.
- Das Datenverarbeitungssystem muss stabil funktionieren.
- Die Daten müssen gegen Datenverlust durch eine fachgerechte Datensicherung geschützt sein.
- Es sind regelmäßige Prüfungen erforderlich.

5. Information und Verträge – „Paperwork"

Mit allen externen Dienstleistern (IT-Firma, Lohnbüro) müssen entsprechende Verträge zur Einhaltung der Datensicherheit abgeschlossen werden. 258

Mandanten und Besucher der Website müssen über den **Datenschutz informiert werden**. Entsprechende Hinweise zu den Datenschutzbestimmungen müssen auf der Kanzlei-Website überarbeitet werden und die Mandanten sollten bei Mandatsbeginn ein entsprechendes Formular „Hinweise zur Datenverarbeitung" unterzeichnen. Aber auch die Mitarbeiter sind über die Datenverarbeitung noch einmal gesondert zu informieren.

> *Praxistipp:*
>
> Der Deutsche Anwaltsverein hat einige Muster auf seiner Website *www.anwaltsverein.de/de/praxis/datenschutz* gestellt, die die Umsetzung des DSGVO erheblich erleichtern.

III. Rechte der Mandanten

Durch die DSGVO haben die Mandanten folgende Rechte: 259

- Recht auf kostenfreie Auskunft, welche Daten verarbeitet worden sind,
- Recht auf kostenfreie Einsicht in das Datenverarbeitungsverzeichnis der Kanzlei,
- Recht auf Information der Datenverarbeitung vor der ersten Datenspeicherung,
- Recht auf Berichtigung (falls die eigenen Daten unrichtig sind),
- Recht auf Löschung (es sei denn, es sprechen berufsrechtliche Regelungen dagegen, z.B. Kollisionsprüfung für die Mandatsannahme) sowie
- Recht auf Sperrung (steht einer Löschung ein besonderer Grund entgegen, sind die Daten zumindest für die Weiterleitung zu sperren).

In wieweit die DSGVO in den nächsten Jahren Auswirkungen auf den Kanzleialltag haben wird, bleibt abzuwarten.

§ 3 Buchführung/Rechnungswesen

Inhalt

A. Buchführung

Bugarin

I. Allgemeines

1 Alle haben Sie schon Einkäufe für die Kanzlei getätigt (Kauf von Briefmarken, Kaffee, Putzmitteln oder dergleichen). Meistens sind das Arbeiten, die während der Ausbildungszeit (gelegentlich) erledigt werden mussten. Regelmäßig werden die mahnenden Worte „Vergessen Sie nicht, sich die Rechnung geben zu lassen. Das ist ganz wichtig" mit auf den Weg gegeben. Hat man die Rechnung dann doch vergessen, muss man wieder zu dem Geschäft zurückgehen und sich die Rechnung von dem Verkäufer aushändigen lassen. Ohne Rechnung für einen getätigten Büroeinkauf, sei es auch nur ein minimaler Betrag, läuft nun mal nichts.

Sicherlich haben Sie auch Quittungen an Mandanten ausgestellt, wenn diese Bargeld eingezahlt haben und Vergütungsberechnungen schreiben Sie auch – und wenn Sie sie nicht schreiben, dann haben Sie sicherlich eine Vergütungsrechnung gesehen. Bestellen Sie Bürobedarf für die Kanzlei, erhalten Sie eine Rechnung von dem Verkäufer. Es gibt unzählige Geschäfte des täglichen Kanzleialltags, die mit Rechnungslegungen verknüpft sind.

Sie stellen fest, alles was mit Geldein- und -ausgang zu tun hat, läuft über eine Rechnung, die für die Buchführung benötigt wird.

In diesem Kapitel werden die Buchführungs- bzw. Aufbewahrungspflichten des RA sowie das Rechnungswesen behandelt – denn, wie eingangs erwähnt: Ohne Rechnung läuft nichts – und andernfalls falsch.

II. Grundsätze der Buchführung

Die Buchführungs- und Aufzeichnungspflicht ist gesetzlich geregelt. Zu unterscheiden 2
sind dabei die handelsrechtliche und die steuerrechtliche Verpflichtung zur Buchführung.

1. Handelsrechtliche Buchführungspflicht

Aus § 238 HGB (Handelsgesetzbuch), ergibt sich die Buchführungspflicht für Kaufleute. 3
Alle Geschäftsvorfälle müssen in ihrer Entstehung und Abwicklung nachvollziehbar sein. § 1 HGB definiert die Kaufmannseigenschaft. Danach ist Kaufmann derjenige, der ein Handelsgewerbe betreibt. Gem. § 2 HGB sind Gewerbetreibende diejenigen, die im Handelsregister eingetragen sind. Gem. § 6 HGB finden für sie die für Kaufleute geltenden Vorschriften Anwendung.

Jetzt stellt sich die Frage, ob der RA ein **Kaufmann** i.S.d. Vorschriften des HGB ist. 4
Dazu müsste er ein Handelsgewerbe betreiben. In § 1 BORA ist definiert, dass der RA einen **freien Beruf** ausübt. Wenn wir jetzt an den Einzelanwalt als Freiberufler denken, können wir also die Frage nach der Kaufmannseigenschaft mit einen klaren „Nein" beantworten.

Auf eine RA-Kanzlei können dennoch die Vorschriften des HGB für Kaufleute Anwendung finden, nämlich dann, wenn es sich z.B. um eine RA GmbH handelt. Die GmbH entsteht durch Eintragung in das **Handelsregister** (§ 11 Abs. 1 GmbH). Mit Eintragung in das Handelsregister gem. § 2 HGB ist die RA GmbH Gewerbetreibender i.S.d. HGB.

In diesem Paragrafen werden jedoch die Buchführungs- und Aufzeichnungspflichten des RA als **Freiberufler**, der nicht zu dem im HGB genannten Kreis gehört, behandelt.

2. Steuerrechtliche Buchführungspflicht

Nach dem unter Rdn 3 ff. geschilderten, ist der RA als Freiberufler **handelsrechtlich** 5
nicht zur Buchführung verpflichtet. Er könnte ggf. aus steuerrechtlicher Hinsicht dazu verpflichtet sein.

Die steuerrechtliche Buchhaltungspflicht ergibt sich aus den §§ 140 und 141 AO (Abga- 6
benordnung). Diese Vorschriften betreffen jedoch nur Kaufleute oder Land- und Forstwirtschaftsbetriebe. Dazu zählt der RA als Freiberufler nicht.

III. Pflicht zur einfachen Buchführung/Aufzeichnungspflichten

7 Der RA, ob als Einzelanwalt tätig oder in Zusammenschluss einer Sozietät in Form der GbR (Gesellschaft bürgerlichen Rechts), hat die **Freiberuflereigenschaft**.

8 Wer ein Freiberufler ist, ergibt sich auch aus der Regelung des § 18 EStG (Einkommensteuergesetz). Der Freiberufler hat im Gegenteil zu dem Gewerbetreibenden einige Vorteile. Er ist nicht verpflichtet, ein Gewerbe anzumelden, doppelte Buchführung zu betreiben und die USt ist erst dann abzuführen, wenn der Zahlungseingang erfolgt.

9 Der RA als Freiberufler hat eine Aufzeichnungspflicht. Gem. § 2 Abs. 1 Satz 1 UStG (Umsatzsteuergesetz) ist der RA Unternehmer im steuerrechtlichen Sinne. Gem. § 4 Abs. 3 EStG hat der RA die Pflicht zur **einfachen Buchführung**. Die wichtigsten **Aufzeichnungspflichten** sind in § 22 UStG geregelt.

10 Gem. § 22 Abs. 1 UStG muss der RA zur Feststellung der Steuer und der Grundlagen ihrer Berechnung Aufzeichnungen führen. Somit müssen die Einnahmen des RA zum einen i.H.d. Nettoeinnahme ersichtlich sein und zum anderen i.H.d. angefallenen USt. Die Nettoausgaben müssen ersichtlich sein sowie die Höhe der Vorsteuer.

> *Beispiel für USt und Vorsteuer:*
>
> *Unternehmer A verkauft an Unternehmer B Waren im Wert von 119,00 €. Die in der Rechnung des Unternehmers A enthaltene Steuer i.H.v. 19,00 € stellt für A die USt dar.*
>
> *Für den Unternehmer B stellt diese Steuer die Vorsteuer dar. Erhält B von A die Rechnung und bezahlt er diese, kann er bei dem zuständigen FA diese Steuer als Vorsteuer beanspruchen.*
>
> *Vorsteuer und USt sind ein und dieselbe Steuerart. Es kommt darauf an, ob die Steuer eingenommen (wie Unternehmer A) oder ausgegeben (wie Unternehmer B) wird.*

IV. Ordnungsgemäße Buchführung

11 Der Grundsatz der ordnungsgemäßen Buchführung ist eine allgemeine Regel, die sich z.T. aus dem Gesetz (HGB, §§ 238, 239 AO), aus der Rechtsprechung und der Praxis ergibt. M.E. sollte dieser Grundsatz auch für den „aufzeichnungspflichtigen" RA gelten. Danach wären die Vorschriften des HGB zu befolgen.

12 Folgende **Grundsätze für eine ordnungsgemäße Aufzeichnung** sollten von dem RA, der zur einfachen Buchführung verpflichtet ist, dennoch dringend eingehalten werden:

- Übersichtlichkeit und Klarheit der Aufzeichnungen,
- Vollständigkeit der Aufzeichnungen (keine Buchung ohne den Beleg),
- richtige Zuordnung von Geschäftsvorfällen in den Aufzeichnungen,
- Nachprüfbarkeit der Aufzeichnungen,

- wahrheitsgemäße Aufzeichnung,
- chronologische Sortierung der Belege,
- tägliches Buchen,
- zeitgerechte USt-Voranmeldung + Zahlung der USt-Vorauszahlung.

Bitte bedenken Sie, dass die Folgen einer nicht ordnungsgemäßen Buchführung erhebliche Nachteile für den RA haben können (Schätzung, Geldbußen, Straftatbestand der Steuerhinterziehung). 13

V. Buchhaltungsformen in der RA-Kanzlei

In einer RA-Kanzlei wird die Buchhaltung von verschiedenen Gruppen geführt, die wie folgt unterteilt sind. 14

1. Finanzbuchhaltung

Das Ziel der Finanzbuchhaltung ist: 15

1. **Gewinnermittlung** als Grundlage für die Berechnung und Ermittlung der ESt.
2. **Aufzeichnung und Erfassung der Umsätze** und **Vorsteuerbeträge** für die Ermittlung der USt und Erteilung der USt-Voranmeldung an das FA.
3. **Eigenkontrollfunktion** (sog. **Controlling**). Der RA hat so die Möglichkeit einer Kontrolle der wirtschaftlichen Aspekte der Kanzlei.

Sofern die Einnahmen nach Referaten geführt werden (z.B. ArbeitsR, VerkehrsR), kann er gezielt die Einnahmen der einzelnen Referate miteinander vergleichen. Daneben kann er auch hohe Kostenfaktoren ermitteln, die ggf. reduziert werden können

2. Mandantenbuchhaltung

Wegen der Abrechnung der mandantenbezogenen Daten ist auch eine sog. Mandanten-Buchführung, in der sämtliche Geschäftsvorfälle erfasst werden, zu führen – wobei hier eine Verknüpfung der Finanzbuchhaltung mit der Mandantenbuchhaltung besteht. D.h. zahlt der Mandant eine Vergütungsberechnung, erfolgt eine Einnahme, die sich in der Finanzbuchhaltung niederschlägt. Es erfolgt keine doppelte Einnahme, sondern lediglich eine Verbuchung in dem Finanzkonto sowie eine Verbuchung in dem Mandantenkonto. 16

Bei der **Buchführung der mandatsbezogenen Angelegenheiten** wird für jeden Mandanten ein Konto geführt, in dem 17

- Einnahmenkonten mit USt,
- Auslagenkonten,
- Fremdgelderkonten

ausgewiesen werden. So ersparen Sie sich die Suche in den Kontoauszügen oder Journalen, denn Sie haben einen direkten Zugriff auf das „Konto des Mandanten".

3. Forderungsbuchhaltung

18 Neben der Mandantenbuchhaltung (Verhältnis Mandant und RA) kann im Wege der Forderungsbuchhaltung (Verhältnis Mandant und Gegner), also bei Forderungen des Mandanten gegen einen Dritten oder umgekehrt, die gesonderte Abrechnung des Kontos durch den RA erfolgen (Zwangsvollstreckungsangelegenheiten). Aber auch hier steht eine direkte Verknüpfung zur Finanzbuchhaltung. Zahlt der Schuldner, so erfolgt eine Buchung in dem Mandantenforderungskonto sowie in der Finanzbuchhaltung.

4. Lohn- und Gehaltsbuchführung

19 Sofern die Lohn- und Gehaltsbuchhaltung nicht vom Steuerberater vorgenommen wird, führt der RA die Lohn- und Gehaltsbuchführung, wonach für jeden Mitarbeiter der Kanzlei ein eigenes Lohn- und Gehaltskonto geführt wird. Ziel der Lohn- und Gehaltsbuchung ist es, die Gehälter der Mitarbeiter (netto) zu ermitteln.

VI. Kontenrahmen/Kontenklassen

20 Um der Verpflichtung zur einfachen Buchführung gem. den gesetzlichen Maßgaben gerecht zu werden und diese erfolgreich zu realisieren, muss der RA sämtliche Geschäftsvorfälle erfassen. Dazu dienen dem RA **Kontenrahmen** und **Kontenklassen.**

21 Für jede Berufsbranche, so auch für eine Rechtsanwaltskanzlei, gibt es vorgegebene Kontenrahmen, die als Muster für die Erstellung eines Kontenplans dienen. Dadurch wird eine ordentliche Buchführung gewährleistet. Bei der Buchführung werden regelmäßig die einzelnen Geschäftsvorgänge nach ihrer Art festgehalten, (z.B. Mietzahlungen, Mieteinnahmen, Einkauf von Bürobedarf, Honorare, Personalkosten usw.). Daher gibt es viele Konten, die nebeneinander bestehen. Diese Konten sind chronologisch zu führen.

22 Die nebeneinander bestehenden Konten sind in einem **Kontenplan** zusammengefasst. Der Kontenplan stellt eine gesamte Übersicht der einzelnen Konten dar. So kann ganz individuell innerhalb des Kontenplans auf die einzelnen Kontenklassen zugegriffen werden. Für sämtliche Geschäftsvorfälle aus dem Kontenrahmen bzw. Kontenplan gehen die Kontenklassen hervor. Zur übersichtlichen Darstellung soll eine verkürzte Darstellung eines Kontenplans und der Kontenklassen erfolgen.

Übersicht: Kontenplan 23

Bestandskonten	0001 – 0999
Finanzkonten	1000 – 1099
Umbuchungs- und Transitkonten	1300 – 1399
Auslagen	1600 – 1699
Fremdgeld	1700 – 1799
Aufwand	4000 – 4999

Übersicht: Kontoklassen 24

Aus dem o.g. Kontenplan gehen, wie oben ausgeführt, die einzelnen Kontenklassen hervor.

Kontenklasse 0 (Bestandskonto)

0027	Software
0200	Technische Anlagen u. Maschinen
0320	Pkw-Anschaffung RA

Kontenklasse 1 (Finanzkonten)

1000	Kasse
1001	Postbank AG
1002	Berliner Bank AG

Kontenklasse 1 (Umbuchungs-/Transitkonten)

1300	Sammelgegenkonto
1360	Geldtransit
1399	Zu klärende Posten

Kontenklasse 1 (Auslagen)

1600	Auslagen 1
1601	Auslagen 2

Kontenklasse 1 (Fremdgeld)

1700	Fremdgeld 1
1701	Fremdgeld 2

Kontenklasse 4 (Aufwandskonto)

4000	100 % Vorsteuer
4050	USt-Vorauszahlung FA
4120	Personalkosten/Gehälter Mitarbeiter
4121	Personalkosten/Lohnsteuer

4122	Personalkosten/Gehälter jur. Mitarbeiter
4175	Personalkosten/Fahrtkostenerstattung
4210	Raumkosten/Büromiete
4360	Büroversicherungen
4650	Bewirtungskosten
Kontenklasse 8 (Erlöse/Einnahmen)	
8002	Umsatzerlöse/FamR
8003	Umsatzerlöse/MietR
8005	Umsatzerlöse/ArbeitsR
8080	Einnahme aus Nebentätigkeit
8100	Zinserträge
8900	Sonstige betriebliche Erlöse/Eigenverbrauch

25 Mindestens zwei Konten werden von einem Geschäftsvorfall berührt:

> *Beispiel:*
>
> *Mandant M zahlt einen Betrag i.H.v. 500,00 € durch Überweisung auf das Postbankkonto. Der Betrag setzt sich aus 300,00 € Vorschuss auf die Vergütung sowie aus 200,00 € Gerichtskosten zusammen.*

Sie sehen, hier sind drei Konten betroffen:

1. das Finanzkonto 1 (Postbank), auf dem der Zahlungseingang erfolgte,
2. das Sachkonto der Kontenklasse 8 (Einnahmen mit USt),
3. das Sachkonto der Kontenklasse 1 (Auslagen).

VII. Führung Kassenbuch

26 Das Kassenbuch (Kontoklasse 1) betrifft alle Geschäftsfälle, die mit der Verwendung von Bargeld im Zusammenhang stehen.

27 Das Kassenbuch muss so aufgebaut sein, dass

- die Angabe des Zeitraumes der Aufzeichnung der Kassenein- und -ausgaben mit Jahreszahl und Seitenzahl zu ersehen ist;
- das Datum des jeweiligen Geschäftsvorfalls angegeben ist;
- eine Belegnummer zwecks eindeutiger Zuordnung des Geschäftsvorfalls vergeben wird;
- ein Buchungstext zum Geschäftsvorfall vermerkt wird;
- der Nettobetrag nebst Währungsangabe der Quittung/Rechnung zu entnehmen ist;

- die USt/Vorsteuer des Nettobetrags zu ersehen ist;
- der aktuelle Kassenbestand jederzeit zu ersehen ist.

Das Führen des Kassenbuchs (i.Ü. auch die gesamte Buchhaltung) hat den Anforderungen 28
des § 146 Abs. 1 Satz 1 AO nach

- Vollständigkeit,
- Richtigkeit,
- Zeitgerechtigkeit und
- Ordnung

zu genügen.

Die nachstehend aufgeführten Punkte sollten Sie bei der Führung des Kassenbuchs ein- 29
halten:

- Keine Buchung ohne Beleg (auch Privateinlagen- und -entnahmen).
- Fortlaufende Nummerierung der Belege.
- Jederzeit möglicher Vergleich des Soll- zum Ist-Kassenstand.
- Tägliche Überprüfung des Kassenstandes durch Zählen.
- Ein negativer Kassenbestand ist nicht möglich.
- Der Geldtransit muss festgehalten werden (Einzahlung der Bareinnahmen auf das Geschäftskonto).
- Keine nachträglichen Veränderungen durch Unkenntlichmachung. In diesem Fall erfolgt eine Streichung der fehlerhaften Eintragung. Die Streichung muss lesbar sein. Die Berichtigung erfolgt in der Weise, dass ein neuer Eintrag vorgenommen wird.
- Chronologische Führung des Kassenbuchs.
- Keine Leerzeilen zwischen den einzelnen Eintragungen.

▼

Muster 3.1: Kassenbuch 30

Kassenbuch

Kassenblatt für den Zeitraum 02.02. – 6.2.2015 Seite: 1

Datum	Einnahme	Ausgabe	Bestand	USt	Beleg-Nr.	Buchungstext
xxxxxx	xxxxxxxx	xxxxxxx	500,00 Übertrag			
02.02.	50,00		550,00	19 %	1	Vorschusszahlung Mandant M, Akte (PR-Nr.)

Datum	Einnahme	Ausgabe	Bestand	USt	Beleg-Nr.	Buchungstext
05.02.	150,00		700,00	19 %	2	Vorschusszahlung Mandant F Akte (Pr-Nr.)
05.02.		15,00	685,00	0 %	3	Porto
05.02.		13,50	698,50	19 %	4	Büroküche (Getränke)
05.02.		650,00	48,50		5	Privatentnahme RA
06.02.	950,00		998,50	0	6	Zahlung Fremdgeld Gegner G in Sachen (PR-Nr.)
06.02.		950,00	48,50		7	Geldtransit Bank an Kasse
xxxxxx	xxxxxxxx	xxxxxxx-xx	48,50 End-bestand			

▲

VIII. Einnahme-Überschuss-Rechnung (EÜR)

31 Für den RA als Freiberufler, der zur einfachen Buchhaltung verpflichtet ist, erfolgt die Ermittlung des Gewinns anhand der Auswertung der gebuchten Konten, die den Kontenklassen entnommen wird, nach dem sog. *Zufluss- und Abflussprinzip* (wenn tatsächlich eine Zahlung erfolgte oder eine Rechnung bezahlt wurde, ist diese zu buchen. Wird eine Rechnung bezahlt, kann sie abgesetzt werden).

Das bedeutet, dass eine Gegenüberstellung der **tatsächlich** erfolgten Einnahmen und der tatsächlich erfolgten Ausgaben stattfindet. Der Vergleich zwischen den Betriebseinnahme und den Betriebsausgaben ergibt den Überschuss. Es werden nur die tatsächlich entstandenen Einnahmen und Ausgaben sowie die Abschreibung bei dieser Form der Gewinnermittlung berücksichtigt. § 4 Abs. 3 EStG definiert den Überschuss wie folgt:

Betriebseinnahmen abzüglich Betriebsausgaben = Gewinn oder Verlust

IX. USt-Voranmeldung

Aufgrund der verbuchten Geschäftsvorfälle sind die steuerbaren Umsätze dem FA mit dem amtlichen Formular USt-Voranmeldung mitzuteilen. 32

Die USt-Voranmeldung muss (spätestens seit Januar 2006) gem. § 18 Abs. 1 Satz 1 UStG elektronisch an das FA übermittelt werden. Wegen Vermeidung unbilliger Härten kann auf Antrag die Übermittlung der USt-Voranmeldung in Papierform an das FA übermittelt werden (z.B. kein Internetanschluss, kein PC).

1. Zeiträume für die USt-Voranmeldung

Je nach Höhe der Steuer des Kalendervorjahres ist die USt-Voranmeldung 33

- monatlich,
- vierteljährlich oder
- jährlich

dem FA mitzuteilen.

Wann welcher Anmeldungszeitraum maßgeblich ist, ist in § 18 Abs. 2 UStG genannt.

Die USt-Voranmeldung muss bis zum 10. eines Folgemonats dem FA vorliegen (§ 18 Abs. 1 UStG). Nach Ablauf des Anmeldungszeitraums von zehn Tagen ist die USt-Vorauszahlung an das FA zu leisten (Zahlungseingang beim FA).

> *Beispiel:*
>
> *Der RA ermittelt die USt für den Kalendermonat Januar 2015. Am 10. 2. 2015 muss spätestens die USt-Voranmeldung dem FA mitgeteilt sein sowie die USt-Vorauszahlung bei dem FA eingegangen sein.*

> *Hinweis:* 34
>
> Halten Sie die Frist zur Abgabe und insbes. die Zahlung der USt immer pünktlich ein, da anderenfalls das FA regelmäßig Verspätungszuschläge erheben wird (§ 240 AO).

Für den Fall, dass eine Dauerfristverlängerung beantragt und bewilligt wurde, erfolgt die Anmeldung einen Monat später. Bei der Dauerfristverlängerung ist zunächst 1/11 der USt-Vorauszahlung des Vorjahres an das FA zu bezahlen. 35

2. Formular Umsatzsteuer-Voranmeldung 2015

36

- Bitte weiße Felder ausfüllen oder ☒ ankreuzen, Anleitung beachten -

2015

Fallart	Steuernummer	Unterfallart
11		56

30 Eingangsstempel oder -datum

Finanzamt

Unternehmer – ggf. abweichende Firmenbezeichnung – Anschrift – Telefon – E-Mail-Adresse

Umsatzsteuer-Voranmeldung 2015

Voranmeldungszeitraum

bei **monatlicher** Abgabe bitte ankreuzen

15 01	Jan.		15 07	Juli	
15 02	Feb.		15 08	Aug.	
15 03	März		15 09	Sept.	
15 04	April		15 10	Okt.	
15 05	Mai		15 11	Nov.	
15 06	Juni		15 12	Dez.	

bei **vierteljährlicher** Abgabe bitte ankreuzen

15 41	I. Kalendervierteljahr	
15 42	II. Kalendervierteljahr	
15 43	III. Kalendervierteljahr	
15 44	IV. Kalendervierteljahr	

Berichtigte Anmeldung (falls ja, bitte eine „1" eintragen) — 10

Belege (Verträge, Rechnungen, Erläuterungen usw.) sind beigefügt bzw. werden gesondert eingereicht (falls ja, bitte eine „1" eintragen) — 22

I. Anmeldung der Umsatzsteuer-Vorauszahlung

	Kz	Bemessungsgrundlage ohne Umsatzsteuer volle EUR	Kz	Steuer EUR	Ct
Lieferungen und sonstige Leistungen (einschließlich unentgeltlicher Wertabgaben)					
Steuerfreie Umsätze mit Vorsteuerabzug					
Innergemeinschaftliche Lieferungen (§ 4 Nr. 1 Buchst. b UStG) an Abnehmer **mit** USt-IdNr.	41				
neuer Fahrzeuge an Abnehmer **ohne** USt-IdNr.	44				
neuer Fahrzeuge außerhalb eines Unternehmens (§ 2a UStG)	49				
Weitere steuerfreie Umsätze mit Vorsteuerabzug (z.B. **Ausfuhrlieferungen**, Umsätze nach § 4 Nr. 2 bis 7 UStG)	43				
Steuerfreie Umsätze ohne Vorsteuerabzug Umsätze nach § 4 Nr. 8 bis 28 UStG	48				
Steuerpflichtige Umsätze (Lieferungen und sonstige Leistungen einschl. unentgeltlicher Wertabgaben)					
zum Steuersatz von 19 %	81				
zum Steuersatz von 7 %	86				
zu anderen Steuersätzen	35		36		
Lieferungen land- und forstwirtschaftlicher Betriebe nach § 24 UStG an Abnehmer **mit** USt-IdNr.	77				
Umsätze, für die eine Steuer nach § 24 UStG zu entrichten ist (Sägewerkserzeugnisse, Getränke und alkohol. Flüssigkeiten, z.B. Wein)	76		80		
Innergemeinschaftliche Erwerbe					
Steuerfreie innergemeinschaftliche Erwerbe Erwerbe nach §§ 4b und 25c UStG	91				
Steuerpflichtige innergemeinschaftliche Erwerbe zum Steuersatz von 19 %	89				
zum Steuersatz von 7 %	93				
zu anderen Steuersätzen	95		98		
neuer Fahrzeuge (§ 1b Abs. 2 und 3 UStG) von Lieferern **ohne** USt-IdNr. zum allgemeinen Steuersatz	94		96		
Ergänzende Angaben zu Umsätzen					
Lieferungen des ersten Abnehmers bei **innergemeinschaftlichen Dreiecksgeschäften** (§ 25b Abs. 2 UStG)	42				
Steuerpflichtige Umsätze, für die der **Leistungsempfänger** die **Steuer nach § 13b Abs. 5 Satz 1 i.V.m. Abs. 2 Nr. 10 UStG schuldet**	68				
Übrige steuerpflichtige Umsätze, für die der **Leistungsempfänger** die **Steuer nach § 13b Abs. 5 UStG schuldet**	60				
Nicht steuerbare sonstige Leistungen gem. § 18b Satz 1 Nr. 2 UStG	21				
Übrige nicht steuerbare Umsätze (Leistungsort nicht im Inland)	45				
Übertrag zu übertragen in Zeile 45					

USt 1 A – Umsatzsteuer-Voranmeldung 2015 – (07.14)

ñ 2 ñ

Steuernummer:

	Bemessungsgrundlage ohne Umsatzsteuer volle EUR		Steuer EUR	Ct
‹ bertrag				
Leistungsempf%ager als Steuerschuldner (ß 13b UStG)				
6WHXHUSÀLFKWLJH VRQVWLJH /HLVWXQJHQ HLQHV LP EULJHQ *HPHLQVFKDIWV-gebiet ans%ssigen Unternehmers (ß 13b Abs. 1 UStG)	46		47	
Andere Leistungen eines im Ausland ans%ssigen Unternehmers (ß 13b Abs. 2 Nr. 1 und 5 Buchst. a UStG)	52		53	
Lieferungen sicherungs, bereigneter Gegenst%ade und Ums%tze, die unter das GrEStG fallen (ß 13b Abs. 2 Nr. 2 und 3 UStG)	73		74	
Lieferungen von Mobilfunkger%ten, Tablet-Computern, Spielekonsolen und integrierten Schaltkreisen (ß 13b Abs. 2 Nr. 10 UStG)	78		79	
Andere Leistungen (ß 13b Abs. 2 Nr. 4, 5 Buchst. b, Nr. 6 bis 9 und 11 UStG)	84		85	
Steuer infolge Wechsels der Besteuerungsform sowie Nachsteuer auf versteuerte Anzahlungen u. ‰ wegen Steuersatz%aderung			65	
Umsatzsteuer				
Abziehbare Vorsteuerbetr%ge				
Vorsteuerbetr%ge aus Rechnungen von anderen Unternehmern (ß 15 Abs. 1 Satz 1 Nr. 1 UStG), aus Leistungen im Sinne des ß 13a Abs. 1 Nr. 6 UStG (ß 15 Abs. 1 Satz 1 Nr. 5 UStG) und aus innergemeinschaftlichen Dreiecksgesch%ten (ß 25b Abs. 5 UStG)			66	
Vorsteuerbetr%ge aus dem innergemeinschaftlichen Erwerb von Gegenst%aden (ß 15 Abs. 1 Satz 1 Nr. 3 UStG)			61	
Entstandene Einfuhrumsatzsteuer (ß 15 Abs. 1 Satz 1 Nr. 2 UStG)			62	
Vorsteuerbetr%ge aus Leistungen im Sinne des ß 13b UStG (ß 15 Abs. 1 Satz 1 Nr. 4 UStG)			67	
Vorsteuerbetr%ge, die nach allgemeinen Durchschnittss%tzen berechnet sind (ßß 23 und 23a UStG)			63	
Berichtigung des Vorsteuerabzugs (ß 15a UStG)			64	
Vorsteuerabzug f, r innergemeinschaftliche Lieferungen neuer Fahrzeuge auﬂerhalb eines Unternehmens (ß 2a UStG) sowie von Kleinunternehmern im Sinne des ß 19 Abs. 1 UStG (ß 15 Abs. 4a UStG)			59	
Verbleibender Betrag				
Andere Steuerbetr%ge				
In Rechnungen unrichtig oder unberechtigt ausgewiesene Steuerbetr%ge (ß 14c UStG) sowie Steuerbetr%ge, die nach ß 6a Abs. 4 Satz 2, ß 17 Abs. 1 Satz 6, ß 25b Abs. 2 UStG oder von einem Auslagerer oder Lagerhalter nach ß 13a Abs. 1 Nr. 6 UStG geschuldet werden			69	
Umsatzsteuer-Vorauszahlung/‹ berschuss				
Anrechnung (Abzug) der festgesetzten Sondervorauszahlung f, r Dauerfristverl%agerung (nur auszuf, llen in der letzten Voranmeldung des Besteuerungszeitraums, in der Regel Dezember)			39	
Verbleibende Umsatzsteuer-Vorauszahlung (bitte in jedem Fall ausf, llen) / Verbleibender ‹ berschuss - bitte dem Betrag ein Minuszeichen voranstellen -			83	

II. Sonstige Angaben und Unterschrift

Ein Erstattungsbetrag wird auf das dem Finanzamt benannte Konto , berwiesen, soweit der Betrag nicht mit Steuerschulden verrechnet wird.

Verrechnung des Erstattungsbetrags erw, nscht / Erstattungsbetrag ist abgetreten (falls ja, bitte eine Ñ1 eintragen)	29
Geben Sie bitte die Verrechnungsw, nsche auf einem besonderen Blatt an oder auf dem beim Finanzamt erh%ltlichen Vordruck ÑVerrechnungsantragì.	
Das SEPA-Lastschriftmandat wird ausnahmsweise (z.B. wegen Verrechnungsw, nschen) f, r diesen Voranmeldungszeitraum widerrufen (falls ja, bitte eine Ñ1 eintragen)	26

Ein ggf. verbleibender Restbetrag ist gesondert zu entrichten.

Hinweis nach den Vorschriften der Datenschutzgesetze:
Die mit der Steueranmeldung angeforderten Daten werden auf Grund der ßß 149 ff. der Abgabenordnung und der ßß 18, 18b des Umsatzsteuergesetzes erhoben. Die Angabe der Telefonnummern und der E-Mail-Adressen ist freiwillig.

Bei der Anfertigung dieser Steueranmeldung hat mitgewirkt:
(Name, Anschrift, Telefon, E-Mail-Adresse)

Datum, Unterschrift

- nur vom Finanzamt auszuf, llen -

11	19
	12

Bearbeitungshinweis

1. Die aufgef, hrten Daten sind mit Hilfe des gepr, ften und genehmigten Programms sowie ggf. unter Ber, cksichtigung der gespeicherten Daten maschinell zu verarbeiten.
2. Die weitere Bearbeitung richtet sich nach den Ergebnissen der maschinellen Verarbeitung.

Datum, Namenszeichen

Kontrollzahl und/oder Datenerfassungsvermerk

X. ELSTER-Programm

37 Im Hinblick auf die Verpflichtung zur elektronischen Übermittlung der USt-Voranmeldung an das FA können Sie diese Erklärung mit Zuhilfenahme des ELSTER-Programmes an das FA übermitteln. Das ELSTER-Programm ist ein von der Steuerverwaltung entworfenes Steuerprogramm, das Sie kostenlos auf Ihren Computer laden können.

38 *Praxistipp:*

Das ELSTER-Programm können Sie unter www.elsterprogramm.de,

https://www.elster.de/elfo_down1.php

laden.

39 Um das Programm zu laden, benötigen Sie einen PC mit folgender Ausstattung:

- Windows 2000, Windows XP oder Windows Vista,
- Anzeigeprogramm für PDF-Dokumente,
- Drucker,
- genügend freien Speicherplatz auf der Festplatte (mind. 200 MB) und mind. 256 MB Hauptspeicher,
- Prozessor ab 500 MHz Leistung,
- Internetzugang.

40 Sobald Sie das Programm auf Ihren PC geladen haben, stehen Ihnen mehrere Formulare zur Verfügung. Sie wählen dann das von Ihnen benötigte Formular aus. Dieses erscheint auf Ihrem PC.

41 Das ELSTER-Programm hat folgende Funktionen und Vorteile:

- Die Eingabe der Daten erfolgt über den Bildschirm. Das entsprechende Programm erscheint, nachdem Sie die Erklärungsart ausgewählt haben.
- Das Programm bietet zudem im unteren Teil der Steuererklärungen Ausfüllhinweise an.
- Papierlose Übertragung von Steuererklärungen erfolgt verschlüsselt an das FA via Internet.
- Die Übertragung kann auch mit einer Zertifizierung erfolgen. Dazu ist eine Anmeldung auf www.elster.de erforderlich.
- Die Auswahl der Erklärung, Eingabe der Daten, Übermittlung der Daten an das FA erfolgen über eine Maske. Sie müssen nichts zwischenspeichern, andere Links laden oder Programme öffnen, um die Steuererklärung zu fertigen und an das FA zu übermitteln.
- Das Programm führt eine Überprüfung von formalen Fehlern durch, die bei der Eingabe der Daten entstanden sind. Es erfolgt ein entsprechender Hinweis.

- Ausdruck der Bestätigungen, wann die Erklärung an das FA übermittelt wurde (Datum mit Uhrzeit).
- Die Speicherung der jeweiligen Erklärungen auf Ihrem PC ist möglich.
- Fehlerhafte Angaben (z.B. Zahlendreher) können Sie jederzeit ändern (vor einer Übermittlung an das FA. Danach ist nur die Berichtigung möglich.)
- Das Programm bietet bei Änderungen regelmäßig Updates an.
- Bei technischen Schwierigkeiten oder Fragen können Sie sich auf der Internetseite www.elster.de an „ELIAS“ zwecks Hilfestellung wenden. Dabei handelt es sich um ein Auskunfts- und Informationssystem.

B. Aufbewahrungsfristen

I. Wichtige Dokumente

Für die Aufbewahrung von Buchführungsunterlagen gibt es Vorschriften und gesetzliche Regelungen im Hinblick auf Aufbewahrungsfristen. Diese sind in § 257 HGB, § 14 Abs. 1 UStG, § 147 AO enthalten. 42

Nachfolgend werden die wichtigsten Dokumente in Tabellenform genannt: 43

10-jährige Aufbewahrungsfrist	**6-jährige Aufbewahrungsfrist**
Bücher	Lohnkonten
Journale	Unterlagen zum Lohnkonto mit Eintragungen
Konten, Aufzeichnungen	Empfangene Handels- und Geschäftsbriefe
Inventare, Jahresabschlüsse, Lageberichte, Eröffnungsbilanzen	Wiedergaben der abgesandten Handels- und Geschäftsbriefe
Rechnungsbelege (z.B. Rechnungen, Bescheide, Zahlungsanweisungen, Eigenbelege, Kontoauszüge, Lohn- bzw. Gehaltslisten)	Unterlagen, die für die Besteuerung von Bedeutung sind
GuV-Rechnungen (Gewinn- und Verlust-Rechnungen)	
Kassenbücher	
Kassenbelege	
Kassenberichte	
Diese Frist gilt auch für sämtliche per EDV betriebenen Buchhaltungsdaten.	

II. Beginn der Aufbewahrungsfrist

44 Die Aufbewahrungsfrist **beginnt** mit dem Schluss des Kalenderjahres, in dem die letzte Eintragung in das Buch getätigt wurde, das Inventar, die Eröffnungsbilanz, der Jahresabschluss oder der Lagebericht aufgestellt wurden, der Handels- oder Geschäftsbrief empfangen oder abgesandt wurden, der Buchungsbeleg entstanden ist, die Aufzeichnung vorgenommen worden ist oder die sonstigen Unterlagen entstanden sind.

III. Aufbewahrungspflichten bei eRechnungen

45 Für elektronische Rechnungen gelten dieselben Aufbewahrungspflichten wie für Rechnungen in Papierform (zehn Jahre). Die Belege sind für die Dauer der Aufbewahrungsfrist zu archivieren.

Die folgenden Grundsätze müssen bei der Aufbewahrung elektronischer Belege beachtet werden:

- Ordnungsmäßigkeit der Buchführung
- Datenzugriff
- Prüfbarkeit digitaler Belege

Die elektronischen Rechnungen müssen in dem **Format** archiviert werden, in dem sie empfangen worden sind. Sie müssen während der Aufbewahrungsfrist jederzeit **lesbar** und **maschinell auswertbar** sein.

Erfolgt eine Umwandlung von elektronischen Rechnungen in ein betriebsinternes Format, so sind beide Dateien miteinander zu verknüpfen und aufzubewahren.

Elektronische Rechnungen müssen **elektronisch archiviert** werden. Das Ausdrucken der Rechnungen und/oder Belege und Aufbewahrung in Papierform genügt den Anforderungen nicht.

Die Archivierung einer elektronischen Rechnung muss immer in dem Format, in dem sie versendet wurde, archiviert werden.

> *Tipp:*
>
> Die elektronische Archivierung sollte auf einem Datenträger erfolgen, der eine Änderung nicht mehr möglich macht. Geeignet sind einmal beschreibbare Speichermedien.
>
> Die mit der Rechnung (z.b. als PDF-Datei) übermittelte E-Mail muss nicht gespeichert werden und kann gelöscht werden.
>
> Wenn Rechnungen als Anhang zu einer E-Mail gesendet werden (z.B. als PDF-Datei oder ein Link zum Download), muss aus Sicherheitsgründen ein unveränderbares Format verwendet werden.

Da der Empfänger einer elektronischen Übermittlung der Rechnung zustimmen muss, sollten Vorkehrungen in diesem Zusammenhang getroffen werden. Die Zustimmung ist jedoch an keine besondere Form gebunden und kann durch Vereinbarung (AGB) oder stillschweigend und nachträglich erklärt werden.

Hinweis: 46

Gem. §§ 160, 170 AO ist die Vernichtung der Buchführungsunterlagen dann nicht zulässig, wenn die Fristen für die Steuerfestsetzung nicht abgelaufen sind. Die Aufbewahrungsfrist läuft in diesem Fall noch nicht ab.

C. Rechnungswesen

I. Ordnungsgemäße Rechnungsstellung gem. § 14 UStG

Der RA ist nicht nur berechtigt, sondern auch verpflichtet, eine Rechnung zu erteilen, die 47
an besondere inhaltliche Bestandteile geknüpft ist. Diese Bestandteile einer Rechnung sind Pflicht. Die Pflicht zur Rechnungserteilung ergibt sich aus dem § 14 UStG.

1. Muss-Vorschrift

Neben den in § 14 Abs. 4 UStG genannten Pflichtangaben **muss** der RA als Unternehmer 48
i.S.v. § 2 UStG eine Rechnung erteilen, wenn die Leistung gem. § 14 Abs. 2 UStG

- für einen anderen Unternehmer,
- für eine juristische Person,
- im Zusammenhang mit einem Grundstück steht (unabhängig davon, ob der Mandant Verbraucher, Unternehmer oder eine juristische Person ist).

ausgeführt worden ist.

2. Frist zur Rechnungslegung

Die Rechnungslegung muss gem. § 14 Abs. 1 UStG innerhalb von sechs Monaten nach 49
„Ausführung der sonstigen Leistungen" erfolgen.

Fristbeginn ist der Zeitpunkt, zu dem die sonstige Leistung vollständig ausgeführt worden ist (§ 1 Abs. 1 Nr. 1 Satz 1 UStG)

Um dem Rechnungsempfänger den Vorsteuerabzug zu ermöglichen ist dieser Zeitpunkt gem. § 14 Abs. 4 Nr. 6 UStG in der Rechnung anzugeben.

3. Kann-Vorschrift

50 Gem. § 14 Abs. 1 UStG **kann** der RA eine Rechnung nach § 14 Abs. 4 UStG erstellen, wenn eine Leistung an andere als die unter Rdn 48 genannten Leistungsempfänger ausgeführt wurde. Allein schon wegen der Regelung des § 10 RVG (Berechnung) sollte von der Kann-Vorschrift der Rechnungslegung jedoch Abstand genommen werden.

4. Pflichtangaben in der Rechnung gem. § 14 Abs. 4 UStG

51 Ist der RA zur Rechnungslegung gem. § 14 Abs. 1 und 4 UStG verpflichtet, **muss** die Rechnung folgende Angaben erhalten:

- vollständiger Name mit vollständiger Anschrift des RA, der Sozietät, Bürogemeinschaft usw.,
- vollständiger Name und Anschrift des Rechnungsempfängers,
- Angabe der Steuernummer oder der USt-Identifikations-Nr.
- Datum der Rechnungslegung (Ausstellungsdatum),
- Rechnungsnummer (die immer nur einmal vergeben wird; Rechnungsnummern werden fortlaufend erteilt),
- Umfang und Art der sonstigen Leistung,
- Zeitpunkt und Höhe des Entgelts oder eines Teils, wenn eine Verrechnung erfolgt,
- Steuersatz, Bemessungsgrundlage und Steuerbetrag.

Mit keinem Wort wird hier die Unterschrift des Rechnungsausstellers erwähnt. Für den RA, der Vergütungsberechnungen erteilt, ergibt sich dies jedoch aus § 10 RVG (s.a. die Ausführungen in § 9 Rdn 83 ff.).

52 *Hinweis:*

Erst wenn alle gem. § 14 Abs. 4 UStG vorgegebenen Pflichtangaben in der Rechnung enthalten sind, kann der Rechnungsempfänger die Vorsteuer bei dem FA geltend machen. Achten Sie deshalb darauf, dass die Pflichtangaben in der Rechnung enthalten sind.

Der Rechnungsempfänger hat gegen den Rechnungsaussteller einen Anspruch auf vollständige und inhaltlich zutreffende Rechnungslegung gem. der Pflichtangaben des § 14 Abs. 4 UStG

Die Bezeichnung der Leistung in der Rechnung muss so genau sein oder unter Beifügung von Dokumenten genau nachvollziehbar sein, dass der Rechnungsempfänger nachweisen kann, dass die Leistung für ihn tatsächlich erbracht wurde.

53 Das Muster einer Rechnung, die den o.g. Anforderungen entsprechen muss, finden Sie unter § 9 Rdn 133.

5. Keine Vergabe einer Rechnungsnummer

Bei folgenden Berechnungen ist eine Rechnungsnummer **nicht** zu vergeben: 54

- sämtliche Kostenfestsetzungs- und -ausgleichungsanträge (§§ 104 ff. ZPO, § 11 RVG, Beratungshilfe usw.),
- Kostenberechnung an Dritte, die sich zur Tragung der Rechnung verpflichtet haben,
- Berechnung von Verzögerungsschaden gegenüber dem Anspruchsgegner des Mandanten,
- Gerichtskostenanforderung an den Mandanten. Hier handelt es sich um einen durchlaufenden Posten und nicht um eine Leistung des RA gegenüber dem Mandanten.

Für die Möglichkeit, die Rechnung elektronisch zu erteilen und zu übermitteln, verweise ich auf die Ausführungen unter § 9 Rdn 87. 55

6. Rechnungslegung bei einem rechtsschutzversicherten Mandanten

Die Vergütungsberechnung ist dem Mandanten als Auftraggeber und Rechnungsempfänger zu erteilen mit dem Hinweis, dass eine Abschrift der Rechnung an die Rechtsschutzversicherung zum Ausgleich des Rechnungsbetrages übermittelt wurde. Die Kopie der Rechnung können Sie an die Rechtsschutzversicherung (i.d.R. per Telefax) mit der Aufforderung um Zahlungsausgleich übermitteln. 56

7. Rechnungen ohne Umsatzsteuer (nicht steuerbare Umsätze)

Grundsätzlich müssen alle an den Mandanten ausgestellten Rechnungen eine Umsatzsteuer enthalten, da dieser „Endverbraucher" der Dienstleistung „Rechtsberatung/-vertretung" ist. 57

Eine Ausnahme hiervon gilt jedoch für den Fall, dass die Leistungserbringung gegenüber einem **EU-Unternehmen** erfolgt. Der Leistungsort ist hier EU-Ausland. Der Rechtsanwalt stellt seine Rechnung in diesen Fällen **ohne Umsatzsteuer**, der Mandant ist dann alleine für die steuerliche Anmeldung in seinem EU-Mitgliedland verantwortlich. 58

Hierfür ist es jedoch erforderlich, dass das EU-Unternehmen **und** der Rechtsanwalt eine **Europäische Umsatzsteuer-Identitätsnummer (USt-IdNr.)** besitzen und beide USt-IdNr. auf der Rechnung angegeben sind. Die Europäische USt-IdNr. ist eine eigenständige Nummer, die Unternehmen zusätzlich zur Steuernummer erteilt wird. Das Bundeszentralamt für Steuern vergibt die USt-IdNr. auf gesonderten Antrag (§ 27a UStG).

Des Weiteren müssen diese Umsätze gesondert in der Umsatzsteuervoranmeldung (Zeile 41) als „nicht steuerbare Umsätze § 18b UStG (EU)“ angemeldet werden und eine sogenannte **ZM (Zusammenfassende Meldung)** gegenüber der Finanzbehörde abgegeben werden.

59 Dienstleistungen gegenüber **EU-Privatpersonen** und nichtunternehmerischen juristischen Personen ohne EU-Steuernummer sind dagegen immer beim Leistenden zu versteuern, also in Deutschland mit 19 %. Die Rechnung des Rechtsanwalts enthält hier die ausgewiesene **Deutsche Umsatzsteuer**.

60 Bei Mandanten aus dem **Nicht-EU-Ausland (egal ob Privatperson oder Unternehmer)** gilt als Leistungsort der Drittstaat mit der Folge, dass auch hier die Rechnung des Rechtsanwalts **keine Umsatzsteuer** enthält. Die Umsätze sind in der Umsatzsteuervoranmeldung wieder gesondert als „nicht steuerbar“ auszuweisen, diesmal in Zeile 42.

II. Onlinebanking

61 Onlinebanking ist eine mögliche Variante der Abwicklung bargeldloser Bankgeschäfte in elektronischer Form. Dabei erfolgt der direkte Zugriff des Kunden auf den Bankrechner entweder über das Internet oder eine Direkteinwahl bei der Bank.

62 Der Bankkunde, der Onlinebanking in Anspruch nimmt, kann über das Onlinebanking

- den Kontostand abfragen,
- Überweisungen (In- und Ausland) ausführen,
- Daueraufträge einrichten/ändern,
- Kontobewegungen auswerten.

1. PIN-Verfahren

63 Um am Onlinebanking teilzunehmen, muss zunächst bei der Bank ein entsprechender Antrag gestellt werden. Mittlerweile gibt es einige Kreditinstitute, die keine Filialen mehr unterhalten. Die Bankgeschäfte werden ausschließlich online erledigt.

Die PIN (Personal Identification Number) wird Ihnen von dem Kreditinstitut übermittelt. Sie ist eine Geheimzahl und nur Ihnen bekannt. Achten Sie stets darauf, diese Nummer an keine Dritten weiterzugeben und gut unter Verschluss zu halten.

Neben der Eingabe der Konto-Nr. ist die Eingabe der PIN erforderlich, um auf das Konto online zugreifen zu können.

2. TAN-Verfahren

Die TAN (Transaktionsnummer) benötigen Sie, um, wie das Wort schon besagt, Transaktionen von Ihrem Konto online durchführen zu können. Die Bank übermittelt Ihnen dazu eine TAN-Liste. Für jede Transaktion (z.B. Überweisung, Erteilung Dauerauftrag, Bestellung einer neuen TAN-Liste) ist jeweils eine TAN einzugeben. 64

Jede TAN kann nur einmal verwendet werden. Nachdem Sie die TAN verwendet haben, können Sie diese durchstreichen oder durch ein Häkchen kenntlich zu machen. Zu empfehlen ist, sie nicht unkenntlich durchzustreichen. Für den Fall einer fehlerhaften Eingabe der TAN wären Sie nicht in der Lage, eine unkenntlich gestrichene TAN nochmals einzugeben.

a) Alternative TAN-Verfahren

Mit Ihrer VR-BankCard (mit Chip) oder Ihrer VR-NetWorldCard und einem separaten Kartenleser wird für jede Transaktion eine nur für diesen Vorgang gültige TAN erzeugt. Derzeit ist dies eine der sichersten Arten eine Transaktions-Nummer (TAN) zu generieren. Die PIN der jeweiligen Karte wird zur TAN-Generierung nicht benötigt. 65

Es gibt **zwei Möglichkeiten der TAN-Erzeugung**: 66

- optische Eingabe (Daten werden mittels eines Flickercodes übertragen und müssen separat bestätigt werden)
- manuelle Eingabe (Daten werden manuell wiederholt und bestätigt)

b) Alternative TAN-Verfahren

(1) per SMS Handy

Flexibilität: Mit mobileTAN sind Sie unabhängig. 67

Sicherheit: Die mobileTAN ist an einen Vorgang (zum Beispiel eine Überweisung) gekoppelt und verfällt, wenn sie nicht genutzt wird. Für andere Transaktionen ist sie unbrauchbar und damit für Betrüger wertlos.

Zusätzliche Sicherheit durch zwei getrennte Kommunikationsmedien (Computer und Handy).

Da Details zum Vorgang (zum Beispiel der Überweisungsbetrag oder die Kontonummer) in der SMS mitgeliefert werden, haben Sie die Möglichkeit, diese auf Richtigkeit zu überprüfen.

Die mobileTAN kann parallel zu Sm@rt-TAN plus genutzt werden.

(2) Kosten mobile TAN

Die Nutzung dieses Services kostet 9 Cent pro versandte SMS. 68

69 *Hinweis:*

Wickeln Sie die Bankgeschäfte niemals über nicht bekannte Computer ab. Nach dem Onlinebanking sollten Sie den Zwischenspeicher (Cache) löschen. Der Cache ist ein lokaler Speicher, der besuchte Internetseiten zwischenspeichert, sodass diese im Verlauf wiederzufinden sind und bei einem erneuten Besuch bereits verwendeter Internetseiten nicht noch einmal geladen werden müssen.

3. Sicherheitsmaßnahmen/Risiken

70 Das Onlinebanking ist vielen Risiken ausgesetzt, z.B. dem sog. **Phishing**. Darunter ist das „Fischen von Passwörtern" zu verstehen. Phishing ist ein Begriff für viele betrügerische Möglichkeiten, um Passwörter zu erspähen und sich somit Zugang zu fremden Konten zu gewähren. Unter anderem wird beim Phishing eine E-Mail an den Empfänger versandt, die den Schein erweckt, sie sei von dem „echten" Absender (z.B. Ihre persönliche Bank). Meistens wird in dieser Mail auf eine **gefälschte** Internetseite der Bank verwiesen. Der ahnungslose Kunde folgt dem Link und gibt dort seine persönlichen Daten ein. In diesem Moment fischen die Betrüger die Kontendaten ab und können so ungehindert auf das Konto des Kunden zugreifen, ohne dass der Kunde dies zunächst bemerkt.

71 Eine weitere Masche ist, dass Betrüger über die sog. „**Trojanischen Pferde**" Passwörter ermitteln und so im weiteren Verlauf großen Schaden anrichten können. Zwar werden Sie nicht von Soldaten aus der griechischen Mythologie überfallen, aber, so wie sich die griechischen Soldaten in dem Bauch des Trojanischen Pferdes versteckten und ungehindert nach Troja einziehen konnten, so versteckt sich ein Computerprogramm (Trojanisches Pferd), von dem Sie denken, dass es sicher sei, in Ihrem Programm. Das Trojanische Pferd dringt unbemerkt in Ihr Programm ein und ist so in der Lage, Daten auszuspähen, zu verändern, zu löschen. Es erkennt Passwörter, die Sie eingeben und im Fall einer Datenübertragung werden diese geheimen Daten an den Angreifer Ihres Programms weitergeleitet.

72 Dies sind nur zwei Beispiele von vielen möglichen Betrugsformen. Aus diesem Grund muss der Kunde viele Schutzmaßnahmen ergreifen, um sich vor Betrügern zu schützen:

- bewahren Sie PIN und TAN sorgfältig auf,
- achten Sie darauf, dass Dritte keinen Zugang dazu haben,
- keine elektronische Speicherung der TAN Liste,
- kontrollieren Sie das Online-Konto so oft wie möglich, damit sie im Betrugsfall sofort Ihre Bank verständigen können.

SEPA-Überweisungen: 73

In der Rechtsanwaltskanzlei sind Überweisungen nur noch im sogenannten SEPA-Verfahren zu tätigen.

SEPA ist ein einheitlicher Zahlungsraum von 34 Ländern für Banktransaktionen in EUR. Durch die einheitliche SEPA-Überweisung wurde der Zahlungsverkehr in diesem Wirtschaftsraum schneller und billiger.

BIC steht für „Bank Identifier Code" und ist der neue international gültige Bankcode, der jedoch ab 1.2.2014 nur noch bei länderübergreifenden Zahlungen angegeben werden muss. Anders die IBAN, die „International Bank Account Number", die nun permanent auch innerhalb Deutschlands zum Einsatz kommt.

Ursprünglich sollte die Umstellungspflicht von der klassischen Überweisung mit Bankleitzahl und Kontonummer zur SEPA-Überweisung zum 1.2.2014 greifen. Aufgrund von Schwierigkeiten in den einzelnen Ländern v.a. in der Wirtschaft gewährte die Europäische Kommission eine sechsmonatige Galgenfrist.

Seit 1.8.2014 gilt daher europaweit **für Unternehmen** das neue SEPA-Format für Kontonummern: Überweisungen und Lastschriften sind nur noch mit der (in Deutschland 22-stelligen) IBAN und ggfs. der elfstelligen BIC (wenn länderübergreifend) zulässig.

Bis zum 31.1.2016 dürfen **Verbraucher** neben dem SEPA-Format auch noch das nationale Zahlungssytem (BLZ und Kontonummer) verwenden, ab 1.2.2016 ist SEPA dann für alle verpflichtend.

Soll eine Überweisung in einer Nicht-€-Währung (z.B. nach Großbritannien in Englische Pfund) durchgeführt werden, ist eine SEPA-Überweisung nicht möglich, es muss eine gewöhnliche Auslandsüberweisung getätigt werden.

III. Schecks

1. Gesetzliche Grundlagen

Die Vorschriften über den Scheck sind gesetzlich im ScheckG (Scheckgesetz) geregelt. 74
Nachfolgend werden der Verrechnungsscheck, der Barscheck- und der Orderscheck erläutert.

Der Scheck ist eine **Urkunde**, mit der der Aussteller des Schecks zulasten seines Kontos 75
sein Kreditinstitut anweist, einen im Scheck genannten bestimmten Betrag gegen Vorlage des Schecks zu zahlen. Der Scheck ist ein Zahlungsmittel.

76 In Art. 1 ScheckG ist vorgeschrieben, welche Bestandteile der Scheck haben muss:

Art. 1 ScheckG

Der Scheck enthält:

1. die Bezeichnung als Scheck im Text der Urkunde, und zwar in der Sprache, in der sie ausgestellt ist;
2. die unbedingte Anweisung, eine bestimmte Geldsumme zu zahlen;
3. den Namen dessen, der zahlen soll (Bezogener);
4. die Angabe des Zahlungsorts;
5. die Angabe des Tages und des Ortes der Ausstellung;
6. die Unterschrift des Ausstellers.

77 Ein Scheck ohne Datum und/oder Unterschrift ist nicht wirksam.

78 Die in Art. 1 des ScheckG genannten Bestandteile des Schecks sind zwingend notwendig einzuhalten. Daneben gibt es weitere gesetzliche und kaufmännische Anforderungen an einen Scheck:

- Die Schecksumme in Ziffern ist in Worten zu wiederholen. Weicht der Wert der Zahl von dem Wert des Wortes ab, so ist das Wort maßgeblich für die Auszahlung,
- Benennung des Zahlungsempfängers (dies ist keine zwingende Vorschrift),
- Überbringerklausel („an … oder Überbringer"),
- Verwendungszweck,
- Schecknummer,
- Kontonummer des Bankinstituts des Ausstellers,
- Bankleitzahl des bezogenen Kreditinstitutes.

2. Vorlegungsfristen

79 Nach Art. 29 ScheckG sind die Vorlegungsfristen für einen Scheck:

- 8 Tage: Schecks, die im Inland ausgestellt wurden und im Inland ausgezahlt werden,
- 20 Tage: Schecks, bei denen der Ausstellungsort abweicht von dem Auszahlungsort und beide Orte sich in demselben Erdteil befinden,
- 70 Tage: Schecks, bei denen sich der Ausstellungsort und der Auszahlungsort in verschiedenen Erdteilen befinden.

3. Beginn der Vorlegefrist

80 Die Frist beginnt mit dem Tag des Ausstellungsdatums, wobei dieser Tag nicht mitgerechnet wird (§ 56 ScheckG).

4. Scheckarten

a) Barscheck

81 Durch Vorlage eines Barschecks bei dem bezogenen Kreditinstitut des Ausstellers erfolgt eine Auszahlung der in dem Barscheck angegebenen Summe an den Begünstigten (Scheckinhaber). (Der Bezogene ist die Person, die die Zahlung aus dem Scheck leistet).

82 Der Barscheck hat die Besonderheit, dass er zu einem Verrechnungsscheck umgewandelt werden kann. Sobald Sie den Zusatz im oberen freien Feld „nur zur Verrechnung" oder bei internationalen Schecks durch zwei diagonale Striche „//" in der rechten oberen Ecke des Schecks anbringen, wird der Barscheck zum Verrechnungsscheck. Eine Barauszahlung an den Begünstigten ist nicht mehr möglich.

b) Verrechnungsscheck

83 Der Begünstigte reicht den Verrechnungsscheck bei seinem Kreditinstitut zur **Gutschrift** ein. Der Scheck wird zunächst von dem Kreditinstitut des Scheckausstellers unter Vorbehalt gutgeschrieben.

Das Kreditinstitut des Begünstigten zieht die Gutschrift von dem Konto des Ausstellers ein. Gem. Art. 39 ScheckG erfolgt die Kennzeichnung durch die Anbringung des Vermerks „nur zur Verrechnung" oder durch einen gleichbedeutenden Vermerk auf der Vorderseite des Schecks. Das Anbringen von diagonalen Strichen „//" ist nicht ausreichend. Vielmehr werden nur ausländische Schecks, die in dieser Weise gekennzeichnet sind, als Verrechnungsschecks angesehen.

Der Vermerk kann auch **handschriftlich** erfolgen. Eine Streichung des Vermerks gilt als nicht erteilt. D.h. Sie können aus einem Verrechnungsscheck durch Streichung des Vermerks „nur zur Verrechnung“ keinen Barscheck mehr machen.

c) Orderscheck

84 Grds. ist ein Scheck ein „geborenes“ Orderpapier. Das bedeutet, dass der Betrag, der auf dem Scheck eingetragen ist, nur an denjenigen ausgezahlt werden darf, der in dem Orderscheck namentlich bezeichnet ist oder an den mittels Indossament übertragen wurde. Ein Indossament ist ein schriftlicher Vermerk, meistens auf der Rückseite des Orderpapiers (ital. „in dosso“ für „auf dem Rücken“), mit dem das Eigentum und die Rechte des bisherigen Inhabers auf einen anderen übertragen werden. Indossant ist die Person, die das Recht an den neuen Scheckinhaber überträgt. Indossatar ist derjenige, auf den das Recht übertragen wird.

85 Der Orderscheck ist am rechten Rand mit einem roten Strich mit der Bezeichnung Orderscheck gekennzeichnet. Der Vermerk – anders als beim Verrechnungsscheck – „oder an Überbringer“ fehlt. Stattdessen ist der Vermerk „oder Order“ angegeben.

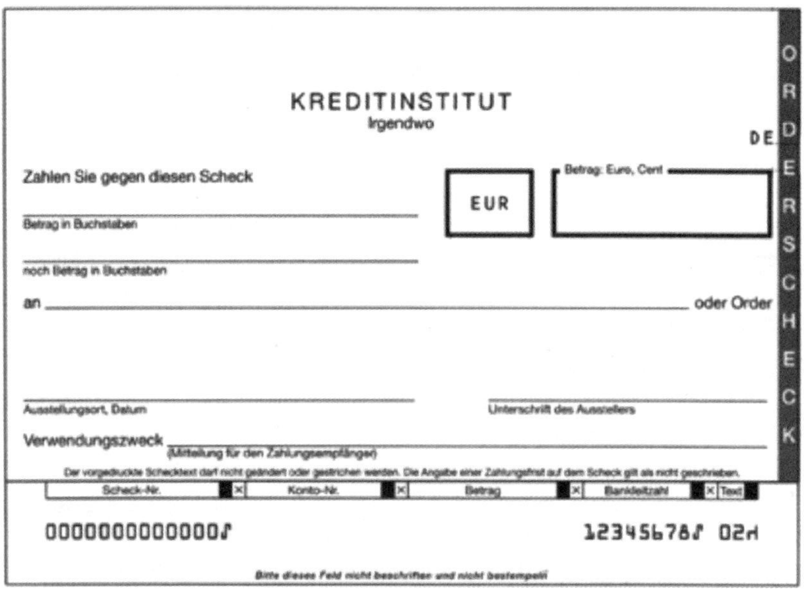
KREDITINSTITUT
Irgendwo
DE
Zahlen Sie gegen diesen Scheck
EUR
Betrag: Euro, Cent
Betrag in Buchstaben
noch Betrag in Buchstaben
an oder Order
Ausstellungsort, Datum
Unterschrift des Ausstellers
Verwendungszweck
(Mitteilung für den Zahlungsempfänger)
Der vorgedruckte Schecktext darf nicht geändert oder gestrichen werden. Die Angabe einer Zahlungsfrist auf dem Scheck gilt als nicht geschrieben.
Scheck-Nr. | Konto-Nr. | Betrag | Bankleitzahl | Text
0000000000000⑈ 12345678⑈ 02⑆
Bitte dieses Feld nicht beschriften und nicht bestempeln
ORDERSCHECK

86 *Achtung: Scheckbetrugsversuche*

Speziell Rechtsanwaltskanzleien sind in den letzten Jahren Ziele von Scheckbetrügern geworden.

Dabei wird die Internationalisierung der Mandantschaft in der heutigen Kanzlei ausgenutzt. Vor allen bei ausländischen Schecks aus den USA und Kanada sollte äußerste Vorsicht geboten sein und diese Schecks sollten grds. nicht angenommen und nicht eingelöst werden.

Das Vorgehen ist simpel und professional aufgezogen:

Frau Schmith aus den USA hat eine Darlehensforderung gegen Herrn Müller, der nicht zahlt. Die Anwaltskanzlei soll den Gegner meist per E-Mail mahnen, da eine deutsche Anschrift nicht bekannt ist. Nach der Mahnung kommt gleich ein reumütiger Brief von Herrn Müller aus Kanada an, in dem er mitteilt, dass er sich dort gerade geschäftlich aufhält, ihm die Versäumnis leid tut und auch gleich Kanadische Schecks für die Hauptforderung und für die RA-Vergütung beifügt.

Würden die Schecks bei der Bank eingereicht werden, so erfolgt zunächst einmal eine vorbehaltliche Gutschrift. Anders als bei Deutschen oder den meisten Europäischen Schecks erfolgt bei Schecks aus den USA und Kanada niemals eine endgültige Gutschrift, so dass Sie keine Sicherheit erlangen können.

Im Betrugsfall würden man einige Wochen später von der Hausbank informiert werden, dass der Scheck leider geplatzt ist, die ausländische Bank ihn also nicht eingelöst hat. Vorher hätte der vermeidliche „Mandant", der auch nicht echt ist, jedoch Druck aufgebaut und Sie gebeten, das Fremdgeld an ihn zu überweisen.

Ihr Konto würde demnach im Minus sein.

Sollten Sie eine diesbezügliche Mandatsanfrage erhalten, so weisen Sie gleich am Anfang darauf hin, dass Sie grundsätzlich keine ausländischen Schecks akzeptieren. Auch in den angelsächsischen Ländern, in den die Zahlung per Scheck noch weit verbreitet ist, ist den seriösen Mandanten eine Überweisung zuzumuten.

IV. Möglichkeiten einer Kreditkartenzahlung

Brunner-Ovadia

1. Rechtliche Aspekte

Bis zum Urteil des BGH v. 16.4.2002 – XI ZR 375/00 – (herunterzuladen unter www.bundesgerichtshof.de) war es in der Anwaltschaft sehr umstritten, ob **Kreditkarten** unter berufsrechtlichen Gesichtspunkten akzeptiert werden können. 87

Dies lag insbes. daran, dass die VIII. Kammer des BGH mit Urt. v. 2.5.1990 das Vertragsverhältnis zwischen Kreditkartenunternehmen und Vertragsunternehmen als Forderungskauf eingestuft hatte. Nach § 49b Abs. 4 Satz 2 BRAO a.F. war es jedoch RA grds. nur möglich, Forderungen an RA abzutreten, es sei denn, die Forderung war rechtskräftig festgestellt, ein erster Vollstreckungsversuch fruchtlos ausgefallen und der RA hatte die ausdrückliche schriftliche Einwilligung zur Abtretung an einen Nichtjuristen.

Mit dem oben zitierten Urt. v. 16.4.2002 gab jedoch der BGH seine frühere Rechtsauffassung auf und stufte das Vertragsverhältnis zwischen Kreditkartenunternehmen und Vertragsunternehmen als **abstraktes Schuldversprechen** ein. Somit lag keine Forderungsabtretung in Erfüllung eines Forderungskaufs vom Vertragsunternehmen an die Kreditgesellschaft mehr vor. Die Kreditkartengesellschaft benötigt diese Forderung auch gar nicht, weil sie ohnehin einen Aufwendungsersatz gem. §§ 675, 670 BGB gegen den Karteninhaber hat.

Somit war die berufsrechtliche Hürde für RA genommen und der Einsatz von Kreditkartengeräten möglich.

88 Bedenken könnten sich lediglich noch dahingehend ergeben, dass eine mögliche Verletzung der Verschwiegenheitspflicht durch die Übertragung der Mandantendaten bei der Zahlungstransaktion vorliegen könnte. Grds. umfasst die Verschwiegenheitspflicht allein auch schon die Information, ob eine Person überhaupt Mandant ist. Da der Mandant jedoch seine Kreditkarte zur Zahlung nutzt, willigt er somit dieser Informationspreisgabe vorbehaltslos ein. Es liegt also auch kein Verstoß gegen die Verschwiegenheitspflicht vor.

89 *Praxistipp:*

Um ganz sicherzugehen, sollte man dennoch eine kurze Anfrage an die örtliche Rechtsanwaltskammer stellen, ob es berufsrechtliche Bedenken gegen die Akzeptanz von Kreditkarten gibt unter Hinweis auf das oben zitierte Urteil.

3.2

▼

90 **Muster 3.2: Anfrage Rechtsanwaltskammer Kreditkartenzahlung**

An die Rechtsanwaltskammer

Berufsrechtliche Anfrage wegen der Einführung von Kreditkartenzahlungen

Sehr geehrte Damen und Herren Kollegen,

unter Hinweis auf das BGH-Urt. v. 16.4.2002 – XI ZR 375/00 – fragen wir höflichst an, ob es von Ihrer Seite aus berufsrechtliche Bedenken gegen die Einführung von Kreditkartenzahlungen gibt.

Für eine kurze schriftliche Antwort wären wir dankbar.

Mit freundlichen kollegialen Grüßen

Rechtsanwalt

▲

2. Wirtschaftliche Aspekte

Die Nutzung der Kreditkarte als Zahlungsmittel im Mandantenverhältnis ist grds. für beide Seiten wirtschaftlich sinnvoll. Insbes. wenn der RA seine Dienstleistung auch per Internet anbieten will, ist es die beste Möglichkeit, die Gefahr zu eliminieren, seine Dienstleistung nicht bezahlt zu bekommen. Aber auch im normalen Mandantenverhältnis werden so schneller Vorschüsse oder sofort gestellte Beratungsrechnungen bezahlt. 91

Die Gebühren für die Nutzung von Kreditkarten trägt grds. das Vertragsunternehmen – sprich der RA. Die Höhe der Kreditkarten-Nutzungsgebühren, auch Disagio genannt, ist je nach Branche und Transaktionsvolumen des RA unterschiedlich und Verhandlungssache zwischen dem Kreditkarteninstitut und dem RA. Übliche Disagios sind 3 % zzgl. 0,10 € pro Transaktion. 92

Angebote für entsprechende Kreditartenlesegeräte erhalten Sie i.d.R. über Ihre Hausbank sowie bei freien Anbietern, ein Vergleich lohnt sich i.d.R. 93

3. Buchhalterische Aspekte

Da Ihnen bei einer Kreditkartenzahlung nicht der Gesamtbetrag, sondern ein um das Disagio reduzierter Betrag überwiesen wird, stellt sich die Frage, wie die Differenz richtig verbucht wird. 94

In der Vergangenheit musste zuerst einmal muss entschieden werden, ob die Kreditkartengebühr grds. von der Kanzlei übernommen wird oder sie zulässigerweise an den Mandanten weiterberechnet werden soll. Nach der alten

Die Weiterberechnung ist nach der neuesten Rechtsprechung war dies durchaus zulässig, musste jedoch vorher mit der Angabe der Höhe der Kartennutzungsgebühr angekündigt sein.

Ab dem 13.1.2018 gilt jedoch eine Neuregelung des Rechts über den bargeldlosen Zahlungsverkehr und es wurde **§ 270a** ins BGB eingefügt. Danach dürfen für diverse Zahlungsmittel künftig keine Entgelte mehr von den Kunden verlangt werden. Entgegenstehende Regelungen sind dann unwirksam. Die neuen Vorschriften betreffen sowohl den Online-Verkehr als auch das **klassische Offline-Geschäft (vor Ort in der Kanzlei)**. 95

Durch das neue Gesetz wird somit ein harmonisierter Rahmen innerhalb der EU geschaffen und die Zweite Zahlungsdienste-Richtlinie der EU umgesetzt.

Nach § 270a BGB gilt nunmehr, dass eine Vereinbarung, durch die der Schuldner verpflichtet wird, ein Entgelt für die Nutzung einer SEPA-Basislastschrift, einer SEPA-Firmenlastschrift, einer SEPA-Überweisung oder einer Zahlungskarte zu entrichten, unwirksam ist, wobei allerdings die Nutzung von Zahlungskarten nur für Verbraucher unentgeltlich sein soll.

Bereits in der Vergangenheit war es dem Mandanten schwer begreiflich zu machen, dass er die Mehrkosten tragen muss, da er im Einzelhandel i.d.R. auch keine weiteren Zuschläge für die Zahlung mit seiner Kreditkarte zahlen musste.

Auch wenn das Disagio nach dem Gesetz für Verbraucher nicht mehr weiterberechnet werden darf, sollte die die Akzeptanz von Kreditkarten dennoch als Serviceleistung der Kanzlei angesehen angeboten werden, da mit dieser Zahlungsart dem Mandanten ein einfacher Zahlungsweg geboten wird und das Geld schnell – zum Vorteil der Kanzlei ohne weitere Erinnerung – auf dem Geschäftskonto gut geschrieben wird. Dies sollte jedoch nur für **eigene Honoraransprüche** gelten.

Zahlt jedoch der Mandant mit seiner Kreditkarte z.B. einen höheren Grundstückskaufpreis an, d.h. der Betrag ist **nur Fremdgeld** und soll später an einen Dritten weitergeleitet werden, so sollte man den Mandanten ausdrücklich darauf hinweisen, dass nur der „geminderte", auf dem Konto gutgeschriebene Betrag weitergeleitet werden kann. Bei einem Betrag von 5.000,00 € würde ein Disagio von 3 % bereits einen Verlust von 150,00 € bedeuten.

Allerdings ist es zum jetzigen Zeitpunkt unklar, ob die zukünftige Rechtsprechung dieser Rechtsauffassung hinsichtlich Fremdgelder folgen wird. Im Übrigen enthält § 270a BGB aber keinen Zwang, die dort genannten Zahlungsmittel auch tatsächlich zu akzeptieren, so dass ein Ausschluss von Kreditkartenzahlungen für Fremdgelder in Zukunft wohl am besten sein wird.

96 *Praxistipps:*

Keine Weiterberechnung des Disagio

In diesem Fall müsste ein neues Finanzkonto eröffnet werden (z.B. 1020 Disagio-Ausgleich). Geht also bei einer Kreditkartenzahlungen von 5.000,00 € nur 4.850,00 € auf dem Geschäftskonto ein, so wird zunächst dieser Betrag als Mandanteneingang gebucht und sodann vom neuen Finanzkonto 1020 die Differenz auch als Mandanteneingang ausgeglichen, so dass das Mandantenkonto die vollen 5.000,00 € aufweist.

In einem zweiten Schritt muss nunmehr die Kreditkartengebühr von 150,00 € als Sachaufwand „Bankgebühren/Disagio" auf dem Finanzkonto 1020 Disagio-Ausgleich gebucht werden, damit dieses wieder Null beträgt.

Weiterberechnung des Disagio

In diesem Fall würde der reduzierte Betrag von 4.850,00 € (Geschäftskontoeingang) als Mandanteneingang auf die Akte gebucht. Die Differenz müsste nunmehr dem Mandanten bekannt gegeben werden, der entsprechende Zahlungseingang (z.B. Barzahlung oder Kontoüberweisung) würde sodann wiederum als Mandanteneingang auf die Akte gebucht.

Das Mandantenkonto wäre ausgeglichen.

Ein Sachaufwand muss und darf in diesen Fall nicht mehr gebucht werden.

4. Weitere Zahlungsarten (EC- Kartenzahlung und Paypal)

Wenn man sich bereits ein Kartenlesegerät für Kreditkarten angeschafft hat, spricht auch nichts dagegen, dieses zusätzlich für **EC-Kartenzahlungen** zu nutzen. Hierfür sind jedoch gesonderte Verträge erforderlich. Auch hierfür entstehen Ihnen Kosten, die jedoch deutlich unter einem Kreditkartendisagio mit ca. 0,3 % liegen. In Zeiten des „bargeldlosen" Einkaufens erleichtern Sie jedoch Ihrem Mandanten die sofortige Zahlung seiner Rechnung erheblich. 97

In Zeiten der Internationalisierung der Mandantschaft kommt es immer häufiger vor, dass ein Mandant im Ausland sitzt, ein rechtliches Problem in Deutschland hat und eine **Beratung via Skype** oder **Telefonkonferenz** wünscht. Da meist eine rasche Vorauszahlung des Vorschusses erforderlich ist, um nicht ggfs. auf den Kosten der Beratung sitzen zu bleiben, hat sich hier eine **PayPal-Zahlung** bewährt. 98

Ursprünglich würde PayPal für Onlineverkäufe entwickelt. Das PayPal-Konto ist dabei ein virtuelles Konto: Die Identität des PayPal-Kontos wird durch die E-Mail-Adresse des PayPal-Mitglieds definiert, es gibt also keine eigene Kontonummer. Insbesondere Mandanten aus dem Ausland wollen aus Sicherheitsgründen nicht einfach ihre Kontoverbindung preisgeben.

Mit dem Konto können Zahlungen an Dritte ausgeführt und Zahlungen von Dritten empfangen werden. Dabei fungiert PayPal als Dienstleister für den Transfer. **Ihr Anwalt benötigt daher auch ein eigenes PayPal-Konto zum Empfang der Zahlungen.**

Ein elementarer Vorteil von PayPal ist es, dass via PayPal getätigte Zahlungen sofort dem Zahlungsempfänger gutgeschrieben werden und somit z.B. die sonst üblichen Banklaufzeiten einer Überweisung aus dem Ausland entfallen.

Für die Bezahlung fallen beim Mandanten keine Gebühren an, für den „Dienstleister" Anwalt entstehen dagegen Kosten von ca. 1,9 % + 0,35 € pro Transaktion, die natürlich auch als Betriebskosten abgesetzt werden dürfen.

> Bereits unter Rdn 96 wurde die Buchung eines Disagios behandelt. Das Kreditkartendisagio enthält Umsatzsteuer i.H.v. 19 %, die gesondert ausgewiesen wird und daher auch als Vorsteuer gezogen werden kann.
>
> Die PayPal-Gebühr weist eine Umsatzsteuer nicht aus, so dass hier die Buchung als „Bankgebühren" ohne Umsatzsteuer erfolgen muss (eine Ziehung der Vorsteuer ist hierbei nicht möglich).

Der ab 13.1.2018 neu geltende § 270a BGB enthält übrigens keine ausdrückliche Regelung zu Zahlungsdiensten wie PayPal. Insoweit dürfte hier nach dem Gesetz auch zukünftig eine Weiterberechnung an den Mandanten möglich sein. 99

Zeitgleich wurden jedoch die AGBs von PayPal zum 9.1.2018 geändert, die es den Händlern (Dienstanbieter) verbieten, für die Nutzung von PayPal Aufschläge zu verlangen.

Auch unter Servicegesichtspunkten sollte hier von der Weiterberechnung der Kosten Abstand genommen werden.

V. Budgetierung in der Kanzlei

100 Der Beruf des Rechtsanwalts ist als „Organ der Rechtspflege" angelegt. Trotz dieser ehrbaren Einstellung ist ein Rechtsanwaltsbüro aber eben auch ein Dienstleistungsunternehmen, das wirtschaftlich arbeiten sollte, um seine juristischen Dienstleistungen auch in der Zukunft für jedermann (also auch für Beratungshilfe-und Prozesskostenhilfemandanten) anbieten zu können.

101 Für die Wirtschaftlichkeit einer Kanzlei ist es erforderlich sowohl die Einnahmen- als auch die Ausgabenseite im Auge zu behalten.

102 In den meisten Kanzleien wird eher die Einnahmenseite betrachtet. Die Einnahmen bei den meisten Kanzleien richten sich nach dem Rechtsanwaltsvergütungsgesetz (RVG), das eine Mischkalkulation zugrunde liegt. Es kommt nicht auf dem Zeitumfang einer speziellen Sache an, sondern vielmehr i.d.R. auf den Gegenstandswert, nach dem sich die entsprechenden Gebühren berechnen. So erhält man unter Umständen für eine Sache, die mehrere Jahre andauert aber einen geringen Gegenstandswert besitzt, deutlich geringere Gebühren wie bei einer kurzen Sache mit hohem Gegenstandswert. Daneben werden Verfahren für einkommensschwache Bürger im Wege der Beratungshilfe und Prozesskostenhilfe staatlich und durch die Anwaltschaft begünstigt.

103 Nur die wenigsten Kanzleien arbeiten regelmäßig mit eigenen Vergütungsvereinbarungen (z.B. Stundensätze).

1. Umsatz-Controlling

104 Das Umsatz-Controlling wertet die Umsatzentwicklung für die Vergangenheit aus und berücksichtigt dabei in der Regel Zahlenwerte aus der Einnahmen-Überschuss-Rechnung sowie der BWA (Betriebswirtschaftliche Analyse). Die meisten Rechtsanwalts-Komplettsoftwares bieten automatisch entsprechende Auswertungsmodelle an. Neben der Auswertung der Daten gehört jedoch immer auch eine Analyse der Umsatzentwicklung. Zum Beispiel könnte die Beantwortung folgender Fragen einer entsprechenden Analyse hilfreich sein:

- Wurde ein bestimmtes (Rechts-)Referat erst neu aufgebaut?
- Wurden alle beendeten Mandate richtig und v.a. vollständig abgerechnet?

- Wurden Nebenkosten hauptsächlich pauschal gem. Nr. 7002 VV RVG abgerechnet, obwohl die tatsächlichen Aufwendungen meist oberhalb der Pauschalgrenze von 20,00 € liegen? (werden die tatsächlichen Portokosten überhaupt konsequent – soweit mit der Rechtsanwaltssoftware möglich – in der Akte notiert und bei der Abrechnung überprüft?)
- Können bei Angelegenheiten mit geringen Gegenstandswerten verstärkt Vergütungsvereinbarungen mit den Mandanten geschlossen werden?
- Kann die Erhebung von Vorschüssen gem. § 9 RVG sowie das eigene Mahnwesen optimiert werden?
- Wie ist die Entwicklung von Neumandate?

Die Liste der Fragen lässt sich unendlich fortsetzen und sollte an Ihre Kanzlei angepasst werden.

2. Kosten-Controlling

Das Kosten-Controlling wertet die Kostenentwicklung für die Vergangenheit aus und erhält seine Werte gleichfalls aus der Einnahmen-Überschuss-Rechnung sowie der BWA. Neben der Auswertung der eigentlichen Kosten sollten auch betriebswirtschaftliche Grundüberlegungen angestellt werden. 105

- Werden eingeräumte Skonti konsequent ausgenutzt?
- Können Portokosten durch verstärkte Versendung nur per Telefax oder E-Mail verringert werden?
- Ist eine Kostenersparnis durch einen Wechsel von Lieferanten bzw. durch eine Nachverhandlung möglich? (z.B. bei Büromaterialien, Getränkelieferant, Kopierer auf Miete etc.)
- Sind die Wartungsverträge (z.B. bei dem Rechtsanwaltssoftwareprogramm) notwendig und entsprechen die Kosten den marktüblichen Kosten (ggf. Nachverhandlung)?
- Sind in den Kanzleikosten privatbedingte Aufwendungen enthalten, die erst am Ende des Jahres als Privatentnahme ausgebucht werden? (z.B. teilweise Privatnutzung des Pkw)
- Sind extrem hohe Kostenerhöhungen in einem bestimmten Zeitraum angefallen (z.B. durch EDV-Umstellung oder Kanzleiumzug)?

Das Kostencontrolling darf jedoch nicht nur als „Sparmaßnahme“ verstanden werden, denn durch die betriebswirtschaftlichen Grundüberlegungen kann eine erhöhte Ausgabe durchaus vertreten werden, wenn diese zu einer Umsatzsteigerung führt. 106

- So können Fortbildungsmaßnahmen von Mitarbeitern zu einer effektiveren Sachbearbeitung und damit auch zu einer Umsatzsteigerung führen.

- Auch der Kaffee zum Mandantengespräch oder eine persönliche Geburtstagskarte an den Mandanten stärkt allgemein das Anwalt-Mandanten-Verhältnis und bindet den Mandanten an die Kanzlei.
- Das Arbeiten mit ungelernten Kräften ist zwar meist kostengünstiger, i.d.R. jedoch auch uneffektiver als das Arbeiten mit einer gut ausgebildeten Rechtsanwalts- und Notariatsfachangestellten.

107 Beim Kostencontrolling stellt sich häufig die Frage, ob sich die Kosten im Rahmen des Üblichen bewegen. Vergleichswerte für den Rechtsberatungsbereich erhalten Sie kostenlos in regelmäßigen Abständen beim Statistischen Bundesamt unter

http://www.destatis.de (dort Publikationen – Thematische Veröffentlichungen – Dienstleistungen – Fachberichte – Strukturerhebung im Dienstleistungsbereich – Rechts- und Steuerberatung)

108 Die Ergebnisse der Strukturerhebung im Dienstleistungsbereich liegen 18 Monate nach Ende des Berichtszeitraums (zum Beispiel Berichtsjahr 2015 – Ergebnis Ende Juni 2017) vor. Die Veröffentlichung des Bundesergebnisses erfolgt 19 Monate nach Ende des Berichtszeitraums.

Für das Kostencontrolling sind dabei i.d.R. drei Werte von Interesse, die Sie jedoch z.T. selbst aus den nachstehenden Zahlen ermitteln müssen:

2015 wurde im Bereich Rechts- und Steuerberatung ein Umsatz von 52,70 Mrd. erwirtschaftet. Dem gegenüber standen Aufwendungen für Personal i.H.v. 19,5 Mrd. und für Materialaufwendungen und sonstigen Aufwendungen i.H.v. 14,3 Mrd., wobei die Personalkosten im Wirtschaftszweig „Rechtsberatung" prozentual geringer waren als im Wirtschaftszweig „Wirtschaftsprüfung und Steuerberatung".

1. Die **Personalkostenquote** setzt die gesamten Personalkosten (Löhne, Krankenkassenbeiträge, Kirchen- und Lohnsteuer) im Verhältnis zum Gesamtumsatz. Die Durchschnittsquote lag laut Statistischen Bundesamt im Jahr 2015 bei 37,00 %.
2. Die **Sachaufwandquote** setzt sodann alle restlichen Aufwandskosten im Verhältnis zum Gesamtumsatz, die Durchschnittsquote betrug im Jahr 2015 27,13 %.
3. Die **Kostenquote** setzt sowohl die Personalkosten als auch den restlichen Sachaufwand (also alle Ausgaben) im Verhältnis zum Gesamtumsatz. Die Durchschnittsquote 2015 betrug 64,14 %.

Hinweis/Praxistipp:

Es ist dabei anzumerken, dass in kleineren Kanzlei meist die Personalkostenquote geringer ist und die Sachaufwandsquote höher. Dies ist bei einer näheren Betrachtung einleuchtend, da bestimmte Geräte wie Kopierer, Telefonanlage etc. auch in kleineren Kanzleien vorgehalten werden müssen, wohin in größeren Kanzleien der Personalaufwand meist die sonstigen Aufwendungen überwiegt.

Letztendlich ist für die Gesamtbewertung die Kostenquote entscheidend. Die Kostenquote sollte den Wert von 70 % nicht überschreiten. Bei einer Überschreitung dieses Richtwertes über einen Zeitraum von länger als drei Monaten sollte dringend eine ausführliche Kostenanalyse durchgeführt werden und ein Plan zur Kostenverringerung erstellt werden.

3. Budgetierung

Im Gegensatz zum Umsatz- und Kostencontrolling, das die betriebswirtschaftlichen Zahlen für die Vergangenheit auswertet, erfolgt die Budgetplanung vor dem laufenden Geschäftsjahr (also für die Zukunft). 109

Budgetierung bezeichnet dabei den betriebswirtschaftlichen Planungsprozess, mit dem Ziel, ein Budget zu erstellen. Das Budget ist dabei ein kurzfristiger (z.B. für ein Jahr) Unternehmensplan, der das „Geschäft" der Kanzlei für die Zukunft abbildet. In der Wirtschaft ist eine Budgetierung die Regel, in den Rechtsanwaltskanzleien hingegen werden Budgetierungen jedoch nur sehr selten vorgenommen, obwohl eine Rechtsanwaltskanzlei auch ein wirtschaftliches Dienstleistungsunternehmen ist.

Der Vorteil einer Budgetierung liegt darin, dass man vor Beginn eines Geschäftsjahres betriebswirtschaftliche Überlegungen aufgrund der Vorjahreszahlen anstellt und so die „Richtung" für das nächste Jahr bestimmt. In der Wirtschaft besteht ein Budget meist aus unterschiedlichen Teilplänen, z.B. einen Umsatzplan, einen Personalplan, einen Investitionsplan, einen Absatzplan oder Marketingplan. Nicht alle Teilpläne sind auf die Rechtsanwaltskanzlei zu übertragen. 110

Sinnvoll für die Rechtsanwaltskanzlei erscheinen insbesondere folgende Teilpläne: 111

- Umsatzplan: hier sollte ein Mindestumsatz festgelegt werden, der die Wirtschaftlichkeit der Kanzlei aufrechterhält (z.B. 50.000,00 € pro Monat). Erreicht man den budgetierten Wert nicht, so können sofort Maßnahmen getroffen werden (z.B. verstärkte Rechnungsstellung etc.).
- Personalplan: für die meisten Rechtsanwälte ist insbesondere die Überschaubarkeit der Personalkosten erstrebenswert. Bei einer Budgetierung sollten jedoch vor Beginn des Geschäftsjahres auch mögliche anstehende Gehaltserhöhungen eingerechnet werden.
- Sachausgabenplan: es bietet sich ferner an, bestimmte Sachausgaben nach entsprechende Kontenrahmen zu budgetieren, so könnte man z.B. festlegen, dass an Fachliteratur nur ein Jahresbetrag von 1.000,00 € ausgegeben werden soll oder dass die EDV-Kosten auf einen bestimmten Betrag begrenzt werden sollen.

Unter Umständen können je nach Größe und Art der Kanzlei auch weitere Teilpläne, wie z.B. ein Marketingplan, sinnvoll sein.

112 Doch jedes Budget bedarf der Kontrolle, damit die zugrunde liegenden Überlegungen nicht ins Leere gehen. Dies geschieht dann wieder durch das Umsatz- und Kostencontrolling.

113 Insbesondere in wirtschaftlichen angespannten Zeiten sollten betriebswirtschaftliche Überlegungen nicht nur am Ende des Geschäftsjahres angestellt werden, sondern bereits vor dem Beginn eines jeden Jahres. Das Budget weist dabei sowohl dem Rechtsanwalt als auch seinen Angestellten die Richtung für das kommende Geschäftsjahr und dient als „Hilfsmittel“ für den laufenden Geschäftsbetrieb, um insbesondere die Ausgabenseite zu beherrschen.

§ 4 Gerichtliches Mahnverfahren und Elektronischer Rechtsverkehr

Inhalt

A. Allgemeines

1 Das gerichtliche Mahnverfahren ist in den §§ 688–703d ZPO geregelt und bietet dem Gläubiger die Möglichkeit

- möglichst rasch,
- einfach und
- kostengünstig

einen Vollstreckungstitel gegen den Schuldner zu erwirken.

2 Es handelt sich dabei um ein **rasches** Verfahren, da die Bearbeitungszeiten bei den Mahngerichten i.d.R. sehr kurz sind und dem Antragsgegner nur kurze Einwendungsfristen zur Verfügung stehen.

Einfach ist das Verfahren, weil für die Beantragung amtliche Formulare benutzt werden. Eine Anspruchsbegründung ist nicht erforderlich.

Das Verfahren ist ferner **kostengünstig**, da für das Mahnverfahren nur eine 0,5-Gerichtskostengebühr nach Nr. 1110 KV GKG (Kostenverzeichnis zum Gerichtskostengesetz), mindestens jedoch 32,00 €, entrichtet werden muss.

3 Doch nicht immer ist das Mahnverfahren die „richtige" Verfahrensart.

4 Zunächst einmal kann das Mahnverfahren nur wegen einer bestimmten Geldforderung in EUR eingeleitet werden.

Ansprüche auf Herausgabe einer Sache, Ansprüche auf Unterlassung oder Vornahme einer Handlung, aber auch Ansprüche auf Zahlung einer unbestimmten Geldforderung in EUR (z.B. unbezifferter Schmerzensgeldanspruch aus einem bestimmten Verkehrsunfall) können mit dem gerichtlichen Mahnverfahren nicht geltend gemacht werden. Bei diesen Ansprüchen ist immer eine entsprechende Klage einzureichen.

5 Ferner sind in § 688 Abs. 2 ZPO drei Ausschlusstatbestände aufgeführt:

- Ansprüche eines Unternehmers aus einem verzinslichen Verbraucherdarlehensvertrag (§ 491 BGB) oder aus einem Finanzierungsleasingvertrag (§ 500 BGB), bei dem der effektive oder anfänglich effektive Jahreszins den bei Vertragsabschluss geltenden Basiszinssatz um mehr als 12 % übersteigt, können nicht im Wege eines Mahnverfahrens geltend gemacht werden.

- Der Anspruch darf weiterhin nicht von einer noch zu erbringenden Gegenleistung abhängen. Die Angabe, dass der Anspruch entweder nicht von einer Gegenleistung abhängt (z.B. Schmerzensgeldanspruch) oder die Gegenleistung bereits erbracht worden ist, ist im Mahnantrag daher zwingend erforderlich. Ansprüche, die noch nicht fällig sind, oder eine Zug-um-Zug-Leistung können nicht im Mahnverfahren geltend gemacht werden.
- Auch findet das Mahnverfahren in den Fällen nicht statt, in denen der Mahnbescheid öffentlich zugestellt werden müsste.

Aber auch wenn das Mahnverfahren gesetzlich zulässig ist, können besondere Umstände des Falles gegen die Einleitung eines Mahnverfahrens sprechen. 6

Ist bspw. damit zu rechnen, dass der Antragsgegner sich gegen den Mahnbescheid zur Wehr setzen wird, so wäre das Mahnverfahren nicht der schnellste Weg, um zu einem Vollstreckungstitel zu gelangen, da erst nach einem erfolgten Widerspruch und nach Einzahlung des zweiten Gerichtskostenanteils (weitere 2,5-Gerichtskostengebühr nach Anmerkung zu Nr. 1210 KV GKG) eine Abgabe an das zuständige Streitgericht erfolgen würde. In diesem Fall wäre eine Klage effektiver, da bereits in der Klageschrift das Vorverfahren angeregt werden kann. Ferner kann der RA bereits bei Klageeinreichung für den Fall einer nicht rechtzeitigen Verteidigungsanzeige oder eines Anerkenntnisses den Erlass eines Versäumnis- oder Anerkenntnisurteils im schriftlichen Verfahren beantragen. Hier wäre demnach das Klageverfahren dem Mahnverfahren vorzuziehen.

B. Mahnantrag in elektronischer Form

Das Mahnverfahren gehört zu den Kompetenzfeldern einer Rechtsanwaltsfachangestellten und wird daher ausführlich in den Berufsschulen gelehrt. Jahrelang wurde mit den Auszubildenden u.a. das Ausfüllen der amtlichen Vordrucke für das automatisierte Mahnverfahren geübt, um so Monierungen zu verhindern. 7

Bereits seit dem 1.12.2008 war es für alle RA verbindlich, den Mahnantrag nur noch in elektronischer Form einzureichen. Aufgrund des Gesetzes zur Einführung der elektronischen Akte in der Justiz und zur weiteren Förderung des elektronischen Rechtsverkehrs vom 5.7.2017, ist der **neu gefasste § 702 ZPO am 1.1.2018** in Kraft getreten. Seitdem gilt diese Formvorschrift für alle RA und registrierten Inkassodienstleister auch für den **Antrag auf Erlass eines Vollstreckungsbescheids**. Ausgenommen von dieser Formvorschrift ist nur noch der Widerspruch nach § 702 Abs. 2 Satz 2 letzter Hs. ZPO.

Das Lernen des Ausfüllens der amtlichen Vordrucke entfällt somit für Auszubildende, vielmehr müssen sie nunmehr die elektronische Antragsstellung erlernen.

Das Mahnverfahren bleibt jedoch Kompetenzfeld der Rechtsanwaltsfachangestellten. Es werden daher zunächst allgemeinverbindliche rechtliche Aspekte dargestellt und später die elektronische Antragstellung.

8 *Praxistipp:*

Die amtlichen Vordrucke für das automatische Mahnverfahren sind weiterhin gültig, sofern sie vom Mandanten selber eingereicht werden. Sollte der Mandant also lediglich eine Beratung wünschen, so könnte er selber das Mahnverfahren mit den amtlichen Vordrucken einleiten.

Er sollte jedoch darauf hingewiesen werden, dass Formularkopien oder mittels Telefax eingereichte Anträge als unzulässig zurückgewiesen werden mit der Rechtsfolge, dass Verjährungsunterbrechung grds. nicht eintritt (BGH, 16.9.1999 – VII ZR 307/98, NJW 1999, 3717).

C. Rechtliche Aspekte

9 Es sollen zunächst allgemeinverbindliche, rechtliche Aspekte zur Zuständigkeit, zum Inhalt des Antrages sowie zum Verfahren selbst dargestellt werden.

I. Zuständigkeit

10 Für das Mahnverfahren gibt es sowohl bei der sachlichen als auch bei der örtlichen Zuständigkeit eine Besonderheit.

Gem. § 689 Abs. 1 Satz 1 ZPO ist für das Mahnverfahren eine **ausschließliche sachliche Zuständigkeit** der Amtsgerichte gegeben, unabhängig von der Streitwertgrenze.

§ 689 Abs. 2 Satz 1 und 3 ZPO regelt **die ausschließliche örtliche Zuständigkeit.** Grds. ist das AG örtlich zuständig, bei dem der Antragsteller seinen allgemeinen Gerichtsstand zum Zeitpunkt der Antragstellung hat, auch wenn in anderen Vorschriften eine andere ausschließliche Zuständigkeit bestimmt ist.

Hiervon sieht das Gesetz jedoch zwei **Ausnahmen** vor:

- Gem. § 689 Abs. 2 Satz 2 ZPO ist das AG Berlin-Wedding ausschließlich örtlich zuständig, wenn der Antragsteller keinen allgemeinen Gerichtsstand im Inland besitzt.
- Besitzt hingegen der Antragsgegner im Inland keinen allgemeinen Gerichtsstand, so ist gem. § 703d ZPO das Amtsgericht örtlich zuständig, das für das streitige Verfahren zuständig sein würde, ohne Beachtung der Höhe des Streitwerts.

Ferner ist in § 689 Abs. 3 ZPO die **Zentralisierung der Mahnverfahren** bei einem AG durch die Landesregierungen durch Rechtsverordnung vorgesehen. Nachstehend eine Liste der aktuellen Zentralen Mahngerichte: 11

Baden-Württemberg	AG Stuttgart
Bayern	AG Coburg
Berlin und Brandenburg	AG Berlin-Wedding
Bremen	AG Bremen
Hamburg und Mecklenburg-Vorpommern	AG Hamburg-Altona
Hessen	AG Hünfeld
Niedersachsen	AG Uelzen
Nordrhein-Westfalen	AG Euskirchen: für den OLG-Bezirk Köln
	AG Hagen: für die übrigen Bezirke
Rheinland-Pfalz und Saarland	AG Mayen
Sachsen, Sachsen-Anhalt und Thüringen	AG Aschersleben
Schleswig-Holstein	AG Schleswig

II. Inhalt des Mahnantrags

Der Mahnantrag muss folgende Angaben enthalten: 12

- Antragsteller und Antragsgegner,
- Anspruchsbezeichnung,
- Nebenforderungen,
- Gegenleistung,
- besondere Verfahrensart,
- Streitgericht und
- Bezeichnung des Gerichts, bei dem der Antrag gestellt wird.

1. Antragsteller/Antragsgegner

Sowohl beim Antragsteller als auch beim Antragsgegner ist die genaue Bezeichnung der Partei, ihre vollständige zustellfähige Anschrift, ggf. ihr gesetzlicher Vertreter (z.B. bei einer juristischen Person) und ggf. ihr Prozessbevollmächtigter mit seiner zustellfähigen Anschrift anzugeben. 13

Bei einer natürlichen Person gibt es dabei meist keine Probleme.

Häufiger tauchen Probleme auf, wenn einer der Verfahrensbeteiligten eine **juristische Person** ist. 14

Für die Einzelfirma und für die GmbH & Co. KG gibt es besondere Schlüsselnummern bei der Antragsstellung, die 3 für die Einzelfirma und die 4 für die GmbH & Co. KG. Alle sonstigen Rechtsformen müssen konkret bezeichnet werden (z.B. GmbH, AG, OHG oder GbR).

Bei juristischen Personen ist dabei immer der gesetzliche Vertreter anzugeben, da die juristische Person durch diesen handelt. Die Stellung des gesetzlichen Vertreters muss dabei zu der angegebenen Rechtsform passen (z.B. also Geschäftsführer zur GmbH).

15 Im Folgenden soll auf zwei Rechtsformen besonders eingegangen werden:

- **Gesellschaft bürgerlichen Rechts (GbR):**
  Nach dem Urteil des BGH vom 29.1.2001 (II ZR 331/00, NJW 2001, 1056, abzurufen unter www.bundesgerichtshof.de) besitzt die Außengesellschaft bürgerlichen Rechts Rechtsfähigkeit, sofern sie durch Teilnahme am Rechtsverkehr eigene Rechte und Pflichten begründet. In diesem Fall ist die Außen-GbR aktiv und passiv legitimiert. Es würde demnach genügen, nur die GbR als Antragsteller oder Antragsgegner anzugeben, der geschäftsführende Gesellschafter oder die Gesellschafter müssten lediglich als gesetzliche Vertreter angegeben werden. Um jedoch nicht nur in das Gesellschaftsvermögen der Außen-GbR vollstrecken zu können, ist es wie bei der OHG sinnvoll, neben der Gesellschaft auch die Gesellschafter persönlich, jeweils mit Privatanschrift, einzutragen. Diese würden sodann mit ihrem Privatvermögen gesamtschuldnerisch mit dem Gesellschaftsvermögen haften.
- **Limited:**
  Die Limited ist eine besondere Form der Kapitalgesellschaften und stammt aus den Ländern des Commenwealth (z.B. Großbritannien, Kanada, Irland etc.). Dabei besitzt die Limited nur ein ganz geringes Stammkapital, i.d.R. von einem englischen Pfund. Die Limited hat jedoch nur ihren allgemeinen Gerichtsstand in Deutschland, wenn sie entweder ihren satzungsmäßigen Sitz, ihre Hauptverwaltung oder ihre Hauptniederlassung in Deutschland hat. Dabei ist immer im Einzelfall zu überprüfen, ob es sich bei dem im Handelsregister eingetragenen Sitz der Zweigniederlassung tatsächlich um eine Hauptniederlassung der Limited handelt. Nach der Rechtsprechung kann nämlich nicht darauf geschlossen werden, dass die Limited ihre Hauptverwaltung oder Hauptniederlassung in Deutschland hat, wenn die Auslandsgesellschaft überwiegend oder vollständig in Deutschland geschäftlich aktiv ist. Sollte also eine Eintragung einer Hauptniederlassung nicht nachweisbar sein, so sollte das Mahnverfahren nach § 703d ZPO vorsorglich bei dem AG eingereicht werden, das für das streitige Verfahren zuständig wäre, ohne Beachtung des Streitwerts.

16 Besonders wenn die **Verjährung des Anspruchs** droht, ist eine genaue Bezeichnung des Antragsgegners erforderlich, damit eine alsbaldige Zustellung nicht verhindert wird. Nur

wenn der Mahnbescheid fristgerecht beim Mahngericht eingereicht worden ist und die Zustellung alsbald erfolgt, wird die Verjährung des Anspruchs unterbrochen.

2. Anspruchsbezeichnung

Im Mahnverfahren ist der Rechtsgrund für den geltend gemachten Anspruch anzugeben. Hierzu stehen dem Antragsteller zwei Möglichkeiten zur Verfügung: 17

- die Angabe durch eine Katalognummer oder
- die Angabe eines sonstigen Anspruchs.

Mit Einführung des automatisierten Mahnverfahrens wurden für die häufigsten Rechtsgründe **Katalognummern** eingeführt. Dabei gibt es eine Regel- und eine Sonderkatalognummernliste, die in die entsprechenden Rechtsanwalts-Softwares eingearbeitet worden sind. So ist z.B. bei Ansprüchen aus einem Dienstleistungsvertrag die Regelkatalognummer 5, aus einem Kaufvertrag die Nr. 11 und bei Ansprüchen aus Rechtsanwaltshonorar die Nr. 24 anzugeben. 18

Nur wenn keine Katalognummer zum Anspruchsgrund vorhanden ist, darf ein **sonstiger Anspruch** angegeben werden. Der Anspruchsgrund ist genau zu bezeichnen.

Im Mahnverfahren erfolgt zwar **keine rechtliche Überprüfung des Anspruchs**, eine konkrete Bezeichnung und somit hinreichende Individualisierung des Anspruchs ist jedoch nach dem BGH für die Unterbrechung der Verjährung durch das Mahnverfahren erforderlich. Der Anspruch soll hiernach so konkret bezeichnet sein, dass der Antragsgegner erkennen kann, welche Ansprüche geltend gemacht werden, damit er beurteilen kann, ob und in welchem Umfang er sich gegen den geltend gemachten Anspruch zur Wehr setzen will. 19

Dies gilt insbes. auch, wenn **mehrere Einzelforderungen** geltend gemacht werden. Der Antragsgegner soll die unterscheidbaren Ansprüche erkennen können, so der BGH in seiner Entscheidung v. 17.10.2000 (XI ZR 312/99, NJW 2001, 305; herunterzuladen unter www.bundesgerichtshof.de).

Ausreichend ist daher meist die Angabe der Rechnungsnummer und die Angabe des Vertrags/Ereignisses (z.B. Kaufvertrag vom … oder Schadensersatz aus Verkehrsunfall vom …).

Zulässig ist es jedoch auch, wenn im Mahnverfahren auf eine Forderungsaufstellung Bezug genommen wird. Dies kann insbes. dann sinnvoll sein, wenn zahlreiche einzelne Rechnungspositionen gegen den Antragsgegner geltend gemacht werden sollen. In diesem Fall ist es jedoch zwingend erforderlich, dass dem Antragsgegner eine Forderungsaufstellung zugegangen ist.

20 *Praxistipp:*

In der Praxis ist eine unzureichende Individualisierung des Anspruchs so lange unschädlich, bis sich der Antragsgegner hierauf beruft. Eine Überprüfung durch das Mahngericht von Amts wegen findet nicht statt.

Der Antragsgegner kann jedoch nicht nur im Mahnverfahren, sondern ggf. auch noch im Zwangsvollstreckungsverfahren die formelle Einwendung eines „fehlerhaften" Vollstreckungsbescheids im Wege der Erinnerung oder der sofortigen Beschwerde geltend machen.

Die Individualisierung des Anspruchs sollte im Mahnantrag daher immer noch einmal gesondert überprüft werden.

21 Im Mahnverfahren können zwar auch **Schadensersatz- und Schmerzensgeldbeträge** geltend gemacht werden, eine Feststellung, dass der Anspruch aus vorsätzlich unerlaubter Handlung entstanden ist, ist jedoch nicht möglich. Dies hat der BGH noch einmal ausdrücklich mit Beschl. v. 14.3.2003 (IXa ZB 52/03; herunterzuladen unter www.bundesgerichtshof.de) festgestellt.

Benötigt der Mandant einen entsprechenden Vollstreckungstitel für eine privilegierte Pfändung, bei der er in einen für den Normalgläubiger unzugänglichen Pfändungsbereich pfänden darf, so müsste eine entsprechende Zahlungsklage mit Feststellungsantrag eingereicht werden.

22 **Die nachstehende Liste gibt einen Überblick über die gängigsten Anspruchsgrundlagen:**

Anspruchsgrundlage	**Rechtsnatur**	**Kennziffer im Mahnantrag**
aus Vertrag		
Kaufvertrag §§ 433 ff.BGB	geschuldet: Kaufpreis gg. Eigentumsverschaffung an der Kaufsache	**11**
Mietvertrag §§ 535 ff. BGB	geschuldet: Mietzins gg. Gebrauchsüberlassung der Mietsache	
Wohnraummiete inkl. Nebenkosten		**19**
Mietnebenkosten – auch Renovierungskosten- bei Wohnmietraum		**20**
Geschäftsraummiete inkl. Nebenkosten		**17**
KfZ-Miete		**18**

Anspruchsgrundlage	**Rechtsnatur**	**Kennziffer im Mahnantrag**
sonstige Miete		**21**
Pachtvertrag §§ 581 ff. BGB	geschuldet: Pachtzins gg. Gebrauchsüberlassung mit Fruchtziehung	**23**
Gelddarlehen §§ 488 ff. BGB	geschuldet: Darlehensrate inkl. Zinsen gg. zur Verfügung gestellten Darlehensbetrag	**4**
Dienstvertrag §§ 611 ff. BGB	geschuldet: Dienstlohn gg. geschuldete Arbeitsleistung Achtung: bitte unbedingt abgrenzen vom Arbeitsvertrag, der eine Unterform des Dienstvertrages zwischen Arbeitnehmer und Arbeitgeber ist; für Ansprüche aus einem Arbeitsverhältnis gibt es ein gesondertes Mahnverfahren	**5**
Werkvertrag §§ 631 ff. BGB	geschuldet: Dienstlohn gg. geschuldeten Erfolg (z.B. Architektenvertrag)	**44**
Anwaltsvertrag §§ 675 ff., 611 ff. BGB	geschuldet: Vergütung aus einem entgeltlichen Geschäftsbesorgungsvertrag	**24**
Rückgriff aus Bürgschaft §§ 765 ff. BGB	geschuldet: Forderung aus Bürgschaft (Schuldner steht hier gem. Bürgschaftsvertrag für die Erfüllung der Verbindlichkeit eines Dritten ein)	**80**
Schadensersatz aus Vertrag	hier muss immer die Vertragsart genannt werden	**28**
aus ungerechtfertigter Bereicherung § 812 Abs. 1 BGB	geschuldet: das zur Herausgabe Erlangte Prüfung: 1. wer durch die Leistung eines anderen oder in sonstiger Weise auf dessen Kosten etwas erlangt 2. ohne Rechtsgrund – auch nachträglich weggefallen z.B. durch Anfechtung ist zur Herausgabe verpflichtet	**37**

Anspruchsgrundlage	**Rechtsnatur**	**Kennziffer im Mahnantrag**
aus unerlaubter Handlung § 823 BGB (Schadensersatz aus Unfall etc.)	geschuldet: bezifferter Schadensersatzbetrag Prüfung: 1. Rechtsgutverletzung (z.B. Körper, Leben, Eigentum) 2. durch eine Handlung (Tun oder Unterlassen, auch Dulden), 3. die kausal, 4. widerrechtlich (ohne Rechtfertigungsgrund z.B. Notwehr) und 5. verschuldet (Vorsatz oder Fahrlässigkeit) ist. 6. Hieraus muss sich ein zurechenbarer Schaden ergeben.	**29**

3. Nebenforderungen und Auslagen

23 Mit dem Mahnverfahren können ferner Nebenforderungen geltend gemacht werden. Hierzu gehören insbes. laufende und ausgerechnete Zinsen.

24 Bei den **laufenden Zinsen** sind folgende Informationen anzugeben:

- auf welche jeweilige Hauptforderung sich die Zinsen beziehen,
- ein Festzins oder alternativ die Anzahl der Prozentpunkte über den Basiszinssatz,
- für den Fall, dass der zu verzinsende Betrag von der zugeordneten Hauptforderung abweicht, die Höhe dieses Betrags und
- falls nicht eine Verzinsung ab Rechtshängigkeit geltend gemacht werden soll, ab wann die Zinsen entstanden sind (ggf. ist auch ein Zinsende anzugeben).

25 Als **weitere Nebenforderungen und Auslagen** kommen in Betracht

- Mahnkosten,
- Auskunftskosten,
- Bankrücklastkosten,
- Inkassokosten (bis zur Höhe der Anwaltsvergütung für eine vorgerichtliche Tätigkeit),
- Anwaltsvergütung für das vorgerichtliche Mahnschreiben,
- Formularkosten,
- Nachnahmegebühren und
- Portoauslagen.

Die Höhe dieser Nebenkosten wird formalisiert durch das jeweilige Mahngericht überprüft, wobei die einzelnen Mahngerichte Höchstbeträge für die Nebenforderungen und sonstigen Auslagen individuell festlegen. Werden sodann „erhöhte" (über den Höchstsätzen liegende) Nebenforderungen bzw. Auslagen geltend gemacht, so erhält man eine Monierung. Entweder man verzichtet dann auf die Geltendmachung der erhöhten Nebenforderung oder man weist die erhöhten Kosten nach. 26

In 2007 vertrat der BGH die Auffassung (7.3.2007 – VIII ZR 86/06, NJW 2007, 2049; herunterzuladen unter www.bundesgerichtshof.de), dass wenn eine wegen desselben Gegenstands entstandene Geschäftsgebühr anteilig auf die Verfahrensgebühr des gerichtlichen Verfahrens anzurechnen ist, sich immer die im gerichtlichen Verfahren anfallende Verfahrensgebühr mindert. Dies wurde von großen Teilen der Literatur kritisiert und letztendlich vom Gesetzgeber korrigiert. 27

Mit Einführung des § 15a RVG zum 5.8.2009 räumte der Gesetzgeber dem RA wieder ein Wahlrecht ein, welche der beiden Gebühren er durch die Anrechnung kürzen möchte. Hinsichtlich der Verzinsung macht es in den meisten Fällen auch durchaus Sinn, dass die Geschäftsgebühr in voller Höhe bestehen bleibt. 28

Die Ausübung dieses Wahlrechts ist auch im gerichtlichen Mahnverfahren möglich. Der Wert der geltend gemachten Geschäftsgebühr muss lediglich zum angegebenen „Minderungsbetrag" und zum Gegenstandswert passen. 29

Wird eine höhere als die 1,3-Geschäftsgebühr nach Nr. 2300 VV RVG geltend gemacht, so muss weiterhin versichert werden, dass die Angelegenheit umfangreich oder schwierig gewesen ist. Eine Überprüfung des Sachverhalts durch das Mahngericht erfolgt jedoch nicht. 30

Praxistipp: 31

Denken Sie daran, dass die Anrechnungsvorschrift nur die Gebühren betrifft, nicht jedoch die Post- und Telekommunikationspauschale.

Bei einem Gegenstandswert von 2.000,00 € wäre die Anwaltsvergütung für die vorgerichtliche Tätigkeit bei einem vorsteuerabzugsberechtigten Mandanten mit folgendem Betrag anzugeben:

1,3-Geschäftsgebühr nach Nr. 2300 VV RVG	195,00 €
Post- und Telekommunikationspauschale nach Nr. 7002	20,00 €
Gesamtbetrag	215,00 €

Der Minderungsbetrag wäre jedoch nicht die Hälfte des Gesamtbetrags, sondern lediglich eine 0,65 Gebühr i.H.v. 97,50 €.

4. Gegenleistung

32 Wie bereits erwähnt, ist das Mahnverfahren gem. § 690 Abs. 1 Nr. 4 ZPO ausgeschlossen, wenn der Anspruch noch von einer zu erbringenden Gegenleistung abhängt.

Es ist daher zwingend die Angabe erforderlich, dass der Anspruch nicht von einer Gegenleistung abhängt oder dass diese bereits erbracht worden ist. Da das Mahngericht die Rechtslage nicht überprüft, muss jedoch weder die Art noch der Umfang der Gegenleistung genannt werden. Auch ist der Zeitpunkt der Erbringung unbeachtlich. Entsprechende Beweisbelege sind nicht beizufügen, die bloße Behauptung reicht aus.

5. Besondere Verfahrensarten

33 Sowohl beim automatisierten als auch beim elektronischen Mahnverfahren besteht die Möglichkeit, besondere Mahnverfahren durchzuführen und zwar:

- das Scheck- und Wechselmahnverfahren sowie
- das Urkundenmahnverfahren.

34 In der Praxis hat das **Scheck- und Wechselmahnverfahren** fast keine Bedeutung mehr, sodass nachstehend nur die Besonderheiten des **Urkundenmahnbescheids** dargestellt werden.

35 Im Mahnantrag ist die Urkunde konkret zu bezeichnen. Das Mahngericht prüft dabei nicht die Zulässigkeit der gewählten Prozessart.

Geht das Urkundenmahnverfahren in das streitige Urkundenverfahren über (z.B. nach Widerspruch), so kann der Antragsteller seinen Anspruch nur durch Vorlage der Urkunde begründen. Darüber hinausgehende Beweismittel sind hingegen unzulässig. Aber auch der Antragsgegner kann nur Einwendungen vorbringen, die sich auf die Urkunde beziehen.

36 Der Ablauf des Urkundenprozesses wird dabei ausführlich in § 11 Rdn 43 ff. dargestellt.

6. Streitgericht

37 Ferner ist das Streitgericht anzugeben. Die Zuständigkeit ergibt dabei aus den allgemeinen Grundsätzen für das Klageverfahren (vgl. die Ausführungen unter § 7 Rdn 12 ff.).

7. Mahngericht

38 Als Letztes muss das Mahngericht selbst bezeichnet werden, bei dem der Antrag gestellt wird.

III. Verkürzte Darstellung des Verfahrensablaufs

Mit nachstehender Abbildung wird der Verfahrensablauf bis zum Vollstreckungsbescheid verkürzt dargestellt. 39

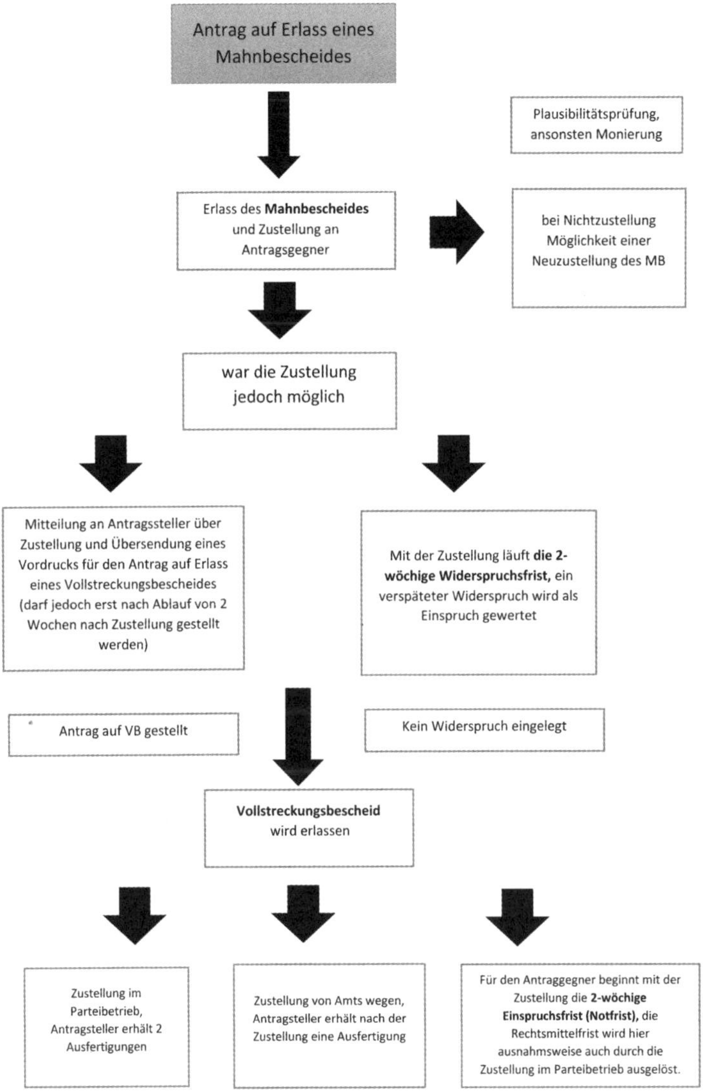

IV. Vergütung des Rechtsanwalts und PKH

40 Die Vergütungsansprüche des RA für das Mahnverfahren sind ausführlich unter § 8 Rdn 761 ff. dargestellt.

41 Für das Mahnverfahren kann grds. auch PKH beantragt werden (vgl. § 6 Rdn 137), wobei die Beiordnung eines Prozessbevollmächtigten meist wegen der Einschränkung des § 121 Abs. 2 ZPO mit der Begründung abgelehnt wird, dass eine Anwaltsbeiordnung nicht erforderlich erscheint. Dies wird insbes. damit gerechtfertigt, dass das Mahnverfahren durch das Ausfüllen eines einfachen Formulars eingeleitet werden kann. Nur in ganz speziellen Ausnahmefällen (z.B. bei einer schweren Krankheit, die ein eigenständiges Handeln verhindert) und mit ausführlicher Begründung kann im Einzelfall eine Beiordnung erreicht werden.

42 Im Zweifel erhält also der Mandant PKH, jedoch ohne Anwaltsbeiordnung, sodass die Justizkasse lediglich auf die Erhebung von Gerichtskosten verzichtet. Der Mandant müsste die Rechtsanwaltskosten selbst tragen.

43 *Praxistipp:*

Der Mandant ist in diesen Fällen meist besser gestellt, wenn seine Forderung direkt im Klagewege geltend gemacht und für die Klage PKH beantragt wird, da er so keine Rechtsanwaltskosten zahlen muss.

44 Die vorstehenden allgemeinen Ausführungen gelten für das Mahnverfahren insgesamt, gleich in welcher Form es beantragt worden ist.

V. Übergang ins Klageverfahren

45 Das Mahnverfahren endet in der Regel mit Erlass des Vollstreckungsbescheides, der einen vollstreckungsfähigen Titel darstellt. Unter Umständen legt der Antragsgegner jedoch Widerspruch gegen den Mahnbescheid bzw. Einspruch gegen den Vollstreckungsbescheid ein, so dass der Anspruch im ordentlichen Klageverfahren überprüft wird.

Hierzu muss der Antragsteller bei Übergang ins streitige Verfahren seinen Anspruch erstmals begründen. Die entsprechenden Schriftsätze können i.d.R. durch eine gut ausgebildete Reno für den RA vorbereitet werden.

1. Anspruchsbegründung nach Widerspruch

46 Der Widerspruch gegen den Mahnbescheid durch den Antragsgegner führt nicht von Amts wegen zu einer Überleitung ins streitige Verfahren. Will der Antragssteller das Verfahren fortsetzen, so muss er dies gesondert beantragen, was jedoch bereits im Mahn-

antrag möglich ist. Weitere Voraussetzung auf Klägerseite ist, dass die weiteren Gerichtskosten in Höhe von 2,5 eingezahlt werden (§ 65 Abs. 1 Satz 2 GKG i.V.m. Nr. 1210 KV GKG).

Will hingegen jedoch der Antragsgegner die Angelegenheit im streitigen Verfahren klären lassen, so ist nur ein entsprechender Antrag erforderlich, die Vorschusspflicht hinsichtlich der Gerichtskosten trifft nur den Kläger.

Nach Eingang der Mahnakte beim Prozessgericht wird der Antragssteller (und spätere Kläger) aufgefordert, die Anspruchsbegründung gem. § 697 Abs. 1 i.V.m. § 253 ZPO innerhalb von zwei Wochen einzureichen. Sollte das Mahnverfahren an das Landgericht abgegeben werden, so ist auch hier die Vertretung durch einen Anwalt geboten (sogenannter Anwaltsprozess). 47

In der Anspruchsbegründung muss der Antrag ausformuliert werden, die Ankündigung, den Antrag aus dem Mahnbescheid zu stellen, ist unbestimmt und reicht daher nicht aus. 48

Die Begründung des Antrages entspricht der Begründung einer normalen Klageschrift. Der Vortrag muss vollständig und substantiiert sein, eine bloße Bezugnahme auf den Mahnbescheid reicht nicht aus. Auch ist der Anspruch durch Beweisantritt zu begründen.

Nach Eingang der Anspruchsbegründung verfährt das Gericht wie bei einer normalen Klage, in dem ein früher erster Termin gem. § 275 ZPO bestimmt oder das schriftliche Vorverfahren gem. § 276 ZPO angeordnet wird. 49

> *Praxistipp:* 50
>
> Um einen schnelleren Fortgang des Verfahren zu erreichen, hat es sich in der Praxis bewährt, die Anspruchsbegründung bereits mit den Antrag auf Abgabe ins streitige Verfahren sowie den weiteren Gerichtskostenvorschuss direkt an das Mahnverfahren zu übermitteln. Die Anspruchsbegründung wird in diesen Fällen zur Mahnakte genommen und geht dann erst an das Prozessgericht, dass jedoch keine Frist mehr zur Begründung setzen muss.

Will der Antragssteller (und spätere Kläger) das Verfahren nicht weiter betreiben, braucht er die gesetzte 2-Wochenfrist für die Anspruchsbegründung nicht einhalten. Das Gericht trifft von sich aus keine Anordnung. 51

Nur wenn der Antragsgegner (und spätere Beklagter) einen Antrag stellt, wird ein Termin gem. § 697 Abs. 3 ZPO bestimmt, mit der Maßnahme, dass der Antragsteller noch einmal zur Anspruchsbegründung aufgefordert wird. Hält dieser die 2 -Frist auch diesmal nicht ein, so droht die Abweisung der Klage oder sein nicht fristgerecht eingereichter Vortrag wird als verspätetes Vorbringen gem. § 296 Abs. 1 ZPO zurückgewiesen. 52

4.1

▼

53 **Muster 4.1: Anspruchsbegründung nach Widerspruch**

Prozessgericht

(ggf. auch das Mahngericht)

(genaue Anschrift)

In Sachen

Kläger (früherer Antragssteller)

(genaue Anschrift)

– Kläger –

Prozessbevollmächtigter: (genaue Bezeichnung mit Anschrift)

gegen

Beklagter (früherer Antragsgegner)

(genaue Anschrift)

– Beklagter –

Prozessbevollmächtigter: (soweit vorhanden)

Aktenzeichen

(vom Prozessgericht, geht die Anspruchsbegründung bereit an das Mahngericht, dann das mahngerichtliche Aktenzeichen

zeige ich an, dass der Kläger im streitigen Verfahren durch mich vertreten wird. Es wird gebeten, einen baldigen Termin zur mündlichen Verhandlung zu bestimmen,

Es wird beantragt,

1. den Beklagte zu verurteilen, an den Klägern € (bezifferter Anspruch) nebst Zinsen i.H.v. 5 %-Punkten über den Basiszinssatz seit dem (Verzugsbeginn) zu zahlen;
2. dem Beklagte die Kosten des Verfahrens aufzuerlegen;
3. das Urteil ist, notfalls gegen Sicherheitsleistung, vorläufig vollstreckbar zu erklären.

Es wird ferner beantragt,

gegen den Beklagten ein Versäumnisurteil oder ein Anerkenntnisurteil ohne mündliche Verhandlung zu erlassen, für den Fall, dass das Gericht das schriftliche Vorverfahren anordnet und der Beklagte nicht innerhalb der Frist seine Verteidigungsbereitschaft angezeigt oder die Forderung anerkannt hat.

Begründung:

(substantiierter Vortrag mit Beweisantritten)

Beglaubigte und einfache Abschrift anbei.

Unterschrift RA

▲

2. Anspruchsbegründung nach Einspruch gegen Vollstreckungsbescheid

Wurde bereits der Vollstreckungsbescheid erlassen und hat der Antragsgegner (und späterer Kläger) hiergegen Einspruch eingelegt, so bedarf es keines weiteren Antrages durch den Antragsteller. Das Mahngericht gibt die Sache an das im Mahnantrag angegebene streitige Gericht von Amts wegen gem. § 700 Abs. 3 S. 1 ZPO ab. 54

Gem. § 12 Abs. 3 Satz 3 letzter HS. GKG besteht auch hier im Grunde eine Vorschusspflicht für die weiteren Gerichtskosten. Da hier jedoch der Beklagter quasi das Verfahren zu Abwehr betreibt, wird unter Vorbehalt seiner Rechte, hiervon abgesehen. 55

Die Einspruchsschrift wird dem Kläger von Amts wegen zugestellt und dieser gleichfalls aufgefordert, seinen Anspruch innerhalb einer gesetzten Frist zu begründen. Zwar „betreibt" der Beklagte hier das Verfahren zur Abwehr des Anspruches, der Antragssteller und jetzige Kläger hat jedoch das Verfahren durch seinen Mahnantrag eingeleitet und muss daher zuerst darlegen, dass sein Anspruch tatsächlich begründet ist. 56

Die Anspruchsbegründung muss auch in diesem Fall der Form einer Klage entsprechen, substantiiert sein und unter Beweisantritt gestellt werden. Da der Vollstreckungsbescheid an sich jedoch bereits einen vorläufig vollstreckbaren Titel darstellt, ist der Antrag nicht mehr auszuformulieren. Vielmehr wird beantragt, den bereits erlassenen Vollstreckungsbescheid aufrecht zu erhalten.

Da der Vollstreckungsbescheid auch im Parteibetrieb zugestellt werden kann, ist es in diesen Fällen ratsam, das Zustelldatum dem Gericht mitzuteilen, damit das Gericht über die fristgerechte Einlegung des Einspruchs und somit der Zulässigkeit entscheiden kann. Ist der Einspruch nämlich verspätet eingelegt worden, so wird dieser als unzulässig verworfen. 57

Nach Eingang der Anspruchsbegründung ist wie nach Eingang einer Klage zu verfahren. Der vorsitzende Richter entscheidet, ob ein früher erster Termin oder das schriftliche Vorverfahren durchzuführen ist. Anders als bei dem Verfahren nach Widerspruch gegen den Mahnbescheid kann hier jedoch im schriftlichen Vorverfahren kein Versäumnisurteil ergehen. Gem. § 700 Abs. 4 Satz 2 ZPO ist die Aufforderung zur Anzeige der Verteidigungsabsicht sowie die Belehrung über die Fristversäumnis gem. § 276 Abs. 1 Satz 1, 3 sowie Abs. 2 ZPO ausdrücklich im Gesetz ausgeschlossen. 58

59 Grund hierfür ist, dass der Vollstreckungsbescheid von seiner Natur her einem Versäumnisurteil gleichgestellt ist. Würde hier nämlich im schriftlichen Verfahren eine Säumnis eintreten, so müsste ein zweites Versäumnisurteil gegen den Beklagten ergehen mit der Folge, dass er keinen weiteren Einspruch einlegen könnte, sondern nur noch die eingeschränkte Berufung nach § 514 Abs. 2 ZPO zur Verfügung hätte. Die eingeschränkte Berufung müsste sich dann darauf stützen, dass ein schuldhaftes Versäumnis nicht vorgelegen hätte.

Der Gesetzgeber wollte jedoch, dass der Beklagte zumindest einmal die Möglichkeit besitzt, seine Einwendungen gegen den Anspruch selbst in einer mündlichen Verhandlung vorzutragen. Erscheint der Beklagten dann jedoch nicht zum Termin, so ist er hierfür selbst verantwortlich, so dass in der mündlichen Verhandlung bei Schlüssigkeit der Klage und Säumnis des Beklagten durchaus ein zweites Versäumnisurteil ergehen kann.

60 Für den Fall, dass der Kläger (frühere Antragsteller) die Anspruchsbegründung nicht fristgerecht einreicht, hat das Gericht unverzüglich Termin zu bestimmen und setzt dem Kläger eine weitere Frist zur Anspruchsbegründung. Diese Frist sollte der Kläger diesmal unbedingt einhalten, da ansonsten die Abweisung der Klage droht oder sein nicht fristgerecht eingereichter Vortrag als verspätetes Vorbringen gem. § 296 Abs. 1 ZPO zurückgewiesen wird.

4.2

▼

61 **Muster 4.2: Anspruchsbegründung nach Einspruch**

Prozessgericht

(genaue Anschrift)

In Sachen

Kläger (früherer Antragssteller)

(genaue Anschrift)

– Kläger –

Prozessbevollmächtigter: (genaue Bezeichnung mit Anschrift)

gegen

Beklagter (früherer Antragsgegner)

(genaue Anschrift)

– Beklagter –

Prozessbevollmächtigter: (soweit vorhanden)

Aktenzeichen

(vom Prozessgericht)

zeige ich an, dass der Kläger im streitigen Verfahren durch mich vertreten wird. Es wird gebeten, einen baldigen Termin zur mündlichen Verhandlung zu bestimmen,

Es wird beantragt,

1. den Vollstreckungsbescheid vom (Datum) aufrechtzuerhalten;
2. dem Beklagten die Kosten des Verfahrens aufzuerlegen;
3. das Urteil für vorläufig vollstreckbar zu erklären.

Begründung:

[Der Vollstreckungsbescheid wurde am (Zustelldatum) im Parteibetrieb zugestellt. Die Zustellurkunde wird im Termin im Original vorgelegt, eine Kopie ist bereits jetzt vorsorglich beigefügt.] (Dieser Passus ist nur erforderlich, wenn der Vollstreckungsbescheid im Parteibetrieb zugestellt worden ist.)

Zur Begründung des Anspruchs ist folgendes vorzutragen:

(substantiierter Vortrag mit Beweisantritten)

Beglaubigte und einfache Abschrift anbei.

Unterschrift RA

▲

D. Elektronischer Mahnantrag

Der RA kann Mahnanträge (seit 1.12.2008) und Anträge auf Erlass des Vollstreckungsbescheides (seit 1.1.2018) gem. §§ 702 Abs. 2 i.V.m. 703c ZPO **nur noch in elektronischer Form** verbindlich einreichen. 62

Dabei hat er jedoch insbesondere zwei Möglichkeiten:

- Die Erstellung eines Barcodeantrages in Papierform (mit anschließendem Postversand) oder alternativ die Erstellung einer EDA Datei (mit anschließendem Versand über das beA) über die kostenlose Website www.online-mahnantrag.de;
- Die Erstellung einer EDA Datei über eine RA-Software und anschließende Versendung über das beA (besondere elektronische Anwaltspostfach).

63

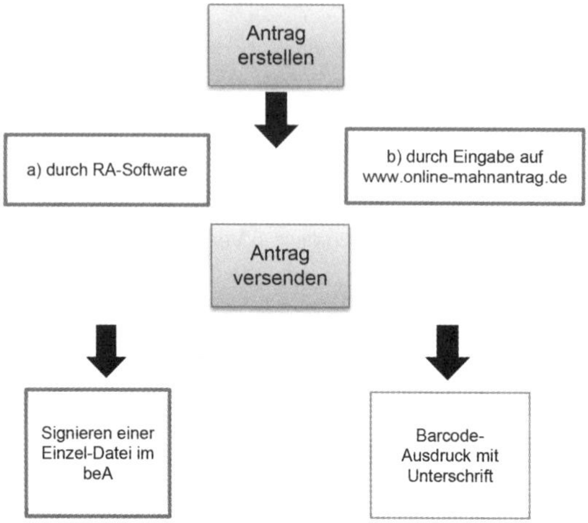

I. Erstellung eines Barcodeantrags mit handschriftlicher Unterschrift

64 Über das Internetportal www.online-mahnantrag.de kann entweder eine Einzeldatei für das beA oder ein sog. Barcodeantrag erstellt werden.

65 Das Barcode-Verfahren wurde insbes. für solche RA als zweite Möglichkeit einer elektronischen Übermittlungsform eingeführt, die nur wenige Mahnbescheidanträge im Jahr stellen und sich keine Signaturkarte inklusive Kartenlesegerät anschaffen wollten. Durch die verbindliche Einführung des beAs für alle Anwälte haben zumindest Kartenlesegeräte und beA-Karten Einzug in alle Kanzleien gehalten. Der Barcode-Antrag steht jedoch auch weiterhin als zusätzliche „elektronische Form" offen, insbesondere in den Fällen, wenn es zu technischen Problemen kommen sollte.

66 Für die Erstellung eines Barcodeantrages benötigt man lediglich

- einen internetfähigen PC sowie
- einen Drucker mit weißem Papier.

67 In der Begründung zum Entwurf des 2. Justizmodernisierungsgesetzes ging man sogar soweit, dass es den RA zuzumuten sei, öffentliche Nutzerplätze (z.B. ein Internetcafé) aufzusuchen, falls sie selber über keinen Internetanschluss verfügen. Eine Ausnahme von der Verpflichtung zur elektronischen Einreichung wurde daher nicht ins Gesetz aufgenommen.

68 Für das Barcodeverfahren muss der Computer folgende Softwareprogramme enthalten:

- Internetexplorer mit aktiviertem Java-Script und Cookies sowie
- Acrobat Reader

- Alternativ zum Internetexplorer funktioniert auch Mozilla Firefox, wobei der dort integrierte PDF-Viewer nicht verwendet werden darf. Der Antrag ist dann händisch mit dem Acrobat Reader zu öffnen.

Praxistipp: 69

Der Software Acrobat Reader der Firma Adobe kann kostenlos im Internet unter www.adobe.com/de/products/reader/ heruntergeladen werden und dient dem Lesen von pdf-Dateien.

Der Acrobat Reader ist i.Ü. auch notwendig, um die auf der Seite der BGH befindlichen Entscheidungen anzuzeigen und auszudrucken.

Bei der Seite www.online-mahnantrag.de handelt es sich um ein interaktives Antragsformular, wobei jedoch im Internet keine Daten gespeichert werden. Das entsprechende Gericht erlangt erst durch die Einreichung des Antrags durch Sie Kenntnis von dem Verfahren. 70

Bereits bei der Eingabe wird die Vollständigkeit und Richtigkeit der Angaben grob durch das Internetportal überprüft und es erscheint bei einer Unschlüssigkeit sofort eine Fehlermeldung. 71

Die Einreichung des Antrags (durch ein RA- Büro) kann dabei 72

- via beA oder
- als ausgedruckter Barcodeantrag mit der Unterschrift des RA per Post

an das Mahngericht erfolgen. Bei der Einreichung via beA muss die erstellte Nachricht (Mahnantrag) mit einer qualifizierten Signatur versehen werden, sofern die Rechtsanwaltsfachangestellte die Versendung vornimmt. Verschickt der RA die entsprechende Mahnantrag-EDA-Datei selbst aus seinem höchstpersönlichen beA-Postfach, so ist ab dem 1.1.2018 eine qualifizierte Signatur nicht mehr erforderlich, da es sich beim beA um einen sogenannten **„sicheren Übertragungsweg“** handelt.

Im Folgenden soll der **Barcodeantrag mit handschriftlicher Unterschrift** dargestellt werden. 73

Der Barcodeantrag besteht immer aus

- einem Deckblatt (Seite 1), auf dem der RA unterschreiben muss,
- dem Kontrollausdruck der Daten in Klarschrift (Seite 2, ggf. weitere) sowie
- dem darauffolgenden Barcodeausdruck.

Bei der Einreichung sind jedoch mehrere Regeln zu beachten: 74

- Der Barcodeantrag muss unterschrieben und vollständig eingereicht werden.
- Verwenden Sie Standardkopierpapier, DIN A4.
- Benutzen Sie schwarze Druckerfarbe, andere Farben werden nicht verarbeitet.
- Es darf kein doppelseitiger Ausdruck verwendet werden.
- Handschriftliche Änderungen sind nicht zulässig, da lediglich der Barcode eingescannt wird. Der Ausdruck der Daten in Klarschrift dient nur der Kontrolle.

- Der Ausdruck darf weder verschmutzt, verwischt oder stark zerknittert sein. In diesen Fällen muss der Ausdruck noch einmal fehlerfrei und sauber ausgedruckt werden.
- Verbinden Sie alle Seiten fest miteinander (Klammern, Heftung).
- Da der Barcode durch eine Faxübermittlung nicht eins-zu-eins wiedergegeben wird, ist die Übersendung per Fax unzulässig.
- Knicken und Falten Sie den Antrag nicht bei der Kuvertierung.

75 Der Ablauf des Barcodeverfahrens wird am folgenden Bespiel dargestellt:

> *Beispiel:*
> *Die Putzi Reinigungs GmbH, vertreten durch den Geschäftsführer Max B, hat gegen Frau Beate A, eingetragene Kauffrau, einen Anspruch aus einem Reinigungsvertrag. Der Rechnungsbetrag aus der Rechnung mit der Nr. 17 – 471 vom 5.11.2017 i.H.v. 2.000,00 € soll im Wege des Mahnverfahrens geltend gemacht werden. Im Mahnverfahren soll weiterhin die Rechtsanwaltsvergütung für der vorgerichtliche Tätigkeit geltend gemacht werden (1,3-Gebühr nach Nr. 2300 + Post- und Telekommunikationsentgeltpauschale, aber keine USt, da der Mandant vorsteuerabzugsberechtigt ist). Der Rechnungsbetrag soll mit 9 % über dem Basiszinssatz ab dem 6.12.2017, die vorgerichtlichen Anwaltskosten mit 9 % über dem Basiszinssatz ab dem 15.1.2018 verzinst werden.*

76 *25 Schritte bis zum fertigen Online-Mahnantrag:*

1. Schritt:

Nach Starten des Internetportals www.online-mahnantrag.de erscheint die nachstehende Eingabemaske, in der zunächst einmal das Bundesland des Antragstellers ausgewählt werden muss.

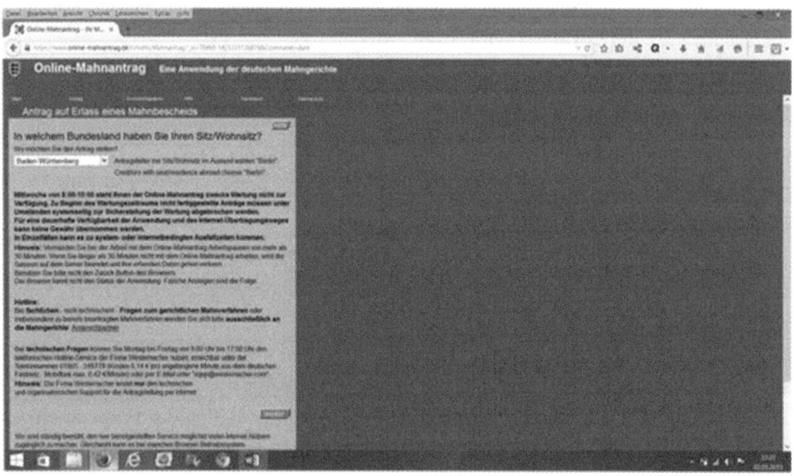

2. Schritt: 77

Im zweiten Schritt ist die Versandart auszuwählen. Für einen Barcodeantrag mit handschriftlicher Unterschrift ist dabei „Druck auf Papier" auszuwählen.

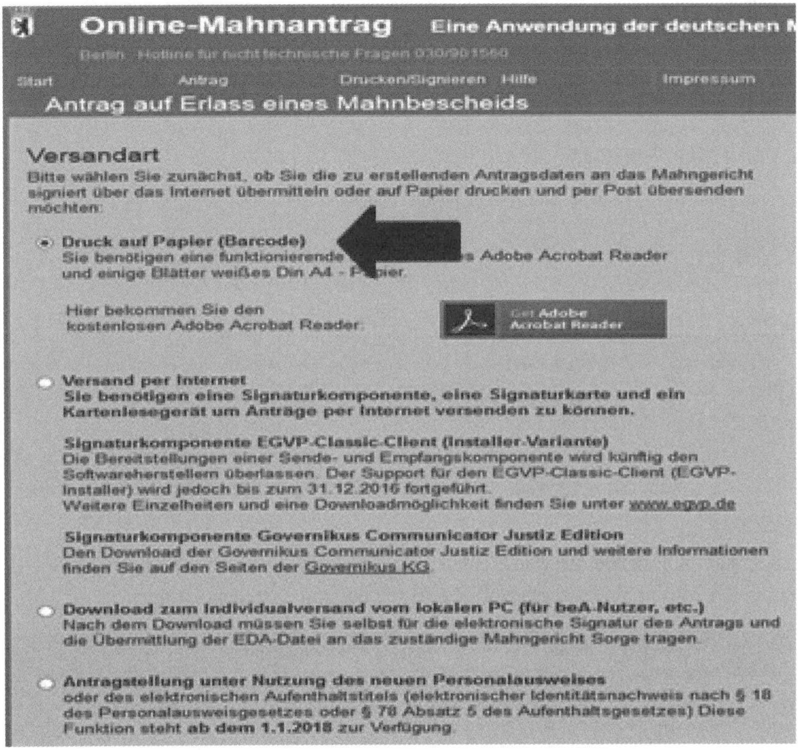

78 *3. Schritt:*

Setzt man die Anwendung fort, werden die einzelnen Schritte der Eingabe dargestellt.

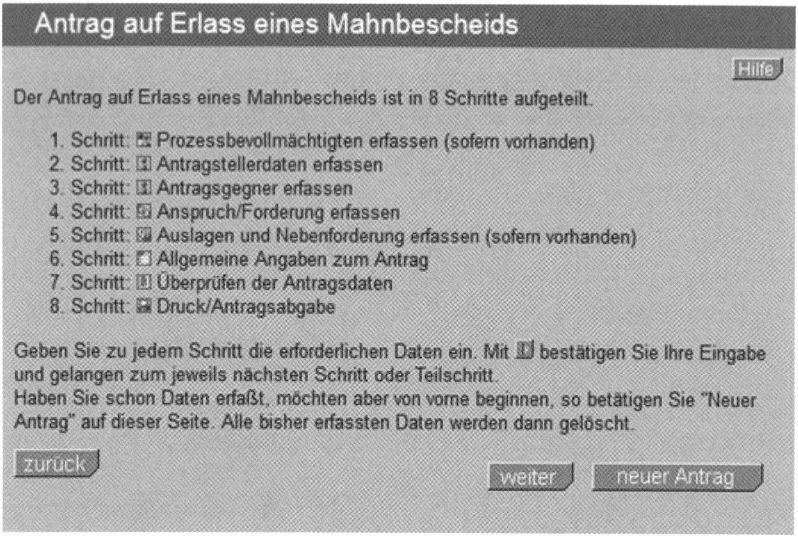

79 *4. Schritt:*

Es erfolgt die Eingabe, für wen Sie den Antrag erstellen. In unseren Fall soll der Antrag durch RA Muster als Prozessbevollmächtigten des Antragstellers erfolgen.

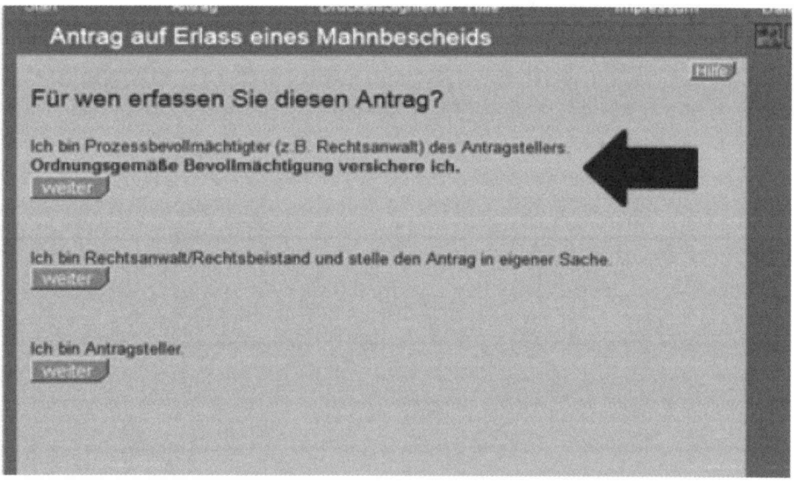

5. Schritt: 80

Auf der Registerkarte des Prozessbevollmächtigten ist neben den **allgemeinen persönlichen Daten** des Prozessbevollmächtigten auch das Kästchen für die **Vorsteuerabzugsberechtigung** des Antragstellers enthalten. Sollte Ihr Mandant also nicht vorsteuerabzugsberechtigt sein, so müssen Sie an dieser Stelle das Kästchen anklicken und aktivieren.

Wenn der Prozessbevollmächtigte eine **Prozessvertreter-Kennnummer** besitzt (diese 81
kann i.Ü. gesondert bei den Mahngerichten beantragt werden), so ist diese einzutragen. Die weiteren persönlichen Angaben entfallen dann.

Auf der Registerkarte muss ferner auch das **Beauftragungsdatum** für das Mahnverfahren 82
angegeben werden.

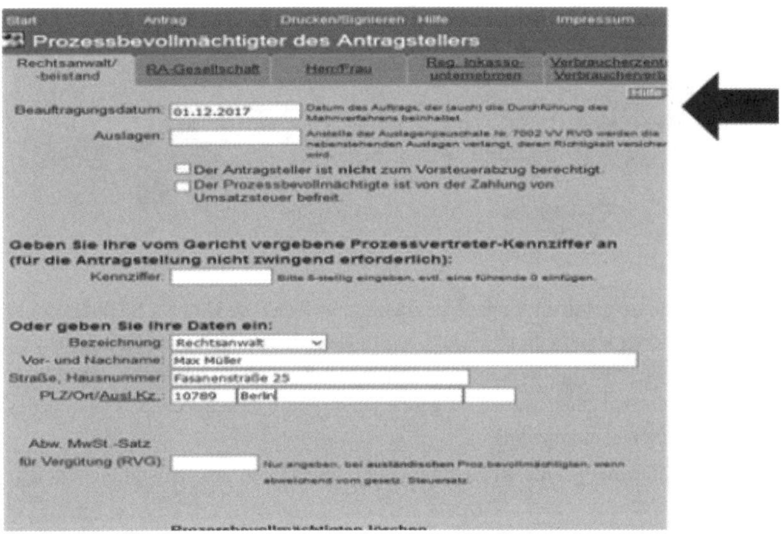

6. Schritt: 83

Als Nächstes müssen Angaben zum Antragsteller eingetragen werden. Dabei stehen vier Karteireiter zur Verfügung.

Die ersten beiden Karteireiter sind in der Praxis am wichtigsten. Auf dem Reiter *Herr/Frau* werden die Daten des Antragstellers eingetragen, wenn dieser eine natürliche Person ist. Ist der Antragsteller jedoch eine juristische Person, so werden seine Daten auf dem Reiter *Firma* eingetragen.

Im Ausgangsfall (s. das Beispiel unter Rdn 75) handelte es sich um eine GmbH, sodass die 84
Daten hier auf dem Reiter *Firma* eingetragen worden sind.

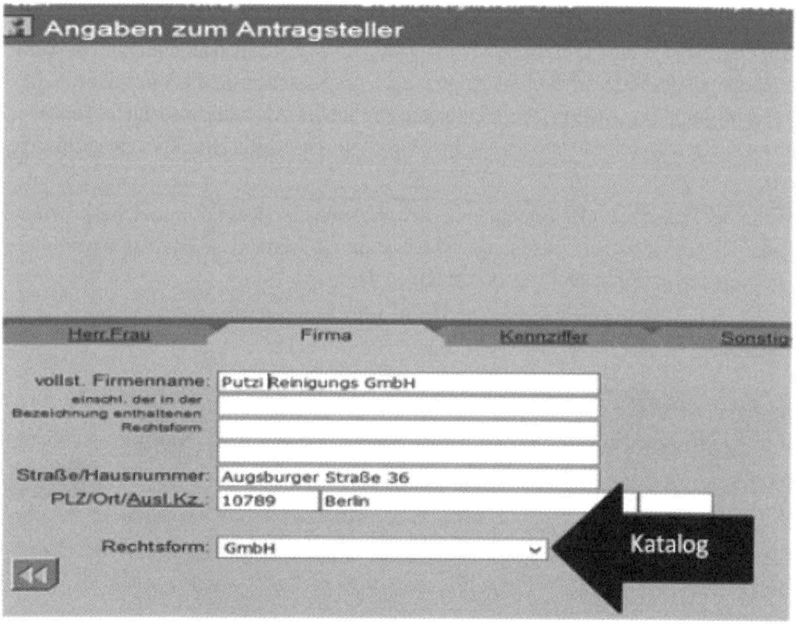

85 *7. Schritt:*

Folgt man dem interaktiven Eingabeprogramm mit *Weiter*, so wird als Nächstes der gesetzliche Vertreter abgefragt. Die Funktion des gesetzlichen Vertreters ist in jedem Fall einzutragen und wird mit der vorher eingegebenen Rechtsform der Firma abgeglichen. Würde man also bei einer GmbH, als gesetzlichen Vertreter den Vorstand eintragen, so erhielte man eine Fehlermeldung.

86 Im Ausgangfall wird die Putzi Reinigungs GmbH durch ihren Geschäftsführer Max B gesetzlich vertreten.

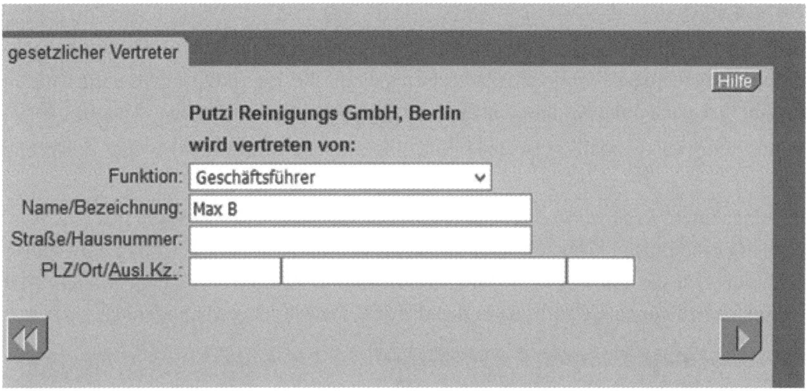

8. Schritt: 87

Nachfolgend können noch weitere gesetzliche Vertreter des Antragstellers aufgenommen werden. Im Ausgangsfall ist dies jedoch nicht erforderlich.

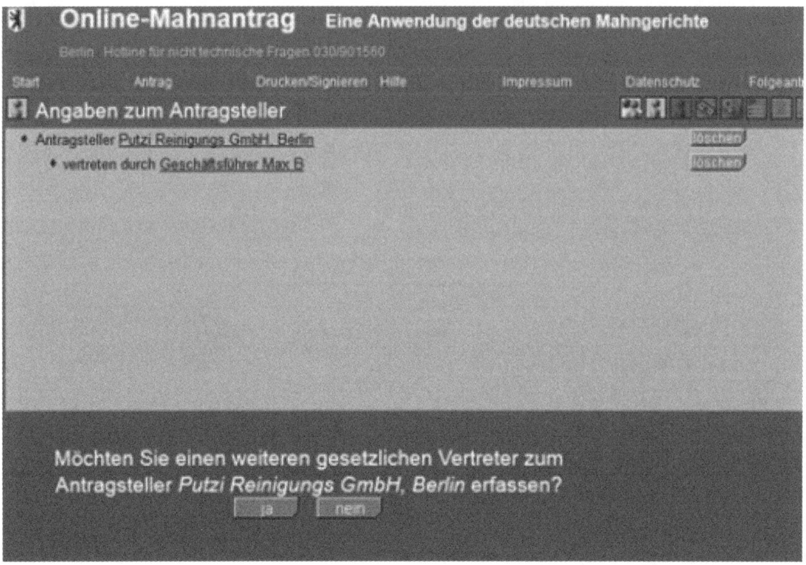

9. Schritt: 88

Es können auch noch weitere Antragsteller eingegeben werden, im Beispielsfall war jedoch die Putzi Reinigungs GmbH alleinige Antragstellerin.

89 *10. Schritt:*

Im nächsten Schritt muss man die Daten des Antragsgegners eintragen, wobei die entsprechende Eingabemaske ähnlich wie bei der Eingabemaske des Antragstellers aufgebaut ist. Es gibt hier wieder die Karteireiter für die natürlichen und juristischen Personen.

90 In unserem Beispielsfall ist Beate A eine eingetragene Kauffrau, also eine juristische Person.

91 Im Eingabefeld *Rechtsform* erscheint nach dem Anklicken des kleinen Pfeils, eine Auswahl aller möglichen Firmenformen. Die beim automatisierten Mahnantrag notwendige Codierung für die Einzelfirma (3) und für die GmbH & Co. KG (4) ist entfallen. Alle Rechtsformen können jetzt direkt in dem Eingabefenster ausgewählt werden.

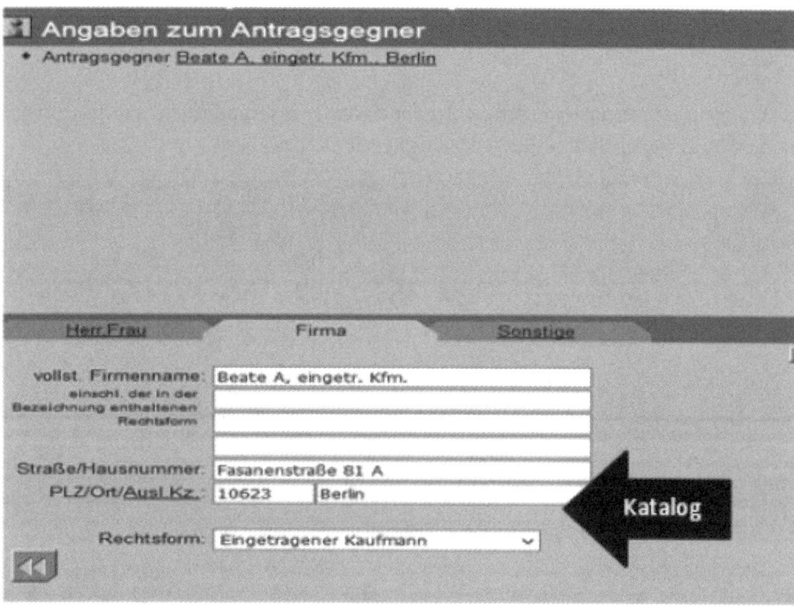

92 *11. Schritt:*

Im weiteren Schritt könnte auch hier ein gesetzlicher Vertreter erfasst werden. Es erfolgt sogar hier programmseitig der Hinweis, dass ein eingetragener Kaufmann im Allgemeinen keinen gesetzlichen Vertreter hat.

93 *12. Schritt:*

Es besteht weiterhin die Möglichkeit, auch mehrere Antragsgegner einzutragen, wobei zum Schluss noch die Eingabe getätigt werden muss, ob diese gesamtschuldnerisch für die Forderung haften.

Im Ausgangsfall handelte es sich jedoch bei Beate A (eingetragene Kauffrau) um eine einzelne Antragsgegnerin. 94

13. Schritt: 95

Es erfolgt sodann die Abfrage, ob es sich um ein besonderes Mahnverfahren handelt.

Im Beispielsfall soll das in der Praxis wohl am häufigsten vorkommende *Reguläre Mahnverfahren* durchgeführt werden. 96

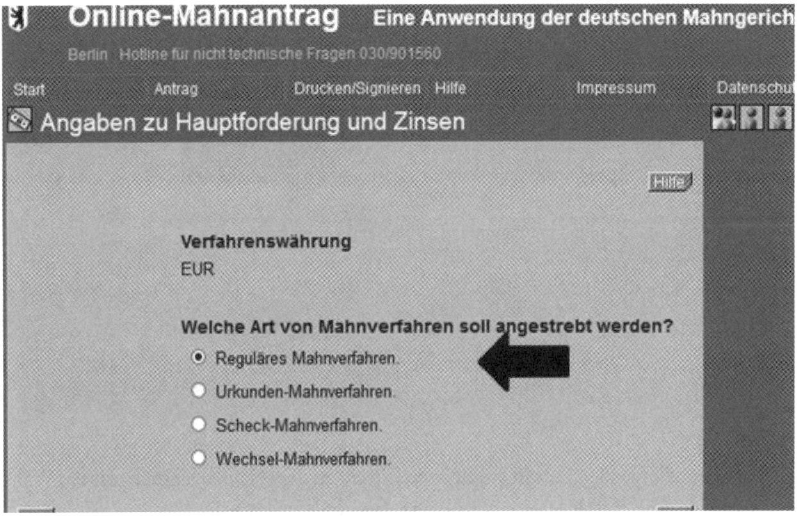

14. Schritt: 97

Als Nächstes muss der Anspruch selber bezeichnet und die Höhe des Anspruchs eingetragen werden.

Auf dem ersten Karteireiter stehen Ihnen sämtliche bisher bekannten Katalognummern zur Verfügung. Für den Fall, dass Sie jedoch eine entsprechende Katalognummer suchen, befindet sich unter der Katalognummer ein weiteres Eingabefeld, das am Ende einen kleinen Pfeil aufweist. Wenn Sie diesen Pfeil anklicken, erscheint ein Auswahlfenster mit sämtlichen katalogisierten Ansprüchen. 98

Sollten Sie keine passende Katalognummer finden, so steht Ihnen als Alternative der Karteireiter *sonstige Ansprüche* zur Verfügung. 99

Im Ausgangsfall handelte es sich um einen Anspruch aus einem Dienstleistungsvertrag, Katalognummer 5. Der Anspruch muss ferner hinreichend bestimmt werden, z.B. durch die Angabe einer Rechnungsnummer und des Rechnungsdatums. 100

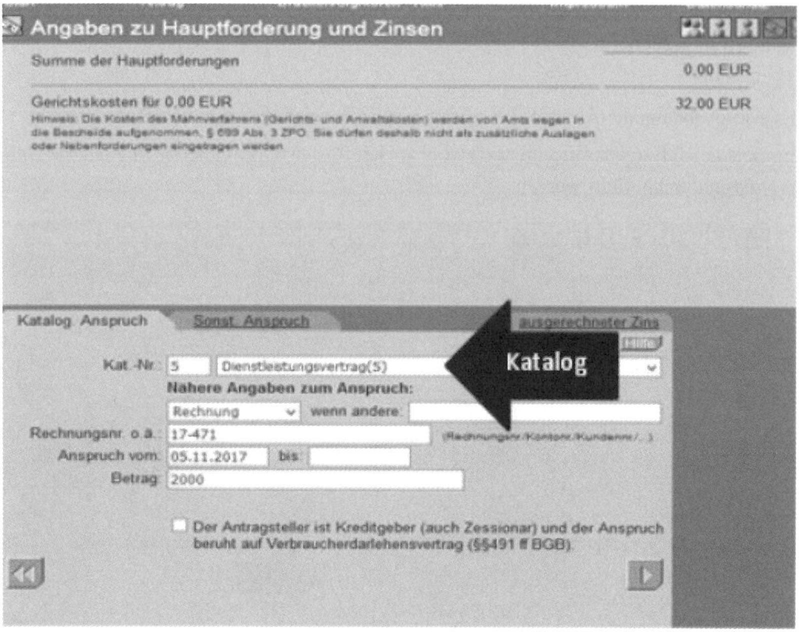

101 *15. Schritt:*

Erst im darauffolgenden Schritt werden die Zinsen zu dem Hauptanspruch erfasst. Wählen Sie hierzu den Befehl *Zinsangaben zum Anspruch erfassen* aus.

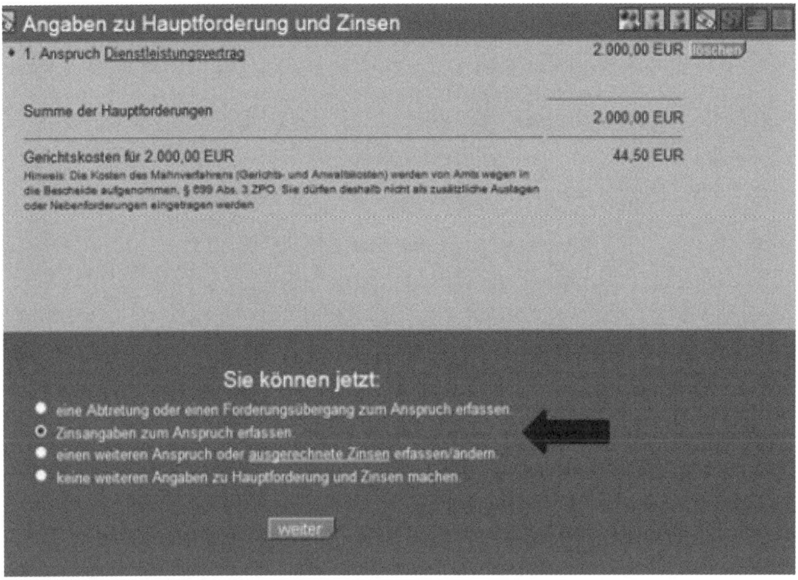

16. Schritt: 102

Wie im automatisierten Mahnverfahren gewohnt, können nunmehr die Zinsen zum Hauptanspruch geltend gemacht werden. Sollen jedoch z.B. 5 Prozentpunkte (bei Verbrauchern) oder 9 Prozentpunkte (bei Unternehmern) über den Basiszinssatz gem. § 288 BGB geltend gemacht werden, ist unbedingt darauf zu achten, im entsprechenden Kästchen ein Kreuz zu setzen. Ansonsten handelt es sich lediglich um Festzinsen.

103 Für die Eingabe von laufenden Zinsen ist nur das Eintragen des Zinsbeginns erforderlich. Sollte kein Datum eingetragen werden, erfolgt die Verzinsung erst ab Zustellung des Mahnbescheids an den Antragsgegner.

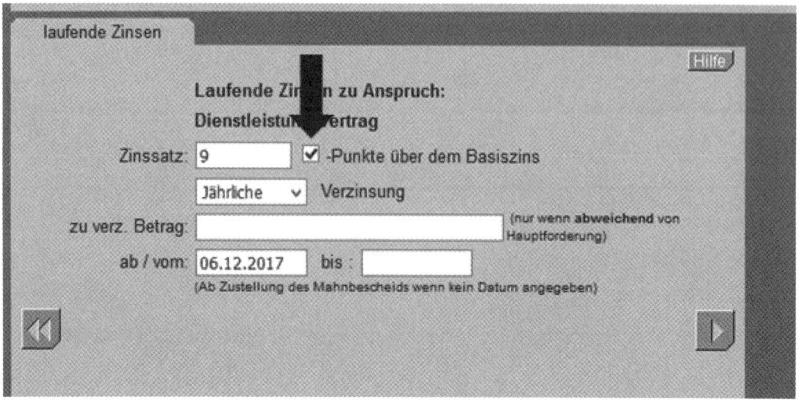

104 *17. Schritt:*

Sie gelangen nach der Eingabe der Zinsen wieder in die vorherige, Ihnen bereits bekannte, Eingabemaske.

105 Sie können nunmehr noch einen weiteren (Haupt-) Anspruch oder ausgerechnete Zinsen erfassen, Angaben zu einer möglichen Abtretung eingeben oder über *keine weiteren Angaben zu Hauptforderung und Zinsen* das Eingabeprogramm fortsetzen.

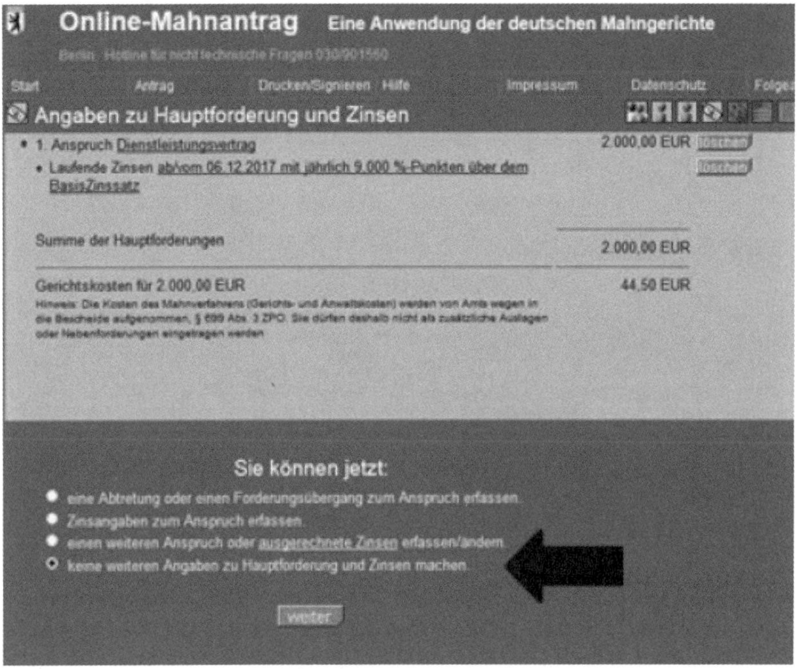

18. Schritt: 106

Im weiteren Verlauf müssen sodann die Auslagen und Nebenforderungen eingetragen werden.

Im Ausgangsfall sollen jedoch weder Mahn-, Inkasso-, noch Bankrücklastkosten geltend gemacht werden. Auch Auskünfte wurden nicht eingeholt. 107

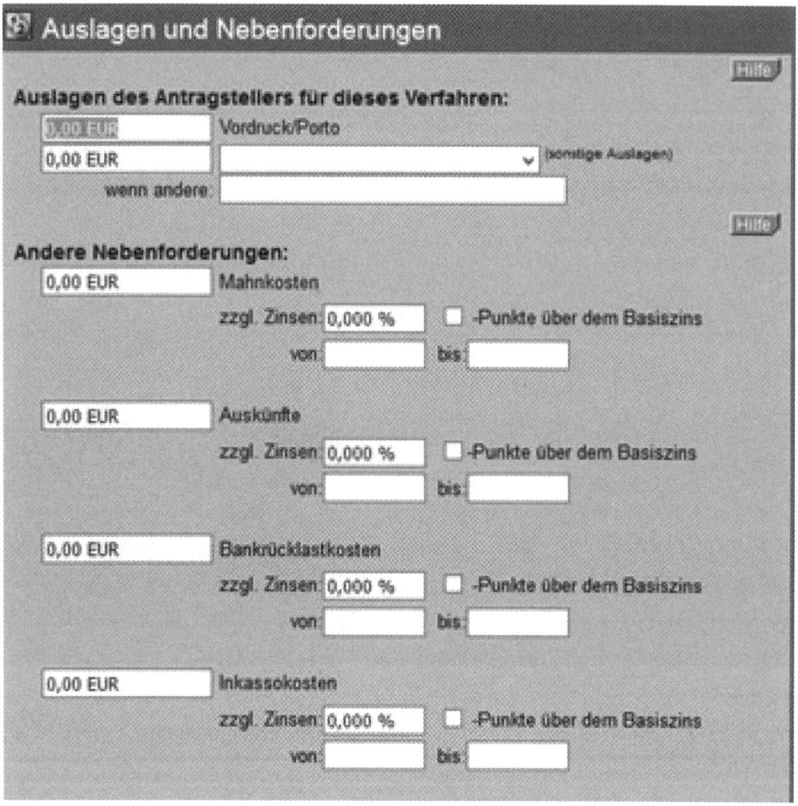

108 Die Eingabemaske für Auslagen und Nebenforderung ist jedoch etwas länger. Als letzte Position können **vorgerichtliche Anwaltskosten** eingetragen werden.

109 Für die Geltendmachung von vorgerichtlichen Anwaltskosten müssen folgende Eintragungen vorgenommen werden:

- die Höhe der vorgerichtlichen Anwaltsvergütung,
- der Gegenstandswert der vorgerichtlichen Tätigkeit,
- der Minderungsbetrag für die Gebühren nach Nr. 3305 und
- falls eine über den Schwellenwert von 1,3 erhöhte Geschäftsgebühr entstanden ist, muss die Angabe erfolgen, dass die vorgerichtliche anwaltliche Tätigkeit umfangreich oder schwierig war.

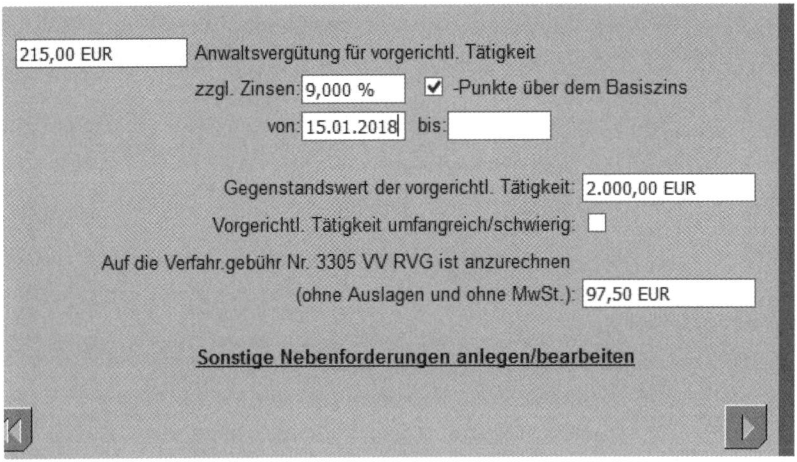

19. Schritt: 110

Das Programm schlägt Ihnen automatisch das zuständige Streitgericht vor. Überprüfen Sie die Zuständigkeit. Sollte der Vorschlag nicht zutreffend sein, können Sie das Streitgericht über den *bearbeiten*-Button ändern.

20. Schritt: 111

Es folgen sodann noch allgemeine Angaben zum Antrag, insbes. muss unbedingt die Angabe zur Gegenleistung eingegeben werden.

Im Ausgangsfall war der Anspruch von einer Gegenleistung abhängig, diese war jedoch bereits erbracht. 112

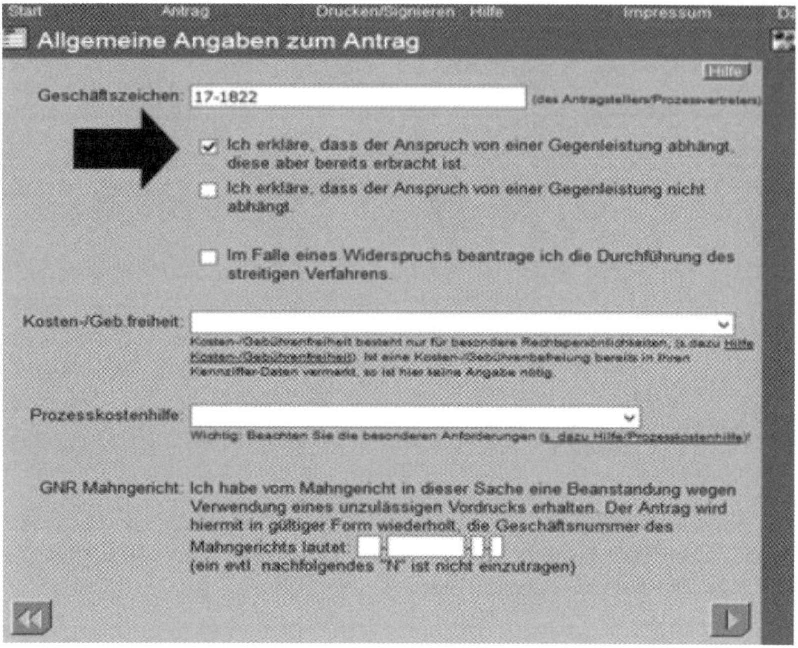

113 *21. Schritt:*

Als Nächstes können Sie noch eine Kontonummer angeben, die dem Antragsgegner mitgeteilt wird.

Dies ist i.d.R. ratsam, damit der Schuldner nicht umständlich Ihre Kontonummer suchen muss und – so die Theorie – die Forderung unverzüglich nach Erhalt des Mahnbescheids bezahlt.

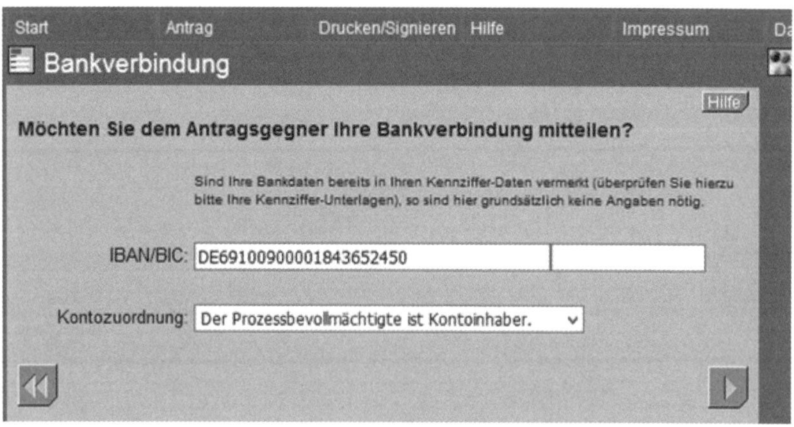

22. Schritt: 114

Vor dem Erstellen des Barcodeausdrucks werden sämtliche Angaben noch einmal in einer **Mahnbescheidübersicht** dargestellt und können, falls sie fehlerhaft sein sollten, auch noch geändert werden. Ggf. erfolgen programmseitig auch noch Hinweise auf nicht plausible Daten.

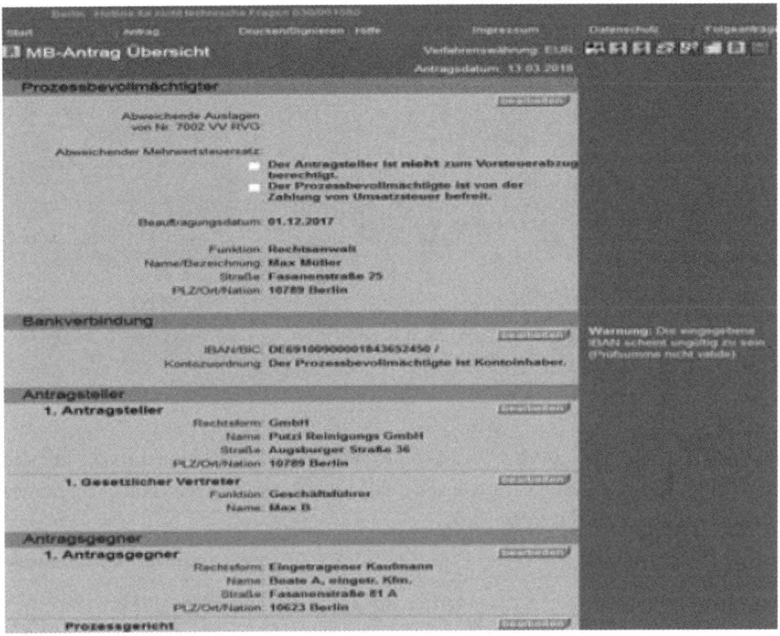

23. Schritt: 115

Als Letztes müssen Sie den Barcodeantrag auf weißem Papier ausdrucken.

Es erfolgt hier auch noch einmal ausdrücklich der Hinweis, dass die eingegebenen Daten noch nicht beim Gericht gespeichert sind, sondern dass die Daten erst nach Eingang des ausgedruckten Barcodeantrags bei dem zuständigen Mahngericht erfasst werden. 116

Eine Vorab-Übertragung per Fax ist unzulässig, da der Barcodeantrag nicht vollständig übermittelt wird und die Angaben im Klardruck nur der Kontrolle dienen. 117

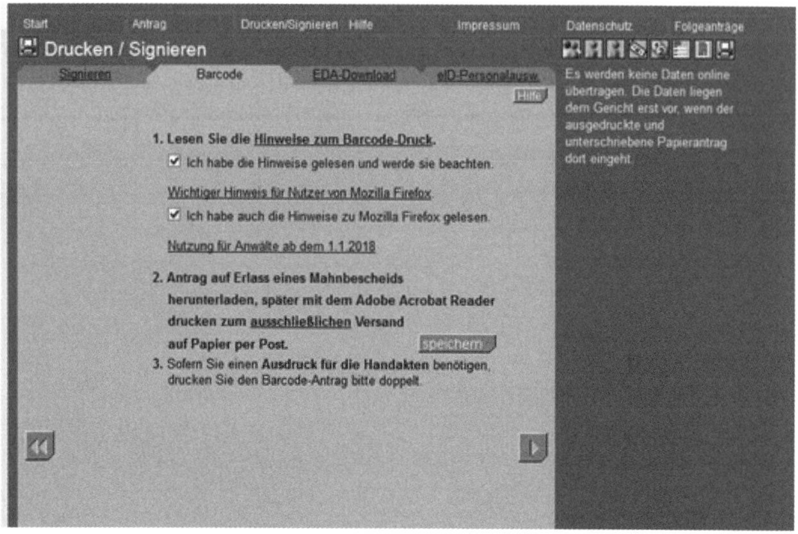

118 *24. Schritt:*

Mahnantrag kann daher zunächst als pdf. heruntergeladen werden und später mit dem Adobe Acrobat Reader gedruckt werden. Die pdf-Datei kann selbstverständlich im Acrobat Reader auch gespeichert werden.

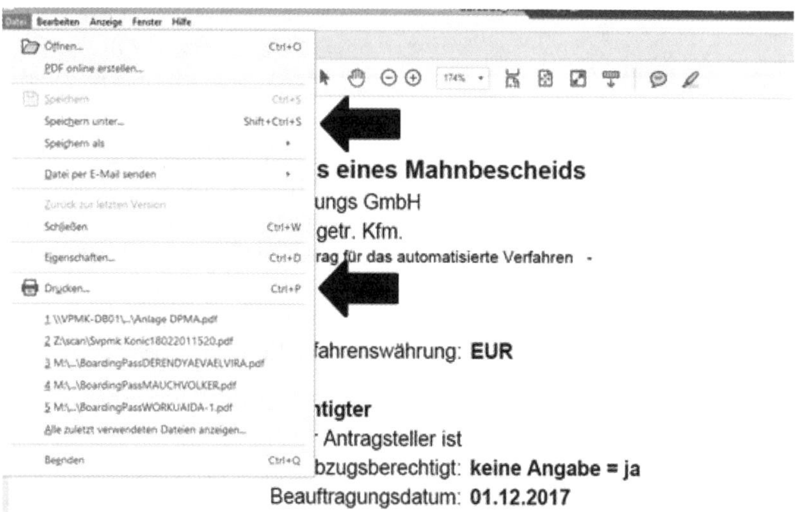

25. Schritt: 119

Es können nach dem Ausdruck noch weitere Mahnanträge erstellt werden oder man beendet die Internetanwendung.

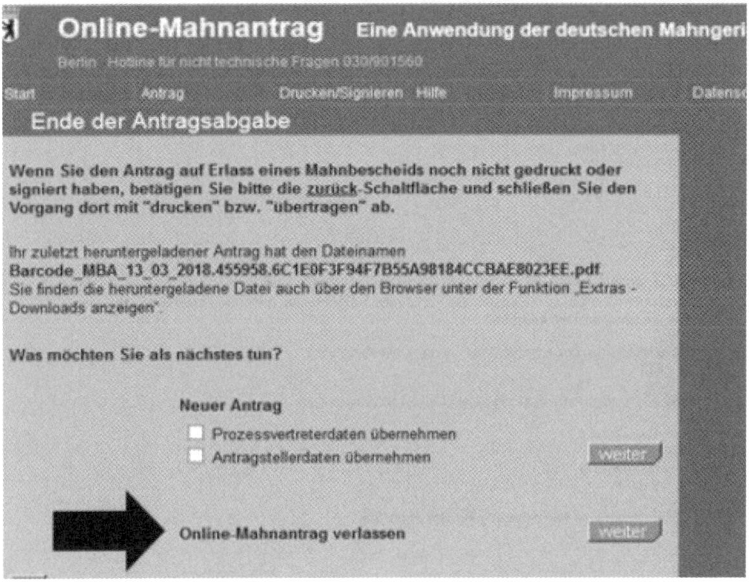

Der vollständig ausgedruckte Barcodeantrag in unserem Ausgangsfall sieht wie folgt aus: 120

Antrag auf Erlass eines Mahnbescheids **- Deckblatt -** **Seite 1 von 4**

Putzi Reinigungs GmbH

gegen Beate A, eingetr. Kfm.

- maschinell lesbarer Antrag für das automatisierte Verfahren -

001 BARC0003 455958 14950CC

B

An das
Amtsgericht Wedding
Zentrales Mahngericht Berlin-Brandenburg
13343 Berlin

13.03.2018

Ich beantrage, aufgrund der im beigefügten Barcode verschlüsselten Daten einen Mahnbescheid zu erlassen und in diesen die Kosten des Verfahrens aufzunehmen. Die unten aufgeführten Hinweise des Gerichts habe ich beachtet.

Geschäftszeichen des Antragstellers/Prozessbevollmächtigten:
17-1822

Absender (Antragsteller / ges. Vertreter / Prozessbevollmächtigter):

Rechtsanwalt
Max Müller
Fasanenstraße 25
10789 Berlin

Ordnungsgemäße Bevollmächtigung versichere ich.

Ort ____ Datum ____ Unterschrift des Antragstellers/Vertreters/Prozessbevollm. ____

Hinweise des Gerichts:

1. Dieses Anschreiben muss unterschrieben und zusammen mit dem Kontrollausdruck (Seiten 2 bis 3) sowie dem anschließenden Barcode-Ausdruck (Seiten 4 bis 4) beim zuständigen Mahngericht eingereicht werden. Verwenden Sie zum Druck ausschließlich weißes Standardpapier der Größe DIN A 4 (80g/qm) und versenden Sie den **Original**ausdruck in **einfacher** Ausführung auf dem Postweg, **ohne** ihn zu knicken.
2. Übermitteln Sie den Antrag **nicht per Fax!** Dadurch kommt es in der Regel zu einem technisch bedingten Qualitätsverlust. Der Antrag ist danach regelmäßig nicht mehr maschinell lesbar.
3. Die rechts oben angegebene Nummer (001 BARC0003 455958 14950CC) muss auf allen Seiten identisch sein, der Antrag darf nur aus 4 Seiten bestehen. Nachträgliche Ergänzungen, Veränderungen oder Streichungen des Textes oder Barcodes sind unzulässig. Bei erforderlichen Änderungen geben Sie bitte die Daten neu ein und drucken den Antrag für das Gericht erneut aus.
4. Ist eine Druckseite fehlerhaft gedruckt, verschmutzt oder nicht lesbar, so drucken Sie bitte den gesamten Antrag erneut aus.
5. Beachten Sie auch die Hinweise in der Internetanwendung www.online-mahnantrag.de zu Papier, Druck und Versand.

Die Nichtbeachtung der Hinweise gefährdet die maschinelle Lesbarkeit (§ 702 Abs. 2 ZPO) und kann damit die Bearbeitung des Antrags verzögern, zu Beanstandungen oder zur kostenpflichtigen Zurückweisung führen (§ 691 ZPO).

Antrag auf Erlass eines Mahnbescheids **Seite 2 von 4**

Putzi Reinigungs GmbH
gegen Beate A, eingetr. Kfm.
- maschinell lesbarer Antrag für das automatisierte Verfahren - 001 BARC0003 455958 14950CC

Verfahrenswährung: **EUR**

Prozessbevollmächtigter
Der Antragsteller ist
vorsteuerabzugsberechtigt: **keine Angabe = ja**
Beauftragungsdatum: **01.12.2017**
Funktion: **Rechtsanwalt**
Name/Bezeichnung: **Max Müller**
Straße: **Fasanenstraße 25**
PLZ/Ort/Nation: **10789 Berlin**

Bankverbindung
IBAN/BIC.: **DE69100900001843652450 /**
Kontozuordnung: **Der Prozessbevollmächtigte ist Kontoinhaber.**

Antragsteller
1. Antragsteller
Rechtsform: **GmbH**
Name: **Putzi Reinigungs GmbH**
Straße: **Augsburger Straße 36**
PLZ/Ort/Nation: **10789 Berlin**

1. Gesetzlicher Vertreter
Funktion: **Geschäftsführer**
Name: **Max B**

Antragsgegner
1. Antragsgegner
Rechtsform: **Eingetragener Kaufmann**
Name: **Beate A, eingetr. Kfm.**
Straße: **Fasanenstraße 81 A**
PLZ/Ort/Nation: **10623 Berlin**
Prozessgericht
Anschrift: **Amtsgericht Charlottenburg**
14046 Berlin

Ansprüche
Summe der Hauptforderungen: **2.000,00 EUR**
1. Katalogisierbarer Anspruch
Anspruch: **Dienstleistungsvertrag**
(Katalog-Nr. 5)
Mitteilungsform: **Rechnung**
Rechnungsnummer: **17-471**
ab/vom: **05.11.2017**
Betrag: **2.000,00 EUR**

Antrag auf Erlass eines Mahnbescheids **Seite 3 von 4**

Putzi Reinigungs GmbH

gegen Beate A, eingetr. Kfm.

- maschinell lesbarer Antrag für das automatisierte Verfahren - 001 BARC0003 455958 14950CC

1.1 Zinsangaben: Laufende Zinsen

Zinssatz: **9,000 %-Punkte jährlich über dem Basiszinssatz**

aus Betrag: **2.000,00 EUR**

ab/vom: **06.12.2017**

Auslagen/Nebenforderungen

Andere Nebenforderungen

Anwaltsvergütung vorger. Tätigkeit: **215,00 EUR**
zuzüglich Zinsen 9,000 %-Punkte über dem Basiszins ab 15.01.2018

Gegenstandswert vorger. Tätigkeit: **2.000,00 EUR**

Auf die Verfahr.gebühr Nr. 3305
VV RVG ist anzurechnen: **97,50 EUR**

Allgemeine Angaben

Geschäftszeichen: **17-1822**

Ich erkläre, dass der Anspruch von einer Gegenleistung abhängt, diese aber bereits erbracht ist.

Zuständiges Mahngericht

Amtsgericht Wedding
Zentrales Mahngericht Berlin-Brandenburg
13343 Berlin

Antrag auf Erlass eines Mahnbescheids **Seite 4 von 4**

Putzi Reinigungs GmbH

gegen Beate A, eingetr. Kfm.

- maschinell lesbarer Antrag für das automatisierte Verfahren - 001 BARC0003 455958 14950CC

001BARC000345595814950CC001002002004

Vermerke des Gerichts:

Dezernat

Eingangsdatum (TT.MM.JJ)

Bearbeitungsdatum

Bearbeitungsschlüssel

Zusatzschl.

Betrag EUR (Schlüssel 16/17) ,

Früheres Eingangsdatum (Schl. 52)

121 Die erste Seite ist dabei unbedingt **vom RA zu unterschreiben** und es müssen alle Seiten des ausgedruckten Antrags an das zuständige Mahngericht übermittelt werden.

II. Einreichung einer EDA-Datei mit elektronischer Signatur

122 Die Einreichung einer Datei mit elektronischer Signatur ist insbes. für RA interessant, die viele Mahnbescheide beantragen oder die grds. ihr Mahnverfahren optimieren wollen.

123 Die Kommunikation erfolgt dabei mit dem jeweiligen Gericht via beA (besonderes elektronisches Anwaltspostfach). Die Erschaffung einer geeigneten Datei erfolgt dabei auch über die Website www.online-mahnantrag.de oder über die entsprechende Rechtsanwalts-Komplettsoftware.

Auf der Website muss bereits bei der Versandart „Download zum Individualversand vom lokalen PC für beA-Nutzer" ausgewählt werden.

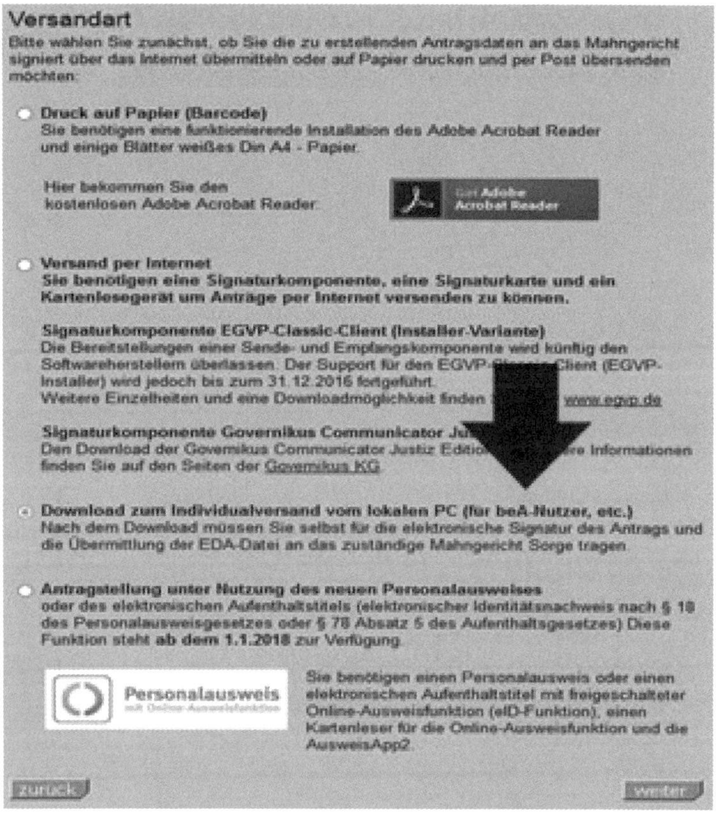

Das Ausfüllen auf der Website ist jedoch dann identisch mit dem Erstellen eines Barcodeantrages. Lediglich am Ende erhält man eine herunterladbare EDA-Datei (Elektronischer Datenaustausch-Datei) für den Weiterversand via beA.

Bei den Rechtsanwalts-Komplettsoftwarelösungen hingegen werden i.d.R. alle Informationen in ein Forderungskonto eingetragen und ein entsprechender Mahnantrag erstellt. Es erfolgt jedoch dann kein Ausdruck mehr auf den amtlichen Vordrucken, sondern es wird eine EDA-Datei gebildet, die via beA als sicherer Übertragungsweg an das zuständige Mahngericht übermittelt wird. Die meisten Programme besitzen für die Übergabe an das beA eine geeignete Schnittstelle.

Praxistipp: 124

Für nur wenige Mahnanträge im Jahr muss sich der RA für nur diesen Zweck keine Komplettsoftwarelösung anschaffen und kann auch weiterhin über die Website www.online-mahnantrag.de die Formvorschrift der elektronischen Antragstellung erfüllen.

Grundzüge der Einrichtung und Nutzung des beAs sind gesondert in Abschnitt G. Elektronischer Rechtsverkehr und beA (Rdn 155 ff.) dargestellt.

Wichtiger Hinweis: 125

Bis zur Manuskriptangabe der aktuellen Ausgabe 2018 des Allrounders stand noch nicht fest, wann das beA wieder an den Start gehen wird. Bis zur erneuten Freischaltungen können EDA-Dateien von Anwälten mit dem Governikus Communicator- einem zulässigen Drittprodukt im EGVP-Verbund- übermittelt werden.

III. Weitere Folgeanträge im gerichtlichen Mahnverfahren in elektronischer Form

Ab dem 1.1.2018 sind gem. § 702 Abs. 2 ZPO (n.F.) Folgeanträge für RAe verpflichtend 126
in maschinell lesbarer Form einzureichen. Dies umfasst den Antrag auf Neuzustellung des Mahnbescheids, Antrag auf Erlass eines Vollstreckungsbescheids und Antrag auf Neuzustellung des Vollstreckungsbescheids. Der Widerspruch gegen den Mahnbescheid ist ausdrücklich von dieser Formvorschrift ausgenommen, wird auf der Website www.online-mahnantrag.de aber trotzdem unter Folgeanträge angeboten.

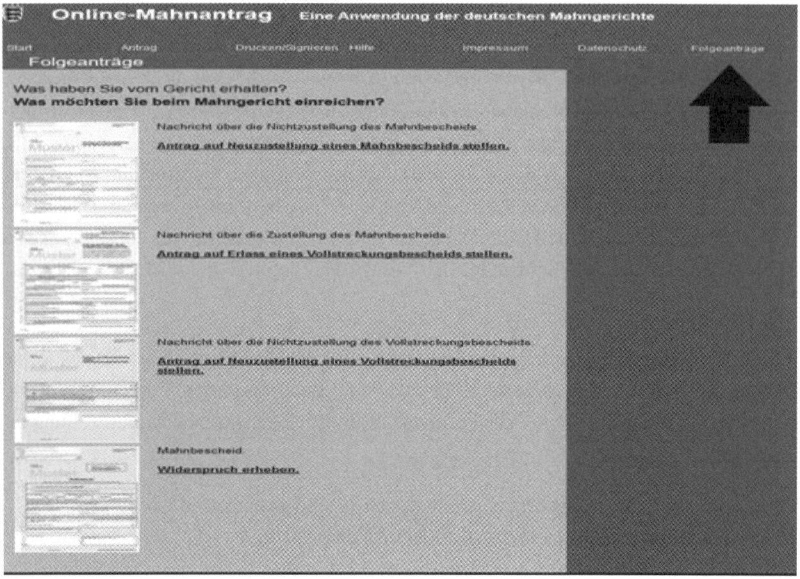

E. Auslandsmahnbescheid

127 Befindet sich der Antragsgegner im Ausland, besteht grds. die Möglichkeit einen sog. Auslandsmahnbescheid zu beantragen.

Der entsprechende **Auslandsmahnantrag** kann wieder über www.online-mahnantrag.de als Barcodeausdruck oder in den meisten Fällen auch über die Rechtsanwalts-Software als EDA-Datei gestellt werden.

128 Beim **Barcodeantrag** muss beim Antragsgegner lediglich das Länderzeichen eingegeben werden. Es erfolgt an dieser Stelle bereits der Hinweis auf die erhöhten Gerichtskosten insbes. für Übersetzungen.

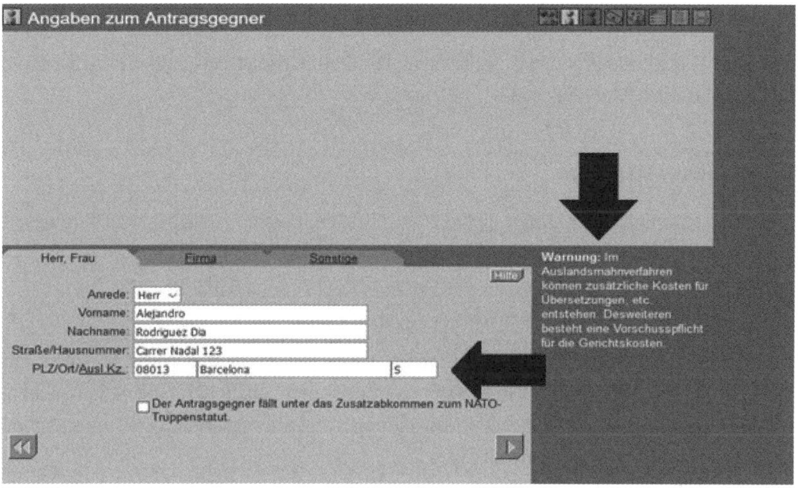

Das Streitgericht wird dabei nicht automatisch vorgegeben, sondern muss per Hand eingetragen werden. **129**

Für die Zuständigkeit des Prozessgerichts im Inland sind zwei Voraussetzungen erforderlich. **130**

- Der Schuldner hat keinen allgemeinen Gerichtsstand in Deutschland, die Zuständigkeit des streitigen Gerichts ist jedoch in Deutschland, z.B. aufgrund Vereinbarung über den Erfüllungsort, Gerichtsstandsvereinbarung oder wenn der Unterhaltsgläubiger seinen Wohnsitz im Inland hat etc.
- Es muss des Weiteren ein entsprechendes Abkommen vorliegen (grds. liegt ein Abkommen für alle EU-Staaten, mit Ausnahme von Dänemark vor, ferner für die Schweiz; weitere Länder sind ggf. im Internet zu recherchieren).

Das Auslandsmahnverfahren ist jedoch nicht unproblematisch und weist insbes. folgende Probleme auf: **131**

- die Zustellung und der Rücklauf dauern im Ausland meist länger (in Spanien z.T. über sechs Monate),
- es ist ein Nachweis für die Zuständigkeit des inländischen Streitgerichts erforderlich,
- die Widerspruchsfrist beträgt einen Monat,
- die Antragsfrist für den Vollstreckungsbescheid beträgt sechs Monate,
- ferner ist ein höherer Kostenvorschuss gem. § 12 GKG (inkl. Übersetzungskosten), teilweise bis zu 500,00 € zu zahlen.

F. Europäischer Mahnbescheid

132 Seit dem 12.12.2008 gibt es als zusätzliche, fakultative (nicht verbindliche) Alternative den europäischen Mahnbescheid.

I. Voraussetzungen

133 Um einen europäischen Mahnbescheid zu beantragen, müssen zunächst zwei Voraussetzungen vorliegen:

- Es muss sich um eine grenzüberschreitende Rechtssache handeln und
- es muss ein zulässiges Rechtsgebiet gegeben sein.

134 Zulässig ist das europäische Mahnverfahren insbes. für Zivil- und Handelssachen und modifiziert für Arbeitssachen. In Steuer- und Zollsachen, ehelichen Güterstandssachen, i.R.d. Haftung des Staates und der Abwicklung von zahlungsunfähigen Unternehmen ist das Verfahren hingegen unzulässig.

II. Antragstellung

135 Es gibt besondere Formblätter für das gesamte Verfahren, evtl. soll später auch die Antragstellung in elektronischer Form möglich sein.

136 Unter www.ec.europa.eu gelangen Sie zur Seite der Europäischen Kommission.

Es handelt sich hierbei um den Europäischen Gerichtsatlas für Zivilsachen. Sie finden dort in der Rubrik Europäische Verfahren den Unterpunkt *Europäischer Zahlungsbefehl.*

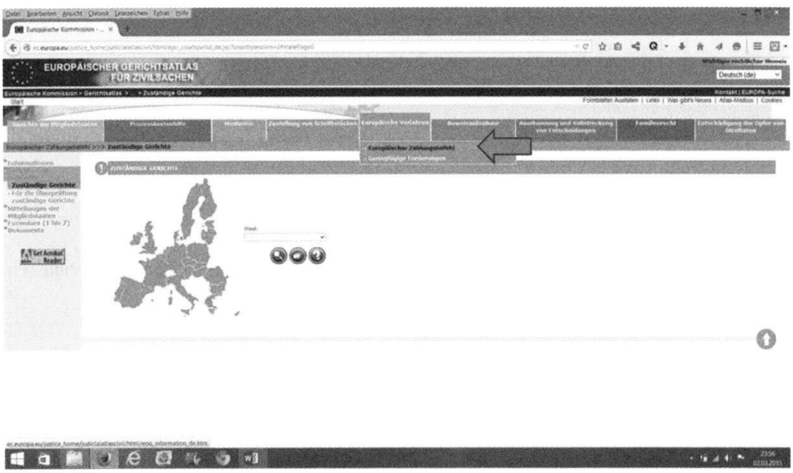

III. Zuständiges Gericht

Zunächst muss das zuständige Mahngericht ermittelt werden. Ist der Schuldner **Verbraucher**, so ist das Mahngericht am Wohnsitz des Schuldners zuständig. 137

> *Beispiel: Ermittlung zuständiges Gericht*
>
> *Der Mandant hat einen Laptop bei einer Privatperson in Frankreich (Bordeaux) über ebay bestellt und bezahlt. Der Laptop ist fehlerhaft, der Mandant schickt den Laptop zur Reparatur ein und hört nie wieder etwas von dem französischen Verkäufer. Nach Rücktritt vom Kaufvertrag will er nunmehr seinen Kaufpreis zurück. Er möchte einen Europäischen Mahnbescheid in Frankreich beantragen.*

Entsprechende Schritte online: 138

Über den Europäischen Gerichtsatlas kann nunmehr zunächst das zuständige Mahngericht ermittelt werden. Wählen Sie zunächst auf der Karteikarte *Europäischer Zahlungsbefehl* das Land des Schuldners aus.

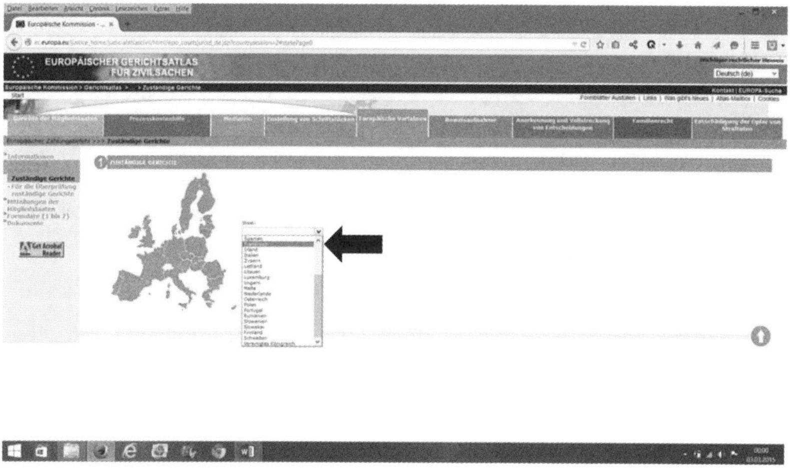

Wählt man die Suchfunktion (s. Pfeil) aus, so wird zunächst grds. die Zuständigkeit erklärt. 139

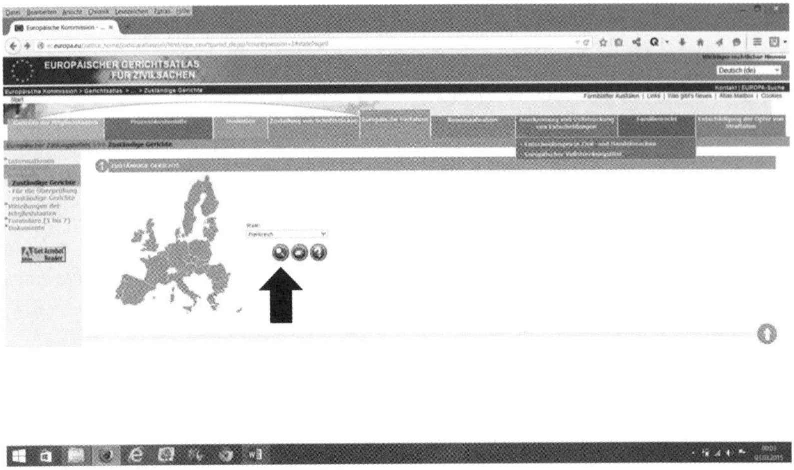

140 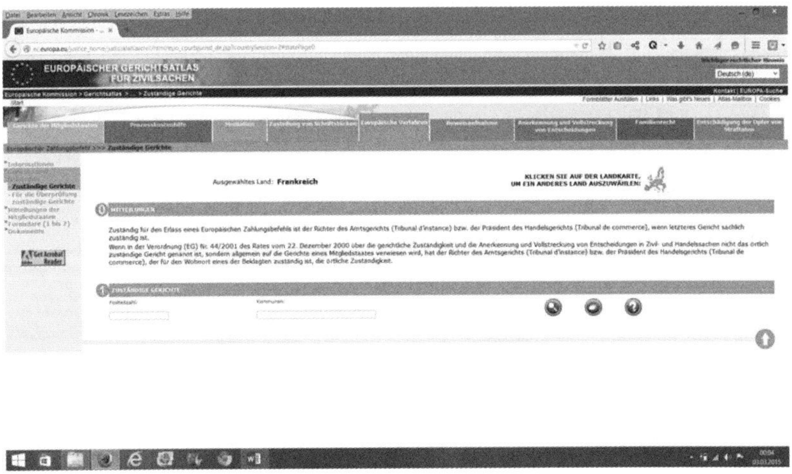

141 Es kann weiterhin das zuständige Mahngericht über die Eingabe der Gemeinde gesucht werden.

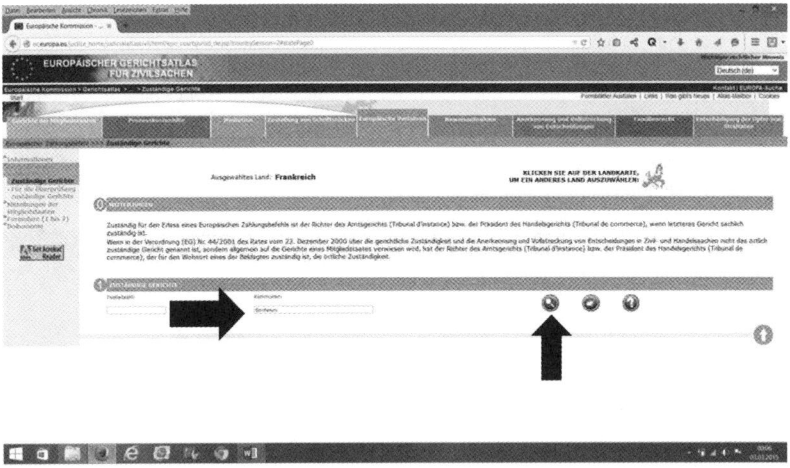

Daraufhin werden alle zuständigen Gerichte für die Gemeinde Bordeaux angezeigt. In den allgemeinen Ausführungen zur Zuständigkeit für den Erlass eines Europäischen Zahlungsbefehls (s. in diesem Kapitel Rdn 137 ff.) wurde darauf hingewiesen, dass das Mahnverfahren bei dem Tribunal d'Instance (Amtsgericht) eingereicht werden muss. 142

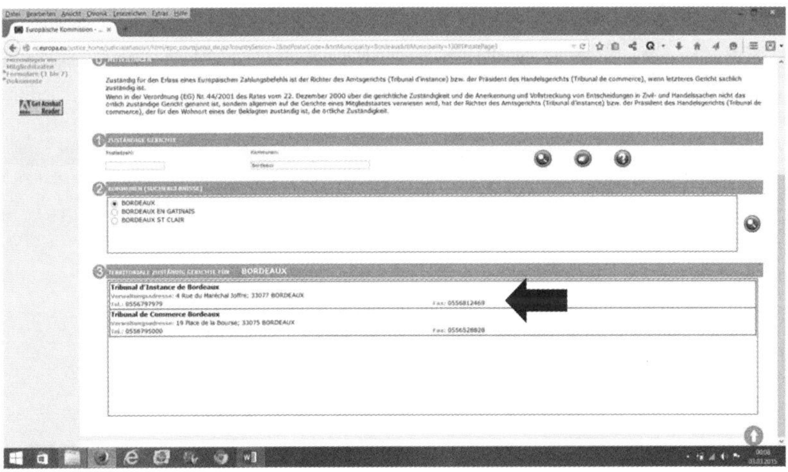

Praxistipp: 143

In Deutschland hingegen ist das europäische Mahnverfahren gem. § 1087 ZPO ausschließlich beim AG Berlin Wedding konzentriert.

IV. Formulare

144 Nach Ermittlung des zuständigen Mahngerichts können nunmehr die entsprechenden Formulare unter www.e-justice.europa.eu ausgewählt werden, wobei hauptsächlich mit Kennziffern gearbeitet wird.

145 Zur Beantragung eines Europäischen Mahnbescheids benötigen Sie das Formblatt A, das Sie dort unter „Dynamische Formulare“ finden.

und

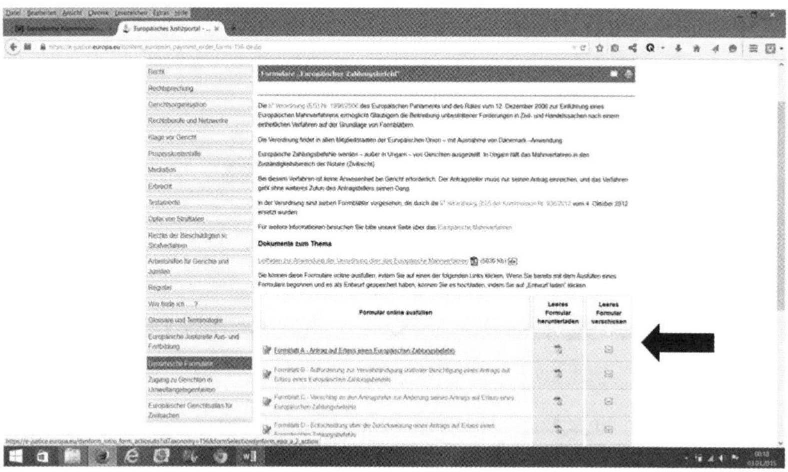

Ein Deutscher Blankoantrag ist nachstehend abgebildet, um das Arbeiten mit den Kennziffern darzustellen. So hat der Antragsteller den Code 01, der Antragsgegner den Code 02 usw. 146

Antrag auf Erlass eines Europäischen Zahlungsbefehls

Formblatt A — Artikel 7 Absatz 1 der Verordnung (EG) Nr. 1896/2006 des Europäischen Parlaments und des Rates zur Einführung eines Europäischen Mahnverfahrens

Bitte lesen Sie zum besseren Verständnis dieses Formblatts zuerst die Leitlinien auf der letzten Seite!

Dieses Formblatt ist in der Sprache oder in einer der Sprachen auszufüllen, die das zu befassende Gericht anerkennt.
Das Formblatt ist in allen Amtssprachen der Europäischen Union erhältlich, so dass Sie es in der verlangten Sprache ausfüllen

1. Gericht		
Gericht Amtsgericht Wedding - Europäisches Mahngericht Deutschland		
Anschrift Brunnenplatz 1		
PLZ 13357	Ort Berlin	Land DE

Aktenzeichen (vom Gericht auszufüllen)	
Eingang beim Gericht (Tag/Monat/Jahr)	
Unterschrift und/oder Stempel	

2. Parteien und ihre Vertreter

Codes: 01 Antragsteller; 02 Antragsgegner; 03 Vertreter des Antragstellers *; 04 Vertreter des Antragsgegners *; 05 Gesetzlicher Vertreter des Antragstellers **; 06 Gesetzlicher Vertreter des Antragsgegners **

Code				
Code 01	Name der Firma oder Organisation		(ggf.) Identifikationsnummer	
	Name Rodrigez Sanchez		Vorname Miguel	
	Anschrift Plaza de Catalunya 1	PLZ 08002	Ort Barcelona	Land ES
	Telefon ***	Fax ***	E-Mail ***	
	Beruf ***		Sonstige Angaben ***	
Code 02	Name der Firma oder Organisation Muster GmbH		(ggf.) Identifikationsnummer	
	Name		Vorname	
	Anschrift Monbijoustraße 1	PLZ 10178	Ort Berlin	Land DE
	Telefon ***	Fax ***	E-Mail ***	
	Beruf ***		Sonstige Angaben ***	
Code 06	Name der Firma oder Organisation		(ggf.) Identifikationsnummer	
	Name Meyer		Vorname Karl	
	Anschrift	PLZ	Ort	Land
	Telefon ***	Fax ***	E-Mail ***	
	Beruf ***		Sonstige Angaben *** Geschäftsführer	

Code	Name der Firma oder Organisation			(ggf.) Identifikationsnummer	
03	atg Rechtsanwälte				
	Name Schulz			Vorname Sven	
	Anschrift Wiesenweg 6		PLZ 12144	Ort Berlin	Land DE
	Telefon ***	Fax ***	E-Mail ***		
	Beruf *** Rechtsanwalt		Sonstige Angaben *** 15/2022		

* z.B. Rechtsanwalt ** z.B. Elternteil, Vormund, Geschäftsführer *** fakultativ

3. Begründung der gerichtlichen Zuständigkeit

Codes:
01 Wohnsitz des Antragsgegners oder eines Antragsgegners
02 Erfüllungsort
03 Ort des schädigenden Ereignisses
04 Wenn es sich um Streitigkeiten aus dem Betrieb einer Zweigniederlassung, einer Agentur oder einer sonstigen Niederlassung handelt, Ort, an dem sich diese befindet
05 Ort, an dem der Trust seinen Sitz hat
06 Wenn es sich um eine Streitigkeit wegen der Zahlung von Berge- und Hilfslohn handelt, der für Bergungs- und Hilfeleistungsarbeiten gefordert wird, die zugunsten einer Ladung oder einer Frachtforderung erbracht worden sind, der Ort des Gerichts, in dessen Zuständigkeitsbereich diese Ladung oder die entsprechende Frachtforderung mit Arrest belegt worden ist oder mit Arrest hätte belegt werden können
07 In Versicherungssachen Wohnsitz des Versicherungsnehmers, des Versicherten oder des Begünstigten
08 Wohnsitz des Verbrauchers
09 Ort, an dem der Arbeitnehmer seine Arbeit verrichtet
10 Ort der Niederlassung, die den Arbeitnehmer eingestellt hat
11 Ort, an dem die unbewegliche Sache belegen ist
12 Gerichtsstandsvereinbarung
13 Wohnsitz des Unterhaltsgläubigers
14 Sonstiger Zuständigkeitsgrund (bitte näher erläutern)

Code	Erläuterungen (gilt nur für Code 14)
01	

4. Gründe dafür, dass die Sache als grenzüberschreitend anzusehen ist

Codes:

01 Belgien	06 Griechenland	11 Italien	16 Ungarn	21 Portugal	26 Schweden
02 Bulgarien	07 Spanien	12 Zypern	17 Malta	22 Rumänien	27 Vereinigtes Königreich
03 Tschechische Republik	08 Frankreich	13 Lettland	18 Niederlande	23 Slowenien	28 Sonstige
04 Deutschland	09 Kroatien	14 Litauen	19 Österreich	24 Slowakei	
05 Estland	10 Irland	15 Luxemburg	20 Polen	25 Finnland	

Wohnsitz oder gewöhnlicher Aufenthaltsort des Antragstellers	Wohnsitz oder gewöhnlicher Aufenthaltsort des Antragsgegners	Land des Gerichts
07	04	04

5. Bankverbindung (fakultativ)

5.1 Zahlung der Gerichtsgebühren durch den Antragssteller

Codes: 01 Überweisung; 02 Kreditkarte; 03 Einziehung vom Bankkonto des Antragsstellers durch das Gericht; 04 Prozesskostenhilfe; 05 Sonstige (bitte näher erläutern)

Bei Code 02 oder 03 bitte die Bankverbindung in Anlage 1 eintragen

Code	Im Falle von Code 05 bitte näher erläutern
01	

5.2 Zahlung der zuerkannten Summe durch den Antragsgegner

Kontoinhaber	Bankadresse (BIC) oder andere anwendbare Bankkennung
atg Rechtsanwälte	DEUTDEDBBER
Kontonummer 123564	Internationale Bankkontonummer (IBAN) DE69100700240000123564

EUR	Euro	BGN	Bulgarischer Lew	CZK	Tschechische Krone	GBP	Britisches Pfund	HRK	Kroatische Kuna
HUF	Ungarischer Forint	LTL	Litauischer Litas	LVL	Lettischer Lats	PLN	Polnischer Zloty	RON	Rumänischer Leu
SEK	Schwedische Krone								

Sonstige (gem. internationalem Bankcode)

6. Hauptforderung

Währung	Gesamtwert der Hauptforderung, ohne Zinsen und Kosten
EUR	2000,00

Anspruchsgrundlage (Code 1)

01 Kaufvertrag
02 Mietvertrag über bewegliche Sachen
03 Miet-/Pachtvertrag über Immobilien
04 Mietvertrag über Betriebs-/Büroräume
05 Vertrag über Dienstleistungen — Elektrizität, Gas, Wasser, Telefon
06 Vertrag über Dienstleistungen — medizinische Versorgung
07 Vertrag über Dienstleistungen — Beförderungsleistungen
08 Vertrag über Dienstleistungen — rechtliche, steuerliche oder technische Beratung
09 Vertrag über Dienstleistungen — Hotel- und Gaststättengewerbe
10 Vertrag über Dienstleistungen — Reparaturen
11 Vertrag über Dienstleistungen — Maklerleistungen
12 Vertrag über Dienstleistungen — Sonstiges (bitte näher erläutern)
13 Bauvertrag
14 Versicherungsvertrag
15 Darlehen
16 Bürgschaft oder sonstige Sicherheit
17 Außervertragliche Schuldverhältnisse, sofern sie einer Vereinbarung zwischen den Parteien oder einem Schuldanerkenntnis unterliegen (z.B. Schadensbegleichung, ungerechtfertigte Bereicherung)
18 Aus dem gemeinsamen Eigentum an Vermögensgegenständen erwachsende Forderungen
19 Schadensersatz aus Vertragsverletzung
20 Abonnement (Zeitung, Zeitschrift)
21 Mitgliedsbeitrag
22 Arbeitsvertrag
23 Außergerichtlicher Vergleich
24 Unterhaltsvertrag
25 Sonstige Forderungen (bitte näher erläutern)

Umstände, mit denen die Forderung begründet wird (Code 2)

30 Ausgebliebene Zahlung
31 Unzureichende Zahlung
32 Verspätete Zahlung
33 Ausgebliebene Lieferung von Waren/ Erbringung von Dienstleistungen
34 Lieferung schadhafter Waren/Erbringung mangelhafter Dienstleistungen
35 Erzeugnis bzw. Dienstleistung entspricht nicht der Bestellung
36 Sonstige Probleme (bitte näher erläutern)

Sonstige Angaben (Code 3)

40 Ort des Vertragsabschlusses
41 Ort der Leistung
42 Zeitpunkt des Vertragsabschlusses
43 Zeitpunkt der Leistung
44 Art der betreffenden Ware(n)
45 Adresse einer Liegenschaft oder eines Gebäudes
46 Bei Darlehen, Zweck des Darlehens: Verbraucherkredit
47 Bei Darlehen, Zweck des Darlehens: Hypothekendarlehen
48 Sonstige Angaben (bitte näher erläutern)

ID	Code 1	Code 2	Code 3	Erläuterungen	Datum* (oder Zeitraum)	Betrag
1	01	33	43	Termin	08.01.2015	2000,00

* Datumsformat: Tag/Monat/Jahr

Die Forderung ist dem Antragsteller von folgendem Gläubiger abgetreten worden (falls zutreffend)

Name der Firma oder Organisation		(ggf.) Identifikationsnummer	
Name		Vorname	
Anschrift	PLZ	Ort	Land

Zusätzliche Angaben für Forderungen, die sich auf einen Verbrauchervertrag beziehen (falls zutreffend)

Die Forderung bezieht sich auf einen Verbrauchervertrag	Der Antragsgegner ist der Verbraucher	Der Antragsgegner hat einen Wohnsitz im Sinne von Artikel 59 der Verordnung (EG) Nr. 44/2001 in dem Mitgliedstaat, dessen Gerichte angerufen werden
Ja Nein	Ja Nein	Ja Nein

7. Zinsen

Codes (bitte die entsprechende Ziffer und den entsprechenden Buchstaben einsetzen):

01 Gesetzlicher Zinssatz
02 Vertraglicher Zinssatz
03 Kapitalisierung der Zinsen
04 Zinssatz für ein Darlehen **
05 Vom Antragsteller berechneter Betrag
06 Sonstige ***

A jährlich
B halbjährlich
C vierteljährlich
D monatlich
E sonstige ***

ID	Code	Zinssatz (%)	% über dem Basissatz der EZB	auf (Betrag)	Ab	bis
1	01 A	5,000		2000,00	08.01.2015	

* Bitte die entsprechende Forderungskennung (ID) einsetzen ** vom Antragsteller mindestens in der Höhe der Hauptforderung aufgenommen
*** Bitte näher erläutern

8. Vertragsstrafe (falls zutreffend)	
Betrag	Bitte näher erläutern

9. Kosten (falls zutreffend)

Codes: 01 Antragsgebühren 02 Sonstige (bitte näher erläutern)

Code	Erläuterungen (gilt nur für Code 02)	Währung	Betrag
01	Gerichtskosten	EUR	

10. Vorhandene Beweismittel, auf die sich die Forderung stützt

Codes: 01 Urkundsbeweis 02 Zeugenbeweis 03 Sachverständigengutachten 04 Inaugenscheinnahme eines Gegenstands 05 Sonstige (bitte näher erläutern)

ID *	Code	Bezeichnung der Beweismittel	Datum (Tag/Monat/Jahr)
1	01	Kaufvertrag	08.12.2014

* Bitte die entsprechende Forderungskennung (ID) einsetzen

11. Zusätzliche Erklärungen und weitere Angaben (falls erforderlich)

Ich beantrage hiermit, dass das Gericht den/die Antragsgegner anweist, die Hauptforderung in der oben genannten Höhe, gegebenenfalls zuzüglich Zinsen, Vertragsstrafen und Kosten, an den/die Antragssteller zu zahlen.

Ich erkläre, dass die obigen Angaben nach bestem Wissen und Gewissen gemacht wurden.

Mir ist bekannt, dass falsche Angaben zu Sanktionen nach dem Recht des Ursprungsmitgliedstaat führen können.

Ort	Datum (Tag/Monat/Jahr)	Unterschrift und gegebenenfalls Stempel
Berlin	08.01.2015	

147 *Praxistipp:*

Der Antrag muss immer in der jeweiligen **Amtssprache des Mahngerichts** eingelegt werden (im Beispiel also in Französischer Sprache). Anhand der Kennziffer ist das Ausfüller in einer fremden Sprache jedoch recht einfach.

V. Verfahren

148 Das zuständige Mahngericht prüft lediglich die Schlüssigkeit des Antrags. Ist der Mahnantrag nicht offensichtlich unbegründet, erlässt das Gericht den Zahlungsbefehl.

Ist der Antrag hingegen von den Angaben her unvollständig, erhält man eine Monierungsmitteilung mit der Möglichkeit, den Antrag binnen einer bestimmten Frist zu vervollständigen. Auch hier gibt es einen Formzwang (Formblatt B). 149

Sind die Forderungen nur zu einem Teil schlüssig, kann das Gericht dem Antragsteller einen Änderungsvorschlag unterbreiten (Formblatt C). Er kann diesen annehmen, es ergeht dann ein Teilzahlungsbefehl. Antwortet er nicht oder lehnt den Vorschlag ab, wird der europäische Mahnantrag zurückgewiesen. 150

Gegen Zurückweisung des Mahnantrags ist kein **Rechtsmittel** gegeben. 151

Die **Zustellung** erfolgt nach den nationalen Gesetzen, muss jedoch den Mindestanforderungen der Verordnung zum europäischen Mahnbescheid entsprechen. In Deutschland verweist § 1089 ZPO auf die Vorschriften zu den Zustellungen von Amts wegen (§§ 166 ff. ZPO). 152

Die **öffentliche Zustellung** ist jedoch zum Schutz des Antragsgegners ausgeschlossen, wie im Inlandsmahnverfahren auch.

> *Praxistipp:* 153
>
> Das europäische Mahnverfahren ist nur eingliedrig, d.h. der Antragsgegner hat nur einmal die Möglichkeit, Einwendungen gegen die Forderung vorzubringen. Der Einspruch muss innerhalb von 30 Tagen ab Zustellung des Zahlungsbefehls zurückgesandt werden auf Formblatt F, das ihm zusammen mit dem Zahlungsbefehl zugestellt worden ist.

Nach Ablauf der Einspruchsfrist erhält der Antragsteller eine Ausfertigung des europäischen Zahlungsbefehls gegen den Anspruchsgegner, mit dem er die Zwangsvollstreckung im gesamten EU-Bereich (mit Ausnahme von Dänemark) ohne eine weitere staatliche Anerkennung betreiben kann. 154

G. Elektronischer Rechtsverkehr und beA

I. Allgemeines

Am 16.10.2013 wurde das Gesetz zur Förderung des elektronischen Rechtsverkehrs mit den Gerichten (ERV-Gesetz) vom 10.10.2013 im Bundesgesetzblatt (BGBl) verkündet, das stufenweise in Kraft tritt. 155

Unter dem Begriff „Elektronischer Rechtsverkehr“ (ERV) versteht man dabei den rechtsverbindlichen Austausch von Dokumenten (nebst Anlagen) zwischen Gerichten, Behörden und den weiteren Verfahrensbevollmächtigten, wie Bürgern, Unternehmen und insbesondere Rechtsanwälte. 156

157 Das ursprüngliche ERV-Gesetz war zunächst nur für die Gerichte der Zivil-, Finanz-, Sozial- und Verwaltungsgerichtsbarkeit vorgesehen. Die Änderungen wurden neben der ZPO auch gleichlautend in das ArbGG, die FGG, das SGG, die VwGO und die FGO aufgenommen. Daneben gibt es auch Änderungen/Ergänzung an der BRAO.

158 Hinsichtlich der Strafgerichtbarkeit gab es insbesondere wegen der besonderen Sensibilität zunächst einen Vorbehalt zur Führung einer elektronischen Gerichtsakte, der allerdings zum 1.1.2018 aufgelöst werden konnte. Durch das Gesetz zur Einführung der elektronischen Akte in der Justiz und zur weiteren Förderung des elektronischen Rechtsverkehrs (v. 5.7.2017, BGBl I 2208) wurde mittlerweile das ERV-Gesetz um entsprechende Vorschriften für den elektronischen Rechtsverkehr in Strafverfahren ergänzt.

159 Die **stufenweise Umsetzung** erfolgt von **2014-2022**:

Vorstufe 2014	■ Bereits seit dem 1.7.2014 gelten die sogenannten „De-Mail-Beweisvorschriften" (§§ 130a und 371a ZPO), die die Beweiskraft digitalisierter Dokumente festigen. ■ Durch die Ergänzung von § 169 Abs. 3 ZPO können Schriftstücke nun auch als beglaubigte elektronische Abschrift zugestellt werden. ■ Die Gerichte berufen sich bereits jetzt auf den geänderten § 317 Abs. 2 ZPO, wonach Ausfertigungen nur noch auf Antrag und nur in Papierform erteilt werden. Jede Ausfertigung ist somit zu beantragen!
1. Stufe 2016	**Einführung der besonderen elektronischen Anwaltspostfächer** ■ Durch das ERV-Gesetz wurde ein neuer § 31a BRAO eingeführt, wonach die Bundesrechtsanwaltskammer (BRAK) zum 1.1.2016 für jeden RA ein besonderes elektronisches Anwaltspostfach (beA) bereitstellen sollte. ■ Im November 2015 hat die BRAK den Starttermin für das beA jedoch verschoben. Das beA ist dann erst am 28.11.2016 in seine Testphase gestartet, musste dann jedoch am 23.12.2017 aus Sicherheitsgründen vom Netz genommen werden. Bei Manuskriptabgabe der aktuellen Allrounder-Ausgabe im Juni 2018 stand leider immer noch nicht fest, wann das beA wieder einsatzfähig sein wird. ■ Ab 2016 waren dann bereits die elektronische Kommunikation von Anwalt zu Anwalt und der Versand von Schriftstücken über das beA an Gerichte, die bereits am ERV teilnehmen, auf **freiwilliger Basis** möglich (u.a. die Zentralen Mahngerichte). ■ Auch Schutzschriften (zur Verhinderungen eines Verfügungsbeschlusses ohne mdl. Verhandlung gem. § 944 ZPO in einem einstweiligen Verfügungsverfahren) konnten bereits freiwillig über ein länderübergreifendes elektronisches Schutzschriftenregister online eingereicht werden.
2017	■ Ab dem 1.1.2017 sind Rechtsanwälte verpflichtet, Schutzschriften **ausschließlich** über das elektronische Schutzschriftenregister einzureichen.

2. Stufe **2018**	**Passive Nutzungspflicht des beAs für den RA** ■ Ab dem 1.1.2018 besteht nach § 31a Abs. 6, 2.HS BRAO für Rechtsanwälte die **passive beA-Nutzungspflicht**, d.h. der RA hat Zustellungen und Mitteilungen über das beA zur Kenntnis zu nehmen. **Allerdings war das beA seit dem 28.11.2017 offline, so dass der Gesetzgeber auch entsprechend hierüber im Januar 2018 informiert worden ist. In der BRAK-Hauptversammlung wurde am 27.6.2018 die schrittweise Wiederinbetriebnahme des beA beschlossen. Ab dem 4.7.2018 wird ein neuer Client Secrurity zum Download und zur Installation bereitstehen und ab diesen Zeitpunkt ist auch die Erstregistrierung wieder möglich, für die Rechtsanwälte, die noch nicht registriert sind.** Die Postfächer sollen dann geplant ab dem 3.9.2018 wieder freigegeben werden und die passive Nutzungspflicht damit wieder aufleben. Zum Zeitpunkt der finalen Manuskriptabgabe im Juni 2018 waren jedoch noch Verfahren vor dem Anwaltsgerichtshof (AnwGH) anhängig, die evtl. die planmäßige Wiederinbetriebnahme verzögern könnten. Mit den Klagen vor dem AnwGH hat sich eine Reihe von Anwälten gegen die Verwendung des beA gewendet, weil es keine Ende-zu-Ende-Verschlüsselung bietet und daher nicht ausreichend sicher sei. Die BRAK hält eine solche weiterhin nicht für erforderlich. **Bundesweiter elektronischer Zugang zu den Gerichten** ■ Ab 1.1.2018 sollen alle Gerichte bundesweit elektronisch erreichbar sein. Eine wechselseitige Zustellung nach der ZPO zwischen den Gerichten und den Anwälten soll möglich sein. ■ Die Bundesländer können jedoch von dem Termin 1.1.2018 ein oder zwei Jahre abweichen. Spätestens zum 1.1.2020 müssen aber alle Gerichtsbarkeiten, die vom Gesetz erfasst sind, elektronisch erreichbar sein. ■ Über das beA (als sicherer Übertragungsweg) können Dokumente durch den RA selbst über sein persönliches beA grundsätzlich auch ohne qualifizierte elektronische Signatur eingereicht werden. Werden die Schriftsätze jedoch durch einen Mitarbeiter eingereicht, so bedarf es -wie in der Vergangenheit auch – einer qualifizierten elektronischen Signatur durch den RA. ■ Es kann auch ein elektronisches Empfangsbekenntnis (EB) abgegeben werden. ■ **Kein EGVP mehr für RA** ■ Mit Einrichtung des beAs wurde das EGVP (Elektronisches Gerichts- und Verwaltungspostfach) für die Anwaltschaft aufgekündigt, lediglich für die ungewollte beA-Offlinephase 2018 ist eine übergangsweise Nutzung eines Drittproduktes (Governikus Communikator als Nachfolger der EGVP-Clients) für RAe erlaubt.

3. Stufe **2022** **(2020/2021)**	**Verbindliche Nutzung der elektronischen Kommunikation** ■ Ab 1.1.2022 gilt die Nutzungspflicht dann allgemein für Rechtsanwälte und für die Gerichte. ■ Die Gerichtsakten werden dann elektronisch geführt. Auch die Papierakte beim RA wird spätestens dann ein Auslaufmodell sein. Lediglich Originalurkunden müssten in Sammelordner aufbewahrt werden. ■ Die Länder können per Rechtsverordnung die anwaltliche Verpflichtung zur elektronischen Einreichung von Dokumenten bei den Gerichten von 2022 auf 2020 oder 2021 vorziehen.

160 Das besondere elektronische Anwaltspostfach (beA) bildet für den RA zukünftig den Mittelpunkt der Kommunikation mit den Gerichten. Über das beA sollen verfahrenseinleitende Schriftsätze (wie z.B. Klagen) eingereicht werden und der weitergehende Schriftwechsel zwischen Anwalt und Gericht aber auch zwischen Anwalt und gegnerischen Anwalt abgewickelt werden.

161 Der neu eingeführte § 31a BRAO regelt dabei die nähere Ausgestaltung des Anwaltspostfachs:

- **Abs. 1:** Die Bundesrechtsanwaltskammer (BRAK) wird zur Einrichtung eines empfangsbereiten Postfaches für jeden im Gesamtverzeichnis eingetragenen RA verpflichtet;
- **Abs. 2:** Die örtliche Rechtsanwaltskammer wird bevollmächtigt, den Vor- und Familiennamen sowie eine zustellfähige Anschrift an die BRAK zu übermitteln, sobald ein Zulassungsantrag gestellt wird.
- **Abs. 3 Satz 1:** Es soll sichergestellt werden, dass der Zugang zu dem beA nur durch ein sicheres Verfahren mit **zwei unabhängigen Sicherungsmitteln** möglich ist. Man hat sich hierbei für eine sogenannte Zwei-Faktor-Authentifizierung aus beA-Karte und PIN entschieden.
- **Abs. 3 Satz 2:** Es können für das beA unterschiedlich ausgestaltete Zugangsberechtigungen für den betreffenden RA und für andere Personen eingerichtet werden. So werden Rechtsanwaltsfachangestellte die Nachrichten aus dem Postfach abrufen, aber nicht versenden können.
- **Abs. 4:** Sobald die Zulassung zur Anwaltschaft erloschen ist, hebt die BRAK die Zugangsberechtigung zu dem beA auf und löscht das betreffende Postfach.
- **Abs. 5: Sowohl die BRAK als auch die örtlichen RAKs können sich ein beA einrichten.**
- **Abs. 6: „Passive Nutzungspflicht“ Der Inhaber ist verpflichtet, Zustellungen und Mitteilungen zur Kenntnis zu nehmen.**
- **Abs. 7: Für jede weitere Kanzlei eines Mitglieds einer RAK ist ein weiteres beA einzurichten.**

Der **ab 1.1.2022 geltende** § 130d Satz 2 ZPO regelt darüber hinaus die Notfälle, in denen eine elektronische Übermittlung evtl. einmal nicht möglich sein sollte (z.B. bei Serverausfällen). In diesen nur vorübergehenden Fällen ist auch nach dem 1.1.2022 eine Übermittlung nach den allgemeinen Vorschriften (in Papierform) möglich. Die vorübergehende Unmöglichkeit der elektronischen Übersendung ist bei der Ersatzeinreichung direkt oder unverzüglich („ohne schuldhaftes Zögern") danach glaubhaft zu machen. 162

Das beA wird sicher in den nächsten Jahren bis zur vollständigen Nutzungspflicht 2022 modifiziert werden. 163

> *Praxistipp:* 164
>
> Der Gesetzgeber hat z.B. bislang bei der Ausgestaltung des beA noch **kein Kanzleipostfach** vorgesehen, auch nicht für Rechtsanwaltsgesellschaften. Dies war bereits beim EGVP eine Schwachstelle.
>
> In der heutigen Zeit nimmt die Anzahl von Anwaltszusammenschlüssen jedoch zu, der Einzelanwalt ist eher seltener anzutreffen. Bei einer Gemeinschaftskanzlei müsste aber nach der aktuellen Gesetzeslage mit mehreren Postfächern gearbeitet werden. Evtl. finden die gängigen Rechtsanwaltssoftwareanbieter eine Möglichkeit, mehrere Postfächer einer Kanzlei zu bündeln, um nur noch einen Posteingang zu kontrollieren.
>
> Hier muss der Gesetzgeber meines Erachtens zeitnah nachbessern, um den Bedürfnissen der anwaltlichen Praxis gerecht zu werden.

Durch die ab 1.1.2018 bundesweit geltende **Rechtsverordnung über den elektronischen Rechtsverkehr (ERVV)** wurden insbesondere **einheitliche Dateiformate** geregelt und die Abschaffung der sogenannten „Container-Signatur" beschlossen. 165

Ab dem 1.1.2018 sind demnach nur noch 2 Dateiformate im ERV zulässig und zwar 166

- texterkannte – sprich durchsuchbare – PDF-Dateien und
- TIFF-Dateien.

Sowohl der **Schriftsatz selbst als auch alle Anlagen** sind grundsätzlich immer im **PDF-Format** einzureichen. Lediglich nach der Übergangsvorschrift des § 2 Abs. 1 Satz 4 ERVV war die Texterkennung der PDF-Datei bis zum 30.6.2018 nicht erforderlich.

Daneben ist das **Dateiformat TIFF** grundsätzlich **„zusätzlich"** erlaubt, jedoch nicht „anstelle" der PDF-Datei. Das gilt für den Fall, dass die Umwandlung eines Bildes in eine PDF-Datei zu einer Qualitätseinbuße führt.

Anders als früher beim EGVP möglich, dürfen mehrere elektronische Dokumente gem. § 4 Abs. 2 ERVV nicht mehr mit einer gemeinsamen qualifizierten elektronischen Signatur übermittelt werden. Der Gesetzgeber **schafft** hiermit die sogenannte **Container-Signatur ab** und stellt sicher, dass jede einzelne zu signierende Datei vom RA vor der Signatur geprüft wird. 167

Rechtsprechung:

Das OLG Brandenburg hat es mit Entscheidung vom 6.3.2018 – 13 WF 45/18 – jedoch für notwendig erachtet, diese Vorschrift einschränkend auszulegen.

Als Leitsätze hat es formuliert:

„Das Verbot, mehrere elektronische Dokumente mit einer gemeinsamen qualifizierten elektronischen Signatur zu übermitteln (§ 4 II ERVV), bedarf einer auf sein Regelungsziel bezogenen einschränkenden Auslegung, um nicht gegen das Rechtsstaatsprinzip (Art. 20 III GG) zu verstoßen. Um die Integrität und Authentizität einer qualifizierten elektronischen Signatur uneingeschränkt sicherzustellen, bedarf es des Verbots der Container- oder Umschlagsignatur jedenfalls nicht, wenn der Absender mit ihr nur elektronische Dokumente verbindet, die sämtlich ein Verfahren betreffen und die nach dem Eingang bei Gericht zusammen mit den bei der Übermittlung angefallenen Informationen und mit dem Ergebnis der Signaturprüfung auf Papier ausgedruckt und zu den Gerichtsakten genommen werden."

Für das beA hatte dies keine Auswirkung, da es nur mit Einzelsignaturen arbeitet. Lediglich in der Übergangsphase bis zur tatsächlichen Aktivierung des beAs war zu überlegen, ob man Schriftsätze mit Anlagen weiterhin über das EGVP oder den Nachfolgern von Drittanbietern (z.B. Governikus Communicator) versenden durfte. Es bot sich dennoch in der Übergangsphase an, nur eine Datei bestehend aus Schriftsatz und Anlagen anzufertigen, damit die qualifizierte Signatur sich nur auf eine Datei beziehen konnte und somit keine Containersignatur vorlag.

II. Zentrales Schutzschriftenregister (ZSSR)

168 Bereits seit dem 1.1.2017 besteht die Verpflichtung für RAe, **Schutzschriften** zur Verhinderungen eines Verfügungsbeschlusses ohne mdl. Verhandlung gem. § 944 ZPO in einem einstweiligen Verfügungsverfahren nur noch in elektronischer Form über das Zentrale Schutzschriftenregister einzureichen.

Die **Gerichtskosten** für die Einreichung einer Schutzschrift betragen gemäß § 1 Nr. 5a Justizverwaltungskostengesetz i.V.m. Nr. 1160 KV **derzeit 83,00 €** und werden von demjenigen geschuldet, der die Schutzschrift einreicht.

Die Einreichung kann dabei auf zwei verschiedenen Wegen erfolgen:

- die **unmittelbare Adressierung des beA-** bzw. des Governikus Communikator-**Postfachs des ZSSRs** (im Adressverzeichnis zu finden unter „Zentrales Schutzschriftenregister") oder
- die Verwendung des Online-Formulars auf der **Website www.zssr.justiz.de**.

Der Vorteil bei der direkten Einreichung über das beA-Postfach liegt darain, dass sämtliche Benachrichtigungen des ZSSR zeitnah an das zur Einreichung verwendete beA-Postfach elektronisch übersandt werden.

Aber auch über die Website ist ein elektronischer Versand grundsätzlich möglich. Mit der Auswahl der Formularausprägung „elektronischer Versand“ entscheiden Sie sich dafür, die Einreichung bzw. Rücknahme vollständig über das Online-Formular abzuwickeln: Nach der Erfassung der vom Register benötigten Daten auf den weiteren Formularreitern müssen Sie Ihr Schutzschriftendokument **mit der zugehörigen Signaturdatei** (einer qualifizierten elektronischen Signatur) und etwaige weitere Anlagen auf den Server des Online-Formulars hochladen. Im letzten Arbeitsschritt erfolgt dann der elektronische Versand an das ZSSR direkt über das Formular.

Im Folgenden wird der Vorgang Schritt-für-Schritt dargestellt: 169

1. Schritt

Nachdem man die Website www.zssr.justiz.de aufgerufen hat, muss man auf der Startseite sowohl das Formular als auch die Ausprägung auswählen. Bei den Formularen steht die **Einreichung oder die Rücknahme einer Schutzschrift** zur Auswahl. Bei der Ausprägung kann man sich dann zwischen **„dem elektronischen Versand“** über die Website oder **„XJustiz-Download“** für die Einreichung über das eigene beA-Postfach entscheiden.

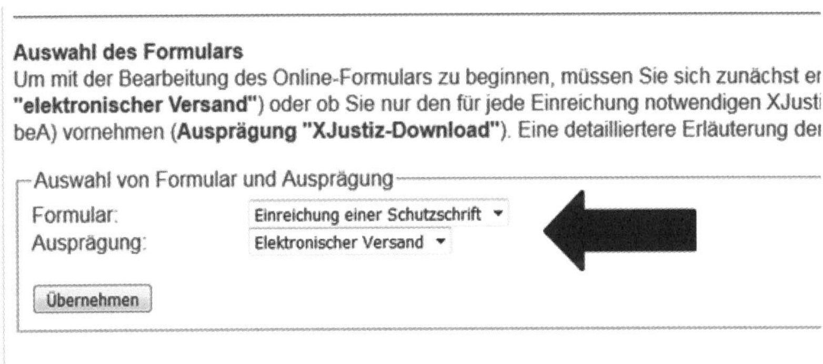

Nachdem man die Auswahl mit dem Button „Übernehmen“ bestätigt hat, erscheinen auf der oberen Leiste nunmehr weitere Reiter, die ausgefüllt werden müssen.

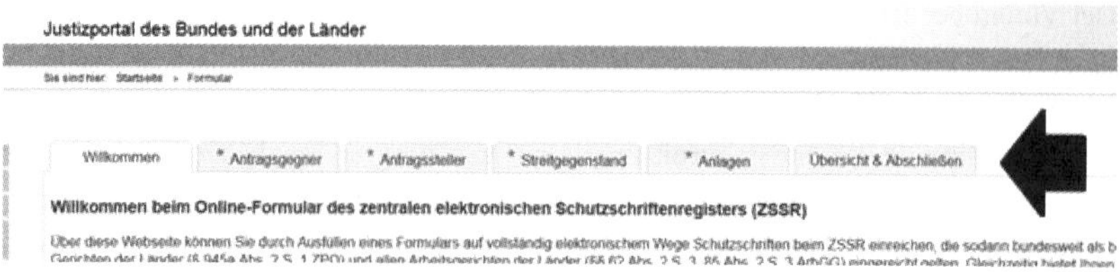

2. Schritt

Zunächst muss **mindestens ein Antragsgegner** erfasst werden. Dies ist unser **Mandant**, für den wir die Schutzschrift einreichen. Im Rahmen einer zu erwartenden einstweiligen Verfügung wäre dieser nämlich Antragsgegner.

Hierbei ist insbesondere zunächst die Rechtsform „Natürliche Person", „Organisation-juristische Personen" oder „Kanzlei" anzugeben und die Daten entsprechend einzutragen.

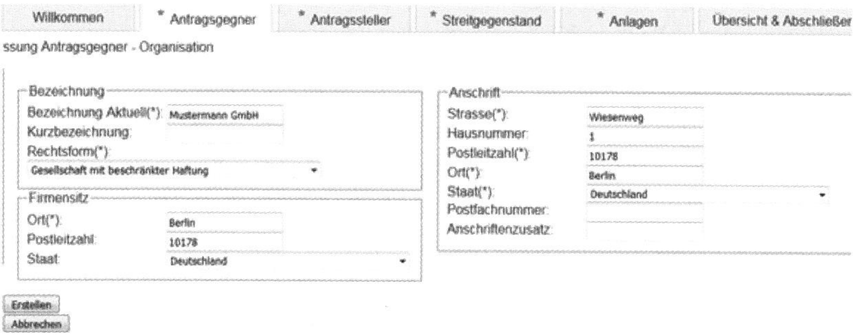

Im Anschluss muss **die Kanzlei** noch zum Antragsgegner (= Mandant) erfasst werden.

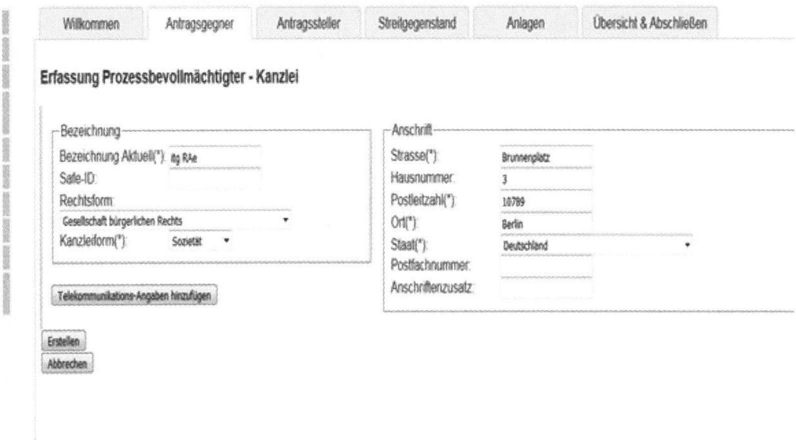

3. Schritt

Weiterhin sind Angaben zum **Antragsteller** einzugeben, also die gegnerische Partei, von der zu erwarten ist, dass sie zukünftig eine einstweilige Verfügung oder einen Arrest gegen unseren Mandanten erwirken will.

Hier besteht allerdings auch die Möglichkeit, ein Häkchen zu setzen, sofern der potentielle Antragsteller unbekannt ist.

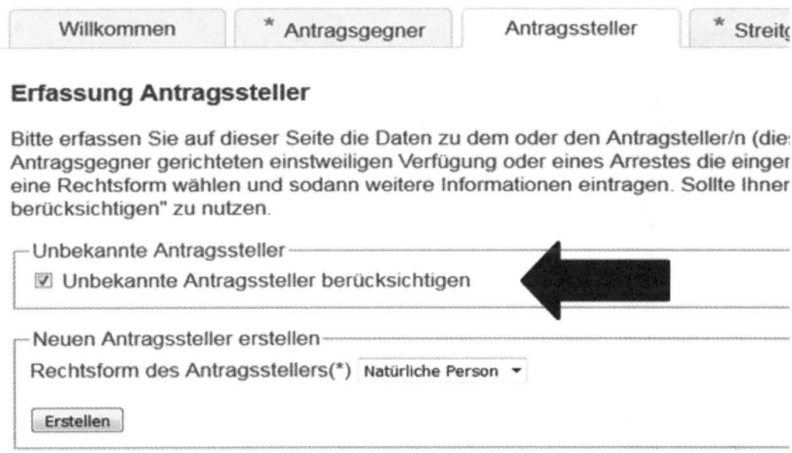

4. Schritt

Ein **Streitgegenstand** muss zwingend angegeben werden, kann jedoch frei formuliert werden. Es bietet sich hier an, den Gegenstand der Auseinandersetzung schlagwortartig zu bezeichnen. Das kaufmännische &-Zeichen darf dabei nicht verwendet werden.

5. Schritt

Letztlich muss der eigentliche **Schutzschriftentext hochgeladen und signiert werden**. Bis zum 28.2.2017 war die Funktion einer Web-Signatur möglich, würde sodann aber deaktiviert, so dass man nunmehr das Schutzschriftendokument gesondert vorher signieren muss.

Dies funktioniert zum Beispiel mit dem Programm SecCommerce Sec Signer.

Nach Durchlaufen des Signaturprozesses erhält man dann eine **sogenannte PKCS7-Datei**.

Diese wird sodann als Signaturdatei verwendet, das ursprüngliche Word-Dokument wird als Datei hochgeladen.

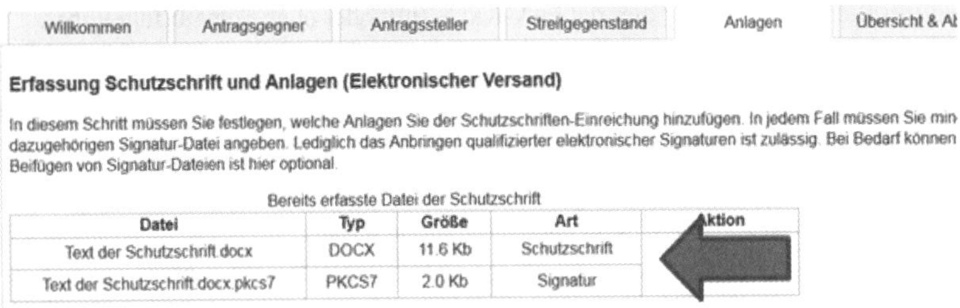

6. Schritt

Zum Schluss erhält man noch einmal eine Übersicht und muss anschließend die Schutzschrift auf dem Server hochladen und kann diese sodann elektronisch (über die Website) versenden.

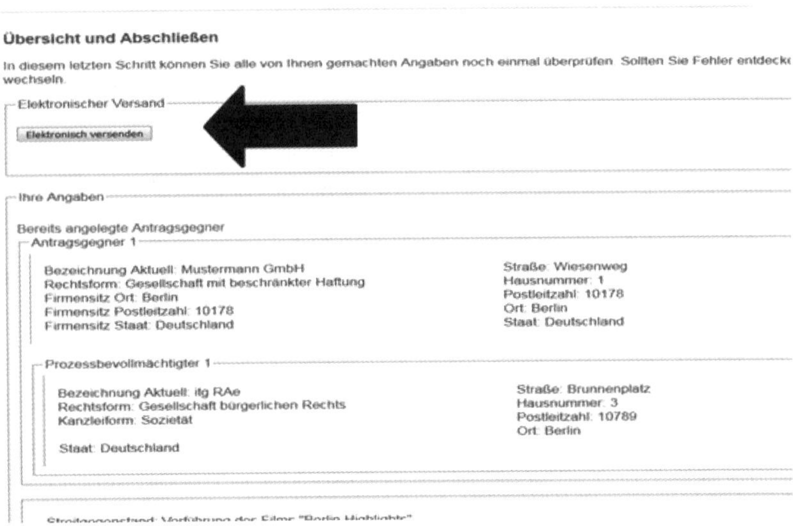

III. Sicherheit des beAs und unterschiedliche beA-Karten

170 Die Sicherheit des beAs wird durch zwei Verfahren garantiert:

- Die Zwei-Faktoren-Authentifizierung und
- Die Ende-zu-Ende-Verschlüsselung der Nachrichten durch das beA-HSM.

Bei der Anmeldung zum beA-Postfach muss sich jeder Benutzer stets mit zwei voneinander getrennten Sicherungsmitteln ausweisen (sogenannte **Zwei-Faktoren-Authentifizierung**). Der Benutzer muss bei der Anmeldung im Besitz eines **persönlichen Sicherungstoken** sein, i.d.R. ist dies die **beA-Karte** (mit oder ohne Signaturfunktion).

Zur Nutzung der beA-Karte (oder sonstigenr Sicherungstoken) ist **zusätzlich** erforderlich, dass der Benutzer sodann eine **PIN** eingibt. Diese PIN darf nirgends gespeichert werden und nur der rechtmäßige Besitzer sollte die PIN kennen (sog. Wissen).

Durch dieses Verfahren wird der Zugang zum beA-Postfach geschützt.

Das Verfahren ist identisch mit der Verwendung von Bankkarten und PIN-Eingabe, um Zugang zum eigenen Bankkonto zu erlangen. Der Vergleich verdeutlich vielleicht, dass hier nicht leichtfertig mit der PIN-Aufbewahrung oder Weitergabe umgegangen werden sollte, da man dies auch nicht mit seiner privaten Bank-PIN tut.

Die durch das beA eingereichten Nachrichten vom Absender sind verschlüsselt und gelangen in das sogenannte **beA-HSM (Hardware Secrurity Module)**.

Das beA-HSM bearbeitet die Nachrichten, so dass diese

- trotz Bereitstellung für mehrere Leser (Empfänger) zu keinem Zeitpunkt unverschlüsselt sind,
- gegen elektronisches Abhören und physikalische Angriffe geschützt sind und
- gegen unbefugte Zugriffe kryptographisch abgesichert sind.

Die BRAK hat sich übrigens aufgrund von Sicherheitsüberlegungen bewusst dafür entschieden, dass das beA-HSM in Deutschland entwickelt und hergestellt worden ist und seinen Standort im Rechenzentrum der BRAK erhält (es also nicht ins Ausland verlagert wird). Ferner wird das beA-HSM regelmäßigen Sicherheitstests unterzogen.

171 Für das Arbeiten mit dem beA werden folgende Komponenten zwingend benötigt:

- Computer,
- Scanner,
- Kartenlesegerät,
- Internetverbindung und eine
- beA-Karte.

Eine Rechtsanwaltssoftwarelösung wird grundsätzlich nicht benötigt, alle gängigen Marktanbieter haben jedoch die von der BRAK zur Verfügung gestellte beA-Schnittstelle verarbeitet und erlauben eine komfortablere Kommunikation mit dem beA direkt aus dem jeweiligem Programm.

Die erste vier Komponenten unserer obigen Liste sind frei zum Kauf verfügbar. Die beA-Karte erhält jedoch nur ein **Rechtsanwalt**, der im **Gesamtverzeichnis der BRAK eingetragen** ist. Es kommt somit nur auf die Zulassung an. Insbesondere Berufseinsteiger müssen daher bis zur Eintragung ins Gesamtregister warten, bevor sie eine beA-Karte bestellen können. 172

Das Verfahren in Kürze:

- Die BRAK vergibt eine Antragsnummer für die Bestellung nach Eintragung ins Gesamtverzeichnis.
- Mit dieser Antragnummer kann sodann bei der BNotK die beA-Karte bestellt werden.
- Die beA-Karte Basic wird von der BNotK an den RA versandt.
- Der RA muss den Erhalt der beA-Karte online bestätigen (E-Mail-Link).
- Die BNotK versendet dann einen Brief an den RA mit der Post, der die PIN und PUK für die beA-Karte (verschlossen) enthält.
- Der RA kann online über die BNotK den PIN in seinen individuellen PIN ändern. Damit ist die Basic-Karte grundsätzlich aktiviert und einsatzfähig.
- Wurde zusätzlich eine qualifizierte elektronische Signatur beantragt, muss der RA nunmehr ein Identifizierungsverfahren durchführen. Die Unterlagen werden online ausgefüllt und anschließend ausgedruckt und bedürfen vor Einreichung der Unterschriftsbeglaubigung durch einen Notar oder einer Rechtsanwaltskammer. Eine Kopie des Personalausweises ist mit einzureichen.
- Nachdem das Identifizierungsverfahren positiv beendet wurde, erhält der RA per E-Mail einen Download-Link, mit dem er die qualifizierte elektronische Signatur auf seine beA-Karte Basic heraufladen kann.

Aus Sicherheitsgründen soll **nur der RA seine persönliche beA-Karte** und seine persönliche PIN für den Zugang zu seinem beA-Postfach benutzen, da bei ihm automatisch **alle möglichen Rechte frei geschaltet** sind und auch nicht eingeschränkt werden können. 173

Bei beA-Karten mit **qualifizierter elektronischer Signatur** kommt zusätzlich hinzu, dass das Anbringen der Signatur die **höchstpersönliche Unterschrift des RA** ersetzt. Eine Weitergabe an die Mitarbeiter scheidet daher aus.

Um dennoch das Abrufen, das Vorbereiten und Versenden von Nachrichten über das beA effektiv zu gestalten, stehen **Mitarbeiterkarten** zur Verfügung. Diese Mitarbeiterkarten können nur über den Account des RA bestellt werden und sind **nicht personengebunden**, d.h. auch bei einem Personalwechsel können diese Mitarbeiterkarten grundsätzlich weiter verwendet werden.

Die Benennung der beA-Karten kann dahersomit frei erfolgen. Es ist dabei reine Geschmackssache, ob die Karten z.B. „RENO 1“, „RENO 2“ usw. benannt werden oder ob insbesondere bei langjährigen Mitarbeitern der richtige Mitarbeitername verwendet wird. Es sollte jedoch in der Kanzlei hinreichend dokumentiert werden, welcher Mitarbeiter welche beA-Mitarbeiterkarte nutzt und ggf. zu welcher Zeit, falls eine gemeinsame Nutzung erfolgt. Nur so kann evtl. erfolgreich ein Wiedereinsetzungsantrag gestellt werden.

Auch die beA- Mitarbeiterkarte ist zusätzlich mit einer PIN geschützt, die ggf. auch bei Ausscheiden eines Mitarbeiters jederzeit geändert werden kann.

IV. Einrichtung des beAs

174 Nachdem alle beA-Karten vorliegen, muss das beA noch eingerichtet werden.

Zunächst muss an **jedem Arbeitsplatz**, der mit dem beA arbeiten soll, das Softwareprogramm **„ClientSecurity“** über die beA-Website installiert werden. Beim Austausch eines alten mit einem neuen Computer darf die Neuinstallierung nicht vergessen werden.

Für **jeden Benutzer**, der mit dem beA arbeiten soll, ist einmalig über die Website die **Einrichtung seines Sicherheitstoken** (beA-Karte) erforderlich.

Die Einrichtung der beA-Karten muss in der richtigen Reihenfolge erfolgen:

- Der RA als Postfachinhaber muss zunächst die Erstregistrierung in seinem eigenen Postfach durchführen.
- Erst danach können Mitarbeiter oder andere Kollegen dem beA-Konto des Postfachbesitzers mit unterschiedlichen Rechten zugewiesen werden.
- Soll ein Kollege zugewiesen werden (z.B. als Urlaubs- oder ständiger Vertreter) so ist ferner erforderlich, dass dieser sich bereits vor der Zuordnung selbst in seinem eigenen beA-Postfach erstregistriert hat.

1. Erstregistrierung des Postfachinhabers

175 **Die Erstregistrierung des Postfachinhabers** erfolgt in folgenden Schritten:

- Aufruf der Website www.bea-brak.de.
- Auf der Hauptseite den Punkt „Erstregistrierung für Benutzer mit eigenem Postfach“ auswählen.

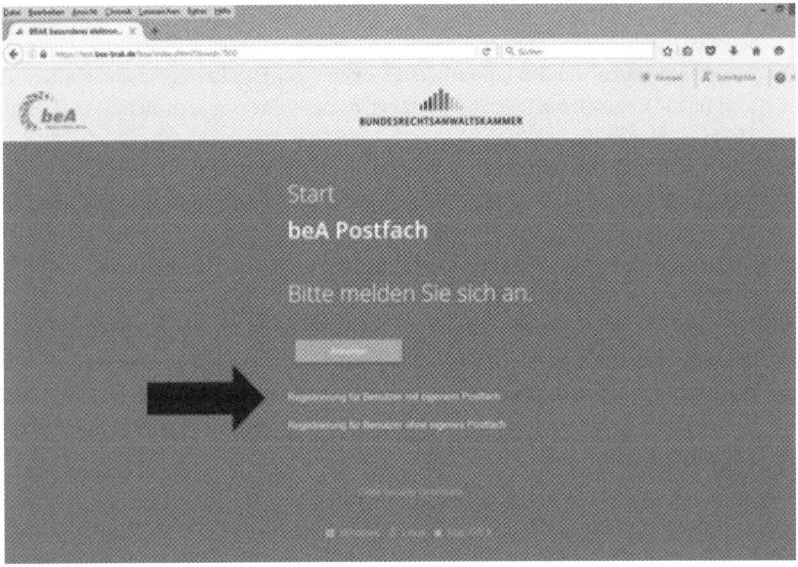

Quelle: Bundesrechtsanwaltskammer (Creative Commons CC BY 3.0 DE)

- Danach startet die Benutzer-Authentifizierung und die entsprechende beA-Karte (Sicherheits-Token) muss in den Kartenleser gesteckt werden. Es erscheint ein neues Fenster, wo noch einmal die Karteninformation (Name des Karteninhabers und Ablaufdatum) erscheint. Die beA-Karte muss hier aktiv durch Anklicken ausgewählt werden.
- Im Folgenden können eine oder mehrere Sicherheitsfragen und -antworten hinterlegt werden, die für evtl. Supportanfragen benötigt werden. Die Hinterlegung mindestens einer Sicherheitsfrage ist daher zwingend erforderlich.
- Die Hinterlegung einer E-Mail-Adresse ist als letzter Schritt optional. Eine E-Mail-Adresse kann auch noch nach der Anmeldung im beA nachträglich hinzugefügt oder auch jederzeit geändert werden.
- Die Erstregistrierung ist damit abgeschlossen und das beA-Postfach kann durch den Postfachinhaber benutzt werden.

2. Hinzufügen eines Mitarbeiters („non RA“) zum beA-Postfach

Nachdem die Erstregistrierung des Postfachinhabers erfolgreich durchgeführt worden ist, **176**
kann dieser über „Einstellungen“ – „Postfachverwaltung“ – dem dortigen Unterpunkt „Benutzerverwaltung“ einen „neuen Mitarbeiter anlegen“.

- Die Benutzerdaten des Mitarbeiters wie Vor- und Nachname und Titel z.B. Rechtanwaltsfachangestellte müssen eingegeben werden.
- Aus diesen Daten wierden ein verkürzter, einmaliger Benutzername und ein Kennwort für die Registrierung vom beA erzeugt, beides sollte man sich merken (z.B. BruMi35L – d0gft6Lu).
- Der Postfachinhaber kann seinen Mitarbeitern unterschiedliche Rechte zuordnen (vgl. Rdn 178), lediglich das Recht zur Signatur kann einem **Non-RA- Mitarbeiter** (ReFa/ReNo) nicht zugeordnet werden.
- Durch „Speichern" ist der neue Mitarbeiter dann im Postfach angelegt, der Vorgang ist aber **erst vorbereitet aktiv**.
- Wie dem Postfachbesitzer muss jetzt auch dem **Mitarbeiter durch eine Erstregistrierung** ein Sicherheitstoken (beA-Mitarbeiterkarte) zugeordnet werden.
- Dies erfolgt wiederum über die Startseite des beAs unter www.bea-brak.de. Dort muss dann aber „Erstregistrierung für Benutzer ohne eigenes Postfach" ausgewählt werden.

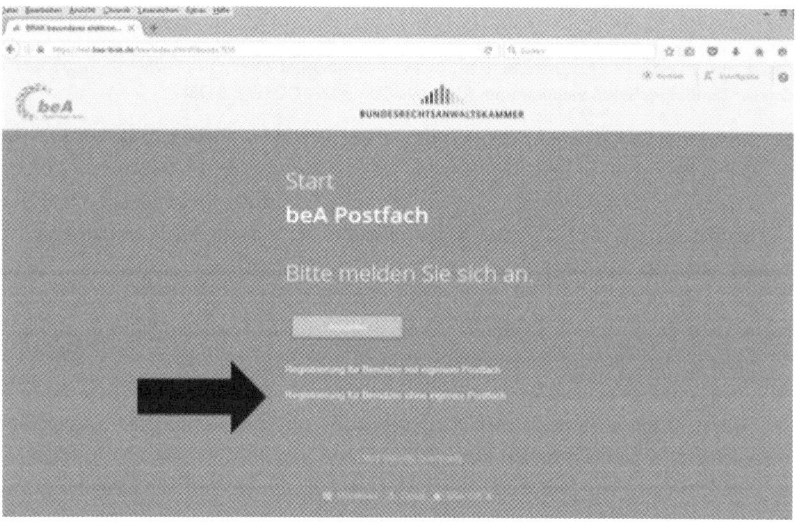

Quelle: Bundesrechtsanwaltskammer (Creative Commons CC BY 3.0 DE)

- Im darauffolgenden Fenster müssen dann der verkürzte, einmalige Benutzername und das generierte Kennwort eingegeben werden. Falls das Kennwort vergessen worden ist, kann es jederzeit in der Benutzerverwaltung des Postfachinhabers erneut generiert werden.

- Anschließend muss man den Sicherheitstoken des Mitarbeiters (beA-Karte) zuordnen. Hierfür steckt man die beA-Mitarbeiterkarte in den Kartenlesen und wählt die angezeigte Karte durch aktives Anklicken aus.
- Nachfolgend muss dann wieder mindestens eine Sicherheitsfrage- und -antwort hinterlegt werden. Die Angabe einer E-Mail-Anschrift ist auch hier optional.
- Nach der Erstregistrierung des Mitarbeiters muss der Postfachinhaber den **Sicherheitstoken** des Mitarbeiters für sein Postfach noch **freischalten**. Dies erfolgt über „Einstellungen" – „Postfachverwaltung" – dem dortigen Unterpunkt „Sicherheitstoken freischalten". Erst nach dieser Freischaltung erscheint das entsprechende beA-Postfach beim Mitarbeiter.

Praxistipp:

Obwohl die beA-Mitarbeiterkarte nur über den Account eines RA bestellt werden kann, kann der Sicherheitstoken dann für mehrere beA-Postfächer verwendet werden.

Besteht eine Sozietät aus fünf Berufsträgern, so kann die beA-Mitarbeiterkarte für alle fünf RAe benutzt werden, obwohl sie nur über das Konto eines RAs bestellt worden ist.

Es ist nunmehr sogar denkbar, dass wenn bei einer befreundeten Kanzlei kurzfristig die ReFa wegen Urlaub oder Krankheit ausfällt, ein Mitarbeiter das beA-Postfach des dortigen RAs zeitweise mitbetreut. Eine Begrenzung auf den Ort ist durch das Internet nicht mehr gegeben.

3. Hinzufügen eines anderen RA zum beA-Postfach

Das beA bietet auch die Möglichkeit, **andere RAe** zum eigenen beA-Postfach zuzuordnen. 177
Diese sind selbst **nicht Postfachinhaber**, können aber neben ihrem eigenen Postfach auch auf das Postfach des Kollegen zugreifen. Dies ist für den Fall eines ständigen Vertreters im Rahmen einer Sozietät oder im Rahmen einer Urlaubsvertretung sinnvoll.

- Der RA, der zugeordnet werden soll, muss sich bereits selbst bei seinem eigenen Postfach erstregistriert haben.
- Der Postfachinhaber startet das beA und wählt dort unter „Einstellungen" – „Postfachverwaltung" – demn dortigen Unterpunkt „Benutzerverwaltung" aus.
- Dort geht er dann jedoch auf „Suche" – **„Benutzer mit Postfach"**.
- Durch Eingabe des Namens kann der weitere RA aus einer Liste gefunden und zugeordnet werden.
- Dem weiteren RA müssen – wie einem normalen Mitarbeiter auch – aktiv Rechte an dem für ihnm fremden Postfach zugewiesen werden, insbesondere ist hier die Zuordnung des Rechts „Nachricht signieren" möglich und i.d.R. auch sinnvoll.
- Auch hier muss der Postfachinhaber den Sicherheitstoken des weiteren RA für sein Postfach noch freischalten. Dies erfolgt wiederum über „Einstellungen" – „Postfach-

verwaltung" – dem dortigen Unterpunkt „Sicherheitstoken freischalten". Erst nach dieser Freischaltung erscheint das hinzugefügte beA-Postfach im eigenen Postfach des weiteren Kollegen.

4. Rechteverwaltung

178 Der RA als Postfachinhaber kann jedem zugeordneten Teilnehmer (Non-RA-Mitarbeiter oder weiterer RA) unterschiedliche Rechte zuordnen und **zwar dauerhaft** oder **zeitweise beschränkt**. Der Postfachinhaber besitzt stets alle Rechte.

Die wichtigsten Rechte sind nachstehend kurz skizziert:

Nachrichtenübersicht öffnen	Der Benutzer kann die Nachrichtenübersicht anzeigen lassen, nicht aber Nachrichten lesen. **Dieses Recht ist das erste Recht, das neu eingerichtete Mitarbeiter erhalten.**
Nachrichtenübersicht exportieren/drucken	Der Benutzer darf die Postfachübersicht drucken und exportieren.
Nachricht erstellen	Der Benutzer darf neue Nachrichtenentwürfe sowie eine Antwort auf eine Nachricht erstellen und eine Weiterleitung einer Nachricht erzeugen, nicht aber versenden. **Dies dürfte das wohl wichtigste Recht eines Non-RA-Mitarbeiters (ReFa/ReNo) sein, der die Schriftsätze für das Signieren durch einen RA vorbereitet.**
Nachricht signieren	Der Benutzer darf einen erstellten Nachrichtenentwurf, der kein Empfangsbekenntnis (EB) ist, signieren. **Dieses Recht kann nur einem weiteren RA als Teilnehmer zugeordnet werden, nicht jedoch einem „Non-RA" (ReFa oder ReNo).**
Nachricht versenden	Der Benutzer darf eine Nachricht (kein EB) versenden.
Nachricht öffnen	Der Benutzer kann vollständig auf alle Nachrichten in einem Postfach lesend zugreifen, die nicht als persönlich/vertraulich gekennzeichnet sind.
Nachricht exportieren/drucken	Der Benutzer darf Nachrichten, die nicht als persönlich/vertraulich gekennzeichnet sind, drucken und exportieren.
Nachricht organisieren	Der Benutzer darf Nachrichten u.a. verschieben und Ordner sowie Etiketten verwalten.
Nachrichten im Papierkorb verschieben	Der Benutzer darf Nachrichten in den Papierkorb verschieben und aus dem Papierkorb wieder herausholen.
Nachricht löschen	Der Benutzer darf Nachrichten unwiederbringlich löschen, sofern diese vom Postfachbesitzer gelesen oder die Nachricht exportiert wurde.

Nachricht (persönlich/vertraulich) öffnen	Der Benutzer kann vollständig auf alle Nachrichten in einem Postfach lesend zugreifen, die als persönlich/vertraulich gekennzeichnet sind.
Nachricht (persönlich/vertraulich) exportieren/drucken	Der Benutzer darf Nachrichten, einschließlich solcher, die als persönlich/vertraulich gekennzeichnet sind, drucken und exportieren.
EBs signieren	Der Benutzer darf ein nicht als persönlich/vertraulich gekennzeichnetes Empfangsbekenntnis (EB) signieren. **Dieses Recht kann nur einem weiteren RA als Teilnehmer zugeordnet werden, nicht jedoch einem „Non-RA" (ReFa oder ReNo).**
EBs versenden	Der Benutzer darf ein EB als Antwort auf eine Nachricht, die ein EB anfordert und nicht persönlich/vertraulich ist, versenden.
EBs zurückweisen	Der Benutzer darf eine Nachricht, in der ein EB gefordert wird, an den Absender zurückweisen.
EBSs (persönlich/vertraulich) signieren	Der Benutzer darf ein als persönlich/vertraulich gekennzeichnetes EB signieren. **Dieses Recht kann nur einem weiteren RA als Teilnehmer zugeordnet werden, nicht jedoch einem „Non-RA" (ReFa oder ReNo).**
EBs (persönlich/vertraulich) versenden	Der Benutzer darf ein EB als Antwort auf eine Nachricht, die ein EB anfordert und als persönlich/vertraulich gekennzeichnet ist, versenden.
Mitarbeiter verwalten	Der Benutzer darf Mitarbeiter für Postfächer anlegen oder ändern, aber keine Rechte vergeben.
Berechtigungen verwalten	Der Benutzer darf Berechtigungen für ein bestimmtes Postfach freigeben oder entfernen sowie Postfacheigenschaften wie E-Mail-Adressen und Benachrichtigungen verwalten.

Über die Rechteverwaltung kann der Postfachinhaber **jederzeit** die Rechte des einzelnen Mitarbeiters anpassen und ggf. auch ändern.

V. Nutzung des beAs

Zum Starten des beA geht man wie folgt vor: 179

- Client-Security starten (Autostart ist einrichtbar),
- Browser starten (Firefox, Internet Explorer, Safari etc.),
- beA-Website aufrufen (www.bea-brak.de),
- im Browser müssen Popups erlaubt sein,

- die Anmeldung erfolgt sodann mit der beA-Karte und der Eingabe der PIN über das Kartenlesegerät.

180 Das Arbeiten mit dem beA ist recht **einfach** und **benutzerorientiert**. Das Programm selbst ist ähnlich wie die gängigsten E-Mail-Programme aufgebaut.

Unter Nachrichten findet man als Mitarbeiter dort **alle freigeschalten beA-Postfächer** seiner RAe. Diese Postfächer sind jeweils – wie in E-Mail-Programme üblich – zunächst in

- Posteingang
- Entwürfe
- Postausgang
- Gesendet und
- Papierkorb

unterteilt. Weitere Unterordner können ggf. selbst erstellt werden.

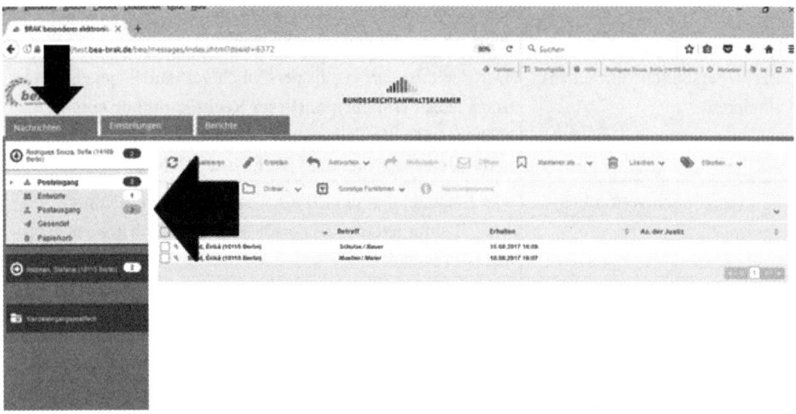

Quelle: Bundesrechtsanwaltskammer (Creative Commons CC BY 3.0 DE)

Hinter den jeweiligen Ordnern wird die Anzahl der Nachrichten angezeigt und ob evtl. eine neue Nachricht vorliegt.

Besitzt der Mitarbeiter die nötigen Rechte kann er nunmehr die Nachricht öffnen, drucken und exportieren.

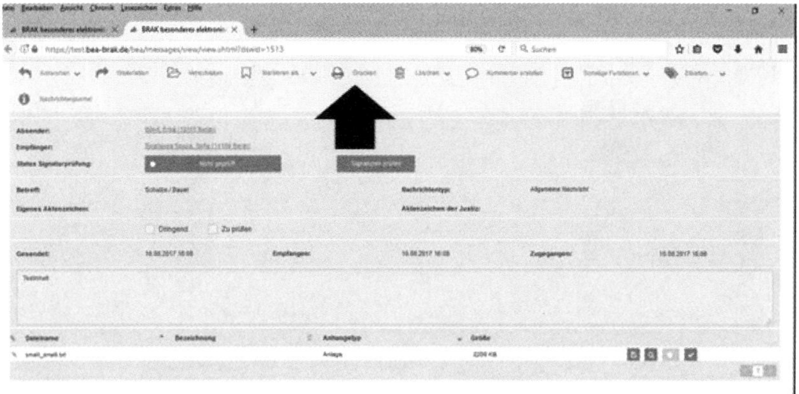

Quelle: Bundesrechtsanwaltskammer (Creative Commons CC BY 3.0 DE)

Auch das Erstellen einer Nachricht ist recht einfach. Sofern das Recht „Nachrichten erstellen" für den Mitarbeiter freigegeben ist, kann unter Nachrichten ein neuer Schriftsatz für die Signierung durch den RA vorbereitet werden.

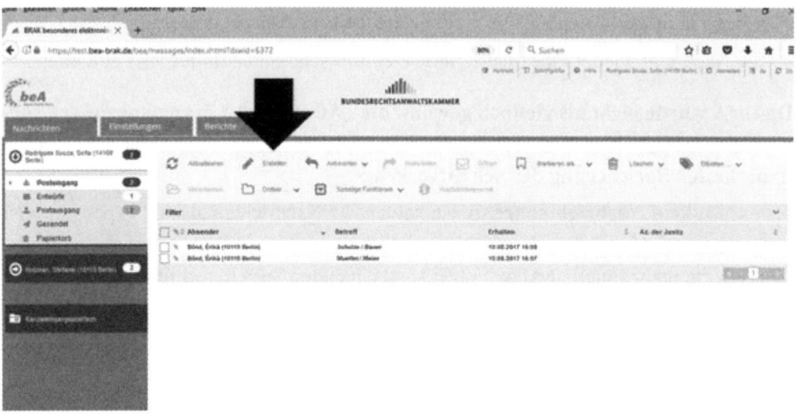

Quelle: Bundesrechtsanwaltskammer (Creative Commons CC BY 3.0 DE)

Im nachfolgenden Fenster muss sodann der Empfänger aus dem Gesamtverzeichnis der BRAK oder aus dem individuellen Adressbuch ausgewählt werden und die Nachricht im Anschluss erstellt werden.

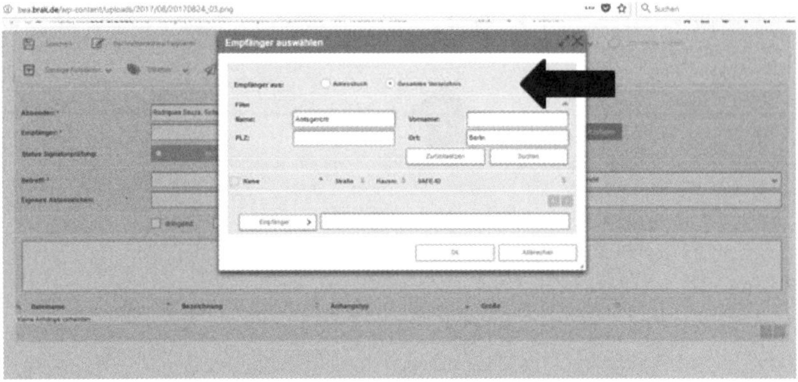

Quelle: Bundesrechtsanwaltskammer (Creative Commons CC BY 3.0 DE)

181 *Praxistipp:*

Das beA gilt gem. § 130a ZPO als sicherer Übertragungsweg und es bedarf daher keiner zusätzlichen qualifizierten Signatur, sofern der Postfachinhaber (RA) die Nachricht selbst aus seinem Postfach verschickt.

Sobald die Nachricht jedoch von einem Mitarbeiter (Non-RA) verschickt wird, muss die Nachricht wieder eine qualifizierte elektronische Signatur des RAs enthalten.

182 **Das beA wurde nicht als vielfach gewünschte „All-in-one"-Lösung konzipiert, sondern dient lediglich der sicheren Nachrichten-Übermittlung, aber nicht der sicheren dauerhaften Speicherung des Schriftverkehrs.**

Da es also **kein Nachrichtenarchiv** ist, sollten die Nachrichten alsbald exportiert oder ausgedruckt und im Postfach gelöscht werden. Beim Zugang über die Website erfolgt das Exportieren manuell und der Nutzer kann dabei den Speicherort für die Nachrichten selbst bestimmen.

183 Wird das beA über eine Kanzleisoftware bedient, wird das Exportieren nach entsprechender Einrichtung automatisch über die beA-Schnittstelle ausgeführt. Dieser Abruf kann dann auch für mehrere Rechtsanwälte gleichzeitig erfolgen.

Auch die Erstellung einer Nachricht wurde vielfach in den gängigsten Rechtsanwaltskomplett-Softwarelösungen komfortabel eingearbeitet, so dass die Website selbst nur noch in Ausnahmefällen aufgerufen werden muss.

§ 5 Zwangsvollstreckung, Zwangsverwaltung und Insolvenz

Inhalt

A. Allgemeines

Brunner-Ovadia

Die Zwangsvollstreckung gehört zu den Kompetenzfeldern einer gut ausgebildeten Rechtsanwaltsfachangestellten. Die RA verlassen sich hierbei häufig auf die Kenntnisse ihrer Fachangestellten. 1

Das Vollstreckungsverfahren ist zunächst einmal vom **Erkenntnisverfahren** zu unterscheiden, was für den Mandanten nicht immer einfach zu verstehen ist. 2

Das Erkenntnisverfahren dient dabei der Rechtsfindung, d.h. es wird ein Anspruch zu- oder aberkannt. Doch mit dem Titel über den Anspruch, hat der Mandant noch lange nicht sein „Recht" in Händen. Es schließt sich danach in den meisten Fällen das Vollstreckungsverfahren an, das der **Rechtsverwirklichung** dient. Unter Rechtsverwirklichung versteht man dabei die zwangsweise Durchsetzung eines titulierten Leistungsanspruchs, wenn der verurteilte Beklagte nicht freiwillig leistet. Grds. besteht ein staatliches **Vollstreckungsmonopol**, dass eine Selbstverwirklichung durch den Titelinhaber ausschließt. Der Staat stellt dabei zur Durchsetzung privatrechtlicher Leistungsansprüche ein gesetzlich geregeltes Vollstreckungsverfahren durch staatliche Zwangsvollstreckungsorgane zur Verfügung. Das Vollstreckungsverfahren ist hauptsächlich im 8. Buch der ZPO geregelt.

B. Vollstreckungsarten

Die titulierte Leistung bestimmt die Vollstreckungsart. Für jede Leistungsart sieht der Gesetzgeber sodann ein oder mehrere bestimmte Vollstreckungsmöglichkeiten vor. Diese Durchsetzungsmöglichkeiten sind **zwingend** (numerus clausus der Vollstreckungsarten). 3

4

Vollstreckungsart	Maßnahme	Vollstreckungsorgan
I. Vollstreckung wegen einer Geldforderung	1. Mobiliarvollstreckung a) Sachpfändung §§ 808 bis 827 ZPO	Gerichtsvollzieher
	b) Forderungspfändung, §§ 828 bis 863 ZPO	AG als Vollstreckungsgericht
	c) Vermögensauskunft §§ 802c ff. ZPO	Gerichtsvollzieher
	2. Immobiliarvollstreckung	
	a) Zwangsversteigerung, §§ 15 ff. ZVG	AG als Vollstreckungsgericht
	b) Zwangsverwaltung, §§ 146 ff. ZVG	AG als Vollstreckungsgericht
	c) Eintragung einer Zwangssicherungshypothek, §§ 867 f. ZPO	Grundbuchamt
II. Vollstreckung wegen anderer Ansprüche als Geldforderungen	1. Zwangsvollstreckung zur Erwirkung von Handlungen a) § 887 ZPO für vertretbare Handlungen b) § 888 ZPO für unvertretbare Handlungen	Prozessgericht des ersten Rechtszugs
	2. Abgabe einer Willenserklärung, § 894 ZPO	Keines, durch Rechtskraft Selbstvollstreckung (gilt als abgegeben)
	3. Zwangsvollstreckung zur Erwirkung einer Unterlassung oder Duldung, § 890 ZPO	Prozessgericht des ersten Rechtszugs

C. Allgemeine und besondere Zwangsvollstreckungsvoraussetzungen

5 Bevor man eine Zwangsvollstreckungsmaßnahme einleitet, sollte man prüfen, ob die **allgemeinen** und ggf. die **besonderen** Zwangsvollstreckungsvoraussetzungen vorliegen.

Unter allgemeinen Zwangsvollstreckungsvoraussetzungen versteht man: 6

- Titel (Rdn 8 ff.),
- Klausel (Rdn 20 ff.) und
- Zustellung (Rdn 47 ff.).

Besondere Zwangsvollstreckungsvoraussetzungen können sein: 7

- Sicherheitsleistung (Rdn 57 ff.),
- Zug-um-Zug (Rdn 72 ff.),
- Fälligkeit (Rdn 84) und
- Wartefristen (Rdn 85).

I. Titel

Für jede Zwangsvollstreckungsmaßnahme bedarf es zunächst eines vollstreckungsfähigen Titels. 8

Der Titel ist eine öffentliche Urkunde, aus der sich ergibt, dass ein bestimmter materiellrechtlicher Anspruch besteht und im Wege der Zwangsvollstreckung durchgesetzt werden kann.

Der Titel muss hinsichtlich der vollstreckbaren Leistung ausreichend bestimmt bzw. bestimmbar sein, damit er vollstreckungsfähig ist. 9

> *Beispiele für nicht vollstreckungsfähige Formulierungen:* 10
>
> *„Der Beklagte ist verpflichtet, an den Kläger eine Abfindung zu zahlen." (Hier fehlt es an der Höhe der Forderung.)*
>
> *oder*
>
> *„Der Beklagte ist verpflichtet, an den Kläger die Wohnung in der Bergmannstraße herauszugeben." (Hier ist die herauszugebende Sache nicht ausreichend bestimmt.)*

> *Beispiele für vollstreckungsfähige Formulierungen, da bestimmbar:* 11
>
> *„nebst Zinsen i.H.v. 5 Prozentpunkten über den jeweiligen Basiszinssatz ..." (Hier sind die Zinsen bestimmbar, da der jeweils gültige Basiszinssatz zum 01.01. und 01.07. eines Jahres veröffentlich wird.)*
>
> *oder*
>
> *„Der Beklagte ist verpflichtet, an den Kläger den Juni-Arbeitslohn i.H.v. 2.000,00 € brutto zu zahlen." (Gemäß BGH sind auch Bruttolohntitel vollstreckbar, da der Nettolohn von Seiten des Schuldners – sprich Arbeitgebers – berechnet werden kann.)*

Wenn ein Titel nicht vollstreckungsfähig ist, darf keine Vollstreckungsklausel erteilt werden. Geschieht dies trotzdem, so muss das jeweilige Vollstreckungsorgan trotzdem die 12 allgemeinen Voraussetzung prüfen und ggf. die Vornahme der Vollstreckungsmaßnahme verweigern. Gibt es zwischen dem Schuldner und dem Gläubiger Unstimmigkeiten, ob der Titel einen vollstreckungsfähigen Inhalt hat, so können beide dies im Wege einer Feststellungsklage (positive bzw. negative) überprüfen lassen.

13 Grds. wird die Zwangsvollstreckung aus Endurteilen bzw. Endbeschlüssen betrieben, die rechtskräftig oder für vorläufig vollstreckbar erklärt sind. Dabei ist es jedoch wichtig, dass es sich um sog. **Leistungsurteile** handelt. Feststellungs- und Gestaltungsurteile sind hingegen nicht vollstreckungsfähig. Es können demnach z.B. keine Scheidungsbeschlüsse vollstreckt werden. Beschlüsse, die jedoch zur Zahlung von Unterhaltsbeträgen verpflichten, sind dagegen vollstreckungsfähig.

14 Die Rechtskraft des Urteils wird auf Antrag einer Partei vom Prozessgericht nach Ablauf der Rechtsmittelfrist in Form eines **Rechtskraftzeugnisses** bescheinigt. Ein entsprechender Rechtskraftvermerk wird meist auf die vollstreckbare Ausfertigung gesetzt und lautet wie folgt:

> *Beispiel für Rechtskraftvermerk:*
>
> *„Vorstehendes Urteil ist rechtskräftig seit dem ... (Datum der Rechtskrafterlangung).“*

15 Ist das Urteil noch nicht rechtskräftig, so ist es erforderlich, dass das Urteil für vorläufig vollstreckbar erklärt worden ist. Die Anordnung der vorläufigen Vollstreckbarkeit wird vom Gericht **von Amts wegen** vorgenommen. Die §§ 708 und 709 ZPO regeln dabei, ob das Urteil mit oder ohne **Sicherheitsleistung** vollstreckbar erklärt wird. Eine mögliche Sicherheitsleistung ist im Urteilstenor zu beziffern.

16 Neben den Endurteilen findet die Zwangsvollstreckung insbes. aus den weiteren Vollstreckungstiteln des § 794 ZPO statt. Die wichtigsten weiteren Vollstreckungstitel sind:

- Prozessvergleiche gem. § 794 Abs. 1 Nr. 1 ZPO,
- Kostenfestsetzungsbeschlüsse gem. § 794 Abs. 1 Nr. 2 ZPO,
- Vollstreckungsbescheide gem. § 794 Abs. 1 Nr. 4 ZPO,
- vollstreckbare notarielle oder gerichtliche Urkunden gem. § 794 Abs. 1 Nr. 5 ZPO,
- Europäische Zahlungsbefehle gem. § 794 Abs. 1 Nr. 6 ZPO.

17 Nach § 795 ZPO gelten für diese weiteren Vollstreckungstitel die allgemeinen Vorschriften zur Zwangsvollstreckung, u.a. grds. auch die Voraussetzungen wie Titel, Klausel und Zustellung. Die §§ 795a bis 800 ZPO sehen jedoch einige **Besonderheiten** für diese Titel vor. Die obigen Titel haben folgende Besonderheiten:

- Prozessvergleiche müssen i.d.R. für die Vollstreckungsvoraussetzung der Zustellung gem. § 750 Abs. 1 ZPO im **Parteibetrieb** (zur Zustellung allgemein s. Rdn 47 ff.) zugestellt werden. Aufgrund Ihrer Rechtsnatur (Vergleiche werden bestands- nicht rechtskräftig) müssen die Vergleiche nicht von Amts wegen zum Start einer Rechtsmittelfrist zugestellt werden. Die Aushändigung des Terminprotokolls inklusive Vergleich an die Parteien im Termin reicht aus.

- Bei Kostenfestsetzungsbeschlüssen ist die **Wartefrist** des § 798 ZPO von zwei Wochen ab Zustellung des Titels einzuhalten. Erst nach Ablauf der Wartefrist ist die Zustellung zulässig.
- Bei Vollstreckungstiteln ist die Sonderregelung des § 796 ZPO zu beachten, wonach es einer Vollstreckungsklausel nur bedarf, wenn es sich dabei um eine **Rechtsnachfolgeklausel** handelt, d.h. der Titel wurde entweder auf Schuldner- oder Gläubigerseite auf einen Rechtsnachfolger umgeschrieben. Einer einfachen Vollstreckungsklausel hingen bedarf es nicht.
- In notariellen Urkunden können grds. alle Ansprüche vollstreckbar erklärt werden. § 794 Abs. 1 Nr. 5 ZPO sieht jedoch drei Ausnahmen vor, bei denen eine Vollstreckbarkeitserklärung nicht möglich ist:
  - Ansprüche, die einer vergleichsweisen Regelung nicht zugänglich sind,
  - Ansprüche, die auf die Abgabe einer Willenserklärung gerichtet sind sowie
  - Ansprüche, die den Bestand eines Wohnraummietverhältnisses betreffen.

Ferner ergeben sich auch aus anderen Gesetzen eine Vielzahl von zur Zwangsvollstreckung geeigneter Titel. Eine sehr umfassende Auflistung ist in §§ 36–41 der Geschäftsanweisung für Gerichtsvollzieher (GVGA) enthalten. Als ein Beispiel sei hier lediglich die Eintragung in die Insolvenztabelle gem. § 201 Abs. 2 InsO genannt. 18

Daneben gibt es noch Arreste (§ 932 ZPO) und einstweilige Verfügungen (§ 936 ZPO), bei denen gem. § 916 ZPO nur Sicherungsmaßnahmen der Zwangsvollstreckung erfolgen dürfen. Eine Verwertung ist zunächst ausgeschlossen. 19

II. Vollstreckungsklausel

Grds. ist für die Vollstreckung eine Vollstreckungsklausel erforderlich. 20

Bei diesem Erfordernis gibt es drei Varianten:

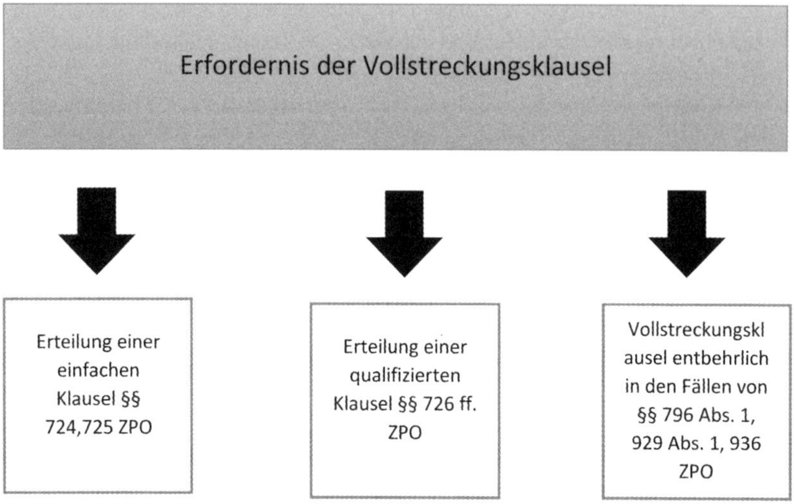

1. Einfache Vollstreckungsklausel

21 In den meisten Fällen ist lediglich eine einfache Vollstreckungsklausel gem. §§ 724, 725 ZPO für die Zwangsvollstreckung erforderlich. Dabei ist der Stempel bzw. Aufdruck „vollstreckbare Ausfertigung" am Anfang des Titels nicht die Klausel, sondern lediglich ein Hinweis auf diese.

Die eigentliche einfache Klausel befindet sich hingegen meist am Ende des Titels und lautet wie folgt:

„Vorstehende Ausfertigung wird dem … (Bezeichnung der Partei) zum Zweck der Zwangsvollstreckung erteilt."

Die einfache Klausel wird i.d.R. durch den Urkundsbeamten der Geschäftsstelle erteilt.

2. Qualifizierte Vollstreckungsklausel

22 Hängt die Vollstreckung aus dem Titel jedoch von einem vom Gläubiger zu beweisenden **Eintritt einer Bedingung** ab oder soll die Vollstreckung für und gegen eine **andere** als im Titel genannte **Person** erfolgen, so ist eine qualifizierte Klausel gem. § 726 ZPO erforderlich. Die Klausel ergänzt in diesem Fall das Urteil.

23 Eine Überprüfung des Eintritts der Bedingung bzw. der Rechtsnachfolge soll durch das Vollstreckungsorgan eben nicht stattfinden, der Nachweis muss im Wege der Klauseler-

teilung erbracht werden. Die Überprüfung und ggf. Erteilung der qualifizierten Klausel erfolgt beim Gericht durch den Rechtspfleger.

Die in der Praxis wohl wichtigste qualifizierte Klausel ist die **titelergänzende** Klausel gem. § 726 ZPO. Diese Klausel ist erforderlich, wenn die Vollstreckung des Titels von einem vom Gläubiger zu beweisenden Eintritt einer Bedingung abhängt. Der Eintritt der Bedingung muss dabei grds. durch öffentliche oder öffentlich-beglaubigte Urkunden nachgewiesen werden. Der Nachweis ist lediglich entbehrlich, wenn der Bedingungseintritt offenkundig ist. 24

Doch nicht jede Bedingung erfordert eine qualifizierte Klausel. Nachstehende Tabelle soll einen kurzen Überblick geben: 25

keine Bedingung i.S.v. § 726 ZPO, Erfordernis einer einfachen Klausel	**Bedingung i.S.v. § 726 ZPO, Erfordernis einer qualifizierten Klausel**
Erbringung einer Sicherheitsleistung	Zahlungspflicht „nach Tod des …" (zwar Befristung, jedoch unbestimmt)
Eintritt eines Kalenderjahres	Zahlungspflicht „nach Erhalt einer Förderungsleistung der Arbeitsagentur"
Wartefristen gem. §§ 798, 798a ZPO	Zahlungspflicht „nach rechtskräftiger Ehescheidung"
grds. Zug-um-Zug-Leistung (mit Ausnahme, wenn die zu erbringenden Leistung des Schuldners in der Abgabe einer Willenserklärung liegt)	sog. **Wiederauflebensklausel:** „Der Beklagte ist verpflichtet, an den Kläger 500,00 € bis zum 3.11.2009 zu zahlen. Erfolgt die Zahlung nicht fristgerecht, hat der Beklagte einen weiteren Betrag von 200,00 € an den Kläger zu zahlen."
sog. Verfallklausel: Zahlungsverpflichtung in Raten, wobei der gesamte Restbetrag sofort fällig wird, wenn der Beklagte mit einer Rate in Rückstand kommt	

Praxistipp: 26

Man kann sich merken, dass alle besonderen Zwangsvollstreckungsvoraussetzungen keine Bedingungen i.S.d. § 726 ZPO sind, sowie die sog. Verfallklausel.

Es kann in der Praxis durchaus vorkommen, dass bestimmte Teile eines Titels einer titelergänzenden Klausel bedürfen, andere Teile des Titels hingegen lediglich eine einfache Klausel zur Vollstreckung benötigen. In diesen Fällen können für die verschiedenen Teile 27 unterschiedliche Klauseln erteilt werden, man muss also nicht darauf warten, dass alle Teile eines Titels vollstreckbar sind. Als Beispiel soll folgender Prozessvergleich dienen:

28 *Beispiel für einen Prozessvergleich mit verschieden Klauselerfordernissen:*

„Die Parteien sind sich einig,

1. *dass der Beklagte an den Kläger einen Betrag von 5.000,00 € bis zum 05.11.2018 zahlt;*
2. *dass der Beklagte einen weiteren Betrag i.H.v. 1.000,00 € zahlt, sobald er für den Kläger von der Bundesagentur für Arbeit einen Eingliederungszuschuss bezahlt bekommen hat."*

Im vorliegenden Fall bedarf die Nr. 1 des Vergleichs nur einer einfachen Klausel. Zwar hängt die Zahlung hier von einem Ereignis ab, dieses wird jedoch durch den Eintritt eines bestimmten Kalendertags bestimmt. Beim Eintritt eines Kalendertags handelt es sich vielmehr um eine besondere Vollstreckungsvoraussetzung gem. § 751 Abs. 1 ZPO, die vom jeweiligen Vollstreckungsorgan überprüft wird.

Nr. 2 des Vergleichs hängt von der Zahlung eines Eingliederungszuschusses der Bundesagentur für Arbeit ab und bedarf daher einer **titelergänzenden** Klausel. Der Eintritt der Zahlung müsste hier durch den Gläubiger durch öffentliche oder öffentlich beglaubigte Urkunde geführt werden, was sich meist als schwierig erweist, wenn die einzutretende Bedingung im Lager des Schuldners liegt. Vielfach ist es daher sinnvoll, dem Gläubiger Rechte einzuräumen, wie dieser an die Nachweise kommt oder gleich eine Erteilung einer vollstreckbaren Ausfertigung ohne Nachweis in öffentlich beglaubigter Form zu vereinbaren.

29 *Beispielsergänzung*

„3. *Die Parteien sind sich ferner einig, dass der Gläubiger für den Nachweis des Bedingungseintritts zu Punkt 2 des Vergleichs keine öffentliche oder öffentlich beglaubigte Urkunde bedarf. Ein einfaches Bestätigungsschreiben der Bank A über den Zahlungseingang reicht aus. Der Beklagte ermächtigt hiermit den Kläger, die entsprechende Information bei seiner Hausbank A anzufordern."*

Wenn im vorliegenden Fall dennoch nur eine einfache Klausel ohne Bezug auf die entsprechende Nr. 1 des Vergleichs erteilt worden wäre, könnte der **Schuldner** einen sog. klarstellenden Beschluss beantragen.

5.1

▼

Muster 5.1: Beantragung eines klarstellenden Beschlusses bei verschiedenen Klauseln 30

Prozessgericht

Anschrift

In Sachen

Gläubiger ./. Schuldner

Aktenzeichen

wird namens und in Vollmacht des Schuldners ein klarstellender Beschluss hinsichtlich der erteilten Vollstreckungsklausel beantragt mit dem Inhalt,

dass sich die erteilte Klausel lediglich auf Nr. 1 des Vergleichs bezieht.

Begründung:

Dem Gläubiger wurde zwischenzeitlich eine vollstreckbare Ausfertigung erteilt, auf der eine einfache Vollstreckungsklausel gesetzt worden ist. Eine Beschränkung der Klausel auf Nr. 1 ist nicht erfolgt, sodass der Anschein erweckt wird, die Klausel würde für alle Teile des Vergleichs gelten.

Nr. 2 des Vergleichs beinhaltet jedoch eine Bedingung, sodass eine titelergänzende Klausel erforderlich ist. Ein Nachweis – auch unter den abgeschwächten Erfordernissen von Punkt 3 des Vergleichs – wurde bislang nicht vom Gläubiger erbracht, zumal die Zahlung von Seiten der Bundesagentur für Arbeit noch nicht geleistet worden ist.

Beglaubigte und einfache Abschrift anbei.

Rechtsanwalt

▲

Wird die Klausel jedoch komplett fehlerhaft erteilt (z.B. eine einfache Klausel, obwohl das gesamte Urteil einer qualifizierten Klausel bedarf), so kann der Schuldner entweder mit der **Erinnerung** gegen die Erteilung der Vollstreckungsklausel gem. § 732 ZPO oder mit der Klage gegen die Vollstreckungsklausel gem. § 768 ZPO vorgehen. 31

Wenn die Klauselerteilung jedoch abgelehnt wird, z.B. weil der Nachweis nicht mit öffentlichen oder öffentlich beglaubigten Urkunden erbracht werden kann oder der Nachweis als nicht geführt angesehen wird, so kann der Gläubiger Klage auf Erteilung der Klausel gem. § 731 ZPO erheben. 32

Neben der titelergänzenden Klausel gibt es noch **titelübertragende** Klauseln. Diese sind in folgenden Paragrafen geregelt: 33

- § 727 ZPO: Klausel für und gegen den Rechtsnachfolger,
- § 728 ZPO: Klausel bei Nacherbe oder Testamentsvollstrecker und
- § 729 ZPO: Klausel gegen Vermögens- und Firmenübernehmer.

34 Durch die Erteilung einer solchen titelübertragenden Klausel wird der Titel quasi „umgeschrieben“, jedoch ohne ein zeit- und kostenintensives Klageverfahren für oder gegen den Rechtsnachfolger oder gegen die sonstigen Personen der §§ 728, 729 ZPO führen zu müssen. Für eine entsprechende Klage liegt wegen der Möglichkeit der Umschreibung im Klauselverfahren kein **Rechtsschutzbedürfnis** vor.

35 Die Rechtsnachfolge muss nach Rechtshängigkeit der Klage bzw. Errichtung der Urkunde eingetreten sein. Der Nachweis über die Rechtsnachfolge muss i.d.R. durch öffentliche oder öffentlich beglaubigte Urkunde geführt werden. Nur wenn die Rechtsnachfolge offenkundig ist oder bei einem Rechtsnachfolgewechsel auf Gläubigerseite der Schuldner die Rechtsnachfolge zugesteht, ist ein entsprechender Nachweis im Klauselerteilungsverfahren entbehrlich.

36 *Praxistipp:*

Jede qualifizierte Klausel (sowohl die titelergänzende als auch die titelübertragende) muss gem. § 750 Abs. 2 ZPO nebst einer Abschrift der zugrunde liegenden Urkunde dem Schuldner zugestellt werden.

3. Klarstellender Vermerk

37 Von der Rechtsnachfolgeklausel zu unterscheiden, ist ein sogenannter klarstellender Vermerk. In den Fällen, wo zwar eine Namensänderung jedoch keine Rechtsnachfolge vorliegt, wird der Name durch einen klarstellenden Vermerk auf den Titel geändert (z.B. wenn sich der Name des Schuldners durch Heirat geändert hat).

4. Rapidklausel

38 Bei der **Rapidklausel**, auch Eil- oder Sofortklausel genannt, handelt es sich nicht um eine weitere Art von Klausel. Bei der Rapidklausel kann es sich sowohl um eine einfache als auch qualifizierte Klausel handeln. Lediglich der Zeitpunkt der Klauselerteilung ist hierbei besonders.

Die Klausel wird nicht wie im Normalfall erst nach durchgeführter Amtszustellung des Titels erteilt, sondern auf Antrag sofort nach Erlass des Titels.

5.2

▼

Muster 5.2: Beantragung einer Rapidklausel 39

Antrag auf Rapidklausel nach § 317 Abs. 2 Satz 2 ZPO

In Sachen

Gläubiger ./. Schuldner

Aktenzeichen

wird beantragt, die vollstreckbare Ausfertigung sofort nach Erlass des Titels zu erteilen.

Rechtsanwalt

▲

Die Zulässigkeit einer Rapidklausel ergibt sich dabei aus § 317 Abs. 2 Satz 2 ZPO, der den Erlass eines verkürzten Urteils ohne Entscheidungsgründe vorsieht. Auf diese verkürzte Ausfertigung des Titels kann sofort die Klausel erteilt werden. Gerade in Anbetracht der z.T. erheblichen Bearbeitungszeiten der überlasteten Gerichte, ist die Beantragung einer Rapidklausel im Einzelfall sinnvoll. 40

Praxistipp: 41

Da die Rapidklausel bereits vor der Amtszustellung erfolgt, ist der Titel gem. § 750 Abs. 1 Satz 1 ZPO im Parteibetrieb zuzustellen (vgl. Rdn 49 f.).

5. Ausnahmen vom Klauselerfordernis

Es gibt jedoch auch Titel, die keine Vollstreckungsklausel für die Durchführung einer Vollstreckungsmaßnahme benötigen. Dies muss sich jedoch ausdrücklich aus dem Gesetz ergeben. Die wichtigsten Titel ohne Klauselerfordernis sind: 42

- Vollstreckungsbescheide nach § 796 Abs. 1 ZPO,
- Arreste und einstweilige Verfügungen gem. §§ 929 Abs. 1, 936 i.V.m. 929 Abs. 1 ZPO,
- Haftbefehle i.R.d. Vermögensauskunft nach § 802g ZPO,
- Pfändungs- und Überweisungsbeschluss als Herausgabetitel gem. § 836 Abs. 3 ZPO (z.B. bei Herausgabe eines Sparbuchs nach Pfändung des Sparguthabens) sowie
- Kostenfestsetzungsbeschlüsse, die gem. § 105 ZPO vereinfacht auf das Urteil gesetzt sind, nach § 795a ZPO.

Tritt jedoch eine Rechtsnachfolge ein, so ist selbstverständlich auch bei diesen Titeln eine Rechtsnachfolgeklausel erforderlich. 43

6. Weitere vollstreckbare Ausfertigungen

44 Eine weitere vollstreckbare Ausfertigung wird gem. § 733 ZPO dem Gläubiger nur erteilt, wenn er ein **Rechtsschutzbedürfnis** hierfür hat. Die Gründe für eine weitere vollstreckbare Ausfertigung muss der Gläubiger darlegen und zumindest glaubhaft machen.

45 Ein Rechtschutzbedürfnis wird bejaht bei:

- Verlust der Ausfertigung (z.B. auf dem Postweg),
- Simultanvollstreckung an mehreren Orten und bei verschiedenen Vollstreckungsorganen,
- Vollstreckung gegen Gesamtschuldner (pro Schuldner eine vollstreckbare Ausfertigung).

46 Problematisch ist hingegen der Fall, in dem der Titel versehentlich an den Schuldner vom Gläubiger selbst ausgehändigt worden ist und der Schuldner behauptet, die Angelegenheit wäre damit erledigt gewesen. Hier dürfte nur schwer ein Nachweis für eine Zweitausfertigung zu erbringen sein, insbes. da der Schuldner i.d.R. durch die Aushändigung der meist einzigen vollstreckbaren Ausfertigung des Titels von weiteren ungerechtfertigten Vollstreckungsmaßnahmen geschützt werden soll.

Ob hier evtl. eine eidesstattliche Versicherung der Rechtsanwaltsfachangestellten ausreicht, in der diese versichert, sie habe die erste vollstreckbare Ausfertigung aufgrund eines Büroversehens fehlerhaft an den Schuldner ausgehändigt, wird im Einzelfall durch den Richter entschieden. Da die richterliche Entscheidung nicht vorhersehbar ist, ist bei der Aushändigung von Titeln grundsätzlich besondere Sorgfalt geboten.

III. Zustellung

1. Art der Zustellung

47 Gem. § 750 Abs. 1 ZPO muss der Titel grds. **vor oder zumindest gleichzeitig** mit Beginn der Zwangsvollstreckung zugestellt werden. Dabei sind zwei Arten der Zustellung für die Zwangsvollstreckung denkbar:

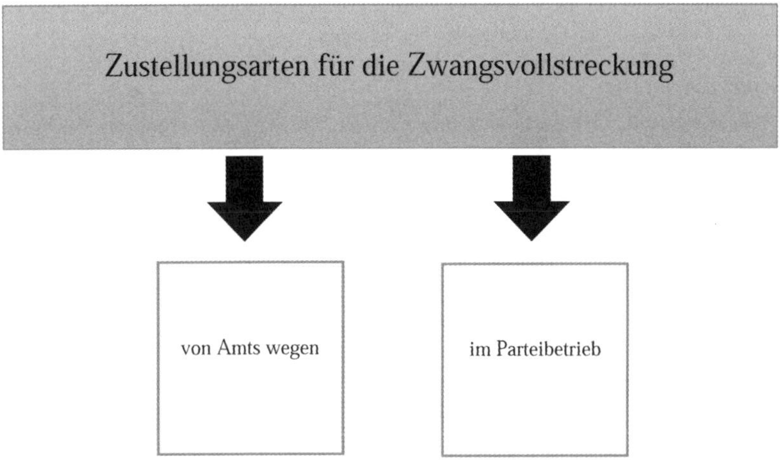

Urteile und Beschlüsse werden von den Gerichten meist von Amts wegen zugestellt, um 48
die entsprechende Rechtsmittelfrist in Gang zu setzen. Eine solche Zustellung gilt immer auch für die Zwangsvollstreckung.

Daneben sieht das Zustellerfordernis in der Zwangsvollstreckung jedoch auch noch die 49
Zustellung im **Parteibetrieb** gem. § 750 Abs. 1 Satz 2 ZPO vor, wobei das Urteil weder Tatbestand noch Entscheidungsgründe enthalten muss. Die Zustellung im Parteibetrieb gilt jedoch ausschließlich für die Zwangsvollstreckung und setzt i.d.R. keine Rechtsmittelfrist in Gang. Die einzige Ausnahme bildet hier die Zustellung des Vollstreckungsbescheids im Parteibetrieb, die ausnahmsweise die **Einspruchsfrist** auslöst.

Die Zustellung im Parteibetrieb ist insbes. in den Fällen erforderlich, in denen der zu- 50
grunde liegende Titel lediglich bestands- jedoch nicht rechtskräftig wird. Als Beispiel sei hier der **Prozessvergleich** genannt, bei dem es keine Rechtsmittelfrist gibt und der daher nur bestandskräftig werden kann. Eine Zustellung von Amts wegen erfolgt hier nicht, da keine Rechtsmittelfrist vom Gericht in Gang gesetzt werden muss.

Aber auch bei der Erteilung einer Rapidklausel (Sofortklausel, s. Rdn 38 ff.), die sofort 51
nach Erlass des Titels und vor dessen Zustellung von Amts wegen erfolgt, ist eine Zustellung im Parteibetrieb erforderlich.

Es gibt zwei Möglichkeiten einer Zustellung im Parteibetrieb: 52

- Ist der Schuldner durch einen Anwalt vertreten, so kann die Zustellung mit schriftlichem Empfangsbekenntnis von Anwalt zu Anwalt gem. § 195 ZPO erfolgen. Dabei reicht gem. §§ 195 Abs. 1 Satz 5 i.V.m. 174 Abs. 2 Satz 1 ZPO die Zustellung per Telefax aus.

- Ist der Schuldner hingegen nicht anwaltlich vertreten, kann die Zustellung gem. § 192 ZPO nur durch den Gerichtsvollzieher erfolgen.

53 *Praxistipp 1:*

Achtung: Vor 2015 wurde die berufsrechtliche Pflicht zur Mitwirkung bei der Zustellung von Anwalt zu Anwalt allgemein aus § 14 a.F. BORA abgeleitet. Der BGH hatte sodann jedoch mit Urt. v. 26.10.2015 – AnwS(R) 4/15 entschieden, dass § 14 a.F. BORA nur für Zustellungen von Gerichten und Behörden anzuwenden war. Diese Erkenntnis setzte sich nur sehr langsam in den Anwaltsbüros durch und es gab massive Bestrebungen, die gesetzliche Lücke zu schließen.

Mit **Wirkung zum 1.1.2018** trat nunmehr die geänderte Form des § 14 BORA in Kraft, wonach der RA nunmehr ordnungsgemäße Zustellung von Gerichten, Behörden **und Rechtsanwälte** entgegenzunehmen und das Empfangsbekenntnis mit dem Datum (Anmerk.: seiner Kenntnisnahme, nicht das Eingangsdatum in der Kanzlei) unverzüglich zu erteilen hat.

54 *Praxistipp 2:*

Eine Zustellung per Einschreiben/Rückschein durch ein Postdienstleistungsunternehmen ist nicht zulässig!

Die Zustellung im Parteibetreib kann jedoch nicht nur durch den für die Zwangsvollstreckung örtlich zuständigen Gerichtsvollzieher erfolgen, sondern jeder in der BRD ansässige Gerichtsvollzieher kann mit der Zustellung beauftragt werden.

Arbeitet Ihre Kanzlei mit einem besonders schnellen Gerichtsvollzieher zusammen, so kann die Zustellung durch diesen wirksam erfolgen.

2. Zeitpunkt

55 Der Grundsatz des § 750 Abs. 1 ZPO erfordert spätestens die zeitgleiche Zustellung des Titels mit Beginn der Vollstreckungsmaßnahme. Hiervon sieht das Gesetz folgende Ausnahmen vor:

- Gem. §§ 929 Abs. 3, 936 i.V.m. 929 Abs. 3 ZPO ist bei Arresten und einstweiligen Verfügungen eine nachträgliche Zustellung innerhalb einer Woche ab Vollziehung der Maßnahme zulässig.
- Hängt die Vollstreckung des Titels vom Ablauf der 2-wöchigen Wartefrist des § 798 ZPO ab (z.B. bei Kostenfestsetzungsbeschlüssen oder bei notariellen Urkunden), so muss die Zustellung mindestens zwei Wochen vor Beginn der Zwangsvollstreckung erfolgt sein.
- Gem. § 750 Abs. 3 ZPO muss bei einer Sicherungsvollstreckung nach § 720a ZPO sowohl der Titel als auch die Vollstreckungsklausel zwei Wochen vor Beginn der Zwangsvollstreckung zugestellt sein.

3. Prüfung der Vollstreckungsorgane

Neben den allgemeinen Zwangsvollstreckungsvoraussetzungen haben die Vollstreckungsorgane zu überprüfen, ob besondere Vollstreckungsvoraussetzungen zu erfüllen sind und ob diese bereits erbracht wurden. 56

IV. Sicherheitsleistung

Wurde ein Urteil gegen Sicherheitsleistung gem. § 709 ZPO vorläufig vollstreckbar erklärt, so muss der Gläubiger die im Urteil festgelegte Sicherheitsleistung erbringen oder er kann lediglich eine Sicherheitsvollstreckung gem. § 720a ZPO (also ohne Verwertung) betreiben, es sei denn, das Urteil wurde zwischenzeitlich rechtskräftig. 57

In der Praxis ist es insbesondere für Azubis schwer zu verstehen, bei welcher Art von gerichtlichen Entscheidungen eine Sicherheitsleistung überhaupt erbracht werden muss oder nicht. 58

Die Anordnung des Gerichtes, dass die gerichtliche Entscheidung vorläufig vollstreckbar gegen Sicherheitsleistung ist, erfolgt nämlich nicht willkürlich, sondern ergibt sich aus dem Gesetz:

Praxistipp:

§ 708 ZPO enthält dabei einen **abschließenden Katalog**, welche Entscheidung für vorläufig vollstreckbar ohne Sicherheitsleistung zu erklären sind. Hierunter fallen **insbesondere**:

- Anerkenntnis- oder Verzichtsurteile,
- Versäumnisurteile,
- Urteile in Streitigkeiten zwischen dem Vermieter und dem Mieter von Wohnräumen und anderen Räumen wegen Unterlassung, Benutzung oder Räumung,
- Berufungsurteile in vermögensrechtlichen Streitigkeiten und
- erstinstanzliche Urteile in vermögensrechtlichen Streitigkeiten, wenn der Gegenstand der Verurteilung in der Hauptsache 1.250 € nicht übersteigt.
- Ferner ist der Vollstreckungsbescheid gem. § 700 Abs. 1 ZPO einem für vorläufig vollstreckbaren Versäumnisurteil gleichgestellt.

Alle anderen Urteile sind nach § 709 ZPO gegen eine der Höhe nach zu bestimmenden Sicherheit für vorläufig vollstreckbar zu erklären.

Praxistipp: 59

Es ist ratsam, vor Erbringung einer Sicherheitsleistung zu überprüfen, ob das Urteil nicht zwischenzeitlich rechtskräftig geworden ist.

In diesen Fällen muss die vollstreckbare Ausfertigung nur noch einmal an das Prozessgericht geschickt werden mit der Bitte um Erteilung eines Rechtskraftvermerks. Der Rechtskraftvermerk lautet meist:

„Vorstehendes Urteil ist rechtskräftig seit dem …“

60 Gem. § 108 ZPO ist die Sicherheitsleistung entweder durch **Hinterlegung** von Geld oder Wertpapieren bei einer Hinterlegungsstelle zu bewirken oder durch die Beibringung einer schriftlichen, unwiderruflichen, unbedingten und unbefristeten Bürgschaft eines im Inland zum Geschäftsbetrieb befugten Kreditinstitutes.

61 Nach § 1 Hinterlegungsordnung (HinterlO) sind die AG die Hinterlegungsstellen, wobei bei jeder Hinterlegungsstelle im Bundesgebiet die Hinterlegung erfolgen kann. Teilweise sind die Hinterlegungsstellen bei einem AG in einem Landgerichtsbezirk konzentriert, so ist z.B. das AG Tiergarten (Turmstraße 91,10559 Berlin – im Strafgericht) die einzige Hinterlegungsstelle in Berlin.

62 I.d.R. wird Geld hinterlegt. Der Gläubiger erhält nach der Einzahlung vom Gericht einen sogenannten Hinterlegungsschein, auch Hinterlegungsquittung genannt. Die Sicherheitsleistung ist damit erbracht.

63 Für die Zwangsvollstreckung muss dem Schuldner gem. § 751 Abs. 2 ZPO jedoch eine Abschrift dieses Hinterlegungsscheins mindestens gleichzeitig mit Beginn der Vollstreckungsmaßnahme zugestellt werden.

64 In der Praxis wird meistens jedoch die Sicherheitsleistung durch **Bankbürgschaft** erbracht, da dies für den Gläubiger die kostengünstigere Variante darstellt. Dabei räumt i.d.R. die Hausbank des Gläubigers diesem für den Bürgschaftsbetrag einen gesonderten Kreditrahmen ein, der durch Vermögenswerte des Gläubigers teilweise abgesichert ist. Der Gläubiger muss dabei nicht den gesamten Sicherungsbetrag in bar aufbringen und zahlt lediglich die Kreditzinsen.

65 Gem. § 765 BGB ist die Bürgschaft von der Rechtsnatur her ein Vertrag. Die Bürgschaftsurkunde der Bank stellt dabei den Vertragsantrag dar, der Schuldner müsste diesen Antrag nur noch annehmen. Im Rahmen der Zwangsvollstreckung kann es jedoch auf den Willen des Schuldners nicht ankommen, da er mit einer Verweigerung die Erbringung der Sicherheitsleistung verhindern könnte.

Der Bürgschaftsvertrag kommt daher zustande, wenn die Bürgschaftsurkunde dem Schuldner tatsächlich zugegangen ist. Es handelt sich demnach um einen **Zwangsvertrag.**

66 *Praxistipp:*

Gem. § 132 Abs. 1 BGB gilt die Bürgschaftsurkunde als zugegangen, wenn der Gerichtsvollzieher sie an den Schuldner zugestellt hat.

War ein Prozessbevollmächtigter für den Schuldner im Erkenntnisverfahren bestellt, ist die Zustellung der Bürgschaftsurkunde an diesen auch gem. § 172 ZPO zulässig, aber nicht zwingend erforderlich. Die Zustellung an den Prozessbevollmächtigten ist gem. § 195 ZPO mit schriftlichem Empfangsbekenntnis von Anwalt zu Anwalt zulässig.

In den meisten Fällen ist die Bürgschaft so gestaltet, dass mit der Rückgabe der Bürg- 67
schaftsurkunde die Bürgschaft erlischt. Hier ist **immer** das Original der Bürgschaftsurkunde zuzustellen.

▼

Muster 5.3: Antrag auf Zustellung der Bürgschaft durch den Gerichtsvollzieher 68

An den
Gerichtsvollzieher

(genaue Anschrift)

Eilt!!! Zustellung einer Bankbürgschaft zum Zweck der Erbringung einer Sicherheitsleistung!!!

Sehr geehrter Herr Gerichtsvollzieher,

anliegend überreichen wir Ihnen die Bürgschaftsurkunde der Bank im Original mit der Bitte, die Originalurkunde an den nachstehenden Schuldner:

Schuldner S

(genaue Anschrift)

kurzfristig zuzustellen und uns hierüber eine Zustellungsurkunde zu erteilen.

Mit freundlichen Grüßen

Rechtsanwalt

▲

Anders als beim Hinterlegungsschein muss die Zustellurkunde bzw. das Empfangs- 69
bekenntnis bei einer Zustellung von Anwalt zu Anwalt über die Zustellung der Bankbürgschaft entgegen dem Wortlaut des § 751 Abs. 2 ZPO nicht noch einmal gesondert dem Schuldner zugestellt werden, da dieser bereits Kenntnis über die Erbringung der Sicherheitsleistung erlangt hat (vgl. Zöller/Stöber, § 751 ZPO Rn 6; Zimmermann, § 751 ZPO Rn 3). Der Nachweis über die Zustellung der Bankbürgschaftsurkunde muss dann aber gegenüber dem jeweiligen Vollstreckungsorgan erbracht werden.

Nachstehende Skizze soll noch einmal die beiden Möglichkeiten der Erbringung einer Si- 70
cherheitsleistung darstellen.

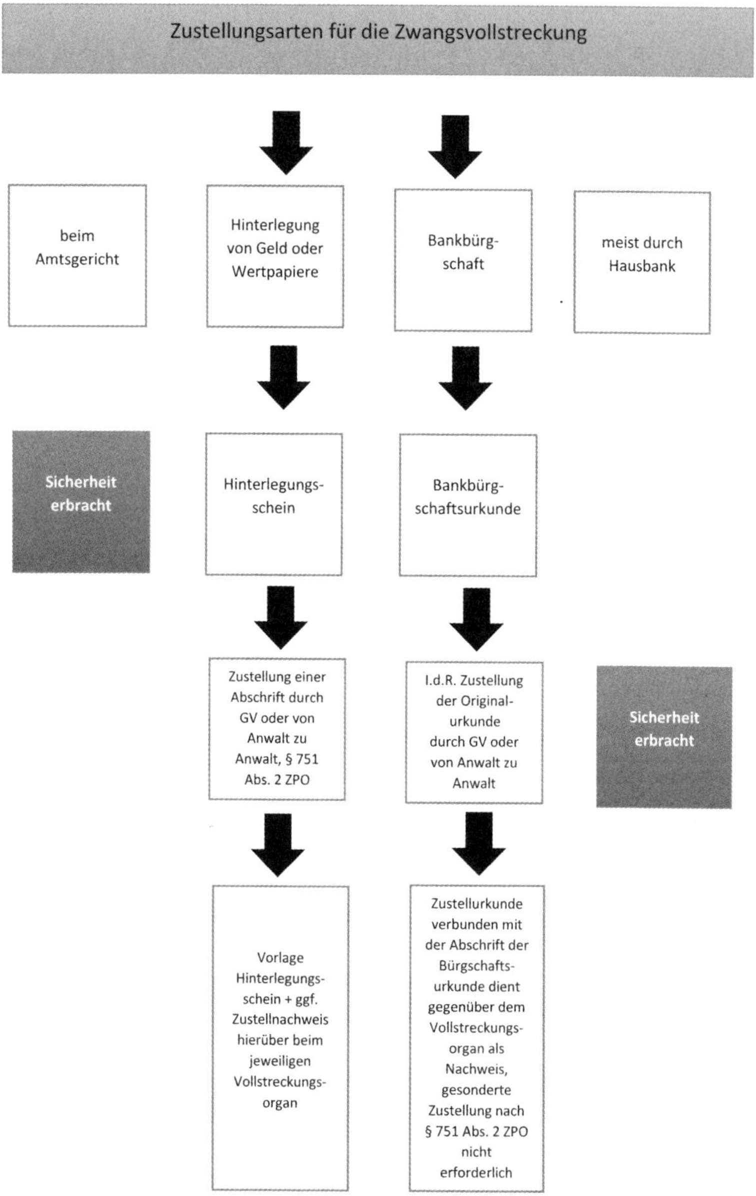
Zustellungsarten für die Zwangsvollstreckung
beim Amtsgericht
Hinterlegung von Geld oder Wertpapiere
Bankbürgschaft
meist durch Hausbank
Sicherheit erbracht
Hinterlegungsschein
Bankbürgschaftsurkunde
Zustellung einer Abschrift durch GV oder von Anwalt zu Anwalt, § 751 Abs. 2 ZPO
I.d.R. Zustellung der Originalurkunde durch GV oder von Anwalt zu Anwalt
Sicherheit erbracht
Vorlage Hinterlegungsschein + ggf. Zustellnachweis hierüber beim jeweiligen Vollstreckungsorgan
Zustellurkunde verbunden mit der Abschrift der Bürgschaftsurkunde dient gegenüber dem Vollstreckungsorgan als Nachweis, gesonderte Zustellung nach § 751 Abs. 2 ZPO nicht erforderlich

Gem. § 752 ZPO ist eine **Teilvollstreckung** auch bei Titeln mit Sicherheitsleistung möglich. Dabei muss der Gläubiger nicht die gesamte Sicherheitsleistung erbringen, sondern nur im Verhältnis des Teilbetrags zum Gesamtbetrag. Die zu erbringende Sicherheitsleistung berechnet sich nach nachstehender Formel (vgl. Zöller/Stöber, § 752 ZPO Rn 2): 71

$$\frac{\text{zu vollstreckender Teil} \times \text{Gesamtsicherheitsleistung}}{\text{Gesamtbetrag der zu vollstreckenden Forderung}}$$

Beispiel:

Der Gläubiger G hat einen titulierten Anspruch gegen den Schuldner S auf Zahlung von 2.000,00 €. Das zugrunde liegende Urteil ist vorläufig vollstreckbar gegen Sicherheitsleistung i.H.v. 2.200,00 €. Gläubiger G will nunmehr nur wegen eines Teilbetrages von 500,00 € gegen S vollstrecken. In welcher Höhe muss die Teil-Sicherheitsleistung erbracht werden?

$$\frac{\text{500,00 € (zu vollstreckender Teil)} \times \text{2.200,00 € (Gesamtsicherheitsleistung)}}{\text{2.000,00 € (Gesamtbetrag der zu vollstreckenden Forderung)}}$$

Es müsste hier eine Teil-Sicherheitsleistung i.H.v. 550,00 € erbracht werden.

V. Zug-um-Zug-Leistung

Bei Zug-um-Zug-Leistungen hängt die zu vollstreckende Leistung von einer zu erbringenden Gegenleistung des Gläubigers gegenüber dem Schuldner ab. Dies gestaltet die Zwangsvollstreckung in der Praxis mitunter recht schwierig. Bei einer Zug-um-Zug-Leistung muss nämlich entweder die Befriedigung des Schuldners oder der Annahmeverzug des Schuldners in Form einer öffentlichen oder öffentlichen beglaubigten Urkunde nachgewiesen werden. 72

1. Vollstreckung durch den Gerichtsvollzieher

Meist liegt kein geeigneter Nachweis über die Befriedigung des Schuldners vor, sodass der Gerichtsvollzieher erst einmal den Schuldner in Annahmeverzug setzen soll. Dies geschieht in der Form, dass die Leistung dem Schuldner zunächst angeboten werden muss und dieser die Abnahme verweigert. 73

Der Annahmeverzug richtet sich nach dem BGB und unterscheidet in ein tatsächliches Angebot (§ 294 BGB) und in ein wörtliches Angebot des Gläubigers (§ 295 BGB). 74

Nur in sehr seltenen Fällen wird der Gerichtsvollzieher mit dem tatsächlichen Angebot der Gegenleistung beauftragt. Dies bietet sich nur bei kleinen Gegenständen, wie z.B. ei- 75 nem Ring, an. Bereits das tatsächliche Anbieten eines Pkws wäre schwieriger, das Anbieten einer großen Industrieanlage fast unmöglich.

76 I.d.R. wird der Gerichtsvollzieher daher mit dem Anbieten eines wörtlichen Angebots beauftragt, bei dem er die Gegenleistung dem Schuldner wörtlich anbietet.

77 Verweigert der Schuldner die Annahme des wörtlichen Angebots ausdrücklich während oder unmittelbar vor dem Vollstreckungsverfahren gem. § 756 Abs. 2 ZPO, so liegt Annahmeverzug vor. Diesen Annahmeverzug bescheinigt der Gerichtsvollzieher in Form einer öffentlichen Urkunde, die für weitere Vollstreckungsmaßnahmen genutzt werden kann.

78 Bei einem **Schweigen** des Schuldners kann jedoch nicht von einer Annahmeverweigerung ausgegangen werden, § 756 Abs. 2 ZPO findet hier keine Anwendung. Da der Gerichtsvollzieher die Gegenleistung auch nicht tatsächlich anbieten kann, kann der Schuldner die Vollstreckung zunächst verhindern.

2. Vollstreckung durch sonstige Vollstreckungsorgane

79 Alle anderen Vollstreckungsorgane (Vollstreckungsgericht, Prozessgericht, Grundbuchamt, s. Rdn 4) können dem Schuldner die Gegenleistung weder tatsächlich noch wörtlich anbieten. Sie überprüfen lediglich vor Beginn der Vollstreckungsmaßnahme, ob der Schuldner befriedigt wurde oder ob Annahmeverzug vorliegt. Gem. § 765 Nr. 1 ZPO muss der Nachweis hierüber durch öffentliche oder öffentlich beglaubigte Urkunde geführt werden und es muss grds. eine Abschrift dieser Urkunde bereits zugestellt worden sein bzw. gleichzeitig mit der Vollstreckungsmaßnahme zugestellt werden.

3. Nachweismöglichkeiten

80 Gem. § 765 Nr. 2 ZPO reicht aber das **Gerichtsvollzieherprotokoll** aus, wenn der Gerichtsvollzieher ein wörtliches Angebot an den Schuldner abgegeben und dieser das Angebot ausdrücklich abgelehnt hat.

81 Hat der Gläubiger seine Gegenleistung bereits erbracht und ist der Schuldner somit befriedigt, muss der Nachweis mit öffentlicher oder öffentlich beglaubigter Urkunde geführt werden. Vielfach wird in der Praxis jedoch vom Schuldner nur eine einfache schriftliche Quittung erteilt.

82 *Praxistipp:*

Der Gläubiger könnte diese einfache schriftliche Quittung dennoch beim jeweiligen Vollstreckungsorgan einreichen und den Antrag stellen, dass der Schuldner zur Stellungnahme aufzufordern ist.

Bei einem Zugeständnis des Schuldners, dass eine Befriedigung vorliegt, ist ein Nachweis in öffentlicher Form entbehrlich.

Schweigt hingegen der Schuldner und ist es dem Gläubiger nicht möglich, die Befriedigung mit einer öffentlichen oder öffentlich beglaubigten Urkunde nachzuweisen, so hat der Gläubiger ein Rechtsschutzbedürfnis für eine Feststellungsklausel. 83

VI. Fälligkeit

Ist ein Anspruch von einer Fälligkeit abhängig, die nach dem Kalender bestimmt oder bestimmbar ist, so hat das jeweilige Vollstreckungsorgan gem. § 751 Abs. 1 ZPO zu überprüfen, ob der Kalendertag bereits abgelaufen ist. 84

Nur bei Fälligkeit darf die Vollstreckungsmaßnahme durchgeführt werden, anderenfalls ist der Antrag abzulehnen.

VII. Wartefristen

§ 798 ZPO sieht für bestimmte, dort genannte Titel eine Wartefrist von zwei Wochen ab Zustellung vor. Erst nach Ablauf der Wartefrist ist die Zwangsvollstreckung bei diesen Titeln zulässig. Die wichtigsten Titel des § 798 ZPO sind 85

- die Kostenfestsetzungsbeschlüsse und
- die vollstreckbaren Ausfertigungen einer notariellen Urkunde.

Praxistipp: 86

Der **Prozessvergleich** ist im Übrigen in § 798 ZPO nicht genannt, so dass es hier grundsätzlich **keiner Wartefrist** bedarf.

Leider nehmen insbesondere Auszubildende hierbei immer wieder fehlerhaft eine Wartefrist an und verschenken ggf. „wertvolle" Zeit. Eventuell ist dieses „Fehlwissen" einmal dadurch entstanden, dass die Parteien grundsätzlich im Wege der Privatautonomie auch einen sogenannten „Vergleichswiderruf" vereinbaren können und hierbei meist eine Frist von ebenfalls zwei Wochen eingeräumt wird, die aber willkürlich vereinbart werden kann und somit auch kürzer oder länger sein könnte, da es keine gesetzliche Regelung hierüber gibt. Während dieser Vergleichswiderrufsfrist ist der Prozessvergleich aber noch nicht bestandskräftig und daher noch nicht vollstreckungsfähig, mit der Wartefrist nach § 798 ZPO hat dies aber allerdings nichts zu tun.

Eine andere Wartefrist von ebenfalls zwei Wochen ist in § 750 Abs. 3 ZPO geregelt. Wird eine **Sicherungsvollstreckung** nach § 720a ZPO betrieben, so müssen das Urteil und die Vollstreckungsklausel zwei Wochen vor Beginn der Vollstreckung zugestellt sein. 87

Sämtliche Wartefristen sind besondere Zwangsvollstreckungsvoraussetzungen, die das jeweilige Vollstreckungsorgan eigenständig vor Beginn der Vollstreckungsmaßnahme überprüfen muss. 88

VIII. Vollstreckungshindernisse

89 Ferner ist als Letztes zu prüfen, ob Vollstreckungshindernisse vorliegen. Diese Hindernisse werden durch Gerichtsbeschlüsse festgestellt, wie z.B. durch:

- einstweilige Einstellung der Zwangsvollstreckung nach § 769 ZPO (z.B. bis über eine Vollstreckungsabwehrklage entschieden ist),
- Einstellung der Zwangsvollstreckung nach § 775 ZPO und
- Eröffnung eines Insolvenzverfahrens, § 89 Insolvenzordnung (InsO).

90 **Checkliste Voraussetzungen der Vollstreckung**

	Voraussetzungen	**nein**	**ja**
allgemeine Zwangsvollstreckungsvoraussetzungen	**1. Titel**		
	Vollstreckungsfähiger Inhalt?	☐	☐
	Urteil oder besonderer Titel § 794? Bei Titeln nach § 794 ggf. auf Besonderheiten achten, §§ 795 ff. ZPO.	☐	☐
	2. Klausel		
	Einfache Klausel?	☐	☐
	Ggf. qualifizierte Klausel erforderlich (titelergänzend oder titelübertragende Klausel?	☐	☐
	Rapidklausel beantragen?	☐	☐
	Klausel entbehrlich (z.B. Vollstreckungsbescheide, Arreste etc.)?	☐	☐
	3. Zustellung		
	Vom Amts wegen?	☐	☐
	Im Parteibetrieb?	☐	☐
	Spätestens zeitgleich mit Zwangsvollstreckung § 750 Abs. 1 ZPO.	☐	☐
	Besondere Zeitpunkte der Zustellung z.B. bei Arresten und einstweiligen Verfügungen.	☐	☐
besondere Zwangsvollstreckungsvoraussetzungen	**4. Sicherheitsleistung erforderlich?**		
	(Check, ob Urteil nicht bereits rechtskräftig geworden ist, dann Rechtskraftvermerk anfordern.)	☐	☐

	Voraussetzungen	nein	ja
	5. Zug-um-Zug-Verurteilung? Nachweis der Befriedigung oder über einen Annahmeverzug des Schuldners mit öffentlicher oder öffentlich beglaubigter Urkunde?	☐	☐
	6. Fälligkeit § 751 Abs. 1 ZPO?	☐	☐
	7. Einhaltung der Wartefristen §§ 798 und 750 Abs. 3 ZPO, jeweils zwei Wochen. (z.B. bei KFBs und notariellen Urkunden)	☐	☐
	8. Keine Vollstreckungshindernisse? (z.B. einstweilige Einstellung nach § 769 ZPO oder eröffnetes Insolvenzverfahren).	☐	☐

D. Informationsbeschaffung

Je mehr Informationen über den Schuldner vorliegen, desto effektiver und erfolgreicher kann die Zwangsvollstreckung gegen ihn betrieben werden. Es ist ratsam, Informationen über pfändbares Vermögen des Schuldners zu erlangen, weil seit Jahren die Sachpfändungsaufträge immer erfolgloser verlaufen. Besonders Pfändungen von Bankguthaben und Lohnpfändungen sind sehr effektiv und erhöhen – auch wenn kein pfändbares Vermögen vorhanden ist – den Druck auf den Schuldner. 91

Die wichtigsten Quellen bei der Informationsbeschaffung sind: 92

- Mandant,
- amtliche Register,
- Internet,
- sonstige Informationsdienste.

> *Hinweis:* 93
>
> Am 1.1.2013 trat das **Gesetz zur Reform der Sachaufklärung in der Zwangsvollstreckung** (ZwVollStrÄndG) in Kraft, das eine deutliche Erleichterung bei der Informationsbeschaffung mit sich brachte, insoweit als die Vermögensauskunft (die ehemals eidesstaatliche Versicherung der Vermögenslosigkeit.) quasi „vorgezogen" wird und der Gerichtsvollzieher auch befugt ist, Auskünfte bei Dritten (Rentenversicherungsträger, Bundesamt f. Steuer und Kraftfahrzeug-Bundesamt) einzuholen.

I. Mandant

94 Als Erstes sollte natürlich der Mandant befragt werden, ob ihm weitergehende Informationen über den Schuldner bekannt sind. Besonders hilfreich dabei können Geschäftsbriefe oder Visitenkarten des Schuldners sein.

95 Bei Großmandanten, die zahlreiche Zwangsvollstreckungsangelegenheiten in Auftrag geben, bietet es sich an, einen „Aufnahmebogen“ für spätere Geschäftsbeziehungen zu entwickeln. So könnte z.B. ein Kfz-Sachverständiger bereits bei Auftragserteilung eines Gutachtens von seinen Kunden formularmäßig das Geburtsdatum und eine Kontoverbindung erfragen.

Die Auskunftsbereitschaft des Kunden bei Auftragserteilung dürfte dabei recht hoch sein. Zahlt der Kunde später nicht, wäre zumindest eine Kontoverbindung bekannt.

II. Amtliche Register

96 Auch können aus diversen amtlichen Registern Informationen über den Schuldner erlangt werden.

1. Einwohnermeldeamt

97 Durch ein Ersuchen beim Einwohnermeldeamt am letzten bekannten Wohnsitz des Schuldners kann die derzeitige aktuelle Anschrift des Schuldners ermittelt werden, sofern sich dieser ordnungsgemäß angemeldet hat. Im Gesuch muss neben dem vollständigen Vor- und Nachnamen die letzte bekannte Meldeanschrift oder das Geburtsdatum des Schuldners angegeben werden. Um eine zügige Bearbeitung zu ermöglichen, sollten vorher beim Einwohnermeldeamt die Kosten für diese Auskunft telefonisch erfragt werden und die erfragten Kosten als Verrechnungsscheck dem Ersuch beigefügt werden. Die Kosten betragen i.d.R. zwischen 5,00 € bis 15,00 €.

2. Postanfrage

98 Kostengünstig und effektiv ist die Überprüfung der Postanschrift durch die Deutsche Post AG durch eine sogenannte **Postanfrage.** Die Post hält hierfür eine gesonderte Auskunftskarte bereit. Die Gebühr für diese Dienstleistung beträgt derzeit 1,00 € für die Prüfkarte zzgl. Beförderungsentgelt von 0,45 €. Die Überprüfung der Anschrift dauert meist nur wenige Tage. Liegt ein Nachsendungsantrag des Schuldners vor, so erhalten Sie die Nachsendeadresse.

99 Die Deutsche Post bietet neben der klassischen Anschriftenüberprüfung per Postkarte auch einen Datei-Check (für umfangreiche Dateien ab 20 Prüfanschriften via Internetupload) oder einen Datei-Check Comfort (Rechenzentrumlösung) an. Der Abruf kostet dabei 0,62 € pro Prüfanschrift. Eine Registrierung ist vorher erforderlich.

3. Handelsregister

Das Handelsregister ist ein öffentliches Verzeichnis, das Eintragungen über die angemeldeten Kaufleute im Gemeindebezirk enthält. Es ist immer beim jeweiligen AG angesiedelt, wobei mehrere Bezirke bei einem AG konzentriert sein können. So ist beim AG Charlottenburg das Handelsregister für alle Berliner Bezirke angesiedelt. 100

In Abteilung B werden die Kapitalgesellschaften (GmbH und AG) eingetragen, alle übrigen Unternehmen (insbes. Einzelkaufleute und Personenhandelsgesellschaften) werden hingegen in Abteilung A eingetragen. 101

Bislang war die Angabe der Firmenanschrift im Handelsregisterausdruck für Zwangsvollstreckungsmaßnahmen meist wertlos, da die Anschrift i.d.R. veraltet war und noch von der Ersteintragung der Gesellschaft stammte. 102

Mit dem Inkrafttreten des Gesetzes zur Modernisierung des GmbH-Rechts und zur Bekämpfung von Missbräuchen (MoMiG) zum 1.11.2008 hat sich dies jedoch grundlegend geändert.

Gem. § 8 GmbH-Gesetz n.F. ist bei Anmeldungen zum Handelsregister eine zustellfähige inländische Anschrift anzugeben, die für alle ersichtlich im Handelsregister eingetragen wird. Diese Regelung gilt auch für Kapitalgesellschaften, sonstigen Personenhandelsgesellschaften und ebenso für Zweigniederlassungen ausländischer Gesellschaften, wie z.B. der Limited. 103

Mit Ablauf der Übergangsfrist am 31.10.2009 wurde von den Registergerichten bei den alt eingetragenen Gesellschaften (vor 1.11.2008) die letzte bekannte inländische Anschrift – jedoch ohne inhaltliche Prüfung – als inländische Zustellanschrift ins Handelsregister eingetragen. 104

Die Gesellschaften müssten dabei um eine Aktualisierung Ihrer im Handelsregister eingetragenen inländischen Zustellanschrift besorgt sein, da gegen sie unter dieser Zustellanschrift sodann im Wege der öffentlichen Zustellung Vollstreckungstitel erwirkt werden können. 105

§ 185 ZPO n.F. wurde dahin gehend abgeändert, dass eine öffentliche Zustellung an die Gesellschaft bereits vorgenommen werden kann, wenn die Zustellung weder unter der eingetragenen Anschrift und unter einer ggf. im Handelsregister eingetragenen Empfangsperson möglich ist, noch unter einer anderen ohne weitere Ermittlungen bekannten zweiten inländischen Anschrift. 106

> *Praxistipp:* 107
>
> Unter www.justiz.de oder unter www.handeslsregister.de kommt man auf das Justizportal des Bundes und der Länder und kann dort die entsprechenden Handelsregisterauskünfte auch online abrufen. Eine vorherige Registrierung ist jedoch erforderlich.

4. Schuldnerverzeichnis

108 Mit Inkrafttreten des ZwVollStrÄndG zum 1.1.2013 wurde erstmals eine **bundesweite Internetplattform** eingerichtet, die dem Gläubiger es ermöglichen, schnell Informationen über einen Schuldner zu erlangen, z.B. ob dieser bereits eine Vermögensauskunft abgegeben hat.

109 Das Schuldnerregister kann dabei unter www.vollstreckungsportal.de abgerufen werden.

5. Gewerberegister

110 Bei den Gemeinden wird ein Gewerberegister geführt, bei dem Gewerbetreibende ihr Gewerbe anmelden und bei Umzug in eine andere Gemeinde oder bei Aufgabe das Gewerbe abmelden müssen. Aktuelle Anschriften müssen dem Gewerbeamt nicht mitgeteilt werden. Die Auskünfte sind daher für die Vollstreckung meist nicht hilfreich.

Immer mehr Gemeinden bieten den Abruf mittlerweile auch online an, so z.B. Berlin mit seiner online-Gewerberegisterauskunft unter www.berlin.de. Es ist jedoch eine vorherige Registrierung erforderlich.

6. Grundbuchamt

111 Insbes. vor Vollstreckungsmaßnahmen wegen Geldforderungen in Immobilien (Zwangssicherungshypothek, Zwangsverwaltung und Zwangsversteigerung) sollte vorher ein Grundbuchausdruck beim betreffenden Grundbuchamt beantragt werden. Die Grundbuchämter werden bei den AG geführt. Der Grundbuchausdruck ist eine Abschrift aller Einträge im Grundbuch.

112 Im Antrag auf Erteilung eines Grundbuchausdrucks muss jedoch ein berechtigtes Interesse nachgewiesen werden. Es muss daher zumindest ein Vollstreckungstitel gegen den Grundstückseigentümer vorliegen.

113 Für die Zwangsvollstreckung sind dabei insbes. Abteilung 1 und Abteilung 3 interessant. Aus Abteilung 1 ergibt sich das Eigentumsverhältnis, z.B. ob der Schuldner Alleineigentümer ist. Aus Abteilung 3 ist ferner ersichtlich, ob und in welcher Höhe vorrangige Verbindlichkeiten auf dem Grundstück lasten.

114 Für Rechtsanwaltsfachangestellte, die selten einen Grundbuchauszug gesehen haben, wird nachstehend ein Ausdruck aus einem Wohnungsgrundbuch abgebildet. In Abteilung 1 ist der Schuldner als Eigentümer eingetragen. In Abteilung 3 ist eine Grundschuld i.H.v. 450.000,00 € zugunsten der Landesbank Berlin eingetragen. Bei einer solch hohen vorrangigen Verbindlichkeit ist lediglich die Eintragung einer Zwangssicherungshypothek anzuraten. Zwangsverwaltung und Zwangsversteigerung wären hingegen mit hohen Kosten verbunden, eine Befriedigung ist wegen der vorrangigen Verbindlichkeit fast ausgeschlossen.

Amtsgericht Tempelhof-Kreuzberg

Grundbuch

von

Mariendorf

Blatt ____________

Wohnungsgrundbuch

Grundbuch von Mariendorf Blatt

Bestandsverzeichnis

Bogen B-E 1

Lfd. Nr. der Grundstücke	Bisherige lfd. Nr. d. Grundstücke	Bezeichnung der Grundstücke und der mit dem Eigentum verbundenen Rechte: Gemarkung * Flur	Flurstück	Wirtschaftsart und Lage	Größe m²
1	2	3 a/b		3c	4
1	–	243,798/10.000		Miteigentumsanteil an dem Grundstück	
		4	34/2	Gebäude- und Freifläche ANSCHRIFT	1087

verbunden mit dem Sondereigentum an

der Wohnung Nr. 6

laut Aufteilungsplan.

Für jeden Miteigentumsanteil ist ein besonderes Grundbuch angelegt (Blätter bis).
Der hier eingetragene Miteigentumsanteil ist durch die zu den anderen Miteigentumsanteilen gehörenden Sondereigentumsrechte beschränkt.

Veräußerungsbeschränkung: Zustimmung durch Verwalter;
Ausnahme: Veräußerung
an Ehegatten,
an Verwandte gerader Linie,
an Verwandte zweiten Grades der Seitenlinie,
durch Zwangsvollstreckung,
durch Insolvenzverwalter,
durch Konkursverwalter,
durch derzeitige Eigentümer Christian Bröcker und Karin Bröcker geb. Stollberg.

Wegen Gegenstand und Inhalt des Sondereigentums wird Bezug genommen auf die Bewilligungen vom und vom ; (UR-Nrn. und , Notar in Berlin); hierher übertragen aus Blatt ; eingetragen am

* Wenn die Angabe der Gemarkung fehlt, stimmt ihre Bezeichnung mit der des Grundbuchbezirks überein.

Grundbuch von Mariendorf Blatt .

Erste Abteilung

Bogen I-E 1

Lfd. Nr. der Eintragungen	Eigentümer	Lfd. Nr. der Grundstücke im Bestandsverzeichnis	Grundlage der Eintragung
1	2	3	4
1	SCHULDNER S geb. ??? ,	1	Teilung nach § 8 WEG; eingetragen am

Grundbuch von Mariendorf Blatt

Zweite Abteilung Bogen II-E 1

Lfd. Nr. der Eintragungen	Lfd. Nr. der betroffenen Grundstücke im Bestandsverzeichnis	Lasten und Beschränkungen
1	2	3
1	1	Eigentumsübertragungsvormerkung für , Berlin Gemäß Bewilligung vom (UR-Nr. Notar in Berlin) eingetragen am . Kuske

Grundbuch von Mariendorf Blatt

Dritte Abteilung

Bogen III-E 1

Lfd. Nr. der Eintragungen	Lfd. Nr. der belasteten Grundstücke im Bestandsverzeichnis	Betrag	Hypotheken, Grundschulden, Rentenschulden
1	2	3	4
1	1	450.000,00 EUR	Grundschuld **ohne Brief** zu vierhundertfünfzigtausend Euro für die Landesbank Berlin - Girozentrale -, Berlin. 15 % Zinsen. Vollstreckbar nach § 800 ZPO Gemäß Bewilligung vom 20.10.2004 (UR-Nr. Notar in Berlin) eingetragen am in Blatt . Infolge Begründung von Wohnungseigentum zur Gesamthaft nach Blätter 14239 bis 14270 übertragen am

III. Internet

115 Früher wurden Informationen über den Schuldner aus dem örtlichen Telefonbuch oder von der Telefonauskunft gewonnen. Heute bietet das Internet jedoch eine ganz neue Qualität der Informationssuche. Die Internetrecherche mittels diverser Suchmaschinen ist in der Anwaltskanzlei und wohl auch im Privatbereich nicht mehr wegzudenken, sodass es sogar zu einer Wortneuschöpfung, die am Marktführer der Suchmaschinen angelehnt ist, kam. Informationen werden heute „gegoogelt".

Diese Form der Recherche ist besonders bei Firmen recht erfolgreich und v. a. kostengünstig.

116 Folgende Internetseiten sind bei der Internetrecherche nützlich:

- www.telefonbuch.de (für die bundesweite Anschriftensuche)
- www.insolvenzbekanntmachungen.de (für die Überprüfung, ob bereits ein Insolvenzverfahren des Schuldners eröffnet worden ist)

IV. Sonstige Informationsdienste

117 Bei größeren Forderungen kann auch die Beauftragung einer Detektei angedacht oder eine Auskunft aus der SCHUFA beantragt werden. Beide Varianten sind kostenintensiver und sollten daher nur bei größeren Forderungen in Betracht gezogen werden. Auf jeden Fall sollten entsprechende Kostenvoranschläge eingeholt und diese veranschlagten Kosten mit dem Mandanten abgestimmt werden. Die Kosten sind grds. auch im Wege der Zwangsvollstreckung beizutreiben, bei einer erfolglosen Vollstreckung würde der Mandant jedoch die Kosten selber tragen müssen.

E. Einzelne Vollstreckungsmaßnahmen

I. Vermögensauskunft

118 Am 1.1.2013 trat das **Gesetz zur Reform der Sachaufklärung in der Zwangsvollstreckung** (ZwVollStrÄndG) in Kraft, dass insbesondere die Informationsbeschaffung in der Zwangsvollstreckung für den Gläubiger erleichtert. In der Vergangenheit war die Informationsbeschaffung nämlich häufig die Schwachstelle der Zwangsvollstreckung, da der Gläubiger erst immer recht spät von möglichen Vermögenswerten des Schuldners im Verfahren zur Abgabe der eidesstattlichen Versicherung erfahren hat.

119 Durch das ZwVollStr.ÄndG 2013 würde das Zwangsvollstreckungsrecht umfassend mit folgenden Änderungen reformiert:

- Pflicht zur Vermögensauskunft bereits **vor gescheitertem** Sachpfändungsversuch,
- **Einholung von Fremdauskünften** über Schuldnervermögen durch den Gerichtsvollzieher erlaubt,

- **Modernisierung** der neuen Vermögensauskunft (alt. e.V.) sowie der Vermögensverzeichnisse,
- Einrichtung eines landesweiten **Zentralschuldnerregisters im Internet** sowie
- Planung verbindlicher Formulare zur Standardisierung des Zwangsvollstreckungsauftrages.

1. Allgemeines

Grundsätzlich ist der **Gläubiger Herr der Verfahrens** und besitzt die Entscheidungsfreiheit, ob und in welchem Umfang er im Einzelfall von seinem Recht auf Zwangsvollstreckung und mit welcher Maßnahme er Gebrauch machen will. Für eine wirkungsvolle Zwangsvollstreckung benötigt der Gläubiger jedoch konkrete Informationen über verwertbares Vermögen des Schuldners. Nach dem alten Recht (bis Dezember 2012) musste jedoch erst ein Versuch der Sachpfändung (der Pfändung von beweglichen Gegenständen) in das Eigentum des Schuldners erfolglos durchgeführt worden sein, bevor er eine Vermögensauskunft im Wege der eidesstattlichen Versicherung vom Schuldner verlangen kann. 120

Mit dem Inkrafttreten des ZwVollStrÄndG **zum 1.1.2013** wurde die neue Vermögensauskunft auf Antrag des Gläubigers quasi als **„Auskunftsstufe“ vorgezogen** und der Gläubiger kann auch vor einem gescheiterten Sachpfändungsversuch, die Auskunft über das Vermögen des Schuldners verlangen. 121

Die Stellung eines **Kombiauftrages** (Sachpfändung mit anschließender eidesstattlicher Versicherung vgl. die Ausführungen unter Rdn 312) wird dadurch **entbehrlich, ist jedoch grd. auch weiterhin möglich**. 122

Für das Verlangen auf Abgabe der Vermögensauskunft müssen lediglich die allgemeinen und besonderen Zwangsvollstreckungsmaßnahmen vorliegen und der Gläubiger muss einen entsprechenden Vollstreckungsantrag beim zuständigen Gerichtsvollzieher stellen. Die vollstreckbare Ausfertigung des Titels und evtl. Nachweise über bisherige Vollstreckungskosten sind wie gewohnt beizufügen. 123

Die Regelbefugnisse des Gerichtsvollziehers sind dabei in § 802a ZPO konkret bezeichnet. Grundsätzlich hat der Gerichtsvollzieher im gesamten Verfahren auf eine zügige und Kosten sparende Betreibung der Geldforderung hinzuwirken (§ 802a Abs. 1 ZPO) und besitzt folgende Befugnisse (Abs. 2): 124

- eine gütliche Einigung der Sache zu versuchen (§ 802b ZPO),
- eine Vermögensauskunft des Schuldners einzuholen (§ 802c ZPO),
- Auskünfte Dritter über das Vermögen des Schuldners einzuholen (§ 802l ZPO),
- die Pfändung und Verwertung körperlicher Sachen zu betreiben (§§ 808 ff. ZPO),
- eine Vorpfändung durchzuführen (§ 845 ZPO). Hierfür bedarf es nicht der vorherigen Erteilung einer vollstreckbaren Ausfertigung und der Zustellung des Schuldtitels.

125 Die gewünschte Maßnahme ist vom Gläubiger im Vollstreckungsauftrag konkret zu bezeichnen.

126 Eine **gütliche Erledigung** der Sache soll im **gesamten Verfahren** möglich sein und ist daher auch im Vollstreckungsauftrag nur zu bezeichnen, wenn sich der Auftrag auf die gütliche Einigung beschränkt, was in der Praxis wohl recht selten vorkommen dürfte.

127 Die gütliche Einigung ist in § 802b ZPO geregelt und sieht vor, dass der Gerichtsvollzieher dem Schuldner

- eine **Zahlungsfrist** einräumen oder
- **Ratenzahlungen** vereinbaren kann,

sofern der Gläubiger Zahlungsvereinbarungen grundsätzlich nicht ausgeschlossen hat. Die Tilgung sollte dabei jedoch **innerhalb von zwölf Monaten** abgeschlossen sein.

128 Hat der Gerichtsvollzieher eine entsprechende Zahlungsvereinbarung getroffen, so informiert er den Gläubiger hierüber und dieser hat dann noch die Möglichkeit, unverzüglich der Vereinbarung im Nachhinein zu widersprechen. In diesem Fall wird der Schuldner über den **Widerspruch** informiert und die Vereinbarung ist damit hinfällig. Gleiches gilt auch, wenn der Schuldner mit einer vereinbarten Zahlung ganz oder teilweise länger als **zwei Wochen in Verzug** ist.

129 Nach Art. 1 ZwVollStrÄndG, § 753 Abs. 3 ZPO wird das Bundesministerium der Justiz dazu ermächtigt, durch Rechtsverordnung mit Zustimmung des Bundesrates **verbindliche Formulare** für den Antrag der Zwangsvollstreckung einzuführen. Spezielle Formulare können zudem auch für elektronisch eingereichte Anträge zur Zwangsvollstreckung eingeführt werden.

Zuerst wurden vom BMJV nur Formulare für den Pfändungs- und Überweisungsbeschluss sowie den Antrag auf Erlass einer richterlichen Durchsuchungsanordnung eingefügt.

Durch die Gerichtsvollzieherformular-Verordnung vom 28.9.2015 (BGBl I S. 1586) ist ein Formular für den Vollstreckungsauftrag an den Gerichtsvollzieher zur Vollstreckung von Geldforderungen eingeführt worden. Die Nutzung des Formulars ist **seit 1.4.2016 zwingend** vorgeschrieben.

130 Mit Wirkung vom 1.12.2016 ist das Formular insbesondere wegen neuer rechtlicher Regelungen letztmalig überarbeitet worden.

5.4

131

Muster 5.4: Gerichtsvollzieherauftrag

Vollstreckungsauftrag an die Gerichtsvollzieherin/den Gerichtsvollzieher
– zur Vollstreckung von Geldforderungen –

☐ Amtsgericht
☐ Verteilungsstelle für Gerichtsvollzieheraufträge
☐ Geschäftsstelle
☐ Frau/Herrn Haupt-/Ober-/Gerichtsvollzieher/-in

Straße, Hausnummer

Postleitzahl, Ort

Kontaktdaten des
☐ Gläubigers
☐ Gläubigervertreters

Telefon	
Fax	
E-Mail	
Rechtsverbindliche elektronische Kommunikationswege (z. B. De-Mail, EGVP, besonderes Anwaltspostfach)	
Geschäftszeichen	

☐ Der Gläubiger beabsichtigt, für die Gerichtsvollzieherkosten ein SEPA-Lastschriftmandat zu erteilen.

In der Zwangsvollstreckungssache

Module:

A **Parteien**

Zutreffendes markieren ☒ bzw. ausfüllen

A 1

Gläubiger	
Herrn/Frau/Firma	Straße, Hausnummer
Postleitzahl, Ort	Land (wenn nicht Deutschland)

A 2

Gesetzlicher Vertreter des Gläubigers (Angaben bei jeder Art der gesetzlichen Vertretung, z. B. durch Mutter, Vater, Vormund, Geschäftsführer)	
Herrn/Frau/Firma	Straße, Hausnummer
Postleitzahl, Ort	Land (wenn nicht Deutschland)

A 3

Bevollmächtigter des Gläubigers (Angaben bei jeder Art der Bevollmächtigung, z. B. Rechtsanwalt, Inkassounternehmen)	
Herrn/Frau/Firma	Straße, Hausnummer
Postleitzahl, Ort	Land (wenn nicht Deutschland)

1

A 4 **Bankverbindung des**

☐ Gläubigers ☐ Gläubigervertreters ☐ abweichenden Kontoinhabers/der abweichenden Kontoinhaberin:

zur Überweisung eingezogener Beträge

IBAN:	BIC: (Angabe kann entfallen, wenn IBAN mit DE beginnt)

Verwendungszweck, ggf. Geschäfts- bzw. Kassenzeichen:

gegen

A 5 **Schuldner**

Herrn/Frau/Firma	Straße, Hausnummer
Postleitzahl, Ort	Land (wenn nicht Deutschland)

Geburtsname, -datum und -ort/Registergericht und Handelsregisternummer (soweit bekannt)

A 6 **Gesetzlicher Vertreter des Schuldners** (Angaben bei jeder Art der gesetzlichen Vertretung, z. B. durch Mutter, Vater, Vormund, Geschäftsführer)

Herrn/Frau/Firma	Straße, Hausnummer
Postleitzahl, Ort	Land (wenn nicht Deutschland)

A 7 **Bevollmächtigter des Schuldners** (Angaben bei jeder Art der Bevollmächtigung, z. B. Rechtsanwalt)

Herrn/Frau/Firma	Straße, Hausnummer
Postleitzahl, Ort	Land (wenn nicht Deutschland)

A 8 **Geschäftszeichen des Schuldners bzw. des gesetzlichen Vertreters oder des Bevollmächtigten des Schuldners**

B ☐ Ich reiche nur die ausgefüllten Seiten ____________
(Bezeichnung der Seiten)
dem Gericht bzw. der Gerichtsvollzieherin/dem Gerichtsvollzieher ein.

2

überreiche ich

C **die Anlage/-n**

Dazu bitte die Hinweise zum Ausfüllen und Einreichen des Vollstreckungsauftrags (Anlage 2 des Formulars) beachten.

☐ Vollstreckungstitel
(Titel bitte nach Art, Gericht/Notar/Behörde, Datum und Geschäftszeichen bezeichnen)

☐ Vollmacht

☐ Geldempfangsvollmacht

☐ Forderungsaufstellung gemäß der Anlage 1 des Formulars

☐ Forderungsaufstellung gemäß sonstiger Anlage/-n des Gläubigers/Gläubigervertreters ______

☐ Anwaltskosten für weitere Vollstreckungsmaßnahmen gemäß zusätzlicher Anlage/-n ______

☐ Inkassokosten gemäß § 4 Absatz 4 des Einführungsgesetzes zum Rechtsdienstleistungsgesetz (RDGEG) gemäß Anlage/ n ______

☐ ______

☐ ______

wegen der aus der Anlage/den Anlagen ersichtlichen Forderung/-en
zur Durchführung des folgenden Auftrags/der folgenden Aufträge:

D ☐ **Zustellung**

E **gütliche Erledigung (§ 802b der Zivilprozessordnung – ZPO)**

E 1 ☐ Ich bin einverstanden, dass die folgende Zahlungsfrist gewährt wird: ______

E 2 ☐ Mit der Einziehung von Teilbeträgen bin ich einverstanden.
☐ Ratenhöhe mindestens ______ Euro
☐ monatlicher Turnus ☐ sonstiger Turnus: ______

E 3 ☐ Ich bin mit einer Abweichung von den Zahlungsmodalitäten nach dem Ermessen der Gerichtsvollzieherin/des Gerichtsvollziehers einverstanden.

E 4 sonstige Weisungen
☐ ______

E 5 ☐ Der Auftrag beschränkt sich auf die gütliche Erledigung.

F **keine Zahlungsvereinbarung**

☐ Mit einer Zahlungsvereinbarung bin ich nicht einverstanden (§ 802b Absatz 2 Satz 1 ZPO).

3

G	**Abnahme der Vermögensauskunft** (bitte Hinweise in der Anlage 2 des Formulars beachten)
G1	☐ nach den §§ 802c, 802f ZPO (ohne vorherigen Pfändungsversuch)
G2	☐ nach den §§ 802c, 807 ZPO (nach vorherigem Pfändungsversuch) Sofern der Schuldner wiederholt nicht anzutreffen ist, ☐ bitte ich um Rücksendung der Vollstreckungsunterlagen. ☐ beantrage ich, das Verfahren zur Abnahme der Vermögensauskunft nach den §§ 802c, 802f ZPO einzuleiten.
G3	☐ erneute Vermögensauskunft nach § 802d ZPO (wenn der Schuldner bereits innerhalb der letzten zwei Jahre die Vermögensauskunft abgegeben hat) Die Vermögensverhältnisse des Schuldners haben sich wesentlich geändert, weil __________ Zur Glaubhaftmachung füge ich bei: __________
G4	weitere Angaben im Zusammenhang mit der Vermögensauskunft ☐ __________

H	☐ **Erlass des Haftbefehls nach § 802g ZPO** Bleibt der Schuldner dem Termin zur Abgabe der Vermögensauskunft unentschuldigt fern oder weigert er sich ohne Grund, die Vermögensauskunft zu erteilen, beantrage ich den Erlass eines Haftbefehls nach § 802g Absatz 1 ZPO. Die Gerichtsvollzieherin/den Gerichtsvollzieher bitte ich, den Antrag an das zuständige Amtsgericht weiterzuleiten und dieses zu ersuchen, nach Erlass des Haftbefehls diesen an ☐ den Gläubiger ☐ den Gläubigervertreter zu übersenden. ☐ die zuständige Gerichtsvollzieherin/den zuständigen Gerichtsvollzieher weiterzuleiten. Gegenüber der Gerichtsvollzieherin/dem Gerichtsvollzieher stelle ich den Antrag auf Verhaftung des Schuldners.

I	☐ **Verhaftung des Schuldners (§ 802g Absatz 2 ZPO)**		
	Haftbefehl des Amtsgerichts	Datum	Geschäftszeichen
	__________	______	______

J	☐ **Vorpfändung (§ 845 ZPO)** Anfertigung der Benachrichtigung über die Vorpfändung und Zustellung sowie unverzügliche Mitteilung über die Vorpfändung ☐ für pfändbare Forderungen, die der Gerichtsvollzieherin/dem Gerichtsvollzieher bekannt sind oder bekannt werden ☐ für die folgenden Forderungen: __________

K	☐ **Pfändung körperlicher Sachen**
K1	☐ Pfändung von Forderungen aus Wechseln und anderen Papieren, die durch Indossament übertragen werden können
K2	☐ Taschenpfändung/Kassenpfändung
K3	☐ Pfändung soll nach Abnahme der Vermögensauskunft durchgeführt werden, soweit sich aus dem Vermögensverzeichnis pfändbare Gegenstände ergeben.

4

K4 ☐ Mit der Erteilung einer Fruchtlosigkeitsbescheinigung nach § 32 der Geschäftsanweisung für Gerichtsvollzieher (GVGA) bin ich **nicht** einverstanden.

K5 Aufträge und Hinweise zur Pfändung und Verwertung, z. B. zu besonderen Gegenständen

☐ ______________________

____

L **Ermittlung des Aufenthaltsorts des Schuldners (§ 755 ZPO)** (bitte Hinweise in der Anlage 2 des Formulars beachten)

L1 ☐ Mir ist bekannt, dass der Schuldner unbekannt verzogen ist.

L2 ☐ Negativauskunft des Einwohnermeldeamtes ist beigefügt.

Ermittlung

L3 ☐ der gegenwärtigen Anschriften sowie der Angaben zur Haupt- und Nebenwohnung des Schuldners durch Nachfrage bei der **Meldebehörde**

L4 ☐ des Aufenthaltsorts durch Nachfragen beim **Ausländerzentralregister** und bei der aktenführenden **Ausländerbehörde**

L5 ☐ der bekannten derzeitigen Anschrift sowie des derzeitigen oder zukünftigen Aufenthaltsorts des Schuldners bei den **Trägern der gesetzlichen Rentenversicherung**

L6 ☐ der Halterdaten nach § 33 Absatz 1 Satz 1 Nummer 2 des Straßenverkehrsgesetzes (StVG) des Schuldners beim **Kraftfahrt-Bundesamt**

L7 ☐ der gegenwärtigen Anschriften, des Ortes der Hauptniederlassung oder des Sitzes des Schuldners durch Einsicht in das **Handels-, Genossenschafts-, Partnerschafts-, Unternehmens- oder Vereinsregister**

L8 ☐ der gegenwärtigen Anschriften, des Ortes der Hauptniederlassung oder des Sitzes des Schuldners durch Einholung einer Auskunft bei den nach Landesrecht **für die Durchführung der Aufgaben nach § 14 Absatz 1 der Gewerbeordnung (GewO) zuständigen Behörden**

L9 Hinweise zur Reihenfolge der Ermittlungen (wenn Anfrage nach den Modulen L3, L7 und L8 ergebnislos oder ein Fall des Moduls L1 gegeben ist)

☐ ______________________

M **Einholung von Auskünften Dritter (§ 802l ZPO)**
(bitte Hinweise zur Einholung von Auskünften Dritter in der Anlage 2 des Formulars beachten)

M1 ☐ Ermittlung der Namen, der Vornamen oder der Firma sowie der Anschriften der derzeitigen Arbeitgeber eines versicherungspflichtigen Beschäftigungsverhältnisses des Schuldners bei den **Trägern der gesetzlichen Rentenversicherung**

M2 ☐ Ersuchen an das **Bundeszentralamt für Steuern,** bei den Kreditinstituten die in § 93b Absatz 1 der Abgabenordnung (AO) bezeichneten Daten abzurufen

M3 ☐ Ermittlung der Fahrzeug- und Halterdaten nach § 33 Absatz 1 StVG zu einem Fahrzeug, als dessen Halter der Schuldner eingetragen ist, beim **Kraftfahrt-Bundesamt**

M4 ☐ Die vorstehend ausgewählte/-n Drittauskunft/Drittauskünfte sollen nur eingeholt werden, wenn der Schuldner seiner Pflicht zur Abgabe der Vermögensauskunft nicht nachkommt.

M5 ☐ Antrag auf aktuelle Einholung von Auskünften (§ 802l Absatz 4 Satz 3 ZPO)
Zur Änderung der Vermögensverhältnisse des Schuldners trage ich vor:

____

____

N **Angaben zur Reihenfolge bzw. Kombination der einzelnen Aufträge**

N1 ☐ Die Aufträge ______________________ werden ohne Angabe einer Reihenfolge erteilt.
(Bezeichnung der Module bitte angeben)

N2 ☐ Der Pfändungsauftrag soll **vor** weiteren Aufträgen durchgeführt werden.

5

N3 ☐ Der Pfändungsauftrag soll **nach** Abnahme der Vermögensauskunft durchgeführt werden.

N4 ☐ Die gestellten Aufträge sollen in folgender Reihenfolge durchgeführt werden:

zuerst Auftrag ______________________________ ,
(Bezeichnung des Moduls bitte angeben)

danach der Auftrag/die Aufträge ______________________________ .
(Bezeichnung des Moduls/der Module bitte angeben)

N5 sonstige Angaben zur Reihenfolge bzw. Kombination der einzelnen Aufträge

☐ ______________________________

O **weitere Aufträge**

☐ ______________________________

☐ ______________________________

☐ ______________________________

P **Hinweise für die Gerichtsvollzieherin/den Gerichtsvollzieher**

P1 ☐ Ich bitte um Übersendung des ☐ Protokolls. ☐ Gesamtprotokolls (bei gleichzeitiger Pfändung für mehrere Gläubiger).

P2 ☐ Hinweis zum Aufenthaltsort des Schuldners:

____

P3 ☐ Prozesskostenhilfe/Verfahrenskostenhilfe wurde gemäß anliegendem Beschluss bewilligt.

P4 ☐ Ich bitte um Übersendung des Abdrucks des Vermögensverzeichnisses in elektronischer Form gemäß § 802d Absatz 2 ZPO auf dem in den Kontaktdaten bezeichneten rechtsverbindlichen elektronischen Kommunikationsweg.

P5 ☐ Im Falle der Nichtzuständigkeit bitte ich um Weiterleitung des Vollstreckungsauftrags an die zuständige Gerichtsvollzieherin/den zuständigen Gerichtsvollzieher, wenn nicht bereits eine Weiterleitung von Amts wegen erfolgt.

P6 Meine Teilnahme an dem Termin

☐ zur Abnahme der Vermögensauskunft

☐ ______________________________

ist beabsichtigt.

P7 Zum Vorsteuerabzug ist der Gläubiger ☐ berechtigt. ☐ nicht berechtigt.

P8 sonstige Hinweise

☐ ______________________________

☐ ______________________________

6

Q

Anwaltskosten gemäß Rechtsanwaltsvergütungsgesetz (RVG)

für den oben stehenden Auftrag/die oben stehenden Aufträge, und zwar für

(Angabe der Vollstreckungsmaßnahme)

Gegenstandswert (§ 25 RVG) aus	€
1. Verfahrensgebühr (VV Nr. 3309, ggf. i. V. m. VV Nr. 1008)	€
2. ____ (VV Nr. ____)	€
3. Auslagen oder Auslagenpauschale (VV Nr. 7001 oder VV Nr. 7002)	€
4. weitere Auslagen (VV Nr. ____)	€
5. Umsatzsteuer (VV Nr. 7008)	€
Summe	0,00 €

Anwaltskosten gemäß Rechtsanwaltsvergütungsgesetz (RVG)

für den oben stehenden Auftrag/die oben stehenden Aufträge, und zwar für

(Angabe der Vollstreckungsmaßnahme)

Gegenstandswert (§ 25 RVG) aus	€
1. Verfahrensgebühr (VV Nr. 3309, ggf. i. V. m. VV Nr. 1008)	€
2. ____ (VV Nr. ____)	€
3. Auslagen oder Auslagenpauschale (VV Nr. 7001 oder VV Nr. 7002)	€
4. weitere Auslagen (VV Nr. ____)	€
5. Umsatzsteuer (VV Nr. 7008)	€
Summe	0,00 €

(Datum) (Unterschrift, Auftraggeber)

7

Anlage 1

Forderungsaufstellung

☐ Der Gläubiger kann von dem Schuldner die nachfolgend aufgeführten Beträge beanspruchen:

☐ ______________________________

(zusätzliche Informationen, z. B. bei Vollstreckung in unterschiedlicher Höhe gegen mehrere Schuldner)

________ €	☐ Hauptforderung
________ €	☐ Restforderung
________ €	☐ Teilforderung
________ €	☐ nebst ______ % Zinsen daraus/aus ____________ Euro seit dem ____________ ☐ bis ____________
________ €	☐ nebst ______ % Zinsen daraus/aus ____________ Euro ab Antragstellung
________ €	☐ nebst Zinsen in Höhe von ______ Prozentpunkten über dem jeweiligen Basiszinssatz daraus/aus ____________ Euro seit dem ____________ ☐ bis ____________
________ €	☐ nebst Zinsen in Höhe von ______ Prozentpunkten über dem jeweiligen Basiszinssatz daraus/aus ____________ Euro ab Antragstellung
________ €	☐ ____________
________ €	☐ ____________
________ €	☐ Säumniszuschläge gemäß § 193 Absatz 6 Satz 2 des Versicherungsvertragsgesetzes
________ €	☐ titulierte vorgerichtliche Kosten ☐ Wechselkosten
________ €	☐ Kosten des Mahn-/Vollstreckungsbescheides
________ €	☐ festgesetzte Kosten
________ €	☐ nebst ______ % Zinsen daraus/aus ____________ Euro seit dem ____________ ☐ bis ____________
________ €	☐ nebst ______ % Zinsen daraus/aus ____________ Euro ab Antragstellung
________ €	☐ nebst Zinsen in Höhe von ______ Prozentpunkten über dem jeweiligen Basiszinssatz daraus/aus ____________ Euro seit dem ____________ ☐ bis ____________
________ €	☐ nebst Zinsen in Höhe von ______ Prozentpunkten über dem jeweiligen Basiszinssatz daraus/aus ____________ Euro ab Antragstellung
________ €	☐ bisherige Vollstreckungskosten
0,00 €	**Summe I**
________ € (wenn Angabe möglich)	☐ gemäß sonstiger Anlage/-n des Gläubigers/Gläubigervertreters ____________ (zulässig, wenn in dieser Aufstellung die erforderlichen Angaben nicht oder nicht vollständig eingetragen werden können)
0,00 € (wenn Angabe möglich)	**Summe II** (aus Summe I und Summe aus sonstiger Anlage/sonstigen Anlagen des Gläubigers/Gläubigervertreters)

8

Anlage 2
Hinweise zum Ausfüllen und Einreichen des Vollstreckungsauftrags

Prozesskostenhilfe/ Verfahrenskostenhilfe	Ein Antrag auf Prozesskostenhilfe/Verfahrenskostenhilfe kann bei dem zuständigen Vollstreckungsgericht (Amtsgericht) unter Verwendung des amtlichen Formulars gestellt werden. Hierbei ist nach Maßgabe der Prozesskostenhilfeformularverordnung (PKHFV) das amtliche Formular zu verwenden.
Modul C	**Hinweise zur Beifügung von zusätzlichen Anlagen** Die Beifügung einer zusätzlichen Anlage/von zusätzlichen Anlagen ist nur zulässig für Aufträge, Hinweise und Auflistungen, für die im Formular keine oder keine ausreichende Eingabemöglichkeit besteht. Die Beifügung von zusätzlichen Anlagen für die Forderungsaufstellung, die von der Anlage 1 abweichen, ist zulässig, wenn die für den Auftrag erforderlichen Angaben nicht oder nicht vollständig in die Anlage 1 eingetragen werden können.
Modul G	Bei einem Auftrag zur Abnahme der Vermögensauskunft bitte das papiergebundene Formular **zweifach einreichen.** Das Verfahren nach § 807 ZPO (Modul G2) kann nicht durchgeführt werden, wenn der Schuldner nicht angetroffen wird. In diesem Fall bleibt die Möglichkeit, die Vermögensauskunft nach § 802f Absatz 1 Satz 1 ZPO zu beantragen.
Modul L	**Hinweise zur Ermittlung des Aufenthaltsorts des Schuldners (§ 755 ZPO)** Der Auftrag ist nur in Verbindung mit einem Vollstreckungsauftrag und nur für den Fall zulässig, dass der Wohnsitz oder der gewöhnliche Aufenthaltsort bzw. die gegenwärtige Anschrift, der Ort der Hauptniederlassung oder der Sitz des Schuldners nicht bekannt ist. Die Anfragen beim Ausländerzentralregister und der aktenführenden Ausländerbehörde (Modul L4), bei den Trägern der gesetzlichen Rentenversicherung (Modul L5) sowie beim Kraftfahrt-Bundesamt (Modul L6) sind nur zulässig, falls der Aufenthaltsort des Schuldners durch Nachfrage bei der Meldebehörde (Modul L3) nicht zu ermitteln ist. Der Nachfrage bei der Meldebehörde steht gleich die Einsicht in das Handels-, Genossenschafts-, Partnerschafts-, Unternehmens- oder Vereinsregister (Modul L7) und die Einholung einer Auskunft bei den nach Landesrecht für die Durchführung der Aufgaben nach § 14 Absatz 1 der Gewerbeordnung zuständigen Behörden (Modul L8) bei dem Schuldner, der in die genannten Register eingetragen ist. Die Anfrage beim Ausländerzentralregister (Modul L4) ist bei Unionsbürgern nur zulässig, wenn – darzulegende – tatsächliche Anhaltspunkte für die Vermutung der Feststellung des Nichtbestehens oder des Verlusts des Freizügigkeitsrechts vorliegen.
Modul M	**Hinweise zur Einholung von Auskünften Dritter (§ 802l ZPO)** Die Einholung von Drittauskünften ist zulässig, wenn der Schuldner seiner Pflicht zur Abgabe der Vermögensauskunft nicht nachkommt oder bei einer Vollstreckung in die dort aufgeführten Vermögensgegenstände eine vollständige Befriedigung des Gläubigers nicht zu erwarten ist. Der Gerichtsvollzieher darf Daten, die er im Auftrag eines anderen Gläubigers eingeholt hat und die innerhalb der letzten drei Monate bei ihm eingegangen sind, an den weiteren Gläubiger weitergeben, wenn die Voraussetzungen für die Datenerhebung auch bei dem weiteren Gläubiger vorliegen (§ 802l Absatz 4 Satz 1 ZPO). Auf Antrag des weiteren Gläubigers ist eine erneute Auskunft nur dann einzuholen, wenn Anhaltspunkte dargelegt werden, dass nach dem Eingang der Auskunft bei dem Gerichtsvollzieher eine Änderung der Vermögensverhältnisse des Schuldners eingetreten ist. Ein solcher Antrag kann – vorsorglich – bereits mit der Auftragserteilung gestellt werden.

9

132 *Praxistipp:*

Kein Formularzwang besteht (auch nach dem 31.3.2016) für die folgenden Aufträge:

- Auftrag zur Herausgabe in das bewegliche Vermögen
- Auftrag zur Herausgabe in das unbewegliche Vermögen (Räumungsvollstreckung)
- Auftrag zur Erzwingung von Handlungen und Unterlassungen.

133 Bereits mit dem Vollstreckungsauftrag wird der Gerichtsvollzieher gem. § 755 ZPO n.F. ermächtigt den **Aufenthaltsort des Schuldners** zu ermitteln, soweit dieser nicht bekannt ist und zwar

- durch die Einholung einer Melderegisterauskunft.

Ergibt die Auskunft aus dem Einwohnermeldeamt keinen neuen Aufenthaltsort, so kann der Gerichtsvollzieher ferner versuchen

- zunächst beim Ausländerzentralregister die aktenführende Ausländerbehörde zu ermitteln und sodann dort den Aufenthaltsort.

134 Der Gerichtsvollzieher kann den Aufenthaltsort des Schuldners auch durch deine Anfrage

- beim gesetzlichen Rentenversicherungsträger oder
- beim Kraftfahrt- Bundesamt

ermitteln. Bei Einfügung des neuen Zwangsvollstreckungsrecht war diese Anfrage nur zulässig, wenn die Hauptforderung mindestens 500,00 € betrug.

Aufgrund des Gesetzes zur Durchführung der Verordnung (EU) Nr. 655/2014 sowie zur Änderung sonstiger zivilprozessualer, grundbuchrechtlicher und vermögensrechtlicher Vorschriften und zur Änderung der Justizbeitreibungsordnung (EuKoPfVODG) vom 21.11.2016 (BGBl I S. 2591), in Kraft getreten am 26.11.2016, wurde diese **Wertvorgabe vollständig aufgegeben**.

2. Verfahren der Vermögensauskunft (VA) § 802c ZPO

135 Geht beim Gerichtsvollzieher ein entsprechender Auftrag zur Abnahme der Vermögensauskunft gem. §§ 802a, 802c ZPO ein, so fordert er den Schuldner zunächst zur **Zahlung innerhalb von zwei Wochen** auf und bestimmt **gleichzeitig einen Termin zur Abnahme der Vermögensauskunft** (§ 802f Abs. 1ZPO). In der Regel wird die Vermögensauskunft nach dem Reformgesetz 2013 in den Räumen des Gerichtsvollziehers abgenommen, nur in Ausnahmefällen erfolgt eine Abnahme in der Wohnung des Schuldners. Der Schuldner ist ausdrücklich über Konsequenzen eines unentschuldigten Fehlens (z.B. Eintragung im Schuldnerregister) zu belehren.

Praxistipp: 136

Sowohl die Ladung sowie die Belehrung über ein unentschuldigtes Fehlen sind immer gem. § 802f Abs. 4 ZPO an den **Schuldner direkt** zuzustellen, auch wenn dieser einen Prozessbevollmächtigten hat. Nach dem Gesetz ist eine Mitteilung an den Prozessbevollmächtigten nicht erforderlich. Unterbleibt also eine Benachrichtigung des Schuldnervertreters, so liegt **keine Dienstpflichtverletzung** vor.

Erscheint der Schuldner zum VA-Termin und kann die Forderung nicht begleichen, so ist er zur Abgabe seiner Vermögensauskunft verpflichtet und muss **an Eides statt** gem. § 802c Abs. 3 ZPO versichern, dass er die Angaben nach bestem Wissen und Gewissen richtig und vollständig gemacht hat. 137

Neben weiteren Angaben zur Person (wie z.B. Geburtsnamen, Geburtsdatum und Geburtsort) hat der Schuldner Angaben über **alle ihm gehörenden Vermögensgegenstände anzugeben,** wobei bei Forderungen der Grund der Forderung und Beweismittel zu bezeichnen sind. Insbesondere muss der Schuldner 138

- seine laufenden Einkünfte,
- evtl. Bankguthaben sowie
- evtl. Fahrzeuge oder Grundstücke

angeben.

Darüber hinaus hat der Schuldner gem. § 802c Abs. 2 ZPO 139

- sämtliche entgeltliche Veräußerungen des Schuldners an eine nahestehende Person in den letzten zwei Jahren und
- sämtliche unentgeltlichen Leistungen des Schuldners in den letzten vier Jahren, sofern es sich nicht um geringwertige Gelegenheitsgeschenke handelt,

anzugeben.

Erscheint der Schuldner nicht zum Termin, so kann der Gläubiger in zwei Richtungen – auf Wunsch auch gleichzeitig – weiter vorgehen, wobei jeweils ein Antrag des Gläubigers erforderlich ist: 140

Es kann zum einem gem. § 802g ZPO ein **Haftbefehl** gegen den Schuldner erlassen werden, wenn dieser unentschuldigt zum Termin zur Abgabe der VA fehlt oder er sich weigert die VA freiwillig abzugeben. Zuständig ist hierfür das Amtsgericht am Wohnsitz des Schuldners. 141

Häufig wird bereits im Vollstreckungsauftrag an den Gerichtsvollzieher der Hinweis aufgenommen, der Gerichtsvollzieher mögen bei Vorliegen der Vorsetzungen für den Erlass eines Haftbefehles die Vollstreckungsunterlagen direkt an das Gericht schicken und das Gericht mögen die Unterlagen nebst erlassenen Haftbefehl direkt an den zuständigen Gerichtsvollzieher zurücksenden. Dieses Vorgehen ist effizient und verhindert unnötige

Postwege über die Kanzlei des Gläubigervertreters. Im Formular (Rdn 131) ist dies nunmehr unter dem Buchstaben H zu beantragen.

Der eigentliche Antrag auf Abnahme der Vermögensauskunft ist im Formular (vgl. Rdn 131) unter dem Buchstaben G1 zu stellen.

Wie bisher bedarf es einer Zustellung des Haftbefehls vor seiner Vollziehung nicht.

Nach Vorliegen des Haftbefehles kann der Schuldner zwecks Abnahme der VA verhaftet werden, der Gerichtsvollzieher nimmt hierfür ggf. Amtshilfe der Polizei in Anspruch. Der Haftbefehl darf dabei jedoch **nicht älter als zwei Jahre** sein, da die Vollziehung des Haftbefehles ansonsten gem. § 802h Abs. 1 ZPO unstatthaft wäre.

Die Haft darf gem. § 802j ZPO die **Dauer von sechs Monaten** nicht übersteigen, eine Erneuerung der Haft auf Antrag desselben Gläubiger wird vom Gesetzgeber ausdrücklich ausgeschlossen. Nach Ablauf der 6-Monatsfrist wird der Schuldner von Amts wegen aus der Haft entlassen.

Während der Haft kann der Schuldner jederzeit die Vermögensauskunft abgeben, um so aus der Haft entlassen zu werden.

Die Rechtslage zum Haftbefehl insgesamt hat sich insoweit durch die Reform 2013 also nicht geändert.

142 Daneben kann der Gläubiger – **seit 26.11.2016 unabhängig von der Forderungshöhe** – den Gerichtsvollzieher auch neben den Antrag auf Erlass des Haftbefehles gem. § 802l ZPO beauftragen, weitere **Auskünfte bei Dritten** einzuholen und zwar

- beim gesetzlichen Rentenversicherungsträger über den derzeitigen Arbeitnehmer;
- via dem Bundeszentralamt für Steuern bei den Kreditinstituten über mögliche Bankverbindungen sowie
- beim Kraftfahrt-Bundesamt über mögliche Kraftfahrzeuge, bei denen der Schuldner als Halter eingetragen ist.

143 Die nachstehende Skizze soll einen Überblick über das Verfahren zur Abgabe der Vermögensauskunft geben:

Antrag des Gläubigers auf Abnahme der Vermögensauskunft, §§ 802a, 802 c ZPO

↓

ist der Schuldner nicht ermittelbar, so kann der GV den Aufenthalt nach § 755 ZPO ermitteln (Meldebehörde, Ausländerbehörde, Rentenversicherung und Kraftfahrt-Bundesamt) unabhängig von der Forderungshöhe

↓

Aufforderung durch den GV an den Schuldner zur Zahlung innerhalb von 2 Wochen

+ gleichzeitig Ladung zum Termin zur Abgabe der Vermögensauskunft grds. in den Räumen des GVs

+ Belehrung über unentschuldigtes Fehlen

(Achtung Zustellung immer an Schuldner, auch wenn dieser einen Prozessbevollmächtigten hat!)

↓

SCHULDNER ERSCHEINT

- der GV erstellt die Vermögensauskunft als elektronisches Dokument
- der Schuldner muss seine Auskünfte an Eides statt abgeben
- sowohl der Schuldner als auch der Gläubiger erhalten einen Abdruck
- die VA wird beim Zentralen Vollstreckungsgericht § 802 k Abs. 1 ZPO hinterlegt

↓

SCHULDNER ERSCHEINT NICHT

und/oder

auf Antrag

- Haftbefehl über das Vollstreckungsgericht
- Haftvollstreckung max. 6 Monate möglich, jederzeit kann Schuldner seine VA abgeben, um aus der Haft zu kommen

auf Antrag

ist Informationsbeschaffung bei Dritten möglich – unabhängig von der Forderungshöhe -

- gesetzliche Rentenversicherung (Arbeitgeber)
- Bundeszentralamt für Steuern (Bankverbindung)
- Kraftfahr-Bundesamt (zugelassene Fahrzeuge)

3. Auswirkungen auf die Zwangsvollstreckungshandlungen

144 Durch das Reformgesetz 2013 wurde die Vermögensauskunft vorgelagert, so dass seitdem nach einer möglichen Auskunft die Informationen über Vermögenswerte vorliegen, und dann **gezielt** die **Forderungspfändung** durchgeführt werden kann.

145 Eine **Sachpfändung von beweglichen Sachen** in der Wohnung des Schuldners mit anschließender Zwangsversteigerung wurde somit **marginal** und kommt lediglich nur noch in Betracht, wenn es Kenntnisse über besonders wertvolle und pfändbare Sachen in der Wohnung des Schuldners gibt.

146 Grundsätzlich ist die Abnahme der Vermögensauskunft auch **nach einem Pfändungsversuch** (z.B. in Form eines Kombiauftrages) nach § 807 ZPO möglich, und zwar

- wenn der Schuldner die Durchsuchung verweigert oder
- der unternommene Pfändungsversuch ergibt, dass eine Pfändung voraussichtlich nicht zu einer vollständigen Befriedigung des Gläubigers führen wird.

In diesen Fällen ist die sofortige Abnahme der Vermögensauskunft auf Antrag des Gläubigers möglich. Widerspricht der Schuldner der sofortigen Abnahme nach § 807 Abs. 2 ZPO, so bestimmt der Gerichtsvollzieher einen kurzfristigen Termin zur Abgabe. Eine **Zahlungsfrist** von zwei Wochen wie nach § 802f ZPO bei der vorgelagerten Vermögensauskunft ist **nicht erforderlich**.

4. Zentrale Vollstreckungsgerichte nach§ 802k ZPO

147 Es wurden landesweit Zentrale Vollstreckungsgerichte nach § 802k ZPO eingerichtet, wobei die Landesregierung ein beliebiges Amtsgericht zum Zentralen Vollstreckungsgericht ernennen kann.

Die Zentralen Vollstreckungsgerichte haben dabei zwei Aufgaben:

- die Speicherung und Verwaltung der abgegebenen **Vermögensauskünfte** sowie
- die Führung der **Schuldnerverzeichnisse**.

a) Verwaltung der Vermögensverzeichnisse

148 Wie bereits dargestellt, werden die Vermögensverzeichnisse durch den Gerichtsvollzieher als **elektronisches Dokument** erstellt und sodann an das Zentrale Vollstreckungsgericht des jeweiligen Bundeslandes übermittelt. Die Vermögensverzeichnisse werden dort gespeichert und können **ausschließlich** von Gerichtsvollzieher, von Insolvenzgerichten, Vollstreckungsgerichten, Registergerichten und Strafverfolgungsbehörden, soweit dies zur Erfüllung der ihnen obliegenden Aufgaben erforderlich ist, abgerufen werden. Es handelt sich insoweit um eine **nichtöffentliche Datei**.

Der Gläubiger kann jedoch durch Vorlage seines Vollstreckungstitels beim Vollstreckungsgericht eine Abschrift des Vermögensverzeichnisses des im Titel erwähnten Schuldners verlangen.

b) Schuldnerverzeichnis

Wie bisher auch – gibt es in jedem Bundesland ein **Zentrales Schuldnerregister**. Seit 149
dem Inkrafttreten des ZwVollStrÄndG zum 1.1.2013 ist jedoch eine **landesweite Internetabfrage** gem. § 882h ZPO möglich. Alle Zentralen Vollstreckungsgerichte der einzelnen Bundesländer stellen hierzu ihre Informationen in einer Internetplattform zur Verfügung, ähnlich dem Registerportal der Länder (s. die Ausführungen unter Rdn 107), das unter www.vollstreckungsportal.de, aufzurufen ist.

Zur Eintragung kommen insbesondere folgende Daten des Schuldners: 150

- Name, Vorname und Geburtsname,
- bei Firma, Nr. des Registerblattes des entsprechenden Handelsregisters,
- Geburtsort und Geburtsdatum,
- Wohnsitze des Schuldners,
- Aktenzeichen und Vollstreckungsorgan sowie
- Datum und Grund zur Eintragung.

Die Eintragung wird ohne weiteren Antrag des Gläubigers – von Amts wegen – durch den 151
Gerichtsvollzieher in Form einer sog. **Eintragungsanordnung** gem. § 882c ZPO verfügt, und zwar, wenn folgende Voraussetzungen vorliegen:

- der Schuldner kam seiner Verpflichtung zur Abgabe der Vermögensauskunft nicht nach (unentschuldigtes Fehler im Termin oder Verweigerung),
- eine Vollstreckung ist nach dem Inhalt der Vermögensauskunft offensichtlich nicht zu einer vollständigen Befriedigung des Gläubigers geeignet,
- der Schuldner weist nicht innerhalb eines Monats nach Abgabe der Vermögensauskunft nach, dass er den Gläubiger vollständig befriedigt hat.

Hinsichtlich der Befriedigung des Gläubigers wird immer nur auf den Gläubiger abge- 152
stellt, auf dessen Antrag das Verfahren zur Abgabe der Vermögensauskunft geführt wurde oder dem die erteilte VA zugeleitet worden ist (z.B. Antrag auf Übersendung eines Andrucks einer aktuellen VA).

Die vom Gerichtsvollzieher erlassene Eintragungsanordnung soll von diesem **kurz be-** 153
gründet werden und ist dem **Schuldner zuzustellen**. Die Zustellung ist entbehrlich, wenn die Eintragungsanordnung bereits im Protokoll zur VA aufgenommen wurde.

Mit Bekanntgabe (ggf. durch Zustellung) der Eintragungsanordnung läuft die neue Wi- 154
derspruchsfrist des § 882d ZPO, nachdem der Schuldner innerhalb von zwei Wochen beim zuständigen Vollstreckungsgericht der Eintragung widersprechen kann. Nach Ab-

lauf der **Zwei-Wochenfrist** übermittelt der Gerichtsvollzieher die Anordnung unverzüglich dem Zentralen Vollstreckungsgericht.

155 *Praxistipp:*

Der Widerspruch hemmt nicht die Vollziehung (sprich Eintragung) der Vollstreckungsanordnung.

156 In diesen Fällen ist daher unbedingt ein **Antrag auf einstweilige Einstellung** zu stellen, damit die Eintragung einstweilen ausgesetzt wird.

157 Für den Schuldner ist meist auch die **Löschung aus dem Schuldnerregister** wichtig. Diese ist nunmehr in § 882e ZPO geregelt.

Grundsätzlich erfolgt die Löschung **drei Jahre nach dem Tag der Eintragungsanordnung**. Da nunmehr alle Eintragungen elektronisch übermittelt und gespeichert werden, ist davon auszugehen, dass die Lösung **taggenau** erfolgen wird. Obwohl die Frist zur Abgabe einer neuen Vermögensauskunft auf zwei Jahre verringert wurde (vgl. Rdn 159), hat der Gesetzgeber die Löschungsfrist von drei Jahren nicht angepasst.

Eine vorzeitige Lösung kommt in Betracht, wenn

- der Gläubiger vollständig befriedigt wurde,
- das Fehlen oder der Wegfall des Eintragungsgrundes bekannt geworden ist oder
- die die Eintragungsanordnung aufgehoben oder einstweilen ausgesetzt worden ist.

158 Wie bisher auch ist das Schuldnerregister gem. § 882f ZPO ein **öffentliches Register**, d.h. die Einsicht in das zentrale Schuldnerregister wird jedem gestattet, der ein berechtigtes Interesse darlegt.

Ein berechtigtes Interesse liegt immer vor, wenn man die Vollstreckung gegen den Schuldner betreibt, aber auch z.B. wenn wirtschaftliche Nachteile durch die Einsichtnahme abgewendet werden sollen. Damit sollen Geschäftsbeziehungen mit Schuldnern, die ihrer Zahlungsverpflichtung nicht nachkommen können, vermieden werden.

5. Erneute Vermögensauskunft nach § 802d ZPO

159 Die erneute Vermögensauskunft ist in § 802d ZPO geregelt und an dem alten § 903 ZPO a.F. (bis 31.12.2012) angelehnt, wobei die alte 3-Jahresfrist auf **zwei Jahre reduziert** wurde.

a) Allgemeines

160 § 802d ZPO beinhaltet einen **Schuldnerschutz** dahin gehend, dass der Schuldner innerhalb von zwei Jahren ab Abgabe der Vermögensauskunft (VA) nicht erneut eine VA abgeben muss, es sei denn, seine Vermögensverhältnisse haben sich **wesentlich geändert**.

Der Gläubiger muss bei Antragstellung Tatsachen glaubhaft machen, die auf eine wesentliche Veränderung schließen lassen. § 802d ZPO ist jedoch allgemeiner als § 903 ZPO a.F. gefasst, so dass nicht nur eine erneute VA möglich ist, wenn sich das Vermögen 161

- durch einen späteren Vermögenserwerb (z.B. durch Erbschaft) oder
- indem ein bestehendes Erwerbsverhältnis aufgelöst worden ist,

erhöht, sondern grundsätzlich bei allen Möglichkeiten eines Vermögenszuwachsens, z.B. auch bei einer Beförderung im gleichen Unternehmen.

Exkurs: Nachbesserung bzw. Ergänzung einer Vermögensauskunft 162

Hiervon zu unterscheiden sind jedoch die Fälle, in denen eine **unvollständige** Vermögensauskunft des Schuldners vorliegt. Hier kann jederzeit eine Nachbesserung bzw. Ergänzung gefordert werden, solange der Schuldner seiner vollen Auskunftspflicht nicht nachgekommen ist.

Das Recht, eine Nachbesserung bzw. Ergänzung zu verlangen, haben sowohl der ursprünglich beantragende Gläubiger als auch alle weiteren Gläubiger des Schuldners.

Die 2-Jahresfrist beginnt dabei mit Abgabe der Vermögensauskunft, Nachbesserungen bleiben bei der Fristberechnung außer Betracht.

Sollten sich also die Vermögensverhältnisse des Schuldners wesentlich geändert haben, 163 so kann jeder Gläubiger den Antrag auf erneute Abnahme der Vermögensauskunft nach § 802d ZPO stellen.

Der Antrag ist jedoch nur zulässig, wenn die Änderung der Vermögensverhältnisse hin- 164 reichend dargelegt werden kann.

Es ist dabei ausreichend, wenn der Gläubiger Umstände glaubhaft macht, die nach der allgemeinen Lebenserfahrung den Schluss erlauben, dass sich beim Schuldner Vermögensverhältnisse wesentlich geändert haben.

Insbes. wird eine Änderung angenommen, wenn

- ein naher Familienangehöriger stirbt (evtl. Vermögenserwerb durch Erbschaft oder Pflichtteil),
- der Schuldner in kurzen Abständen mehrere hohe Raten zahlt (evtl. Hinweis auf höhere Einnahmen),
- die bisherige Erwerbsmöglichkeit aufgelöst wird (dies gilt sowohl für selbstständige wie unselbstständige Tätigkeiten) oder
- der Schuldner zum Zeitpunkt der Abgabe der Vermögensauskunft arbeitslos war und die besonderen Umstände des Einzelfalls für eine Arbeitsaufnahme sprechen. Z.B. können saisonale Besonderheiten eines Berufs einen Rückschluss auf eine Arbeitsaufnahme geben. Hat z.B. ein Bauarbeiter oder eine Servicekraft im Winter die VA

abgegeben, so ist i.d.R. davon auszugehen, dass der entsprechende Schuldner im Sommer wieder beschäftigt wird.

165 Kann eine wesentliche Vermögensauskunft nicht dargelegt werden können, so sendet der Gerichtsvollzieher einen Ausdruck der letzten Vermögensauskunft an den Gläubiger, der die Daten nur zu Vollstreckungszwecken benutzen darf und hierauf gesondert hinzuweisen ist.

166 Da auch die Übersendung von Ausdrucken an einen neuen Gläubiger zur Eintragung im Schuldnerverzeichnis führen, ist der Schuldner in Kenntnis zu setzen, damit ggf. Widerspruch gegen die Eintragungsanordnung eingelegt werden kann bzw. er die Forderung vollständig zur Vermeidung der Eintragung bezahlen kann.

b) Antrag

167 Der Antrag auf eine erneute Vermögensauskunft ist beim Gerichtsvollzieher zu stellen, da dieser für alle Arten der Abnahme der Vermögensauskunft zuständig ist. Die örtliche Zuständigkeit des Gerichtsvollziehers wird durch den **Wohnsitz** des Schuldners zum Zeitpunkt der Antragstellung bestimmt.

168 Ein entsprechender Antrag kann im unverbindlichen Musterformular (vgl. Rdn 131) unter dem Buchstaben G3 gestellt werden.

6. Kombi-Auftrag

169 Auch der alte „Kombi-Auftrag", bestehend aus einem Sachpfändungsauftrag und bei Fruchtlosigkeit einem weiteren Antrag zur Abnahme einer Vermögensauskunft ist gem. § 807 ZPO möglich und wird unter Rdn 312 ff. näher erläutert.

170 Im Musterformular von Rdn 131 kann dies unter dem Buchstaben G2 beantragt werden

7. Kosten

171 Das Reformgesetz ändert bzw. ergänzt auch die Gebühren des Gerichtsvollziehers. Dieser erhält u.a. nunmehr folgende Gebühren:

für die Abnahme der Vermögensauskunft (Nr. 260 Kostenverzeichnis des Gerichtsvollzieherkostengesetzes) oder für die Übermittlung eines bereits an Eides statt abgegebenen Vermögensverzeichnisses (Nr. 261 KV)	33,00 €
für die Einholung einer Auskunft bei einem Dritten bzw. einer Aufenthaltsermittlung gem. §§ 755, 802 ZPO, sofern diese nicht im Rahmen der Eintragungsanordnung erhoben werden (§ 882c Abs. 3 ZPO) (Nr. 440 KV)	13,00 €
für den Versuch einer gütlichen Einigung, sofern dieser nicht im Rahmen einer Sachpfändung oder Abnahme einer Vermögensauskunft erfolgt (Nr. 207 KV)	16,00 €

Für die **Rechtsanwaltsvergütung** kommen folgende Gebühren in Frage: 172

- 0,3 Verfahrensgebühr nach Nr. 3309 VV RVG sowie
- 0,3 Terminsgebühr nach Nr. 3310 VV RVG (z.B. für die Teilnahme am Abgabetermin der Vermögensauskunft).

Praxistipp: 173

Sind in der Zwangsvollstreckungssache mehrere Personen Auftraggeber (z.B. Eheleute als Gläubiger), so erhöht sich auch die Verfahrensgebühr für die Zwangsvollstreckung nach Nr. 3309 VV RVG **um 0,3** gem. Nr. 1008 VV RVG **für jede weitere Person** (bis max. 2,0). Bereits bei zwei Auftraggebern stellt dies eine 100 %-tige Erhöhung dar.

§ 25 RVG bestimmt dabei den **Gegenstandswert** für die Zwangsvollstreckungstätigkeiten. Im Gegensatz zum normalen Erkenntnisverfahren wird der Gegenstandswert der ZV nicht nur aus der Hauptforderung sondern zuzüglich aus Zinsen und Kosten gebildet. Der Gegenstandswert für die Vermögensauskunft ist gem. § 25 Abs. 1 Nr. 4 RVG aber auf **höchstens 2.000,00 €** begrenzt. 174

II. Pfändungs- und Überweisungsantrag

Die effektivste Form der Zwangsvollstreckung ist die **Forderungspfändung.** Hierzu bedarf es jedoch näherer Informationen, da die zu pfändende Forderung und der mögliche Drittschuldner konkretisiert werden müssen. Das ZwVollStrÄndG setzte gerade hier an und versucht den Gläubiger durch die vorgelagerte Vermögensauskunft diese Informationen (insbesondere über Arbeitgeber oder Bankverbindung) zur Verfügung zu stellen. 175

1. Zu pfändende Forderung

Für eine erfolgreiche Forderungspfändung ist Kreativität und eine möglichst umfassende Informationslage über die Vermögenswerte des Schuldners erforderlich. Meist werden folgende Ansprüche gepfändet: 176

- Ansprüche aus Bankguthaben,
- Ansprüche aus Arbeitslohn und
- Steuererstattungsansprüche.

In der Praxis ist eine Pfändung dieser Ansprüche durchaus erfolgreich.

Auch wenn eine Pfändung der o.g. Ansprüche nicht unbedingt zu einer direkten Befriedigung des Gläubigers führt, z.B. weil der Schuldner lediglich ein Gehalt innerhalb des unpfändbaren Teils nach § 850c ZPO verdient, ist eine solche Pfändung meist unangenehm für den Schuldner. Es kommt häufig vor, dass der Schuldner die Aufhebung der ent- 177 sprechenden Pfändung begehrt und dem Gläubiger aus diesem Grund plötzlich eine Ratenzahlung anbietet.

178 Es kommt manchmal vor, dass bereits weitere Gläubiger dieselbe Forderung gepfändet haben und der eigene Gläubiger in einem schlechteren Rangverhältnis steht. Da die meisten Gläubiger standardmäßig die o.g. drei Ansprüche pfänden, kommt eine Mehrfachpfändung von unterschiedlichen Gläubigern besonders häufig bei einer Pfändung dieser Ansprüche vor.

Um den eigenen Gläubiger einen Vorsprung in der Forderungspfändung zu verschaffen, ist daher Kreativität gefordert. Die Liste möglicher zu pfändender Ansprüche ist lang und auch in keinem Lehrbuch über die Zwangsvollstreckung abschließend dargestellt, da dies quasi unmöglich ist. Eine gute Übersicht über die möglichen Forderungsrechte erhalten Sie im Werk von Hintzen, „Forderungspfändung" in einem separaten Lexikon der Forderungsrechte. Eine sehr umfangreiche Liste mit Mustern ist auch im Buch „Anwaltformulare Zwangsvollstreckung" von Goebel enthalten.

179 *Praxistipp:*

In der Forderungspfändung gilt:

Alle Forderungen sind pfändbar, wenn sie abtretbar sind gem. § 851 ZPO. Ob eine Forderung unpfändbar und nicht abtretbar ist, muss sich immer ausdrücklich aus dem Gesetz ergeben. So ist z.B. das Mutterschaftsgeld gem. § 54 Abs. 2 Nr. 2 SGB I unpfändbar. Ist über die Abtretbarkeit des Anspruchs im Gesetz nichts geregelt, ist er pfändbar.

Hierfür benötigen Sie jedoch meist weitere Informationen über den Schuldner, die i.d.R. vom Gläubiger kommen. Eine Befragung des Mandanten kann daher hilfreich sein.

2. Vollstreckungsorgan

180 Gem. § 828 Abs. 1 ZPO ist das Vollstreckungsorgan für die Forderungspfändung das Vollstreckungsgericht, das einen entsprechenden Pfändungs- und Überweisungsbeschluss erlässt.

Das Vollstreckungsgericht ist grds. das AG, bei dem der Schuldner im Inland seinen allgemeinen Gerichtsstand hat (bei natürlichen Personen z.B. die Wohnung nach § 13 ZPO).

Hat der Schuldner jedoch keinen inländischen allgemeinen Gerichtsstand, so kann der Pfändungs- und Überweisungsbeschluss gem. § 23 ZPO auch beim AG beantragt werden, wo sich die Vermögenswerte befinden. Dies ist i.d.R. der allgemeine Gerichtsstand des Drittschuldners.

Beispiel:

Gläubiger G hat gegen die englische XYZ Limited eine titulierte Forderung und will deren Ansprüche aus Bankguthaben bei der inländischen A Bank pfänden, die ihren Sitz in Frankfurt am Main hat.

Nach § 828 Abs. 2, letzter Halbs. ZPO muss der entsprechende Antrag auf Erlass eines Pfändungs- und Überweisungsbeschlusses beim AG Frankfurt am Main gestellt werden.

3. Antrag

Wie jede Vollstreckungsmaßnahme bedarf auch der Erlass eines Pfändungs- und Überweisungsbeschlusses eines entsprechenden Antrags. Der entsprechende Beschluss wird bereits von der Rechtsanwaltskanzlei vorbereitet und an das zuständige Vollstreckungsgericht mit der Bitte um Erlass und Zustellung durch einen Gerichtsvollzieher übermittelt. Es handelt sich bei der Zustellung jedoch nicht um eine Amtszustellung, sondern das Gericht vermittelt hier nur die Zustellung im **Parteibetrieb**. 181

Der vorzubereitende Pfändungsbeschluss enthält insbesondere folgende Punkte: 182

- Vollstreckungsgericht,
- genaue Parteienbezeichnung inkl. gesetzliche Vertreter und Prozessbevollmächtigte,
- genaue Bezeichnung des zu vollstreckenden Titels,
- detaillierte Aufschlüsselung der Forderung des Gläubigers nach Hauptforderung, Zinsen und Kosten (ein Verweis auf ein beigefügtes Forderungskonto ist zulässig),
- eine Berechnung der Kosten für diesen Pfändungs- und Überweisungsbeschluss,
- genaue Bezeichnung des Drittschuldners mit zustellfähiger Anschrift,
- genaue Bezeichnung der zu pfändenden Forderung,
- **Arrestatorium:** Anordnung gegen den Drittschuldner nach § 829 Abs. 1 Satz 1 ZPO, dass dieser nicht mehr an den Drittschuldner leisten darf und
- **Inhibitorium:** Anordnung gegen den Schuldner nach § 829 Abs. 1 Satz 2 ZPO, dass dieser sich jedweder Verfügung über den Anspruch enthalten muss, sowie
- die Überweisungsanordnung an den Gläubiger gem. § 835 ZPO.

Besonders die genaue Bezeichnung der zu pfändenden Forderung ist wichtig, um nicht Zwischenverfügungen des Gerichts zu erhalten. Dabei müssen die Forderung und der Umfang des Zugriffs klar und unzweifelhaft bestimmt sein. Eine Formulierung, wie z.B. „*es werden sämtliche Ansprüche des Schuldners gegen den Drittschuldner aus jedem Rechtsgrund*" gepfändet, ist zu **unbestimmt**. 183

Ferner sind die genaue Bezeichnung des Drittschuldners und dessen zustellfähige Anschrift besonders wichtig, da gem. § 829 Abs. 3 ZPO bereits mit der **Zustellung an den Drittschuldner die Pfändung bewirkt** wird. 184

185 Unter dem **Arrestatorium** versteht man die Anordnung an den Drittschuldner, dass dieser, soweit die Forderung gepfändet ist, nicht mehr an den Schuldner leisten darf.

186 Das **Inhibitorium** ist hingegen die Anordnung an den Schuldner, sich insoweit jeder Verfügung über die Forderung zu enthalten, insbes. darf er sie nicht mehr einziehen.

4. Verbindliche Formulare/Fall

187 Parallel zur Reform der Sachaufklärung in der Zwangsvollstreckung trat damals auch die Zwangsvollstreckungsformularverordnung (ZVFV) am 1.9.2012 in Kraft, durch die **erstmalig Formulare** für die Beantragung von

- richterlichen Durchsuchungsanordnungen und
- von Pfändungs- und Überweisungsbeschlüsse für gewöhnliche Geldforderungen und Unterhaltsforderungen

zunächst wahlweise, ab **dem 1.3.2013 dann aber sogar verpflichtend** einführt worden sind,

188 Ziel der Einführung diese Zwangsvollstreckungsformulare war und ist die **Effizienzsteigerung**, insbesondere bei den Gerichten. Die Formulare sind umfassend gestaltet, weil sie eine Vielzahl von Fallgestaltungen erfassen sollen, sind aber zugleich standardisiert, um die Bearbeitung zu erleichtern. Dies war insbesondere dadurch notwendig geworden, da durch die Verbreitung von Computerprogrammen jeder Rechtsanwalt vor der ZVFV seinen eigenen Antrag kreiert hat und immer weniger die „freiwilligen Formulare“ des Juristischen Bürohandels (z.B. Soldan) benutzt worden sind.

189 Nach Einführung der verpflichtenden Formulare nach der ZVFV kam es jedoch nicht zur gewünschten Effizienzsteigerung, sondern vielmehr zur diversen Zwischenverfügungen von einzelnen Gerichten, die zu Streitigkeiten mit der Anwaltschaft führte. Gestritten wurde u.a., inwieweit das Formular an den tatsächlichen Fall angepasst werden darf und ob das Formular im Farbdruck (Stichwort: grüne Markierung) vorliegen muss. Dabei war eine einheitliche Linie der Gerichte nicht ersichtlich. Gingen Anträge in Berlin durch, so konnte es sein, dass der gleiche Antrag in Sachsen gescheitert wäre. Letztendlich musste der BGH hierüberüber entscheiden und lockerte den starren Formularzwang mit Beschluss vom 13.2.2014 (VII ZB 39/13) und bestätigte den ersten Beschl. nochmals mit Beschl. v. 6.3.2014 (VII ZB 65/13).

190 Der Gesetzgeber griff die Rechtsprechung des BGH auf und **zum 25.6.2014** trat nunmehr die Verordnung zur Änderung der Zwangsvollstreckungsformular-Verordnung (nachstehend ZVFV) in Kraft, die überfällige Korrekturen bei den verpflichtenden Formularen in der Zwangsvollstreckung, insbesondere beim Antrag auf Erlass eines Pfändungs- und Überweisungsbeschlusses, vornahm.

Praxistipp: 191

Die aktuellen Formulare können auch auf der Website des Bundesministeriums für Justiz und Verbraucherschutz unter hhtp://bmjv.de/DE/Service/Formulare (dort unter Pfändungsrecht) als pdf heruntergeladen und am Computer ausgefüllt werden.

§ 3 ZVFV regelt die zulässigen Abweichungen vom Standardformular: 192

- Grundsätzlich sind Abweichungen nicht zulässig, es sei denn, sie beruhen auf **Änderungen von Rechtsvorschriften**.
- Die formale Gestaltung (Papierformat DIN A4, Reihenfolge und Anordnung der Formularfelder, Seitenumbrüche) muss erhalten bleiben. Es kann dann aber die **Schriftgröße** oder sonstige Formularelemente **unwesentlich geändert** werde.
- Es wird klargestellt, dass ein **Schwarz-Weiß-Ausdruck** mit Grautönen ausreicht, es also keines Farbausdruckes bedarf.
- Gibt es keine zweckmäßige Eintragungsmöglichkeit im Standardformular, so können spezielle **Freifelder im Antrag oder eine Anlage** genutzt werden. Alle neuen Formulare enthalten einen ausdrücklichen Hinweis hierauf auf der ersten Seite unten links.
- Es müssen **nur noch die notwendigen Seiten** des Formulars eingereicht werden. Die nicht eingereichten Seiten gelten trotzdem als Teil des Antrages, so als wenn sie nicht ausgefüllt worden sind. Hier ist mit einer erheblichen Papierersparnis zu rechnen, die sowohl die Kasse der Anwaltschaft als auch die Umwelt schonen.

Des Weiteren wurden durch die Änderungsverordnung hauptsächlich der Antrag auf Erlass eines Pfändungs- und Überweisungsbeschlusses reformiert: 193

- Das neue Formular kann auch für die **Sicherungsvollstreckung** (nur Pfändungsbeschluss) oder für den **isolierten Überweisungsbeschluss** verwendet werden. Die entsprechende Wahl ist auf S. 1 anzukreuzen.
- Im Prozesskostenhilfeteil auf S. 1 kann erstmalig die **Beiordnung eines Rechtsanwalts** beantragt werden.
- **Nur benötigte Seiten** müssen eingereicht werden. In einem speziellen Feld auf Seite 1 können die Seiten eingegeben werden, die der Antrag umfasst. Laut Wille des Gesetzgebers (BR-Drucks 137/14, S. 29) ist die Angabe der Seiten nur optional und die Nichtangabe sollte zu keiner Verzögerung des Pfändungs-und Überweisungsbeschlusses führen. In der Praxis ist jedoch zu einer Angabe dringend zu raten, um keine Zwischenverfügungen von Rechtspflegern zu bekommen, die evtl. unsicher sind, ob der Antrag vollständig eingereicht worden ist.
- Auf S. 1 befindet sich ferner der Hinweis auf die Möglichkeit der **Benutzung von Freifeldern und/Anlagen**, sofern das Standardformular keine zweckmäßige Eintragungsmöglichkeit bietet.

- Die Bankverbindung auf S. 2 wurde nunmehr an das **europäische SEPA-Verfahren** angepasst. Es ist nur noch die Angabe der IBAN und ggf. der BIC (für nicht deutsche Kontoverbindungen) möglich.
- Grundsätzlich sind die Forderungen in die Forderungsaufstellung des Formulars (S. 3) detailliert aufgeschlüsselt nach Hauptforderung, Zinsen und Kosten einzutragen. Es wurde jedoch mit der Änderungsverordnung klargestellt, dass das **Beifügen einer Anlage (z.B. eines Forderungskontos)** und die Bezugnahme hierauf zulässig sind, wenn die erforderlichen Angaben nicht oder nicht vollständig in die Formular-Forderungsaufstellung eingetragen werden kann. Insbesondere, wenn sich die Hauptforderung aus Teilbeträgen mit unterschiedlicher Verzinsung zusammensetzt, ist dies geben (z.B. bei ausstehende Mietzahlungen von mehrere Monaten.).
- Bei **mehreren Drittschuldnern** muss nunmehr eine **Zuordnung zu der gepfändeten Forderung** erfolgen. Z.B. Drittschuldner zu 1. = Anspruch A (Arbeitgeber); Drittschuldner zu 2. = Anspruch D (Kreditinstitut)

194 Anhand des nachstehenden Falls soll ein entsprechendes Muster dargestellt werden:

> *Beispiel:*
>
> *Mandant G (Gläubiger) hat gegen Schuldner S eine titulierte Forderung i.H.v. 2.000,00 €. Dem G ist bekannt, dass der S Schauspieler am Stadttheater ist und nebenbei noch in Fernsehproduktionen arbeitet. Da der G eine TV-Produktionsfirma betreibt, ist ihm ferner bekannt, dass Schauspieler, wenn sie im Fernsehen gezeigt werden, Ansprüche aus Leistungsschutzrechten erwerben und hierfür einmal jährlich eine Zahlung von der Gesellschaft für Leistungsschutzrechte erhalten, sofern sie ihre Ansprüche angemeldet haben. Eine Pfändung von Arbeitseinkommen brachte keine Befriedigung des Mandanten, da bereits mehrere Vorpfändungen vorlagen.*
>
> *Es bietet sich hier an, die Ansprüche aus dem Erwerb von Leistungsschutzrechten bei der Gesellschaft für Leistungsschutzrechte zu pfänden.*

195

1

Raum für Kostenvermerke und Eingangsstempel

Amtsgericht ______________________

Vollstreckungsgericht

____

____

Antrag auf Erlass eines Pfändungs- und Überweisungsbeschlusses insbesondere wegen gewöhnlicher Geldforderungen

Es wird beantragt, den nachfolgenden Entwurf als Beschluss auf ☒ Pfändung ☒ und ☒ Überweisung zu erlassen.

☒ Zugleich wird beantragt, die Zustellung zu vermitteln (☒ mit der Aufforderung nach § 840 der Zivilprozessordnung – ZPO).

☐ Die Zustellung wird selbst veranlasst.

Es wird gemäß dem nachfolgenden Entwurf des Beschlusses Antrag gestellt auf

☐ Zusammenrechnung mehrerer Arbeitseinkommen (§ 850e Nummer 2 ZPO)

☐ Zusammenrechnung von Arbeitseinkommen und Sozialleistungen (§ 850e Nummer 2a ZPO)

☐ Nichtberücksichtigung von Unterhaltsberechtigten (§ 850c Absatz 4 ZPO)

☐ ______________________

____

Es wird beantragt,

☐ Prozesskostenhilfe zu bewilligen

☐ Frau Rechtsanwältin / Herrn Rechtsanwalt

____

beizuordnen.

☐ Prozesskostenhilfe wurde gemäß anliegendem Beschluss bewilligt.

Anlagen:

☒ Schuldtitel und ___ Vollstreckungsunterlagen

☐ Erklärung über die persönlichen und wirtschaftlichen Verhältnisse nebst ___ Belegen

☐ ______________________

____

☒ Verrechnungsscheck für Gerichtskosten

☐ Gerichtskostenstempler

☒ Ich drucke nur die ausgefüllten Seiten

1,2,3,4,6,8,9

(Bezeichnung der Seiten)

aus und reiche diese dem Gericht ein.

13.03.2015

Datum (Unterschrift Antragsteller/-in)

Hinweis:
Soweit für den Antrag eine zweckmäßige Eintragungsmöglichkeit in diesem Formular nicht besteht, können ein geeignetes Freifeld sowie Anlagen genutzt werden.

2

Amtsgericht	
Anschrift:	
Geschäftszeichen:	

☒ **Pfändungs-** ☒ **und** ☒ **Überweisungs-Beschluss**
in der Zwangsvollstreckungssache

des/der Herrn/Frau/Firma	Gläubiger G (genaue Anschrift)		**– Gläubiger –**
vertreten durch Herrn/Frau/Firma			
Aktenzeichen des Gläubigervertreters			
Bankverbindung	☐ des Gläubigers	☒ des Gläubigervertreters	
IBAN:	DE 68 1001 0001 1234 5678 99		
BIC: Angabe kann entfallen, wenn IBAN mit DE beginnt.			

gegen

Herrn/Frau/Firma	Schuldner S (genaue Anschrift)	**– Schuldner –**
vertreten durch Herrn/Frau/Firma		
Aktenzeichen des Schuldnervertreters		

Nach dem Vollstreckungstitel/den Vollstreckungstiteln
(den oder die Titel bitte nach Art, Gericht/Notar, Datum, Geschäftszeichen etc. bezeichnen)
hier genaue Bezeichnung des Titels

3

kann der Gläubiger von dem Schuldner nachfolgend aufgeführte Beträge beanspruchen:

2.000,00 €	☒ Hauptforderung	☐ Teilhauptforderung
€	☐ Restforderung aus Hauptforderung	
€	☐ nebst ___ % Zinsen daraus/aus ___ Euro seit dem ___ ☐ bis ___	
€	☐ nebst Zinsen in Höhe von ☐ 5 Prozentpunkten ☐ 2,5 Prozentpunkten ☐ 8 Prozentpunkten ☐ ___ Prozentpunkten über dem jeweiligen Basiszinssatz daraus/aus ___ Euro seit dem ___ ☐ bis ___	
€	☐ Säumniszuschläge gemäß § 193 Absatz 6 Satz 2 des Versicherungsvertragsgesetzes	
€	☐ titulierte vorgerichtliche Kosten	☐ Wechselkosten
€	☐ Kosten des Mahn-/Vollstreckungsbescheides	
€	☐ festgesetzte Kosten	
€	☐ nebst ☐ 4 % Zinsen ☐ ___ % Zinsen daraus/aus ___ Euro seit dem ___ ☐ bis ___	
€	☐ nebst Zinsen in Höhe von ☐ 5 ☐ ___ Prozentpunkten über dem jeweiligen Basiszinssatz daraus/aus ___ Euro seit dem ___ ☐ bis ___	
€	☐ bisherige Vollstreckungskosten	
2.000,00 €	**Summe I**	
€ (wenn Angabe möglich)	☐ gemäß Anlage(n) ___ (zulässig, wenn in dieser Aufstellung die erforderlichen Angaben nicht oder nicht vollständig eingetragen werden können)	
2.000,00 € (wenn Angabe möglich)	**Summe II** (aus Summe I und Anlage(n) ___)	

Wegen dieser Ansprüche sowie wegen der Kosten für diesen Beschluss (vgl. Kostenrechnung) und wegen der Zustellungskosten für diesen Beschluss wird/werden die nachfolgend aufgeführte/-n angebliche/-n Forderung/-en des Schuldners gegenüber dem Drittschuldner – einschließlich der künftig fällig werdenden Beträge – so lange gepfändet, bis der Gläubigeranspruch gedeckt ist.

Drittschuldner (genaue Bezeichnung des Drittschuldners: Firma bzw. Vor- und Zuname, vertretungsberechtigte Person/-en, jeweils mit Anschrift; Postfach-Angabe ist nicht zulässig; bei mehreren Drittschuldnern ist eine Zuordnung des Drittschuldners zu der/den zu pfändenden Forderung/-en vorzunehmen)

Herr/Frau/Firma

Gesellschaft zur Verwertung von Leistungsschutzrechten mbH, Pobbielskiallee 64 in 14195 Berlin (G)

4

Forderung aus Anspruch	
☐	A (an Arbeitgeber)
☐	B (an Agentur für Arbeit bzw. Versicherungsträger) Art der Sozialleistung: ____________ Konto-/Versicherungsnummer: ____________
☐	C (an Finanzamt)
☐	D (an Kreditinstitute)
☐	E (an Versicherungsgesellschaften) Konto-/Versicherungsnummer: ____________
☐	F (an Bausparkassen)
☒	G
☐	gemäß gesonderter Anlage(n) ____________

Anspruch A (an Arbeitgeber)

1. auf Zahlung des gesamten gegenwärtigen und künftigen Arbeitseinkommens (einschließlich des Geldwertes von Sachbezügen)
2. auf Auszahlung des als Überzahlung jeweils auszugleichenden Erstattungsbetrages aus dem durchgeführten Lohnsteuer-Jahresausgleich sowie aus dem Kirchenlohnsteuer-Jahresausgleich für das Kalenderjahr ____________ und für alle folgenden Kalenderjahre
3. auf

____

____

____

Anspruch B (an Agentur für Arbeit bzw. Versicherungsträger)

auf Zahlung der gegenwärtig und künftig nach dem Sozialgesetzbuch zustehenden Geldleistungen.
Die Art der Sozialleistungen ist oben angegeben.

Anspruch A und B

Die für die Pfändung von Arbeitseinkommen geltenden Vorschriften der §§ 850 ff. ZPO in Verbindung mit der Tabelle zu § 850c Absatz 3 ZPO in der jeweils gültigen Fassung sind zu beachten.

Anspruch C (an Finanzamt)

auf Auszahlung

1. des als Überzahlung auszugleichenden Erstattungsbetrages bzw. des Überschusses, der sich als Erstattungsanspruch bei Abrechnung der auf die Einkommensteuer (nebst Solidaritätszuschlag) und Kirchensteuer sowie Körperschaftsteuer anzurechnenden Leistungen für das abgelaufene Kalenderjahr ____________ und für alle früheren Kalenderjahre ergibt
2. des Erstattungsbetrages, der sich aus dem Erstattungsanspruch zu viel gezahlter Kraftfahrzeugsteuer für das Kraftfahrzeug mit dem amtlichen Kennzeichen ____________ ergibt

   Erstattungsgrund:

____

____

____

5

Anspruch D (an Kreditinstitute)

1. auf Zahlung der zu Gunsten des Schuldners bestehenden Guthaben seiner sämtlichen Girokonten (insbesondere seines Kontos ______________________) bei diesem Kreditinstitut einschließlich der Ansprüche auf Gutschrift der eingehenden Beträge; mitgepfändet wird die angebliche (gegenwärtige und künftige) Forderung des Schuldners an den Drittschuldner auf Auszahlung eines vereinbarten Dispositionskredits („offene Kreditlinie"), soweit der Schuldner den Kredit in Anspruch nimmt
2. auf Auszahlung des Guthabens und der bis zum Tag der Auszahlung aufgelaufenen Zinsen sowie auf fristgerechte bzw. vorzeitige Kündigung der für ihn geführten Sparguthaben und / oder Festgeldkonten, insbesondere aus Konto ______________________
3. auf Auszahlung der bereitgestellten, noch nicht abgerufenen Darlehensvaluta aus einem Kreditgeschäft, wenn es sich nicht um zweckgebundene Ansprüche handelt
4. auf Zahlung aus dem zum Wertpapierkonto gehörenden Gegenkonto, insbesondere aus Konto ______________________, auf dem die Zinsgutschriften für die festverzinslichen Wertpapiere gutgebracht sind
5. auf Zutritt zu dem Bankschließfach Nr. ______________________ und auf Mitwirkung des Drittschuldners bei der Öffnung des Bankschließfachs bzw. auf die Öffnung des Bankschließfachs allein durch den Drittschuldner zum Zweck der Entnahme des Inhalts
6. auf

____

____

____

Hinweise zu Anspruch D:

Auf § 835 Absatz 3 Satz 2 ZPO (Zahlungsmoratorium von vier Wochen) und § 835 Absatz 4 ZPO wird der Drittschuldner hiermit hingewiesen.

Pfändungsschutz für Kontoguthaben und Verrechnungsschutz für Sozialleistungen und für Kindergeld werden seit dem 1. Januar 2012 nur für Pfändungsschutzkonten nach § 850k ZPO gewährt.

Anspruch E (an Versicherungsgesellschaften)

1. auf Zahlung der Versicherungssumme, der Gewinnanteile und des Rückkaufwertes aus der Lebensversicherung / den Lebensversicherungen, die mit dem Drittschuldner abgeschlossen ist / sind
2. auf das Recht zur Bestimmung desjenigen, zu dessen Gunsten im Todesfall die Versicherungssumme ausgezahlt wird, bzw. auf das Recht zur Bestimmung einer anderen Person an Stelle der von dem Schuldner vorgesehenen
3. auf das Recht zur Kündigung des Lebens- / Rentenversicherungsvertrages, auf das Recht auf Umwandlung der Lebens- / Rentenversicherung in eine prämienfreie Versicherung sowie auf das Recht zur Aushändigung der Versicherungspolice

Ausgenommen von der Pfändung sind Ansprüche aus Lebensversicherungen, die nur auf den Todesfall des Versicherungsnehmers abgeschlossen sind, wenn die Versicherungssumme den in § 850b Absatz 1 Nummer 4 ZPO in der jeweiligen Fassung genannten Betrag nicht übersteigt.

Anspruch F (an Bausparkassen)

aus dem über eine Bausparsumme von (mehr oder weniger) ______________ Euro

abgeschlossenen Bausparvertrag Nr. ______________________,

insbesondere Anspruch auf

1. Auszahlung des Bausparguthabens nach Zuteilung
2. Auszahlung der Sparbeiträge nach Einzahlung der vollen Bausparsumme
3. Rückzahlung des Sparguthabens nach Kündigung
4. das Kündigungsrecht selbst und das Recht auf Änderung des Vertrags
5. auf ______________________

Anspruch G 6

(Hinweis: betrifft Anspruch an weitere Drittschuldner bzw. schon aufgeführte Drittschuldner, soweit Platz unzureichend)

Hinsichtlich der Drittschuldnerin wird der folgende und zukünftige Anspruch gepfändet:

auf Zahlung der gesamten Vergütungserlöse(Vergütung aus Leistungsschutzrechten (insbesondere Zweitverwertungsrechte)

Berechnung des pfändbaren Nettoeinkommens

(betrifft Anspruch A und B)

Von der Pfändung sind ausgenommen:

1. Beträge, die unmittelbar auf Grund steuer- oder sozialrechtlicher Vorschriften zur Erfüllung gesetzlicher Verpflichtungen des Schuldners abzuführen sind, ferner die auf den Auszahlungszeitraum entfallenden Beträge, die der Schuldner nach den Vorschriften der Sozialversicherungsgesetze zur Weiterversicherung entrichtet oder an eine Ersatzkasse oder an ein Unternehmen der privaten Krankenversicherung leistet, soweit diese Beträge den Rahmen des Üblichen nicht übersteigen;
2. Aufwandsentschädigungen, Auslösegelder und sonstige soziale Zulagen für auswärtige Beschäftigungen, das Entgelt für selbstgestelltes Arbeitsmaterial, Gefahren-, Schmutz- und Erschwerniszulagen, soweit sie den Rahmen des Üblichen nicht übersteigen;
3. die Hälfte der für die Leistung von Mehrarbeitsstunden gezahlten Teile des Arbeitseinkommens;
4. die für die Dauer eines Urlaubs über das Arbeitseinkommen hinaus gewährten Bezüge, Zuwendungen aus Anlass eines besonderen Betriebsereignisses und Treuegelder, soweit sie den Rahmen des Üblichen nicht übersteigen;
5. Weihnachtsvergütungen bis zum Betrag der Hälfte des monatlichen Arbeitseinkommens, höchstens aber bis zur Höhe des in § 850a Nummer 4 ZPO in der jeweiligen Fassung genannten Höchstbetrages;
6. Heirats- und Geburtsbeihilfen, sofern die Vollstreckung wegen anderer als der aus Anlass der Heirat oder der Geburt entstandenen Ansprüche betrieben wird;
7. Erziehungsgelder, Studienbeihilfen und ähnliche Bezüge;
8. Sterbe- und Gnadenbezüge aus Arbeits- und Dienstverhältnissen;
9. Blindenzulagen;
10. Geldleistungen für Kinder sowie Sozialleistungen, die zum Ausgleich immaterieller Schäden gezahlt werden.

☐ **Es wird angeordnet,** dass zur Berechnung des nach §850c ZPO pfändbaren Teils des Gesamteinkommens zusammenzurechnen sind: 7

☐ Arbeitseinkommen bei Drittschuldner (genaue Bezeichnung)

____________________ und

☐ Arbeitseinkommen bei Drittschuldner (genaue Bezeichnung)

____________________ .

Der unpfändbare Grundbetrag ist in erster Linie den Einkünften des Schuldners bei Drittschuldner (genaue Bezeichnung)

____________________ zu entnehmen,

weil dieses Einkommen die wesentliche Grundlage der Lebenshaltung des Schuldners bildet.

☐ **Es wird angeordnet,** dass zur Berechnung des nach §850c ZPO pfändbaren Teils des Gesamteinkommens zusammenzurechnen sind:

☐ laufende Geldleistungen nach dem Sozialgesetzbuch von Drittschuldner (genaue Bezeichnung der Leistungsart und des Drittschuldners)

____________________ und

☐ Arbeitseinkommen bei Drittschuldner (genaue Bezeichnung)

____________________ .

Der unpfändbare Grundbetrag ist in erster Linie den laufenden Geldleistungen nach dem Sozialgesetzbuch zu entnehmen. Ansprüche auf Geldleistungen für Kinder dürfen mit Arbeitseinkommen nur zusammengerechnet werden, soweit sie nach §76 des Einkommensteuergesetzes (EStG) oder nach §54 Absatz 5 des Ersten Buches Sozialgesetzbuch (SGB I) gepfändet werden können.

☐ Gemäß §850c Absatz 4 ZPO wird **angeordnet**, dass

☐ der Ehegatte ☐ der Lebenspartner/die Lebenspartnerin ☐ das Kind/die Kinder

bei der Berechnung des unpfändbaren Teils des Arbeitseinkommens

☐ nicht ☐ nur teilweise

als Unterhaltsberechtigte/-r zu berücksichtigen sind/ist.

(Begründung zu Höhe und Art des eigenen Einkommens)

____

____

____

Vom Gericht auszufüllen
(wenn ein Unterhaltsberechtigter nur teilweise zu berücksichtigen ist):

Bei der Feststellung des nach der Tabelle zu §850c Absatz 3 ZPO pfändbaren Betrages bleibt die Unterhaltspflicht des Schuldners gegenüber ____________________
außer Betracht. Der pfändbare Betrag ist deshalb ausschließlich unter Berücksichtigung der übrigen Unterhaltsleistungen des Schuldners festzustellen.

Der nach der Tabelle unpfändbare Teil des Arbeitseinkommens des Schuldners ist wegen seiner teilweise zu berücksichtigenden gesetzlichen Unterhaltspflicht gegenübe

____________________ um weitere

☐ ____________________ € monatlich

☐ ____________________ € wöchentlich

☐ ____________________ € täglich

zu erhöhen.

Der dem Schuldner danach zu belassende weitere Teil seines Arbeitseinkommens darf jedoch den Betrag nicht übersteigen, der ihm nach der Tabelle des § 850c Absatz 3 ZPO bei voller Berücksichtigung der genannten unterhaltsberechtigten Person zu verbleiben hätte. 8

☐ **Es wird angeordnet, dass**

- ☐ der Schuldner die Lohn- oder Gehaltsabrechnung oder die Verdienstbescheinigung einschließlich der entsprechenden Bescheinigungen der letzten drei Monate vor Zustellung des Pfändungs- und Überweisungsbeschlusses an den Gläubiger herauszugeben hat
- ☐ der Schuldner das über das jeweilige Sparguthaben ausgestellte Sparbuch (bzw. die Sparurkunde) an den Gläubiger herauszugeben hat und dieser das Sparbuch (bzw. die Sparurkunde) unverzüglich dem Drittschuldner vorzulegen hat
- ☐ ein von dem Gläubiger zu beauftragender Gerichtsvollzieher für die Pfändung des Inhalts Zutritt zum Schließfach zu nehmen hat
- ☐ der Schuldner die Versicherungspolice an den Gläubiger herauszugeben hat und dieser sie unverzüglich dem Drittschuldner vorzulegen hat
- ☐ der Schuldner die Bausparurkunde und den letzten Kontoauszug an den Gläubiger herauszugeben hat und dieser die Unterlagen unverzüglich dem Drittschuldner vorzulegen hat
- ☐ ______________________________

☐ **Sonstige Anordnungen:**

____

Der Drittschuldner darf, soweit die Forderung gepfändet ist, an den Schuldner nicht mehr zahlen. Der Schuldner darf insoweit nicht über die Forderung verfügen, sie insbesondere nicht einziehen.

☒ **Zugleich wird dem Gläubiger die zuvor bezeichnete Forderung in Höhe des gepfändeten Betrages**

☒ **zur Einziehung überwiesen.** ☐ an Zahlungs statt überwiesen.

☐ ______________________________ 9

____

____

____

____

____

	Ausgefertigt:
(Datum, Unterschrift Rechtspfleger	(Datum, Unterschrift Urkundsbeamter der Geschäftsstelle)

I.	**Gerichtskosten** Gebühr gemäß GKG KV Nr. 2111		20,00 €
II.	**Anwaltskosten gemäß RVG** Gegenstandswert: 2.000,00 €		
	1. Verfahrensgebühr VV Nr. 3309, ggf. i. V. m. Nr. 1008	45,00 €	
	2. Auslagenpauschale VV Nr. 7002	9,00 €	
	3. Umsatzsteuer VV Nr. 7008	10,26 €	
	Summe von II.		64,26 €
	Summe von I. und II.:		84,26 €

☐ **Inkassokosten gemäß § 4 Absatz 4 des Einführungsgesetzes zum Rechtsdienstleistungsgesetz** (RDGEG) gemäß Anlage(n) ______________

196 Zum Überblick wurde vorstehend das Gesamtformular abgebildet, obwohl nur noch die benötigten Seiten eingereicht werden müssen.

197 Das Vollstreckungsgericht muss den entworfenen Beschluss im besten Fall nur noch hinsichtlich des Ortes und der Zeit des Beschlusses sowie des Aktenzeichens ergänzen. Mit der Unterschrift des Rechtspflegers und dem Dienstsiegel wird der Pfändungs- und Überweisungsbeschluss erlassen.

5. Zustellung an Drittschuldner und Drittschuldnererklärung

198 Gem. § 829 Abs. 3 ZPO ist die Pfändung wirksam mit Zustellung des Pfändungs- und Überweisungsbeschlusses an den Drittschuldner.

199 Die Zustellung durch den Gerichtsvollzieher erfolgt i.d.R. mit der Aufforderung an den Drittschuldner, sich gem. § 840 ZPO zu erklären. Der Drittschuldner kann sich unmittelbar bei der Zustellung gegenüber dem Gerichtsvollzieher erklären oder dies innerhalb von zwei Wochen ab Zustellung gegenüber dem Gerichtsvollzieher oder dem Gläubiger nachholen.

200 Die Drittschuldnererklärung gem. § 840 ZPO umfasst dabei folgende Punkte:

- ob und inwieweit der Drittschuldner die Forderung als begründet anerkennt und zur Zahlung bereits ist (hier geht es in erster Linie darum, ob und in welchem Umfang überhaupt eine zu pfändende Forderung des Schuldners gegen den Drittschuldner besteht),
- ob und welche Ansprüche andere Personen an die gepfändete Forderung geltend machen (hier kommen insbes. Abtretungen in Betracht),
- ob und wegen welcher Ansprüche die Forderung bereits für andere Gläubiger gepfändet ist (hier müssen sog. Vorpfändungen angegeben werden).
- Bei der Pfändung von Bankkonten muss die Drittschuldnererklärung zusätzliche folgende Angaben enthalten:
- ob innerhalb der letzten zwölf Monate im Hinblick auf das Konto, dessen Guthaben gepfändet worden ist, nach § 850l ZPO die Unpfändbarkeit des Guthabens angeordnet worden ist, und
- ob es sich bei dem Konto, dessen Guthaben gepfändet worden ist, um ein Pfändungsschutzkonto im Sinne von § 850k Abs. 7 ZPO handelt.

201 Die Kosten, die dem Drittschuldner für diese Auskunft entstehen (z.B. durch die Einschaltung eines RA), sind vom Gläubiger nicht zu erstatten.

202 Kommt der Drittschuldner seiner Auskunftsverpflichtung innerhalb der zwei Wochen nicht nach, so kann er sich ggf. nach § 840 Abs. 2 Satz 2 ZPO **schadensersatzpflichtig** machen. Dies gilt auch für die Fälle, in denen die Drittschuldnererklärung zu spät oder inhaltlich fehlerhaft war.

Die Bezifferung des Schadensersatzes ist dabei nicht immer ganz einfach. Hat der Gläubiger jedoch aufgrund einer fehlerhaften Auskunft andere Vollstreckungsmöglichkeiten gegen den Schuldner nicht genutzt, so ist der Drittschuldner verpflichtet, den Gläubiger so zu stellen, als habe dieser rechtzeitig in die anderen Vermögenswerte vollstreckt. Der Schadensersatzanspruch ist dabei i.H.d. zu vollstreckenden Forderung begrenzt.

Sollte es erforderlich sein, die Auskunft durch eine entsprechende **Klage** gegen den Drittschuldner zu erlangen, hat der Drittschuldner die Kosten des Verfahrens gem. § 91 ZPO zu tragen, da diese für die Durchsetzung des Auskunftsanspruchs notwendig waren. 203

Hingegen stellen die Anwaltskosten für die vorgerichtliche Aufforderung an den Drittschuldner zur Abgabe der Drittschuldnererklärung oder für die Überprüfung einer Drittschuldnererklärung keinen Schaden dar. 204

6. Zustellung an Schuldner

Die Zustellung des Pfändungs- und Überweisungsbeschlusses an den Schuldner hat für die Wirksamkeit der Pfändung keine Bedeutung und dient vielmehr der Information des Schuldners. 205

7. Gebühren und Minderungspflicht

Für die Beantragung eines Pfändungs- und Überweisungsbeschlusses erhält der RA eine **Verfahrensgebühr** i.H.v. 0,3 nach Nr. 3309 VV RVG nebst Postentgelte und Umsatzsteuer. 206

Die Gerichtskosten für den Erlass eines Pfändungs- und Überweisungsbeschlusses betragen nach Nr. 2111 KV GKG stets 20,00 €, unabhängig vom Gegenstandswert. 207

In einem Beschluss können dabei verschiedenartige Forderungen gegenüber mehreren Drittschuldnern gepfändet werden, sodass dem Gläubiger hier eine **Minderungspflicht** auferlegt ist. Nach den gesetzlichen Vorgaben ist jeder Gläubiger grds. zur Minderung der Kosten verpflichtet. Er muss sich stets so verhalten, als handle er in eigenem wirtschaftlichem Interesse. Wenn der Gläubiger nur allein aufgrund der Tatsache, dass ein anderer für die Kosten aufkommen muss, unverhältnismäßig hohe Zwangsvollstreckungskosten verursacht, steht dem Schuldner das Recht zu, diese Forderungen zu kürzen. 208

Sind ihm bereits bei Antragstellung mehrere Forderungen bekannt und will er diese auch alle pfänden, so muss er alle Forderungen in einem Antrag zusammenfassen (z.B. die Beantragung eines PfüBs hinsichtlich der Pfändung von Lohnansprüchen und Bankguthaben). 209

8. Vorpfändung

210 Die Pfändung wird – wie bereits oben dargestellt – erst mit der Zustellung des Pfändungs- und Überweisungsbeschlusses an den Drittschuldner wirksam. Im Einzelfall kann bis zur Zustellung wertvolle Zeit verloren gehen, während der der Schuldner über sein Vermögen verfügt und so den Zugriff durch den Gläubiger verhindert.

a) Allgemeines

211 § 845 ZPO räumt daher dem Gläubiger die Möglichkeit einer **Vorpfändung** – auch vorläufiges Zahlungsverbot genannt – ein.

Bei dem vorläufigen Zahlungsverbot handelt es sich um eine private schriftliche Benachrichtigung an den Schuldner und Drittschuldner, dass eine Pfändung alsbald bevorsteht und enthält insbes. die folgenden Aufforderungen:

- an den Drittschuldner, nicht an den Schuldner zu bezahlen und
- an den Schuldner, sich jeder Verfügung über die näher bezeichnete Forderung zu enthalten.

b) Voraussetzungen

212 Es müssen nachstehende Voraussetzungen gegeben sein, damit ein vorläufiges Zahlungsverbot rechtmäßig ist:

- Es muss ein auf eine Geldforderung gerichteter und grds. vollstreckbarer Titel existent sein. Die Verkündung des entsprechenden Titels reicht aus. Der Gläubiger muss jedoch nicht im Besitz des Titels sein.
- Das Vorliegen der weiteren allgemeinen Vollstreckungsvoraussetzungen wie Klausel und Zustellung ist grds. nach § 845 Abs. 1 Satz 3 ZPO nicht erforderlich, es sei denn, es bedarf einer qualifizierten Klausel nach §§ 726, 727 ZPO.
- Von den besonderen Vollstreckungsvoraussetzungen müssen nur der Ablauf des Kalendertages und die Voraussetzungen der Zug-um-Zug-Vollstreckung vorhanden sein.

Es muss weder eine Sicherheit geleistet sein, noch müssen Wartezeiten eingehalten werden.

c) Antrag

213 Anders als für den Antrag auf Erlass eines Pfändungs- und Überweisungsbeschlusses gibt es für das vorläufige Zahlungsverbot **keinen Formularzwang**. Ein Antrag könnte wie folgt aussehen:

5.5

▼

Muster 5.5: Vorläufiges Zahlungsverbot 214

Gerichtsvollzieher Ihrer Wahl

(genaue Anschrift)

In der Zwangsvollstreckungssache

Gläubiger G

(genaue Anschrift)

– Gläubiger –

– Prozessbevollmächtigter:

gegen

Schuldner S

(genaue Anschrift)

– Schuldner –

bitten wir um schnellstmögliche Zustellung des in Anlage befindlichen

vorläufigen Zahlungsverbots

an:

1.) Drittschuldner

2.) Schuldner

Die Kosten bitten wir per Nachnahme zu erheben.

Einfache und beglaubigte Abschrift anbei.

Rechtsanwalt

Anlagen

Forderungskonto

Vorläufiges Zahlungsverbot

▲

5.6

▼

215 **Muster 5.6: Vorläufiges Zahlungsverbot gem. § 845 ZPO**

Vorläufiges Zahlungsverbot gem. § 845 ZPO

In der Zwangsvollstreckungssache

Gläubiger G

(genaue Anschrift)

– Gläubiger –

– Prozessbevollmächtigter: Rechtsanwalt R

gegen

Schuldner S

(genaue Anschrift)

– Schuldner –

stehen dem Gläubiger nach

(genaue Bezeichnung des Titels)

die gemäß beigefügtem Forderungskonto berechneten Beträge einschließlich der bis zur Stellung dieses Antrags entstandenen Zinsen und Kosten zu. Wegen dieser Beträge und der Kosten dieses Antrags sowie der weiterhin entstehenden Zinsen steht die

PFÄNDUNG

der angeblichen Ansprüche des Schuldners an

(genaue Anschrift)

(im Beispielsfall die Gesellschaft für Leistungsschutzrechte)

– Drittschuldner –

> auf Zahlung der gesamten Vergütungserlöse/Vergütung aus Leistungsschutzrechten (insbesondere Zweitverwertungsrechte)
>
> *(Hinweis: hier bitte die Forderung konkretisieren)*

bevor.

Als Vertreter des Gläubigers benachrichtige ich hiermit den Drittschuldner und Zahlungspflichtigen gemäß § 845 ZPO von der bevorstehenden Pfändung. Dem Drittschuldner wird untersagt, soweit die Forderung pfändbar ist, an den Schuldner zu leisten.

Der Schuldner hat sich jeglicher Verfügung über die Forderung zu enthalten.

Diese Benachrichtigung hat die Wirkung eines Arrestes (§§ 845, 930 ZPO). Nach Zustellung des gerichtlichen Pfändungsbeschlusses hat der Drittschuldner gemäß § 840 ZPO u.a. die Verpflichtung zu folgender Erklärung:

1. ob und inwieweit er die Forderung als begründet anerkennt und zur Zahlung bereit ist,
2. ob und welche Ansprüche andere Personen an die Forderung stellen,
3. ob und wegen welcher Ansprüche die Forderung bereits für andere Gläubiger gepfändet ist.

Im Interesse einer vereinfachten Abwicklung bitten wir um Beantwortung dieser Fragen innerhalb von 14 Tagen.

Forderung gemäß beiliegender Berechnung	€
Kosten dieses Antrages:	
0,3 Verfahrensgebühr Nr. 3309 VV RVG	€
Auslagenpauschale Nr. 7002 VV RVG	€
19 % USt.	€
Gerichtskosten	€
Gesamtforderung	**€**

Zu diesem Betrag sind die vom Gerichtsvollzieher gesondert berechneten Zustellungskosten entsprechend den Bestimmungen des GVKostG hinzuzusetzen.

Einfache und beglaubigte Abschrift anbei.

Rechtsanwalt

▲

Bei dem vorläufigen Zahlungsverbot ist darauf zu achten, dass die vorgepfändete Forderung, wie im Pfändungs- und Überweisungsbeschluss auch, hinreichend **konkretisiert** wird, damit der Drittschuldner eine zweifelsfreie Zuordnung der Vorpfändung vornehmen kann. 216

d) Zustellung

Die Zustellung des vorläufigen Zahlungsverbotes ist immer durch den **Gerichtsvollzieher** durchzuführen, eine Zustellung durch einen Boten oder durch die Post ist unwirksam. 217

Mit der Zustellung können Sie jeden in Deutschland geschäftsansässigen Gerichtsvollzieher beauftragen, eine örtliche Zuständigkeitsbegrenzung wie z.B. bei der Abnahme der eidesstattlichen Versicherung ist nicht gegeben.

e) Wirkung

218 Das vorläufige Zahlungsverbot hat die Wirkung eines Arrests gem. § 930 ZPO und sichert dem Gläubiger einen entsprechenden **Rang** innerhalb der Zwangsvollstreckung. Die nachfolgende Pfändung muss jedoch innerhalb eines Monats ab Zustellung des vorläufigen Zahlungsverbotes an den Drittschuldner bewirkt werden.

219 Eine Verlängerung der Frist, z.B. wegen Überlastung des Vollstreckungsgerichts, das den Pfändungs- und Überweisungsbeschluss erlassen muss, ist nicht möglich. In diesem Fall müsste vorsorglich ein weiteres Zahlungsverbot zugestellt werden. Der ursprüngliche Rang wäre jedoch verloren. Hätte zwischenzeitlich ein weiterer Gläubiger eine Pfändung bewirkt, so würde dieser Gläubiger einen Rang höher steigen und das zweite vorläufige Zahlungsverbot des ursprünglichen Gläubigers würde einen neuen, niedrigen Rang begründen.

220 Auch eine **Wiedereinsetzung in den vorherigen Stand** (s. § 7 Rdn 237 ff.) bei einem Fristversäumnis kommt nicht in Betracht, da es sich bei der Einmonatsfrist nicht um eine der in § 233 ZPO genannten Fristen handelt.

221 *Praxistipp:*

Nehmen Sie Akten mit Vorpfändungen unter gesonderter Fristenkontrolle. Sobald alle Vollstreckungsvoraussetzungen vorliegen, sollte bei einer Vorpfändung der entsprechende Pfändungs- und Überweisungsbeschluss beantragt werden, es sei denn, mit dem Mandanten ist ausdrücklich eine andere Strategie abgesprochen.

Sollte nämlich die Rechtsanwaltskanzlei für den Fristablauf verantwortlich sein, so könnte der Mandant gegenüber dem RA Haftungsansprüche geltend machen.

f) Kosten

222 Bei der Vorpfändung muss zunächst unterschieden werden, ob diese isoliert betrieben wurde oder ob später eine entsprechende Pfändung bewirkt wurde ist.

Wurde eine Pfändung bewirkt, so stellt das vorläufige Zahlungsverbot zusammen mit der Pfändung eine **einheitliche Tätigkeit** i.S.v. § 15 RVG dar.

Wurde hingegen die Vorpfändung isoliert betrieben, weil z.B. noch keine vollstreckbare Ausfertigung vorlag und zahlt der Schuldner hierauf, so hat er auch die Kosten für die Vorpfändung in Höhe einer 0,3 Verfahrensgebühr nach Nr. 3309 VV RVG zuzüglich der Post- und Telekommunikationspauschale sowie einer evtl. Umsatzsteuer zu tragen sowie die Zustellkosten des Gerichtsvollziehers.

g) Rechtsbehelf

Das vorläufige Zahlungsverbot wird durch den Gerichtsvollzieher zugestellt. Dieser hat oberflächlich zu überprüfen, ob die Vorpfändung überhaupt zulässig ist. 223

Soll z.B. ein vorläufiges Zahlungsverbot aufgrund eines Mahnbescheids zugestellt werden, so müsste der Gerichtsvollzieher diesen Auftrag wegen Unzulässigkeit ablehnen, da hier noch kein vollstreckungsfähiger Titel existent ist. Erst wenn der Vollstreckungsbescheid erlassen wird, wäre eine Vorpfändung möglich.

Stellt der Gerichtsvollzieher dennoch ein unzulässiges Zahlungsverbot dem Drittschuldner und Schuldner zu, so kann der Schuldner Erinnerung gegen die Art und Weise der Zwangsvollstreckung (vgl. Ausführungen unter Rdn 444) einlegen.

9. Pfändung von Arbeitseinkommen

a) Besonderheiten

Das Arbeitseinkommen dient grundsätzlich dem Schuldner dazu seinen Lebensunterhalt zu bestreiten und unterliegt daher **besonderen Vollstreckungsschutzvorschriften**. Der Gesetzgeber will dadurch verhindern, dass der Schuldner aufgrund der Pfändung Sozialhilfe beziehen muss, um seinen Unterhalt zu bestreiten, ferner soll er weiterhin auch Interesse daran haben, seiner Arbeit weiterhin nachzugehen. 224

Der **Begriff des Arbeitseinkommen** ist dabei weit zu fassen: Hierunter versteht man sämtliche Vergütungen aus Dienst- und Arbeitsverhältnissen unabhängig, 225

- ob sie aus einer Haupt- oder Nebenbeschäftigung stammen,
- ob sie privat- oder öffentlich-rechtlicher Natur (z.B. Beamte) sind aber
- auch Sach- und Dienstbezüge, die der Arbeitnehmer als Entgelt erhält (z.B. Dienstwagen oder Dienstwohnung).

Gemäß § 832 ZPO werden mit der Pfändung nicht nur das fällige Arbeitseinkommen, sondern auch **zukünftig Einkommen** gepfändet, so lange bis die Gesamtforderung einschließlich Zinsen und Kosten getilgt sind oder das entsprechende Arbeitsverhältnis endet. 226

Begründet der Schuldner bei einem neuen Arbeitgeber ein neues Arbeitsverhältnis, so muss man ggf. dort erneut das Arbeitseinkommen pfänden. Wenn der Schuldner allerdings mit seinem **alten Arbeitgeber innerhalb von neun Monaten** ein neues Arbeitsverhältnis begründet (z.B. bei Saisonarbeitern), so wird sein neues Arbeitseinkommen gem. § 833 Abs. 2 ZPO von der ursprünglichen Pfändung mit umfasst. 227

Das Arbeitseinkommen wird hinsichtlich der Pfändung in drei Teile unterteilt: 228

1. absolut unpfändbare Bezüge § 850a ZPO,
2. bedingt pfändbare Bezüge § 850b ZPO und

3. allgemein pfändbare Bezüge § 850c ZPO (wobei hierin jedoch auch der Pfändungsfreibetrag enthalten ist).

229 Aus sozialen Gründen bzw. auf Rücksicht auf die Zweckgebundenheit hat der Gesetzgeber in § 850a ZPO Vergütungsteile für absolut unpfändbar erklärt und somit der Pfändung insgesamt entzogen. Die in § 850a ZPO enthaltende Aufzählung ist dabei abschließend und kann nicht durch Auslegung erweitert werden. Insbesondere gehören zu den absolut unpfändbaren Bezüge:

- die Hälfte der Überstundenvergütung,
- Aufwandsentschädigungen für auswärtige Beschäftigungen (z.B. Verpflegungsmehraufwand bei Flugbegleitern), soweit diese den Rahmen des Üblichen nicht übersteigen,
- Weihnachtsgratifikation bis zur Hälfte des monatlichen Arbeitseinkommens, maximal jedoch 500,00 €.

230 **Gesetzestext:**

§ 850a ZPO Unpfändbare Bezüge

Unpfändbar sind

1. zur Hälfte die für die Leistung von Mehrarbeitsstunden gezahlten Teile des Arbeitseinkommens;
2. die für die Dauer eines Urlaubs über das Arbeitseinkommen hinaus gewährten Bezüge, Zuwendungen aus Anlass eines besonderen Betriebsereignisses und Treugelder, soweit sie den Rahmen des Üblichen nicht übersteigen;
3. Aufwandsentschädigungen, Auslösungsgelder und sonstige soziale Zulagen für auswärtige Beschäftigungen, das Entgelt für selbstgestelltes Arbeitsmaterial, Gefahrenzulagen sowie Schmutz- und Erschwerniszulagen, soweit diese Bezüge den Rahmen des Üblichen nicht übersteigen;
4. Weihnachtsvergütungen bis zum Betrag der Hälfte des monatlichen Arbeitseinkommens, höchstens aber bis zum Betrag von 500 EUR;
5. Heirats- und Geburtsbeihilfen, sofern die Vollstreckung wegen anderer als der aus Anlass der Heirat oder der Geburt entstandenen Ansprüche betrieben wird;
6. Erziehungsgelder, Studienbeihilfen und ähnliche Bezüge;
7. Sterbe- und Gnadenbezüge aus Arbeits- oder Dienstverhältnissen;
8. Blindenzulagen.

231 In § 850b ZPO sind hingegen bedingt pfändbare Bezüge geregelt, die solange als unpfändbar gelten, wie sie nicht vom Vollstreckungsgericht für pfändbar erklärt worden sind.

Hierunter fallen insbesondere

- Renten, die wegen einer Verletzung des Körpers oder der Gesundheit zu entrichten sind sowie
- Bezüge aus Witwen-, Waisen-, Hilfs- und Krankenkassen, die ausschließlich oder zum wesentlichen Teil zu Unterstützungszwecken gewährt werden.

Die Liste des § 850b ZPO ist auch abschließend und kann nicht durch Auslegung erweitert werden.

Gesetzestext: 232

§ 850b Bedingt pfändbare Bezüge

(1) Unpfändbar sind ferner

1. Renten, die wegen einer Verletzung des Körpers oder der Gesundheit zu entrichten sind;
2. Unterhaltsrenten, die auf gesetzlicher Vorschrift beruhen, sowie die wegen Entziehung einer solchen Forderung zu entrichtenden Renten;
3. fortlaufende Einkünfte, die ein Schuldner aus Stiftungen oder sonst aufgrund der Fürsorge und Freigebigkeit eines Dritten oder aufgrund eines Altenteils oder Auszugsvertrags bezieht;
4. Bezüge aus Witwen-, Waisen-, Hilfs- und Krankenkassen, die ausschließlich oder zu einem wesentlichen Teil zu Unterstützungszwecken gewährt werden, ferner Ansprüche aus Lebensversicherungen, die nur auf den Todesfall des Versicherungsnehmers abgeschlossen sind, wenn die Versicherungssumme 3.579 EUR nicht übersteigt.

(2) Diese Bezüge können nach den für Arbeitseinkommen geltenden Vorschriften gepfändet werden, wenn die Vollstreckung in das sonstige bewegliche Vermögen des Schuldners zu einer vollständigen Befriedigung des Gläubigers nicht geführt hat oder voraussichtlich nicht führen wird und wenn nach den Umständen des Falles, insbesondere nach der Art des beizutreibenden Anspruchs und der Höhe der Bezüge, die Pfändung der Billigkeit entspricht.

(3) Das Vollstreckungsgericht soll vor seiner Entscheidung die Beteiligten hören.

Auf Antrag können diese **relativ unpfändbaren Bezüge** durch das Vollstreckungsgericht für pfändbar erklärt werden. Bei der Entscheidung hat das Gericht die Interessen des Schuldners an seiner Existenzsicherung gegen die Interessen des Gläubigers an der Durchsetzung seiner titulierten Forderung gegeneinander **abzuwägen**. 233

Ein entsprechender **Freigabebeschluss** kann dabei nur erfolgen, wenn die Vollstreckung in das sonstige bewegliche Vermögen des Schuldners zu keiner (vollständigen) Befriedigung geführt hat. Die Pfändung muss zumal der Billigkeit entsprechen, Anhaltspunkte hierzu können sich aus der Art des beizutreibenden Anspruches (z.B. Unterhalt oder Schadensersatz aus Delikt) und der Höhe der Bezüge ergeben. 234

Der Schuldner soll vor einer entsprechenden Entscheidung grds. vom Vollstreckungsgericht angehört werden. Es handelt sich jedoch noch um eine Muss-Vorschrift, so dass einen Verstoß gegen diese Bestimmung nicht zur Unwirksamkeit der Entscheidung führt. 235

Der Gläubiger muss in seinem Antrag zur Billigkeit und Zulässigkeit im Einzelnen vortragen, damit sein Antrag substantiiert ist. 236

b) Pfändung durch den Normalgläubiger § 850c ZPO

Zur Ermittlung des zu Auszahlung an den Gläubiger verbleibenden Pfändungsbetrages muss man zunächst das Nettoeinkommen des Schuldners bestimmen. 237

238 Die Berechnung des pfändbaren Betrags erfolgt sodann in folgenden Schritten

1. Das ursprüngliche **Bruttoeinkommen** des Schuldners muss zunächst von den absolut pfändbaren und den relativ pfändbaren Teilen, soweit kein Freigabebeschluss besteht, **bereinigt** werden.
2. Danach müssen **Lohnsteuer und Sozialversicherungsabzüge** abgezogen werden.
3. § 850c Abs. 1 ZPO sieht sodann **Freigrenzen** des Schuldners vor, die für die Vollstreckung gewöhnlicher Forderungen geltend. Nur **gesetzliche Unterhaltsverpflichtungen** (z.B. an die Ehefrau des Schuldners) erhöhen den Freibetrag des Schuldners, wenn diese auch **tatsächlich erfüllt** werden. Naturalunterhaltsleistungen reichen hierfür aus. Privatrechtliche Unterhaltsverpflichtungen, z.B. an einen Freund, hingegen führen nicht zu einer Erhöhung des Freibetrages, auch wenn diese regelmäßig geleistet werden.
4. § 850c Abs. 2 sieht ferner eine **zusätzliche Quotelung** des pfändbaren Betrages vor. So ist z.B. einem Schuldner ohne Unterhaltsverpflichtung noch 3/10 des pfändbaren Betrages zu belassen. Mit der Anzahl der Unterhaltsverpflichtungen steigt auch die Quote, bei fünf Unterhaltsverpflichtungen würde der Gläubiger nur noch 1/10 des nach Abs. 1 pfändbaren Betrages erhalten und dem Schuldner insgesamt 9/10 verbleiben.
5. Der Teil des Arbeitseinkommens, der 3.475,79 € monatlich (799,91 € wöchentlich, 159,98 € täglich) **übersteigt,** bleibt bei der Berechnung des unpfändbaren Betrages unberücksichtigt § 850c Abs. 2 letzter Satz ZPO.

239 Sowohl die Freigrenzen des Abs. 1, die Quotelung nach Abs. 2 als auch der übersteigende pfändbare Betrag des § 850c Abs. 2 ZPO sind in der **Tabelle zu § 850c ZPO** – Anlage 2 eingearbeitet, so dass man leicht – ohne mühsame Berechnungen – den pfändbaren Betrag eines Nettoeinkommens berechnen kann. Derzeit beträgt der aktuelle Pfändungsfreibetrag – bei keinen Unterhaltsverpflichtungen – 1.139,99 €.

240 Wird die Pfändung wegen einer gewöhnlichen Forderung betrieben, so erlässt das Vollstreckungsgericht i.d.R. einen sogenannten **Blankettbeschluss**, der für die Berechnung des pfändbaren Betrages auf die Tabelle zu § 850c ZPO, Anlage 2 Bezug nimmt. Der Drittschuldner muss dann unter Zugrundelegung des Nettobetrages des Arbeitseinkommens, den pfändbaren Betrag unter Berücksichtigung der Unterhaltsverpflichtungen seines Arbeitnehmers anhand der Tabelle zu § 850c ZPO selbst ermitteln.

241 Unterhaltsansprüche hingegen werden vom Gesetzgeber privilegiert und es kann ein niedriger Pfändungsfreibetrag gem. § 850d ZPO bereits im Pfändungsantrag beantragt werden (vgl. die Ausführungen unter Rdn 245 ff.). In diesem Fall muss der Drittschuldner selbst keinen Pfändungsfreibetrag ermitteln, da dieser als konkreter Betrag aus dem Pfändungs- und Überweisungsbeschluss hervorgeht.

Gesetzestext: 242

§ 850c Pfändungsgrenzen für Arbeitseinkommen

(1) Arbeitseinkommen ist unpfändbar, wenn es, je nach dem Zeitraum, für den es gezahlt wird, nicht mehr als

930 EUR monatlich,

217,50 EUR wöchentlich oder

43,50 EUR täglich,

beträgt. Gewährt der Schuldner aufgrund einer gesetzlichen Verpflichtung seinem Ehegatten, einem früheren Ehegatten, seinem Lebenspartner, einem früheren Lebenspartner oder einem Verwandten oder nach §§ 1615l, 1615n des Bürgerlichen Gesetzbuchs einem Elternteil Unterhalt, so erhöht sich der Betrag, bis zu dessen Höhe Arbeitseinkommen unpfändbar ist, auf bis zu

2 060 EUR monatlich,

478,50 EUR wöchentlich oder

96,50 EUR täglich,

und zwar um

350 EUR monatlich,

81 EUR wöchentlich oder

17 EUR täglich,

für die erste Person, der Unterhalt gewährt wird, und um je

195 EUR monatlich,

45 EUR wöchentlich oder

9 EUR täglich

für die zweite bis fünfte Person.

(2) Übersteigt das Arbeitseinkommen den Betrag, bis zu dessen Höhe es je nach der Zahl der Personen, denen der Schuldner Unterhalt gewährt, nach Absatz 1 unpfändbar ist, so ist es hinsichtlich des überschießenden Betrages zu einem Teil unpfändbar, und zwar in Höhe von drei Zehnteln, wenn der Schuldner keiner der in Absatz 1 genannten Personen Unterhalt gewährt, zwei weiteren Zehnteln für die erste Person, der Unterhalt gewährt wird, und je einem weiteren Zehntel für die zweite bis fünfte Person. Der Teil des Arbeitseinkommens, der 2 851 EUR monatlich (658 EUR wöchentlich, 131,58 EUR täglich) übersteigt, bleibt bei der Berechnung des unpfändbaren Betrages unberücksichtigt.

(2a) Die unpfändbaren Beträge nach Absatz 1 und Absatz 2 Satz 2 ändern sich jeweils zum 1. Juli eines jeden zweiten Jahres, erstmalig zum 1.7.2003, entsprechend der im Vergleich zum jeweiligen Vorjahreszeitraum sich ergebenden prozentualen Entwicklung des Grundfreibetrages nach § 32a Abs. 1 Nr. 1 des Einkommensteuergesetzes; der Berechnung ist die am 1. Januar des jeweiligen Jahres geltende Fassung des § 32a Abs. 1 Nr. 1 des Einkommensteuergesetzes zugrunde zu legen. Das Bundesministerium der Justiz gibt die maßgebenden Beträge rechtzeitig im Bundesgesetzblatt bekannt.

(3) Bei der Berechnung des nach Absatz 2 pfändbaren Teils des Arbeitseinkommens ist das Arbeitseinkommen, gegebenenfalls nach Abzug des nach Absatz 2 Satz 2 pfändbaren Betrages, wie aus der Tabelle ersichtlich, die diesem Gesetz als Anlage beigefügt ist, nach unten abzurun-

den, und zwar bei Auszahlung für Monate auf einen durch 10 EUR, bei Auszahlung für Wochen auf einen durch 2,50 EUR oder bei Auszahlung für Tage auf einen durch 50 Cent teilbaren Betrag. Im Pfändungsbeschluss genügt die Bezugnahme auf die Tabelle.

(4) Hat eine Person, welcher der Schuldner aufgrund gesetzlicher Verpflichtung Unterhalt gewährt, eigene Einkünfte, so kann das Vollstreckungsgericht auf Antrag des Gläubigers nach billigem Ermessen bestimmen, dass diese Person bei der Berechnung des unpfändbaren Teils des Arbeitseinkommens ganz oder teilweise unberücksichtigt bleibt; soll die Person nur teilweise berücksichtigt werden, so ist Absatz 3 Satz 2 nicht anzuwenden.

243 *Praxistipp:*

Die aktuellen Pfändungsfreigrenzen ergeben sich nicht mehr aus dem oben wiedergegebenen Gesetzestext, sondern aus der jeweils geltenden Pfändungsfreigrenzenbekanntmachung (siehe Absatz 2a), die jeweils zum 01.07. eines jeden zweiten Jahres veröffentlich wird. Die letzte Änderung erfolgte am 28.3.2017 mit Wirkung zum 01.07.2017 und ist unter der Website des Bundesministeriums für Justiz und Verbraucherschutz abzurufen (ww.bmjv.de).

c) Musterformular

244 Der Anspruch ist im verbindlichen Musterformular (vgl. Rdn 195) unter den **Buchstaben A** aufgelistet.

d) Pfändung durch einen Unterhaltsgläubiger gem. § 850d ZPO

245 Der Unterhaltsgläubiger wird vom Gesetzgeber privilegiert und kann zusätzlich in den sogenannten privilegierten Korridor zwischen notwendigen Bedarf und dem Beginn des pfändbaren Betrages gem. § 850c ZPO hinein vollstrecken.

Beispiel:

Der Schuldner hat keine Unterhaltsverpflichtungen und verdient monatlich 900,00 € netto. Ein Normalgläubiger würde hier nach der Tabelle zu § 850c ZPO keinen pfändbaren Betrag ausbezahlt bekommen, da der Pfändungsfreibetrag nach der Tabelle zu § 850c ZPO derzeit 1.029,99 € beträgt. Würde jedoch im Pfändungs- und Überweisungsbeschluss des Unterhaltsgläubiger der Pfändungsfreibetrag für den Schuldner auf lediglich 800,00 € festgesetzt, so würde dieser Gläubiger jeden Monat 100,00 € ausbezahlt bekommen.

246

notwendiger Bedarf	**privilegierter Korridor**	**pfändbarer Betrag nach § 850c ZPO**
kein Zugriff	Zugriff nur durch Unterhaltsgläubiger (ggf. auch durch Deliktsgläubiger)	Zugriff für alle

Der notwendige Bedarf wird dabei fiktiv vom Vollstreckungsgericht errechnet und nach billigem Ermessen bestimmt. Der Schuldner wird gem. § 834 ZPO nicht angehört. 247

I.d.R. wird der notwendige Bedarf des Schuldners wie folgt ermittelt:

- Regelsatz der Sozialleistungen (derzeit 416,00 €, Stand 01.01.2018)
- plus Wohnkosten (hier wird fiktiv eine übliche Miete angesetzt)
- plus 30 % bis 50 % des Regelsatzes als Erwerbsanreiz (je nach Vollstreckungsgericht unterschiedlich)

Im Pfändungs- und Überweisungsbeschluss wird der Pfändungsfreibetrag **konkret als fester Betrag** beziffert. 248

Sollte die fiktive Berechnung gravierend vom tatsächlichen Bedarf des Schuldners abweichen, so hat dieser die Möglichkeit, Erinnerung gem. § 766 ZPO einzulegen oder, sollte es später zu einer Änderung der Unpfändbarkeitsvoraussetzungen kommen, einen Antrag nach § 850g ZPO zu stellen und so den ursprünglichen Pfändungsfreibetrag abzuändern. 249

Der Gesetzgeber hat für Unterhaltsforderungen ein zweites verbindliches Formular vorgesehen, da es hier keinen Blankettbeschluss gibt, sondern der unpfändbare Betrag konkret festgesetzt wird. 250

1

Raum für Kostenvermerke und Eingangsstempel

Amtsgericht ____________________

Vollstreckungsgericht

____

____

Antrag auf Erlass eines Pfändungs- und Überweisungsbeschlusses wegen Unterhaltsforderungen

Es wird beantragt, den nachfolgenden Entwurf als Beschluss auf ☐ Pfändung ☐ und ☐ Überweisung zu erlassen.

☐ Zugleich wird beantragt, die Zustellung zu vermitteln (☐ mit der Aufforderung nach § 840 der Zivilprozessordnung – ZPO).

☐ Die Zustellung wird selbst veranlasst.

Es wird gemäß dem nachfolgenden Entwurf des Beschlusses Antrag gestellt auf

☐ Zusammenrechnung mehrerer Arbeitseinkommen (§ 850e Nummer 2 ZPO)

☐ Zusammenrechnung von Arbeitseinkommen und Sozialleistungen (§ 850e Nummer 2a ZPO)

☐ ____________________

____

Es wird beantragt,

☐ Prozesskostenhilfe zu bewilligen

☐ Frau Rechtsanwältin / Herrn Rechtsanwalt

____

beizuordnen.

☐ Prozesskostenhilfe wurde gemäß anliegendem Beschluss bewilligt.

Anlagen:

☐ Schuldtitel und ___ Vollstreckungsunterlagen

☐ Erklärung über die persönlichen und wirtschaftlichen Verhältnisse nebst ___ Belegen

☐ ____________________

____

☐ Verrechnungsscheck für Gerichtskosten

☐ Gerichtskostenstempler

☐ Ich drucke nur die ausgefüllten Seiten

____

(Bezeichnung der Seiten)

aus und reiche diese dem Gericht ein.

Datum (Unterschrift Antragsteller/-in)

Hinweis:

Soweit für den Antrag eine zweckmäßige Eintragungsmöglichkeit in diesem Formular nicht besteht, können ein geeignetes Freifeld sowie Anlagen genutzt werden.

2

Amtsgericht	______________
Anschrift:	______________
	______________
Geschäftszeichen:	

☐ Pfändungs- ☐ und ☐ Überweisungs-Beschluss
in der Zwangsvollstreckungssache

des/der Herrn/Frau	______________ ______________ ______________ ______________		– Gläubiger –
geboren am (Angabe des Geburtsdatums bei Minderjährigen sinnvoll)	______________		
gesetzlich vertreten durch Herrn/Frau	______________ ______________ ______________ ______________		
vertreten durch Herrn/Frau/Firma	______________ ______________ ______________ ______________		
Aktenzeichen des Gläubigervertreters	______________		
Bankverbindung	☐ des Gläubigers	☐ des Gläubigervertreters	
IBAN:	______________		
BIC: Angabe kann entfallen, wenn IBAN mit DE beginnt.	______________		

gegen

Herrn/Frau	______________ ______________ ______________ ______________	– Schuldner –
vertreten durch Herrn/Frau/Firma	______________ ______________ ______________ ______________	
Aktenzeichen des Schuldnervertreters	______________	

3

Nach dem Vollstreckungstitel / den Vollstreckungstiteln
(den oder die Titel bitte nach Art, Gericht / Notar / Jugendamt, Datum, Geschäftszeichen etc. bezeichnen)

____

____

____

____

____

kann der Gläubiger von dem Schuldner nachfolgend aufgeführte Beträge beanspruchen:

I. Unterhaltsrückstand	
€	☐ Unterhaltsrückstand für die Zeit vom ______ ☐ bis ______
€	☐ nebst ___ % Zinsen seit dem ______ ☐ bis ______
€	☐ nebst Zinsen in Höhe von 5 Prozentpunkten über dem jeweiligen Basiszinssatz seit dem ______ ☐ bis ______
€ (wenn Angabe möglich)	☐ gemäß Anlage(n) ______ (zulässig, wenn in dieser Aufstellung die erforderlichen Angaben nicht oder nicht vollständig eingetragen werden können)
II. Nur auszufüllen bei statischer Unterhaltsrente	
Unterhalt für	☐ Kind ☐ Ehegatten ☐ Lebenspartner / -in ☐ Elternteil nach §1615l des Bürgerlichen Gesetzbuches (BGB) ☐ Eltern ☐ Enkel
	Der Unterhalt ist zu zahlen ☐ wöchentlich ☐ monatlich ☐ vierteljährlich
	☐ laufend ab ______ ☐ zahlbar am ______ (Wochentag bzw. bezifferten Tag des Monats oder des Jahres angeben) ☐ jeder Woche ☐ jeden Monats ☐ jeden Jahres ☐ bis ______
€	☐ Unterhalt bis zur Vollendung des **sechsten** Lebensjahres des Kindes
€	☐ Unterhalt von der Vollendung des **sechsten** Lebensjahres bis zur Vollendung des **zwölften** Lebensjahres des Kindes
€	☐ Unterhalt von der Vollendung des **zwölften** Lebensjahres bis zur Vollendung des **achtzehnten** Lebensjahres des Kindes
€	☐ Unterhalt von der Vollendung des **achtzehnten** Lebensjahres des Gläubigers an
€	☐ Unterhalt vom ______ bis ______
€	☐ Unterhalt vom ______ bis ______
€	☐ Unterhalt vom ______ bis ______
€ (wenn Angabe möglich)	☐ gemäß Anlage(n) ______ (vgl. Hinweis zu I.)

4

III. Nur auszufüllen bei dynamisierter Unterhaltsrente

☐ **Unterhalt**, veränderlich gemäß dem Mindestunterhalt nach § 1612a Absatz 1 BGB, zahlbar am Ersten jeden Monats, laufend ab ______ ☐ bis ______

Prozent des Mindestunterhalts der **ersten Altersstufe**,

☐ abzüglich ☐ des hälftigen ☐ des vollen Kindergeldes für ein

☐ erstes/zweites ☐ drittes ☐ ______ Kind

☐ abzüglich Kindergeld in Höhe von ______ €
☐ abzüglich sonstiger kindbezogener Leistungen in Höhe von ______ €

(derzeitiger monatlicher Zahlbetrag des Unterhalts: ______ €) bis zur Vollendung des **sechsten** Lebensjahres des Kindes (Zeitraum vom ______ bis ______)

______ Prozent des Mindestunterhalts der **zweiten Altersstufe**,

☐ abzüglich ☐ des hälftigen ☐ des vollen Kindergeldes für ein

☐ erstes/zweites ☐ drittes ☐ ______ Kind

☐ abzüglich Kindergeld in Höhe von ______ €
☐ abzüglich sonstiger kindbezogener Leistungen in Höhe von ______ €

(derzeitiger monatlicher Zahlbetrag des Unterhalts: ______ €) vom **siebenten** bis zur Vollendung des **zwölften** Lebensjahres des Kindes (Zeitraum vom ______ bis ______)

______ Prozent des Mindestunterhalts der **dritten Altersstufe**,

☐ abzüglich ☐ des hälftigen ☐ des vollen Kindergeldes für ein

☐ erstes/zweites ☐ drittes ☐ ______ Kind

☐ abzüglich Kindergeld in Höhe von ______ €
☐ abzüglich sonstiger kindbezogener Leistungen in Höhe von ______ €

(derzeitiger monatlicher Zahlbetrag des Unterhalts: ______ €) ab dem **dreizehnten** Lebensjahr des Kindes (Zeit ab dem ______)

☐ gemäß Anlage(n) ______
(vgl. Hinweis Seite 3 zu I.)

IV. Kosten

€	☐ festgesetzte Kosten
€	☐ nebst ☐ 4 % Zinsen ☐ ____ % Zinsen daraus/aus ______ Euro seit dem ______ ☐ bis ______
€	☐ nebst Zinsen in Höhe von ☐ 5 ☐ ____ Prozentpunkten über dem jeweiligen Basiszinssatz daraus/aus ______ Euro seit dem ______ ☐ bis ______
€	☐ bisherige Vollstreckungskosten
€ (wenn Angabe möglich)	☐ gemäß Anlage(n) ______ (vgl. Hinweis Seite 3 zu I.)

Wegen dieser Ansprüche einschließlich der künftig fällig werdenden Beträge sowie wegen der Kosten für diesen Beschluss (vgl. Kostenrechnung) und wegen der Zustellungskosten für diesen Beschluss wird/werden die nachfolgend aufgeführte/-n angebliche/-n Forderung/-en des Schuldners gegenüber dem Drittschuldner – einschließlich der künftig fällig werdenden Beträge – so lange gepfändet, bis der Gläubigeranspruch gedeckt ist.

5

Drittschuldner (genaue Bezeichnung des Drittschuldners: Firma bzw. Vor- und Zuname, vertretungsberechtigte Person/-en, jeweils mit Anschrift; Postfach-Angabe ist nicht zulässig; bei mehreren Drittschuldnern ist eine Zuordnung des Drittschuldners zu der/den zu pfändenden Forderung/-en vorzunehmen)

Herr/Frau/Firma

____

Forderung aus Anspruch

☐ **A (an Arbeitgeber)**

☐ **B (an Agentur für Arbeit bzw. Versicherungsträger)**
Art der Sozialleistung: ______________
Konto-/Versicherungsnummer: ______________

☐ **C (an Finanzamt)**

☐ **D (an Kreditinstitute)**

☐ **E (an Versicherungsgesellschaften)**
Konto-/Versicherungsnummer: ______________

☐ **F (an Bausparkassen)**

☐ **G**

☐ **gemäß gesonderter Anlage(n)** ______________

Anspruch A (an Arbeitgeber)

1. auf Zahlung des gesamten gegenwärtigen und künftigen Arbeitseinkommens (einschließlich des Geldwertes von Sachbezügen)
2. auf Auszahlung des als Überzahlung jeweils auszugleichenden Erstattungsbetrages aus dem durchgeführten Lohnsteuer-Jahresausgleich sowie aus dem Kirchenlohnsteuer-Jahresausgleich für das Kalenderjahr ______________ und für alle folgenden Kalenderjahre
3. auf ______________

Anspruch B (an Agentur für Arbeit bzw. Versicherungsträger)

auf Zahlung der gegenwärtig und künftig nach dem Sozialgesetzbuch zustehenden Geldleistungen.
Die Art der Sozialleistungen ist oben angegeben.

Anspruch A und B

Die für die Pfändung von Arbeitseinkommen geltenden Vorschriften der §§ 850 ff. ZPO in Verbindung mit der Tabelle zu § 850c Absatz 3 ZPO in der jeweils gültigen Fassung sind zu beachten.

6

Anspruch C (an Finanzamt)

auf Auszahlung

1. des als Überzahlung auszugleichenden Erstattungsbetrages bzw. des Überschusses, der sich als Erstattungsanspruch bei Abrechnung der auf die Einkommensteuer (nebst Solidaritätszuschlag) und Kirchensteuer sowie Körperschaftsteuer anzurechnenden Leistungen für das abgelaufene Kalenderjahr ________ und für alle früheren Kalenderjahre ergibt
2. des Erstattungsbetrages, der sich aus dem Erstattungsanspruch zu viel gezahlter Kraftfahrzeugsteuer für das Kraftfahrzeug mit dem amtlichen Kennzeichen ________ ergibt

   Erstattungsgrund:

   ____

   ____

   ____

Anspruch D (an Kreditinstitute)

1. auf Zahlung der zu Gunsten des Schuldners bestehenden Guthaben seiner sämtlichen Girokonten (insbesondere seines Kontos ________) bei diesem Kreditinstitut einschließlich der Ansprüche auf Gutschrift der eingehenden Beträge; mitgepfändet wird die angebliche (gegenwärtige und künftige) Forderung des Schuldners an den Drittschuldner auf Auszahlung eines vereinbarten Dispositionskredits („offene Kreditlinie"), soweit der Schuldner den Kredit in Anspruch nimmt
2. auf Auszahlung des Guthabens und der bis zum Tag der Auszahlung aufgelaufenen Zinsen sowie auf fristgerechte bzw. vorzeitige Kündigung der für ihn geführten Sparguthaben und/oder Festgeldkonten, insbesondere aus Konto ________
3. auf Auszahlung der bereitgestellten, noch nicht abgerufenen Darlehensvaluta aus einem Kreditgeschäft, wenn es sich nicht um zweckgebundene Ansprüche handelt
4. auf Zahlung aus dem zum Wertpapierkonto gehörenden Gegenkonto, insbesondere aus Konto ________ , auf dem die Zinsgutschriften für die festverzinslichen Wertpapiere gutgebracht sind
5. auf Zutritt zu dem Bankschließfach Nr. ________ und auf Mitwirkung des Drittschuldners bei der Öffnung des Bankschließfachs bzw. auf die Öffnung des Bankschließfachs allein durch den Drittschuldner zum Zweck der Entnahme des Inhalts
6. auf

   ____

   ____

   ____

Hinweise zu Anspruch D:

Auf § 835 Absatz 3 Satz 2 ZPO (Zahlungsmoratorium von vier Wochen) und § 835 Absatz 4 ZPO wird der Drittschuldner hiermit hingewiesen.

Pfändungsschutz für Kontoguthaben und Verrechnungsschutz für Sozialleistungen und für Kindergeld werden seit dem 1. Januar 2012 nur für Pfändungsschutzkonten nach § 850k ZPO gewährt.

Anspruch E (an Versicherungsgesellschaften)

1. auf Zahlung der Versicherungssumme, der Gewinnanteile und des Rückkaufwertes aus der Lebensversicherung/den Lebensversicherungen, die mit dem Drittschuldner abgeschlossen ist/sind
2. auf das Recht zur Bestimmung desjenigen, zu dessen Gunsten im Todesfall die Versicherungssumme ausgezahlt wird, bzw. auf das Recht zur Bestimmung einer anderen Person an Stelle der von dem Schuldner vorgesehenen
3. auf das Recht zur Kündigung des Lebens-/Rentenversicherungsvertrages, auf das Recht auf Umwandlung der Lebens-/Rentenversicherung in eine prämienfreie Versicherung sowie auf das Recht zur Aushändigung der Versicherungspolice

Ausgenommen von der Pfändung sind Ansprüche aus Lebensversicherungen, die nur auf den Todesfall des Versicherungsnehmers abgeschlossen sind, wenn die Versicherungssumme den in § 850b Absatz 1 Nummer 4 ZPO in der jeweiligen Fassung genannten Betrag nicht übersteigt.

7

Anspruch F (an Bausparkassen)

aus dem über eine Bausparsumme von (mehr oder weniger) ______________ Euro

abgeschlossenen Bausparvertrag Nr. ______________________________,
insbesondere Anspruch auf

1. Auszahlung des Bausparguthabens nach Zuteilung
2. Auszahlung der Sparbeiträge nach Einzahlung der vollen Bausparsumme
3. Rückzahlung des Sparguthabens nach Kündigung
4. das Kündigungsrecht selbst und das Recht auf Änderung des Vertrags
5. auf ____

Anspruch G

(Hinweis: betrifft Anspruch an weitere Drittschuldner bzw. schon aufgeführte Drittschuldner, soweit Platz unzureichend)

____

____

____

____

____

____

____

____

____

____

Berechnung des pfändbaren Nettoeinkommens

(betrifft Anspruch A und B)

Von der Pfändung sind ausgenommen:

1. Beträge, die unmittelbar auf Grund steuer- oder sozialrechtlicher Vorschriften zur Erfüllung gesetzlicher Verpflichtungen des Schuldners abzuführen sind, ferner die auf den Auszahlungszeitraum entfallenden Beträge, die der Schuldner nach den Vorschriften der Sozialversicherungsgesetze zur Weiterversicherung entrichtet oder an eine Ersatzkasse oder an ein Unternehmen der privaten Krankenversicherung leistet, soweit diese Beträge den Rahmen des Üblichen nicht übersteigen;
2. Aufwandsentschädigungen, Auslösegelder und sonstige soziale Zulagen für auswärtige Beschäftigungen, das Entgelt für selbstgestelltes Arbeitsmaterial, Gefahren-, Schmutz- und Erschwerniszulagen, soweit sie den Rahmen des Üblichen nicht übersteigen;
3. ein Viertel der für die Leistung von Mehrarbeitsstunden gezahlten Teile des Arbeitseinkommens;
4. die Hälfte der nach § 850a Nummer 2 ZPO (z. B. Urlaubs- oder Treuegelder) gewährten Bezüge und Zuwendungen;
5. Weihnachtsvergütungen bis zu einem Viertel des monatlichen Arbeitseinkommens, höchstens aber bis zur Hälfte des in § 850a Nummer 4 ZPO in der jeweiligen Fassung genannten Höchstbetrages;
6. Heirats- und Geburtsbeihilfen, sofern die Vollstreckung wegen anderer als der aus Anlass der Heirat oder der Geburt entstandenen Ansprüche betrieben wird;
7. Erziehungsgelder, Studienbeihilfen und ähnliche Bezüge;

8. Sterbe- und Gnadenbezüge aus Arbeits- und Dienstverhältnissen; 8
9. Blindenzulagen;
10. Geldleistungen für Kinder sowie Sozialleistungen, die zum Ausgleich immaterieller Schäden gezahlt werden.

☐ **Es wird angeordnet,** dass zur Berechnung des nach §850c ZPO pfändbaren Teils des Gesamteinkommens zusammenzurechnen sind:

☐ Arbeitseinkommen bei Drittschuldner (genaue Bezeichnung)

______________________________ und

☐ Arbeitseinkommen bei Drittschuldner (genaue Bezeichnung)

______________________________ .

Der unpfändbare Grundbetrag ist in erster Linie den Einkünften des Schuldners bei Drittschuldner (genaue Bezeichnung)

______________________________ zu entnehmen, weil dieses Einkommen die wesentliche Grundlage der Lebenshaltung des Schuldners bildet.

☐ **Es wird angeordnet,** dass zur Berechnung des nach §850c ZPO pfändbaren Teils des Gesamteinkommens zusammenzurechnen sind:

☐ laufende Geldleistungen nach dem Sozialgesetzbuch von Drittschuldner (genaue Bezeichnung der Leistungsart und des Drittschuldners)

______________________________ und

☐ Arbeitseinkommen bei Drittschuldner (genaue Bezeichnung)

______________________________ .

Ansprüche auf Geldleistungen für Kinder dürfen mit Arbeitseinkommen nur zusammengerechnet werden, soweit sie nach § 76 des Einkommensteuergesetzes (EStG) oder nach § 54 Absatz 5 des Ersten Buches Sozialgesetzbuch (SGB I) gepfändet werden können.

☐ Der erweiterte Pfändungsumfang gilt nicht für die Unterhaltsrückstände, die länger als ein Jahr vor Stellung des Pfändungsantrags vom ______________ fällig geworden sind, weil nach Lage der Verhältnisse nicht anzunehmen ist, dass der Schuldner sich seiner Zahlungspflicht absichtlich entzogen hat.

Der Schuldner ist nach Angaben des Gläubigers

☐ ledig.

☐ verheiratet/eine Lebenspartnerschaft führend.

☐ mit dem Gläubiger verheiratet/ eine Lebenspartnerschaft führend.

☐ geschieden.

☐ Der Schuldner ist dem geschiedenen Ehegatten gegenüber unterhaltspflichtig

☐ ______________________________

Der Schuldner hat nach Angaben des Gläubigers

☐ keine unterhaltsberechtigten Kinder.

☐ keine weiteren unterhaltsberechtigten Kinder außer dem Gläubiger.

☐ ____ unterhaltsberechtigtes Kind/unterhaltsberechtigte Kinder.

☐ ____ weiteres unterhaltsberechtigtes Kind/weitere unterhaltsberechtigte Kinder außer dem Gläubiger.

☐ ______________________________

Vom Gericht auszufüllen 9

Pfandfreier Betrag

Dem Schuldner dürfen von dem errechneten Nettoeinkommen bis zur Deckung des Gläubigeranspruchs für seinen eigenen notwendigen Unterhalt ____________ Euro monatlich verbleiben

☐ sowie ____________ Euro monatlich zur Erfüllung seiner laufenden gesetzlichen Unterhaltspflichten gegenüber den Berechtigten, die dem Gläubiger vorgehen

☐ sowie zur gleichmäßigen Befriedigung der Unterhaltsansprüche der berechtigten Personen, die dem Gläubiger gleichstehen, ______/______ Anteile des Nettoeinkommens, das nach Abzug des notwendigen Unterhalts des Schuldners verbleibt, bis zur Deckung der gesamten Unterhaltsansprüche dieser Personen von zusammen monatlich ____________ Euro.
Gepfändet sind demzufolge ______/______ Anteile des ____________ Euro monatlich übersteigenden Nettoeinkommens und das nach Deckung der eben genannten Unterhaltsansprüche von zusammen monatlich ____________ Euro verbleibende Mehreinkommen aus den bezeichneten ______/______ Anteilen.

Der sich hieraus ergebende dem Schuldner zu belassende Betrag darf nicht höher sein als der unter Berücksichtigung der Unterhaltspflichten gemäß der Tabelle zu § 850c ZPO (in der jeweils gültigen Fassung) pfandfrei verbleibende Betrag.

☐ Sonstige Anordnungen:

____

____

____

____

____

____

☐ **Es wird angeordnet, dass**

- ☐ der Schuldner die Lohn- oder Gehaltsabrechnung oder die Verdienstbescheinigung einschließlich der entsprechenden Bescheinigungen der letzten drei Monate vor Zustellung des Pfändungs- und Überweisungsbeschlusses an den Gläubiger herauszugeben hat
- ☐ der Schuldner das über das jeweilige Sparguthaben ausgestellte Sparbuch (bzw. die Sparurkunde) an den Gläubiger herauszugeben hat und dieser das Sparbuch (bzw. die Sparurkunde) unverzüglich dem Drittschuldner vorzulegen hat
- ☐ ein von dem Gläubiger zu beauftragender Gerichtsvollzieher für die Pfändung des Inhalts Zutritt zum Schließfach zu nehmen hat
- ☐ der Schuldner die Versicherungspolice an den Gläubiger herauszugeben hat und dieser sie unverzüglich dem Drittschuldner vorzulegen hat
- ☐ der Schuldner die Bausparurkunde und den letzten Kontoauszug an den Gläubiger herauszugeben hat und dieser die Unterlagen unverzüglich dem Drittschuldner vorzulegen hat
- ☐ ______________________________

____

____

____

____

____

Für die Pfändung der Kosten für den Unterhaltsrechtsstreit (das gilt nicht für die Kosten der Zwangsvollstreckung) sind bezüglich der Ansprüche A und B die gemäß § 850c ZPO geltenden Vorschriften für die Pfändung von Arbeitseinkommen anzuwenden; bei einem Pfändungsschutzkonto gilt § 850k Absatz 1 und 2 ZPO.

Der Drittschuldner darf, soweit die Forderung gepfändet ist, an den Schuldner nicht mehr zahlen. Der Schuldner darf insoweit nicht über die Forderung verfügen, sie insbesondere nicht einziehen. 10

☐ **Zugleich wird dem Gläubiger die zuvor bezeichnete Forderung in Höhe des gepfändeten Betrages**

☐ **zur Einziehung überwiesen.** ☐ an Zahlungs statt überwiesen.

☐ ______________________________

____

____

____

____

____

Ausgefertigt:

(Datum,
Unterschrift Rechtspfleger

(Datum,
Unterschrift Urkundsbeamter der Geschäftsstelle)

I.	**Gerichtskosten** Gebühr gemäß GKG KV Nr. 2111		€
II.	**Anwaltskosten gemäß RVG** Gegenstandswert: ________ €		
	1. Verfahrensgebühr VV Nr. 3309	€	
	2. Auslagenpauschale VV Nr. 7002	€	
	3. Umsatzsteuer VV Nr. 7008	€	
	Summe von II.		€
	Summe von I. und II.:		€

☐ **Inkassokosten gemäß § 4 Absatz 4 des Einführungsgesetzes zum Rechtsdienstleistungsgesetz** (RDGEG) gemäß Anlage(n) ______________

e) Weitere Anträge

251 Das Vollstreckungsrecht sieht aber auch für den Normalgläubiger eine Reihe von Möglichkeiten vor, unter bestimmten Vorsetzungen den **Vollstreckungszugriff zu erweitern**.

252 Insbesondere soll auf die nachstehenden Möglichkeiten hingewiesen werden:

- Antrag nach § 850c Abs. 4 ZPO auf **Unberücksichtigtlassen eines Unterhaltsberechtigten**: Besitzt der Unterhaltsberechtigte eigenes Einkommen kann er auf Antrag durch das Vollstreckungsgericht als ganz oder teilweise unberücksichtigt erklärt werden mit der Maßgabe, dass sich der pfändbare Betrag dadurch erhöht. Dieser Antrag ist jedoch nur zu stellen, wenn es sich um gesetzliche Unterhaltsverpflichtung handelt und der Schuldner auch tatsächlich Unterhalt leistet. Liegen diese Voraussetzungen nicht vor, so würde diese „Unterhaltsverpflichtung" nach dem Gesetz schon keine Bedeutung für die Berechnung des pfändbaren Betrages haben. Bei Unstimmigkeiten mit dem Drittschuldner könnte ein klarstellender Beschluss gem. § 850c Abs. 3 letzter Satz ZPO beantragt werden. Ob ein Einkommen für den Unterhaltsberechtigten ausreicht soll das Gericht nach billigen Ermessen bestimmen, zumindest wenn der Grundfreibetrag des § 850c Abs. 1 ZPO von derzeit 1.028,98 € erreicht ist, bleibt der Unterhaltsberechtigte ganz unberücksichtigt.
- Antrag nach § 850e Nr. 2 und Nr. 2a ZPO auf **Zusammenrechnung mehrere Arbeitseinkommen oder von Arbeitseinkommen und Sozialleistungen**: Hier wird der Schuldner so behandelt als hätte er nur ein Einkommen und der Pfändungsfreibetrag wird dann nach der Tabelle zu § 850c ZPO bestimmt. Mit dieser Vorschrift soll verhindert werden, dass der Schuldner z.B. zwei Einkünfte von 1.000,00 € hätte, die beide für sich unpfändbar wären.
- Antrag nach 850f Abs. 2 ZPO: Auch der sogenannte **Deliktsgläubiger** wird in Zwangsvollstreckung auf Antrag „privilegiert". Hierzu bedarf es jedoch der Feststellung, dass die Forderung aus einer **vorsätzlich unerlaubten Handlung** (z.B. Diebstahl) resultiert. Das Privileg sollte daher bereits im Vollstreckungstitel festgestellt worden sein. Da im gerichtlichen Mahnverfahren eine Anspruchsüberprüfung nicht stattfindet, kann mit einem Vollstreckungsbescheid niemals ein solcher Nachweis erbracht werden. Wurde das Privileg im Titel nicht festgestellt, so muss der Gläubiger ggf. die vorsätzlich unerlaubte Handlung durch ein Feststellungsurteil nachweisen oder der Schuldner stimmt in einer Urkunde der verschärften Pfändung zu. Der BGH hat ausdrücklich eine Prüfungskompetenz des Vollstreckungsgerichts verneint (vgl. BGH, ZVI 2003, 301). Liegt eine Forderung aus vorsätzlich unerlaubter Handlung vor, so entscheidet das Vollstreckungsgericht über den erweiterten, verschärften Zugriff auf das Arbeitseinkommen nach billigem Ermessen und orientiert sich dabei an die Notbedarfssätzen des Unterhaltsgläubiger

gem. § 850d ZPO. Neben den notwendigen Bedarf ist dem Schuldner aber auch der Betrag zur Erfüllung seiner laufenden gesetzlichen Unterhaltsverpflichtungen zu belassen.

10. Pfändung von Bankguthaben

Die Kontenpfändung gehört zu den effizienten Arten der Zwangsvollstreckung, da heutzutage fast keiner mehr ohne Konto ist, um so am bargeldlosen Zahlungsverkehr teilzunehmen. Die Kontopfändung sperrt nicht nur das Konto, sondern hat für den Schuldner meist noch weitere Konsequenzen bis hin zur Kündigung der Kontoverbindung bei der Bank. Gerade für Geschäftsleute droht damit der Verlust der Kreditwürdigkeit. 253

Auch wenn kein pfändbares Guthaben auf dem Konto vorhanden ist, meldet sich der Schuldner meist beim Gläubiger, um eine Ratenzahlung zu vereinbaren und somit wieder frei über sein Konto zu verfügen. 254

Besonders zu beachten ist, dass das auf dem Konto eingehende Arbeitseinkommen mit Eingang auf dem Konto seine Rechtsnatur verliert und somit ohne die Einschränkung des § 850c ZPO voll pfändbar ist. 255

Der Gesetzgeber hat dies gesehen und entsprechende Schutzvorschriften erlassen. Seit dem 1.1.2012 erfolgt der Kontoschutz ausschließlich über das sogenannte P-Konto (Pfändungsschutzkonto). Es handelt sich hierbei um ein spezielles Girokonto, dass einen automatischen Pfändungsschutz (angelehnt an die Pfändungsfreigrenzen des § 850c ZPO) besitzt, ohne dass der Schuldner hierfür einen weiteren Antrag beim Vollstreckungsgericht stellen muss. Näheres hierzu unter Rdn 457 ff.

a) Pfändungsumfang

Der Umfang der Kontopfändung ist in § 833a ZPO geregelt. Unter dem Begriff „Konto“ fallen **alle Arten von Konten** bei einem Kreditinstitut, insbesondere 256

- Sparkonten,
- Girokonten,
- Anderkonten und
- Festgeldkonten.

Die einzelnen Kontoarten, die gepfändet werden sollen, müssen im Pfändungs- und Überweisungsbeschluss **ausdrücklich näher bezeichnet** sein.

Hingegen müssen Kontonummern nicht angegeben werden, da Konten in Deutschland als **Namenskonten** und nicht als Nummernkonten (wie z.B. in der Schweiz) geführt werden. Die Angabe einer Kontonummer dient vielmehr der Erleichterung bei der Zuordnung des Pfändungs- und Überweisungsbeschlusses bei der Drittschuldnerin.

257 *Praxistipp:*

Um auszuschließen, dass der PfÜB lediglich auf das angegebene Konto beschränkt wird, sollte vor den Nennung der Kontonummer „**insbesondere** das Konto mit der Nr." stehen. Damit ist klargestellt, dass die Kontonummer nur beispielhaft genannt ist und von der Pfändung sämtliche Konten erfasst sein sollen.

258 Das Girokonto hat dabei eine besondere Rechtsnatur, da es ein sogenanntes **Kontokorrentkonto** i.S.d. des § 355 HBG ist. Auf ihm werden alle Gutschriften und Belastungen eines Bankkunden (Privat- oder Geschäftskunden) vom Kreditinstitut erfasst und in regelmäßigen Zeitabschnitten durch Verrechnung saldiert. I.d.R. erfolgt der Rechnungsabschluss beim Girokonto jeweils zum Quartalsende.

259 Zwar weist auch der tägliche Kontoauszug einen „Saldo" auf. Es handelt sich jedoch hierbei nicht um den in § 355 HGB genannten Abschlusssaldo, sondern vielmehr um eine tägliche „Information" über erfolgte Buchungen. Dies führte nach der bis zum 30.6.2010 geltenden Rechtslage dazu, dass man genau bezeichnen musste, welche Ansprüche man genau beim Girokonto pfändet, da ansonsten nur das Guthaben beim Quartalsabschluss umfasst war und der Schuldner über das Konto verfügen konnte.

260 Seit 1.7.2010 wurde die Kontopfändung jedoch in § 833a ZPO konkret definiert.

Demnach sind bei einer Kontopfändung das am Tag der Zustellung bestehende Guthaben sowie die Tagesguthaben der auf die Pfändung folgenden Tage umfasst.

261 Um das am **Tag der Zustellung** bestehende Guthaben zu ermitteln, wird das von der Pfändung umfasste Girokonto lediglich buchungstechnisch und auch nur im Verhältnis zwischen Kreditinstitut und Gläubiger außerordentlich saldiert. Ergibt sich bei diesem **„fiktiven Rechnungsabschluss"** ein Guthaben, so steht dieses dem Gläubiger zu, ansonsten hat sich die Pfändung insoweit erledigt.

262 § 833a ZPO umfasst daneben aber auch die **nachfolgenden** sogenannten **Tagesguthaben** mit der Folge, dass der Schuldner aufgrund des Verfügungsverbotes nicht mehr wirksam über den Anspruch auf Auszahlung des Guthabens sowie das Recht über dieses Guthaben durch Barabhebungen, Überweisungen oder in sonstiger Weise verfügen kann. Eine ausdrückliche Nennung dieser Ansprüche im Pfändungs- und Überweisungsbeschluss wie bei der bis zum 30.6.2010 geltenden Rechtslage bedarf es nicht mehr. In der Praxis wird dies jedoch noch oft getan, ist für den Erlass der Pfändungs- und Überweisungsbeschlusses aber auch unschädlich.

263 *Achtung:*

Die Kontopfändung des § 833a ZPO erstreckt sich ausschließlich auf die Pfändung des Kontoguthabens, nicht jedoch auf andere Rechte aus dem jeweils zugrundeliegenden Vertragsverhältnis zwischen Schuldner und Kreditinstitut. Diese Nebenrechte sind ausdrücklich im Pfändungs- und Überweisungsbeschluss zu benennen, damit sie bei der Pfändung mit erfasst sind.

Insbesondere der Anspruch des Schuldners auf Gutschrift der eingehenden Beträge sollte mit gepfändet werden, damit der Schuldner vor der eigentlichen Gutschrift auf seinen Konto nicht anderweitig über den Betrag verfügen kann und das Kreditinstitut den eingehenden Betrag dem Konto auch tatsächlich gutschreiben muss. 264

Der **Anspruch des Kontoinhabers auf Erteilung von Kontoauszügen und Rechnungsabschlüssen** kann jedoch als Nebenforderung laut Bundesgerichtshof **nicht** bei einer Kontopfändung mit gepfändet werden (vgl. BGH, ZVI 2006, 114). und wird damit begründet das der Auskunftsanspruch des Bankkunden gegenüber dem Kreditinstitut zu umfassend wäre und der Gläubiger somit auch Informationen erhalten würde, die er für die Kontopfändung an sich nicht benötigt. Kontoauszüge direkt vom Drittschuldner erhält man also nicht. 265

Gem. **§ 836 Abs. 3 ZPO ist der Schuldner** jedoch verpflichtet, dem Gläubiger die zur Geltendmachung der Forderung nötigen Auskünfte zu erteilen und ihm über die Forderung vorhandene Urkunden herauszugeben. Im Rahmen einer Kontopfändung kommen als Urkunden in Betracht: 266

- Sparbücher,
- nicht aber EC-Karten oder andere Scheckkarten (da sie laut BGH, JurBüro 2003, 440 keine über die Forderung vorhandenen Urkunden darstellen)
- grundsätzlich auch Kontoauszüge (umstritten, ob überhaupt und wenn ja, nur für die Zukunft oder auch rückwirkend?)
- bei einem P-Konto grds. auch die Nachweise für eine Erhöhung des Pfändungsfreibetrages bei Unterhaltsverpflichtungen (auch dies ist umstritten).

Die Verpflichtung des Schuldners zur Herausgabe der entsprechenden Urkunden sollte am besten bereits im Pfändungs- und Überweisungsbeschluss in Form einer **Herausgabeanordnung** (S. 8 des verbindlichen Musterformulars, vgl. Rdn 195) enthalten sein.

b) Einzelne Kontoarten

Nachstehende Tabelle gibt einen Überblick über die Besonderheiten der einzelnen Kontoarten: 267

Debitorisches Konto	Die meisten Girokonten werden nicht als reines Guthabenkonto, sondern debitorisch geführt. Unter Debet versteht man dabei die Forderungs- bzw. Sollseite eines Kontos. Bei einer Kontopfändung werden aber nur positive Salden erfasst und zwar auch dann, wenn diese erst in der Zukunft entstehen. Durch das Inhibitorium und das Arrestatorium sind sowohl die Drittschuldnerin wie auch der Schuldner daran gehindert, Überweisungen zu tätigen und somit gezwungen Geldeingänge auf das **Debet zu verrechnen**, so dass sich das Soll verringert und das Konto wieder in den Guthabenbereich zurückgeführt wird. Das zukünftige Guthaben ist sodann von der Pfändung erfasst.
Dispositionskredit (vereinbarter Überziehungskredit)	Bei einem Dispositionskredit wird eine „offene Kreditlinie" zwischen Bankkunden (Schuldner) und Kreditinstitut (Drittschuldnerin) vertraglich vereinbart. Kraft Vereinbarung verpflichtet sich das Kreditinstitut dem Schuldner zu bestimmten Bedingungen auf dessen Auffordern hin einen Kredit bis zu einer bestimmten Höhe zur Verfügung zu stellen. Das **Recht zum Abruf** dieses Kredites ist höchstpersönlich und kann daher vom Gläubiger **nicht gepfändet** werden. Ruft der Schuldner jedoch nach wirksamer Pfändung seine Kreditlinie ab, so würde der zur Auszahlung stehende Darlehensbetrag von der Pfändung erfasst sein. In der Praxis wird dies jedoch dadurch verhindert, dass die Kreditinstitute die Vereinbarung bei wirksamer Pfändung kündigen. Es handelt sich hierbei vielmehr um eine rein theoretische Möglichkeit.
geduldeter Überziehungskredit	Beim geduldeten Überziehungskredit liegt hingegen **keine Vereinbarung** vor. Der Schuldner hat keinen Anspruch gegen das Kreditinstitut auf Aufzahlung irgendwelcher Darlehensbeträge. Wenn kein Anspruch besteht, kann dieser auch **nicht gepfändet** werden.
P-Konto	Auf dem P-Konto gelten **besondere Schutzvorschriften**. Der Schuldner kann eingeschränkt über gewisse Guthabenbeträge verfügen.
Sparkonto	Bei der Pfändung von Sparguthaben gibt es keine Besonderheit, da es sich um ein reines Guthabenkonto handelt.

	Das Sparbuch oder die Sparcard sind dabei Legitimationspapiere, die i.d.R. beim Kreditinstitut vorgelegt werden müssen, um über das Guthaben zu verfügen. Nach h.M. können diese Papiere jedoch **nicht selbst Gegenstand der Pfändung** sein. Sie können allerdings nach der Pfändung gem. § 826 Abs. 3 ZPO vom Schuldner heraus verlangt werden.
Oder-Konto	Das Oder-Konto ist ein Gemeinschaftskonto für mehrere Personen, bei dem aber jeder Kontoinhaber **einzeln verfügungsberechtigt** ist. Der Titel gegen einen der Kontoinhaber reicht aus, um das Konto zu pfänden. Der der Schuldner allein über das gesamte Kontoguthaben verfügen kann, wird auch der gesamte Auszahlungsbetrag von der Pfändung erfasst. Fraglich ist hier, ob die nicht schuldenden Kontoinhaber weiterhin über das Konto verfügen können. Diese Frage wird jedoch unter Anwendung des **Prioritätsgrundsatzes** gelöst. Das Kreditinstitut muss auch sonst zunächst an denjenigen leisten, der es zuerst verlangt. Im wirksamen Pfändungs- und Überweisungsbeschluss ist ein solches Verlangen zu sehen, der bis zur vollständigen Befriedigung auch in die Zukunft fortwirkt. Das spätere Zahlungsverlangen der Kontomitinhaber sind als nachrangig anzusehen, mit der Folge, dass das Konto insgesamt gesperrt ist.
Und-Konto	Das Und-Konto ist ein Gemeinschaftskonto für mehrere Personen, wo alle Kontoinhaber nur **gemeinsam verfügen** können. Nach h.M. muss in diesen Fällen ein Vollstreckungstitel gegen alle Kontoinhaber vorliegen.

c) Keine Verdachtspfändung

Grds. ist der Gläubiger verpflichtet aufgrund seiner Kostenminderungspflicht die Pfändung mehrerer Forderungen des Schuldners gegen einen oder mehrere Drittschuldner in einem Pfändungs- und Überweisungsbeschluss zusammen zu fassen. 268

Eine Forderungspfändung auf Verdacht zur Ausforschung des Schuldners, z.B. durch Pfändung mehrerer Forderungen des Schuldners gegen eine Vielzahl von an seinem Wohnsitz ansässigen Kreditinstituten, ist hingegen rechtsmissbräuchlich. 269

Der BHG (vgl. BGH, ZVI 2004, 284) hat festgestellt, dass zumindest eine Verdachtspfändung bei nicht mehr als drei Banken am Schuldnerwohnsitz, zulässig ist.

Anders liegt der Fall, wenn der Schuldner **tatsächlich** fünf Konten bei verschiedenen Banken besitzt. Hier liegt keine Verdachtspfändung vor. Somit ist die Pfändung aller fünf Konten zulässig. Dies sollte aber im Antrag auf Pfändungs-und Überweisungsbeschluss vorsorglich vorgetragen werden.

d) Auszahlungssperrfrist

270 Gem. § 835 Abs. 3 ZPO darf ein gepfändetes Kontoguthaben einer **natürlichen Person** erst nach Ablauf von **4 Wochen ab Zustellung** des Pfändungs- und Überweisungsbeschlusses an den Gläubiger ausgezahlt werden. Dem Schuldner soll damit Gelegenheit gegeben werden, ggf. Kontoschutz durch Umwandlung seines Girokontos in ein P-Konto zu erlangen und somit seinen Lebensunterhalt zu sichern.

e) Gläubigerstrategien beim P-Konto

271 Die Kontopfändung gehört neben der Lohnpfändung zu den effektivsten Forderungspfändungen des Gläubigers. Meist hat dies auch mit der Psychologie der Schuldner zu tun, die diese Formen der Pfändung als besonders „lästig" ansehen, da so der Arbeitgeber bzw. die Hausbank von den Schulden Kenntnis erlangt. Vielfach wurden in der Vergangenheit erst nach einer Kontopfändung Ratenzahlungen von Seiten der Schuldner aufgenommen, um das Konto möglichst schnell wieder frei zu bekommen. Mit der Einführung des P-Kontos so fortbesteht, ist weitestgehend der Druck eines gesperrten Kontos beim bestehenden P-Konto weggefallen.

Der Gläubiger muss nunmehr anders Druck aufbauen.

272 Bereits nach der alten Rechtslage war der Schuldner gem. § 836 Abs. 3 Satz 1 ZPO verpflichtet, dem Gläubiger die zur Geltendmachung der gepfändeten Forderung nötigen Auskunft zu erteilen und ihm die über die Forderung vorhandenen Urkunden herauszugeben. Bereits viele alte Pfändungs- und Überweisungsbeschluss-Formulare enthalten **entsprechende Herausgabeanordnungen**. In der Vergangenheit wurden jedoch diese Auskunfts- und Herausgabeanordnungen meist von den Gläubigern nicht durchgesetzt.

273 Eine mögliche – auszugsweise – Herausgabeanordnung im Pfändungs- und Überweisungsbeschluss könnte wie folgt lauten:

„Es wird gemäß § 836 Abs. 3 Satz 1 ZPO angeordnet, dass

- *der Schuldner gegenüber dem Gläubiger zu erklären hat, ob und welche Zahlungsansprüche ihm gegenüber dem Drittschuldner zustehen. Anzugeben sind insbesondere Guthaben auf Girokonten, Sparbücher- und -konten, Wertpapierdepots, Schließfächer etc.;*
- *der Schuldner die in seine Besitz befindlichen Sparbücher/Sparurkunden an den Gläubiger herauszugeben hat;*
- *der Schuldner dem Gläubiger die weiteren folgenden Unterlagen herauszugeben hat:*

- *Abschriften aller Kontoauszüge für die letzten 3 Monate vor der Pfändung bis heute sowie*
- *Abschriften aller zukünftige Kontoauszüge."*

Die Herausgabe der Kontoauszüge für die Vergangenheit ist teilweise umstritten und wir z.T. von den Vollstreckungsgerichten gestrichen. In der Praxis geht der Antrag jedoch zu ca. 60 % durch.

Merke: 274

Der Gläubiger muss zum Druckaufbau jedoch den Anordnungsbeschluss auch durchsetzen. Die Herausgabe der Unterlagen kann durch den Gläubiger im Wege der Zwangsvollstreckung erwirkt werden.

Es bietet sich hierbei jedoch aus Kostengründen zunächst an, den Schuldner zur Heraus- 275
gabe der Unterlagen mit kurzer Fristsetzung aufzufordern. Sollte eine Auskunft bzw. Herausgabe nicht fristgerecht erfolgen, sollte die Zwangsvollstreckung eingeleitet werden. Als **Vollstreckungstitel** für die Herausgabevollstreckung gem. § 883 ZPO fungiert der **Pfändungs- und Überweisungsbeschluss**, der mit einer entsprechenden Herausgabeanordnung versehen sein muss. Die herauszugebenden Urkunden sind im Überweisungsbeschluss genau zu bezeichnen, ggf. im Nachtrag zum bereits erlassenen Pfändungs- und Überweisungsbeschluss durch einen **Ergänzungsbeschluss**.

Der Pfändungs- und Überweisungsbeschluss bedarf keiner Vollstreckungsklausel, muss 276
jedoch dem Schuldner gem. § 750 ZPO zugestellt werden.

Bleibt die Herausgabevollstreckung durch den Gerichtsvollzieher erfolglos, ist der 277
Schuldner nach § 883 Abs. 2 ZPO zur Abgabe der eidesstaatlichen Versicherung hinsichtlich des Verbleibs der Urkunden verpflichtet.

Nach Gebrauch ist der Gläubiger jedoch verpflichtet, Originalurkunden dem Schuldner zurückzugeben.

Das Besorgen der Kontoauszüge dient nicht nur dem Druckaufbau, sondern auch der **In-** 278
formationsbeschaffung. Auf dem P-Konto ist nicht nur das eingehende Arbeitseinkommen geschützt, sondern geschützt sind Gutschriften aller Art, z.B. auch Versicherungsgutschriften etc.

Merke: 279

Die Gläubiger müssen nunmehr versuchen, mit Hilfe der Kontoauszüge Gutschriften zu finden, die an der **Quelle keinen Pfändungsschutz** genießen. In der Folge werden die Forderungen sodann direkt an der Quelle gepfändet (z.B. Versicherungsgutschriften).

f) Musterformular

280 Im verbindlichen Musterformular (vgl. Rdn 195) ist der Anspruch unter dem **Buchstaben D** zu erfassen. Das Schreiben an den Schuldner zwecks Aufforderung nach § 836 Abs. 3 ZPO könnte wie folgt lauten:

5.7

▼

281 **Muster 5.7: Schreiben an Schuldner Aufforderung § 836 Abs. 3 ZPO**

An den
Schuldner

(Name und Anschrift)

es ist Ihnen bekannt, dass wir in der obigen Angelegenheit den Gläubiger vertreten.

Aufgrund des Urteil des -gerichts vom , AZ: nebst Kostenfestsetzungsbeschluss vom hat der Gläubiger Ihre Ansprüche gegen die [Kreditinstitut] gepfändet und sich zur Einziehung überweisen lassen. der Pfändungs- und Überweisungsbeschluss des AG vom Az. ist Ihnen bereits am zugestellt worden.

Entsprechend der dort niedergelegten Verpflichtung fordern wir Sie hiermit namens und in Vollmacht unserer Mandantschaft gemäß § 836 Abs. 3 ZPO aus, sich bis zum

(kurze Fristsetzung von einer Woche bis zehn Tage reicht aus)

zu erklären, ob und welche Zahlungsansprüche Ihnen gegenüber der Drittschuldnerin, d.h. dem Kreditinstitut, zustehen. Anzugeben ist insbesondere das Guthaben auf den Girokonten sowie auf weiteren Sparkonten, Sparverträgen, Wertpapierdepots etc. Beo Sparkonten und Sparverträgen ist zugleich anzugeben, wann diese fällig sind bzw. mit welcher Frist sie gekündigt werden können.

Ihre entsprechende Auskunftspflicht wurde konkret in dem zugestellten Pfändungs- und Überweisungsbeschluss festgestellt. Sie entspricht der Rechtsprechung (vgl. LG Stendal, Rpfleger 2009, 397; LG Landshut, FoVo 2009, 62; LG Wuppertal, JurBüro 2007, 439).

Wir dürfen darauf hinweisen, dass für den Fall, dass Sie diese Auskünfte nicht freiwillig erteilen, der Gläubiger berechtigt ist, den Gerichtsvollzieher mit der Einholung der Auskünfte in einem Offenbarungsverfahren zu beauftragen. Ein entsprechender Auftrag liegt uns bereits vor.

Zugleich sind Sie verpflichtet, alle den Anspruch betreffenden Unterlagen herauszugeben. Wir dürfen deshalb um Übersendung folgender Unterlagen bitten:

- eine Abschrift der Kontoverträge,
- eine Abschrift aller Sparverträge,

- alle vorhandenen Sparbücher,
- Abschriften aller Kontoauszüge für die letzten drei Monate vor der Pfändung bis heute
- Abschriften aller zukünftigen Kontoauszüge
- sonstige den Anspruch betreffenden Unterlagen.

Auch hier ist darauf hinzuweisen, dass die Verweigerung der Herausgabe der Unterlagen nach § 836 Abs. 3 S. 3 ZPO dazu führen muss, dass der Gerichtsvollzieher mit der Herausgabevollstreckung beauftragt wird, was weitere Kosten und Unannehmlichkeiten mit sich bringt.

gez. Unterschrift Rechtsanwalt

▲

11. Pfändung von Steuererstattungsansprüchen

Steuererstattungsansprüche sind gem. § 46 Abs. 1 AO grundsätzlich pfändbar. 282

Es gibt hierbei nur zwei Besonderheiten:

- der Erstattungsanspruch ist gemäß § 46 Abs. 6 AO erst dann pfändbar, wenn der **Anspruch entstanden** ist (die Pfändung zukünftiger Erstattungsansprüche ist ausgeschlossen)
- die **Steuerart** (z.B. aus Einkommensteuer, Umsatzsteuer, Kfz-Steuer etc.) muss genau bezeichnet sein.

Im verbindlichen Musterformular (vgl. Rdn 195) ist der Anspruch (insbesondere die Steuerart) unter dem **Buchstaben C** zu konkretisieren. 283

III. Sachpfändung (Zwangsvollstreckung wegen einer Geldforderung in das bewegliche Vermögen)

Eine Sachpfändung ist hingegen in den Fällen in Erwägung zu ziehen, in denen es Anhaltspunkte über verwertbare und pfändbare Vermögensgegenstände in den Räumen des Schuldners gibt. Bereits seit dem 1.1.2013 ist ein fruchtloser Sachpfändungsversuch **keine Voraussetzung** mehr zur Abgabe der eidesstattlichen Versicherung, da die neue Vermögensauskunft vorverlagert wurde. 284

1. Pfändung einer beweglichen Sache

Wie bei jeder Vollstreckungsmaßnahme bedarf es zunächst eines **Gläubigerauftrages**. 285
In diesem Auftrag ist die vorzunehmende Handlung zu beantragen und die einzutreibende

Forderung detailliert aufzulisten nach Hauptforderung, Zinsen und Kosten. Dies geschieht i.d.R. durch Beifügung eines sogenannten Forderungskonto.

286 Der Antrag ist an das zuständige Vollstreckungsorgan, dem Gerichtsvollzieher, zu stellen. Es kann jedoch nicht jeder Gerichtsvollzieher beauftragt werden, sondern nur der örtlich zuständige. Da der RA den örtlichen zuständigen Gerichtsvollzieher meist nicht kennt, wird der Sachpfändungsantrag bei der **Verteilerstelle für Gerichtsvollzieheraufträge** beim örtlich zuständigen Amtsgericht gestellt. Bei der Verteilerstelle handelt es sich nicht um eine eigenständige Abteilung des Amtsgerichtes, sondern vielmehr um das Büro sämtlicher Gerichtsvollzieher im zuständigen Amtsgerichtsbezirk.

287 Der Gerichtsvollzieher prüft, ob alle Vollstreckungsvoraussetzungen vorliegen, und begibt sich bei positiver Prüfung zu den Räumlichkeiten des Schuldners, um dort die Sachpfändung durchzuführen.

288 Bei der Pfändung einer beweglichen Sache nimmt der Gerichtsvollzieher dabei die entsprechende Sache, die sich im **Gewahrsam des Schuldners** befindet, in Besitz. Unter Gewahrsam versteht man dabei die Möglichkeit des Schuldners, unmittelbar die tatsächliche Herrschaft über die Sache ausüben zu können. Auf die Eigentumslage hingegen kommt es – mit Ausnahme von Offensichtlichkeit – nicht an und wird vom Gerichtsvollzieher auch nicht geprüft. Wird eine Sache also gepfändet, die nicht dem Schuldner gehört, kann der entsprechende Eigentümer Drittwiderspruchsklage einreichen.

289 Befindet sich die zu pfändende Sache im Mit- oder Alleingewahrsam eines Dritten (z.B. Mitbewohners), so ist die Pfändung nur zulässig, wenn dieser sich zur Herausgabe der Sache bereit erklärt. Eine Herausgabeverpflichtung des Dritten wird vom Gerichtsvollzieher nicht geprüft und müsste ggf. im Wege einer Feststellungsklage festgestellt werden.

Bei **Eheleuten und Lebenspartnern** gibt es jedoch die Besonderheit, dass grds. der Alleingewahrsam des Vollstreckungsschuldners gem. § 739 ZPO, § 1362 BGB **unterstellt** wird, es sei denn, die zu pfändende Sache ist ausschließlich zum Gebrauch des anderen Ehegatten gewidmet (z.B. Pelzmantel der Ehefrau).

2. Unpfändbare Sachen und Möglichkeiten einer Austauschpfändung

290 Doch nicht alle im Gewahrsam des Schuldners befindlichen Sachen können gepfändet werden. Der Gesetzgeber hat zum Schutz des Schuldners in § 811 ZPO **unpfändbare Sachen** vorgesehen. Insbesondere sind diese

- die normale Wohnungseinrichtung (Schrank, Bett, Tisch, Stuhl aber eben auch Kühlschrank, Waschmaschine und Herd),
- die üblichen Haushaltsgeräte,
- Bekleidung (im Rahmen einer „bescheidenen Lebensführung“, demnach nicht mehrere Pelzmäntel),

- Radio und ein Fernseher,
- Haustiere,
- zur Fortsetzung der persönlichen Erwerbstätigkeit erforderliche Gegenstände (dies gilt auch für Witwen und minderjährigen Erben, wenn sie die Erwerbstätigkeit für ihre Rechnung durch einen Stellvertreter fortführen.).

Neuwertige und besonders wertvolle der oben genannten Sachen können jedoch im Wege der sogenannten **Austauschpfändung** gem. § 811a ZPO durch einfachere preiswertere Gegenstände ersetzt werden. 291

Beispiel:

Der Schuldner besitzt einen großen Plasma-Fernseher im Wert von 9.000,00 €. Der Fernseher ist grds. unpfändbar, kann jedoch durch einen kleineren Fernseher für 200,00 € ersetzt werden.

Der Austausch erfolgt **Zug um Zug**. Der Gläubiger muss demnach die zu überlassende Austauschsache (hier kleiner Fernseher) vor Beginn der Sachpfändung zur Verfügung stellen oder den entsprechenden Geldbetrag. Die Austauschpfändung erfolgt über den Gerichtsvollzieher und bedarf i.d.R. einer zu beantragenden Zustimmung des Vollstreckungsgerichts. Die Zustimmung wird dabei nur erteilt, 292

- wenn die zu pfändende Sache einen hohen Wert hat und
- ist auch nur bei bestimmten unpfändbaren Sachen Nr. 1, 5 und 6 des § 811 Abs. 1 ZPO zulässig Hierzu gehören alle Sachen, die den persönlichen Gebrauch oder den Haushalt dienen, sowie Sachen zur persönlichen Erwerbstätigkeit. Über § 811c Abs. 2 ZPO gilt dies bei einer Interessenabwägung auch für Haustiere.

Der Gerichtvollzieher kann eine vorläufige Austauschpfändung gem. § 811b ZPO hingegen auch ohne Zulassungsbeschluss durchführen, 293

- wenn eine Zulassung zu erwarten ist und
- er den Gläubiger darüber informiert, dass dieser innerhalb von 2 Wochen einen entsprechenden Antrag stellt.

Praxishinweis: 294

Würde der Plasma-Fernseher jedoch in Raten gekauft, so kann der Gläubiger, der das Gerät finanziert hat, diesen durch den Gerichtsvollzieher ohne ein Austauschgerät pfänden lassen.

3. Inbesitznahme durch den Gerichtsvollzieher

295 Ferner hat der Gerichtsvollzieher zu berücksichtigen, dass der Erlös der zu pfändenden Sachen die Kosten der Zwangsvollstreckung und der Versteigerungsmaßnahme decken muss, anderenfalls wäre die Sachpfändung nicht rechtens.

296 Die Inbesitznahme durch den Gerichtsvollzieher erfolgt

- bei Geld, Kostbarkeiten und Wertpapieren durch die Begründung unmittelbaren Besitzes (Mitnahme) und
- bei größeren Gegenständen in der Anbringung des Pfandsiegels (auch Kuckuck genannt, nach dem auf dem Pfandsiegel zu erkennenden Bundesadler) und damit Begründung eines mittelbaren Besitzes.

4. Wirkung der Pfändung

297 Die Pfändung hat zwei wichtige Rechtsfolgen:

- Es tritt die sogenannte **Verstrickung** der Sache ein, d.h. der Schuldner darf über die Sache nicht mehr verfügen. Verstößt der Schuldner gegen dieses Verbot oder beschädigt die Pfandsiegel, so macht er sich wegen Verstrickungsbruchs gem. § 136 StGB strafbar und kann mit Freiheitsstrafe bis zu einem Jahr oder mit Geldstrafe bestraft werden. Die Verstrickung dient der Sicherstellung der Sache.
- Des Weiteren erwirbt der Vollstreckungsgläubiger ein **Pfandrecht** an der Sache. Dieses ermächtigt ihn später, den Erlös aus der Versteigerung der Sache im Rahmen seiner Forderung zu er- und behalten. Das Pfandrecht begründet die Rangsicherung.

5. Verwertung der gepfändeten Sache

298 Die Verwertung der gepfändeten Sachen erfolgt in **Form einer Versteigerung** durch den Gerichtsvollzieher. Die Versteigerung ist dabei in den §§ 814 – 825 ZPO geregelt. Nähere Einzelheiten zum Ablauf enthält auch noch die Geschäftsanweisung für Gerichtsvollzieher (GVGA).

Bei der Versteigerung handelt es sich um einen **hoheitlichen Akt**.

299 Der Gerichtsvollzieher kann die öffentliche Versteigerung nach seiner Wahl entweder als

- Versteigerung vor Ort oder
- als allgemein zugängliche Versteigerung im Internet über eine Versteigerungsplattform (www.justiz-auktion.de)

durchführen.

Die Versteigerung darf gem. § 816 Abs. 1 ZPO i.d.R. frühestens eine Woche nach der Pfändung erfolgen, es sei denn, es besteht die Gefahr einer beträchtlichen Wertverringerung der zu versteigernden Sache (z.B. wenn Paletten mit Frischobst bei einem Obsthändler gepfändet worden sind). 300

Der Gerichtsvollzieher bestimmt bei der Versteigerung vor Ort den Zeitpunkt und den Ort der Versteigerung, der grds. in dem Ort liegen muss, in dem die Pfändung erfolgt ist. Der Termin ist öffentlich bekannt zu machen (i.d.R. durch die Tageszeitung) und sowohl Schuldner als auch Gläubiger gesondert hierüber zu benachrichtigen. Bei Kostbarkeiten muss der Gerichtsvollzieher eine Sachverständigenschätzung über den gewöhnlichen Verkaufswert einholen. 301

Im Versteigerungstermin gibt der Gerichtsvollzieher 302

- die allgemeinen Versteigerungsbedingungen,
- den gewöhnlichen Verkaufswert der Sache und
- das notwendige Mindestgebot (die Hälfte des gewöhnlichen Verkaufswertes, bei Gold und Silber mindestens der Metallwert)

den Anwesenden bekannt. Alle Anwesenden (also auch Schuldner und Gläubiger) können mitbieten.

Der Meistbietende, der wenigstens das Mindestgebot bieten muss, erhält nach dreimaligem Aufruf den Zuschlag. Am Ende der Auktion übergibt der Gerichtsvollzieher die Sache gegen Barzahlung an dem Meistbietenden. 303

Vom dem Erlös zieht der Gerichtsvollzieher zunächst sämtliche Vollstreckungs- und Versteigerungskosten ab, bezahlt des Weiteren die Forderung des Gläubiger und kehrt einen verbleibenden Überschuss an den Schuldner aus. 304

Wird das Mindestgebot in der Versteigerung nicht erreicht, so erfolgt kein Zuschlag. Der Gläubiger behält sein Pfandrecht und kann jederzeit eine neue Versteigerung verlangen. 305

Bei einer Versteigerung im Internet ist der Zuschlag der Person erteilt, die am Ende der Versteigerung das höchste, wenigstens das zu erreichende Mindestgebot abgegeben hat. Der Meistbietende ist über den Zuschlag zu benachrichtigen. Auch hier darf die zugeschlagene Sache nur ausgehändigt werden, wenn das Kaufgeld gezahlt worden ist oder bei Ablieferung gezahlt wird. 306

Gemäß § 813a ZPO kann der Gerichtsvollzieher die Verwertung der gepfändeten Sache aufschieben, wenn sich der Schuldner verpflichtet, den Betrag der zur Befriedigung des Gläubigers und zur Deckung der Vollstreckungskosten erforderlich ist, innerhalb eines Jahres zu zahlen. Die Ratenhöhe und die Ratenzeitpunkte kann der Gerichtsvollzieher festsetzen. Hat der Gläubiger bereits im Sachpfändungsauftrag einer Ratenzahlung grds. zugestimmt, so ist der Aufschub bei fristgerechter Ratenzahlung wirksam. Andernfalls ist der Gläubiger über den Aufschub zu unterrichten und hat ein Widerspruchs- 307 recht. Erfolgt ein Widerspruch durch den Gläubiger hat der Gerichtsvollzieher dem Schuldner hierüber zu unterrichten und der Aufschub endet hiermit.

Dieselbe Wirkung tritt ein, wenn der Schuldner mit einer Zahlung ganz oder teilweise in Verzug kommt.

308 Wertpapiere sind, wenn sie einen Börsen-oder Marktpreis haben, nicht zu versteigern, sondern vielmehr aus freier Hand zum Tageskurs zu verkaufen.

309 Auf Antrag des Gläubigers oder des Schuldners kann gem. § 825 ZPO auch eine andere Verwertungsart gewählt werden, wenn hierdurch zu erwarten ist, dass ein höherer Erlös erzielt wird. So wird ein gepfändetes Kunstwerk bei Versteigerungen eines privaten Kunstauktionshauses meist einen höheren Erlös erzielen als bei einer öffentlichen Versteigerung.

310 Eine Sachpfändung kann jedoch gem. § 807 Abs. 1 ZPO aus folgenden Gründen auch fruchtlos verlaufen:

- die Pfändung hat zu einer nicht vollständigen Befriedigung des Gläubigers geführt,
- der Schuldner verweigert den Zutritt zu seinen Räumlichkeiten (Wohnung/Geschäft etc.),
- nach zwei Mitteilungen war der Schuldner zum Termin nicht anwesend, obwohl die Vollstreckung vom Gerichtsvollzieher einmal mindestens 2 Wochen vorher angekündigt worden ist.

In allen Fällen stellt der Gerichtsvollzieher dem Gläubiger eine sogenannte Fruchtlosigkeitsbescheinigung aus, die bis zum 31.12.2012 als Voraussetzung für einen Antrag auf Abgabe der eidesstattlichen Versicherung der Vermögenslosigkeit gem. §§ 899 ff. ZPPO dient.

Ab 1.1.2013 ist dies für die neue Vermögensauskunft nicht mehr erforderlich, der Gläubiger erhält jedoch gleichwohl eine Bescheinigung über die fruchtlose Sachpfändung.

6. Verlaufsskizze

311 Die nachfolgende Skizze soll einen Kurzüberblick über den Verfahrensablauf einer Sachpfändung geben:

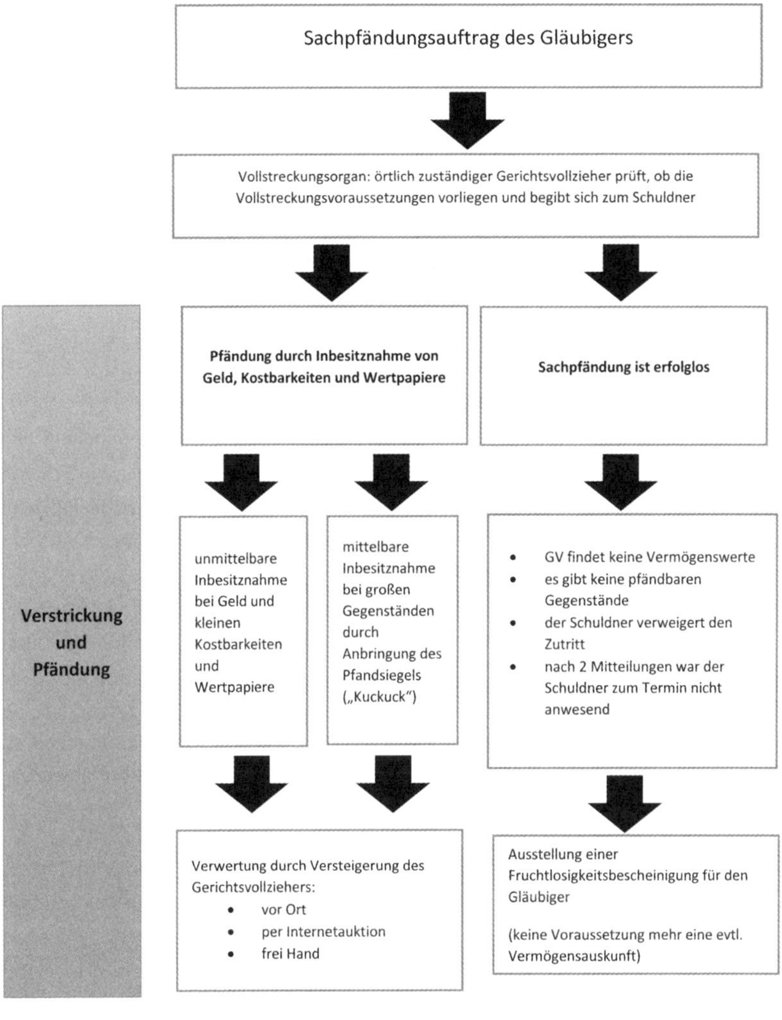

IV. Kombi-Auftrag (Sachpfändungsauftrag mit Vermögensauskunft)

Bis zum 31.12.2012 diente der sog. Kombi-Auftrag der Schaffung einer Voraussetzung **312**
für die Abgabe der eidesstattlichen Versicherung. Eine fruchtlose Sachpfändung ist für

eine Vermögensauskunft zwar nicht mehr möglich, ein Kombiauftrag ist jedoch weiterhin möglich und ist insbesondere in den Fällen ratsam, wo mit Vermögenswerte in der Wohnung zu rechnen ist.

1. Auftrag

313 Wie jede Vollstreckungsmaßnahme setzt der **Kombiauftrag** einen Antrag des Gläubigers voraus. Unter Beifügung des Titels und ggf. sonstiger Vollstreckungsunterlagen wird der Antrag i.d.R. an die Verteilerstelle für Gerichtsvollzieheraufträge beim AG am Wohnort des Schuldners übermittelt mit der Bitte um Weiterleitung an den örtlich zuständigen Gerichtsvollzieher.

314 Der sog. Kombi-Auftrag besteht dabei aus zwei Teilen:

- dem eigentlichen **Antrag zur Sachpfändung** und
- dem **Antrag zur Abnahme der Vermögensauskunft**, wenn die Sachpfändung nicht erfolgreich war.

Nur wenn die Sachpfändung fruchtlos ist, wird der zweite Teil vom Gerichtsvollzieher bearbeitet. Der Antrag auf Abnahme der Vermögensauskunft wurde demnach aufschiebend bedingt gem. § 158 Abs. 1 BGB gestellt.

315 Im Antrag selbst oder wie bei den meisten Kanzleien üblich in Form eines beigefügten Forderungskontos ist die Gesamtforderung aufzuschlüsseln in Hauptforderung, Zinsen und Kosten.

316 Ferner sollten auch bereits Anträge gestellt werden, die das Verfahren zur Abgabe der Vermögensauskunft betreffen, wie z.B. einen Antrag auf Erlass eines Haftbefehls für den Fall, dass der Schuldner den Termin zur Abgabe Vermögensauskunft fernbleibt.

2. Muster: Kombi-Auftrag

317 Im unverbindlichen Musterformular des Deutschen Gerichtsvollzieher Bund e.V. (vgl. Rdn 131) ist der Kombi-Auftrag unter dem **Buchstaben G2** zu stellen.

3. Gebühren

318 Obwohl der Kombi-Auftrag nur aus einem Schreiben besteht, liegen hier zwei gesonderte Vollstreckungsmaßnahmen vor, für die **zwei Verfahrensgebühren** nach Nr. 3309 VV RVG zuzüglich der jeweiligen Post- und Telekommunikationspauschale und ggf. Umsatzsteuer abzurechnen sind.

Im Kombi-Auftrag werden zunächst beide Gebühren vorsorglich berechnet. Zu beachten ist hierbei jedoch, dass die zweite Verfahrensgebühr für die Vermögensauskunft erst dann entsteht, wenn das Sachpfändungsverfahren abgeschlossen und ins Verfahren zur Abgabe der Vermögensauskunft übergegangen ist. Die Entstehung der Verfahrensgebühr für die Vermögensauskunft ist demnach **aufschiebend bedingt**. Die Höhe des Gegenstandswertes ist für das Verfahren zur Abgabe der Vermögensauskunft gem. § 25 Abs. 1 Nr. 4 RVG auf max. 2.000,00 € beschränkt.

V. Zwangssicherungshypothek

Liegen Ihnen Informationen über ein **Grundstück** des Schuldners vor, so sollten Sie die 319
Eintragung einer Zwangssicherungshypothek gem. § 866 Abs. 1 ZPO erwägen.

1. Allgemeines

In erster Linie dient die Eintragung der Zwangssicherungshypothek ins Grundbuch der Ab- 320
sicherung der einzutragenden Forderung gegenüber möglichen weiteren Gläubigern. Es findet durch die Eintragung lediglich eine Absicherung statt, eine **Verwertung** und damit Befriedigung des Gläubigers findet zunächst nicht statt. Erst wenn eine **Zwangsversteigerung** oder **Zwangsverwaltung** über das Grundstück angeordnet wird, kommt es ggf. zu einer Verwertung und zwar dann, wenn die vorrangigen Gläubiger befriedigt worden sind.

Als Erstes sollte ein **Grundbuchausdruck** beantragt werden, damit man sich einen Über- 321
blick über die Belastungen des Grundstücks verschaffen kann. Liegen bereits mehrere höhere Belastungen in Abteilung 3 des Grundbuchs vor, so kann davon ausgegangen werden, dass eine Befriedigung unmittelbar aus dem Grundstück nicht erfolgen wird.

Dennoch sollten Sie auch in diesen Fällen eine Zwangssicherungshypothek eintragen lassen, da es nach der Nachtragung für den Schuldner problematisch ist, sein Grundstück freihändig zu verkaufen.

Bei einem freihändigen Verkauf besteht meist der Käufer auf die Eigentumsübertragung 322
eines **lastenfreien** Grundstücks. Hierzu müsste die Zwangssicherungshypothek allerdings gelöscht werden, der Schuldner bedarf hierzu einer Löschungsbewilligung des Gläubigers. In dieser Situation wird meist die eingetragene Forderung vom Schuldner anstandslos bezahlt, um eine möglichst rasche Abwicklung zu garantieren.

2. Antrag

Gem. § 867 Abs. 1 ZPO muss der Gläubiger für die Eintragung der Zwangssicherungs- 323
hypothek einen formlosen Antrag beim Grundbuchamt stellen. Dabei ist das Grundbuchamt örtlich zuständig, in dessen Bezirk das Grundstück oder das grundstücksgleiche Recht liegt.

324 Aus der Stellung des § 866 ZPO im Gesetz ergibt sich, dass nur **Forderungen in Geldbeträgen** als Zwangssicherheitsleistung eingetragen werden können. Ein Titel auf Herausgabe eines bestimmten Pkws z.B. wäre hingegen nicht eintragungsfähig.

325 Gem. § 866 Abs. 3 Satz 1 ZPO kann eine Zwangssicherungshypothek nur eingetragen werden, wenn der Betrag über 750,00 € liegt, also erst ab 750,01 €. Gem. § 866 Abs. 3 Satz 2 ZPO können hierbei jedoch Forderungen desselben Gläubigers addiert werden.

Gem. § 866 Abs. 3 Satz 1, 2. Halbs. ZPO werden Zinsen dabei nicht berücksichtigt, soweit sie als Nebenforderung geltend gemacht werden. Andere Nebenforderungen, insbes. frühere Vollstreckungskosten werden hingegen hinzugerechnet und sind eintragungsfähig, soweit sie gem. § 788 Abs. 1 ZPO tituliert oder glaubhaft gemacht worden sind (vgl. auch Zöller/Stöber, § 866 ZPO Rn 5).

326 Die Kosten für das Eintragungsverfahren sind hingegen nicht eintragungsfähig. Dies ergibt sich aus § 867 Abs. 1 Satz 3 ZPO. Demnach haftet das Grundstück kraft Gesetzes, eine Eintragung ist daher nicht erforderlich. Bei einem evtl. späteren Zwangsversteigerungsverfahren müssen diese Eintragungskosten allerdings angemeldet werden, um Berücksichtigung zu finden.

Ein möglicher Antrag könnte wie folgt aussehen:

5.8 ▼

327 **Muster 5.8: Eintragungsantrag einer Zwangssicherungshypothek**

An das Grundbuchamt

(genaue Anschrift)

Antrag auf Eintragung einer Sicherungshypothek

In der Zwangsvollstreckungssache

Gläubiger G

(genaue Anschrift)

– Gläubiger –

– Prozessbevollmächtigter:

gegen

Schuldner S

(genaue Anschrift)

– Schuldner –

stehen dem Gläubiger nach *(genaue Bezeichnung des Titels)*

die gemäß beigefügtem Forderungskonto berechneten Beträge einschließlich der bis zur Stellung dieses Antrags entstandenen Zinsen und Kosten zu.

Wegen der dort aufgeführten Gesamtforderung sowie der Kosten dieses Antrags beantragen wir namens und in Vollmacht des Gläubigers *(Vollmacht ergibt sich aus dem Titel)*

die Eintragung einer Sicherungshypothek

entsprechend den Bestimmungen der §§ 866, 867 ZPO

zulasten des im Eigentum des Schuldners stehenden Grundbesitzes *(genaue Bezeichnung des Grundstücks)*.

Die einzutragende Forderung gliedert sich wie folgt auf:

Forderung gemäß beiliegender Berechnung €

Die Kosten dieses Antrags werden wie folgt mitgeteilt, deren Eintragung jedoch entsprechend § 867 Abs. 1 Satz 3 ZPO nicht beantragt:

Kosten dieses Antrags:

0,3 Verfahrensgebühr Nr. 3309 VV RVG	€
Post- und Telekommunikationspauschale Nr. 7002 VV RVG	€
19 % USt	€
Gerichtskosten	€

Einfache und beglaubigte Abschrift anbei.

Rechtsanwalt

Anlagen

Vollstreckungsunterlagen, Forderungsaufstellung

▲

VI. Antrag nach § 888 ZPO Vollstreckung zur Vornahme einer unvertretbaren Handlung

1. Allgemeines

328 In dem Zwangsvollstreckungsverfahren stehen dem Gläubiger viele Wege offen, seine Forderung im besten Fall erfolgreich durchzusetzen. Auf die Mitwirkung des Schuldners kommt es i.d.R. nicht an.

329 Bei einigen Titeln hängt jedoch die Durchsetzung des titulierten Anspruchs des Gläubigers einzig von dem Willen des Schuldners ab. Das bedeutet, dass nur der Schuldner in der Lage ist, den Anspruch des Gläubigers zu erfüllen. Auch hier hat der Gläubiger aufgrund gesetzlicher Regelungen, die Möglichkeit, gegen den Schuldner vorzugehen. Im Zwangsvollstreckungsrecht ist diese Zwangsvollstreckungsmaßnahme in § 888 ZPO geregelt. Durch diese Zwangsmaßnahme soll der Schuldner gemäß der Verpflichtung aus einem zwangsvollstreckungsfähigen Titel zur Vornahme einer unvertretbaren Handlung angehalten werden (§ 888 ZPO).

> *Beispiel 1:*
>
> *In einem arbeitsrechtlichen Verfahren haben die Parteien einen Vergleich geschlossen, wonach sich der Beklagte verpflichtet hat, dem Kläger ein wohlwollendes Zeugnis, bis zu einem im Vergleich bestimmten Zeitpunkt, zu erteilen. Dem Kläger liegt eine vollsteckbare Ausfertigung des Vergleichs vor.*
>
> *Nachdem der Kläger den Beklagten erfolglos zur Erteilung des Zeugnisses aufgefordert hat, beauftragt er den RA mit der Zwangsvollstreckung.*

2. Inhalt des Anspruchs

330 Der Antrag gem. § 888 ZPO ist nur dann zulässig, wenn der Anspruch des Gläubigers auf Vornahme einer bestimmten Handlung durch den Schuldner ausschließlich durch den Schuldner selbst erfolgen kann und somit kein Dritter in der Lage ist, diese Handlung anstelle des Schuldners vorzunehmen.

331
> *Hinweis:*
>
> Die Abgabe einer Willenserklärung ist keine Handlung i.S.d. Vorschrift des § 888 ZPO. Die hierfür einschlägige Vorschrift ist in § 894 ZPO geregelt (Fiktion der Abgabe einer Willenserklärung). Danach gilt die Willenserklärung als abgegeben, sofern das Urteil in Rechtskraft erwachsen ist.
>
> Auch auf die Verpflichtung des Schuldners, Handlungen zu unterlassen oder zu dulden findet die Vorschrift des § 888 ZPO keine Anwendung. Hier ist § 890 ZPO die zutreffende Vorschrift für Zwangsmaßnahmen.

In der Praxis bereitet es mitunter Schwierigkeiten, abzugrenzen, wann eine Handlung unvertretbar und einzig und allein vom Schuldner vorgenommen werden kann und wann sie vertretbar ist und somit auch durch einen Dritten ausgeführt werden kann. Immer dann, wenn der Gläubiger **nicht** in der Lage ist, die dem Schuldner obliegende Handlung durch einen Dritten (anstelle und auf Kosten des Schuldners) vornehmen zu lassen, liegt ein Fall des § 888 ZPO vor. 332

Anderenfalls, d.h. wenn der Gläubiger in der Lage ist, die Verpflichtung des Schuldners durch einen Dritten vornehmen zu lassen, liegt ein Fall des § 887 ZPO (Vornahme einer **vertretbaren** Handlung) vor.

Beispiel 2: 333

In einem arbeitsgerichtlichen Verfahren hat sich der Arbeitgeber verpflichtet, dem Kläger Lohnabrechnungen für die Monate Mai, Juni und Juli 2009 zu erstellen.

Sämtliche Unterlagen, die zur Lohnabrechnung benötigt werden, liegen dem Gläubiger vor.

Der Gläubiger könnte nach Vorliegen eines Beschlusses gem. § 887 ZPO z.B. einen Steuerberater mit der Erstellung der Lohnabrechnungen (auf Kosten des Schuldners) beauftragen. Die Vornahme der Handlung ist nicht von dem Willen des Schuldners abhängig und kann von einem Dritten ausgeführt werden.

Beispiel 3: 334

In einer mietrechtlichen Angelegenheit wurde der Vermieter verurteilt, die in der Wohnung vorhandenen Mängel, die im Urteil genau bezeichnet sind, zu beseitigen.

Der Gläubiger kann in diesem Fall, bei Vorliegen des Beschlusses gem. § 887 ZPO, Handwerker mit der Mängelbeseitigung auf Kosten des Schuldners beauftragen.

3. Antrag des Gläubigers

Um seinen Anspruch durchzusetzen, muss der Gläubiger einen entsprechenden Antrag stellen. Ist das Prozessgericht in erster Instanz das LG, so besteht in diesem Fall Anwaltszwang (§ 78 Abs. 1 ZPO). Der Gläubiger muss in diesem Fall einen RA mit der Antragstellung beauftragen, ansonsten würde der Antrag als unzulässig abgewiesen werden. 335

Das Zwangsmittel oder die Zwangshöhe muss der Gläubiger in seinem Antrag nicht angeben.

Einen Nachweis darüber, dass die Verpflichtung vom Schuldner nicht erfüllt wurde, muss der Gläubiger nicht führen.

Der Gläubiger muss prozessfähig sein. (Prozessfähig ist, wer parteifähig ist. Parteifähig sind alle natürlichen und juristischen Personen).

4. Vorliegen der allgemeinen Zwangsvollstreckungsvoraussetzungen

336 Bei der Entscheidung über den Antrag des Gläubiges gem. § 888 ZPO müssen die drei allgemeinen Zwangsvollstreckungsvoraussetzungen Titel, Klausel, Zustellung vorliegen.

Die vollstreckbare Ausfertigung des Titels muss mit dem Antrag im Original eingereicht werden.

Sonstige für den Beginn der Zwangsvollstreckung erforderlichen Urkunden müssen ebenfalls vorgelegt werden (z.B. bei einer Zug-um-Zug-Leistung, der Nachweis des Gläubigers über den Annahmeverzug des Schuldners, sofern der Annahmeverzug nicht bereits im Vollstreckungstitel festgestellt ist, § 765 ZPO)

5. Zuständigkeit

337 Ausschließlich zuständig für die Entscheidung den Antrag gem. § 888 ZPO ist das Prozessgericht erster Instanz – somit das Gericht, das z.B. das Urteil, den Beschluss erlassen hat oder das Gericht, vor dem die Parteien einen Prozessvergleich geschlossen haben, bei notariellen Urkunden das Gericht, in dessen Bezirk der Notar seinen Amtssitz hat. Das **Prozessgericht** fungiert in diesem Fall als Vollstreckungsgericht. Zuständige Gerichte, die über einen Antrag gem. § 888 ZPO entscheiden, können z.B. das AG, LG, FamG, ArbG sein.

6. Inhalt des Antrages

338 Der Antrag des Gläubigers ist dahin gehend zu stellen, dass der Schuldner zur Vornahme der im Vollstreckungstitel bezeichneten Verpflichtung durch **Zwangsgeld** (ersatzweise Zwangshaft) oder durch Zwangshaft angehalten werden soll.

Auch wenn manche Gläubiger ihre Schuldner gerne in Zwangshaft sehen würden, besteht kein Wahlrecht diesbezüglich. Ob Zwangshaft oder Zwangsgeld verhängt wird, steht in der Entscheidung des Gerichts. Beide Maßnahmen nebeneinander können vom Gericht nicht angeordnet werden. Nur für den Fall, dass ein Zwangsgeld von dem Schuldner nicht beigetrieben werden kann, kann ersatzweise Zwangshaft angeordnet werden.

7. Entscheidung des Gerichts

339 Das Gericht entscheidet über den Antrag im Beschlussweg (der Schuldner ist vor einer Entscheidung zu hören, § 891 ZPO).

Der Beschluss muss die Vornahme der Handlung, zu der der Schuldner verpflichtet ist, beinhalten sowie das Zwangsmittel (Zwangsgeld oder Zwangshaft).

Die Vollstreckung eines festgesetzten Zwangsgeldes erfolgt jedoch zugunsten der Staatskasse. D.h. das Zwangsgeld, sofern es gegen den Schuldner festgesetzt ist, das im Wege der Zwangsvollstreckung beigetrieben wurde, fließt nicht zu Händen des Gläubigers, sondern an die Landeshauptkasse. 340

Der gem. § 888 ZPO erlassene Beschluss ist ein Vollstreckungstitel gem. § 794 Abs. 1 Nr. 3 ZPO. 341

Dem Gläubiger wird auf Antrag eine vollstreckbare Ausfertigung des Beschlusses erteilt. 342
Aus diesem Beschluss kann der Gläubiger Zwangsvollstreckungsmaßnahmen gegen den Schuldner entweder wegen

- einer Geldforderung (sofern Zwangsgeld festgesetzt ist)
  oder
- wegen der Verhaftung des Schuldners (Zwangshaft)

vollstrecken.

> *Hinweis* 343
>
> Aus dem Beschluss selbst, mit dem Zwangshaft gegen den Schuldner angeordnet wurde, kann keine Verhaftung des Schuldners erfolgen. Dazu muss der Gläubiger bei dem Prozessgericht den Erlass eines Haftbefehls gem. § 901 ZPO beantragen.
>
> Mit der Verhaftung des Schuldners wird der Gerichtsvollzieher beauftragt (§ 909 ZPO).
>
> Im Zwangsvollstreckungsverfahren muss immer ein Haftbefehl vorliegen, damit eine Verhaftung des Schuldners durchgeführt werden kann.

8. Rechtsbehelf

Wird der Antrag des Gläubigers zurückgewiesen, kann er sofortige Beschwerde gemäß § 793 ZPO einlegen. 344

Der Schuldner kann ebenfalls sofortige Beschwerde gem. § 793 ZPO einlegen, sofern dem Antrag des Klägers stattgegeben und der Beschluss antragsgemäß erlassen wurde. 345

Der Schuldner kann, sofern die Voraussetzungen des § 775 ZPO vorliegen, gleichzeitig die Einstellung der Zwangsvollstreckung beantragen oder, sofern nach Rechtkraft des Beschlusses die Erfüllung der Verpflichtung erfolgte, Vollstreckungsabwehrklage gem. § 767 ZPO erheben.

Nachfolgend ist ein Mustertext für einen Antrag gem. § 888 ZPO gem. Fallbeispiel 1 (Rdn 329), mit vorheriger Aufforderung des Gläubigers an den Schuldner, der Verpflichtung aus dem Vergleich nachzukommen, abgebildet. Der Gläubiger ist i.Ü. nicht verpflichtet, sofern ihm ein Vollstreckungstitel vorliegt, den Schuldner vor Einleitung von Zwangsvollstreckungsmaßnamen (unter Fristsetzung) „anzumahnen“ (es sei denn, dass 346 ggf. eine dahin gehende Regelung in einem bestandskräftigen Vergleich zwischen den Parteien vereinbart worden ist).

347 Da Sie sich mit Ihrem Antrag an das Prozessgericht der ersten Instanz wenden, sind Sie nicht verpflichtet, wie im nachstehenden Muster-Antrag erfolgt, das volle Rubrum anzugeben. Es genügt auch die Kurzbezeichnung.

348 **Muster 5.9: Antrag gem. § 888 ZPO**

In dem Rechtsstreit

Arbeitsgericht

Adresse

Antrag gem. § 888 ZPO

des *(Vorname, Name, Anschrift)*

Gläubiger,

Verfahrensbevollmächtigter:

(RA Name, Anschrift)

gegen

(Vorname, Name Schuldner, Anschrift)

Schuldner,

(ggf. Verfahrensbevollmächtiger)

Geschäftszeichen (erste Instanz):

wegen Festsetzung eines Zwangsgeldes oder Zwangshaft

zur Vornahme einer unvertretbaren Handlung.

Namens und in Vollmacht des Gläubigers beantrage ich,

1. den Schuldner aufgrund der Verpflichtung gem. des gerichtlichen Vergleichs vom *(Datum, Geschäftszeichen)*, vor dem Arbeitsgericht, durch Festsetzung eines Zwangsgeldes, das in das Ermessen des Gerichts gestellt wird und, sofern die-

ses nicht beigetrieben werden kann, ersatzweise Zwangshaft oder durch Zwangshaft, zur Zeugniserteilung an den Gläubiger anzuhalten,

2. dem Schuldner die Kosten des Verfahrens aufzuerlegen,
3. dem Gläubiger eine vollstreckbare Ausfertigung des Beschlusses zu erteilen.

Begründung:

Der Antrag ist zulässig und begründet.

Am (*Datum*) schlossen die Parteien den im Antrag zu 1.) genannten Prozessvergleich. Der Vergleich wurde von den Parteien nicht widerrufen und ist bestandskräftig. Dem Gläubiger liegt eine vollstreckbare Ausfertigung des Vergleichs vor. Die Zustellung der vollstreckbaren Ausfertigung des Vergleichs erfolgte an den Schuldner gemäß den gesetzlichen Vorschriften. Der Vergleich entspricht den gesetzlichen Anforderungen des § 794 Abs. 1 Nr. ZPO.

Beweis: Vollstreckbare Ausfertigung des Vergleichs vom (*Datum*) nebst Zustellungsnachweis im Original anbei.

Mit Schreiben vom (*Datum*) wurde der Schuldner – zwecks Vermeidung von Zwangsvollstreckungsmaßnahmen – unter Fristsetzung zum (*Datum*) zur Zeugniserteilung aufgefordert.

Beweis: Schreiben vom (*Datum*) in Kopie anbei.

Bis zum heutigen Zeitpunkt ist der Schuldner der Verpflichtung nicht nachgekommen, sodass antragsgemäß zu entscheiden ist.

Beglaubigte und einfache Abschrift anbei.

Rechtsanwalt/Rechtsanwältin

▲

9. Kosten der Zwangsvollstreckung

In dem Verfahren gem. § 888 ZPO erfolgt die Kostenfestsetzung gem. § 788 Abs. 2 ZPO **349**
durch das Prozessgericht (Zustellungskosten des Urteils, vorgerichtliche Aufforderung an den Schuldner, der Verpflichtung aus dem Vollstreckungstitel nachzukommen, Kosten für den Antrag gem. § 888 ZPO).

Sofern Sie aus dem Zwangsgeld bzw. Haftbeschluss Zwangsvollstreckungsmaß- **350**
nahmen einleiten, sind die in diesem Verfahren entstandenen Kosten gem. § 788 Abs. ZPO vom Vollstreckungsgericht, in dessen Bezirk die Vollstreckungshandlung erfolgte, festzusetzen.

10. Beitreibung des Zwangsgeldes

351 Nach herrschender Meinung in Literatur und Rechtsprechung (vgl. BGH, NJW 1983, 1859) wird das Zwangsgeld **auf Antrag des Gläubigers** und nicht von Amts wegen beigetrieben. Im Vollstreckungsantrag ist jedoch darauf hinzuweisen, dass vom entsprechenden Vollstreckungserlös das Zwangsgeld an die Staatskasse abgeführt wird, die bisherigen mit vollstreckten Kosten stehen dem Gläubiger zu.

352 Kann das Zwangsgeld nicht beigetrieben werden, so stellt der Gerichtsvollzieher hierüber eine Fruchtlosigkeitsbescheinigung aus. Der Gläubiger kann mit dieser Bescheinigung sodann die angeordnete Zwangshaft vollstrecken. Hierzu bedarf es jedoch zunächst eines **Haftbefehles** des zuständigen Prozessgerichtes erster Instanz.

Der Schuldner hat vor endgültiger Beitreibung des Zwangsgeldes sowie während der Vollstreckung der Zwangshaft jederzeit die Möglichkeit seiner Verpflichtung nachzukommen, die Haft dauert jedoch **max. sechs Monate** an.

5.10 ▼

353 **Muster 5.10: Antrag auf Beitreibung eines festgesetzten Zwangsgeldes**

Verteilerstelle für
Gerichtsvollzieheraufträge beim
Amtsgericht

(genaue Anschrift)

Vollstreckungsauftrag zur Beitreibung eines Zwangsgeldes

In der Zwangsvollstreckungssache

Gläubiger G

(genaue Anschrift)

– Gläubiger G –

– Prozessbevollmächtigter: Rechtsanwalt R –

gegen

Schuldner S

(genaue Anschrift)

– Schuldner –

überreichen wir

vollstreckbare Ausfertigung des *(genaue Bezeichnung des Titels)*

und beauftragen Sie,

das festgesetzte Zwangsgeld in Höhe von € nebst den aus dem beigefügten Forderungskonto ersichtlichen Kosten der Zwangsvollstreckung sowie der weiter durch dieses Verfahren entstehenden Kosten im Wege der Sachpfändung beizutreiben und das Zwangsgeld an die Staatskasse abzuführen.

Forderung gemäß beiliegendem Forderungskonto: €
(Hinweis: Ein Forderungskonto ist unbedingt beizufügen.)

Kosten des Zwangsvollstreckungsauftrags:

0,3 Verfahrensgebühr Nr. 3309 VV RVG	€
Auslagenpauschale Nr. 7002 VV RVG	€
USt 19 %	€
Gesamtbetrag inkl. USt	**€**

Für die Begleichung der Gerichtsvollzieherkosten stehen wir ein und bitten Sie, uns diese in Rechnung zu stellen.

Die eingezogenen Beträge, die dem Gläubiger zustehen, bitten wir auf das Konto 12345 bei der A Bank, BLZ 111 111 11 zu überweisen.

Geldempfangsvollmacht liegt an.

Die Vollstreckung wird wegen einer unvertretbaren Handlung betrieben, zu dessen Leistung der Schuldner verpflichtet ist und die dieser bislang nicht erfüllt hat. Das Prozessgericht der 1. Instanz hat daher mit Beschl. v. ein Zwangsgeld von €, ersatzweise Haft von Tagen angeordnet. Auch hierauf ist der Schuldner seiner Verpflichtung nicht nachgekommen, so dass die Beitreibung des Zwangsgeldes geboten ist.

Einfache und beglaubigte Abschrift anbei.

Rechtsanwalt R

▲

VII. Antrag nach § 887 ZPO Vollstreckung zur Vornahme einer vertretbaren Handlung

1. Allgemeines

354 Ist die zu erfüllende Handlung jedoch nicht unbedingt vom Schuldner selbst auszuführen, so richtet sich die Vollstreckung nach § 887 ZPO. Die **Vertretung des Schuldners** muss demnach möglich sein, ohne dass das Erfüllungsinteresse des Gläubigers berührt wird.

355 Der Gläubiger wird sodann zur Vornahme der Ersatzhandlung auf Antrag durch das Prozessgericht der ersten Instanz ermächtigt und kann ggf. einen **Vorschuss** hierfür fordern. Unter Umständen ist auch die Duldung der vorzunehmenden Ersatzhandlung, insbesondere das Betreten des Grundstücks des Schuldners, anzuordnen.

Beispiel 1:

In einem nachbarschaftsrechtlichen Verfahren haben die Parteien einen Vergleich geschlossen, wonach sich der Beklagte verpflichtet hat, einen Lärmschutzwall gem. einer konkreten DIN-Norm zwischen dem Grundstück des Klägers und dem eigenen Grundstück zu errichten. Dem Kläger liegt eine vollsteckbare Ausfertigung des Vergleichs vor, der bereits dem Schuldner zugestellt wurde.

Nachdem der Kläger den Beklagten erfolglos zur Errichtung des Lärmschutzwalls aufgefordert hat, beauftragt er den RA mit der Zwangsvollstreckung.

2. Inhalt des Anspruchs

356 Wie bei jeder Vollstreckungsmaßnahme bedarf es auch hier eines Antrages des Gläubigers, da nur dieser Herr des Verfahrens ist.

357 In der Praxis bereitet es mitunter Schwierigkeiten, abzugrenzen, wann eine Handlung unvertretbar und einzig und allein vom Schuldner vorgenommen werden kann und wann sie vertretbar ist und somit auch durch einen Dritten ausgeführt werden kann (s. Rdn 332).

358 Insbesondere sind als vertretbare Handlungen anzusehen

- Handwerksarbeiten (z.B. Renovierungsarbeiten, Beseitigung von Baumängeln),
- Beseitigung von Bäumen oder Sträuchern,
- Beseitigung eines Überbaus aber auch
- Erstellung einer Betriebskostenabrechnung, sofern die Unterlagen vorliegen und von einem Dritten eingesehen und ausgewertet werden können.

3. Zuständigkeit

Die örtliche und sachliche Zuständigkeit ergibt sich aus § 887 ZPO, demnach ist immer das Prozessgericht der ersten Instanz ausschließlich zuständig. Ist das **Prozessgericht in erster Instanz** das Landgericht oder das Familiengericht, so besteht in diesem Fall Anwaltszwang (§ 78 Abs. 1 ZPO bzw. § 114 Abs. 1 FamFG). Der Gläubiger muss in diesem Fall einen RA mit der Antragstellung beauftragen, ansonsten würde der Antrag als unzulässig abgewiesen werden. 359

Einen Nachweis darüber, dass die Verpflichtung vom Schuldner nicht erfüllt wurde, muss der Gläubiger nicht führen.

Der Gläubiger muss prozessfähig sein. (Prozessfähig ist, wer parteifähig ist. Parteifähig sind alle natürlichen und juristischen Personen).

4. Vorliegen der allgemeinen Zwangsvollstreckungsvoraussetzungen

Bei der Entscheidung über den Antrag des Gläubiges gem. § 887 ZPO müssen die drei allgemeinen Zwangsvollstreckungsvoraussetzungen Titel, Klausel, Zustellung vorliegen. 360

Die vollstreckbare Ausfertigung des Titels muss mit dem Antrag im Original eingereicht werden.

Sonstige für den Beginn der Zwangsvollstreckung erforderlichen Urkunden müssen ebenfalls vorgelegt werden (z.B. bei einer Zug-um-Zug-Leistung, der Nachweis des Gläubigers über den Annahmeverzug des Schuldners, sofern der Annahmeverzug nicht bereits im Vollstreckungstitel festgestellt ist, § 765 ZPO).

5. Inhalt des Antrages

Der Antrag des Gläubigers ist dahin gehend zu stellen, dass der Schuldner zur Ersatzvornahme der im Vollstreckungstitel bezeichneten Verpflichtung ermächtigt wird. dabei ist die **Maßnahme konkret** zu bezeichnen. 361

Insbesondere ist dies dringend erforderlich, wenn im zugrundeliegenden Vollstreckungstitel nur der Handlungserfolg, nicht aber der Weg zum Handlungserfolg bezeichnet worden ist.

Der Gläubiger muss jedoch nicht den Namen des zu beauftragenden Unternehmens, das die Ersatzleistung erbringen soll, nennen. Auch einzelne Arbeitsschritte sind nicht darzulegen.

362 *Praxistipp:*

Da der Schuldner nur die notwendigen Kosten der Ersatzvornahme zu tragen hat, sollte hierzu frühzeitig vorgetragen werden, insbesondere wenn auch ein Vorschuss begehrt wird.

6. Vorschuss der notwendigen Kosten

363 Die **notwendigen Kosten der Ersatzvornahme** hat der Schuldner nach § 887 Abs. 1 ZPO zu tragen, dies ist im Beschluss ausdrücklich festzuhalten.

Der Gläubiger kann, muss jedoch nicht in Vorleistung gehen. Er kann auch mit seinem Antrag nach § 887 ZPO vom Schuldner einen Vorschuss über die voraussichtlichen Kosten verlangen.

364 Als notwendig werden die Kosten angesehen, wenn ein vernünftig und wirtschaftlich denkender Auftraggeber im konkreten Einzelfall sie als angemessen ansieht und akzeptieren würde. Dies ist nicht immer die kostengünstigste Erledigungsmöglichkeit, vielmehr ist zum Beispiel auch ein Zeitfaktor einzurechnen. Die voraussichtlichen Kosten sind vom Gläubiger in Form von Kostenvoranschlägen bzw. Sachverständigengutachten zu belegen.

365 Wurde die Kosten der voraussichtlichen Ersatzvornahme als Vorschuss beigetrieben und sind diese tatsächlich später geringer ausgefallen, so muss der Gläubiger den Schuldner hierüber **Abrechnung erteilen** und den überschießenden Betrag in einer **angemessenen Zeit** an den Schuldner zurückzahlen. Für den Fall, dass dies nicht freiwillig passiert, könnte der Schuldner eine Nachfrist zur Herausgabe der Überschusses nach § 812 BGB (ungerechtfertigte Bereicherung) stellen und nach deren Ablauf ggf. seine Ansprüche im Klagewege geltend machen.

7. Entscheidung des Gerichts

366 Das Gericht entscheidet über den Antrag im Beschlussweg (der Schuldner ist vor einer Entscheidung zu hören, § 891 ZPO).

Der Beschluss muss die Ersatzvornahme der Handlung, zu der der Gläubiger ermächtigt wird, konkret bezeichnen. Ggf. ist ein Vorschuss für die notwendigen Kosten der Ersatzvornahme festzusetzen.

8. Rechtsbehelf

367 Wird der Antrag des Gläubigers zurückgewiesen, kann er sofortige Beschwerde gemäß § 793 ZPO einlegen.

Der Schuldner kann ebenfalls sofortige Beschwerde gem. § 793 ZPO einlegen, sofern dem Antrag des Klägers stattgegeben und der Beschluss antragsgemäß erlassen wurde. **368**

Der Schuldner kann, sofern die Voraussetzungen des § 775 ZPO vorliegen, gleichzeitig die **Einstellung der Zwangsvollstreckung** beantragen oder, sofern nach Rechtkraft des Beschlusses die Erfüllung der Verpflichtung erfolgte, Vollstreckungsabwehrklage gem. § 767 ZPO erheben.

9. Muster

Nachfolgend ist ein Mustertext für einen Antrag gem. § 887 ZPO mit Vorschuss für das Fallbeispiel aus Rdn 355 abgebildet. Der Gläubiger ist im Übrigen **nicht verpflichtet**, sofern ihm ein Vollstreckungstitel vorliegt, den Schuldner vor Einleitung von Zwangsvollstreckungsmaßnamen (unter Fristsetzung) **„anzumahnen"** (es sei denn, dass ggf. eine dahin gehende Regelung in einem bestandskräftigen Vergleich zwischen den Parteien vereinbart worden ist). **369**

Da Sie sich mit Ihrem Antrag an das Prozessgericht der ersten Instanz wenden, sind Sie nicht verpflichtet, wie im nachstehenden Muster-Antrag erfolgt, das volle Rubrum anzugeben. Es genügt auch die Kurzbezeichnung. **370**

5.11

▼

Muster 5.11: Antrag gem. § 887 ZPO **371**

Landgericht

Adresse

Antrag gem. § 888 ZPO

des (*Vorname, Name, Anschrift*)

Gläubiger,

Verfahrensbevollmächtigter:

(*RA Name, Anschrift*)

gegen

(*Vorname, Name Schuldner, Anschrift*)

Schuldner,

(*ggf. Verfahrensbevollmächtiger*)

Geschäftszeichen (erste Instanz):

zur Vornahme einer vertretbaren Handlung.

Namens und in Vollmacht des Gläubigers beantrage ich,

1. den Gläubiger zu ermächtigen, die dem Schuldner nach dem (genaue Bezeichnung des Vollstreckungstitels) obliegenden vertretbaren Handlung, und zwar (genaue Bezeichnung der vorzunehmenden Handlung), auf Kosten des Schuldners im Wege der Ersatzvornahme durch den Gläubiger selbst oder einen von ihm zu beauftragenden Dritten vornehmen zu lassen;

2. anzuordnen, dass der Schuldner die im Wege der Ersatzvornahme notwendige Maßnahme, und zwar (konkrete Bezeichnung der Maßnahme), zu dulden hat. Insbesondere, dass der Gläubiger bzw. der von ihm beauftragte Dritte das Grundstück des Schuldners, gelegen in der (genaue Anschriftsbezeichnung), betreten darf;

3. den Schuldner zu verurteilen, an den Kläger für die nach Ziffer 1. vorzunehmende Ersatzhandlung einen Kostenvorschuss in Höhe von € zu zahlen.

Begründung:

Der Antrag ist zulässig und begründet.

Am (*Datum*) schlossen die Parteien den im Antrag zu 1.) genannten Prozessvergleich. Der Vergleich wurde von den Parteien nicht widerrufen und ist bestandskräftig. Dem Gläubiger liegt eine vollstreckbare Ausfertigung des Vergleichs vor. Die Zustellung der vollstreckbaren Ausfertigung des Vergleichs erfolgte an den Schuldner gemäß den gesetzlichen Vorschriften. Der Vergleich entspricht den gesetzlichen Anforderungen des § 794 Abs. 1 Nr. 1 ZPO.

Beweis: Vollstreckbare Ausfertigung des Vergleichs vom (*Datum*) nebst Zustellungsnachweis im Original anbei.

Mit Schreiben vom (*Datum*) wurde der Schuldner – zwecks Vermeidung von Zwangsvollstreckungsmaßnahmen – unter Fristsetzung zum (*Datum*) zur Errichtung eines Lärmschutzwalls (konkrete Bezeichnung der vertretbaren Handlung) aufgefordert.

Beweis: Schreiben vom (*Datum*) in Kopie anbei.

Bis zum heutigen Zeitpunkt ist der Schuldner der Verpflichtung nicht nachgekommen, sodass antragsgemäß zu entscheiden ist.

Die vom Schuldner geschuldete Handlung stellt eine vertretbare Handlung ein, da die Handlung auch vom Gläubiger selbst bzw. einem von diesem zu beauftragenden Dritten ausgeführt werden kann, ohne dass das Erfüllungsinteresse des Gläubigers hiervon berührt wird. Sollte das Gericht anderer Ansicht sein, so wird höflich um einen rechtlichen Hinweis gebeten, damit der Antrag nach §§ 888 ZPO umgestellt werden kann.

Die beabsichtigte Ersatzvornahme wird voraussichtlich Kosten in Höhe von € verursachen, die als notwendige Kosten der Zwangsvollstreckung vom Schuldner zu tragen ist.

Beweis: Kostenvoranschlag bzw. Sachverständigengutachten vom (*Datum*) in Kopie anbei.

Der Schuldner ist zur Leistung des Vorschusses gem. § 887 Abs. 2 ZPO verpflichtet.

Um Übersendung einer vollstreckbaren Ausfertigung des Beschlusses nebst Zustellbescheinigung wird gebeten.

Beglaubigte und einfache Abschrift anbei.

Rechtsanwalt/Rechtsanwältin

▲

10. freiwillige Vornahme durch den Schuldner

Der Schuldner ist auch nach Erlass eines Ermächtigungsbeschlusses nach § 887 ZPO 372
nicht daran gehindert, die von ihm geschuldete Leistung noch freiwillig zu erbringen, um so ggf. Kosten einzusparen. Eine bloße Ankündigung reicht jedoch nicht aus. Die geschuldete Leistung muss tatsächlich erbracht worden sein.

11. Kosten der Zwangsvollstreckung

In dem Verfahren gem. § 887 ZPO erfolgt die Kostenfestsetzung gem. § 788 Abs. 2 ZPO 373
durch das Prozessgericht (Zustellungskosten des Urteils, vorgerichtliche Aufforderung an den Schuldner, der Verpflichtung aus dem Vollstreckungstitel nachzukommen, Kosten für den Antrag gem. § 887 ZPO).

Sofern die Ersatzvornahme durchgeführt wird, sind die in diesem Verfahren entstandenen Kosten gem. § 788 Abs. 1 ZPO vom Vollstreckungsgericht, in dessen Bezirk die Vollstreckungshandlung erfolgte, festzusetzen.

VIII. Zwangsvollstreckung zur Herausgabe von Sachen

Besitzt der Gläubiger einen Titel gegen den Schuldner zur Herausgabe einer Sache, so 374
richtet sich die Zwangsvollstreckung bei beweglichen Sachen nach § 883 ZPO, bei unbeweglichen Sachen nach § 885 ZPO.

1. Herausgabe von beweglichen Sachen § 883 ZPO

375 In den meisten Kanzleien gehört die Herausgabevollstreckung nach § 883 ZPO eher zu den selten Fälle der ZV, ist jedoch von Bedeutung, sobald die Herausgabe von bewegliche Gegenstände (z.B. Bilder, Haushaltsgeräte oder Kraftfahrzeuge) begehrt wird und ein entsprechender Titel vorliegt.

Beispiel 1:

Der Mandant hat an den Schuldner ein wertvolles Kunstwerk „Las flores" unter Eigentumsvorbehalt verkauft. Da der Schuldner jedoch den Kaufpreis nicht bezahlt hat, kam es zum Rechtsstreit, in dem die Herausgabe des Kunstwerkes begehrt wurde. Antragsgemäß wurde der Schuldner zur Herausgabe des Bildes „Las flores" verurteilt.

a) Vollstreckungsgegenstand

376 In den meisten Fällen handelt es sich bei dem Vollstreckungsgegenstand um eine **Einzelsache**, grds. ist aber auch die Vollstreckung zur Herausgabe einer **individuell bestimmten Sachgesamtheit** (z.B. einem Warenlagen, die Geräte eines Sportstudios oder einer Bibliothek) möglich.

377 *Achtung:*

Die **Herausgabe eines Kindes** erfolgt nicht nach § 883 ZPO, sondern vielmehr **nach § 88 ff. FamFG**, wobei das Prozessgericht zur Durchsetzung des Herausgabeanspruchs verschiedene Zwangsmaßnahmen (z.B. Ordnungsgeld, unmittelbarer Zwang) anordnen kann.

Die unmittelbare Gewaltanwendung gegen ein Kind ist ausdrücklich in § 90 Abs. 2 FamFG für den Fall der zwangsweisen Durchsetzung eines Umgangsrechtes (gegen den Willen des Kindes) ausgeschlossen, in allen übrigen Fällen muss eine Interessenabwägung mit dem Kindeswohl erfolgen.

b) Vollstreckungsorgan und Vollstreckungshandlung

378 Für die Herausgabevollstreckung ist nach § 883 Abs. 1 ZPO der **örtlich zuständige Gerichtsvollzieher** zuständig, wobei sich die örtliche Zuständigkeit dabei nach dem Ort der Vollstreckungshandlung richtet.

379 Bei der Herausgabevollstreckung von beweglichen Sachen nimmt der Gerichtsvollzieher dem Schuldner die im Titel konkret bezeichnete Sache ab und übergibt sie dem Gläubiger. Die Versendung oder Organisation des Transportes wird i.d.R. mit vollstreckt und wird vom Gerichtsvollzieher durchgeführt.

Sollte der Titel auf Übereignung einer beweglichen Sache lautet, so ist nach § 929 BGB neben der Übergabe auch eine Einigungserklärung des Schuldners erforderlich. Bei der Einigungserklärung handelt es ich um eine **Willenserklärung,** die jedoch **mit Rechtskraft des Urteils gem. § 894 ZPO** als abgegeben gilt. Der Gerichtsvollzieher muss auch hier nur noch die Herausgabe der beweglichen Sache nach § 883 ZPO vollstrecken. 380

c) Schuldnerschutzvorschriften

Die Schutzvorschriften der § 811 ZPO (unpfändbare Sachen) und § 812 ZPO (Hausrat) gelten nur in der Zwangsvollstreckung wegen einer Geldforderung (Sachpfändung), nicht jedoch in der Herausgabevollstreckung. 381

Bei der Herausgabevollstreckung gibt es nämlich bereits einen **titulierten Rechtsanspruch** hinsichtlich eines konkreten Gegenstandes, so dass evtl. soziale Aspekte bereits im Erkenntnisverfahren berücksichtigt wurden. Es ist nicht zu befürchten, dass dem Schuldner durch die Herausgabe seine Existenzgrundlage entzogen wird.

Dagegen gilt die Ausnahme gem. § 758a Abs. 2 ZPO nicht für die Herausgabevollstreckung einer beweglichen Sache. Verweigert der Schuldner also die Herausgabe der Sache, so ist der Gerichtsvollzieher nicht zu einer Durchsuchung befugt. Ein **richterlicher Durchsuchungsbeschluss** ist unbedingt erforderlich. 382

d) Eidesstattliche Versicherung nach § 883 Abs. 2 ZPO

Wird die herauszugebende Sache vom Gerichtsvollzieher nicht vorgefunden, so muss der Schuldner angeben, dass 383

- er die Sache nicht besitzt und dass
- er auch nicht weiß, wo sich die Sache befindet.

Der Schuldner muss diese Angaben an Eides statt erklären.

Die Abnahme dieser eidesstaatlichen Versicherung erfolgt auch durch den örtlich zuständigen Gerichtsvollzieher.

2. Herausgabe von unbeweglichen Sachen § 885 ZPO

In der Praxis weit häufiger kommt die **Räumungsvollstreckung** nach Beendigung eines Mietverhältnisses als häufigste Fallgruppe der Herausgabevollstreckung vor. 384

> *Beispiel 2:*
>
> *In einem Räumungsprozess wird der Schuldner zur Herausgabe der Wohnung in der Friedrichstraße 89, in 14999 Berlin, 4. OG rechts, verurteilt. Eine freiwillige Hergabe ist trotz Aufforderung durch den Mandanten nicht erfolgt.*

a) Vollstreckungsgegenstand

385 Zu den unbeweglichen Sachen gehören insbesondere **Grundstücke und Wohnungen**, aber auch eingetragene Schiffe (was in der Praxis zu vernachlässigen ist).

§ 885 Abs. 2 ZPO regelt daneben aber auch, wie vorgefundene bewegliche Sachen, die eigentliche nicht Gegenstand der Vollstreckung sind, behandelt werden müssen.

b) Vollstreckungsvoraussetzungen

386 Wie bei jeder Vollstreckungsart muss ein Antrag des Gläubigers vorliegen und es müssen die allgemeinen und besonderen Vollstreckungsvoraussetzungen vorliegen.

In der Praxis ergeben sich jedoch manchmal Schwierigkeiten aus der **Unbestimmtheit des Titels:**

Z.B. wird die Verpflichtung zum Auszug mit Räumung gleichgesetzt und ist nach § 885 ZPO vollstreckbar. Hingegen ist ein Vergleich über die Beendigung eines Mietverhältnisses für eine Räumungsvollstreckung nicht geeignet.

c) Vollstreckungsschuldner

387 Eine besondere Problematik bei der Räumungsvollstreckung liegt darin, dass bereits im Erkenntnisverfahren ein Titel gegen alle Personen zu erwirken ist, die ggf. **Allein- oder Mitgewahrsam** an der Wohnung besitzen. Es kommt in der Zwangsvollstreckung eben nicht auf das zugrundeliegende Vertragsverhältnis an, sondern ausschließlich auf den Gewahrsam (= tatsächliche Sachherrschaft) an.

388 Besitzt ein Dritter (z.B. Untermieter) Gewahrsam an der Wohnung und wäre zu einer freiwilligen Herausgabe nicht bereit, so könnte die Herausgabevollstreckung gegen ihn nicht nach § 885 ZPO betrieben werden.

Grds. ist nämlich die Vollstreckung nur gegen im Titel genannte Personen zulässig, d.h. alle Mieter müssen im Vollstreckungstitel zur Räumung verpflichtet sein, insbesondere gilt dies für folgende Personen:

mehrere Mieter im Mietvertrag	Da jeder Mieter, der im Mietvertrag steht, ein eigenständiges vertragliches Recht zum Mitbesitz an der Wohnung hat, ist ein Titel gegen alle zu erwirken.
Ehegatten	Bei Ehegatten war es früher umstritten, ob gegen beide ein Räumungstitel erstritten werden muss, wenn lediglich ein Ehepartner den Mietvertrag unterzeichnet hatte. Da es jedoch lediglich auf den Gewahrsam an der herauszugebenden Wohnung ankommt, muss nach der herrschenden Meinung dies auch für Ehegatten gelten. Es ist ein Räumungstitel gegen beide Ehegatten erforderlich.

nichteheliche Lebensgemeinschaften	Nichts anderes gilt auch für nichteheliche Lebensgemeinschaften. Auch hier müssen beide im Räumungstitel genannt sein, um die Räumung zu betreiben.
Kinder	Etwas anderes gilt jedoch für minderjährige Kinder. Da eine Wohnung i.d.R. nicht an die Kinder zum selbstständigen Gebrauch überlassen wird, haben sie auch keinen selbstständigen Gewahrsam, so dass ein Räumungstitel gegen die Kinder nicht erforderlich ist. Hieran ändert auch eine Volljährigkeit des Kindes nichts, es wird hier von einer fortdauernden Mitnutzung ohne eigenen Besitzwillen ausgegangen. Steht jedoch das volljährige Kind mit im Mietvertrag, so ist auch hier ein Titel gegen das Kind erforderlich.
Untermieter	Der Untermieter hat Mitgewahrsam an der Wohnung, so dass immer ein Titel gegen ihn erforderlich ist.
Besucher oder Angestellte	Besucher oder Angestellte des Schuldners haben keinen Besitz an der Wohnung, sondern sind sog. Besitzdiener. Ein gesonderter Titel ist nicht erforderlich.

d) Durchführung einer normalen Räumungsvollstreckung

Bei der Räumungsvollstreckung wird der Schuldner aus dem Besitz gesetzt und der Gläubiger wird durch den Gerichtsvollzieher in den Besitz eingewiesen. 389

Der Gerichtsvollzieher hat die Räumung rechtzeitig dem Schuldner anzukündigen, damit dieser ggf. die 2-Wochenfrist des § 765a Abs. 3 ZPO für einen Räumungsschutzantrag (vgl. Rdn 480) nutzen kann. 390

Gleichzeitig fordert der Gerichtsvollzieher den Schuldner gem. § 885 Abs. 1 ZPO auf, eine Anschrift zum Zwecke von Zustellungen oder einen Zustellbevollmächtigten zu benennen.

Da die Wohnung grds. **vollständig geräumt** an den Gläubiger herauszugeben ist und damit auch sämtliche bewegliche Sachen aus der Wohnung entfernt werden müssen, fordert der Gerichtsvollzieher für evtl. Speditionskosten **einen Vorschuss** beim Gläubiger ab. 391

Dieser Vorschuss wird vom Gerichtsvollzieher geschätzt und richtet sich meist nach der Wohnungsgröße. Für eine 3-Zimmer-Wohnung ist durchaus ein Vorschuss von 3.000,00 € üblich. Die tatsächlich entstehenden Räumungskosten (inkl. Spedition) werden nach der Vollstreckung gegenüber dem Gläubiger unter Berücksichtigung des Vorschusses abgerechnet und sind als notwendige Kosten der Zwangsvollstreckung gegen den Schuldner beizutreiben. Eine Festsetzung nach § 788 ZPO (vgl. Rdn 421) ist möglich.

392 Erhält der Gerichtsvollzieher keinen Beschluss im Rahmen des Vollstreckungsschutzes und ist der Vorschuss eingegangen, so begibt er sich am Tag der Räumung zu herauszugebenden Wohnung und nimmt den Schuldner ggf. mit Gewalt die tatsächliche Sachherrschaft.

Eine Anwesenheit des Schuldners ist dabei nicht erforderlich.

393 Die Besitzeinweisung an den Gläubiger erfolgt im Anschluss daran durch **Übergabe** der unbeweglichen Sache (Wohnung), i.d.R. durch Übergabe sämtlicher (alten) Schlüssel oder durch Einbau eines neuen Schlosses mit Übergabe der neuen Schlüssel.

394 **Bewegliche Sachen** (z.B. alle Hausratsgegenstände), die nicht Gegenstand der Vollstreckung sind, werden vom Gerichtsvollzieher aus der Wohnung **entfernt** und dem Schuldner bzw. einem Bevollmächtigten übergeben. Ist weder der Schuldner noch ein von ihm ernannter Bevollmächtigter anwesend, so sind die beweglichen Sachen in sichere Verwahrung zu nehmen. I.d.R. erfolgt die Verwahrung bei der beauftragten Spedition. Die Kosten hierfür trägt der Schuldner, wobei der Gläubiger jedoch wieder vorschusspflichtig ist.

395 Der Schuldner wird in diesen Fällen schriftlich über die Verwahrung informiert und hat nunmehr gem. § 885 Abs. 4 ZPO **einen Monat ab Räumung Zeit**, seine beweglichen Sachen vom Gerichtsvollzieher **abzufordern** und innerhalb von **zwei Monaten ab Räumung** die auflaufenden Kosten der Verwahrung zu **bezahlen**. Lässt er die Abforderungsfrist verstreichen oder weigert er sich die Verwahrungskosten zu bezahlen, so verwertet der Gerichtsvollzieher die Sachen (vgl. Rdn 298 zur Sachpfändung) und hinterlegt den Erlös nach Abzug der bisherigen Räumungs- und Vollstreckungskosten. Sachen, die nicht verkauft werden können, werden vernichtet, um die Pfandkammern zu entlasten.

396 Unverwertbare Sache wie Gerümpel und Müll sind gleichfalls bei der Räumung aus der Wohnung zu entfernen und können aber sofort durch den Gerichtsvollzieher vernichtet werden.

e) Räumungsvollstreckung nach dem „Berliner Modell"

397 Bei einen normalen Räumungsantrag können – wie bereits unter Rdn 500 dargestellt – schnell mehrere tausend Euros als Kostenvorschuss auf den Gläubiger zukommen, da dieser vorschusspflichtig ist und im ungünstigsten Fall, wenn beim Schuldner auch kein Geld zu holen ist, auch erst einmal als Kostenschuldner gegenüber den Gerichtsvollzieher tragen müsste.

398 Um diese Kosten zu senken, ursprünglich bei den sogenannten „Mietnormaden", wurde das sogenannte „Berliner Modell" entwickelt, das vom BGH mit Beschl. vom 17.11.2005 (I ZB 45/05) bestätigt wurde. Dabei wird die Räumung lediglich auf die **Herausgabe der Wohnung beschränkt**.

Voraussetzungen:

399 Grundvoraussetzung für diese Beschränkung ist, dass der Gläubiger sein **Vermieterpfandrecht** gegenüber dem Schuldner geltend macht.

Das Vermieterpfandrecht ergibt sich aus § 562 Abs. 1 S. 2 BGB und ist ein gesetzliches besitzloses Pfandrecht, das sich grds. auf alle Sachen in der Wohnung erstreckt.

Die Forderung des Gläubigers muss sich jedoch **aus dem Mietverhältnis** selbst ergeben, hierzu gehören 400

- Mietforderungen,
- Nutzungsentschädigungen nach § 546a BGB (bei verspäteter Rückgabe),
- Nebenkosten, wie Betriebskostennachzahlungen aber auch
- Schadensersatz,
- nicht jedoch die Mietkaution, da ansonsten der Mieter doppelt belastet werden würde (sog. Kumulationsverbot).

Für die Entstehung des Vermieterpfandrechtes ist es weiterhin erforderlich, dass der Mieter während der Mietzeit, freiwillig bewegliche Sache für den **regelmäßigen Gebrauch** in die Mieträume gebracht hat. Hierunter fällt grundsätzlich die gesamte Wohnungseinrichtung. Eine Sache, die jedoch nur kurzfristig in der Wohnung untergestellt wird, wird vom Vermieterpfandrecht nicht erfasst. 401

Das Vermieterpfandrecht umfasst alle beweglichen Sachen, die im **Alleineigentum des Mieters** stehen, wobei gem. § 1006 Abs. 1 BGB die Vermutung gilt, dass alle in der Wohnung des Mieters vorhandenen Gegenstände in dessen Eigentum stehen. 402

Der **Umfang** des Vermieterpfandrechtes wird durch die **Höhe der Forderungen** bestimmt, die zum Zeitpunkt der ersten Geltendmachung des Pfandrechtes bestehen. Dabei sind Mietzinsforderungen nach § 562 Abs. 2 ZPO nur für das laufende und das folgende Mietjahr ab Geltendmachung (nicht Kalenderjahr) sicherbar. 403

Zukünftige Entschädigungsforderungen können nach Entstehung ebenso wie ein weiterer Mietzinsbereich (die neuen zwei Jahre, laufendes und zukünftiges Mietjahr) durch eine **spätere, wiederholte Geltendmachung** des Pfandrechtes gesichert werden. 404

Die Geltendmachung des Vermieterpfandrechtes unterliegt **keiner Form**, aus Gründen der Nachweisbarkeit bietet sich jedoch eine schriftliche Erklärung gegenüber dem Mieter an. 405

Wie bei der normalen Räumung unterfallen pfändungsfreie Sachen gem. §§ 811, 812 ZPO (s. Rdn 394) nicht dem Vermieterpfandrecht (z.B. persönliche Papiere, Sachen zur bescheidenen Haushaltsführung). 406

Verfahrensablauf:

Bei der „Berliner Räumung" erfolgt **nur die Besitzeinweisung der Wohnung** an den Gläubiger. 407

Ist der Schuldner anwesend, so werden die Wohnungsschlüssel eingezogen und an den Gläubiger übergeben. Der Schuldner darf im Beisein des Gerichtsvollziehers seine persönlichen und unpfändbaren Sachen entfernen.

In einer Vielzahl von Fällen sind die Schuldner jedoch im Räumungstermin **nicht anwesend**. Hier erfolgt die Besitzeinweisung, in dem der Gerichtsvollzieher das Wohnungsschloss austauscht und die neuen Schlüssel dem Gläubiger übergibt. **Alle Sachen** des Schuldners verbleiben dabei in der Wohnung des Gläubigers.

408 Die Arbeit des Gerichtsvollziehers ist damit beendet. Der Vermieter obliegt es dann, zunächst eine **Aufteilung der beweglichen Sachen** vorzunehmen, da diese unterschiedlich behandelt werden müssen:

Müll	Müll und Unrat sind sofort zu entsorgen und bedürfen keiner Aufbewahrung.
unpfändbare Gegenstände	Der Vermieter (Gläubiger) muss diese unpfändbaren Sachen auf Verlangen an den Schuldner herausgeben. Anderenfalls macht er sich nach §§ 280 Abs. 1, 823 BGB schadensersatzpflichtig. Der Vermieter muss jedoch nicht selbst aktiv werden, sondern kann das Herausgabebegehren des Schuldners abwarten.
pfändbare Gegenstände	Auf die pfändbaren Gegenstände erstreckt sich das Vermieterpfandrecht und dürfen im Wege des Pfandverkaufes verwertet werden. Die Verwertung darf jedoch nicht selbst vom Gläubiger vorgenommen werden, sondern muss im Wege einer öffentlichen Versteigerung durch den Gerichtsvollzieher erfolgen (s. Rdn 298 ff.)

409 Bis zu einem **Herausgabeverlangen** des Schuldners sind die unpfändbaren Sachen zusammen mit den pfändbaren Sachen sicher vom Gläubiger **zu verwahren**, dies kann jedoch auch an einen **anderen Ort** (z.B. Lagerraum) erfolgen, so dass die Wohnung wieder zur Weitervermietung bereit steht.

410 Meldet sich der Schuldner nicht mehr wegen der unpfändbaren Sachen beim Gläubiger, so stellt sich die Frage, wie er weiterverfahren darf, da keine ausdrückliche Regelung für diesen Fall im Gesetz vorhanden ist. Meines Erachtens ist hier jedoch § 885 Abs. 4 S. 2 ZPO analog anzuwenden, wonach nach Ablauf von zwei Monaten unverwertbare Sachen vernichtet werden dürfen. Persönliche Unterlagen (Pass, Urkunden) müssen jedoch weiterhin verwahrt werden.

411 *Praxistipps:*

In der Praxis liegt das größte Risiko der Berliner Räumung für den Gläubiger in der Kategorieeinteilung der beweglichen Sachen, da er sich evtl. bei einer Falschbehandlung schadensersatzpflichtig macht.

(1)

Es bietet sich daher an, bei der Besitzeinweisung durch den Gerichtsvollzieher ein Inventarverzeichnis anfertigen zu lassen und die Wohnung sowie die Gegenstände fotografisch zu dokumentieren. Die Kosten hierfür sollten vorher direkt beim zuständigen Gerichtsvollzieher abgefragt werden, betragen jedoch meist nicht mehr als 100,00 – 200,00 €. Der Gerichtsvollzieher kann dieses Begehren jedoch ablehnen, da diese Tätigkeit nicht zur Berliner Räumung gehört und eine „Zusatzleistung" darstellt. Evtl. kann die Einteilung auch mit weiteren Zeugen (Mitarbeiter der Hausverwaltung) festgehalten werden.

(2)

Ist der Schuldner im Räumungstermin dagegen anwesend, empfiehlt es sich, mit diesem eine schriftliche Vereinbarung zu treffen, wonach der Vermieter sein Vermieterpfandrecht an allen pfändbaren Sachen aufgibt, sofern der Schuldner alle Sachen binnen zwei Wochen aus der Wohnung abholt. Gleichzeitig sollte der Schuldner den Gläubiger bevollmächtigen, die Sachen nach Ablauf der Frist alle zu entsorgen.

Die Räumung nach dem „Berliner Modell" wurde ursprünglich für sogenannte **Mietnomaden** entwickelt und ist bei diesen auch am unproblematischsten, da die Wohnungen in diesen Fällen meist leer oder nur noch mit Müll vorgefunden werden, der sofort nach der Räumung der Müllentsorgung zugeführt werden kann. 412

5.12

▼

Muster 5.12: Berliner Räumung 413

Verteilerstelle für
Gerichtsvollzieheraufträge beim
Amtsgericht

(genaue Anschrift)

Antrag auf Herausgabe einer Wohnung

(nach dem Berliner Modell)

Gläubiger G

(genaue Anschrift)

– Gläubiger G–

– Prozessbevollmächtigter: Rechtsanwalt R –

gegen

Schuldner S

(genaue Anschrift)

– Schuldner –

ist der Schuldner nach der beigefügten vollstreckbare Ausfertigung des *(genaue Bezeichnung des Titels)*

verpflichtet,

die von ihm (genaue Lage der Wohnung, z.B. im obersten Geschoss rechts, Kirschweg 1, 10789 Berlin), angemietete Wohnung, zu räumen und die Schlüssel zu übergeben.

Eine Zustellung des Titels ist bereits am an den Schuldner von Amts wegen erfolgt.

Eine freiwillige Herausgabe der betreffenden Wohnung ist bislang gescheitert. Der Schuldner wurde noch einmal mit Schreiben vom aufgefordert, den freiwilligen Auszug am bis zum schriftlich zu bestätigen. Da der Schuldner dieser Bitte nicht nachgekommen ist, ist davon auszugehen, dass eine freiwillige Räumung nicht erfolgen wird.

Es wird daher namens des Gläubigers beantragt,

die Herausgabe der oben näher bezeichneten Wohnung

durchzuführen.

Der Zwangsvollstreckungsauftrag wird ausdrücklich auf die Herausgabe der Wohnung beschränkt (sogenanntes Berliner Modell, bestätigt durch den BGH-Beschl. v. 17.11.2005, AZ I ZB 45/05).

Es wird darauf hingewiesen, dass der Gläubiger an sämtlichen Gegenständen, welche sich in der obigen Wohnung befinden, ein Vermieterpfandrecht gem. § 562 I BGB geltend gemacht hat und dem Abtransport der Sachen widersprochen wird.

Die Beurteilung der Frage, ob und in welchem Umfang der Gläubiger ein gesetzliches Vermieterpfandrecht an den eingebrachten beweglichen Sachen des Mieters, hier des Schuldners zusteht, obliegt nicht den Vollstreckungsorganen, sondern im Streitfall dem Gericht. Die Gläubiger ist anstelle der in § 885 III 1 ZPO bestimmten Unterbringung der beweglichen Sachen des Schuldners durch den Gerichtsvollzieher selbst zur Verwahrung der verbliebenen Sachen in der Wohnung gemäß §§ 1215, 1257 BGB verpflichtet (vgl. BGH Beschl. v. 17.11.2005 – I ZB 45/05; dort unter S. 7).

Gleichzeitig ist der Schuldner verpflichtet, die nachstehend berechneten Kosten dieses Antrags zu erstatten.

Vergütungsberechnung

Gegenstandswert (12 X Nettokaltmiete €): €.

0,3 Verfahrensgebühr Nr. 3309 VV RVG (Zwangsvollstreckung)	€
Postentgeltpauschale Nr. 7008 VV RVG	€
Zwischensumme netto	€
19 % Umsatzsteuer	€
Gesamtbetrag brutto	€

Die Gläubiger sind nicht zum Vorsteuerabzug berechtigt.

Für Rückfragen stehen wir Ihnen gern telefonisch zur Verfügung.

Eine Abschrift des Räumungsantrages ist beigefügt.

Mit freundlichen Grüßen

Rechtsanwalt

▲

f) Kosten

Für den Räumungsauftrag erhält der Rechtsanwalt des Gläubigers eine 0,3 Verfahrens- 414
gebühr nach Nr. 3309 VV RVG.

Der Gegenstandswert für die anwaltliche Vergütungsberechnung richtet sich dabei nach § 23 Abs. 1 S. 1 RVG, § 41 Abs. 2 GKG. I.d.R. ist die einjährige Nettokaltmiete anzusetzen.

Die beim Gerichtsvollzieher entstehenden Räumungs- und Einlagerungskosten sind not- 415
wendige Kosten der Zwangsvollstreckung, die im Wege des § 788 ZPO (vgl. Rdn 421) gegen den Schuldner festgesetzt werden können. Der Gläubiger haftet jedoch zunächst für diese Kosten und ist ggf. vorschusspflichtig. Für die Lagerkosten haftet der Gläubiger jedoch nur innerhalb der in § 885 Abs. 4 ZPO festgelegten 2-Wochen-Frist. Müssen z.B. Geschäftsunterlagen des Schuldners über den Zeitraum hinaus verwahrt werden, so muss der Gläubiger die weiteren Kosten der Verwahrung nicht mehr tragen.

IX. Gebühren in der Zwangsvollstreckung

Ausführungen zu den Gebühren und des Gegenstandswertes in der Zwangsvollstreckung 416
finden Sie unter § 8 Rdn 824 ff.

X. Rechtsschutzversicherung

417 Wurde für das Erkenntnisverfahren eine **Deckungszusage** erteilt, so sind Vollstreckungsmaßnahmen zunächst nicht von dieser Deckungszusage erfasst. Nach § 18 Nr. 3 bis Nr. 18 RVG sind sämtliche Vollstreckungsmaßnahmen besondere Angelegenheiten. Für diese ist daher eine gesonderte Deckungsanfrage erforderlich.

5.13

▼

418 **Muster 5.13: Deckungsanfrage Zwangsvollstreckungskosten**

Rechtsschutzversicherung

(genaue Anschrift)

Gläubiger ./. Schuldner

Sehr geehrte Damen und Herren,

in oben bezeichneter Angelegenheit liegt hier die volltreckbare Ausfertigung des *(genaue Titelbezeichnung)* vor. Der Schuldner hat bislang keine Zahlung geleistet, sodass wir Sie nunmehr bitten, Deckungszusage für die Zwangsvollstreckung zu erteilen.

Mit freundlichen Grüßen

Rechtsanwalt

▲

419 Die Deckungszusage wird jedoch nur für drei Vollstreckungsmaßnahmen erteilt. Diese Einschränkung ergibt sich aus den Allgemeinen Rechtsschutzbedingungen (ARB).

- Liegt noch ein alter Rechtsschutzversicherungsvertrag mit den ARB 75 vor, so kann der RA aussuchen, welche drei Maßnahmen er gegenüber der Rechtsschutzversicherung abrechnen will (§ 2 Abs. 3b ARB 75).
- Bei den Rechtsschutzversicherungsverträgen, bei denen die ARB 94, 2000 oder 2005 gelten, sind hingegen immer nur die ersten drei Vollstreckungsmaßnahmen vom Versicherungsschutz umfasst (§ 5 Abs. 3d ARB94/2000/2005). Ein Wahlrecht gibt es hier nicht mehr.
- Seit 1994 besteht für Rechtsschutzversicherungen durch das 3. Gesetz zur Durchführung der versicherungsrechtlichen Richtlinien des Rates der EG die Möglichkeit, individuelle Bedingungen zu vereinbaren, da die Genehmigungspflicht für Versicherungsbedingungen abgeschafft worden ist. Zwar beruhen die meisten ARB heutzutage auch auf sogenannten Musterbedingungen, die vom Gesamtverband der Deutschen Versicherungswirtschaft herausgegeben werden. In der Praxis weichen die einzelnen Gesellschaften hiervon jedoch verstärkt durch eigene Einzelbedingun-

gen ab. Das letzte gemeinsame Bedingungswerk sind die *ARB 2005*. Bei den neuen Verträgen sind daher immer die Versicherungsbedingungen der konkreten Rechtsschutzversicherung zu prüfen, i.d.R. werden aber auch weiterhin **nur die ersten drei Vollstreckungsmaßnahmen** wie bei den ARB 2005 übernommen.

Bei allen Rechtsschutzversicherungsverträgen darf der entsprechende Vollstreckungsantrag **nicht später als fünf Jahre nach Rechtskraft des Vollstreckungstitels** gestellt werden. Ein später gestellter Antrag ist nicht gegenüber der Rechtsschutzversicherung abrechnungsfähig. Der Mandant ist hierüber rechtzeitig zu belehren. 420

XI. Festsetzung der Zwangsvollstreckungskosten

Gem. § 788 Abs. 1 ZPO sind bisherige Vollstreckungskosten mit dem zur Zwangsvollstreckung stehenden Anspruch beizutreiben, sofern sie notwendig waren. Der Hauptsache-Titel reicht für die Beitreibung dieser Kosten aus, ein gesonderter Titel über die Vollstreckungskosten ist daher nicht erforderlich. 421

Das jeweilige Vollstreckungsorgan ist jedoch verpflichtet zu überprüfen, ob die geltend gemachten bisherigen Vollstreckungskosten notwendig i.S.v. § 91 ZPO sind. **Notwendig** sind die Kosten, wenn sie der Rechtsverfolgung zweckdienlich waren und zwar aus Sicht des Gläubigers zum Zeitpunkt der jeweiligen Antragsstellung. 422

Unzulässige, schikanöse, überflüssige und offenbar aussichtlose Vollstreckungsmaßnahmen sind hingegen nicht notwendig i.S.v. § 91 ZPO. Dies gilt insbes. auch für vermeidbare Mehrkosten notwendiger Zwangsvollstreckungskosten. Nicht notwendig sind z.B. Kosten einer Kontopfändung bei mehreren Banken auf Verdacht. 423

Richtet sich der Titel gegen mehrere Schuldner als **Gesamtschuldner**, so haften diese gem. § 788 Abs. 1 Satz 3 ZPO auch als Gesamtschuldner für die Kosten der Zwangsvollstreckung. Es können demnach auch bisherige notwendige Kosten der Vollstreckung gegen den Schuldner A, in einer Vollstreckung gegen den Schuldner B ohne gesonderten Titel nur aufgrund des Hauptsachetitels beigetrieben werden. 424

Im Einzelfall kann sich also Streit über die Notwendigkeit der bisherigen Vollstreckungskosten mit dem jeweiligen Vollstreckungsorgan ergeben. Um diese Streitigkeiten zu vermeiden, besteht gem. § 788 Abs. 2 ZPO die Möglichkeit, die bisherigen Vollstreckungskosten beim Gericht gegen den Schuldner **festsetzen** zu lassen. 425

Zuständig ist dabei das Vollstreckungsgericht, bei dem zum Zeitpunkt der Antragsstellung eine Vollstreckungshandlung anhängig ist oder nach Beendigung der Zwangsvollstreckung das Vollstreckungsgericht, in dessen Bezirk die letzte Vollstreckungshandlung erfolgt ist. 426

Wurden die Vollstreckungskosten nach § 788 Abs. 2 ZPO festgesetzt, darf das jeweilige Vollstreckungsorgan nicht mehr die Notwendigkeit der festgesetzten Kosten überprüfen. 427

Die entsprechenden Belege sind nicht mehr dem aktuellen Vollstreckungsantrag beizufügen, der gesonderte Kostenfestsetzungsbeschluss dient als weiterer Titel.

428 Im Jahr 2004 wurden häufig die Vollstreckungskosten gem. § 788 Abs. 2 ZPO festgesetzt, da es nach der Modernisierung des Schuldrechts zu einer Rechtslage kam, wonach die nicht titulierten Vollstreckungskosten anstatt nach 30 Jahren innerhalb der regelmäßigen Verjährungsfrist von drei Jahren zum Jahresende nach §§ 195, 199 BGB verjährt wären. Ende 2004 wären hiernach unzählige untitulierte Vollstreckungskosten verjährt gewesen.

429 Gerade noch rechtzeitig vor Ablauf des Jahres 2004 wurde jedoch am 14.12.2004 das neue „Gesetz zu Anpassung von Verjährungsvorschriften an das Gesetz zur Modernisierung des Schuldrechts“ vom 9.12.2004 verkündet (BGBl I, S. 3214 ff. – Nr. 66). Gem. § 197 Abs. 1 Nr. 6 BGB beträgt seitdem die Verjährungsfrist für Ansprüche auf Erstattung der Kosten der Zwangsvollstreckung **30 Jahre**.

430 Ein entsprechendes Muster für die Festsetzung nach § 788 ZPO finden Sie unter § 8 Rdn 902 f.

XII. Strafanzeige gegen den Schuldner

431 Sollte der Schuldner bereits bei der Entstehung der Forderung des Gläubigers zahlungsunfähig gewesen sein, bietet es sich an, gegen den Schuldner Strafanzeige wegen des Verdachts auf Betrug gem. § 263 Abs. 1 Strafgesetzbuch (StGB) zu stellen.

432 Gem. § 263 Abs. 1 StGB müssen folgende Tatbestände vom Schuldner erfüllt sein:

- Verschaffung eines Vermögensvorteils für sich (hier der Schuldner)
- durch Beschädigung des Vermögens eines anderen (hier des Gläubigers)
- u.a. durch Vorspiegelung falscher Tatsachen (hier vermeidliche Zahlungsfähigkeit des Schuldners)
- in Bereicherungsabsicht.

433 Insbes. wenn der Schuldner bereits die Vermögensauskunft vor Entstehung der Gläubigerforderung abgegeben hat, ist der Tatvorwurf des Betrugs erfüllt.

434 Die Strafanzeige kann dabei von jedermann bei den Strafverfolgungsbehörden (jede Polizeidienststelle oder Staatsanwaltschaft) persönlich oder schriftlich gestellt werden. Wird die Strafanzeige für den Mandanten von einem beauftragten RA gestellt, so geschieht dies i.d.R. schriftlich.

▼

435 **Muster 5.14: Strafanzeige**

Polizeidienststelle

(genaue Anschrift)

Strafanzeige

Sehr geehrte Damen und Herren,

namens und in Vollmacht unseres Mandanten, *(vollständiger Name und Anschrift des Mandanten)*, stellen wir Strafanzeige gegen

(genaue Anschrift)
wegen des Verdachts auf Betrug gemäß § 263 Abs. 1 StGB sowie aller sonst infrage kommender Straftaten.

Der Anzeige liegt folgender Sachverhalt zugrunde:

(detaillierte Sachverhaltsschilderung)

Wir bitten Sie, uns über den Fortgang des Verfahrens zu informieren.

Mit freundlichen Grüßen

Rechtsanwalt

▲

Für die Strafanzeige in der Zwangsvollstreckung erhält der RA eine Gebühr nach **436**
Nr. 4302 Ziff. 2 VV RVG, da es sich hier meist um eine Einzeltätigkeit handelt und der RA nicht mit einer weiteren Tätigkeit beauftragt wird. Nr. 4302 Ziff. 2 VV RVG sieht einen Gebührenrahmen von 30,00 € bis 290,00 € vor. In durchschnittlichen Angelegenheiten kann durchaus unter Berücksichtigung der Kriterien des § 14 RVG eine Mittelgebühr i.H.v. 160,00 € zuzüglich einer Post- und Telekommunikationspauschale und der Umsatzsteuer in Ansatz gebracht werden.

Die Rechtsanwaltsvergütung für die Strafanzeige gehört jedoch nicht zu den Kosten der **437**
Zwangsvollstreckung und kann daher auch nicht vom Schuldner beigetrieben werden.

Die Kosten sind **nicht notwendig** i.S.v. § 91 ZPO, da der Mandant die Strafanzeige bei **438**
den Strafverfolgungsbehörden hätte selber stellen können. Umfangreiche rechtliche Ausführungen durch einen RA sind nicht notwendig, da in Strafsachen der Amtsermittlungsgrundsatz gilt.

F. Wichtigste Rechtsbehelfe und Schuldnerschutzmaßnahmen

439 In sehr vielen Kanzleien wurde lange die Zwangsvollstreckung meist nur „aktiv“ aus einem zuvor erstrittenen Titel betrieben. In den letzten Jahren nimmt jedoch verstärkt die Anfrage nach **Schuldnerschutzmaßnahmen** in den Kanzleien zu. Dies mag zum einen an der wirtschaftlichen Lage der Schuldner liegen, zum anderen jedoch auch daran, dass Schutzvorschriften ausgeweitet worden sind.

I. Übersicht über Rechtsbehelfe und Klagen in der Zwangsvollstreckung

440 Zunächst einmal muss festgestellt werden, welche Einwendungen der Mandant gegen die Zwangsvollstreckungsmaßnahme hat. Man unterscheidet dabei in formelle und materiell-rechtliche Einwendungen.

441 Formelle Einwendungen betreffen dabei das Verfahren selbst, es handelt sich hierbei also um Verfahrensfehler.

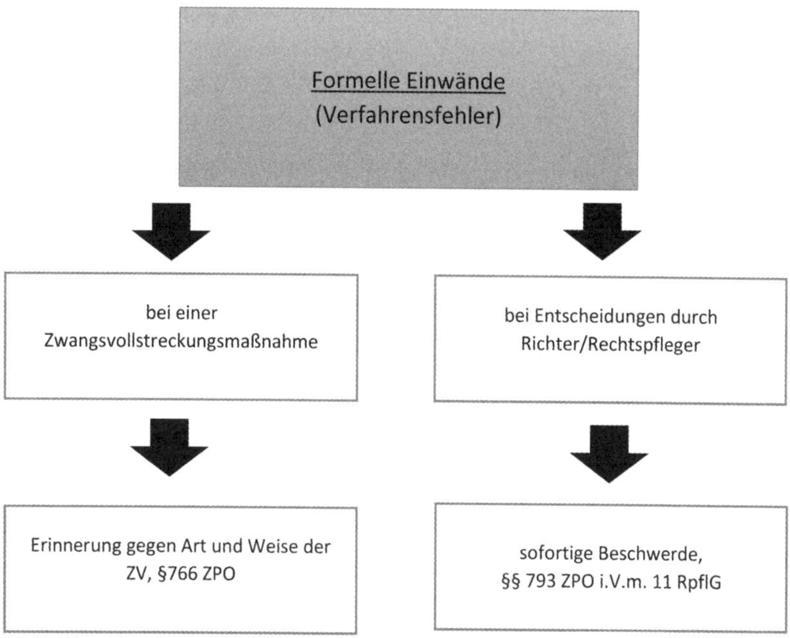

442 Materiell-rechtliche Einwendungen hingegen richten sich gegen den Anspruch an sich.

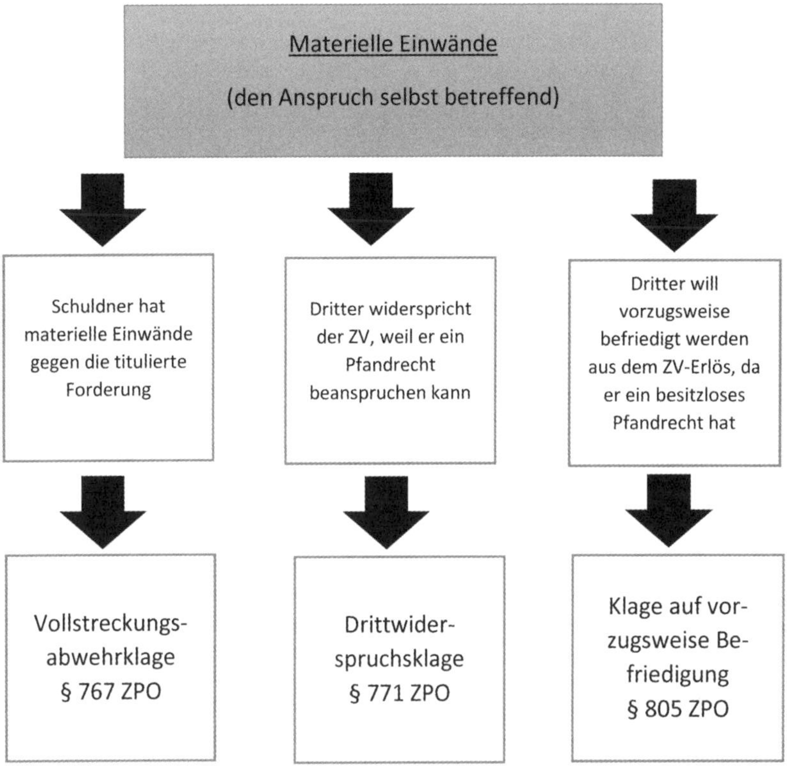

Daneben gibt es jedoch noch diverse besondere Schuldnerschutzvorschriften, die weder auf einem formellen Verfahrensfehler noch auf einer materiell-rechtlichen Einwendung beruhen. Die wohl in der Praxis am häufigsten vorkommenden besonderen Schutzmaßnahmen sind die nachstehenden. 443

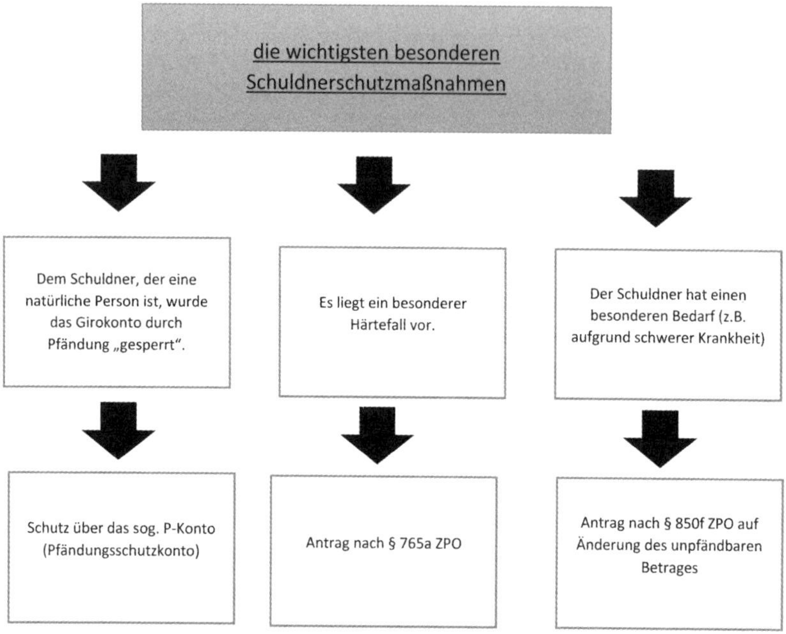

II. Diverse Fälle (mit Muster)

1. Erinnerung

444 *Beispiel: Erinnerung gegen Art und Weise der Zwangsvollstreckung*

Gegen Mandant M (wohnhaft in Berlin-Charlottenburg) soll eine Geldforderung i.H.v. 2.000,00 € im Wege der Sachpfändung vollstreckt werden. Das der Zwangsvollstreckung zugrunde liegende Urteil wurde jedoch dem Mandanten noch nicht zugestellt, nach telefonischer Auskunft des Prozessgerichts wurde bislang auch keine vollstreckbare Ausfertigung erteilt. Der unerfahrene Gerichtsvollzieher will dennoch vollstrecken und meint, er müsse den Auftrag der Gläubigerin G erfüllen. Die Sachpfändung soll in zwei Tagen erfolgen. Was ist zu tun?

445 Obwohl hier noch keine direkte Zwangsvollstreckungsmaßnahme durch den Gerichtsvollzieher stattgefunden hat, hat der Mandant dennoch ein Rechtsschutzbedürfnis, dass die unmittelbar bevorstehende Zwangsvollstreckungsmaßnahme verhindert wird.

446 Im vorliegenden Fall wurde das Urteil noch nicht zugestellt, dies könnte jedoch auch zeitgleich mit der geplanten Zwangsvollstreckungsmaßnahme erfolgen (§ 750 Abs. 1 ZPO).

Der dem Gerichtsvollzieher vorliegende Titel hat ferner aber auch keine Vollstreckungsklausel, sodass aus diesem Grund nicht alle allgemeinen Zwangsvollstreckungsvoraussetzungen vorliegen. Dies hätte der Gerichtsvollzieher als zuständiges Vollstreckungsorgan überprüfen müssen. Es handelt sich hiernach um eine formelle Einwendung unseres Mandanten M. Der zulässige Rechtsbehelf ist die Erinnerung gegen die Art und Weise der Zwangsvollstreckung gem. § 766 ZPO. Die **Erinnerung** ist beim Vollstreckungsgericht einzureichen.

§ 764 Abs. 1 ZPO regelt die sachliche Zuständigkeit, wonach die AG als Vollstreckungs- 447
gerichte anzusehen sind. Die örtliche Zuständigkeit ergibt sich aus § 764 Abs. 2 ZPO. Danach ist, sofern das Gesetz nichts anderes bestimmt, das AG anzusehen, in dessen Bezirk das Vollstreckungsverfahren stattfinden soll oder stattgefunden hat. Hier wäre dies das AG am Wohnort des Mandanten.

Ein möglicher Antrag könnte im vorliegenden Fall wie folgt aussehen.

▼

Muster 5.15: Erinnerung nach § 766 ZPO 448

An das
Amtsgericht Charlottenburg
Vollstreckungsgericht
Amtsgerichtsplatz 1
14057 Berlin

In der Zwangsvollstreckungssache

des *(Mandanten)*

– Schuldner und Erinnerungsführer –

Verfahrensbevollmächtigte:

gegen

den *(Gläubiger)*

– Gläubiger und Erinnerungsgegner –

Verfahrensbevollmächtigte:

legen wir namens und in beigefügter Vollmacht des Schuldners gegen die Art und Weise der Zwangsvollstreckung

Erinnerung gemäß § 766 ZPO

ein.

Es wird beantragt,

> **den Gerichtsvollzieher anzuweisen, die angekündigte Zwangsvollstreckung aus dem Urteil** ***(genaue Bezeichnung, Datum des Erlasses, Gericht)*** **nicht durchzuführen.**

Begründung

Ausweislich der Gerichtsakte zum Prozessverfahren *(Angabe des Gerichts und des Aktenzeichens)* wurde dem Gläubiger keine vollstreckbare Ausfertigung des Urteils erteilt, sodass nicht sämtliche allgemeinen Vollstreckungsvoraussetzungen vorliegen. Die angekündigte Durchführung einer Sachpfändung ist demnach nicht statthaft.

Beglaubigte und einfache Abschrift anbei.

Rechtsanwalt

▲

2. Vollstreckungsabwehrklage

449 *Beispiel: Vollstreckungsabwehrklage*

Mandant M hat an seinen Gläubiger G die vollständige titulierte Forderung i.H.v. 6.500,00 € inklusive Zinsen und Vollstreckungskosten sofort nach Ende der mündlichen Verhandlung bezahlt. Der Gläubiger betreibt dennoch weiterhin die Zwangsvollstreckung in das Konto des Mandanten. Das Urteil stammt vom LG Berlin.

Was ist zu tun?

450 Der Mandant hat hier einen materiell-rechtlichen Einwand, da durch die Bezahlung der ursprüngliche Anspruch erloschen ist. Die richtige Maßnahme wäre hier die Einlegung einer **Vollstreckungsabwehrklage** (§ 767 ZPO) oder auch **Vollstreckungsgegenklage** genannt.

451 Die Vollstreckungsabwehrklage kann grds. vom Schuldner erhoben werden, wenn der titulierte Anspruch nicht mehr besteht, z.B. durch Zahlung oder Aufrechnung.

452 Dieser Einwand darf jedoch nicht **präkludiert** sein, d.h. der Einwand darf erst nach Schluss der mündlichen Verhandlung entstanden sein und muss demnach „neu" sein. Ist der Einwand bereits präkludiert, so ist die Vollstreckungsabwehrklage unbegründet.

453 Die Vollstreckungsabwehrklage unterliegt keiner Frist, es muss lediglich ein Rechtsschutzbedürfnis des Schuldners vorliegen. Dies kann bereits gegeben sein, wenn die Zwangsvollstreckung ernsthaft droht oder kurz bevor steht.

454 Gem. § 767 Abs. 1 ZPO ist die Klage beim Prozessgericht des ersten Rechtszugs einzureichen.

Bei der Vollstreckungsabwehrklage handelt es sich um ein normales Erkenntnisverfahren, welches auch vergütungs- und kostenrechtlich in dieser Weise behandelt wird. Mit Einreichung der Klage ist daher ein **Gerichtsgebührenvorschuss** i.H.v. drei Gerichtsgebühren nach Nr. 1210 KV GKG zu entrichten. Die **Rechtsanwaltsgebühren** ergeben sich aus Teil 3 des VV RVG. 455

Eine mögliche Vollstreckungsabwehrklage könnte im vorliegenden Fall wie folgt aussehen. 456

5.16

▼

Muster 5.16: Vollstreckungsabwehrklage gem. § 767 ZPO

An das
Landgericht Berlin
Prozessgericht der I. Instanz
Tegeler Weg 17–21
10589 Berlin

ACHTUNG!!! Bitte sofort vorlegen

Antrag auf einstweilige Einstellung der Zwangsvollstreckung nach § 769 ZPO

Vollstreckungsabwehrklage nach § 767 ZPO

des *(Mandanten)*

– Kläger –

Verfahrensbevollmächtigte:

gegen

den *(Gläubiger)*

– Beklagter –

Verfahrensbevollmächtigte:

wegen Unzulässigkeit der Zwangsvollstreckung

beantragen wir namens und in beigefügter Vollmacht des Klägers:

1. **Die Zwangsvollstreckung aus dem Urteil** ***(genaue Bezeichnung, Datum des Erlasses, Gericht)*** wird für unzulässig erklärt.
2. **Die Zwangsvollstreckung aus dem in Nr. 1 bezeichneten Titel wird gemäß § 768 Abs. 1 ZPO einstweilen ohne, hilfsweise mit Sicherheitsleistung eingestellt.**
3. **Der Beklagte trägt die Kosten des Verfahrens.**

Ferner wird beantragt, sobald die entsprechenden Vorsetzungen vorliegen:

ein Versäumnisurteil gem. § 331 Abs. 3 Satz 3 ZPO bzw.

ein Anerkenntnisurteil gem. § 307 ZPO

zu erlassen.

Begründung:

Der Beklagte hatte ursprünglich einen titulierten Anspruch gegen den Schuldner auf Zahlung von 6.500,00 €

Beweis: Beiziehung der Verfahrensakte des erkennenden Gerichts zum Az. ,

Kopie des Urteils, in Kopie als Anlage K1

Der Kläger zahlte daraufhin nach Zustellung des Urteils an ihn am *(Datum)* den Betrag i.H.v. 6.500,00 € an den Beklagten per Banküberweisung.

Beweis: Kopie des Kontoauszugs vom , in Kopie als Anlage K2

Trotz der Zahlung vollstreckt der Beklagte weiterhin in das Bankkonto des Klägers.

Beweis: Kopie einer Bankbestätigung, in Kopie als Anlage K3;

Kopie des Pfändungs- und Überweisungsbeschlusses, in Kopie als Anlage K4

Der Antrag auf einstweilige Einstellung der Zwangsvollstreckung ergibt sich aus § 769 ZPO. Zur Glaubhaftmachung wird auf die beigefügte

eidesstattliche Versicherung gemäß § 294 ZPO des Klägers

sowie auf die vorgelegten oben näher bezeichneten Urkunden verwiesen. Sollte sich die Erfolgsaussicht der Vollstreckungsabwehrklage bereits aus den vorgelegten Urkunden ergeben, wird um einstweilige Einstellung ohne Sicherheitsleistung gebeten.

Da die Verwertung in Kürze bevorsteht, wird um zeitnahe Entscheidung ohne Anhörung des Beklagten gebeten.

Der Streitwert ergibt sich aus § 23 Abs. 1 Satz 1 RVG, § 48 Abs. 1 GKG, § 3 ZPO und ist mit dem Wert der Vollstreckungsforderung zu bestimmen, da durch die vorliegende Klage die Unzulässigkeit der gesamten Vollstreckungsmaßnahme begehrt wird und beträgt €. Ein Vorschuss in Höhe von drei Gerichtsgebühren nach diesem Streitwert in Höhe von € ist per Verrechnungsscheck beigefügt.

Um unverzügliche Zustellung wird daher gebeten.

Beglaubigte und einfache Abschrift anbei.

Rechtsanwalt

▲

3. P-Konto § 850k ZPO

Ab dem 1.1.2012 ist der Kontoschutz ausschließlich nur noch über das sogenannte **Pfändungsschutzkonto** (P-Konto) gem. § 850k ZPO möglich. Es bedarf hierzu jedoch keines gerichtlichen Antrages, der Schuldner stellt vielmehr bei **seiner Bank den Antrag**, sein Girokonto in ein P-Konto umzuwandeln. 457

Beispiel: P-Konto

Mandant M schuldet Gläubiger G eine Forderung von 5000,00 €. Da der Mandant nur ALG II-Leistungen erhält, konnte er die Forderung bislang nicht zurückführen und „steckte bislang auch den Kopf in den Sand", indem er sich beim Gläubiger nicht um eine Ratenzahlung bemüht hat. Infolge einer Kontopfändung durch den Gläubiger wird das Girokonto des Mandanten gesperrt, auf dem regelmäßig seine ALG II-Leistungen in Höhe von 700,00 € sowie ein Nebenlohn von 50,00 € eingehen. Der Mandant benötigt dringend die Gelder für das Bestreiten seines Lebensbedarfs.

Was ist zu tun? Der Schuldner könnte hier Pfändungsschutz für das P-Konto erlangen.

Mit der Reform des Kontopfändungsschutzes sollte zum einen das Verfahren entbürokratisiert werden und zum anderen dem Schuldner die Möglichkeit gegeben werden, weiterhin am bargeldlosen Wirtschaftsleben teilzunehmen. Nach der alten Rechtslage (bis zum 30.6.2010) führte die Pfändung eines Bankkontos – auch bei einer gerichtlichen Freigabe aufgrund eines Kontoschutzantrags – grds. zu einer Kündigung des zugrunde liegenden Girokontovertrags durch die Bank, da die Pfändung weiterhin bestand und die Bank dadurch einen erheblichen Verwaltungsaufwand hatte. 458

Die Bank ist nunmehr bei einem bestehenden Girokonto verpflichtet, dieses auf Verlangen des Schuldners (Bankkunden) in ein P-Konto umzuwandeln. 459

Nachstehend werden die Besonderheiten des P-Kontos kurz skizziert. 460

a) Pfändungsschutz auf nur einem P-Konto

Der Pfändungsschutz gilt nur für ein Girokonto. Das besondere P-Konto muss dabei durch eine **privatrechtliche Vereinbarung** zwischen dem Schuldner und seiner Bank festgelegt werden. Eine Umwandlung eines bestehenden Girokontos in ein P-Konto soll laut Gesetz innerhalb von vier Geschäftstagen geschehen, wobei die Umwandlung rückwirkend zum Monatsersten wirkt. 461

Die Vereinbarung ist jedoch **höchstpersönlich**, so dass nur der Schuldner selbst oder ein gesetzlicher Vertreter die Vereinbarung abschließen kann. Eine rechtsgeschäftliche Vertretung, z.B. durch den Rechtsanwalt, ist nicht zulässig. 462

Problematisch könnte dies zum Beispiel bei einem im Krankenhaus befindlichen Mandanten werden. In diesen Fällen müsste ggf. eine kurzfristige Betreuung zum Abschluss einer Vereinbarung über ein Pfändungsschutzkonto beim zuständigen Gericht beantragt werden.

463 Ein Anspruch auf die neue Einrichtung eines P-Kontos besteht jedoch nicht, wonach für alte Schuldner nach wie vor die Schwierigkeit besteht, ein neues Konto zu eröffnen. Insoweit gilt hier immer noch die unverbindliche Selbstverpflichtungserklärung der Banken, wonach lediglich die Landesbanken i.d.R. überschuldeten Schuldnern ein Guthaben-Girokonto einrichten.

b) Automatischer Pfändungsschutz

464
- Nur auf dem eingerichteten P-Konto erstreckt sich sodann der neue automatische Pfändungsschutz. Es handelt sich zunächst um einen Basispfändungsschutz, wonach ein Pfändungsfreibetrag von derzeit (Stand 1.7.2017) 1.133,80 € (für eine Person ohne Unterhaltsverpflichtungen, Achtung es wird ausschließlich auf § 850c Abs. 1 S. 1 ZPO verwiesen, nicht auf die Tabelle zu § 850c ZPO, die auch noch eine Quotelung enthält) nicht von der Pfändung erfasst wird, ohne dass es einer gesonderten gerichtlichen Entscheidung bedarf.
- Des Weiteren enthält § 850k Abs. 1 Satz 2 ZPO eine Regelung, wonach sich der Pfändungsfreibetrag für den folgenden Kalendermonat erhöht, wenn der Schuldner über seinen Pfändungsfreibetrag nicht oder nicht vollständig innerhalb des jeweiligen Kalendermonats verfügt hat. Dem Schuldner soll somit die Möglichkeit eingeräumt werden, Guthaben für Leistungen anzusparen, die nicht monatlich, sondern in größeren Zeitabständen fällig werden (wie z.B. Versicherungsprämien). Diese Regelung ist leider ungenau formuliert, nach dem Willen des Gesetzgebers soll der Schuldner jedoch maximal über den doppelten Grundfreibetrag, z.B. 2 × 1.133,80 € verfügen (vgl. BT-Drucks 16/7615, S. 31).
- Der Basisbetrag wird jeweils für einen vollen Kalendermonat gewährt, sodass es auf den Zeitpunkt der Pfändung und des Eingangs der Einkünfte nicht mehr ankommt. Wurden bereits vor der Pfändung bereits Verfügungen getätigt, so dürfen diese nicht angerechnet werden, da es hierzu keine gesetzliche Regelung gibt. Erfolgt eine Pfändung am 20.06. und hat der Schuldner bereits seine Miete und sonstige Zahlungen bezahlt, so hat er dennoch den gesamten monatlichen Pfändungsschutzbetrag zur Verfügung.
- Auch auf die Art der Einkünfte kommt es für den Pfändungsschutz auf dem P-Konto nicht mehr an. Der Pfändungsschutz erstreckt sich auf Einkünfte aus Arbeitseinkommen, Sozialleistungen (ALG I und II, Kindergeld), Rentenzahlungen aber eben auch auf Einkünfte von Selbstständigen und auf freiwillige Leistungen von Dritten.
- Der Basisbetrag kann durch Vorlage entsprechender Bescheinigungen von Arbeitgebern, Schuldnerberatungsstellen und Sozialleistungsträgern direkt beim Kreditinstitut erhöht werden, sofern die Anzahl der Unterhaltsverpflichtungen mit der entsprechenden Bescheinigung nachgewiesen werden kann. Dabei richten sich die Beträge nach § 850c Abs. 1 S. 2 ZPO.

- Eine Erhöhung bzw. eine Herabsetzung des Basisbetrags kann im Einzelfall jedoch gerichtlich überprüft werden (durch den Gläubiger oder durch den Schuldner).

c) Änderungen des pfändungsfreien Betrages durch das Vollstreckungsgericht

Auf Antrag der Schuldners oder des Gläubiger kann der pfändungsfreie Betrag nach oben oder unten gem. § 850k Abs. 4 ZPO abgeändert werden. Bis zur Entscheidung über den Antrag kann die einstweilige Einstellung der Zwangsvollstreckung gem. §§ 850k Abs. 4 S. 3, 732 Abs. 2 ZPO auf weiteren Antrag angeordnet werden. **465**

Als Abänderungsgründe kommen grds. die gleichen Möglichkeiten in Frage, wie bei der Pfändung von Arbeitseinkommen (s. Rdn 252). Insbesondere sind dies folgende Punkte, **466**

- § 850a ZPO Feststellung unpfändbarer Bezüge
- § 850c Abs. 4 ZPO vollständige oder teilweise Nichtberücksichtigung unterhaltsberechtigter Personen wegen eigenem Einkommen
- § 850e Nr. 2 und Nr. 2a ZPO Zusammenrechnung mehrerer Arbeitseinkommen oder von Arbeitseinkommen und Sozialleistungen
- § 850d ZPO Festsetzung des pfändungsfreien Betrages für den Unterhaltsgläubiger
- § 850f ZPO Festsetzung des pfändungsfreien Betrages für den Deliktsgläubiger (aus vorsätzlich unerlaubter Handlung)

Beim Wohngeld gibt es jedoch die Besonderheit, dass es gem. § 54 Abs. 3 Nr. 2a SGB I an der Quelle nur sehr eingeschränkt für den Vermieter pfändbar ist und dem Schuldner bei einer Lohnpfändung zusätzlich gewährt wird. Eine Erhöhung bei der Kontopfändung ist aber nicht vorgesehen. Aus der Gesetzbegründung ergibt sich nicht, ob der Gesetzgeber dies bewusst nicht geregelt hat oder ob hier eine Gesetzeslücke vorliegt und somit eine analoge Anwendung demnach möglich wäre. **467**

d) Besonderheiten bei Kindergeld und Sozialleistungen sowie Leistungen für Körperschäden

Bis zum 31.12.2011 könnten Sozialleistungen innerhalb von sieben Tagen vom gepfändeten Konto abgehoben werden, ohne dass es einer gerichtlichen Entscheidung bedarf. **468**

Da es seit der Neuregelung 2012 auf die Einkommensart nicht mehr ankommt, gilt auch für diese Leistungen nunmehr der grundsätzliche Basispfändungsschutz für den gesamten Monat. **469**

Mit dem P-Konto wird grds. nur das Guthaben (positiver Saldo) geschützt, nicht jedoch Zahlungseingänge auf ein debitorisch geführtem Konto. Daher werden P-Konten als Guthabenkonten geführt mit der Folge, dass der Schuldner zunächst sein Debet zurückführen muss. Über entstehendes Guthaben könnte er sodann im Rahmen des automatischen Pfändungsschutzes verfügen. **470**

471 Bei Kindergeld und Sozialleistungen gibt es jedoch die Ausnahmevorschrift des § 850k Abs. 6 ZPO, der einen Verrechnungsschutz für die Dauer von 14 Tagen seit der Gutschrift vorsieht, so dass der Debet nicht vor einer Verfügung zurückzuführen ist.

472 Das Sozialrecht sieht vor, dass z.B. die Lebensgefährtin und das Stiefkind, als eine Bedarfsgemeinschaft zusammen mit dem Schuldner angesehen werden, wenn sie in einer gemeinsamen Wohnung leben. I.d.R. wird die Sozialleistung für alle nur an einen der Bedarfsgemeinschaft ausgezahlt. Würde die Gesamtsumme auf das gepfändete Konto des Schuldners eingehen, so könnte dieser eigentlich nur den Grundfreibetrag auf seinen P-Konto geltend machen, da es sich bei der Lebensgefährtin und dem Stiefkind nicht um gesetzliche Unterhaltsberechtigte handelt. Dies hat der Gesetzgeber jedoch gesehen und die Personen einer Bedarfsgemeinschaft gem. § 850k Abs. 2 Nr. 1b den gesetzlichen Unterhaltsberechtigten gleichgestellt. Eine Erhöhung des Pfändungsfreibetrages durch Vorlage des aktuellen Sozialhilfebescheides beim Kreditinstitut ist hier also möglich.

473 Folgende Leistungen sind ferner nicht von der Pfändung erfasst und sind dem Schuldner zusätzlich zum Pfändungsfreibetrag zu belassen:

- § 850k Abs. 2 Nr. 2 ZPO einmalige Sozialleistungen (z.B. für eine Wohnungseinrichtung),
- § 850k Abs. 2 Nr. 3 ZPO Kindergeld und andere Leistungen für Kinder sind grundsätzlich an der Quelle gem. § 54 Abs. 5 und § 76 EStG für den Normalgläubiger unpfändbar; lediglich Zahl- oder Zählkinder können wegen eigener Unterhaltsansprüche diese Leistungen pfänden (§ 850k Abs. 2 Nr. 3 ZPO überträgt dies auf die Kontopfändung) sowie
- § 850k Abs. 2 Nr. 2 ZPO Geldleistungen zum Ausgleich eines durch einen Körper- oder Gesundheitsschaden bedingten Mehraufwandes (an der Quelle unpfändbar gem. § 54 Abs. 3 Nr. 3 SGB I).

e) Vermeidung von Missbräuchen beim P-Konto

474 Jede natürliche Person darf nur **ein P-Konto** führen. Zur Vermeidung von Missbrauchsfällen werden daher die Kreditinstitute ermächtigt, die Einrichtung eines P-Kontos Auskunftsdateien (z.B. der SCHUFA oder einem anderen Institut) zu melden und vor Einrichtung eines P-Kontos eine entsprechende Auskunft abzufragen. Die Auskunftsdatei darf das entsprechende Merkmal „P-Konto" jedoch nur für die Bankanfragen zur Eröffnung eines P-Kontos verwenden, nicht jedoch für Kreditanfragen oder für die Berechnung des sog. **Score-Wertes** (Wert, der Auskunft über die Kreditwürdigkeit einer Person geben soll).

475 Besitzt der Schuldner dennoch mehrere P-Konten, so kann der Gläubiger beim Vollstreckungsgericht einen Antrag nach § 850k Abs. 9 ZPO stellen und sucht sich eins der Konto aus, dass dem Schuldner als P-Konto verbleiben soll, und zwar i.d.R. wohl das Konto, das

das geringste Guthaben aufweist. Das Vollstreckungsgericht hat hierbei kein Auswahlermessen und muss dem Antrag des Gläubigers folgen. Eine Anhörung des Schuldners unterbleibt. Das Vorliegen mehrerer P-Konten hat der Gläubiger durch die Vorlage der entsprechenden Drittschuldnererklärungen glaubhaft zu machen.

f) Befristete Unpfändbarkeitsanordnung § 850l ZPO

Durch die Einführung des § 850l ZPO hat der Schuldner die Möglichkeit in den Fällen, in denen die Pfändung des Guthabens keinerlei Befriedigungsaussichten für den Gläubiger bietet, die Pfändung auf Antrag durch das Vollstreckungsgericht aufheben zu lassen. 476

Das Vollstreckungsgericht kann für die Dauer bis zu max. zwölf Monaten eine Unpfändbarkeitsanordnung für das P-Konto beschließen. Voraussetzungen hierfür sind: 477

- dass in den letzten sechs Monaten vor der Pfändung nur unpfändbare Beträge auf das P-Konto eingegangen sind,
- der Schuldner glaubhaft macht, dass innerhalb der nächsten zwölf Monate nur ganz überwiegend nicht pfändbare Beträge zu erwarten sind (Prognose) und
- überwiegende Gläubigerinteressen dem nicht gegenstehen.

Praktisch hat die Unpfändbarkeitsanordnung jedoch keine Bedeutung für den Schuldner, da er sowieso – zeitlich unbegrenzt – einen automatischen Pfändungsschutz auf dem P-Konto genießt.

g) Ausweitung des Zahlungsmoratoriums in § 835 Abs. 3 und 4 ZPO

Die bislang geltende 2-Wochenfrist hat sich in der Praxis als zu kurz herausgestellt. Der Schuldner hat nun **vier Wochen Zeit**, den Antrag auf Freigabe der gesetzlich festgelegten Einnahmen, Einkünfte oder Leistungen zu stellen. Durch den neuen § 835 Abs. 4 ZPO wird sichergestellt, dass der Schuldner, der für Einkünfte für persönlich geleistete Arbeiten oder Dienste oder sonstige Einkünfte, die kein Arbeitseinkommen und nicht wiederkehrend sind, mit seinem Antrag nicht zu spät kommt. Die Frist beträgt ebenfalls vier Wochen. 478

Besonders für den Kontoschutz hervorzuheben sind folgende Paragrafen der ZPO. Hier eine Übersicht: 479

> **§ 833a ZPO**
>
> **Pfändungsumfang bei Kontoguthaben**
>
> Die Pfändung des Guthabens eines Kontos bei einem Kreditinstitut umfasst das am Tag der Zustellung des Pfändungsbeschlusses bei dem Kreditinstitut bestehende Guthaben sowie die Tagesguthaben der auf die Pfändung folgenden Tage.
>
> **§ 835 ZPO**
>
> **Überweisung einer Geldforderung**
>
> (1) Die gepfändete Geldforderung ist dem Gläubiger nach seiner Wahl zur Einziehung oder an Zahlungs statt zum Nennwert zu überweisen.

(2) Im letzteren Fall geht die Forderung auf den Gläubiger mit der Wirkung über, dass er, soweit die Forderung besteht, wegen seiner Forderung an den Schuldner als befriedigt anzusehen ist.

(3) [1]Die Vorschriften des § 829 Abs. 2, 3 sind auf die Überweisung entsprechend anzuwenden. [2]Wird ein bei einem Kreditinstitut gepfändetes Guthaben eines Schuldners, der eine natürliche Person ist, dem Gläubiger überwiesen, so darf erst vier Wochen nach der Zustellung des Überweisungsbeschlusses an den Drittschuldner aus dem Guthaben an den Gläubiger geleistet oder der Betrag hinterlegt werden; ist künftiges Guthaben gepfändet worden, ordnet das Vollstreckungsgericht auf Antrag zusätzlich an, dass erst vier Wochen nach der Gutschrift von eingehenden Zahlungen an den Gläubiger geleistet oder der Betrag hinterlegt werden darf.

(4) [1]Wird künftiges Guthaben auf einem Pfändungsschutzkonto im Sinne von § 850k Absatz 7 gepfändet und dem Gläubiger überwiesen, darf der Drittschuldner erst nach Ablauf des nächsten auf die jeweilige Gutschrift von eingehenden Zahlungen folgenden Kalendermonats an den Gläubiger leisten oder den Betrag hinterlegen. [2]Das Vollstreckungsgericht kann auf Antrag des Gläubigers eine abweichende Anordnung treffen, wenn die Regelung des Satzes 1 unter voller Würdigung des Schutzbedürfnisses des Schuldners für den Gläubiger eine unzumutbare Härte verursacht.

(5) Wenn nicht wiederkehrend zahlbare Vergütungen eines Schuldners, der eine natürliche Person ist, für persönlich geleistete Arbeiten oder Dienste oder sonstige Einkünfte, die kein Arbeitseinkommen sind, dem Gläubiger überwiesen werden, so darf der Drittschuldner erst vier Wochen nach der Zustellung des Überweisungsbeschlusses an den Gläubiger leisten oder den Betrag hinterlegen.

§ 840 ZPO

Erklärungspflicht des Drittschuldners

(1) Auf Verlangen des Gläubigers hat der Drittschuldner binnen zwei Wochen, von der Zustellung des Pfändungsbeschlusses an gerechnet, dem Gläubiger zu erklären:

1. ob und inwieweit er die Forderung als begründet anerkenne und Zahlung zu leisten bereit sei;
2. ob und welche Ansprüche andere Personen an die Forderung machen;
3. ob und wegen welcher Ansprüche die Forderung bereits für andere Gläubiger gepfändet sei;
4. ob innerhalb der letzten zwölf Monate im Hinblick auf das Konto, dessen Guthaben gepfändet worden ist, nach § 850l die Unpfändbarkeit des Guthabens angeordnet worden ist, und
5. ob es sich bei dem Konto, dessen Guthaben gepfändet worden ist, um ein Pfändungsschutzkonto im Sinne von § 850k Abs. 7 handelt.

(2) Die Aufforderung zur Abgabe dieser Erklärungen muss in die Zustellungsurkunde aufgenommen werden. Der Drittschuldner haftet dem Gläubiger für den aus der Nichterfüllung seiner Verpflichtung entstehenden Schaden.

(3) Die Erklärungen des Drittschuldners können bei Zustellung des Pfändungsbeschlusses oder innerhalb der im ersten Absatz bestimmten Frist an den Gerichtsvollzieher erfolgen. Im ersteren Fall sind sie in die Zustellungsurkunde aufzunehmen und von dem Drittschuldner zu unterschreiben.

§ 850i ZPO

Pfändungsschutz für sonstige Einkünfte

(1) Werden nicht wiederkehrend zahlbare Vergütungen für persönlich geleistete Arbeiten oder Dienste oder sonstige Einkünfte, die kein Arbeitseinkommen sind, gepfändet, so hat das Gericht dem Schuldner auf Antrag während eines angemessenen Zeitraums so viel zu belassen, als ihm nach freier Schätzung des Gerichts verbleiben würde, wenn sein Einkommen aus laufendem Arbeits- oder Dienstlohn bestünde. Bei der Entscheidung sind die wirtschaftlichen Verhältnisse des Schuldners, insbesondere seine sonstigen Verdienstmöglichkeiten, frei zu würdigen. Der Antrag des Schuldners ist insoweit abzulehnen, als überwiegende Belange des Gläubigers entgegenstehen.

(2) Die Vorschriften des § 27 des Heimarbeitsgesetzes vom 14.3.1951 (BGBl I S. 191) bleiben unberührt.

(3) Die Bestimmungen der Versicherungs-, Versorgungs- und sonstigen gesetzlichen Vorschriften über die Pfändung von Ansprüchen bestimmter Art bleiben unberührt.

§ 850k ZPO

Pfändungsschutzkonto

(1) [1]Wird das Guthaben auf dem Pfändungsschutzkonto des Schuldners bei einem Kreditinstitut gepfändet, kann der Schuldner jeweils bis zum Ende des Kalendermonats über Guthaben in Höhe des monatlichen Freibetrages nach § 850c Abs. 1 Satz 1 in Verbindung mit § 850c Abs. 2a verfügen; insoweit wird es nicht von der Pfändung erfasst. [2]Zum Guthaben im Sinne des Satzes 1 gehört auch das Guthaben, das bis zum Ablauf der Frist des § 835 Absatz 4 nicht an den Gläubiger geleistet oder hinterlegt werden darf. [3]Soweit der Schuldner in dem jeweiligen Kalendermonat nicht über Guthaben in Höhe des nach Satz 1 pfändungsfreien Betrages verfügt hat, wird dieses Guthaben in dem folgenden Kalendermonat zusätzlich zu dem nach Satz 1 geschützten Guthaben nicht von der Pfändung erfasst. [4]Die Sätze 1 bis 3 gelten entsprechend, wenn das Guthaben auf einem Girokonto des Schuldners gepfändet ist, das vor Ablauf von vier Wochen seit der Zustellung des Überweisungsbeschlusses an den Drittschuldner in ein Pfändungsschutzkonto umgewandelt wird.

(2) [1]Die Pfändung des Guthabens gilt im Übrigen als mit der Maßgabe ausgesprochen, dass in Erhöhung des Freibetrages nach Absatz 1 folgende Beträge nicht von der Pfändung erfasst sind:

1. die pfändungsfreien Beträge nach § 850c Abs. 1 Satz 2 in Verbindung mit § 850c Abs. 2a Satz 1, wenn
   a) der Schuldner einer oder mehreren Personen aufgrund gesetzlicher Verpflichtung Unterhalt gewährt oder
   b) der Schuldner Geldleistungen nach dem Zweiten oder Zwölften Buch Sozialgesetzbuch für mit ihm in einer Gemeinschaft im Sinne des § 7 Abs. 3 des Zweiten Buches Sozialgesetzbuch oder der §§ 19, 20, 36 Satz 1 oder 43 des Zwölften Buches Sozialgesetzbuch lebende Personen, denen er nicht aufgrund gesetzlicher Vorschriften zum Unterhalt verpflichtet ist, entgegennimmt;
2. einmalige Geldleistungen im Sinne des § 54 Abs. 2 des Ersten Buches Sozialgesetzbuch und Geldleistungen zum Ausgleich des durch einen Körper- oder Gesundheitsschaden bedingten Mehraufwandes im Sinne des § 54 Abs. 3 Nr. 3 des Ersten Buches Sozialgesetzbuch;

3. das Kindergeld oder andere Geldleistungen für Kinder, es sei denn, dass wegen einer Unterhaltsforderung eines Kindes, für das die Leistungen gewährt oder bei dem es berücksichtigt wird, gepfändet wird.[2]Für die Beträge nach Satz 1 gilt Absatz 1 Satz 3 entsprechend.

(3) An die Stelle der nach Absatz 1 und Absatz 2 Satz 1 Nr. 1 pfändungsfreien Beträge tritt der vom Vollstreckungsgericht im Pfändungsbeschluss belassene Betrag, wenn das Guthaben wegen der in § 850d bezeichneten Forderungen gepfändet wird.

(4) [1]Das Vollstreckungsgericht kann auf Antrag einen von den Absätzen 1, 2 Satz 1 Nr. 1 und Absatz 3 abweichenden pfändungsfreien Betrag festsetzen. [2]Die §§ 850a, 850b, 850c, 850d Abs. 1 und 2, die §§ 850e, 850f, 850g und 850i sowie die §§ 851c und 851d dieses Gesetzes sowie § 54 Abs. 2, Abs. 3 Nr. 1, 2 und 3, Abs. 4 und 5 des Ersten Buches Sozialgesetzbuch, § 17 Abs. 1 Satz 2 des Zwölften Buches Sozialgesetzbuch und § 76 des Einkommensteuergesetzes sind entsprechend anzuwenden. [3]Im Übrigen ist das Vollstreckungsgericht befugt, die in § 732 Abs. 2 bezeichneten Anordnungen zu erlassen.

(5) [1]Das Kreditinstitut ist dem Schuldner zur Leistung aus dem nach Absatz 1 und 3 nicht von der Pfändung erfassten Guthaben im Rahmen des vertraglich Vereinbarten verpflichtet. [2]Dies gilt für die nach Absatz 2 nicht von der Pfändung erfassten Beträge nur insoweit, als der Schuldner durch eine Bescheinigung des Arbeitgebers, der Familienkasse, des Sozialleistungsträgers oder einer geeigneten Person oder Stelle im Sinne von § 305 Abs. 1 Nr. 1 der Insolvenzordnung nachweist, dass das Guthaben nicht von der Pfändung erfasst ist. [3]Die Leistung des Kreditinstituts an den Schuldner hat befreiende Wirkung, wenn ihm die Unrichtigkeit einer Bescheinigung nach Satz 2 weder bekannt noch infolge grober Fahrlässigkeit unbekannt ist. [4]Kann der Schuldner den Nachweis nach Satz 2 nicht führen, so hat das Vollstreckungsgericht auf Antrag die Beträge nach Absatz 2 zu bestimmen. [5]Die Sätze 1 bis 4 gelten auch für eine Hinterlegung.

(6) [1]Wird einem Pfändungsschutzkonto eine Geldleistung nach dem Sozialgesetzbuch oder Kindergeld gutgeschrieben, darf das Kreditinstitut die Forderung, die durch die Gutschrift entsteht, für die Dauer von 14 Tagen seit der Gutschrift nur mit solchen Forderungen verrechnen und hiergegen nur mit solchen Forderungen aufrechnen, die ihm als Entgelt für die Kontoführung oder aufgrund von Kontoverfügungen des Berechtigten innerhalb dieses Zeitraums zustehen. [2]Bis zur Höhe des danach verbleibenden Betrages der Gutschrift ist das Kreditinstitut innerhalb von 14 Tagen seit der Gutschrift nicht berechtigt, die Ausführung von Zahlungsvorgängen wegen fehlender Deckung abzulehnen, wenn der Berechtigte nachweist oder dem Kreditinstitut sonst bekannt ist, dass es sich um die Gutschrift einer Geldleistung nach dem Sozialgesetzbuch oder von Kindergeld handelt. [3]Das Entgelt des Kreditinstituts für die Kontoführung kann auch mit Beträgen nach den Absätzen 1 bis 4 verrechnet werden.

(7) [1]In einem der Führung eines Girokontos zugrunde liegenden Vertrag können der Kunde, der eine natürliche Person ist, oder dessen gesetzlicher Vertreter und das Kreditinstitut vereinbaren, dass das Girokonto als Pfändungsschutzkonto geführt wird. [2]Der Kunde kann jederzeit verlangen, dass das Kreditinstitut sein Girokonto als Pfändungsschutzkonto führt. [3]Ist das Guthaben des Girokontos bereits gepfändet worden, so kann der Schuldner die Führung als Pfändungsschutzkonto zum Beginn des vierten auf seine Erklärung folgenden Geschäftstages verlangen.

(8) [1]Jede Person darf nur ein Pfändungsschutzkonto unterhalten. [2]Bei der Abrede hat der Kunde gegenüber dem Kreditinstitut zu versichern, dass er kein weiteres Pfändungsschutzkonto unterhält. [3]Das Kreditinstitut darf Auskunfteien mitteilen, dass es für den Kunden ein Pfändungsschutzkonto führt. [4]Die Auskunfteien dürfen diese Angabe nur verwenden, um Kredit-

instituten auf Anfrage zum Zwecke der Überprüfung der Richtigkeit der Versicherung nach Satz 2 Auskunft darüber zu erteilen, ob die betroffene Person ein Pfändungsschutzkonto unterhält. [5]Die Erhebung, Verarbeitung und Nutzung zu einem anderen als dem in Satz 4 genannten Zweck ist auch mit Einwilligung der betroffenen Person unzulässig.

(9) [1]Unterhält ein Schuldner entgegen Absatz 8 Satz 1 mehrere Girokonten als Pfändungsschutzkonten, ordnet das Vollstreckungsgericht auf Antrag eines Gläubigers an, dass nur das von dem Gläubiger in dem Antrag bezeichnete Girokonto dem Schuldner als Pfändungsschutzkonto verbleibt. [2]Der Gläubiger hat die Voraussetzungen nach Satz 1 durch Vorlage entsprechender Erklärungen der Drittschuldner glaubhaft zu machen. [3]Eine Anhörung des Schuldners unterbleibt. [4]Die Entscheidung ist allen Drittschuldnern zuzustellen. [5]Mit der Zustellung der Entscheidung an diejenigen Kreditinstitute, deren Girokonten nicht zum Pfändungsschutzkonto bestimmt sind, entfallen die Wirkungen nach den Absätzen 1 bis 6.

4. Räumungsschutzantrag gem. § 765a ZPO

Beispiel: § 765a ZPO 480

Aufgrund eines ordnungsgemäßen Räumungsurteils soll die Wohnung der 80-jährigen Mandantin M in 2,5 Wochen geräumt werden. Die Mandantin ist jedoch unglücklich gestürzt und erlitt einen komplizierten Oberschenkelhalsbruch. Da sie Sozialhilfeempfängerin ist und auch sonst keine Freunde und Verwandten mehr hat, bittet sie Sie um Hilfe, einen Räumungsaufschub zu erstreiten.

§ 765a ZPO gilt als Generalklausel für den Vollstreckungsschutz und soll den Schuldner 481
von Vollstreckungsmaßnahmen schützen, wenn diese wegen **ganz besonderer Umstände** nicht mit den **guten Sitten** vereinbar sind und überwiegende Gläubigerinteressen dem nicht entgegenstehen. Die Vorschrift ist als **ultima ratio** anzusehen und ist daher sehr eng auszulegen.

Der Antrag nach § 765a ZPO ist nicht fristgebunden, es muss lediglich ein Rechtsschutz- 482
bedürfnis vorliegen. Das bedeutet, dass der Schuldner den Antrag stellen kann, sofern eine Zwangsvollstreckungsmaßnahme droht oder eingeleitet wurde. Nach Beendigung der Zwangsvollstreckungsmaßnahme ist der Antrag jedoch nicht mehr zulässig, da in diesem Fall kein Rechtsschutzbedürfnis mehr besteht.

Eine Ausnahme zu dem oben beschriebenen besteht allerdings bei Räumungsangelegen- 483
heiten.

Der Schuldner muss den Antrag gem. § 765a Abs. 3 ZPO **spätestens zwei Wochen** vor dem Räumungstermin stellen. Eine Ausnahme zu dieser Frist besteht für die Fälle, in denen der Schuldner ohne Verschulden die 2-Wochen-Frist nicht einhalten konnte, oder die Gründe, auf die der Antrag gestützt ist, erst nach Ablauf dieser Frist eingetreten sind.

484 Im Beispielsfall müsste die Mandantin den Antrag also mindestens 2 Wochen vor dem terminierten Räumungstermin stellen. Aufgrund ihrer Erkrankung und ihres Umfeldes müsste das Gericht dem Antrag bei entsprechendem Vortrag wohl stattgeben, wobei die Interessenabwägung des Gerichts natürlich nicht 100-%ig vorausgesagt werden kann.

5.17 ▼

485 **Muster 5.17: Räumungsschutzantrag gem. § 765a ZPO**

Amtsgericht
– Vollstreckungsgericht –

EILT SEHR BITTE SOFORT VORLEGEN!

Antrag gem. § 765a ZPO

(*Vorname, Name, Anschrift*)

Gläubigerin,

Verfahrensbevollmächtigter:

(*Name Rechtsanwalt, Anschrift*)

gegen

(*Vorname, Name, Anschrift*)

Schuldner,

Namens und in Vollmacht der Schuldnerin beantrage ich,

1. die Zwangsvollstreckung aus der vollstreckbaren Ausfertigung des Urteils des Amtsgerichts vom (*Datum*), (*Geschäftszeichen*), wegen der Räumung der Wohnung in der (*Straße, PLZ*), bestehend aus (*Bezeichnung der Räume*) einstweilen einzustellen
2. der Schuldnerin eine Räumungsfrist von drei Monaten (ggf. länger) zu gewähren.
3. die Zwangsvollstreckung – ohne Sicherheitsleistung – einzustellen.

Begründung:

Der Gläubiger betreibt gegen die Schuldnerin die Zwangsvollstreckung aus dem im Antrag Nr. 1. bezeichneten Räumungstitel. Die Schuldnerin bewohnt die im Antrag zu Nr. 1 benannte Wohnung.

Gemäß der Mitteilung des Gerichtsvollziehers findet der Räumungstermin am (*Datum*) statt.

Beweis: Vollstreckbare Ausfertigung des Urteils des Amtsgerichts vom (*Datum*) im Original anbei.

Mietvertrag vom (*Datum*) im Original bei.

Mitteilung des Gerichtsvollziehers vom (*Datum*) im Original anbei.

Die Räumung der Wohnung zum anberaumten Räumungstermin stellt für die Schuldnerin eine besondere Härte im Sinne der Vorschrift des § 765a ZPO dar.

Bei der Schuldnerin handelt es sich um eine 80-jährige Frau, die keinerlei Verwandte mehr hat. Die Schuldnerin ist auf sich allein gestellt und hat keine Freunde und Bekannten, die ihr Hilfe und Unterstützung in dieser Lage bieten könnten.

Die Schuldnerin hat sich bei einem Sturz am (*Datum*) schwere Verletzungen durch einen Oberschenkelhalsbruch zugezogen und leidet an starken Schmerzen. Sie ist nicht in der Lage, das Haus zu verlassen und ist bettlägerig. Die Schuldnerin ist aus diesem Grund nicht in der Lage, innerhalb von drei Monaten eine Ersatzwohnung anzumieten und zu beziehen.

Die Inanspruchnahme eines Sozialen Dienstes wegen einer anderweitigen Unterbringung der Schuldnerin kann aufgrund des nahen Räumungstermins, der erheblichen Verletzung der Schuldnerin und der damit verbundenen Bettlägerigkeit nicht gewährleistet werden.

Zudem wäre die Schuldnerin im Fall einer zwangsweisen Räumung obdachlos.

Aufgrund der erlittenen Verletzungen hat sich zudem der psychische Zustand der Schuldnerin erheblich verschlechtert.

Beweis: Ärztliches Attest vom (*Datum*) im Original anbei.

Eidesstattliche Versicherung der Schuldnerin im Original anbei.

Die Schuldnerin ist aufgrund ihres geringen Einkommens nicht in der Lage, eine Sicherheitsleistung zu leisten.

Die Mietzahlungen leistet die Schuldnerin vertragsgemäß pünktlich.

Beweis: Bescheid des JobCenters vom (*Datum*) im Original anbei.

Kontoauszüge in Kopie anbei.

Der Vollzug der Räumung zum jetzigen Zeitpunkt stellt eine erhebliche Gefährdung von Leib und Leben der Schuldnerin dar.

Zwei Abschriften anbei.

Rechtsanwalt/Rechtanwältin,

▲

5. Drittwiderspruchsklage nach § 771 ZPO

486 Der Gläubiger darf ausschließlich aus dem Vermögen des Schuldners befriedigt werden.

In der Praxis kann es jedoch zu Problemen kommen, da das Zwangsvollstreckungssystem nicht an den materiell-rechtlichen Eigentumsbegriff knüpft und so unter Umständen in das Vermögen eines Dritten vollstreckt wird.

487 Die Zwangsvollstreckung richtet sich nämlich vielmehr

- in der Mobiliarzwangsvollstreckung nach dem Gewahrsam (unmittelbare Sachherrschaft);
- in der Immobiliarzwangsvollstreckung gem. § 17 ZVG nach der Eintragung im Grundbuch sowie
- in der Forderungszwangsvollstreckung nach der schlüssigen Behauptung des Gläubigers, dass der Schuldner Inhaber der behaupteten Forderung gegen einen Dritten sei (wie beim PfÜB).

488 Da hier durch das entsprechende Vollstreckungsorgan keine Verfahrensvorschriften verletzt werden, kommt eine Vollstreckungserinnerung nach § 766 ZPO nicht in Betracht. Dem Dritten steht in diesen Fällen jedoch die Drittwiderspruchsklage gem. § 771 ZPO zur Verfügung, mit der dem Gläubiger der gepfändete Gegenstand wieder entzogen werden soll oder ein angedrohter (unmittelbar bevorstehender) Zugriff von vornherein verhindert werden soll.

489 In der Praxis wohl am häufigsten vorkommend sind die Fälle, wo bewegliche Gegenstände sich im Gewahrsam des Schuldners befinden und im **Eigentum eines Dritten** stehen.

a) Zuständigkeit

490 Für die Drittwiderspruchsklage gibt es gem. §§ 771 Abs. 1, 802 ZPO eine ausschließliche örtliche Zuständigkeit, und zwar ist das Gericht örtlich zuständig, in dessen Bezirk die Zwangsvollstreckung stattfindet.

491 Hinsichtlich der sachlichen Zuständigkeit gibt es keine Besonderheit. Diese richtet sich vielmehr – wie im Zivilrecht üblich – nach §§ 23, 71 GVG, mit der Maßgabe, dass bei Streitwerten bis 5.000,00 € das Amtsgericht und bei höheren Streitwerten das Landgericht zuständig ist.

Der Streitwert für die Drittwiderspruchsklage wird dabei nach § 6 ZPO bestimmt und richtet sich grundsätzlich nach dem Wert der Vollstreckungsforderung, es sei denn, der Wert des gepfändeten Gegenstandes ist geringer.

492 *Praxistipp:*

Es bestimmt immer der niedrige Wert den Streitwert.

Beispiel: 493

Es wurde wegen einer Forderung in Höhe von 10.000,00 € die Sachpfändung in Düsseldorf betrieben und dabei eine Rolexuhr im Wert von 7.000,00 € gepfändet. Der Dritte begehrt mit der Drittwiderspruchsklage die Herausgabe der Rolexuhr, da diese sein Eigentum ist. Der Streitwert würde hier 7.000,00 € betragen. Die Drittwiderspruchsklage müsste daher beim Landegericht Düsseldorf eingereicht werden.

b) Form und Frist

Die Drittwiderspruchsklage ist eine sogenannte **Gestaltungsklage**, für die die allgemeinen Bestimmungen der Klage gelten. 494

Insbesondere gelten die **allgemeinen Beweislastregeln**, nach der jede Partei die für sie günstigen Tatsachen zu beweisen hat. Der Dritte als Kläger ist daher zunächst voll darlegungs- und beweispflichtig, dass er ein die Veräußerung hinderndes Recht (z.B. Eigentum an dem Gegenstand) besitzt. Macht der Gläubiger und Beklagte im Verfahren Einwendungen hiergegen gelten, so muss er diese wiederum beweisen. 495

Mit der Klage darf aber ferner begehrt werden, dass die Unzulässigkeit der Zwangsvollstreckung des konkreten Gläubiger in das Vermögen des Dritten (konkreter Gegenstand) festgestellt wird. 496

Würde hier jedoch die vollständige Unzulässigkeit der Zwangsvollstreckung (ohne Konkretisierung) beantragt werden, so ist die Klage mit negativer Kostenfolge teilweise abzuweisen.

Für die Drittwiderspruchsfrist gibt es **keine gesetzliche Klagefrist**. Es muss jedoch ein **Rechtsschutzbedürfnis** des Dritten vorliegen. 497

Das Rechtschutzbedürfnis liegt grundsätzlich vor, wenn mit der Sachpfändung begonnen, also mit der eigentlichen Pfändung. Aber auch wenn die Pfändung unmittelbar bevorsteht und ein irreparabler Schaden durch die Zwangsvollstreckung droht, wird bereits zu einem früheren Zeitpunkt das Rechtsschutzbedürfnis bejahrt (i.d.R. bei Räumungsvollstreckungen).

Das Rechtsschutzbedürfnis entfällt jedoch,

- wenn die Zwangsvollstreckungshandlung bereits abgeschlossen ist (z.B. durch Versteigerung) und der Gläubiger dadurch befriedigt wurde oder
- wenn der Gläubiger den Gegenstand freigibt, weil er das (bessere) Recht des Dritten anerkennt.

Praxistipp: 498

Der Dritte muss seinen Anspruch auf den Gegenstand gegenüber dem Gläubiger vorgerichtlich angezeigt haben und diesen zur Freigabe innerhalb einer angemessenen Frist aufgefordert haben.

Versäumt er dies, hat er keinen Anlass zur Klageerhebung und trägt das Risiko, dass die Kosten des Verfahrens ihm bei einem sofortigen Anerkenntnis gem. § 93 ZPO auferlegt werden.

499 Wenn die Zwangsvollstreckungshandlung z.B. durch Versteigerung bereits abgeschlossen worden ist, kann der Dritte seine Drittwiderspruchsklage nach § 264 Nr. 3 ZPO auf eine Leistungsklage wegen Bereicherung nach § 812 BGB umstellen. Sollte der Dritte in diesem umgestellten Verfahren sein besseres Vermögensrecht nachweisen können, so hätte er Anspruch auf Auszahlung des entsprechenden Versteigerungserlöses. Der Gläubiger hätte den Versteigerungserlös ohne Rechtsgrund erlangt.

c) Prozessparteien

500 Kläger einer Drittwiderspruchsklage kann nur ein Dritter sein. Das Gesetz definiert einen Dritten, als den Inhaber eines die Veräußerung hindernden Rechtes (z.B. Eigentümer), der weder Schuldner ist noch gegen den aus dem Titel sonst noch vollstreckt werden kann.

501 Kein Dritter im Sinne des Gesetzes ist z.B. der Leasingnehmer eines Fahrzeuges. Wird gegen die Leasingfirma vollstreckt und das Leasingfahrzeug gepfändet, so kann hier nicht vom Leasingnehmer Drittwiderspruchsklage erhoben werden, da dieser aufgrund der Rechtsnatur des Leasingvertrages den Gegenstand nur für den Leasinggeber besitzt.

502 Die Klage muss auf Beklagtenseite gegen **alle im Titel genannten Gläubiger** gerichtet sein, um eine Rechtskrafterstreckung zu ermöglichen.

d) Begründetheit

503 Die Drittwiderspruchsklage ist begründet, wenn der Dritte gem. § 771 Abs. 1 ZPO ein die Veräußerung hinderndes Recht besitzt. Gemeint sind damit solche Rechte, die dem Dritten im Falle einer Veräußerung berechtigen würden, den Schuldner rechtlich an einer solchen zu hindern – unter Ausschluss der Möglichkeit eines gutgläubigen Erwerbes.

504 Als Interventionsrechte, die in der Praxis häufig vorkommen, sind insbesondere anerkannt:

- Eigentum,
- Miteigentum,
- beschränkt dingliche Rechte (wie z.B. dingliches Wohnrecht, Hypothek),
- Sicherungseigentum (insbesondere für den Sicherungsnehmer, solange die zu sichernde Forderung noch besteht),
- Besitz an beweglichen Sachen sowie
- schuldrechtliche Herausgabeansprüche z.B. des Vermieters.

505 Nicht anerkannt als Interventionsrecht sind insbesondere:

- das Zurückbehaltungsrecht nach § 273 BGB oder
- der Besitz an unbeweglichem Vermögen.

Hat der Dritte jedoch die Verpflichtung, zu einem späteren Zeitpunkt den Vollstreckungsgegenstand an den Schuldner zurück zu übertragen, so kann er sich nicht auf die Geltendmachung seines Interventionsrechtes berufen. 506

Dem Beklagten und Gläubiger steht dann ggf. ein Arglisteinwand zu, den dieser jedoch im Drittwiderspruchsklageverfahren selbst darlegen muss. Eine Prüfung von Amts wegen findet nicht statt.

Insbesondere kommen folgende Arglistfälle in Frage: 507

- es liegt ein Scheingeschäft gem. § 117 BGB vor;
- es gibt eine schuldrechtliche (vertragliche) Vereinbarung, wonach der Dritte zur Rückübertragung verpflichtet ist

e) Kosten und Kostengrundentscheidung

Bei der Drittwiderspruchsklage handelt es sich um eine zivilrechtliche Gestaltungsklage, so dass hier alle Gebühren eines normalen Zivilprozesses (s. Rdn 350 ff.) entstehen können. 508

In dem Verfahren selbst ergeht eine eigene Kostengrundentscheidung nach § 91 ZPO, die nur das Verhältnis zwischen Gläubiger und Dritten betrifft. Der Gläubiger kann daher die ihm in der Drittwiderspruchsklage entstehenden Kosten nicht nach § 788 ZPO gegen den eigentlicher Schuldner festsetzen lassen, wenn er die Klage verlieren sollte. 509

f) Muster

5.18

▼

Muster 5.18: Drittwiderspruchsklage 510

An das
Amtsgericht/Landgericht

(genaue Bezeichnung, sachliche Zuständigkeit richtet sich nach Streitwert)

Klage nach § 771 ZPO

des *(Mandanten/Dritter)*

– Kläger –

Verfahrensbevollmächtigte:

gegen

den *(Gläubiger)*

– Beklagter –

Verfahrensbevollmächtigte:

wegen Unzulässigkeit der Zwangsvollstreckung

Streitwert: (Wert der herauszugebenden Sache)

beantragen wir namens und in beigefügter Vollmacht des Klägers:

1. **Die Pfändung vom durch den Gerichtsvollzieher , Aktenzeichen DR II , in (genaue Bezeichnung des Pfändungsgegenstandes) aus dem *(genaue Bezeichnung des Titels, Datum des Erlasses, Gericht)*** wird für unzulässig erklärt.
2. **Die Zwangsvollstreckung aus dem in Nr. 1 bezeichneten Titel wird gemäß § 768 Abs. 1 ZPO einstweilen ohne, hilfsweise mit Sicherheitsleistung eingestellt.**
3. **Der Beklagte trägt die Kosten des Verfahrens.**

Ferner wird beantragt, sobald die entsprechenden Vorsetzungen vorliegen:

ein Versäumnisurteil gem. § 331 Abs. 3 Satz 3 ZPO bzw.

ein Anerkenntnisurteil gem. § 307 ZPO

zu erlassen.

Begründung:

Der Beklagte und Gläubiger hat aus dem *(genaue Bezeichnung des Titels, Datum des Erlasses, Gericht) gegen den Schuldner (genaue Bezeichnung des Schuldners) die Zwangsvollstreckung betrieben.*

Beweis: Beiziehung der Vorgangsakte des Gerichtsvollziehers (genaue Bezeichnung)

Im Wege der Sachpfändung wurde dabei der streitbefangene Gegenstand gepfändet, der jedoch nicht zum Vermögen des Schuldners gehört. Vielmehr besitzt der Kläger ein die Veräußerung hinderndes Recht i.S.d. § 771 ZPO an der Sache, da er Eigentümer (genaue Bezeichnung des Rechtes) der Sache ist.

Beweis: *Beiziehung der Vorgangsakte des Gerichtsvollziehers (genaue Bezeichnung); Kaufbeleg über die gepfändete Sache (soweit vorhanden).*

Der Beklagte wurde auf das die Veräußerung hinderndes Recht hingewiesen und unter Fristsetzung zum (Datum der Fristsetzung) zur Freigabe des Gegenstandes aufgefordert. Auf das Freigabebegehren hat der Beklagte wie folgt reagiert:

☐ *Er hat das Freigabebegehren abgelehnt*

☐ *Er hat die gesetzte Frist fruchtlos verstreichen lassen.*

(bitte Alternative auswählen)

Die Klage ist daher geboten.

Da die Verwertung der gepfändeten Sache kurzfristig droht, wird um einstweilige Einstellung der Zwangsvollstreckung gebeten. Nachdem die Klage allein schon wegen der vorgelegten Urkunde Aussicht auf Erfolg hat, ist die Zwangsvollstreckung ohne Sicherheit einzustellen. Soweit die tatsächlichen Behauptungen glaubhaft zu machen sind, wird auf die beigefügte eidesstattliche Versicherung gem. § 294 ZPO verwiesen.

Der Streitwert ist gem. § 23 Abs. 1 S. 1 RVG, § 48 Abs. 1 GKG, § 6 S. 2 ZPO mit dem Wert der herauszugebenden Sache i.H.v. (Betrag) zu bestimmen. Ein Gerichtskostenvorschuss in Höhe von € (3,0 Gerichtskosten nach dem angenommen Streitwert) ist per Verrechnungsscheck beigefügt.

Beglaubigte und einfache Abschrift anbei

Rechtsanwalt

▲

6. Herausgabe des Titels

511 *Beispiel: Herausgabe des Titels*

Mandant M hat die titulierte Forderung vollständig an die Gläubigerin G bezahlt. Seit der Zahlung sind vier Wochen vergangen, ohne dass die Gläubigerin den entwerteten Schuldtitel übersandt hat. Um eine spätere Vollstreckung zu vermeiden, besteht M auf die Herausgabe des Titels. Was ist zu tun?

512 In der Praxis kommt es immer wieder einmal vor, dass der Schuldtitel trotz Begleichung nicht herausgegeben wird, insbes. wenn die Gegenseite nicht anwaltlich vertreten ist.

513 Wurde die Forderung direkt beim **Gerichtsvollzieher** vollständig bezahlt, so hat der Gerichtsvollzieher gem. § 757 Abs. 1 ZPO die vollstreckbare Ausfertigung nebst einer Quittung an den Schuldner auszuliefern, teilweise Zahlungen sind auf der vollstreckbaren Ausfertigung zu vermerken.

514 Diese Vorschrift gilt jedoch nur für den Gerichtsvollzieher nicht für den Gläubiger selbst. Eine Herausgabevorschrift für den Gläubiger wird man auch nicht in der ZPO finden.

Ein entsprechender Herausgabeanspruch des Schuldners ergibt sich jedoch aus § 368 BGB. Der Schuldner hat grds. nach Leistungserbringungen einen Anspruch auf Quittierung. Diese muss schriftlich erfolgen. Sollte der Schuldner jedoch ein rechtliches Interesse an einer anderen Form haben, so kann er die Erteilung in dieser Form verlangen.

515 Besteht bereits ein vollstreckbarer Schuldtitel, so hat der Schuldner ein zu bejahendes rechtliches Interesse an der Quittung auf der vollstreckbaren Ausfertigung des Schuldtitels (sog. Entwertung).

516 Die Aushändigung bzw. Quittierung muss jedoch nicht automatisch durch den Gläubiger erfolgen, da er eine Verpflichtung hierzu erst nach Verlangen hat.

Der Gläubiger sollte daher schriftlich (ggf. gegen Nachweis) zur Herausgabe des Vollstreckungstitels aufgefordert werden.

517 Ein mögliches Aufforderungsschreiben könnte im vorliegenden Fall wie folgt aussehen.

5.19

▼

Muster 5.19: Aufforderungsschreiben Herausgabe Titel

per Einschreiben

___

Gläubigerin G

(Anschrift)

Mandant M ./. Gläubigerin G

Forderung

Sehr geehrte Frau Gläubigerin G,

in oben bezeichneter Angelegenheit hatten Sie aus dem Urteil des ___-gerichts vom ___ zum Aktenzeichen ___ gegenüber meinem Mandanten eine Forderung von ___ €.

Mein Mandant hat zwischenzeitlich die vollständige Forderung an Sie bezahlt.

Wir bitten daher um Herausgabe des entwerteten Schuldtitels zu unseren Händen. Ferner möchten wir Sie darauf hinweisen, dass Sie hierzu gem. § 368 BGB verpflichtet sind und sehen einer Übersendung innerhalb der nächsten zwei Wochen bis spätestens

___ *(konkretes Datum)*

entgegen.

Mit freundlichen Grüßen

Rechtsanwalt

▲

518 Für dieses Schreiben gibt es jedoch keinen materiell-rechtlichen **Kostenerstattungsanspruch** gegen die Gläubigerin, da die Verpflichtung zur Aushändigung des Schuldtitels erst mit dem ersten Verlangen in Form unseres Schreibens entstanden ist.

519 Sollten alle vorgerichtlichen Bemühungen nicht fruchtbar sein, so müsste der Herausgabeanspruch des Schuldners gegenüber der Gläubigerin im Wege einer Herausgabeklage durchgesetzt werden.

G. Anmeldung einer Forderung zur Insolvenztabelle

Nicht immer ist die Zwangsvollstreckung erfolgreich. Der schlimmste Fall für den Gläubiger ist jedoch, wenn das Insolvenzverfahren über das Verfahren des Schuldners eröffnet wird. 520

Er hat dann nur noch die Möglichkeit, seine Forderung zur Insolvenztabelle anzumelden mit der Ungewissheit, ob seine ursprüngliche Forderung wenigstens teilweise befriedigt wird. Vollstreckungsmaßnahmen sind meist durch eine Sicherungsanordnung des Insolvenzgerichts gem. § 21 InsO nicht mehr möglich.

Der **Insolvenzeröffnungsbeschluss** wird sofort öffentlich bekannt gemacht, sodass er gegen jedermann wirkt. Den (bislang im Verfahren bekannten) Gläubigern und dem Schuldner wird der Beschluss zusätzlich gesondert zugestellt. Aus dem Eröffnungsbeschluss ergeben sich folgende, für den Gläubiger sehr wichtige Informationen: 521

- der Zeitpunkt der Insolvenzeröffnung;
- der Name des Insolvenzverwalters und
- die Anmeldefrist.

Die **Forderungsanmeldungen** müssen gegenüber dem Insolvenzverwalter innerhalb der gesetzten Frist erfolgen, dabei ist die Forderung nach Hauptforderung, Zinsen und Kosten aufzugliedern. 522

Die „normalen" Insolvenzforderungen sind danach gem. § 38 InsO alle begründeten Vermögensansprüche, die gegen den Schuldner zum Zeitpunkt der Insolvenzeröffnung bestehen. 523

Bei den **Zinsen** gibt es jedoch eine Besonderheit: Die Zinsen, die bis zur Verfahrenseröffnung entstanden sind, dürfen als „normale" Insolvenzforderung gem. § 38 InsO angemeldet werden. Die seit der Eröffnung des Insolvenzverfahrens laufenden Zinsen sind hingegen nachrangige Insolvenzforderungen i.S.d. § 39 Abs. 1 Nr. 1 InsO, die i.d.R. nicht befriedigt werden, da zuvor alle angemeldeten „normalen" Insolvenzforderung nach § 38 InsO befriedigt werden und die **Insolvenzmasse** (das verwertbare Vermögen des Schuldners) meist nicht zu deren vollständiger Befriedigung ausreicht. 524

Vielfach wünscht der Mandant, dass die Anmeldung der Forderung zur Insolvenztabelle durch das Rechtsanwaltsbüro vorgenommen wird. I.d.R. ist nur die isolierte Anmeldung, nicht jedoch eine weitere Vertretung im Insolvenzverfahren gewünscht. 525

Für die isolierte Anmeldung der Forderung zur Insolvenztabelle erhält der RA eine **Verfahrensgebühr** i.H.v. 0,5 nach Nr. 3320, 3317 VV RVG. Hinsichtlich der Bestimmung des Gegenstandwertes gibt es eine Sondervorschrift in § 28 Abs. 2 RVG, wonach die Höhe der anzumeldenden Forderung zuzüglich Nebenkosten maßgeblich ist. 526

Die **Rechtsanwaltskosten** für die Forderungsanmeldung zur Insolvenztabelle sind jedoch gem. § 39 Abs. 1 Nr. 2 InsO eine **nachrangige** Insolvenzforderung. Da nachrangige 527

Insolvenzforderungen meist jedoch nicht befriedigt werden, muss der Mandant i.d.R. die Kosten selbst tragen. Er sollte hierauf ausdrücklich hingewiesen werden.

5.20

528 **Muster 5.20: Hinweis auf Selbstzahlung der Vergütung für die Forderungsanmeldung zur Insolvenztabelle**

Sehr geehrter *(Name des Mandanten)*,

in Sachen Mandant M ./. Schuldner S möchten wir Sie darauf hinweisen, dass die Gebühr für die Anmeldung Ihrer Forderung zur Insolvenztabelle (Nr. 3320, 3314 VV) eine nachrangige Insolvenzforderung ist, die höchstwahrscheinlich nicht durch die Insolvenzmasse des Schuldners befriedigt wird, sodass Sie diese leider selbst tragen müssen.

Rechtsanwalt

529 *Beispiel: Anmeldung zur Insolvenztabelle*

Mandant M besitzt gegen den Schuldner S eine Forderung i.H v. 1.000,00 € aus einer vollstreckbaren Ausfertigung eines Vergleichs des AG Charlottenburg. Die Forderung ist mit einem festen Zinssatz von 7 % seit dem 02.01.20XX zu verzinsen. Im April des gleichen Jahres erhält M den anliegenden Insolvenzeröffnungsbeschluss über das Vermögen des S zugestellt und beauftragt Sie mit der Anmeldung zur Insolvenztabelle. Weitere Kosten sind bislang nicht entstanden.

5.21

530

Muster 5.21: Insolvenzbeschluss

Ausfertigung

Amtsgericht Charlottenburg

Beschluss

Geschäftsnummer: 103 IN ??? Berlin, ???

Über das Vermögen

des Schuldners S.
geboren am: 01.01.70

1. wird heute, am 08.03.20?? um 12.15 Uhr das **Insolvenzverfahren eröffnet**, weil der Schuldner zahlungsunfähig ist, §§ 16, 17 InsO.

2. Zum Insolvenzverwalter wird bestellt:

   RAin

3. Der Insolvenzverwalter wird gemäß § 8 Abs.3 InsO beauftragt, die in dem Verfahren vorzunehmenden Zustellungen durchzuführen mit Ausnahme der Zustellungen an den Gemeinschuldner.

4. Insolvenzforderungen (§ 38 InsO) sind beim Insolvenzverwalter schriftlich bis zum

   11.05.20??

   anzumelden.

5. Termin zur Berichterstattung und zur Beschlussfassung über die Beibehaltung des ernannten oder Wahl eines neuen Verwalters, Wahl eines Gläubigerausschusses und gegebenenfalls über die in den §§ 100, 160, 149, 162, 271 InsO genannten Gegenstände und Prüfungstermin:

   07.06.20??, 10.30 Uhr,

   im Amtsgericht Charlottenburg, Amtsgerichtsplatz 1, 14057 Berlin, II. Stock Saal

   Gläubiger, deren Forderungen im Prüfungstermin festgestellt werden, erhalten keine

AVR1

2

Benachrichtigung über den Ausgang des Prüfungstermins.

Die Gläubiger werden aufgefordert, dem Insolvenzverwalter unverzüglich mitzuteilen, welche Sicherungsrechte sie an beweglichen Sachen oder Rechten des Schuldners beanspruchen. Der Gegenstand, an dem das Sicherungsrecht beansprucht wird, die Art und der Entstehungsgrund des Sicherungsrechts sowie die gesicherte Forderung sind zu bezeichnen. Wer die Mitteilung schuldhaft unterlässt oder verzögert, haftet für den daraus entstehenden Schaden (§ 28 Abs. 2 InsO).
Personen, die Verpflichtungen gegenüber dem Schuldner haben, werden aufgefordert, nicht mehr an den Schuldner, sondern an den Insolvenzverwalter zu leisten (§ 28 Abs. 3 InsO).

Bräutigam
Richterin am Amtsgericht

Ausgefertigt

Justizangestellte

▲

531 Im vorliegenden Fall müssten die Zinsen für die „normale“ Insolvenzforderung nach § 38 InsO bis zum 08.03. (Zeitpunkt der Insolvenzeröffnung) berechnet werden. Nach der Bankenlehre besitzt jeder Monat 30 Tage, sodass sich für den Zeitraum vom 02.01. – 08.03. 66 Zinstage ergeben. Bei einer jährlichen Verzinsung von 7 % ergibt dies einen Zinsbetrag von 12,83 €.

532 Die komplette Forderungsanmeldung zur Insolvenztabelle würde wie folgt aussehen.

5.22

▼

Muster 5.22: Forderungsanmeldung zum Insolvenzverfahren

Forderungsanmeldung im Insolvenzverfahren
Anmeldungen sind nur an den Verwalter zu richten, nicht an das Gericht

Name des Schuldners: Schuldner S

Insolvenzgericht: Amtsgericht Charlottenburg Aktenzeichen: 103 IN ???

Zeichen Gläubiger: .... Zeichen Gläubigervertreter: ???

Gläubiger	Gläubigervertreter
Mandant M mit sämtlichen Angaben (Name und Vorname bzw. Firmenbezeichnung gemäß Eintragung im Handelsregister, gesetzl. Vertreter, genaue Anschrift, Rufnummer) – kein Stempel –	Rechtsanwalt R mit Anschrift und Telefonnummer Die Beauftragung eines anwaltlichen Vertreters ist freigestellt. Vollmacht – liegt an – wird umgehend nachgereicht
Bankkonto des Gläubigers:	Bankkonto des Gläubigervertreters:
	C Bank
	Konto 123456, BLZ ???
Bank, BLZ, Konto-Nr.	Bank, BLZ, Konto-Nr.

Hauptforderung § 38 InsO – nur EUR – Beträge EUR 1.000,00
(Notfalls ist der Schätzbetrag anzugeben. Ausländische Währung ist zum Kurswert der Verfahrenseröffnung umzurechnen)

Zinsen ..... ? % aus ..... 1.000,00 EUR
vom ..... 02.01.?? ..... bis .. 08.03.?? (Stichtag) EUR 12,83
höchstens bis Verfahrenseröffnung (siehe Eröffnungsbeschluss)

Kosten EUR 0,00
Kosten sind hier anzumelden, soweit sie vor Verfahrenseröffnung entstanden sind. Gebühren für diese Anmeldung sind hier nicht anzumelden.

Summe der angemeldeten Beträge gem. § 38 InsO EUR 1.012,83

Forderungsgrund: Dienstleistung (vollstreckbare Ausfertigung des Vergleichs vom ???)
(Kreditvertrag, Darlehen, Schadensersatz, Warenlieferung, Mietvertrag, Arbeitsentgelt, Beitrag etc.)

Abgesonderte Befriedigung unter gleichzeitiger Anmeldung für den Ausfall wird – nicht – beansprucht.
(Abgesonderte Befriedigung kann beansprucht werden, wenn der Gläubiger u.a. ein Pfandrecht besitzt.)

Vollstreckungstitel ist – nicht vorhanden – und beigefügt.

Ort Datum Unterschrift

▲

H. Zwangsversteigerung und Zwangsverwaltung

Baumgärtel

I. Zwangsversteigerung

533 Die folgenden Ausführungen sind lediglich eine kurze Übersicht. Das Zwangsversteigerungsverfahren bietet einiges, was dargestellt werden könnte. Um die Übersichtlichkeit nicht zu gefährden, erfolgt eine Beschränkung auf das Wesentliche. Die vergütungsrechtlichen Fragen werden im vergütungsrechtlichen Teil unter § 8 Rdn 906 behandelt.

534 Verfügt der Schuldner über **Grundbesitz**, so kann als eine Maßnahme der Zwangsvollstreckung auch die Zwangsversteigerung (Subhastation) durchgeführt werden. Das Verfahren ist im Gesetz über die Zwangsversteigerung und Zwangsverwaltung (ZVG) geregelt. § 869 ZPO verweist daher auf die vorrangig anwendbaren Vorschriften des ZVG.

1. Zweck des Zwangsversteigerungsverfahrens

a) Allgemeines

535 Jede Vollstreckung ist für den Schuldner unangenehm. Wer die Vollstreckung durchführt, darf dabei nie vergessen, dass eine durch ein Gericht festgestellte Forderung gegen den Schuldner vorliegt.

536 Eine Zwangsversteigerung stellt für den Schuldner oft eine besondere Härte dar. Er verliert „sein Haus“ und gleichzeitig seinen Lebensmittelpunkt, wenn die Immobilie selbst genutzt wird. Oft wissen Sie nicht, warum der Schuldner in eine finanzielle Schieflage geraten ist. Sie werden im Rahmen einer Zwangsversteigerung nicht selten Umgang mit Schuldnern haben, die Ihnen das Gefühl vermitteln wollen, Sie wären ein „Monster“. Seien Sie ganz beruhigt, dem ist nicht so. Sie haben mit Sicherheit nicht die finanziellen Fehlentscheidungen des Schuldners zu verantworten. I.d.R. hat der Schuldner sich ganz allein, ohne fremde Hilfe in diese Lage gebracht. Ihre Aufgabe ist es, Ihren Mandanten dabei zu unterstützen, seine Forderung zu erlangen. Sie dürfen Mitleid mit dem Schuldner haben (es gibt auch Fälle der unverschuldeten Not), aber dies ändert nichts an Ihrem Auftrag. Und dieser lautet im Zweifel: „Führen Sie die Zwangsversteigerung durch“.

537 Es ist keine Voraussetzung der Zwangsversteigerung, dass der Gläubiger vorher bereits ergebnislos andere Maßnahmen der Vollstreckung durchgeführt hat. Er kann unmittelbar im Wege der Zwangsversteigerung vorgehen.

538 Die Zwangsversteigerung eröffnet dem Gläubiger die Möglichkeiten, wegen einer Geldforderung in das unbewegliche Vermögen zu vollstrecken und so Befriedigung seines Anspruchs zu erreichen.

Die Zwangsversteigerung ist nur bei **unbeweglichem Vermögen** möglich. Zum unbeweglichen Vermögen gehören Grundstücke und deren Aufbauten, Wohnungseigentum, Teileigentum sowie grundstücksgleiche Rechte wie das Erbbaurecht.

Der Antrag auf Anordnung der Zwangsversteigerung kann sowohl wegen eines ding- 539
lichen Anspruchs, bspw. aus einer Grundschuld oder Hypothek, als auch wegen eines persönlichen (Zahlungs-)Anspruchs erfolgen.

Praxistipp: 540

Das Zwangsversteigerungsverfahren verursacht sehr hohe Kosten. Vor der Versteigerung ist ein Verkehrswertgutachten durch einen durch das Gericht zu bestellenden Sachverständigen zu bestellen. Dieses Verkehrswertgutachten kann ohne Weiteres Kosten i.H.v. 3.000,00 € verursachen. Bevor Sie daher einen Antrag auf Zwangsversteigerung stellen, sollten Sie sich vergewissern, dass angesichts der im Grundbuch bei der zu versteigernden Immobilie eingetragenen Belastungen überhaupt damit zu rechnen ist, dass der Gläubiger aus einem zu erwartenden Versteigerungserlös befriedigt wird. Übersteigen die Belastungen den Wert der Immobilie, ist dem Auftraggeber nicht zu raten, im Wege der Zwangsversteigerung vorzugehen. Er wird nicht deshalb vorrangig aus dem Versteigerungserlös befriedigt, weil er das Verfahren betreibt. Die eingetragene Rangfolge im Grundbuch entscheidet über die vorzunehmende Verteilung eines eventuellen Versteigerungserlöses.

5.23

Muster 5.23: Antrag auf Erteilung eines Grundbuchauszugs 541

Datum:

(Vor- und Zuname)

(Straße und Hausnummer)

(PLZ und Ort)

An das

Amtsgericht

– Grundbuchamt –

Antrag auf Erteilung eines Grundbuchauszuges

Grundbuch von Blatt

(sofern Grundbuchblattbezeichnung nicht bekannt, hier bitte die Belegenheit – Straße, Ort – angeben)

Ich beantrage die Erteilung eines

einfachen Grundbuchauszuges (10,00 €).

beglaubigten Grundbuchauszuges (20,00 €).

Angaben zum berechtigten Interesse:

Ich bin selbst als (Mit-)Eigentümer im Grundbuch eingetragen.

Ich bin als Berechtigter/Gläubiger in Abteilung II oder III eingetragen.

Ich handele in Vollmacht des Eigentümers/des Berechtigten.

Eine schriftliche Vollmacht habe ich beigefügt.

Sonstige Gründe (Nachweise habe ich ggf. beigefügt).

Unterschrift

▲

542 Wirtschaftlich sinnvoll ist bei vorhandenen Grundbuchbelastungen oft nur die Versteigerung aus einer **Grundschuld** oder **Hypothek**, im Idealfall aus der erstrangigen Belastung. Ein Gläubiger, der nicht über eine **eingetragene** Forderung im Grundbuch verfügt, muss befürchten, in der Zwangsversteigerung nicht befriedigt zu werden.

b) Teilungsversteigerung

543 Eine besondere Form der Zwangsversteigerung ist die Teilungsversteigerung zur Aufhebung der Gemeinschaft (§ 180 ZVG).

544 Die Zwangsversteigerung führt – im Unterschied zur Zwangsverwaltung, die auf den Ertrag eines Grundstücks zielt – zu einer Verwertung der Substanz. Bei Erbauseinandersetzungen und in Anschluss an Ehescheidungen ist eine Teilungsversteigerung oft die einzige Möglichkeit, die gemeinsame Immobilie zu verwerten.

2. Zuständigkeit

Sachlich zuständig ist das AG als Vollstreckungsgericht. Örtlich zuständig ist das AG, in dessen Bezirk die Immobilie liegt. 545

3. Verfahren

Hat der Gläubiger Kenntnis von Immobiliarvermögen des Schuldners, erfolgt die Zwangsversteigerung nur auf Antrag. Jeder Gläubiger des Schuldners kann bei einer titulierten Geldforderung die Zwangsversteigerung beantragen. 546

Voraussetzung für das Zwangsversteigerungsverfahren ist das Vorliegen eines **Vollstreckungstitels**. Sämtliche Vollstreckungsvoraussetzungen müssen erfüllt sein (zu den Voraussetzungen s. Rdn 360). Bei einem nur gegen Sicherheitsleistung vollstreckbaren Titel ist der Nachweis der erbrachten Sicherheitsleistung erforderlich. Da ein Rechtsmittelverfahren erhebliche Zeit in Anspruch nehmen kann, empfiehlt es sich hier nicht, abzuwarten, bis die Rechtskraft eingetreten ist. Der Schuldner könnte über den Grundbesitz verfügen. Zumindest durch die Eintragung einer Sicherungshypothek sollte der Anspruch des Gläubigers bei einem laufenden Rechtsmittelverfahren gesichert sein. Ein Muster für die Eintragung einer Sicherungshypothek finden Sie unter Rdn 326. 547

Die Zwangsversteigerung wird durch das Gericht mit Beschluss angeordnet. Dieser Beschluss wird dem Schuldner und den Verfahrensbeteiligten vom Gericht zugestellt. Verfahrensbeteiligte sind neben dem Schuldner und dem betreibenden Gläubiger des Verfahrens diejenigen, deren Interesse sich aus dem Grundbuch ergibt, insbes. die Gläubiger anderer Rechte, wie z.B. Grundschulden, Hypotheken, Reallasten, Wegerechte etc. Je nach Lage des Verfahrens können – auch während des Verfahrens – noch weitere Beteiligte hinzukommen. 548

Das Vollstreckungsgericht richtet an das Grundbuchamt das Ersuchen, dass im Grundbuch in Abteilung II vermerkt wird, dass die Zwangsversteigerung angeordnet ist. 549

Mit der Zustellung des Anordnungsbeschlusses an den Schuldner oder auch durch den Eingang des Eintragungsersuchens an das Grundbuchamt gilt zugunsten des Gläubigers die **Beschlagnahme** des Grundstücks als erfolgt. 550

4. Rechtsmittel

Gegen die Beschlüsse des Vollstreckungsgerichts ist – sowohl für den Gläubiger als auch für den Schuldner – die sofortige Beschwerde beim zuständigen LG zulässig. Für die sofortige Beschwerde gilt eine **Notfrist** von zwei Wochen ab Zustellung des Beschlusses. Ein gesonderter Wert der Beschwer ist nicht zu beachten. Es gelten die Ausführungen zu Rechtsmitteln und Rechtsbehelfen in der Zwangsvollstreckung (s. Rdn 439 ff.). 551

5. Schuldnerschutz

552 Der Schuldner kann gem. § 30a ZVG die Einstellung der Zwangsversteigerung für höchstens sechs Monate beantragen. Der Antrag muss innerhalb einer Notfrist von zwei Wochen (§ 30b Abs. 1 ZVG) ab Zustellung des Anordnungs- bzw. Beitrittsbeschlusses durch den Schuldner gestellt werden. Der Antrag muss begründet werden. Der Schuldner muss mit seinem Antrag nach § 30a ZVG nachweisen, dass er die Forderung des Gläubigers binnen sechs Monaten ausgleichen kann. Hierzu ist **Glaubhaftmachung** erforderlich. Glaubhaftmachung erfolgt in Form einer eidesstattlichen Versicherung durch den Schuldner. Das Muster einer eidesstattlichen Versicherung finden Sie unter § 7 Rdn 259. Gibt das Gericht dem Einstellungsantrag nach, so wird das Verfahren für längstens sechs Monate eingestellt. Oft macht das Gericht eine Einstellung der Zwangsversteigerung von Auflagen abhängig und ordnet bspw. Ratenzahlung durch den Schuldner an.

553 Dem Schuldner bleibt im Zwangsversteigerungsverfahren die Möglichkeit, die einstweilige Einstellung der Zwangsversteigerung gem. § 765a ZPO zu beantragen. Dies ist nur möglich, wenn mit der Zwangsversteigerung eine sittenwidrige Härte (insbes. bei Teilungsversteigerungen bei gescheiterten Ehen oder Lebenspartnerschaften) verbunden ist oder Gefahr für Leib und Leben des Schuldners besteht. Der Schuldner muss hier die entsprechenden Nachweise erbringen, s. Rdn 480. Beruft der Schuldner sich auf eine Gefahr von Leib und Leben, ist davon auszugehen, dass der Schuldner ein ärztliches Attest vorzulegen hat.

6. Einstweilige Einstellung auf Antrag des Gläubigers

554 Der Zwangsversteigerungsantrag hat auf viele Schuldner eine Signalwirkung. Spätestens jetzt merkt der Schuldner, dass es dem Gläubiger mit seiner Vollstreckung Ernst ist. Viele Schuldner wenden sich nach Eröffnung des Zwangsversteigerungsverfahrens an den Gläubiger und versuchen, Ratenzahlung zu vereinbaren. Der Gläubiger muss, wenn er diese Ratenzahlung akzeptiert, den Antrag nicht zurücknehmen. Er hat die Möglichkeit, die Zwangsversteigerung gem. § 30 ZVG einstweilen einstellen zu lassen. Ist eine hohe Forderung Grundlage der Ratenzahlungsvereinbarung, ist nicht zu erwarten, dass der Gläubiger rasch befriedigt wird. Der Einstellung der Zwangsversteigerung kann der Gläubiger aber insgesamt nur zweimal zustimmen (§ 30 ZVG). Stimmt der Gläubiger zum dritten Mal einer Einstellung zu, so gilt diese Zustimmung als Rücknahme des Versteigerungsantrages. Die Rücknahme führt dazu, dass das Verfahren aufgehoben wird.

555 *Praxistipp:*

Bei einer Ratenzahlungsvereinbarung im laufenden Zwangsversteigerungsverfahren müssen Sie darauf achten, dass der Schuldner die Forderung innerhalb von zwölf Monaten ab Beginn der Ratenzahlung, also mit zwölf Raten, begleicht, da dann zweimal sechs Monate abgelaufen sind. Länger kann die Einstellung nicht dauern. Sie haben sonst nur die Möglichkeit, nach den Ratenzahlungen durch den Schuldner, die nicht zur gesamten Tilgung geführt haben, die Zwangsversteigerung weiter zu betreiben, denn der Antrag auf Zwangsversteigerung gilt als zurückgenommen, wenn Sie nach zwölf Monaten einer weiteren Ratenzahlung zustimmen. Eine weitere Zustimmung zur Ratenzahlung und damit Rücknahme des Antrags ist mit dem Risiko verbunden, dass bis zur erneuten Versteigerung weitere Belastungen in das Grundbuch eingetragen werden oder der Schuldner das Grundstück freihändig veräußert hat.

7. Vor dem Versteigerungstermin

Vor jedem Versteigerungstermin muss das Vollstreckungsgericht den Verkehrswert des 556
Versteigerungsobjekts feststellen, damit das geringste Gebot (50 % des gewöhnlichen Verkehrswertes) ermittelt werden kann.

I.d.R. wird damit ein Sachverständiger beauftragt, der erst tätig wird, wenn der Gläubiger einen entsprechenden **Kostenvorschuss** an das Gericht geleistet hat.

Liegt ein aktuelles Verkehrswertgutachten vor, so kann auch mit diesem die erforderliche Verkehrswertermittlung erfolgen.

Nach erfolgter **Verkehrswertfestsetzung** (natürlich mit vorheriger Zustellung an die 557
Parteien und der Möglichkeit der Anfechtung mittels der sofortigen Beschwerde) wird der Versteigerungstermin bestimmt.

Je nach Bearbeitungsstand in den einzelnen Gerichtsbezirken ist es nicht unüblich, dass zwischen der Anordnung der Zwangsversteigerung bis zur Bestimmung des Versteigerungstermins ein Zeitraum von neun bis zwölf Monaten liegt. In Ballungszentren (Großstädten, Flächenstaaten) ist ein Zeitraum von bis zu 24 Monaten nichts Ungewöhnliches.

8. Versteigerungstermin

Der Ablauf des eigentlichen Versteigerungstermins wird hier nicht näher dargestellt, da 558
dies für die Sachbearbeitung nicht erforderlich ist. Will ein Mandant (also der Gläubiger) am Versteigerungstermin teilnehmen, so kann er sich jederzeit im Internet auf der entsprechenden Seite von diversen Gerichten über den Ablauf von Versteigerungsterminen informieren.

Damit die Versteigerung erfolgen kann, muss im Versteigerungstermin ein wirksames 559
Gebot abgegeben werden. Ist dies nicht der Fall, stellt das Gericht das Verfahren von Amts wegen ein. Der betreibende Gläubiger hat die Möglichkeit, die Fortsetzung des Verfahrens zu beantragen.

560 Erreicht im Termin das **Meistgebot** (das Bargebot unter Berücksichtigung der bestehen bleibenden Rechte) nicht 7/10 des Verkehrswerts, muss der Zuschlag auf Antrag eines Berechtigten, dessen Anspruch innerhalb dieser 7/10-Grenze liegt, gem. § 74a Abs. 1 ZVG versagt werden.

561 Liegt das Meistgebot unterhalb der Hälfte des Verkehrswertes, ist der Zuschlag gem. § 85a Abs. 1 von Amts wegen zu versagen.

Das Gericht bestimmt dann einen neuen Versteigerungstermin, auf die oben geschilderte 7/10-Grenze kommt es dann nicht mehr an.

562 Wird der Zuschlag erteilt, so heißt der Meistbietende Ersteher.

9. Wirkung des Zuschlagsbeschlusses

563 Mit der Verkündung der Zuschlagserteilung ist der Ersteher Eigentümer des Grundstücks. Im Fall der Zwangsversteigerung bedarf der neue Eigentümer für seine Rechtsstellung keiner Eintragung im Grundbuch.

564 Der Gläubiger kann ebenfalls der Ersteher sein. Der Zuschlagsbeschluss ist für den Ersteher Vollstreckungstitel zur Durchsetzung seines Rechts auf die Besitzergreifung. Ist der Gläubiger der Ersteher, so gilt dies selbstverständlich auch für ihn. Er könnte dann die Zwangsvollstreckung auf Räumung und Herausgabe gegen den Besitzer des Grundstücks betreiben. Die Vollstreckungsvoraussetzungen sind zu beachten, sodass der Zuschlagsbeschluss vom AG für vollstreckbar erklärt werden muss.

10. Musterantrag

5.24

▼

565 **Muster 5.24: Antrag auf Zwangsversteigerung**

An das Vollstreckungsgericht

In der Zwangsversteigerungssache

des *(vollständige Anschrift des Gläubigers)*

– Gläubiger –

Verfahrensbevollmächtigte:

gegen

(vollständige Anschrift des Schuldners)

– Schuldner –

der als Eigentümer des betroffenen Grundstück eingetragen ist im Grundbuch von , Grundbuchblattnummer,

– wir verweisen auf die Kopie des unbeglaubigten Grundbuchauszuges, die beigefügt ist –.

Wir beantragen namens und in beigefügter Vollmacht des Gläubigers in den oben näher bezeichneten Grundbesitz wegen der mit Urteil des Gerichts vom zum Aktenzeichen – – rechtskräftig titulierten Forderung des Gläubigers die

Anordnung der Zwangsversteigerung

wegen folgender Beträge:

€ **Hauptforderung**

€ titulierte % Zinsen aus seit dem

€ mit Kostenfestsetzungsbeschluss des Gerichts vom zum AZ festgesetzten Kosten

€ **Zwischensumme**.

Hinzu kommen die Kosten dieses Verfahrens:

€ Gerichtskosten des Anordnungsbeschlusses gem. Nr. 2211 KV GKG

€ **Rechtsanwaltsvergütung** für den Antrag auf Zwangsversteigerung berechnet wie folgt:

€ 0,4 Verfahrensgebühr gem. §§ 2 Abs. 2, 13 Nr. 3311 VV RVG

€ Entgelte für Post- und Telekommunikationsdienstleistungen gem. Nr. 7002 VV RVG

€ 19 % USt gem. Nr. 7008 VV RVG

€ **Summe**

Dem Antrag sind beigefügt:

Vollmacht,

unbeglaubigter Grundbuchauszug,

rechtskräftiges Urteil,

rechtskräftiger Kostenfestsetzungsbeschluss,

drei Abschriften anbei.

Rechtsanwalt

II. Zwangsverwaltung

566 Auch die Zwangsverwaltung ist eine **Maßnahme der Zwangsvollstreckung**. Die Zwangsverwaltung unterliegt daher in vielen Teilen (vorrangige Sondervorschriften im **ZVG** ausgenommen) den Regelungen des Vollstreckungsverfahrens entsprechend der ZPO. Durch die Zwangsverwaltung wird dem Schuldner nicht das Eigentum am Grundstück genommen. Lediglich die **Nutzungen und Früchte** stehen ihm nicht mehr zu (z.B. Mietzinsforderungen, Pachtzahlungen u.Ä.).

567 Geregelt ist das Verfahren im ZVG (Gesetz über die Zwangsversteigerung und Zwangsverwaltung). Die Zwangsverwaltung ist eine der drei Möglichkeiten, in das **unbewegliche Vermögen** zu vollstrecken.

568 Zuständig für das Verfahren ist das **Vollstreckungsgericht**. Nach dem entsprechenden Antrag und der Anordnung der Zwangsverwaltung wird die Verwaltung des Grundstücks einem Zwangsverwalter übertragen. Das Gericht fordert einen entsprechenden Vorschuss für die Tätigkeit des Zwangsverwalters beim Gläubiger an.

569 Der Zwangsverwalter hat die Aufgabe, bei den Mietern (oder Pächtern) des Schuldners fällige Mieten einzuziehen. Er ist ferner dafür zuständig, dass das Objekt ordnungsgemäß bewirtschaftet wird (z.B. Mängelbeseitigung, Öllieferungen). Die eingezogenen Einnahmen werden zunächst für die ordnungsgemäße Bewirtschaftung eingezogen. Die Auszahlung an den Gläubiger erfolgt erst nach Erstellung eines **Teilungsplans**.

570 Ein Gläubiger kann gleichzeitig das Verfahren der **Zwangsversteigerung** und das Verfahren Zwangsverwaltung betreiben. Beide Verfahren enden spätestens mit der Rechtskraft der **Zuschlagserteilung**. Die Zwangsverwaltung gilt als aufgehoben, sie kann sich nicht gegen den Ersteher oder neuen Eigentümer des Grundstücks richten, denn dieser ist nicht der Schuldner.

571 Selbstverständlich könnte man anstelle der Durchführung der Zwangsverwaltung auch den Kaltmietzins bei den jeweiligen Mietern als Drittschuldner pfänden. Dieses Verfahren hat allerdings den Nachteil, dass die Mietenpfändung wirkungslos wird, wenn die Zwangsverwaltung des Grundstücks angeordnet ist (§ 1124 Abs. 2 BGB).

5.25 ▼

572 **Muster 5.25: Antrag auf Zwangsverwaltung**

An das Vollstreckungsgericht

In der Zwangsvollstreckungssache des

Gläubigers,

Verfahrensbevollmächtigte:

gegen

den

Schuldner,

wegen des Grundstücks in (Band , Blatt des Grundbuchs von) beantragen wir namens und in Vollmacht des Gläubigers, wegen der dem Gläubiger gegen den Schuldner zustehenden Forderung von

€	Hauptforderung
€	Zinsen
€	festgesetzte Kosten
€	Zinsen bis
€	bisherige Vollstreckungskosten
€	Anwaltsvergütung für den Antrag auf Zwangsverwaltung € 0,4 Verfahrensgeb. gem. §§ 2 Abs. 2, 13, Nr. 3311 Anm. Nr. 3 VV RVG € Entgelte für Post- und Telekommunikationsdienstleistungen gem. § 2 Abs. 2 Nr. 7002 VV RVG € 19 % USt gem. § 2 Abs. 2, Nr. 7008 VV RVG
50,00 €	Gerichtskosten für den Antrag gem. Nr. 2220 KV GKG
€	**Summe** (zzgl. der weiteren Kosten dieses Verfahrens)

die

Zwangsverwaltung

des im Grundbuch von Band Blatt für den Schuldner eingetragenen Grundstücks anzuordnen.

Die mit Zustellnachweis versehene rechtskräftige vollstreckbare Ausfertigung des Titels des Gerichts vom zum Aktenzeichen – – ist diesem Antrag beigefügt.

Beigefügt ist ferner eine unbeglaubigte Abschrift des Grundbuchauszuges über das genannte Grundstück.

Beglaubigte und einfache Abschrift anbei.

Rechtsanwalt

▲

Hinweis: 573

Einen Überblick über vergütungsrechtliche Vorschriften im Zwangsverwaltungsverfahren finden Sie im vergütungsrechtlichen Teil unter § 8 Rdn 906.

I. Kurzübersicht Verbraucherinsolvenz

574 Insbes. seit es ab dem 1.12.2001 die Möglichkeit gab, einen Antrag auf Stundung der Verfahrenskosten zu stellen, nahmen die Verbraucherinsolvenzen massiv zu – in den Spitzenjahren gab es teilweise sogar über 120.000 eröffnete Verfahren pro Jahr.

In den letzten Jahren gehen die Zahlen jedoch wieder langsam zurück. Nach Auskunft des Statistischen Bundesamtes wurden deutschlandweit im Jahr 2016 nur noch 75.169 Verbraucherinsolvenzen eröffnet, 2015 waren es hingegen noch 80.146.

575 Das Verbraucherinsolvenzverfahren soll es ermöglichen, dass neben einer bestmöglichen Gläubigerbefriedigung auch natürliche Personen einen schuldenfreien wirtschaftlichen Neuanfang schaffen können und nicht bis zu Ihrem Tod verschuldet bleiben, sofern sie redlich sind.

576 Das besondere Verfahren der Verbraucherinsolvenz wurde daher im 9. Teil der Insolvenzordnung (§§ 305 – 314 InsO) eingefügt.

Durch das Gesetz zur Verkürzung des Restschuldbefreiungsverfahrens und zur Stärkung der Gläubigerrechte vom 15.7.2013 wurde das Verbraucherinsolvenzverfahren letztmalig **zum 1.7.2014** umfassend reformiert.

Die seit dem 1.7.2014 geltenden Regeln sind jedoch nur für Verfahren anzuwenden, die ab dem 1.7.2014 beantragt wurden. Für die Altfälle gelten weiterhin die alten Bestimmungen. Es wird also über Jahre hinweg ein Nebeneinander beider Verfahren geben.

Lediglich das für das Verbraucherinsolvenzverfahren neu eingeführte mögliche Insolvenzplanverfahren gilt seit dem 1.7.2014 für beide Verfahren.

577 Nachstehend wird das neue Verfahren dargestellt. Änderungen zum Altverfahren werden kurz skizziert. Im Übrigen wird auf die Vorausgaben des Allrounders verwiesen.

I. Grundsatz

578 Das Verbraucherinsolvenzverfahren können grds. alle **natürlichen** Personen betreiben, die keine selbstständige Tätigkeit ausüben oder ausgeübt haben.

579 Wenn der Schuldner jedoch eine selbstständige wirtschaftliche Tätigkeit ausgeübt hatte, so müssen seine Vermögensverhältnisse überschaubar sein. Dies wird vom Gesetzgeber gem. § 304 Abs. 2 InsO angenommen, wenn der Schuldner weniger als 20 Gläubiger hat. Hat der Schuldner 20 oder mehr Gläubiger, so unterliegt er nicht mehr dem Verbraucherinsolvenzverfahren und muss das **Regelinsolvenzverfahren** betreiben.

580 Auch wenn der Schuldner überschaubare Vermögensverhältnisse hat (also weniger als 20 Gläubiger), unterliegt er dennoch dem Regelinsolvenzverfahren, sofern aus einer früheren selbstständigen Tätigkeit noch Forderungen aus Arbeitsverhältnissen gegen

ihn bestehen. Hierunter fallen nicht nur die Forderungen seiner alten Arbeitnehmer, sondern eben auch offene Sozialversicherungsbeiträge, ausstehende Lohnsteuer und Berufsgenossenschaftsbeiträge.

Praxistipp: 581

Es gibt durchaus auch die Fälle, in denen der Schuldner nur selbst krankenversichert oder freiwillig in der Berufsgenossenschaft versichert war und aus diesen Versicherungsverhältnissen Beiträge offen sind. In diesen Fällen kann er, sofern er weniger als 20 Gläubiger hat, das Verbraucherinsolvenzverfahren trotzdem betreiben. Bei der gerichtlichen Antragsstellung sollte jedoch ein entsprechender Hinweis erfolgen, dass dies Eigenversicherungen betrifft, damit keine unnötigen Zwischenverfügungen des Gerichts das Verfahren verzögern.

Voraussetzung für das Verbraucherinsolvenzverfahren ist ferner, dass die natürliche Person zahlungsunfähig ist bzw. dass die Zahlungsunfähigkeit des Schuldners droht. Dies liegt grds. vor, wenn der Schuldner fällige Zahlungsverpflichtungen nicht erfüllen kann, oder er diese zum späteren Zeitpunkt der Fälligkeit nicht erfüllen könnte. 582

II. Verbraucherinsolvenzverfahren bis zur Restschuldbefreiung

Das eigentliche Ziel des Schuldners ist dabei die Restschuldbefreiung. Hierfür muss jedoch der Schuldner zunächst das Verbraucherinsolvenzverfahren durchlaufen. Dieses ist in drei unterschiedlichen Phasen eingeteilt: 583

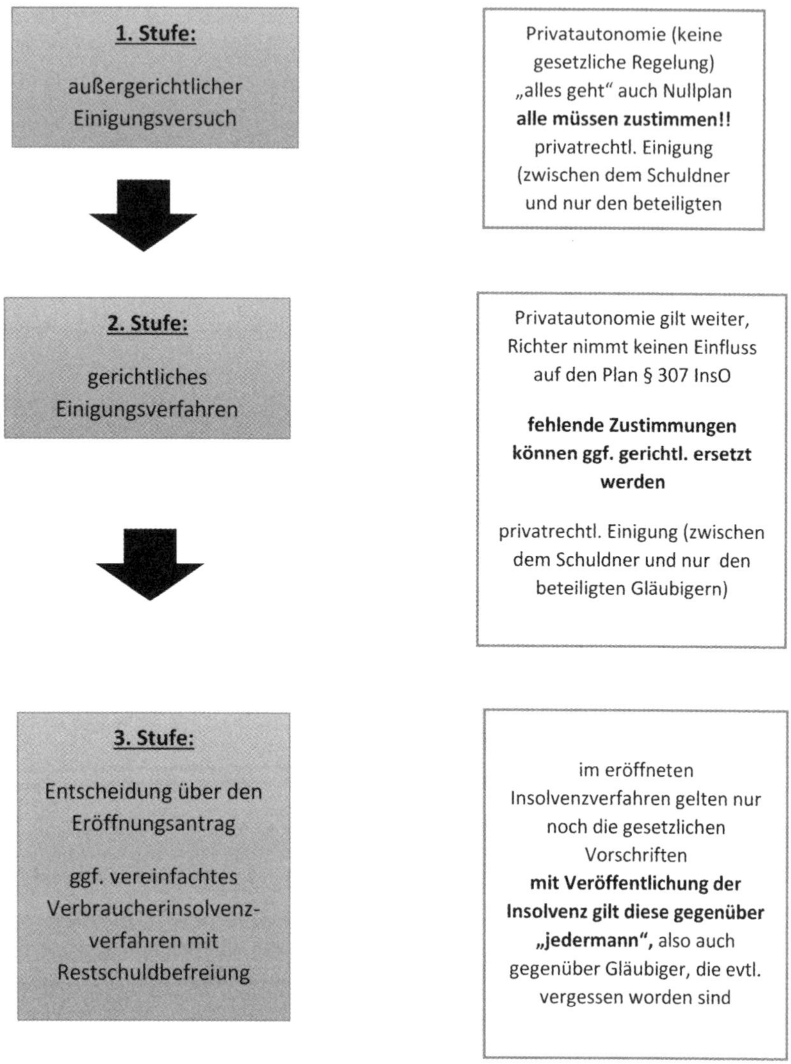

1. Außergerichtlicher Einigungsversuch

584 In dieser Phase wird versucht, eine außergerichtliche Einigung mit den Gläubigern zu erzielen.

Ein solcher Versuch mithilfe eines RA oder einer anderen fachkundigen Stelle (z.B. Schuldnerberatungsstelle) ist zwingende Voraussetzung für das weitere gerichtliche Insolvenzverfahren.

Der außergerichtliche Einigungsversuch unterliegt vom Grundsatz her der **Privatautonomie**, d.h. die Gestaltung der Regelungen ist weitestgehend frei. Der außergerichtliche Einigungsversuch kann daher Ratenzahlungen, Einmalzahlungen, Stundungen und Zinsverzichte aber eben auch den weitverbreiteten „flexiblen Nullplan" enthalten. 585

Besonders bei Schuldnern, die ein unpfändbares Einkommen haben, wird diese Variante häufig verwendet. Den Gläubigern wird dabei angeboten, dass der Schuldner sein jeweils pfändbares Einkommen **nach einer** festgelegten Quote an die Gläubiger auszahlt. Zum Zeitpunkt der Antragstellung beträgt dieser Betrag jedoch Null. Durch entsprechende **Anpassungsklauseln**, wird eine Zahlungsverpflichtung des Schuldners im Fall einer Einkommensverbesserung vorgesehen. 586

Der außergerichtliche Einigungsversuch ist gesetzlich nicht geregelt, daher ist hier im Rahmen der Privatautonomie auch grundsätzlich eine Ungleichbehandlung der Gläubiger möglich (anders als im eröffneten Insolvenzverfahren). Eine Ungleichbehandlung führt jedoch meist zu keiner Zustimmung. 587

Praxistipp: 588

In der Praxis haben diese flexiblen Nullpläne in der ersten Phase des außergerichtlichen Schuldenbereinigungsversuchs keine Chance auf eine Annahme und führen fast immer ins gerichtliche Insolvenzverfahren.

Wesentlich erfolgreicher sind dagegen außergerichtliche Schuldenbereinigungspläne mit einer Einmalzahlung, die ca. 20 – 30 % der Gesamt-Schuldensumme anbieten. Dies setzt jedoch voraus, dass dem Schuldner die Einmalzahlung ggf. von einer dritten Seite aus zur Verfügung gestellt wird.

Eine Einigung in dieser Phase ist wie ein außergerichtlicher Vergleich zu werten, die Regelung gilt nur zwischen den beteiligten Parteien. Wurden z.B. Gläubiger aus Versehen vergessen, so können diese ihre Forderung in voller Höhe weiter gegen den Schuldner durchsetzen. 589

Im Fall des Scheiterns des Einigungsversuchs bescheinigt der RA bzw. die fachkundige Stelle, dass eine außergerichtliche Einigung mit den Gläubigern erfolglos versucht wurde. 590

Ein **Scheitern** liegt vor, wenn nicht alle Gläubiger dem **Schuldenbereinigungsplan** zustimmen oder ein Gläubiger trotz Kenntnis des Plans die Zwangsvollstreckung fortsetzt.

2. Gerichtliches Verfahren über den Schuldenbereinigungsplan

591 Der Schuldner kann nach Scheitern des außergerichtlichen Einigungsversuchs Antrag auf Eröffnung des Insolvenzverfahrens stellen. Gem. § 305 Abs. 1 Nr. 1 InsO darf das Scheitern des außergerichtlichen Einigungsversuchs **nicht länger als sechs Monate** zurückliegen.

592 Eine Pflicht zur Stellung des Antrags gibt es jedoch grds. nicht. Lediglich der Unterhaltsschuldner hat eine Obliegenheitspflicht, das Insolvenzverfahren zu betreiben, wenn dieses dazu führt, den laufenden Unterhalt seiner minderjährigen Kinder sicherzustellen.

593 Der Eröffnungsantrag kann auch gestellt werden, wenn nur ein Gläubiger (z.B. nur die Kreditbank) vorhanden ist (LG Koblenz, ZInsO 2004, 102).

594 Für den Verbraucherinsolvenzantrag ist dabei das AG zuständig, in dessen Bezirk der Schuldner seinen Wohnsitz hat.

595 In Gegensatz zur außergerichtlichen Phase ist gem. § 305 Abs. 1 InsO der Eröffnungsantrag schriftlich und unter Verwendung der **bundeseinheitlich eingeführten Vordrucke** zu stellen.

Diese Vordrucke sollen in folgenden kurz skizziert werden.

Antrag auf Eröffnung des Insolvenzverfahrens (§ 305 InsO)	Neben dem Eröffnungsantrag sollte hier auch der Restschuldbefreiungsantrag gestellt werden, da dieser sowohl für das Insolvenzverfahren als auch für einen Stundungsantrag zwingend notwendig ist.
Anlage 1	Personalbogen Dieser enthält insbes. Angaben zum Familienstand, zu unterhaltspflichtigen Personen und zum Erwerbsleben. Wird der RA als Verfahrensbevollmächtigter eingetragen, so muss die Vollmacht beigefügt werden.
Anlage 2	Bescheinigung über das Scheitern des außergerichtlichen Einigungsversuchs Hier bescheinigt der RA das Scheitern des außergerichtlichen Einigungsversuchs, der als Anlage beigefügt werden muss.
Anlage 2a	Gründe für das Scheitern In der Anlage 2a nennt der RA die wesentlichen Gründe des Scheiterns und gibt seine Empfehlung ab, ob er ein gerichtliches Schuldenbereinigungsverfahren für aussichtsreich hält.
Anlage 3	Abtretungserklärung nach § 287 Abs. 2 InsO. Diese ist eine wichtige Voraussetzung für die Restschuldbefreiung.
Anlage 4	Vermögensübersicht Die Anlage 4 ist eine Kurzübersicht über vorhandenes Vermögen und über das Einkommen des Schuldners.

Anlage 5 mit Ergänzungsblättern (5 A – 5K)	Vermögensverzeichnis In den diversen Ergänzungsblättern wird das Vermögen bzw. das Einkommen detailliert benannt. Natürlich sind nur solche Ergänzungsblätter beizufügen, die Eintragungen enthalten.
Anlage 6	Gläubiger- und Forderungsübersicht Diese enthält eine Kurzbezeichnung der Gläubiger und deren Forderungen.
Anlage 7	Schuldenbereinigungsplan für das gerichtliche Verfahren, allgemeiner Teil Anlage 7 enthält die vollständige Anschrift der Gläubiger.
Anlage 7 A	Schuldenbereinigungsplan für das gerichtliche Verfahren, besonderer Teil Es wird hier i.d.R. der gleiche Plan wie im außergerichtlichen Einigungsversuch verwandt.
Anlage 7 B	Schuldenbereinigungsplan für das gerichtliche Verfahren, besonderer Teil – Ergänzende Regelungen
Anlage 7 C	Schuldenbereinigungsplan für das gerichtliche Verfahren – Erläuterungen zur vorgeschlagenen Schuldenbereinigung

Da die meisten Schuldner bereits mittellos sind, können sie die Kosten des Verfahrens nicht selbst zahlen. Bis zum 30.11.2001 konnte unter diesen Umständen kein Insolvenzverfahren eröffnet werden, da ein Gerichtskostenvorschuss erforderlich war. 596

Am 1.12.2001 trat jedoch § 4a InsO in Kraft, mit dem der bedürftige Schuldner die Möglichkeit erhielt, dass die **Verfahrenskosten auf Antrag hin gestundet** wurden.

Neben der Bedürftigkeit muss der Schuldner, einen **Antrag auf Restschuldbefreiung** gestellt haben. Denn nur dann ist ein entsprechender Stundungsantrag zulässig. Dies ergibt sich daraus, dass der Gesetzgeber dem Schuldner einen wirtschaftlichen Neuanfang ermöglichen wollte. Doch nur mit der Restschulbefreiung nach einem Insolvenzverfahren ist dieses Ziel erreicht. 597

Nach der Altregelung durfte die Stundung nur bewilligt werden, wenn keine Versagungsgründe für eine Restschuldbefreiung vorlag, der Schuldner also wegen keiner Insolvenzstraftat (Bankrott, Verletzung der Buchführungspflicht, Gläubigerbegünstigung) rechtskräftig verurteilt wurde und ihm in den letzten zehn Jahren keine Restschuldbefreiung erteilt oder versagt worden ist. 598

Nach der **Neuregelung** ist allerding die zehn Jahre Grenze bei den Versagungsgründen nach § 390 Abs. 3 InsO weggefallen. Die **Sperrfrist von zehn Jahren** befindet sich nunmehr in der neuen Norm des § 287a InsO und ist nun eine **Zulässigkeitsvoraussetzung** für den Antrag auf Erteilung der Restschuldbefreiung und wird daher 599 immer noch bei der Prüfung des Stundungsantrages berücksichtigt, da es für unzulässige Anträge natürlich auch keine Stundung geben darf.

600 Daneben wird eine Stundung weiterhin versagt, wenn

- in den letzten fünf Jahren vor dem Antrag auf Eröffnung des Insolvenzverfahrens oder nach dem Antrag auf Stundung wegen einer Straftat **(nur noch Straftaten!)** nach den §§ 283–283c StGB (Bankrottdelikte, Verletzung der Buchführungspflicht, Gläubigerbegünstigung) rechtskräftig zu einer Geldstrafe von mehr als 90 Tagessätzen oder einer Freiheitsstrafe von mehr als drei Monaten verurteilt worden ist;
- in den letzten drei Jahren vor dem Antrag auf Eröffnung des Insolvenzverfahrens oder nach dem Antrag auf Stundung vorsätzlich oder grob fahrlässig schriftlich unrichtige oder unvollständige Angaben über seine wirtschaftlichen Verhältnisse gemacht hat, um einen Kredit zu erhalten, Leistungen aus öffentlichen Mitteln zu beziehen oder Leistungen an öffentliche Kassen zu vermeiden;
- in den letzten drei Jahren vor dem Antrag auf Eröffnung des Insolvenzverfahrens oder nach dem Antrag auf Stundung vorsätzlich oder grob fahrlässig die Befriedigung der Insolvenzgläubiger dadurch beeinträchtigt hat, dass er unangemessene Verbindlichkeiten begründet oder Vermögen verschwendet oder ohne Aussicht auf eine Besserung seiner wirtschaftlichen Lage die Eröffnung des Insolvenzverfahrens verzögert hat.

601 *Praxistipp:*

Zur Einleitung des Verbraucherinsolvenzverfahrens werden dabei i.d.R. drei Anträge übermittelt:

1. Eröffnungsantrag (Verbraucherinsolvenz)
2. Antrag auf Restschuldbefreiung
3. Stundungsantrag

602 Nach Eingang des Antrags beim Insolvenzgericht wird überprüft, ob alle erforderlichen Unterlagen und Erklärungen vollständig sind. Fehlen Unterlagen, so fordert das Gericht den Schuldner auf, diese innerhalb einer vom Gericht zu bestimmenden Frist nachzureichen. Kommt der Schuldner dem nicht nach, so gilt der Antrag auf Eröffnung des Insolvenzverfahrens als zurückgenommen.

603 Liegen alle Unterlagen vollständig vor und ist der Antrag zulässig, so entscheidet das Gericht, ob ein gerichtliches Schuldenbereinigungsverfahren durchgeführt wird oder ob die Fortsetzung des Verfahrens über den Eröffnungsbeschluss angeordnet wird, weil nach seiner freien Überzeugung der gerichtliche Schuldenbereinigungsplan voraussichtlich nicht angenommen werden wird. Dies geschieht insbes. in den Fällen, in denen nur ein flexibler Nullplan angeboten werden kann.

Der Richter nimmt in diesem Verfahrensabschnitt keinen Einfluss auf den Inhalt des gerichtlichen Schuldenbereinigungsverfahrens. Es gilt weiterhin die Privatautonomie fort. Gem. § 307 InsO wird der vom Schuldner eingereichte Plan an die Gläubiger (ohne Korrekturen) zugestellt. 604

Praxistipp: 605

Der RA kann in der Anlage 2 A, Rn 18 des amtlichen Formulars (s. späteres Beispiel, Rdn 653) eine Empfehlung abgeben, ob er einen gerichtlichen Schuldenbereinigungsversuch für aussichtsreich hält. Bei flexiblen Nullplänen sollte zur Verkürzung des Verfahrens immer die Einschätzung abgegeben werden, dass ein gerichtlicher Schuldenbereinigungsplan nicht aussichtsreich erscheint.

Ein gerichtlicher Schuldenbereinigungsplan bietet sich hingegen an, wenn z.B. bei einem Plan mit Einmalzahlung ein Teil der Gläubiger dem Plan zugestimmt und ein Teil diesen abgelehnt hat. 606

Beim außergerichtlichen Schuldenbereinigungsverfahren wird nämlich die Vermögensübersicht und der eingereichte Schuldenbereinigungsplan an alle im Eröffnungsantrag genannten Gläubiger vom Insolvenzgericht mit einer Stellungnahmefrist von einem Monat zugestellt. 607

Anders als beim außergerichtlichen Einigungsversuch, gilt das Schweigen eines Gläubigers hier als Zustimmung zu dem ihm zugestellten Schuldenbereinigungsplan. Es ist daher zwingend für den Gläubiger, Einwendungen innerhalb der Monatsfrist beim Insolvenzgericht zu erheben. 608

Stimmen nicht alle Gläubiger zu, kann das Insolvenzgericht deren Zustimmung ersetzen, wenn die Mehrheit der Gläubiger sowohl nach Köpfen als auch nach Höhe der Forderungssumme zugestimmt hat. 609

Der angenommene gerichtliche Schuldenbereinigungsplan hat die Wirkung eines gerichtlichen Vergleichs. Der Plan gilt jedoch nur zwischen dem Schuldner und den in dem Plan berücksichtigten Gläubiger. Unberücksichtigte Forderungen können daher weiterhin in voller Höhe gegen den Schuldner geltend gemacht werden. 610

Während des gerichtlichen Schuldenbereinigungsplans ruht das Insolvenzantragsverfahren. 611

3. Entscheidung über den Eröffnungsantrag

Scheitert jedoch auch der gerichtliche Einigungsversuch, so wird das ruhende Insolvenzantragsverfahren wieder aufgenommen und das Insolvenzgericht eröffnet ein sog. vereinfachtes Insolvenzverfahren. Dies geschieht auch, wenn im Antrag bereits die Einschät- 612 zung abgegeben worden ist, dass eine gerichtliche Einigung aussichtslos erscheint und die Fortsetzung der Eröffnung angeordnet worden ist.

613 Das Gericht eröffnet jedoch das Insolvenzverfahren nur, wenn die Kosten des Verfahrens durch das Vermögen des Schuldners gedeckt oder – wie in den meisten Fällen üblich – gestundet sind.

614 Beim einfachen Insolvenzverfahren wird nach der Reform 2014 nunmehr gem. § 5 InsO grundsätzlich immer ein **schriftliches Verfahren** durchgeführt (nach der Altregelung musste dies immer angeordnet werden). Es wird ferner ein **Insolvenzverwalter** bestellt, der die Insolvenzmasse verwerten soll und die pfändbaren Vermögenseinnahmen (z.B. pfändbarer Lohnanteil) einzieht und an die Gläubiger auskehrt.

615 Am Ende des Verbraucherinsolvenzverfahrens schließt sich sodann die Restschuldbefreiung an.

4. Restschuldbefreiung

616 In der Verbraucherinsolvenz muss der Antrag auf Restschuldbefreiung entweder zusammen mit dem Eröffnungsantrag oder spätestens innerhalb der vom Insolvenzgericht gem. § 305 Abs. 3 InsO gesetzten Monatsfrist erfolgen. Anderenfalls gilt der Antrag als zurückgenommen.

617 Dem eigentlichen Antrag auf Restschuldbefreiung ist dabei sowohl nach der Neu- als auch Altregelung eine Erklärung beizufügen, die folgenden Punkt beinhaltet:

- eine Abtretungserklärung, in der der Schuldner den pfändbaren Teil seiner laufenden Einkünfte auf die Dauer von sechs Jahren an einen Treuhänder abtritt und

618
- Nach der Altregelung musste der Schuldner darüber hinaus noch erklären,
- ob die laufenden Einkünfte bereits verpfändet oder abgetreten waren.
- Entsprechende Abtretungen waren nach der Altregelung für die Dauer von zwei Jahre privilegiert, nach der **Neuregelung** gibt es **keine Privilegierung mehr**, alle pfändbaren Einnahmen sind jetzt von Anfang an zur Masse zu ziehen.

Diese Erklärung ist bereits in den amtlich vorgeschriebenen Verbraucherinsolvenzformularen als Anlage 3 enthalten.

619 Bislang wurde über die **Zulässigkeit des Antrags auf Restschuldbefreiung** erst im bzw. nach dem Schlusstermin entschieden. Nach der neuen Rechtslage entscheidet der Insolvenzrichter nun vor bzw. spätestens mit der Eröffnung des Insolvenzverfahrens hierüber.

620 Das Insolvenzgericht prüft die Zulässigkeitsvoraussetzungen des § 287a Abs. 2 InsO von Amts wegen und muss ggf. Zulässigkeitshindernisses ermitteln. Hierzu wurde insbesondere § 303a InsO eingeführt, wonach die Versagung der Restschuldbefreiung in das Schuldnerverzeichnis des Zentralen Vollstreckungsgerichts einzutragen ist. Die Eintra-

gungen erfolgen hier jedoch erst seit dem 1.7.2014, so dass die Ermittlungsmöglichkeiten des Insolvenzgerichtes noch begrenzt sind.

Eine Restschuldbefreiung ist nur zulässig, wenn die folgenden Sperr-und Wartefristen für ein zweites Restschuldbefreiungsverfahren abgelaufen sind: 621

Sperr- und Wartefrist	Tatbestand
10 Jahres-Frist (§ 287a Abs. 2 Nr. 1, 1. Alt. InsO)	Es wurde bereits eine Restschuldbefreiung früher erteilt.
5 Jahres-Frist (§ 287a Abs. 2 Nr. 1, 2. Alt. InsO)	Ein früherer Restschuldbefreiungsantrag wurde wegen § 297 InsO versagt. Hierunter fallen alle rechtskräftigen Verurteilungen wegen den sogenannten Insolvenzstraftaten (Bankrottdelikte, Verletzung der Buchführungspflicht, Gläubigerbegünstigungen) zu einer Geldstrafe von mehr als 90 Tagessätzen oder einer Freiheitsstrafe von mehr als drei Monaten.
3 Jahres-Frist (§ 287a Abs. 2 Nr. 2 InsO)	Ein früherer Restschuldbefreiungsantrag wurde wegen § 290 Abs. 1 Nr. 5, 6, 7 oder 296 InsO versagt oder nachträglich nach § 297a InsO nur in den Fällen des § 290 Abs. 1 Nr. 5, 6, 7 InsO versagt. Hierunter fallen insbesondere ■ alle Verletzungen der Auskunfts- und Mitwirkungspflicht im Insolvenzverfahren (Nr. 5), ■ unrichtige Angaben zur Einkommens- und Vermögenssituation (Nr. 6) und ■ Verletzung der Erwerbsobliegenheit (Nr. 7).

Aus der Gesetzesbegründung ergibt sich, dass die genannten Sperrfristen abschließend sein sollen. Für ein mögliches weiteres Fehlverhalten des Schuldners sind keine Sperrfristen vorgesehen. 622

Ist der Antrag unzulässig aus den obigen Gründen, so ist dem Schuldner gem. § 287a Abs. 2 S. 2 InsO die Möglichkeit zu geben, seinen Antrag zurückzunehmen. 623

Nimmt der Schuldner seinen Antrag nicht zurück, so ergeht ein Zurückweisungsbeschluss. Gegen diesen kann er sofortige Beschwerde innerhalb einer Notfrist von zwei Wochen gem. § 6 InsO, § 569 Abs. 1 S. 1 ZPO einlegen.

Wenn der Antrag auf Restschuldbefreiung zulässig ist, stellt das Insolvenzgericht nunmehr bereits im Eröffnungsbeschluss (nach der Altregelung erst im Schlusstermin) fest, 624

„dass der Schuldner Restschuldbefreiung erlangt, wenn er den Obliegenheiten nach § 295 InsO nachkommt und die Voraussetzungen für eine Versagung nach den §§ 290, 297 und 298 InsO nicht vorliegen“. Der Restschuldbefreiungsbeschluss wird jetzt i.d.R. zusammen mit dem Eröffnungsbeschluss öffentlich bekannt gegeben.

625 Bis zum Schlusstermin des Insolvenzverfahrens (nach der Altregelung nur im Schlusstermin) werden die Gläubiger zum Antrag des Schuldners auf Restschuldbefreiung gehört.

626 Durch die Reform 2014 wurden die Gläubiger insbesondere dadurch gestärkt, dass ein Versagungsantrag auf Restschuldbefreiung nunmehr sowohl im Regelfall des schriftlichen Verfahrens als auch in einem ausnahmsweise angeordneten mündlichen Verfahren **jederzeit** (bis zum Schlusstermin) **schriftlich** zu stellen ist. Eine mündliche Geltendmachung im mündlichen Schlusstermin (wie bei den Altfällen) entfällt damit für die ab dem 1.7.2014 beantragten Fälle. Eine Entscheidung über einen zulässigen und begründeten Versagungsantrag erfolgt jedoch erst im Schlusstermin.

627 Die Restschuldbefreiung kann nur dann versagt werden, wenn ein Gläubiger einen entsprechenden Antrag stellt. Das Insolvenzgericht prüft nicht von Amts wegen, ob Versagungsgründe vorliegen.

628 Die Insolvenzgläubiger der **Altverfahren (Antragstellung bis 30.6.2014)** können sich insbesondere auf folgende Punkte berufen:

- Der Schuldner sei wegen einer Insolvenzstraftat rechtskräftig verurteilt worden.
- Der Schuldner hat in den letzten drei Jahren vor dem Eröffnungsantrag oder nach der Antragsstellung falsche Angaben über seine wirtschaftlichen Verhältnisse gemacht, um Kredite zu erhalten oder öffentliche Leistungen zu beziehen.
- Der Schuldner hat in den letzten zehn Jahren vor dem Eröffnungsantrag bereits eine Restschuldbefreiung erhalten und diese wurde ihm versagt.
- Der Schuldner hat im letzten Jahr vor dem Eröffnungsantrag oder nach der Antragstellung unangemessene Schulden gemacht oder Vermögen verschwendet.
- Der Schuldner hat während des Verbraucherinsolvenzverfahrens Auskunfts- oder Mitwirkungspflichten vorsätzlich oder grob fahrlässig verletzt.
- Der Schuldner hat in den nach § 305 Abs. 1 Nr. 3 InsO vorzulegenden Verzeichnisses seines Vermögens und seines Einkommens, seiner Gläubiger oder der gegen ihn gerichteten Forderungen vorsätzlich oder groß fahrlässig unrichtige oder unvollständige Angaben gemacht (insbesondere Weglassen von Gläubigern).

629 Für die **Fälle der Neuregelung (Antragstellung ab 1.7.2014)** wurden die Versagungsgründe teilweise ergänzt und präzisiert:

- Der Schuldner sei wegen einer Insolvenzstraftat **in den letzten fünf Jahren** rechtskräftig verurteilt worden (§ 290 Abs. 1 Nr. 1).

- Der Schuldner hat **in den letzten drei Jahren** vor dem Eröffnungsantrag oder nach der Antragsstellung falsche Angaben über seine wirtschaftlichen Verhältnisse gemacht, um Kredite zu erhalten oder öffentliche Leistungen zu beziehen (§ 290 Abs. 1 Nr. 2 InsO).
- Die bisher als Versagungsgrund normierte 10 Jahres-Sperrfrist (bereits erteilte frühere Restschuldbefreiung) ist nunmehr als Zulässigkeitsvoraussetzung in § 287a InsO erhalten (vgl. Rdn 621; ehemaliger § 290 Abs. 1 Nr. 3 InsO).
- Der Schuldner hat **in den letzten drei Jahren** vor dem Eröffnungsantrag oder nach der Antragstellung unangemessene Schulden gemacht oder Vermögen verschwendet (§ 290 Abs. 1 Nr. 4 InsO). Hier wurde der Zeitraum von einem Jahr (Altregelung) auf rückwirkend drei Jahre erweitert.
- Der Schuldner hat seine Auskunfts- oder Mitwirkungspflichten vorsätzlich oder grob fahrlässig verletzt (§ 290 Abs. 1 Nr. 5 InsO). Hier wurden in der Neuregelung die Worte „während des Insolvenzverfahrens“ gestrichen, so dass sämtliche Pflichten **ab der Stellung** eines zulässigen Insolvenzantrages (und nicht erst ab Eröffnung) als Versagungsgrund erfasst sind.
- Der Schuldner hat in den nach § 305 Abs. 1 Nr. 3 InsO vorzulegenden Verzeichnisses seines Vermögens und seines Einkommens, seiner Gläubiger oder der gegen ihn gerichteten Forderungen vorsätzlich oder groß fahrlässig unrichtige oder unvollständige Angaben gemacht (insbesondere Weglassen von Gläubigern). Nach der Neuregelung wird dieser Versagungsgrund auf die **Erklärung** zu den Zulässigkeitsvoraussetzungen für den Antrag **auf Erteilung der Restschuldbefreiung** nach § 287 Abs. 1 S. 3 InsO **erweitert** (§ 290 Abs. 1 Nr. 6 InsO).
- Der Schuldner hat jetzt bereits **im eröffneten Insolvenzverfahren eine gesetzliche Erwerbsobliegenheit** gem. § 287b InsO, gegen die er verstoßen kann (§ 290 Abs. 1 Nr. 7 InsO). In den „Altverfahren“ hatte eine mangelnde Erwerbsbereitschaft nur Auswirkungen auf eine mögliche Aufhebung der Stundung.

Liegen kein Gläubigerantrag bzw. trotz Antrag keine Versagungsgründe vor, wird die 630
Restschuldbefreiung angekündigt. Das Insolvenzverfahren ist damit angeschlossen. Der Schuldner befindet sich jedoch in der sogenannten **Wohlverhaltensphase**. Sie beträgt sechs Jahre, beginnend mit Eröffnung des Insolvenzverfahrens. Während dieser Wohlverhaltensphase muss der Schuldner den pfändbaren Teil seines Einkommens an seinen vom Gericht bestimmten **Treuhänder** abführen. Der Treuhänder verteilt den eingenommenen Betrag einmal jährlich an die Gläubiger nach einer Quote. Die Quote bestimmt sich dabei im Verhältnis der ursprünglichen Forderung des Gläubigers zur Gesamtschuldensumme. Wurden die Verfahrenskosten dem Schuldner wie in den meisten Fällen gestundet, so werden die abgeführten Beträge zunächst zur Deckung der Verfahrenskosten verwendet.

631 **Nur bei den Altfällen** kommt es dann ab dem fünften Jahr seit der Aufhebung des Insolvenzverfahrens zu einer sog. **Schuldnerprivilegierung**. Der Treuhänder belässt dem Schuldner 10 % des pfändbaren Anteils seines Einkommens, ab dem sechsten Jahr sogar 15 % zusätzlich zu seinem Pfändungsfreibetrag gem. § 292 Abs. 1 S. 3 InsO a.F.

632 Für **Neufälle** gibt es diese **Privilegierung nicht mehr**. Vielmehr soll ein Motivationsanreiz nunmehr mit der möglichen **vorzeitigen Erteilung** der Restschuldbefreiung bewirkt werden.

Dabei gelten für die Restschuldbefreiung nunmehr folgende Zeiten:

I. fristgerechte Erteilung der Restschuldbefreiung	nach Ablauf von **6 Jahren** nach Insolvenzeröffnung
II. vorzeitige Erteilung der Restschuldbefreiung ist in 3 Fällen möglich	bei allen vorzeitigen Erteilungen der RSB ■ müssen die **Kosten des Verfahrens** (gestundete Gerichtskosten und Treuhänder) gedeckt sein und ■ der Schuldner muss einen **Antrag** stellen.
a) § 300 Abs. 1 S. 2 Nr. 1 InsO (es besteht keine Forderung mehr)	■ vorzeitige Erteilung kann **jederzeit** erfolgen, wenn kein Insolvenzgläubiger eine Forderung angemeldet hat oder ■ wenn der Schuldner alle Insolvenzgläubiger vollständig befriedigen konnte
b) § 300 Abs. 1 S. 2 Nr. 2 InsO (Befriedigung der Gläubiger von mindestens 35 %)	■ eine vorzeitige Erteilung kann erfolgen, wenn innerhalb **von 3 Jahren der Abtretungsfrist**, dem Treuhänder ein Betrag zugeflossen ist, der die Befriedigung der Forderungen der Insolvenzgläubiger in Höhe **von 35 %** ermöglicht. ■ Da jedoch immer auch die Kosten des Verfahrens bei einer vorzeitigen Erteilung der RSB gedeckt sein müssen, muss der Schuldner deutlich mehr als 35 % aufbringen. ■ Insbesondere, wenn das Insolvenzverfahren noch läuft, führen Zuflüsse von Drittmitteln zu einer deutlichen Erhöhung der Insolvenzverwaltervergütung (teilweise bis zu 40 % der Drittmittel). In der Wohlverhaltensphase hingegen werden Drittmittel zwar auch berücksichtigt, die Vergütung des Treuhänders be-

	trägt gem. § 14 Abs. 1 InsO jedoch nur 5 % der eingenommen Beträge. ■ Hierin steckt leider auch die Schwachstelle im Gesetz, da der Schuldner gegenüber dem Insolvenzgericht, dem Insolvenzverwalter oder dem Treuhänder keinen Auskunftsanspruch über die Verfahrenskosten hat. Man sollte dennoch versuchen, die ungefähren Kosten zu erfragen, um so zu vermeiden einen zu geringen Betrag innerhalb der 3-Jahresfrist einzuzahlen, die Quote von 35 % nicht erfüllt ist und die Restschuldbefreiung nicht vorzeitig erfolgt.
c) § 300 Abs. 1 S. 2 Nr. 3 InsO (Verfahrenskosten sind gedeckt)	■ Wurden innerhalb **von fünf Jahren** die **vollständigen Verfahrenskosten** erwirtschaftet, so ist eine vorzeitige Erteilung der RSB möglich. ■ Die Kosten müssten hier ersichtlich sein, da das Insolvenzverfahren i. d. Regel bereits beendet ist und der Schuldner sich in der Wohlverhaltensphase befindet.

Das Insolvenzgericht hat übrigens keine Hinweispflicht auf die vorzeitige Erteilung der Restschuldbefreiung. Der Schuldner, bzw. sein Verfahrensbevollmächtigter, ist selbst dafür verantwortlich, einen entsprechenden Antrag zu stellen. 633

Der Schuldner muss mit Antragstellung das Vorliegen der Voraussetzungen für eine vorzeitige Erteilung der Restschuldbefreiung geltend machen. 634

Im Fall der vorzeitigen Erteilung nach drei Jahren in der Wohlverhaltensphase muss der Insolvenzschuldner zumal Angaben über die Herkunft der Drittmittel machen und deren Richtigkeit und Vollständigkeit versichern (§ 300 Abs. 2 S. 4 InsO). 635

Die Insolvenzgläubiger werden darauf hin angehört. 636

Die Entscheidung ergeht dann durch Beschluss und kann ggf. durch die sofortige Beschwerde innerhalb von zwei Wochen ab Zustellung gem. § 300 Abs. 4 InsO, § 569 Abs. 1 S. 1 ZPO angefochten werden. 637

Wird die Restschuldbefreiung (z.B. weil die Befriedigungsquote nicht erreicht worden sind) versagt, so sind die Drittmittel für den Schuldner verloren. 638

Ist das Insolvenzverfahren noch nicht beendet, so wird dieses fortgesetzt. 639

Befand sich der Schuldner jedoch bereits in der Wohlverhaltensphase, so endet diese und es treten die Wirkungen des § 290 InsO ein, wonach insbesondere die Gläubiger wieder 640 das vollständige freie Nachforderungsrecht gem. § 201 InsO erlangt. Meist erfolgt von den Gerichten hier der vorherige Hinweis, den Antrag zurück zu nehmen, damit der Schuldner zumindest nach der Regel-Wohlverhaltenszeit von 6 Jahren seine Restschuldbefreiung erlangen kann.

641 Der Schuldner hat neben dieser Leistungspflicht in der Wohlverhaltensphase auch nachstehende Obliegenheitsverpflichtungen:

- Er muss eine angemessene Erwerbstätigkeit ausüben bzw. sich um eine solche bemühen.
- Er muss zur Hälfte Vermögen an seinen Treuhänder herausgeben, wenn er dieses geerbt oder im Hinblick auf ein künftiges Erbrecht erhalten hat.
- Er hat eine umfassende Auskunftspflicht gegenüber dem Insolvenzgericht und dem Treuhänder über einen Wechsel seines Wohnortes und seines Arbeitsgebers sowie über seine Einkünfte und sein Vermögen.
- Er hat ferner die Verpflichtung, Zahlungen nur an den Treuhänder zu leisten und keinem Gläubiger einen Sondervorteil zu verschaffen.

642 Verstößt der Schuldner gegen eine der oben stehenden **Obliegenheitsplichten** schuldhaft, so wird das Insolvenzgericht bereits während der Wohlverhaltensphase die Restschuldbefreiung gem. § 296 Abs. 1 InsO versagen, wenn ein Gläubiger einen entsprechenden Antrag innerhalb eines Jahres ab Kenntnis der Pflichtverletzung gestellt hat und ihm hierdurch weniger ausbezahlt worden ist. Die Versagung kann jedoch auch erfolgen, wenn der Schuldner keine Auskunft erteilt oder seine Angaben nicht an Eides statt versichert.

643 Die Rechte der Gläubiger wurden durch das Reformgesetz 2014 hierbei gestärkt. Bislang gab es eine Beschränkung der Widerrufsmöglichkeiten auf Erkenntnisse nur bis zum Schlusstermin. Durch den neugefassten § 303 InsO ist der Widerruf der erteilten Restschuldbefreiung nunmehr auch möglich, wenn sich erst **nachträglich** herausstellt, dass die Befriedigung der Gläubiger erheblich beeinträchtigt oder der Schuldner wegen einer Insolvenzstraftat rechtskräftig verurteilt wurde. Z.B. kommt es in einem späteren Scheidungsverfahren heraus, dass der Schuldner eine wertvolle Briefmarkensammlung besitzt, die er bislang verschwiegen hat.

644 Der Antrag auf Widerruf ist jedoch nur zulässig, wenn der Gläubiger innerhalb eines Jahres ab Rechtskraft der Restschuldbefreiungsbeschlusses diesen Antrag stellt.

645 Während der Wohlverhaltensphase sind Zwangsvollstreckungen durch Gläubiger unzulässig.

646 Für die Altfälle gilt, dass Gehaltspfändungen erst einen Monat nach Eröffnung des Insolvenzverfahrens und Gehaltsabtretungen zwei Jahre nach Eröffnungsbeschluss unwirksam werden.

647 Für alle **Neufälle** ab 1.7.2014 gilt dies nicht mehr, da § 114 InsO a.F. ersatzlos gestrichen worden ist. **Gehaltspfändungen** und **Gehaltsabtretungen** sind sofort mit Eröffnung des

Insolvenzverfahrens **unwirksam** sind und die Beträge werden von Anfang an zur Masse gezogen.

Hat der Schuldner während der Wohlverhaltensphase alle seine Pflichten erfüllt, so wird nach einer Anhörung aller Insolvenzgläubiger sowie des Treuhänders, die Restschuldbefreiung erteilt. Durch die Restschuldbefreiung sind grundsätzlich sämtliche **Forderungen gegen den Schuldner bis zum Eröffnungsbeschluss** nicht mehr durchsetzbar. Es kommt dabei nicht darauf an, ob der Gläubiger selbst am Verfahren teilgenommen hat. Auch vergessene Gläubiger und solche, die ihre Forderung nicht zum Insolvenzverfahren angemeldet haben, fallen unter die Restschuldbefreiung (§ 301 InsO). 648

Gem. § 302 InsO sind jedoch folgende Forderungen **von der Erteilung der Rechtsschuldbefreiung ausgenommen:** 649

- Verbindlichkeiten aus **vorsätzlich begangener unerlaubter Handlung**. Dies gilt sowohl für Alt- als auch Neufälle, da dies bereits vor der Reform normiert war.

Die **Reform 2014** hat jedoch den Anwendungsbereich des § 302 InsO bei Neufällen auf die folgenden Forderungen erweitert: 650

- **Unterhaltsforderungen:** Bereits bei den Altfällen können Forderungen aus vorsätzlicher Unterhaltspflichtverletzung aus vorsätzlich begangener unerlaubter Handlung angemeldet, da § 170 StGB („Verletzung der Unterhaltspflicht") ein Schutzgesetz im Sinne des § 823 Abs. 2 BGB darstellt, allerdings setzt § 170 StGB voraus, dass der Unterhaltspflichtige durch die Pflichtverletzung in seinem Lebensbedarf gefährdet oder ohne die Hilfe anderer gefährdet ist. Diese hohen Voraussetzungen wollte man nicht für das Insolvenzverfahren. In den Neufällen reicht es aus, wenn der Schuldner seiner gesetzlichen Unterhaltspflicht nicht nachkommt, der Unterhaltsberechtigte bedürftig ist und die Leistungsfähigkeit des Schuldners gegeben ist. Der Schuldner muss zumal vorsätzlich handeln. Die Beweispflicht für die fehlende Pflichtwidrigkeit und für den fehlenden Vorsatz hat jedoch der Schuldner, so dass nunmehr Unterhaltspflichtige grds. besser abgesichert sind.
- **Steuerforderungen:** Von der Erteilung der Restschuldbefreiung werden des Weiteren Forderungen aus Steuerschuldverhältnissen ausgenommen, sofern der Schuldner hinsichtlich dieser Forderungen wegen einer Steuerstraftat nach § 370 AO (Steuerhinterziehung), § 373 AO (gewerbsmäßiger, gewaltsamer oder bandenmäßiger Schmuggel) oder § 374 AO (Steuerhehlerei) rechtskräftig verurteilt wurde. Die „einfachen" offenen Steuerverbindlichkeiten z.B. aus der angemeldeten Umsatzsteuer, die jedoch nicht bezahlt werden konnte, fallen nicht hierunter.

651 *Praxistipp:*

Der Schuldner sollte jedoch darauf hingewiesen werden, dass neue Schulden, die er nach Eröffnung des Insolvenzverfahrens gemacht hat, nicht unter die Restschuldbefreiung fallen.

5. Beispiel

652 Die bundeseinheitlich vorgeschriebenen Formulare für die Verbraucherinsolvenz können auf der Seite des BMJV unter www.bmjv.bund.de (Service, Formulare, Formulare für das Verbraucherinsolvenzverfahren und das Restschuldbefreiungsverfahren) heruntergeladen werden. Da das Formular mit seinen Anlagen recht umfangreich ist, soll der Antrag beispielhaft mit den Angaben aus dem nachstehenden Fall ausgefüllt werden:

Fall: Flexibler Nullplan

Mandant Max Muster ist ledig und hat ein minderjähriges Kind Klaus Muster, das bei der Kindesmutter lebt, jedoch von ihm regelmäßig Unterhalt i.H.v. 150,00 € erhält. Er verdient bei der XY-GmbH ein Nettoeinkommen von 1.000,00 €. M hat sowohl bei der A-Bank als auch bei der B-Bank Schulden von 10.000,00 € bzw. 250.000,00 € zuzüglich Zinsen.

M besitzt keine weiteren Vermögenswerte, sodass im außergerichtlichen Einigungsversuch des RA Rudolf Rat den Gläubigern nur ein flexibler Nullplan angeboten werden konnte. M bewohnt ein kleine 40 m² große Wohnung, für die er 450,00 € zahlt (400,00 € kalt + 50,00 € Nebenkosten).

Die genauen Personendaten und Anschriften ergeben sich aus der Ihnen vorliegenden Handakte.

653 Ein Eröffnungsantrag für die Einleitung des Verbraucherinsolvenzverfahrens würde im vorliegenden Fall wie folgt aussehen.

Hinsichtlich der Anlage 5 „Vermögensverzeichnis" sind immer nur die Formulare (5A – 5K) beim Insolvenzgericht einzureichen, die auch tatsächlich benötigt und ausgefüllt werden. Im vorliegenden Fall sind dies nur die Anlage 5G (laufendes Einkommen = Lohn) und 5 J (Regelmäßig wiederkehrende Verpflichtungen = Mietkosten + Kindesunterhalt).

1

Antrag auf Eröffnung des Insolvenzverfahrens (§ 305 InsO) des / der	Vorname und Name Max Muster
	Straße und Hausnummer Waldweg 1
	Postleitzahl und Ort 10178 Berlin
	Telefon tagsüber 030/41234
	Verfahrensbevollmächtigte(r) Rechtsanwalt Rudolf Rat, Fasanenstraße 31 in 10623 Berlin

2

An das Amtsgericht
– Insolvenzgericht –
in 10179 Berlin- Mitte

3

I. Eröffnungsantrag	Ich stelle den **Antrag, über mein Vermögen das Insolvenzverfahren zu eröffnen**. Nach meinen Vermögens- und Einkommensverhältnissen bin ich nicht in der Lage, meine bestehenden Zahlungspflichten, die bereits fällig sind oder in absehbarer Zeit fällig werden, zu erfüllen.

4

II. 1. Restschuldbefreiungsantrag	☒ Ich **stelle** den **Antrag auf Restschuldbefreiung** (§ 287 InsO). (Nummer II. 2. **ist** auszufüllen.)	☐ Ich stelle **keinen** Antrag auf Restschuldbefreiung. (Nummer II. 2 ist **nicht** auszufüllen.)

II. 2. Erklärung zum Restschuldbefreiungsantrag

Ich **erkläre**,

a) dass ich einen Antrag auf Restschuldbefreiung

☒ bisher nicht gestellt habe. (Nummern II. 2. b), c) sind **nicht** auszufüllen.)
☐ bereits gestellt habe am

____

(Datum, Az., Gericht - Nummer II. 2. **b)** ist auszufüllen.)

b) dass mir Restschuldbefreiung

☐ erteilt wurde am

____

(Datum, Az., Gericht - Nummer II. 2. c) ist **nicht** auszufüllen.)

☐ versagt wurde am

____

(Datum, Az., Gericht - Nummer II. 2. **c)** ist auszufüllen.)

c) dass die Versagung der Restschuldbefreiung erfolgte auf Grund

☐ rechtskräftiger Verurteilung in dem Zeitraum zwischen Schlusstermin und Aufhebung des Insolvenzverfahrens oder in dem Zeitraum zwischen Beendigung des Insolvenzverfahrens und dem Ende der Abtretungsfrist wegen einer Insolvenzstraftat zu einer Geldstrafe von mehr als 90 Tagessätzen oder einer Freiheitsstrafe von mehr als drei Monaten (§ 297 InsO).

☐ vorsätzlicher oder grob fahrlässiger Verletzung der Auskunfts- und Mitwirkungspflichten nach der Insolvenzordnung (§ 290 Abs. 1 Nr. 5 InsO).

Amtliche Fassung 7/2014 — Eigenantrag Verbraucherinsolvenz: Eröffnungsantrag (Hauptblatt), **Seite 1** von 2

	☐ vorsätzlich oder grob fahrlässig unrichtiger oder unvollständiger Angaben in der nach § 287 Abs. 1 Satz 3 InsO abzugebenden Erklärung und im Vermögens-, Gläubiger- und Forderungsverzeichnis und der Vermögensübersicht (§ 290 Abs. 1 Nr. 6 InsO). ☐ Verletzung der Erwerbsobliegenheit ab Beginn der Abtretungsfrist bis zur Beendigung des Insolvenzverfahrens (§ 290 Abs. 1 Nr. 7 InsO). ☐ einer Obliegenheitsverletzung im Zeitraum zwischen Beendigung des Insolvenzverfahrens und dem Ende der Abtretungsfrist (§ 296 InsO). ☐ eines erst **nach** dem Schlusstermin oder **nach** Einstellung nach Anzeige der Masseunzulänglichkeit bekannt gewordenen Versagungsgrundes nach § 290 Abs. 1 Nr. 5, 6, 7 InsO (§ 297a InsO).

5

III. Anlagen			
	Personalbogen	(Anlage 1)	☒
	Bescheinigung über das Scheitern des außergerichtlichen Einigungsversuchs mit außergerichtlichem Plan	(Anlage 2)	☒
	Gründe für das Scheitern des außergerichtlichen Plans	(Anlage 2 A)	☒
	Abtretungserklärung nach § 287 Abs. 2 InsO	(Anlage 3)	☐
	Vermögensübersicht	(Anlage 4)	☒
	Vermögensverzeichnis mit den darin genannten Ergänzungsblättern	(Anlage 5)	☒
	Gläubiger- und Forderungsverzeichnis	(Anlage 6)	☒
	Schuldenbereinigungsplan für das gerichtliche Verfahren:		
	Allgemeiner Teil	(Anlage 7)	☒
	Besonderer Teil – Musterplan mit Einmalzahlung/festen Raten	(Anlage 7 A)	☐
	oder Besonderer Teil – Musterplan mit flexiblen Raten	(Anlage 7 A)	☒
	oder Besonderer Teil – Plan mit sonstigem Inhalt	(Anlage 7 A)	☐
	Besonderer Teil – Ergänzende Regelungen	(Anlage 7 B)	☒
	Erläuterungen zur vorgeschlagenen Schuldenbereinigung	(Anlage 7 C)	☐
	Sonstige: ____________		☐

6

IV. Auskunfts- und Mitwirkungspflichten	Als Schuldner bin ich gesetzlich verpflichtet, dem Insolvenzgericht über alle das Verfahren betreffenden Verhältnisse vollständig und wahrheitsgemäß Auskunft zu erteilen, insbesondere über alle Umstände, deren Mitteilung zur Entscheidung über meine Anträge erforderlich ist (§§ 20, 97 InsO). Können solche Auskünfte durch Dritte, insbesondere durch Banken und Sparkassen, sonstige Kreditinstitute, Versicherungsgesellschaften, Sozial- und Finanzbehörden, Sozialversicherungsträger, Rechtsanwälte, Notare, Steuerberater und Wirtschaftsprüfer erteilt werden, so obliegt es mir, auf Verlangen des Gerichts alle Personen und Stellen, die Auskunft über meine Vermögensverhältnisse geben können, von ihrer Pflicht zur Verschwiegenheit zu befreien.

7

V. Versicherung	☐ **Ich versichere die Richtigkeit und Vollständigkeit meiner Angaben zu Nummer II. 2. Buchstabe b und c.** Mir ist bekannt, dass vorsätzliche Falschangaben strafbar sein können und dass mir die Restschuldbefreiung versagt werden kann, wenn ich vorsätzlich oder grob fahrlässig unrichtige oder unvollständige Angaben gemacht habe (§ 290 Absatz 1 Nummer 6 InsO).

8

____________ (Ort, Datum) ____________ (Unterschrift)

Amtliche Fassung 7/2014 — Eigenantrag Verbraucherinsolvenz: Eröffnungsantrag (Hauptblatt), **Seite 2** von 2

Anlage 1
zum Eröffnungsantrag des Max Muster

Personalbogen: Angaben zur Person

9

Name: Muster	Akademischer Grad:
Vorname(n) (Rufnamen unterstreichen): Max	Geschlecht: ☒ männlich ☐ weiblich
Geburtsname:	früherer Name:
Geburtsdatum: 01.01.1990	Geburtsort: Berlin
Wohnanschrift Straße: Waldweg	Hausnummer: 1
Postleitzahl: 10178	Ort: Berlin
Telefon (privat): 030/41234	Mobil:
Telefax:	E-Mail: muster@t-online.de

10

Familienstand	☒ ledig	☐ verheiratet seit ______	☐ eingetragene Lebenspartnerschaft begründet seit ______ ☐ beendet seit ______	☐ geschieden seit ______	☐ getrennt lebend seit ______	☐ verwitwet seit ______

11

Unterhaltsberechtigte Personen	☐ nein	☒ ja, Anzahl: 1, davon minderjährig: 1 (Einzelheiten siehe Ergänzungsblatt 5 J)

12

Beteiligung am Erwerbsleben

Erlernter Beruf: Einzelhandelsverkäufer

Zurzeit oder zuletzt tätig als: Verkäufer

ehemals selbständig: ☒ Nein ☐ Ja, als

Verbindlichkeiten aus Arbeitsverhältnissen: ☐ Nein ☐ Ja

☐ zurzeit unselbständig beschäftigt als
- ☐ Arbeiter(in)
- ☒ Angestellte(r)
- ☐ Beamter/Beamtin
- ☐ Aushilfe
- ☐ Sonstiges, und zwar: ______

☐ zurzeit keine Beteiligung am Erwerbsleben, weil
- ☐ Rentner(in)/Pensionär(in) seit ______
- ☐ arbeitslos seit ______
- ☐ Schüler(in) / Student(in) bis ______
- ☐ Hausmann/Hausfrau
- ☐ Sonstiges, und zwar: ______

13

Verfahrensbevollmächtigte(r)

☒ für das Verfahren insgesamt

☐ für den aus der Vollmacht ersichtlichen Teil des Verfahrens

☒ Vollmacht liegt an

☐ Vollmacht wird nachgereicht

Name: Rat	Akademischer Grad:
Vorname: Rudolf	Beruf: Rechtsanwalt
ggf. Bezeichnung der geeigneten Stelle:	
Straße: Fasanenstraße	Hausnummer: 31
Postleitzahl: 10623	Ort: Berlin
Telefon: 030/56789	Telefax: 030/56789-10
E-Mail: rechtsanwalt@t-online.de	
Geschäftszeichen: 14/2255	Sachbearbeiter(in):

Amtliche Fassung 7/2014 — Eigenantrag Verbraucherinsolvenz: Personalbogen (Anlage 1), **Seite 1** von 1

Anlage 2
zum Eröffnungsantrag des Max Muster

Bescheinigung über das Scheitern des außergerichtlichen Einigungsversuchs
(§ 305 Abs. 1 Nr. 1 InsO)

- Die Anlage 2 ist von der geeigneten Person oder Stelle auszufüllen -

14

I. Bezeichnung der geeigneten Person oder Stelle	Name Rechtsanwalt R	
	Straße Fasanenstraße	Hausnummer 31
	Postleitzahl 10623	Ort Berlin
	Ansprechpartner Herr Brunner	

15

II. Behördliche Anerkennung der geeigneten Person oder Stelle

☐ Ja Anerkennende Behörde: ____

Datum des Bescheids: ____ Aktenzeichen: ____

☒ Nein, die Eignung ergibt sich jedoch aus folgenden Umständen:

☒ Rechtsanwalt ☐ Notar ☐ Steuerberater

☐ Sonstiges: ____

16

III. Außergerichtlicher Einigungsversuch

1. Der außergerichtliche Plan vom 27.12.20XX ist beigefügt.

2. Allen im Gläubigerverzeichnis benannten Gläubigern ist dieser Plan übersandt worden.

☒ Ja ☐ Nein. Begründung: ____

3. Der Einigungsversuch ist endgültig gescheitert am 15.02.20XX.

4. Die wesentlichen Gründe für das Scheitern des Plans ergeben sich aus der Darstellung in der Anlage 2 A.

17

IV. Bescheinigung

Ich bescheinige/Wir bescheinigen auf der Grundlage persönlicher Beratung und eingehender Prüfung der Einkommens- und Vermögensverhältnisse, dass die Schuldnerin bzw. der Schuldner

☒ mit meiner Unterstützung

erfolglos versucht hat, eine außergerichtliche Einigung mit den Gläubigern über die Schuldenbereinigung auf der Grundlage eines Plans zu erzielen.

____ (Ort, Datum)

____ (Unterschrift/Stempel der bescheinigenden Person oder Stelle)

Amtliche Fassung 7/2014 — Eigenantrag Verbraucherinsolvenz: Bescheinigung (Anlage 2), **Seite 1** von 1

Anlage 2 A
zum Eröffnungsantrag des Max Muster

Gründe für das Scheitern des außergerichtlichen Schuldenbereinigungsplans (§ 305 Abs. 1 Nr. 1 InsO)

18 **I. Wesentliche Gründe für das Scheitern des Einigungsversuchs**

☐ Nicht alle Gläubiger haben dem ihnen übersandten außergerichtlichen Plan zugestimmt.

1. Anteil der zustimmenden Gläubiger nach Köpfen:
   0 Gläubiger von 0 Gläubigern
2. Anteil der zustimmenden Gläubiger nach Summen:
   0,00 EUR von 260.000,00 EUR
3. Anteil der Gläubiger ohne Rückäußerung:
   0 Gläubiger von 2 Gläubigern

Als maßgebliche Gründe für die Ablehnung des Plans wurden genannt:
Ein flexibler Nullplan ist unakzeptabel.

☐ Nachdem die Verhandlungen über die außergerichtliche Schuldenbereinigung aufgenommen wurden, ist die Zwangsvollstreckung betrieben worden von:

____

Aktenzeichen des Gerichts oder Gerichtsvollziehers: ______________________

Amtsgericht: ______________________

19 **II. Beurteilung des außergerichtlichen Einigungsversuchs und Aussichten für das gerichtliche Schuldenbereinigungsverfahren**

Der gerichtliche Plan unterscheidet sich von dem außergerichtlichen Plan

☒ nicht. ☐ in folgenden Punkten:

Nach dem Verlauf des außergerichtlichen Einigungsversuchs halte ich die Durchführung des gerichtlichen Schuldenbereinigungsplanverfahrens für

☐ aussichtsreich. ☒ nicht aussichtsreich.

Begründung:
Es kann auch nur weiterhin nur ein flexibler Nullplan angeboten werden.

Amtliche Fassung 7/2014 Eigenantrag Verbraucherinsolvenz: Bescheinigung (Anlage 2 A), **Seite 1** von 1

Anlage 3
zum Eröffnungsantrag des Max Muster

Abtretungserklärung nach § 287 Abs. 2 InsO

- Die Anlage ist nur einzureichen, wenn auf dem Hauptblatt Restschuldbefreiung beantragt worden ist -

I. Erläuterungen zur Abtretungserklärung	Die nachfolgende Abtretung umfasst alle Bezüge aus einem Dienstverhältnis oder an deren Stelle tretende laufende Bezüge, also: - jede Art von Arbeitseinkommen, Dienst- und Versorgungsbezüge der Beamten, Arbeits- und Dienstlöhne, Arbeitsentgelt für Strafgefangene, - Ruhegelder und ähnliche fortlaufende Einkünfte, die nach dem Ausscheiden aus dem Dienst- oder Arbeitsverhältnis gewährt werden, sonstige Vergütungen für Dienstleistungen aller Art, die die Erwerbstätigkeit des Zahlungsempfängers vollständig oder zu einem wesentlichen Teil in Anspruch nehmen, - Bezüge, die ein Arbeitnehmer zum Ausgleich für Wettbewerbsbeschränkungen für die Zeit nach Beendigung seines Dienstverhältnisses beanspruchen kann, - Hinterbliebenenbezüge, die wegen des früheren Dienst- oder Arbeitsverhältnisses gezahlt werden, Renten, die auf Grund von Versicherungsverträgen gewährt werden, wenn diese Verträge zur Versorgung des Versicherungsnehmers oder seiner unterhaltsberechtigten Angehörigen geschlossen worden sind, - Renten und sonstige laufende Geldleistungen der Sozialversicherungsträger oder der Bundesagentur für Arbeit im Fall des Ruhestands, der teilweisen oder vollständigen Erwerbsunfähigkeit oder der Arbeitslosigkeit, - alle sonstigen, den genannten Bezügen rechtlich oder wirtschaftlich gleichstehenden Bezüge. Wenn Sie in dem Zeitraum zwischen Beendigung des Insolvenzverfahrens und dem Ende der Abtretungsfrist eine selbständige Tätigkeit ausüben, sind Sie verpflichtet, die Insolvenzgläubiger durch Zahlungen an den gerichtlich bestellten Treuhänder so zu stellen, wie wenn Sie ein angemessenes Dienstverhältnis eingegangen wären (§ 295 Abs. 2 InsO).
20 **II. Abtretungserklärung**	**Für den Fall der gerichtlichen Bestimmung eines Treuhänders (§ 288 Satz 2 InsO) trete ich hiermit meine pfändbaren Forderungen auf Bezüge aus einem Dienstverhältnis oder an deren Stelle tretende laufende Bezüge für die Zeit von sechs Jahren nach Eröffnung des Insolvenzverfahrens (Abtretungsfrist) an den Treuhänder ab.**

(Ort, Datum) (Unterschrift)

Amtliche Fassung 7/2014 — Eigenantrag Verbraucherinsolvenz: Abtretungserklärung (Anlage 3), **Seite 1** von 1

Anlage 4
zum Eröffnungsantrag des Max Muster

Vermögensübersicht
(Übersicht des vorhandenen Vermögens und des Einkommens, § 305 Abs. 1 Nr. 3 InsO)

21

I. Erklärung zur Vermögenslage	Hiermit erkläre ich, dass ich über folgendes Vermögen und Einkommen verfüge. ☐ Weitergehende Angaben habe ich in den Ergänzungsblättern zum Vermögensverzeichnis (Anlagen 5 A ff.) gemacht.

22

1.	**Vermögen**	**Ja**	**gemäß Ergänzungsblatt**	**Wert in EUR** (Gesamtbetrag)	**Sicherungsrechte Dritter** (Ergänzungsblatt 5 H)	**Nein**
1.1	Bargeld *(auch in ausländischer Währung)*	☐	-		☐ nein ☐ ja, in Höhe von ____ EUR	☒
1.2	Guthaben auf Girokonten, Sparkonten, Spar- und Bausparverträgen, Wertpapiere, Schuldbuchforderungen, Darlehensforderungen	☐	5 A		☐ nein ☐ ja, in Höhe von ____ EUR	☒
1.3	Bescheidene Lebensführung übersteigende Hausratsgegenstände, Möbel, Fernseh- und Videogeräte, Computer, sonstige elektronische Geräte, wertvolle Kleidungsstücke, sonstige wertvolle Gebrauchsgegenstände (z. B. Kameras, Waffen, optische Geräte u.Ä.), wertvolle Bücher (Anzahl, Gesamtwert)	☐	5 B		☐ nein ☐ ja, in Höhe von ____ EUR	☒
1.4	Bauten auf fremden Grundstücken (z. B. Gartenhaus, Verkaufsstände etc.)	☐	5 B		☐ nein ☐ ja, in Höhe von ____ EUR	☒
1.5	Privat genutzte Fahrzeuge (PKW, LKW, Wohnwagen, Motorräder, Mopeds usw.)	☐	5 B		☐ nein ☐ ja, in Höhe von ____ EUR	☒
1.6	Forderungen gegen Dritte (Außenstände, rückständiges Arbeitseinkommen, Forderungen aus Versicherungsverträgen, Rechte aus Erbfällen)	☐	5 C		☐ nein ☐ ja, in Höhe von ____ EUR	☒
1.7	Grundstücke, Eigentumswohnungen und Erbbaurechte, Rechte an Grundstücken	☐	5 D		☐ nein ☐ ja, in Höhe von ____ EUR	☒
1.8	Aktien, Genussrechte oder sonstige Beteiligungen an Kapitalgesellschaften, Personengesellschaften oder Genossenschaften	☐	5 E		☐ nein ☐ ja, in Höhe von ____ EUR	☒
1.9	Rechte oder Ansprüche aus Urheberrechten, immaterielle Vermögensgegenstände (z. B. Patente)	☐	5 F		☐ nein ☐ ja, in Höhe von ____ EUR	☒
1.10	Sonstiges Vermögen	☐	5 F		☐ nein ☐ ja, in Höhe von ____ EUR	☒

23

2.	**Monatliche Einkünfte**	**Ja**	**gemäß Ergänzungsblatt**	**Betrag monatlich netto in EUR**	**Sicherungsrechte Dritter** (Ergänzungsblatt 5 H)	**Nein**
2.1	Durchschnittliches Arbeitseinkommen (netto) einschließlich Zulagen und Zusatzleistungen	☒	5 G	1.000,00	☒ nein ☐ ja, in Höhe von ____ EUR	☐
2.2	Arbeitslosenunterstützung (Arbeitslosengeld, Grundsicherung für Arbeitsuchende etc.)	☐	5 G		☐ nein ☐ ja, in Höhe von ____ EUR	☒
2.3	Krankengeld	☐	5 G		☐ nein ☐ ja, in Höhe von ____ EUR	☒
2.4	Rentenversicherungen, Betriebsrenten, Versorgungsbezüge (aus öffentlicher Kasse)	☐	5 G		☐ nein ☐ ja, in Höhe von ____ EUR	☒
2.5	Private Renten-, Spar- und sonstige Versicherungsverträge	☐	5 G		☐ nein ☐ ja, in Höhe von ____ EUR	☒
2.6	Sonstige Sozialleistungen (wie z. B. Sozialhilfe, Kindergeld, Elterngeld, Betreuungsgeld, Wohngeld etc.)	☐	5 G		☐ nein ☐ ja, in Höhe von ____ EUR	☒
2.7	Sonstige monatliche Einkünfte (wie z. B. Einkünfte aus Unterhaltszahlungen)	☐	5 G		☐ nein ☐ ja, in Höhe von ____ EUR	☒

Amtliche Fassung 7/2014 Eigenantrag Verbraucherinsolvenz: Vermögensübersicht (Anlage 4), **Seite 1** von 2

24

3.	Jährliche Einkünfte	Ja	gemäß Ergänzungsblatt	Betrag jährlich netto in EUR	Sicherungsrechte Dritter (Ergänzungsblatt 5 H)	Nein
3.1	Einkünfte aus nichtselbständiger Tätigkeit (z. B. Weihnachtsgeld, Tantiemen, sonstige Gratifikationen usw.)	☐	5 G		☐ nein ☐ ja, in Höhe von ____ EUR	☒
3.2	Einkünfte aus Vermietung und Verpachtung	☐	5 G		☐ nein ☐ ja, in Höhe von ____ EUR	☒
3.3	Einkünfte aus Kapitalvermögen	☐	5 G		☐ nein ☐ ja, in Höhe von ____ EUR	☒
3.4	Sonstige jährliche Einkünfte	☐	5 G		☐ nein ☐ ja, in Höhe von ____ EUR	☒

25

4.	Sonstiger Lebensunterhalt	☐ Ich habe keine bzw. keine ausreichenden regelmäßigen Einkünfte nach Ziffer 2 und 3. Den notwendigen Lebensunterhalt bestreite ich durch: ____

26

5.	Regelmäßig wiederkehrende Zahlungsverpflichtungen	Ja	gemäß Ergänzungsblatt	Betrag monatlich in EUR	Nein
5.1	Unterhaltsverpflichtungen	☒	5 J	☐ Naturalunterhalt für ___ Personen ☒ Barunterhalt für 1 Personen in Gesamthöhe von 150,00 EUR	☐
5.2	Wohnkosten (Miete etc.)	☒	5 J	____ EUR	☐
5.3	Sonstige wesentliche Verpflichtungen	☐	5 J	____ EUR	☒

27

II. Erklärung zur Vermögenslosigkeit	☒ Hiermit erkläre ich, dass ich mit Ausnahme des unter Nummer I. 4 bezeichneten Lebensunterhalts weder über die vorstehend aufgeführten Vermögenswerte noch über sonstige Vermögenswerte verfüge (Vermögenslosigkeit).

28

III. Erklärung zu Schenkungen und Veräußerungen		
	Ich habe in den letzten vier Jahren vor dem Antrag auf Eröffnung des Insolvenzverfahrens Geld, Forderungen oder Gegenstände verschenkt (gebräuchliche Gelegenheitsgeschenke geringen Werts sind nicht anzugeben).	☒ nein ☐ ja, im Gesamtwert von ____ EUR gemäß Ergänzungsblatt 5 K
	Ich habe in den letzten zwei Jahren Vermögensgegenstände an nahestehende Personen veräußert.	☒ nein ☐ ja, im Gesamtwert von ____ EUR gemäß Ergänzungsblatt 5 K

29

IV. Versicherung (§ 305 Abs. 1 Nr. 3 InsO)	Die **Richtigkeit und Vollständigkeit der in dieser Vermögensübersicht enthaltenen Angaben** versichere ich. Mir ist bekannt, dass vorsätzliche Falschangaben strafbar sein können und dass mir die Restschuldbefreiung versagt werden kann, wenn ich vorsätzlich oder grob fahrlässig unrichtige oder unvollständige Angaben gemacht habe (§ 290 Abs. 1 Nr. 6 InsO).

____ (Ort, Datum) ____ (Unterschrift)

Amtliche Fassung 7/2014 Eigenantrag Verbraucherinsolvenz: Vermögensübersicht (Anlage 4), **Seite 2** von 2

Anlage 5
zum Eröffnungsantrag des Max Muster

Vermögensverzeichnis

(Verzeichnis des vorhandenen Vermögens und des Einkommens, § 305 Abs. 1 Nr. 3 InsO)

30

I. Erklärung zum Vermögensverzeichnis	Hinsichtlich meines Vermögens und meiner Einkünfte nehme ich auf die Angaben in der Vermögensübersicht Bezug. ☒ Ich ergänze diese Angaben entsprechend den beiliegenden und in der Vermögensübersicht bereits bezeichneten Ergänzungsblättern: ☐ 5 A (Guthaben auf Konten, Wertpapiere, Schuldbuchforderungen, Darlehensforderungen) ☐ 5 B (Hausrat, Mobiliar, Wertgegenstände und Fahrzeuge) ☐ 5 C (Forderungen, Rechte aus Erbfällen) ☐ 5 D (Grundstücke, Eigentumswohnungen und Erbbaurechte, Rechte an Grundstücken) ☐ 5 E (Beteiligungen, Aktien, Genussrechte) ☐ 5 F (Immaterielle Vermögensgegenstände, sonstiges Vermögen) ☒ 5 G (Laufendes Einkommen) ☐ 5 H (Sicherungsrechte Dritter und Zwangsvollstreckungsmaßnahmen) ☒ 5 J (Regelmäßig wiederkehrende Verpflichtungen) ☐ 5 K (Schenkungen und entgeltliche Veräußerungen) **Ich versichere, dass ich in den nicht beigefügten Ergänzungsblättern keine Angaben zu machen habe.**
II. Versicherung (§ 305 Abs. 1 Nr. 3 InsO)	Die **Richtigkeit und Vollständigkeit der in diesem Vermögensverzeichnis und den beigefügten Ergänzungsblättern enthaltenen Angaben** versichere ich. Mir ist bekannt, dass vorsätzliche Falschangaben strafbar sein können und dass mir die Restschuldbefreiung versagt werden kann, wenn ich vorsätzlich oder grob fahrlässig unrichtige oder unvollständige Angaben gemacht habe (§ 290 Abs. 1 Nr. 6 InsO).

(Ort, Datum) (Unterschrift)

Amtliche Fassung 7/2014 Eigenantrag Verbraucherinsolvenz: Vermögensverzeichnis (Anlage 5), **Seite 1** von 1

Ergänzungsblatt 5 A
zum Vermögensverzeichnis des Max Muster

Guthaben auf Konten, Wertpapiere, Schuldbuchforderungen, Darlehensforderungen

31

1.	**Guthaben auf Konten** *(Bezeichnung der Kontonummern, genaue Bezeichnung der Konto führenden Stelle)*	**Stichtag**	**Guthaben in EUR**
1.1 1.1.1	Girokonten (z. B. Gehaltskonto)		
1.2 1.2.1	Termin- oder Festgeldkonten		
1.3 1.3.1	Fremdwährungsgeldkonten		
1.4 1.4.1	Sparkonten, Sparverträge		
1.5 1.5.1	Raten- und Bausparverträge		
1.6 1.6.1	Sonstige Spareinlagen		

32

2.	**Wertpapiere, Schuldbuchforderungen, sonstige Darlehensforderungen** *(genaue Bezeichnung: Name des Papiers, Typ, Serie, WKN, ggf. Name der Depotbank mit Depot-Nr., Fälligkeitsdatum, Name und Anschrift des Schuldners)*	**Stichtag**	**Kurs- oder Verkehrswert in EUR**
2.1 2.1.1	Investmentfondsanteile		
2.2 2.2.1	Pfandbriefe, Sparbriefe und ähnliche festverzinsliche Wertpapiere, Obligationen		
2.3 2.3.1	Schuldbuchforderungen		
2.4 2.4.1	Wechselforderungen		
2.5 2.5.1	Scheckforderungen		
2.6 2.6.1	Forderungen aus Hypotheken oder Grundschulden		
2.7 2.7.1	Gesellschafterdarlehen		
2.8 2.8.1	Sonstige Forderungen aus Darlehen oder ähnlichen Geldanlagen		

Amtliche Fassung 7/2014 Eigenantrag Verbraucherinsolvenz: Ergänzungsblatt 5 A zum Vermögensverzeichnis, **Seite 1** von 1

Ergänzungsblatt 5 B
zum Vermögensverzeichnis des Max Muster

Hausrat, Mobiliar, Wertgegenstände und Fahrzeuge

33

1.	**Hausrat, sonstiges Mobiliar oder Wertgegenstände**	**Wert in EUR**
1.1	Bescheidene Lebensführung übersteigende Hausratsgegenstände, Möbel, Fernseh- und Videogeräte, Computer, sonstige elektronische Geräte, wertvolle Kleidungsstücke, sonstige wertvolle Gebrauchsgegenstände (z. B. Kameras, Waffen, Sportgeräte, optische Geräte u.Ä.)	
1.1.1		
1.2	Sonstige Wertgegenstände (wie z. B. wertvolle Bücher, Kunstobjekte, Musikinstrumente, Uhren, Schmuck, Sammlungen, Gegenstände aus Edelmetall, Edelsteine, Perlen, Goldmünzen etc.)	
1.2.1		
1.3	Bauten auf fremden Grundstücken (z. B. Gartenhaus, Verkaufsstände etc.)	
1.3.1		

34

2.	**Kraftfahrzeuge** *(Bitte Typ/Fabrikat, Kennzeichen, Baujahr, km-Leistung und Aufbewahrungsort des Fahrzeugbriefes angeben)*	**Wert in EUR**
2.1	PKW	
2.1.1		
2.2	LKW	
2.2.1		
2.3	Wohnwagen, Anhänger u.Ä.	
2.3.1		
2.4	Motorräder, Mopeds u.Ä.	
2.4.1		
2.5	Land- und forstwirtschaftliche Maschinen, Geräte u.Ä.	
2.5.1		

35

3.	**Erklärung zu unpfändbaren Gegenständen**
	☐ Die Gegenstände unter laufender Nummer ______ werden zur Fortsetzung der Erwerbstätigkeit benötigt. Begründung:

Amtliche Fassung 7/2014 Eigenantrag Verbraucherinsolvenz: Ergänzungsblatt 5 B zum Vermögensverzeichnis, **Seite 1** von 1

Ergänzungsblatt 5 C
zum Vermögensverzeichnis des Max Muster

Forderungen (z. B. aus Versicherungsverträgen), Rechte aus Erbfällen

	1.	**Forderungen**	**Wert in EUR**
36	1.1	**Forderungen aus Versicherungsverträgen** *(Name und Anschrift der Versicherungsgesellschaft oder Kasse und Vertragsnummer, Versicherungsleistung bzw. Beitragserstattung, ggfs. Rückkaufwert, Name des Begünstigten)*	
		Kapital-Lebensversicherungsverträge, Sterbekassen	
		private Rentenversicherungen	
		private Krankenversicherung	
		sonstige Versicherungen *(z.B. Ansprüche gegen Hausrat-, Haftpflichtversicherung, sonstige verwertbare Versicherung)*	
37	1.2	**Rückständiges Arbeitseinkommen**	
	1.2.1	*Name / Firma, vollständige Anschrift des Arbeitgebers, Art des rückständigen Einkommens (z. B. Urlaubsgeld, Weihnachtsgeld, rückständiger Lohn von – bis)*	
38	1.3	**Steuererstattungsansprüche**	
		Finanzamt	
		Steuernummer / Die Steuererklärung wurde zuletzt abgegeben für das Kalenderjahr	
39	1.4	**Sonstige Zahlungsansprüche, z. B. aus Schadensfällen oder aus noch nicht erfüllten Verträgen**	
	1.4.1	*Name / Firma, vollständige Anschrift des Schuldners Art des Zahlungsanspruchs (genaue Bezeichnung des Rechtsgrunds; ggf. Angaben zur Einbringlichkeit der Forderung)*	

40	**2.**	**Rechte und Ansprüche aus Erbfällen**	**Wert in EUR**
		(Bezeichnung der Beteiligung bzw. des Anspruchs, z. B. Erbengemeinschaft, Pflichtteilsanspruch, Beteiligung an einer fortgesetzten Gütergemeinschaft etc.)	

Amtliche Fassung 7/2014 Eigenantrag Verbraucherinsolvenz: Ergänzungsblatt 5 C zum Vermögensverzeichnis, **Seite 1** von 1

Ergänzungsblatt 5 D
zum Vermögensverzeichnis des Max Muster

Grundstücke, Eigentumswohnungen und Erbbaurechte, Rechte an Grundstücken

41

1.	**Genaue Bezeichnung des Grundvermögens** *(evtl. gesonderte Aufstellung oder Grundbuchauszüge beifügen)*			
lfd. Nr.	Lage des Objektes (Straße, Ort), Nutzungsart	Grundbuchbezeichnung (Amtsgericht, Grundbuchbezirk, Band, Blatt)	Eigentumsanteil	Verkehrswert in EUR (ca.)
1.1 1.1.1	Eigentum an Grundstücken oder Eigentumswohnungen			
1.2 1.2.1	Erbbaurechte			
1.3 1.3.1	Grunddienstbarkeiten, Nießbrauchsrechte			
1.4 1.4.1	Sonstige im Grundbuch eingetragene Rechte			

42

2.	**Belastungen dieses Grundvermögens** *(evtl. gesonderte Aufstellung oder Grundbuchauszüge beifügen)*			
lfd. Nr. zu 1.	Art der Belastung	Grundbucheintragung in a) Abteilung b) lfd. Nr.	Name des Gläubigers	Wert der derzeitigen Belastung in EUR

43

3.	**Ist die Zwangsversteigerung oder -verwaltung dieses Grundstückes angeordnet?**		
lfd. Nr. zu 1.	Zwangsversteigerung	Zwangsverwaltung	Zuständiges Amtsgericht (mit Geschäftszeichen)
	☐	☐	
	☐	☐	
	☐	☐	
	☐	☐	

Amtliche Fassung 7/2014 Eigenantrag Verbraucherinsolvenz: Ergänzungsblatt 5 D zum Vermögensverzeichnis, **Seite 1** von 1

Ergänzungsblatt 5 E
zum Vermögensverzeichnis des Max Muster

Beteiligungen (Aktien, Genussrechte, sonstige Beteiligungen)

44

1.	**Aktien, Genussrechte und sonstige Beteiligungen an Kapitalgesellschaften** (AG, GmbH, KGaA) – *evtl. gesonderte Aufstellung oder Depotauszug beifügen* –			
lfd. Nr.	a) Beteiligungsform b) Name und Anschrift der Gesellschaft c) WKN, Depot-Nr. und -bank bzw. Registergericht mit HRB-Nr.	Nennbetrag je Gesellschaft in EUR	Kurs- bzw. Verkehrswert in EUR	Fällige Gewinnansprüche in EUR
1.1				

45

2.	**Beteiligung an Personengesellschaften** (oHG, KG, Partnerschaftsgesellschaft, Gesellschaft des bürgerlichen Rechts, EWIV u.Ä.) – *evtl. gesonderte Aufstellung beifügen* –			
lfd. Nr.	a) Name und Anschrift der Gesellschaft b) Eingetragen im Register des Amtsgerichts unter HRA-Nr. c) Beteiligungsform	Nennbetrag je Gesellschaft in EUR	Verkehrswert in EUR	Fällige Gewinnansprüche in EUR
2.1				

46

3.	**Beteiligungsform als stiller Gesellschafter** – *evtl. gesonderte Aufstellung beifügen* –			
lfd. Nr.	a) Name und Anschrift des Unternehmens b) Eingetragen im Register des Amtsgerichts c) unter HRA/HRB-Nr.	Nennbetrag je Gesellschaft in EUR	Verkehrswert in EUR	Fällige Gewinnansprüche in EUR
3.1				

47

4.	**Beteiligungen an Genossenschaften** *(auch Anteile von Genossenschaftsbanken, Spar- und Darlehnskassen)* – *evtl. gesonderte Aufstellung beifügen* –		
lfd. Nr.	a) Name und Anschrift der Genossenschaft b) Eingetragen im Register des Amtsgerichts c) unter Nr.	Geschäftsguthaben in EUR	Fällige Gewinnansprüche in EUR
4.1			

Amtliche Fassung 7/2014 Eigenantrag Verbraucherinsolvenz: Ergänzungsblatt 5 E zum Vermögensverzeichnis, **Seite 1** von 1

Ergänzungsblatt 5 F
zum Vermögensverzeichnis des Max Muster

Immaterielle Vermögensgegenstände und sonstiges Vermögen

48

1.	**Immaterielle Vermögensgegenstände** (z. B. Urheber-, Patent-, Verlags- oder ähnliche Rechte)	
lfd. Nr.	Genaue Bezeichnung und – soweit registriert – Angabe der Registerbehörde (z. B. Deutsches Patentamt), des Geschäftszeichens der Registerbehörde; Angaben über Nutzungsverträge u.Ä.	**Wert in EUR**
1.1		

49

2.	**Sonstiges Vermögen**	
lfd. Nr.		**Wert in EUR**
2.1		

Amtliche Fassung 7/2014 Eigenantrag Verbraucherinsolvenz: Ergänzungsblatt 5 F zum Vermögensverzeichnis, **Seite 1** von 1

Ergänzungsblatt 5 G
zum Vermögensverzeichnis des Max Muster

Laufendes Einkommen

50 **I. Einkünfte aus nichtselbständiger Arbeit und sonstigen Dienstverhältnissen**

Berufliche Tätigkeit (Aufgabenbereich)	Berufliche Tätigkeit: Verkäufer
Genauer Name (Firma) und Anschrift des Arbeitgebers oder der sonstigen auszahlenden Stelle	Name / Firma: XY GmbH Straße: Asternweg; Hausnummer: 7 PLZ: 22040; Ort: Hamburg Personal-Nr. o.Ä.: 432 ☒ Lohn- oder Gehaltsbescheinigungen der letzten 2 Monate sind beigefügt

	Nein	Ja	Zahlungsweise	Abzweigungsbetrag bei Pfändung oder Abtretung in EUR	Auszahlungsbetrag in EUR
1. **Arbeitseinkommen**	☐	☒	monatlich		€1.000,00
2. **Zulagen** (durchschnittlich)	☒	☐	monatlich		
3. **Zusätzliche Leistungen des Arbeitgebers** (z. B. vermögenswirksame Leistungen)	☒	☐	monatlich		
4. **Weihnachtsgeld**	☒	☐	jährlich		
5. **Urlaubsgeld**	☒	☐	jährlich		
6. **Einkünfte aus sonstigen Dienstverhältnissen, Aufwandsentschädigungen und gewinnabhängige Tantiemen**	☒	☐	monatlich		
			jährlich		
7. **Abfindungen bei Beendigung eines Dienst- oder Arbeitsverhältnisses**	☒	☐	gesamt		

51 **II. Einkünfte im Rahmen des Ruhestands**

			Abzweigungsbetrag bei Pfändung oder Abtretung in EUR	monatlicher Auszahlungsbetrag in EUR
1. **Leistungen der gesetzlichen Rentenversicherung**	☒ Nein	☐ Ja, auszahlende Stelle und Geschäftszeichen: ☐ Rentenbescheid ist beigefügt		
2. **Versorgungsbezüge**	☒ Nein	☐ Ja, auszahlende Stelle und Geschäftszeichen: ☐ Versorgungsbescheid ist beigefügt.		
3. **Betriebsrenten**	☒ Nein	☐ Ja, auszahlende Stelle und Geschäftszeichen: ☐ Rentenbescheid ist beigefügt		

Amtliche Fassung 7/2014 Eigenantrag Verbraucherinsolvenz: Ergänzungsblatt 5 G zum Vermögensverzeichnis, **Seite 1** von 3

4. Sonstige fortlaufende Einkünfte infolge des Ausscheidens aus einem Dienst- oder Arbeitsverhältnis	☒ Nein	☐ Ja, auszahlende Stelle und Geschäftszeichen: ☐ Nachweis ist beigefügt		
5. Renten aus privaten Versicherungs- oder Sparverträgen	☒ Nein	☐ Ja, auszahlende Stelle und Vertrags-Nr.: ☐ Nachweis ist beigefügt		

52 **III. Unterhaltszahlungen**

☒ Nein	☒ Ja *Name, vollständige Anschrift der unterhaltspflichtigen Person(en)*	Abzweigungsbetrag bei Pfändung oder Abtretung in EUR	monatlicher Auszahlungsbetrag in EUR

53 **IV. Leistungen aus öffentlichen Kassen**

			Abzweigungsbetrag bei Pfändung oder Abtretung in EUR	monatlicher Auszahlungsbetrag in EUR
1. Arbeitslosengeld (ALG I)	☒ Nein	☐ Ja, auszahlende Stelle und Geschäftszeichen: ☐ Bewilligungsbescheid ist beigefügt		
2. Grundsicherung für Arbeitsuchende (z. B. ALG II)	☒ Nein	☐ Ja, auszahlende Stelle und Geschäftszeichen: ☐ Bewilligungsbescheid ist beigefügt		
3. Krankengeld	☒ Nein	☐ Ja, auszahlende Stelle und Geschäftszeichen: ☐ Bewilligungsbescheid ist beigefügt		
4. Sozialhilfe	☒ Nein	☐ Ja, auszahlende Stelle und Geschäftszeichen: ☐ Bewilligungsbescheid ist beigefügt		
5. Wohngeld	☒ Nein	☐ Ja, auszahlende Stelle und Geschäftszeichen: ☐ Bewilligungsbescheid ist beigefügt		
6. Kindergeld	☒ Nein	☐ Ja, auszahlende Stelle und Geschäftszeichen: ☐ Bewilligungsbescheid ist beigefügt		

Amtliche Fassung 7/2014 Eigenantrag Verbraucherinsolvenz: Ergänzungsblatt 5 G zum Vermögensverzeichnis, **Seite 2** von 3

7. Berufs- oder Erwerbsunfähigkeitsrenten	☒ Nein	☐ Ja, auszahlende Stelle und Geschäftszeichen: ☐ Bewilligungsbescheid ist beigefügt		
8. Hinterbliebenen-, Unfall-, Kriegsopferrenten	☒ Nein	☐ Ja, auszahlende Stelle und Geschäftszeichen: ☐ Bewilligungsbescheid ist beigefügt		
9. Sonstige Leistungen aus öffentlichen Kassen	☒ Nein	☐ Ja, auszahlende Stelle und Geschäftszeichen: ☐ Bewilligungsbescheid ist beigefügt		

54

V. Einkünfte aus Vermietung und Verpachtung

☒ Nein	☐ Ja *Bezeichnung des Miet- oder Pachtobjekts; Name und Anschrift der Mieter oder Pächter*	monatlich	jährlich	Abzweigungsbetrag bei Pfändung oder Abtretung in EUR	Einkünfte in EUR
		☐	☐		
		☐	☐		
		☐	☐		

55

VI. Zinseinkünfte und sonstige laufende Einkünfte

☒ Nein	☐ Ja *genaue Bezeichnung der Einkunftsart; Name und Anschrift der zahlungspflichtigen Person oder Stelle*	monatlich	jährlich	Abzweigungsbetrag bei Pfändung oder Abtretung in EUR	Einkünfte in EUR
		☐	☐		
		☐	☐		
		☐	☐		
		☐	☐		
		☐	☐		

Amtliche Fassung 7/2014 Eigenantrag Verbraucherinsolvenz: Ergänzungsblatt 5 G zum Vermögensverzeichnis, **Seite 3** von 3

Ergänzungsblatt 5 H
zum Vermögensverzeichnis des Max Muster

Sicherungsrechte Dritter und Zwangsvollstreckungsmaßnahmen

56

1.	**Eigentumsvorbehalte, Sicherungsübereignungen**			
lfd. Nr.	Gegenstand	Datum des Vertrags	Name und Anschrift des Verkäufers bzw. Sicherungsnehmers	Restschuld (ca.) in EUR
1.1				

57

2.	**Lohnabtretungen, Sicherungsabtretungen**					
lfd. Nr.	Abgetretene Forderung *(z. B.: Lohn/Gehalt bei Fa. ..., Ansprüche aus Lebensversicherung ...)*	Abtretung ist offen gelegt	pfändbarer Teil wird abgeführt	Datum der Abtretung	Name und Anschrift des Lohn- bzw. Sicherungsabtretungsgläubigers	gegenwärtige Höhe der gesicherten Schuld (ca.) in EUR
2.1		☐	☐			
		☐	☐			
		☐	☐			

58

3.	**Freiwillige Verpfändungen**			
lfd. Nr.	Verpfändeter Gegenstand bzw. verpfändete Forderung	Datum der Verpfändung	Name und Anschrift des Pfandgläubigers	gegenwärtige Höhe der gesicherten Schuld (ca.) in EUR
3.1				

59

4.	**Zwangsvollstreckungen und Pfändungen**			
lfd. Nr.	Gegenstand und Datum der Zwangsvollstreckung / Pfändung (mit Angabe von Gerichtsvollzieher und DR-Nr. des Pfändungsprotokolls bzw. von Gericht und Aktenzeichen des Pfändungs- und Überweisungsbeschlusses)	Datum der Pfändungsmaßnahme	Name und Anschrift des Gläubigers	Restschuld (ca.) in EUR
4.1				

Amtliche Fassung 7/2014 Eigenantrag Verbraucherinsolvenz: Ergänzungsblatt 5 H zum Vermögensverzeichnis, **Seite 1** von 1

Ergänzungsblatt 5 J
zum Vermögensverzeichnis des Max Muster

Regelmäßig wiederkehrende Verpflichtungen

60

I. Unterhaltsleistungen an Angehörige	Name, Vorname und Geburtsdatum, Anschrift (nur, wenn sie von Ihrer Anschrift abweicht)	Familienverhältnis (Kind, Ehegatte, Eltern, Lebenspartner, usw.)	Unterhaltsleistung	Eigene Einnahmen der Empfänger
	1. Klaus Muster Birkenalle 3 in 10777 Berlin	Kind	☐ Naturalunterhalt ☒ Barunterhalt, monatlich 150,00 EUR	☒ Nein ☐ Ja, monatlich netto EUR ☐ Nicht bekannt
	2.		☐ Naturalunterhalt ☐ Barunterhalt, monatlich EUR	☐ Nein ☐ Ja, monatlich netto EUR ☐ Nicht bekannt
	3.		☐ Naturalunterhalt ☐ Barunterhalt, monatlich EUR	☐ Nein ☐ Ja, monatlich netto EUR ☐ Nicht bekannt
	4.		☐ Naturalunterhalt ☐ Barunterhalt, monatlich EUR	☐ Nein ☐ Ja, monatlich netto EUR ☐ Nicht bekannt
	5.		☐ Naturalunterhalt ☐ Barunterhalt, monatlich EUR	☐ Nein ☐ Ja, monatlich netto EUR ☐ Nicht bekannt

61

II. Wohnkosten	Wohnungsgröße in qm	Kaltmiete monatlich in EUR	Nebenkosten monatlich in EUR	Gesamtmiete monatlich in EUR	Ich zahle darauf monatlich EUR	Mitbewohner zahlen monatlich EUR
	40	400,00	50,00	450,00	450,00	0,00

62

III. Weitere wesentliche Zahlungsverpflichtungen, besondere Belastungen	Art der Verpflichtung bzw. außergewöhnlichen Belastung (z. B. Lebensversicherungsbeiträge, Verpflichtungen aus Kredit-, Abzahlungskauf- oder Leasingverträgen, Pflege- und Krankheitsaufwendungen)	Monatliche Höhe der Verpflichtung bzw. Belastung in EUR	Mitverpflichtete zahlen darauf monatlich in EUR

Amtliche Fassung 7/2014 Eigenantrag Verbraucherinsolvenz: Ergänzungsblatt 5 J zum Vermögensverzeichnis, **Seite 1** von 1

Ergänzungsblatt 5 K
zum Vermögensverzeichnis des Max Muster

Schenkungen und entgeltliche Veräußerungen
(§§ 132, 133, 134 InsO)

63

1.	**Unentgeltliche Veräußerung von Vermögensgegenständen (Schenkungen)**			
	☐ Ich habe in den letzten 4 Jahren vor dem Antrag auf Eröffnung des Insolvenzverfahrens folgende Geldbeträge, Forderungen oder Gegenstände verschenkt (gebräuchliche Geschenke von geringem Wert sind nicht anzugeben):			
lfd. Nr.	Name und Anschrift des Empfängers	Datum	Gegenstand	Wert in EUR
1.1				

64

2.	**Entgeltliche Veräußerung von Vermögensgegenständen an nahestehende Personen**			
	☐ Ich habe in den letzten 2 Jahren vor dem Antrag auf Eröffnung des Insolvenzverfahrens folgender nahestehenden Person folgende Vermögensgegenstände (auch Forderungen) entgeltlich veräußert:			
lfd. Nr.	Name der nahestehenden Person (§ 138 InsO)	Datum	Gegenstand	Wert in EUR
2.1	☐ Ehegatte oder Lebenspartner (vor, während oder nach der Ehe oder Lebenspartnerschaft)			
2.2	☐ Lebensgefährte oder andere Personen, die mit mir in häuslicher Gemeinschaft leben oder im letzten Jahr vor der Veräußerung gelebt haben			
2.3	☐ Kinder oder Enkelkinder			
2.4	☐ meine oder meines Ehegatten Eltern, Großeltern, Geschwister und Halbgeschwister			
2.5	☐ Ehegatten der zuvor genannten Personen			

Amtliche Fassung 7/2014 Eigenantrag Verbraucherinsolvenz: Ergänzungsblatt 5 K zum Vermögensverzeichnis, **Seite 1** von 2

2.6	☐ Juristische Personen (z.B. AG, GmbH, KGaA) oder Gesellschaften ohne Rechtspersönlichkeit (z.B. oHG, KG) bei denen ich oder eine der in Nrn. 2.1 bis 2.5 genannten Personen als Mitglied des Vertretungs- oder Aufsichtsorgans, als persönlich haftender Gesellschafter oder zu mehr als einem Viertel an deren Kapital beteilligt sind.			
2.7	☐ Sonstige nahestehenden Personen Erläuterung:			

65

Anlage 6
zum Eröffnungsantrag des Max Muster

Gläubiger- und Forderungsverzeichnis

(Verzeichnis der Gläubiger und Verzeichnis der gegen den Schuldner gerichteten Forderungen, § 305 Abs. 1 Nr. 3 InsO)

lfd. Nr. des Gläubigers im SB-Plan AT	Name/Kurzbezeichnung des Gläubigers *(vollständige Angaben im Allgemeinen Teil des Schuldenbereinigungsplans)*	Nahestehende Person (§ 138)	Hauptforderung in EUR (je Hauptforderung eine Zeile)	Zinsen: Höhe in EUR	Zinsen: berechnet bis zum	Kosten in EUR	Forderungsgrund; ggf. Angaben zum Bestand und zur Berechtigung der Forderung	Forderung tituliert	Summe aller Forderungen des Gläubigers in EUR
			Hinsichtlich der Angaben zu Hauptforderung, Zinsen, Kosten, Forderungsgrund und Titulierung kann durch einen Hinweis in der Spalte „Forderungsgrund" auf beigefügte Forderungsaufstellungen der Gläubiger Bezug genommen werden (§ 305 Abs. 2 Satz 1 InsO).						
1	A- Bank	☐	10.000,00	1.500,00	31.01.xx	0,00	Girokontoforderung	☒	11.500,00
2	B-Bank	☐	250.000,00	4.500,00	31.01.XX	0,00	Darlehensforderung	☒	254.500,00
		☐						☐	
		☐						☐	
		☐						☐	
		☐						☐	
		☐						☐	
		☐						☐	
		☐						☐	
		☐						☐	
		☐						☐	
		☐						☐	
		☐						☐	
		☐						☐	

Amtliche Fassung 7/2014 — Eigenantrag Verbraucherinsolvenz: Gläubiger- und Forderungsverzeichnis (Anlage 6), **Seite 1**

lfd. Nr. des Gläubigers im SB-Plan AT	Name/Kurzbezeichnung des Gläubigers *(vollständige Angaben im Allgemeinen Teil des Schuldenbereinigungsplans)*	Nahestehende Person (§ 138)	Hauptforderung in EUR (je Hauptforderung eine Zeile)	Zinsen Höhe in EUR	Zinsen berechnet bis zum	Kosten in EUR	Forderungsgrund; ggf. Angaben zum Bestand und zur Berechtigung der Forderung	Forderung tituliert	Summe aller Forderungen des Gläubigers in EUR
			Hinsichtlich der Angaben zu Hauptforderung, Zinsen, Kosten, Forderungsgrund und Titulierung kann durch einen Hinweis in der Spalte „Forderungsgrund“ auf beigefügte Forderungsaufstellungen der Gläubiger Bezug genommen werden (§ 305 Abs. 2 Satz 1 InsO).						
		☐						☐	
		☐						☐	
		☐						☐	
		☐						☐	
		☐						☐	
		☐						☐	
		☐						☐	
		☐						☐	
		☐						☐	
		☐						☐	
		☐						☐	
		☐						☐	

Versicherung (§ 305 Abs. 1 Nr. 3 InsO)	Die **Richtigkeit und Vollständigkeit der in diesem Gläubiger- und Forderungsverzeichnis enthaltenen Angaben** versichere ich. Mir ist bekannt, dass vorsätzliche Falschangaben strafbar sein können und dass mir die Restschuldbefreiung versagt werden kann, wenn ich vorsätzlich oder grob fahrlässig unrichtige oder unvollständige Angaben gemacht habe (§ 290 Abs. 1 Nr. 6 InsO).

(Ort, Datum) (Unterschrift)

Amtliche Fassung 7/2014

Eigenantrag Verbraucherinsolvenz: Gläubiger- und Forderungsverzeichnis (Anlage 6), **Seite 2**

66

Anlage 7 zum Eröffnungsantrag des	Vorname und Name: Max Muster
	Straße und Hausnummer: Waldweg 1
	Postleitzahl und Ort: 10178 Berlin
	Verfahrensbevollmächtigte(r): Rechtsanwalt Rudolf Rat

Schuldenbereinigungsplan für das gerichtliche Verfahren

(§ 305 Abs. 1 Nr. 4 InsO)

Allgemeiner Teil

Neben diesem Allgemeinen Teil besteht der Schuldenbereinigungsplan aus dem Besonderen Teil (Anlagen 7 A und 7 B). Dort sind für jeden Gläubiger die angebotenen besonderen Regelungen zur angemessenen Bereinigung der Schulden dargestellt. Ergänzende Erläuterungen zur vorgeschlagenen Schuldenbereinigung können in der Anlage 7 C erfolgen.

67

Datum des Schuldenbereinigungsplans: 01.03.xx

68

Unter Berücksichtigung der Gläubigerinteressen sowie meiner Vermögens-, Einkommens- und Familienverhältnisse biete ich den nachstehenden Gläubigern zur Bereinigung meiner Schulden folgenden Schuldenbereinigungsplan an:

- ☐ Plan mit Einmalzahlung oder festen Raten gemäß dem in Anlage 7 A beiliegenden Plan und den in Anlage 7 B aufgeführten ergänzenden Regelungen
- ☒ Plan mit flexiblen Raten gemäß dem in Anlage 7 A beiliegenden Plan und den in Anlage 7 B aufgeführten ergänzenden Regelungen
- ☐ Sonstiger Plan (als Anlage 7 A beigefügt) mit den in Anlage 7 B aufgeführten ergänzenden Regelungen
- ☐ Erläuterungen zur vorgeschlagenen Schuldenbereinigung (Anlage 7 C)

69

Beteiligte Gläubiger

lfd. Nr.	Gläubiger *(möglichst in alphabetischer Reihenfolge)*	Verfahrensbevollmächtigte(r) für das Insolvenzverfahren	Summe aller Forderungen des Gläubigers in EUR	Anteil an der Gesamtverschuldung in %
1.	Name, Vorname bzw. Firma: Bank A	Name, Vorname, Firma	11500	4,32
	Straße, Hausnummer: Fasanenstraße 99	Straße, Hausnummer		
	Postleitzahl, Ort: 10623 Berlin	Postleitzahl, Ort		
	Geschäftszeichen: Konto 1533	Geschäftszeichen		
	gesetzlich vertreten durch: Vorstand X			
2.	Name, Vorname bzw. Firma: Bank B	Name, Vorname, Firma	254500	95,68
	Straße, Hausnummer: Kantstraße 189	Straße, Hausnummer		
	Postleitzahl, Ort: 10623 Berlin	Postleitzahl, Ort		
	Geschäftszeichen: Kredit 87999	Geschäftszeichen		
	gesetzlich vertreten durch: Vorstand Y			
3.	Name, Vorname bzw. Firma	Name, Vorname, Firma		
	Straße, Hausnummer	Straße, Hausnummer		
	Postleitzahl, Ort	Postleitzahl, Ort		
	Geschäftszeichen	Geschäftszeichen		
	gesetzlich vertreten durch			

Amtliche Fassung 7/2014 — Eigenantrag Verbraucherinsolvenz: SBP Allgemeiner Teil (Anlage 7), **Seite 1**

lfd. Nr.	Gläubiger	Verfahrensbevollmächtigte(r) für das Insolvenzverfahren	Summe aller Forderungen des Gläubigers in EUR	Anteil an der Gesamtverschuldung in %
	Name, Vorname bzw. Firma	Name, Vorname, Firma		
	Straße, Hausnummer	Straße, Hausnummer		
	Postleitzahl, Ort	Postleitzahl, Ort		
	Geschäftszeichen	Geschäftszeichen		
	gesetzlich vertreten durch			
	Name, Vorname bzw. Firma	Name, Vorname, Firma		
	Straße, Hausnummer	Straße, Hausnummer		
	Postleitzahl, Ort	Postleitzahl, Ort		
	Geschäftszeichen	Geschäftszeichen		
	gesetzlich vertreten durch			
	Name, Vorname bzw. Firma	Name, Vorname, Firma		
	Straße, Hausnummer	Straße, Hausnummer		
	Postleitzahl, Ort	Postleitzahl, Ort		
	Geschäftszeichen	Geschäftszeichen		
	gesetzlich vertreten durch			
	Name, Vorname bzw. Firma	Name, Vorname, Firma		
	Straße, Hausnummer	Straße, Hausnummer		
	Postleitzahl, Ort	Postleitzahl, Ort		
	Geschäftszeichen	Geschäftszeichen		
	gesetzlich vertreten durch			
	Name, Vorname bzw. Firma	Name, Vorname, Firma		
	Straße, Hausnummer	Straße, Hausnummer		
	Postleitzahl, Ort	Postleitzahl, Ort		
	Geschäftszeichen	Geschäftszeichen		
	gesetzlich vertreten durch			
	Name, Vorname bzw. Firma	Name, Vorname, Firma		
	Straße, Hausnummer	Straße, Hausnummer		
	Postleitzahl, Ort	Postleitzahl, Ort		
	Geschäftszeichen	Geschäftszeichen		
	gesetzlich vertreten durch			

Amtliche Fassung 7/2014 Eigenantrag Verbraucherinsolvenz: SBP Allgemeiner Teil (Anlage 7), **Seite 2**

70

Anlage 7 A
zum Eröffnungsantrag des Max Muster

Schuldenbereinigungsplan für das gerichtliche Verfahren

Besonderer Teil

- Musterplan mit Einmalzahlung bzw. festen Raten -

Datum des Schuldenbereinigungsplans: 01.03.xx

In Verbindung mit den ergänzenden Regelungen gemäß Anlage 7 B biete ich den im Plan genannten Gläubigern zur angemessenen und endgültigen Bereinigung meiner Schulden die folgende Regelung an:

Gesamtverschuldung in EUR	Gesamtregulierungsbetrag in EUR	Gesamtregulierungsquote in %	Monatliche Gesamtrate in EUR

Zahlungsweise und Fälligkeit

Anzahl der Raten

Zahlungsweise
☐ einmalig ☐ monatlich zum ______
☐ ______

☐ **Sonderzahlungen** (z. B. pfändbarer Teil des Weihnachtsgeldes)
Anzahl der Sonderzahlungen: Zahlungsweise:

Beginn der Zahlungen

lfd. Nr. des Gläubigers im SB-Plan AT	Name/Kurzbezeichnung des Gläubigers (vollständige Angaben im Allgemeinen Teil des Schuldenbereinigungsplans)	Hauptforderung in EUR	Zinsen: Höhe in EUR	Zinsen: berechnet bis zum	Kosten in EUR	Forderung gesichert	Zahlungsweise und Fälligkeit (*nur soweit nicht einheitlich wie oben angegeben*) *Anzahl der Raten p.m./p.a. zum ...*	Höhe der festen Rate oder Einmalzahlung in EUR	jeweilige Höhe der Sonderzahlung(en)	Summe aller Zahlungen auf die Forderung in EUR	Regulierungsquote auf die Forderung in %
						☐					
						☐					
						☐					
						☐					
						☐					

Amtliche Fassung 7/2014

Eigenantrag Verbraucherinsolvenz: SBP Besonderer Teil (Anlage 7 A – feste Raten), **Seite 1**

lfd. Nr. des Gläubigers im SB-Plan AT	Name/Kurzbezeichnung des Gläubigers *(vollständige Angaben im Allgemeinen Teil des Schuldenbereinigungsplans)*	Hauptforderung in EUR	Zinsen		Kosten in EUR	Forderung gesichert	Zahlungsweise und Fälligkeit *(nur soweit nicht einheitlich wie oben angegeben)*	Höhe der festen Rate oder Einmalzahlung in EUR	jeweilige Höhe der Sonderzahlung(en)	Summe aller Zahlungen auf die Forderung in EUR	Regulierungsquote auf die Forderung in %
			Höhe in EUR	berechnet bis zum			*Anzahl der Raten* *p.m./p.a. zum ...*				
						☐					
						☐					
						☐					
						☐					
						☐					
						☐					
						☐					
						☐					
						☐					
						☐					
						☐					
						☐					
						☐					
						☐					
						☐					
						☐					
						☐					

Amtliche Fassung 7/2014 Eigenantrag Verbraucherinsolvenz: SBP Besonderer Teil (Anlage 7 A – feste Raten), **Seite 2**

71

Anlage 7 A
zum Eröffnungsantrag des Max Muster

Schuldenbereinigungsplan für das gerichtliche Verfahren

Besonderer Teil

- Musterplan mit flexiblen Raten -

Datum des Schuldenbereinigungsplans: 01.03.xx

In Verbindung mit den ergänzenden Regelungen gemäß Anlage 7 B biete ich den im Plan genannten Gläubigern zur angemessenen und endgültigen Bereinigung meiner Schulden die folgende Regelung an:

Gesamtverschuldung in EUR: 266000		derzeit pfändbarer Teil des Einkommens in EUR: 0
Zahlungsweise und Fälligkeit	**Gesamtlaufzeit in Monaten**	**Zahlungsweise** ☒ monatlich zum ersten ☐
	Beginn der Laufzeit 01.03.20XX	
	Der Zahlbetrag ergibt sich aus ☒ dem jeweils pfändbaren Teil meines Einkommens gemäß §§ 850c ff. ZPO. ☒ den ergänzenden Regelungen in Anlage 7 B.	

lfd. Nr. des Gläubigers im SB-Plan AT	Name / Kurzbezeichnung des Gläubigers *(vollständige Angaben im Allgemeinen Teil des Schuldenbereinigungsplans)*	Hauptforderung in EUR	Zinsen: Höhe in EUR	Zinsen: berechnet bis zum	Kosten in EUR	Forderung gesichert	Zahlungsweise und Fälligkeit *(nur soweit nicht einheitlich wie oben angegeben)*: *Anzahl der Raten*	*p.m./p.a. zum ...*	*erstmals am ...*	Anteil der Forderung am Zahlbetrag in %
1	Bank A	10000	1500	31.01.XX	0	☐				4,32
2	Bank B	250000	4500	31.01.XX	0	☐				95,68
						☐				
						☐				
						☐				

Amtliche Fassung 7/2014

Eigenantrag Verbraucherinsolvenz: SBP Besonderer Teil (Anlage 7 A – flexible Raten), **Seite 1**

lfd. Nr. des Gläubigers im SB-Plan AT	Name / Kurzbezeichnung des Gläubigers *(vollständige Angaben im Allgemeinen Teil des Schuldenbereinigungsplans)*	Hauptforderung in EUR	Zinsen		Kosten in EUR	Forderung gesichert	Zahlungsweise und Fälligkeit *(nur soweit nicht einheitlich wie oben angegeben)*			Anteil der Forderung am Zahlbetrag in %
			Höhe in EUR	berechnet bis zum			*Anzahl der Raten*	*p.m./p.a. zum ...*	*erstmals am ...*	
						☐				
						☐				
						☐				
						☐				
						☐				
						☐				
						☐				
						☐				
						☐				
						☐				
						☐				
						☐				
						☐				
						☐				
						☐				
						☐				
						☐				

Amtliche Fassung 7/2014

Eigenantrag Verbraucherinsolvenz: SBP Besonderer Teil (Anlage 7 A – flexible Raten), **Seite 2**

Anlage 7 B
zum Eröffnungsantrag des Max Muster

Schuldenbereinigungsplan für das gerichtliche Verfahren

Besonderer Teil

- Ergänzende Regelungen -

Datum des Schuldenbereinigungsplans: 01.03.xx

72 **Ergänzende Regelungen**
(insbesondere Sicherheiten der Gläubiger, § 305 Abs. 1 Nr. 4 Halbsatz 3)

Es sollen folgende ergänzende Regelungen gelten (für die Sicherheiten der Gläubiger, z. B. Sicherungsabtretungen, Bürgschaften, vereinbarte oder durch Zwangsvollstreckung erlangte Pfandrechte, müssen Regelungen erfolgen):

Verzicht auf Zwangsvollstreckungsmaßnahmen
Mit wirksamem Abschluss des Vergleichs ruhen sämtliche Zwangsvollstreckungsmaßnahmen und Sicherungsverwertungen, soweit sie die in das Verfahren einbezogenen Forderungen und Ansprüche betreffen. Während der Laufzeit der Vereinbarung verzichten die Gläubiger auf weitere Zwangsvollstreckungsmaßnahmen oder die Offenlegung einer Lohnabtretung.

Einsatz eines außergerichtlichen Treuhänders
Es wird ein außergerichtlicher Treuhänder eingesetzt, der die pfändbaren Beträge einzieht und nach der Quote an die Gläubiger verteilt.

Anpassungsklausel
1. Bei Änderung der Pfändungstabelle zu § 850 c ZPO ändert sich der Zahlungsbetrag dem dann pfändbaren Betrag entsprechend.
2. Bei Familienzuwachs oder einer Minderung des Einkommens aufgrund von Arbeitslosigkeit oder anderer nicht vom Schuldner zu vertretender Gründe wird der Zahlungsbetrag analog der Pfändungstabelle zu § 850 c ZPO geändert. Nach Abzug des Pfändungsbetrages ist dem Schuldner mindestens das sozialhilferechtliche Existenzminimum entsprechend den Bestimmungen nach § 850 f Abs. 1 ZPO zu belassen. Die Anpassung ist mit einer Bescheinigung des zuständigen Sozialamtes zu belegen.
3. Bei einer wesentlichen Verbesserung der Einkommenssituation von dauerhaft mindestens 10 % oder bei einem Wegfall von Unterhalspflichtigen erfolgt eine Anhebung der Rate entsprechend dem dann pfändbaren Betrag gem. § 850 c ZPO.

Obliegenheiten
1. Der Schuldner verpflichtet sich, dem Gläubiger auf Anforderung Nachweise über seine Einkommenssituation vorzulegen.
2. Im Falle der Arbeitslosigkeit verpflichtet sich der Schuldner zu intensiven eigenen Bemühungen um eine angemessene Erwerbstätigkeit und er verpflichtet sich, keine zumutbare Tätigkeit abzulehnen. Auf Anforderung des Gläubigers legt der Schuldner entsprechende Nachweise vor.
3. Erhält der Schuldner während der Laufzeit der Ratenzahlungen eine Erbschaft, verpflichtet er sich, diese zur Hälfte des Wertes an die Gläubiger entsprechend ihrer jeweiligen Quoten herauszugeben.

Kündigung
Gerät der Schuldner mit 2 ganzen auf einander folgenden Monatsraten an den Treuhänder in Rückstand, ohne zuvor mit dem Gläubiger eine entsprechende Stundungsvereinbarung getroffen zu haben, so kann von Gläubigerseite der abgeschlossene Vergleich schriftlich gekündigt werden.
Vor einer Kündigung wird der Gläubiger dem Schuldner schriftlich eine 2-wöchige Frist zur Zahlung des rückständigen Betrages einräumen. Diese Aufforderung ist mit der Erklärung zu versehen, dass bei Nichtzahlung der Vergleich gekündigt wird.

Amtliche Fassung 7/2014 Eigenantrag Verbraucherinsolvenz: SBP Besonderer Teil (Anlage 7 B), **Seite 1**

Anlage 7 C
zum Eröffnungsantrag des Max Muster

Schuldenbereinigungsplan für das gerichtliche Verfahren

Erläuterungen zur vorgeschlagenen Schuldenbereinigung

Datum des Schuldenbereinigungsplans: 01.03.xx

73 **Erläuterungen zur vorgeschlagenen Schuldenbereinigung**

Amtliche Fassung 7/2014 Eigenantrag Verbraucherinsolvenz: SBP Besonderer Teil (Anlage 7 C), **Seite 1**

6. Insolvenzplan

Mit der Reform 2014 wurde zum § 312 Abs. 2 InsO a.F. gestrichen mit der Folge, dass nunmehr auch ein Insolvenzplan für das Verbraucherinsolvenzverfahren möglich ist. 654

Da das Verfahren deutlich komplizierter ist und eine gewisse Vermögens- und Einkommensmasse voraussetzt, wird es meines Erachtens wenig Einfluss auf den Verbraucherinsolvenzbereich haben.

Das Insolvenzplanverfahren kennt man bislang nur in der Regelinsolvenz von Firmen. Es dient der Sanierung in der Insolvenz. Es wird dabei vom Insolvenzverwalter ein Insolvenzplan (quasi ein komplexer Vergleich) aufgestellt, dem die Mehrheit der Gläubiger (in Gruppen aufgeteilt und mit Stimmrechten entsprechend ihrer Forderungshöhe ausgestattet) zustimmen muss. 655

Bei der Gruppenbildung werden dabei Beteiligte mit gleichartigen wirtschaftlichen Interessen zusammengefasst, z.B. 656

- Kleingläubiger bis 1000,00 €,
- sonstige Insolvenzgläubiger,
- Gläubiger mit Absonderungsrechten an einer Immobilie.

Die Gruppen dürfen unterschiedlich befriedigt werden, nur innerhalb der jeweiligen Gruppe besteht der Gleichbehandlungsgrundsatz. 657

Der Plan kommt zustande, wenn die Mehrheit der Gruppen zustimmt. 658

Verbraucher haben damit die Möglichkeit außerhalb eines eröffneten Insolvenzverfahrens mittels Schuldenregulierungsverfahren eine Einigung mit den Gläubigern herbeizuführen. Die Sanierungsmöglichkeiten können unter Umständen dadurch erhöht werden. Hierfür bedarf es jedoch Einkommens- und Vermögensquellen des Schuldners, um den Plan „mit Leben zu erfüllen". Für die Gläubiger ist das Insolvenzplanverfahren eine zusätzliche Chance noch eine nennenswerte Quote zu erhalten. 659

Für die hauptsächlich vorkommenden Schuldner, die entweder mittellos sind oder nur geringfügige Pfändungsbeträge abführen können, ist das Insolvenzplanverfahren jedoch nicht geeignet. 660

§ 6 Beratungshilfe, PKH und Rechtsschutzversicherung

Inhalt

A. Beratungshilfe

I. Allgemeines

1 Wie stellen Sie sich den „idealen Mandanten" vor? Das ist gewiss ein zahlungskräftiger, zahlungswilliger, zufriedener Mandant und wenn er dazu unkompliziert und freundlich ist, umso besser.

Wenn es diesen Mandanten – gerade im Hinblick auf die Zahlungsfreudig- und -willigkeit – gibt, so ist dieser „Exot" in einigen Kanzleien eher die Ausnahme, denn sehr viele Menschen sind nicht in der Lage, einen RA zu bezahlen – selbst wenn sie es wollten. Die Anzahl von Beratungshilfeberechtigten nimmt vielmehr stetig zu.

2 Bereits im GG ist verankert, dass alle Menschen vor dem Gesetz gleich sind. Der Millionär, der einen RA bezahlen kann, soll im Hinblick auf die Wahrnehmung seiner Rechte nicht besser gestellt sein, als ein Hartz-IV-Empfänger. Unter dem Aspekt der Chancengleichheit soll den Menschen, die aus finanzieller Not nicht der Lage sind, einen RA zu bezahlen, unter bestimmten Voraussetzungen, die Wahrnehmung ihrer Rechte gewährt werden.

3 Ähnlich wie bei der PKH, die im gerichtlichen Verfahren zum Tragen kommt (s. Rdn 66 ff.), ermöglicht die Beratungshilfe den Bürgern die Wahrnehmung ihrer Rechte mit der Maßgabe, dass die Kosten von der Landeshauptkasse, gegen eine sehr geringe Eigenbeteiligung des Rechtssuchenden, in außer- bzw. vorgerichtlichen Angelegenheiten getragen werden.

Die außer- bzw. vorgerichtliche Tätigkeit umfasst die Erteilung eines Rates und/oder einer Auskunft und wenn dies nicht ausreichend ist, darüber hinaus (mit Einschränkungen) die außer- bzw. vorgerichtliche Vertretung.

Anders als bei der PKH ist derjenige (sofern sich die Einkommensverhältnisse wesentlich verbessern), für den die Kosten von der Bundes- oder Landeshauptkasse i.R.d. Beratungshilfe geleistet wurden, nicht verpflichtet, diese Kosten wieder zurückzuerstatten. 4

II. Gesetzliche Grundlage

Geregelt sind die Voraussetzungen für die Beratungshilfe in dem Gesetz über Rechtsberatung und Vertretung für Bürger mit geringem Einkommen (BerHG). 5

Zum 1.1.2014 wurde die Beratungshilfe zusammen mit einer Neuregelung der Prozesskostenhilfe durch das Gesetz zur Änderung des Prozesskosten- und Beratungshilferechts v. 31.8.2013 umfassend reformiert (nachstehend Reform 2014 genannt). 6

Daneben gibt es weitere gesetzliche Grundlagen und Vorschriften, die für die Praxis von Bedeutung sind. 7

So finden Sie im RVG gesetzliche Regelungen im Hinblick auf die Vergütung im Wege der Beratungshilfe sowie Vorschriften in der BRAO (Bundesrechtsanwaltsordnung) und BORA (Berufsordnung für Rechtsanwälte).

III. Voraussetzungen für die Bewilligung von Beratungshilfe

Um Beratungshilfe in Anspruch nehmen zu können, müssen zunächst drei Voraussetzungen gem. § 1 Abs. 1 BerHG erfüllt sein. 8

> **§ 1 BerHG**
>
> (1) Hilfe für die Wahrnehmung von Rechten außerhalb eines gerichtlichen Verfahrens und im obligatorischen Güteverfahren nach § 15a des Gesetzes betreffend die Einführung der Zivilprozessordnung (Beratungshilfe) wird auf Antrag gewährt, wenn
>
> 1. der Rechtsuchende die erforderlichen Mittel nach seinen persönlichen und wirtschaftlichen Verhältnissen nicht aufbringen kann,
> 2. nicht andere Möglichkeiten für eine Hilfe zur Verfügung stehen, deren Inanspruchnahme dem Rechtsuchenden zuzumuten ist,
> 3. die Inanspruchnahme der Beratungshilfe nicht mutwillig erscheint.
>
> (2) Die Voraussetzungen des Absatzes 1 Nr. 1 sind gegeben, wenn dem Rechtsuchenden Prozeßkostenhilfe nach den Vorschriften der Zivilprozeßordnung ohne einen eigenen Beitrag zu den Kosten zu gewähren wäre. Die Möglichkeit, sich durch einen Rechtsanwalt unentgeltlich oder gegen Vereinbarung eines Erfolgshonorars beraten oder vertreten zu lassen, ist keine andere Möglichkeit der Hilfe im Sinne des Absatzes 1 Nummer 2.
>
> (3) Mutwilligkeit liegt vor, wenn Beratungshilfe in Anspruch genommen wird, obwohl ein Rechtsuchender, der keine Beratungshilfe beansprucht, bei verständiger Würdigung aller Umstände der Rechtsangelegenheit davon absehen würde, sich auf eigene Kosten rechtlich beraten oder vertreten zu lassen. Bei der Beurteilung der Mutwilligkeit sind die Kenntnisse und Fähigkeiten des Antragstellers sowie seine besondere wirtschaftliche Lage zu berücksichtigen.

9 Hinsichtlich § 1 Abs. 1 Nr. 1. BerHG (**persönlichen und wirtschaftlichen Verhältnisse**) und § 1 Abs. 1 Nr. 3 BerHG (**Mutwilligkeit**) verweise ich auf die Ausführungen unter Rdn 72 in diesem Kapitel, da grundsätzlich die gleichen Voraussetzungen wie für die Bewilligung der PKH gelten.

10 Durch die Reform zum 1.1.2014 wird nunmehr erstmalig der Begriff der Mutwilligkeit für die Beratungshilfe in Anknüpfung an die bisherige Rechtsprechung des BVerfG in § 1 Abs. 3 BerHG konkretisiert (Legaldefinition), siehe obigen Gesetzestext.

11 Der Gesetzgeber wollte offiziell mit dieser „einschränkenden" Definition der Mutwilligkeit einen Missbrauch verhindern, in Wirklichkeit jedoch eher die Staatskassen entlasten. Insbesondere wenn ein professioneller Rechtsrat nicht geboten erscheint, soll Beratungshilfe verwehrt werden. Dies wird insbesondere bei Vereinbarung einer Ratenzahlung angenommen oder wenn ein Sachverhalt mit dem Gegner geklärt werden soll.

12 Haushaltspolitisch mag dies eine richtige Entscheidung gewesen sein, rechtspolitisch ist dieser Teil der Reform als höchst problematisch anzusehen, da insbesondere bildungsschwache Mandanten auch mit der Klärung eines Sachverhaltes oder der Vereinbarung einen Ratenzahlungsvereinbarung mit dem Gegner Probleme haben.

13 Grundsätzlich sollen die Kenntnisse und Fähigkeiten des Antragstellers bei der Beurteilung mit eingezogen werden. Tendenziell haben aber die Ablehnungen wegen Mutwilligkeit durch die Gerichte zugenommen. Es stellt sich dann immer die Frage, ob man sich der Auseinandersetzung mit dem Rechtspfleger für die ohnehin sehr geringe Vergütung für die Hauptsache stellen mag.

14 Die unter § 1 Abs. 1 Nr. 2 BerHG genannte Voraussetzung dient dem Zweck, dass zunächst alle anderen Möglichkeiten, die neben der Beratungshilfe zur Verfügung stehen, ausgeschöpft werden sollen.

> *Beispiel:*
>
> *Verfügt der Rechtssuchende über eine Rechtsschutzversicherung, die für die Angelegenheit eintrittspflichtig ist, so besteht hier für den Rechtssuchenden eine andere Möglichkeit, seine Rechte wahrzunehmen. Die Voraussetzung für Beratungshilfe liegt gem. § 1 Abs. 1 Nr. 2 BerHG nicht vor.*
>
> *Ist ein Handwerker Mitglied bei einer Handwerkskammer, die ihren Mitgliedern z.B. kostenlose Beratungen anbietet, so stellt dies ebenfalls eine andere Möglichkeit dar, die Rechte wahrzunehmen.*
>
> *Eine Gewerkschaft, die ihren Mitgliedern kostenlose Beratungen anbietet, stellt ebenfalls eine andere Möglichkeit i.S.d. § 1 Abs. 1 Nr. 2 BerHG dar.*

15 Eine weitere **Einschränkung** gibt es nunmehr auch nach der Reform 2014 hinsichtlich der über die Beratung **hinausgehenden Vertretung**.

§ 2 BerHG

(1) Die Beratungshilfe besteht in Beratung und, soweit erforderlich, in Vertretung. Eine Vertretung ist erforderlich, wenn der Rechtsuchende nach der Beratung angesichts des Umfangs, der Schwierigkeit oder der Bedeutung der Rechtsangelegenheit für ihn seine Rechte nicht selbst wahrnehmen kann.

(2) Beratungshilfe nach diesem Gesetz wird in allen rechtlichen Angelegenheiten gewährt. In Angelegenheiten des Strafrechts und des Ordnungswidrigkeitenrechts wird nur Beratung gewährt.

(3) Beratungshilfe nach diesem Gesetz wird nicht gewährt in Angelegenheiten, in denen das Recht anderer Staaten anzuwenden ist, sofern der Sachverhalt keine Beziehung zum Inland aufweist.

Grundsätzlich besteht zunächst nur Anspruch auf eine Beratung, die weitergehende Vertretung muss erforderlich sein und die Erforderlichkeit ist nunmehr in § 2 Abs. 1 BerHG definiert (siehe Gesetzestext oben).

Bei der Beurteilung, ob der Rechtssuchende seine Rechte nicht selbst wahrnehmen kann, 16
ist auf die individuellen Fähigkeiten (insbesondere Bildungsgrad) des einzelnen Antragstellers und nicht auf einen objektiven Durchschnitt abzustellen.

Nach der gängigen Praxis einiger Gerichte ist eine Erforderlichkeit einer anwaltlichen 17
Vertretung nicht mehr gegeben, wenn z.B. nur ein einfaches Schreiben an den Gegner geschrieben werden muss oder ein Widerspruch ohne Begründung einzulegen ist. Auch ein einfaches Kündigungsschreiben wird vieler Orts nicht mehr von der Beratungshilfe erfasst.

Nur wenn damit zu rechnen ist, dass dem Widerspruch nicht abgeholfen oder der Kündigungsgrund bestritten wird, ist eine Erforderlichkeit der Vertretung anzunehmen.

Praxistauglich ist dies nicht, da die Einschränkung aus dem Beratungshilfeschein nicht 18
unmittelbar ersichtlich ist und mit dem Mandanten ausführlich und zeitaufwendig kommuniziert werden muss. Für den Mandanten ist es meist nicht verständlich, dass er „nur eine Beratung“ bekommt und dann selbst ein Schreiben an den Gegner schicken soll. Meist werden diese Schreiben dann noch einmal vom Mandanten an den Rechtsanwalt zur Überprüfung übersandt. Eine nochmalige Überprüfung des Schreibens ist jedoch eigentlich in der Beratungsgebühr von 35,00 € nach Nr. 2501 VV RVG nicht enthalten.

Grds. erhält derjenige Beratungshilfe, der PKH in einem gerichtlichen Verfahren nach 19
den Vorschriften der ZPO ohne Ratenzahlung erhalten würde (§ 1 Abs. 2 BerHG). Maßgeblich für die Berechnung ist dabei § 115 ZPO.

Nettoeinkommen		1000,00 €	20
Freibetrag der Partei (§ 115 Abs. 1 Nr. 2 lit. a ZPO)	./.	481,00 €	

Erwerbsfreibetrag (§ 115 Abs. 1 Nr. 1 lit. b ZPO)	./.	219,00 €
Wohnkosten (in tatsächl. Höhe)	./.	295,00 € (Beispiel)
verbleibende Summe		*5,00 €*

Beträgt die Höhe einer Monatsrate weniger als 10,00 €, ist von der Festsetzung von Monatsraten gem. § 115 Abs. 2 Satz 2 ZPO abzusehen.

Nur bei dieser „Nullrate“ wird Beratungshilfe bewilligt (anders als PKH).

1. Zuständigkeit

21 Zuständig ist das AG, in dessen Bezirk der Antragsteller seinen **allgemeinen Gerichtsstand** hat. Sofern der Antragsteller im Inland keinen allgemeinen Gerichtsstand hat, ist das AG zuständig, in dessen Bezirk das Bedürfnis für die Beratungshilfe besteht.

2. Form des Antrags auf Bewilligung von Beratungshilfe

22 Den Antrag auf Beratungshilfe kann der Antragsteller/Rechtssuchende

- entweder mündlich oder schriftlich bei dem AG, in dessen Bezirk er seinen allgemeinen Gerichtsstand hat/oder das Gericht, sofern im Inland kein allgemeiner Gerichtsstand gegeben ist, das Gericht in dessen Bezirk Bedürfnis für die Beratungshilfe besteht (§ 4 Abs. 1 BerHG)
- oder nachträglich stellen, wenn er direkt einen RA aufgesucht hat (§ 4 Abs. 2 BerHG).

Beide Verfahren unterscheiden sich – gerade aus der Sicht des RA – wesentlich voneinander. Beide Verfahren werden in diesem Kapitel erläutert.

3. Frist

23 Nach § 6 Abs. 2 BerHG bleibt der Direktzugang zum Rechtsanwalt durch die **nachträgliche Bewilligung** von Beratungshilfe (RA ist vor der Bewilligung tätig geworden) auch nach der Reform 2014 erhalten.

Der Antrag muss nach der Reform 2014 jedoch jetzt gem. § 6 Abs. 2 Satz 2 BerHG **spätestens vier Wochen** nach der Beratungstätigkeit gestellt werden (in Gegensatz zu früher, wo der Antrag nicht fristgebunden war).

24 Auf den zum 1.9.2009 in Kraft getretenen § 16a BORA – Ablehnung der Beratungshilfe ist hinzuweisen:

- Der Rechtsanwalt ist nicht verpflichtet, einen Beratungshilfeantrag zu stellen

- Der Rechtsanwalt kann die Beratungshilfe im Einzelfall aus wichtigem Grund ablehnen oder beenden. Ein wichtiger Grund kann in der Person des Rechtsanwaltes selbst oder in der Person oder dem Verhalten des Mandanten liegen. Ein wichtiger Grund kann auch darin liegen, dass die Beratungshilfebewilligung nicht den Voraussetzungen des Beratungshilfegesetzes entspricht. Ein wichtiger Grund liegt insbesondere vor, wenn
  a) der Rechtsanwalt durch eine Erkrankung oder durch berufliche Überlastung an der Beratung/Vertretung gehindert ist;
  b) (aufgehoben)
  c) der beratungshilfeberechtigte Mandant seine für die Mandatsbearbeitung erforderliche Mitarbeit verweigert;
  d) das Vertrauensverhältnis zwischen Anwalt und Mandant aus Gründen, die im Verhalten oder in der Person des Mandanten liegen, schwerwiegend gestört ist;
  e) sich herausstellt, dass die Einkommens- und/oder Vermögensverhältnisse des Mandanten die Bewilligung von Beratungshilfe nicht rechtfertigen;
  f) (aufgehoben)
  g) (aufgehoben).

4. Formular

Sofern der Antrag schriftlich oder nachträglich gestellt wird, ist das nachstehende Formular zu verwenden. 25

Praxistipp 26

Einen entsprechende Vordruck für einen Antrag auf Bewilligung von Beratungshilfe können Sie bspw. kostenlos auf der folgenden Internetseite einsehen und herunterladen:

http://www.justiz.de/Formulare/agl1.pdf.

Bevor die verschiedenen Möglichkeiten der Antragstellung erläutert werden, soll das nachstehende Fallbeispiel behandelt werden. 27

Beispiel:

Der Rentner M aus Berlin, der über eine sehr geringe Rente verfügt, ist Mitglied in einem Mieterschutzverein. Anlässlich einer gem. § 554 BGB vom Vermieter übermittelten Modernisierungsankündigung, die eine Erhöhung der Miete zur Folge hat, möchte Herr M anwaltliche Hilfe in Anspruch nehmen.

Von einem Bekannten hat Herr M erfahren, dass er aufgrund seines geringen Einkommens einen Anspruch auf Beratungshilfe hat.

Herr M möchte sich nun von einem Fachanwalt für Mieterecht, den er kompetenter als die Berater bei dem Mieterschutzbund hält, „kostenlos" beraten lassen, schließlich zahlt ja das Gericht die anfallenden Kosten der anwaltlichen Beratung. Herr M ruft in Ihrer Kanzlei an, schildert kurz seinen Fall und weist Sie in dem Telefonat darauf hin, dass er Anspruch auf Beratungshilfe hat, da er nur eine geringe Rente bezieht und nicht in der Lage ist, einen RA zu bezahlen.

28 Zunächst erfüllt Herr M die Voraussetzung gem. § 1 Abs. 2 BerHG nicht, da er eine **andere zumutbare Möglichkeit** hat, seine Rechte wahrzunehmen, bevor er Beratungshilfe in Anspruch nehmen kann (s. Voraussetzungen für die Bewilligung von Beratungshilfe, s. Rdn 8).

Da Herr M Mitglied in einem Mieterschutzbund ist, muss er zunächst diesen Weg wählen. Erst dann, wenn keine andere Möglichkeit besteht, seine Rechte in anderer Weise wahrzunehmen hat Herr M grds. Anspruch auf Beratungshilfe.

29 Wie verhalten Sie sich aber in diesem Fall?

Sie können zunächst nicht davon ausgehen, dass Sie der Anrufer in dem ersten Telefonat darauf hinweist, dass er, wie in unserem Beispiel, andere Möglichkeiten hat, seine Rechte wahrzunehmen.

Grds. ist der RA gem. § 49a Abs. 1 BRAO zur Übernahme von Beratungshilfe verpflichtet. Nur wenn er einen berechtigten Grund hat, kann der RA im Einzelfall die Übernahme von Beratungshilfe ablehnen.

Wird der RA aber tätig, bevor dem Antrag auf Bewilligung von Beratungshilfe nicht stattgegeben wurde, besteht für den RA ein großes Risiko hinsichtlich der Durchsetzung seiner Vergütung. Hierzu verweise ich auf die Ausführungen zu den Belehrungspflichten unter § 8 Rdn 55 ff.

30 *Praxistipp*

Bitten Sie den Rechtssuchenden, **bevor** der RA den Auftrag annimmt und eine Tätigkeit ausübt, bei dem AG den Antrag auf Bewilligung von Beratungshilfe zu stellen und die Erteilung eines Berechtigungsscheines zu verlangen.

Der RA ist nicht verpflichtet, ohne Vorlage des Berechtigungsscheins tätig zu werden.

Zu diesem Zweck ist zu empfehlen, den Rechtssuchenden ein Informationsblatt auszuhändigen, dem die Einzelheiten hinsichtlich des Antragsverfahrens entnommen werden können.

6.1

▼

Muster 6.1: Informationsblatt/Erteilung eines Berechtigungsscheins 31

Ggf. haben Sie aufgrund Ihres geringen Einkommens einen Anspruch auf Bewilligung von Beratungshilfe. Sofern Sie für eine außer- bzw. vorgerichtliche Tätigkeit eine Beratung, Auskunft oder eine Vertretung durch mich/uns wünschen, bitte ich Sie, vor einer Beauftragung und Tätigkeit durch mich/uns, einen Antrag auf Bewilligung von Beratungshilfe und die Erteilung eines Berechtigungsscheines für Beratungshilfe zu stellen.

1. Zuständig ist das Amtsgericht, in dessen Bezirk Sie ihren Wohnsitz haben.

   Bei der Ermittlung des für Sie zuständigen Amtsgerichts und der Anschrift, sind Ihnen meine Mitarbeiter/innen gerne behilflich

2. Den Antrag können Sie mündlich bei der Rechtsantragsstelle des Amtsgerichts stellen. Über Ihren Antrag entscheidet der Rechtspfleger.

3. Nehmen Sie zu dem Termin der Antragstellung Ihren gültigen Ausweis/Pass sowie aktuelle Einkommens- und Verbindlichkeitsnachweise mit z.B.:

   - Bewilligungsbescheid JobCenter/ARGE,
   - Arbeitslosengeldbescheid,
   - Gehaltsabrechnung,
   - Rentenbescheid,
   - letzten Steuerbescheid (bei Selbstständigen),
   - Nachweis über die Miethöhe,
   - aktuellen Kontoauszug,
   - Nachweise über sonstige Verbindlichkeiten (Unterhaltszahlungen, Ratenkredite usw.).

4. Sofern Schriftstücke/Dokumente vorhanden sind, hinsichtlich der Angelegenheit, für die Sie die anwaltliche Beratung/Vertretung wünschen, nehmen Sie diese Unterlagen zu dem Termin mit und legen diese Unterlagen dem Rechtspfleger vor.

   Schildern Sie dem Rechtspfleger (kurz) den Sachverhalt, stellen Sie den Antrag auf Bewilligung von Beratungshilfe und bitten um Erteilung eines Berechtigungsscheines. Teilen Sie dem Rechtspfleger mit, dass Sie einen Rechtsanwalt mit Vertretung in dieser Angelegenheit beauftragen wollen.

5. Wenn Ihnen das Gericht den Berechtigungsschein erteilt, bitte ich Sie, sich zwecks Terminsvereinbarung an meine/unsere Kanzlei zu wenden.

6. Zu dem Termin bitte ich Sie, die Gebühr gem. Nr. 2500 VV RVG in Höhe von 10,00 € (einschließlich Mehrwertsteuer) – gegen Quittung – bar einzuzahlen.

▲

IV. Möglichkeiten der Antragstellung

1. Antrag auf Bewilligung von Beratungshilfe beim AG

32 In diesem Fall stellt der Antragsteller den Antrag auf Bewilligung von Beratungshilfe und Erteilung eines Berechtigungsscheins für Beratungshilfe direkt beim AG. Diesen Antrag kann der Antragsteller **mündlich oder schriftlich** stellen.

33 Das AG kann ebenfalls Beratungshilfe gewähren (§ 3 Abs. 2 BerHG), wenn dem Rechtssuchenden sofort eine Auskunft erteilt werden kann oder ein Hinweis in Bezug auf die Möglichkeit anderer Hilfe möglich ist. Des Weiteren, wenn Hilfestellung bei Anträgen oder Erklärungen durch das AG erfolgen kann. In diesem Fall ist die Beratung, sofern sie über das AG erfolgt, kostenlos.

> *Beispiel:*
>
> *Student M, der in Berlin-Schöneberg seinen Wohnsitz hat, verfügt außer BAföG-Leistungen über keinerlei Einkommen oder Vermögen. Er möchte eine Erbschaft ausschlagen, da der Nachlass überschuldet ist. Da er dringend Auskunft darüber benötigt, was bei der Ausschlagung des Erbes beachten werden muss, beantragt er bei dem AG Schöneberg, ihm Beratungshilfe zu bewilligen. Sofern der Rechtspfleger hier in der Lage ist, dem Antragsteller eine Auskunft zu erteilen oder ihn z.B. hinsichtlich der Erbschaftsausschlagung an das Nachlassgericht zu verweisen, kann die Beratungshilfe durch das Gericht erfolgen.*

34 Der Antragsteller muss bei Antragstellung seine persönlichen und wirtschaftlichen Verhältnisse glaubhaft machen. I.d.R. belegt er seine Einkommens- und Verbindlichkeitsnachweise. Er schildert dem Rechtspfleger das Anliegen seines Antrags. Der Rechtspfleger entscheidet sodann über den gestellten Antrag.

Entscheidet der Rechtspfleger positiv über den Antrag auf Bewilligung von Beratungshilfe, erhält der Antragsteller einen sog. **Berechtigungsschein für Beratungshilfe**. Mit diesem Berechtigungsschein kann sich der Antragsteller an einen RA seiner Wahl wenden, der für diesen tätig wird.

35
> *Hinweis:*
>
> In diesem Fall ist der Vergütungsanspruch des RA zunächst gesichert. Der RA sollte jedoch in dem Berechtigungsschein darauf achten, in welchem Umfang Beratungshilfe bewilligt worden ist.

Oftmals wird Beratungshilfe lediglich auf eine Beratung beschränkt. Das bedeutet, dass ein Vergütungsanspruch für eine Tätigkeit (z.B. Anschreiben an den Gegner) von der Beratungshilfe nicht erfasst ist. Der RA kann hier lediglich die Gebühr für die Beratung mit der Landeshauptkasse abrechnen, auch wenn er darüber hinaus tätig geworden ist und durch die Tätigkeit eine Geschäftsgebühr gem. Nr. 2503 VV ausgelöst wurde.

Hier sollte der Mandant, wenn über die Beratung hinaus eine weitere Tätigkeit erforderlich ist, an das AG verwiesen werden, um den Berechtigungsschein insoweit ergänzen zu lassen.

2. Nachträglicher Antrag durch den RA

Sofern der Rechtssuchende den direkten Weg zum RA wählt, ist der Antrag auf Bewilligung von Beratungshilfe nachträglich innerhalb der 4 Wochen-Frist (vgl. Rdn 23) zu stellen. Hierzu ist ein Antragsformular zu verwenden 36

Über den nachträglich gestellten Antrag auf Bewilligung von Beratungshilfe entscheidet der Rechtspfleger beim AG. War der RA beratend tätig und wird der Antrag nachträglich gestellt, so ist in diesem Stadium ungewiss, ob Beratungshilfe überhaupt bewilligt wird. Kommt z.B. der Rechtspfleger zu dem Ergebnis, dass der Antragsteller, wie im Beispiel unter Rdn 27 in diesem Kapitel geschildert, die Möglichkeit hatte, sich zunächst an den Mieterschutzbund zu wenden, wird der Antrag auf Bewilligung von Beratungshilfe abgelehnt. 37

Ebenso ist es möglich, dass der Rechtspfleger Beratungshilfe ablehnt, weil der Antrag des Antragstellers mutwillig ist. 38

Des Weiteren ist es auch möglich, dass der Rechtspfleger feststellt, dass aufgrund der persönlichen und wirtschaftlichen Verhältnisse des Antragstellers gar kein Anspruch auf Beratungshilfe besteht.

Bitte unterschätzen Sie nicht, wie viel Arbeit und Zeit in dieses Mandat investiert wird, ohne dass eine Zahlung – im günstigsten Fall eine Zahlung in Höhe von 15,00 € nach Nr. 2500 VV RVG – geleistet wird. Zum einen wird der RA tätig, die Mitarbeiter legen die Akte an. Das Antragsformular, das von dem Rechtssuchenden auszufüllen und zu unterzeichnen ist, wird sehr oft mit der Unterstützung des RA oder seinen Mitarbeiterin ausgefüllt und bei dem Gericht – gegen Porto – eingereicht. Bis der Rechtspfleger über den Antrag entscheidet, vergeht in aller Regel viel Zeit. In der Zwischenzeit hatte der Mandant ggf. Rückfragen. 39

Oft ist der Fall gegeben, dass das Gericht bzw. der Rechtspfleger bevor abschließend über den Antrag entschieden wird, ebenfalls Rückfragen hat oder Belege hinsichtlich der persönlichen und wirtschaftlichen Verhältnisse anfordert. Die Rückfragen des Rechtspfle- 40 gers kann der RA nicht ignorieren und auch hier, wird abermals Arbeit, Zeit und Geld in ein Mandant investiert, das – auch für den Fall, dass Beratungshilfe bewilligt wird – in keinem Verhältnis zu der Vergütung steht, die im Beratungshilfeverfahren bezahlt wird.

41 Im allergünstigsten Fall wird Beratungshilfe bewilligt und im ungünstigsten Fall geht der RA praktisch „leer" aus, wenn er im Vorfeld, für den Fall, dass dem Antrag auf Bewilligung von Beratungshilfe nicht entsprochen wird, keine Vereinbarung hinsichtlich seiner Vergütung mit dem Mandanten getroffen bzw. ihn darauf hingewiesen hat, dass für diesen Fall grds. von dem Auftraggeber die gesetzliche Vergütung nach dem RVG geschuldet wird.

42 Selbst wenn der Mandant belehrt wurde und dieser sich verpflichtet hat, die gesetzliche Vergütung zu zahlen, ist die Durchsetzung dieses Anspruchs, für den Fall, dass der Mandant nicht zahlt, mehr als fraglich.

43 Auch an dieser Stelle verweise ich auf die Ausführungen zu den Belehrungspflichten unter § 8 Rdn 55.

44 Die nachträgliche Antragstellung ist vom Verwaltungsaufwand her nicht zu empfehlen, insbesondere wenn man bedenkt, dass man für diese Beratungshilfeantragsstellung keine gesonderte Gebühr verdient.

V. Rechtsbehelf/Rechtsmittel

45 Wird der Antrag auf Bewilligung von Beratungshilfe abgelehnt, hat der Antragsteller die Möglichkeit, gegen einen ablehnenden Beschluss Erinnerung einzulegen (§ 7 BerHG).

Die Erinnerung kann schriftlich oder mündlich beim AG eingelegt werden, das den Beschluss erlassen hat.

VI. Bewilligungsfähige Rechtsgebiete und Beratungspersonen

46 In alle Rechtsgebiete, wie z.B. dem Zivil-, Arbeits-, Sozial- oder Strafrecht, wird Beratungshilfe bewilligt. Der bisherige Katalog mit Ausschluss des Steuerrechts wurde durch die Reform 2014 aufgehoben.

47 Das Privileg der Rechtsanwaltschaft zur alleinigen Beratung wurde teilweise aufgeweicht. Grundsätzlich erfolgt die Beratung gem. § 3 Abs. 1 S. 1 BerHG zwar noch durch Rechtsanwälte und durch Rechtsbeistände, die Mitglied einer Rechtsanwaltskammer sind. Je nach Rechtsgebiet wurde der Kreis der Beratungspersonen jedoch um Steuerberater, Wirtschaftsprüfer, vereidigte Buchprüfer und Rentenberater erweitert.

Hinweis: Besonderheit in Angelegenheiten des Strafrechts und in den OWiVerfahren 48

Für diese beiden Rechtsgebiete erfasst die Beratungshilfe **nur die Beratung**. Wird der RA neben der Beratung für den Mandanten tätig (z.B. Einspruch gegen einen Bußgeldbescheid), so ist diese Tätigkeit nicht von der Beratungshilfe gedeckt. Hier sollte der RA den Mandanten unbedingt belehren und hinsichtlich seiner Vergütung eine Regelung treffen. Dazu verweise ich auf die Ausführungen unter § 8 Rdn 55.

VII. Besonderheit der öffentlichen Rechtsberatung in Hamburg und Bremen sowie Öffnungsklausel nach der Reform

Grds. kann der Antragsteller wählen zwischen einem RA seiner Wahl oder, sofern vorhanden, einer öffentlichen Beratungsstelle. 49

In den Bundesländern **Hamburg und Bremen** erfolgt die Beratung ausschließlich durch die öffentlichen Rechtsberatungsstellen. Beratungshilfe durch Rechtsanwälte findet keine Unterstützung. In dem Bundesland **Berlin** hat der Antragsteller die Wahl zwischen einem RA seiner Wahl oder einer öffentlichen Beratungsstelle. 50

Nach § 12 Abs. 3 BerHG können nach der Reform 2014 nunmehr auch die einzelnen weiteren Bundesländer die ausschließliche Zuständigkeit von öffentlichen Rechtsberatungsstellen durch Gesetz bestimmen. Bislang wurde diese **Öffnungsklausel** noch nicht weiter genutzt. 51

VIII. Wirkung der Beratungshilfe + Vergütungsvereinbarung

Sofern Beratungshilfe bewilligt wird und die Beratung durch einen RA erfolgt (Ausnahme: Hamburg und Bremen, s.o.), trägt die **Landeshauptkasse** die Kosten der anwaltlichen Vergütung. **Vergütungsschuldner** ist die Staatskasse und nicht der Mandant. 52

Der **Vergütungsanspruch** richtet sich nach der **gesetzlichen Vergütung** für die Beratungshilfe Nr. 2500 ff. VV RVG. 53

In Gegensatz zu früher ist nach der Reform 2014 heute eine **Vergütungsvereinbarung nicht mehr nichtig**. Vielmehr kann der Rechtsanwalt gem. § 8 Abs. 2 BerHG seinen Anspruch aus dieser Vereinbarung mit Bewilligung der Beratungshilfe **nicht mehr geltend** machen. Dies gilt auch bei nachträglicher Bewilligung bis zur Entscheidung durch das Gericht. 54

Insbesondere wenn die Beratungshilfe aufgehoben wird (vgl. Rdn 59 ff.), ist ein vereinbarter Vergütungsanspruch unter bestimmten Voraussetzungen wieder voll durchsetzbar.

55 Grundsätzlich darf der RA auf seine Vergütung nicht verzichten. Für den Fall der Beratungshilfe ist eine kostenlose **pro bono-Vertretung** jedoch ausdrücklich in § 4 Abs. 1 Satz 3 RVG normiert.

56 Die Vergütung für den RA, der im Beratungshilfeverfahren tätig wird, ist niedriger als die normale Anwaltsvergütung. Der RA kann von dem Mandanten daneben jedoch noch die Zahlung der Beratungshilfegebühr nach Nr. 2500 VV RVG i.H.v. 15,00 € verlangen (umgangssprachlich auch Beratungshilfeschutzgebühr genannt) – der RA kann die Zahlung der Beratungshilfegebühr erlassen.

Nach Anmerkung zu Nr. 2500 VV RVG werden neben der Gebühr keine weiteren Auslagen (auch keine Umsatzsteuer nach Nr. 7008 VV RVG) erhoben.

57 Hinsichtlich der Vergütung und Anrechnungsvorschriften verweise ich auf § 8 und dort auf die Ausführungen zu den Nrn. 2500 ff. RVG.

58 Hat der Beratungshilfe-Mandant einen **Kostenerstattungsanspruch** gegen den Gegner (z.B. aufgrund Verzuges), so geht der Anspruch gem. § 9 Satz 2 BerHG auf den Rechtsanwalt über. Der Gegner hat für die Tätigkeit des Rechtsanwalts die **Kosten nach den allgemeinen Vorschriften des RVG (Wahlanwaltskosten)** zu zahlen.

IX. Aufhebung der Beratungshilfe

59 Nach der Reform 2014 gibt es gem. § 6a BerHG nunmehr zwei Möglichkeiten einer Aufhebung.

60 Die erste Möglichkeit ist die **Aufhebung von Amts wegen** durch das Gericht, wenn die Voraussetzungen für die Beratungshilfe zum **Zeitpunkt der Bewilligung nicht vorgelegen haben.** Die Aufhebung muss dabei **innerhalb eines Jahres** erfolgen (§ 6a Abs. 1 BerHG).

Gem. § 8a Abs. 1 BerHG bleibt der Vergütungsanspruch des Rechtsanwalts gegen die Landeskasse dabei unberührt, es sei denn, der RA hatte Kenntnis oder grob fahrlässige Unkenntnis vom Nichtvorliegen der Bewilligungsvoraussetzungen.

61 Der Rechtsanwalt könnte jetzt aber auch vom Mandanten die allgemeinen Gebühren nach dem RVG (Wahlanwaltskosten) oder aufgrund einer Vergütungsvereinbarung verlangen. Hierfür sind jedoch zwei Voraussetzungen gem. § 8a Abs. 2 BerHG erforderlich:

- es darf keine Vergütung aus der Staatskasse gefordert oder einbehalten werden sowie
- der Rechtssuchende wurde bei Mandatsübernahme auf die Möglichkeit der Aufhebung und die Folgen für die Vergütung darauf hingewiesen.

Soweit der Rechtsuchende die Beratungshilfegebühr nach Nr. 2500 VV RVG i.H.v. 15,00 € bereits geleistet hat, ist sie auf die Wahlanwaltskosten anzurechnen.

Anders als bei der Prozesskostenhilfe ist eine Aufhebung wegen einer nachträglichen 62
Verbesserung (z.B. Jobwechsel) der Einkommens- und Vermögensverhältnisse weiterhin unzulässig.

Neu ist jedoch die zweite Möglichkeit einer Aufhebung gem. § 6a Abs. 2 BerHG, wonach 63
der **Rechtsanwalt selbst** die Aufhebung der Beratungshilfe beantragen kann, wenn der Mandant durch die Rechtsverfolgung oder den Rat etwas erlangt hat. Die entspricht in etwa auch dem neuen Grundsatz in der Prozesskostenhilfe, wonach **„Erlangtes" als Vermögen** einzusetzen ist.

> Der Mandant erscheint beim Rechtsanwalt mit einen Beratungshilfeschein für seine arbeitsrechtliche Auseinandersetzung mit seinen bisherigen Arbeitgeber.
>
> Der Rechtsanwalt vertritt ihn vorgerichtlich und erstreitet eine Abfindung von 5.000,00 € für den Mandanten.
>
> In diesem Fall kann der Rechtsanwalt unter bestimmten Umständen selbst die Aufhebung der Beratungshilfe beantragen und muss sich nicht mit den „mageren" Beratungsgebühren begnügen.

Der Antrag kann vom Rechtsanwalt jedoch gem. § 6a Abs. 2 BerHG nur gestellt werden, 64

- wenn er noch **keine Beratungshilfevergütung nach § 44 Satz 1 RVG beantragt hat** sowie
- wenn der Rechtssuchende bei Mandatsübernahme auf die Möglichkeit der Aufhebung und die Folgen für die Vergütung in **Textform** darauf hingewiesen wurde. Ein mögliches Formular könnte wie folgt aussehen:

▼

Muster 6.2: Hinweise zur Aufhebung der Beratungshilfe: 65

Ich wurde darüber belehrt,

- dass das Gericht die Bewilligung aufheben kann, wenn die Voraussetzungen für die Beratungshilfe zum Zeitpunkt der Bewilligung nicht vorgelegen haben und seit der Bewilligung nicht mehr als ein Jahr vergangen ist.
- dass mein Rechtsanwalt gem. § 6a Abs. 2 Nr. 2 BerHG die Aufhebung der Bewilligung beantragen kann, wenn ich in der Beratungshilfesache etwas erlangt habe, das meine wirtschaftliche Lage verbessert.

Nach § 8a Abs. 2 RVG erfolgte ferner der Hinweis,

- dass ich im Fall einer Aufhebung der Beratungshilfe verpflichtet bin, die Vergütung des Rechtsanwalts nach den allgemeinen Vorschriften des RVG zu zahlen. Es entstehen insoweit Gebühren, die nach dem Gegenstandswert abgerechnet werden.

▲

B. PKH/VKH

I. Allgemeines

66 Ein in der Praxis wichtiges Arbeitsgebiet ist die PKH/VKH (zukünftig nur noch PKH) sowie der Umgang mit Mandanten, die u.U. einen Anspruch auf PKH haben. In diesem Kapitel ist dieses Thema mit der Hilfe von Beispielen und Musterformularen den Kanzleimitarbeitern eine Orientierungshilfe und Unterstützung, die evtl. in der Praxis bisher gar nicht oder sehr selten mit PKH und der Abwicklung konfrontiert sind.

67 Die gesetzlichen Grundlagen für PKH im Zivilprozess sind in den **§§ 114–127 ZPO** geregelt. Wie dem Wort schon entnommen werden kann, kann **PKH ausschließlich** nur für ein gerichtliches Verfahren beantragt und bewilligt werden.

68 Ein Mandant, der wegen eines vorgerichtlichen Mahnschreibens von dem RA einen Rat, Auskunft oder die vorgerichtliche Vertretung in seiner Angelegenheit sucht, kann wegen dieser Angelegenheit keinen PKH-Antrag stellen (s. auch Rdn 1, 8).

69 *Beispiel 1:*

In Ihrer Kanzlei erscheint Mandant M mit einer Mieterhöhung des Vermieters von einer Miete i.H.v. 450,00 € um 50,00 €/monatlich, insgesamt auf 500,00 €/monatlich. Er bittet darum, die gem. § 588 BGB ausgesprochene Mieterhöhung von dem RA prüfen zu lassen.

Für diese Tätigkeit **wird keine PKH** bewilligt, da es sich um eine vorgerichtliche Angelegenheit handelt. Sofern die Voraussetzungen vorliegen, kann für diese Angelegenheit in diesem Stadium allenfalls **Beratungshilfe** bewilligt werden.

70 *Beispiel 2:*

Erscheint der Mandant M aber mit einer Klageschrift, mit der auf Zustimmung zur Mieterhöhung geklagt wird und will der Mandant M sich gegen diese Klage zu Wehr setzen, kann ein Antrag auf Bewilligung von PKH bei dem Prozessgericht gestellt werden. Dem Antrag wird, wenn die Voraussetzungen gegeben sind, durch Beschluss stattgegeben.

II. Voraussetzungen für die Bewilligung

71 **§ 114 ZPO**

(1) Eine Partei, die nach ihren persönlichen und wirtschaftlichen Verhältnissen die Kosten der Prozessführung nicht, nur zum Teil oder nur in Raten aufbringen kann, erhält auf Antrag Prozesskostenhilfe, wenn die beabsichtigte Rechtsverfolgung oder Rechtsverteidigung hinrei-

chende Aussicht auf Erfolg bietet und nicht mutwillig erscheint. Für die grenzüberschreitende Prozesskostenhilfe innerhalb der Europäischen Union gelten ergänzend die §§ 1076 bis1078.

(2) Mutwillig ist die Rechtsverfolgung oder Rechtsverteidigung, wenn eine Partei, die keine Prozesskostenhilfe beansprucht, bei verständiger Würdigung aller Umstände von der Rechtsverfolgung oder Rechtsverteidigung absehen würde, obwohl eine hinreichende Aussicht auf Erfolg besteht.

§ 76 FamFG

Voraussetzungen

(1) Auf die Bewilligung von Verfahrenskostenhilfe finden die Vorschriften der Zivilprozessordnung über die Prozesskostenhilfe entsprechende Anwendung, soweit nachfolgend nichts Abweichendes bestimmt ist.

(2) Ein Beschluss, der im Verfahrenskostenhilfeverfahren ergeht, ist mit der sofortigen Beschwerde in entsprechender Anwendung der §§ 567 bis 572, 127 Abs. 2 bis 4 der Zivilprozessordnung anfechtbar

1. Persönliche und wirtschaftliche Verhältnisse

PKH erhält, wer nach seinen persönlichen und wirtschaftlichen Verhältnissen **nicht, nur teilweise oder nur in Raten** in der Lage ist, die Kosten des Rechtsstreits aus eigenen Mitteln aufzubringen. Grds. hat jede Partei, die einen Antrag auf Bewilligung von PKH stellt, ihr Einkommen und Vermögen einzusetzen, um den Prozess aus eigenen Mitteln zu finanzieren. Zum Einkommen gehört **Geld und Geldeswert** (Geldeswert = z.B. Sachbezüge, kostenfreies Wohnen o.Ä.). 72

Da aber diejenigen, die nur über ein sehr geringes oder gar kein Einkommen verfügen denen gegenüber, die in der Lage sind, einen Prozess zu finanzieren, nicht benachteiligt werden sollen, besteht die Möglichkeit, PKH zu beantragen, die an bestimmte Voraussetzungen geknüpft ist. 73

Ein Schlagwort ist z.B. die „**Bedürftigkeit**“, dass ein „Hartz-IV-Empfänger“, der neben diesem Einkommen keinerlei weiteres Einkommen oder Vermögen hat, die Voraussetzung hinsichtlich der persönlichen und wirtschaftlichen Verhältnisse erfüllt, ist eher unproblematisch. 74

Wie sieht es aber aus, wenn es sich bei dem Mandanten, der PKH beantragt, um jemanden handelt, der ein Einkommen aus selbstständiger oder nicht selbstständiger Tätigkeit bezieht. Darauf wird anhand des folgenden Fallbeispiels eingegangen. 75

Beispiel 1:

Der 35-jährige Mandant M begehrt die Scheidung seiner Ehe. Nach Abzug der Steuern, Pflichtversicherungsbeiträge zur Sozialversicherung, Beiträge zur Kranken- und Rentenversicherung verfügt er über ein Nettoeinkommen i.H.v. 1.400,00 €.

Er hat ein minderjähriges Kind, dem er Unterhalt i.H.v. 300,00 € monatlich gewährt.

Daneben zahlt er einen Ratenkredit i.H.v. 150,00 € zur Finanzierung eines Gebrauchtwagens. Die Miete einschließlich Betriebs- und Heizkosten beträgt 480,00 €. In dem ersten Beratungsgespräch mit dem RA erkundigt sich der Mandant, ob die Möglichkeit besteht, VKH zu beantragen, da ihm nach Abzug seiner Fixkosten lediglich 470,00 € „zum Leben" verbleiben.

76 *Hinweis:*

Hinsichtlich einer etwaigen Belehrungspflicht des RA gegenüber seinem Auftraggeber wegen der Möglichkeit von Gewährung von PKH verweise ich auf die Ausführungen unter § 8 Rdn 45.

77 Maßgeblich ist zunächst das **Bruttoeinkommen**. Von diesem Einkommen werden Steuern und Vorsorgeaufwendungen sowie die in § 115 ZPO genannten Beträge in Abzug gebracht. Das BMJ gibt einmal jährlich für die Zeit vom 01.07. bis zum 30.06. die sog. **Freibeträge** heraus. Diese Freibeträge sind von dem Einkommen in Abzug zu bringen.

78 Der sich nach Abzug dieser Beträge ergebende Restbetrag ist entscheidend dafür, ob PKH bewilligt wird und ggf. in welcher Höhe (in voller Höhe, wenn kein einzusetzendes Einkommen vorhanden ist oder mit einer Ratenzahlungsverpflichtung für den Antragsteller). Verbleibt ein Betrag weniger als 10,00 € wird PKH ohne Ratenzahlung bewilligt, verbleibt ein Betrag von 10,00 € wird PKH mit Ratenzahlung bewilligt (im Hinblick auf die Vorschrift von § 115 Abs. 2 ZPO; Stand 1.1.2018).

79 Je nach Höhe des verbleibenden einzusetzenden Einkommens wird entsprechend die Ratenhöhe festgesetzt. Die Berechnung bzw. Ermittlung ob und ggf. in welcher Höhe PKH bewilligt wird, erfolgt durch den **Rechtspfleger**.

80 Grundlage für die Berechnung ist die Vorschrift des § 115 ZPO.

81 *Praxistipp:*

Für den Fall, dass sich der Mandant an Sie wendet und Sie mit der Frage konfrontiert sind, ob er aufgrund seines Einkommens Anspruch auf PKH hat, kann zum Einen neben dem in § 115 ZPO geregelten Verfahren das Ergebnis annähernd ermittelt werden oder aber über sog. „Prozesskostenhilferechner" eine ungefähre Auskunft erteilt werden.

PKH-Rechner finden Sie bspw. auf den folgenden Internetseiten (da das Internet einem ständigen Wandel unterliegt, kann für die Richtigkeit der angegebenen Internetadressen keine Gewähr übernommen werden):

- www6.carookee.com/forum/Elternforum/5/5433234–0–01113
- https://www.google.de/?gws_rd=ssl
- http://www.pkh-rechner.de/

Eine exakte Bezifferung durch den RA kann jedoch nicht erfolgen, da bestimmte Kosten 82
des Mandanten nicht immer vom Gericht im Rahmen der Berechnung berücksichtigt werden (z.B. Ratenkredit für sog. Luxusgüter). Demgegenüber können andere, besondere Belastungen von dem Gericht berücksichtigt werden.

Der Mandant sollte darauf hingewiesen werden, dass die durch die Kanzlei erfolgte Er- 83
mittlung des einzusetzenden Einkommens **unter dem Vorbehalt der endgültigen Berechnung durch das Gericht** erfolgt. Eine Berechnung erfolgt immer **ohne Gewähr.**

▼

Muster 6.3: Belehrung über vorbehaltliche PKH-Berechnung 84

Wir haben anhand der von Ihnen überlassenen Unterlagen im Rahmen der Prozesskostenhilfe ein einzusetzendes Einkommen von € ermittelt.

Diese Berechnung erfolgt vorbehaltlich der Berechnung durch das Gericht.

▲

2. Erfolgsaussicht/Mutwilligkeit

Zwei weitere wesentliche Voraussetzungen für die Bewilligung von PKH sind 85

- hinreichende Erfolgsaussicht der Rechtsverfolgung/Rechtsverteidigung,
- die Rechtsverfolgung darf nicht mutwillig erscheinen.

a) Erfolgsaussicht

Mit seinem Antrag auf Bewilligung von PKH reicht der Antragsteller auch die Klage oder 86
den Antrag ein, für den er PKH begehrt. Dabei kann es sich um eine Rechtsverfolgung des Antragstellers handeln (Antragsteller ist Kläger/Antragsteller) oder aber um eine Rechtsverteidigung (Antragsteller ist Beklagter/Antragsgegner).

Seitens des Gerichts (der Vorsitzende oder ein von ihm ersuchtes Mitglied) erfolgt gem. 87
§ 118 Abs. 3 ZPO die Prüfung hinsichtlich der Erfolgsaussicht des Antrages.

> *Abwandlung 1 zu Beispiel 1 (Rdn 75):*
>
> *Der scheidungswillige Mandant M lebt seit zehn Monaten von seiner Ehefrau getrennt. Er hat sich in eine andere Frau verliebt und will sich unbedingt scheiden lassen. Seine Ehefrau möchte ebenfalls die Scheidung der Ehe.*

Es erfolgt hinsichtlich des Scheidungsantrags eine Prüfung der Erfolgsaussicht der 88
Rechtsverfolgung. Die Antragsgegnerin in dem Scheidungsverfahren, die Ehefrau des Antragstellers, erhält vom Gericht gemäß den Vorschriften des § 118 Abs. 1 ZPO die Antragsschrift und kann hierzu eine Stellungnahme zu dem PKH-Antrag abgeben. Sofern es sich nicht um eine sog. „Härtefall-Scheidung" handelt, wird vermutet, dass die Ehe ge-

scheitert ist, wenn die Eheleute (mindestens) ein Jahr voneinander getrennt leben (§ 1566 BGB), beide den Scheidungsantrag stellen oder einer der Ehescheidung zustimmt. Anderenfalls müssen die Eheleute drei Jahre voneinander getrennt leben (§ 1566 Abs. 2 BGB). Da unser Mandant M aus dem o.g. Beispiel die Scheidung der Ehe ohne Einhaltung des Trennungsjahres beantragt, würde die Bewilligung von PKH an der Erfolgsaussicht seines Antrages scheitern.

89 *Praxistipp:*

In diesem Stadium könnte der Antrag gestellt werden, dass PKH nach Ablauf des Trennungsjahres bewilligt werden soll (vorausgesetzt die Antragsgegnerin stimmt der Ehescheidung zu und begehrt ebenfalls die Scheidung der Ehe).

90 *Abwandlung 2 zu Beispiel 1 (Rdn 75):*

Mandant M lebt seit eineinhalb Jahren von seiner Ehefrau getrennt und begehrt die Scheidung der Ehe. Die Ehefrau des Antragsgegners stimmt einer Ehescheidung ebenfalls zu.

In diesem Fall dürfte die Prüfung der Erfolgsaussicht der Rechtsverfolgung, wenn der Mandant M gem. § 118 Abs. 2 ZPO nach seinen eigenen Angaben glaubhaft angegeben hat, dass die Ehe endgültig gescheitert ist, positiv bewertet werden.

91 *Beispiel 2:*

B wird von A wegen Rückzahlung eines Darlehens verklagt. B beantragt Klageabweisung und stellt den Antrag auf Bewilligung von PKH. Er überreicht mit seinem Antrag eine Kopie des Kontoauszuges, mit dem die Rückzahlung des Darlehens an A dokumentiert ist.

Hier liegt für die beabsichtigte Rechtsverteidigung (weitere Ratenzahlungen vorausgesetzt) hinreichende Erfolgsaussicht vor, so dass PKH bewilligt werden könnte.

b) Mutwilligkeit

92 Von Mutwilligkeit spricht man, „wenn eine verständige, nicht hilfsbedürftige Partei ihre Rechte nicht in gleicher Weise verfolgen würde (vgl. Zöller/Philippi, § 114 ZPO Rn 30, m.w.N.). Mutwillig handelt danach, wer den kostspieligeren von zwei gleichwertigen prozessualen Wegen beschreitet (Zöller/Philippi, § 114 ZPO Rn 34, m.w.N.).

93 *Beispiel 3:*

Die Ehefrau unseres Mandanten M, der die Scheidung begehrt, ist eine sehr erfolgreiche Geschäftsfrau, die zudem sehr wohlhabend ist. In diesem Fall hat unser Mandant, bevor er die VKH beantragt, die Möglichkeit gem. § 1360a Abs. 4 BGB, von seiner

Ehefrau zur Durchführung des Scheidungsverfahrens einen sog. Prozesskostenvorschuss im Wege der einstweiligen Anordnung anzufordern, der Vorschussbetrag kann aber auch eingeklagt werden. Wählt unser Mandant also nicht zunächst diesen Weg, kann ihm VKH versagt werden, da er mutwillig gehandelt hat.

Beispiel 4: 94

Dem Mandanten M, der seit drei Monaten die Mietzahlungen eingestellt hat und sich von dem „eingesparten" Geld einen neuen Flachbildfernseher im Wert von 1.200,00 € angeschafft hat, wird eine Zahlungs- und Räumungsklage vom AG zugestellt. Da er über ein sehr geringes Einkommen verfügt, stellt er einen PKH-Antrag und beantragt zunächst, die Klage abzuweisen. Des Weiteren teilt er dem Gericht mit, dass er lediglich in der Lage ist, den Mietrückstand ratenweise à 50,00 € zu tilgen.

In diesem Fall kann davon ausgegangen werden, dass dem Mandanten M keine PKH bewilligt wird, da die Rechtsverteidigung des Mandanten M aussichtslos ist und Mutwilligkeit gegeben ist. Schließlich ist der Mieter verpflichtet, die Miete pünktlich in der vereinbarten Höhe an den Vermieter zu bezahlen, sofern nicht Gründe gegeben sind, die eine Zurückbehaltung der Miete oder ggf. eine Mietminderung rechtfertigen.

Beispiel 5: 95

M strebt eine Unterhaltsklage an, obwohl der Ehegatte E pünktlich und regelmäßig Unterhalt zahlt.

Beispiel 6: 96

A verpasst B nach einer verbalen Auseinandersetzung eine schallende Ohrfeige. Dabei verstaucht er sich den Zeigefinger. A verklagt B auf Zahlung von Schmerzensgeld.

III. Antragstellung/Zuständigkeit

1. Form des Antrags auf Bewilligung von PKH

Den Antrag auf Bewilligung von PKH kann der Antragsteller **schriftlich oder mündlich** bei 97
der Rechtsantragsstelle des Prozessgerichts stellen. Ebenso kann der Antrag auch in der mündlichen Verhandlung gestellt werden. In diesem Fall erfolgt die Protokollierung des Antrages. Stellt der Antragsteller einen schriftlichen Antrag, so muss dieser Antrag von dem Antragsteller, seinem gesetzlichen Vertreter oder dem Prozess-/Verfahrensbevollmächtigten unterschrieben werden. Ein **nicht unterschriebener Antrag ist nicht wirksam**.

Diesen Antrag kann der Antragsteller im Verbund mit dem Hauptsacheverfahren oder getrennt von dem Hauptsacheverfahren stellen (s. dazu unten).

2. Frist

98 Eine gesetzliche Frist, innerhalb welcher ein Antrag auf PKH gestellt werden muss, ist nicht gegeben.

Das bedeutet aber nicht, dass PKH für einen Rechtsstreit beantragt werden kann, der beendet ist. Die PKH umfasst nicht die nachträgliche Erstattung von Prozesskosten.

3. Formular

99 Sofern ein PKH-Antrag gestellt werden soll, muss neben der Klage/dem Antrag und dem Antrag auf Bewilligung von PKH bei dem Gericht ein von dem Kläger/Beklagten und Antragsteller ausgefülltes Formular „Erklärung über die persönlichen und wirtschaftlichen Verhältnisse" bei dem Prozessgericht eingereicht werden (§ 117 ZPO). Die von dem Antragsteller gemachten Angaben in dem Formular (Erklärung über die persönlichen und wirtschaftlichen Verhältnisse) sind zu belegen. Dem Antrag sind daher aktuelle Einkommens- und Verbindlichkeitsnachweise (z.B. Lohn-/Gehaltsabrechnung, Mietvertrag, aktuelle Kontoauszüge, Versicherungspolicen etc.) in Kopie beizufügen.

100 *Praxistipp:*

Ein solches Formular finden Sie bspw. auf den folgenden Internetseiten (da das Internet einem ständigen Wandel unterliegt, kann für die Richtigkeit der angegebenen Internetseiten keine Gewähr übernommen werden):

http://www.justiz.nrw.de/BS/formulare/prozesskostenhilfe/erkl_zp1a.pdf

6.4

Muster 6.4: Erklärung über die persönlichen und wirtschaftlichen Verhältnisse

101

Erklärung über die persönlichen und wirtschaftlichen Verhältnisse
– Anlage zum Antrag auf Bewilligung der Prozesskostenhilfe; die notwendigen Belege sind beizufügen. –

Geschäftsnummer des Gerichts

(A)
Die Prozesskostenhilfe wird beantragt von (Name, Vorname, ggf. Geburtsname): | Beruf, Erwerbstätigkeit | Geburtsdatum | Familienstand
Anschrift (Straße, Hausnummer, Postleitzahl, Wohnort) | Tagsüber telefonisch erreichbar unter Nr.
Antragstellende Partei wird gesetzlich vertreten von (Name, Vorname, Anschrift, Telefon):

(B) Trägt eine Rechtsschutzversicherung oder andere Stelle/Person (z.B. Gewerkschaft, Arbeitgeber, Mieterverein) die Kosten Ihrer Prozessführung?
Nein ☐ | Ja, in voller Höhe ☐ | Ja, in Höhe von EUR

(C) Beziehen Sie Unterhaltsleistungen (z.B. Unterhaltszahlungen; Versorgung im elterlichen Haushalt; Leistungen des Partners einer eheähnlichen Lebensgemeinschaft)?
Nein ☐ | Ja, von Eltern/Vater/Mutter (Bitte auf Zweitblatt diese Vordrucks Angaben über deren Verhältnisse – s. Hinweis) ☐ | Ja, von getrennt lebendem/geschiedenem Ehegatten ☐ | Ja, von anderer Person ☐

(D)

Angehörige, denen Sie Unterhalt gewähren Name, Vorname (Anschrift nur, wenn sie von Ihrer Anschrift abweicht)	Geburtsdatum	Familienverhältnis (z.B. Ehegatte, Kind, Schwiegermutter)	Wenn Sie den Unterhalt ausschließlich durch Zahlung gewähren: Monatsbetrag in EUR	Haben die Angehörigen eigene Einnahmen? (z.B. Ausbildungsvergütung; Unterhaltszahlungen von anderer Seite)
1				Nein ☐ Ja, EUR mtl. netto
2				Nein ☐ Ja, EUR mtl. netto
3				Nein ☐ Ja, EUR mtl. netto
4				Nein ☐ Ja, EUR mtl. netto
5				Nein ☐ Ja, EUR mtl. netto

Wenn Sie laufende Leistungen zum Lebensunterhalt nach dem Zwölften Buch Sozialgesetzbuch oder Leistungen zur Sicherung des Lebensunterhalts nach dem Zweiten Buch Sozialgesetzbuch beziehen und den letzten hierüber erhaltenen Bescheid beifügen, sind Angaben zu (E) bis (J) entbehrlich, sofern das Gericht nicht etwas anordnet.

(E) **Bruttoeinnahmen**

Bitte unbedingt beachten: Die notwendigen Belege (z.B. Lohnbescheinigung der Arbeitsstelle) müssen beigefügt werden.

Haben Sie Einnahmen aus	Nein	Ja, EUR mtl. brutto	Hat Ihr Ehegatte Einnahmen aus	Nein	Ja, EUR mtl. brutto
nichtselbständiger Arbeit?	☐		nichtselbständiger Arbeit?	☐	
selbständiger Arbeit/Gewerbebetrieb/Land-, Forstwirtschaft?	☐		selbständiger Arbeit/Gewerbebetrieb/Land-, Forstwirtschaft?	☐	
Vermietung und Verpachtung?	☐		Vermietung und Verpachtung?	☐	
Kapitalvermögen	☐		Kapitalvermögen	☐	
Kindergeld	☐	Ja, EUR mtl.	Kindergeld	☐	Ja, EUR mtl.
Wohngeld?	☐	Ja, EUR mtl.	Wohngeld?	☐	Ja, EUR mtl.
Andere Einnahmen (auch einmalige oder unregelmäßige)?	☐	Ja ☐ und zwar EUR brutto	Andere Einnahmen (auch einmalige oder unregelmäßige)?	☐	Ja ☐ und zwar EUR brutto
		EUR brutto			EUR brutto
		EUR brutto			EUR brutto

Bitte Art und Bezugszeitraum angeben z.B. Unterhaltsrente mtl., Altersrente mtl., Weihnachts-/Urlaubsgeld jährl., Arbeitslosengeld mtl., Arbeitslosengeld II mtl., Krankengeld mtl., Ausbildungsförderung mtl., Krankengeld mtl.

Falls zu den Einnahmen alle Fragen verneint werden: Auf welche Umstände ist dies zurückzuführen? Wie bestreiten Sie Ihren Lebensunterhalt?

(F) **Abzüge**

Bitte kurz bezeichnen z.B. [1] Lohnsteuer [2] Pflichtbeiträge [3] Lebensversich. [4] Fahrt zur Arbeit, ...km einfache Entfernung

Die notwendigen Belege müssen beigefügt werden.

Welche Abzüge haben Sie?	EUR mtl.	Welche Abzüge hat Ihr Ehegatte?	EUR mtl.
[1] Steuern		[1] Steuern	
[2] Sozialversicherungsbeiträge		[2] Sozialversicherungsbeiträge	
[3] Sonstige Versicherung		[3] Sonstige Versicherung	
[4] Werbungskosten, Betriebsausgaben		[4] Werbungskosten, Betriebsausgaben	

Allgemeine Fassung

JV 205 (2) Erklärung über die persönlichen und wirtschaftlichen Verhältnisse bei Prozesskostenhilfe (8.05)

(G)

Ist Vermögen vorhanden?	A, B oder C	In dieser Spalte mit Großbuchstaben bitte jeweils angeben, wem der Gegenstand gehört: A = mir allein B = meinem Ehegatten allein C = meinem Ehegatten und mir gemeinsam	Verkehrswert, Guthabenhöhe, Betrag in EUR	Beleg Nr.
Grundvermögen? (z.B. Grundstück, Familienheim, Wohnungseigentum, Erbbaurecht) ☐ Nein ☐ Ja		Nutzungsart, Lage, Größe, Grundbuchbezeichnung, Jahr der Bezugsfertigkeit, Einheitswert, Brandversicherungswert:		
Bausparkonten? ☐ Nein ☐ Ja		Bausparkasse, voraussichtlicher oder feststehender Auszahlungstermin, Verwendungszweck:		
Bank-, Giro-, Sparkonten u. dgl.? ☐ Nein ☐ Ja		Kreditinstitut, Guthabenart:		
Kraftfahrzeuge? ☐ Nein ☐ Ja		Fahrzeugart, Marke, Typ, Bau-, Anschaffungsjahr:		
Sonstige Vermögenswerte, Lebensversicherung, Wertpapiere, Bargeld, Wertgegenstände, Forderungen, Außenstände? ☐ Nein ☐ Ja		Bezeichnung der Gegenstände:		

(H)

Wohnkosten Angaben sind zu belegen	Größe des Wohnraums, den Sie mit Ihren oben unter (D) bezeichneten Angehörigen bewohnen	Größe in m²	Art der Heizung (z.B. „Zentrale Ölheizung")				Beleg Nr.
Wenn Sie den Raum als Mieter oder in einem ähnlichen Nutzungsverhältnis bewohnen	[illegible] EUR mtl.	[illegible] EUR mtl.	[illegible] EUR mtl.	[illegible] EUR mtl.	[illegible] EUR mtl.	[illegible] EUR mtl.	
Wenn Sie den Raum als Eigentümer, Miteigentümer, Erbbauberechtigter o. dgl. bewohnen	[illegible] EUR mtl.	[illegible] EUR mtl.	[illegible] EUR mtl.	[illegible] EUR mtl.	[illegible] EUR mtl.	[illegible] EUR mtl.	
Genaue Einzelangaben zu der Belastung aus Fremdmitteln (z.B. „... % Zinsen, ... % Tilgung aus Darlehen der Sparkasse ... für Kauf des Eigenheims; Zahlungen laufen bis ..."):				Restschuld EUR	[illegible] EUR mtl.	[illegible] EUR mtl.	

(I)

Sonstige Zahlungsverpflichtungen [illegible]	Restschuld EUR	[illegible] EUR mtl.	[illegible] EUR mtl.	Beleg Nr.

(J)

Als besondere Belastung mache ich geltend:	Besondere Belastung (z.B. [illegible]) Angaben sind zu belegen.	[illegible] EUR mtl.	[illegible] EUR mtl.	Beleg Nr.

Ich versichere hiermit, dass meine Angaben vollständig und wahr sind. [illegible]

(K)

Anzahl

.... Belege füge ich bei.

Ort, Datum

Unterschrift der Partei oder der Person, die Sie gesetzlich vertritt

Aufgenommen:

Unterschrift, Amtsbezeichnung

▲

4. Zuständigkeit

Der PKH-Antrag folgt der Zuständigkeit für die Hauptsache. Dies gilt auch dann, wenn der PKH-Antrag gesondert eingereicht wird. 102

Beispiel 1: 103

Mandant M erhebt eine sog. Kostenvorschussklage i.H.v. 2.500,00 € gegen seinen in Hanau wohnenden Vermieter aufgrund eines erheblichen Wasserschadens in der von ihm bewohnten Mietwohnung in Berlin-Kreuzberg (Der Mandant M als Mieter hat Anspruch auf Zahlung eines Vorschusses hinsichtlich der Kosten für die Beseitigung des Wasserschadens. Ein solcher Anspruch besteht, sofern die Voraussetzungen des § 536a Abs. 2 BGB gegeben sind. Es handelt sich hierbei um einen Anspruch auf Ersatzvornahmekosten. Der Betrag kann erhöht werden, sofern die ursprünglichen Kosten der Ersatzvornahme nicht ausreichend sind. Auch wenn ein Urteil bereits vorliegt, können weitere, nachträglich entstandene Kosten eingeklagt werden). Da hier Streitigkeiten aus einem Wohnraummietverhältnis betroffen sind, handelt es sich gem. § 29a ZPO um einen ausschließlichen Gerichtsstand. Die Klage ist bei dem Gericht zu erheben, in dessen Bezirk sich die Wohnung befindet. Gem. § 23 Nr. 2a GVG ist das AG ausschließlich zuständig.

Der Antrag des Mandanten M wird bei dem für die Hauptsache zuständigen AG in Berlin Kreuzberg (AG Tempelhof-Kreuzberg) gestellt.

Abwandlung 1 Beispiel 1: 104

Das AG gibt der Klage i.H.v. 1.500,00 € statt. I.Ü. weist es die Klage zurück. Der Mandant ist i.H.v. 1.000,00 € beschwert (dies ist der Betrag, mit dem Mandant M hinsichtlich seines Antrags unterliegt, d.h. die Differenz zwischen dem eingeklagten Betrag i.H.v. 2.500,00 € und dem zuerkannten Urteilsbetrag i.H.v. 1.500,00 €). Die Voraussetzungen für die Einlegung der Berufung im Hinblick auf den Wert der Beschwer sind gegeben (§ 511 Abs. 2 Nr. 1 ZPO). Der Wert der Beschwer muss grds. 600,00 € übersteigen.

Sofern Mandant M Berufung gegen dieses Urteil einlegen möchte und ebenfalls in diesem Verfahren PKH begehrt, ist von dem Mandanten M bzw. von seinem Prozessbevollmächtigten (da Anwaltszwang vor den LG gem. § 78 Abs. 1 ZPO herrscht) neben der Berufung auch für das Berufungsverfahren erneut ein PKH-Antrag bei dem LG zu stellen.

Abwandlung 2 Beispiel 1: 105

Das LG als Berufungsgericht bewilligt dem Kläger und Berufungskläger PKH und gibt der Berufung vollumfänglich statt. Der Vermieter ist verpflichtet 2.500,00 € zu zahlen. Das Urteil liegt dem Kläger in vollstreckbarer Ausfertigung (Titel, Klausel,

Zustellung) vor. Der Vermieter rührt sich nicht und leistet keine Zahlung. Mandant M will Zwangsvollstreckungsmaßnahmen einleiten und ebenfalls einen PKH-Antrag stellen.

Der Zwangsvollstreckungsauftrag und der PKH-Antrag sind bei dem AG Hanau, Vollstreckungsgericht, zu stellen. Das Vollstreckungsgericht ist das Gericht, das Vollstreckungshandlungen wahrnimmt oder das bei Vollstreckungshandlungen mitwirkt. Sofern nicht vom Gesetz ein anderes bestimmt wird, ist das Vollstreckungsgericht das Gericht, in dessen Bezirk das Zwangsvollstreckungsverfahren stattfinden soll, § 764 ZPO. I.d.R. ist das Vollstreckungsgericht das AG (§ 764 Abs. 1 ZPO). U.U. kann es auch das LG sein. (§ 930 Abs. 1 Satz 3 ZPO).

106 *Beispiel 2:*

Mandant M und seine Ehefrau, beide deutsche Staatsangehörige, die vor dem Standesamt in München die Ehe miteinander geschlossen haben, möchten sich nach fünf Ehejahren scheiden lassen. Sämtliche gesetzlichen Voraussetzungen für die Ehescheidung liegen vor. Die Eheleute leben in dem Einfamilienhaus im Müllenhoffweg in Hamburg voneinander getrennt.

Familiensachen werden in erster Instanz vom AG, als FamG, verhandelt. Die sachliche Zuständigkeit der AG ist in den §§ 23a, 23b GVG geregelt. Da es sich hier um eine Ehesache handelt, ist das AG, FamG, in erster Instanz sachlich zuständig.

Die örtliche Zuständigkeit ist in § 122 FamFG geregelt. Örtlich zuständig ist hier das FamG Hamburg-Altona. Mandant M, muss den Antrag auf Bewilligung von PKH bei dem AG, FamG, Hamburg-Altona stellen.

107 *Hinweis:*

PKH ist für jeden Rechtszug gesondert zu stellen (§ 119 ZPO). PKH gilt jeweils nur für die Instanz, für die es beantragt worden ist. Ist der Antragsteller in einem Berufungsverfahren **Berufungsbeklagter**, so muss er, sofern er PKH auch für das Berufungsverfahren begehrt, einen Antrag auf Bewilligung von PKH stellen.

Die Besonderheit bei dieser Konstellation ist jedoch die, dass das Berufungsgericht weder die Erfolgsaussicht noch das Kriterium der Mutwilligkeit prüft. Es erfolgt lediglich eine Prüfung hinsichtlich der persönlichen und wirtschaftlichen Verhältnisse (§ 119 ZPO). Legt der Kläger oder der Beklagte jedoch Berufung ein und stellt einen Antrag auf Bewilligung von PKH, so erfolgt in diesem Fall die Prüfung der Erfolgsaussicht, Mutwilligkeit sowie die persönlichen und wirtschaftlichen Verhältnisse.

Beispiel 3: 108

Mandant M reicht einen Scheidungsantrag bei dem FamG Pankow-Weißensee ein. Das FamG bewilligt dem Antragsteller für das Scheidungsverfahren und die Folgesache Versorgungsausgleich unter Beiordnung von RA R und VKH ohne Ratenzahlung. Im weiteren Verlauf des Verfahrens beantragt Mandant M, ihm die elterliche Sorge für das gemeinsame, minderjährige Kind zu übertragen.

Hier **muss** der RA bereits schon in vergütungsrechtlicher Hinsicht für seinen Mandanten wegen des Antrags auf Übertragung der elterlichen Sorge, die im Verbund mit der Scheidungssache entschieden werden kann, zwingend einen Antrag auf Bewilligung von VKH stellen. Vergisst der RA einen entsprechenden Antrag zu stellen, so besteht kein Vergütungserstattungsanspruch gegenüber der Landeshauptkasse, auch wenn für die Ehescheidung und die Folgesache Versorgungsausgleich VKH bewilligt wurde (§ 122 ZPO). Hierzu verweise ich auch auf § 8 Rdn 673 ff.; §§ 45, 48 RVG.

Beispiel 4: 109

Dem Mandanten M wurde in einem Rechtstreit mit dem Beklagten B vor dem AG Hannover PKH unter Beiordnung von RA R bewilligt. Im Laufe des Verfahrens unterbreitet der Beklagte B ein Vergleichsangebot, mit dem Mandant M einverstanden ist. Die Parteien einigen sich dahingehend, den Vergleich gerichtlich protokollieren zu lassen.

Auch hier ist ein entsprechender Antrag auf Bewilligung von PKH für den Abschluss des Vergleichs zu beantragen.

▼

Muster 6.5: Antrag auf PKH für den Abschluss eines Vergleichs 110

In dem Rechtsstreit

/

Gerichtsaktenzeichen

überreiche ich beiliegend das von dem Beklagten unterbreitete, schriftliche Vergleichsangebot vom (*Datum*). Klägerseits besteht Einverständnis mit dem Abschluss des Vergleichs.

Namens und in Vollmacht des Klägers beantrage ich,

diesem für den Abschluss des Vergleichs ebenfalls Prozesskostenhilfe für alle für den Vergleich entstehenden Gebühren unter meiner Beiordnung zu bewilligen.

Einfache und beglaubigte Abschrift anbei.

Rechtsanwalt/Rechtsanwältin

▲

IV. PKH-Bewilligungsverfahren

111 In der Praxis kommt es mitunter sehr oft vor, dass die Erfolgsaussicht nicht von vornherein eingeschätzt werden kann. Ist ungewiss, ob das Gericht PKH bewilligen wird und will der Mandant den Prozess jedoch ohne die Bewilligung von PKH nicht fortführen, so ist zu empfehlen, **zunächst den Antrag auf PKH** zu stellen und die Klage nur in dem Fall von PKH an- bzw. rechtshängig zu machen. In diesem Fall ist die **Klage als Klageentwurf** zu werten, die erst dann ihre Wirksamkeit entfaltet, wenn PKH bewilligt wird. Gleiches gilt für zu führende Rechtsmittelverfahren, auch für diese kann zunächst das PKH Bewilligungsverfahren geführt werden und erst nach Bewilligung das Rechtsmittel anhängig gemacht werden. Allerdings ist in diesem Fall i.d.R. noch ein Wiedereinsetzungsverfahren zu führen.

112 Auch im Hinblick auf die Kostenfolge wirkt sich das PKH-Bewilligungsverfahren im Vergleich zu dem sog. regulären Verfahren, wie nachstehend erläutert, entsprechend aus.

113 *Hinweis:*

Maßgeblich im Hinblick auf die Vergütung des RA ist der erteilte Auftrag des Mandanten an den RA. Daher sollte zwingend notwendig der Auftrag des Mandanten, ob die Klage unter der Bedingung der Bewilligung von PKH erhoben werden soll oder nicht, schriftlich festgehalten werden (s.a. § 8 Rdn 45 ff.).

Auch unter haftungsrechtlichen Gesichtspunkten ist es von großer Bedeutung, sich dahingehend den Auftrag schriftlich erteilen zu lassen (s. § 8 Rdn 45 ff.).

114 Der Mandant hat zwei Möglichkeiten vorzugehen:

- Er reicht die Klage/den Antrag mit dem Formular „Erklärung über die persönlichen und wirtschaftlichen Verhältnisse" nebst den erforderlichen Einkommen- und Verbindlichkeitsnachweisen unter der Bedingung ein, dass PKH bewilligt wird. Für den Fall, das ein Rechtsmittelverfahren zu führen ist, reicht er das Rechtsmittel mit der Erklärung über die persönlichen und wirtschaftlichen Verhältnisse ein.
  Sofern der PKH-Antrag zurückgewiesen wird, kann sich der Antragsteller entscheiden, ob er sein Klagebegehren/seinen Antrag weiterverfolgen möchte oder nicht.
  Bewilligt das Gericht PKH, stellt es die Klageschrift/Antragsschrift an den Beklagten/Antragsgegner zu. Im Fall der Nichtbewilligung von PKH würde eine Zustellung der Klage an den Beklagten/Antragsgegner in dem Fall erfolgen, sobald der Kläger/Antragsteller die Gerichtskosten eingezahlt hat.
  Sofern dem PKH-Antrag teilweise stattgegeben wird, kann der Antragsteller sein Klage-/Antragsbegehren i.H.d. PKH-Bewilligung weiterverfolgen. Er kann das Verfahren aber auch in voller Höhe weiterverfolgen. In Höhe des nicht bewilligten Betrags muss der Mandant jedoch die Kosten selbst tragen.

Hinweis: 115

Für das PKH-Bewilligungsverfahren selbst gibt es keine PKH. Der Auftraggeber schuldet die Anwaltsvergütung – unabhängig vom Ausgang des Verfahrens.

Beispiel 1: 116

Dem Mandanten M wird PKH unter Beiordnung seines RA i.H.v. 2.000,00 € bewilligt. Insgesamt hat er beantragt, ihm hinsichtlich eines Zahlungsanspruchs gegen den Beklagten B i.H.v. 2.700,00 € PKH unter Beiordnung seines RA zu bewilligen. Da das Prozessgericht i.H.v. 700,00 € keine Erfolgsaussicht bejaht, wird der Antrag des Mandanten M in dieser Höhe zurückgewiesen. Sofern der Mandant M die Klage i.H.v. 2.700,00 € weiterverfolgen möchte, trägt die Landeshauptkasse die gesetzliche Vergütung des RA nach einem Gegenstandswert i.H.v. 2.000,00 € und die Gerichtskosten nach einem Gerichtsgebührenwert i.H.v. 2.000,00 €. Wegen der restlichen 700,00 €, die von der PKH nicht erfasst sind, trägt der Mandant M die anteilige Vergütung des RA sowie die anteiligen Gerichtskosten selbst.

Dies hat einen **Vorteil für den Antragsteller**: 117

In dem sog. PKH-Prüfungsverfahren besteht kein Kostenerstattungsanspruch gegen die unterlegene Partei. Für den Fall, dass der PKH-Antrag zurückgewiesen wird, kann die Gegenseite ihre Kosten **nicht** gegen den Antragsteller festsetzen lassen (§ 118 Abs. 1 Satz 4 ZPO). Zum anderen ist die Vergütung des RA in dem Bewilligungsverfahren geringer, s. hierzu § 8 Rdn 673 ff., Nr. 3335 VV RVG. 118

- Der Antragsteller kann die Klage/den Antrag auch unabhängig von der Bewilligung der PKH einreichen. 119
- Dies hat den **Nachteil für den Antragsteller**, dass – anders als im Bewilligungsverfahren gem. § 118 ZPO – die Klage/der Antrag, sobald sie/er dem Beklagten/Antragsgegner zugestellt wird, rechtshängig wird.
- Erfolgt die Zurückweisung des PKH-Antrags und nimmt der Kläger die Klage/Antragsteller den Antrag zurück oder unterliegt er in diesem Rechtsstreit, so besteht hinsichtlich der obsiegenden Partei (hier der Beklagte/Antragsgegner) ein Kostenerstattungsanspruch (§§ 91, 269 Abs. 3, 2. Halbs. ZPO)

Hinweis: 120

Eine Ausnahmeregelung hinsichtlich der Kostenerstattung findet sich im ArbGG. Gem. § 12a Abs. 1 Satz 1 ArbGG trägt im **erstinstanzlichen Verfahren** jede Partei die ihr entstandenen Kosten (Ausnahme: Reisekosten können erstattet werden) selbst.

In diesem Fall ist der Kostenerstattungsanspruch der obsiegenden Partei gegen die unterlegene Partei ausgeschlossen.

121 Eine entsprechende Klage bzw. ein entsprechender Antrag unter der Bedingung, dass PKH bewilligt wird, könnte anhand des nachstehenden Beispiels wie folgt lauten:

> *Beispiel 2:*
>
> *Mandant M war in einen Verkehrsunfall verwickelt. Der Unfallgegner, der die Vorfahrtsberechtigung des Mandanten nicht beachtet hat, kollidierte mit dem Fahrzeug des Mandanten M.*
>
> *Bei diesem Unfall hat sich Mandant M erhebliche Verletzungen zugezogen. Gegen den Fahrer und Halter des unfallgegnerischen Fahrzeugs sowie dessen Haftpflichtversicherung macht Mandant M zunächst Schmerzensgeld- und Schadensersatzansprüche geltend.*
>
> *Die Schadensersatzansprüche reguliert die Haftpflichtversicherung.*
>
> *Die Zahlung von Schmerzensgeldansprüchen weist sie jedoch dem Grunde und der Höhe nach zurück. Mandant M verlangt ein Schmerzensgeld i.H.v. 5.500,00 €.*

6.6 ▼

122 **Muster 6.6: Klage i.V.m PKH-Antrag**

An das

Landgericht

Klage i.V.m.

Antrag auf Bewilligung von Prozesskostenhilfe

(*Name/Anschrift*)

Antragsteller

und Kläger,

Prozessbevollmächtigter: Rechtsanwalt, Anschrift

gegen

(*Name/Anschrift*)

Beklagter zu 1.),

Versicherungs AG,

gesetzlich vertreten durch den Vorstand,

(*Anschrift*)

Beklagte zu 2.)

wegen **Schmerzensgeld aus Verkehrsunfall**

Vorläufiger Streitwert: *5.500,00 €*

Namens und in Vollmacht des Antragstellers beantrage ich,

1.) diesem unter meiner Beiordnung für den unter Nr. 2.) gestellten Antrag Prozesskostenhilfe zu bewilligen,

Im Fall der Bewilligung von Prozesskostenhilfe erhebe ich Klage und werde beantragen,

2.) die Beklagten zu 1.) und 2.) als Gesamtschuldner zu verurteilen, an den Kläger ein Schmerzensgeld, dessen Höhe in das Ermessen des Gerichts gestellt wird, mindestens jedoch in Höhe von 5.500,00 € nebst 5 Prozentpunkten Zinsen über dem jeweils gültigen Basiszinssatz seit dem ______ an den Kläger zu zahlen.

3.) Für den Fall des Vorliegens der gesetzlichen Voraussetzungen wird beantragt, gegen die Beklagen zu 1.) und 2.) Anerkenntnis- bzw. Versäumnisurteil zu erlassen.

4.) Dem Beklagten ist eine vollstreckbare Ausfertigung des Urteils zuzustellen.

5.) Die Beklagten tragen die Kosten des Rechtsstreits

Begründung Antrag zu 1.):

Der Antragsteller ist nicht in der Lage, die Kosten des Rechtsstreits aus eigenen Mitteln aufzubringen.

Eine Erklärung über die persönlichen und wirtschaftlichen Verhältnisse des Antragstellers nebst den erforderlichen Belegen ist beigefügt.

Der Antrag hat Aussicht auf Erfolg und ist nicht mutwillig.

Begründung:

(Die materiell-rechtliche Anspruchsgrundlage ist wie in einer Klageschrift darzulegen)

▲

Die Klage und der PKH-Antrag können aber gesondert in zwei getrennten Schriftsätzen eingereicht werden. **123**

6.7

▼

124 **Muster 6.7: Antrag auf PKH**

An das

Landgericht

Antrag auf Bewilligung von Prozesskostenhilfe

(*Name/Anschrift*)

Antragsteller,

Verfahrensbevollmächtigter: Rechtsanwalt, Anschrift

gegen

(*Name/Anschrift*)

Beklagter zu 1.),

Versicherungs AG,

gesetzlich vertreten durch den Vorstand,

(*Anschrift*)

Beklagte zu 2.)

Wegen **Schmerzensgeld aus Verkehrsunfall**

Vorläufiger Streitwert: *5.500,00 €*

Namens und in Vollmacht des Antragstellers beantrage ich,

diesem unter meiner Beiordnung Prozesskostenhilfe für das Klageverfahren,

gemäß der als Anlage beigefügten Klageschrift zu bewilligen.

Begründung:

Der Antragsteller ist nicht in der Lage, die Kosten des Rechtsstreits aus eigenen Mitteln aufzubringen.

Eine Erklärung über die persönlichen und wirtschaftlichen Verhältnisse des Antragstellers nebst den erforderlichen Belegen ist beigefügt.

Der Antrag hat Aussicht auf Erfolg und ist nicht mutwillig.

Im Fall der Bewilligung von Prozesskostenhilfe wird beantragt, die Klageschrift an die Beklagten zuzustellen.

Einfache und beglaubigte Abschrift anbei.

Rechtsanwalt/Rechtsanwältin

▲

Diesem Antrag fügen Sie eine **unterzeichnete Klageschrift nebst beglaubigter und einfacher Abschrift** sowie ggf. die **unter Beweis aufgeführten Anlagen** zu der Klageschrift bei. 125

Sie können den Anspruch des Antragstellers aber auch schon in dem PKH-Antrag vortragen. In diesem Fall muss dem Antrag auf Bewilligung von PKH keine Klageschrift beiliegen. Sobald das Prozessgericht dem PKH-Antrag des Antragstellers stattgegeben hat, ist die Klagschrift einzureichen.

V. Wirkung der PKH

Die Wirkung der PKH ist in § 122 ZPO geregelt. Danach ist derjenige, dem PKH bewilligt wurde, von der Zahlung von Gerichtskosten, Gerichtsvollzieherkosten, den eigenen Rechtsanwaltskosten sowie ggf. Sachverständigengebühren befreit. Eine Zweitschuldnerhaftung gem. § 31 Abs. 1 GKG scheidet bei bewilligter PKH auch aus. 126

Von der PKH sind jedoch die Kosten der Gegenpartei (z.B. Rechtsanwaltskosten der Gegenseite) **nicht** gedeckt. Unterliegt die Partei, der PKH bewilligt wurde, so befreit ihn die PKH nicht von der Zahlungspflicht für die Kosten, die der Partei erwachsen sind, die obsiegt hat. Die Kosten des gegnerischen RA sind in voller Höhe zu zahlen, soweit diese erstattungsfähig sind (§ 123 ZPO). Über diesen Umweg besteht auch eine Erstattungspflicht für Gerichtskosten, es sei denn, es gelingt eine Befreiung von denselben zu erwirken. 127

Abwandlung Beispiel 2 (in diesem Kapitel Rdn 156):

Das LG verurteilt die Beklagten zu 1.) und 2.) zu einer Schmerzensgeldzahlung i.H.v. 1.000,00 €. I.Ü. wird die Klage abgewiesen. Von den Kosten des Rechtsstreits trägt der Kläger 81,82 % und die Beklagten als Gesamtschuldner 18,18 %.

In diesem Fall können die Beklagten Kostenausgleichung gem. § 106 ZPO beantragen. Das Gericht erlässt einen Kostenfestsetzungsbeschluss, wonach der Kläger verpflichtet ist, die Kosten der Gegenseite zu tragen. Die eigenen Kosten des Klägers werden von der Landeshauptkasse erstattet. In einer gut organisierten Anwaltskanzlei wird hier aber die Aufrechnung des Kostenerstattungsanspruches mit der Urteilsforderung erklärt werden. 128

Gem. § 122 Abs. 3 ZPO darf der RA von dem Mandanten keinerlei Vergütungsansprüche beanspruchen, sobald PKH bewilligt wurde. Ab dem Zeitpunkt der Bewilligung von PKH ist nicht der Mandant, sondern die Bundes- bzw. Landeshauptkasse Kostenschuldner. Der 129

Umfang des Vergütungsanspruchs richtet sich im Fall einer Beiordnung des RA nach dem Inhalt des PKH-Beschlusses (§ 48 Abs. 1 RVG).

Vor der Bewilligung von PKH kann der RA jedoch eine Vorschusszahlung von dem Mandanten verlangen. Bis zu einer Entscheidung über den Antrag auf Bewilligung von PKH ist der Mandant Vergütungsschuldner.

130 Im Hinblick auf eine Anrechnung von Zahlungen des Mandanten in dem PKH-Verfahren verweise ich auf die Ausführungen unter § 8 Rdn 676.

1. Beiordnung eines auswärtigen RA

131 Gem. § 121 Abs. 3 ZPO kann ein RA der im Bezirk des Prozessgerichts nicht niedergelassen ist, beigeordnet werden. Dies jedoch nur dann, wenn keine zusätzlichen Kosten entstehen. Dies bedeutet, dass Reisekosten grds. nicht erstattet werden. Der auswärtige RA wird zu den Bedingungen eines ortsansässigen RA beigeordnet. Hier ist in der Rspr. eine Entwicklung dahingehend zu sehen, dass Reisekosten erstattet werden, wenn der Kanzleiort nicht weiter entfernt vom Gerichtsort liegt, als der am entferntesten in der Gemeinde des Gerichtsbezirks liegende Ort.

132 Dem dürfte die Vorschrift des § 46 Abs. 1 RVG entgegenstehen, wonach insbes. Reisekosten dann nicht zu erstatten sind, wenn sie zur sachgemäßen Durchführung der Angelegenheit nicht erforderlich waren. War die Beauftragung eines nicht am Gerichtsort ansässigen RA jedoch erforderlich und notwendig, sind auch die Reisekosten erstattungsfähig. Prüfen Sie den PKH-Beschluss. Wurde dieser ohne Einschränkung erlassen, kann der RA die Reisekosten abrechnen, da eine dahin gehende Einschränkung seitens des Gerichts gem. § 121 Abs. 3 ZPO nicht erfolgte (so auch OLG Brandenburg, Beschl. v. 1.10.2008 – 13 WF 68/08). Erfolgte eine eingeschränkte Beiordnung nur zu den Gebühren eines ortsansässigen RA, wäre eine sofortige Beschwerde gegen den Beschluss zu prüfen, sofern die Beauftragung eines auswärtigen RA notwendig und erforderlich war und es sich bei den Reisekosten um notwendige Kosten handelt(e).

2. Änderung der persönlichen und wirtschaftlichen Verhältnisse während des Prozesses/Verfahrens

133 Sofern PKH ohne Ratenzahlung bewilligt wurde, ist der Antragsteller zunächst von Zahlungen befreit. Diese Befreiung erlischt jedoch dann, wenn sich die Einkommens- und Vermögensverhältnisse des Antragstellers während des Prozesses wesentlich verändern, denn der Antragsteller hat insoweit sein Einkommen und/oder Vermögen einzusetzen (§ 115 Abs. 1 Satz 1 und 2 ZPO). Dies gilt auch bei PKH mit Ratenzahlung, sofern

u.U. höhere Raten oder eine Einmalzahlung aufgrund der veränderten Einkommens- und Vermögensverhältnisse gewährleistet ist.

Wurde der Partei PKH bewilligt und verschlechtern sich die Einkommensverhältnisse, so kann das Gericht **auf Antrag** von Ratenzahlungen absehen (§ 120 Abs. 4 ZPO)

3. Wesentliche Verbesserung der persönlichen und wirtschaftlichen Verhältnisse nach Beendigung des Prozesses/Verfahrens

Das Gericht kann innerhalb einer Frist von vier Jahren nach rechtskräftigem Abschluss 134
des Verfahrens oder einer sonstigen Beendigung des Verfahrens innerhalb derselben Frist hinsichtlich der getroffenen Entscheidung über eine Zahlung eine Änderung herbeiführen, sodass entweder Raten oder eine Einmalzahlung der von der Landeshauptkasse vorgeleisteten Prozesskosten zu zahlen ist. Auf Verlangen des Gerichts ist von demjenigen, dem PKH bewilligt wurde, dem Gericht eine Erklärung über die persönlichen und wirtschaftlichen Verhältnisse nebst Einkommens-, Vermögens- und Verbindlichkeitsnachweisen vorzulegen. Insoweit besteht eine Auskunftspflicht der Partei. Kommt die Partei dieser Auskunftspflicht nicht nach, kann bzw. wird das Gericht die Aufhebung über die Bewilligung von PKH veranlassen (§ 124 Abs. 1 Nr. 2 ZPO). Klarzustellen ist, dass es sich hier um eine Auskunftspflicht der Partei und nicht des RA handelt. Der RA kann die Unterlagen an das Gericht zurückreichen, wenn sein Mandat bereits erloschen ist, er ist nicht verpflichtet Nachforschungen nach dem Verbleib des ehemaligen Auftraggebers zu unternehmen, damit dieser (und nur dieser ist verantwortlich) eine Erklärung abgeben kann.

Nach Ablauf der „4-Jahres-Frist" ist aber eine Änderung über eine Entscheidung ob und inwieweit Zahlungen zu leisten sind, ausgeschlossen.

> *Praxistipp:* 135
>
> Nach Beendigung des Prozesses/Verfahrens sollten Sie dem Gericht schriftlich mitteilen, dass Sie die Mandanten (Kläger/Beklagter/Antragsteller/Antragsgegner) nicht mehr anwaltlich vertreten.
>
> Unterlassen Sie eine entsprechende Mitteilung, wird das Gericht i.d.R. das Auskunftsersuchen wegen der Veränderung der persönlichen und wirtschaftlichen Verhältnisse – zwecks Weiterleitung an die Partei – an Sie übermitteln. Stellt das Gericht trotz dieser Mitteilung an Sie zu, reicht ein Anruf, um mit dieser Unsitte aufzuhören.

4. Aufhebung der Bewilligung von PKH

Das Gericht kann den Beschluss, mit dem der Partei PKH bewilligt wurde, gem. § 124 ZPO 136
aufheben. Dies können Sie dem Gesetzeswortlaut des § 124 ZPO – wie folgt – entnehmen:

Das Gericht kann die Bewilligung der PKH aufheben, wenn

1. die Partei durch unrichtige Darstellung des Streitverhältnisses die für die Bewilligung der PKH maßgebenden Voraussetzungen vorgetäuscht hat;
2. die Partei absichtlich oder aus grober Nachlässigkeit unrichtige Angaben über die persönlichen oder wirtschaftlichen Verhältnisse gemacht oder eine Erklärung nach § 120 Abs. 4 Satz 2 nicht abgegeben hat;
3. die persönlichen oder wirtschaftlichen Voraussetzungen für die PKH nicht vorgelegen haben; in diesem Fall ist die Aufhebung ausgeschlossen, wenn seit der rechtskräftigen Entscheidung oder sonstigen Beendigung des Verfahrens vier Jahre vergangen sind;
4. die Partei länger als drei Monate mit der Zahlung einer Monatsrate oder mit der Zahlung eines sonstigen Betrages im Rückstand ist.

VI. PKH im Mahnverfahren

137 Der Antrag auf Bewilligung von PKH kann auch im Mahnverfahren gestellt werden. Ist der Antragsteller aufgrund seiner persönlichen und wirtschaftlichen Verhältnisse nicht in der Lage, die im Vergleich zum ordentlichen Verfahren geringeren **Gerichtskosten** aufzubringen, oder kann er diese nur in mehr als vier Raten aufbringen und erscheint die Rechtsverfolgung in dem Mahnverfahren nicht offensichtlich aussichtslos, erhält er PKH (§ 114 ZPO). Bitte beachten Sie, dass eine Beiordnung regelmäßig nur hinsichtlich der **Gerichtskosten** erfolgt. Die Beiordnung eines RA wird grds. wegen fehlender Notwendigkeit abgelehnt. Sofern die Beauftragung eines RA im Mahnverfahren jedoch notwendig ist, kann auch der RA im Wege der PKH beigeordnet werden. Hier kommt es auf eine gute Begründung zur Notwendigkeit der Beauftragung des RA an.

VII. Rechtsmittel

1. Allgemeines

138 Das Gericht der Hauptsache entscheidet über den Antrag auf Bewilligung von PKH durch Beschluss (§ 127 Abs. 1 ZPO).

2. Form und Frist

139 Weist das Gericht den PKH-Antrag zurück, kann der Beschluss, bis auf eine Ausnahme, auf die noch eingegangen wird, binnen einer Notfrist von einem Monat seit Zustellung mit dem Rechtsmittel der sofortigen Beschwerde angefochten werden (§ 127 Abs. 2 i.V.m. § 569 Abs. 1 Satz 1 ZPO)

Die sofortige Beschwerde kann entweder bei dem Gericht, das den Beschluss erlassen hat oder aber bei dem Beschwerdegericht eingelegt werden (§ 569 Abs. 1 ZPO).

Beispiel 1: 140

Das AG Neukölln weist den PKH-Antrag des Antragstellers und Klägers (Zahlungsklage i.H.v. 2.000,00 €) mangels Erfolgsaussicht ab. Der Beschluss wird dem RA am 19.1.2018 zugestellt.

Die sofortige Beschwerde ist spätestens am 19.2.2018 entweder bei dem AG Neukölln, das über den PKH-Antrag entschieden und den Beschluss erlassen hat, oder aber bei dem LG Berlin einzulegen.

Beispiel 2: 141

Das FamG weist den PKH-Antrag des Antragstellers wegen Mutwilligkeit zurück. Der Beschluss wird dem RA am 1.12.2017 zugestellt.

Die sofortige Beschwerde ist spätestens am 2.1.2018 (da der 01.01. ein gesetzlicher Feiertag ist), bei dem FamG Pankow-Weißensee oder bei dem KG (= OLG) Berlin einzulegen (in Familiensachen ist das Rechtsmittelgericht das OLG).

Beispiel 3: 142

Das FamG Hamburg-Altona weist den PKH-Antrag wegen des Antrages auf Übertragung der elterlichen Sorge mangels Erfolgsaussicht zurück. Der Beschluss wird dem RA am 22.1.2018 zugestellt.

Die sofortige Beschwerde ist spätestens am 22.2.2018 bei dem FamG Hamburg-Altona, wahlweise bei dem OLG Hamburg einzureichen.

Die sofortige Beschwerde kann nicht gegen jeden ablehnenden Beschluss eingelegt werden. Gem. § 127 Abs. 2 Satz 2, 2. Halbs. ZPO ist die sofortige Beschwerde dann nicht möglich, wenn der Wert des Streitgegenstandes der Hauptsache die für die Zulässigkeit der Berufung gem. § 511 ZPO nicht übersteigt. Gem. § 511 ZPO Abs. 2 Nr. 1 ZPO ist eine Berufung gegen ein Urteil u.a. dann statthaft, wenn der Wert des Streitgegenstandes 600,00 € übersteigt. Dies gilt für den Fall nicht, wenn der Antrag auf PKH wegen der persönlichen und wirtschaftlichen Verhältnisse zurückgewiesen wurde. 143

Beispiel 4: 144

Mandant M begehrt mit einer Klage von dem Beklagten B die Zahlung eines Betrages i.H.v. 8.000,00 €. Das LG Frankfurt am Main weist den PKH-Antrag wegen Zahlung eines Betrages i.H.v. 600,00 € mangels Erfolgsaussicht mit Beschl. v. 22.1.2018 zurück und bewilligt im übrigen PKH nach dem Wert i.H.v. 7.400,00 €.

Hinsichtlich der ablehnenden Entscheidung wegen des Betrages i.H.v. 600,00 € mangels Erfolgsaussicht ist die sofortige Beschwerde gegen den Beschluss (grds. wahlweise bei dem LG Frankfurt am Main oder bei dem OLG Frankfurt ausgeschlossen, da dieser Betrag den gem. § 511 Abs. 2 Nr. 1 ZPO genannten Betrag nicht übersteigt (§ 127 ZPO).

145 *Beispiel 5:*

RA beantragt für seinen Mandanten M, diesem unter seiner Beiordnung PKH wegen eines Herausgabeanspruchs zu bewilligen. Der Wert der herauszugebenden Sache beträgt 400,00 €. Das AG Hannover lehnt den PKH-Antrag des Antragstellers ausschließlich wegen der persönlichen und wirtschaftlichen Verhältnisse des Klägers ab.

Zwar ist hier der gem. § 511 Abs. 2 Nr. 1 ZPO genannte Wert nicht erreicht. Der Antragsteller und Kläger kann dennoch sofortige Beschwerde gegen den Beschluss des AG Hannover einlegen, da das AG den Antrag auf Bewilligung von PKH wegen der persönlichen und wirtschaftlichen Verhältnisse verneint hat.

C. Rechtsschutzversicherung

I. Allgemeines

146 Kennen Sie die Werbung einer der großen Rechtsschutzversicherer, die damit wirbt, dass diese Rechtsschutzversicherung „Anwalts Liebling" ist?

Bei einem Neumandat schleicht sich mitunter ein Gefühl der Sicherheit in vergütungsrechtlicher Hinsicht ein, wenn der Mandant seine Rechtsschutzversicherungs-Card „zückt". Der Mandant fühlt sich auf der sicheren Seite, weil er grds. davon ausgeht, dass seine Rechtsschutzversicherung die anfallenden Kosten trägt und Ihnen erscheint die Realisierung der Vergütung zunächst gesichert.

II. Kostendeckungszusage

147 Die überwiegende Zahl der RA klärt die Kostendeckungsfrage für die anwaltliche Tätigkeit mit der Rechtsschutzversicherung für den Mandanten als einen kostenlosen Service. Dabei weiß der Mandant i.d.R. nicht einmal, dass diese Tätigkeit einen eigenen Vergütungsanspruch des RA begründet. Er geht vielmehr davon aus, dass diese Leistung als eine Art Nebentätigkeit in seinem Auftrag enthalten.

Die Kostendeckungszusage ist jedoch ein gesonderter Auftrag. Er betrifft das Versicherungsverhältnis zwischen Mandant als Versicherungsnehmer und Versicherer. Nach der neueren Rspr. rechtfertigen diese Kosten sogar einen eigenen materiell-rechtlichen Schadenersatzanspruch, so dass diese zu erstatten sind. Weisen Sie den Mandanten jedoch auf die zusätzlich entstehenden Gebühren hin. Versäumt der RA einen solchen Hinweis, macht er sich schadensersatzpflichtig mit der Folge, dass er u.U. seine Vergütung nicht einfordern kann. Die Rechtsprechung geht hier von einer Hinweispflicht des RA aus (vgl. Schneider/Wolf, Anw-K, § 15 Rn 70).

Hinweis: 148

Die Einholung einer Kostendeckungszusage ist ein getrennter Auftrag, der vergütungsrechtlich von dem ursprünglichen Auftrag losgelöst ist und entsprechend abzurechnen ist. Es entsteht eine Geschäftsgebühr nach Nr. 2300 VV RVG (Vorbem. 2.3.[3] VV RVG. Gegenstandswert sind die Kosten zweier Anwälte zzgl. Gerichtskosten in einer Instanz.

Zwischen dem RA und der Rechtsschutzversicherung besteht keinerlei vertragliche Be- 149
ziehung. Ihr gegenüber hat der RA keinerlei Zahlungsanspruch.

Das Verbindungsglied zwischen RA und Rechtsschutzversicherung ist der Mandant als Versicherungsnehmer. Der Auftraggeber des RA ist der **Mandant** und er **allein** ist der **Vergütungsschuldner**.

Erteilt die Rechtsschutzversicherung Kostendeckung, so bleibt nach wie vor der Mandant Vergütungsschuldner. Auf ihn stellen Sie die Rechnung aus und übermitteln der Rechtsschutzversicherung i.d.R. eine Kopie derselben mit der Bitte um Zahlungsausgleich.

Auf die Möglichkeiten einer etwaigen Abtretung der Forderung des Mandanten an den 150
RA wird in diesem Kapitel nicht eingegangen. Hinzuweisen ist an dieser Stelle, dass eine Abtretung ggf. durch die ARB (Allgemeine Rechtsschutzbedingungen) gar ausgeschlossen sein kann.

Der Mandant sollte zwingend informiert und belehrt werden, dass die Einholung der Kos- 151
tendeckungszusage sowie die weitere Tätigkeit im Hinblick auf die Korrespondenz mit der Rechtsschutzversicherung einen gesonderten Auftrag darstellt und dass der RA für diese Tätigkeit eine Vergütung verlangen kann – sofern er nicht auf eine solche verzichtet (wovon abzuraten ist, s.a. § 8 Rdn 44).

Praxistipp: 152

Sie können in Erwägung ziehen, von dem Mandanten vor Beginn einer Tätigkeit einen Gebührenvorschuss (§ 9 RVG, siehe § 9 Rdn 136 ff.), bis zur Klärung der Kostendeckungsanfrage, zu verlangen und die Rückzahlung des Vorschusses von einer Kostendeckungszusage abhängig zu machen.

Bei Fälligkeit der Vergütung und im Fall einer vollständigen Zahlung der Vergütung durch die Rechtsschutzversicherung ist die Zuvielzahlung an den Mandanten zurückzuerstatten.

153 Sofern Sie die Kostendeckungsanfrage auftragsgemäß für den Mandanten tätigen, kann diese bspw. wie folgt gestaltet werden:

6.8

▼

Muster 6.8: Kostendeckungsanfrage

Rechtsschutzversicherung

(*Anschrift*)

– per Telefax –

Versicherungsschein-Nr.:

Versicherungsnehmer (*ggf. mitversicherte Person, sofern diese Mandant ist*)

Sehr geehrte Damen und Herren,

Ihr/e Versicherungsnehmer/in hat mich mit der Wahrnehmung seiner/ihrer Interessen in einer (*hier tragen Sie bitte das Rechtsgebiet ein/z.B. arbeitsrechtlichen Angelegenheit*) beauftragt.

(Hinweis: An dieser Stelle können Sie den erteilten Auftrag konkretisieren, z.B. vorgerichtliche Tätigkeit im Zusammenhang mit einer ausgesprochenen Kündigung des Arbeitsverhältnisses seitens des Arbeitgebers Ihres Versicherungsnehmers/Ihrer Versicherungsnehmerin sowie die Erhebung einer Kündigungsschutzklage im Fall des Scheiterns der vorgerichtlichen Verhandlungen mit dem Arbeitgeber Ihres Versicherungsnehmers.)

Zur Prüfung des Rechtsschutzfalls übersende ich Ihnen die als Anlage beigefügten Unterlagen und bitte für Ihren Versicherungsnehmer/Ihre Versicherungsnehmerin um Kostendeckungszusage bis zum und Versicherungsschutz für die vorgerichtliche und/oder gerichtliche Tätigkeit.

Für den Fall der Bewilligung der Kostendeckung wird gebeten, die beigefügte Vorschussrechnung gem. § 9 RVG unter Verwendung des u.a. Geschäftskontos auszugleichen.

Mit freundlichen Grüßen

Rechtsanwalt/Rechtsanwältin

▲

III. Übersendung der Kostendeckungsanfrage

154 Die Übersendung der Kostendeckungsanfrage sollten Sie (allein schon aus Kostengründen) entweder via Telefax oder „online“ (einige Versicherer bieten die Online-Kosten-

deckungsanfrage bereits an) bewirken. Diese Übersendungsformen sind effizienter, schneller und kostengünstiger als die Übermittlung auf dem Postweg.

Einige Rechtsschutzversicherungen bieten daneben die Meldung des Versicherungsfalls per Telefon an. Dieser Service dürfte sich in der Praxis nicht durchsetzen, da oftmals viel Zeit damit verbracht wird, dass der Anrufer in Warteschleifen landet, anschließend in Telefonzentralen und wenn man Glück hat, wird man mit dem zuständigen Sachbearbeiter verbunden. Oft werden dann zur Prüfung des Versicherungsfalls Unterlagen angefordert oder es werden rechtliche Fragen erörtert. In dieser Zeit können Sie oder der RA sinnvollere Arbeiten erledigen. 155

> *Praxistipp:*
>
> Sofern Sie der Mandant über eine bestehende Rechtsschutzversicherung informiert, ist es sinnvoll, den Mandanten nach einer bestehenden Selbstbeteiligung zu fragen bzw. ihn um Vorlage der Versicherungspolice zu bitten. Zum einen können Sie dieser entnehmen ob und in welcher Höhe ggf. eine Selbstbeteiligung vorhanden ist und zum anderen können Sie leicht feststellen, welche Rechtsgebiete versichert sind bzw. ob das Rechtsgebiet, mit dem der RA beauftragt wurde, mitversichert ist.
>
> An dieser Stelle können Sie sofort reagieren und den Mandanten unter Hinweis auf die bestehende Selbstbeteiligung bitten, diesen Betrag zu zahlen oder aber im Fall eines nicht versicherten Rechtsgebiets darauf hinweisen, dass Kostendeckung nicht erteilt wird.

IV. Ablehnung der Kostendeckung

Eine Rechtsschutzversicherung ist, wie andere Wirtschaftsunternehmen auch, auf eine „satte" Gewinnerzielung ausgerichtet. Wir dürfen uns nicht wundern, wenn die Rechtsschutzversicherung sich darin übt und versucht, Gebühren eigenmächtig zu kürzen. Oft verkennt sie dabei, dass nicht die Rechtsschutzversicherung sondern der RA gem. § 14 RVG die Gebühr unter Berücksichtigung des Einzelfalls nach billigem Ermessen bestimmt. 156

Das ist nur ein Beispiel von vielen, das nicht selten umfangreichen Schriftverkehr nach sich zieht.

Zudem greifen neben den vielen Sonderreglungen und **Einschränkungen in den ARB** der Versicherer, die hier aufzuzählen ein eigenes, umfangreicheres Kapitel füllen könnte, viele Versicherer in den Verfahrensablauf ein, mitunter auch zum Nachteil des Versicherungsnehmers, also des Mandanten. So können Vergleichsverhandlungen scheitern, wenn die Rechtsschutzversicherung die Übernahme der Kosten für den Abschluss des 157

Vergleichs ablehnt, da z.B. die getroffene Kostenregelung nicht im Einklang mit der Vorstellung des Rechtschutzversicherers steht.

158 *Praxistipp:*

Sie sollten sich nicht, gerade wenn „Streit" zwischen dem RA und der Rechtsschutzversicherung hinsichtlich der Höhe der Vergütung besteht, auf langwierige und umfangreiche Stellungnahmen und Diskussionen einlassen. Vielmehr sollten Sie sich an den Mandanten hinsichtlich der Erfüllung des Vergütungsanspruchs wenden, mit der gleichzeitigen Empfehlung, dass dieser die Möglichkeit hat, die Rechtsschutzversicherung in Anspruch zu nehmen.

Weisen sie den Mandanten in diesem Fall darauf hin, dass, sofern der RA die Ansprüche durchsetzen soll, es sich um einen neuen Auftrag handelt und dass für diese Tätigkeit ein Vergütungsanspruch besteht.

159 Lehnt die Rechtsschutzversicherung die Kostendeckung ab oder lehnt sie den Ausgleich der Vergütung oder von Kosten in einer bestimmten Höhe ab, hat der Mandant folgende Möglichkeiten, vorzugehen:

160 ■ Feststellungsklage

Die Feststellungsklage ist dann zu erheben, sofern der Mandant noch keine Vergütung oder Kosten bezahlt hat. Der Klageantrag richtet sich auf Feststellung der Verpflichtung zur Übernahme der Kosten des Rechtsschutzfalls.

161 ■ Leistungsklage

Mit der Leistungsklage macht der Mandant/Versicherungsnehmer Kosten geltend, die er bereits beglichen hat (Vergütung des RA, Gerichtskosten usw.).

162 Einer Klage vorausgehend kann bei **Ablehnung der Kostendeckungserteilung** (je nach ARB des Rechtsschutzvertrages) ein sog. **Schiedsgutachten** oder sog. **Stichentscheids-Verfahren** eingeleitet werden. Sofern diese Verfahren negativ für den Versicherungsnehmer verlaufen, kann eine Klage bei dem Gericht erhoben werden.

V. Einschränkungen des Versicherungsschutzes

163 Nachstehend werden die **„wichtigsten" Einschränkungen** aufgeführt, die von dem Grundsatz des Versicherungsschutzes abweichen:

164 ■ Tragung der Kosten **eines RA** pro Schadensfall.

Die Rechtsschutzversicherung trägt nicht die Mehrkosten, die durch Beauftragung mehrerer **RA** besteht.

Praxistipp: 165

Auch in diesem Fall sollten Sie den Mandanten befragen, ob bereits eine Vertretung durch einen anderen RA erfolgt ist und die Rechtsschutzversicherung bereits an diesen RA die Zahlung seiner Vergütung geleistet hat. Sofern dies der Fall sein sollte, wird hinsichtlich der Tätigkeit des anderweitig beauftragten RA keine Kostendeckung erteilt.

- Des Weiteren zahlt die Rechtsschutzversicherung im Fall der Kostendeckung regelmäßig die **gesetzliche Vergütung**. Vergütungsvereinbarungen, die die gesetzliche Vergütung übersteigen, werden von den Rechtsschutzversicherungen nicht bezahlt. 166

Praxistipp: 167

In diesem Fall zahlt die Rechtsschutzversicherung die gesetzliche Vergütung; die Differenz gem. Vergütungsvereinbarung ist von dem Mandanten zu tragen (s.a. § 8 Rdn 969).

- Kostentragung im **Verhältnis Obsiegen zum Unterliegen**. 168

Hier zahlt die Rechtsschutzversicherung die Kosten – gerade bei Prozessvergleichen – in dem Verhältnis des VN vom Obsiegen zum Unterliegen.

Beispiel 1:

Der Mandant M verklagt den Gegner G auf Zahlung von 3.000,00 €. In dem Termin zur mündlichen Verhandlung schließen die Parteien einen Vergleich, wonach der Beklagte G sich verpflichtet, 2.000,00 € an den Mandanten M zu zahlen. Des Weiteren vereinbaren die Parteien in dem Vergleich, dass die Kosten des Rechtsstreits gegeneinander aufgehoben werden. Hier ist der Beklagte B lediglich verpflichtet, die hälftigen Gerichtskosten an den Mandanten M zu erstatten. In diesem Fall können Sie davon ausgehen, dass die Rechtsschutzversicherung die dem Mandanten M auferlegten Kosten im Verhältnis des Unterliegens (hier 1/3 auf die der Mandant im Vergleich verzichtet hat) tragen wird, da diese dem Verhältnis von Obsiegen und Unterliegen entsprechen.

Praxistipp: 169

Informieren Sie die Rechtsschutzversicherung bei Vergleichsverhandlungen. Sofern ein Vergleich konkretisiert ist, holen Sie im Interesse des Mandanten und zur Absicherung der Vergütung hierfür die Kostendeckung für den Abschluss des Vergleichs ein – unabhängig davon, dass eine Kostendeckungszusage vorliegt.

Informieren Sie den Mandanten zeitgleich darüber, dass die Rechtsschutzversicherung aufgrund ihrer Versicherungsbedingungen die Kosten des Vergleichs regelmäßig im Verhältnis „Obsiegen zum Unterliegen“ trägt.

Für den Fall, dass die Rechtsschutzversicherung die Kosten des Vergleichs nicht trägt, hat der Mandant die Entscheidung zu fällen, ob er den Vergleich abschließen möchte und dafür die Kosten anteilig trägt oder ob er, um keinerlei Kosten zu tragen, sich nicht vergleichsweise einigt.

Informieren Sie, wie oben erwähnt, den Versicherer über jede kostenauslösende Maßnahme d.h. über jede Auftragserweiterung, denn dies ist regelmäßig ebenfalls eine der Bedingungen des Versicherungsvertrags (z.B. Klageerweiterung, Widerklage, Einlegung eines Rechtsmittels usw.).

170 Stellen Sie sich die Folgen vor, wenn der Mandant nicht informiert wird, der Vergleich abgeschlossen und bestandskräftig wird und Sie nach Beendigung des Auftrags die Gebühren abrechnen und die Rechtsschutzversicherung die Kosten des Vergleichs – unter Hinweis auf die ARB – nicht trägt. Hier wird der Mandant einwenden, dass er den Vergleich nie abgeschlossen hätte, wenn er gewusst hätte, dass die Rechtsschutzversicherung die Kosten dafür nicht trägt. Er beruft sich auf den erteilten Auftrag, mit dem Sie betraut wurden. Dieser Ärger kann durch entsprechende Belehrungen gegenüber dem Mandanten vermieden werden.

171 ■ Mehrkosten bei **Auseinanderfallen von Kanzleisitz und Gerichtsort/Auswärtiger** RA

Die Rechtsschutzversicherung trägt grds. die Kosten eines am Gerichtsort ansässigen RA. Reisekosten, Tages- und Abwesenheitsgelder werden nicht erstattet. Bei einer Entfernung des Kanzleisitzes zum Gerichtsort über 100 km trägt die Rechtsschutzversicherung die Mehrkosten i.H.d. gesetzlichen Gebühr eines Verkehrsanwalts – hier jedoch lediglich die Verfahrensgebühr. Der **Verkehrsanwalt** ist derjenige, der den Verkehr zwischen Mandant und Prozessbevollmächtigten führt. Er ist **nicht Prozessbevollmächtigter oder Unterbevollmächtigter**.

Der Verkehrsanwalt erhält die Verfahrensgebühr die auch dem Prozessbevollmächtigten zusteht (entweder 1,0 gem. Nr. 3100 VV RVG oder 0,8 gem. Nr. 3101 VV RVG).

Reisekosten, Tages- und Abwesenheitsgelder eines auswärtigen RA werden grds. nicht von der Rechtsschutzversicherung getragen. Ggf. kann aus besonderem Anlass eine Ausnahme bestehen, sofern die Beauftragung eines auswärtigen RA notwendig ist.

Beispiel 2:

Mandant M aus Berlin verklagt Gegner G in München auf Zahlung von 2.500,00 €. Er beauftragt den an seinem Gerichtsort ansässigen RA R aus Berlin. Zuständig ist das

AG München. Das AG München hat einen Termin zur mündlichen Verhandlung anberaumt. Anstelle der Beauftragung eines Verkehrsanwalts trägt die Rechtsschutzversicherung die Mehrkosten, die RA R durch die Wahrnehmung des Termins zur mündlichen Verhandlung in München entstehen bis zu der Höhe einer dem Verkehrsanwalt zustehenden Verfahrensgebühr.

Praxistipp: 172

Hier sollten Sie im Hinblick auf die Reisekosten und die Entfernung zum Gerichtsort und die damit verbundene Abwesenheit des RA von der Kanzlei überlegen, einen sog. Terminsvertreter (Unterbevollmächtigten) mit der Wahrnehmung des Termins zu beauftragen.

Es kann eine Vereinbarung der Vergütung – unter Beachtung von § 49b Abs. 3 Satz 2 und 3 BRAO – getroffen werden (z.B. hälftige Teilung aller anfallenden Gebühren, 1,0 Verfahrensgebühr). In diesem Fall muss der Auftrag zur Wahrnehmung des Termins sowie die Vereinbarung hinsichtlich der Vergütung von dem Prozessbevollmächtigten erteilt werden und nicht im Namen des Mandanten. Vertragsparteien sind in diesem Fall der prozessbevollmächtigte RA und der Unterbevollmächtigte.

Wird der Auftrag im Namen des Mandanten erteilt, besteht ein Anwaltsvertrag zwischen dem Unterbevollmächtigten und dem Mandanten. Hier greift § 49b Abs. 1 BRAO, wonach es unzulässig ist, geringere Gebühren und Auslagen zu fordern, als es das RVG vorsieht, sofern im RVG nichts anderes geregelt ist. Gem. § 4 Abs. 1 RVG kann in **außergerichtlichen** Angelegenheiten eine niedrigere als die gesetzliche Vergütung vereinbart werden.

Abgesehen von der Regelung gem. § 4a RVG, die an sehr strenge Maßstäbe geknüpft ist und im Fall des „Terminsvertreters" keine Anwendung finden dürfte, darf der Unterbevollmächtigte in dem gerichtlichen Verfahren, keine niedrigere als die gesetzliche Vergütung mit dem Mandanten vereinbaren.

Hinsichtlich dieser Punkte sollte unbedingt eine **Belehrung des Mandanten** erfolgen. 173

Im Umgang mit Rechtsschutzversicherungen gibt es diverse Kommentare, die bei den alltäglichen Stellungnahmen und Diskussionen behilflich sein können. 174

Tipp:

Sofern ein Versicherer behaupten sollte, dass das Risiko nicht mitversichert ist, können Sie nach dem Versicherungsschein die einschlägige Rechtsprechung des BGH über www.davvers.de einsehen, die regelmäßig von der Arbeitsgemeinschaft Versicherungsrecht veröffentlicht wird.

§ 7 Verfahrensrecht für die Praxis

Inhalt

A. Klageverfahren von Anhängigkeit bis zur Beendigung des Verfahrens

Bugarin

In diesem Paragrafen wird die Klage im Zivilprozess von Anhängigkeit bis zum Urteil erläutert. Dabei wird auf die wesentlichen und in der Praxis wichtigen Verfahrensabläufe eingegangen. 1

I. Obligatorisches Güteverfahren

Bevor auf das Klageverfahren im Zivilprozess eingegangen wird, wird kurz auf die Vorschrift des **§ 15a EGZPO** hingewiesen. Das in § 15a EGZPO vorgesehene obligatorische Güteverfahren hat praktisch keine Relevanz mehr, weil die Landesgesetze, auf die § 15a EGZPO Bezug genommen hatte, alle aufgehoben wurden. 2

II. Anhängigkeit/Rechtshängigkeit

Bereits in dem ersten Satz dieses Paragrafen stolpern wir über das Wort „Anhängigkeit". Das Pendant zu der Anhängigkeit ist die Rechtshängigkeit. 3

Anhängig ist ein Rechtsstreit in einem Zivilprozess mit der Einreichung der Klage-/Antragsschrift beim Gericht.

Rechtshängig ist ein Rechtsstreit in einem Zivilprozess mit der Zustellung der Klage-/Antragsschrift an den Beklagten/Antragsgegner. Bis zu dem Zeitpunkt der erfolgten Zustellung der Klage/des Antrags an den Beklagten ist der Rechtsstreit erst anhängig.

4 *Beispiel 1:*

Mandant M beauftragt RA R mit der Klageerhebung. RA R fertigt die Klageschrift und reicht diese bei dem AG ein. Mit dem Eingang der Klage bei Gericht ist der Rechtsstreit anhängig.

Sobald die Zustellung der Klageschrift an den Beklagten erfolgt, ist der Rechtsstreit nicht mehr anhängig, sondern rechtshängig.

5 Die **Rechtshängigkeit** hat folgende **Wirkung:**

- Hemmung der Verjährung § 204 Abs. 1 BGB,

6 *Hinweis:*

Soll durch die Zustellung eine Frist gewahrt werden, die Verjährung neu beginnen oder nach § 204 BGB gehemmt werden, tritt diese Wirkung bereits mit Eingang des Antrags oder der Erklärung – also mit Anhängigkeit – ein, wenn die Zustellung demnächst erfolgt (§ 167 ZPO), sog. Rückwirkung der Zustellung. Die Partei soll bei der Zustellung von Amts wegen vor Nachteilen durch Zustellungsverzögerungen innerhalb des gerichtlichen Geschäftsbetriebs, auf die sie keinen Einfluss hat, bewahrt werden. Bei der Einreichung von Klagen genügt demnach der rechtzeitige Eingang bei Gericht (s.a. Zimmermann, § 167 ZPO Rn 1, BGH, Urt. v. 18.7.2008 – I ZR 109/05, Rn 20 f.).

7 *Beispiel 2:*

Der Kläger reicht die Klageschrift am 31.12.2014 um 18.30 Uhr bei dem AG ein. Am 1.1.2015 wäre sein Anspruch verjährt. Rechtshängig wird der Rechtsstreit durch die wesentliche spätere Klagezustellung an den Beklagten. Gem. § 204 Abs. 1 BGB wird die Hemmung der Verjährung durch Rechtshängigkeit begründet. In dem Beispielfall ist lediglich Anhängigkeit des Rechtsstreits gegeben.

Ist der Anspruch des Klägers nun verjährt, da die Klage am 1.1.2015 noch nicht rechtshängig ist?

Diese gesetzliche Regelung kann durch die Vorschrift des § 167 ZPO „durchbrochen" werden, wenn die Zustellung nach dem Gesetzeswortlaut des § 167 ZPO „demnächst" erfolgt. Der Anspruch ist demnach nicht verjährt.

Weitere Folgen der Rechtshängigkeit: 8

- Verzugseintritt des Beklagten (spätestens) durch Klageerhebung, § 286 Abs. 1 Satz 2 BGB,
- Festlegung des Haftungsumfangs des Beklagten bei einem Herausgabeanspruch des Klägers gem. § 292 Abs. 1 BGB,
- Anspruch auf Prozesszinsen, §§ 291, 288 BGB,
- nach Rechtshängigkeit ist keine anderweitige Anhängigkeit möglich, § 261 Abs. 3 Nr. 1 ZPO,
- Zuständigkeit des angerufenen Prozessgerichts bleibt auch im Fall einer eintretenden und begründeten Veränderung der Zuständigkeit bestehen, § 261 Abs. 3 Nr. 1 ZPO,
- Möglichkeit der Veräußerung und Veränderung von Rechten, die Streitgegenstand des Verfahrens sind, bleibt gem. den Vorschriften der §§ 265, 266 ZPO bestehen.

III. Bezeichnung der Parteien in dem Zivilprozess

In dem Klageverfahren der ordentlichen Gerichtsbarkeit sind mindestens zwei Personen beteiligt. Die Parteien in dem Klageverfahren heißen **Kläger** und **Beklagter**. 9

Der Kläger kann im Verlauf des Verfahrens aufgrund einer Widerklage durch den Beklagten Kläger und **Widerbeklagter** sein, der Beklagte ist dann Beklagter und **Widerkläger**. 10

> *Beispiel:*
>
> *Kläger A verklagt den Beklagten B auf Zahlung von Schadensersatz. Der Beklagte B erhebt Widerklage mit dem Antrag den Widerbeklagten (Kläger A) ebenfalls zur Zahlung von Schadensersatz zu verurteilen.*

Die Parteien werden in anderen Verfahren wie folgt bezeichnet: 11

- im Beschwerdeverfahren: Beschwerdeführer/Beschwerdegegner,
- im Erinnerungsverfahren: Erinnerungsführer/Erinnerungsgegner,
- im Antragsverfahren: Antragsteller/Antragsgegner,
- im Berufungsverfahren: Berufungskläger/Berufungsbeklagter,
- im Mahnverfahren Antragssteller und Antragsgegner.

IV. Zuständigkeit der AG/LG

Bei der Zuständigkeit ist zwischen der **örtlichen** und **sachlichen Zuständigkeit** zu unterscheiden. 12

1. Örtliche Zuständigkeit

13 Die örtliche Zuständigkeit richtet sich nach den Vorschriften der **§§ 12 ff. ZPO.**

14 Grds. ist das Gericht örtlich zuständig, bei dem der Beklagte seinen **allgemeinen Gerichtsstand** hat (**§ 12 ZPO**). Neben dem allgemeinen Gerichtsstand, gibt es

- den besonderen Gerichtsstand (mehrere)
  sowie
- den ausschließlichen Gerichtsstand (mehrere).

15 Zwischen dem **allgemeinen und dem besonderen Gerichtsstand** hat der Kläger ein **Wahlrecht**. Er kann den für ihn günstigeren Gerichtsstand wählen. Schreibt das Gesetz jedoch einen **ausschließlichen Gerichtsstand** vor, besteht insoweit **kein Wahlrecht**. In diesem Fall muss das Gericht des ausschließlichen Gerichtsstandes angerufen werden.

> *Beispiel:*
>
> *Mandant A war Mieter einer Wohnung in dem Bezirk Tempelhof-Kreuzberg in Berlin. Nach Beendigung des Mietverhältnisses weigert sich der Vermieter V die bei Beginn des Mietverhältnisses geleistete Mietkaution zurückzuzahlen. Der Vermieter hat seinen allgemeinen Gerichtsstand in München. Mandant A hat seinen allgemeinen Gerichtsstand ebenfalls in München.*
>
> *Mandant A hat hier kein Wahlrecht. Gem. § 29a ZPO ist in diesem Fall das Gericht örtlich zuständig, in dessen Bezirk sich die Räume befinden. Somit das AG Tempelhof-Kreuzberg in Berlin.*

2. Sachliche Zuständigkeit

16 In bürgerlichen Rechtsstreitigkeiten in erster Instanz sind die AG und LG zuständig. Die sachliche Zuständigkeit der **AG** richtet sich nach den Vorschriften **der §§ 23, 23a und 23b GVG**. Die sachliche Zuständigkeit der **LG** in bürgerlichen Rechtsstreitigkeiten Angelegenheiten ergibt sich gem. **§ 71 GVG**.

V. Kosten eines Rechtsstreits

17 Die Kosten eines Rechtsstreits bestehen aus:

- Vergütung der beteiligten RAe (sofern RA beauftragt sind),
- Gerichtskosten; die Gerichtskosten eines Rechtsstreits berechnen sich grds. nach dem GKG. Sie sind i.d.R. von der Höhe des Gerichtsgebührenwerts abhängig. Sofern kein Streitwert feststeht, findet eine Schätzung statt, oder es werden Festgebühren erhoben.

- Auslagen des Gerichts, (Zustellungen von Beschlüssen, Urteilen, Zeugenentschädigungen, Sachverständigenkosten, Dolmetscherkosten),
- notwendige für die Prozessführung erbrachte Auslagen (z.B. Fahrtkosten zum Termin, Ersatz für Zeitversäumnis usw.).

VI. Einleitung des Klageverfahrens

1. Klagearten

Die wichtigsten Klagearten im Zivilprozess sind: 18

- Leistungsklage,
- Feststellungsklage,
- Gestaltungsklage.

2. Klageschrift

Für eine ordentliche Klageerhebung ist **§ 253 ZPO** zwingend einzuhalten. Das **Klageverfahren** wird **durch Einreichung einer Klageschrift bei dem Gericht anhängig**. Die Erhebung der Klage erfolgt durch Zustellung eines Schriftsatzes an das Gericht (§ 253 Abs. 1 ZPO). 19

Die Klageschrift **muss** enthalten, **§ 253 Abs. 2 ZPO** (Muss-Vorschrift): 20

- die Bezeichnung der Parteien und des Gericht;
- die bestimmte Angabe des Gegenstandes und des Grundes des erhobenen Anspruchs, sowie einen bestimmten Antrag;

Die Klageschrift **soll** ferner enthalten, **§ 253 Abs. 3 ZPO** (Soll-Vorschrift): 21

- die Angabe des Wertes des Streitgegenstandes, wenn hiervon die Zuständigkeit des Gerichts abhängt und der Streitgegenstand nicht in einer bestimmten Geldsumme besteht
- sowie eine Äußerung dazu, ob einer Entscheidung der Sache durch den Einzelrichter Gründe entgegenstehen.

Die allgemeinen Vorschriften über die vorbereitenden Schriftsätze sind auch auf die Klageschrift anzuwenden, **§ 253 Abs. 4 ZPO**. 22

Die Klageschrift sowie sonstige Anträge und Erklärungen einer Partei, die zugestellt werden sollen, sind bei dem Gericht schriftlich unter Beifügung der für ihre Zustellung oder Mitteilung erforderlichen Zahl von Abschriften einzureichen. Einer Beifügung von Abschriften bedarf es nicht, soweit die Klageschrift elektronisch eingereicht wird, **§ 253 Abs. 5 ZPO**. 23

7.1

▼

24 **Muster 7.1: Klageschrift (Leistungsklage)**

Amtsgericht

(*Anschrift*)

KLAGE

des/der

(*Vorname, Name des Klägers, Adresse*)

Kläger,

Prozessbevollmächtigter:

(*Rechtsanwalt, Anschrift*)

gegen

GmbH & Co. KG,

gesetzlich vertreten durch ,

diese gesetzlich vertreten durch den Geschäftsführer (*Name, Vorname*)

(*Anschrift*)

Beklagte,

wegen Kaufpreisforderung

Vorläufiger Streitwert: 4.500,00 €

Namens und in Vollmacht des Klägers erhebe ich Klage und bitte um Anberaumung eines Termins zur mündlichen Verhandlung, in dem ich beantragen werde:

1. Den Beklagten zu verurteilen, an den Kläger 4.500,00 € nebst 5 Prozentpunkten Zinsen über dem Basiszinssatz seit (*Datum*) an den Kläger zu zahlen.
2. (ggf.) Den Beklagten zu verurteilen, an den Kläger vorgerichtliche Rechtsanwaltskosten in Höhe von € nebst 5 Prozentpunkten Zinsen über dem Basiszinssatz seit (*Datum*)/Rechtshängigkeit zu bezahlen.
3. Im Fall des Vorliegens der gesetzlichen Voraussetzungen, gegen die Beklagte Anerkenntnis- bzw. Versäumnisurteil zu erlassen.

4. Dem Beklagten die Kosten des Rechtsstreits aufzuerlegen.
5. Dem Kläger eine – vorläufig – vollstreckbare Ausfertigung des Urteils zuzustellen.

Begründung:

Beglaubigte und einfache Abschrift anbei.

Rechtsanwalt/Rechtsanwältin

▲

VII. Verfahren nach Eingang der Klageschrift bei Gericht

1. Zustellung der Klageschrift/Gerichtskosten

Bevor das Gericht die Klage dem Beklagten zustellt, wird zuerst sichergestellt, dass die Gerichtskosten bezahlt sind. Sofern der Klage kein Verrechnungsscheck beiliegt oder keine Überweisung der Gerichtskosten erfolgte, erstellt das Gericht regelmäßig eine auf den Kläger ausgestellte Gerichtskostenrechnung. 25

Dies ist gesetzlich geregelt. Gem. § 12 Abs. 1 Satz 1 GKG soll die Klage erst nach Zahlung der Gebühr für das Verfahren im Allgemeinen an den Beklagten zugestellt werden. 26

Dies gilt auch für den Fall der Klageerweiterung, § 12 Abs. 1 Satz 2 GKG. Diese Vorschrift findet auch im Rechtsmittelverfahren Anwendung.

Die Vorschrift des § 12 Abs. 1 GKG (im Zivilprozess) gilt jedoch nicht für: 27

1. Widerklagen,
2. für europäische Verfahren für geringfügige Forderungen,
3. für Rechtsstreitigkeiten über Erfindungen eines Arbeitnehmers (ArbnErfG), soweit nach § 39 des Gesetzes über Arbeitnehmererfindungen die für Patentstreitsachen zuständigen Gerichte ausschließlich zuständig sind, und
4. für die Restitutionsklage nach § 580 Nr. 8 der Zivilprozessordnung.

In diesen Fällen erfolgt die Gerichtskostenberechnung mit Beendigung/Erledigung des Verfahrens. Bei diesen Klagen/Anträgen erfolgt die Zustellung an die Gegenseite, ohne dass der Kläger/Antragsteller vor einer Zustellung die Gerichtskosten einzahlen muss.

2. Vorbereitung auf den Haupttermin

Nach dem Zahlungseingang der Gerichtskosten auf dem Konto der Gerichtskasse und vor Zustellung der Klageschrift an den Beklagten hat das Gericht wegen des weiteren Verlaufs des Verfahrens verschiedene Möglichkeiten vorzugehen. 28

Der Grundsatz ist, dass der Rechtsstreit „in der Regel in einem umfassend vorbereiteten Termin zur mündlichen Verhandlung (Haupttermin)“ erledigt wird (**§ 272 Abs. 1 ZPO**). 29

Zur Vorbereitung dieses Haupttermins hat der Richter gem. § 272 Abs. 2 ZPO die Möglichkeit entweder

- einen frühen ersten Termin zur mündlichen Verhandlung gem. § 275 ZPO anzuberaumen
  oder
- die Einleitung des schriftlichen Vorverfahrens gem. § 276 ZPO anzuordnen.

Sowohl in dem ersten frühen Termin zur Hauptverhandlung als auch in dem schriftlichen Vorverfahren kann ein **Versäumnisurteil** (VU) ergehen.

30 Die Güteverhandlung und die mündliche Verhandlung sollen so frühzeitig wie möglich stattfinden (§ 272 Abs. 3 ZPO). Danach erfolgt die Zustellung der Klageschrift an den Beklagten (§ 271 Abs. 1 ZPO).

Der Beklagte ist mit der Zustellung der Klageschrift aufzufordern, einen RA zu bestellen, wenn er beabsichtigt, sich gegen die Klage zu verteidigen (§ 271 Abs. 2 ZPO).

31 Dem frühen ersten Termin oder dem Haupttermin muss die **obligatorische Güteverhandlung vorausgehen (§ 278 ZPO)**. Der Güteversuch des Gerichts ist nicht Teil der mündlichen Verhandlung. Die mündliche Verhandlung schließt sich jedoch bei einem Scheitern der Güteverhandlung unmittelbar an. Sinn des obligatorischen Güteverfahrens ist es, den Rechtsstreit gütlich beizulegen. Die Güteverhandlung findet gem. § 278 Abs. 2, 2. Halbs. ZPO nicht statt, wenn zuvor ein Einigungsversuch vor einer staatlich anerkannten Gütestelle stattgefunden hat oder aber wenn eine gütliche Einigung erkennbar aussichtslos erscheint.

3. Früher erster Termin

32 Kläger und Beklagter werden gleichzeitig von der Entscheidung des Gerichts über den weiteren Verfahrensverlauf unterrichtet. Wird ein Termin zur mündlichen Verhandlung anberaumt, ist die Ladung mit der Klageschrift zuzustellen. Dem Beklagten muss eine **Einlassungsfrist von mindestens zwei Wochen** vor dem Termin zur mündlichen Verhandlung eingeräumt werden (**§ 274 ZPO**).

Der frühe erste Termin, in dem die Erörterung von Streitpunkten erfolgt, dient der Vorbereitung auf den Haupttermin (§ 279 ZPO).

Das Gericht kann dem Beklagten gem. § 275 Abs. 1 ZPO zur Vorbereitung des frühen ersten Termins Fristen zur Klageerwiderung setzen.

In dem frühen ersten Termin kann ein VU ergehen, da es sich bei diesem Termin um einen „echten" Verhandlungstermin handelt.

4. Schriftliches Vorverfahren

Sofern das Gericht das schriftliche Vorverfahren anordnet, wird der Beklagte aufgefordert, wenn er sich gegen die Klage verteidigen will, dies innerhalb einer **Notfrist von zwei Wochen** seit Zustellung der Klage dem Gericht mitzuteilen. Gleichzeitig mit dieser Mitteilung, ist dem Beklagten eine weitere Frist von mindestens **zwei Wochen zur Klageerwiderung** zu setzen (somit insgesamt vier Wochen). Der Kläger ist davon zu unterrichten **§ 276 Abs. 2 ZPO**. 33

Der Beklagte ist gem. § 276 Abs. 2 ZPO über die Folgen der Versäumung der in § 276 Abs. 1 ZPO genannten Fristen zu belehren, da auch im schriftlichen Vorverfahren ein VU ergehen kann.

5. Haupttermin

Scheitert die Güteverhandlung oder ist eine vergleichsweise Einigung der Parteien nicht möglich (gem. § 278 Abs. 1 ZPO soll das Gericht in jeder Lage des Rechtsstreits eine gütliche Einigung herbeiführen), folgt der **Übergang in das streitige Verfahren**. Zur Aufklärung des Sachverhalts können die Parteien angehört werden. Die Parteien stellen die **Klageanträge (§ 137 ZPO)**. Dies kann durch Vorlesen der Anträge in den Schriftsätzen, durch Bezugnahme auf Schriftsätze oder durch zu Protokoll abgegebene Erklärungen erfolgen. Der Kläger stellt i.d.R. den Antrag aus der Klageschrift, der Kläger stellt den Antrag, die Klage abzuweisen (§ 297 ZPO). 34

Daran anschließend erfolgt eine mündliche Erörterung des Sachverhalts zwischen den Parteien und dem Gericht gem. § 137 ZPO.

6. Beweisaufnahme

Die Beweisaufnahme erfolgt immer dann, wenn die Tatsachen (und nicht Rechtsfragen) zwischen den Parteien streitig ist. 35

> *Beispiel:*
>
> *Kläger A verklagt den Beklagten B wegen Rückzahlung eines Darlehens. Der Beklagte B streitet ab, von dem Kläger A ein Darlehen erhalten zu haben. Kläger A muss Beweis darüber führen, dass er dem Beklagten B das Darlehen gegeben hat.*
>
> *Auch der Beklagte könnte beweispflichtig sein, indem er nachweisen muss, dass er ein (unstreitig gewährtes) Darlehen zurückgezahlt hat.*

Folgende **Beweismittel sind im Zivilprozess zulässig:** 36

- Beweis durch Sachverständige (§§ 402–414 ZPO),
- Beweis durch Parteivernehmung (§§ 445 ff. ZPO),

- Beweis durch Augenscheinseinnahme (§§ 371 ff. ZPO),
- Beweis durch Urkunden (§§ 415–444 ZPO),
- Beweis durch Zeugen (§§ 373 ff. ZPO),
- Beweis durch Einholung einer amtlichen Auskunft (§ 273 ZPO).

37 Nach der erfolgten Beweisaufnahme findet die Fortsetzung der mündlichen Verhandlung, in der der Sachverhalt erörtert wird, statt. Die Parteien können zu der Beweisaufnahme Stellung nehmen.

38 Nach Abschluss der Erörterung kann die mündliche Verhandlung entweder geschlossen oder vertagt werden. Sofern die Beweiserhebung abgeschlossen und der Sachverhalt aufgeklärt ist, kann eine Entscheidung sofort erfolgen oder aber in einem anzuberaumenden Verkündungstermin erfolgt die Verkündung des Urteils. Zu dem Verkündungstermin muss keine der Parteien erscheinen.

7. Rechtskraft

39 Bei der Rechtskraft eines Urteils wird zwischen der formellen und der materiellen Rechtskraft unterschieden.

a) Formelle Rechtskraft

40 Bei formeller Rechtskraft kann eine vom Gericht getroffene Entscheidung nicht mehr mit Rechtsmittel oder Rechtsbehelfen angegriffen werden (§ 705 ZPO).

Formelle Rechtskraft liegt vor, wenn

- die Rechtsmittel- und Rechtsbehelfsfristen abgelaufen sind,
- wenn auf Einlegung von Rechtsmitteln oder Rechtsbehelfen von den Parteien verzichtet wird (§§ 515, 565, 346 ZPO),
- in letzter Instanz das Urteil verkündet ist.

b) Materielle Rechtskraft

41 *„Die materielle („innere“) Rechtskraft hindert abweichende Entscheidungen desselben oder eines anderen Gerichts innerhalb bestimmter objektiver, subjektiver und zeitlicher Grenzen“, Zöller, ZPO, Vorbem. zu § 322 Rn 3.*

Die materielle Rechtskraft resultiert aus der formellen Rechtskraft. Sie muss aber nicht zwangsläufig die Folge der formellen Rechtskraft sein.

> *Beispiel:*
>
> *In dem Urkundenverfahren erlässt das AG ein Vorbehaltsurteil, das in formelle Rechtskraft erwächst. In dem sich anschließenden Nachverfahren hebt das AG das Vorbehaltsurteil auf und weist die Klage ab.*

VIII. Verfahrensbeendigung

1. Urteil

Das zivilprozessuale Verfahren kann durch Urteil beendet werden. In dem Zivilprozess kann sowohl gegen den Kläger als auch gegen den Beklagten ein VU ergehen. Nachfolgend werden die Möglichkeiten, wann ein VU ergehen kann, variiert. 42

Hinsichtlich der Rechtsmittel der neben dem VU weiter genannten Urteilsarten verweise ich auf die Ausführungen unter Rdn 113 ff. in diesem Paragrafen. 43

2. VU gegen den Kläger

Kläger erscheint nicht – Beklagter ist anwesend 44

↓

Die Klage wird abgewiesen, § 330 ZPO

↓

Einspruch, § 338 ZPO

↓

Termin zur mündlichen Verhandlung, § 341 ZPO

↓

Kläger ist anwesend

↓

Entscheidung nach Einspruch, § 343 ZPO

↓

Kläger ist wieder nicht anwesend

↓

Zweites VU, § 345 ZPO

3. Versäumnisurteil gegen den Beklagten

45

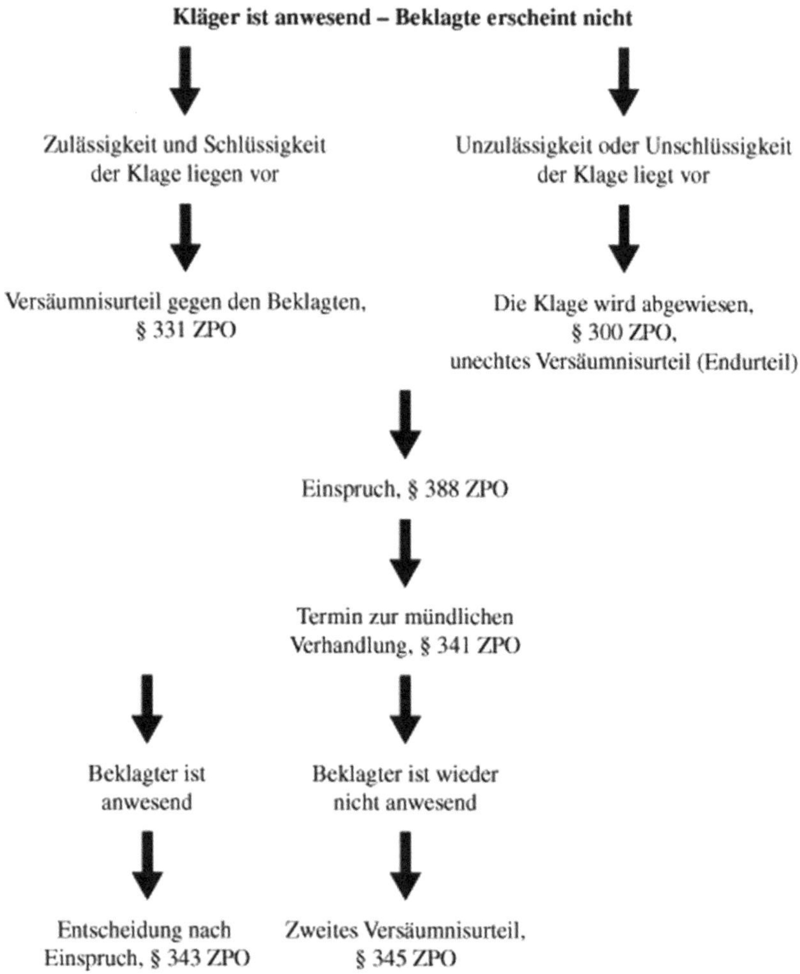

4. Urteilsarten

- **Endurteil**, § 300 ZPO: beendet den Rechtsstreit in der Instanz. 46
- **Teilurteil**, § 301 ZPO: Entscheidung über einen Teil des Anspruchs. Ergeht in diesem Rechtsstreit ein Endurteil, das den Rechtsstreit in der Instanz beendet, so handelt es sich um das sog. Schlussurteil.
- **Vorbehaltsurteil**, § 302 ZPO: Dieses Urteil ist als Endurteil anzusehen.
- **Zwischenurteil**, § 303 ZPO: beendet den Rechtsstreit nicht in der Instanz. Es findet eine Entscheidung über einen Zwischenstreit statt. Das Urteil ist erst mit dem Endurteil anfechtbar.
- **Zwischenurteil über den Grund**, § 304 ZPO: Dieses Urteil ist, anders als das Zwischenurteil gem. § 303 ZPO, als Endurteil anzusehen.
- **Verzichtsurteil**, § 306 ZPO.
- **Anerkenntnisurteil**, § 307 ZPO.

5. Prozessvergleich

Das Verfahren kann auch durch einen Vergleich der Parteien beendet werden, wenn die 47
Parteien in einem gerichtlichen Verfahren „zur gütlichen Beilegung eines Rechtsstreits“ einen Vergleich schließen. Der Vergleich kann in der **mündlichen Verhandlung protokolliert** werden (§§ 160 Abs. 3, 162 ZPO) **oder** gemäß den Vorschriften des § 779 BGB als **rechtsgeschäftlicher Vertrag** zwischen den Parteien geschlossen werden.

Ein gerichtlicher Vergleich kann gem. § 278 Abs. 6 ZPO auch dadurch geschlossen wer- 48
den, dass die Parteien dem Gericht einen schriftlichen Vergleichsvorschlag unterbreiten oder einen schriftlichen Vergleichsvorschlag des Gerichts durch Schriftsatz gegenüber dem Gericht annehmen. Das Gericht stellt das Zustandekommen und den Inhalt eines nach Satz 1 geschlossenen Vergleichs durch Beschluss fest.

Der Prozessvergleich ist ein zur **Zwangsvollstreckung geeigneter Titel** gem. § 794 49
Abs. 1 Nr. 1 ZPO. Er ist auch ein Vergleich gem. § 779 BGB.

Der Prozessvergleich **kann nie** materiell **rechtskräftig sein**. Er wird, sofern er ohne Wi- 50
derrufsvorbehalt abgeschlossen wurde (oder wenn er mit Widerrufsvorbehalt abgeschlossen wurde und kein Widerruf der Parteien erfolgt), **bestandskräftig**.

6. Erledigung der Hauptsache

Das Verfahren kann durch Erledigung in der Hauptsache beendet werden. Dies kann 51
durch **übereinstimmende** Erledigungserklärung (§ 91a ZPO) erfolgen.

Bei übereinstimmender Erledigungserklärung wird die Rechtshängigkeit beendet. Das Gericht entscheidet gem. § 91a ZPO nur noch über die Kosten.

52 Bei der **einseitigen Erledigungserklärung** hingegen handelt es sich um einen einseitigen Antrag des Klägers, das Verfahren in der Hauptsache als erledigt festzustellen. Dabei handelt es sich um eine zulässige Klageänderung gem. § 264 Abs. 2 ZPO, wenn der Grund der Erledigungserklärung nach Rechtshängigkeit eingetreten ist.

53 Das Gericht prüft, ob die Klage zulässig und begründet ist. Ist dies der Fall, ergeht ein Urteil (Feststellungsurteil), in dem die Gründe der Erledigung festgestellt werden. Der Beklagte hat in diesem Fall die Kosten des Rechtsstreits zu tragen.

Ist die Klage unzulässig oder unbegründet, wird das Gericht die Klage jedoch abweisen mit der Kostenfolge nach § 91 ZPO. Der Kläger trägt die Kosten des Rechtsstreits.

7. Klagerücknahme

54 Grds. kann der Kläger die Klage von dem Zeitpunkt der Rechtshängigkeit bis zu der Rechtskraft eines Urteils zurücknehmen.

55 Daran sind jedoch besondere Voraussetzungen bzw. Einschränkungen gebunden: **Bis zu einen Termin zur mündlichen Verhandlung über die Hauptsache** kann der Kläger die Klage **ohne Zustimmung des Beklagten** jederzeit zurücknehmen.

56 Nach einer wirksam erfolgten Klagerücknahme kann der Kläger die Klage jederzeit wieder erheben, denn in diesem Fall gilt der Rechtsstreit als nicht anhängig. Die Rechtshängigkeit entfällt rückwirkend. Ein ergangenes und nicht rechtskräftiges Urteil verliert seine Wirkung.

57 Hat jedoch ein **Termin zur mündlichen Verhandlung zur Hauptsache stattgefunden**, ist bei einer danach erfolgten Klagerücknahme die **Zustimmung des Beklagten erforderlich** (§ 269 Abs. 1 ZPO).

58 Der Beklagte kann seine Zustimmung verweigern, wenn er ein Interesse an einer Entscheidung in dem Verfahren hat. Ggf. würde die Klage des Klägers abgewiesen, weil er zu diesem Zeitpunkt nicht in der Lage ist, seinen Anspruch zu beweisen. Er könnte jedoch zu einem späteren Zeitpunkt – im Fall einer erneuten Klageerhebung – den Beweis führen und in dem Rechtsstreit obsiegen. Im Fall eines rechtskräftigen Urteils hat der Kläger keine Möglichkeit, die Klage erneut zu erheben.

59 *Beispiel:*

Kläger A verklagt den Beklagten B auf Zahlung. Die einzigen Zeugen, die seinen Vortrag in der Klageschrift beweisen können, kann der Kläger postalisch nicht ermitteln. Vor dem Termin zur mündlichen Verhandlung überlegt der Kläger aufgrund der schlechten Beweislage, die Klage zurückzunehmen, da die einzigen Zeugen, für ihn nicht erreichbar sind.

In diesem Stadium des Verfahrens benötigt er die Zustimmung des Beklagten nicht. Er könnte die Klage zurücknehmen. Ermittelt er die Zeugen zu einem späteren Zeitpunkt, könnte der Kläger erneut Klage erheben.

Hat jedoch ein Termin in der Hauptsache stattgefunden oder erklärt der Kläger in diesem Termin die Klagerücknahme, muss, damit die Klage wirksam zurückgenommen werden kann, der Beklagte der Klagerücknahme zuzustimmen. Widerspricht der Beklagte, kann der Kläger die Klage nicht zurücknehmen.

Im Zweifel unterliegt der Kläger in dem Rechtsstreit mangels Beweiskraft.

Der **Widerspruch des Beklagten** bei einer erklärten Klagerücknahme ist an Fristen ge- 60
bunden. Gem. § 269 Abs. 2 ZPO muss der Beklagte, sofern der Kläger die Klagerücknahme nicht im Termin zur mündlichen Verhandlung erklärt, innerhalb einer **Notfrist von zwei Wochen seit Zustellung des klägerischen Schriftsatzes über die Klagerücknahme**, dieser widersprechen. Widerspricht der Beklagte nicht fristgerecht, so gilt seine Zustimmung zur Klagerücknahme als erteilt, wenn er zuvor auf die Folgen des nicht fristgerechten Widerspruchs hingewiesen wurde.

Da es sich der in § 269 Abs. ZPO genannten Frist um eine Notfrist handelt, kann der Be- 61
klagte **Wiedereinsetzung in den vorigen Stand gem. § 233 ZPO** einlegen. Hat er die Einlegung der Notfrist nicht schuldhaft versäumt, wird dem Antrag stattgegeben.

Praxistipp: 62

Notieren Sie bitte immer die in § 269 Abs. 2 ZPO genannte zweiwöchige Notfrist, sofern eine Klagerücknahme der Gegenseite erfolgt.

Belehren Sie den Mandanten auf die Folgen im Hinblick auf die Zustimmung oder den Widerspruch bei der Klagerücknahme.

IX. Praxisrelevante Besonderheiten im Klageverfahren

1. Verweisung bei Unzuständigkeit

Für den Fall, dass das vom Kläger angegangene Gericht sachlich oder örtlich unzuständig 63
ist, kann der Kläger entweder durch einen Hinweis seitens des Gerichts oder hinsichtlich einer Rüge des Beklagten beantragen, den Rechtsstreit an das zuständige Gericht zu verweisen (§ 281 ZPO). Das Gericht entscheidet über diesen Antrag mit Beschluss. Durch diesen Beschluss wird der Rechtsstreit an das zuständige Gericht verwiesen. Der Beschluss ist für die Parteien unanfechtbar.

Bisherige Entscheidungen des Gerichts (z.B. PKH) bleiben bestehen.

Sofern der Kläger den Verweisungsantrag nicht stellt, wird die Klage als unzulässig abgewiesen.

64 *Praxistipp:*

Bereits in dem Klageantrag könnte ein entsprechender Antrag gestellt werden, den Rechtsstreit an das zuständige Gericht abzugeben, sofern das angerufene Gericht sachlich und/oder örtlich unzuständig ist.

2. Klageänderung

65 Eine Klageänderung liegt immer dann vor, wenn sich der ursprüngliche Streitgegenstand ändert. Der Streitgegenstand ist der Gegenstand über den das Gericht wegen des dem zugrunde liegenden Klagegrundes und dem/den gestellten Antrag/Anträgen des Klägers entscheidet.

66 Eine Klageänderung ist immer nur dann möglich, wenn der Beklagte zustimmt oder aber das Gericht die Klageänderung für sachdienlich hält (§ 263 ZPO).

Beispiele für eine Klageänderung

Beispiel 1:

Kläger A verklagt den Beklagten B auf Zahlung von Schadensersatz aus einem Verkehrsunfall. Im Laufe des Verfahrens „tauscht" er den Klageantrag um und begehrt nun vom dem Kläger die Rückzahlung eines Darlehens.

Hier liegt eine Änderung des Streitgegenstandes vor. Der Klagegrund ist ein anderer.

Beispiel 2:

Kläger A verklagt den Beklagten B im Wege der Zahlungsklage im ordentlichen Verfahren. Im Laufe des Rechtsstreits begehrt der Kläger seinen Zahlungsanspruch im Wege des Urkundenverfahrens.

Hier liegt eine Änderung der Verfahrensart vor (Ordentliches Verfahren/Urkundenprozess).

Beispiel 3:

Kläger A verklagt die Beklagte B Mustermann GmbH & Co. KG. Im Laufe des Verfahrens stellt sich heraus, dass der „richtige" Beklagte die Mustermann GbR ist. Kläger A beantragt nunmehr, die Mustermann GbR zu verklagen.

Hier liegt eine Änderung der Prozessparteien vor.

3. Keine Klageänderung

Gem. § 264 ZPO liegt keine Klageänderung vor, wenn ohne Änderung des Klagegrundes 67

- die tatsächlichen oder rechtlichen Anführungen ergänzt oder berichtigt werden;
- der Klageantrag in der Hauptsache oder in Bezug auf Nebenforderungen erweitert oder beschränkt wird;
- statt des ursprünglich geforderten Gegenstandes wegen einer später eingetretenen Veränderung ein anderer Gegenstand oder das Interesse gefordert wird.

Beispiele für keine Klageänderung

Beispiel 1:

Kläger A berichtigt den Namen des Beklagten B. Der Beklagte bleibt derselbe. Es erfolgt lediglich eine Berichtigung des Namens.

Beispiel 2:

Der Kläger A der zunächst nur einen Teilbetrag einklagt, klagt im laufenden Verfahren den vollen Betrag ein.

Beispiel 3:

Kläger A verklagt den Beklagten B auf Herausgabe eines Pkw. Nach Rechtshängigkeit stellt sich heraus, dass der Beklagte B den Pkw „schrottreif" beschädigt hat. Kläger A stellt die Herausgabeklage auf eine Zahlungsklage wegen Schadenersatz um.

B. Kostenfestsetzung

Baumgärtel

I. Allgemeines

Der Auftraggeber zahlt an den RASie eine Vergütung, diese schuldet er unabhängig vom Ausgang des Verfahrens. Obsiegt der Auftraggeber (ganz oder z.T.), ist die gegnerische Partei nach Vorliegen der entsprechenden Kostenentscheidung verpflichtet, die Kosten, die auf Auftraggeberseite entstanden sind, zu erstatten. 68

Dieser Kostenerstattungsanspruch hat keine Auswirkung auf den Vergütungsanspruch. Der RA kann jederzeit auch im Fall des vollständigen Obsiegens des Auftraggebers vom Auftraggeber verlangen, dass dieser seinen Vergütungsanspruch erfüllt.

II. Kostenerstattung

69 In den diversen Verfahrensordnungen ist die Kostenerstattung unterschiedlich geregelt. So gilt etwa für ein Verfahren nach dem FamFG, dass die Kostenerstattung gem. § 81 FamFG bei Billigkeit erfolgt. Auf die Besonderheit des Ausschlusses der Kostenerstattung in der ersten Instanz in arbeitsrechtlichen Auseinandersetzungen (§ 12a Abs. 1 Satz 1 ArbGG) bin ich an verschiedenen Stellen bereits eingegangen, s. z.B. Rdn 115.

70 Im Zivilprozess sind die wesentlichen Regelungen zur Kostenerstattung in §§ 91 Abs. 1 Satz 1 ff. ZPO zu finden. Die unterliegende Partei hat die Kosten des Rechtsstreits zu tragen, soweit die entstandenen Kosten zur zweckentsprechenden Rechtsverteidigung oder Rechtsverfolgung notwendig waren. Das Gesetz gibt einige Ausnahmen vor, in denen trotz Obsiegens nicht von der Notwendigkeit der Kosten auszugehen ist (§§ 93 ff. ZPO).

71 Grds. kann jede Partei so viele Anwälte beauftragen, wie Sie bezahlen kann, erstattet werden gem. § 91 Abs. 1 ZPO nur die Kosten für die Einschaltung eines Anwalts. Obsiegt der Auftraggeber nur z.T., werden die Kosten auch nur z.T. erstattet (§ 92 Abs. 1 ZPO), die Kostenentscheidung entspricht dem Verhältnis von Obsiegen zu Unterliegen.

III. Ablauf der Kostenfestsetzung

72 Die Kostenfestsetzung bietet demjenigen, dem ein Kostenerstattungsanspruch zusteht, einen kostengünstigen Weg zur Erlangung eines zur Zwangsvollstreckung geeigneten Titels (Kostenfestsetzungsbeschluss). Nach Abschluss des Verfahrens muss der Auftraggeber wegen seiner Kosten aus dem Verfahren kein Klageverfahren einleiten. Festsetzbar sind i.R.d. Kostenfestsetzung nur gesetzliche Vergütungsansprüche. Hat der Auftraggeber mit dem RA eine **Vergütungsvereinbarung** abgeschlossen, ist nur die gesetzliche Vergütung festsetzbar. Der Kostenschuldner schuldet nur die gesetzliche Vergütung.

73 Gem. § 103 Abs. 2 ZPO ist der Antrag auf Erstattung der Kosten beim Prozessgericht erster Instanz zu stellen. Der Antrag muss eine Vergütungsberechnung enthalten. Dem Gesuch ist eine Abschrift beizufügen, die dem zur Kostenerstattung Verpflichteten zugestellt wird (bzw. seinem Prozessbevollmächtigten).

74 Für das Kostenfestsetzungsverfahren erhält der RA keine Vergütung. Das Verfahren gehört gem. § 19 Abs. 1 Nr. 13 RVG zum Rechtszug.

75 *Praxistipp:*

Je eher Sie nach Vorliegen der Kostenentscheidung einen Antrag einreichen, umso schneller liegt Ihnen der Kostenfestsetzungsbeschluss vor. So können Sie z.B. in gerichtlichen Verfahren, in denen sich der Beklagte überhaupt nicht geäußert hat und Sie ein Versäumnisurteil erwarten, das fertige Kostenfestsetzungsgesuch in die Terminsakte legen, damit dieses am Terminstag zur Gerichtsakte gereicht werden kann, wenn erwartungsgemäß ein Versäumnisurteil ergeht. Erscheint der Beklagte doch und es ergeht kein Versäumnisurteil, war Ihre Arbeit natürlich überflüssig. Wenn Sie Glück haben, ergeht ein Versäumnisurteil. Ist der Kostenfestsetzungsantrag bereits fertig, ist es möglich, dass ein Kostenfestsetzungsbeschluss gem. § 105 Abs. 1 ZPO ergeht. Gem. § 795a ZPO benötigen Sie dann keine besondere Vollstreckungsklausel und können aus Urteil und Kostenfestsetzungsbeschluss gleichzeitig vollstrecken. Eine Wartefrist gem. § 798 ZPO ist bei einem „vereinfachten Kostenfestsetzungsbeschluss" nicht einzuhalten.

Die üblichen Formulare für Kostenfestsetzungsanträge, die im Handel erhältlich sind 76
oder durch Softwareunternehmen angeboten werden, berücksichtigen nicht die Bedürfnisse der Praxis. Ich empfehle Ihnen, einen erweiterten Antrag zu stellen, der auch weitere Verfahrensabläufe berücksichtigt.

Muster 7.2: Kostenfestsetzungsantrag 77

An das
Prozessgericht I. Instanz

Kostenfestsetzungsantrag gem. §§ 103, 104 ZPO

In Sachen

X ./. Y

– Aktenzeichen –

beantragen wir,

- die mit der nachstehend erfolgten Berechnung entstandene gesetzliche Vergütung gegen den zur Kostenerstattung Verpflichteten (Kläger oder Beklagten) festzusetzen und auszusprechen, dass der festzusetzende Betrag ab Eingang des Gesuchs mit 5 Prozentpunkten über dem jeweils gültigen Basiszinssatz verzinst wird (§ 104 Abs. 1 Satz 2 ZPO).

Es wird bereits jetzt mitgeteilt, dass kein Einverständnis damit besteht, das Kostenfestsetzungsverfahren bis zum Abschluss eines etwaigen Rechtsmittelverfahrens zurückzustellen. Um den vorherigen Erlass des Kostenfestsetzungsbeschlusses, dessen Zustellung und Aushändigung in vollstreckbarer Form wird ausdrücklich gebeten.

Es wird ausdrücklich beantragt,

- etwa nicht in der Berechnung berücksichtigte Gerichtskosten ebenfalls festzusetzen.

Die Erteilung einer vollstreckbaren Ausfertigung des Kostenfestsetzungsbeschlusses und Zusendung zu unseren Händen werden ausdrücklich beantragt.

Kostenforderung

– Vergütungsberechnung –*/keine Rechnungsnummer im Kostenfestsetzungsverfahren –*

(Ausnahme: Kostenfestsetzungsantrag des RA nach einer Gebührenklage)

berechnet gem. §§ 2 Abs. 2, 13 RVG

Gegenstandswert

€

€

Fortführen mit der entstandenen Vergütung und gezahlten Gerichtskosten

Der Antragsteller ist nicht (oder ist) zum Vorsteuerabzug berechtigt.

Beglaubigte und einfache Abschrift anbei

Rechtsanwalt

▲

IV. Kostenquote

78 Erfolgt die Kostenerstattung nach Quoten, verändert sich der vorstehende Antrag nicht. Die Berechnung der Kosten entsprechend der Quote erfolgt durch den Rechtspfleger des Prozessgerichts erster Instanz. Das Gericht fordert Sie nach Zugang des Kostenfestsetzungsantrags der anderen Partei gem. § 106 Abs. 1 Satz 1 ZPO auf, Ihr Gesuch ebenfalls einzureichen. Dafür wird Ihnen eine Frist von nur einer Woche gesetzt. Reichen Sie Ihr Gesuch nicht binnen der Wochenfrist beim Gericht ein, kann die Kostenfestsetzung erfolgen, ohne dass Ihre Kosten entsprechend berücksichtigt werden (§ 106 Abs. 2 Satz 1 ZPO). Der Kostenerstattungsanspruch ist bei Versäumen der Frist nicht verloren. Sie können diesen nachträglich geltend machen. Allerdings sieht § 106 Abs. 2 Satz 2 ZPO vor, dass dann evtl. entstandene Mehrkosten zu tragen sind.

V. Aufrechnungserklärung im Kostenfestsetzungsverfahren

79 Schuldet eine Partei die Hauptforderung und die andere Partei hat einen Kostenerstattungsanspruch, kann die Aufrechnung des Kostenerstattungsanspruchs mit der Hauptforderung gem. § 388 BGB erklärt werden. Dies kann insbes. dann vorkommen, wenn die ausgeurteilte Forderung immer noch sehr hoch ist, der Kläger aber insgesamt wegen einer viel größeren Forderung unterlegen ist.

Beispiel:

Der Kläger begehrt vom Beklagten Zahlung i.H.v. 100.000,00 €. Das Gericht verurteilt den Beklagten zur Zahlung i.H.v. 10.000,00 €. Die Kostenentscheidung lautet üblicherweise: Der Kläger hat die Kosten des Rechtsstreits zu 9/10; der Beklagte hat die Kosten des Rechtsstreits zu 1/10 zu tragen. Hier hat der Beklagte eine Kostenforderung gegen den Kläger und der Kläger eine Forderung aus dem Urteil gegen den Beklagten.

Praxistipp: 80

Haben Sie die Wochenfrist zur Fertigung des eigenen Kostenfestsetzungsantrages einmal versehentlich übersehen (ich kenne keine Kanzlei, in der diese Frist notiert wird!), reichen Sie Ihr Gesuch möglichst rasch ein. Ist bereits ein Kostenfestsetzungsbeschluss erlassen und zugestellt worden, so sollten Sie die Aufrechnung des auf Ihren Mandanten entfallenden Kostenerstattungsbetrags mit dem bereits festgesetzten Betrag erklären.

7.3

Muster 7.3: Aufrechnungserklärung mit Kostenerstattungsanspruch 81

Anrede,

in der vorbezeichneten Angelegenheit hat unser Auftraggeber einen Anspruch auf Zahlung gegen Ihren Mandanten aufgrund des Urteils des Prozessgerichts vom   zum Aktenzeichen –   –.

Aufgrund der Kostenentscheidung des Gerichts steht Ihrem Auftraggeber der noch nicht bezifferte Kostenerstattungsanspruch zu.

Namens und in Vollmacht unseres Auftraggebers erklären wir die

Aufrechnung

der diesem aus dem Urteil zustehenden Forderung mit der Kostenerstattungsforderung Ihres Auftraggebers. Wir haben diese Aufrechnungserklärung dem Gericht vorgelegt, mit der Aufforderung, Ihnen keine vollstreckbare Ausfertigung des Kostenfestsetzungsbeschlusses zu erteilen.

Eine Aufstellung über die Höhe der unserem Auftraggeber zustehenden Forderung haben wir beifügt. Unmittelbar nach Zustellung des Kostenfestsetzungsbeschlusses werden wir diese Forderung um die bezifferte Kostenforderung reduzieren (nebst anteiliger Zinsen).

Sollte Ihnen das Gericht eine vollstreckbare Ausfertigung des Kostenfestsetzungsbeschlusses trotz unserer ausdrücklichen anderslautenden Aufforderung erteilen, gehen wir davon aus, dass Sie uns diese unverzüglich entwertet zur Verfügung stellen werden. Keine Partei kann hier ein Interesse daran haben, im Anschluss an die bisherige Auseinandersetzung noch im Wege der Zwangsvollstreckungsabwehrklage weitere gerichtliche Auseinandersetzungen zu führen.

Selbstverständlich werden auch wir Ihnen die entwertete vollstreckbare Ausfertigung des Urteils des Prozessgerichts vom ______ zum Aktenzeichen – ______ – zukommen lassen, wenn die Forderung durch Ihren Mandanten erfüllt ist.

Dieses Schreiben wird Ihnen im Parteibetrieb mittels Zustellkarte zugestellt.

Abschrift anbei

Grußformel

▲

82 *Hinweis:*

Dieses Vorgehen ist nicht zulässig, wenn der RA einen Kostenfestsetzungsantrag gem. § 126 ZPO gestellt hat (der Gegner hat obsiegt und ihm ist PKH bewilligt). Gem. § 126 Abs. 2 Satz 2 ZPO kann in diesen Fällen nur mit einer Kostenforderung aufgerechnet werden, die im selben Rechtsstreit zugunsten der anderen Partei entstanden ist.

83 Sinnvoll ist es hier, das Gericht gleich von der erfolgten Aufrechnung zu informieren.

7.4

▼

84 **Muster 7.4: Aufrechnungsmitteilung an das Gericht**

An das Prozessgericht I. Instanz

In Sachen

X ./. Y

– Aktenzeichen –

teilen wir mit, dass wir entsprechend dem in der Anlage beigefügten Schreiben vom ______ die Aufrechnung eines Teils der Hauptforderung mit der Kostenforderung erklärt haben. Das entsprechende Schreiben ist in Kopie beigefügt.

Das Schreiben wurde am ______ zugestellt. Der Zustellbeleg (Zustellkarte) ist ebenfalls beigefügt.

Es wird daher ausdrücklich beantragt,

- die Aufrechnung zu berücksichtigen und keine vollstreckbare Ausfertigung des Kostenfestsetzungsbeschlusses zu erteilen.

Die ziffernmäßige Feststellung der Höhe des Kostenerstattungsanspruchs ist weiterhin erforderlich, um festzustellen, in welcher Höhe die zur Aufrechnung gestellte Forderung erloschen ist.

Beglaubigte und einfache Abschrift anbei.

Rechtsanwalt

▲

Hinweis: 85

Wenn Sie so vorgehen und das Gericht festsetzt, ohne die Aufrechnung zu berücksichtigen, ist die Zwangsvollstreckungsabwehrklage zulässig. Sie sollten allerdings erst das sofortige Beschwerdeverfahren führen und einen Einstellungsantrag stellen.

VI. Kostenaufhebung

Lediglich für den Fall der Kostenaufhebung (üblich im Vergleich: „Die Kosten des Rechtsstreits werden gegeneinander aufgehoben") stellen Sie einen anderen Antrag, und zwar einen sog. Kostenausgleichungsantrag gem. § 106 ZPO. 86

7.5

▼

Muster 7.5: Kostenausgleichungsantrag 87

An das
Prozessgericht I. Instanz

In Sachen

X ./. Y

– Aktenzeichen –

wird beantragt,

- die Gerichtskosten des Verfahrens auszugleichen und den auf den Beklagten (*Kläger nur im Fall einer Widerklage*) entfallenden Anteil gegen diesen festzusetzen.

Es wird ferner beantragt,

- den festzusetzenden Betrag mit 5 % Zinsen über dem jeweils gültigen Basiszinssatz ab Eingang des Gesuchs bei Gericht zu verzinsen.

Um die Erstattung nicht verbrauchter Gerichtskosten wird gleichzeitig gebeten.

Es wird anwaltlich versichert, dass diese aus eigenen Mitteln verauslagt worden sind.

Rein vorsorglich wird erklärt, dass der Antragsteller nicht zum Vorsteuerabzug berechtigt ist.

Wir bitten um Herreichung einer zugestellten und vollstreckbaren Ausfertigung.

Beglaubigte und einfache Abschrift anbei

Rechtsanwalt

▲

88 Wie Sie einen Kostenfestsetzungsbeschluss anfechten können, ist in diesem Paragrafen bei Rdn 212 dargestellt.

VII. Nachfestsetzung

89 Haben Sie vergessen, eine Gebühr oder Auslagen bei Festsetzung zu beantragen, so können Sie jederzeit die sog. Nachfestsetzung beantragen. In einigen Fällen ist es sogar angebracht, bspw. die **Reisekosten** gesondert festsetzen zu lassen. Ist der Vergütungsanspruch schon ohne Berücksichtigung der Reisekosten sehr hoch, haben Sie ein Interesse daran, den Vergütungsanspruch schnell titulieren zu lassen. Oft erhebt der zur Kostentragung Verpflichtete insbes. Einwendungen wegen Auslagen, die im Verhältnis zu den Gesamtkosten sehr gering ausfallen. Dies können Sie vermeiden, indem Sie zunächst den Hauptanspruch festsetzen lassen und sich anschließend in aller Ruhe mit dem Gegner über die Notwendigkeit und die Höhe von bspw. Reisekosten auseinandersetzen.

90 Der Kostenerstattungsanspruch verjährt in 30 Jahren (§ 197 Abs. 1 Nr. 3 BGB).

▼

91 **Muster 7.6: Antrag auf Nachfestsetzung**

Prozessgericht I. Instanz

In Sachen

X ./. Y

– Aktenzeichen –

wird beantragt,

- die nachstehend bezifferte Vergütung (ggf. nur noch die Auslagen) ebenfalls gegen den (Kläger oder Beklagten) festzusetzen. Die Anträge und Erklärungen aus dem ersten Kostenfestsetzungsantrag vom wiederholen wir hiermit ausdrücklich. Sollten hiergegen Bedenken bestehen, wird höflichst um einen entsprechenden Hinweis durch das Gericht gebeten.

Begründung:

Mit dem Kostenfestsetzungsantrag vom wurde übersehen, dass im Verfahren nicht lediglich eine 0,5 Terminsgebühr gem. Nr. 3105 VV RVG entstanden ist. Ausweislich des in der Anlage beigefügten Telefonvermerks fand bereits vor dem Termin zur mündlichen Verhandlung eine telefonische Erörterung der Angelegenheit mit Vergleichsverhandlungen statt. Die Vergleichsverhandlungen sind gescheitert.

Aus diesem Grunde ist entsprechend Vorbemerkung 3 Abs. 3, 3. Alternative VV RVG die 1,2 Terminsgebühr gem. Nr. 3104 VV RVG entstanden. Die Festsetzung der Differenz in Höhe von 0,7 beantragen wir hiermit. Entgelte für Post- und Telekommunikationsdienstleistungen gem. Nr. 7002 VV RVG sind nicht erneut entstanden, da diese bereits im ersten Gesuch mit 20,00 € berücksichtigt worden sind. Eine höhere Erstattung der Entgelte für Post- und Telekommunikationsdienstleistungen scheidet im selben Rechtszug in einer Angelegenheit aus.

€ 0,7 Differenzterminsgebühr gem. §§ 2 Abs. 2, 13, Nr. 3104 VV RVG

€ Umsatzsteuer gem. § 2 Abs. 2, Nr. 7008 VV RVG

€ Summe

Wir bitten um Herreichung einer zugestellten und vollstreckbaren Ausfertigung des Beschlusses und verweisen hinsichtlich der Verzinsung und der Erklärung zum Vorsteuerabzug auf den Erstantrag.

Beglaubigte und einfache Abschrift anbei

Rechtsanwalt

▲

VIII. Verfahren nach Zustellung des Kostenfestsetzungsbeschlusses

Der Kostenfestsetzungsbeschluss wird demjenigen, der zur Zahlung verpflichtet ist, von 92
Amts wegen zugestellt (§ 104 Abs. 1 Satz 3 ZPO). Mit der Zustellung beginnt die Rechtsmittel- (oder je nach Wert: Rechtsbehelfs-) frist zu laufen. Dem Antragsteller wird die Entscheidung nur von Amts wegen zugestellt, wenn seinem Antrag ganz oder teilweise nicht entsprochen worden ist (§ 104 Abs. 1 Satz 4 ZPO).

1. RSV

Hat eine RSV die **Kostendeckungszusage** erteilt, so erstreckt sich diese Zusage auch auf 93
Kostenerstattungsansprüche des gerichtlichen Verfahrens, die bei der „Gegenseite" entstanden sind.

Auch wenn Sie beabsichtigen, den Kostenfestsetzungsbeschluss anzufechten, müssen Sie 94
vorher bei der Versicherung um Kostendeckungszusage für dieses Vorgehen bitten. Das Rechtsmittel-/Rechtsbehelfsverfahren gegen einen Kostenfestsetzungsbeschluss ist gem. § 18 Nr. 5 RVG eine besondere Angelegenheit. Es entsteht die 0,5 Verfahrensgebühr gem. Nr. 3500 VV RVG.

95 Reichen Sie den Kostenfestsetzungsbeschluss unverzüglich bei der RSV zum Zwecke der Zahlung ein und informieren Sie den Gegner entsprechend. Nur so können Sie vermeiden, dass gegen Ihren Mandanten die Zwangsvollstreckung aus dem Kostenfestsetzungsbeschluss betrieben wird.

7.7

▼

96 **Muster 7.7: Weiterleitung des Kostenfestsetzungsbeschlusses an die RSV**

Anrede,

in der Anlage überreichen wir Ihnen den Kostenfestsetzungsbeschluss des Gerichts vom ___ zum Aktenzeichen – ___ –.

(Anmerkung: Die nächsten beiden Sätze sind nur erforderlich, wenn das Verfahren noch nicht rechtskräftig abgeschlossen ist.)

Der Gegner hat kein Einverständnis damit erklärt, dass der Ausgleich der Kostenforderung bis zur Rechtskraft des Verfahrens zurückgestellt werden kann. Auch unter Berücksichtigung von § 720a ZPO ist ein Ausgleich des Kostenfestsetzungsbeschlusses daher bereits jetzt erforderlich.

Gegen Ihren VN wurde ein Betrag in Höhe von ___ € nebst Zinsen in Höhe von 5 Prozentpunkten über dem jeweiligen Basiszinssatz seit dem ___ festgesetzt. Bitte gleichen Sie die Forderung vollständig aus. Die Bankverbindung des Kostengläubigersschuldners entnehmen Sie dessen Briefbogen. Bitte erlauben Sie uns den Hinweis, dass die Nichtzahlung von Zinsen regelmäßig zu überflüssigen Auseinandersetzungen mit dem Kostengläubiger führt. Da die Zinsforderung berechtigt ist, gibt es keinen sachlichen Grund, hier nur die festgesetzten Kosten zu zahlen.

Sie wissen, dass die Wartefrist des § 798 ZPO nur zwei Wochen beträgt.

Um Vollstreckungsmaßnahmen (oder eine kostenpflichtige Zwangsvollstreckungsandrohung) des Gläubigers der Kostenforderung zu vermeiden, bitten wir Sie, dafür Sorge zu tragen, dass die Zahlung fristgerecht beim Anspruchsberechtigten eingeht.

Wir haben keine Einwände gegen die Höhe der festgesetzten Kosten. Sollten Sie Einwände gegen die Berechtigung der Festsetzung haben, müssen Sie uns umgehend informieren und auch Ihre Einwände detailliert darlegen. Eine Frist haben wir nicht notiert, sodass in diesem Fall eine unverzügliche Reaktion Ihrerseits erforderlich ist.

Wir haben den Kostengläubiger über die ausstehende Zahlung informiert.

Bitte informieren Sie uns von der erfolgten Zahlung. Eine telefonische Information reicht aus.

(Anmerkung: Der folgende Absatz ist nur notwendig, wenn das Verfahren noch nicht rechtskräftig abgeschlossen ist.)

Bitte überlassen Sie uns alsbald eine Kopie des Zahlungsbeleges. Diesen benötigen wir, wenn nach einer abändernden Entscheidung durch das Rechtsmittelgericht die Rückfestsetzung zu beantragen ist.

Grußformel

▲

Sie sollten auch den Prozessbevollmächtigten der Gegenseite entsprechend informieren. 97
Diesem ist nicht bekannt, dass für Ihren Auftraggeber eine RSV die Kostendeckungszusage erteilt hat. Durch eine entsprechende Information vermeiden Sie überflüssige Auseinandersetzungen und Vollstreckungsmaßnahmen.

▼

Muster 7.8: Information an den Kostengläubiger über Zahlungsausgleich durch RSV 98

Anrede,

uns ist der Kostenfestsetzungsbeschluss des Gerichts vom   zum Aktenzeichen –   – am   zugestellt worden.

Wir haben diesen an die hinter unserem Mandanten stehende Rechtsschutzversicherung weitergeleitet und diese aufgefordert, die festgesetzten Kosten nebst Zinsen fristgerecht an Sie zu leisten. Eine Kopie der Kostendeckungszusage fügen wir bei.

Die Kostendeckungszusage ist nicht widerrufen. Gründe, die gegen eine Zahlung der festgesetzten Kosten durch die Versicherung sprechen, sind hier nicht bekannt.

Aus Ihrer eigenen Erfahrung mit Rechtsschutzversicherungen dürfte als bekannt vorausgesetzt werden, dass die Zahlungen durch diese nicht immer zügig erfolgen.

Bitte informieren Sie uns daher unbedingt, sollte die Versicherung nicht fristgerecht leisten. Die Einleitung von Vollstreckungsmaßnahmen dürfte nicht notwendig sein. Für ein diesbezügliches Entgegenkommen bedanken wir uns bereits jetzt.

Bei dieser Gelegenheit dürfen wir Sie bitten, unmittelbar nach Ausgleich der Kostenforderung die entwertete vollstreckbare Ausfertigung des Kostenfestsetzungsbeschlusses zu unseren Händen zu reichen.

Abschrift anbei

Grußformel

▲

2. Auftraggeber zahlt die festgesetzten Kosten

99 Muss der Auftraggeber die festgesetzten Kosten zahlen, muss auch er darüber informiert werden, an wen in welcher Höhe er zu leisten hat. Die Übersendung des Kostenfestsetzungsbeschlusses ohne Erläuterungen ist für den Auftraggeber nicht hilfreich.

▼

100 **Muster 7.9: Übersendung des Kostenfestsetzungsbeschlusses an den Auftraggeber**

Anrede,

in der Anlage übersenden wir Ihnen den Kostenfestsetzungsbeschluss des Gerichts vom zum Aktenzeichen: – –. Die Höhe der festgesetzten Kosten ist zutreffend erfolgt.

Erfolgt keine Zahlung durch Sie, kann der Gegner aus dem Kostenfestsetzungsbeschluss nach Ablauf einer 2-Wochen-Frist die Vollstreckung gegen Sie einleiten.

(Anmerkung: Den nachfolgenden Absatz nur bei noch nicht abgeschlossenem Verfahren.)

Dies ist möglich, auch wenn das Hauptverfahren noch nicht abgeschlossen ist. Um hier nicht ein Hinterlegungsverfahren führen zu müssen und um zu vermeiden, dass die sog. Sicherungsvollstreckung gem. § 720a ZPO eingeleitet wird, raten wir Ihnen dringend, die Kostenforderung auszugleichen.

Bitte zahlen Sie den Betrag in Höhe von € nebst Zinsen in Höhe von 5 Prozentpunkten über dem Basiszinssatz (€ berechnet bis zum). Die Zahlung ist zu richten an

Zahlungsempfänger Rechtsanwalt – Rechtsanwälte

IBAN

BIC Bankinstitut Kontonummer Bankleitzahl

Aktenzeichen

Bitte übersenden Sie uns nach erfolgter Zahlung eine Kopie des Zahlungsbeleges.

Sollten Sie nicht in der Lage sein, die Begleichung der Kostenrechnung mit einer Summe zu zahlen, setzen Sie sich bitte selbst mit dem o.g. Rechtsanwalt in Verbindung und vereinbaren Ratenzahlung. Wir haben keinen Einfluss auf die Zustimmung zu einem Ratenzahlungsersuchen. Bitte informieren Sie uns auch, wenn Sie Ratenzahlung vereinbart haben sollten.

Grußformel

▲

Hinweis: 101

Wissen Sie, dass Ihr Auftraggeber über sehr gute Einkommens- und Vermögensverhältnisse verfügt, dann lassen Sie den entsprechenden Teil des Schreibens bitte weg.

Auch hier können Sie den Gegner darüber informieren, dass Sie den Auftraggeber zur Zahlung aufgefordert haben. Sie können sich an dem Textmuster bei Weiterleitung des Kostenfestsetzungsbeschusses an die RSV, Rdn 96, orientieren. 102

IX. Erfolgte Zahlung

Hat die Versicherung mitgeteilt, dass eine Zahlung erfolgt ist, oder der Mandant die erfolgte Zahlung nachgewiesen, sollten Sie, wenn die entwertete vollstreckbare Ausfertigung des Kostenfestsetzungsbeschlusses nicht kurzfristig bei Ihnen eingegangen ist (zehn Tage sind eine angemessene Zeitspanne), vom Gegner nochmals die Herausgabe der entwerteten vollstreckbaren Ausfertigung anfordern. Empfehlenswert ist es, hier die Erhebung der Vollstreckungsabwehrklage oder Herausgabeklage für den Fall anzudrohen, dass die entwertete vollstreckbare Ausfertigung nicht unverzüglich zur Verfügung gestellt wird. Gerade bei einer abgeänderten Kostenentscheidung beispielsweise nach einem Berufungsverfahren erleichtert das Vorliegen der entwerteten vollstreckbaren Ausfertigung ein Rückfestsetzungsverfahren (s. Rdn 109). 103

X. Gläubiger des Kostenerstattungsanspruchs

Der Kostenfestsetzungsbeschluss wird vom Gericht in vollstreckbarer Ausfertigung erteilt. Aus dem Zustellnachweis ist ersichtlich, wann der Kostenfestsetzungsbeschluss an den Kostenschuldner zugestellt wurde. Bevor eine Vollstreckung erfolgen kann, muss eine 2-Wochen-Frist von diesem Datum an berechnet abgewartet werden (§ 798 ZPO). Der Schuldner soll ausreichend Gelegenheit haben, die Forderung freiwillig zu erfüllen. Ist gegen die Entscheidung in der Hauptsache ein Rechtsmittel möglich, wird das Gericht üblicherweise (§§ 708 ff. ZPO) die Vollstreckbarkeit nur gegen Sicherheitsleistung anordnen. Diese Anordnung erstreckt sich auch auf die festgesetzten Kosten. 104

Praxistipp: 105

Sie können aus dem Kostenfestsetzungsbeschluss die Sicherungsvollstreckung gem. § 720a ZPO betreiben. Dazu ist es erforderlich, dass die vollstreckbare Ausfertigung des Titels im Parteibetrieb zugestellt wird (§ 750 Abs. 3 ZPO). Da Sie ohnehin eine Wartefrist von zwei Wochen einhalten müssen, können Sie auch gleich bei Eingang der vollstreckbaren Ausfertigung die beglaubigte Kopie der vollstreckbaren Ausfertigung des Kostenfestsetzungsbeschlusses im Parteibetrieb (üblicherweise von Anwalt zu Anwalt gegen Zustellkarte) oder durch den Gerichtsvollzieher zustellen. Unmittelbar nach Ablauf der Wartefrist aus § 750 Abs. 3 ZPO (die Sicherungsvollstreckung gem. § 720a ZPO ist nur zulässig, wenn nach Zustellung der Klausel im Parteibetrieb zwei Wochen vergangen sind) können Sie Vollstreckungsmaßnahmen ergreifen. Allerdings besteht gem. § 717 Abs. 2 ZPO grds. eine Schadensersatzpflicht bei einer abändernden Entscheidung.

7.10

▼

106 **Muster 7.10: Zustellung der beglaubigten Kopie der vollstreckbaren Ausfertigung des Kostenfestsetzungsbeschlusses im Parteibetrieb**

Anrede,

in der Anlage überreichen wir die beglaubigte Kopie der vollstreckbaren Ausfertigung des Kostenfestsetzungsbeschlusses des Gerichts vom zum Aktenzeichen – –.

Wir dürfen um Unterzeichnung und Rücksendung der beigefügten Zustellkarte bitten.

Abschrift anbei

Grußformel

▲

107 *Hinweis:*

Sie müssen nicht erklären, dass Sie die Vollstreckung beabsichtigen.

Dieses Schreiben löst keine weitere Vergütung aus.

XI. Änderung der Kostenentscheidung – Rückfestsetzung

108 War das Verfahren nicht rechtskräftig abgeschlossen, so kann sich die Kostenentscheidung ändern. Es ist nicht ausgeschlossen, dass derjenige, der einen Kostenfestsetzungsbeschluss bereits beglichen hat, dann nicht mehr zur Zahlung verpflichtet ist. Die von diesem gezahlten Beträge stehen ihm aus dem Grundgedanken des § 717 Abs. 2 ZPO zu, er kann daher nach allgemeiner Auffassung die sog. Rückfestsetzung beantragen.

Beispiel:

In der ersten Instanz wurde die Klage in voller Höhe abgewiesen. Auf den erstinstanzlich ergangenen Kostenfestsetzungsbeschluss hat der Auftraggeber einen Betrag i.H.v. 1.200,00 € geleistet. Das Berufungsgericht ändert das Urteil der ersten Instanz ab. Der Beklagte wird zur Zahlung verurteilt. Der Beklagte hat die Kosten des Rechts-

streits zu tragen. Erforderlich sind ein Kostenfestsetzungsantrag betreffend die Kosten der ersten und zweiten Instanz und ein Rückfestsetzungsantrag wegen der bereits gezahlten 1.200,00 €.

7.11

▼

Muster 7.11: Rückfestsetzungsantrag bei abgeänderter Kostenentscheidung 109

An das
Prozessgericht I. Instanz

In Sachen

X ./. Y

– Aktenzeichen –

wird beantragt,

- die mit Kostenfestsetzungsbeschluss vom festgesetzten Kosten in Höhe von € nebst Zinsen in Höhe von fünf Prozentpunkten über dem jeweils gültigen Basiszinssatz in Höhe von €

rückfestzusetzen

und auszusprechen,

- dass der rückfestzusetzende Betrag mit Zinsen in Höhe von 5 Prozentpunkten über dem jeweils gültigen Basiszinssatz seit dem (Zinsbeginn aus dem Kostenfestsetzungsbeschluss) zu zahlen ist.

Es wird ferner beantragt,

- eine vollstreckbare Ausfertigung des Rückfestsetzungsgesuches zu erteilen.

Eine Erklärung zum Vorsteuerabzug ist überflüssig. Eine etwaige Vorsteuerabzugsberechtigung hat auf die Erstattung bereits gezahlter Beträge, in denen Vorsteuer enthalten war, keinen Einfluss. Rein vorsorglich erklären wir, dass der Antragsteller nicht zum Vorsteuerabzug berechtigt ist.

Begründung

Das Berufungsgericht hat mit Urt. v. die Kostenentscheidung der ersten Instanz aufgehoben. Der Grund für die erfolgte Festsetzung ist entfallen. Der Schuldner des Kostenerstattungsanspruchs hat aber auf den vorliegenden Kostenfestsetzungsbeschluss gezahlt.

Glaubhaftmachung: Vorlage des Zahlungsbeleges der -Bank vom in Kopie anbei

Nach Ausgleich der Kostenforderung hat der ehemalige Gläubiger des Kostenerstattungsanspruchs, der jetzige Antragsgegner, die entwertete vollstreckbare Ausfertigung des Kostenfestsetzungsbeschlusses ausgehändigt.

Glaubhaftmachung: Vorlage der entwerteten vollstreckbaren Ausfertigung des Kostenfestsetzungsbeschlusses.

Damit steht fest, dass der ursprüngliche Schuldner geleistet hat. Eine Herausgabe der Vollstreckungsurkunde an den Schuldner erfolgt nicht, wenn durch diesen nicht Zahlung oder Leistung erfolgt ist.

Unter Berücksichtigung der in § 717 Abs. 2 ZPO normierten Schadensersatzpflicht ist Rückfestsetzung geboten. Der Zinsanspruch ergibt sich aus dem Zinsanspruch, der gegen den ursprünglichen Kostenschuldner geltend gemacht worden ist. Der Zinsschaden ist ein Teil des Schadens gem. § 717 Abs. 2 ZPO.

Beglaubigte und einfache Abschrift anbei

Rechtsanwalt

▲

110 *Hinweis:*

Es ist umstritten, wann die Verzinsungspflicht beginnt. Entweder orientiert sich diese am ursprünglichen Zinsbeginn oder aber die Verzinsung beginnt ab Eingang des Rückfestsetzungsgesuchs bei Gericht. I.d.R. lohnt es nicht, wegen der Zinsen sofortige Beschwerde (aufgrund des Wertes der Beschwer selten) oder Erinnerung einzulegen.

XII. Kostenfestsetzung gem. § 788 ZPO

111 Ausführungen zur Kostenfestsetzung von Vollstreckungskosten finden Sie nebst diversen Textmustern im vergütungsrechtlichen Teil unter Rdn 68 ff.

XIII. Vergütungsfestsetzung gem. § 11 RVG

112 Das Verfahren über die Vergütungsfestsetzung ist im vergütungsrechtlichen Teil unter § 10 Rdn 2, in einem eigenen Kapitel, enthalten. Auch diverse Textmuster finden Sie in diesem Paragrafen. Wenn es um das Verfahren der Kostenfestsetzung geht, so gehören Ausführungen gem. § 11 RVG gerade nicht dazu. Die Kostenfestsetzung regelt den Anspruch, den die Parteien auf Kostenerstattung haben. Die Vergütungsfestsetzung regelt ausschließlich den Anspruch des RA gegen seinen Auftraggeber.

C. Berufungsverfahren

I. Allgemeines

Nur zu oft endet ein erstinstanzliches Verfahren nicht i.S.d. Auftraggebers. Er kann als Beklagter mit einem Urteil belastet werden, oder aber seine gerichtliche verfolgte Forderung konnte nicht durchdringen, sodass ein klageabweisendes Urteil erging. Hier gibt es unzählige von Möglichkeiten. Der Auftraggeber kann ganz oder zum Teil unterlegen sein. 113

II. Kostenfestsetzung nach Abschluss des erstinstanzlichen Verfahrens

Die Kostenquote des erstinstanzlichen Urteils orientiert sich an dem Verhältnis von Obsiegen zu Unterliegen (§ 91 ZPO). Bei **Teilobsiegen** ist das **Kostenausgleichungsverfahren** gem. § 106 ZPO erforderlich. Derjenige, dem ein Kostenerstattungsanspruch nach Abschluss der ersten Instanz zusteht, wird das **Kostenfestsetzungsverfahren** (oder bei einer Kostenquote das Kostenausgleichungsverfahren) betreiben und einen Antrag an das Prozessgericht erster Instanz stellen (§ 104 ZPO). 114

Nach Beendigung von arbeitsgerichtlichen Angelegenheiten erster Instanz wird generell kein Kostenfestsetzungsverfahren durchgeführt. Dies liegt daran, dass die Kostenerstattung (bezogen auf die Anwaltsvergütung und Zeitversäumnis) in arbeitsgerichtlichen Verfahren erster Instanz ausgeschlossen ist (§ 12a Abs. 1 Satz 1 ArbGG). Wegen der in § 12a Abs. 1 Satz 2 ArbGG vorgegebenen Belehrungspflicht wird auf § 8 Rdn 5 verwiesen). 115

> *Praxistipp:* 116
>
> Nach Abschluss der ersten Instanz wird Ihnen das Kostenfestsetzungsgesuch der obsiegenden Partei zum Zweck der Stellungnahme zugestellt. Sie können das Gericht darum bitten, dass das Kostenfestsetzungsverfahren oder Kostenausgleichungsverfahren bis zum Abschluss des Berufungsverfahrens zurückgestellt wird. Allerdings laufen dann während der gesamten Zeit des Berufungsverfahrens bis zum Abschluss desselben die Zinsen. Bei hohen Kostenforderungen sollten Sie den Auftraggeber fragen, ob er beabsichtigt wegen der laufenden Zinsen, vor Abschluss des Berufungsverfahrens bereits die Kostenforderung zu erfüllen. Dann stellen Sie natürlich keinen Antrag, das Festsetzungsverfahren bis zum Abschluss des Verfahrens auszusetzen.

7.12

▼

117 **Muster 7.12: Nachfrage beim Auftraggeber über Rückstellung des Kostenfestsetzungsverfahrens**

Anrede,

wie Sie wissen, ist das erstinstanzliche Verfahren nicht obsiegend beendet worden. Aus diesem Grund führen wir auftragsgemäß das Berufungsverfahren. Wer im Verfahren unterliegt, muss die Kosten tragen, die der gegnerischen Partei erwachsen sind (Anwalts- und Gerichtskosten). Dies sind in diesem Verfahren bisher Sie. Durch das Gericht ist uns das Kostenfestsetzungsgesuch der obsiegenden Partei zugestellt worden. Auf dieses Gesuch müssen wir Stellung nehmen.

Wir würden hier – Ihr Einverständnis vorausgesetzt – beantragen, das Kostenfestsetzungsverfahren bis zum Abschluss des Berufungsverfahrens zurückzustellen. Dadurch wird vermieden, dass Sie zunächst die Kosten des Verfahrens begleichen und nach Abschluss des Berufungsverfahrens aber feststeht, dass Sie diese Kosten nicht zu tragen haben, weil Sie etwa das Berufungsverfahren obsiegend beendet haben.

Dieser Antrag hat zwei Nachteile:

1. Der Gegner muss einem solchen Antrag nicht zustimmen.

   Stimmt er dem Antrag nicht zu, entstehen für Sie aber für diesen Antrag keine weiteren Kosten.

2. Die Zinsen auf die festgesetzten Kosten laufen weiter.

   Die Kosten des Verfahrens sind mit 5 Prozentpunkten über dem jeweils gültigen Basiszinssatz zu verzinsen. Ergibt sich nach Abschluss des Berufungsverfahrens, dass es bei der Entscheidung des erstinstanzlichen Gerichts verbleibt, hätten Sie Zinsen sparen können, wenn Sie die Kostenforderung der Gegenseite bereits jetzt ausgeglichen hätten.

Beispielsweise bei einer Kostenforderung in Höhe von 1.000,00 € ergibt sich eine monatliche Zinslast (aufgerundet) von 5,50 €.

Wir halten das Zinsrisiko angesichts der Höhe der Kostenforderung für hinnehmbar und haben den entsprechenden Antrag gestellt.

Sollten Sie nicht mit dem Zurückstellungsantrag einverstanden sein, informieren Sie uns bitte unverzüglich. Wir nehmen diesen Antrag dann selbstverständlich sofort zurück. Kosten für die Rücknahme entstehen nicht.

Grußformel

▲

Hinweis: 118

Selbstverständlich können Sie den Auftraggeber auch telefonisch informieren und um Zustimmung bitten. Ich bevorzuge die schriftliche Nachfrage, damit ein Nachweis in der Akte vorhanden ist, dass der Auftraggeber belehrt worden ist (Zinslast).

Muster 7.13: Antrag an das Gericht, das Kostenfestsetzungsverfahren auszusetzen 119

In Sachen

/

– Aktenzeichen –

ist uns das Kostenfestsetzungsgesuch des/der (Klägers/Beklagten) vom am durch das Gericht zugestellt worden. Wegen des laufenden Berufungsverfahrens wird beantragt,

das Kostenfestsetzungsverfahren bis zum Abschluss des Berufungsverfahrens zurückzustellen.

Begründung

Durch eine Zurückstellung des Kostenfestsetzungsverfahrens wird vermieden, dass für den Fall einer abändernden Entscheidung durch das Berufungsgericht eventuell umfangreiche Rückfestsetzungsverfahren erforderlich werden. Da das Urteil und damit der Kostenfestsetzungsbeschluss nur gegen Sicherheitsleistung vollstreckbar sind, ist auch kein Schaden für den Inhaber des Kostenerstattungsanspruchs zu erwarten.

Beglaubigte und einfache Abschrift anbei.

Rechtsanwalt

Hinweis: 120

Sollten Sie gegen einzelne Gebührenpositionen oder die Auslagen im Gesuch Einwände haben, tragen Sie diese bitte gleich hier vor. So vermeiden Sie ein Rechtsbehelfs-/Rechtsmittelverfahren gegen den Kostenfestsetzungsbeschluss. Ein solches Verfahren verursacht immer eine weitere Anwaltsvergütung (Verfahrensgebühr der Nr. 3500 VV RVG nach dem Gegenstandswert der Zuvielfestsetzung) und Gerichtskosten. Die Gerichtskosten berechnen sich nach Nr. 8610 KV GKG in Höhe der Festgebühr von 70,00 €. Haben Sie nicht rechtzeitig Stellung genommen, können Sie nicht damit rechnen, dass der Beschwerdegegner die Kosten des Beschwerdeverfahrens zu tragen hat.

III. Wert der Beschwer

121 Das obige Vorgehen ist selbstverständlich nur dann sinnvoll, wenn überhaupt die Möglichkeit gegeben ist, das Urteil im Wege der Berufung anzufechten. Berufung kann nur eingelegt werden, wenn der Wert der Beschwer erreicht ist, oder die Berufung zugelassen wurde. Nur dann ist es möglich, dass das nächst höhere Gericht im Wege des Berufungsverfahrens das Urteil der ersten Instanz überprüft.

122 Der RA wird prüfen, ob die Berufung zulässig ist. Zulässig ist die Berufung, wenn der Wert der Beschwer entweder 600,00 € übersteigt oder aber das Gericht des ersten Rechtszugs die Berufung zugelassen hat (§ 511 Abs. 2 ZPO).

Der Wert der Beschwer ergibt sich **aus dem Teil der Forderung**, für den das Gericht ausgesprochen hat, dass sie dem Auftraggeber nicht zusteht. Der Wert der Beschwer ergibt sich auch aus einer gegen den Auftraggeber zuerkannten Forderung.

123 *Beispiel 1:*

Ihre Kanzlei vertritt den Kläger. Der Kläger hat mit seiner Klage Zahlung i.H.v. 1.200,00 € vom Beklagten begehrt. Das Gericht hat ausgeurteilt, dass der Beklagte an den Kläger eine Forderung i.H.v. 600,00 € leisten muss. Hilfsaufrechnungen oder Widerklagen waren nicht Gegenstand des gerichtlichen Verfahrens. Einen Ausspruch über die Zulässigkeit der Berufung hat das AG nicht gefällt, einen entsprechenden Antrag hatten Sie aber auch nicht gestellt.

Der sog. Wert der Beschwer ergibt sich aus

begehrter Forderung	*1.200,00 €*
abzüglich zuerkannter Forderung	*– 600,00 €*
Differenz = Wert der Beschwer	*600,00 €*

Die Berufung ist nicht zulässig, da der Wert der Beschwer 600,00 € nicht überschreitet und die Berufung nicht zugelassen worden ist.

Entsprechendes gilt für den Beklagten. Seine Beschwer ergibt sich aus der zuerkannten Klageforderung (600,00 €). Auch der Beklagte kann im Beispielsfall keine Berufung einlegen.

124 *Beispiel 2:*

Der Kläger beantragt, den Beklagten zu verurteilen an ihn 3.000,00 € zu zahlen. Das Gericht gibt der Klage zum Teil statt. Es verurteilt den Beklagten zur Zahlung i.H.v. 2.000,00 €.

Der Kläger kann Berufung einlegen. Er ist um 1.000,00 € beschwert, denn in dieser Höhe wurde seinem Antrag nicht stattgegeben. Der Beklagte kann Berufung einlegen. Er ist um 2.000,00 € beschwert, denn in dieser Höhe wurde er zur Zahlung verurteilt.

Legen beide gegen das Urteil Berufung ein, werden nicht zwei Verfahren geführt. Beide Berufungen werden miteinander zu einem einheitlichen Berufungsrechtszug verbunden.

Für den **Kläger** ergibt sich seine **Beschwer regelmäßig aus dem aberkannten Klagebegehren** (Ausnahmen: Aufrechnung, Hilfsaufrechnung, Widerklage, Hilfswiderklage, s. § 322 Abs. 2 ZPO), für den **Beklagten** ergibt sich die **Beschwer regelmäßig aus der zuerkannten Klageforderung** (Ausnahme: aberkannte Gegenforderungen des Beklagten, Aufrechnung, Hilfsaufrechnung, Widerklage, Hilfswiderklage, s. § 322 Abs. 2 ZPO). 125

IV. Frist für die Einlegung der Berufung

Spätestens nach der Zustellung des Urteils, beginnt die Frist des § 517 ZPO zu laufen. Die Berufungsfrist ist eine **Notfrist von einem Monat (§ 517 Abs. 1 ZPO)**. Sie ist nicht verlängerbar. Sie beginnt entweder mit der Zustellung des Urteils oder aber spätestens (wenn ein Urteil bis dahin nicht zugestellt wurde) mit dem Ablauf von fünf Monaten seit Verkündung des Urteils zu laufen. 126

Praxistipp: 127

Üblicherweise erhalten Sie durch das Gericht zunächst die sog. Kurzausfertigung des Urteils (ohne Tatbestand und Entscheidungsgründe). Spätestens dann sollten Sie die Berufungsfrist notieren und zwar den Ablauf der nach fünf Monaten beginnenden Berufungsfrist, die mit der Verkündung zu laufen beginnt (also legen Sie die Berufung spätestens sechs Monate nach Verkündung des Urteils ein). Sie vermeiden so, endlos auf die vollständige Ausfertigung zu warten und ggf. die Frist zu versäumen. Wird die vollständige Ausfertigung zugestellt, können Sie die „Verkündungsfrist" wieder streichen.

Beispiel 1: 128

Das Urteil wird am 01.03. verkündet. Am 01.10. wird die vollständige Ausfertigung des Urteils zugestellt. Die Berufung ist unzulässig, da die Berufungsfrist am 01.09. abgelaufen ist. Fristbeginn war der 01.08. (fünf Monate nach Verkündung, die Frist beginnt nach fünf Monaten zu laufen, sie beträgt einen Monat und ist als Notfrist nach sechs Monaten abgelaufen), Fristablauf war der 01.09.

Auch hier gilt: Sagen Sie niemals „nie". Auch in kleineren Gerichtsbezirken kann es vorkommen, dass eine Urteilsausfertigung mal überaus lange auf sich warten lässt. Vielen unbekannt ist die Vorschrift des § 317 Abs. 1 Satz 3 ZPO: Ein Blick in das Gesetz kann oft Unglaubliches offenbaren. 129

130 Die **Berechnung** einer Frist richtet sich nach den dafür einschlägigen Vorschriften im vierten Abschnitt des BGB (**§§ 186 bis 193 BGB**). Der Fristbeginn richtet sich nach § 187 BGB, das Fristende wird in § 188 BGB geregelt.

Endet eine Frist bspw. am 31.01., so ist Fristablauf der in dem entsprechenden Kalenderjahr folgende 28.02. (oder 29.02.). Hier erfolgt kein „Übertrag" der fehlenden Kalendertage.

131 § 193 BGB bestimmt, wie vorzugehen ist, wenn das Fristende auf einen Sonnabend, Sonntag oder im entsprechenden Bundesland (das Bundesland, in dem die Frist abläuft) staatlich anerkannten Feiertag fällt, so läuft die Frist am nächsten Werktag ab.

Beispiel 2:

Das Fristende fällt auf den 03.10. Der 03.10. ist ein einheitlicher Feiertag. Fristablauf ist damit der 04.10. Ist der 04.10. nun ein Sonnabend oder ein Sonntag, läuft die Frist entsprechend am nächstfolgenden Werktag (Montag) ab. Es ist jedoch völlig unschädlich, die Frist auch durch Einlegung der Berufung am 03.10. zu wahren.

132 *Beispiel 3:*

Ein RA aus dem Bundesland Brandenburg vertritt einen Auftraggeber in einem Verfahren, das im Bundesland Berlin geführt wird. Der 31.10. ist in Brandenburg ein Feiertag, in Berlin ist der 06.01. kein Feiertag. Die Frist läuft am 31.10. ab. Es kommt darauf an, ob der entsprechende Tag in dem Bundesland ein Feiertag ist, in dem die Frist zu wahren ist. Dies müssen Sie berücksichtigen, wenn Sie eine Frist notieren. Kennzeichnen Sie sich eine Akte, mit entsprechender Problematik. In allen handelsüblichen Kalendern, ist bei staatlich anerkannten Feiertagen vermerkt, in welchem Bundesland diese gültig sind.

V. Weitere Fristen nach Unterliegen in der ersten Instanz

1. Tatbestandsberichtigung

133 Bei der Zustellung des vollständigen Urteils müssen Sie nicht nur an die Berufungsfrist denken. So kann es sein, dass die **zwei Wochen Frist aus § 320 Abs. 1 ZPO** (Tatbestandsberichtigung) einzuhalten ist. Auch diese Frist **beginnt mit Zustellung des Urteils** zu laufen. Ist das Urteil noch gar nicht zugestellt, greift aber die drei Monatsfrist in § 320 Abs. 2 Satz 3 ZPO. Nach Ablauf von drei Monaten seit Verkündung des Urteils, ist eine Berichtigung des Tatbestandes ausgeschlossen. Gerade **rund um das Urteil ist ein sorgfältiges Fristenmanagement erforderlich**.

Vergütungsrechtlich ist das Verfahren unerfreulich. Das Tatbestandsberichtigungsverfahren gehört gem. § 19 Nr. 6 RVG zum Rechtszug. Ein eigener Vergütungsanspruch ist nicht gegeben.

2. Urteilsergänzung

Ferner kann es möglich sein, dass Sie die **zwei Wochen Frist zur Ergänzung des Urteils** 134
(§ 321 Abs. 2 ZPO) beachten müssen. Auch diese Frist beginnt mit der Zustellung des Urteils zu laufen. In diesem Verfahren kann sogar gem. § 321 Abs. 3 Satz 1 ZPO ein neuer Termin erforderlich sein. Ein neuer Vergütungsanspruch entsteht für den RA nicht (auch nicht für die Wahrnehmung eines zusätzlichen Termins). Das Verfahren gehört gem. § 19 Nr. 6 RVG zum Rechtszug.

> *Praxistipp:* 135
>
> Sie sollten nicht nur den Ablauf der Berufungsfrist notieren, sondern auch den Ablauf der Fristen für evtl. Tatbestandsberichtigungen oder Urteilsergänzungen. Um überflüssige Fristennotierung zu vermeiden, können Sie sich eine Verfügung durch den RA gegenzeichnen lassen, auf das Notieren der obigen beiden Fristen zu verzichten, wenn die entsprechende Anfrage verneint wurde.

▼

Muster 7.14: Fristnotierung nach Zustellung des Urteils 136

Das vollständige Urteil des ____ Gerichts ____ vom ____ ist am ____ zugestellt worden.

Soll neben der Berufungsfrist

Tatbestandsberichtigungsfrist (Fristablauf: zwei Wochen, daher am: ____)

und/oder

Frist für die Ergänzung des Urteils (Fristablauf: zwei Wochen: daher am: ____)

notiert werden?

Zutreffendes bitte ankreuzen:

Tatbestandsberichtigung		Ergänzung des Urteils	
☐ Frist notieren	☐ Frist nicht notieren	☐ Frist notieren	☐ Frist nicht notieren

____ ____

Datum Rechtsanwalt

▲

137 Immer wieder erstaunlich finde ich es, wie kurz doch ein Monat ist. Trotz diverser Vorfristen, die Sie üblicherweise notieren, weiß der RA am Tag des Fristablaufs nicht, ob er einen Auftrag vom Mandanten hat, ob eine Anfechtung des Urteils aussichtsreich erscheint und ob eine etwa vorhandene Rechtsschutzversicherung die Kosten für das Berufungsverfahren übernimmt. Am Tag des Fristablaufs entwickelt sich daher in manchen Kanzleien hektische Betriebsamkeit mit einem ungeheuren Fehlerpotential.

138 Wenn Sie sich einmal wirklich gruseln möchten, dann lesen Sie in den diversen Fachzeitschriften die Rubriken „Haftpflichtecke“. Man kann viel aus den Fehlern anderer lernen und vor allen Dingen aus den Fehlern anderer Anregungen für eine gelungene Kanzleiorganisation ableiten.

VI. Zuständiges Gericht

139 Die Berufung wird nicht beim erstinstanzlichen Gericht geführt.

Gem. § 72 Abs. 1 GVG ist für die Berufung das LG zuständig, wenn das erstinstanzliche Verfahren vor dem AG geführt wurde. Für einige spezielle Wohnungseigentumssachen stellt § 72 Abs. 2 GVG eine Zuständigkeit des OLG her.

140 § 119 Abs. 1 Nr. 2 GVG bestimmt, dass das OLG zuständig ist, wenn das erstinstanzliche Verfahren vor dem LG geführt wurde.

141 Daneben bestimmt § 119 Abs. 1 Nr. 1 Buchst. a) bis c) GVG eine **ausnahmsweise Zuständigkeit** des OLG, auch wenn das AG erstinstanzlich zuständig war (Familiensachen, eine Partei hat ihren Wohnsitz nicht im Geltungsbereich des Gesetzes – also der BRD –, Anwendung von ausländischem Recht in der Entscheidung des AG).

142 Jeder RA, der zugelassen ist, kann eine Berufung unterzeichnen, auch wenn das Verfahren vor dem OLG geführt wird. Bereits am 1.6.2007 sind die „alten Regeln“ (Mindestzulassungsdauer fünf Jahre) aufgehoben worden.

VII. Weiteres Verfahren bei Zustellung des erstinstanzlichen Urteils

143 Bevor der RA für den Auftraggeber Berufung (oder ein sonstiges Rechtsmittel) einlegt, ist es angemessen und erforderlich, dass er sich einen Auftrag für ein weiteres Verfahren erteilen lässt. Aus der Vollmacht, die üblicherweise durch den Auftraggeber unterzeichnet wird, lässt sich der Auftrag nicht herleiten (ich verweise auf die Ausführungen unter § 8 Rdn 101 und die diversen Muster für die Auftragserteilung).

144 Das **Berufungsverfahren** eröffnet **vergütungsrechtlich einen neuen Rechtszug** (s. die Ausführungen in § 8 Rdn 513 f.). Führt der RA für den Auftraggeber das Berufungsverfahren, schuldet der Auftraggeber einen weiteren Gebührenanspruch.

Der **Einlegung der Berufung** kann die **Prüfung der Erfolgsaussichten** des Rechtsmittels 145
(Nr. 2100 VV RVG, s. § 8 Rdn 493) vorausgehen. Der Auftraggeber kann über eine Rechtsschutzversicherung verfügen, dem Auftraggeber kann in der ersten Instanz PKH bewilligt worden sein. All diese Fragen werden im Vergütungsteil ausführlich behandelt.

Es sollte selbstverständlich sein: Über den Ausgang des erstinstanzlichen Verfahrens infor- 146
mieren Sie den Auftraggeber. Bereits in den Ausführungen zur Vergütungsrecht/Berufung (§ 8 Rdn 513 ff.) ist ein entsprechendes Muster (nebst Belehrung über das Kostenrisiko) enthalten. Ferner finden Sie im Teil Vergütungsrecht Belehrungen des Auftraggebers über eine erforderliche Sicherheitsleistung (nebst Ablauf des Hinterlegungsverfahrens).

Daher ist dieses Muster jetzt ohne Erläuterung der im Berufungsverfahren entstehenden 147
Vergütung erstellt.

▼ 7.15

Muster 7.15: Schreiben an den Auftraggeber nach Unterliegen in der ersten Instanz

Anrede,

leider konnten wir das Gericht erstinstanzlich nicht von der Berechtigung Ihres Anspruchs überzeugen. Wie Sie der beigefügten Kurzausfertigung des Urteils entnehmen können, hat das Gericht ausgesprochen, dass (Wiederholung des Urteilsspruches).

Dieses Urteil ist anfechtbar, weil der sog. Wert der Beschwer erreicht ist. Mit Zustellung des vollständigen Urteils (das mit Tatbestand und Entscheidungsgründen versehen ist) beginnt die sog. Rechtsmittelfrist zu laufen. Binnen einer unverlängerbaren Notfrist von einem Monat muss Berufung eingelegt werden. Wird keine Berufung eingelegt, erwächst das Urteil in Rechtskraft und es wird unanfechtbar.

Nur bei einer Zahlungsverpflichtung des Auftraggebers

Das Gericht hat Sie verurteilt, nebst Zinsen zu zahlen. Gleichzeitig hat das Gericht angeordnet, dass eine Zwangsvollstreckung nur gegen Sicherheitsleistung möglich ist.

Es gibt jetzt vier Möglichkeiten:

a) Der Gläubiger betreibt die sog. Sicherungsvollstreckung gem. § 720 ZPO.

Dabei muss er keine Sicherheit leisten, kann aber trotzdem die Vollstreckung gegen Sie betreiben. Forderungen werden aber nicht an den Gläubiger ausgezahlt, sondern beschlagnahmt bis zur rechtskräftigen Entscheidung eines Berufungsgerichts.

b 1) Sie leisten Sicherheit.

Wenn Sie die durch das Gericht festgesetzte Sicherheit leisten, erfolgt üblicherweise keine Vollstreckung mehr gegen Sie. Allerdings ist die Sicherheitsleistung fast unverzinst. Eine Verzinsung der hinterlegten Sicherheit (die Hinterlegung der

Sicherheit erfolgt bei der Hinterlegungsstelle) tritt erst ein, wenn drei volle Kalendermonate ab Hinterlegung abgelaufen sind. Die Höhe des Zinsanspruchs ergibt sich aus § 8 Hinterlegungsordnung. Der Zinssatz beträgt eins vom Tausend monatlich (= 0,1 %).

b 2) Das Gericht hat die Stellung einer Bankbürgschaft zugelassen. Bitte übergeben Sie uns das Original einer Bankbürgschaft, damit wir dieses an die unterliegende Gegenseite zustellen können. Im Anschluss an die Zustellung der Bürgschaft können wir Vollstreckungsmaßnahmen ergreifen. Bei obsiegender Beendigung des Verfahrens ist die Gegenseite verpflichtet, das Original der Bürgschaft an uns auszuhändigen, damit Sie diese an die Bank zurückgeben können.

c) Der Schuldner leistet Sicherheit

Erbringt der Schuldner die erforderliche Sicherheitsleistung, sieht das Gesetz vor, dass Sie hinreichend geschützt sind, sollte das Berufungsgericht die Entscheidung des erstinstanzlichen Gerichts aufheben.

d) Mit der Vollstreckung wird bis zur Entscheidung des Berufungsgerichts abgewartet

Es gibt keine rechtliche Verpflichtung für den Gläubiger, hier abzuwarten, bis das Berufungsgericht entscheidet. Wir können eine entsprechende Bitte an den Gläubigervertreter richten. Dieser muss dieser Bitte aber nicht nachkommen. Der Nachteil einer solchen Bitte ist, dass wir Sie dem Gläubiger in Erinnerung bringen. Es kann auch sein, dass wir mit einer solchen Bitte „schlafende Hunde" wecken.

Bitte lassen Sie uns möglichst zeitnah wissen, wie Sie im Hinblick auf gegen Sie betriebene Zwangsvollstreckung vorgehen wollen.

Anm.:

Die weiteren möglichen Ausführungen und ggf. erforderlichen Belehrungen zu den Punkten Kosten, Rechtsschutzversicherung, Prüfung der Erfolgsaussichten des Rechtsmittels entnehmen Sie bitte dem vergütungsrechtlichen Teil.

Ohne Ihre ausdrückliche Weisung werden wir gegen das Urteil keine Berufung einlegen. Wir werden hier nicht ohne Erlaubnis über Ihr Geld verfügen. Das Berufungsverfahren löst Vergütungsansprüche aus, so dass es zwingend erforderlich ist, dass Sie uns entsprechend beauftragen. Sobald das vollständige Urteil zugestellt wird, beginnt die Frist zu laufen. Ein Ablauf der Frist kann nicht vermieden werden. Auf die seltene Möglichkeit wegen der Versäumung einer Frist Wiedereinsetzung in den vorigen Stand zu beantragen, würden wir es nicht ankommen lassen. Es ist auch nicht erkennbar, wo im hiesigen Verfahren ein Wiedereinsetzungsgrund gesehen werden könnte.

Grußformel

▲

VIII. Berufung nur zur Fristwahrung

Haben Sie keinen Auftrag zur Berufungseinlegung, sollten Sie nicht tätig werden. Dies ist 148
dem Auftraggeber mitzuteilen.

> *Praxistipp:*
>
> Weisen Sie den Auftraggeber vor Ablauf der Frist ruhig ein zweites Mal darauf hin, dass Sie ohne seine Zustimmung (oder besser: ohne seinen Auftrag) nicht tätig werden.

7.16

▼

Muster 7.16: Hinweis an den Auftraggeber – keine Berufung ohne Auftrag 149

Anrede,

wir haben Sie bereits mit Schreiben vom darüber informiert, dass das Urteil nur mit der Berufung angefochten werden kann. Wir haben Sie weiter darüber informiert, dass die gesetzlich vorgegebene Frist einen Monat beträgt. Es handelt sich um eine Notfrist, die nicht verlängerbar ist.

Wir hatten Sie darüber informiert, dass wir hier ohne Ihren eindeutigen Auftrag keine Berufung einlegen werden. Die Frist zur Einlegung der Berufung läuft am endgültig ab.

Wir stellen nochmals ausdrücklich klar, dass wir gegen das Urteil keine Berufung einlegen werden. Das Urteil wird nach Ablauf der Frist in Rechtskraft erwachsen und ist dann unanfechtbar.

Daraus entstehende Rechtsnachteile sind nur Ihnen zuzurechnen.

Weiteren Schriftverkehr von unserer Seite zu diesem Thema wird es nicht geben.

Grußformel

▲

Generell ist eine Einlegung der Berufung zur Wahrung der Frist überflüssig und vermeidbar. Sie können dies durch entsprechende Organisation vermeiden. Die Möglichkeiten die Post- und Fristbearbeitung durchzuführen sind in fast jeder Kanzlei anders. Von Kolleginnen habe ich z.B. gehört, dass der RA sich Schriftstücke (Urteile, Schriftsätze) aus der Post nimmt, bevor diese durch das Sekretariat bearbeitet werden konnten. Dann kann durch Sie auch keine Frist notiert werden. So kommt es vor, dass aus vielerlei möglichen Gründen, der Auftraggeber nicht von dem Vorliegen des Urteils informiert ist. Es kann auch sein, dass bei diesem nicht nachgefragt wurde, ob ein Berufungsauftrag erteilt wird. So – und aus noch vielen anderen möglichen Gründen – kommt es immer wieder vor, dass die **„Berufung nur zur Fristwahrung“ eingelegt** wird. 150

Wie Sie diese Berufung auch bezeichnen, es bleibt dabei, es handelt sich um eine Berufung. Ob Sie die Berufung zur „Fristwahrung" einlegen, hat auf die Vergütungsfolge keinen Einfluss.

151 Immer wieder bitten Sie die gegnerischen RAe, sich nicht beim Gericht zu bestellen, bis eine Entscheidung über die Durchführung der Berufung getroffen wurde. Diese Bitte ist überflüssig und lässt im Zweifel überhaupt erst einen Vergütungsanspruch entstehen.

Wenn Sie den gegnerischen RA schon bitten, sich nicht beim Gericht zu bestellen, dann bitten Sie „richtig" und bitten auch darum, dass er für den Fall einer rechtzeitigen Berufungsrücknahme keinen Kostenantrag stellt und keine Kosten geltend machen wird. Eine Verpflichtung für den Kollegen, sich auf diese Bitte einzulassen, gibt es nicht.

7.17

▼

152 **Muster 7.17: Bitte an den gegnerischen Kollegen, sich nicht beim Gericht zu bestellen und keine Kosten geltend zu machen**

Anrede,

auch in Ihrer Kanzlei wird es mit Sicherheit in seltenen Fällen vorkommen, dass trotz bester Organisation innerhalb der Berufungsfrist keine endgültige Entscheidung über die Durchführung der Berufung getroffen werden kann.

So ist es auch hier.

Wir haben daher zunächst nur zur Fristwahrung Berufung gegen das erstinstanzliche Urteil eingelegt. Uns ist bewusst, dass Ihrerseits keine Verpflichtung besteht, unserer Bitte nachzukommen.

Wir bitten Sie trotzdem, sich hier bis zum nicht beim Gericht zu bestellen und, für den Fall, dass eine Rücknahme der Berufung innerhalb dieser Frist erfolgt, keinen Kostenantrag zu stellen und keine Kosten gegen unseren Auftraggeber geltend zu machen.

Wir bitten Sie um eine Zusage für einen überschaubaren zeitlichen Rahmen. Selbstverständlich würden wir, sollten Sie einmal in die Verlegenheit kommen, an uns eine solche Bitte heranzutragen, Ihre Bitte dann genauso wohlwollend behandeln, wie Sie es jetzt mit unserer Bitte tun können.

Wir werden Sie auf alle Fälle fristgerecht darüber informieren, ob die Berufung durchgeführt werden soll, oder ob das Verfahren durch Berufungsrücknahme beendet ist.

Für ein eventuelles Entgegenkommen Ihrerseits bedanken wir uns vorab.

Abschrift anbei

Grußformel

▲

7.18

▼

Muster 7.18: Berufung 153

Zuständiges Gericht

(*nächst höheres Gericht, z.B.: in Familiensachen das OLG*)

Berufung

des (*vollständiger Name, Anschrift des Auftraggebers*)

– Beklagter (ggf. Kläger) und Berufungskläger –

Prozessbevollmächtigte:

(*Rechtsanwalt, Anschrift Kanzlei*)

gegen

den obsiegenden aus dem erstinstanzlichen Verfahren

(*vollständiger Name, Anschrift des Berufungsgegners*)

– Kläger (ggf. Beklagter) und Berufungsbeklagter –

bisheriger Prozessbevollmächtigter:

(*vollständiger Name, Anschrift der Vertreter des in der ersten Instanz Obsiegenden*)

wegen (*kurze Bezeichnung der Sache, z.B. Zahlung*)

(*Aktenzeichen des Urteils des inkl. Gericht) ersten Rechtszuges in*)

Namens und im Auftrag sowie in Vollmacht des Berufungsklägers legen wir gegen das am verkündete und am zugestellte Urteil des Gerichts in

Berufung

ein.

Eine Ausfertigung des angefochtenen Urteils ist mit der Bitte um Rückgabe beigefügt.

Der Berufungsantrag und die Berufungsbegründung folgen voraussichtlich fristgerecht.

Beglaubigte und einfache Abschrift anbei. *(Die Berufung wird von Amts wegen zugestellt, § 521 Abs. 1 ZPO.)*

Rechtsanwalt

▲

154 *Hinweis:*

Die Anträge lauten üblicherweise:

- Das Urteil des … Gerichts vom … wird aufgehoben.
- Der Berufungsbeklagte hat die Kosten des Rechtsstreits zu tragen.
- Für den Fall der abschlägigen Entscheidung über die Berufung wird beantragt, eine Entscheidung über die Zulässigkeit der Revision zu treffen.

IX. Zugang der Berufung

155 Die Berufungsfrist ist nur gewahrt, wenn die Berufung während der Frist beim Berufungsgericht eingeht. Je häufiger Sie eine Berufung am letzten Tag der Frist einlegen, umso größer ist der Aufwand, in Erfahrung zu bringen, ob die Berufung fristgerecht eingegangen ist.

156 Dabei muss die Berufung nicht auf postalischem Wege zuerst beim Gericht eingehen. Es reicht aus, wenn die **Berufung zuerst per Fax** und **anschließend mit der Post versandt** wird. Das Gesetz gibt in § 519 ZPO vor, welche Bestandteile eine Berufung haben muss. § 519 Abs. 4 ZPO verweist auf die allgemeinen Vorschriften über die vorbereitenden Schriftsätze. Diese sind im Berufungsverfahren anwendbar. § 130 Nr. 6 ZPO fordert eine Unterschrift, wobei zunächst eine Übermittlung per Fax (auch der Unterschrift) ausreicht. Dem Fax muss das Original nachfolgen.

157 U.U. ist auch eine **Übermittlung als elektronisches Dokument** möglich (§ 130a ZPO). Hier kommt es auf die technischen Voraussetzungen des Gerichts und die Möglichkeiten der Signatur der Unterschrift durch den RA an.

158 *Praxistipp:*

Bei der Unterschrift des RA auf fristwahrenden Schriftsätzen müssen Sie darauf achten, dass diese „lesbar" ist. Ist die Unterschrift nach Auffassung des Berufungsgerichts nicht lesbar (dem RA eindeutig zuzuordnen), kann es sein, dass das Gericht die Berufung als unzulässig zurückweist. Viele RA haben eine Unterschrift die weder „schick noch schön" ist. Ist Ihr RA bei der Unterzeichnung von Schriftstücken auch eher ein „freischaffender Künstler" müssen Sie dafür Sorge tragen, dass zumindest bei fristwahrenden Schriftsätzen die künstlerische Freiheit des RA eingeschränkt wird.

Auch wenn dies zu Diskussionen mit dem RA führt, decken Sie bei einem „Künstler" das Unterschriftsfeld ab mit einem Zettel und vermerken „Fristwahrender Schriftsatz! Unterschrift bitte in Schönschrift" oder ähnliche Zusätze.

Selbstverständlich können Sie, wenn das Berufungsgericht die Unterschrift als Grund nimmt, die Berufung als unzulässig zu verwerfen, Wiedereinsetzung in den vorigen Stand beantragen und vielleicht sogar sich bis zum BGH über die Frage streiten, ob die Unterschrift nun „schön“ genug war. Aber, ganz ehrlich: Wollen Sie das? Was kostet das an Zeit, Energie und Nerven. Wenn es vermeidbar ist, dann verzichten Sie auf diese Spielwiese und kümmern sich lieber um das Hauptanliegen. Wir alle haben Besseres und Anderes zu tun.

X. Meldeschriftsatz

Wird Ihnen die Berufung durch die unterliegende Partei zugestellt, ist es üblich, dass sich der RA beim Berufungsgericht unmittelbar im Anschluss an die Zustellung der Berufung bestellt. Dies können Sie auch dann tun, wenn Sie mit der Gegenseite abgesprochen haben, dass Sie keine Vergütung geltend machen, wenn eine Rücknahme der Berufung binnen der vom Berufungsführer vorgeschlagenen Frist erfolgt. **159**

Sie sollten den Gegner dann darüber informieren, dass Sie keine Vergütung geltend machen werden, wenn der Gegner die Berufung innerhalb der gesetzten Frist zurücknimmt. **160**

7.19

▼

Muster 7.19: Erwiderung auf die Bitte, sich nicht im Berufungsverfahren zu bestellen **161**

Anrede,

wir haben Ihr Schreiben vom mit dem Sie uns baten, uns nicht beim Gericht zu melden, erhalten. Wir haben uns trotzdem beim Berufungsgericht mit gleicher Post gemeldet.

Sollten Sie allerdings die Berufung innerhalb der von Ihnen genannten Frist zurücknehmen, werden wir die hier entstandene Vergütung nicht im Wege der Kostenfestsetzung durchsetzen. Für den Fall, dass Sie beantragen, die Berufungsbegründungsfrist zu verlängern, gilt unsere Zusage nicht mehr.

Einer Bitte um eine zweite Fristverlängerung der Berufungsbegründung würden wir selbstverständlich zustimmen, allerdings mit der Folge, dass wir Vergütungsansprüche durchsetzen werden, wenn die Berufung dann zurückgenommen wird.

Unserem Auftraggeber ist daran gelegen, hier möglichst rasch und zuverlässig zu wissen, ob das Verfahren rechtskräftig beendet ist.

Abschrift anbei

Grußformel

▲

7.20

▼

162 **Muster 7.20: Meldeschriftsatz an das Berufungsgericht**

Zuständiges Berufungsgericht

In dem Berufungsverfahren

/

– Aktenzeichen –

zeigen wir an, dass wir bevollmächtigt und beauftragt sind, den Berufungsbeklagten auch im Berufungsverfahren zu vertreten.

Wir werden beantragen,

> die Berufung kostenpflichtig zurückzuweisen und dem Berufungskläger die Kosten des Berufungsverfahrens aufzuerlegen.

Einem durch den Berufungskläger erforderlichen zweiten Fristverlängerungsantrag für die Erstellung der Berufungsbegründung stimmen wir bereits jetzt ausdrücklich zu (§ 520 Abs. 2 Satz 3 ZPO).

Wegen der langen zu erwartenden Verfahrensdauer des Berufungsverfahrens wird gebeten, die Akte zwischenzeitlich an das erstinstanzliche Gericht zum Zwecke des Erlasses des Kostenfestsetzungsbeschlusses zurückzureichen.

Bereits jetzt wird gebeten, im Berufungsurteil einen Ausspruch über die Zulässigkeit der Revision aufzunehmen.

Beglaubigte und einfache Abschrift anbei

Rechtsanwalt

▲

163 *Praxistipp:*

Sie finden im Vergütungsteil (siehe die Ausführungen unter § 8 Rdn 513 ff.) alle möglichen Belehrungen und Textmuster mit vergütungsrechtlichem Bezug im Berufungsverfahren.

XI. Berufungsbegründung

164 Es reicht nicht aus, nur Berufung einzulegen. Die Berufung muss begründet werden. Erstaunlich finde ich, in wie vielen Kanzleien der Ablauf der Berufungsbegründungsfrist immer wieder für eine „Überraschung" sorgt. Die Berufung kann zunächst gem. § 513 ZPO nur darauf gestützt werden, dass die Entscheidung auf einer Rechtsverletzung (§ 546 ZPO) beruht oder nach § 529 ZPO zugrunde zu legende Tatsachen eine andere Ent-

scheidung rechtfertigen. **Tatsachenvortrag kann daher im Berufungsverfahren nicht nachgeholt werden**. Die **Berufungsbegründungsfrist** beträgt gem. § 520 Abs. 2 ZPO **zwei Monate**. Die Frist **beginnt mit der Zustellung des Urteils** zu laufen. Auf die Einlegung der Berufung kommt es für die Fristberechnung nicht an. Die Fünfmonatsfrist (bei fehlender Zustellung des Urteils) gilt auch für die Berufungsbegründungsfrist.

Die Berufungsbegründungsfrist ist **keine Notfrist**. Sie kann daher auf Antrag verlängert werden. 165

Gem. § 520 Abs. 2 Satz 3, 1. Halbs. ZPO kann der Berufungskläger davon ausgehen, dass eine Fristverlängerung um einen Monat regelmäßig gewährt wird.

7.21

▼

Muster 7.21: Antrag auf Verlängerung der Berufungsbegründungsfrist 166

In dem Berufungsverfahren

/

- Aktenzeichen -

wird beantragt,

die Berufungsbegründungsfrist um einen Monat, damit bis zum zu verlängern.

Begründung

Aufgrund nicht vorhersehbarer außergewöhnlicher Arbeitsbelastung des allein für das Verfahren zuständigen Rechtsanwalts, ist eine rechtzeitige Fertigung der Berufungsbegründungsschrift nicht möglich. Um eine Verlängerung der Frist wird gebeten. Eine Verzögerung des Rechtsstreits ist durch die Fristverlängerung nicht zu erwarten.

Wir haben zugestellt.

Rechtsanwalt

▲

Die weitere Fristverlängerung ist nur möglich, wenn der Gegner diesem Fristverlängerungsbegehren zugestimmt hat und Sie dies entsprechend vortragen. 167

7.22

▼

Muster 7.22: Zweiter Fristverlängerungsantrag für die Berufungsbegründungsfrist 168

In Sachen

/

– Aktenzeichen –

wird beantragt,

- die Frist zur Verlängerung der Berufung um einen weiteren Monat bis zum zu verlängern.

Der Berufungsbeklagte hat auf entsprechende diesseitige Bitte einer weiteren Fristverlängerung bereits zugestimmt.

Begründung:

Aufgrund völlig unvorhergesehener Erkrankung des allein zuständigen Sachbearbeiters konnte die Berufungsbegründungsfrist nicht rechtzeitig gefertigt werden. Die Einarbeitung durch einen Dritten in die schwierige Materie ist innerhalb der laufenden Berufungsbegründungsfrist nicht möglich. Zudem steht zu erwarten, dass der zuständige Sachbearbeiter nach Genesung die weitere Bearbeitung der Akte fortführt.

Es wird höflichst gebeten, unsere Kanzlei vorab telefonisch über die gewährte Fristverlängerung zu informieren.

Wir haben zugestellt (oder Beglaubigte und einfache Abschrift anbei).

Rechtsanwalt

▲

169 *Hinweis:*

Es können selbstverständlich auch vollkommen andere Gründe gegeben sein, warum eine Fristverlängerung beantragt wird. Es handelt sich im Muster nur um ein Formulierungsbeispiel.

XII. Anschlussberufung

170 Von einer Anschlussberufung spricht man, wenn nach Einlegung der Berufung durch eine Partei (= Berufungskläger), der bis dahin Berufungsbeklagte unselbstständig nunmehr auch Berufung einlegt. Dies kann dann der Fall sein, wenn beide Parteien in der ersten Instanz nicht vollständig obsiegt haben. Oft wartet dann der eine, ob der andere tatsächlich Berufung einlegt. Legt der andere keine Berufung ein, würde der Anschlussberufungskläger das erstinstanzliche Urteil akzeptieren. Legt allerdings der andere Berufung ein, will auch der Anschlussberufungskläger, dass das Urteil aus seiner Sicht, also im Hinblick auf sein Unterliegen überprüft wird. Aus diesem Grund hat der Anschlussberufungskläger nicht selbst Berufung eingelegt. Er hat sein weiteres Vorgehen davon abhängig gemacht, ob durch den auch zum Teil Unterlegenen das Verfahren im Wege der Berufung fortgeführt wird.

171 Bis der Anschlussberufungskläger dies positiv weiß, ist i.d.R. die Frist für eine selbstständige Berufung bereits abgelaufen.

Die Anschlussberufung kann daher (§ 524 Abs. 1 ZPO) bis zum Ablauf der dem Berufungsbeklagten (= Anschlussberufungskläger) gesetzten Berufungserwiderungsfrist eingelegt werden (§ 524 Abs. 2 ZPO). Damit ist die Anschlussberufung nicht von der eigentlichen Berufungsfrist abhängig. Die Anschlussberufung muss mit der Anschlussberufungsschrift begründet werden (§ 524 Abs. 3 Satz 1 ZPO).

Gem. § 524 Abs. 4 ZPO **verliert die Anschlussberufung ihre Wirkung, wenn die Berufung zurückgenommen wird**. Sie wird nicht selbstständig fortgeführt. Dies wird den Anschlussberufungskläger i.d.R. weniger stören. Mit Rücknahme der Berufung tritt ja wieder das Ergebnis ein, das er bereit war zu akzeptieren. 172

Hinsichtlich der Vergütung gilt, dass ein **einheitlicher Rechtszug** gebildet wird und die Werte aus Anschlussberufung und selbstständiger Berufung addiert werden. Auch eine Rücknahme der Berufung und damit Wirkungslosigkeit der Anschlussberufung ändert nichts an dem entstandenen Vergütungsanspruch. 173

XIII. Zweites VU – Berufung

Nicht immer ist ein streitiges Endurteil der ersten Instanz der Anlass, warum Berufung eingelegt werden soll. Auch dann, wenn ein zweites VU (i.d.R. gegen den Beklagten) erlassen wurde, ist dieses zweite VU nur mit der Berufung anfechtbar. Zum VU s. Ausführungen unter Rdn 44. 174

1. Wiederholte Säumnis

§ 345 ZPO gibt vor, dass gegen eine Partei, die nach einem von ihr eingelegten Einspruch im nächsten Termin erneut wieder säumig ist, gegen dieses VU nicht mit dem Einspruch vorgehen kann. Entsprechend § 514 Abs. 2 ZPO kann dieses Versäumnisurteil nur mit der Berufung angefochten werden. Für die Berufung ist in diesen Fällen nicht auf den Wert der Beschwer abzustellen. § 514 Abs. 2 Satz 2 ZPO schließt die Erforderlichkeit des Erreichens des Wertes der Beschwer (§ 511 Abs. 2 ZPO) ausdrücklich aus. Die Berufung kann aber nur darauf gestützt werden, dass ein Fall der **Säumnis nicht vorgelegen** hat (§ 514 Abs. 2 Satz 1, 2. Halbs. ZPO). 175

Hinsichtlich der Vergütung entsteht in diesem Berufungsverfahren die übliche Vergütung. Eine Abweichung gibt es nicht. 176

2. Klageabweisendes VU

Es gibt zwei Möglichkeiten des VU gegen den Kläger. 177

Erscheint er zum Termin nicht oder stellt er keinen Antrag (§ 333 ZPO), so ergeht gegen ihn gem. § 330 ZPO ein VU. Mit dem VU wird die Klage abgewiesen. Dieses Urteil muss der Kläger mit dem Rechtsbehelfs des Einspruchs binnen einer **Notfrist von** 178

zwei Wochen (§ 339 ZPO) anfechten. Der Einspruch ist bei dem Gericht einzulegen, welches das VU erlassen hat (§ 340 Abs. 1 ZPO).

179 Es ist auch möglich, dass ein Gericht ein VU nicht erlässt, weil es zu der Auffassung kommt, dass ein VU gegen den Beklagten gem. § 335 Abs. 1 Nr. 1 ZPO nicht zulässig ist. In diesem Fall kann – trotz Säumnis des Beklagten – die Klage abgewiesen werden. Gegen dieses so ergangene „unechte VU" ist nur die Berufung zulässig. Der Begriff „unechtes VU" kann leicht irreführend sein. Letztlich ist dieses Urteil ein Prozessurteil.

XIV. Ablauf des Berufungsverfahrens

180 Das Gericht stellt dem Berufungsbeklagten die Berufungsschrift zu. Hält das Gericht die Berufung für offensichtlich unbegründet (oder für unzulässig), kann das Gericht – auch ohne mündliche Verhandlung – die Berufung durch Beschluss zurückweisen (§ 522 Abs. 1 Satz 2, 3, Abs. 2 ZPO). Hier entsteht keine Terminsgebühr gem. Nr. 3202 VV RVG. Gegen einen **Zurückweisungsbeschluss** kann der Betroffene, wenn sie zugelassen ist, Rechtsbeschwerde einlegen (§ 522 Abs. 1 Satz 4 ZPO).

181 Handelt es sich aber um ein zivilprozessuales Verfahren, kann der bisherige RA des Berufungsklägers die Rechtsbeschwerde nicht selbst einlegen. Die Rechtsbeschwerde kann nur durch einen beim BGH zugelassenen RA (§ 78 Abs. 1 Satz 2 ZPO) eingelegt werden. Eine mögliche Belehrung und entsprechende Muster finden Sie unter § 8 Rdn 676. Sie müssen in den entsprechenden Texten das Wort „Revision" durch den Begriff „Rechtsbeschwerde" ersetzen und die Kostenrisikobelehrung anpassen.

182 Das Gericht kann einen Termin zur Berufungsverhandlung anberaumen. Es kann das Verfahren gem. § 538 Abs. 2 ZPO an das Erstgericht zurückverweisen (Vergütung, s. § 21 RVG i.V.m. Vorbemerkung 3 Abs. 6 VV RVG).

183 Ist eine der Parteien im Berufungsverfahren säumig, ergeht gegen diese gem. § 539 ZPO ein VU. Ist keine der Parteien säumig, keine Zurückverweisung erfolgt, so erlässt das Berufungsgericht gem. § 540 ZPO ein Berufungsurteil.

XV. Anfechtung des Berufungsurteils

184 Das Berufungsurteil ist grds. anfechtbar. Gegen das Urteil des Berufungsgerichts kann ggf. **Revision** eingelegt werden. Das Berufungsgericht wird einen Ausspruch über die Zulässigkeit der Revision fällen. Es kann die Revision zulassen oder es lässt die Revision nicht zu.

185 Hat das Berufungsgericht die **Revision zugelassen**, kann der durch das Urteil beschwerte Revision einlegen (s.u.).

Hat das Berufungsgericht die **Revision nicht zugelassen**, kann der durch das Urteil beschwerte Nichtzulassungsbeschwerde erheben. Die Zulässigkeit der Nichtzulassungsbeschwerde ist allerdings davon abhängig, dass der Wert der Beschwer 20.000,00 € überschreitet (§ 26 Nr. 8 EGZPO). 186

Hat das Berufungsgericht die Revision nicht zugelassen und ist der Wert der Beschwer von mehr als 20.000,00 € nicht erreicht, ist das Verfahren mit dem Berufungsurteil beendet.

D. Nichtzulassungsbeschwerde

I. Allgemeines

Im zivilgerichtlichen Verfahren endet Ihre Tätigkeit üblicherweise, wenn entweder das Verfahren über die Nichtzulassung der Revision oder das Revisionsverfahren selbst geführt werden muss. Der BGH ist zuständig und dort müssen sich die Parteien gem. § 78 Abs. 1 Satz 2 ZPO durch einen beim BGH zugelassenen RA vertreten lassen. Ein am BGH zugelassener RA kann nur vor dem BGH auftreten (sog. **Singularzulassung**). Ein Anwalt, der vor den sonstigen Gerichten in der BRD auftreten kann, kann nicht vor dem BGH auftreten. Auch in anderen gerichtlichen Verfahren kann eine Nichtzulassungsbeschwerde möglich sein (z.B. Arbeitsrecht/Verwaltungsrecht). Diese ist dann nicht vor dem BGH zu führen. In diesem Fall kann der bisherige RA das Verfahren weiterführen. 187

Selbstverständlich müssen Sie dafür Sorge tragen, dass ein am BGH zugelassener RA rechtzeitig die erforderlichen Unterlagen erhält, um das weitere Verfahren durchzuführen. 188

II. Belehrungen und Hinweise

Vorher sind eine Reihe von Belehrungen und Hinweisen an den Auftraggeber erforderlich. Die entsprechenden Muster und Ausführungen finden Sie im vergütungsrechtlichen Teil unter § 8 Rdn 29. Insbes., wenn Sie als **Verkehrsanwalt** tätig werden wollen oder aber bisher eine Rechtsschutzversicherung die Kostendeckungszusage erteilt hatte, ist hier schnelles Handeln erforderlich. 189

III. Beschwer

Es wurden bereits die allgemeinen Voraussetzungen der Nichtzulassungsbeschwerde dargestellt (erforderlicher Wert der Beschwer gem. § 26 Nr. 8 EGZPO). 190

IV. Frist

191 Die Nichtzulassungsbeschwerde ist an eine Frist gebunden. Gem. § 544 Abs. 1 Satz 2, 1. Halbs. ZPO muss die Nichtzulassungsbeschwerde innerhalb einer **Notfrist von einem Monat ab Zustellung des vollständigen Berufungsurteil**s beim Revisionsgericht eingelegt werden. Liegt ein vollständiges Urteil nicht vor, muss die Nichtzulassungsbeschwerde spätestens nach dem Ablauf von sechs Monaten seit Verkündung des Urteils beim Revisionsgericht eingelegt werden (§ 544 Abs. 1 Satz 2, 2. Halbs. ZPO).

192 Eine Ausfertigung des Urteils (oder eine beglaubigte Kopie) soll der Nichtzulassungsbeschwerde beigefügt werden.

V. Begründungsfrist

193 Die Nichtzulassungsbeschwerde muss begründet werden. Die **Begründungsfrist** beträgt regelmäßig **zwei Monate ab Zustellung des Urteils**. Ist das Urteil nicht zugestellt, muss die Begründung innerhalb von sieben Monaten ab Verkündung des Urteils erfolgen (§ 544 Abs. 2 Satz 1 ZPO).

VI. Beschluss

194 Über die Nichtzulassungsbeschwerde entscheidet das Revisionsgericht durch Beschluss. Hilft das Revisionsgericht der Nichtzulassungsbeschwerde nicht ab, erwächst das Urteil mit dem ablehnenden Beschluss in Rechtskraft. Der **Beschluss ist nicht anfechtbar**, § 544 Abs. 4, 5 ZPO (welches Gericht sollte auch für eine Beschwerde gegen den Beschluss des BGH zuständig sein?).

195 Wird der Nichtzulassungsbeschwerde durch das Gericht stattgegeben, wird das bisherige Verfahren über die Nichtzulassung der Revision als Revisionsverfahren fortgesetzt (§ 544 Abs. 6 ZPO). Die Einlegung der **Nichtzulassungsbeschwerde ersetzt dann die Einlegung der Revision** (§ 544 Abs. 6 Satz 2 ZPO). Die Revision muss aber **noch begründet** werden. Mit der Zustellung des stattgebenden Beschlusses über die Nichtzulassungsbeschwerde beginnt die Revisionsbegründungsfrist zu laufen (§ 544 Abs. 6 Satz 3 ZPO). Sie beträgt entsprechend § 551 Abs. 2 Satz 2 ZPO **zwei Monate**. Die Frist ist üblicherweise verlängerbar (§ 551 Abs. 2 Satz 3, 4 ZPO). Diesen Antrag werden aber nicht Sie stellen, sondern der am Revisionsgericht zugelassene BGH-Anwalt.

196 *Hinweis:*

Im vergütungsrechtlichen Teil (s. § 8 Rdn 558) finden Sie Hinweise, wie Sie einen RA beim BGH ermitteln. Üblicherweise legen BGH-Anwälte keinen gesteigerten Wert darauf, Belehrungen, Hinweise, Entwürfe oder Sonstiges zu erhalten.

7.23

▼

Muster 7.23: Übergabe des Mandats an einen BGH-Anwalt 197

Anrede,

entsprechend dem bereits geführten Telefonat bedanken wir uns für Ihre Bereitschaft, den Auftraggeber im Verfahren über die Nichtzulassungsbeschwerde zu vertreten. Eine entsprechende Vollmacht des Auftraggebers reichen wir nach (oder: haben wir beigefügt).

Wir überreichen zunächst die vollständige Ausfertigung des Urteils des Berufungsgerichts vom zum Aktenzeichen . Dieses Urteil wurde uns am von Amts wegen zugestellt.

Das Gericht hat die Revision nicht zugelassen. Wie sich aus dem Urteil ergibt, ist der gem. § 26 Nr. 8 EGZPO erforderliche Wert der Beschwer erreicht.

Eine Kopie der Handakte im Sinne von § 50 BRAO haben wir beigefügt. Eine Rückgabe ist nach Abschluss des Verfahrens nicht erforderlich, da es sich lediglich um Kopien handelt.

Bitte beachten Sie, dass wir für das weitere Verfahren über die Nichtzulassung der Revision nicht beauftragt sind. Der erforderliche Schriftverkehr ist direkt mit dem Auftraggeber zu führen.

Wir bitten allerdings darum, uns über den Ausgang des Verfahrens zu informieren.

Grußformel

▲

Hinweis: 198

Wenn Sie in das Nichtzulassungsbeschwerdeverfahren involviert sind, entsteht bei Ihnen die Verfahrensgebühr der Nr. 3400 VV RVG. Diese ist regelmäßig nicht erstattungsfähig. Entsprechende Erläuterungen finden Sie im vergütungsrechtlichen Teil unter § 8 Rdn 676, 602, 529.

Das Übersenden der Handakte gehört gem. § 19 Abs. 1 Nr. 12 RVG zum Rechtszug und löst keinen gesonderten Vergütungsanspruch aus.

7.24

▼

Muster 7.24: Schreiben an den Auftraggeber nach Übergabe des Auftrags an den BGH Anwalt 199

Anrede,

wie besprochen, haben wir mit gleicher Post den BGH-Anwalt in Ihrem Namen mit Ihrer weiteren Vertretung beauftragt.

Um auf unserer Seite nicht weitere Vergütungsansprüche entstehen zu lassen, die im Zweifel auch im Obsiegensfall nicht erstattungsfähig sind, haben wir den BGH-Anwalt gebeten, zukünftig direkt mit Ihnen zu korrespondieren. Auf unsere entsprechenden Ausführungen zur Erstattungsfähigkeit unserer Vergütung im Fall einer weiteren Tätigkeit durch uns verweisen wir.

(*Anm.: Das Muster finden Sie unter* § 8 Rdn 557)

Wir haben die Hoffnung, dass es nun endlich gelingt, Ihre nach unserer Auffassung berechtigten Ansprüche durchzusetzen.

Bitte informieren Sie uns über den Ausgang des Verfahrens vor dem BGH. Sollten Sie erfolgreich sein, ist von uns als bisherige Prozessbevollmächtigte einiges zu erledigen (Kostenfestsetzungsanträge, ggf. Rückfestsetzungsanträge).

Ergeben sich am Ende des Verfahrens vollstreckbare Ansprüche ist ggf. sogar eine Vollstreckung gegen den (dann) Schuldner erforderlich.

Wir haben eine weitere Vollmacht beigefügt. Diese ist nicht für uns bestimmt, sondern zur Weiterleitung an den BGH-Anwalt. Daher fehlt unser entsprechender Kanzleistempel. Wir bitten um Unterzeichnung und Rücksendung. Sie können die Vollmacht auch direkt an den BGH-Anwalt weiterleiten.

Wir hoffen, dass Sie zu Ihrem Recht kommen.

Grußformel

▲

E. Revision

200 Die Revision kann auf zwei verschiedenen Wegen eröffnet werden. Entweder nach einer erfolgreichen Nichtzulassungsbeschwerde (s. das vorherige Kapitel) oder aber bei unmittelbarer Zulassung der Revision durch das Berufungsgericht im Anschluss an das Urteil des Berufungsgerichts.

201 Auch hier gilt, dass Sie im zivilgerichtlichen Verfahren das Revisionsverfahren nicht selbst führen können. Das zivilrechtliche Revisionsverfahren kann nur durch einen am BGH zugelassenen RA wirksam geführt werden (vgl. die Ausführungen zur Nichtzulassungsbeschwerde).

202 Die Revision ist gem. § 548 ZPO **innerhalb einer Notfrist von einem Monat seit Zustellung des vollständigen Urteils** einzulegen oder aber, wenn das vollständige Urteil nicht zugestellt ist, binnen einer Frist von fünf Monaten seit Verkündung des Urteils.

203 Selbstverständlich muss auch die Revision begründet werden. Die **Revisionsbegründungsfrist** beträgt gem. § 551 Abs. 2 Satz 2 ZPO zwei Monate. Die Frist beginnt unter

den gleichen Voraussetzungen zu laufen, wie die Revisionsfrist. Die Begründungsfrist ist nur länger. Die Verlängerung der Revisionsbegründungsfrist ist grds. möglich (§ 551 Abs. 2 Satz 5 und 6 ZPO). Den Verlängerungsantrag werden aber regelmäßig nicht Sie stellen.

Auch für das Revisionsverfahren gilt, dass Sie, bevor Sie einen BGH-Anwalt mit der Einlegung der Revision beauftragen, den Auftraggeber über das weitere Kostenrisiko belehren sollten. Auch für den Fall, dass Ihr Büro in der Funktion eines Verkehrsanwalts (oder Korrespondenzanwalt) weiter tätig wird, ist eine Belehrung über die kostenerstattungsrechtlichen Folgen geboten. Bitte beachten Sie die entsprechenden Muster unter § 8 Rdn 557. Ein Muster zur Abgabe der Angelegenheit an den BGH-Anwalt und ein Muster für ein Schreiben an den Auftraggeber finden Sie ebenfalls unter § 8 Rdn 560. 204

Der BGH hebt häufig das zweitinstanzliche Urteil auf und verweist den Rechtsstreit zurück an das untergeordnete Berufungsgericht. Die Vergütung richtet sich nach Zurückverweisung nach § 21 RVG (neuer Rechtszug). Allerdings erfolgt in einigen Fällen gem. Vorbemerkung 3 Abs. 6 VV RVG eine Anrechnung der Verfahrensgebühr. Nach Zurückverweisung an das Berufungsgericht können Sie selbstverständlich den Auftraggeber wieder vertreten. Der BGH-Anwalt kann nach Zurückverweisung nicht tätig werden, er ist ausschließlich am BGH tätig. 205

F. Sofortige Beschwerde

Einige sofortige Beschwerden werden typischer Weise selbstständig von den in einer Kanzlei beschäftigten Mitarbeitern bearbeitet. Eine **Auswahl dieser sofortigen Beschwerden** habe ich hier dargestellt. Selbstverständlich bin ich nicht auf alle möglichen sofortigen Beschwerden eingegangen, sondern habe mich auf die konzentriert, die im Büroalltag am häufigsten vorkommen. 206

I. Allgemeines

Gegen einige Entscheidungen (meist sog. Nebenentscheidungen) des Gerichts findet die sofortige Beschwerde statt. Die sofortige Beschwerde ist grds. innerhalb einer **Notfrist von zwei Wochen (§ 569 Abs. 1 Satz 1 ZPO)** bei dem Gericht einzulegen, das die anzufechtende Entscheidung erlassen hat. 207

Es ist auch möglich, die sofortige Beschwerde beim Beschwerdegericht einzureichen. Allerdings nimmt man sich dann die Möglichkeit, dass das Erstgericht der sofortigen Beschwerde eventuell gleich abhilft.

Die **Frist beginnt** gem. § 569 Abs. 1 Satz 2 ZPO **mit der Zustellung des anzufechtenden Beschlusses** zu laufen. Sie beginnt spätestens fünf Monate nach Verkündung des Beschlusses zu laufen.

II. Sofortige Beschwerde bei Ablehnung der PKH

208 Wird allerdings im PKH-Bewilligungsverfahren dem Antragsteller PKH nicht bewilligt, ist gegen diese Entscheidung auch die sofortige Beschwerde zulässig. Diese ist aber innerhalb einer **Notfrist von einem Monat** einzulegen (§ 127 Abs. 2 Satz 3 ZPO).

209 Wird die Bewilligung von PKH durch Beschluss wegen mangelnder Erfolgsaussichten abgelehnt, so ist diese Entscheidung wie eine Hauptsachenentscheidung zu werten. Daher gibt das Gesetz für diese sofortige Beschwerde auch einen eigenen Wert der Beschwer vor. Die sofortige Beschwerde bei Ablehnung der beantragten PKH ist vom Überschreiten des in § 511 ZPO genannten Wertes abhängig, d.h. der Wert der Beschwer muss 600,00 € übersteigen.

Dies ist nachvollziehbar. Der Rechtsweg des Beschwerdeführers soll im Wege der sofortigen Beschwerde nicht weiter gehen, als er es täte, wenn der Beschwerdeführer die Hauptsache anfechten würde.

210 Schließt sich dem PKH-Bewilligungsverfahren das Beschwerdeverfahren an, so ist auch für das Beschwerdeverfahren eine Kostenerstattung nicht vorgesehen (§ 127 Abs. 4 ZPO).

211 Auf den Wert der Beschwer ist i.R.d. sofortigen Beschwerde gegen die Ablehnung von PKH nicht abzustellen, wenn PKH mit der Begründung nicht bewilligt wurde, dass die persönlichen und wirtschaftlichen Verhältnisse nicht vorliegen.

III. Sofortige Beschwerde bei Kostenentscheidungen

212 Generell erfolgt eine Anfechtung der Kostenentscheidung gemeinsam mit der Anfechtung des Urteils i.R.d. Berufung oder der Revision (§ 99 Abs. 1 ZPO).

Wenn allerdings das Urteil selbst nicht mit einem Rechtsmittel anfechtbar ist (z.B. Anerkenntnisurteil oder Beschluss über die Erledigung der Hauptsache) ist die Kostenentscheidung mit der sofortigen Beschwerde anfechtbar.

1. Erledigung der Hauptsache

213 Für die Kostenentscheidung bei Erledigung der Hauptsache ist § 91a Abs. 2 ZPO einschlägig. Diese ist mit der sofortigen Beschwerde anfechtbar. Auch hier hat der Gesetzgeber einen eingeschränkten Wert der Beschwer vorgegeben. Wenn ein Urteil im Ausgangsverfahren nicht anfechtbar gewesen wäre, weil der Wert der Beschwer gem. § 511 ZPO nicht

erreicht (übersteigen von 600,00 €) wurde, dann kann auch die Kostenentscheidung nicht mit der sofortigen Beschwerde angefochten werden. Im Beschwerdeverfahren über eine sog. Nebenentscheidung soll das Verfahren nicht weiter betrieben werden können, als es für das Hauptverfahren möglich gewesen wäre.

2. Sofortiges Anerkenntnis

Wenn der Beklagte nicht durch sein Verhalten Veranlassung zur Klageerhebung gegeben hat (§ 93 ZPO), werden dem Kläger die Kosten des Rechtsstreits auferlegt. Diese Regelung ist ein Grund dafür, warum der RA dafür sorgt, dass sich der Beklagte bspw. in Verzug befindet oder bei einer Zug-um-Zug-Leistung, der Beklagte sich in Annahmeverzug befindet. Entsprechend § 99 Abs. 2 ZPO kann der Kläger gegen die Kostenentscheidung sofortige Beschwerde einlegen. Auch diese sofortige Beschwerde ist davon abhängig, dass der in § 511 ZPO vorgegebene Wert der Beschwer (600,00 €) überschritten wird. Es wird auf die Ausführungen zur sofortigen Beschwerde bei Erledigung der Hauptsache (§ 7 Rdn 213) verwiesen. 214

3. Klagerücknahme

Auch Sie werden es schon erlebt haben: die Klage ist beim Gericht eingereicht, vor Zustellung der Klage (oder des Mahnbescheides) leistet der Beklagte. 215

Die Klage muss zurückgenommen werden. Üblicherweise ist vor Rechtshängigkeit die Erledigungserklärung nicht zulässig. Bei **Klagerücknahme ist der Kläger** gem. § 269 Abs. 3 Satz 2 ZPO **verpflichtet, die Kosten des Rechtsstreits zu tragen**. Dies gilt **dann nicht**, wenn der **Grund zur Klage vor Rechtshängigkeit entfallen** ist (§ 269 Abs. 3 Satz 2 ZPO). Das Gericht entscheidet über die Kostentragungsverpflichtung nach billigem Ermessen und berücksichtigt dabei den bisherigen Streitstand (also ob davon auszugehen ist, dass die Klage bei Durchführung des Verfahrens erfolgreich gewesen wäre). 216

Das Gericht entscheidet über die Kostentragungspflicht durch Beschluss (§ 269 Abs. 4 ZPO). Gegen diesen Beschluss ist die sofortige Beschwerde statthaft. Die Zulässigkeit dieser sofortigen Beschwerde hängt erneut davon ab, dass wegen der Hauptsache an sich, die Berufung möglich gewesen wäre (Überschreiten des Wertes der Beschwer i.H.v. 600,00 €). Unzulässig ist die sofortige Beschwerde auch dann, wenn wegen der Kosten bereits ein unanfechtbarer Kostenfestsetzungsbeschluss ergangen ist. 217

218 *Praxistipp:*

Wenn Sie die Klage zurücknehmen und der Grund der Klagerücknahme darin liegt, dass der Beklagte nach Einreichung der Klage geleistet hat, stellen Sie gleich in Ihrem Rücknahmeantrag einen begründeten Kostenantrag.

7.25

219 **Muster 7.25: Klagerücknahme verbunden mit Kostenantrag**

In Sachen

(vollständige Parteienbezeichnung, wenn Ihnen das Aktenzeichen ggf. nicht bekannt ist)

/

– Aktenzeichen –

wird die am erhobene Klage zurückgenommen. Der Beklagte hat mit Wertstellung vom die anhängige Forderung des Klägers beglichen.

Gleichzeitig wird beantragt,

- dem Beklagten die Kosten des Rechtsstreits gem. § 269 Abs. 3 Satz 2 ZPO aufzuerlegen und die nicht verbrauchten Gerichtskosten zurück zu erstatten. Es wird anwaltlich versichert, dass diese aus eigenen Mitteln verauslagt worden sind.

220 *Hinweis:*

Hat der Kläger die Gerichtskosten selbst gezahlt, dann bitten Sie um Erstattung direkt an den Kläger oder legen eine Geldempfangsvollmacht vor.

Begründung:

Bei Klageerhebung befand sich der Beklagte mit der Leistung der Forderung in Verzug (siehe Seite … der Klageschrift). Er hat durch sein Verhalten Veranlassung zur Klageerhebung gegeben.

Ein Kostenfestsetzungsantrag ist diesem Antrag bereits zur beschleunigten Bearbeitung der Angelegenheit beigefügt.

Beglaubigte und einfache Abschrift anbei

Rechtsanwalt

221 *Hinweis:*

Die Verfahrensgebühr der Nr. 3100 VV RVG ist durch die Einreichung der Klage bereits in voller Höhe entstanden.

IV. Offensichtliche Unrichtigkeit

Auch bei den Gerichten arbeiten Menschen. Daher: Fehler gehören dazu. 222

Insbes. bei Säumnis des Klägers kann es sein, dass das Gericht mit der Kostenentscheidung feststellt: „Die Kosten des Verfahrens hat der Beklagte zu tragen“, obwohl der Kläger säumig war. Gem. **§§ 95, 344 ZPO hat grds. die säumige Partei die Kosten des Rechtsstreits** zu tragen. Weicht hier die Kostenentscheidung von der gesetzlichen Lage ab, ist nicht sofortige Beschwerde zu erheben. 223

Liegt eine **offensichtliche Unrichtigkeit i.S.v. § 319 Abs. 1 ZPO** vor, muss die Berichtigung des Urteils beantragt werden. Eine Frist für diesen **Antrag** ist nicht gesetzlich vorgegeben. Allerdings ist es immer sinnvoll, dass Sie auch hier **unverzüglich** vorgehen. 224

7.26

▼

Muster 7.26: Berichtigung des Urteils (oder eines Beschlusses) wegen offensichtlicher Unrichtigkeit 225

In Sachen

/

– Aktenzeichen –

wird beantragt,

das Urteil wegen offensichtlicher Unrichtigkeit der Kostenentscheidung zu berichtigen.

Begründung:

Der Beklagte ist in voller Höhe antragsgemäß verurteilt worden. Der Kläger hat Zahlung in Höhe von € begehrt. Diesem Antrag ist das Gericht ohne Einschränkung gefolgt. Die durch das Gericht ausgesprochene Kostenquote (1/3 Kläger; 2/3 der Beklagte) entspricht nicht dem Verhältnis von Obsiegen zu Unterliegen. Gem. § 91 Abs. 1 ZPO hat der Beklagte die Kosten des gesamten Rechtsstreits allein zu tragen. Die Kostenentscheidung ist daher im Sinne von § 319 Abs. 1 ZPO offensichtlich unrichtig. Berichtigung ist daher geboten.

Ein Kostenfestsetzungsantrag (und kein Kostenausgleichungsantrag) ist diesem Gesuch daher bereits beigefügt.

Beglaubigte und einfache Abschrift anbei

Rechtsanwalt

▲

V. Sofortige Beschwerde bei Kostenfestsetzungsbeschlüssen

226 Über die **Kostentragungsverpflichtung** des Verfahrens entscheidet das Gericht **von Amts wegen, § 308 Abs. 2 ZPO**. Damit steht noch nicht fest, in welcher Höhe der zur Kostentragung Verpflichtete die Kosten nun erstatten muss. Um die Höhe der Zahlungsverpflichtung festzustellen, ist ein **Kostenfestsetzungsantrag (§ 104 ZPO)** erforderlich. Bei einer Verteilung der Kostentragungslast nach Quoten (entsprechend § 92 ZPO und damit dem Verhältnis von Obsiegen zu Unterliegen) ist regelmäßig das Kostenausgleichungsverfahren durchzuführen. Bei Vergleichen werden die Kosten häufig gegeneinander aufgehoben (§ 98 ZPO, abweichende Vereinbarungen sind zulässig, s. die unter § 8 Rdn 312), mit der Folge, dass jede Partei die eigenen „Anwaltskosten" und die Hälfte der Gerichtskosten zu tragen hat.

227 Entspricht die erfolgte Festsetzung nicht dem, was Sie als Festsetzungsbetrag erwartet haben, so ist der **Kostenfestsetzungsbeschluss mit der sofortigen Beschwerde anfechtbar** (§ 567 Abs. 1 ZPO). Die Frist ergibt sich erneut aus § 569 Abs. 1 ZPO. Üblicherweise ist die sofortige Beschwerde binnen einer **Notfrist von zwei Wochen ab Zustellung** einzulegen.

Ist Grundlage des sofortigen Beschwerdeverfahrens ein Kostenfestsetzungsbeschluss, so ist dieser nur anfechtbar (im Wege der sofortigen Beschwerde), wenn der **Wert der Beschwer 200,00 € übersteigt** (§ 567 Abs. 2 ZPO).

228 *Praxistipp:*

Die sofortige Beschwerde hemmt in keiner Weise die Zwangsvollstreckung aus einem Kostenfestsetzungsbeschluss. Sie hat keine aufschiebende Wirkung (§ 570 Abs. 1 ZPO). Eine aufschiebende Wirkung ist nur zu erreichen, wenn Sie beantragen, die Vollziehung auszusetzen.

7.27

▼

229 **Muster 7.27: Sofortige Beschwerde gegen Kostenfestsetzungsbeschluss**

In Sachen

/

– Aktenzeichen –

legen wir Namens und in Vollmacht des zur Kostenerstattung Verpflichteten

sofortige Beschwerde

gegen den Kostenfestsetzungsbeschluss vom , zugestellt am ein mit dem Antrag, den Kostenfestsetzungsbeschluss aufzuheben und die Kosten unter Berücksichtigung der Begründung der sofortigen Beschwerde neu festzusetzen. Gleichzeitig wird beantragt, die Vollziehung des Kostenfestsetzungsbeschlusses bis zur Entscheidung über die sofortige Beschwerde gem. § 570 Abs. 2 ZPO einstweilen auszusetzen und keine vollstreckbare Ausfertigung des Kostenfestsetzungsbeschlusses zu erteilen.

Ferner beantragen wir, für den Fall, dass der sofortigen Beschwerde nicht stattgegeben wird,

einen Ausspruch über die Zulässigkeit Rechtsbeschwerde zu treffen.

Begründung:

Mit dem Kostenfestsetzungsbeschluss vom wurde die erstinstanzliche Verfahrensgebühr der Nr. 3100 VV RVG in voller Höhe festgesetzt. Bereits im Wege der Stellungnahme auf den Kostenfestsetzungsantrag vom haben wir ausgeführt, dass vorgerichtlich eine Geschäftsgebühr gem. Nr. 2300 VV RVG entstanden und bezahlt worden ist. Dies ergibt sich aus dem Aufforderungsschreiben mit dem der zur Kostentragung Verpflichte (Kläger oder Beklagter) zur Leistung aufgefordert worden ist und dem beigefügten Zahlungsbeleg. Die Anrechnung der Geschäftsgebühr gem. Nr. 2300 VV RVG führt dann gem. § 15a Abs. 2 RVG zu einer Reduzierung der Verfahrensgebühr. Diese ist nicht in voller Höhe festzusetzen, sondern zu kürzen um den Anrechnungsteil der Geschäftsgebühr.

Anstelle einer 1,3 Verfahrensgebühr gem. Nr. 3100 VV RVG ist nur eine 0,65 Verfahrensgebühr festzusetzen. Dementsprechend ergibt sich auch der erforderliche Wert der Beschwer. Die von hier beantragte Absetzung übersteigt den Betrag in Höhe von 200,00 €.

Beglaubigte und einfache Abschrift anbei

Rechtsanwalt

▲

Hinweis 230

Wird die Rechtsbeschwerde nicht zugelassen, so ist der Beschluss über die Nichtzulassung der Rechtsbeschwerde unanfechtbar (BGH, Urt. v. 16.2.2002 – II ZB 16/02).

Praxistipp: 231

Wenn bereits eine vollstreckbare Ausfertigung des Kostenfestsetzungsbeschlusses erteilt worden ist, müssen Sie, wenn der Gläubiger bereits Vollstreckungsmaßnahmen eingeleitet hat, Einstellung der Zwangsvollstreckung gem. § 769 Abs. 2 ZPO beim Vollstreckungsgericht beantragten.

7.28

▼

232 **Muster 7.28: Einstellung der Zwangsvollstreckung – Antrag an das Vollstreckungsgericht**

An das Vollstreckungsgericht

In der Zwangsvollstreckungssache

/

– Aktenzeichen der Vollstreckungsmaßnahme –

zeigen wir aufgrund der beigefügten Vollmacht an, dass wir den Schuldner auch im Vollstreckungsverfahren vertreten.

Namens und in Vollmacht des Schuldners beantragen wir,

- die Zwangsvollstreckung aus dem Kostenfestsetzungsbeschluss vom des Gerichts zum Aktenzeichen bis zur Entscheidung über den Aussetzungsantrag im Verfahren über die sofortige Beschwerde vor dem Prozessgericht einstweilen einzustellen.

Begründung:

Gegen den der Zwangsvollstreckung zugrunde liegenden Titel, den Kostenfestsetzungsbeschluss, wurde diesseits form- und fristgerecht am sofortige Beschwerde eingelegt. Die entsprechende sofortige Beschwerde ist diesem Antrag in Kopie beigefügt. Aus der sofortigen Beschwerde ist ersichtlich, dass die Aussetzung der Vollziehung des Kostenfestsetzungsbeschlusses beantragt worden ist.

Bis heute liegt die Entscheidung des Prozessgerichts nicht vor. Dieses wurde mit gleicher Post über den jetzt erforderlichen Einstellungsantrag informiert.

Da der Titel zu Unrecht ergangen ist und eine Entscheidung durch das Prozessgericht noch aussteht, ist die Vollstreckung durch das Vollstreckungsgericht einstweilen bis zur Entscheidung des Prozessgerichts einzustellen. Nur so wird verhindert, dass eine endgültige Rechtslage mit Beitreibung der bestrittenen Forderung hergestellt wird.

Der Anordnung einer Hinterlegung durch das Gericht wird ausdrücklich zugestimmt.

Beglaubigte und einfache Abschrift anbei

Rechtsanwalt

▲

233 Für den vorherigen Antrag entsteht keine gesonderte Vergütung (§ 19 Nr. 11 RVG). Der Antrag gehört zum Rechtszug.

G. Erinnerung bei Nichterreichen des Wertes der Beschwer

Für den **Erlass** des **Kostenfestsetzungsbeschlusses** ist der **Rechtspfleger** zuständig. Daher ist eine Anfechtung des Kostenfestsetzungsbeschlusses auch möglich, wenn der Wert der Beschwer für das Einlegen der sofortigen Beschwerde nicht erreicht ist. Nur durch einen Richter soll eine unanfechtbare Entscheidung im Zivilprozess getroffen werden. 234

Ist der **Wert der Beschwer für eine sofortige Beschwerde nicht erreicht**, ist der Kostenfestsetzungsbeschluss mit der **Erinnerung** anfechtbar (§ 573 Abs. 1 ZPO). Die Erinnerung muss innerhalb einer **Notfrist von zwei Wochen ab Zustellung des Kostenfestsetzungsbeschlusses** eingelegt werden. Hilft das Gericht der Erinnerung nicht ab (und ist der Wert der Beschwer für die sofortige Beschwerde nicht erreicht), ist das Verfahren mit der Entscheidung über die Erinnerung beendet, es sei denn, das Gericht hat die Rechtsbeschwerde ausdrücklich zugelassen. 235

Die Rechtsmittel und Rechtsbehelfe i.R.d. Zwangsvollstreckung finden Sie unter § 5 Rdn 464 ff. 236

H. Wiedereinsetzung in den vorigen Stand

I. Vorbemerkungen

Ursprünglich hatten wir vor, zu diesem Thema nichts zu schreiben, weil wir ja davon überzeugt sind, dass Sie ein Kapitel über Wiedereinsetzung nicht benötigen, da Sie alle Fristen sicher beherrschen, unter Beachtung aller zu treffenden organisatorischen Maßnahmen notieren und den unerledigten Ablauf verhindern. Soviel zur Theorie. 237

Eine mögliche Fehlerfreiheit bei der Behandlung von Fristen hängt von verschiedenen Faktoren ab. Je kleiner eine Kanzlei ist, umso einfacher ist die Organisation. Sie müssen sich im Zweifel nur auf sich selbst und Ihren Arbeitgeber verlassen. Wenn Sie als einzige Mitarbeiterin für einen Anwalt tätig sind, können Sie das Büro so organisieren, wie es genau Ihren Erfordernissen entspricht. Sie kennen dann auch die Besonderheiten Ihres Arbeitgebers und wissen, wie Sie dafür Sorge tragen können, dass Ihr Organisationsschema mit den Vorlieben (und manchmal Eigenarten) Ihres Arbeitgebers übereinstimmt. 238

Je größer die Zahl der tätigen Anwälte (und natürlich Anwältinnen) und die Mitarbeiterzahl, desto schwieriger die Organisation. Natürlich sind in größeren Kanzleien mehr Mitarbeiterinnen beschäftigt. Dies bedeutet aber auch, dass verschiedene Mitarbeiter für ähnliche Arbeitsabläufe zuständig sind. Schon wird es nicht mehr möglich sein, dass die Organisationsstrukturen genau auf Ihre Bedürfnisse zugeschnitten sind. Kommunikation, Anpassung und Kompromisse sind erforderlich. Sobald mehrere an einem Organisationsablauf beteiligt sind, erhöht sich die Fehlerquelle. Jede Kanzlei 239 ist anders organisiert. Es ist nichts Ungewöhnliches, dass in großen Kanzleien das gesamte Fristenwesen durch eine Mitarbeiterin bearbeitet wird. Aber auch diese ist einmal krank, hat Urlaub, geht in Elternzeit, wechselt den Arbeitgeber u.v.a.m. Dann muss die Stellvertretung den Arbeitsbereich übernehmen (wenn es eine Stellvertretung gibt!) oder aber die Arbeit wird auf verschiedene Mitarbeiter übertragen. Schon beginnen die Kommunikationsprobleme. In anderen Kanzleien gibt es weiterhin die Zuweisung RA/RAin und entsprechende Rechtsanwaltsfachangestellte (Rechtsfachwirt/In, Bürovorsteher/In usw.). Dann notieren Sie in Ihrem Dezernat die Fristen. Es gibt Mitarbeiterpools, Schreibpools, diverse sonstige Teambildungen. Alle haben eines gemeinsam: Fehler können geschehen.

II. Feststellung und Bekanntgabe des Fehlers

240 Wenn Sie daran denken, dass ein Wiedereinsetzungsantrag gestellt werden muss, dann steht fest: Es ist etwas schief gelaufen.

241 *Praxistipp:*

Ist Ihnen bei dem Notieren einer Frist ein Fehler unterlaufen, der dazu geführt hat, dass die Frist zur Einlegung eines Rechtsmittels oder Rechtsbehelfs abgelaufen ist, ohne dass rechtzeitig entsprechende Prozesshandlungen vorgenommen wurden, müssen Sie sofort reagieren. Ihre Aufgabe ist es, unverzüglich (und zwar wirklich sofort), den Fehler möglichst dem zuständigen Anwalt zu melden. Sinnvoll ist es, wenn Sie den Fristablauf verursacht haben, ein Protokoll anzufertigen, warum Ihnen, wie der Fehler unterlaufen ist (speichern Sie bitte dieses Protokoll, es wird im Zweifel noch benötigt). Mir ist bewusst, wie unangenehm es ist, Fehler offen einzugestehen. Aber dies ist die einzige Möglichkeit. Es wird Ihnen nicht gelingen, das Problem anders aus der Welt zu schaffen.

7.29 ▼

242 **Muster 7.29: Fehlerprotokoll im Hinblick auf eine unzutreffend notierte Berufungsbegründungsfrist**

Eilnotiz

In der Sache

Aktenbezeichnung und Aktenkennzeichnung (in der Regel Aktenzeichen)

ist am 03.12. ____ das vollständige Urteil des ____ Gerichts vom ____ von Amts wegen zugestellt worden. Die Zustellung erfolgte gegen Empfangsbekenntnis. Das entsprechende Empfangsbekenntnis findet sich versehen mit Eingangsstempel in der Akte.

Ich habe daher – wie üblich und bereits seit Jahren fehlerfrei – den Ablauf der Berufungsfrist auf den 03.01. notiert. Entsprechend der Organisationsanweisung in der Kanzlei habe ich die Frist auf dem Urteil und im Fristenkalender notiert. Anschließend erfolgte die Notierung im softwareunterstützten Kalender. Entsprechend der Organisationsanweisung (Behandlung von Berufungsfristen) habe ich dann eine Wiedervorlage von drei Tagen sowohl in dem in Buchform geführten Kalender als auch im softwareunterstützten Kalender notiert. Entsprechend der Organisationsanweisung habe ich anschließend sämtliche notierten Notfristen und Wiedervorlagen überprüft (Buchkalender, Softwarekalender). Erst dann habe ich, entsprechend der Organisationsanweisung mein Namenskürzel in anderer Schrift und das Datum notiert, an dem ich die Berufungsfrist notiert habe. Die erforderliche Vorfrist für den (*Datum*) (*zwei Wochen vor Ablauf der Berufungsfrist*) habe ich – entsprechend der Organisationsanweisung – nur noch im Softwarecomputer notiert.

Ich habe dann sogleich die Berufungsbegründungsfrist notiert (Organisationsanweisung).

Bei diesem Fristablauf habe ich aber nicht, wie sonst üblich, das Datum der Zustellung als maßgebend angesehen, sondern den Fristablauf berechnet vom Ende der Berufungsfrist (zwei Monate ab Ablauf der Berufungsfrist). Ich habe auf den 03.03. notiert und mich bei allen Abläufen an die Organisationsanweisung gehalten (Buchkalender, Softwarekalender, Wiedervorlage).

Sämtliche Vorfristen sind bezogen auf das fehlerhafte Ende der Frist berechnet worden. Ich habe die eingetragene Frist auf dem Urteil vermerkt. Dabei ist mir allerdings ein weiterer Fehler unterlaufen.

Ich habe als Fristablauf für die Berufungsbegründung auf dem Urteil den 03.02. notiert.

Entsprechend der Organisationsanweisung habe ich die Akte mit dem Fristennotizzettel dem zuständigen Anwalt RA X vorgelegt. Der Fristenzettel vom , mit meinem Namen gekennzeichnet, der sich abgeheftet in der Akte befinden, hat als Fristende eingetragen

Urteil zugestellt am	03.12.
Notfrist: Berufung	03.01.
Frist Berufungsbegründung	03.02.

Ich habe das irrtümlich auf dem Urteil von mir notierte „unzutreffende Datum" (Frist war für den 03.03. notiert) übernommen und dem zuständigen RA zur Abzeichnung vorgelegt.

Dieser hat auf dem Urteil sowohl hinter dem Fristeintrag „Berufung 03.01." als auch hinter dem Fristeintrag „Berufungsbegründung 03.02." jeweils mit dem Kürzel „i.O. RA X" abgezeichnet.

Es war mit meinen Notizen auf dem Urteil nicht feststellbar, dass ich tatsächlich die Berufungsbegründung erst am 03.03. notiert habe. Berufung wurde fristgerecht am 03.01. eingelegt.

Mir ist die fehlerhaft notierte Frist erst am heutigen Tage, den 10.02., aufgefallen, weil der Auftraggeber telefonisch nach dem Sachstand gefragt hat. Dabei habe ich gesehen, dass eine Berufungsbegründung nicht gefertigt worden ist. Die Berufungsbegründungsfrist dürfte abgelaufen sein.

Ich habe rein vorsorglich eine Wiedereinsetzungsfrist (Ablauf) für den 24.02. und eine Vorfrist für den 19.02. notiert.

Ich bitte um Rücksprache. Die Angelegenheit eilt sehr.

Eine Kopie dieser Notiz habe ich an die Büroleitung weitergegeben.

Ich bitte um Mitteilung, ob die Haftpflichtversicherung des Büros zu informieren ist. Mir ist nicht bekannt, ob es diesbezüglich Fristen gibt, die einzuhalten sind.

Datum, Unterschrift der Mitarbeiterin

▲

243 *Hinweis:*

Der vorstehende Sachverhalt ist frei erfunden. Ich habe bei der Erstellung dieses Protokolls nicht geprüft, ob ein Fall der unverschuldeten Säumnis vorliegt und Wiedereinsetzung in den vorigen Stand erfolgreich beantragt werden könnte. Wenn es um einen Fall der Fristversäumnis geht, ist es **Anwaltsaufgabe** zu prüfen (unter Berücksichtigung der aktuellen Kommentarliteratur und der Rechtsprechung des BGH), ob ein Wiedereinsetzungsantrag hinreichend Aussicht auf Erfolg bietet.

244 Alles, was Sie über richtige Fristenkontrolle lernen und wissen möchten, können Sie den Entscheidungen des BGH zu abgelehnten Wiedereinsetzungsanträgen entnehmen. Besuchen Sie die Website des BGH (www.bundesgerichtshof.de) und wählen den Menüpunkt „Entscheidungen“ aus. Als Stichwort tragen Sie in die Suchmaske „Wiedereinsetzung“ ein. Um nicht von der Masse der Urteile erschlagen zu werden, beschränken Sie Ihre Suche auf ein Jahr (z.B. 2017) und fangen dann an, die vielen angezeigten Urteile zu lesen. Interessant sind insbes. die Entscheidungen im Anwaltszulassungsverfahren.

III. Allgemeines

§ 233 ZPO Wiedereinsetzung in den vorigen Stand 245

War eine Partei ohne ihr Verschulden verhindert, eine Notfrist oder die Frist zur Begründung der Berufung, der Revision, der Nichtzulassungsbeschwerde, der Rechtsbeschwerde oder der Beschwerde nach §§ 621e, 629a Abs. 2 oder die Frist des § 234 Abs. 1 einzuhalten, so ist ihr auf Antrag Wiedereinsetzung in den vorigen Stand zu gewähren.

Von Wiedereinsetzung in den vorigen Stand (restitutio in integrum) wird gesprochen, 246 wenn ein Verfahrensbeteiligter bestimmte gesetzlich vorgeschriebene Fristen (i.d.R. als Notfristen s.o. § 233 ZPO) unverschuldet versäumt hat. Das Verschulden des Anwalts an der Einhaltung der Frist wird dem Auftraggeber zugerechnet. Nur wenn der RA nachweisen kann, dass er alles Notwendige unternommen hat, um die Frist einzuhalten, kann auf den entsprechenden Antrag Wiedereinsetzung gewährt werden. Die Wiedereinsetzung ist nicht nur in der ZPO vorgesehen, sondern in diversen anderen Verfahrensordnungen (so z.B. Strafprozessordnung § 44 StPO oder im Verwaltungsprozess in § 60 VwGO, behördliches Verwaltungsverfahren § 32 VwVfG).

Zweck des Wiedereinsetzungsverfahrens ist es, den Verfahrensstand wieder herzustellen, 247 der bestehen würde, wenn die versäumte Prozesshandlung nicht versäumt worden wäre. Der Antrag allein hemmt daher keine Vollstreckungsmaßnahmen der am Verfahren beteiligten anderen Partei. Wollen Sie dies verhindern, müssen Sie entsprechend Einstellung der Zwangsvollstreckung beantragen.

IV. Antrag

Hat der RA eine Frist versäumt (bzw. eine Prozesshandlung nicht innerhalb der vorgese- 248 henen Frist vorgenommen), so wird Wiedereinsetzung in den vorigen Stand nur gewährt, wenn er einen Antrag stellt. Der Antrag ist an das Gericht zu richten, bei dem die Prozesshandlung versäumt wurde.

Praxistipp: 249

Haben Sie z.B. die Berufungsfrist versäumt, so hemmt der Antrag auf Wiedereinsetzung nicht den Ablauf der Berufungsbegründungsfrist. Versäumen Sie im Zuge des laufenden Wiedereinsetzungsverfahrens die Berufungsbegründungsfrist, ist im Zweifel erneut ein Wiedereinsetzungsantrag erforderlich. Sie sollten hier rechtzeitig (am Besten gleichzeitig mit dem Wiedereinsetzungsantrag) die Verlängerung der Berufungsbegründungsfrist beantragen. Dies gilt immer dann, wenn der ersten Frist noch eine zweite erforderliche Prozesshandlung folgt.

V. Versäumte Prozesshandlung

250 Für viele versäumte Prozesshandlungen (versäumte Fristen) ist es nicht möglich, eine Wiedereinsetzung zu beantragen. Haben Sie bspw. die Ausschlussfrist für den Widerruf des Vergleichs versäumt, so können Sie nicht mit der Wiedereinsetzung versuchen, dieses Versäumnis zu heilen. Wiedereinsetzung ist möglich, wenn

- eine im Gesetz als Notfrist bezeichnete Frist oder
- die Berufungsbegründungsfrist,
- die Revisionsbegründungsfrist,
- die Frist zur Begründung der Nichtzulassungsbeschwerde oder
- die Wiedereinsetzungsfrist gem. § 234 ZPO u.a. (s. § 233 ZPO)

abgelaufen ist, ohne das rechtzeitig die erforderliche Prozesshandlung vorgenommen wurde.

VI. Frist für den Antrag

251 Der Antrag auf Wiedereinsetzung muss gem. § 234 Abs. 1 ZPO regelmäßig innerhalb einer unverlängerbaren Frist von zwei Wochen gestellt werden. Im Ausnahmefall ist eine Frist von einem Monat vorgesehen. Die Frist beginnt mit dem Wegfall des Hindernisses (§ 234 Abs. 2 ZPO), das die Einhaltung der Frist verhindert hat, zu laufen. Ein Wiedereinsetzungsantrag ist nicht unbegrenzt möglich. Es gibt eine sog. **absolute Antragsfrist** von einem Jahr ab dem Ende der versäumten Frist (§ 234 Abs. 3 ZPO).

252 Kenntnis vom Hindernis, das zur Nichteinlegung der Frist geführt hat, wird häufig der Zeitpunkt sein, an dem man feststellt, dass die Frist versäumt wurde.

VII. Verschulden

253 Die Wiedereinsetzung wird nur gewährt, wenn die Partei ohne ihr Verschulden trotz Beachtung der erforderlichen Sorgfalt die Frist nicht einhalten konnte. Im zivilgerichtlichen Verfahren muss sich eine Partei das Verschulden ihres Bevollmächtigten (i.d.R. also ihres Rechtsanwalts) zurechnen lassen.

254 Das Verschulden richtet sich hierbei nach § 276 Abs. 2 BGB. Es werden durch die Gerichte strenge Anforderungen an die Organisationsstrukturen einer Anwaltskanzlei gestellt. Eine Fristversäumung ist dann von dem RA verschuldet, wenn sie für einen anderen – besser organisierten – RA abwendbar gewesen wäre. Generell kann festgestellt werden, dass ein Ausnutzen der Frist bis zum Tage des Fristablaufs es deutlich schwieriger macht, eine unverschuldete Fristversäumnis nachzuweisen, als ein Organisationsablauf, in dem ein Fristablauf nicht am letzten Tag der Frist notiert ist.

Praxistipp: 255

Es wird zunächst für Sie ungewöhnlich sein:

Notieren Sie die Fristen anders. Die Monatsfristen notieren Sie als Notfrist zweimal – nämlich nach vier Wochen – und am tatsächlichen Fristablauf als „Notfrist". Erledigt wird die Frist spätestens nach vier Wochen. Der tatsächliche Tag des Fristablaufs dient nur noch als Kontrolltag. Es wird nochmals überprüft, ob Empfänger, Zugang u.Ä. sichergestellt werden kann. Sie müssen bei der Änderung der bisherigen Fristennotierung Rücksprache mit dem RA halten. Diese Vorgänge können Sie nur in Absprache ändern. Mit dieser Vorgehensweise (2-Wochenfrist = zehn Tage und die zwei Wochen) verhindern Sie, dass bspw. die Technik Ihnen um 23.55 Uhr am Tag des Fristablaufs einen Strich durch die Rechnung macht (ein entsprechendes Urteil des BGH [Urt. v. 15.3.2000 – VIII ZR 217/99, NJW-RR 2000, 1594] finden Sie tatsächlich, das Fax des RA ging vollständig erst um 00.02 Uhr ein – damit zu spät, der Wiedereinsetzungsantrag wurde abgelehnt). Selbstverständlich klappt eine solche abweichende Fristenkontrolle nur, wenn alle Mitarbeiter und Anwälte sich beteiligen und daran halten. Nach dieser Methode könnten die spontan angesetzten Endlosdiktate kurz vor Feierabend der Vergangenheit angehören.

Ob ein Organisationsverschulden vorliegt, hängt vom Einzelfall ab. Wie Sie ein Organisationsverschulden vermeiden können, können Sie in der juristischen Fachliteratur nachlesen. Ich empfehle, dass Sie sich mit der Rechtsprechung des BGH zu diesem Thema intensiv beschäftigen. Der BGH gibt in diversen Entscheidungen (s. § 7 Rdn 244) detailliert vor, welche Anforderungen an die Möglichkeit der Gewährung von Wiedereinsetzung in den vorigen Stand zu stellen sind. 256

VIII. Begründung des Wiedereinsetzungsantrags

Der RA muss die Tatsachen, die die Wiedereinsetzung begründen und damit das Nichtvorliegen des Verschuldens innerhalb der Antragsfrist, wiedergeben. Die versäumte Prozesshandlung muss nachgeholt werden (§ 236 Abs. 2 ZPO). Die Angaben zur unverschuldeten Versäumung der Frist müssen **glaubhaft** gemacht werden. Sinnvollerweise geschieht dies gleich mit dem Antrag auf Wiedereinsetzung in den vorigen Stand. Glaubhaftmachung erfolgt durch die Vorlage einer eidesstattlichen Versicherung. 257

7.30

▼

258 **Muster 7.30: Wiedereinsetzungsantrag in den vorigen Stand**

An das (*Prozessgericht, vor dem die Prozesshandlung versäumt wurde*)

In Sachen

X ./. Y

- Aktenzeichen -

beantragen wir namens und in Vollmacht des Antragstellers wegen der Versäumung der Berufungsfrist dem Antragsteller **Wiedereinsetzung in den vorigen Stand zu gewähren**.

Gleichzeitig legen wir gegen das Urteil des Gerichts vom , zugestellt am ,

Berufung

ein. Die gesonderte Berufungsschrift ist diesem Antrag beigefügt (s. *das Textmuster unter* § 7 Rdn 153).

Wir beantragen ferner,

die Vollstreckung aus dem Urt. v. einstweilen einzustellen,

bis über den Wiedereinsetzungsantrag entschieden worden ist.

Begründung:

Die für die Einlegung der Berufung einzuhaltende Frist haben wir ohne zurechenbares Verschulden versäumt. Der Fristversäumnis liegt folgender Sachverhalt zugrunde:

(*Schilderung des Sachverhaltes, aus dem sich ergibt, dass kein Organisationsverschulden gegeben ist.*)

Zum Zwecke der Glaubhaftmachung fügen wir eine eidesstattliche Versicherung (*meistens einer Mitarbeiterin*) bei.

Es wird gebeten, über den Wiedereinstellungsantrag vorab zu entscheiden.

Bei dieser Gelegenheit beantragen wir bereits jetzt,

die Frist zur Begründung der Berufung bis zum zu verlängern.

Eine Begründung der Berufung ist erst sinnvoll, wenn über den Wiedereinsetzungsantrag entschieden worden ist.

Beglaubigte und einfache Abschrift anbei.

Rechtsanwalt

▲

7.31

▼

Muster 7.31: Eidesstattliche Versicherung 259

Eidesstattliche Versicherung

Ich, (*Vor- und Nachname des/der Mitarbeiter/in*), geb. am , wohnhaft in , bin über die Folgen einer falschen Versicherung an Eides statt von den Antragstellern belehrt worden. Die Belehrung erstreckte sich auch auf die Bedeutung einer eidesstattlichen Versicherung.

Ich erkläre hiermit in Kenntnis der Strafbarkeit einer falschen eidesstattlichen Versicherung an Eides statt:

(Die Begründung Wiedereinsetzungsantrag wiederholen)

Ort, Datum | Unterschrift

▲

Hinweis: 260

Eine falsche eidesstattliche Versicherung wird mit Freiheitsstrafe von bis zu drei Jahren oder mit einer Geldstrafe geahndet (§ 156 StGB). Wer von einer falschen eidesstattlichen Versicherung wissentlich einen Vorteil hat, kann mit einer Freiheitsstrafe von bis zu sechs Monaten oder mit Geldstrafe (§ 160 StGB) rechnen. Auch auf § 263 StGB (Prozessbetrug) möchte ich verweisen.

§ 8 Kosten und Gebühren

Inhalt

A. Vorbemerkung

In jeder Akte, die im Büro zu bearbeiten ist, wird früher oder später eine Vergütungsberechnung erstellt werden. Bevor hier zu den Einzelheiten der Erstellung einer Vergütungsberechnung in den einzelnen Tätigkeitsbereichen des RA Ausführungen folgen, ein paar allgemeine Hinweise: 1

B. Belehrungspflichten

I. Allgemeines

Der RA hat eine Reihe von Belehrungspflichten. Z.T. wird der RA den Auftraggeber zu Beginn und z.T. während des laufenden Mandats belehren. Einige mögliche Belehrungen ergeben sich erst aus dem Verlauf der Angelegenheit. Insbes. für die ungefährdete Geltendmachung der Vergütung ist es zwingend erforderlich, dass der RA diese Belehrungspflichten erfüllt und bei Bedarf die erfolgte Belehrung nachweisen kann. Häufig sieht das Gesetz selbst keine schriftliche Belehrung (somit könnte die Belehrung auch mündlich – oder auf andere Weise – erfolgen) des Auftraggebers vor. Wie aber wollen Sie im Streitfall beweisen können, dass eine Belehrung erfolgt ist, wenn Sie keinen schriftlichen Beleg haben? 2

Es schadet nie, hinsichtlich gegebener Formvorschriften strengere Maßstäbe anzusetzen, als sie gesetzlich vorgeschrieben sind. Alles, was der Sicherung des Vergütungsanspruchs dient, sollte so erfolgen, dass weiterer, insbes. Kosten verursachender Streit, vermieden wird. In vielen Kanzleien werden die Belehrungspflichten sehr „locker" gehandhabt. Wenn Sie Kollegen und Kolleginnen befragen, werden Sie herausfinden, dass es so viele 3

Möglichkeiten gibt, zu belehren, wie es Kanzleien gibt. Eine Belehrung erfolgt entweder: immer, meistens, oft, selten oder nie. Gleichgültig, wie andere Kanzleien den Umgang mit Belehrungspflichten handhaben: Sie sollten für sich entscheiden, den sichersten Weg zu gehen.

4 Natürlich, es gibt genug Autofahrer, die fahren, ohne sich anzuschnallen; bei den Belehrungspflichten, ist es, wie bei einer Ordnungswidrigkeit: Sie können selbstverständlich fahren, ohne sich anzuschnallen, solange nichts passiert und Sie nicht in eine Verkehrskontrolle geraten, ist das nur riskant und gefährlich. Konsequenzen hat ein Fehlverhalten immer nur, wenn es geahndet wird. So ist es auch bei unterlassenen Belehrungen: Wo kein Kläger, da kein Richter – aber wenn es zum Streit kommt, dann wird es unerfreulich. Ärgerlich ist es doch, Dinge verkehrt zu machen, obwohl man von Anfang an wusste, dass es auch anders geht.

II. Belehrung über die Vergütungshöhe

5 Außer in arbeitsgerichtlichen Angelegenheiten erster Instanz bestehen grds. keine Belehrungspflichten über die Höhe der zu erwartenden Vergütung. Im Allgemeinen ist der RA nicht verpflichtet, seinen Mandanten **unaufgefordert** über die Höhe des Kostenrisikos aufzuklären.

1. Belehrungspflicht im arbeitsgerichtlichen Verfahren erster Instanz

6 Führt der RA eine erstinstanzliche arbeitsgerichtliche Auseinandersetzung, muss er gem. **§ 12a Abs. 1 Arbeitsgerichtsgesetz (ArbGG)** den Auftraggeber darüber belehren, dass im Urteilsverfahren des ersten Rechtszuges kein Anspruch der obsiegenden Partei auf Entschädigung wegen Zeitversäumnis und auf Erstattung der Kosten für die Zuziehung eines Prozessbevollmächtigten oder Beistandes besteht. Dies gilt generell auch für den Fall einer vorgerichtlichen Vertretung.

Unterlässt der RA im arbeitsgerichtlichen Verfahren erster Instanz diese Belehrung und rügt der Mandant dies, so hat der RA keinen Anspruch auf die Vergütung.

7 Im arbeitsgerichtlichen Verfahren erster Instanz muss eine solche Belehrung **schriftlich** erfolgen. Um im Arbeitsalltag zu vermeiden, dass diese Belehrung versehentlich übersehen wird, ist es sinnvoll, die Belehrung gleich bei Auftragsannahme durch den Auftraggeber unterzeichnen zu lassen.

8.1 ▼

8 **Muster 8.1: Belehrung gem. § 12a ArbGG**

Im Urteilsverfahren des ersten Rechtszuges besteht kein Anspruch der obsiegenden Partei auf Entschädigung wegen Zeitversäumnis und auf Erstattung der Kosten für die

Zuziehung eines Prozessbevollmächtigten oder Beistandes. Dies gilt generell auch für den Fall einer vorgerichtlichen Vertretung. Der vorgenannte Hinweis nach § 12a ArbGG wurde durch Rechtsanwalt erteilt und erläutert.

Datum | Unterschrift Auftraggeber

▲

2. Belehrungspflicht über die Höhe des Gegenstandswertes gem. § 49b Abs. 5 BRAO

a) Belehrung über den Gegenstandswert

Der RA muss den Auftraggeber gem. § 49b Abs. 5 Bundesrechtsanwaltsordnung (BRAO) 9
vor Auftragsannahme darüber belehren, dass sich die Gebühren nach einem Gegenstandswert richten.

Der Gesetzeswortlaut ist unklar, § 49b Abs. 5 BRAO lautet: 10

> *Richten sich die zu erhebenden Gebühren nach dem Gegenstandswert, hat der Rechtsanwalt vor Übernahme des Auftrages hierauf hinzuweisen.*

Die Schwierigkeiten, die sich aus dieser gesetzlichen Vorschrift ergeben, sind offensicht- 11
lich. Vor Übernahme des Auftrages kann der RA den Gegenstandswert oft nicht zutreffend einschätzen. Er kann tatsächlich lediglich den Hinweis erteilen, dass ein Gegenstandswert zur Ermittlung der Vergütung heranzuziehen ist. Das Gesetz schreibt nicht vor, dass der RA den Auftraggeber über die Höhe des Gegenstandswertes belehrt. Daran zeigt sich ein deutliches Abweichen von Theorie und Praxis. Ein Mandant, der vom RA darüber belehrt worden ist, dass sich die Gebühren nach einem Gegenstandswert richten, wird vom RA wissen wollen, was dies in konkreten Zahlen bedeutet. Der Auftraggeber wird verlangen, dass der RA die Höhe des Gegenstandswertes und die sich daraus ergebende Vergütung beziffert.

Dabei gibt es eine Reihe von Auseinandersetzungen, in denen es typisch ist, dass der RA 12
die Höhe des Gegenstandswertes eben nicht zu Beginn des Auftragsverhältnisses einschätzen kann (nur beispielhaft: im familienrechtlichen Mandat, in einer arbeitsrechtlichen Auseinandersetzung, im verkehrsrechtlichen Mandat, im baurechtlichen Mandat, bei einer sog. nicht vermögensrechtlichen Streitigkeit [insbes. Arreste, einstweilige Verfügungen u.Ä.]). Oft genug ändert sich der Gegenstandswert im Laufe des Mandats (so z.B. Widerklage, Aufrechnung), was für den RA nicht vorhersehbar ist.

Die Belehrung, dass sich die Gebühren nach einem Gegenstandswert richten, ist an sich 13
einfach. Fast unmöglich ist eine zutreffende Auskunft über die Höhe dieses Gegenstandswertes. Welche zerstörerische Wirkung eine unterlassene oder fehlerhafte Belehrung hat, hat der BGH eindrucksvoll mit seinen Entscheidungen v. 24.7.2007 (IX ZB 89/06) und 11.10.2007 (IX ZR 105/06) vorgeführt.

b) Schriftformerfordernis bei § 49b Abs. 5 BRAO

14 § 49b Abs. 5 BRAO gibt nicht vor, dass die Belehrung schriftlich zu erfolgen hat. Erfolgt die Belehrung jedoch nicht schriftlich, gibt es für den Fall einer Auseinandersetzung Beweisprobleme. Regelmäßig wird bei nur mündlicher Belehrung der RA mit dem Auftraggeber allein sein, sodass er nicht nachweisen können wird, dass die Belehrung erfolgt ist. Ist die Belehrung tatsächlich nur mündlich erfolgt, sollte im ersten Anschreiben an den Auftraggeber die erfolgte Belehrung wiederholt werden.

▼

15 **Muster 8.2: Wiederholen bereits mündlich erteilter Belehrung**

An dieser Stelle wiederholen wir/wiederhole ich den bereits vor Übernahme des Auftrags durch mich erteilten Hinweis, dass sich die Gebühren in Ihrer Angelegenheit nach einem Gegenstandswert richten.

▲

16 Die Belehrung sollte nicht in die Vollmacht aufgenommen werden. Wenn Sie die Belehrung in die Vollmacht aufnehmen, können Sie im Zweifel nicht nachweisen, dass die Belehrung **vor** Übernahme des Auftrages erfolgte. Weiter ist es nicht zu empfehlen, die Belehrung als einen Teil der Vollmacht zu gestalten. Oft wird das Original der Vollmacht (beachten Sie hier § 174 BGB) an einen Dritten versandt oder übergeben. Diesen haben durch Sie vorgenommene Belehrungen nicht zu interessieren.

▼

17 **Muster 8.3: Belehrung Gegenstandswert vor Übernahme des Auftrages**

Ich bin vor Übernahme des Auftrags von der Rechtsanwältin/dem Rechtsanwalt darauf hingewiesen worden, dass sich die Gebühren gem. § 49b Abs. 5 BRAO nach einem Gegenstandswert richten und gesetzliche Gebühren nach dem Rechtsanwaltsvergütungsgesetz entstehen.

Ich bin ferner vor Übernahme des Auftrags darauf hingewiesen worden, dass zu Beginn des Auftragsverhältnisses der Gegenstandswert nur geschätzt werden kann. Eine zutreffende Bestimmung des Gegenstandswertes kann erst nach Abschluss der Angelegenheit bei Fälligkeit der Gebühren erfolgen. Des Weiteren bin ich darauf hingewiesen worden, dass grundsätzlich zumindest im gerichtlichen Verfahren jeder Anwalt verpflichtet ist, die gesetzlichen Gebühren zu berechnen, sodass eine eventuell unzutreffend mitgeteilte Höhe des Gegenstandswertes bei Einschaltung eines anderen Rechtsanwalts/einer anderen Rechtsanwältin nicht zu einer niedrigeren Gebührenhöhe geführt hätte.

Ort, Datum Unterschrift

▲

Praxistipp: 18

Viele Kanzleien berechnen Ihre Vergütung entsprechend einer mit dem Auftraggeber abgeschlossenen Vergütungsvereinbarung. Häufig werden (gerade von größeren Kanzleien) Stundenhonorare vereinbart. Dies gilt jedoch oft nur für die vor- und außergerichtliche Tätigkeit der Kanzlei. Da im gerichtlichen Verfahren ein Unterschreiten der gesetzlichen Vergütung i.d.R. unzulässig ist (§ 49b Abs. 1 Satz 1 BRAO), ist es nicht selten, dass dann im gerichtlichen Verfahren die gesetzliche Vergütung berechnet wird. Auch in diesen Fällen muss der Auftraggeber vor Übernahme des Mandats gem. § 49b Abs. 5 BRAO belehrt werden.

III. Forderungseinzug

Zu den üblichen Aufgaben gehört es für Sie, den Auftrag entgegenzunehmen und für den 19
Auftraggeber Forderungen geltend zu machen, die er gegen Dritte hat. Handwerker, Dienstleistungsunternehmer, Ärzte, Vermieter, Vereine u.v.a.m. bitten den RA, die Forderungen beizutreiben, die die „Kunden" der Mandanten nicht beglichen haben. Alle Mandanten befinden sich diesbezüglich in der gleichen Lage. Sie sind verärgert über den nicht zahlenden Kunden und können oft nicht abschätzen, wie hoch die Kosten (gemeint sind Gerichtskosten und Anwaltskosten) für die Durchsetzung dieser Ansprüche sind.

In diesen Fällen ist es angebracht, den Mandanten darüber zu belehren, dass gerade wenn 20
er sich bemüht, Ansprüche durchzusetzen, ein erhebliches **Forderungsausfallrisiko** besteht. Der RA kann ja nicht dafür garantieren, dass es ihm gelingen wird, die Forderung des Mandanten auch beizutreiben. Ob – und wenn ja – wann und in welcher Höhe durch den Gegner hier eine Leistung bewirkt werden kann, ist vollkommen offen. Es ist leider keine Ausnahme, dass nach obsiegender Beendigung eines gerichtlichen Verfahrens für den Auftraggeber i.R.d. Zwangsvollstreckung dann nur noch festgestellt werden kann, dass der Schuldner insolvent ist. Der Auftraggeber verliert dann die Möglichkeit der Durchsetzung seiner berechtigten Forderung und ist zusätzlich verärgert darüber, dass er trotzdem die Rechtsanwaltsvergütung und die Gerichtskosten zahlen muss. Wegen der Unklarheit der zwangsweisen Beitreibung der Auftraggeberforderung sollte auch hier ein schriftlicher Hinweis erfolgen. Hat der RA diesen Hinweis einmal erteilt, muss er ihn gegenüber dem gleichen Auftraggeber nicht wiederholen.

Praxistipp: 21

Für den Auftraggeber ist es nicht selten auch von erheblichem eigenem wirtschaftlichem Interesse, dass die ausstehende Forderung tituliert und beigetrieben wird. Wenn die Parteien (also der Mandant und sein Schuldner) nicht völlig zerstritten sind, ist es im Interesse beider, die sog. Titulierung der Forderung z.B. durch ein notarielles Schuldanerkenntnis des Schuldners zu erreichen. Das notarielle Schuldanerkenntnis ist ein sog. „Titel“, mit dem die Zwangsvollstreckung gegen den Schuldner betrieben werden kann (§ 794 Abs. 1 Nr. 5 ZPO). Sowohl der Auftraggeber als auch der Schuldner haben einen Vorteil: Die hohen Kosten einer gerichtlichen Auseinandersetzung (die Gerichtskosten und die Anwaltsvergütung sind um ein Vielfaches höher, als die Kosten eines notariellen Schuldanerkenntnisses) werden vermieden und die Angelegenheit ist schnell erledigt. Allerdings „verlieren“ Sie die Vergütung für das gerichtliche Verfahren. Dies kann über eine sinnvolle Vergütungsvereinbarung und eine Kostenübernahmeerklärung des Schuldners geändert werden. Oft kann es hier aber gerade sinnvoll sein, bewusst die gesetzliche Vergütung für das gerichtliche Verfahren nicht auszulösen und zu beanspruchen. Der Mandant, dem Sie auf diesem Wege weitergeholfen haben, ist mit Sicherheit mit Ihrer Leistung zufrieden. Er hat große Anreize, Sie in weiteren Streitigkeiten wieder zu beauftragen und weiterzuempfehlen.

Der Notar gibt das notarielle Schuldanerkenntnis erst heraus, wenn die Notarvergütung beglichen ist. Vergütungsschuldner ist hier der Schuldner der Angelegenheit. Zahlt dieser die Notarvergütung nicht, so kann Ihr Mandant in Vorleistung treten und selbst die Notarvergütung (1.0 gem. Nr. 21200 GNotKG, Wert: § 97 Abs. I GNotKG nach dem Geschäftswert der Forderung zzgl. Auslagen) begleichen. Das notarielle Schuldanerkenntnis wird ihm dann ausgehändigt.

IV. Erfolgshonorar/Abtretung des Erstattungsanspruchs bei Forderungseinzug

22 Regelmäßig wird die Vergütung des RA **erfolgsunabhängig** geschuldet. Es gibt bei der gesetzlichen Vergütung wenige Ausnahmen (z.B.: Einigungsgebühr der Nr. 1000 VV RVG oder Aussöhnungsgebühr gem. Nr. 1002 VV RVG), die die Vergütung vom Erfolg der anwaltlichen Tätigkeit abhängig machen.

23 Das RVG erlaubt dem RA in einigen Fällen auch die Vereinbarung eines sog. Erfolgshonorars (§ 4a Abs. 1 RVG).

24 Neben dem Erfolgshonorar kann der RA gem. § 4 Abs. 2 RVG in den Fällen eines gerichtlichen Mahnverfahrens und der Zwangsvollstreckung einen Teil des Erstattungsanspruchs (also Kostenerstattungsanspruch, den der Auftraggeber gegenüber dem Schuldner hat) an Erfüllung statt annehmen. Auf dieses Thema wird im Rahmen der Ausführungen zur „Vergütungsvereinbarung“ unter Rdn 750 eingegangen.

V. Vertragsentwürfe

Entwirft der RA Verträge (so z.B. die Scheidungsfolgenvereinbarungen), bedürfen die Vertragsentwürfe des RA anschließend oft einer **notariellen Beurkundung**. Wenn der RA bereits als RA die Vertragsentwürfe gefertigt hat, ist es ausgeschlossen, dass er anschließend (im sog. Anwaltsnotariat) die notarielle Beurkundung vornimmt und umgekehrt. 25

Hier ist fraglich, ob der RA den Auftraggeber darauf hinweisen muss, dass im Anschluss an seine Tätigkeit noch ein Notar hinzugezogen werden muss. Die Beauftragung eines Notars hat weitere Kosten zur Folge (berechnet nach dem GNotKG). Wer nicht im Anwaltsnotariat tätig ist und über eine entsprechende Ausbildung auch zur Notarfachangestellten verfügt, kann i.d.R. nicht ermitteln und berechnen, welche Kosten der Notar berechnen wird. 26

Ein RA, der einen notariell zu beurkundenden Vertrag entwirft, ist i.d.R. nicht verpflichtet, den Mandanten darauf hinzuweisen, dass noch Notarkosten entstehen werden (OLG Düsseldorf, MDR 1984, 844). Sie müssen aber davon ausgehen, dass der RA immer dann, wenn für die abzugebenden Willenserklärungen (also den zu beurkundenden Vertrag) im Anschluss an seine Tätigkeit eine notarielle Beurkundung erforderlich ist, einen Hinweis an den Auftraggeber erteilten muss, dass nach der Vertragsgestaltung durch ihn als RA zusätzlich noch die notarielle Beurkundung erforderlich sein wird. 27

Der RA ist allerdings nicht verpflichtet, den Auftraggeber darauf hinzuweisen, dass er einen Notar mit der Vertragsgestaltung aufsuchen solle, denn der Notar schuldet i.d.R. keine Beratung. Der Grund, warum der Auftraggeber sich an den RA gewandt hat, ist gerade die erfolgte anwaltliche Beratung und ihre „Parteilichkeit" (zu diesem Komplex s. BGH, AnwBl. 1997, 676 = AGS 1998, 22). 28

VI. Korrespondenzanwalt/Unterbevollmächtigter/Terminsvertreter

Wie oft haben Sie eine Akte, in der der Gerichtsort und der Kanzleisitz voneinander entfernt sind, bzw. sich nicht in derselben politischen Gemeinde befinden? In vielen Fällen ist es für den RA unkompliziert, auch den „auswärtigen Gerichtsort" zu erreichen. Wird die Entfernung zwischen Kanzleisitz und Gerichtsort aber größer, so stellt sich in der Praxis oft die Frage, ob der RA die Gerichtstermine selbst wahrnehmen soll, oder ob ein weiterer RA mit der Vertretung vor Ort beauftragt wird. Dieser Kollege hat dann seine Kanzlei naturgemäß am Gerichtsort. 29

Ob ein RA den Gerichtstermin selbst wahrnehmen kann oder sollte, ist auch immer eine Frage der zu erwartenden Vergütung. Ist der gesetzliche Gegenstandswert gering, ist es aus wirtschaftlichen Gründen für den RA unrentabel, den Termin selbst wahrzunehmen. Seine Abwesenheit von der Kanzlei wird durch die völlig ungenügenden **Abwesenheits-** 30

gelder kompensiert. Die Höhe dieser Abwesenheitsgelder (Nr. 7005 VV RVG) zwingt den RA, hier anders vorgehen zu müssen.

31 Er kann dabei von Anfang an mit dem Auftraggeber eine **Vergütungsvereinbarung** abschließen.

32 Beauftragt der RA für den Auftraggeber einen weiteren RA, so ist davon auszugehen, dass selbst im Fall des Obsiegens der Gegner nur einen RA bezahlen muss. Zu den gebührenrechtlichen Einzelheiten s. hierzu Rdn 601.

33 Der RA weiß also im Moment der Beauftragung eines zweiten Kollegen, dass der Auftraggeber mit Kosten rechnen muss, die er von keiner Seite erstattet bekommen wird. Auch eine Rechtsschutzversicherung, die ggf. ansonsten die Vergütung zahlt, zahlt die Kosten für die Hinzuziehung eines zweiten RA regelmäßig nicht in voller Höhe. Eine Rechtsschutzversicherung zahlt auch erst dann, wenn der Wohnort des Versicherungsnehmers (=Auftraggeber) mehr als 100 km Luftlinie vom Gerichtsort entfernt ist. Die RSV zahlt dann lediglich 1,0 Gebühren,

34 Den RA trifft hier eine **Belehrungspflicht**, in dem Moment, in dem feststeht, dass das gerichtliche Verfahren nicht am Kanzleisitz stattfinden wird und er den Termin nicht wahrnehmen kann und wird. Es ist dringend dazu zu raten, den Mandanten hier rechtzeitig (also vor Beginn des gerichtlichen Verfahrens) auf die Kostenfolge hinzuweisen.

8.4

▼

35 **Muster 8.4: Belehrungsschreiben Mandant/Zweiter RA/Gerichtsort**

Anrede,

in Ihrer Angelegenheit ist für die Durchführung des streitigen Verfahrens das AG/LG in ______ zuständig. Den oder die zu erwartenden Gerichtstermine können wir ohne den Abschluss einer Vergütungsvereinbarung nicht wahrnehmen. Aufgrund des niedrigen gesetzlichen Gegenstandswertes ist es für Sie günstiger, wenn wir einen Anwalt am Gerichtsort einschalten, der vor dem Gericht Ihre Interessen vertritt. Ohne zusätzliche Vergütungsvereinbarung kann eine wirtschaftliche Vertretung Ihrer Interessen durch uns nicht erfolgen.

Für die Hinzuziehung eines weiteren Anwalts müssen Sie eine weitere Vergütung einplanen. Dabei ist die finanzielle Belastung für Sie jedoch dadurch geringer, dass auf unserer Seite keine Abwesenheitsgelder und keine Fahrtkosten oder sonstigen Reisekosten erhoben werden.

Sollten Sie im gerichtlichen Verfahren obsiegen, werden Teile der Kosten des zweiten Anwalts nicht erstattungsfähig sein. Die Höhe des verbleibenden nicht erstattungsfähigen Anteils berücksichtigt aber immer, dass für den Fall, dass wir den Termin wahrgenommen hätten, hier Fahrtkosten, Abwesenheitsgelder u.a. entstanden wären.

Da die Beauftragung eines zweiten RA günstiger für Sie ist als der Abschluss einer Vergütungsvereinbarung mit uns, gehen wir davon aus, dass Sie mit unserer Vorgehensweise einverstanden sind und werden einen sog. Unterbevollmächtigten in Ihrem Namen beauftragen.

Grußformel

▲

Hinweis:

Ein weiteres umfangreiches Textmuster mit Berechnungsbeispielen für den Auftraggeber finden Sie unter Rdn 610 sowie unter Rdn 320.

Gerade wenn Sie die Forderung des Auftraggebers im Wege des gerichtlichen Mahnverfahrens verfolgen, kann es sein, dass aufgrund der ausschließlichen Zuständigkeit für den Antrag auf Erlass des Mahnverfahrens im Mahnverfahren noch das Gericht am Kanzleisitz zuständig ist. Bei vielen Streitigkeiten haben sowohl der Antragsteller (zukünftiger Kläger) als auch der Antragsgegner den Wohn- oder Geschäftssitz am selben Gericht. Ist dies nicht der Fall und hat der Antragsgegner (zukünftige Beklagte) seinen Wohn- oder Geschäftssitz nicht am Kanzleisitz und/oder Wohnsitz des Auftraggebers, ergibt sich das Problem mit der Notwendigkeit der Hinzuziehung eines zweiten RA spätestens nach dem Widerspruch, wenn das Verfahren an das zuständige Prozessgericht erster Instanz abgegeben wird. Ausführliche Beispiele und weitere Formulierungsvorschläge sowie Berechnungen der Vergütungsfolge finden Sie unter Rdn 610. Die Kosten für die Hinzuziehung mehrerer Anwälte sind regelmäßig nicht erstattungsfähig. 36

Eine Belehrungspflicht wird auch immer dann angenommen, wenn der RA im Revisions- oder Berufungsverfahren lediglich als Korrespondenzanwalt tätig ist. Er hat den Mandanten in diesen Fällen ungefragt und unaufgefordert darüber zu belehren, dass seine Kosten im Zweifel nicht in voller Höhe erstattungsfähig sind (OLG Köln, AGS 1998, 166). 37

Nur in dem Fall, in dem es zulässig ist, dass Ihr RA vor dem BGH auftritt, entstehen die Gebühren für Tätigkeiten in Verfahren vor dem BGH. Es ist regelmäßig ausgeschlossen, dass ein RA aus Ihrer Kanzlei vor dem BGH auftreten kann, denn gem. § 78 Abs. 1 ZPO ist **Singularzulassung** gegeben. Das bedeutet, dass die Vertretung der Parteien vor dem BGH in zivilrechtlichen Angelegenheiten nur durch RAe erfolgt, die ausschließlich am BGH zugelassen sind. Ist der BGH für das weitere Verfahren das zuständige Gericht, ist damit auch von Anfang an sicher, dass die Vergütung des RA nicht erstattungsfähig ist. Hier trifft Sie eine Hinweispflicht. 38

VII. Rechtsschutzversicherung

39 Viele Auftraggeber sind rechtsschutzversichert. Der Auftraggeber glaubt dann, dass die Vergütung des von ihm beauftragten RA unproblematisch ist. Der Auftraggeber geht davon aus, dass seine Rechtsschutzversicherung die Zahlung der Vergütung übernimmt.

40 Genau dies ist trotz bestehender Rechtsschutzversicherung aus vielerlei Gründen nicht der Fall. So kann es sein, dass der Auftraggeber die sog. Wartefrist nicht eingehalten hat, Erstbeiträge oder Folgebeiträge nicht geleistet hat, ein unversicherbares Risiko vorliegt, er in einem Rechtsgebiet Unterstützung benötigt (Ehe- und Familienrecht), in dem generell (mit wenigen Ausnahmen) keine Kostenübernahme erfolgt, er gegen eine sog. Obliegenheit aus dem Versicherungsvertrag verstoßen hat u.v.a.m. Die Liste der Gründe, warum eine Rechtsschutzversicherung keine Zahlung übernimmt, ist länger als die Liste der Gründe, warum eine Zahlung durch die Versicherung erfolgt.

41 Die vorstehenden Ausführungen zeigen schon, dass es erforderlich ist, den sog. Versicherungsnehmer und Auftraggeber ausdrücklich (möglichst schriftlich) darauf hinzuweisen, dass die Kostenübernahme durch die Versicherung erst dann feststeht, wenn von dieser auch eine **Kostendeckungszusage** erteilt ist.

42 Wenn Sie im beruflichen Alltag einmal verfolgen, wie viel der täglichen Arbeitszeit Sie in die Korrespondenz mit Rechtsschutzversicherung investieren müssen, dann stellt sich selbstverständlich die Frage, wer eigentlich für diesen Aufwand bezahlt.

8.5

▼

43 **Muster 8.5: Belehrung über Rechtsschutzversicherung**

Ich bin von dem Rechtsanwalt darüber belehrt worden, dass erst nach Erteilung der sog. Kostendeckungszusage durch die Rechtsschutzversicherung feststeht, ob – und in welcher Höhe – eine Rechtsschutzversicherung Zahlung leisten wird. Ich bin ferner darüber belehrt worden, dass die Rechtsschutzversicherung an meiner Stelle die Vergütung zahlt. Ich bin darüber belehrt worden, dass für den Fall, dass die Rechtsschutzversicherung die Vergütung nicht zahlt, der Vergütungsanspruch von mir zu begleichen ist. Ich bin ferner darüber belehrt worden, dass die Auseinandersetzung mit der Rechtsschutzversicherung eine besondere gebührenrechtliche Angelegenheit darstellt. Mir ist bekannt, dass diese Vergütung nur in seltenen Ausnahmefällen von der Rechtsschutzversicherung zu zahlen ist, sodass ich der alleinige Vergütungsschuldner bin.

Ort, Datum | Unterschrift Auftraggeber

▲

VIII. Vergütungsanspruch für die Kostendeckungsanfrage

Vergütungsrechtlich ist die **Kostendeckungsanfrage** grds. eine eigene Angelegenheit, sodass hierfür eigene gesonderte Gebühren entstehen. Will der RA für die Kostendeckungsanfrage gesonderte Gebühren (Geschäftsgebühr der Nr. 2300 VV RVG i.H.d. Regelgebühr von 1,3 und ggf. die Einigungsgebühr gem. Nr. 1000 VV RVG) fordern, so muss er den Auftraggeber vorher darauf hingewiesen haben, dass die Kosten für die Einholung der Kostendeckungszusage regelmäßig nicht von der Versicherung gezahlt werden (s.a. Göttlich/Mümmler/Rehberg/Xanke, RVG, Deckungszusage 3; Hartung/Römermann, RVG, § 19 Rn 23; Hansens/Braun/Schneider, Praxis des Vergütungsrechts, Teil 1, Rn 109). 44

IX. Möglichkeit der Beantragung/Bewilligung von PKH

1. Antrag auf PKH

PKH und in vielen Bundesländern auch **Beratungshilfe** sind für viele Auftraggeber oft die einzige Möglichkeit, anwaltliche Hilfe in Anspruch nehmen zu können. Im familienrechtlichen Mandat ist die Häufigkeit der erfolgten Prozesskostenhilfebewilligungen am höchsten. Aber auch im arbeitsrechtlichen Mandat und den sonstigen möglichen Arten von Auseinandersetzungen ist die Tendenz für die Bewilligung von PKH steigend. 45

Gebührenrechtlich kann das für den RA erhebliche finanzielle Auswirkungen haben. Der Staat zwingt den RA hier ein sog. „Sonderopfer“ auf und verlangt, dass die Anwaltschaft soziale Dienste auf Kosten der Vergütung leistet. Sobald der Gegenstandswert 5.000,00 € übersteigt, unterscheiden sich die sog. Wahlanwaltsvergütung (der Anwalt, der nach der Tabelle zu § 13 RVG – Regelvergütung abrechnen kann) und die Gebühren bei Prozesskostenhilfebewilligung erheblich. Ist dem Auftraggeber ein RA beigeordnet und bezieht er PKH, muss der RA, der diesen Auftraggeber vertritt, nach der verminderten Tabelle zu § 49 RVG abrechnen. Die vergütungsrechtlichen Einzelheiten (Vorschuss des Auftraggebers, Anrechnung, Teilbewilligung, Bewilligungsverfahren, sofortige Beschwerde etc.) werden unter Rdn 646 behandelt. 46

Sicher dürfen Sie nicht jeden Mandanten darauf hinweisen, dass es die Möglichkeit gibt, PKH zu beantragen. Es gibt mit Sicherheit einige Mandanten, die eine solche Möglichkeit entrüstet von sich weisen. Ergibt sich aber im Beratungsgespräch für den RA hinreichender Anlass dafür, den Auftraggeber über die Möglichkeit der Beantragung von PKH zu belehren, so gilt für diese Belehrung auch, dass ein schriftlicher Nachweis darüber spätere Auseinandersetzung zu vermeiden hilft. 47

Die Auseinandersetzung über erfolgte oder nicht erfolgte Belehrung beginnt i.d.R. dann, wenn das Mandatsverhältnis von Anwaltsseite aus erledigt ist, die Sacharbeit geleistet 48 wurde oder der Auftrag aus sonstigen Gründen endet. Umso sinnvoller ist es, gleich zu Beginn des Mandatsverhältnisses eine Reihe von Belehrungen zu erledigen und zu dokumentieren.

8.6

▼

49 **Muster 8.6: Belehrung über die Möglichkeit der Gewährung von Prozesskostenhilfe**

Ich bin von dem Rechtsanwalt über die Voraussetzungen der Bewilligung von Prozesskostenhilfe im gerichtlichen Verfahren belehrt worden. Ich wurde darüber belehrt, dass in außergerichtlichen Angelegenheiten Prozesskostenhilfe nicht möglich ist und dass im Prozesskostenhilfebewilligungsverfahren die Möglichkeit der Gewährung von Prozesskostenhilfe nie gegeben ist.

▲

50 *Praxistipp:*

Anstatt mehrere einzelne Belehrungsformulare zu benutzen, ist es sinnvoll, ein Gesamtformular zu erstellen und den Auftraggeber gleich zu Beginn des Mandats um Unterzeichnung des Gesamtformulars zu bitten. Von den erteilten Belehrungen sollten Sie eine Zweitschrift an den Auftraggeber aushändigen.

8.7

▼

51 **Muster 8.7: Allgemeine Belehrungen/Beispielskombination, Hinweise und Zusatzerklärungen**

der/die Auftraggeber/in genannt,

im Rahmen der Beauftragung der

nachstehend der Rechtsanwalt genannt,

wird der/die Auftraggeber/in auf Folgendes hingewiesen:

Belehrung gem. § 49b Abs. 5 BRAO

Ich bin vor Übernahme des Auftrags von dem Rechtsanwalt darauf hingewiesen worden, dass sich die Gebühren gem. § 49b Abs. 5 BRAO nach einem Gegenstandswert richten und gesetzliche Gebühren nach dem Rechtsanwaltsvergütungsgesetz entstehen.

Ich bin ferner vor Übernahme des Auftrags darauf hingewiesen worden, dass zu Beginn des Auftragsverhältnisses der Gegenstandswert nur geschätzt werden kann. Eine zutreffende Bestimmung des Gegenstandswertes kann erst nach Abschluss der Angelegenheit bei Fälligkeit der Gebühren erfolgen. Des Weiteren bin ich darauf hingewiesen worden, dass grundsätzlich zumindest im gerichtlichen Verfahren jeder Anwalt verpflichtet ist, die gesetzlichen Gebühren zu berechnen, sodass eine eventuell unzutreffend mitgeteilte Höhe des Gegenstandswertes bei Einschaltung eines anderen Rechtsanwaltes nicht zu einer niedrigeren Gebührenhöhe geführt hätte.

Belehrung über die Möglichkeit der Gewährung von Prozesskostenhilfe

Ich bin von dem Rechtsanwalt über die Voraussetzungen und Folgen der Bewilligung von Prozesskostenhilfe im gerichtlichen Verfahren belehrt worden. Ich wurde darüber belehrt, dass in vor- und außergerichtlichen Angelegenheiten Prozesskostenhilfe nicht möglich ist und dass im Prozesskostenhilfebewilligungsverfahren die Möglichkeit der Gewährung von Prozesskostenhilfe nie gegeben ist. Ich bin ferner darüber belehrt worden, dass die bewilligte Prozesskostenhilfe mich im Unterliegensfalle nicht vom Kostenerstattungsanspruch der Gegenseite befreit.

Belehrung über die Möglichkeit der Gewährung von Beratungshilfe

Ich bin von dem Rechtsanwalt über die Voraussetzungen und Folgen der Bewilligung von Beratungshilfe im vor- und außergerichtlichen Verfahren belehrt worden.

Belehrung über Rechtsschutzversicherung

Ich bin von dem Rechtsanwalt darüber belehrt worden, dass erst nach Erteilung der sog. Kostendeckungszusage durch die Rechtsschutzversicherung feststeht, ob – und in welcher Höhe – eine Rechtsschutzversicherung Zahlung leisten wird. Ich bin ferner darüber belehrt worden, dass die Rechtsschutzversicherung an meiner Stelle die Vergütung zahlt. Ich bin darüber belehrt worden, dass für den Fall, dass die Rechtsschutzversicherung die Vergütung nicht zahlt, der Vergütungsanspruch von mir zu begleichen ist. Ich bin ferner darüber belehrt worden, dass der Rechtsanwalt bei Auseinandersetzungen mit meiner Rechtsschutzversicherung einen Vergütungsanspruch hat, der sich gegen mich als Auftraggeber richtet. Dieser Vergütungsanspruch wird nicht von der Rechtsschutzversicherung erstattet.

Belehrung bei Vertragsgestaltung

Ich bin von dem Rechtsanwalt darüber belehrt worden, dass für bestimmte Verträge (Willenserklärungen) die Formvorschrift der notariellen Beurkundung zu wahren ist. Der Rechtsanwalt hat mich ferner darauf hingewiesen, dass für eine notarielle Beurkundung Notarkosten entstehen, die nicht auf die Anwaltsvergütung angerechnet werden.

Belehrung bei Auseinanderfallen von Kanzleisitz und Gerichtsort

Ich bin von dem Rechtsanwalt darüber belehrt worden, dass für den Fall, dass der Gerichtsort und der Kanzleisitz sich an verschiedenen Orten befinden, auf alle Fälle Mehrkosten entstehen, die in der Regel nicht von der Gegenseite getragen werden müssen. Es handelt sich entweder um:

- Reisekosten nebst Abwesenheitsgeldern der Rechtsanwälte,
- oder um die Vergütung für die Hinzuziehung eines weiteren Rechtsanwalts (Verkehrsanwalt oder Unterbevollmächtigter).

Ich bin gleichzeitig darüber belehrt worden, dass in der Regel die Rechtsschutzversicherung nur die Kosten für die Hinzuziehung eines Rechtsanwalts erstattet.

Belehrung über das Kostenrisiko bei Forderungseinzug

Ich bin von dem Rechtsanwalt darüber belehrt worden, dass für den Einzug einer Forderung eine Vergütung entsteht. Bei niedrigen Forderungen ist der Vergütungsanspruch des Rechtsanwalts oft höher als der Anspruch selbst. Eine Beitreibungsgarantie im Rahmen der Zwangsvollstreckung kann nicht übernommen werden. Ist der Schuldner insolvent – oder wird er es im Laufe des Verfahrens – ist nicht mit einer Realisierbarkeit der Forderung sowie der Anwaltsvergütung zu rechnen. Sowohl die Zwangsvollstreckung wegen der Hauptforderung als auch die Zwangsvollstreckung wegen des Kostenerstattungsanspruchs kann erfolglos sein mit der Folge, dass der Auftraggeber nicht nur die titulierte Forderung nicht erhält, sondern ihm gegebenenfalls zusätzlich noch Anwalts- und Gerichtskosten entstanden sind.

Ort, Datum — Unterschrift

▲

2. Belehrungspflicht bei bewilligter Prozesskostenhilfe

52 Ist dem Auftraggeber PKH bewilligt, so befreit ihn dies im Unterliegensfalle nicht von den Kosten (Gerichtskosten und Anwaltskosten) des RA der gegnerischen Partei. Spätestens wenn der Beschluss, mit dem PKH bewilligt wird, zugestellt wird, sollte eine diesbezügliche Belehrung erfolgen.

8.8

▼

53 **Muster 8.8: Hinweis auf Kostenlast bei Unterliegen**

Anrede,

Ihnen ist mit dem Beschluss des Gerichts vom AZ: , zugestellt am , Prozesskostenhilfe für die Durchführung des gerichtlichen Verfahrens bewilligt worden.

Das Gericht hat vor Erlass des Beschlusses die Erfolgsaussichten der Durchsetzbarkeit Ihres Anliegens geprüft und hat durch die Bewilligung von Prozesskostenhilfe zum Ausdruck gebracht, dass es die Erfolgsaussichten für gegeben hält.

Von hier aus kann allerdings nicht mit Sicherheit der Ausgang des Verfahrens eingeschätzt werden. Aus diesem Grunde möchten wir Sie rein vorsorglich ausdrücklich darauf hinweisen, dass die bewilligte Prozesskostenhilfe nur Einfluss auf den diesseitigen Vergütungsanspruch hat. Die Staatskasse übernimmt an Ihrer Stelle unsere Vergütung. Diese Übernahme erfolgt ggf. in der Form, dass Sie an die Justizkasse Raten zahlen müssen und nicht vollständig von der Eigenbeteiligung befreit sind.

Für den Fall, dass Sie im gerichtlichen Verfahren unterliegen sollten, sind Sie der alleinige Kostenschuldner der Gerichtskosten und des Vergütungsanspruchs der gegnerischen Rechtsanwälte.

Die Bewilligung von Prozesskostenhilfe hat nur Auswirkung auf unsere Vergütung. Die Bewilligung von Prozesskostenhilfe umfasst nicht die im Verfahren im Falle des Unterliegens von Ihnen zu tragenden Kosten (gegnerische Rechtsanwaltskosten und Gerichtskosten).

Grußformel

▲

X. Missverhältnis zwischen Kosten und Rechtsverfolgungsziel

Sie kennen den bekannten Satz „Recht haben und Recht bekommen sind zweierlei Dinge". 54
Gleiches gilt auch dann, wenn es dem Auftraggeber „um das Prinzip geht". Der Auftraggeber hat einen Anspruch i.H.v. 5,00 €, aus prinzipiellen Erwägungen möchte er diesen Anspruch mittels anwaltlicher Hilfe verfolgen. Hier muss der RA den Auftraggeber darüber belehren, dass die Kosten für die Geltendmachung des Anspruchs den Anspruch selbst um ein Vielfaches übersteigen. Auch Sie werden mit Sicherheit schon erlebt haben, dass das Gedächtnis des Menschen ein trügerisches Ding ist. So kann sich etwa der Auftraggeber erstaunlicherweise überhaupt nicht daran erinnern, dass der RA ihn entsprechend belehrt hat. Schon aus diesem Grund ist in diesen Fällen der **schriftliche Nachweis** über den erfolgten Hinweis unbedingt zu erstellen. Neben diesem Nachweis sollten Sie in diesen Angelegenheiten auch unmittelbar die komplett zu erwartende Vergütung als Vorschuss anfordern. Manchmal führt der Schreck über die Höhe der Vergütung doch noch zum Ablassen von dem Ideal des Prinzips.

XI. Beratungshilfe

Manchmal stellt sich im Zuge einer begonnenen Beratung heraus, dass angesichts der Ein- 55
kommens- und Vermögensverhältnisse des Auftraggebers die sog. Bedürftigkeit gegeben ist und damit die Voraussetzung von Beratungshilfe vorliegt. Im anwaltlichen Alltag finden Sie Beratungshilfe besonders häufig in familienrechtlichen Angelegenheiten. Auch in arbeitsrechtlichen Mandaten sowie bestimmten verwaltungsrechtlichen Angelegenheiten (z.B. Asylverfahren) ist Beratungshilfe keine Seltenheit.

56 Stellt sich das Leistungsunvermögen während der Beratung heraus, ist der RA nur noch eingeschränkt verpflichtet (§ 49a BRAO), den Auftraggeber auf die Möglichkeit der Gewährung von Beratungshilfe hinzuweisen. Er kann die weitere Vertretung zu den Bedingungen von Beratungshilfe auch ablehnen.

57 Entscheidet sich der RA zu den Bedingungen von Beratungshilfe tätig zu werden, muss er jedoch nicht tätig werden, solange nicht über die Bewilligung von Beratungshilfe entschieden ist. Er kann eine weitere Tätigkeit (also eine weitere Beratung) ablehnen, bis über das Beratungshilfegesuch entschieden ist. Häufig wird der RA jedoch weiter tätig und vertraut darauf, dass Beratungshilfe bewilligt werden wird. Der RA geht mit diesem Verhalten ein wirtschaftliches Risiko ein. Berät der RA den Auftraggeber weiter und wird Beratungshilfe nicht bewilligt, erhält der RA keine Vergütung aus der Staatskasse, er ist im Zweifel unentgeltlich tätig.

58 Nun liegt es nicht jedem RA, bei mangelnder Leistungsfähigkeit die Beratung abzubrechen. Viele RAe sind der Auffassung, auch tätig werden zu müssen, wenn die Vergütung ungesichert ist. Diese Entscheidung kann niemand dem jeweiligen RA abnehmen. Tatsache ist und bleibt allerdings, dass der RA auch eine Verantwortung gegenüber seinen Mitarbeitern hat. Je häufiger der RA unentgeltlich tätig ist, umso größer die Wahrscheinlichkeit, dass irgendwann die finanzielle Leistungsfähigkeit für das Gehalt (zzgl. Nebenleistungen) der Mitarbeiter nicht mehr gegeben ist. Diesen Gedanken sollte jeder, der tätig wird, in Kenntnis der Tatsache, dass er ggf. (mit großer Wahrscheinlichkeit) keine Vergütung erhält, in Ruhe durchdenken.

59 Immer dann, wenn der RA meint, er wäre unentgeltlich tätig, irrt er. Er zahlt in Wirklichkeit dafür, dass er tätig ist. Die laufenden Kosten einer Kanzlei müssen unabhängig davon erbracht werden, ob der RA eine Vergütung berechnet.

60 Um der auf die Möglichkeit der Gewährung von Beratungshilfe gegebenen Belehrungspflicht nachzukommen, können Sie einen **allgemeinen Belehrungstext** z.B. im Wartebereich oder an sonst offen zugänglicher Stelle auslegen.

8.9 ▼

61 **Muster 8.9: Allgemeine Belehrung über die Möglichkeit der Bewilligung von Beratungshilfe**

Wir danken Ihnen, dass Sie uns mit Ihrer rechtlichen Interessenvertretung beauftragen wollen.

Da uns weder die Höhe Ihres Nettoeinkommens bekannt ist, noch die Höhe Ihrer laufenden monatlichen Belastungen, können wir nicht beurteilen, ob es für Sie die Möglichkeit gibt, dass Ihnen für unsere anwaltliche Tätigkeit Beratungshilfe gewährt wird. Von der Höhe Ihres Einkommens hängt es ab, ob Sie ggf. einen Anspruch auf die Gewährung von Beratungshilfe haben. Damit Sie Beratungshilfe in Anspruch nehmen können, erläutern wir Ihnen nachstehend die nach unserer Meinung wichtigsten Voraussetzungen und Wirkungen von Beratungshilfe. Diese Ausführungen erheben keinen Anspruch auf Vollständigkeit. Es handelt sich lediglich um einen kurzen Leitfaden.

Voraussetzungen für die Bewilligung von Beratungshilfe

Das Gesetz über Rechtsberatung und Vertretung für Bürger mit geringem Einkommen (Beratungshilfegesetz – BerHG) gewährt Ihnen auf Antrag Beratungshilfe für die Wahrnehmung von Rechten außerhalb eines gerichtlichen Verfahrens, wenn

1. Sie die erforderlichen Mittel zur Bezahlung eines Rechtsanwalts nach Ihren persönlichen und wirtschaftlichen Verhältnissen nicht aufbringen können,
2. keine anderen Mittel zur Verfügung stehen, deren Inanspruchnahme Ihnen zuzumuten ist (z.B. eine bestehende Rechtsschutzversicherung, Vertretung durch gewerkschaftliche Organisationen, in denen Sie Mitglied sind),
3. die Wahrung Ihrer Rechte nicht mutwillig erscheint.

Das Gesetz stellt fest, dass die Voraussetzungen zur Gewährung von Beratungshilfe aus wirtschaftlichen Gründen vorliegen, wenn Ihnen nach den Vorschriften der Zivilprozessordnung (ZPO) Prozesskostenhilfe ohne Ratenzahlung zu gewähren wäre. Dies ist nur dann gegeben, wenn Ihr monatliches Nettoeinkommen es nicht zulässt, aus eigenen Mitteln einen Rechtsanwalt zu bezahlen.

Im gerichtlichen Verfahren wird keine Beratungshilfe gewährt. Für gerichtliche Auseinandersetzungen wird auf Antrag ggf. Prozesskostenhilfe bewilligt. Werden Sie finanziell durch staatliche Mittel unterstützt, liegen in der Regel die wirtschaftlichen Voraussetzungen für die Bewilligung von Beratungshilfe vor.

Allerdings wird Beratungshilfe nicht bewilligt, wenn Sie nur die anwaltliche Leistung nicht selbst finanzieren können. Immer erfüllt sein müssen die oben zu Ziffer 2. und 3. weiter genannten Voraussetzungen.

Rechtsgebiete, für die Beratungshilfe gewährt wird

Bei der Gewährung von Beratungshilfe übernimmt die Justizkasse die gesetzliche Vergütung (Gebühren und Auslagen) des Rechtsanwalts für eine Beratung und eine vorgerichtliche oder außergerichtliche Vertretung.

Nicht alle Rechtsgebiete werden von der Möglichkeit der Gewährung von Beratungshilfe erfasst. Gewährt wird Beratungshilfe für beratende Tätigkeiten

- in zivil- und arbeitsrechtlichen Angelegenheiten;
- in verwaltungsrechtlichen Angelegenheiten;
- in verfassungsrechtlichen Angelegenheiten;

- in sozialrechtlichen Angelegenheit und
- in Angelegenheiten des Strafrechts und Ordnungswidrigkeitenrechts.

Hierbei gilt, dass in straf- und ordnungswidrigkeitsrechtlichen Auseinandersetzungen nur Beratungen von der Gewährung von Beratungshilfe umfasst sind. Der Staat übernimmt nicht die Kosten für weiter gehende vorgerichtliche Tätigkeiten des Rechtsanwalts. Auch eine Vertretung vor Behörden in straf- und ordnungswidrigkeitsrechtlichen Verfahren erfolgt daher, wenn Sie diese Tätigkeit beauftragen, auf Ihre Kosten. Durch den Staat erfolgt in diesen Fällen nie eine Zahlung der Rechtsanwaltsvergütung, da dies gesetzlich ausgeschlossen ist.

Zuständigkeit für den Antrag auf Bewilligung von Beratungshilfe

Beratungshilfe wird nur auf Antrag gewährt. Diesen Antrag erhalten Sie beim Amtsgericht an Ihrem Wohnsitz. Der Rechtsanwalt ist nicht verpflichtet, einen solchen Antrag vorrätig zu haben.

Den Antrag auf Bewilligung von Beratungshilfe müssen Sie bei dem Amtsgericht, in dessen Bezirk Sie Ihren sog. allgemeinen Gerichtsstand haben, stellen. Zuständig ist das Amtsgericht an Ihrem Wohnort.

Nach Prüfung der Unterlagen stellt Ihnen das Amtsgericht einen sog. Berechtigungsschein zur Verfügung, den Sie Ihrem Rechtsanwalt vorlegen.

Bitte beauftragen Sie Ihren Rechtsanwalt erst, wenn Ihnen der Berechtigungsschein vorliegt. So werden Missverständnisse hinsichtlich der Vergütung des Rechtsanwalts vermieden. Nach Abschluss seiner anwaltlichen Tätigkeit ist der Rechtsanwalt nicht verpflichtet, nachträglich seine Gebühren im Wege der Beratungshilfe abzurechnen. Die Höhe der gesetzlichen Vergütung und der durch den Staat gezahlten Vergütung unterscheidet sich im Regelfall erheblich.

Bitte bemühen Sie sich daher, bevor Sie einen Rechtsanwalt beauftragen, um die Bewilligung von Beratungshilfe.

Eigenbeteiligung trotz Bewilligung von Beratungshilfe

Wird Ihnen Beratungshilfe gewährt, zahlen Sie in der Angelegenheit an Ihren Anwalt einen eigenen geringen Betrag in Höhe von 15,00 €. Diesen Betrag müssen Sie für die gesamte vor- oder außergerichtliche Tätigkeit nur einmal an den Rechtsanwalt zahlen.

Umfasst die Beratungshilfe mehrere verschiedene Angelegenheiten (also verschiedene rechtliche Grundlagen, unterschiedliche Gegner oder unterschiedliche Möglichkeiten der Durchsetzung der Forderung), ist es möglich, dass Sie den Betrag in Höhe von 15,00 € mehrfach leisten müssen.

Wir hoffen, mit diesen Ausführungen bereits einen Teil Ihrer eventuellen Fragen zur Finanzierung anwaltlicher Tätigkeit geklärt zu haben.

▲

XII. Weitere Belehrungspflichten

Es kann nicht ausgeschlossen werden, dass es in speziellen Rechtsgebieten noch weitere erforderliche Belehrungspflichten gibt. Ob es ein Hinweis auf eine mögliche eingeschränkte Kostenerstattung bei wettbewerbsrechtlichen Abmahnungen, der Hinweis auf ein anhängiges Revisionsverfahren beim BGH oder bspw. die besondere Problematik bei Auslandsberührung (z.B. Vollstreckbarkeit bei Staaten außerhalb der EU) ist, generell gilt: Mehr ist mehr! Die Darstellung beinhaltet die nach Auffassung der Autorin wichtigsten und häufigsten Belehrungspflichten und erhebt keinen Anspruch auf Vollständigkeit. 62

Z.T. sind in den jeweiligen Kapiteln weitere Textmuster und Vorschläge zu finden. 63

C. Vergütung für die anwaltliche Tätigkeit

I. Anwaltliche Tätigkeit

I.d.R. übt der RA eine sog. anwaltliche Tätigkeit aus. Aber es ist eine Vielzahl von Fällen denkbar, in denen der RA nicht anwaltlich tätig ist. Bereits § 1 RVG gibt vor, wie zu verfahren ist, wenn der RA keine sog. anwaltliche Tätigkeit ausübt. § 1 Abs. 2 RVG bestimmt, wie zu verfahren ist, wenn der RA bspw. als Insolvenzverwalter, Testamentsvollstrecker u.v.a.m. tätig ist. Die Vergütung für diese Art von Tätigkeiten richtet sich dann regelmäßig nicht nach dem Rechtsanwaltsvergütungsgesetz (RVG). Oft gehen spezielle gesetzliche Regelungen dem RVG vor. 64

Ich beschäftige mich ausschließlich mit dem Vergütungsanspruch, den das **RVG** vorsieht. Für alle weiteren Anwendungsfälle müssen Sie auf die diesbezügliche Fachliteratur zurückgreifen. 65

II. Begriff der Vergütung

§ 1 Abs. 1 RVG definiert die Bestandteile der Vergütung. Die Vergütung besteht aus Gebühren und Auslagen. Welche Gebühren der RA erhält, ergibt sich i.d.R. aus dem sog. **Vergütungsverzeichnis**. Gleiches gilt für die Auslagen. Diese werden in Teil 7 des Vergütungsverzeichnisses aufgeführt. 66

III. Vergütungsschuldner

Das Schöne an unserem Beruf ist, dass fast jeder Satz begonnen werden kann mit: „Grds. gilt …, aber wenn ein bestimmter Fall gegeben ist, dann gilt etwas anderes." Wir haben in fast jedem Gebiet den sog. Regelfall und dann die Ausnahmen. So ist es auch im Hinblick auf den Vergütungsschuldner: Grds. schuldet der Auftraggeber die anwaltliche Vergütung. Derjenige, der den RA beauftragt, muss dessen Vergütung zahlen. Von diesem Grundsatz gibt es eine Reihe von Ausnahmen: 67

1. Staatskasse

a) Beratungshilfe

68 Ist dem Auftraggeber Beratungshilfe gewährt, schuldet der **Staat** die Vergütung. Der Auftraggeber selbst erhält keine Vergütungsberechnung. Der RA reicht sein Erstattungsgesuch bei der Staatskasse ein und erhält von dort die bei gewährter Beratungshilfe vorgesehene gesetzliche Vergütung.

69 Der Auftraggeber allerdings schuldet dem RA einen **Festbetrag** (sog. Schutzgebühr) i.H.v. 15,00 € pro Beratungshilfeangelegenheit, dazu mehr unter Rdn 150.

b) PKH

70 Ist dem Auftraggeber PKH (ganz, z.T. oder in Raten) bewilligt, schuldet ebenfalls die Staatskasse die Vergütung. Der Auftraggeber ist nicht Vergütungsschuldner. Dies gilt aber nur für den Teil der Vergütung, der von der Bewilligung von PKH umfasst ist. Ist z.B. nur z.T. PKH bewilligt, ist die Staatskasse auch nur für den bewilligten Teil Vergütungsschuldner. Für die Teile der Vergütung, für die PKH nicht bewilligt worden ist, bleibt der Auftraggeber der Vergütungsschuldner. Einzelne Berechnungsbeispiele, welchen Teil der Auftraggeber bei der nur teilweisen Bewilligung von PKH zu zahlen hat, sind unter Rdn 709 dargestellt.

71 Sie dürfen bei bewilligter PKH nicht übersehen, dass sich die Bewilligung immer nur auf den Vergütungsanspruch des beigeordneten RA bezieht. Die Staatskasse tritt gegenüber dem eigenen RA an die Stelle des Vergütungsschuldners. Unterliegt der Auftraggeber im gerichtlichen Verfahren, so ist er nicht von der Zahlung der Vergütung befreit, die der RA von der sog. „Gegenseite" verlangen kann.

2. Dritter

72 Nicht selten kommt es vor, dass ein Dritter anstelle des Auftraggebers die Vergütung zahlt oder schuldet. Im Unterschied zu den Fällen unter den Rdn 67 ändert sich aber nichts daran, dass weiterhin der Mandant – also der Auftraggeber – Schuldner der Anwaltsvergütung bleibt.

a) Materiell-rechtlicher Kostenerstattungsanspruch bei Beratungshilfe

73 Für den Fall, dass dem Auftraggeber Beratungshilfe bewilligt worden ist, ist es möglich, dass gem. § 9 BerHG für die Gegenseite die Verpflichtung besteht, dem RA die gesetzliche Vergütung zu erstatten, soweit eine grds. sog. **materiell-rechtliche Kostenerstattungspflicht** gegeben ist. Befand sich der Gegner z.B. im Verzug, steht dem RA ein eigener Schadensersatzanspruch zu. Der insoweit in der Person des Rechtsuchenden (Auftraggebers) entstandene Anspruch auf Erstattung der gesetzlichen Vergütung geht kraft Gesetzes auf den RA über. Nur dieser kann den Erstattungsanspruch geltend machen,

der Rechtsuchende selbst ist nicht mehr Anspruchsinhaber und damit nicht in der Lage, den Anspruch durchzusetzen. Der RA kann vom Gegner die Differenz zwischen dem Beratungshilfeanspruch und der sog. **Wahlanwaltsvergütung** geltend machen.

Selbstverständlich kann ein Dritter aufgrund materiell-rechtlicher Vorschriften auch 74
dann die Vergütung schulden, wenn dem Auftraggeber Beratungshilfe nicht bewilligt wurde. Die materiell-rechtlichen Kostenerstattungsvorschriften sind immer gleich.

b) Rechtsschutzversicherung

Hat eine Rechtsschutzversicherung eine sog. **Kostendeckungszusage** erteilt, so zahlt 75
diese anstelle des Auftraggebers die gesetzliche Vergütung des RA. Im gerichtlichen Verfahren zahlt die Rechtsschutzversicherung (RSV) auch die Kosten der Gegenseite, wenn der Auftraggeber unterliegt und die Gerichtskosten.

Der Mandant bleibt alleiniger **Vergütungsschuldner**. Zahlt die RSV nicht oder nur z.T., 76
kann der RA selbstverständlich nicht beglichene Vergütungsforderungen beim Auftraggeber einfordern.

Die Rechnung, die erstellt wird, wenn eine RSV eingeschaltet wird, ist an den Auftraggeber zu richten. In den meisten Fällen reicht der RA diese an den Auftraggeber gerichtete Rechnung mit einem Anschreiben bei der RSV ein.

8.10

▼

Muster 8.10: Anschreiben an die RSV – Übergabe der Vergütungsberechnung 77

Anrede,

in der Anlage haben wir unsere Vergütungsberechnung beigefügt, die sich auf einen Gesamtbetrag in Höhe von   € beläuft. Aufgrund Ihrer Verpflichtung, den Versicherungsnehmer von Kostenforderungen freizustellen, bitten wir um Ausgleich der beigefügten Rechnung.

Falls erforderlich können Sie Einzelheiten zum Gegenstandswert oder zu einer entstandenen Rahmengebühr und der Bestimmung des Rahmens der Gebühr der Vergütungsberechnung entnehmen.

Bitte überweisen Sie den Rechnungsbetrag in Höhe von   € bis zum

auf eines unserer genannten Konten unter Angabe des Betreffs „   ./.   “.

Bereits an dieser Stelle erlauben wir uns den Hinweis, dass wir bei nicht fristgerechtem Zahlungsausgleich unverzüglich ohne weitere Korrespondenz den Versicherungsnehmer direkt wegen unserer Vergütung in Anspruch nehmen werden.

Grußformel

▲

78 Die Praxis setzt sich regelmäßig darüber hinweg, es werden Rechnungen an die Versicherung als Rechnungsempfänger erstellt und auch die Auftraggeber werden nur selten über die Einreichung der Vergütungsberechnung bei der Rechtsschutzversicherung informiert. Auch hier gilt, dies ist so lange unschädlich, wie es ohne Konsequenzen „läuft". In Zeiten, wo in vielen Kanzleien an allen möglichen Orten Einsparungen erfolgen, wird auch am Porto für die Information des Auftraggebers gespart. Bei allem Verständnis für dieses Vorgehen, die berufsrechtlichen Pflichten sollten Sie nicht vernachlässigen.

Durch die modernen Medien (Internet, Fax u.a.) können Sie den Auftraggeber oft kostengünstig informieren.

79 *Praxistipp:*

Jeder **Fragebogen**, den Sie zur Aufnahme der Daten des Auftraggebers führen, sollte unbedingt nach der E-Mail-Adresse fragen. Viele Auftraggeber verfügen über ein Faxgerät, sehr viele über eine E-Mail-Anschrift. Wenn Sie diese Daten rechtzeitig erfassen, ist es leicht, schnell und zu geringen Kosten mit dem Auftraggeber (und auch sonstigen Dritten) zu kommunizieren.

80 Wenn Sie dem Auftraggeber eine Mitteilung über die erfolgte Rechnungsstellung gleichzeitig mit der Versendung der Rechnung an die Rechtsschutzversicherung übersenden, hat dies den Vorteil, dass der Mandant informiert und darauf vorbereitet ist, bei Auseinandersetzungen mit der RSV selbst zahlen zu müssen. Die Kooperationsbereitschaft des Mandanten steigt, wenn ihm bekannt ist, dass die ausbleibende Zahlung seiner RSV zur Folge hat, dass er eine bestimmte Vergütungshöhe zu erbringen hat.

8.11

▼

81 **Muster 8.11: Rechnungsmitteilung an den Auftraggeber**

Anrede,

wir haben mit gleicher Post die in der Anlage beigefügte Vergütungsberechnung vom in Höhe von an Ihre Rechtsschutzversicherung mit der Bitte um Zahlung weitergeleitet. Da Sie als Auftraggeber der Vergütungsschuldner sind, informieren wir Sie über diesen Vorgang, denn Ihre Versicherung befreit Sie lediglich von der Verpflichtung der Vergütungszahlung, wenn auch eine Zahlung erfolgt.

Sollte Ihre Rechtsschutzversicherung hier entgegen der erteilten Kostendeckungszusage nicht oder nur zum Teil leisten, kommen wir auf die Angelegenheit zurück und müssen die ausstehende Vergütung bei Ihnen anfordern.

Selbstverständlich werden wir uns für diesen Fall der Zahlungsverweigerung durch Ihre Versicherung gemeinsam mit Ihnen darum bemühen, die Zahlung durch Ihre Rechtsschutzversicherung zu bewirken.

Grußformel

▲

3. Übernahme durch sonstige Dritte

Nicht selten zahlt ein anderer als der Auftraggeber die Vergütung des RA. Häufig über- 82
nehmen z.B. Eltern die Verpflichtung, die Vergütung des RA zu zahlen, wenn die Kinder selbst nicht leistungsfähig sind. Auch der Betriebsrat zahlt von Fall zu Fall die Vergütung eines Arbeitnehmers (z.B. in einem sog. Musterverfahren). Unüblich ist es auch nicht, dass in einer Ehe einer die Zahlungsverpflichtung des anderen übernimmt.

Wenn ein Dritter die Vergütung für den Auftraggeber zahlt, kann dies aufgrund gesetzlicher Vorgaben erfolgen (s. § 1360a BGB) oder auf freiwilliger Basis. Dann hat die Kostenübernahme i.d.R. ihren Grund darin, dass der Auftraggeber selbst nicht leistungsfähig ist.

Für den Fall, dass es erforderlich wird, wegen der Vergütung eine ggf. auch gerichtliche 83
Auseinandersetzung zu führen, ist die Sicherung des Vergütungsanspruchs zwingend. Empfehlenswert ist eine unbeschränkte, unbefristete, unbedingte Bürgschaft, in dem der zur Vergütungsübernahme Verpflichtete sich für die Zahlung der Vergütung verbürgt. Durch zusätzliche regelmäßige Vorschussanforderungen wird ein Vergütungsausfall vermieden.

▼

Muster 8.12: Bürgschaft zur Übernahme der Vergütung 84

Bürgschaftserklärung

Hiermit erkläre(n) ich (wir) – *(Name, Musterstraße 1 in 11111 Musterhausen)*, unter Verzicht auf die Einrede der Vorausklage die unbedingte, unbefristete und unbeschränkte Bürgschaft im Hinblick auf die entstehende und entstandene Anwaltsvergütung in der Auseinandersetzung des

(vollständiger Name des Auftraggebers, vollständige Anschrift)

wegen *(kurzer Betreff – wer gegen wen – warum)*,

die die Rechtsanwälte *(Name und Anschrift Kanzlei)* von

(Name Auftraggeber)

aufgrund gesetzlicher oder vereinbarter Vergütung fordern können.

Auf die Einrede der Vorausklage wird verzichtet. Die Vergütungsforderung kann unmittelbar und direkt gegen mich (uns) geltend gemacht werden.

Ort, Datum — Unterschrift Bürge

▲

85 Es handelt sich bei dem vorstehenden Text um ein Textmuster. Selbstverständlich kann dieses um die Fälligkeit des Vergütungsanspruchs, eine etwaige Verzinsung für den Fall des Verzugs, die Form der Übersendung der Vergütungsberechnung u.v.a.m. erweitert werden. Auch ist es jederzeit möglich, für den Fall einer Bürgschaft gleichzeitig eine Abtretungserklärung (z.B. Bankguthaben, pfändbares Arbeitseinkommen, Mieteinnahmen sowie diverse sonstige mögliche Forderungen) des Bürgen zu formulieren. Üblich ist es dann, diese Abtretung auf den Fall der Geltendmachung der Bürgschaft zu beschränken. Formulierungsbeispiele finden Sie im Rechtsverkehr viele. So hat jeder, der ein Konto bei einer Bank eröffnet hat und dort einen sog. Dispositionskredit erhalten hat, den pfändbaren Teil seines Arbeitseinkommens an die Bank abgetreten. Wer hier nach Beispielen sucht, muss nur die eigenen Verträge sorgfältig lesen.

4. Kfz-Haftpflichtversicherung

a) Kfz-Haftpflichtversicherung des Auftraggebers

86 Ist der Auftraggeber in einen Verkehrsunfall verwickelt und wird von einem Unfallbeteiligten verklagt, so zahlt seine Kfz-Haftpflichtversicherung die Vergütung des RA. Da der Auftraggeber gemeinsam mit seiner Versicherung verklagt wird, behält sich die Versicherung meist vor, selbst einen RA mit der gemeinsamen Vertretung zu beauftragen. Versicherungsrechtlich ist der Auftraggeber gehalten, sich durch den RA vertreten zu lassen, den seine Kfz-Haftpflichtversicherung ihm vorschlägt. Dies gilt selbstverständlich dann nicht, wenn er ein Interesse an einem eigenen Anwalt hat (z.B. es liegt ein Fall von Interessenkollision vor, wenn sich der Auftraggeber und die Versicherung durch einen Anwalt vertreten lassen). Eine Zahlung der Vergütung des dann zusätzlich beauftragten RA erfolgt i.d.R. nicht durch die Kfz-Haftpflichtversicherung.

b) Kfz-Haftpflichtversicherung des Unfallgegners

87 Ist der Auftraggeber Beteiligter an einem Verkehrsunfall, den er nicht verursacht hat, so zahlt die gegnerische Kfz-Haftpflichtversicherung die Vergütung des von ihm beauftragten RA und ggf. weitere erforderliche Kosten (z.B. Handelsregisterauszug, Einwohnermeldeamtanfragen und Ähnliches). Dieser Anspruch ergibt sich nicht aus dem RVG, sondern aus dem BGB (§ 249 BGB). Man nennt diesen Anspruch einen **materiell-rechtlichen Kostenerstattungsanspruch**.

88 Erstattet wird die Vergütung nur berechnet nach dem Anteil, für den eine Regulierung durch die Versicherung erfolgt. Beträgt der Schaden des Auftraggebers 7.000,00 €, trifft ihn aber ein sog. Mitverschulden von 10 %, so zahlt die Versicherung lediglich 6.300,00 € (also 90 % der Forderung).

89 Eine Übernahme der Vergütung erfolgt nur in der Höhe bemessen an dem Anteil, zu dem der Schaden reguliert wurde. Eine weitere Haftung muss die gegnerische Versicherung

nicht übernehmen. Der Auftraggeber als alleiniger Vergütungsschuldner muss die durch die Versicherung nicht gezahlten Teile der Vergütung erstatten.

Beispiel: 90

Den Auftraggeber trifft ein Mitverschulden von 50 % (häufig bei übersehenen Vorfahrtsregeln). Die Höhe seines Schadens wird beziffert mit 8.500,00 €. Die gegnerische Versicherung zahlt 4.250,00 €.

Der Gegenstandswert für die Abrechnung gegenüber dem Auftraggeber beträgt 8.500,00 €.

Der Gegenstandswert für die Geltendmachung des materiell-rechtlichen Kostenerstattungsanspruchs beträgt 4.250,00 €. Der Auftraggeber hat an den RA die Differenz aus beiden Berechnungen zu zahlen.

Hinweis: 91

Aus Vereinfachungsgründen erfolgt die Darstellung unter Außerachtlassung der entstandenen USt.

Beispiel: 92

Vergütungsanspruch insgesamt

Gegenstandswert: 8.500,00 €

1,3 Geschäftsgebühr §§ 2 Abs. 2, 13, Nr. 2300 VV RVG	*669,10 €*
Zwischensumme	*669,10 €*
Entgelte für Post- und Telekommunikationsdienstleistungen gem. Nr. 7002 VV RVG	*20,00 €*
Zwischensumme netto	***689,10*** €

Erstattung durch gegnerische Versicherung

Gegenstandswert: 4.250,00 €

1,3 Geschäftsgebühr §§ 2 Abs. 2, 13, Nr. 2300 VV RVG	*393,90 €*
Zwischensumme	*393,90 €*
Entgelte für Post- und Telekommunikationsdienstleistungen gem. Nr. 7002 VV RVG	*20,00 €*
Zwischensumme netto	***413,90*** €

Der Auftraggeber schuldet dem RA 689,10 € – 413,90 € = 275,20 € (zzgl. USt).

Diese obige Abrechnungsmethode gilt nur eingeschränkt, wenn ein sog. Regulierungsabkommen vorliegt mit einer Einzelversicherung (s. nachstehend unter Rdn 97). 93

c) Rationalisierungsabkommen mit Versicherungen

94 Bis zum 30.6.2004 gab es ein sog. „DAV-Abkommen". Mit dem Inkrafttreten des RVG am 1.7.2004 ist das „DAV-Abkommen" zwischen Rechtsanwälten und Versicherungsunternehmen aufgehoben worden.

95 Trotzdem bieten einige Versicherungen den Rechtsanwälten konkrete Bedingungen an, zu denen eine Abrechnung erfolgen soll, wenn der vom RA vertretene Auftraggeber in einen Verkehrsunfall verwickelt ist, der über die spezielle Versicherung abgewickelt wird. Häufig bieten die Versicherungen einen bestimmten **Gebührensatzrahmen** für die Geschäftsgebühr an. Hierbei ist alles Mögliche denkbar. So gibt es Versicherungen, die einen Gebührensatzrahmen unterhalb der sog. Regelvergütung anbieten (Regelvergütung = 1,3 Geschäftsgebühr gem. Nr. 2300 VV RVG), aber auch Abweichungen nach oben sind denkbar. Weiter wird die Einigungsgebühr der Nr. 1000 VV RVG abweichend vereinbart. Hier schlagen die Versicherungen i.d.R. einen niedrigeren Gebührensatzrahmen vor (so 1,0 statt 1,5 gem. Nr. 1000 VV RVG).

96 Oft handelt es sich bei den von verschiedenen Rechtsschutzversicherern und Kfz-Versicherern angebotenen Rationalisierungsabkommen um Vergütungsvereinbarungen unterhalb der gesetzlichen Vergütung. Die Bundesrechtsanwaltskammer (www.brak.de) weist in ihrem Rundschreiben vom Juli 2004 darauf hin, dass diesen Rationalisierungsabkommen neben wirtschaftlichen auch berufsrechtliche Bedenken entgegenstehen. Der RA darf nicht ohne Weiteres regelmäßig eine geringere als die gesetzliche Vergütung vereinbaren (näheres hierzu s. Rdn 750 ff.). Die Rationalisierungsvorschläge der Versicherungen umfassen z.T. auch Gebühren für die Vertretung im gerichtlichen Verfahren. Für diesen Teilbereich der anwaltlichen Tätigkeit sind die Rationalisierungsabkommen unwirksam. Da die Versicherung nicht der Auftraggeber ist oder diesen vertritt (sondern den Schädiger), handelt es sich nicht um die Vereinbarung eines Erfolgshonorars.

97 Haben Sie eine Vereinbarung über die Abrechnung mit einer Versicherung getroffen, so müssen Sie die Vergütungsberechnung entsprechend vornehmen. An die Vereinbarung sind Sie gebunden. Selbstverständlich nur in dem vereinbarten Umfang.

Beispiel:

Sie haben ein Abkommen mit der XYZ-Versicherung getroffen, das Sie für den Fall der Regulierung von Kraftfahrzeugschäden wie folgt regulieren:

Maßgebend als Gegenstandswert ist die erfolgte Zahlung durch die Versicherung. Die Geschäftsgebühr der Nr. 2300 VV RVG wird mit einem Gebührensatzrahmen von 1,1 berechnet und die Einigungsgebühr der Nr. 1000 VV RVG mit einem Gebührenrahmen von 1,0. In einer Verkehrsunfallschadensache beträgt der tatsächliche Schaden 4.700,00 €. Die Versicherung reguliert 3.200,00 €. Sie berechnen gegenüber der Versicherung (der Auftraggeber ist zum Vorsteuerabzug berechtigt):

Gegenstandswert: 3.200,00 €	
1,1 Geschäftsgebühr §§ 2 Abs. 2, 13 Nr. 2300 VV RVG	*277,20 €*
1,0 Einigungsgebühr §§ 2 Abs. 2, 13, Nr. 1000 VV RVG	*252,00 €*
Zwischensumme der Gebührenpositionen	*532,20 €*
Entgelte für Post- und Telekommunikationsdienstleistungen Nr. 7002 VV RVG	*20,00 €*
Keine Geltendmachung der Vorsteuer aufgrund Vorsteuerabzugsberechtigung des Auftraggebers	
SUMME	***552,20 €***
Der tatsächliche Gebührenanspruch beträgt aber:	
Gegenstandswert: 4.700,00 €	
1,3 Geschäftsgebühr §§ 2 Abs. 2, 13, Nr. 2300 VV RVG	*393,90 €*
1,5 Einigungsgebühr §§ 2 Abs. 2, 13, Nr. 1000 VV RVG	*454,50 €*
Zwischensumme der Gebührenpositionen	*848,480 €*
Entgelte für Post- und Telekommunikationsdienstleistungen Nr. 7002 VV RVG	*20,00 €*
Zwischensumme netto	*868,40 €*
19 % USt Nr. 7008 VV RVG	*165,00 €*
Gesamtbetrag	***1.033,40 €***

Üblicherweise kann der RA zwar die Differenz zwischen der tatsächlichen entstandenen Vergütung und der von der gegnerischen Versicherung gezahlten Vergütung verlangen. Der RA kann aber nicht den Gebührensatzrahmen der Geschäftsgebühr und auch nicht den Gebührenrahmen der Einigungsgebühr in tatsächlicher Höhe vom Auftraggeber fordern. Über die vereinbarten Gebührensatzrahmenhöhe oder Gebührenrahmenhöhe hinaus kann er nichts von Auftraggeber fordern. Er kann daher nur berechnen:

Gegenstandswert: 4.700,00 €	
1,1 Geschäftsgebühr §§ 2 Abs. 2, 13, Nr. 2300 VV RVG	*333,30 €*
1,0 Einigungsgebühr §§ 2 Abs. 2, 13, Nr. 1000 VV RVG	*303,00 €*
Zwischensumme der Gebührenpositionen	*636,30 €*
Entgelte für Post- und Telekommunikationsdienstleistungen Nr. 7002 VV RVG	*20,00 €*
Zwischensumme netto	*656,30 €*
19 % USt Nr. 7008 VV RVG	*124,70 €*
Gesamtbetrag	***781,00 €***

Von der so berechneten gesamten Vergütungsforderung i.H.v. 781,00 € ist die Zahlung der gegnerischen Haftpflichtversicherung i.H.v. 552,20 € (= 228,80 €) in Abzug zu bringen. Diesen Betrag schuldet der Auftraggeber dem RA.

d) Vorsteuerabzugsberechtigung des Auftraggebers

98 Ist der Auftraggeber zum Vorsteuerabzug berechtigt, so wird eine Rechnung an einen Dritten oder ein Kostenfestsetzungsantrag oder Kostenausgleichungsgesuch erstellt, ohne dass die USt berücksichtigt wird. Wenn Sie sog. Kostenerstattungsansprüche verfolgen (materiell-rechtlich und prozessual), schuldet der zur Kostentragung Verpflichtete nicht die Erstattung der USt. Die bei Ihnen entstandene USt (Nr. 7008 VV RVG) berechnen Sie direkt gegenüber dem Auftraggeber. Dieser berücksichtigt die USt dann im Wege der USt-Erklärung. Er zieht die USt, die er selbst zahlen muss, von der USt ab, die er eingenommen hat. Nur die Differenz leitet er an das Finanzamt (FA) weiter.

Beispiel:

Eingenommene USt	*19.000,00 €*
An Dritte gezahlte USt (zum derzeitigen Umsatzsteuersatz von 7 % oder 19 %)	*– 9.500,00 €*
Zahlung des Auftraggebers an das FA	*9.500,00 €*

99 Weisen Sie den Auftraggeber immer daraufhin, dass bedingt durch seine USt-Abzugsberechtigung diese nicht vom Gegner erstattet wird, sodass er eine eigene Rechnung von Ihnen erhält.

8.13

▼

100 **Muster 8.13: Zahlung USt durch Auftraggeber, der umsatzsteuerabzugsberechtigt ist**

Anrede,

in Ihrer Angelegenheit sind Gebühren und Auslagen in Höhe von netto 1.000,00 € entstanden.

Bedingt durch Ihre Berechtigung zum Vorsteuerabzug erfolgt durch die Gegenseite kein Ausgleich der Umsatzsteuer. Wie Sie unserer beigefügten Rechnung an Sie entnehmen können, beträgt der Umsatzsteuerbetrag (19 % Umsatzsteuer) 190,00 €. Bitte berücksichtigen Sie diesen Betrag bei Ihrer Umsatzsteuererklärung gegenüber dem Finanzamt und ziehen den Betrag von der Umsatzsteuer ab, die Sie aufgrund von erzielten Einnahmen an das Finanzamt zu leisten hätten. Dieses Schreiben nebst der anliegenden Rechnung wollen Sie bitte sorgfältig aufbewahren und zu Ihren Steuerunterlagen nehmen. Zur erleichterten Archivierung haben wir Ihnen dieses Schreiben in doppelter Ausfertigung zukommen lassen.

Grußformel

▲

IV. Auftrag und Vergütung

Welche Vergütung der RA erhält, hängt i.d.R. nicht von der erbrachten Tätigkeit ab (Ausnahme: Werkvertrag), sondern von dem Auftrag, den der Auftraggeber dem RA zur Durchführung des Mandatsverhältnisses erteilt hat. Bereits hier beginnen die Schwierigkeiten im Alltag. Kaum ein RA fixiert den erteilten Auftrag durch den Auftraggeber und lässt sich den erteilten Auftrag bestätigen. Fast immer wird davon ausgegangen, dass die erteilte Vollmacht des Auftraggebers ausreicht, um den erteilten Auftrag nachzuweisen. Dem ist nicht so. Viele vergütungsrechtliche Auseinandersetzungen könnten vermieden werden, wenn nicht mehr die erteilte Vollmacht als Auftragsnachweis gelten muss, sondern eine eigene besondere Auftragsbestätigung. **101**

Sämtliche allgemein übliche Vollmachtsformulare decken ein weites Spektrum möglicher anwaltlicher Tätigkeit ab. So erscheint der Auftraggeber bspw. und beauftragt Ihre Kanzlei, mit der Vertretung in einer arbeitsrechtlichen Auseinandersetzung. Wenn Sie jetzt die durch den Auftraggeber unterschriebene Vollmacht betrachten, werden Sie feststellen, dass der Auftraggeber Sie mit seiner Unterschrift auch bevollmächtigt hat, ihn in „seiner“ familienrechtlichen Auseinandersetzung (Scheidung) zu vertreten (von der der Auftraggeber im Zweifel gar nichts weiß – weil er diesen Auftrag nicht erteilt hat). Weiter bevollmächtigt er Sie zur Vertretung im Strafverfahren – auch da würde der Auftraggeber vehement widersprechen, denn einer Verfolgung durch die strafrechtlichen Behörden ist er nicht ausgesetzt. Die Vollmacht, wie Sie üblicherweise durch diverse Anbieter (auch Software) formuliert ist, soll eine Reihe von Verfahren abdecken und dient in erster Linie dazu, dass Sie sich gegenüber Dritten legitimieren können. Die Vollmacht dient aber nicht dazu, den erteilten Auftrag nachzuweisen. Dazu ist die Vollmacht nicht geeignet. Selbstverständlich wird in fast allen gerichtlichen gebührenrechtlichen Auseinandersetzungen zum Nachweis des erteilten Auftrags die durch den Auftraggeber unterzeichnete Vollmacht vorgelegt, aber genau dazu dient die Vollmacht nicht: Sie weist den Auftrag des RA nicht nach. Man kann den Auftrag vielleicht vermuten, unterstellen, herleiten, aber all die damit verbundenen Risiken lassen sich vermeiden, wenn sich der RA zu Beginn des Mandats und bei Weiterungen des Mandats den Auftrag bestätigen lässt. **102**

Nun können Sie natürlich einwenden, dass der Auftraggeber zu Beginn des Mandats in Formularen, Belehrungen etc. „erstickt“. Da haben Sie nicht ganz unrecht, aber: der Mandant unterzeichnet ohnehin die Vollmachten, diverse Belehrungen, ggf. Vergütungsvereinbarungen etc., da ist es keine Schwierigkeit, dem Mandanten zu verdeutlichen, dass eine Auftragsbestätigung auch in seinem Interesse ist. Diese weitere Unterschrift zu Beginn des Mandatsverhältnisses kann dafür sorgen, dass nach Beendigung des Auftragsverhältnisses bei Fälligkeit der Vergütung ein ausufernder Streit vermieden wird. Vergleichen Sie dies doch einmal mit einem Besuch beim Arzt. Jeder kennt es: bei jedem Arzt müssen Sie vor Beginn der Behandlung bei Ihrem Erstbesuch eine Reihe von Formu- **103** laren ausfüllen, unterschreiben und Zustimmungserklärungen zur Abrechnung durch zentrale Abrechnungsstellen abgeben. Sie lesen vermutlich diese Formulare nicht, lächeln bei der Frage nach Bankverbindung und Arbeitgeber, weil Sie wissen, wozu der Arzt diese benötigt und unterschreiben. Dabei werden Sie freundlich und kompetent durch die Arzthelferin unterstützt. Es spricht daher nichts dagegen, wenn die/der Rechtsanwaltsfachangestellte in der Anwaltskanzlei für die Unterzeichnung der entsprechenden Formulare Sorge trägt.

8.14 ▼

Muster 8.14: Auftragsbestätigung in allgemeiner zivilrechtlicher Angelegenheit

Auftragsbestätigung

Hiermit beauftrage/n ich/wir

(nachstehend der/die Auftraggeber genannt)

(nachstehend die Rechtsanwälte genannt)

in der Rechtssache gegen

mit

- der Beratung

und abhängig vom Ergebnis der Beratung:

- der (fern-)mündlichen und (fern-)schriftlichen vorgerichtlichen Interessenvertretung sowie dem Führen von Vergleichsverhandlungen

und bedingt für den Fall des Scheiterns der vorgerichtlichen Bemühungen:

- dem gerichtlichem Verfahren erster Instanz (einschließlich Mahnverfahren) und
- dem Führen von Vergleichsverhandlungen,

für den Fall eines auch nur teilweise Unterliegens:

- der Prüfung der Erfolgsaussichten eines jeden möglichen Rechtsmittels,

und für den Fall, das die Erfolgsaussichten bejaht werden:

- der Einlegung von Rechtsmitteln vor sowie nach Rechtskraft des Verfahrens,
- allen Maßnahmen der Zwangsvollstreckung, Zwangsverwaltung und ähnlichen Verfahren
- erforderlichenfalls der Vertretung im Insolvenzverfahren des Schuldners und

- dem Einzug und der Weiterleitung von Geldern über das Konto der Rechtsanwälte.

Für den Fall, dass der/die Auftraggeber über eine Rechtsschutzversicherung verfügt/en, werden die Rechtsanwälte beauftragt, die sog. Kostendeckungsanfrage zu stellen. Dem Auftraggeber/den Auftraggebern ist bekannt, dass für die sog. Kostendeckungsanfrage eine Anwaltsvergütung entsteht, die nicht von der Versicherung erstattet wird. Wird die Kostendeckungszusage von der Rechtsschutzversicherung unmittelbar nach der ersten Anfrage – ohne weiter erforderlichen Schriftverkehr erteilt –, werden die Rechtsanwälte prüfen, ob ein Verzicht auf den entstandenen Vergütungsanspruch erfolgt.

Ort, Datum Auftraggeber

▲

V. Vollmacht

Die üblicherweise zum Nachweis des Auftrags herangezogene Vollmacht ist nicht geeignet, den erteilten Auftrag nachzuweisen. Die Vollmacht wird benötigt, um im Rechtsverkehr kenntlich zu machen, dass der RA den Auftraggeber auch tatsächlich vertritt. Der Gegner kann dies nicht wissen. Fügt der RA daher seinem Erstschreiben (einer Kündigung, einer Mahnung, einer Handlungsaufforderung, einer Unterlassensforderung u.v.a.m.) keine Vollmacht bei, kann der Gegner den Inhalt des Schreibens unverzüglich (d.h. ohne schuldhaftes Verzögern – also umgehend) wegen des mangelnden Nachweises der Bevollmächtigung zurückweisen (§ 174 BGB). Vom Zwang, einem Schreiben (also einer Willenserklärung) eine Vollmacht beizufügen, hat die Rechtsprechung einige Ausnahmen geschaffen (so z.B. im Wettbewerbsrecht). Aber auch hier gilt, weniger ist eben nicht im Zweifel mehr. Es schadet nichts, eine Vollmacht beizufügen, es kann nur schaden, wenn keine Vollmacht beigefügt ist. Wer kann schon mit Sicherheit ausschließen, dass die Rechtsprechung, die bis gestern noch ein Vorgehen ohne Vollmacht als zulässig erachtet hat, sich morgen ändert? Je länger man in unserem Beruf tätig ist, umso häufiger erlebt man gerade im Hinblick auf die Entwicklung der Rechtsprechung manch unangenehme Überraschung. Oft kann man auch bei den höchsten Gerichten das Motto beobachten „Was schert mich mein Geschwätz von gestern?“. Wo es vermeidbar ist, sich hier unnötig in Gefahr zu bringen, sollte man es ausschließen. Für jedes Erstschreiben gilt daher: Wann immer möglich, eine Vollmacht im Original unterschrieben vom Auftraggeber beifügen. 104

In den Fällen, in denen dies nicht möglich sein sollte, verbleibt immer das Risiko, dass die mit dem Schreiben bezweckte Wirkung aufgrund der fehlenden Vollmacht nicht eintreten kann. Gerade in diesen Fällen ist das **Haftungsrisiko** des RA zu berücksichtigen. Wenn Sie ohne Vollmacht tätig werden müssen, weil es aus organisatorischen Gründen innerhalb der gegebenen Zeit nicht möglich war, dann sollten Sie sich von der Haftung freistellen lassen. 105

106 Nachstehend das Muster einer bereits von den üblichen Vordrucken stark abweichenden Vollmacht. Die Vollmacht berücksichtigt eine vorwiegend zivilrechtliche Vertretung und nennt keines der Rechtsgebiete, bei denen im ausgewählten Fall eindeutig war, dass keine Vertretung erfolgen wird (Strafsache, Familiensache u.a. in üblichen Vordrucken enthalten). Für jeden Verfahrensbereich (Strafrecht/Ordnungswidrigkeiten, Familienrecht, Arbeitsrecht u.a.) kann eine wesentlich sinnvollere Vollmacht gestaltet werden, als es die üblichen Vordrucke sind.

8.15 ▼

Muster 8.15: Vollmacht

Zustellungen werden nur an

die Bevollmächtigten erbeten!

Vollmacht

wird hiermit in Sachen

wegen

Vollmacht erteilt.

Die Vollmacht wird erteilt zur Prozessführung (u.a. nach §§ 81 ff. ZPO), einschließlich der Befugnis zum Führen von Vergleichsgesprächen (vor und nach Anhängigkeit/Rechtshängigkeit), zur Erhebung und Zurücknahme von Widerklagen sowie der Befugnis zur Abgabe von Aufrechnungserklärungen, zur Vertretung in sonstigen Verfahren und außer- bzw. vorgerichtlichen Verhandlungen aller Art, zur Begründung und Aufhebung von Vertragsverhältnissen, zur Abgabe und Entgegennahme von einseitigen Willenserklärungen (z.B. Kündigungen, Anfechtungen) in Zusammenhang mit der oben unter „wegen ..." genannten Angelegenheit, zur Prüfung der Erfolgsaussichten eines jeden infrage kommenden Rechtsmittels.

Die Vollmacht gilt für die außer- bzw. vorgerichtliche Tätigkeit. Die Vollmacht gilt für das gerichtliche Verfahren für alle infrage kommenden gerichtlichen Instanzen. Die Vollmacht erstreckt sich auf Neben- und Folgeverfahren aller Art (z.B. Arrest und einstweilige Verfügung, Kostenfestsetzungs- und sich daran anschließende Nebenverfahren, Zwangsvollstreckungsverfahren, Interventionsverfahren, Drittschuldnerklagen, Zwangsversteigerungs-, Zwangsverwaltungs- und Hinterlegungsverfahren sowie Insolvenzverfahren). Die Vollmacht umfasst die Befugnis, Zustellungen zu bewirken und entgegenzunehmen, die Vollmacht ganz oder teilweise auf andere zu übertragen (Untervollmacht, Terminsvertretung). Die Vollmacht umfasst die Befugnis, Akteneinsicht zu nehmen sowie Rechtsmittel einzulegen, zurückzunehmen oder auf sie zu verzichten, den Rechtsstreit oder außer- bzw. vorgerichtliche Verhandlungen durch Vergleich, Verzicht, Anerkenntnis oder Erledigungserklärung zu beenden. Die Vollmacht gibt die Inkassobefugnis. Sie erstreckt sich damit auf die Befugnis, Geld, Wertsachen und Urkunden, insbesondere auch den Streitgegenstand nebst Nebenleistungen sowie die vom Gegner, der Justizkasse oder einem sonstigen Dritten zu erstattenden Beträge (Kosten, Gerichtskosten und Sonstiges) entgegenzunehmen und an den Auftraggeber abzuliefern.

(Ort, Datum, Unterschrift)

▲

Das Textbeispiel im Hinblick auf die Auftragsbestätigung eignet sich insbes. für all- 107
gemeine zivilrechtliche Angelegenheiten. Es ist unproblematisch und ohne große Mühe möglich, für das jeweilige Rechtsgebiet der Kanzlei ebenfalls eine solche Auftragsbestätigung zu entwickeln. Im vorwiegend familienrechtlichen Mandant wiederholen sich üblicherweise immer wieder einstweilige Anordnungen, Auseinandersetzungen im Hinblick auf den Hausrat, die Ehewohnung. Über Unterhalt, elterliche Sorge, Umgangsrecht, Aufenthaltsbestimmungsrecht etc. wird regelmäßig gestritten. Unter Berücksichtigung der typischen Tätigkeiten einer Kanzlei kann der Auftragsbestätigungsbogen erstellt werden.

I.Ü. hat hier bereits der BGH in einer Grundsatzentscheidung festgestellt, dass für den Ge- 108
bührenanfall nur der erteilte Auftrag maßgeblich ist. Die Entscheidung ist ergangen zu der Frage, wann der RA lediglich die Gebühr der Nr. 2302 VV RVG abrechnen kann (einfaches Schreiben, BGH, AnwBl 1983, 512 = NJW 1983, 2451 = Rpfleger 1983, 458 = JurBüro 1983, 1498 – noch zu § 120 BRAGO). Es kommt nicht auf das äußere Erscheinungsbild eines des durch den RA verfassten Schreibens an, sondern auf den ihm erteilten Auftrag. Ist das Ergebnis der auftragsgemäßen anwaltlichen Tätigkeit ein Schreiben einfacher Art, liegen diesem Schreiben aber umfangreiche Prüfungen und ein anders erteilter Auftrag zugrunde, entsteht nicht die Gebühr Nr. 2301 VV RVG, sondern die Gebühr Nr. 2300 VV RVG. Der Auftrag entscheidet über das Entstehen der Gebühr.

D. Vergütung im Einzelnen

I. Beratung

1. Beginn der anwaltlichen Tätigkeit

Grds. beginnt jede anwaltliche Tätigkeit damit, dass der RA den vom Auftraggeber ge- 109
schilderten Sachverhalt aufnimmt und bewertet. Er ordnet den Vortrag des Auftraggebers einer rechtlichen Folge zu und kann dann dem Auftraggeber mitteilen, ob sein beabsichtigtes Vorgehen aussichtsreich erscheint.

110 Gerade im Bereich der Beratung und der z.T. schwierigen Abgrenzung zur Geschäftsgebühr, darf die Beachtung des Straftatbestandes des **§ 352 StGB** nicht vergessen werden. Gem. § 352 Abs. 2 StGB ist auch der Versuch der **Gebührenüberhebung** (eine Auslagenüberhöhung ist nicht strafbar) **unter Strafe gestellt**. Die Strafnorm setzt neben der Erhebung einer Vergütung, die der Zahlende überhaupt nicht oder nur in geringerem Betrag schuldet, weiter voraus, dass der RA den Gebührenschuldner über seine ihm zustehenden Gebühren täuscht.

111 Streiten über entstandene Vergütungsansprüche ist natürlich zulässig. Es liegt kein strafbares Verhalten vor, wenn z.B. das Entstehen einzelner Gebühren streitig ist oder wenn streitig ist, ob der Auftrag in dem Umfang erteilt wurde, wie er letztendlich abgerechnet wurde.

112 Sie müssen bei jeder Rechnung, die Sie erstellen, davon überzeugt sein, dass diese im Einklang mit der gesetzlichen Lage erstellt wurde. Jedes Mal, wenn Sie zweifeln oder zögern, schauen Sie in das Gesetz oder einen Kommentar. Die Zeit dafür müssen Sie sich nehmen, denn je häufiger Sie dies gemacht haben, umso seltener müssen Sie es zukünftig noch tun.

2. Auskunft über die Vergütungshöhe

113 Bei der Anbahnung des ersten Beratungsgesprächs kann man über die Jahre einiges an Kuriositäten erleben. Sie kennen es sicher selbst: Der Auftraggeber wendet sich zum ersten Mal an die Kanzlei, weil er anwaltliche Unterstützung benötigt. Sehr oft wird der Auftraggeber an Sie die Frage stellen, was die Tätigkeit des RA „kosten wird“. Hier ist es von Kanzlei zu Kanzlei unterschiedlich, ob diese Frage durch das Fachpersonal beantwortet werden kann, darf, soll oder muss, oder ob sich der RA vorbehält, nur selbst über die Vergütung mit dem Auftraggeber im persönlichen Gespräch (am Telefon oder in sonstiger Weise [E-Mail etc.]) zu verhandeln.

114 Auffällig ist allerdings, dass eine Vielzahl von Auftraggebern die anwaltliche Tätigkeit mit einem Einkauf im Kaufhaus verwechselt und erwartet, dass die Tätigkeit mit Preisschildern (und natürlich Sonderangeboten) ausgezeichnet ist. So wäre es für viele Auftraggeber angenehm, wenn es einen Preis für „Hände schütteln, Kaffee (Tee oder sonstige Erfrischungen) trinken, Steh- oder Sitzplatz, erster oder zweiter Klasse, eine Frage, mehrere Fragen, ein Schreiben, mehrere Schreiben u.v.m. gäbe. Damit können wir nicht dienen, wir haben keinen Ausschank, keine Verbrauchsgüter. Auch der im Allgemeinen so beliebte Umtausch von erworbenen Verbrauchsgegenständen findet in der Anwaltskanzlei in Bezug auf die anwaltliche Leistung nicht statt. Der Rechtsanwalt erbringt eine Dienstleistung und wird für die erfolgten Dienste vergütet. Der Vertrag, den der Auftraggeber mit dem RA schließt ist i.d.R. ein sog. **Dienstleistungsvertrag**. Nur in seltenen Fällen hängt die Vergütung des RA vom Erfolg ab. So schuldet der Auftraggeber dem RA

eine Vergütung für die Beratung, auch wenn das Ergebnis der Beratung ggf. nicht mit dem übereinstimmt, was er sich erhofft hat. Die Beratung ist erteilt, damit wird die Vergütung geschuldet.

Auch hier gibt es wieder Ausnahmen, für den Fall, dass die erbrachte anwaltliche Leistung nicht ordnungsgemäß war. Dies wird aber eine der wenigen seltenen Ausnahmen sein und wird hier nicht weiter vertieft. Aber selbst in einem solchen Fall bleibt es zunächst dabei, dass der Auftraggeber die Vergütung schuldet. 115

Eine allgemeine Beantwortung der Frage: „**Was kostet die Beratung**" gibt es i.d.R. nicht. Die Antwort hängt davon ab, welches Anliegen der RA zu klären hat. Spannend wird es, wenn Sie den Auftraggeber fragen, was er denn erwartet, was die Beratung durch den Anwalt „kostet". Hier sind die Antworten so vielfältig wie eine Farbpalette. Dabei ist festzustellen, dass es Auftraggeber gibt, die ernsthaft davon ausgehen, dass eine Beratung unentgeltlich ist und ein Beratungsgespräch nur dazu dient, dass sich der RA und der Auftraggeber kennenlernen. Diesen Irrglauben können Sie entkräften. Wann immer der Auftraggeber Sie fragt, was eine Beratung „kostet", so können Sie mit Sicherheit antworten, dass eine Vergütung für die Beratung fällig wird. Wie hoch diese Vergütung im Einzelfall sein wird, hängt davon ab, was im Einzelfall mit dem Auftraggeber vereinbart wird, welchen Umfang die Beratungstätigkeit hat u.v.m. Die anwaltliche Tätigkeit „kostet" nie nichts, es sei denn, der RA verzichtet (aus welchen Gründen auch immer) auf die Geltendmachung einer Vergütung. Dies wird jedoch nicht die Regel sein, sondern hoffentlich eine sehr seltene Ausnahme. 116

3. Berechnung der Vergütung nach vollendeter Beratung

Nicht selten endet auch wegen der zu erwartenden Vergütung für eine weitere Tätigkeit der Auftrag nach der durchgeführten Beratung. Ein weiterer Grund neben der zu erwartenden Vergütung ist selbstverständlich dann gegeben, wenn der RA davon ausgeht, dass der Auftraggeber sein Anliegen nicht erfolgreich wird durchsetzen können. 117

In diesen Fällen gibt es verschiedene Abrechnungsmöglichkeiten. 118

Ist dem Auftraggeber Beratungshilfe bewilligt (zu den Einzelheiten des entsprechenden Verfahrens s. § 6 Rdn 1 ff.), ergeben sich noch die geringsten Abrechnungsprobleme. 119

Ist aber kein Fall von Beratungshilfe gegeben, so gestaltet sich die Abrechnung überaus schwierig. Bedauerlicherweise hat der Gesetzgeber ausgerechnet für den Fall, mit dem faktisch jede anwaltliche Tätigkeit beginnt, keine gesetzliche Vergütung mehr vorgesehen. Seit dem 1.7.2006 gibt es keine gesetzliche Vergütung für die Beratung mehr. Immer, wenn Sie sich nach Abschluss der Beratung fragen, was für eine Vergütung entstanden ist, dann fragen Sie sich das zu spät. Sie müssen vor Beginn der Beratung mit dem Auftrag- 120 geber Einigkeit darüber erzielen, was für die Beratung berechnet wird. Der Gesetzgeber „unterstützt" den RA bei der Suche nach der zutreffenden Vergütung mit § 34 RVG.

121 § 34 RVG ist dabei wenig hilfreich:

§ 34 Beratung, Gutachten und Mediation

(1) Für einen mündlichen oder schriftlichen Rat oder eine Auskunft (Beratung), die nicht mit einer anderen gebührenpflichtigen Tätigkeit zusammenhängen, für die Ausarbeitung eines schriftlichen Gutachtens und für die Tätigkeit als Mediator soll der Rechtsanwalt auf eine Gebührenvereinbarung hinwirken, soweit in Teil 2 Abschnitt 1 des Vergütungsverzeichnisses keine Gebühren bestimmt sind. Wenn keine Vereinbarung getroffen worden ist, erhält der Rechtsanwalt Gebühren nach den Vorschriften des bürgerlichen Rechts. Ist im Falle des Satzes 2 der Auftraggeber Verbraucher beträgt die Gebühr für die Beratung oder für die Ausarbeitung eines schriftlichen Gutachtens jeweils höchstens 250,– EUR; § 14 Abs. 1 gilt entsprechend; für ein erstes Beratungsgespräch beträgt die Gebühr jedoch höchstens 190,– EUR.

(2) Wenn nichts anderes vereinbart ist, ist die Gebühr für die Beratung auf eine Gebühr für eine sonstige Tätigkeit, die mit der Beratung zusammenhängt, anzurechnen.

122 Durch **§ 34 Abs. 1 Satz 1 RVG** fordert der Gesetzgeber den RA auf, eine Gebührenvereinbarung abzuschließen. Hierbei sind an eine solche Gebührenvereinbarung nicht die gleichen Voraussetzungen zu stellen, wie an eine Vergütungsvereinbarung i.S.d. §§ 3 ff. RVG. Der Gesetzgeber hat hier absichtlich den Begriff „**Gebührenvereinbarung**" verwandt.

Diese Gebührenvereinbarung kann der RA mit dem Auftraggeber vor der Beratung oder nach der Beratung abschließen. Sinnvoll ist es hier natürlich, diese Vereinbarung vor Beginn der Beratung abzuschließen.

123 Für die Gebührenvereinbarung ist die Schriftform nicht vorgesehen, grds. ist es **ausreichend, wenn diese mündlich abgeschlossen** wird. Hier ist zu trennen:

Zahlt der Auftraggeber die Vergütung für die Beratung **unmittelbar im Anschluss** an die Beratung, ist es ausreichend, wenn die Gebührenvereinbarung mündlich abgeschlossen wird. Nach erfolgter Zahlung wird es für den Auftraggeber schwer, diese Zahlung unter dem Vorwand, es sei keine Vereinbarung getroffen worden, zurückzufordern. Zahlt der Auftraggeber **nicht im Anschluss an die Beratung**, rate ich **dringend**, die Gebührenvereinbarung **schriftlich** zu fixieren und durch den Auftraggeber unterzeichnen zu lassen. Selbstverständlich ist es auch dann möglich, dass sich Auseinandersetzungen zur Höhe der Vergütung anschließen, aber Sie können auf ein gut geeignetes Beweismittel zurückgreifen. Die Gebührenvereinbarung dient als **Urkunde**.

124 Inhaltlich sind diverse Gestaltungen denkbar. I.d.R. wird ein Festbetrag oder ein Stundensatz für die Beratung vereinbart.

▼

Muster 8.16: Gebührenvereinbarung für Beratungstätigkeit 125

Gebührenvereinbarung

zwischen

nachstehend „Rechtsanwalt“

und

nachstehend „Auftraggeber“

wird folgende Gebührenvereinbarung geschlossen:

Für einen einmaligen mündlichen oder schriftlichen Rat oder eine Auskunft entsteht eine Gebühr in Höhe von 190,00 €. Wird mehr als eine einmalige Beratung durch den Rechtsanwalt geleistet, so wird pro weiter gehender Beratungstätigkeit (persönliches Gespräch, Telefonat, Beantwortung schriftlicher Fragen usw.) eine Gebühr von 125,00 € berechnet.

Die für die Beratung berechnete Gebühr ist nicht auf eine Gebühr für eine sonstige Tätigkeit, die mit der Beratung zusammenhängt, anzurechnen. Zusätzlich zu den vereinbarten Festbeträgen entstehen die gesetzlichen Auslagen gemäß Teil 7 VV RVG.

Ort, Datum

Auftraggeber | Rechtsanwalt

▲

4. Vergütung ohne Vereinbarung

a) Verweis in das BGB – Taxe/übliche Vergütung

126 Wenn keine Vereinbarung getroffen worden ist, erhält der RA Gebühren nach den Vorschriften des bürgerlichen Rechts (BGB). Maßgeblich sind hier die §§ 612 bis 614 BGB. Eine genau bezifferte Höhe der Vergütung für die Beratung lässt sich diesen Vorschriften nicht entnehmen. Entscheidend wäre hier eine Taxe, die aber fehlt, denn für RA ist die Taxe die gesetzliche Vergütung. Fehlt es an einer Taxe, so gilt, dass die übliche Vergütung geschuldet wird.

127 Eine übliche Vergütung für die Beratung gibt es nicht. Die Höhe der geforderten Vergütung für die Beratung ist in jeder Stadt (dort in jedem Bezirk) unterschiedlich. So ist die Beratung in München teurer als die Beratung in Berlin, in Lübeck günstiger als in Hamburg etc.

b) Beratung und Verbrauchereigenschaft des Auftraggebers – mehrfache Beratung

128 Für den Fall, dass der Auftraggeber Verbraucher ist (§ 13 BGB), gibt der Gesetzgeber einen Höchstbetrag hinsichtlich der Vergütung für die Beratung vor. Die höchstmögliche Gebühr für die Beratung beträgt 250,00 € (§ 34 Abs. 1 Satz 3, 1. Alt. RVG). Ein Höchstbetrag gilt selbstverständlich dann nicht, wenn der RA eine Gebührenvereinbarung mit dem Auftraggeber getroffen hat. Die Bestimmung in § 34 Abs. 1 Satz 3, 1. Alt. RVG ist eine Auffangnorm für die Fälle, in denen keine Gebührenvereinbarung getroffen wurde **und** der Auftraggeber Verbraucher ist. Der Gesetzgeber gibt einen Höchstsatz vor, er lässt es aber offen, wann, wie und in welcher Höhe von dem Höchstsatz abzuweichen ist. Die zutreffende Vergütung muss unter Berücksichtigung von § 14 Abs. 1 RVG erfolgen. Der RA muss die zu verlangende Vergütung dann, wenn der Auftraggeber Verbraucher ist und keine Gebührenvereinbarung getroffen ist, anhand der Tatbestandsmerkmale des § 14 RVG bestimmen. Entsprechend § 14 Abs. 1 RVG ist für die Bestimmung des Rahmens einer Gebühr auf

- die Schwierigkeit der anwaltlichen Tätigkeit,
- den Umfang der anwaltlichen Tätigkeit,
- die Bedeutung der Angelegenheit für den Auftraggeber,
- die Einkommens- und Vermögensverhältnisse des Auftraggebers und
- das Haftungsrisiko des RA abzustellen.

129 Die gesetzliche Regelung ist hier ungenügend. Dem RA ist nicht damit geholfen, dass keine Mindestgrenze, sondern lediglich eine Höchstgrenze genannt wird. Bei dem Thema „Geschäftsgebühr" (siehe Rdn 189) folgen weitere Ausführungen.

Durch die vollkommen ungenügende gesetzliche Regelung ist es im beruflichen Alltag unmöglich, bereits zu Beginn des Mandats zutreffend dem Auftraggeber mitteilen zu können, mit welcher Vergütung er am Ende zu rechnen hat. Eine Gebührenvereinbarung ist hier also zwingend erforderlich.

130 *Praxistipp:*

In vielen Kanzleien wird absichtlich keine Gebührenvereinbarung abgeschlossen. Dies hat den Sinn, dass der Auftraggeber nicht von einer vermeintlich hohen Gebührenforderung dazu angehalten wird, einem anderen RA den Auftrag zu erteilen. Wenn Sie keine Gebührenvereinbarung schließen wollen, dann vereinbaren Sie mit dem Auftraggeber einen Mindestbetrag den dieser unmittelbar nach erfolgter Beratung leisten sollen.

c) Erstberatung – keine Gebührenvereinbarung/Verbrauchereigenschaft

131 Berät der RA den Auftraggeber nur einmal, so kann er, wenn er mit dem Auftraggeber keine Gebührenvereinbarung getroffen hat und der Auftraggeber Verbraucher i.S.v.

§ 13 BGB ist, keine höhere Gebühr als 190,00 € verlangen (§ 34 Abs. 1 Satz 3, 2. Alt. RVG). Auch hier gilt, dass der RA nicht für jeden Fall einer Erstberatung 190,00 € als Vergütung verlangen kann. Der RA muss im Fall einer Erstberatung unter Berücksichtigung von § 14 Abs. 1 RVG die zutreffende Vergütung bestimmen. Mit 190,00 € gibt der Gesetzgeber eine Höchstgebühr vor, keine allgemeine Gebühr. Es ist daher falsch, für jede Beratung prinzipiell 190,00 € zu verlangen.

Eine Orientierungshilfe könnte sein, welche Gebühr der RA für den Fall einer vor- bzw. 132
außergerichtlichen Vertretung als Vergütung erhalten würde. Die für die Beratung berechnete Vergütung sollte nicht höher sein, als die 1,3 Geschäftsgebühr gem. Nr. 2300 VV RVG. Eine entsprechende zwingende Regelung gibt es nicht, entspricht aber nach meiner Auffassung einer Abwägung gem. § 14 RVG.

d) Erstberatung und Erhöhung für Vertretung mehrerer Auftraggeber

Nr. 1008 133

Nr.	Gebührentatbestand	Gebühr oder Satz der Gebühr nach § 13 RVG
1008	**Auftraggeber sind in derselben Angelegenheit mehrere Personen:** **Die Verfahrens- oder Geschäftsgebühr erhöht sich für jede weitere Person um** (1) Dies gilt bei Wertgebühren nur, soweit der Gegenstand der anwaltlichen Tätigkeit derselbe ist. (2) Die Erhöhung wird nach dem Betrag berechnet, an dem die Personen gemeinschaftlich beteiligt sind. (3) Mehrere Erhöhungen dürfen einen Gebührensatz von 2,0 nicht übersteigen; bei Festgebühren dürfen die Erhöhungen das Doppelte der Festgebühr und bei Betragsrahmengebühren das Doppelte des Mindest- und Höchstbetrages nicht übersteigen.	**0,3 oder 30 % bei Festgebühren, bei Betragsrahmengebühren erhöhen sich der Mindest- und Höchstbetrag um 30 %**

Nr.	Gebührentatbestand	Gebühr oder Satz der Gebühr nach § 13 RVG
	(4) Im Fall der Anmerkung zu den Gebühren 2300 und 2302 erhöht sich der Gebührensatz oder Betrag dieser Gebühren entsprechend.	

134 Wie sich aus dem Gesetzestext zu Nr. 1008 VV RVG ergibt, regelt das Gesetz eine Erhöhung ausdrücklich nur für die Verfahrens- oder Geschäftsgebühr. Die „**Verbrauchererstberatungsgesprächsgebühr**“ gem. § 34 Abs. 1 Satz 3, 1. Alt RVG ist hier nicht genannt. Eine „Verbrauchererstberatungsgesprächsgebühr“ nennt das Gesetz nicht ausdrücklich, aber es steht fest, dass die Gebühr gem. § 34 RVG weder eine **Verfahrens- noch eine Geschäftsgebühr** ist.

135 Es ist fraglich, ob die Aufzählung der erhöhungsfähigen Gebühren in Nr. 1008 VV RVG („Verfahrens- oder Geschäftsgebühr“) abschließend ist. Man kann auch hier von einer Erhöhungsfähigkeit ausgehen.

Dies kann damit begründet werden, dass man die Gebühr gem. § 34 Abs. 1 Satz 3, 1. Alt RVG im weitesten Sinne als Betriebsgebühr bezeichnen könnte.

136 Die Erhöhungsfähigkeit ist insbes. dann zu bejahen, wenn – wie hier – die Gebühr auf eine Geschäfts- oder Verfahrensgebühr angerechnet wird. Die Anrechnung kann hier zwar mit einer Vereinbarung (§ 34 Abs. 2 RVG) ausgeschlossen werden; dies gilt uneingeschränkt für jede gesetzlich vorgeschriebene Anrechnung. Der RA kann in jedem Fall vereinbaren, dass eine Anrechnung von Gebühren nicht zu erfolgen hat.

137 Mit der Anrechnung wird klargestellt, dass es sich um gleichartige Gebühren handelt, denn die Anrechnung soll ja bewirken, dass der RA für gleichartige Tätigkeiten nicht mehrfach Gebühren in einer gebührenrechtlichen Angelegenheit erhält. Somit ist die grds. vorgeschriebene Anrechnung einer Betriebsgebühr ein Anhaltspunkt dafür, dass die anzurechnende Gebühr entsprechend Nr. 1008 VV RVG erhöhungsfähig ist.

138 Kommt man zu dem Ergebnis, dass sich die Ersatzvergütung aus § 34 Abs. 1 Satz 3, 1. Alt RVG nicht erhöht, muss die Gebühr von jedem Auftraggeber erhoben werden (jeweils der Höhe nach beschränkt auf 190,00 € im Fall einer ersten Beratung). Für den RA wäre diese Folge ein erfreuliches Ergebnis, aber Sinn der Vorschrift kann dies kaum sein.

e) Berechnung der Erhöhung gem. Nr. 1008 VV RVG

139 Die Höhe der Erhöhung gem. Nr. 1008 VV RVG hängt von der Höhe der Verbrauchererstberatungsgesprächsgebühr ab.

Beispiel:
Sie berechnen von Ihrem Auftraggeber
entsprechend § 34 Abs. 1 Satz 3, 1. Alt RVG einen Betrag i.H.v. 100,00 €.
Der Zuschlag beträgt 30 % = 33,33 €
für jeden weiteren Auftraggeber, jedoch nicht mehr als 200,00 € (das Doppelte der geforderten Ausgangsgebühr).

f) Beratung und Rechtsschutzversicherung

Fast jedes Rechtsschutzversicherungsunternehmen erstattet andere Sätze für den Fall einer anwaltlichen Beratung. Hier gibt es keine allgemeingültigen Zahlungsbeträge. Regelmäßig wird aber kein höherer Betrag als 190,00 € durch die RSV gezahlt. Der Auftraggeber kann durch den RA nicht zutreffend darüber informiert werden, ob und in welcher Höhe eine Erstattung durch die RSV erfolgt. 140

Die RSV zahlt bei Hinzuziehung eines RA durch den Auftraggeber und Versicherungsnehmer die gesetzliche Vergütung. Im Fall der Beratung fehlt eine gesetzliche Vergütung, sodass eine Auseinandersetzung mit der RSV über die Höhe der von dieser zu leistenden Zahlung von Anfang an zum Scheitern verurteilt ist. Sinnvoll ist es, dass der Auftraggeber diese Auseinandersetzungen selbst führt. 141

8.17

▼

Muster 8.17: Belehrungshinweis an den Auftraggeber/Beratung bei abgeschlossener Rechtsschutzversicherung 142

Anrede,

Sie haben eine Rechtsschutzversicherung abgeschlossen und uns einen Beratungsauftrag erteilt. Aus gegebenem Anlass müssen wir darauf hinweisen, dass nicht vorhersehbar ist, ob und in welcher Höhe Ihre Versicherung unsere Vergütung zahlen wird. Die Rechtsschutzversicherung zahlt nur gesetzliche Vergütungsansprüche, bei der Beratung fehlt es an einer gesetzlichen Vergütung.

Aus diesem Grund erfolgt die Berechnung der Vergütung direkt Ihnen gegenüber. Sie haben die Möglichkeit unsere Rechnung für die Beratung bei Ihrer Rechtsschutzversicherung mit der Bitte um Zahlung oder Freistellung einzureichen.

Sollten Sie uns mit der Korrespondenz mit Ihrer Rechtsschutzversicherung beauftragen, entsteht dafür eine Rechtsanwaltsvergütung, die nicht von der Rechtsschutzversicherung zu zahlen ist.

Grußformel

▲

8.18

▼

143 **Muster 8.18: Beratungshilfeanspruch**

An das

Amtsgericht

Postleitzahl, Ort

.... Geschäftsnummer des Amtsgerichts
Diese Felder sind nicht vom Antragsteller auszufüllen.
Eingangsstempel des Amtsgerichts:

Antrag auf Bewilligung von Beratungshilfe

Antragsteller (Name, Vorname, ggf. Geburtsname)	Beruf, Erwerbstätigkeit	Geburtsdatum	Familienstand
Anschrift (Straße, Hausnummer, Postleitzahl, Wohnort)		Tagsüber telefonisch erreichbar unter Nummer	

A Ich beantrage Beratungshilfe in folgender Angelegenheit (bitte Sachverhalt kurz erläutern):

B
- ☐ In der vorliegenden Angelegenheit tritt keine Rechtsschutzversicherung ein.
- ☐ In dieser Angelegenheit besteht für mich nach meiner Kenntnis keine andere Möglichkeit, kostenlose Beratung und Vertretung in Anspruch zu nehmen.
- ☐ In dieser Angelegenheit ist mir bisher Beratungshilfe weder bewilligt noch versagt worden.
- ☐ In dieser Angelegenheit wird oder wurde von mir bisher kein gerichtliches Verfahren geführt.

Wichtig: Wenn Sie nicht alle diese Kästchen ankreuzen können, kann Beratungshilfe nicht bewilligt werden. Eine Beantwortung der weiteren Fragen ist dann nicht erforderlich.

Wenn Sie laufende Leistungen zum Lebensunterhalt nach dem Zwölften Buch Sozialgesetzbuch („Sozialhilfe") beziehen und den derzeit gültigen Bescheid einschließlich des Berechnungsbogens des Sozialamtes beifügen, müssen Sie keine Angaben zu den Feldern C bis G machen, es sei denn, das Gericht ordnet dies ganz oder teilweise an. Wenn Sie dagegen Leistungen nach dem Zweiten Buch Sozialgesetzbuch („Arbeitslosengeld II") beziehen, müssen Sie die Felder ausfüllen.

C Ich habe monatliche Einkünfte in Höhe von brutto ....EUR, netto .... EUR.

☐ Mein Ehegatte/meine Ehegattin bzw. mein eingetragener Lebenspartner/meine eingetragene Lebenspartnerin hat monatliche Einkünfte von netto ....EUR.

D Meine Wohnung hat eine Größe von .... m². Die Wohnkosten betragen monatlich insgesamt ....EUR. Ich zahle davon .... EUR.

Ich bewohne diese Wohnung ☐ allein / ☐ mit .... weiteren Person(en).

E

	Welchen Angehörigen gewähren Sie Unterhalt? Unterhalt kann in Form von Geldzahlungen, aber auch durch Gewährung von Unterkunft, Verpflegung etc. erfolgen. Bitte nennen Sie hier Name, Vorname dieser Angehörigen (Anschrift nur, wenn sie von Ihrer Anschrift abweicht)	Geburtsdatum	Familienverhältnis des Angehörigen zu Ihnen (z. B. Ehegatte, Kind)	Wenn Sie den Unterhalt ausschließlich durch Zahlung leisten Ich zahle mtl. EUR:	Hat dieser Angehörige eigene Einnahmen? (z. B. Ausbildungsvergütung, Unterhaltszahlung vom anderen Elternteil)	
1					nein ☐	ja, mtl. EUR netto:
2					nein ☐	ja, mtl. EUR netto:
3					nein ☐	ja, mtl. EUR netto:
4					nein ☐	ja, mtl. EUR netto:

AG I 1 – Antrag auf Beratungshilfe – – gen. 01.2014 – JVA Willich I

1

F Bankkonten/Grundeigentum/Kraftfahrzeuge/Bargeld/Vermögenswerte

Bitte geben Sie unter „Eigentümer/Inhaber" an, wem dieser Gegenstand gehört: A = mir allein, B = meinem Ehegatten/eingetragenen Lebenspartner allein bzw. meiner Ehegattin/meiner eingetragenen Lebenspartnerin allein, C = meinem Ehegatten/eingetragenen Lebenspartner bzw. meiner Ehegattin/eingetragenen Lebenspartnerin und mir gemeinsam

Giro-, Sparkonten und andere Bankkonten, Bausparkonten, Wertpapiere ☐ Nein ☐ Ja	Inhaber: ☐ A ☐ B ☐ C	Bezeichnung der Bank, Sparkasse/des sonstigen Kreditinstituts; bei Bausparkonten Auszahlungstermin und Verwendungszweck:	Kontostand in EUR:
Grundeigentum (zum Beispiel Grundstück, Familienheim, Wohnungseigentum, Erbbaurecht) ☐ Nein ☐ Ja	Eigentümer: ☐ A ☐ B ☐ C	Bezeichnung nach Lage, Größe, Nutzungsart:	Verkehrswert in EUR:
Kraftfahrzeuge ☐ Nein ☐ Ja	Eigentümer: ☐ A ☐ B ☐ C	Fahrzeugart, Marke, Typ, Bau-, Anschaffungsjahr, km-Stand:	Verkehrswert in EUR:
Sonstige Vermögenswerte (zum Beispiel Kapitallebensversicherung, Bargeld, Wertgegenstände, Forderungen, Anspruch aus Zugewinnausgleich) ☐ Nein ☐ Ja	Inhaber: ☐ A ☐ B ☐ C	Bezeichnung des Gegenstands:	Rückkaufswert oder Verkehrswert in EUR:

G Zahlungsverpflichtungen und sonstige besondere Belastungen

Haben Sie oder Ihr Ehegatte/eingetragener Lebenspartner bzw. Ihre Ehegattin/eingetragene Lebenspartnerin Zahlungsverpflichtungen?

☐ Nein ☐ Ja

Verbindlichkeit (z. B. „Kredit")	Gläubiger (z. B. „Sparkasse")	Verwendungszweck:	Raten laufen bis:	Restschuld EUR:	Ich zahle darauf mtl. EUR:	Ehegatte/eingetr. Lebenspartner bzw. Ehegattin/eingetr. Lebenspartnerin zahlt darauf mtl. EUR:

2

Haben Sie oder Ihr Ehegatte/eingetragener Lebenspartner bzw. Ihre Ehegattin/eingetragene Lebenspartnerin sonstige besondere Belastungen? ☐ Nein ☐ Ja		
Art der Belastung und Begründung dafür:	Ich zahle dafür mtl. EUR:	Ehegatte/eingetr. Lebenspartner bzw. Ehegattin/ eingetr. Lebenspartnerin zahlt mtl. EUR:

Ich habe mich unmittelbar an eine Beratungsperson gewandt. Die Beratung und/oder Vertretung hat erstmals am ....stattgefunden.

Name und Anschrift der Beratungsperson (ggf. Stempel):

....

Ich versichere, dass mir in derselben Angelegenheit Beratungshilfe weder gewährt noch durch das Gericht versagt worden ist und dass in derselben Angelegenheit kein gerichtliches Verfahren anhängig ist oder war.

Ich versichere, dass meine Angaben vollständig und wahr sind. Die Allgemeinen Hinweise und die Ausfüllhinweise zu diesem Formular habe ich erhalten.

Mir ist bekannt, dass das Gericht verlangen kann, dass ich meine Angaben glaubhaft mache und insbesondere auch die Abgabe einer Versicherung an Eides statt fordern kann.

Mir ist bekannt, dass unvollständige oder unrichtige Angaben die Aufhebung der Bewilligung von Beratungshilfe und ggf. auch eine Strafverfolgung nach sich ziehen können.

Ort, Datum	Unterschrift des Antragstellers/der Antragstellerin

Dieses Feld ist nicht vom Antragsteller auszufüllen.	
Belege zu folgenden Angaben haben mir vorgelegen: ☐ Bewilligungsbescheid für laufende Leistungen zum Lebensunterhalt nach SGB XII ☐ Einkünfte ☐ Wohnkosten ☐ Sonstiges:	
Ort, Datum	Unterschrift des Rechtspflegers/der Rechtspflegerin

3

Hinweisblatt zum Antrag auf Beratungshilfe

Allgemeine Hinweise

Wozu Beratungshilfe?

Bürgerinnen und Bürger mit geringem Einkommen können Beratungshilfe bekommen, um sich rechtlich beraten und, soweit erforderlich, vertreten zu lassen. Beratungshilfe kann auf allen Rechtsgebieten erteilt werden. Näheres erfahren Sie bei den Gerichten und den Rechtsanwältinnen/Rechtsanwälten sowie den sonstigen Beratungspersonen.

Wer erhält Beratungshilfe, was sind die Voraussetzungen dafür?

Beratungshilfe erhält, wer nach seinen persönlichen und wirtschaftlichen Verhältnissen die für eine Beratung oder Vertretung erforderlichen **Mittel nicht aufbringen kann**. Dies sind in der Regel Personen, die laufende Leistungen zum Lebensunterhalt nach dem Zwölften Buch Sozialgesetzbuch („Sozialhilfe") beziehen. Aber auch bei anderen Personen mit geringem Einkommen können die Voraussetzungen dafür vorliegen. Nähere Auskünfte erteilen ggf. die Amtsgerichte und die Beratungspersonen.

Es darf Ihnen zudem **keine andere Möglichkeit zur** kostenlosen **Beratung und/oder Vertretung** in der von Ihnen genannten Angelegenheit zur Verfügung stehen (wie z. B. in der Regel als Mitglied in einer Gewerkschaft, einem Mieterverein oder wenn Sie eine Rechtsschutzversicherung abgeschlossen haben). Es darf Ihnen in **derselben Angelegenheit** auch **nicht bereits Beratungshilfe bewilligt** oder vom Gericht versagt worden sein. Ob es sich um dieselbe Angelegenheit handelt, muss ggf. im Einzelfall beurteilt werden.

Da die Beratungshilfe für die Wahrnehmung von Rechten außerhalb eines gerichtlichen Verfahrens gewährt wird, darf in derselben Angelegenheit **kein gerichtliches Verfahren anhängig** sein. Dazu gehört z. B. auch ein Streitschlichtungsverfahren vor einer Gütestelle, das in einigen Ländern vor Erhebung einer Klage durchgeführt werden muss (obligatorisches Güteverfahren nach § 15a des Gesetzes betreffend die Einführung der Zivilprozessordnung). Wer sich in einem gerichtlichen Verfahren vertreten lassen möchte, kann Prozesskosten- beziehungsweise Verfahrenskostenhilfe bekommen.

Des Weiteren darf die beabsichtigte Inanspruchnahme der Beratungshilfe **nicht mutwillig** sein. Sie ist dann nicht mutwillig, wenn Sie nicht von Beratung absehen würden, wenn Sie die Kosten selbst tragen müssten.

Erforderlich ist ein **Antrag**, der mündlich oder schriftlich gestellt werden kann. Für einen schriftlichen Antrag ist das anhängende Formular zu benutzen. Sie können den Antrag bei dem Amtsgericht stellen oder Sie können unmittelbar eine der unten genannten Beratungspersonen Ihrer Wahl mit der Bitte um Beratungshilfe aufsuchen. **In diesen Fällen muss der Antrag binnen 4 Wochen nach Beratungsbeginn beim Amtsgericht eingehen, sonst wird der Antrag auf Beratungshilfe abgelehnt.**

Liegen die Voraussetzungen für die Gewährung von Beratungshilfe vor, stellt das Amtsgericht, sofern es nicht selbst die Beratung vornimmt, Ihnen einen **Berechtigungsschein für Beratungshilfe** durch eine Beratungsperson Ihrer Wahl aus. Gegen einen Beschluss des Amtsgerichts, durch den Ihr Antrag zurückgewiesen wird, ist der nicht befristete Rechtsbehelf der Erinnerung statthaft. Das bedeutet, dass Sie dem Gericht schriftlich darlegen können, warum Sie mit der Entscheidung nicht einverstanden sind.

Wer gewährt Beratungshilfe?

Die Beratungshilfe gewähren zum einen die **Beratungspersonen** (Rechtsanwältinnen und Rechtsanwälte sowie in Kammern zugelassene Rechtsbeistände, in steuerrechtlichen Angelegenheiten auch Steuerberater und Wirtschaftsprüfer; in Rentenangelegenheiten auch Rentenberater). Besondere **anwaltliche Beratungsstellen**, die aufgrund einer Vereinbarung mit den Landesjustizverwaltungen eingerichtet worden sind, gewähren ebenfalls Beratungshilfe. Sie alle sind – außer in besonderen Ausnahmefällen – zur Beratungshilfe verpflichtet.

Auch das **Amtsgericht** gewährt direkt Beratungshilfe. Es erteilt eine sofortige Auskunft, soweit Ihrem Anliegen dadurch entsprochen werden kann. Das Amtsgericht weist auch auf andere Möglichkeiten der Hilfe hin. Im Übrigen nimmt es Ihren Antrag auf Beratungshilfe oder Ihre Erklärung auf und stellt ggf. einen Berechtigungsschein aus.

4

Was kostet mich die Beratungshilfe?

Wird die Beratungshilfe nicht bereits durch das Amtsgericht selbst, sondern durch eine Beratungsperson gewährt, so haben Sie an die Beratungsperson 15 Euro zu bezahlen. Die Beratungsperson kann auf diese Gebühr auch verzichten. Alle übrigen Kosten der Beratungshilfe trägt in aller Regel die Landeskasse.

Weitergehende Gebühren können auf Sie zukommen, wenn das Amtsgericht Ihren Antrag auf Beratungshilfe **ablehnt, nachdem eine Beratung bereits erfolgt ist,** oder die Bewilligung von Beratungshilfe wieder **aufgehoben** wird. In diesen Fällen müssen Sie die Kosten für die Beratungshilfe tragen. Nähere Auskünfte dazu erteilen ggf. die Amtsgerichte und die Beratungspersonen.

Weitere Kosten können auch auf Sie zukommen, wenn Sie infolge der Beratung durch Beratungshilfe etwas erlangt haben. Die Beratungsperson kann dann den Antrag stellen, dass die Beratungshilfe aufgehoben wird und von Ihnen die vorher mit Ihnen für diesen Fall vereinbarten Gebühren verlangen. Darauf müssen Sie aber im Vorwege bei der Mandatsübernahme von der Beratungsperson schriftlich **hingewiesen** werden.

Was ist bei der Antragstellung zu beachten?

Lesen Sie bitte das Antragformular sorgfältig durch und füllen Sie es gewissenhaft aus. Sie finden auf der nächsten Seite Hinweise, die Ihnen die Beantwortung der Fragen erleichtern sollen. Wenn Sie beim Ausfüllen Schwierigkeiten haben, wird Ihnen das Amtsgericht oder Ihre Beratungsperson behilflich sein.

Sollte der Raum im Antragsformular nicht ausreichen, können Sie Angaben auf einem gesonderten Blatt machen. Bitte weisen Sie in dem betreffenden Feld auf das beigefügte Blatt hin.

Da die Mittel für Beratungshilfe von der Allgemeinheit durch Steuern aufgebracht werden, muss das Gericht prüfen, ob Sie Anspruch darauf haben. Das Formular soll diese Prüfung erleichtern. Haben Sie daher bitte Verständnis dafür, dass Sie Ihre persönlichen und wirtschaftlichen Verhältnisse darlegen müssen.

Wichtig:

Bitte fügen Sie alle notwendigen <u>Belege</u> (insbesondere über Ihr Einkommen, Ihr Vermögen und Ihre Belastungen) in Kopie bei. Sie ersparen sich Rückfragen, die das Verfahren verzögern. Antworten Sie wahrheitsgemäß und vollständig, sonst kann schon bewilligte Beratungshilfe wieder aufgehoben werden und Sie müssen die angefallenen Kosten nachzahlen.

Das Gericht kann Sie auch auffordern, fehlende Belege nachzureichen und Ihre Angaben an Eides statt zu versichern. Wenn Sie angeforderte Belege nicht nachreichen, kann dies dazu führen, dass Ihr Antrag auf Bewilligung von Beratungshilfe zurückgewiesen wird. Bei bewusst falschen oder unvollständigen Angaben droht Ihnen außerdem strafrechtliche Verfolgung.

Ausfüllhinweise

A Geben Sie bitte an, was vorgefallen ist und weshalb Sie beraten werden wollen. Stellen Sie dazu den **Sachverhalt** kurz dar und geben Sie gegebenenfalls Name und Anschrift Ihres Gegners an.

B **Rechtsschutzversicherung**: Sollten Sie eine Rechtsschutzversicherung haben, klären Sie bitte vorher mit Ihrer Versicherung, ob diese für die Kosten aufkommt. Beratungshilfe kann nur bewilligt werden, wenn dies vorab geklärt ist (bitte fügen Sie das Schreiben der Rechtsschutzversicherung ggf. bei).

Anderweitige Möglichkeit der Beratung/Vertretung: Organisationen wie zum Beispiel Mietervereine oder Gewerkschaften bieten für ihre Mitglieder in der Regel kostenlose Beratung und Vertretung. Dann haben Sie in der Regel keinen Anspruch auf Beratungshilfe. Wenn Sie diese Möglichkeit für nicht ausreichend halten, begründen Sie dies bitte auf einem gesonderten Blatt.

Bisherige Bewilligung von Beratungshilfe: Wurde Ihnen Beratungshilfe in derselben Angelegenheit zu einem früheren Zeitpunkt bereits bewilligt, muss Ihr Antrag abgelehnt werden. Wenn bezüglich einer bereits bewilligten Beratungshilfe Zweifel bestehen könnten, ob es sich um die dieselbe Angelegenheit handelt, geben Sie bitte auf einem gesonderten Blatt das Datum der damaligen Bewilligung, den Namen und die Anschrift der Beratungsperson an und benennen Sie die Gründe, weshalb Sie erneut Beratungshilfe beantragen.

Anhängiges gerichtliches Verfahren: Beratungshilfe kann nur bewilligt werden, wenn in derselben Angelegenheit kein gerichtliches Verfahren geführt wurde oder wird. Dies müssen Sie auch ausdrücklich versichern. Wenn bezüglich eines anhängigen oder durchgeführten Gerichtsverfahrens Zweifel bestehen könnten, geben Sie bitte auf einem gesonderten Blatt das zuständige Gericht und das dortige Aktenzeichen an und benennen Sie kurz die Gründe, warum es sich nicht um dieselbe Angelegenheit handelt.

C Als **Bruttoeinkommen** geben Sie hier bitte alle Ihre Einkünfte in Geld oder Geldeswert an, insbesondere

- Lohn, Gehalt (auch Weihnachtsgeld und Urlaubsgeld), Arbeitslosengeld, Einkünfte aus selbständiger Arbeit, Renten,
- Einkünfte aus Vermietung oder Verpachtung, Einkünfte aus Kapitalvermögen,
- Unterhaltsleistungen,
- Kindergeld, Wohngeld, Ausbildungsförderung.

Als **Nettoeinkommen** gilt der Betrag, der zur Verfügung steht, nachdem alle nötigen Leistungen abgezogen wurden, insbesondere

- die auf das Einkommen zu entrichtenden Steuern,
- Pflichtbeiträge zur Sozialversicherung (Renten-, Kranken-, Pflege-, Arbeitslosenversicherung),
- Beiträge zu sonstigen Versicherungen wie z.B. eine sogenannte Riester-Altersvorsorge (bitte auf einem gesonderten Blatt erläutern),
- Werbungskosten (notwendige Aufwendungen für Erwerb Sicherung und Erhalt der Einnahmen, zum Beispiel Berufskleidung, Gewerkschaftsbeitrag, Kosten für die Fahrt zur Arbeit).

Maßgebend ist in der Regel der letzte Monat vor der Antragstellung; bei Einkünften aus selbständiger Arbeit sowie bei unregelmäßig anfallenden Einkünften ist jedoch ein Zwölftel der voraussichtlichen Jahreseinkünfte anzugeben. Das Einkommen des Ehegatten oder eingetragenen Lebenspartners bzw. der Ehegattin oder eingetragenen Lebenspartnerin ist anzugeben, weil er oder sie unter Umständen als unterhaltsverpflichtete Person in wichtigen und dringenden Angelegenheiten für die Kosten der Inanspruchnahme einer Beratungsperson aufkommen muss.

Fügen Sie bitte für alle Angaben Belege bei, zum Beispiel Lohn- oder Gehaltsabrechnungen, einen Bewilligungsbescheid nach dem Zweiten Buch Sozialgesetzbuch mit Berechnungsbogen, oder wenn Sie selbstständig sind, bitte den letzten Steuerbescheid.

D Die **Kosten für Ihre Unterkunft** werden berücksichtigt, soweit sie nicht in einem auffälligen Missverhältnis zu Ihren Lebensverhältnissen stehen. Für die monatlichen Wohnkosten geben Sie bitte bei Mietwohnungen die Miete nebst Heizungs- und Nebenkosten (das sind die auf den Mieter umgelegten Betriebskosten) an. Stromkosten (soweit es sich nicht um Heizkosten handelt) und Kosten für Telefon gehören dagegen nicht zu

6

den Wohnkosten. Bei Wohneigentum geben Sie bitte die Zins- und Tilgungsraten auf Darlehen/Hypotheken/Grundschulden nebst Heizungs- und Betriebskosten an.

E Es liegt in Ihrem Interesse anzugeben, welchen Personen Sie **Unterhalt gewähren** und ob diese eigene Einkünfte haben. Denn die Unterhaltsleistung wird berücksichtigt, wenn Sie zu dieser gesetzlich verpflichtet sind. Wenn Sie den Unterhalt nicht ausschließlich durch Zahlung gewähren (beispielsweise weil ein Kind nicht nur Zahlungen von Ihnen erhält, sondern ganz oder teilweise bei Ihnen wohnt und versorgt wird), lassen Sie diese Spalte bitte frei. Es wird dann für jeden Angehörigen ein gesetzlich festgelegter Unterhaltsfreibetrag angesetzt.

F Geben Sie bitte zunächst alle Bankkonten an, die Ihnen, Ihrem Ehegatten/eingetragenen Lebenspartner bzw. Ihrer Ehegattin/ eingetragenen Lebenspartnerin jeweils alleine oder gemeinsam gehören. Diese Angaben sind auch bei fehlendem Guthaben erforderlich, da die Kontostände ggf. mit anderen Vermögenswerten aufgerechnet werden können. Beratungshilfe kann auch dann bewilligt werden, wenn zwar **Vermögenswerte** vorhanden sind, diese aber zur Sicherung einer angemessenen Lebensgrundlage oder einer angemessenen Vorsorge dienen. Solche Vermögenswerte sind zum Beispiel

- ein selbst genutztes angemessenes Hausgrundstück (Familienheim),
- ein von Ihnen oder der Familie genutztes angemessenes Kraftfahrzeug, sofern dieses für die Berufsausbildung oder die Berufsausübung benötigt wird,
- kleinere Barbeträge oder Geldwerte (Beträge bis insgesamt 2600 Euro für Sie persönlich zuzüglich 256 Euro für jede Person, der Sie Unterhalt gewähren, sind in der Regel als ein solcher kleinerer Betrag anzusehen),
- Hausrat und Kleidung sowie Gegenstände, die für die Berufsausbildung oder die Berufsausübung benötigt werden (diese müssen Sie nur angeben, wenn sie über das Übliche hinausgehen oder wertvoll sind),
- der angesparte Betrag einer sogenannten Riester-Altersvorsorge.

Sollte der Einsatz oder die Verwertung eines anderen Vermögensgegenstandes für Sie und Ihre Familie eine Härte bedeuten, erläutern Sie dies bitte auf einem gesonderten Blatt.

G **Zahlungsverpflichtungen** und sonstige **besondere Belastungen** können berücksichtigt werden, soweit dies angemessen ist. Unter **Zahlungsverpflichtungen** fallen insbesondere Kreditraten, sofern sie tatsächlich getilgt werden. Sonstige **besondere Belastungen** können zum Beispiel zusätzliche ärztliche Behandlungskosten, Aufwendungen für außerschulische Lernförderung, BAföG-Darlehensraten oder Mehrausgaben für einen behinderten Angehörigen sein. Auch eine Unterhaltsbelastung des Ehegatten oder eingetragenen Lebenspartners bzw. der Ehegattin oder eingetragenen Lebenspartnerin aus seiner bzw. ihrer früheren Ehe oder eingetragenen Lebenspartnerschaft kann hier angegeben werden. Bitte fügen Sie sowohl für die geltend gemachte Zahlungsverpflichtung oder sonstige Belastung als auch für die Zahlungen, die Sie leisten, und die Restschuld Belege bei (z. B. Kopie des Kreditvertrags, Kopien der Kontoauszüge o. Ä.).

Wenn Sie Leistungen nach dem Zweiten oder Zwölften Buch Sozialgesetzbuch erhalten und sich in einer besonderen Lebenssituation befinden, werden die bei Ihnen **anerkannten Mehrbedarfe** gemäß § 21 SGB II oder § 30 SGB XII ebenfalls als besondere Belastung berücksichtigt. Beispiele hierfür sind:

- Feststellung des Merkzeichens G und Erreichen der Altersgrenze/volle Erwerbsminderung
- Werdende Mütter nach der 12. Schwangerschaftswoche
- Alleinerziehende Personen, die mit einem oder mehreren minderjährigen Kindern zusammenleben
- Behinderte Personen, denen bestimmte Leistungen gem. SGB XII zuerkannt werden
- Personen, die medizinisch bedingt einer kostenaufwändigen Ernährung bedürfen
- Dezentrale Warmwasserversorgung
- Unabweisbarer laufender Mehraufwand.

Weisen Sie auf die anerkannten Mehrbedarfe aufgrund Ihrer besonderen Lebenssituation bitte ggf. hin. Angaben zu Zahlungen dafür sind in diesen Fällen nicht erforderlich.

7

5. Die Vergütung bei bewilligter Beratungshilfe

Praxistipp: 144

Das unter Rdn 143 befindliche Muster sollten Sie benutzen, um einen Beratungshilfeanspruch gegenüber der Justizkasse geltend zu machen. Liegt ein Berechtigungsschein bereits vor, ist auf diesem die Berechnung der Vergütung vorgesehen. Dieses Muster kann im Internet (Stichwort „Beratungshilfe") auf diversen Seiten aufgerufen und zum Zweck der Vergütungsabrechnung benutzt werden.

Ein Muster finden Sie unter https://justiz.de/formulare/zwi_bund/hkr119.pdf.

Wurde dem Auftraggeber Beratungshilfe bewilligt (er verfügt über einen sog. **Berechtigungsschein**), so richten sich die Gebühren **ausschließlich nach Teil 2 Abschnitt 5 VV RVG**. Die Gebühren des im Wege der Beratungshilfe tätigen RA werden in den Nrn. 2500 bis 2508 VV RVG geregelt. Ob der Auftraggeber die Voraussetzungen eines Beratungshilfeanspruchs erfüllt, ergibt sich nicht aus dem VV des RVG. Die rechtlichen Grundlagen werden durch das **Beratungshilfegesetz** (BerHG) geregelt. 145

Ob dem Auftraggeber Beratungshilfe zu bewilligen ist, bestimmen die persönlichen Voraussetzungen der Inanspruchnahme von Beratungshilfe (§ 1 BerHG). Insofern wird auf die entsprechenden Ausführungen zur Beratungshilfe in § 6 Rdn 1 ff. verwiesen. 146

Voraussetzung der Gewährung von Beratungshilfe ist entsprechend § 6 BerHG, dass dem Ratsuchenden ein sog. Berechtigungsschein ausgestellt und erteilt wurde. Nach den §§ 4, 7 BerHG besteht aber auch immer die Möglichkeit, dass erst die Beratung durch den RA erfolgt und der Antrag nachträglich gestellt wird (§ 4 Abs. 6 BerHG). 147

Hier ist allerdings darauf zu achten, wer bei nachträglicher Beantragung von Beratungshilfe den Antrag zu stellen hat (s. hierzu die Ausführungen unter § 6 Rdn 36).

Wird Beratungshilfe erst im Anschluss an die erteilte Beratung beantragt und erfolgt keine Bewilligung, so kann der RA regelmäßig nicht die weitaus höhere gesetzliche Vergütung von dem Auftraggeber fordern. Nur für den Fall, dass der RA den Auftraggeber darüber belehrt hat, dass er als Auftraggeber die Vergütung schuldet, sollte Beratungshilfe nicht bewilligt werden, kann der RA eine Vergütung vom Auftraggeber verlangen. In einem solchen Fall sollte mit dem Auftraggeber eine eindeutige Gebührenvereinbarung getroffen werden, welche Vergütung er schuldet, für den Fall, dass Beratungshilfe nicht bewilligt werden sollte. 148

Wird Beratungshilfe vor oder nach der **Beratung bewilligt**, hat der RA einen **Vergütungsanspruch gem. Nr. 2500, 2501 VV RVG**. Die Geltendmachung eines anderen Vergütungsanspruchs gegenüber dem Auftraggeber scheidet mit der Bewilligung von Beratungshilfe aus. 149

a) Schutzgebühr i.H.v. 15,00 € gem. Nr. 2500 VV RVG

150 Der RA kann vom Auftraggeber (nicht von der Staatskasse) eine Beratungshilfegebühr i.H.v. 15,00 € gem. Nr. 2500 VV RVG fordern (sog. **Schutzgebühr**). Neben dieser Gebühr werden aufgrund des eindeutigen Gesetzeswortlautes **keine Auslagen** erhoben. Unter Auslagen sind hier sowohl Entgelte für Post- und Telekommunikationsdienstleistungen als auch die USt zu verstehen. Mit den 15,00 € ist der Vergütungsgesamtbetrag durch den Auftraggeber abgegolten. Die USt ist in diesem Betrag bereits enthalten. Auch bezüglich dieses Betrages kann der Auftraggeber eine Quittung verlangen.

Der RA ist nicht verpflichtet, den Betrag i.H.v. 15,00 € vom Auftraggeber zu verlangen, er kann auf diesen verzichten.

151 In einigen Fällen stellt sich erst während der Beratung heraus, dass angesichts der Einkommens- und Vermögensverhältnisse des Auftraggebers die sog. **Mandantenbedürftigkeit** gegeben ist und damit die Voraussetzung von Beratungshilfe vorliegt. Der RA ist in einem solchen Fall verpflichtet, den Auftraggeber auf die Möglichkeit der Gewährung von Beratungshilfe hinzuweisen. Der RA muss jedoch nicht tätig werden, solange nicht über die Bewilligung von Beratungshilfe entschieden ist. Er kann eine weitere Tätigkeit ablehnen, bis über das Beratungshilfegesuch entschieden ist. Üblicherweise wird der RA jedoch weiter tätig und vertraut darauf, dass Beratungshilfe bewilligt werden wird. Ist der RA tätig, ohne dass Beratungshilfe bewilligt wird, besteht für ihn das Risiko, dass Beratungshilfe nicht gewährt wird (es wird also kein Beratungshilfeschein erteilt). Für diesen Fall erhält der RA keine Vergütung aus der Staatskasse, er ist im Zweifel unentgeltlich tätig.

b) Vergütungsvereinbarung bei Beratungshilfe

152 Zulässig ist es, wenn der RA mit dem Auftraggeber vereinbart, dass die gesetzliche Vergütung geschuldet wird, wenn die Voraussetzungen der Beratungshilfe nicht vorliegen. In diesen Fällen besteht kein Grund, den Auftraggeber zu schützen. Im Beratungsmandat sollte dann darauf geachtet werden, eine bedingte Gebührenvereinbarung abzuschließen, denn es fehlt ja an einer gesetzlichen Vergütung für die Beratung.

8.19

▼

153 **Muster 8.19: Gebührenvereinbarung für den Fall, dass Beratungshilfe nicht bewilligt wird**

Gebührenvereinbarung

Die Parteien der RA   und der Auftraggeber   , wohnhaft in   , vereinbaren für den Fall, dass dem Auftraggeber Beratungshilfe in dem Beratungsmandat wegen   nicht bewilligt werden sollte, dass der Auftraggeber eine Beratungsgebühr gem. § 34 Abs. 1 Satz 1 RVG

in Höhe von €
zzgl. Entgelte für Post- und Telekommunikationsdienstleistungen

gem. Nr. 7002 VV RVG

in Höhe von €

Zwischensumme netto €
sowie 19 % USt gem. Nr. 7008 VV RVG

in Höhe von €

mithin **insgesamt** €
zahlt.

Die bereits erfolgte freiwillige Zahlung in Höhe von 15,00 € gem. Nr. 2500 VV RVG wird nicht auf die vorstehende Vergütung für die Beratung angerechnet.

Diese Vereinbarung ist wirkungslos, wenn dem Auftraggeber bis zum Beratungshilfe bewilligt wird und der Auftraggeber dem RA den Berechtigungsschein vorlegt. Für den Fall der bewilligten Beratungshilfe wird der RA keine Rechte aus dieser Gebührenvereinbarung herleiten.

Ort, Datum

Rechtsanwalt Auftraggeber

▲

c) Beratungsgebühr bei bewilligter Beratungshilfe

Nr. 2501 154

Nr.	**Gebührentatbestand**	**Gebühr oder Satz der Gebühr nach § 13 RVG**
2501	**Beratungsgebühr** (1) Die Gebühr entsteht für eine Beratung, wenn die Beratung nicht mit einer anderen gebührenpflichtigen Tätigkeit zusammenhängt. (2) Die Gebühr ist auf eine Gebühr für eine sonstige Tätigkeit anzurechnen, die mit der Beratung zusammenhängt.	**35,00 €**

155 Das VV des RVG bestimmt mit der Nr. 2501 VV RVG die **Höhe der Vergütung** des RA, der i.R.d. Beratungshilfe tätig geworden ist. Die staatlich subventionierte Vergütung für die Beratung ist eine sog. **Festgebühr**. Der RA kann nicht mehr als 35,00 € aus der Staatskasse fordern. Der Auftraggeber selbst ist nicht Vergütungsschuldner. Die 35,00 € schuldet ausschließlich die Staatskasse. Die Gebühr steht mit 35,00 € der Höhe nach fest, es ist lediglich denkbar, dass sich diese Festgebühr erhöht, wenn der RA mehrere Auftraggeber i.S.v. § 7, Nr. 1008 VV RVG vertritt.

156 Die Beratungshilfegebühr entsteht nur für eine **beratende Tätigkeit** des RA. Hierbei ist es unerheblich, ob der RA den Rat mündlich oder schriftlich erteilt. Eine fernmündliche Beratung ist völlig ausreichend. Die Gebühr entsteht auch, wenn das „persönliche" Gespräch zwischen RA und Auftraggeber auf andere Weise als mittels tatsächlich persönlicher Anwesenheit von RA und Auftraggeber zur gleichen Zeit geführt wird.

157 Unter einem **Rat** versteht man, dass der RA die Rechtslage beurteilt und anschließend dem Auftraggeber eine Empfehlung darüber abgibt, wie er sich in einer bestimmten Situation verhalten soll. Ähnliches gilt für eine **Auskunft** – hier gibt der RA allgemeine Rechtsauskünfte zu einer speziellen Rechtslage.

158 Nicht selten ist der Fall, dass der RA nach Durchführung des Beratungsgesprächs und Auswertung aller erforderlichen Unterlagen von einem weiteren Vorgehen abrät, auch dieses Abraten ist ein Rat und löst den Gebührenanspruch aus.

159 In einigen Rechtsgebieten ist es geradezu typisch, dass mehrere Personen den RA beauftragen (so z.B. in asylrechtlichen oder familienrechtlichen Angelegenheiten, Unterhaltsforderungen von Ehemann/Ehefrau und gemeinsamen Kindern). Berät der RA tatsächlich in einer Angelegenheit mehrere Personen, erhöht sich die Festgebühr der Nr. 2501 VV RVG entsprechend der Regelung in § 7, Nr. 1008 VV RVG um 30 % pro weiteren Auftraggeber.

Dies gilt aber nur dann, wenn nicht von Anfang an darauf geachtet wird, dass hier entsprechend der Rechtslage von jedem Betroffenen ein Beratungshilfeschein vorgelegt wird. Ein gemeinsamer Antrag ist rechtlich bedenklich. Jeder Betroffene verfolgt sein eigenes höchstpersönliches Anliegen, das von den anderen getrennt werden kann und muss.

160 *Praxistipp:*

Sinnvoll ist es hier immer, mehrere Personen jeweils mit einem eigenen Beratungshilfeschein zu beraten, der anschließend selbstverständlich isoliert abgerechnet wird.

Neben der Beratungshilfegebühr können Auslagen i.S.d. Teil 7 (Nr. 7000 ff. VV RVG) entstehen. In der Praxis ist die tatsächliche Geltendmachung der Entgelte für Post- und Telekommunikationsdienstleistungen gem. Nr. 7002 VV RVG neben der Beratungsgebühr der Nr. 2501 VV RVG fast ausgeschlossen. Hier müssen wegen 7,00 € erbitterte Auseinandersetzungen mit den Rechtspflegern geführt werden. Unter Hinblick auf eine Kosten/Nutzen-Analyse, mache ich neben der Nr. 2501 VV RVG keine Nr. 70002 VV RVG mehr geltend.

d) Anrechnung der Beratungshilfegebühr

Entsprechend dem Abs. 2 der Anmerkung in Nr. 2501 VV RVG wird die Beratungsgebühr angerechnet. Geht die Tätigkeit des RA über die Beratungstätigkeit hinaus und wird er insbes. vor- oder außergerichtlich tätig, erfolgt eine Anrechnung der Beratungsgebühr der Nr. 2501 VV RVG auf die Gebühr für die nachfolgende Tätigkeit. Denkbar ist nicht nur das Entstehen der Geschäftsgebühr, sondern auch das Entstehen einer der vielen Verfahrensgebühren des VV RVG. Voraussetzung für die Anrechnung ist es, dass es sich bei der weitergehenden Tätigkeit des RA um eine **unmittelbar nachfolgende Angelegenheit** handelt. Folgt auf die bewilligte Beratungshilfe unmittelbar die Bewilligung von Prozesskostenhilfe (PKH), wird die Beratungsgebühr in voller Höhe auf den Vergütungsanspruch bei bewilligter PKH angerechnet (§ 58 Abs. 1 RVG). Nicht angerechnet werden etwa bei Beratungshilfe entstandene Entgelte für Post- und Telekommunikationsdienstleistungen. Zu der Höhe der Anrechnung der Beratungshilfegebühr auf die Verfahrensgebühr eines sich anschließenden gerichtlichen Verfahrens s. Rdn 200. 161

e) Beratungshilfe bei sog. Schuldenbereinigungsverfahren

Nr. 2502 162

Nr.	**Gebührentatbestand**	**Gebühr oder Satz der Gebühr nach § 13 RVG**
2502	**Beratungstätigkeit mit dem Ziel einer außergerichtlichen Einigung mit den Gläubigern über die Schuldenbereinigung auf der Grundlage eines Plans (§ 305 Abs. 1 Nr. 1 InsO):** **Die Gebühr 2501 beträgt**	**70,00 €**

Mit der Nr. 2502 VV RVG ist kein eigener Gebührentatbestand gegeben. Die Nr. 2502 VV RVG erweitert die Beratungsgebühr für den Fall, dass der RA eine Beratungstätigkeit i.R.d. außergerichtlichen Einigung im Insolvenzverfahren vornimmt. Die Gebühr der Nr. 2501 VV RVG wird verdoppelt. Nr. 2502 VV RVG ist nur anwendbar, wenn der RA lediglich beratend tätig ist. 163

Damit die **Schuldenbereinigung** gem. § 305 Abs. 1 Nr. 1 InsO erreicht werden kann, ist es erforderlich, dass der Schuldner gleichzeitig mit dem Antrag auf Eröffnung des Insolvenzverfahrens oder unverzüglich danach eine Bescheinigung vorlegen muss, aus der sich ergibt, dass eine außergerichtliche Einigung mit den Gläubigern über die Schuldenbereinigung auf der Grundlage eines Plans innerhalb der letzten sechs Monate vor dem Stellen des Eröffnungsantrags ohne Erfolg versucht worden ist. 164

In einem solchen Fall wird der RA neben der Beratung des Schuldners über das Verfahren gem. § 305 Abs. 1 Nr. 1 InsO an sich auch die Sichtung, Aufstellung, Berechnung und 165

Ordnung des Schuldenbestandes des Schuldners vornehmen. Regelmäßig wirkt der RA bei der Erstellung des Schuldenbereinigungsplans mit, ohne dass der RA nach außen hin auftritt. Der RA fertigt keinerlei Schreiben, er ist nur im sog. „Innenverhältnis" zwischen Auftraggeber und RA tätig.

f) Ausblick/Änderungen Beratungshilfe

166 § 16a BORA regelt einige Rechte des RA im Beratungshilfemandat.

§ 16a BORA Ablehnung der Beratungshilfe

(1) (aufgehoben)

(2) Der Rechtsanwalt ist nicht verpflichtet, einen Beratungshilfeantrag zu stellen.

(3) [1]Der Rechtsanwalt kann die Beratungshilfe im Einzelfall aus wichtigem Grund ablehnen oder beenden. [2]Ein wichtiger Grund kann in der Person des Rechtsanwaltes selbst oder in der Person oder dem Verhalten des Mandanten liegen. [3]Ein wichtiger Grund kann auch darin liegen, dass die Beratungshilfebewilligung nicht den Voraussetzungen des Beratungshilfegesetzes entspricht. [4]Ein wichtiger Grund liegt insbesondere vor, wenn

a) der Rechtsanwalt durch eine Erkrankung oder durch berufliche Überlastung an der Beratung/Vertretung gehindert ist;
b) (aufgehoben)
c) der beratungshilfeberechtigte Mandant seine für die Mandatsbearbeitung erforderliche Mitarbeit verweigert;
d) das Vertrauensverhältnis zwischen Anwalt und Mandant aus Gründen, die im Verhalten oder in der Person des Mandanten liegen, schwerwiegend gestört ist;
e) sich herausstellt, dass die Einkommens- und/oder Vermögensverhältnisse des Mandanten die Bewilligung von Beratungshilfe nicht rechtfertigen;
f) (aufgehoben)
g) (aufgehoben)

167 Dies stellt es eine Erleichterung für die RAe dar. Allerdings ist diese Regelung nicht weitgehend genug, denn die berufliche Freiheit der RAe bleibt weiterhin eingeschränkt.

168 Erfreulich ist, dass eine Vielzahl von Auseinandersetzungen aber erledigt sein dürfte. So muss der RA nicht tätig werden, bevor der Berechtigungsschein vorliegt, er muss keinen Beratungshilfeantrag stellen und ihm wird die Möglichkeit gewährt, die Übernahme des Beratungshilfemandats auch mit der Begründung abzulehnen, dass er beruflich überlastet ist.

II. Außergerichtliche/Vorgerichtliche Tätigkeit, Geschäftsgebühr

169 **Vorbemerkung 2.3 Abs. 3 VV RVG**

Die Geschäftsgebühr entsteht für das Betreiben des Geschäfts einschließlich der Information und für die Mitwirkung bei der Gestaltung eines Vertrags.

Geht der erteilte Auftrag über eine Beratung hinaus, erhält der RA einen anderen Vergütungsanspruch. Für die vor- bzw. außergerichtliche Tätigkeit kann der RA vom Auftraggeber die **Geschäftsgebühr** fordern. Da nicht zu erwarten ist, dass ein RA ohne Auftrag tätig wird, hilft zur Abgrenzung in der Praxis häufig der Inhalt der Akte. Wurde die gesamte Korrespondenz in der Akte zwischen Auftraggeber und RA geführt, kann i.d.R. davon ausgegangen werden, dass ein Beratungsmandat vorlag. Allerdings gilt dies dann nicht mehr, wenn der RA an der Gestaltung eines Vertrages mitgewirkt hat (s. vorstehende Gesetzesdefinition). Einzelheiten zur Abgrenzung Beratung/Geschäftsgebühr bei Mitwirkung bei der Gestaltung eines Vertrages folgen. 170

Nr. 2300 171

Nr.	Gebührentatbestand	Gebühr oder Satz der Gebühr nach § 13 RVG
2300	**Geschäftsgebühr** Eine Gebühr von mehr als 1,3 kann nur gefordert werden, wenn die Tätigkeit umfangreich oder schwierig war.	**0,5 bis 2,5**

1. Allgemeines zur Geschäftsgebühr

Grds. ist diese **Definition** in Vorbemerkung 2.3 Abs. 3 VV RVG ein wahrer Quell der Weisheit. Die Geschäftsgebühr entsteht damit grds. bei vor- oder außergerichtlicher Tätigkeit des RA. Hier lässt die Definition (Gesetzestext) fast keine oder nur wenige Fragen offen. 172

Zu beachten ist, dass die Geschäftsgebühr nie entsteht, wenn besondere Gebührentatbestände in Teil 4 (Strafsachen), Teil 5 (Bußgeldsachen) und Teil 6 VV RVG (Sonstige Verfahren) für die außer- bzw. vorgerichtliche Vertretung den Bestimmungen in Teil 2 Abschnitt 3 VV RVG vorgehen. Durch die Gebühren aus Teil 2 VV RVG (Geschäftsgebühr u.a.) werden alle bürgerlich-rechtlichen und öffentlich-rechtlichen Streitigkeiten und solche Angelegenheiten, für die im gerichtlichen Verfahren das FamFG gilt, abgegolten. 173

Eine Geschäftsgebühr ist eine sog. „**Betriebsgebühr**“. Eine Geschäftsgebühr ist eine **Pauschgebühr** mit der eine **Reihe von Einzeltätigkeiten abgegolten** wird – somit sämtliche Tätigkeiten des RA, die er im Rahmen eines vor- oder außergerichtlichen Auftrags ausübt, sofern das VV keine besondere Gebührenvorschrift enthält. Kraft Definition sind diese Tätigkeiten u.a.: 174

- die Entgegennahme der Information,
- die schriftliche oder
- (fern-) mündliche Information des Auftraggebers,
- die Einsichtnahme in Register (z.B. HR, GBA),

- die Beratung des Auftraggebers,
- das Führen von Vergleichsverhandlungen sowie
- (fern-) mündliche Besprechungen mit dem Gegner, Dritten oder dem Auftraggeber.

175 Das Einreichen, Fertigen oder Unterzeichnen von Schriftsätzen oder Schreiben sowie das Entwerfen von Urkunden sind auch ohne ausdrückliche Nennung weiterhin von der Geschäftsgebühr abgegolten.

176 Oft werden Sie die Geschäftsgebühr als Vorschuss fordern und es ist nicht abzusehen, ob sich eine gerichtliche Tätigkeit anschließen wird. Rein vorsorglich sollten Sie den Auftraggeber bei Übersendung einer Vorschussberechnung auf die Unwägbarkeiten der Anrechnung hinweisen.

8.20

▼

177 **Muster 8.20: Belehrung bei Anrechnung der Geschäftsgebühr**

Wir haben mit unserer Rechnung die Vergütung für unsere vorgerichtliche Tätigkeit als Vorschuss berechnet. Für den Fall einer sich anschließenden gerichtlichen Auseinandersetzung ist nicht immer damit zu rechnen, dass diese durch die Gegenseite zu erstatten ist. Dies liegt daran, dass eine Erstattung nur erfolgt, wenn ein materiell-rechtlicher Kostenerstattungsanspruch vorliegt.

▲

2. Geschäftsgebühr bei Gestaltung von Verträgen

178 Wenn der RA bei der Gestaltung eines Vertrages mitwirkt, so entsteht (Vorbemerkung 2.3 Abs. 3, 2. Alt. VV RVG) dafür die Geschäftsgebühr. Es liegt dann keine Beratungstätigkeit mehr vor, auch wenn sich die Tätigkeit des RA nicht nach außen wendet. Für das Entstehen der Geschäftsgebühr ist es nicht erforderlich, dass der RA auch nach außen tätig wird. Immer dann, wenn er Verträge gestaltet, ist dies nicht erforderlich. Diese Mitwirkung bei der Gestaltung eines Vertrages liegt nicht erst dann vor, wenn der RA Urkunden oder Verträge entwirft. Der RA kann auch mündlich an der Gestaltung mitwirken.

179 Wirkt der RA an der Gestaltung eines Vertrages mit, hängt es vom Auftrag ab, ob es sich nur um Beratungstätigkeit mit der Folge der Anwendbarkeit von § 34 RVG handelt oder ob die Geschäftsgebühr der Nr. 2300 VV RVG entsteht.

180 *Praxistipp:*

Wirkt der RA bei der Gestaltung eines Vertrages mit, kann sich eine sehr hohe Vergütungsforderung auch daraus ergeben, dass sich der Gegenstandswert sehr häufig gem. § 23 Abs. 3 Satz 1 RVG bestimmt und damit die Vorschriften des GNotKG (nur für den Gegenstandswert – nicht für die Gebühr!) einschlägig sind. Hier empfiehlt es sich, mit dem Auftraggeber vorher festzulegen, welche Vergütung er für die anwaltliche Tätigkeit schuldet. Hierbei sollten Sie genau formulieren. Je genauer die Vereinbarung, umso geringer die Wahrscheinlichkeit, dass sich Auseinandersetzungen wegen der Vergütungshöhe anschließen.

3. Abgrenzung zwischen Beratungs- und Geschäftsgebühr

Die Abgrenzung zwischen Beratungs- und Geschäftsgebühr ist im Einzelfall schwierig 181
und kann nur anhand von Kommentarliteratur im Einzelnen zutreffend erfolgen. Wegen der vermutlich hohen Gebührendifferenz bei der Abwägung zwischen Beratungsgebühr und Geschäftsgebühr ist vor Rechnungsstellung eine Überprüfung der eigenen Auffassung anhand von Kommentarliteratur ratsam.

Fest steht allerdings, dass es auch bei der Abgrenzung zwischen Beratungs- und Geschäftsgebühr entscheidend auf den erteilten Auftrag ankommt.

Damit die Geschäftsgebühr der Nr. 2300 VV RVG entstehen kann (und auch die sonstigen 182
Geschäftsgebühren, die unter abweichenden Nrn. im VV genannt sind), muss der RA eine **anwaltliche Tätigkeit** ausüben (vgl. § 1 Abs. 2 RVG). Tätigkeiten, die gem. § 1 Abs. 2 RVG nicht nach dem RVG zu vergüten sind, lösen keine Geschäftsgebühr aus.

Wie oft die Geschäftsgebühr entsteht, ist davon abhängig, ob der RA in einer oder meh- 183
reren Angelegenheiten (vgl. §§ 15 bis 18 RVG) tätig ist. Ist der RA vor- oder außergerichtlich nicht nur in einer Angelegenheit tätig, entsteht die Geschäftsgebühr entsprechend der Anzahl der vorliegenden Angelegenheiten.

4. Pauschcharakter der Gebühr

Die Gebühren, die der RA berechnet, sind für den Auftraggeber oft nicht nachvollziehbar. 184
So ändert es nichts an der entstandenen Gebühr, ob der RA ein oder mehrere Schreiben auftragsgemäß fertigt. Dem Auftraggeber erscheint der Gebührenanspruch des RA oft überhöht. Dies liegt daran, dass es dem Auftraggeber unverständlich ist, dass „bereits ein einziges Schreiben" die Geschäftsgebühr auslösen kann. Dies hat seine Ursache im sog. **Pauschcharakter** der Gebühren. Der Gebührentatbestand wird durch das Erfüllen der Tatbestandsmerkmale ausgelöst, auch wenn dies nur einmal geschieht. Dafür entsteht aber nicht für jedes weitere Schreiben eine weitere Gebühr. Ist die Gebühr durch die einmalige Erfüllung des Tatbestandes entstanden, wird die gesamte weitere Tätigkeit des RA solange abgegolten, bis ein weiterer Tatbestand einer anderen Gebühr erfüllt ist. In der vor- und außergerichtlichen Tätigkeit entsteht grds. zunächst nur die Geschäftsgebühr. Daneben können die Gebühren aus Teil 1 VV RVG (z.B. Einigungsgebühr, Aussöhnungsgebühr, Erledigungsgebühr, sog. Erhöhungsgebühr, Hebegebühr) entstehen, andere Gebühren können neben der Geschäftsgebühr nicht entstehen.

5. Mehrere Auftraggeber

185 Vertritt der RA mehrere Auftraggeber (s. § 7 und Nr. 1008 VV RVG), dann erhöht sich die Geschäftsgebühr der Nr. 2300 VV RVG um 0,3. Dabei beträgt die Erhöhung immer 0,3 absolut für jeden zusätzlichen Auftraggeber, unabhängig davon, welchen Gebührensatzrahmen (z.B. 0,5; 0,8; 1,1 oder 1,3) der RA bestimmt hat. Die Erhöhung darf aber gemäß der Anm. Abs. 3 zur Nr. 1008 VV RVG insgesamt nicht mehr als 2,0 betragen. Der sog. Zuschlag für die Vertretung mehrerer Auftraggeber ist auf 2,0 begrenzt.

Beispiel:

Der RA vertritt zwei Auftraggeber.

Er bestimmt den Gebührensatzrahmen der Geschäftsgebühr mit

- *1,3,*
- *1,8,*
- *2,0 oder*
- *2,5.*

Unter Berücksichtigung des zweiten Auftraggebers beträgt die Gesamtgebühr

a) *1,6,*
b) *2,1,*
c) *2,3 oder*
d) *2,8.*

6. Terminsgebühr und Geschäftsgebühr

186 Die Geschäftsgebühr ist in Teil 2 des VV geregelt. Häufig führt der RA Besprechungen oder Telefonate mit Gegnern oder Dritten oder nimmt an vor- bzw. außergerichtlichen Ortsterminen, Besichtigungsterminen o.Ä. teil. Für diese Tätigkeit entsteht nicht die Terminsgebühr der Nr. 3104 VV RVG (und auch sonst keine Terminsgebühr aus einem anderen Teil des VV). Diese Tätigkeit wird allein durch die Geschäftsgebühr abgegolten. Es ist **kein Fall denkbar, dass neben der Geschäftsgebühr die Terminsgebühr aus Teil 3 des VV entsteht**.

Beispiel:

*Es ist **ausgeschlossen**, dass folgende Vergütung entstanden ist:*

1,3 Geschäftsgebühr gem. §§ 2 Abs. 2, 13, Nr. 2300 VV RVG

1,2 Terminsgebühr gem. §§ 2 Abs. 2, 13, Nr. 3104 VV RVG

187 Selbstverständlich kann eine Terminsgebühr entstehen, wenn der RA den Auftrag hatte, den Auftraggeber im gerichtlichen Verfahren zu vertreten. Dies setzt aber voraus, dass

zunächst und zuerst die „richtige“ Betriebsgebühr entstanden ist. Es ist gleichgültig, welche Terminsgebühr man berechnet, die zu einer Terminsgebühr gehörende Betriebsgebühr ist immer eine Verfahrensgebühr.

Soll die Terminsgebühr der Nr. 3104 VV RVG entstanden sein, muss entweder 188

- die Verfahrensgebühr der Nr. 3100 VV RVG oder
- die Verfahrensgebühr der Nr. 3101 Nr. 1 oder 3101 Nr. 2 VV RVG entstanden sein.

7. Bestimmung des Gebührensatzrahmens der Geschäftsgebühr

Die Tätigkeit des RA, wie Besprechungen, Telefonate, wird bei der Bestimmung des Gebührensatzrahmens der Geschäftsgebühr berücksichtigt. Das Gesetz gibt eine sog. Regel- oder Schwellengebühr vor, die einen Gebührensatz von 1,3 hat. Gleichzeitig stellt der Gesetzgeber klar, dass die Regelgebühr mit dem Gebührensatzrahmen von 1,3 nur anwendbar ist, wenn die anwaltliche Tätigkeit weder umfangreich noch schwierig war. Darüber hinaus sind bei der Bestimmung des Rahmens der Gebühr nach der h.M. auch die anderen Kriterien aus § 14 Abs. 1 RVG heranzuziehen. 189

§ 14 Rahmengebühren

(1) Bei Rahmengebühren bestimmt der Rechtsanwalt die Gebühr im Einzelfall unter Berücksichtigung aller Umstände, vor allem des Umfangs und der Schwierigkeit der anwaltlichen Tätigkeit, der Bedeutung der Angelegenheit sowie der Einkommens- und Vermögensverhältnisse des Auftraggebers, nach billigem Ermessen. Ein besonderes Haftungsrisiko des Rechtsanwalts kann bei der Bemessung herangezogen werden. Bei Rahmengebühren, die sich nicht nach dem Gegenstandswert richten, ist das Haftungsrisiko zu berücksichtigen. Ist die Gebühr von einem Dritten zu ersetzen, ist die von dem Rechtsanwalt getroffene Bestimmung nicht verbindlich, wenn sie unbillig ist.

Hat der RA daher eine Tätigkeit entfaltet, die nicht komplett durchschnittlich war (also zusätzliche Leistungen erbracht, die i.d.R. nicht zu erbringen sind), so wird dies über einen abweichenden Gebührensatzrahmen entsprechend berücksichtigt. 190

Es ist natürlich bequem im beruflichen Alltag immer die 1,3 Geschäftsgebühr zu berechnen. Zum einen schlagen die unterschiedlichen Anwaltssoftwaregebührenprogramme dies regelmäßig so vor und oft ist es mehr als mühsam, den „Computer“ zu überzeugen, einen anderen Gebührensatz zu berechnen. Für die richtige Abrechnung und die zutreffende Ermittlung der Geschäftsgebühr ist es aber immer notwendig, dass Sie sich fragen, ob tatsächlich die Regelgebühr mit einem Gebührensatz von 1,3 anwendbar ist, oder ob es nicht Anhaltspunkte gibt, von diesem Regelsatz (i.d.R. nach oben) abzuweichen. 191

Bei der Festlegung des **Gebührensatzrahmens der Regelgebühr mit 1,3** ist der Gesetzgeber von sog. **Durchschnittsfall** ausgegangen. Kaum eine Angelegenheit im beruflichen Alltag ist tatsächlich je durchschnittlich.

192 Die lange Zeit gültigen Ausführungen zur Toleranzgrenze (der RA hatte einen Ermessenspielraum, den sog. Toleranzbereich. Mit Inkrafttreten des RVG betrug dieser Toleranzbereich 30 %. Ein Abweichen von der Regelgebühr innerhalb des Toleranzbereiches war zulässig) ist nicht mehr anwendbar. Der BGH hat mit mehreren Entscheidungen (Urt. v. 11.7.2012 – VIII ZR 323/11) Begründungspflicht bei einem Abweichen von der Regelgebühr normiert.

8. Das „einfache Schreiben"

193 **Nr. 2301**

Nr.	Gebührentatbestand	Gebühr oder Satz der Gebühr nach § 13 RVG
2301	**Der Auftrag beschränkt sich auf ein Schreiben einfacher Art:** **Die Gebühr 2300 beträgt** Es handelt sich um ein Schreiben einfacher Art, wenn dieses weder schwierige rechtliche Ausführungen noch größere sachliche Auseinandersetzungen enthält.	0,3

194 Die Geschäftsgebühr der Nr. 2300 VV RVG wird ergänzt durch die viel geringere Geschäftsgebühr der Nr. 2301 VV RVG.

195 Ist der Auftrag nur auf ein Schreiben einfacher Art gerichtet, kann der RA nicht die Gebühr der Nr. 2300 VV RVG berechnen, sondern lediglich die Geschäftsgebühr der Nr. 2301 VV RVG. Die Gebühr hat nur einen Gebührensatz von 0,3.

196 Zwischen den **Anwendungsbereichen der Nrn. 2300 und 2301 VV RVG** ist eine randscharfe **Abgrenzung erforderlich**. Ob die Geschäftsgebühr der Nr. 2300 VV RVG oder die Geschäftsgebühr für das einfache Schreiben gem. Nr. 2302 VV RVG entsteht, hängt allein und ausschließlich vom erteilten Auftrag des Auftraggebers ab. Das Entstehen der Geschäftsgebühr gem. Nr. 2300 VV RVG oder nach Nr. 2302 VV RVG hängt nicht von der tatsächlich ausgeführten Tätigkeit des RA ab, nur **der Auftrag entscheidet** (**BGH**, vgl. Rdn 108).

197 Auch wenn ein Schreiben des RA wirkt wie ein „einfaches Schreiben" (also eine Mahnung oder eine Zahlungsaufforderung), entsteht deshalb nicht die Geschäftsgebühr nach Nr. 2302 VV RVG. Die Außenwirkung des Schreibens ist unerheblich. Auch wenn sich die Tätigkeit des RA auf ein einfaches Schreiben beschränkt, kann daraus nicht geschlossen werden, dass lediglich die Geschäftsgebühr der Nr. 2302 VV RVG berechnet werden kann.

Ein Streit über die Frage der Höhe der Vergütung wird in solchen Fällen häufig nicht mit dem Auftraggeber, sondern mit dem Gegner geführt, der aufgrund materiell-rechtlicher Vorschriften zur Erstattung der „Kosten" verpflichtet ist. Der RA muss daher, wenn er eine Geschäftsgebühr nach Nr. 2300 VV RVG beansprucht, obwohl er nicht mehr als ein einfaches Schreiben hergestellt hat, darlegen, dass und warum der erteilte Auftrag umfassender war und daher mehr Arbeitsaufwand erforderte als die Abfassung eines einfachen Schreibens. 198

Praxistipp: 199

In diesem Fall ist es hilfreich und eine spürbare Arbeitserleichterung, wenn neben der unterzeichneten Vollmacht noch eine Auftragsbestätigung durch den Auftraggeber vorliegt.

9. Anrechnung der Geschäftsgebühren

Sämtliche Geschäftsgebühren der Nrn. 2300 – 2303 VV RVG sind gem. Vorbemerkung 3 Abs. 4 VV RVG auf die Verfahrensgebühr des sich anschließenden gerichtlichen Verfahrens anzurechnen (zur Verfahrensgebühr s. Rdn 356). Der Gesetzgeber beabsichtigt mit Vorbemerkung 3 Abs. 4 VV RVG zu verhindern, dass der RA für die gleiche Tätigkeit (Betreiben des Geschäfts) in einer Angelegenheit zweimal Gebühren fordern kann. 200

Eine **Anrechnung findet statt**, wenn der RA die **Angelegenheit zunächst vor- bzw. außergerichtlich und anschließend gerichtlich** betrieben hat. 201

Es gibt zwei Möglichkeiten, die Anrechnung durchzuführen. 202

1. Durch die Anrechnung vermindert sich nicht die bereits entstandene Geschäftsgebühr, sondern die in dem anschließenden gerichtlichen Verfahren anfallende Verfahrensgebühr. In diesem Fall ist es i.d.R. unvermeidbar, dass die Geschäftsgebühr in voller Höhe neben der Hauptforderung oder auch ohne diese gerichtlich geltend gemacht werden kann und muss. Wird die Geschäftsgebühr in voller Höhe im Klageverfahren geltend gemacht, wird die **Anrechnung der Geschäftsgebühr im Kostenfestsetzungsverfahren berücksichtigt.**

2. Die geltend gemachte Geschäftsgebühr wird um den Anrechnungsteil aus Vorbemerkung 3 Abs. 4 VV RVG gekürzt. In diesem Fall wird auch nur die gekürzte Geschäftsgebühr im gerichtlichen Verfahren als Nebenforderung geltend gemacht. In dem sich anschließenden Kostenfestsetzungsverfahren hat die Anrechnung auf die Höhe der Verfahrensgebühr keine Auswirkung.

Der RA hat ein freies Wahlrecht zwischen einer der beiden Anrechnungsmethoden, kann aber seine ausgeübte Wahl nicht später abändern, denn nach Ausübung des Wahlrechts schützt § 15a Abs. 2 RVG den zur Kostentragung Verpflichteten. 203

8.21

▼

204 **Muster 8.21: Kurzbelehrung Anrechnung der Geschäftsgebühr**

Wir weisen bei dieser Gelegenheit darauf hin, dass für den Fall einer sich anschließenden gerichtlichen Auseinandersetzung entsprechend Vorbemerkung 3 Abs. 4 VV RVG die Hälfte der Geschäftsgebühr, jedoch höchstens 0,75 auf die im gerichtlichen Verfahren entstehende Verfahrensgebühr anzurechnen ist.

Es ist daher noch fraglich, ob alle Teile der hiesigen Anwaltsvergütung auch im Fall des Obsiegens von der Gegenseite gezahlt werden müssen.

▲

205 *Hinweis:*

Bitte beachten Sie das Muster in § 10 Rdn 64. Diese Belehrung berücksichtigt die Änderungen durch § 15a RVG.

206 Die Geschäftsgebühr wird nur zur Hälfte (maximal 0,75) angerechnet, um den unterschiedlichen vor- und außergerichtlichen Tätigkeiten des RA Rechnung zu tragen. Bei der Anrechnung ist zu beachten, dass die Geschäftsgebühr nur nach dem Wert des Gegenstands angerechnet wird, der in das gerichtliche Verfahren übergegangen ist.

Beispiel:

Vorgerichtlich fordert der RA den Gegner zur Zahlung i.H.v. 15.000,00 € auf. Diesbezüglich entsteht die Geschäftsgebühr nach einem Gegenstandswert i.H.v. 15.000,00 €. Der Gegner erbringt jetzt eine Teilzahlung i.H.v. 7.500,00 €, sodass das gerichtliche Verfahren nur noch wegen 7.500,00 € zu führen ist (der Gegner hat eine Zahlungsbestimmung auf die Hauptforderung vorgenommen, sodass eine Verrechnung auf die bisher entstandene Rechtsanwaltsvergütung ausscheidet). Angerechnet wird die Geschäftsgebühr jetzt nur nach einem Gegenstandswert von 7.500,00 €.

207 Haben die **vor- bzw. außergerichtliche und die nachfolgende gerichtliche Tätigkeit** des RA **nicht denselben Gegenstand**, erfolgt **keine Anrechnung**. Nur wenn die gerichtliche Tätigkeit die vor- bzw. außergerichtliche Tätigkeit des RA tatsächlich fortführt, erfolgt eine Anrechnung der Geschäftsgebühr.

a) Höhe der Anrechnung

208 Die Höhe der Anrechnung ergibt sich aus Vorbemerkung 3 Abs. 4 VV RVG. Die Geschäftsgebühr der Nr. 2300 VV RVG (und auch die anderen Geschäftsgebühren, bei denen es sich um Satzrahmengebühren handelt) wird zur Hälfte auf die Verfahrensgebühr des gerichtlichen Verfahren angerechnet, jedoch höchstens mit einem Gebührensatz i.H.v. 0,75.

Hierbei muss beachtet werden, dass, wenn die Hälfte der Gebühr kleiner als 0,75 ist, nur der geringere Betrag angerechnet wird. Ist die Hälfte der Geschäftsgebühr größer als 0,75, werden lediglich 0,75 angerechnet. Mehr als 0,75 der Geschäftsgebühr werden nie angerechnet. Die Anrechnungshöhe ist auf 0,75 nach oben begrenzt.

Beispiel 1: 209

Der RA hat die Höhe des Gebührensatzrahmens der Geschäftsgebühr der Nr. 2300 VV RVG mit ***1,3*** *bestimmt. Der vorgerichtlichen Tätigkeit schließt sich eine gerichtliche Auseinandersetzung an.*

Die Geschäftsgebühr wird mit 0,65 auf die entsprechende Verfahrensgebühr des gerichtlichen Verfahrens angerechnet, denn die Hälfte v. 1,3 ist kleiner als 0,75.

Der RA kann berechnen

Entweder:

1,3 Geschäftsgebühr gem. §§ 2 Abs. 2, 13, Nr. 2300 VV RVG,

0,65 Restverfahrensgebühr gem. §§ 2 Abs. 2, 13, Nr. 3100 VV RVG.

(Kürzung der 1,3 Verfahrensgebühr um den Anrechnungsanteil der Geschäftsgebühr i.H.v. 0,65 gem. Vorbemerkung 3 Abs. 4 VV RVG.)

Neue Variante:

Oder

0,65 Restgeschäftsgebühr gem. §§ 2 Abs. 2, 13, Nr. 2300 VV RVG

Vorbemerkung 3 Abs. 4 RVG, § 15a RVG

1,3 Verfahrensgebühr gem. §§ 2 Abs. 2, 13, Nr. 3100 VV RVG

Beispiel 2: 210

Der RA hat seiner vorgerichtlichen Vergütungsberechnung einen Gebührensatzrahmen von 1,8 der Geschäftsgebühr der Nr. 2300 VV RVG zugrunde gelegt. Der vorgerichtlichen Tätigkeit schließt sich eine gerichtliche Tätigkeit an.

Die Geschäftsgebühr wird zu einem Gebührensatz von 0,75 angerechnet, denn der hälftige Betrag der Geschäftsgebühr (1,8./. 2 = 0,9) übersteigt die Anrechnungshöchstgrenze von 0,75.

Er kann berechnen

Entweder

1,8 Geschäftsgebühr gem. §§ 2 Abs. 2, 13, 14, Nr. 2300 VV RVG

0,55 Restverfahrensgebühr gem. §§ 2 Abs. 2, 13, Nr. 3100 VV RVG

(Kürzung der 1,3 Verfahrensgebühr um den Anrechnungsteil der Geschäftsgebühr i.H.v. 0,75 gem. Vorbemerkung 3 Abs. 4 VV RVG, 15a RVG.)

Oder

1,05 Restgeschäftsgebühr gem. §§ 2 Abs. 2, 13 Nr. 2300 VV RVG

Vorbemerkung 3 Abs. 4, 15a RVG

1,3 Verfahrensgebühr gem. §§ 2 Abs. 2, 13 RVG, Nr. 3100 VV RVG

Beide Beispiele haben gemeinsam, dass das Ergebnis der Betriebsgebühr bei jeder Berechnungsmethode immer gleich hoch sein muss. Die Art der Anrechnung ändert nichts daran, dass insgesamt eine der Höhe nach beschränkte Betriebsgebühr entsteht. Im Alltag sind dies bei vorgerichtlicher Tätigkeit und sich anschließender gerichtlicher Auseinandersetzung 1,95. Dieses Gesamtergebnis erzielt man immer, wenn man eine 1,3 Geschäftsgebühr geltend gemacht hat und im Anschluss daran eine 1,3 Verfahrensgebühr entsteht.

211 *Beispiel 3:*

Der RA hat in seiner vorgerichtlichen Vergütungsberechnung eine Geschäftsgebühr der Nr. 2300 VV RVG mit einem Gebührensatzrahmen i.H.v. 1,0 berechnet. Der vorgerichtlichen Tätigkeit schließt sich eine gerichtliche Tätigkeit an. Die Geschäftsgebühr wird zu einem Gebührensatz von 0,5 angerechnet, denn der hälftige Betrag der Geschäftsgebühr (1,0./. 2 = 0,5) beträgt nur 0,5.

Der RA kann berechnen

Entweder:

1,0 Geschäftsgebühr gem. §§ 2 Abs. 2, 13, 14 Nr. 2300 VV RVG

0,8 Restverfahrensgebühr gem. §§ 2 Abs. 2, 13 Nr. 3100 VV RVG

(Kürzung der 1,3 Verfahrensgebühr um den Anrechnungsteil der Geschäftsgebühr i.H.v. 0,5 gem. Vorbemerkung 3 Abs. 4 VV RVG.)

Oder:

0,5 Restgeschäftsgebühr gem. §§ 2 Abs. 2, 13, 14 Nr. 2300 VV RVG

Vorbemerkung 3 Abs. 4, 15a RVG

1,3 Verfahrensgebühr gem. §§ 2 Abs. 2, 13 RVG, Nr. 3100 VV RVG

212 *Hinweis:*

Die Entgelte für Post- und Telekommunikationsdienstleistungen gem. Nr. 7002 VV RVG werden nicht von der Anrechnung umfasst (BGH, RVGreport 2004, 347). Dies liegt aber auch daran, dass der RA eine Vergütung berechnet, die gem. § 1 Abs. 1 RVG aus Gebühren- und Auslagen besteht. Die Anrechnungsvorschriften beziehen sich allesamt nur auf Gebühren, somit werden die Auslagen gem. Teil 7 VV RVG nicht von der Anrechnung berücksichtigt.

b) Durchführung der Anrechnung

Die Anrechnung kann auf zwei Arten erfolgen. Sinnvoll ist folgende Darstellung in der Praxis: 213

1,3 Geschäftsgebühr gem.§§ 2 Abs. 2, 13 Nr. 2300 VV RVG

– 0,65 Anrechnung gem. Vorbemerkung 3 Abs. 4, 15 RVG

1,3 Verfahrensgebühr gem. Nr. 3100 VV RVG

In der anwaltlichen Praxis hat sich diese Darstellung durchgesetzt, da so bis zur Einreichung der Klage entschieden werden kann, für welche Anrechnungsvariante man sich entscheidet.

Ich verweise auf die Beispiele unter Rdn 206–211. Die Anrechnung erfolgt auch im gerichtlichen Kostenfestsetzungsverfahren gegenüber dem unterlegenen Beteiligte. Sie gilt nicht nur im Verhältnis des Prozessbevollmächtigten zu seinem Auftraggeber. 214

c) Art der Verfahrensgebühr

Unerheblich ist es, welche Verfahrensgebühr für das gerichtliche Verfahren entsteht. Die Anrechnung erfolgt nicht nur auf die „vollen" oder auch höchsten Verfahrensgebühren, z.B. 1,3 Verfahrensgebühr gem. Nr. 3100 VV RVG, 1,0 Verfahrensgebühr gem. Nr. 3305 VV RVG oder 1,0 Verfahrensgebühr im PKH-Bewilligungsverfahren gem. Nr. 3335 VV RVG. Die **Anrechnung** erfolgt vielmehr **auch auf ermäßigte Verfahrensgebühren**, z.B. bei vorzeitiger Erledigung 0,8 Verfahrensgebühr gem. Nr. 3101 Nr. 1 VV RVG, 0,5 Verfahrensgebühr (Vertretung des Antragsgegners im Mahnverfahren) gem. Nr. 3307 VV RVG. 215

d) Anrechnung bei mehreren Auftraggebern

Es gab Anrechnungsprobleme, wenn der RA vor bzw. außergerichtlich **mehrere Auftraggeber** vertreten hat. Wurden mehrere Auftraggeber vertreten, ist die Anrechnungsvorschrift in Vorbemerkung 3 Abs. 4 VV RVG nicht eindeutig. Fraglich ist, ob nur die „erhöhte" einheitliche Gebühr mit lediglich 0,75 angerechnet wird. Die Geschäftsgebühr kann durch die Erhöhung bis zu 4,5 betragen (2,5 + 2,0 Erhöhung gem. Nr. 1008 VV RVG). 216

> *Beispiel:*
>
> *Der RA vertritt vier Auftraggeber in einem vorgerichtlichen Verfahren. Er bestimmt den Gebührensatzrahmen der Geschäftsgebühr mit der Regel-/Schwellengebühr von 1,3. Durch die Vertretung mehrerer Auftraggeber erhöht sich die Geschäftsgebühr (3 × 0,3: für die drei zusätzlichen Auftraggeber) auf 1,3 + 0,9 = 2,2.*

Dem Wortlaut der Vorbemerkung 3 Abs. 4 VV RVG folgend, wären von der Anrechnung jetzt lediglich 0,75 erfasst, sodass 1,45 als Gebührenrest von der Geschäftsgebühr nach Anrechnung verbliebe (Auffassung von Hansens, RVGreport 2004, 95). Das KG (Berlin) hat als erstes OLG diese Auffassung bestätigt. Der BGH hat diese Auffassung bestätigt (BGH, 28.7.2010 – XII ZB 251/10).

217 Für das sich anschließende gerichtliche Verfahren, in dem die Verfahrensgebühr der Nr. 3100 VV RVG entsteht, berechnet der RA erneut die Erhöhung für mehrere Auftraggeber gem. Nr. 1008 VV RVG. Daraus ergäbe sich, dass der RA über die Anrechnungsregelung in der Vorbemerkung 3 Abs. 4 VV RVG die „Erhöhung" der Gebühren für mehrere Auftraggeber in einer Angelegenheit mehrfach fordern könnte.

218 Die zutreffende Auffassung von Hansens (u.a. in RVGreport 2004, 95 mit Beispielen zur Geschäftsgebühr bei mehreren Auftraggebern und der entspr. Anrechnung) geht davon aus, dass für die Anrechnung der **durch mehrere Auftraggeber erhöhte Gebührensatzrahmen** zugrunde zu legen ist, sodass der erhöhte Gebührensatzrahmen bei der Anrechnung auf 0,75 beschränkt ist. Er vertritt die Auffassung, dass wie im obigen Beispiel (Rdn 144) zu verfahren sei. Der Rest der Geschäftsgebühr, der nach Anrechnung verbleibe, sei demnach immer dann höher, wenn der RA mehrere Auftraggeber vertritt. Nach Auffassung von Hansens hat die Erhöhung gem. Nr. 1008 VV RVG zur Folge, dass dem RA nach Durchführung der Gebührenanrechnung um so mehr verbleibe, je höher die Geschäftsgebühr sei, insbes. bei Vertretung mehrerer Auftraggeber. Dieser Auffassung schließe ich mich an (so auch: Mayer, RVG-Letter 2004, 87 m.w.N.). Dieser Ansicht haben sich das OLG Düsseldorf (Az. 22 S 439/06, AGS 2007, 381 ff.); LG Düsseldorf (RVGreport 2007, 298 f. = AGS 2007, 381 m. zust. Anm. Schons), das LG Ulm (AGS 2008, 163 f.) sowie das AG Stuttgart (AGS 2007, 385; AGS 2008, 78 f. = RVGreport 2008, 21 f.) angeschlossen und festgestellt, dass die Anrechnung der Geschäftsgebühr auch bei mehreren Auftraggebern auf 0,75 begrenzt bleibt. Weder wird die Erhöhung als solche angerechnet, noch erhöht sich die Anrechnungsgrenze analog Nr. 1008 VV.

> *Beispiel:*
>
> *Nach dieser Auffassung rechnet der RA, wenn bei der Anrechnung für den Gebührensatz nicht auf die Gebühr ohne Erhöhung gem. Nr. 1008 VV RVG abgestellt wird, 2,2 Geschäftsgebühr nach Nrn. 2300, 1008 VV RVG sowie 2,2 Verfahrensgebühr nach Nrn. 3100, 1008 VV RVG abzüglich 0,75 Anrechnung der Geschäftsgebühr (Vorbemerkung 3 Abs. 4 VV RVG), also insgesamt 3,65 „Betriebsgebühren" ab.*
>
> *Ohne zusätzliche Auftraggeber berechnet der RA 1,3 Geschäftsgebühr Nr. 2300 VV RVG sowie 1,3 Verfahrensgebühr Nr. 3100 VV RVG abzüglich 0,65 Anrechnung der Geschäftsgebühr (Vorbemerkung 3 Abs. 4 VV RVG), also insgesamt 1,95 „Betriebsgebühren".*
>
> *Es verbleiben:*
>
> *1,45 Restgeschäftsgebühr*
>
> *1,3 Verfahrensgebühr*
>
> *0,9 Erhöhung gem. Nr. 1008 VV RVG*
>
> insgesamt verbleiben damit ***3,65*** „Betriebsgebühren" im Ausgangsfall.

Andere Darstellung unter Berücksichtigung der BGH Rechtsprechung zur Anrechnung:

2,2 Geschäftsgebühr

0,55 Verfahrensgebühr

0,9 Erhöhung gem. Nr. 1008 VV RVG = ***3,65*** „Betriebsgebühren"

Die hier gezeigte Auffassung ist zutreffend, da die Vorbemerkung 3 Abs. 4 VV RVG wörtlich auszulegen ist. Hier bleibt die Entwicklung der weiteren Rechtsprechung abzuwarten. Da aber der BGH bisher die Vorbemerkung 3 Abs. 4 VV RVG für den Fall der Anrechnung „wörtlich" auslegt, ist zu vermuten, dass dies auch gelten wird, wenn über die Frage der Anrechnung bei mehreren Auftraggebern zu entscheiden ist.

e) Anrechnung und Identität der Gegenstände

Damit eine Anrechnung durchgeführt werden kann, ist es Voraussetzung, dass **beiden Gebühren identische gebührenrechtliche Gegenstände zugrunde liegen**. Zwischen der vor- bzw. außergerichtlichen anwaltlichen Tätigkeit und der sich daran anschließenden gerichtlichen Tätigkeit muss ein sog. **innerer Zusammenhang** gegeben sein. Gebührenrechtlich ist das Vorliegen desselben Gegenstandes erforderlich. 219

Beispiel:

Im familienrechtlichen Mandat ist es nicht selten, dass der RA eine sog. außergerichtliche Scheidungsfolgenvereinbarung in Form eines Anwaltsvergleichs aushandelt. Ebenso oft wird dem RA auch das Mandat erteilt, das Scheidungsverfahren zu betreiben. Hier liegt keine Identität der Gegenstände vor, weshalb eine Anrechnung der Geschäftsgebühr auf die Verfahrensgebühr nicht erfolgt.

f) Anrechnung bei mehreren Geschäftsgebühren

Sind mehrere Geschäftsgebühren entstanden, wird die zuletzt entstandene zur Hälfte angerechnet (LG Duisburg, RVGreport 2005, 308). 220

g) Anrechnung nach dem Wert des Gegenstands

Die Anrechnung der Geschäftsgebühr erfolgt nur nach dem Wert des Gegenstandes, der auch Gegenstand des gerichtlichen Verfahrens ist. Wird im Anschluss an die vor- bzw. außergerichtliche Tätigkeit nur wegen einer Teilforderung Klage erhoben, erfolgt die Anrechnung wegen des Wertes, der in das gerichtliche Verfahren übergegangen ist. Ist die Verfahrensgebühr niedriger als die anzurechnende Geschäftsgebühr, ist diese höchstens bis zu dem Betrag der Verfahrensgebühr anzurechnen. Das gilt auch dann, wenn der anzurechnende Betrag geringer ist als die Hälfte der Geschäftsgebühr. Eine Anrechnung findet jedoch nur statt, wenn die Verfahrensgebühr des nachfolgenden Verfahrens in Teil 3 VV RVG geregelt ist. 221

h) Erledigung eines früheren Auftrags seit mehr als zwei vollen Kalenderjahren

222 Ist die Geschäftsgebühr für einen früheren Auftrag entstanden, der seit mehr als zwei vollen Kalenderjahren erledigt ist, findet nach § 15 Abs. 5 Satz 2 RVG keine Anrechnung statt. Das Gesetz vermutet dann, dass der gleiche Gegenstand nicht mehr gegeben ist, sodass die Anrechnung nicht zu erfolgen hat. Das Kalenderjahr beginnt mit dem 1. Januar (0:00 Uhr) und endet mit dem nachfolgenden 31. Dezember (24:00 Uhr) = ISO 8601.

i) Geschäftsgebühr entsteht nach Verfahrensgebühr

223 Durch das Zweite Justizmodernisierungsgesetz (2. Justizmodernisierungsgesetz, JuMoG v. 22.12.2006, BGBl I, S. 3416) hat der Gesetzgeber durch die Formulierung „Soweit wegen desselben Gegenstandes eine Geschäftsgebühr [...] entsteht" deutlich gemacht, dass die Geschäftsgebühr auch dann anzurechnen ist, wenn diese **Geschäftsgebühr erst nach der Verfahrensgebühr entsteht.**

224 Hierbei wollte der Gesetzgeber berücksichtigen, dass der RA z.B. im Verhandlungstermin die sog. **nicht anhängigen** (oder nicht rechtshängigen – sog. Vergleichsmehrwert) **Ansprüche** erfolglos verhandelt. Wurde über solche Ansprüche ergebnislos verhandelt und der RA anschließend mit der vor- bzw. außergerichtlichen Verfolgung dieser Ansprüche beauftragt, fehlte eine deutliche und klare Anrechnungsregelung im Gesetz. Da die **Vergütung des RA regelmäßig erfolgsunabhängig** geschuldet wird, kann der RA bei erfolglosen Verhandlungen über sog. nicht rechtshängige Ansprüche eine 0,8 Verfahrensgebühr gem. Nr. 3101 Nr. 2 VV RVG beanspruchen. Zusätzlich kann der RA für den nicht rechtshängigen Anspruch (und nur bezogen auf diesen Teilwert) eine Geschäftsgebühr berechnen.

225 Wenn dann im Anschluss an diese vergeblichen Verhandlungen durch das weitere vor- bzw. außergerichtliche Tätigwerden des RA erneut eine Geschäftsgebühr nach Nr. 2300 VV RVG entsteht, wird diese entsprechend den Anrechnungsgrundsätzen aus Vorbemerkung 3 Abs. 4 VV RVG zu max. 0,75 „rückwärts" auf die **Differenzverfahrensgebühr** nach Nr. 3101 Nr. 2 VV RVG angerechnet (hierzu ausführlich N. Schneider, NJW 2007, 329). Der RA kann daher nicht im „alten" gerichtlichen Verfahren die volle Differenzverfahrensgebühr gem. Nr. 3101 Nr. 2 VV RVG und zusätzlich die volle Geschäftsgebühr der Nr. 2300 VV RVG berechnen.

10. Geltendmachung der vorprozessual entstandenen Geschäftsgebühr

226 Die Geschäftsgebühr, die für die vor- bzw. außergerichtliche Tätigkeit des RA entstanden ist, ist derzeit nach der Rechtsprechung des BGH nicht i.R.d. Kostenfestsetzung gem. §§ 103, 104 ZPO festsetzbar (BGH, NJW 2006, 2560; BGH, AGS 2008, 158 ff.; BGH, RVGreport 2006, 274 – für die durch ein Mahnschreiben entstandene Geschäftsgebühr und weitere Entscheidungen des BGH [abrufbar unter *www.bundesgerichtshof.de*, Unterpunkt: Entscheidungen – Suchbegriff: Geschäftsgebühr]). Um eine Erstattung der Ge-

schäftsgebühr zu erreichen, bleibt nur der Weg, dass der Auftraggeber (vertreten durch seinen RA) die Geschäftsgebühr in einer eigenen Klage (oder durch einen Mahnbescheid) oder – und dies ist der sinnvollste Weg – im laufenden Prozess als Nebenforderung geltend macht. Verlangt der Auftraggeber die Erstattung der Geschäftsgebühr im laufenden gerichtlichen Verfahren, ist die vor- bzw. außergerichtliche Geschäftsgebühr eine Nebenforderung i.S.v. § 4 ZPO. Sie erhöht dann den Streitwert (und damit auch den Gegenstandswert) nicht. Der RA darf hier nicht untätig sein. Unternimmt er angesichts der klaren kostenerstattungsrechtlichen Folgen nichts zur Geltendmachung der Geschäftsgebühr, kann sich der RA schadensersatzpflichtig machen.

Die klageweise Geltendmachung der vor- bzw. außergerichtlichen Geschäftsgebühr betrifft 227
sowohl den Kläger als auch den Beklagten im Prozess. Für beide gilt, dass im Fall des Obsiegens eine vor- bzw. außergerichtlich entstandene Geschäftsgebühr nicht festsetzbar ist.

Es besteht auch die Möglichkeit, die Geschäftsgebühr nicht gemeinsam mit der Haupt- 228
sache geltend zu machen, sondern einen eigenen Prozess dafür anzustrengen. Dies birgt ein nicht unerhebliches Kostenrisiko. Wird die Geschäftsgebühr in einem eigenen Prozess geltend gemacht, bestimmt diese Gebühr die Hauptsache und es entstehen eigene Vergütungsansprüche (also Rechtsanwaltsgebühren) und Gerichtskosten. Es ist zu erwarten, dass eine Kostenerstattung in diesem Verfahren selbst im Fall eines Obsiegens nicht erfolgt. Es hätte einen günstigeren Weg gegeben, die Geschäftsgebühr geltend zu machen, sodass die Kosten eines gesonderten Prozesses nicht notwendig sein dürften.

▼ 8.22

Muster 8.22: Geltendmachung der Geschäftsgebühr in der Klage 229

1.

Hauptanspruch nebst Zinsen,

2.

Der Beklagte wird verurteilt, an den Kläger weitere   € nebst 5 % Zinsen über dem jeweiligen Basiszinssatz seit dem   (spätestens: Zustellung der Klage/Widerklage o.Ä.) zu zahlen.

3.

Weitere Ansprüche (Vollstreckbarkeit/Zulassung von Rechtsmitteln/einer Bankbürgschaft u.Ä.).

Begründung:

1. Begründung zum Hauptanspruch
2. Der mit dem Antrag zu 2. geltend gemachte Zahlungsanspruch ergibt sich wie folgt:

Der Beklagte ist zur Erstattung der vorgerichtlich bei dem Kläger entstandenen Geschäftsgebühr der Nr. 2300 VV RVG verpflichtet.

Dem Kläger steht ein materiell-rechtlicher Kostenerstattungsanspruch als Folgeschaden zu. Durch das vorgerichtliche Verhalten des Beklagten war der Kläger veranlasst, anwaltliche Hilfe in Anspruch zu nehmen. Dazu war der Kläger auch berechtigt.

Vorgerichtlich sind bei dem Kläger eine 1,3 Geschäftsgebühr gem. §§ 2 Abs. 2, 13, Nr. 2300 VV RVG nebst Nebenleistung (in der Regel: Entgelte für Post- und Telekommunikationsdienstleistungen gem. Nr. 7002 VV RVG und Umsatzsteuer gem. Nr. 7008 VV RVG) entstanden. Da im gerichtlichen Verfahren eine Verfahrensgebühr entsteht, ist die Geschäftsgebühr zu 0,65 auf die Verfahrensgebühr anzurechnen. Daher wird klageweise nur die um den Anrechnungsteil nach Vorbemerkung 3 Abs. 4 VV RVG verbleibende Restgeschäftsgebühr geltend gemacht. Dies vorausgeschickt berechnet sich der von dem Kläger geltend gemachte Betrag wie folgt:

Gegenstandswert	€
Berechnet nach §§ 2 Abs. 2, 13 RVG	
0,65 Restgeschäftsgebühr gem. Nr. 2300 VV RVG	€
(die Anrechnung entsprechend Vorbemerkung 3 Abs. 4 VV RVG erfolgt im Rahmen eines etwaigen Kostenfestsetzungsverfahrens)	
anteilige Entgelte für Post- und Telekommunikationsdienstleistungen gem. Nr. 7002 VV RVG	€
19 % USt gem. Nr. 7008 VV RVG	€
Der Kläger ist nicht zum Vorsteuerabzug berechtigt.	
Summe	€

Die Geschäftsgebühr ist nach der herrschenden Meinung nicht vom Kostenerstattungsanspruch des Hauptverfahrens umfasst.

Der Kläger hat die Geschäftsgebühr der Nr. 2300 VV RVG bereits beglichen.

Anm.:

1. *Hat der Kläger nicht geleistet, ist auf Freistellung zu klagen.*
2. *Die folgenden kursiv dargestellten Ausführungen sind nur erforderlich, wenn der Gebührensatzrahmen der Geschäftsgebühr höher als mit 1,3 bestimmt wird.*

Gleichzeitig wird an dieser Stelle darauf hingewiesen, dass ein Gutachten der Rechtsanwaltskammer gemäß § 14 Abs. 2 RVG nicht erforderlich ist. Sollte der Beklagte die Angemessenheit des Gebührensatzrahmens der Geschäftsgebühr bestreiten, wird der Einholung eines Gutachtens durch die Rechtsanwaltskammer ausdrücklich widersprochen. Ein Gutachten der Rechtsanwaltskammer ist nicht einzuholen, wenn die Auseinandersetzung um die Angemessenheit von Gebühren nicht eine Auseinandersetzung um Gebüh-

renansprüche zwischen Rechtsanwalt und Auftraggeber betrifft. Bereits zur Geltungszeit der BRAGO gab es hinsichtlich der Erstattungsfähigkeit der Gebühren des § 118 BRAGO im Hinblick auf das FGG-Verfahren Kostenrechtsprechung. Insofern wird verwiesen auf: Baumgärtel/Hergenröder/Houben, RVG, § 14 Rn 18; Gerold/Schmidt, RVG, § 14 Rn 119; Mümmler, JurBüro 1985, 9; BVerwG, JurBüro 1982, 857; BSG, SozSich 1990, 294; AG Düsseldorf, AGS 2004, 19; Schneider/Wolf, RVG, § 14 Rn 99, Schneider, NJW 2004, 193; Hartmann, Kostengesetze – RVG, § 14 Rn 28; Rehberg/Xanke, RVG, „Rechtsanwaltskammer" Rn 2.2".

Es wird einheitlich die Auffassung vertreten, dass ein Gutachten der Rechtsanwaltskammer nicht erforderlich ist, wenn materiell-rechtliche Kostenerstattungsansprüche Grundlage der Auseinandersetzung im Hinblick auf die Angemessenheit der Ausübung des Ermessens des RA sind.

Sollte das Gericht der Auffassung sein, dass hinsichtlich der geltend gemachten Gebührenreste ein Gutachten der Rechtsanwaltskammer erforderlich ist, wird bereits jetzt beantragt:

Das Verfahren hinsichtlich des Gebührenrestes abzutrennen und über den geltend gemachten weiteren Anspruch (Ziffer 1. der Klage) vorab zu entscheiden.

▲

11. Vorliegen eines materiell-rechtlichen Kostenerstattungsanspruchs

Voraussetzung für die erfolgreiche Geltendmachung der Geschäftsgebühr und eine zu erwartende Erstattung derselben durch die Gegenseite ist das Vorliegen eines materiell-rechtlichen Kostenerstattungsanspruchs. Ein materiell-rechtlicher Kostenerstattungsanspruch ist gegeben, wenn der Anspruch wegen unerlaubter Handlung, Verzugs, positiver Forderungsverletzung oder culpa in contrahendo besteht. **230**

Häufig entsteht die Geschäftsgebühr der Nr. 2300 VV RVG im anwaltlichen Alltag für die Erstellung des ersten Schreibens an die Gegenseite durch den Anwalt. Immer dann ist es fraglich, ob ein Erstattungsanspruch gegeben sein kann, da es ja an einer der o.g. materiell-rechtlichen Anspruchsgrundlage fehlt. **231**

Der RA sollte den Auftraggeber darüber belehren, dass er mit allergrößter Wahrscheinlichkeit die entstandene Geschäftsgebühr nicht vom Gegner erstattet verlangen kann. Die Geschäftsgebühr stellt das alleinige Gebührenrisiko des Auftraggebers dar. Ein Textbeispiel ist bereits vorgeschlagen, s. Rdn 229. **232**

12. Ausweg aus der Anrechnungsproblematik? – unbedingter Prozessauftrag

233 Wie Sie bereits wissen, hängt die Höhe der Vergütung maßgeblich von dem erteilten Auftrag ab. Das Anrechnungsproblem der Geschäftsgebühr ist nur dann nicht gegeben, wenn der Auftraggeber dem RA von Anfang an einen Auftrag erteilt, der auf das Führen des gerichtlichen Verfahrens ausgerichtet ist, also einen **Prozessauftrag**. Erteilt der Auftraggeber dem RA den unmittelbaren Prozessauftrag, so kann der RA, bspw. für den Fall, dass er den Gegner mit einer Zahlungsaufforderung zur Zahlung motivieren wollte, im Erfolgsfall (also nach Zahlung durch den Gegner) lediglich die verminderte Verfahrensgebühr der Nr. 3101 Nr. 1 VV RVG i.H.v. 0,8 berechnen.

234 Im Fall eines Auftrags, der auf eine vor- bzw. außergerichtliche Tätigkeit gerichtet war, würde der RA für das gleiche Schreiben mindestens eine 1,3 Geschäftsgebühr gem. Nr. 2300 VV RVG berechnen können.

235 Hier muss insbes. darauf geachtet werden, wer die Vergütung letztlich zu zahlen hat. Steht eine Rechtsschutzversicherung hinter dem Auftraggeber und zahlt diese für ihn zu erwartende Vergütung, gibt es keinen Grund, sich vom Auftraggeber einen Prozessauftrag erteilen zu lassen.

Das RVG diente ja insbes. dazu, die vor- bzw. außergerichtliche Tätigkeit des RA zu fördern und gerichtliche Verfahren zu vermeiden.

236 Für einen unbedingten (also sofortigen) **Prozessauftrag** spricht, dass sich seine **gesamten Gebühren für diesen Fall nach Teil 3 VV RVG** richten. Es entstehen dann in erster Linie (auch ohne dass ein Schriftsatz an das Gericht gesandt wird) die Verfahrensgebühr(en) und daneben die Terminsgebühr. Sind die Voraussetzungen aus Vorbemerkung 3 Abs. 3 VV RVG erfüllt, entsteht neben der Verfahrensgebühr die Terminsgebühr der Nr. 3104 VV RVG.

13. Anwaltliches Aufforderungsschreiben

237 In vielen Fällen beginnt die nach außen sichtbare anwaltliche Tätigkeit des RA mit dem Versand eines Aufforderungsschreibens. I.d.R. wird der Anspruchsgegner vor Einleitung von gerichtlichen Schritten zur Zahlung der ausstehenden Forderung aufgefordert. Auch dienen das **anwaltliche Aufforderungsschreiben und die Zustellung desselben** der Herstellung der **Klagereife**. So muss ein Darlehen gekündigt werden, bevor die Beträge aus dem Darlehen eingeklagt werden können. Es gibt eine Vielzahl guter Gründe, warum der RA zunächst vor- bzw. außergerichtlich tätig ist, bevor eine kostenintensive gerichtliche Auseinandersetzung geführt wird.

Die Gerichte bewerten für die Frage der Anrechnung und **zum Beleg für den erteilten Auftrag** die Formulierung, die der RA gewählt hat, um deutlich zu machen, welche Folge eine weitere Nichtzahlung ausstehender Forderungen hätte. 238

▼ 8.23

Muster 8.23: Anwaltliches Aufforderungsschreiben mit Klageauftrag 239

Anrede,

ausweislich der diesem Schreiben im Original beigefügten Vollmacht, zeigen wir an, dass wir die Interessen des [Vor- und Zuname, Straße, Ort] vertreten. Sie schulden unserem Auftraggeber aus dem [betroffenes Rechtsgeschäft/Anspruchsgrundlage] die Zahlung eines Betrages in Höhe von €. Da Sie sich mit der Erfüllung Ihrer Verbindlichkeit gem. §§ 286, 288 BGB seit dem .

in Verzug befinden, haben Sie auch die bisher entstandenen Zinsen in Höhe von 5 Prozentpunkten über dem jeweils gültigen Basiszinssatz zu zahlen. Auf die Geltendmachung der Zinsen würde unser Auftraggeber verzichten, wenn der Zahlungsausgleich nunmehr innerhalb der nachstehend gesetzten Frist erfolgt.

Wir fordern Sie hiermit letztmalig auf, die geschuldete und fällige Forderung in Höhe von
 €

bis zum

eingehend auf unser Konto zu leisten. Unsere Geldempfangsvollmacht ergibt sich aus der diesem Schreiben im Original beigefügten Vollmacht.

Sollte die Ihnen gesetzte Zahlungsfrist ergebnislos verstreichen, werden wir den bereits erteilten Klageauftrag ausführen und unmittelbar gerichtliche Schritte gegen Sie ergreifen.

Wir erlauben uns den Hinweis, dass eine gerichtliche Auseinandersetzung erhebliche Kosten verursachen wird, die von Ihnen zu tragen sein werden. Sollten Sie daher nicht in der Lage sein, die Forderung als Ganzes zu begleichen, ist es durchaus möglich, eine Teilzahlungsvereinbarung zu treffen. Dafür ist es erforderlich, dass Sie sich mit uns in Verbindung setzen. Schweigen und Nichtzahlen führen nicht dazu, dass eine bestehende Verbindlichkeit nicht geltend gemacht wird.

Da Sie sich bereits in Verzug befinden, haben Sie auch die Kosten für unsere Inanspruchnahme zu zahlen. Diese beziffern sich wie folgt:

Kostenberechnung/Schadensersatzanspruch:

Gegenstandswert	€
0,8 Verfahrensgebühr gem. §§ 2 Abs. 2, 13 RVG, Nr. 3101 Nr. 1 VV RVG	€

Entgelte für Post- und Telekommunikationsdienstleistungen gem. Nr. 7002 VV RVG	€
Zwischensumme	€
19 % USt gem. Nr. 7008 VV RVG	€
Gesamtforderung	€

Auch diesen Betrag wollen Sie bitte innerhalb der oben genannten Frist begleichen.

Dieses Schreiben wird Ihnen per Gerichtsvollzieher (oder per Boten gegen Empfangsquittung) zugestellt.

Grußformel

▲

Hinweis:

1. Die berechnete Gebühr entspricht dem Umstand, dass Klageauftrag erteilt wurde.
2. Die Frage, ob diese „Rechnung" mit einer Rechnungsnummer zu versehen ist, ist umstritten. Es handelt sich hier nicht im klassischen Sinne um eine Rechnung (§ 14 UStG).
   Gegen die Anforderungen der §§ 10 RVG, 14 UstG bei Kostenerstattung BSG, Urt. v. 2.12.2014 – B 14 AS 60/13 R – AGS 2015, 356.
3. Dieses Muster und die Vergütungsfolge können und müssen Sie abwandeln, wenn der Auftraggeber noch keinen Klageauftrag erteilt hat.

240 Die **Abwandlung** bei nicht erteiltem Klageauftrag könnte wie folgt formuliert werden:

8.24

▼

Muster 8.24: Anwaltliches Aufforderungsschreiben ohne Klageauftrag

Sollte die Ihnen gesetzte Zahlungsfrist ergebnislos verstreichen, werden wir unserem Mandanten empfehlen, gerichtliche Schritte gegen Sie zu ergreifen. Wir werden uns unverzüglich nach Fristablauf Klageauftrag erteilen lassen.

Wir erlauben uns den Hinweis, dass eine gerichtliche Auseinandersetzung erhebliche Kosten verursachen wird, die von Ihnen zu tragen sein werden. Sollten Sie daher nicht in der Lage sein, die Forderung als Ganzes zu begleichen, ist es durchaus möglich, eine Teilzahlungsvereinbarung zu treffen. Dafür ist es erforderlich, dass Sie sich mit uns in Verbindung setzen. Schweigen und Nichtzahlen führen nicht dazu, dass eine bestehende Verbindlichkeit nicht geltend gemacht wird.

Da Sie die geschuldete Forderung nicht geleistet haben, haben Sie auch die Kosten für unsere Inanspruchnahme zu zahlen. Diese beziffern sich wie folgt:

Kostenberechnung/Schadensersatzanspruch:

Gegenstandswert	€
1,3 Geschäftsgebühr gem. §§ 2 Abs. 2, 13 RVG Nr. 2300 VV RVG	€
Anm.:	
Eine höhere Geschäftsgebühr ist denkbar, wenn die Voraussetzungen entsprechend der Anmerkung zur Nr. 2300 VV RVG erfüllt sind.	
Entgelte für Post- und Telekommunikationsdienstleistungen gem. Nr. 7002 VV RVG	€
Zwischensumme netto	€
19 % USt gem. Nr. 7008 VV RVG	€
Gesamtforderung	€

▲

14. Unbedingter Prozessauftrag und Terminsgebühr

Vorbemerkung 3 Abs. 3 VV RVG: 241

(3) Die Terminsgebühr entsteht sowohl für die Wahrnehmung von gerichtlichen Terminen als auch für die Wahrnehmung von außergerichtlichen Terminen und Besprechungen, wenn nichts anderes bestimmt ist. Sie entsteht jedoch nicht für die Wahrnehmung eines gerichtlichen Termins nur zur Verkündung einer Entscheidung. Die Gebühr für außergerichtliche Termine und Besprechungen entsteht für

1. die Wahrnehmung eines von einem gerichtlich bestellten Sachverständigen anberaumten Termins und
2. die Mitwirkung an Besprechungen, die auf die Vermeidung oder Erledigung des Verfahrens gerichtet sind; dies gilt nicht für Besprechungen mit dem Auftraggeber.

Nr. 3104 242

Nr.	Gebührentatbestand	Gebühr oder Satz der Gebühr nach § 13 RVG
3104	**Terminsgebühr, soweit in Nummer 3106 nichts anderes bestimmt ist** (1) Die Gebühr entsteht auch, wenn 1. in einem Verfahren, für das mündliche Verhandlung vorgeschrieben ist, im Einverständnis mit den Parteien oder Beteiligten oder gemäß § 307 oder § 495a ZPO ohne mündliche Verhandlung entschieden oder in einem solchen Verfahren ein schriftlicher Vergleich geschlossen wird,	1,2

Nr.	Gebührentatbestand	Gebühr oder Satz der Gebühr nach § 13 RVG
	2. nach § 84 Abs. 1 Satz 1 VwGO oder § 105 Abs. 1 Satz 1 SGG durch Gerichtsbescheid entschieden wird und eine mündliche Verhandlung beantragt werden kann oder 3. das Verfahren vor dem Sozialgericht, für das mündliche Verhandlung vorgeschrieben ist, nach angenommenem Anerkenntnis ohne mündliche Verhandlung endet. (2) Sind in dem Termin auch Verhandlungen zur Einigung über in diesem Verfahren nicht rechtshängige Ansprüche geführt worden, wird die Terminsgebühr, soweit sie den sich ohne Berücksichtigung der nicht rechtshängigen Ansprüche ergebenden Gebührenbetrag übersteigt, auf eine Terminsgebühr angerechnet, die wegen desselben Gegenstands in einer anderen Angelegenheit entsteht. (3) Die Gebühr entsteht nicht, soweit lediglich beantragt ist, eine Einigung der Parteien oder der Beteiligten oder mit Dritten über nicht rechtshängige Ansprüche zu Protokoll zu nehmen. (4) Eine in einem vorausgegangenen Mahnverfahren oder vereinfachten Verfahren über den Unterhalt Minderjähriger entstandene Terminsgebühr wird auf die Terminsgebühr des nachfolgenden Rechtsstreits angerechnet.	

243 *Beispiel:*

Dem RA wird Prozessauftrag erteilt. Er fordert den Gegner zur Zahlung auf. Im Gespräch einigt sich der RA mit dem Gegner auf einen Vergleichsbetrag.

Vergütungsforderung des RA:

0,8 Verfahrensgebühr gem. §§ 2 Abs. 2, 13, Nr. 3101 Nr. 1 VV RVG

1,2 Terminsgebühr gem. §§ 2 Abs. 2, 13, Nr. 3104 VV RVG

1,5 Einigungsgebühr gem. Nr. 1000 VV RVG (ein gerichtliches Verfahren ist nicht anhängig).

***Insgesamt** 3,5 Gebühren zzgl. Nebenleistungen.*

Der gleiche Sachverhalt wie oben, nur dass dem RA ein Auftrag zur vor- außergerichtlichen Tätigkeit erteilt worden ist:

1,6 Geschäftsgebühr gem. §§ 2 Abs. 2, 13, Nr. 2300 VV RVG

1,5 Einigungsgebühr gem. §§ 2 Abs. 2, 13, Nr. 1000 VV RVG

***Insgesamt** 3,1 Gebühren zzgl. Nebenleistungen.*

Angemessen wäre es, wegen der stattgefundenen Besprechung den Gebührensatzrahmen der Geschäftsgebühr zu erhöhen. Keinesfalls ist jedoch eine Terminsgebühr entstanden, diese entsteht nur, wenn Klageauftrag vorgelegen hat.

Einige (wenige und bisher auch nur Amts-) Gerichte gehen davon aus, dass der RA verpflichtet ist, seinen Mandanten über diese Kostenproblematik der Anrechnung der Geschäftsgebühr zu belehren und darauf hinzuwirken, dass dem RA sofort ein unbedingter Prozessauftrag erteilt wird. Dies ist aber gerade wegen der Möglichkeit des Entstehens der Terminsgebühr nicht uneingeschränkt zu befürworten. Die Erteilung eines unbedingten Prozessauftrags hat, wenn die Terminsgebühr entsteht, zur Folge, dass der Auftraggeber dem RA eine höhere Vergütung schuldet, als wenn nur die Geschäftsgebühr entstanden wäre. 244

15. Berücksichtigung der Anrechnung der Geschäftsgebühr im Kostenfestsetzungsverfahren

Gemäß § 15a Abs. 2 RVG erfolgt die Anrechnung gem. Vorbemerkung 3 Abs. 4 VV RVG auf verschiedene Weise. 245

Sie kann in der Form erfolgen, dass sich die bereits entstandene Geschäftsgebühr verringert, oder sich die in dem sich anschließenden gerichtlichen Verfahren anfallende Verfahrensgebühr vermindert (Siehe Beispiele in Rdn 209–211).

Die Anrechnung der Geschäftsgebühr auf die Verfahrensgebühr findet immer statt, nur die Art und Weise, wie die Anrechnung vorgenommen wird, kann abweichen. Bei der Anrechnung der Geschäftsgebühr kommt es nicht darauf an, ob Verminderung der Verfahrensgebühr erfolgt unabhängig davon, ob 246

- ein sog. materiell-rechtlicher Kostenerstattungsanspruch gegeben ist,
- die Geschäftsgebühr gerichtlich geltend gemacht wird,
- durch Aufrechnung erloschen ist oder
- unstreitig vor- bzw. außergerichtlich beglichen worden ist.

Die Anrechnung der Geschäftsgebühr erfolgt, sobald die Geschäftsgebühr entstanden ist.

16. Tipp zur Form der Geltendmachung der Geschäftsgebühr

247 Der Auftraggeber, der i.d.R. die anwaltliche Vergütungsberechnung erhält, kann mit den dort genannten Nrn. und Gebührensätzen nichts anfangen. So unverständlich wie für Sie Steuerberaterrechnung, Architektenrechnungen u.a. sind, sind dies für den Auftraggeber die anwaltlichen Vergütungsberechnungen. Im Zeitalter der Textverarbeitung ist es ein Leichtes, hier ein Musterschreiben zu benutzen, in dem der Auftraggeber Erläuterungen zur geltend gemachten Vergütung erhält.

Dabei sollten Sie dieses Musterschreiben so aufbauen, dass der Auftraggeber einschätzen kann, ob er eine weitere Vergütungsberechnung zu erwarten hat, oder ob Ihre Rechnung den Vorgang abschließt.

8.25

▼

248 **Muster 8.25: Berechnung der Geschäftsgebühr für vorgerichtliche Tätigkeit**

Anrede,

wir erlauben uns, Ihnen für unsere vorgerichtliche Tätigkeit unsere Schlussrechnung zu überreichen. Von Ihnen geleistete Vorschüsse haben wir dabei selbstverständlich berücksichtigt und in Abzug gebracht.

Für die vorgerichtliche Tätigkeit ist eine Geschäftsgebühr gemäß Vorbemerkung 2.3. Abs. 3 VV RVG in Verbindung mit Nr. 2300 VV RVG entstanden. Die Geschäftsgebühr ist entstanden, da wir mit Dritten (dem Gegner und sonstigen Beteiligten) vorgerichtliche Korrespondenz geführt haben.

Die Geschäftsgebühr der Nr. 2300 VV RVG entsteht entsprechend der Gesetzesdefinition mit einem sog. Gebührensatzrahmen von 1,3. Es handelt sich hierbei um die Regelgebühr, die grundsätzlich in vorgerichtlichen Angelegenheiten in dieser Höhe entsteht.

Der Gegenstandswert ergibt sich aus (Begründung entsprechend dem Sachverhalt). Dieser bestimmt entsprechend der Tabelle zu § 13 RVG die bezifferte Höhe der Gebühr.

Vergütungsberechnung:

Rechnungsnummer

1,3 Geschäftsgebühr gem. §§ 2 Abs. 2, 13, Nr. 2300 VV RVG	€
Entgelte für Post- und Telekommunikationsdienstleistungen gem. Nr. 7002 VV RVG	€
Zwischensumme netto	€
19 % USt (aktuell geltender Satz) gemäß Nr. 7008 VV RVG (USt-Nr.)	€
Gesamtsumme	€

Für den Fall einer sich anschließenden gerichtlichen Auseinandersetzung wird die Geschäftsgebühr auf die entstehende Verfahrensgebühr (Nr. 3305 VV RVG; Nr. 3335 VV RVG, Nr. 3100 VV RVG u.a.) entsprechend Vorbemerkung 3 Abs. 4 VV RVG zur Hälfte angerechnet. Die Höhe der Anrechnung erfolgt hier mit 0,65.

Bitte überweisen Sie den Rechnungsbetrag bis zum auf eines unserer im Briefbogen genannten Konten. Auf die gesetzlichen Verzugsregeln in §§ 286, 288 BGB und die sich anschließend ergebende Verpflichtung, Zinsen zu zahlen, weisen wir ausdrücklich hin.

Wir bedanken uns an dieser Stelle für die angenehme bisherige Zusammenarbeit.

Grußformel

▲

III. Geschäftsgebühr bei Beratungshilfe

Nr. 2503 249

Nr.	Gebührentatbestand	Gebühr oder Satz der Gebühr nach § 13 RVG
2503	**Geschäftsgebühr** (1) Die Gebühr entsteht für das Betreiben des Geschäfts einschließlich der Information oder die Mitwirkung bei der Gestaltung eines Vertrags. (2) Auf die Gebühren für ein anschließendes gerichtliches oder behördliches Verfahren ist diese Gebühr zur Hälfte anzurechnen. Auf die Gebühren für ein Verfahren auf Vollstreckbarerklärung eines Vergleichs nach den §§ 796a, 796b und 796c Abs. 2 Satz 2 ZPO ist die Gebühr zu einem Viertel anzurechnen.	**85,00 €**

1. Geschäftsgebühr der Nr. 2503 VV RVG als gesetzlicher Vergütungsanspruch

Ist dem Auftraggeber **Beratungshilfe** bewilligt worden, kann der RA für seine vor- bzw. außergerichtliche Tätigkeit nicht die Gebühr der Nr. 2300 VV RVG vom Auftraggeber fordern. Der Vergütungsanspruch des RA wird beschränkt durch die **Festgebühr** der Nr. 2503 VV RVG i.H.v. 85,00 €. Sobald dem Auftraggeber Beratungshilfe bewilligt wurde, ersetzt diese Festgebühr etwa höhere Vergütungsansprüche nach anderen Vorschriften. 250

251 Die Geschäftsgebühr entsteht entsprechend der Definition in Nr. 2503 Anm. Abs. 1 VV RVG unter denselben Voraussetzungen, wie die reguläre Geschäftsgebühr.

In Nr. 2503 Anm. Abs. 2 VV RVG ist vorgegeben, dass eine hälftige **Anrechnung** der Geschäftsgebühr der Nr. 2503 auf die Verfahrensgebühr eines sich anschließenden, gerichtlichen oder behördlichen Verfahrens erfolgt.

> *Beispiel:*
>
> *Der RA berechnet für seine vorgerichtliche Tätigkeit* — *85,00 €.*
>
> *Der vorgerichtlichen Tätigkeit schließt sich das PKH-Bewilligungsverfahren an.*
>
> *Die Geschäftsgebühr wird i.H.v. 35,00 € auf die Verfahrensgebühr für das PKH-Bewilligungsverfahren der Nr. 3335 VV RVG angerechnet. Diese reduziert sich um* — *– 42,50 €.*

252 In der Geschäftsgebühr der Nr. 2503 Anm. Abs. 2 Satz 2 VV RVG wird eine **Sonderregel** für das Verfahren auf **Vollstreckbarerklärung von Anwaltsvergleichen** (§ 796a, 796b, 796c Abs. 2 Satz 2 ZPO) vorgegeben. Liegt eine anwaltliche Tätigkeit dieser Art vor, wird die Geschäftsgebühr gem. Nr. 2503 VV RVG nur **zu einem Viertel** auf die im Verfahren entstehende Gebühr angerechnet. Der RA erhält dadurch den Anreiz, etwa einen Anwaltsvergleich i.R.d. Schuldenbereinigung auf der Grundlage des Plans nach § 305 Abs. 1 Nr. 1 InsO abzuschließen, da die Vergütungsanrechnung im Verfahren auf die Vollstreckbarerklärung nochmals um die Hälfte begrenzt ist. Die Gebühr des in einem solchen Verfahren tätigen RA ergibt sich aus Nr. 3327 VV RVG.

2. Vertretung mehrerer Auftraggeber

253 Vertritt der RA vor- bzw. außergerichtlich mehrere Auftraggeber und ist diesen Auftraggebern in einer Angelegenheit Beratungshilfe bewilligt, so erhöht sich die Geschäftsgebühr der Nr. 2503 VV RVG gem. Nr. 1008 VV RVG um 30 % für jeden weiteren Auftraggeber. Die Höchstgrenze in Nr. 1008 VV RVG ist zu beachten. Das gilt unabhängig davon, ob die Beratung denselben Gegenstand erfasst oder nicht.

3. Schuldenbereinigung bei bewilligter Beratungshilfe (bis zu fünf Gläubiger)

254 Ob der nachstehende Anwendungsfall überhaupt noch in der Praxis vorkommt, ist von Gerichtsbezirk zu Gerichtsbezirk unterschiedlich. Viele Berliner Amtsgerichte stellen für das Schuldenbereinigungsverfahren keine **Berechtigungsscheine** mehr aus mit der

Begründung, dass es sich nicht um eine typische juristische Tätigkeit handelt. Anders hingegen die Gerichtsbezirke von z.B. Oldenburg, Braunschweig: hier werden z.T. Berechtigungsscheine erteilt.

Nr. 2504 255

Nr.	Gebührentatbestand	Gebühr oder Satz der Gebühr nach § 13 RVG
2504	Tätigkeit mit dem Ziel einer außergerichtlichen Einigung mit den Gläubigern über die Schuldenbereinigung auf der Grundlage eines Plans (§ 305 Abs. 1 Nr. 1 InsO): Die Gebühr 2503 beträgt bei bis zu 5 Gläubigern	270,00 €

Mit Nr. 2504 VV RVG wird die Vergütung geregelt, die dem RA für den Fall zusteht, dass er über die beratende Tätigkeit (Nr. 2502 VV RVG) hinaus im Rahmen einer vor- bzw. außergerichtlichen Einigung mit den Gläubigern des Auftraggebers über die Schuldenbereinigung auf der Grundlage eines diesbezüglichen Plans nach § 305 Abs. 1 Nr. 1 InsO verhandelt. Der RA muss den Auftraggeber erkennbar nach außen gegenüber den Gläubigern (maximal fünf Gläubiger) vertreten. Ein Erfolg seiner Tätigkeit ist nicht geschuldet. Zu den von der Nr. 2504 VV RVG umfassten Tätigkeiten des RA gehören insbes. die schriftliche Korrespondenz sowie das Führen von Besprechungen (telefonisch und persönlich). Die Gebühr der Nr. 2504 VV RVG entsteht anstelle der Geschäftsgebühr gem. Nr. 2503 VV RVG, es entstehen nicht beide Gebühren nebeneinander.

4. Schuldenbereinigung bei Beratungshilfe (mehr als fünf Gläubiger)

Vertritt der RA mehr als fünf Gläubiger, erhöht sich die Geschäftsgebühr der Nr. 2504 VV 256
RVG entsprechend

- Nr. 2505 VV RVG bis zu 10 Gläubiger 405,00 €,
- Nr. 2506 VV RVG bis zu 15 Gläubiger 540,00 €,
- Nr. 2507 VV RVG mehr als 15 Gläubiger – unendlich 675.00 €.

IV. Die Einigungsgebühr

257 **Nr. 1000**

Nr.	Gebührentatbestand	Gebühr oder Satz der Gebühr nach § 13 RVG
1000	**Einigungsgebühr** (1) Die Gebühr entsteht für die Mitwirkung beim Abschluss eines Vertrags, durch den 1. der Streit oder die Ungewissheit über ein Rechtsverhältnis beseitigt wird oder 2. die Erfüllung des Anspruchs bei gleichzeitigem vorläufigem Verzicht auf die gerichtliche Geltendmachung und, wenn bereits ein zur Zwangsvollstreckung geeigneter Titel vorliegt, bei gleichzeitigem vorläufigem Verzicht auf Vollstreckungsmaßnahmen geregelt wird (Zahlungsvereinbarung). Die Gebühr entsteht nicht, wenn sich der Vertrag ausschließlich auf ein Anerkenntnis oder einen Verzicht beschränkt. Im Privatklageverfahren ist Nummer 4147 anzuwenden. (2) Die Gebühr entsteht auch für die Mitwirkung bei Vertragsverhandlungen, es sei denn, dass diese für den Abschluss des Vertrags im Sinne des Absatzes 1 nicht ursächlich war. (3) Für die Mitwirkung bei einem unter einer aufschiebenden Bedingung oder unter dem Vorbehalt des Widerrufs geschlossenen Vertrag entsteht die Gebühr, wenn die Bedingung eingetreten ist oder der Vertrag nicht mehr widerrufen werden kann. (4) Soweit über die Ansprüche vertraglich verfügt werden kann, gelten die Absätze 1 und 2 auch bei Rechtsverhältnissen des öffentlichen Rechts. (5) Die Gebühr entsteht nicht in Ehesachen und in Lebenspartnerschaftssachen (§ 269 Abs. 1 Nr. 1 und 2 FamFG). Wird ein Vertrag, insbesondere über den Unterhalt, im Hinblick auf die in Satz 1 genannten Verfahren geschlossen, bleibt der Wert dieser Verfahren bei der Berechnung der Gebühr außer Betracht. In Kindschaftssachen ist Absatz 1 Satz 1 und 2 auch für die Mitwirkung an einer Vereinbarung, über deren Gegenstand nicht vertraglich verfügt werden kann, entsprechend anzuwenden.	1,5

Die Einigungsgebühr ist in Teil 1 des Vergütungsverzeichnisses geregelt. Gleich in der Vorbemerkung 1 VV RVG stellt der Gesetzgeber fest, dass die Einigungsgebühr nur neben anderen Gebühren entstehen kann. Sie kann nie allein entstehen. Neben der Einigungsgebühr muss daher i.d.R. mindestens eine sog. **Betriebsgebühr** entstehen (Geschäftsgebühr, Verfahrensgebühr). 258

Im Gegensatz zu den meisten anderen Gebühren ist die Einigungsgebühr eine **Erfolgsgebühr**. Dies gilt in Teil 1 VV RVG ebenfalls für die Aussöhnungsgebühr und die Erledigungsgebühr. 259

1. Höhe der Einigungsgebühr

Für die Einigungsgebühr wird in Teil 1 VV RVG die Höhe des Gebührensatzes davon abhängig bestimmt, ob die Gebühr erst im Zuge eines gerichtlichen Verfahrens oder außerhalb eines gerichtlichen Verfahrens entsteht. Entsteht die Gebühr vor der Anhängigkeit des gerichtlichen Verfahrens, ist sie am höchsten. Entsteht die Gebühr nach Anhängigkeit des gerichtlichen Verfahrens, hängt die Höhe der Gebühr davon ab, in welcher Instanz das Verfahren anhängig ist. 260

Hinweis: 261

Vor- bzw. außergerichtliche Einigungsgebühr	Nr. 1000 VV RVG	1,5
Gerichtliches Verfahren I. Instanz	Nr. 1003 VV RVG	1,0
Gerichtliches Verfahren II. Instanz und höher	Nr. 1004 VV RVG	1,3.

Beachtet werden muss hierbei, dass dann, wenn ein selbstständiges **Beweisverfahren** anhängig ist, dies nicht zu einer Reduzierung der Einigungsgebühr auf 1,0 führt. Der Gesetzgeber hat ausdrücklich formuliert: „Über den Gegenstand ist ein anderes gerichtliches Verfahren als ein selbstständiges Beweisverfahren anhängig". Damit greift eine Ermäßigung der Einigungsgebühr beim Vorliegen eines selbstständigen Beweisverfahrens nicht. 262

Nr. 1003 VV und 1004 VV RVG 263

Nr.	Gebührentatbestand	Gebühr oder Satz der Gebühr nach § 13 RVG
1003	**Über den Gegenstand ist ein anderes gerichtliches Verfahren als ein selbstständiges Beweisverfahren anhängig: Die Gebühren 1000 bis 1002 betragen** (1) Dies gilt auch, wenn ein Verfahren über die Prozesskostenhilfe anhängig ist, soweit nicht lediglich Prozesskostenhilfe für ein selbstständiges Beweisverfahren oder die ge-	**1,0**

Nr.	Gebührentatbestand	Gebühr oder Satz der Gebühr nach § 13 RVG
	richtliche Protokollierung des Vergleichs beantragt wird oder sich die Beiordnung auf den Abschluss eines Vertrags im Sinne der Nummer 1000 erstreckt (§ 48 Abs. 3 RVG). Die Anmeldung eines Anspruchs zum Musterverfahren nach dem KapMuG steht einem anhängigen gerichtlichen Verfahren gleich. Das Verfahren vor dem Gerichtsvollzieher steht einem gerichtlichen Verfahren gleich. (2) In Kindschaftssachen entsteht die Gebühr auch für die Mitwirkung am Abschluss eines gerichtlich gebilligten Vergleichs (§ 156 Abs. 2 FamFG) und an einer Vereinbarung, über deren Gegenstand nicht vertraglich verfügt werden kann, wenn hierdurch eine gerichtliche Entscheidung entbehrlich wird oder wenn die Entscheidung der getroffenen Vereinbarung folgt.	
1004	Über den Gegenstand ist ein anderes gerichtliches Verfahren als ein selbstständiges Beweisverfahren anhängig: Die Gebühren 1000 bis 1002 betragen (1) Dies gilt auch, wenn ein Verfahren über die Prozesskostenhilfe anhängig ist, soweit nicht lediglich Prozesskostenhilfe für ein selbstständiges Beweisverfahren oder die gerichtliche Protokollierung des Vergleichs beantragt wird oder sich die Beiordnung auf den Abschluss eines Vertrags im Sinne der Nummer 1000 erstreckt (§ 48 Abs. 3 RVG). Die Anmeldung eines Anspruchs zum Musterverfahren nach dem KapMuG steht einem anhängigen gerichtlichen Verfahren gleich. Das Verfahren vor dem Gerichtsvollzieher steht einem gerichtlichen Verfahren gleich. (2) In Kindschaftssachen entsteht die Gebühr auch für die Mitwirkung am Abschluss eines gerichtlich gebilligten Vergleichs (§ 156 Abs. 2 FamFG) und an einer Vereinbarung, über deren Gegenstand nicht vertraglich verfügt werden kann, wenn hierdurch eine gerichtliche Entscheidung entbehrlich wird oder wenn die Entscheidung der getroffenen Vereinbarung folgt.	**1,3**

264 Daneben ist die Sondervorschrift des Gegenstandswertes für Teilzahlungsvereinbarungen zu beachten (§ 31b RVG). Ist Gegenstand der Vereinbarung eine Zahlungsvereinbarung so beträgt der Wert nur 20 % des Anspruches, womit gemeint sein muss, der geltend gemachten Forderung.

Beispiel:

Der Vollstreckungsauftrag wurde wegen einer Teilforderung von 5.000,00 € erteilt, die gesamte Forderung des Gläubigers beträgt 22.000,00 €. Der Schuldner schließt eine Teilzahlungsvereinbarung ab, der Gegenstandswert für die Einigungsgebühr beträgt 20 % von 5.000,00 € = 1.000.00 €.

Die Ermäßigung des Wertes gilt nur für die Einigungsgebühr, bei keiner der sonst entste- 265
henden Gebühren (Geschäfts-, Verfahrens-, Terminsgebühr) reduziert sich der Gegenstandswert.

Eine Reduzierung des Wertes kommt darüber hinaus nur in Betracht, wenn Gegenstand der Vereinbarung tatsächlich lediglich eine Zahlungsvereinbarung ist. Werden weitere Vereinbarungen geschlossen (Abtretungen, Verzicht auf Einreden und Einwendungen) kann nach wörtlicher Auslegung von § 31b RVG eine Reduzierung ausgeschlossen werden. In der Anmerkung Abs. 1 zu Nr. 1000 VV RVG wird die Zahlungsvereinbarung als *„die Erfüllung des Anspruchs bei gleichzeitigem vorläufigem Verzicht auf die gerichtliche Geltendmachung und, wenn bereits ein zur Zwangsvollstreckung geeigneter Titel vorliegt, bei gleichzeitigem vorläufigem Verzicht auf Vollstreckungsmaßnahmen geregelt wird (Zahlungsvereinbarung)"* spezifiziert.

Häufig werden in der anwaltlichen Praxis viel umfangreichere Vereinbarungen, als eine bloße Zahlungsvereinbarung geschlossen, für diese Vereinbarungen ist die Reduzierungsnorm der § 31b RVG unanwendbar. Es darf mit Spannung die Entwicklung der Rspr. zu dieser Frage erwartet werden.

2. Entstehen der Einigungsgebühr

Die Einigungsgebühr kann in jedem Tätigkeitsbereich des RA entstehen. Das Entstehen 266
der Einigungsgebühr ist für **keinen Teil** des VV ausgeschlossen. Sogar in sozialrechtlichen Angelegenheiten ist das Entstehen der Einigungsgebühr denkbar. Eine Einigungsgebühr ist auch neben einer Gebühr nach § 34 Abs. 1 RVG denkbar.

a) Erledigungsgebühr statt Einigungsgebühr

Nr. 1002 267

Nr.	Gebührentatbestand	Gebühr oder Satz der Gebühr nach § 13 RVG
1002	**Erledigungsgebühr, soweit nicht Nummer 1005 gilt** Die Gebühr entsteht, wenn sich eine Rechtssache ganz oder teilweise nach Aufhebung oder Änderung des mit einem Rechtsbehelf angefochtenen Verwaltungsakts durch die an-	1,5

Nr.	Gebührentatbestand	Gebühr oder Satz der Gebühr nach § 13 RVG
	waltliche Mitwirkung erledigt. Das Gleiche gilt, wenn sich eine Rechtssache ganz oder teilweise durch Erlass eines bisher abgelehnten Verwaltungsakts erledigt.	

268 Liegt ein Rechtsverhältnis des öffentlichen Rechts vor, kann eine Einigungsgebühr entsprechend der Anm. Abs. 4 zu Nr. 1000 VV RVG nur entstehen, soweit über einen Anspruch vertraglich verfügt werden kann. Fehlt es an einer vertraglichen Verfügungsfähigkeit der Parteien, ist das Entstehen der Einigungsgebühr ausgeschlossen. Dies wird i.d.R. der Fall sein, sodass es sehr selten ist, dass bei einem Rechtsverhältnis des öffentlichen Rechts eine Einigungsgebühr entsteht. Hier ist es möglich, dass anstelle der Einigungsgebühr die **Erledigungsgebühr** der Nr. 1002 VV RVG entsteht.

b) Aussöhnungsgebühr statt Einigungsgebühr

269 **Nr. 1001**

Nr.	Gebührentatbestand	Gebühr oder Satz der Gebühr nach § 13 RVG
1001	**Aussöhnungsgebühr** Die Gebühr entsteht für die Mitwirkung bei der Aussöhnung, wenn der ernstliche Wille eines Ehegatten, eine Scheidungssache oder ein Verfahren auf Aufhebung der Ehe anhängig zu machen, hervorgetreten ist und die Ehegatten die eheliche Lebensgemeinschaft fortsetzen oder die eheliche Lebensgemeinschaft wieder aufnehmen. Dies gilt entsprechend bei Lebenspartnerschaften.	1,5

In Ehesachen (§ 111 Nr. 1 FamFG) und Lebenspartnerschaftssachen (§ 111 Nr. 11 FamFG) kann keine Einigungsgebühr entstehen (s. Anm. Abs. 5 zu Nr. 1000 VV RVG). Stattdessen kann die Aussöhnungsgebühr der Nr. 1001 VV RVG entstehen.

270 Eine Einigungsgebühr kann demgegenüber in **Scheidungsverbundverfahren** entstehen, wenn im Hinblick auf die Ehesache über eine Folgesache ein Vertrag geschlossen und eine Einigung erzielt wird. Für diese Einigungsgebühr bleibt der Wert der Ehesache bei der Berechnung der Einigungsgebühr außer Betracht.

3. Begriff der Einigung

Eine Einigung ist ein Vertrag der Parteien, durch den der Streit oder die Ungewissheit der Parteien über ein bereits bestehendes **Rechtsverhältnis** beseitigt wird. 271

Ohne einen Vertragsabschluss kann die Einigungsgebühr nicht entstehen, der Vertrag muss jedoch nicht erfüllt werden. Der erforderliche Erfolg ist eingetreten, wenn der Vertrag zwischen den Parteien zustande gekommen ist. 272

a) Rechtsverhältnis

Der Begriff „Rechtsverhältnis" ist weit zu verstehen. Ein Rechtsverhältnis regelt Ansprüche jeglicher Art. Es kann sich dabei um schuldrechtliche, dingliche, familienrechtliche, erbrechtliche oder öffentlich-rechtliche Rechtsverhältnisse handeln. Es kommt dabei nicht darauf an, wie die Parteien den Vertrag bezeichnen und ob diese überhaupt erkennen, dass tatsächlich eine Einigung erfolgt ist. Ergibt sich die Einigung aus dem Lebenssachverhalt, kann davon ausgegangen werden, dass die Einigungsgebühr entstanden ist. 273

b) Parteien der Einigung

Es ist nicht erforderlich, dass die Einigung zwischen den Parteien getroffen wird. So ist eine Einigung mit einem Dritten (z.B. der Haftpflichtversicherung) oder z.B. dem Bürgen ausreichend und lässt die Einigungsgebühr entstehen. 274

4. Gestaltung von Verträgen

Immer wieder wird der RA damit beauftragt, bei der Gestaltung eines (noch nicht bestehenden) Rechtsverhältnisses (oder der Gestaltung von Verträgen) mitzuwirken. Hierbei sind viele Möglichkeiten gegeben, so viele wie es Vertragsmöglichkeiten gibt. Hierunter fallen daher u.a. Verhandlungen über den Abschluss eines Miet-, Arbeits-, Pacht-, Leihvertrags u.a. oder auch das Erstellen von Allgemeinen Geschäftsbedingungen für den Auftraggeber. Bei dieser Art von Tätigkeit des RA handelt es sich um die sog. rechtsbegründende Tätigkeit. Ist der RA in entsprechender Weise tätig, kann keine Einigungsgebühr entstehen, weil es noch keinen Streit und keine Ungewissheit über den Inhalt des Rechtsverhältnisses geben kann. 275

Für das Aushandeln eines Vertrags kann der RA eine Einigungsgebühr nur fordern, wenn sich zuvor ein Vertragspartner einer Rechtsposition gerühmt hat und damit bestehende Ansprüche behauptet. 276

> *Beispiel 1:* 277
>
> *Der Auftraggeber als Käufer möchte vom Verkäufer einen Oldtimer (Liebhaberpreis 250.000,00 €). Diesen Kaufpreis fordert der Verkäufer vom Käufer. Der RA unterstützt den Auftraggeber bei den Kaufvertragsverhandlungen. Im Zuge der Vertragsverhand-*

lungen einigen sich die Parteien auf einen Kaufpreis i.H.v. 200.000,00 €. Eine Einigungsgebühr ist nicht entstanden, da es an einem streitigen Rechtsverhältnis fehlt.

Wenn sich die Parteien im Anschluss an die Vertragsverhandlungen nach Abschluss des Kaufvertrags über Mängel, zugesicherte Eigenschaften und anderes streiten, so kann bezogen auf diesen Gegenstand des Streits eine Einigungsgebühr entstehen, denn die Grundlage der Ansprüche ist der zustande gekommene Kaufvertrag.

278 *Beispiel 2:*

Der Auftraggeber ist Mieter einer Wohnung. Er führt mit seinem Vermieter, der Eigentümer der vermieteten Eigentumswohnung ist, eine Auseinandersetzung; der Räumungsrechtsstreit, in dem der RA den Auftraggeber vertritt, ist rechtshängig.

Im Zuge des Räumungsrechtsstreits einigen sich die Parteien, dass der Mieter die Eigentumswohnung käuflich erwirbt. Eine Einigung ist nur im Hinblick auf den Räumungsanspruch erfolgt. Der Wert der Einigung erstreckt sich nicht auf den Kaufpreis der Eigentumswohnung. Der RA kann nur eine Einigungsgebühr nach dem Gegenstandswert des Räumungsanspruchs (§ 23 Abs. 1 RVG i.V.m. § 41 GKG) fordern. Für die auftragsgemäße Vertretung im Hinblick auf den Erwerb der Eigentumswohnung kann der RA aber die Geschäftsgebühr der Nr. 2300 VV RVG berechnen.

5. Streit oder Ungewissheit der Parteien

279 Für das Entstehen der Einigungsgebühr ist es Voraussetzung, dass Streit oder die Ungewissheit der Parteien über ein Rechtsverhältnis besteht. Ein Rechtsverhältnis ist ungewiss, wenn die Verwirklichung des diesem zugrunde liegenden Anspruchs unsicher ist. Die Ungewissheit über ein Rechtsverhältnis kann sowohl in rechtlicher als auch in tatsächlicher Hinsicht gegeben sein.

Die Ungewissheit muss **nicht** den **Hauptanspruch** betreffen. Es reicht aus, wenn Ungewissheit über die Verwirklichung der Nebenleistungen besteht. Ungewissheit liegt auch vor, wenn sie im Hinblick auf die Fälligkeit des Anspruchs, die Höhe der Zinsen oder die Zahlungsfähigkeit des Schuldners besteht. Weiter liegt Ungewissheit über ein Rechtsverhältnis vor, wenn die Durchsetzbarkeit eines Anspruchs nicht sicher ist. Nicht erforderlich ist es hingegen, dass die Einigung zur Beilegung eines Rechtsstreits geschlossen wird.

6. Form der Einigung

a) Grundsatz der Formfreiheit

280 Wird die Vergütung durch eine Rechtsschutzversicherung gezahlt, die für den Auftraggeber die Kostendeckungszusage erteilt hat, ist es nicht selten, dass bei Abschluss einer

Einigung die Rechtsschutzversicherung die Vorlage eines schriftlichen Vertrags verlangt. Der Abschluss der Einigung (bzw. des Vergleichs/Vertrags) ist nicht an eine Form gebunden.

Die Einigung ist **formfrei**, insbes. auch mündlich möglich. Sie kann auch stillschweigend erfolgen oder sich aus schlüssigem Handeln der Parteien ergeben.

Der Versicherung ist daher entgegenzuhalten, dass das Entstehen der Einigungsgebühr nicht von einem formalen Vergleichsabschluss abhängt.

b) Ausnahmen zur Formfreiheit

Manchmal gibt es Ausnahmen von dem Grundsatz der Formfreiheit. Formfreiheit ist dann 281 nicht gegeben, wenn für den abzuschließenden Vertrag eine bestimmte Form gesetzlich vorgeschrieben ist. Ist bspw. für die Wirksamkeit des Rechtsgeschäfts, über das eine Einigung erzielt werden soll, öffentliche Beglaubigung oder sogar notarielle Beurkundung vorgeschrieben (z.B. Anmeldung zum Handelsregister oder Grundstückskaufvertrag), so muss auch der Vertrag, in dem die Einigung erzielt worden ist, diese Formvorschrift einhalten.

Natürlich gibt es auch hiervon wieder eine Ausnahme: Ist ein **Prozessvergleich** i.S.d. 282 § 794 Nr. 1 ZPO geschlossen und die Einigung gerichtlich protokolliert worden, ersetzt die gerichtliche Protokollierung gem. § 127a BGB die eigentlich gegebene Formvorschrift. Weitere Formvorschriften müssen nach gerichtlicher Protokollierung der Einigung nicht eingehalten werden, es genügt die Einigung (der Vergleich).

Erfolgt keine gerichtliche Protokollierung, sind beim Abschluss einer Einigung insbes. 283 die Formvorschriften der § 311b BGB (Grundstücksgeschäfte), § 1378 Abs. 3 Satz 2 BGB (Zugewinnausgleich), § 1587o Abs. 2 Satz 1 BGB (Versorgungsausgleich) oder § 2033 Abs. 1 Satz 2 BGB (Verfügung über einen Anteil am Nachlass) zu beachten und einzuhalten.

Wurde die Einigung ohne Berücksichtigung der Form geschlossen, ist sie (Ausnahme: 284 wie vor, die gerichtliche Protokollierung der Einigung) unwirksam. In diesem Fall entsteht keine Einigungsgebühr.

Für die Wirksamkeit einiger Verträge ist nicht nur eine Formvorschrift einzuhalten. In 285 manchen Fällen bedarf eine Einigung zu ihrer Wirksamkeit der **Genehmigung** (z.B. durch den Vormund, den Pfleger, das Gericht, die zuständige Behörde u.a.). Ist dies der Fall, kann die Einigungsgebühr erst mit wirksamer Genehmigung entstehen.

7. Vergleich/Einigung unter Widerruf

Gerade in gerichtlichen Verfahren der ersten Instanz werden Vergleiche unter dem **Vorbehalt des Widerrufs** geschlossen. Dies liegt oft daran, dass der RA noch Rücksprache 286 mit seinem Auftraggeber über die erzielte Einigung halten will und sein ausdrückliches Einverständnis einholen möchte. Manchmal muss der erzielte Vergleich auch der Rechtsschutzversicherung des Auftraggebers vorgelegt werden, damit diese ihr Einverständnis mit der getroffenen Kostenregelung erteilen kann. Ein häufiger Grund für eine Auseinandersetzung mit einer Rechtsschutzversicherung ist die vereinbarte **Kostenquote**. Die Rechtsschutzversicherung zahlt nur die Vergütung, die dem Verhältnis von Obsiegen zu Unterliegen entspricht. Üblich ist jedoch eine Kostenaufhebung (jede Partei zahlt die eigenen Anwaltskosten und die Hälfte der Gerichtskosten – **§ 98 ZPO**) in Vergleichen.

287 *Praxistipp:*

Wenn Sie Ihren Auftraggeber um die Zustimmung zu dem unter Vorbehalt geschlossenen Vergleich gebeten haben, dann sollten Sie den Auftraggeber bei bestehender Rechtsschutzversicherung auf die besondere Problematik der Erstattung durch seine Versicherung hinweisen und rein vorsorglich um seine Weisung bitten, wie Sie verfahren sollen, wenn die Versicherung sich nicht oder nur zum Teil an den Einigungsgebühren beteiligt.

8.26

▼

288 **Muster 8.26: Vergleich unter Widerrufsvorbehalt – RSV**

Anrede,

wir haben in der streitigen gerichtlichen Auseinandersetzung einen Vergleich unter Widerrufsvorbehalt mit der Gegenseite geschlossen. Der Vergleich sieht vor, dass Sie von Ihrer Forderung 2/3 (Summe) erhalten. Der Vergleich ist mit einer zusätzlichen Klausel versehen, dass für den Fall, dass eine Zahlung an Sie nicht bis zum (Datum) erfolgt, der Gesamtbetrag nebst Zinsen von der Gegenseite geschuldet wird. Allerdings befürchten wir für den Fall, dass die geringere Vergleichszahlung nicht fristgerecht geleistet wird, Zahlungsschwierigkeiten auf Gegnerseite. Vor Einleitung von etwa erforderlichen Vollstreckungsmaßnahmen würden wir Sie dann noch einmal informieren.

Es gibt im vorliegenden Fall eine weitere Schwierigkeit, die zu beachten ist. Es ist möglich, dass Ihre Rechtsschutzversicherung, die wir über den Vergleich mit gleicher Post informiert haben, für den abgeschlossenen Vergleich keine Kostendeckung übernimmt, oder diese einschränkt. Dies findet seine Ursache darin, dass die Versicherung nur Kosten zahlt, die aufgrund eines zutreffenden Verhältnisses von Obsiegen zu Unterliegen entstanden sind. Hier könnte es an diesem Kostenverhältnis fehlen. Sie haben Ihr Anliegen zu 2/3 durchsetzen können, wenn der Vergleich wirksam zustande kommt. Die übliche Kostenregelung bei Vergleichen ist jedoch (gesetzlich vorgegeben) eine sog. Kostenaufhebung. Kostenaufhebung entspricht einem Obsiegen („gewinnen") zu 50 %. Dann trägt jede Partei die eigenen Anwaltskosten und die Hälfte der Gerichtskosten. Das hier gegebene Verhältnis von Obsiegen zu Unterliegen würde daher eine andere Kostenquote rechtfertigen. Wir haben uns bemüht – in Kenntnis der zu erwartenden Schwierigkeiten mit der Rechtsschutzversicherung – mit der Gegenseite eine andere Kostenquote zu vereinbaren. Dazu war die Gegenseite aber nicht bereit.

Wir können daher hier ohne Vorliegen der Stellungnahme Ihrer Rechtsschutzversicherung nicht ausschließen, dass ein Teil der Kosten für unsere Vertretung bei Ihnen verbleiben wird. Die Höhe Ihres Anteils hängt von der Höhe ab, die die Rechtschutzversicherung bereit ist zu zahlen.

Bitte beachten Sie bei Ihren Überlegungen über den Fortgang der Angelegenheit, dass wir ein positives Urteil nicht gewährleisten können. Es ist nicht auszuschließen, dass nach Widerruf des Vergleichs der Rechtsstreit auch insgesamt zu Ihren Lasten entschieden wird.

Bitte teilen Sie uns bis zum (Datum) mit, ob Sie mit dem geschlossenen Vergleich auch unter Berücksichtigung einer etwa eigenen Kostenlast einverstanden sind.

Grußformel

▲

a) Kein Entstehen der Einigungsgebühr bei Widerruf

Wird ein Vergleich unter dem **Vorbehalt des Widerrufs** abgeschlossen, dann hängt das Entstehen der Einigungsgebühr davon ab, dass ein wirksamer Widerruf **nicht** mehr möglich ist (Anm. Abs. 3 zu Nr. 1000 VV RVG). 289

b) Bestehende andere Gebühren bei Widerruf

Dies gilt nur für die Einigungsgebühr. Ist ein Vergleich unter der Einbeziehung sog. nicht rechtshängiger Ansprüche protokolliert worden, ist für die Protokollierung des Vergleichs (Einigung) eine sog. **Differenzverfahrensgebühr** gem. Nr. 3101 Nr. 2 VV RVG (in der ersten Instanz) entstanden. Diese entfällt nicht, wenn der Vergleich anschließend widerrufen wird. Ob die Differenzverfahrensgebühr im Fall des Widerrufs des Vergleichs für den Fall des Obsiegens erstattungsfähig ist und vom Gegner auch an die obsiegende Partei erstattet werden muss, ist eine andere Frage. Sie müssen (wie überall) zwischen dem Entstehen einer Gebühr und deren **Erstattungsfähigkeit** (und damit Festsetzbarkeit) unterscheiden. Die Differenzverfahrensgebühr gem. Nr. 3101 Nr. 2 VV RVG (oder andere in entsprechenden Instanzen) geht – auch für den Fall des Widerrufs des Vergleichs – nicht unter. Sie bleibt bestehen. 290

8. Einigungsgebühr und gegenseitiges Nachgeben

Zur Geltungszeit der BRAGO (bis zum 30.6.2004) konnte eine (damals noch) Vergleichsgebühr gem. § 23 BRAGO nur entstehen, wenn gem. § 779 BGB ein gegenseitiges Nachgeben festgestellt werden konnte. Für das Entstehen der Einigungsgebühr ist dies nicht erforderlich. 291

292 Dafür hat der Gesetzgeber jetzt vorgesehen, dass eine Einigungsgebühr nicht entsteht, wenn lediglich ein vollständiges Anerkenntnis oder ein vollständiger Verzicht vorliegt. Diese Abgrenzung kann sehr schwierig sein, in Zweifelsfragen ist es unvermeidbar, hier die gängige Kommentarliteratur heranzuziehen. Eines ist jedoch sicher: um festzustellen, ob ggf. ein vollständiger Verzicht oder ein vollständiges Anerkenntnis vorliegt, muss der gesamte Inhalt der Einigung gewürdigt werden.

V. Einigungsgebühr und Teilzahlungsvereinbarung/Ratenzahlungsvereinbarung

1. Voraussetzungen

293 Grds. ist es möglich, dass die Einigungsgebühr für den Abschluss einer sog. Teilzahlungsvereinbarung oder auch Ratenzahlungsvereinbarung entsteht.

294 Hier kommen mehrere Alternativen in Betracht:

(a) die Ratenzahlungsvereinbarung wird **vorgerichtlich** ohne Einleitung eines gerichtlichen Verfahrens abgeschlossen,

(b) die Ratenzahlungsvereinbarung wird im **laufenden** gerichtlichen Verfahren abgeschlossen und entweder als
  (1) Vergleich protokolliert oder
  (2) es erfolgt eine Rücknahme des gerichtlichen Verfahrens,

(c) die Ratenzahlungsvereinbarung wird **nach Erlass** des zur Zwangsvollstreckung geeigneten **Urteils** (oder sonstigen Titels) vereinbart oder

(d) die Ratenzahlungsvereinbarung wird **während** der Durchführung von **Zwangsvollstreckungsmaßnahmen** getroffen oder

(e) die Ratenzahlungsvereinbarung wird nach Abschluss einer (ggf. z.T. oder im Ganzen) erfolglosen Zwangsvollstreckungsmaßnahme vereinbart.

295 Für alle Fälle gilt seit Inkrafttreten des RVG, dass die Einigungsgebühr entstehen kann (mit kritischen Stimmen insbes. zu den Möglichkeiten ab [c]). Auch hier gilt: Die Gebühr entsteht; ob sie erstattungsfähig ist und von einem Dritten zu zahlen ist, entscheidet nicht das RVG. Die Erstattungsfähigkeit der Anwaltsvergütung richtet sich in aller Regel nach den Grundlagen der ZPO (Ausnahmen sind wie immer möglich).

296 Die Begründung für das Entstehen der Gebühr liegt darin, dass allgemein angenommen wird, dass selbst wenn es an einem Streit über ein Rechtsverhältnis fehlen sollte, doch die Verwirklichung dieses Rechtsverhältnisses unsicher und damit ungewiss ist, sodass eine Einigungsgebühr entsteht.

2. Erstattungsfähigkeit der Einigungsgebühr bei Ratenzahlungsvereinbarung

297 Wie oben erwähnt, ist durch die Einigungsgebühr des RVG nicht geregelt, ob und in welchem Umfang diese Gebühr notwendig und damit vom Schuldner zu erstatten ist. Insbes. für den Ratenzahlungsvergleich i.R.d. Zwangsvollstreckung ist damit zu rechnen, dass der Gerichtsvollzieher bspw. diese Gebühr nicht beitreibt. Auch im Rahmen einer Kostenfestsetzung gem. § 788 ZPO ist es nicht leicht, diese Gebühr durchzusetzen. Alle Bemühungen, die Einigungsgebühr erstattet zu erhalten, setzen voraus, dass Ihnen die Ratenzahlungsvereinbarung in unterschriebener Form vorliegt.

298 Eine weitere Voraussetzung, um überhaupt eine Erstattungsfähigkeit der Gebühr herbeizuführen, ist, dass i.R.d. Ratenzahlungsvereinbarung eine Vereinbarung darüber getroffen wird, dass der Schuldner die Kosten dieser Vereinbarung zu tragen hat. Der Schuldner sollte die Verpflichtung zur Zahlung der Vergütung für die Ratenzahlungsvereinbarung ausdrücklich anerkennen. Wird eine solche Regelung nicht vereinbart, wird von vielen Gerichten die Auffassung vertreten, dass es dann bei der gesetzlichen Folge bleibt (§ 98 ZPO) und jeder seine Kosten für die Vereinbarung selbst zu tragen hat. Hat der Schuldner die Vergütung für die Ratenzahlungsvereinbarung (mindestens die Einigungsgebühr zzgl. der daneben entstehenden jeweiligen Betriebsgebühr) ausdrücklich übernommen, sind die Kosten auch erstattungsfähig (Hartmann, Kostengesetze, Rn 88 zu Nr. 1000 VV RVG m.w.N.; Enders, JurBüro 1999, 59; AG Bayreuth, JurBüro 2000, 600).

299 Fehlt eine solche Vereinbarung, gelten die Kosten gem. § 98 ZPO als gegeneinander aufgehoben (OLG Düsseldorf, KostRsp Nr. 267 zu § 788 ZPO = MDR 1994, 1052 = Rpfleger 1994, 264 = DGVZ 1994,139).

300 Hier müssen Sie in der Praxis aufpassen. Die Frage der Beitreibbarkeit und Notwendigkeit der Einigungsgebühr wird heftig mit sehr verschiedenen Standpunkten (in Rechtsprechung und Literatur) diskutiert.

301 Ein sinnvolles Textmuster für eine Ratenzahlungsvereinbarung mit besonderem Augenmerk auf die Erstattungsfähigkeit von Vergütungsansprüchen finden Sie nachstehend.

▼ 8.27

Muster 8.27: Ratenzahlungsvereinbarung

In der Forderungssache

(Hinweis wegen der Vergütungsberechnung: der Auftraggeber ist vorsteuerabzugsberechtigt)

gegen

wegen

– Vollstreckungsbescheid des AG Amtsgerichtshausen,

Amtsgerichtsstraße 1, 99999 Amtsgerichtshausen vom zum Aktenzeichen – –

Forderungsstand inkl. Zinsen und Kosten am (*Datum*): €:

Der Schuldner erklärt, dass aufgrund seines bisherigen Zahlungsverhaltens die Hinzuziehung eines Rechtsanwalts zum Abschluss der Ratenzahlungsvereinbarung notwendig war. Der Schuldner erklärt weiterhin, dass ihm bekannt ist, dass für die Hinzuziehung eines Rechtsanwalts zum Abschluss der Ratenzahlungsvereinbarung Kosten entstehen, die von ihm zu übernehmen sind.

Die Kosten beziffern sich wie folgt:

Vergütung/Kosten für den Ratenzahlungsvergleich

Gegenstandswert, Kosten, Zinsen, Hauptforderung = €

0,3 Vollstreckungsgebühr gem. §§ 2 Abs. 2, 13 Nr. 3309 VV RVG

1,0 Einigungsgebühr §§ 2 Abs. 2, 13 Nr. 1003 VV RVG

Entgelte für Post- und Telekommunikationsdienstleistungen Nr. 7002 VV RVG

Summe €

Der Schuldner erklärt und erkennt nochmals ausdrücklich an, dem Gläubiger (den Gläubigern, der Gläubigerin – zukünftig dem Gläubiger) den oben genannten Betrag entsprechend dem beigefügten Forderungskonto zuzüglich weiterer Zinsen zu schulden und die insgesamt ausstehende jetzige und zukünftige Forderung tilgen zu wollen. Er erklärt ferner, dass er in der Lage ist, die vereinbarte Verpflichtung zu erfüllen und die Ratenzahlung zu erbringen.

Dies vorausgesetzt schließen die Parteien dieses Vergleichs folgende Vereinbarung:

1.

Der Schuldner verpflichtet sich (mehrere Schuldner verpflichten sich als Gesamtschuldner) zur Abgeltung der Gesamtschuld und zur Zahlung der bestehenden Forderung des Gläubigers (einschließlich der Kosten für die Ratenzahlungsvereinbarung) wie folgt:

erstmalig

am .

am weitere

Rest in monatlichen Raten in Höhe von

jeweils fällig am zu zahlen.

2.

Der Schuldner wird keine Einwendungen hinsichtlich des Grundes oder der Höhe der Forderung erheben. Der Schuldner erklärt ausdrücklich, dass Gründe für die Erhebung der Vollstreckungsabwehrklage nicht gegeben sind. Ist bereits ein Schuldtitel ergangen, erklärt der Schuldner weiterhin, auch auf eine Nichtigkeits- oder Restitutionsklage zu verzichten.

3.

Die Zahlungen sind an den Gläubigervertreter zu leisten.

Der Schuldner erteilt dem Gläubigervertreter (Rechtsanwalt) eine Einzugsermächtigung, damit der monatliche Betrag durch den Gläubigervertreter mittels Einzug vom Konto des Schuldners erfolgen kann. Der Schuldner stellt sicher, dass sein Konto über hinreichende Deckung verfügt, damit die Durchführung des Lastschriftverfahrens möglich ist. Der Einzug erfolgt zu dem vereinbarten Datum der Ratenzahlung.

Verfügt der Schuldner über ein Paypal-Konto übergibt er dem Gläubigervertreter die Zugangsdaten und erlaubt die Verfügung über dieses Konto.

4.

a) Dem Schuldner ist bekannt, dass für die Kontrolle der durch ihn zu leistenden Zahlungen die Einschaltung eines Rechtsanwaltes notwendig ist. Für die Weiterleitung der Zahlungen an den Gläubiger wird der Rechtsanwalt Hebegebühren gem. Nr. 1009 VV RVG berechnen. Der Schuldner verpflichtet sich, die Hebegebühren ebenfalls zu begleichen. Eine Mitteilung der Höhe der Hebegebühr an den Schuldner erfolgt unmittelbar, wenn diese entstanden ist. Der Gläubiger reduziert diese Hebegebühren dadurch, dass er sich einverstanden erklärt, dass die Zahlungen an ihn weitergeleitet werden, wenn der Schuldner jeweils drei Monatsbeträge erbracht hat.

b) Sollte der Einzug vom Konto des Schuldners nicht durchführbar sein (z.B. mangels Kontodeckung oder aufgrund Widerrufs/Rückrufs), so zahlt der Schuldner für jede Rücklastschrift die Gebühren, die das Kreditinstitut dafür in Rechnung stellt. Zusätzlich wird eine pauschale Bearbeitungsgebühr in Höhe von 15,00 € fällig. Der Schuldner erkennt an, diesen Betrag an den Gläubiger zu leisten. Dem Schuldner ist bekannt, dass dies seine laufende Verpflichtung gegenüber dem Gläubiger erhöht.

5.

Der Gläubiger wird, sofern die Raten pünktlich und ohne Schwierigkeiten geleistet werden, keine Vollstreckungsmaßnahmen gegen den Schuldner einleiten. Bereits laufende Vollstreckungsverfahren wird der Gläubiger für ruhend erklären. Ist der Schuldner mit einer Rate länger als zwei Wochen in Verzug, ist diese Vereinbarung hinfällig und der Gläubiger wird erneut Vollstreckungsmaßnahmen ergreifen. Für ruhend erklärte Vollstreckungsmaßnahmen wird der Gläubiger im Fall des Zahlungsverzugs wieder aufnehmen.

6.

Kommt der Schuldner seiner Zahlungsverpflichtung nicht nach, oder scheitert das Einzugsverfahren vom Konto, sodass der Schuldner seiner Zahlungsverpflichtung länger als zwei Wochen nicht nachgekommen ist, ist die Ratenzahlungsvereinbarung hinfällig. Der Schuldner schuldet den gesamten Betrag und erklärt sein Einverständnis damit, dass der gesamte dann zur Zahlung ausstehende Betrag mittels Lastschrift seitens des Gläubigers von seinem Konto eingezogen wird.

Eine weitere Ratenzahlung setzt nach Zahlungsverzug voraus, dass der Gläubiger dem Schuldner erneut Ratenzahlung bewilligt.

Für die erneute Ratenzahlungsvereinbarung nach Unterbrechung durch ausstehende Leistungen des Schuldners berechnet der Gläubiger einen pauschalen Betrag von 100,00 € für den Verwaltungsaufwand. Der Schuldner erkennt ausdrücklich an, diesen vereinbarten Betrag dem Gläubiger zu erstatten.

7.

Der Schuldner übernimmt ausdrücklich sämtliche Kosten dieser Vereinbarung. Dem Schuldner ist bekannt, dass von ihm geleistete Zahlungen aufgrund gesetzlicher Vorschriften zunächst auf die Kosten dieser Vereinbarung, die Hebegebühren, die weiteren bestehenden Kosten, die Zinsen auf die Kosten, die Zinsen für die Hauptforderung und zum Schluss auf die Hauptforderung selbst berechnet werden (§ 367 BGB). Die gesetzliche Regelung zur Verrechnung von Teilzahlungen gilt ausdrücklich als zwischen Gläubiger und Schuldner vereinbart. Der Schuldner erklärt sein Einverständnis, dass in der vorgenannten Reihenfolge eine Verrechnung seiner Zahlungen erfolgt.

8.

Zur Absicherung der bestehenden Forderung des Gläubigers tritt der Schuldner hiermit

a) den pfändbaren Teil seins Lohn- oder Gehaltsanspruchs gegen seinen jeweiligen Arbeitgeber oder die Vergütungsansprüche einschließlich etwaiger Provisionsansprüche, Tantiemen, Gewinnberechtigungen aus sonstigen Dienstleistungsverträgen an den Gläubiger ab. Der Schuldner legt dem Gläubiger eine aktuelle Bescheinigung über sein laufendes Einkommen vor.

b) Der Schuldner überschreibt in Höhe der bestehenden Forderung des Gläubigers etwa vorhandene Lebensversicherungen. Er legt dem Gläubiger den Versicherungsschein vor und bevollmächtigt diesen, in seinem Namen die erforderlichen Erklärungen gegenüber der Versicherungsgesellschaft abzugeben.

c) Der Schuldner tritt den Anspruch auf Erstattung überzahlter/n Einkommen-/Lohn-/Kirchensteuer/Solidaritätszuschlags an den Gläubiger ab mit der Ermächtigung, diesen Anspruch zu Beginn des folgenden Kalenderjahres geltend zu machen. Der

Schuldner übergibt zum Ende des Kalenderjahres sämtliche erforderlichen Belege für die Fertigung der o.g. Erklärung dem Gläubiger im Original.

d) Der Schuldner übergibt dem Gläubiger eine Kopie seines Mietvertrags und tritt die geleistete Kaution an den Gläubiger ab mit der Ermächtigung, dass der Gläubiger den Rückzahlungsanspruch im Hinblick auf die geleistete Kaution nach Beendigung des Mietverhältnisses anstelle des Schuldners geltend machen kann.

Der Schuldner tritt dem Gläubiger darüber hinaus sämtliche Ansprüche aus Betriebs- und Heizkostenabrechnung aus dem bestehenden Mietverhältnis ab. Unmittelbar nach Vorlage der Betriebs- und/oder Heizkostenabrechnung legt der Schuldner diese dem Gläubiger vor mit der Ermächtigung, den Anspruch im Namen des Schuldners gegenüber dem Vermieter geltend zu machen.

e) Der Schuldner informiert den Gläubiger über sämtliche vorhandenen Bankkonten, unabhängig davon, ob diese einen Haben- oder einen Sollkontostand aufweisen. Der Schuldner tritt den Anspruch auf Einziehung der Guthaben an den Gläubiger ab, mit der Ermächtigung, diese im Namen des Schuldners geltend zu machen.

f) Der Schuldner unterrichtet den Gläubiger über sämtliche Grundstücke und Grundstücksrechte. Über bestehende Pacht/Mietverhältnisse, in denen der Schuldner Gläubiger ist, wird der Gläubiger ebenfalls informiert. Der Schuldner legt dem Gläubiger hierzu die entsprechenden Nachweise vor (Grundbuchauszug, Miet/Pachtverträge).

g) Der Schuldner informiert den Gläubiger über sämtliches verwertbares Vermögen und Ansprüche auf Zahlung des Schuldners gegenüber Dritten und gibt die erforderlichen Abtretungserklärungen ab.

h) Der Schuldner teilt dem Gläubiger (für den Fall des Vorliegens einer Ehe oder Lebenspartnerschaft) die Höhe des Nettoeinkommens der Ehefrau/des Lebenspartners und den Arbeitgeber der Ehefrau/des Lebenspartners mit (Kopie der letzten Gehaltsabrechnung). Für den Fall weiterer Unterhaltsverpflichtungen (Kinder), teilt der Schuldner die Anzahl der Unterhaltsverpflichtungen mit und teilt mit, ob die Unterhaltsberechtigten über eigenes Einkommen (Höhe und ggf. Arbeitgeber) verfügen.

Der Gläubigervertreter nimmt als Vertreter des Gläubigers sämtliche Abtretungen des Schuldners an.

Sämtliche Abtretungen werden erst wirksam, wenn der Schuldner mit der Ratenzahlung in Verzug gerät. Der Gläubiger verpflichtet sich, die vorhandenen Abtretungen nur im Verzugsfall offen zu legen und nicht zu verwerten, sollte der Schuldner pünktlich zahlen.

(Gläubigervertreter) (Schuldner)

302 *Hinweis:*

Hier würde ich die Anwendbarkeit von § 31b RVG ausschließen; da nicht nur eine Ratenzahlungsvereinbarung abgeschlossen worden ist

303 *Hinweis:*

Bei dem vorstehenden Muster handelt es sich um einen Vorschlag, der sich im Zweifel deutlich von den Vorschlägen unterscheidet, die z.B. üblicherweise bei Softwareunternehmen als Textvorschläge im Lieferungsumfang enthalten sind. Die erfolgten Abtretungen beziehen sich ausschließlich auf pfändbares Einkommen oder Forderungen, die ein durchschnittlicher Schuldner häufig erzielt. Oft sind Sie nicht der einzige Gläubiger des Schuldners. Mit den weitgehenden Abtretungen erreichen Sie, dass der Schuldner Sie zumindest ernst nimmt und wahrnehmen kann, dass Ihr Auftreten sich von dem anderer Gläubiger unterscheidet. Selbstverständlich kann es auch vorkommen, dass ein Schuldner diese Erklärung nicht unterzeichnen will. Die Frage ist dann, ob es sich um einen Schuldner handelt, der seiner Ratenzahlungsverpflichtung überhaupt nachgekommen wäre. Sie müssen ja auch nicht den gesamten Text verwenden. Sie können einzelne Bestandteile miteinander kombinieren.

Wenn Sie dieses Muster verwenden, dann achten Sie darauf, dass der Schuldner auch die angeforderten Unterlagen vorlegt und die erforderliche Lastschriftvereinbarung unterzeichnet (Bankformular der jeweiligen Bank).

3. Vergütung für die Teilzahlungsvereinbarung

304 Welche Vergütung der RA für den Abschluss einer Ratenzahlungsvereinbarung geltend machen kann, hängt maßgeblich davon ab, wann er diese Vereinbarung schließt.

a) Kein gerichtliches Verfahren anhängig

305 Ist ein gerichtliches Verfahren noch nicht anhängig und ist auch kein Klageauftrag erteilt, so entsteht die Geschäftsgebühr der Nr. 2300 VV RVG und die Einigungsgebühr der Nr. 1000 VV RVG; ggf. unter der Wertbeschränkung des § 31b RVG (s. die Ausführungen unter Rdn 264).

b) Gerichtliches Verfahren ist anhängig

306 Ist ein gerichtliches Verfahren an- und/oder rechtshängig, entstehen die Verfahrensgebühr (der jeweiligen Instanz) und daneben die Einigungsgebühr in entsprechender Höhe. So etwa die Verfahrensgebühr der Nr. 3100 VV RVG und die Einigungsgebühr der Nr. 1003 VV RVG oder die Verfahrensgebühr der Nr. 3200 VV RVG und die Einigungsgebühr der Nr. 1004 VV RVG.

c) Gerichtliche Verfahren ist abgeschlossen – vollstreckungsfähiger Titel liegt vor

Schließen Sie den Vergleich im Rahmen einer begonnenen Vollstreckungsmaßnahme, dann können nur die Verfahrensgebühr der Nr. 3309 VV RVG und die Einigungsgebühr der Nr. 1003 mit einem Gebührensatz von 1,0 entstehen. Umstritten ist, ob, wenn im Anschluss an das gerichtliche Verfahren noch kein Vollstreckungsauftrag erteilt wurde, für den Ratenzahlungsvergleich dann eine Geschäftsgebühr der Nr. 2300 VV RVG und daneben eine Einigungsgebühr der Nr. 1000 VV RVG entstehen. Dieser Streit ist in Rechtsprechung und Literatur nicht eindeutig geklärt. Wenn Sie diese Fallgestaltung entscheiden müssen, überprüfen Sie, wie die Auffassung in Ihrem Gerichtsbezirk ist – dementsprechend sollten Sie dann vorgehen. 307

VI. Einigungsgebühr und „nicht rechtshängige" Ansprüche (Vergleichsmehrwert oder Mehrvergleich)

Wird im gerichtlichen Verfahren eine Einigung auch über in diesem Verfahren nicht anhängige Ansprüche getroffen, entsteht für die Einigung über die nicht anhängigen Ansprüche eine Einigungsgebühr. In einem solchen Fall entsteht die Einigungsgebühr der Nr. 1000 VV RVG mit einem Gebührensatz 1,5, denn für diese nicht anhängigen Ansprüche greift die Ermäßigung entsprechend Nr. 1003, 1004 VV RVG nicht. Der Gebührensatz der Einigungsgebühr beträgt für alle Fälle der Einbeziehung nicht anhängiger Ansprüche 1,5, unabhängig davon, in welcher Instanz diese einbezogen werden. 308

Neben der Einigungsgebühr der Nr. 1000 VV RVG muss entsprechend Vorbemerkung 1 Abs. 1 VV RVG eine sog. Betriebsgebühr entstehen (= eine Gebühr, die für das Betreiben des Geschäfts einschließlich der Information entsteht). Ist noch keine Geschäftsgebühr entstanden, so entsteht für den Vergleich, der auch nicht anhängige Ansprüche umfasst, eine **Verfahrensgebühr**. Welche der Verfahrensgebühren entsteht, hängt maßgeblich davon ab, in welcher Instanz der Vergleich erzielt wird. In der ersten Instanz ist die Betriebsgebühr, die neben der besonderen Einigungsgebühr (Nr. 1000 VV RVG) entsteht, die Verfahrensgebühr der Nr. 3101 Nr. 2 VV RVG. In der zweiten Instanz entsteht die Verfahrensgebühr der Nr. 3201 Nr. 2 VV RVG. In der dritten Instanz entsteht die Verfahrensgebühr der Nr. 3207 VV RVG. 309

Beide sind nicht auf die Verfahrensgebühr für den rechtshängigen Hauptanspruch anzurechnen. Erforderlich ist nur eine Prüfung nach § 15 Abs. 3 RVG. 310

Beispiel 1:

Der RA vertritt ein Ehepaar. Rechtshängig ist ein Anspruch i.H.v. 7.000,00 €. Im Termin wird ein Gesamtvergleich geschlossen. Mit umfasst von der Einigung sind nicht rechtshängige Ansprüche i.H.v. 4.000,00 €.

Vergütungsgeberechnung gem. §§ 2 Abs. 2, 13 RVG

Gegenstandswert: 7.000,00 €	
1,6 Verfahrensgebühr gem. Nr. 3100 VV RVG	*648,00 €*
(0,3 Erhöhung der Verfahrensgebühr gem. Nr. 1008 VV RVG berücksichtigt)	
1,1 Differenzverfahrensgebühr gem. Nr. 3101 Nr. 2, 3100 VV RVG	*318,40 €*
Gegenstandswert: 4.000,00 €	
(0,3 Erhöhung der Verfahrensgebühr gem. Nr. 1008 VV RVG berücksichtigt.	
Die Gebührenobergrenze gem. § 15 Abs. 3 RVG 1,6 betreffend einen Gegenstandswert	
i.H.v. 11.000,00 € [7.000,00 € + 4.000,00 €] wurde geprüft.)	
1,2 Terminsgebühr gem. Nr. 3104 VV RVG	*724,80 €*
Gegenstandswert: 11.000,00 €	
1,5 Einigungsgebühr für nicht rechtshängige Ansprüche gem. Nr. 1000 VV RVG	*298,50 €*
Gegenstandswert: 4.000,00 €	
1,0 Einigungsgebühr für gerichtliches Verfahren erster Instanz gem. Nr. 1003 VV RVG	*607,50 €*
Gegenstandswert: 7.000,00 €	
Zwischensumme der Gebührenforderung	***2.615,20 €***
Berechnete Auslagen (§ 1 Abs. 1 VV RVG):	
Entgelte für Post- und Telekommunikationsdienstleistungen gem. Nr. 7002 VV RVG	20,00 €
Zwischensumme	***2.635,20 €***
19 % USt gem. Nr. 7008 VV RVG	500,69 €
Summe Vergütungsforderung	***3.135,89 €***

311 *Hinweis:*

1. Die Terminsgebühr der Nr. 3104 VV RVG entsteht nach den addierten Werten beider Vergleiche.
2. War der RA vor der Protokollierung der nicht anhängigen Ansprüche bereits vor- bzw. außergerichtlich tätig, ist i.d.R. auf dem Gegenstandswert der nicht anhängigen Ansprüche eine Geschäftsgebühr der Nr. 2300 VV RVG entstanden. Die Geschäftsgebühr wird auf die Verfahrensgebühr gem. Vorbemerkung 3 Abs. 4 VV RVG angerechnet.

VII. Kostenerstattung und Einigungsgebühr

1. Kostenausgleichung gem. § 98 ZPO

Einige Ausführungen zur Erstattungsfähigkeit sind bereits erfolgt. Diese wiederhole ich an dieser Stelle nicht und verweise auf die Ausführungen und Textmuster (s. Rdn 297). 312

Wenn sich die Parteien in einem Rechtsstreit einigen, ohne dass eine Vereinbarung über die Kosten des Verfahrens und der Einigung getroffen wird, ist davon auszugehen, dass die Kosten gem. § 98 ZPO als gegeneinander aufgehoben gelten sollen. Diese Kostenaufhebung bedeutet, dass die vor- bzw. außergerichtlichen Kosten nicht erstattet werden; die entstandenen Gerichtskosten werden geteilt. Unter außergerichtlichen Kosten sind die Anwaltskosten im Gerichtsverfahren zu verstehen, denn diese sind für das Gericht „außergerichtlich“. Wenn die Parteien sich außergerichtlich einigen (d.h. es ist kein Gerichtsverfahren anhängig), ist ebenfalls § 98 ZPO für den außergerichtlichen Vergleich anwendbar. 313

Wer eine andere Kostenfolge bewirken will, muss diese **vereinbaren**, sonst gilt generell die Kostenaufhebung.

2. Abweichende Vereinbarung

Es ist ohne Weiteres möglich, dass die Parteien eine von § 98 ZPO abweichende Vereinbarung treffen. Sie können z.B. vereinbaren, dass eine Partei die gesamten Kosten des Rechtsstreits übernimmt. Liegt eine solche Einigung vor, beinhaltet diese Einigung auch die Kosten der Einigung nebst den jeweiligen Betriebsgebühren (Geschäfts- oder Verfahrensgebühren) und Terminsgebühren. 314

Um Auseinandersetzungen zu vermeiden, welchen Umfang die vereinbarte Kostenübernahme hat, sollten die Parteien in der Vereinbarung die Gebühren, die erstattungsfähig sein sollen, genau bezeichnen und beziffern. 315

Vereinbaren die Parteien unterschiedliche Kostentragungspflichten wegen der Kosten des Rechtsstreits einerseits und der Kosten der Einigung anderseits, bezieht sich die vereinbarte Kostentragungspflicht wegen der Kosten der Einigung auch auf die Kosten der neben der Einigungsgebühr entstehenden Verfahrensgebühr. 316

Die klageweise geltend gemachte Geschäftsgebühr geht verloren, wenn im Vergleich Kostenaufhebung vereinbart oder eine generelle Ausgleichsklausel vereinbart wird. Damit die Geschäftsgebühr auch im Vergleichsfalle nicht verloren geht, ist es sinnvoll, einen bezifferten Zahlbetrag zu vereinbaren, den der Verpflichtete auf die Geschäftsgebühr zu leisten hat. 317

3. Einigungsgebühr auf Parteiseite für mehrere Anwälte

Entsprechendes gilt auch dann, wenn mehrere RA an der Einigung (z.B. der Verkehrsanwalt und der Unterbevollmächtigte) beteiligt waren. Hier muss jedoch beachtet wer- 318 den, dass sich die Kostenübernahme regelmäßig nur auf die **notwendigen** Kosten (vgl. § 91 ZPO) erstreckt. Es ist regelmäßig nicht davon auszugehen, dass für den Fall, dass auf Seiten der Partei mehrere Anwälte tätig waren, der Gegner diese Kosten komplett zu erstatten hat. Dies gilt auch für den Fall der Kostenübernahme im Vergleich, denn die Hinzuziehung zweier RA ist i.d.R. nicht notwendig i.S.v. § 91 ZPO.

319 Sind für eine Partei mehrere RA an der Einigung beteiligt, hängt die Erstattungsfähigkeit der bei diesen entstandenen Einigungsgebühren davon ab, ob die Mitwirkung jedes RA an der Einigung notwendig war. Hat der Verkehrsanwalt (oder Unterbevollmächtigte) an der Einigung mitgewirkt, ist die bei diesem entstandene Einigungsgebühr nur erstattungsfähig, wenn seine Mitwirkung dazu geführt hat, dass die Einigung zustande gekommen ist. Gerade in einem solchen Fall wird der Auftraggeber von Ihnen erwarten, dass Sie ihn über sein **Kostenrisiko** belehren. Für den Fall eines Vergleichs kann nicht ohne Weiteres angenommen werden, dass der Auftraggeber im Vergleich zu einem Urteilsverfahren etwas gespart hat.

8.28 ▼

320 **Muster 8.28: Kurzbelehrung Kostenerstattung bei Hinzuziehung zweier RAe**

Anrede,

entsprechend des von Ihnen erteilten Auftrags, haben wir in Ihrer Angelegenheit einen zweiten Anwalt mit der Wahrnehmung Ihrer Interessen beauftragt. Dies hat folgende vergütungsrechtliche Konsequenz:

Auf unserer Seite entsteht folgende Vergütung:

Gegenstandswert:

1,3 Verfahrensgebühr gem. §§ 2 Abs. 2, 13 RVG Nr. 3100 VV RVG

zzgl. Nebenleistungen (Entgelte für Post- und Telekommunikationsdienstleistungen/ Umsatzsteuer)

Der eingeschaltete Kollege wird berechnen:

Gegenstandswert:

0,65 Verfahrensgebühr gem. §§ 2 Abs. 2, 13 RVG Nr. 3401, 3100 VV RVG

1,2 Terminsgebühr gem. §§ 2 Abs. 2, 13 RVG Nr. 3401, 3104 VV RVG

zzgl. Nebenleistungen (Entgelte für Post- und Telekommunikationsdienstleistungen/ Umsatzsteuer).

Im Hinblick auf eine etwaige Kostenerstattung im Fall des Obsiegens oder Vergleichsfall möchten wir bereits jetzt auf Folgendes hinweisen:

Für den Fall der obsiegenden Beendigung des Verfahrens werden nicht sämtliche Kosten erstattungsfähig sein, die für die Einschaltung zweier Anwälte entstanden sind. So fehlt es insbesondere bei der 0,65 Verfahrensgebühr gem. §§ 2 Abs. 2, 13 RVG Nr. 3401, 3100 VV RVG an der Erstattungsfähigkeit. Diese muss der Gegner regelmäßig nicht zahlen. Allerdings vermindert sich dieser nicht zu zahlende Anteil noch durch die sog. fiktiven Reisekosten und die sog. Abwesenheitspauschalen. Der bei Ihnen im Obsiegensfall verbleibende Teil der Gebühren ist somit geringer.

Für den Fall eines Vergleichs (Einigung) ist die übliche gesetzliche Regelung (§ 98 ZPO), dass jede Partei die eigenen Anwaltskosten und die Hälfte der Gerichtskosten trägt. Zu berücksichtigen ist hier, dass regelmäßig auch der hinzugezogene Kollege den Anspruch auf eine 1,0 Einigungsgebühr gem. §§ 2 Abs. 2, 13 RVG Nr. 1003 VV RVG berechtigt geltend machen kann. Wird im Zuge eines Vergleichs eine von § 98 ZPO abweichende Vereinbarung getroffen, ist nicht damit zu rechnen, dass die Einigungsgebühr sowohl von uns, als auch vom hinzugezogenen Kollegen erstattungsfähig wäre.

Wir kommen von uns aus auf den weiteren Verlauf Ihrer Angelegenheit zurück.

Grußformel

▲

Hinweis: 321

Das obige Textmuster bezieht sich auf ein erstinstanzliches Verfahren.

VIII. Vergütungsproblem mehrere Anwälte und Rechtsschutzversicherung

Für den Fall, dass der Auftraggeber mehr als einen Anwalt beauftragt hat (Prozessbevoll- 322
mächtigter/Unterbevollmächtigter), zahlt auch eine Rechtsschutzversicherung nicht die gesamte Vergütung beider RA. Die meisten Versicherungsgesellschaften haben bedingungsgemäß (Allgemeine Rechtsschutz Bedingungen = ARB) vereinbart, dass eine Zahlung für einen weiteren RA nur erfolgt, wenn der Gerichtsort mehr als 100 km Luftlinie vom Wohnsitz des Versicherungsnehmers (Auftraggebers) entfernt ist. Regelmäßig wird ein RA bei einer Entfernung von 100 km Luftlinie Termine noch selbst wahrnehmen und keinen zweiten Kollegen einschalten (§ 2 (1) lit. a; s. ARB 75, 5 (1) lit. a Satz 2 ARB 94/2000).

Ist allerdings der gesetzliche Gegenstandswert so gering, dass die Wahrnehmung des Ter- 323
mins aus wirtschaftlichen Erwägungen nicht erfolgen kann, ist der Abschluss einer Vergütungsvereinbarung zwingend geboten.

Beispiel:

Bei einem Gegenstandswert von 300,00 € kann der RA wirtschaftlich sinnvollere Tätigkeiten im Büro ausüben, als den Gerichtstermin zu der zu erwartenden niedrigen gesetzlichen Vergütung wahrzunehmen. Auch – oder gerade – die in Teil 7 VV RVG befindliche Auslagen – Abwesenheitsgelder – rechtfertigen es wegen ihrer niedrigen Höhe nicht, dass der RA den Termin wahrnimmt.

324 Für den Fall einer vorliegenden Kostendeckungszusage (oder Kostenübernahmeerklärung) müssen Sie die Versicherung von der Einschaltung des zweiten RA informieren. Sinnvoll ist darüber hinaus, die Versicherung über die beabsichtigte Kostenquote zu informieren. Dies ist jedoch nur möglich, wenn der Vergleich unter Widerrufsvorbehalt vereinbart wird. Bei einem sofort wirksamen Vergleich, haben Sie keine Möglichkeit, die Versicherung vorab zu informieren. Hier sollte der RA, der den Termin wahrnimmt, auf das richtige Kostenverhältnis achten, denn nach Abschluss des Vergleichs können Sie die Kostenvereinbarung nur noch schwer ändern (sehr selten möglich, denn warum sollte die andere Partei freiwillig eine weitere Verpflichtung übernehmen? Das Verfahren ist für diese durch den Vergleich beendet).

325 Die Rechtsschutzversicherung zahlt üblicherweise bei der Hinzuziehung eines zweiten RA

entweder eine	1,0 Verfahrensgebühr gem. §§ 2 Abs. 2, 13 Nr. 3400, 3100 VV RVG
oder die zusätzliche	0,65 Verfahrensgebühr gem. §§ 2 Abs. 2, 13 Nr. 3401, 3100 VV RVG.

(Das vorstehende Beispiel bezieht sich auf das gerichtliche Verfahren erster Instanz).

326 Einigungsgebühren für zwei Anwälte auf Seiten des Versicherungsnehmers werden nicht erstattet. Auch hier müssen Sie den Auftraggeber informieren. Dieser geht davon aus, dass er im Verfahren eine Vergütung nicht schuldet, da seine Rechtsschutzversicherung ja die Kostenübernahme erklärt hat.

327 Auch hier ist es sinnvoll, den Auftraggeber vorab zu informieren:

8.29 ▼

Muster 8.29: Belehrung des Auftraggebers/mehrere Anwälte und Vergleich

Anrede,

wir haben im Verfahren einen zweiten Rechtsanwalt hinzugezogen. Üblicherweise zahlt Ihre Rechtschutzversicherung die Vergütung, die dieser RA berechnen wird zumindest zum Teil. Davon ausgenommen ist die Einigungsgebühr, die entsteht, sollte mit der Gegenseite ein Vergleich geschlossen werden. Für den Fall eines Vergleichs zahlt Ihre

Rechtsschutzversicherung bedingungsgemäß entsprechend den Regelungen in den ARB nur die Vergütung, die auf Seiten eines Anwalts entstanden ist. Für den Fall des Abschlusses eines Vergleichs verbleiben daher im Zweifel zu Ihren Lasten

Gegenstandswert

1,0 Einigungsgebühr gem. §§ 2 Abs. 2, 13 RVG Nr. 1000, 1003 VV RVG

nebst anteiligem Entgelte für Post- und Telekommunikationsdienstleistungen und Umsatzsteuer.

Wir werden bemüht sein, für den Fall eines Vergleichs die Vergleichssumme um diese Forderung zu erhöhen, damit Ihr eigenes Kostenrisiko beschränkt wird. Garantieren können wir eine solche Erhöhung einer etwaigen Vergleichsforderung jedoch nicht.

Sollte das Gericht den Abschluss eines Vergleichs vorschlagen und wir diesem Ansinnen nicht entsprechen, ist es nichts Ungewöhnliches, wenn anschließend das Verfahren insgesamt negativ endet. Wir werden daher, Ihr Einverständnis unterstellt, einem durch das Gericht vorgeschlagenen Vergleich zustimmen, wenn es sachgerecht ist.

Grußformel

▲

Hinweis: 328

Der Auftraggeber hat aus Kostengesichtspunkten keinerlei Vorteil bei einem Vergleich, wenn eine Versicherung die Kostenübernahme erklärt hat. Dementsprechend erhält die Belehrung auch keinerlei Hinweise auf die kostenerstattungsrechtlichen Vorteile eines Vergleichs.

IX. Einigungsgebühr bei bewilligter Beratungshilfe

Nr. 2508 329

Nr.	Gebührentatbestand	Gebühr oder Satz der Gebühr nach § 13 RVG
2508	**Einigungs- und Erledigungsgebühr** (1) Die Anmerkungen zu Nummern 1000 und 1002 sind anzuwenden. (2) Die Gebühr entsteht auch für die Mitwirkung bei einer außergerichtlichen Einigung mit den Gläubigern über die Schuldenbereinigung auf der Grundlage eines Plans (§ 305 Abs. 1 Nr. 1 InsO).	**150,00 €**

330 Mit der Nr. 2508 VV RVG wird die Vergleichs- und Erledigungsgebühr geregelt, die der RA erhält, wenn er sich im Zuge der bewilligten Beratungshilfe einigt. In der Einigungsgebühr der Nr. 2508 VV RVG wird auf die Anmerkungen zu den Nrn. 1000 und 1002 VV RVG verwiesen. Es gelten die gleichen Voraussetzungen. Durch die Anmerkung Abs. 2 der Nr. 2508 VV RVG wird klargestellt, dass eine Einigungsgebühr auch dann entsteht, wenn die außergerichtliche Einigung mit den Gläubigern über die Schuldenbereinigung auf der Grundlage eines Plans nach § 305 Abs. 1 InsO erfolgt.

331 *Praxistipp:*

Treffen Sie im Beratungshilfemandat eine Einigung für Ihren Auftraggeber, ist die oben geschilderte Kostenfolge (§ 98 ZPO) ebenfalls vorgesehen. Im Beratungshilfemandat sollten Sie besonders darum bemüht sein, mit der Gegenpartei eine (wenn auch nur anteilige) Kostenübernahme zu vereinbaren. Sie können den Vergütungsanspruch damit deutlich erhöhen.

X. Hebegebühr

332 **Nr. 1009**

Nr.	Gebührentatbestand	Gebühr oder Satz der Gebühr nach § 13 RVG
1009	**Hebegebühr** **1. bis einschließlich 2.500,00 €** **2. von dem Mehrbetrag bis einschließlich 10.000,00 €** **3. von dem Mehrbetrag über 10.000,00 €** (1) Die Gebühr wird für die Auszahlung oder Rückzahlung von entgegengenommenen Geldbeträgen erhoben. (2) Unbare Zahlungen stehen baren Zahlungen gleich. Die Gebühr kann bei der Ablieferung an den Auftraggeber entnommen werden. (3) Ist das Geld in mehreren Beträgen gesondert ausgezahlt oder zurückgezahlt, wird die Gebühr von jedem Betrag besonders erhoben. (4) Für die Ablieferung oder Rücklieferung von Wertpapieren und Kostbarkeiten entsteht die in	 **1,0 %** **0,5 %** **0,25 % des aus- oder zurückgezahlten Betrages – mindestens 1,00 €**

Nr.	Gebührentatbestand	Gebühr oder Satz der Gebühr nach § 13 RVG
	den Absätzen 1 bis 3 bestimmte Gebühr nach dem Wert. (5) Die Hebegebühr entsteht nicht, soweit Kosten an ein Gericht oder eine Behörde weitergeleitet oder eingezogene Kosten an den Auftraggeber abgeführt oder eingezogene Beträge auf die Vergütung verrechnet werden.	

1. Allgemeines zur Hebegebühr

Die Hebegebühr kann in jedem Verfahrensabschnitt entstehen. Es ist weder erforderlich, dass ein Rechtsstreit geführt wird, oder wurde, noch dass die Vollstreckung durchgeführt wird. Dies erklärt auch die Stellung der Hebegebühr in Teil 1 des Vergütungsverzeichnisses. Unter Rdn 297 ff. ist die Einigungsgebühr bei Ratenzahlungsvereinbarung behandelt worden. In dieser Vereinbarung hat sich der Schuldner verpflichtet, die Hebegebühr zu zahlen (s. Rdn 301). 333

Durch die Hebegebühr wird die über die allgemeine Rechtsberatung hinausgehende Tätigkeit des RA abgegolten. Da die Hebegebühr eine Gebühr ist, ergibt sich aus § 1 Abs. 1 VV RVG (Legaldefinition der Vergütung), dass der RA neben der Gebühr noch Auslagen aus Teil 7 VV RVG erhält. Wenn nicht im Wege einer Vereinbarung ausdrücklich anders vereinbart, so kann er neben der Hebegebühr keine Kontoführungsgebühren oder andere Aufwendungen (z.B. Rücklastschriften) fordern. Diese Aufwendungen zählen zu den allgemeinen Geschäftskosten (Vorbemerkung 7 Abs. 1 VV RVG). 334

Zunächst einmal entsteht der Gebührenanspruch wieder im Verhältnis zum Auftraggeber. Ob ein Dritter diese Gebühr dann erstatten muss, ist von den generellen Regelungen zur Erstattungspflicht abhängig. Der RA kann selbstverständlich jederzeit vereinbaren, dass ein Dritter diese allgemeinen Geschäftskosten zu erstatten hat. 335

Damit die Hebegebühr berechnet werden kann, wird allgemein angenommen, dass ein gesonderter Auftrag des Auftraggebers erfolgt. In dem Textmuster zur Auftragsbestätigung (s. Rdn 814) ist dieser Auftrag durch den Auftraggeber bereits erteilt worden. 336

Vielfach wird angenommen, dass es bereits ausreichend ist, wenn der RA einen **Prozessführungsauftrag** erhalten hat (es wird angenommen, es handele sich hierbei um einen sog. konkludent erteilten Auftrag). Letztlich wird es in der Praxis darauf ankommen, dass der Auftraggeber diese Gebühren nicht aus eigener Tasche zahlen muss, sondern, dass eine Erstattung durch einen Dritten erfolgt. Um jedoch Streit und Auseinandersetzungen zu vermeiden, empfehle ich das von mir vorgeschlagene Textmuster zu verwenden.

337 Nur wenn der RA eine Aus- oder Rückzahlung entgegengenommener Beträge vornimmt, kann die Hebegebühr entstehen. Wer der Zahlungsempfänger der Rückzahlung ist, ist unerheblich. Allerdings muss der Zahlungsempfänger durch den Auftraggeber bestimmt worden sein.

338 Für das Entstehen der Hebegebühr kommt es aufgrund der eindeutigen gesetzlichen Vorschrift (Nr. 1009 Anm. Abs. 2 Satz 1 VV RVG) nicht auf die Art der erfolgten Rückzahlung an.

339 Die Hebegebühr hat einen großen Vorteil. Das RVG erlaubt dem RA (Nr. 1009 Anm. Abs. 2 Satz 2 VV RVG), die Gebühr gleich dem zurück- oder auszuzahlenden Betrag zu entnehmen. Er schuldet dem Auftraggeber dann aber eine i.S.v. § 10 RVG ordnungsgemäße Rechnung. Auch die Anforderungen des Umsatzsteuergesetzes (UStG – insbes. § 14 UStG) sind selbstverständlich einzuhalten.

340 *Praxistipp:*

Sinnvoll ist es, dem Auftraggeber die Berechnung über die Hebegebühr unverzüglich zukommen zu lassen. Falls der Auftraggeber eine ordnungsgemäße Buchführung erstellen muss, benötigt er die Rechnung unverzüglich als Beleg. Gerade wenn Sie im Wege einer schnellen Online-Überweisung vorgegangen sind, sollte die Abrechnung nicht auf dem normalen postalischen Weg versandt werden, sondern eine schnellere Möglichkeit (Fax, E-Mail-Anhang, …) gesucht werden.

2. Höhe der Hebegebühr – mehrere Einzelbeträge und Ratenzahlung

341 Die Höhe der Hebegebühr ist abhängig von der Höhe der erfolgten Auszahlung. Jede Auszahlung löst erneut den Anspruch auf die Hebegebühr aus. Die Höhe der Hebegebühr ist prozentual vorgegeben.

Sie beträgt mindestens 1,00 €. Die Gebühr ist gem. § 2 Abs. 2 RVG auf- oder abzurunden. Die Höhe der Gebühr beträgt bei ausgezahlten Geldbeträgen bis zu einschließlich 2.500,00 € – 1 % der aus- oder zurückgezahlten Summe (Nr. 1009 Nr. 1 VV RVG). Von dem Mehrbetrag von 2.500,00 € bis einschließlich 10.000,00 € beträgt die Hebegebühr 0,5 % (Nr. 1009 Nr. 2 VV RVG) der aus- oder zurückgezahlten Summe. Von dem Mehrbetrag über 10.000,00 € beträgt die Hebegebühr 0,25 % (Nr. 1009 Nr. 3 VV RVG) der aus- oder zurückgezahlten Summe.

342 *Praxistipp:*

Grds. ist der RA verpflichtet, eingehende Fremdgelder unverzüglich an den Auftraggeber weiterzuleiten. Dies ist gerade dann für den Auftraggeber unerfreulich, wenn der Schuldner nur geringe Ratenzahlungen leistet. Auch der Verwaltungsaufwand für den Anwalt ist viel höher, wenn er jeden Monat Teilbeträge in einer Größenordnung von

10,00 €/20,00 € und 50,00 € weiterleiten muss. Sie können hier mit dem Auftraggeber einen anderen Auszahlungsmodus vereinbaren. Der Auftraggeber spart, wenn Sie eine Sammelüberweisung vornehmen (z.B. drei Monatsrhythmus, sechs Monatsrhythmus oder zwölf Monatsrhythmus) an der Hebegebühr. Sie sparen Buchungs- und Verwaltungsaufwand.

8.30

▼

Muster 8.30: Auszahlung mehrerer Raten in einer Überweisung 343

Anrede,

in Ihrer Angelegenheit hat der Schuldner begonnen, laufend Zahlungen zu leisten. Für die Weiterleitung der Zahlung an Sie entsteht entsprechend der gesetzlichen Regelung in Nr. 1009 VV RVG die Hebegebühr zzgl. Nebenleistungen. Wenn wir einen Betrag in Höhe von 50,00 € monatlich an Sie auskehren, ziehen wir von diesem Betrag die Hebegebühr wie nachstehend berechnet, ab.

Gegenstandswert: 50,00 €

Hebegebühr gem. § 2 Abs. 2, Nr. 1009 VV RVG	1,00 €
Entgelte für Post- und Telekommunikationsdienstleistungen gem. Nr. 7002 VV RVG	0,20 €
Zwischensumme Gebühren und Auslagen	**1,20 €**
19 % USt gem. Nr. 7008 VV RVG	0,23 €
Gesamtbetrag	**1,43 €**

Wir halten es für sinnvoll, halbjährlich die Überweisung an Sie vorzunehmen, da Sie dann nicht jedes Mal mit der Hebegebühr belastet werden.

Bitte teilen Sie uns kurz telefonisch, per Fax oder per E-Mail Ihr Einverständnis mit.

Grußformel

▲

Hinweis: 344

Selbstverständlich ist der Betrag i.H.v. 1,43 € keine wirkliche Belastung. Aber auch der Mandant erspart sich ja die laufende Buchung und erhält so regelmäßig einen besser einsetzbaren Teilbetrag. Sie könnten den Auftraggeber auch nur auf die entstehende Hebegebühr hinweisen, ohne diese zu berechnen. Fragt der Mandant dann jedoch nach der Höhe der Hebegebühr, kann es sein, dass er verärgert ist, weil diese „so“ gering ist. Eine vollständige Aufklärung halte ich persönlich für sinnvoller.

3. Kein Anfall der Hebegebühr

a) Weiterleitung von Kosten (Gerichtskosten und Kosten eines fremden RA)

345 Keine Hebegebühr kann der RA berechnen, soweit er Kosten an ein Gericht oder eine Behörde weiterleitet, oder eingezogene Kosten an den Auftraggeber abführt, oder eingezogene Beträge auf seine Vergütung verrechnet.

346 In gerichtlichen Verfahren leistet der Auftraggeber i.d.R. einen Vorschuss auf die Gerichtskosten, da der Anwalt diese nicht für den Auftraggeber verauslagt. Der RA leitet die Gerichtskosten weiter, so etwa bei Erhebung der Klage oder für die Ladung von Zeugen. Diese Weiterleitung an das Gericht lässt die Hebegebühr nicht entstehen.

347 Nicht selten obsiegt der Auftraggeber, sodass ein **Kostenfestsetzungsbeschluss** ergeht. Im Optimalfall zahlt der Gegner die festgesetzten Kosten ohne besondere Schwierigkeiten und zwar direkt an den RA. Leitet der RA diese eingezogene Kosten an den Auftraggeber weiter, kann er keine Hebegebühr für die Weiterleitung berechnen (Anm. Abs. 5 zu Nr. 1009 VV RVG). Dies wird häufiger und gerne insbes. im **Zwangsvollstreckungsverfahren** übersehen. Die Hebegebühr wird aus dem Gesamtbetrag berechnet, der eingezogen worden ist. Zutreffend wäre es, für die Berechnung der Hebegebühr, die in dem beigetriebenen Betrag enthaltenen festgesetzten Kosten von diesem abzuziehen und davon die Hebegebühr zu berechnen.

b) Verrechnung von Beträgen mit eigenen Vergütungsansprüchen

348 Wenn der RA eingezogene Beträge (also nicht nur eingezogene Kosten, sondern auch sonstige eingezogene Beträge wie z.B. die Hauptforderung) mit eigenen Vergütungsansprüchen verrechnet, entsteht insoweit keine Hebegebühr (Anm. Abs. 5 zur Nr. 1009 VV RVG).

> *Beispiel:*
>
> *Der RA hat für den Auftraggeber einen Betrag i.H.v. 5.000,00 € als Hauptforderung im Wege der Zwangsvollstreckung beigetrieben (in dem Betrag ist keine Kostenforderung enthalten). Der Auftraggeber hat einen Vergütungsanspruch des RA i.H.v. 970,00 € noch nicht erfüllt. Der RA verrechnet den offenen Vergütungsbetrag mit dem eingezogenen Betrag und informiert den Auftraggeber schriftlich über die vorgenommene Verrechnung.*
>
> Der RA zahlt aus: 5.000,00 € – 970,00 € = 4.030,00 €.
>
> Nur von dem Betrag i.H.v. 4.030,00 € kann der RA bei Weiterleitung an den Auftraggeber die Hebegebühr berechnen.
>
> Er berechnet (Entgelte für Post- und Telekommunikationsdienstleistungen gem. Nr. 7002 VV RVG sind nicht entstanden) wie folgt:

Hebegebühr gem. Nr. 1009 VV RVG (Wert: 4.030,00 €)	*32,65 €*
19 % USt gem. Nr. 7008 VV RVG	*6,20 €*
Summe	***38,85 €***

Die Summe behält der RA ein, sodass er 3.992,25 € (4.030,00 € – 38,85 €) an den Auftraggeber auszahlt.

4. Erstattungsfähigkeit der Hebegebühr

Ob die Hebegebühr von einem Dritten zu erstatten ist, hängt davon ab, ob es notwendig 349
i.S.v. § 91 Abs. 1 ZPO war, dass ein RA bei der Empfangnahme, Aus- oder Rückzahlung der Beträge hinzugezogen wurde. Zu dieser Frage ist eine Reihe von z.T. kontroverser Rechtsprechung ergangen.

Bei den Erläuterungen zur Einigungsgebühr (Rdn 297 ff.) ist bspw. das Muster einer Ra- 350
tenzahlungsvereinbarung (Rdn 301) enthalten. In dieser erklärt der Schuldner ausdrücklich, die Hebegebühr gem. Nr. 1009 VV RVG zu übernehmen. Wie Sie aber wissen, ist jede Ratenzahlungsvereinbarung nur so gut, wie die Zahlungsfähigkeit des Schuldners. Solange der Schuldner zahlt, ist es erforderlich, den Forderungsbestand um die berechnete Hebegebühr nach erfolgter Berechnung zu erhöhen.

Ein weiterer häufiger Streitpunkt im Hinblick auf die Erstattungsfähigkeit der Hebege- 351
bühr ist die Frage, ob eine Ersatzpflicht der **Kfz-Haftpflichtversicherung** besteht. Dies ist gem. § 249 BGB der Fall, wenn der RA des Geschädigten unter ausdrücklichem Hinweis auf die Vorschrift der Nr. 1009 VV RVG die gegnerische Kfz-Haftpflichtversicherung um Zahlung des Schadensersatzbetrags an sich bittet. Zahlt die Versicherung dann an den RA, hat diese nach erfolgter Auszahlung des Betrags auch die Hebegebühr zu ersetzen. Hier müssen Sie abwägen, ob es angesichts der Höhe der Hebegebühr gerechtfertigt ist, einen langen Streit zu führen. Andererseits, wenn Sie die Hebegebühr in keiner Angelegenheit berechnen, ist mit Sicherheit ein nicht unerheblicher Vergütungsverlust zu verzeichnen.

8.31

▼

Muster 8.31: Schreiben an die Kfz-Haftpflichtversicherung 352

Anrede,

übliche Geltendmachung der Ansprüche

Bitte nehmen Sie zur Kenntnis, dass die Zahlung des Entschädigungsbetrags nicht auf unser Konto zu erfolgen hat. Die Zahlung des Betrags ist unmittelbar an den Geschädigten, unseren Auftraggeber bei der xyz Bank z, IBAN , BIC zu leisten. Erfolgt eine Zahlung trotz dieses Hinweises auf unser Konto, werden wir die für die Weiterleitung des Betrags an unseren Auftraggeber gem. Nr. 1009 VV RVG entstehende Hebegebühr Ihnen in Rechnung stellen.

Grußformel

8.32

▲

▼

353 **Muster 8.32: Schreiben an Auftraggeber – Zahlungsinformation**

Anrede,

wir haben mit gleicher Post die Ihnen entstandenen Schäden anlässlich des Verkehrsunfalls vom (Datum) gegenüber der gegnerischen Kfz-Haftpflichtversicherung zur Regulierung angemeldet.

Um die Abwicklung des Verfahrens zu beschleunigen und vermeidbare Gebühren auszuschließen, haben wir die Gegenseite aufgefordert, den fälligen Betrag unverzüglich direkt an Sie auf das hier von Ihnen bekannte Bankkonto zu leisten. Bitte informieren Sie uns möglichst rasch, wenn die Zahlung erfolgt ist.

Wir können den Zahlungseingang von hier aus nicht überwachen. Um hier im Zweifel nur sinnvolle weitere Schritte zu ergreifen, benötigen wir Ihre Unterstützung und Mitteilung, ob eine Zahlung – und wenn ja, in welcher Höhe – an Sie erfolgt ist.

Grußformel

▲

354 Eine sofortige direkte Zahlung an den Auftraggeber ist nicht immer wünschenswert. So fehlt es dann an einer Überwachungsmöglichkeit. Wenn der Auftraggeber sich dann dafür entscheidet, dass die Zahlung über Ihr Konto erfolgen soll, so schuldet er allein die Hebegebühr.

5. Festsetzbarkeit der Hebegebühr

355 Die Hebegebühr kann ohne Ausnahmen im Kostenfestsetzungsverfahren gem. §§ 103 ff. ZPO geltend gemacht werden. Ist die Hebegebühr im Zuge einer Zwangsvollstreckung entstanden, so erfolgt die Festsetzung gem. § 788 ZPO.

XI. Verfahrensgebühr

1. Allgemeines zur Verfahrensgebühr

Überschrift zu Teil 3 VV RVG 356

Teil 3: Bürgerliche Rechtsstreitigkeiten, Verfahren der öffentlich-rechtlichen Gerichtsbarkeiten, Verfahren nach dem Strafvollzugsgesetz, auch in Verbindung mit § 92 des Jugendgerichtsgesetzes, und ähnliche Verfahren

Vorbemerkung 3 Abs. 2 VV RVG

(2) Die Verfahrensgebühr entsteht für das Betreiben des Geschäfts einschließlich der Information.

Verkürzte Darstellung der Nr. 3100 VV RVG 357

Nr.	Gebührentatbestand	Gebühr oder Satz der Gebühr nach § 13 RVG
3100	**Verfahrensgebühr, soweit in Nummer 3102 nichts anderes bestimmt ist** (2) Die Verfahrensgebühr für einen Urkunden- oder Wechselprozess wird auf die Verfahrensgebühr für das ordentliche Verfahren angerechnet, wenn dieses nach Abstandnahme vom Urkunden- oder Wechselprozess oder nach einem Vorbehaltsurteil anhängig bleibt (§§ 596, 600 ZPO).	1,3

Die Verfahrensgebühr zählt zu den sog. **Betriebsgebühren**. In Teil 3 entstehen grds. alle Verfahrensgebühren für das Betreiben des Geschäfts einschließlich der Information. Wie sich aus der Überschrift zu Teil 3 VV RVG ergibt, ist für eine Vielzahl von gerichtlichen Verfahren die Verfahrensgebühr aus Teil 3 VV RVG anwendbar (Ausnahmen: Teil 4, Teil 5 und Teil 6 VV RVG). Es gibt jedoch nicht nur eine Verfahrensgebühr. Für alle möglichen Verfahren und Instanzen sieht das RVG eine eigene Verfahrensgebühr vor. Für das Mahnverfahren berechnet der RA eine Verfahrensgebühr gem. Nr. 3305 VV RVG, für diverse gerichtlichen Verfahren erster Instanz die Verfahrensgebühr gem. Nr. 3100 VV RVG, im Berufungsverfahren regelmäßig die Verfahrensgebühr der Nr. 3200 VV RVG, im Revisionsverfahren die Verfahrensgebühr der Nr. 3206 VV RVG – für diverse besondere Verfahren gibt es dann ebenfalls eine Reihe besonderer Verfahrensgebühren (PKH-Bewilligungsverfahren, der RA ist Verkehrsanwalt oder Unterbevollmächtigter). 358

Die Verfahrensgebühr ist der Definition nach der **Geschäftsgebühr** sehr ähnlich. Es gibt aber wesentliche Unterschiede: 359

2. Unterschiede Verfahrensgebühr und Geschäftsgebühr

a) Auftrag für gerichtliches Verfahren

360 Die Verfahrensgebühr kann nur entstehen, wenn der RA zumindest den **Auftrag** für ein **gerichtliches Verfahren** erhalten hat. Ist der RA nur vor- bzw. außergerichtlich beauftragt, kann nie eine Verfahrensgebühr entstehen. Üblicherweise wird gesagt, die Verfahrensgebühr könne nur in einem gerichtlichen Verfahren entstehen. Dies ist nicht ganz richtig, weil bei einem entsprechenden Auftrag, die Verfahrensgebühr bereits vor Anhängigkeit eines gerichtlichen Verfahrens entstehen kann.

b) Feststehender Gebührenrahmen

361 Der Gebührenrahmen der Verfahrensgebühr steht fest. Die Verfahrensgebühr ist keine Satzrahmengebühr. Der Gebührenrahmen der Verfahrensgebühr ändert sich aus anderen Gründen (z.B. wegen vorzeitiger Erledigung oder bei der Vertretung mehrerer Auftraggeber). Die Höhe der Verfahrensgebühr hängt davon ab, in welcher Instanz die Verfahrensgebühr für welche Art von Verfahren entsteht. Daneben hängt die Höhe der Verfahrensgebühr noch davon ab, wer die Verfahrensgebühr fordert (z.B. Verkehrsanwalt und Unterbevollmächtigter). Ist die Verfahrensgebühr aber erst einmal bestimmt, verändert sich die Höhe der Verfahrensgebühr nicht mehr.

c) Anrechnung

362 Die Verfahrensgebühr unterliegt nicht der **Anrechnung** entsprechend Vorbemerkung 3 Abs. 4 VV RVG. In einigen speziellen Verfahren (z.B. selbstständiges Beweisverfahren und Verweisung) erfolgt eine Anrechnung der Verfahrensgebühr. Die Anrechnung erfolgt jedoch nie teilweise oder zu einem Bruchteil (wie etwa die Geschäftsgebühr). Wenn eine Anrechnung der Verfahrensgebühr erfolgt, dann wird die Verfahrensgebühr als Ganzes angerechnet (natürlich immer bezogen auf den Gegenstandswert).

3. Abgeltungsbereich der Verfahrensgebühr

363 Unter die gesetzliche Definition der Verfahrensgebühr (Betreiben des Geschäfts einschließlich der Information) fallen z.B. Besprechungen, die laufende Beratung des Mandanten, die Fertigung und Einreichung von Schriftsätzen usw. Damit die Verfahrensgebühr entsteht, bedarf es keiner Tätigkeit des RA gegenüber einem Gericht.

364 Dies ist insbes. dann wichtig, wenn neben der Verfahrensgebühr eine **Terminsgebühr** entstanden sein könnte. Sie erinnern sich, unter Rdn 186 wurde bereits ausgeführt, dass eine Terminsgebühr neben der Geschäftsgebühr nicht entstehen kann. Die Terminsgebühr kann aber neben jeder Verfahrensgebühr entstehen, solange nicht das Vergütungsverzeichnis etwas anderes vorgibt.

Selbstverständlich kann eine Terminsgebühr entstehen, sobald der RA den Auftrag hatte, den Auftraggeber im gerichtlichen Verfahren zu vertreten und bspw. die Verfahrensgebühr der Nr. 3101 Nr. 1 VV RVG entstanden ist. Es kommt nicht darauf an, in welcher Instanz die Terminsgebühr berechnet wird, die zu einer Terminsgebühr gehörende **Betriebsgebühr** ist immer eine Verfahrensgebühr. 365

Die Verfahrensgebühr entsteht in dem Moment zum ersten Mal, sobald der Prozessbevollmächtigte eine bestimmte Tätigkeit zur Ausführung eines prozessbezogenen Mandats ausgeführt hat. Dabei ist es nicht erforderlich, dass der RA bereits eine Klage (oder einen sonstigen Schriftsatz an das Gericht) diktiert hat – der Auftrag des Mandanten gerichtlich tätig zu werden und die Aufnahme dieser Tätigkeit, reicht aus. 366

Kommt es nach dem Auftrag zur Vertretung in einem gerichtlichen Verfahren nicht zur Einleitung des Verfahrens, erhält der RA die Verfahrensgebühr gem. Nr. 3101 Nr. 1 VV RVG (in der ersten Instanz, im Berufungsverfahren wäre die entsprechende Gebühr die Verfahrensgebühr der Nr. 3201 VV RVG). 367

Es entsteht daher immer zuerst die Verfahrensgebühr der Nr. 3101 Nr. 1 VV RVG. Wird ein gerichtliches Verfahren anhängig, entsteht die Verfahrensgebühr der Nr. 3100 VV RVG. Die Gebühr der Nr. 3101 Nr. 1 VV RVG wird auf die Verfahrensgebühr der Nr. 3100 VV RVG angerechnet. 368

Beispiel:

Der RA war zunächst vor- bzw. außergerichtlich wegen einer Forderung i.H.v. 10.000,00 € tätig. Ihm war Klageauftrag erteilt. Der RA bemüht sich, vor Erhebung der Klage, eine einvernehmliche Lösung mit dem Gegner zu erzielen. Zu diesem Zweck findet eine telefonische Besprechung statt. Eine Einigung kann nicht erzielt werden. Allerdings leistet der Gegner einen Betrag i.H.v. 5.000,00 €. Der Auftraggeber wünscht eine Verfolgung der verbliebenen 5.000,00 €, sodass der RA auftragsgemäß die Klage wegen 5.000,00 € einreicht.

Vergütungsberechnung

Berechnet entsprechend §§ 2 Abs. 2, 13 RVG

0,8 Verfahrensgebühr gem. Nr. 3101 Nr. 1, 3100 VV RVG	242,40 €
Gegenstandswert: 5.000,00 €	
1,2 Terminsgebühr gem. Nr. 3104 VV RVG	669,60 €
Gegenstandswert: 10.000,00 €	
1,3 Verfahrensgebühr gem. Nr. 3100 VV RVG	393,90 €
Gegenstandswert: 5.000,00 €	

(Die Gebührenobergrenze gem. § 15 Abs. 3 RVG 1,3 betreffend einen Gegenstandswert i.H.v. 10.000,00 € (5.000,00 € + 5.000,00 €) wurde geprüft.)	
Zwischensumme der Gebühren	1.305,90 €
Entgelte für Post- und Telekommunikationsdienstleistungen gem. Nr. 7002 VV RVG	20,00 €
Zwischensumme der Vergütung netto	1.325,90 €
19 % USt gem. Nr. 7008 VV RVG	251,92 €
Summe	***1.577,82*** €

4. Besonderheiten: Antrag auf Bewilligung von PKH

369 Ist dem RA kein Klageauftrag erteilt, sondern nur der Antrag, das PKH-Bewilligungsverfahren durchzuführen (und soll das Ergebnis dieses Verfahrens darüber entscheiden, ob ein Prozessauftrag erteilt wird), entsteht keine Verfahrensgebühr gem. Nr. 3100 VV RVG. Es entsteht in allen Instanzen eine Verfahrensgebühr gem. Nr. 3335 VV RVG und keine „reguläre" höhere Verfahrensgebühr. Dies gilt selbst dann, wenn der PKH-Bewilligungsantrag bereits in Form einer Klageschrift (oder einer Berufung) gestellt wird.

370 Kann der Umfang des erteilten Auftrags nicht eindeutig festgestellt werden, muss in den Fällen, in denen der Auftraggeber darum bittet, dass das PKH-Bewilligungsverfahren durchgeführt wird, davon ausgegangen werden, dass der Auftrag sich nur auf das PKH-Bewilligungsverfahren bezieht. Gerade hier ist es wichtig, in der Praxis dafür zu sorgen, dass der erteilte Auftrag deutlich ersichtlich ist. Nur so können Unsicherheiten in der Gebührenabrechnung vermieden werden.

5. Vorzeitige Erledigung des Auftrags

371 Endet der Prozessauftrag, bevor der RA die Klage (oder einen sonstigen Schriftsatz) einreichen konnte, entsteht nicht die „volle" Verfahrensgebühr der Nr. 3100 VV RVG (s. vorheriges Beispiel unter Rdn 368). Anstelle der Verfahrensgebühr gem. Nr. 3100 VV RVG entsteht im Fall der vorzeitige Erledigung des Auftrags die Verfahrensgebühr der Nr. 3101 Nr. 1 VV RVG (im Falle der Verfahrensgebühr der Nr. 3335 VV RVG beträgt die Gebühr für eine vorzeitige Erledigung 0,5 gem. Nr. 3337 VV RVG). Im Berufungsverfahren ist für diese Fallgestaltung eine eigene Verfahrensgebühr vorgesehen.

6. Mehrere Auftraggeber

Vertritt der RA wegen desselben Gegenstands mehrere Auftraggeber, erhöht sich die Verfahrensgebühr gem. Nr. 1008 VV RVG um 0,3 je weiteren (also zusätzlichem) Auftraggeber. Die Erhöhung erfolgt nicht unbegrenzt. Mehr als 2,0 kann der RA als Zuschlag zur Verfahrensgebühr nicht berechnen. 372

Beispiel:

Der RA vertritt eine Erbengemeinschaft bestehend aus elf Personen und klagt für diese.

Die Verfahrensgebühr gem. Nr. 3100 VV RVG beträgt 1,3 ohne Erhöhung. Für die zehn weiteren Auftraggeber kann der RA jetzt aber nicht 3,0 berechnen, die Erhöhung ist auf 2,0 beschränkt. Insgesamt berechnet der RA im Ausgangsfall eine 3,3 Verfahrensgebühr gem. Nrn. 3100, 1008 VV RVG.

XII. Verfahrensgebühr gem. Nr. 3101 Nr. 1 VV RVG

Die Verfahrensgebühr beträgt: 373

Nr. 3101

Nr.	Gebührentatbestand	Gebühr oder Satz der Gebühr nach § 13 RVG
3101	1. Endigt der Auftrag, bevor der Rechtsanwalt die Klage, den ein Verfahren einleitenden Antrag oder einen Schriftsatz, der Sachanträge, Sachvortrag, die Zurücknahme der Klage oder die Zurücknahme des Antrags enthält, eingereicht oder bevor er einen gerichtlichen Termin wahrgenommen hat;	0,8

1. Allgemeines

a) Anwaltsvertrag

Das RVG regelt lediglich die Höhe der Gebühren. Damit der RA Gebühren (oder eine Vergütung – und damit auch Auslagen) berechnen kann, muss ihm ein entsprechender Auftrag erteilt worden sein. Die **Anspruchsgrundlage** für die Vergütung ergibt sich daher i.d.R. nicht aus dem RVG. Der RA schließt zunächst mit dem Auftraggeber einen Vertrag (meistens einen Dienstleistungsvertrag oder auch Geschäftsbesorgungsvertrag) ab. 374

Voraussetzung des Vergütungsanspruchs ist ein **Vertragsverhältnis** zwischen Anwalt und Auftraggeber. Der Vertrag muss den Bestimmungen des BGB entsprechen. Der Auf- 375 traggeber richtet seinen Mandatsantrag an den RA und dieser nimmt den Auftrag an (§§ 145 ff. BGB). Der RA ist selbstverständlich nicht gezwungen, ein Mandat anzunehmen, in dem er den Auftraggeber nicht vertreten will. Will der RA aber den Antrag zum Vertragsschluss nicht annehmen, muss er dies unverzüglich, also ohne schuldhaftes Verzögern, gegenüber dem Auftraggeber erklären (§ 44 BRAO).

376 *Praxistipp:*

Immer wieder überlassen Auftraggeber unaufgefordert Unterlagen in der Kanzlei. Die Zusendung von (z.T. unerwünschten) Unterlagen erfolgt auf diversen Wegen. Achten Sie darauf, dass Sie in einem Fall, in dem ein Neumandant um Vertretung durch Sie bittet, dafür sorgen, dass dieser rechtzeitig darüber informiert wird, ob eine Vertretung durch Ihre Kanzlei erfolgen kann. Es ist immer erforderlich, die Unterlagen seitens der eventuellen Neumandate auf kurz bevorstehende Fristabläufe zu prüfen.

Häufig ist es sinnvoll, den potenziellen Neumandaten sofort auf einen Haftungsausschluss hinzuweisen. Natürlich trägt Ihre Kanzlei dann erst einmal die Kosten für diese Information (Porto, Telefon, Fax u.a.), aber Sie haben u.U. eine spätere, viel teurere Auseinandersetzung zu dieser Frage vermieden und für Ihr Büro ggf. eine haftungsrechtliche Auseinandersetzung vermieden.

8.33

377 **Muster 8.33: Schreiben an Auftraggeber – fragliche Übernahme des Auftrags**

Anrede,

Sie haben uns Ihre Unterlagen überlassen und um die Übernahme des Mandats gebeten. Eine abschließende Entscheidung über die Übernahme des Mandats werden wir Ihnen innerhalb einer Woche bis zum ______ zukommen lassen.

Wir weisen ausdrücklich darauf hin, dass wir nicht geprüft haben, ob es irgendwelche zu beachtenden Fristen (insbesondere nicht verlängerbare Notfristen) gibt, sodass wir Sie bitten, für den Fall, dass dringender Handlungsbedarf besteht, sich unverzüglich wieder mit uns in Verbindung zu setzen.

Wir stellen rein vorsorglich ausdrücklich klar, dass wir keine Haftung für etwaige Fristversäumnisse übernehmen, da ein Auftragsverhältnis bis zur Erklärung unsererseits, dass wir das Mandat übernehmen werden, nicht vorliegt.

Sollte Ihnen der Zeitraum bis zu unserer endgültigen Entscheidung über die Mandatsannahme zu lang sein, dürfen wir Sie bitten, Ihre Unterlagen wieder in Empfang zu nehmen. Eine Vergütung schulden Sie uns dann nicht. Ihre Unterlagen wollen Sie dann bitte während unserer Bürozeiten (nach kurzer vorheriger telefonischer Ankündigung) wieder in Empfang nehmen. Da wir nicht geprüft haben, ob sich unter den Unterlagen auch Originale befinden, die sich für eine Versendung per Post nicht eignen, ist die persönliche Abholung die einzige Möglichkeit den Zugang bei Ihnen sicher zu stellen.

Selbstverständlich senden wir Ihnen die Unterlagen auch auf dem Postwege wieder zu. Für diesen Zweck dürfen wir aber darum bitten, dass Sie uns kurz schriftlich Ihr Einverständnis erklären, dass ein Versand der Unterlagen postalisch erfolgt. Die Kosten für einen Versand wollen Sie ebenfalls vorab leisten, da wir nicht verpflichtet sind, die Kosten der Rücksendung zu tragen. Nach Vorlage Ihrer Erklärung und Ausgleich der Versandkosten (Einschreiben mit Rückschein) werden wir Ihre Unterlagen auch auf dem Postwege an Sie versenden.

Grußformel

▲

b) Entstehen des Vergütungsanspruchs und Anwaltsvertrags

Der Vergütungsanspruch des RA entsteht nicht schon bei Abschluss des Vertrags, sondern erst, wenn der RA eine anwaltliche Tätigkeit tatsächlich ausgeübt hat. Der RA hat aber „immer" (natürlich mit Ausnahmen) die Möglichkeit, die Zahlung eines Vorschusses vom Auftraggeber zu verlangen (§ 9 RVG). 378

Auf die Möglichkeit der Anforderung eines Vorschusses wird ausführlich unter Rdn 134 eingegangen. 379

Nur mit diesem Hintergrund ist die Gebührenvorschrift der Verfahrensgebühr in Nr. 3101 Nr. 1 VV RVG zu verstehen. 380

Die Verfahrensgebühr der Nr. 3101 Nr. 1 VV RVG entsteht i.H.v. 0,8 (erstinstanzlich), wenn der Auftrag des RA vorzeitig endet.

Beispiel: 381

Dem Auftraggeber ist eine Klage zugestellt worden. Er beauftragt Sie, mit der Vertretung im gerichtlichen Verfahren. Bevor Sie die Klageerwiderung gefertigt haben, wird dem Auftraggeber die Klagerücknahme durch das Gericht zugestellt.

Obwohl Sie den Auftrag hatten, den Auftraggeber im gerichtlichen Verfahren zu vertreten, ist es nicht mehr zu einer Vertretung gekommen. Berechnet werden kann in diesem Fall die 0,8 Verfahrensgebühr der Nr. 3101 Nr. 1 VV RVG.

Beispiel: 382

Der Auftraggeber erteilt dem RA den Auftrag, eine einstweilige Verfügung auf Unterlassung beim Gericht gegen den Antragsgegner anhängig zu machen. Gleichzeitig bittet er den RA, mit dem zukünftigen Antragsgegner persönlich Kontakt aufzunehmen und mit diesem ggf. eine vergleichsweise Einigung zu erzielen. In einem längeren Telefonat gelingt es dem RA, eine Einigung zu erzielen – eine einstweilige Verfügung wird nicht beantragt. Da ein gerichtliches Verfahren nicht anhängig ist, ist die Verfahrensgebühr gem. Nr. 3101 Nr. 1 VV RVG entstanden. Bezogen auf den Ausgangsfall:

0,8 Verfahrensgebühr gem. §§ 2 Abs. 2, 13 Nr. 3101 Nr. 1 VV RVG,

1,2 Terminsgebühr gem. §§ 2 Abs. 2, 13 Nr. 3104 VV RVG,

1,5 Einigungsgebühr gem. §§ 2 Abs. 2, 13 Nr. 1000 VV RVG.

Eine Ermäßigung der Einigungsgebühr auf 1,0 gem. Nr. 1003 VV RVG kommt nicht in Betracht, da kein gerichtliches Verfahren anhängig ist. Der Gesetzgeber hat die Höhe der Einigungsgebühr nicht vom erteilten Auftrag (gerichtliches Verfahren) abhängig gemacht. Die Höhe der Einigungsgebühr hängt hauptsächlich von der Anhängigkeit eines gerichtlichen Verfahrens ab.

383 *Hinweis:*

Die Reduzierungsvorschrift der Nr. 3101 Nr. 1 VV RVG ist eine Sondervorschrift. Die Verfahrensgebühr der Nr. 3100 entsteht grds. zunächst i.H.v. 1,3 (erstinstanzlich). Sie reduziert sich aber auf 0,8, wenn die Voraussetzungen der Verfahrensgebühr der Nr. 3101 Nr. 1 VV RVG gegeben sind. Dieser Grundsatz ist in allen gerichtlichen Instanzen (Berufung – Revision – Prozesskostenhilfebewilligungsverfahren, Mahnverfahren etc.) vorhanden. In einigen Fällen kennt das Gesetz aber keine Ermäßigung der Verfahrensgebühr (z.B. Zwangsvollstreckungsgebühr gem. Nr. 3309 VV RVG – diese entsteht „immer“ i.H.v. 0,3).

384 Für den Zeitpunkt der Beendigung des Auftrags kommt es auf die subjektive Kenntnis des Anwalts an. Es wird darauf abgestellt, wann der RA Kenntnis von der Beendigung des Auftrags hat bzw. haben musste. Dies kann z.T. später der Fall sein als nach der tatsächlichen Verfahrenslage. Der Gegenmeinung, die auf die objektive (also tatsächliche) Verfahrenslage abstellt, kann m.E. nicht gefolgt werden. Zur Vertiefung lesen Sie bitte die Entscheidungen der aktuellen Rechtsprechung des BGH unter www.bundesgerichtshof.de (Stichpunkt: Entscheidungen, Suchkriterium: Vorzeitige Beendigung des Auftrags).

385 *Beispiel:*

Der Kläger nimmt die Klage schriftsätzlich am 10.01. zurück. Der RA des Beklagten fertigt in Unkenntnis der Klagerücknahme die Klageerwiderung am 15.01. und reicht diese beim Gericht ein. Obwohl die Klage prozessual als nicht mehr anhängig gilt und der Auftrag grds. als beendet betrachten werden konnte, wusste der RA auf Beklagtenseite nichts von der Erledigung. Auch sein Auftraggeber wusste nichts von der Erledigung. Es ist die volle Verfahrensgebühr entstanden (Nr. 3100 VV RVG).

Praxistipp: 386

Wenn Sie einen Antrag oder ein Gesuch zurücknehmen müssen, bedenken Sie immer die Zustellzeiten durch das Gericht. Es ist immer sinnvoll, den von der Rücknahme Betroffenen selbst von der erfolgten Rücknahme zu informieren. So vermeiden Sie hohe Vergütungsansprüche bei der „Gegenseite“.

Beispiel: 387

Sie haben für Ihren Auftraggeber zur Wahrung der Frist Berufung eingelegt. Zwei Tage nach Einlegung der Berufung entscheidet der Auftraggeber, dass er das Rechtsmittelverfahren nicht führen möchte, sodass Sie weisungsgemäß die Berufung zurücknehmen. Stellen Sie jetzt im Parteibetrieb (also von Anwalt zu Anwalt – gegen Zustellkarte oder sonstiges Empfangsbekenntnis) die Berufungsrücknahme zu. Es ist dann damit zu rechnen, dass der Vertreter des Berufungsbeklagten zuerst Kenntnis von der Berufungsrücknahme erhält, bevor er überhaupt weiß, dass Berufung eingelegt wurde. Ein Kostenerstattungsanspruch des Berufungsbeklagten im Berufungsverfahren ist dann nur schwer vorstellbar.

2. Vorrang der Regelung der Nr. 3101 Nr. 1 VV RVG vor § 15 Abs. 4 VV RVG

§ 15 Abgeltungsbereich der Gebühren 388

(…)

(4) Auf bereits entstandene Gebühren ist es, soweit dieses Gesetz nichts anderes bestimmt, ohne Einfluss, wenn sich die Angelegenheit vorzeitig erledigt oder der Auftrag endigt, bevor die Angelegenheit erledigt ist.

(…)

Eine **Reduzierung** von Gebühren erfolgt nur, wenn dies durch das Gesetz ausdrücklich 389 bestimmt ist. Grds. regelt § 15 Abs. 4 RVG, dass der RA seinen Anspruch auf die bereits entstandenen Gebühren auch dann geltend machen kann, wenn sich die Angelegenheit vorzeitig erledigt oder der Auftrag endigt, bevor die Angelegenheit erledigt ist. Nr. 3101 Nr. 1 VV RVG schränkt so den Anwendungsbereich von § 15 Abs. 4 RVG ein.

§ 15 Abs. 4 RVG gibt vor, dass es für bereits entstandene Gebühren, soweit es das RVG 390 nicht anders bestimmt, ohne Konsequenz ist, wenn sich die Angelegenheit vorzeitig erledigt oder der Auftrag endigt, bevor die Angelegenheit erledigt ist. Gebühren haben einen sog. „**Pauschcharakter**“. Aus diesem Grund ermäßigen sich Gebühren nicht, nur weil die Erledigung der Angelegenheit einen geringeren Aufwand verursacht hat, als bei Auftragserteilung angenommen.

Die Folge aus § 15 Abs. 4 RVG ist u.a., dass eine Verringerung des **Gegenstandswertes** 391 nicht zu einer Verringerung der bereits entstandenen Gebühr führt. Nur für die nach der Verringerung entstehenden Gebühren hat die Verringerung des Gegenstandswertes Bedeutung.

392 Bei der Anwendung von § 15 Abs. 4 RVG müssen zwei Fälle unterschieden werden:

- die vorzeitige Erledigung der Angelegenheit und
- das Ende des Auftrags vor Erledigung der Angelegenheit.

Eine **vorzeitige** Erledigung einer Angelegenheit ist gegeben, wenn der durch den Mandanten erteilte Auftrag vor der Ausführung durch den RA gegenstandslos wird.

Der Auftrag **endet** vorzeitig, wenn der Anwaltsvertrag aufgehoben oder gekündigt wird, bevor der RA alle vom Auftrag umfassten Tätigkeiten für den Auftraggeber vorgenommen hat.

393 Der oben bereits erwähnte Anwaltsvertrag hat grds. die Verpflichtung des RA zum Inhalt, die durch den Auftraggeber bestimmte Rechtsangelegenheit bis zu ihrem völligen Abschluss zu bearbeiten. Da der zwischen RA und Auftraggeber geschlossene Vertrag zumeist ein **Dienstvertrag** (oder auch **Geschäftsbesorgungsvertrag**) ist, kann dieser Dienstvertrag grds. von jedem der Vertragspartner ohne Einhaltung von Kündigungsfristen gekündigt werden (§ 627 BGB).

3. Ermäßigung der Vergütung bei Kündigung des Anwaltsvertrags

a) Kündigung ohne vertragswidriges Verhalten des Auftraggebers/Kündigung des Auftraggebers bei vertragswidrigem Verhalten des RA

394 Beabsichtigt der RA, einen Anwaltsvertrag zu kündigen, kann dies Auswirkungen auf den Vergütungsanspruch haben.

395 Da auf den Anwaltsvertrag die Vorschriften des Dienstvertrags (§§ 611 ff. BGB, insbes. §§ 627 ff. BGB) anwendbar sind, löst die Kündigung die Folgen des § 628 Abs. 1 Satz 2 BGB aus. Aus diesem Grund kann eine bereits entstandene Gebühr entfallen. Dies ist insbes. dann der Fall, wenn der RA das Mandatsverhältnis kündigt und der Auftraggeber mit seinem Verhalten keinen Anlass für die Kündigung gegeben hat. Auch kann der RA der Grund für die Kündigung des Auftraggebers sein. Bearbeitet der RA die Angelegenheit über einen längeren Zeitraum nicht und beantwortet auch Anfragen des Auftraggebers nicht, kann es durchaus sein, dass der Auftraggeber ein Recht zur Kündigung des Mandatsverhältnisses hat, weil der RA sich vertragswidrig verhält.

396 In beiden Fällen der Kündigung (ohne Grund oder der RA hat die Kündigung zu vertreten) hat die bisherige Leistung des RA für den Auftraggeber meist kein Interesse mehr. Oft wird der Auftraggeber ja einen neuen RA mit seiner anwaltlichen Vertretung beauftragen. Beauftragt der Auftraggeber einen neuen RA, wird dieser seinerseits eine Vergütung verlangen. Der Auftraggeber wird daher zweimal mit einem identischen Vergütungsanspruch konfrontiert werden. Hat der Auftraggeber zu Recht gekündigt und kein Interesse mehr an seiner bisherigen Leistung, verliert der RA den Anspruch auf die bisher erzielte Vergütung und muss u.U. sogar bereits erhaltene Zahlungen seitens des Auftraggebers zurückzahlen.

Der RA sollte, um diese Folge zu vermeiden, den Auftrag selbst auch nur aufgrund vertragswidrigen Verhaltens des Auftraggebers kündigen. 397

Selbstverständlich kann der Auftraggeber das Auftragsverhältnis jederzeit beenden, auf den Vergütungsanspruch hat dies nur Auswirkung, wenn er hierzu durch ein **vertragswidriges** Verhalten des RA veranlasst worden ist. Auch der RA kann grds. jederzeit das Auftragsverhältnis kündigen, im Zweifel verliert er allerdings den Vergütungsanspruch. 398

b) Kündigung bei vertragswidrigen Verhaltens des Auftraggebers

Der RA ist nicht verpflichtet, einen Auftraggeber zu vertreten, der sich vertragswidrig 399
verhält. In einem solchen Fall kann der RA aufgrund vertragswidrigen Verhaltens des Auftraggebers kündigen. Eine solche Kündigung hat zur Folge, dass der RA alle bis zur Kündigung entstandenen Gebühren vom Auftraggeber fordern kann. Dies ändert sich auch nicht dadurch, dass der Auftraggeber (z.B. bei Anwaltszwang) einen weiteren RA beauftragen muss, dem er dann ebenfalls eine Vergütung schuldet.

Je nachdem, aus welchem Grund die Kündigung erfolgte, unterscheidet sich die Wirkung 400
und Folge. Liegt die beabsichtigte Kündigung in einem Fehlverhalten des Auftraggebers, ist es immer sinnvoll, diesen auf die Folgen einer Wiederholung des Fehlverhaltens hinzuweisen und ihm die drohenden Konsequenzen zu verdeutlichen.

Der RA muss sich selbstverständlich nicht Drohungen und Beleidigungen gefallen lassen. Auch hier gilt, dass am Ende der den Prozess gewinnt, der die besseren Beweismittel vorweisen kann.

Sinnvoll ist ein **schriftlicher** Hinweis des RA, dass das Fehlverhalten des Auftraggebers nicht geduldet werden kann und im Wiederholungsfall das Mandatsverhältnis gekündigt wird. Natürlich gibt es auch hier Grenzen. Ist das Vertrauensverhältnis zwischen RA und Auftraggeber endgültig zerrüttet, weil der Auftraggeber sich nicht an die üblichen Konventionen zu halten vermag, kann keinem RA zugemutet werden, eine Wiederholung des Fehlverhaltens in Kauf zu nehmen.

Sollen Störungen des Vertrauensverhältnisses zwischen Anwalt und Auftraggeber Grundlage der Kündigung sein, sollte der RA, wenn es ihm zumutbar ist (nicht bei völlig haltlosen Drohungen oder Beschimpfungen des Auftraggebers), den Auftraggeber auf die drohende Kündigung hinweisen.

▼ 8.34

Muster 8.34: Kündigungsandrohung – vertragswidriges Verhalten des Auftraggebers 401

Anrede,

wir kommen zurück auf die unerfreuliche Auseinandersetzung hier im Hause anlässlich Ihres Gesprächstermins am   um   Uhr. Im Laufe dieses Gesprächs äußerten Sie diverse Male herabwürdigende und beleidigende Ansichten über die Bearbeitung Ihrer Angelegenheit durch die Kanzlei.

Dieses Verhalten sorgt nicht dafür, dass das notwendige Vertrauensverhältnis zwischen Rechtsanwalt und Auftraggeber angenommen werden kann. Für den Wiederholungsfall teilen wir Ihnen bereits jetzt mit, dass wir das Auftragsverhältnis aufgrund Unzumutbarkeit kündigen werden und eine weitere Vertretung Ihres Anliegens durch uns nicht erfolgen wird.

Der guten Ordnung halber weisen wir daraufhin, dass eine von uns ausgesprochen Kündigung keine Auswirkung auf die bisher bereits entstandene Vergütung hätte. Ihre Verpflichtung, unsere Vergütung zu begleichen, wird durch eine Kündigung unsererseits nicht berührt.

Wir nehmen dieses Schreiben zum Anlass, Ihnen in der Anlage unsere Zwischenrechnung zu überreichen. Bereits von Ihnen geleistete Vorschüsse haben wir von dem Rechnungsbetrag in Abzug gebracht.

Wir bitten unter Hinweis auf die Verzugsregelungen im BGB und die darin geregelte Verzinsungspflicht (§§ 286, 288 BGB) um Ausgleich der in der Anlage beigefügten Rechnung bis zum .

Grußformel

402 *Hinweis:*

Ob Sie eine Rechnung beifügen, hängt selbstverständlich davon ab, ob es noch Gebühren und Auslagen gibt, die der Auftraggeber schuldet. Bei „schwierigen" Mandanten kann die Übersendung der Rechnung auch dazu führen, dass dieser „verärgert" ist. Ich sehe keinen Grund, warum nicht auch einem schwierigem Mandaten an passender Stelle eine Rechnung übersandt werden sollte.

c) Klares vertragswidriges Verhalten des Auftraggebers

403 Kommt der Auftraggeber seiner Verpflichtung zur Zahlung eines **Vorschusses** nicht nach, liegt vertragswidriges Verhalten vor. Allerdings wird teilweise von der Rechtsprechung und Literatur angenommen, dass der Verzug des Auftraggebers allein nicht ausreichend ist. Ein Grund zur Kündigung wird teilweise nur dann angenommen, wenn der RA den Auftraggeber auf die drohende Kündigung hinweist.

8.35

▼

Muster 8.35: Androhung Kündigung wegen fehlender Vorschusszahlung 404

Anrede,

wir haben Ihnen mit Schreiben vom (Datum) unsere Vorschussberechnung in Höhe von (Betrag €) überreicht. Auf die Vorschussanforderung erfolgte keine Zahlung. Aus diesem Grund haben wir mit Schreiben vom (Datum) die Zahlung des fälligen Vorschusses in Höhe von (Betrag €) erneut angemahnt und um Zahlung des Vorschusses bis zum (Datum) gebeten. Bis zum heutigen Tage ist eine Zahlung nicht erfolgt.

Wir geben Ihnen daher letztmalig Gelegenheit, den angeforderten Vorschuss in Höhe von

€

bis zum

auf eines unser aus dem Briefbogen ersichtlichen Konten unter Angabe des Betreffs „“ zu leisten. Eine Kopie der Vorschussanforderung vom (Datum) ist diesem Schreiben beigefügt.

Sollten wir einen fristgerechten Zahlungsausgleich nicht feststellen können, werden wir das Auftragsverhältnis kündigen und eine weitere Zusammenarbeit ablehnen. Diese Kündigung hätte nicht zur Folge, dass Sie uns keine Vergütung schulden. Die entstandene Anwaltsvergütung würden wir Ihnen nach Ausspruch der Kündigung in Rechnung stellen.

Sollten Sie nicht in der Lage sein, den angeforderten Vorschuss als Ganzes zu leisten, setzen Sie sich bitte mit unserem Sekretariat in Verbindung, um Ratenzahlung zu vereinbaren. Weiteren Schriftverkehr wegen der ausstehenden Vorschusszahlung wird es nicht geben.

Grußformel

▲

Hinweis: 405

1. Der Anwalt ist nicht verpflichtet, eine Vorschusszahlung in Raten zu akzeptieren.
2. Der Anwalt kann die Übernahme des Auftrags von einer Zahlung des Vorschusses abhängig machen.
3. Das Textmuster bezieht sich auf ein bereits übernommenes Mandat.

4. Vorzeitige Erledigung

a) Mandatsbedingungen

406 Es ist in keiner Kanzlei zu vermeiden, dass irgendwann der Fall eintritt, dass ein Auftragsverhältnis vorzeitig endet. Hierfür muss es nicht immer fachliche oder sachliche Gründe geben, der Grund der Mandatsbeendigung ist letztlich unerheblich, denn üblicherweise sind einige Dinge zu beachten, wenn ein Mandatsverhältnis endet. In vielen Kanzleien werden mit den Auftraggebern **allgemeine Mandatsbedingungen** vereinbart, die den Ablauf des Mandatsverhältnisses betreffen. Spätestens nach der ersten unangenehmen Mandatsbeendigung mit anschließender Auseinandersetzung über alle möglichen infrage kommenden Streitpunkte, nimmt man sich vor, zukünftig Mandatsbedingungen zu erstellen. Hierbei gibt es einige Punkte, an die man denken sollte und natürlich kanzleispezifische Erfordernisse, die ebenfalls zu regeln sind.

8.36 ▼

407 **Muster 8.36: Allgemeine Mandatsbedingungen**

Allgemeine Mandatsbedingungen

der Rechtsanwaltskanzlei   (genaue Anschrift, Aufzählung aller Partner)

Geltungsbereich

Diese Mandatsbedingungen gelten für alle Mandatsverhältnisse zwischen der Rechtsanwaltskanzlei (nachfolgend „Rechtsanwälte“ genannt) und ihren Auftraggebern (Mandanten).

1. Haftung

Die Rechtsanwaltskanzlei unterhält eine Berufshaftpflichtversicherung mit einer Deckungssumme von   €.

Die Haftung der beauftragten Rechtsanwälte wird für alle verursachten Schäden, die auf einfacher Fahrlässigkeit beruhen, auf   € beschränkt. Diese Haftungsbegrenzung umfasst auch Ansprüche etwaiger in den Schutzbereich des Mandatsverhältnisses einbezogener Dritter. Im Übrigen gilt die gesetzliche Haftung.

Sofern der Auftraggeber insbesondere bei umfangreichen Beratungsleistungen mit hohem Auftrags- oder Streitvolumen eine weiter gehende Deckung der Rechtsanwaltskanzlei wünscht, erklären sich die Rechtsanwälte bereit, eine mandats- oder objektbezogene Zusatzversicherung mit höheren Versicherungssummen abzuschließen. Die Haftung der Rechtsanwälte erweitert sich insoweit für Fälle einfacher Fahrlässigkeit um die Deckungssumme, die sich aus dem Zusatzvertrag ergibt. Die Versicherungsprämie für die Zusatzversicherung wird vom Auftraggeber in voller Höhe unmittelbar nach Anforderung erstattet. Die Rechtsanwälte stellen dem Auftraggeber eine Kopie des Versicherungsscheins zur Verfügung.

2. Beendigung des Auftrags

Der Widerruf der vom Auftraggeber erteilten und dem Mandatsverhältnis zugrunde liegenden Vollmacht und des erteilten Auftrags bedürfen der Schriftform. Das Gleiche gilt für die Kündigung des dem Mandatsverhältnis zugrunde liegenden Auftrags. Der Auftrag wird mit Übersendung der als solche gekennzeichneten Vergütungsschlussberechnung durch die Rechtsanwälte beendet, sofern der Auftraggeber nicht noch weitere Leistungen innerhalb von zwei Monaten nach Erhalt der Rechnung abruft oder bis dahin der Mandatsbeendigung schriftlich widersprochen hat.

3. Benutzung von E-Mail

Dem Auftraggeber sind die Risiken der Datenfernübertragung bekannt. Die Rechtsanwaltskanzlei übernimmt keine Haftung für die Vertraulichkeit mit E-Mail versandter Informationen, sofern nicht grob fahrlässiges Verhalten der Rechtsanwaltskanzlei vorliegt (z.B. wenn der Auftraggeber gesondert und ausdrücklich auf die besondere Vertraulichkeit bestimmter Informationen hinweist oder einer Versendung von Informationen durch die Rechtsanwälte per E-Mail schriftlich widerspricht). Soweit zur Übermittlung von E-Mail Dritte eingeschaltet werden (Gutachter, Sachverständige, Dolmetscher u.a.), entbindet der Auftraggeber die Rechtsanwaltskanzlei von der gesetzlichen Schweigepflicht. Für die Einhaltung von Fristen, die sich aus ausschließlich per E-Mail überlassenen Unterlagen ergibt, wird nicht gehaftet.

4. Zahlungsabwicklung/Abtretung/Aufrechnungsverbot

Der Auftraggeber erteilt erneut ausdrücklich den Anwälten Inkassovollmacht.

Der Auftraggeber tritt zur Sicherung der Vergütungs- und Auslagenansprüche der Rechtsanwaltskanzlei sämtliche Kostenerstattungsansprüche gegen den/die Staatskasse oder Dritte aus den von den Rechtsanwälten bearbeiteten Mandaten in zeitlich aufsteigender Reihenfolge bis zur Höhe der den Rechtsanwälten zustehenden Ansprüche einschließlich der gesetzlichen Mehrwertsteuer an die Rechtsanwaltskanzlei ab, die die Abtretung annimmt. Die Rechtsanwaltskanzlei ist berechtigt und bevollmächtigt, die Abtretung auch im Namen des Auftraggebers den Drittschuldnern offenzulegen.

Eine Aufrechnung des Auftraggebers gegen Vergütungs- und Auslagenersatzansprüche ist nur mit unbestrittenen oder rechtskräftig festgestellten Forderungen zulässig.

5. Aufbewahrung und Herausgabe der Unterlagen

Die Rechtsanwaltskanzlei bewahrt eigene Unterlagen/Akten und die im Zusammenhang mit der beruflichen Tätigkeit erhaltenen Unterlagen fünf Jahre *(Hinweis: Dieser Zeitraum kann verkürzt werden. Hier ist es sinnvoll, insbesondere wegen der Lagerkosten, deutlich kürzere Zeiträume zu vereinbaren, vgl. § 50 Abs. 2 Satz 3 BRAO)* nach Beendigung des Auftrages auf. Für Verluste von Unterlagen und Akten durch Brand oder Diebstahl haftet die Rechtsanwaltskanzlei nicht, sofern der Schaden nicht auf einer vorsätzlichen oder grob fahrlässigen Vertragsverletzung der Rechtsanwälte oder ihrer Erfüllungsgehilfen beruht.

Nach Erfüllung sämtlicher Vergütungsansprüche der Rechtsanwaltskanzlei ist der Auftraggeber berechtigt, auf seine Kosten (Porto und Kopiekosten) die Herausgabe von Kopien der von ihm oder von Dritten der Rechtsanwaltskanzlei überlassenen Unterlagen bis zum Ablauf der Aufbewahrungsfrist zu verlangen. Originalunterlagen des Auftraggebers werden im Original zurückgereicht. Von sämtlichen sonstigen in der Handakte befindlichen Unterlagen (Urteile, Beschlüsse, Schriftsätze von Dritten, Gutachten etc.) werden Kopien gefertigt. Dem Auftraggeber werden die Originale ausgehändigt. Für die Fertigung der erforderlichen Kopien, die in der Rechtsanwaltskanzlei verbleiben, zahlt der Auftraggeber 0,50 € pro angefertigte Kopie. Kosten für den sicheren postalischen Versand der Unterlagen übernimmt der Auftraggeber. Die Rechtsanwaltskanzlei teilt dem Auftraggeber die Höhe der Kopierkosten und Versandkosten vorab mit. Unmittelbar nach Ausgleich dieser Forderung erfolgt der Versand der angeforderten Unterlagen. Wünscht der Auftraggeber einen Versand der Unterlagen nicht zu seinen Händen, ist eine schriftliche Aufforderung des Auftraggebers an die Rechtsanwaltskanzlei erforderlich, an wen der Versand der Unterlagen zu erfolgen hat.

6. Anzuwendendes Recht

Für den Auftrag, seine Durchführung und alle sich hieraus ergebenden wechselseitigen Ansprüche der Vertragsparteien gilt das Recht der Bundesrepublik Deutschland unter Ausschluss etwaiger Verweisungen in andere Rechtsordnungen. Als (standortbezogener) Erfüllungsort wird – soweit gesetzlich zulässig – derjenige Ort vereinbart, an dem der Auftrag durch die Rechtsanwälte angenommen und/oder bearbeitet worden ist.

7. Nebenabreden/Salvatorische Klausel

Änderungen und/oder Ergänzungen der Mandatsbedingungen bedürfen der Schriftform. Das Schriftformerfordernis gilt auch für einen etwaigen Verzicht auf die Schriftform. Mündliche Nebenabreden zu diesen Mandatsbedingungen liegen nicht vor. Der Auftraggeber ist ggf. mittels gesonderter Schreiben und Erklärungen über verschieden erforderliche rechtliche Besonderheiten belehrt worden.

Die Unwirksamkeit einzelner Bestimmungen in dieser Vereinbarung berührt die Gültigkeit der übrigen nicht. Sollte eine der vorstehenden Bestimmungen unwirksam sein, so betrifft dies nicht die Wirksamkeit der übrigen Bestimmungen und des gesamten Mandatsvertrages. Die Vertragsparteien verpflichten sich, in diesem Fall die Bestimmungen durch eine, ihrem wirtschaftlichen Zweck am nächsten kommende Regelung zu ersetzen.

Ort, den

Rechtsanwälte Auftraggeber

▲

Hinweis: 408

Sie können noch weit aus mehr Vereinbarungen treffen. Etwa über die Erlaubnis der Verrechnung von Fremdgeld u.v.a.m.

b) Anwaltswechsel

Nicht selten beauftragt der ehemalige Auftraggeber mit seiner weiteren Vertretung einen anderen Anwalt. Dieser benötigt die das Verfahren betreffenden Unterlagen. Bereits an diesem Punkt beginnt häufig eine unerfreuliche Auseinandersetzung. Der ehemalige Mandant verlangt die Herausgabe der **Handakte** (Unterlagen). Sie vertreten den Standpunkt, dass der Auftraggeber ohnehin alle Unterlagen bereits von Ihnen erhalten hat. Diesen Streit vermeiden Sie, wenn Sie gleich zu Beginn durch Mandatsbedingungen klären, dass Sie selbstverständlich bereit sind, Unterlagen zu kopieren und zu versenden. Aber eben nur gegen Erstattung von Kopierkosten und Bereitstellung der Kosten für die Übersendung (s. Ziff. 5 des Musters „Allgemeine Mandatsbedingungen") unter Rdn 407. 409

§ 50 BRAO 410

(1) Der Rechtsanwalt muss durch das Führen von Handakten ein geordnetes und zutreffendes Bild über die Bearbeitung seiner Aufträge geben können. Er hat die Handakten für die Dauer von sechs Jahren aufzubewahren. Die Frist beginnt mit Ablauf des Kalenderjahres, in dem der Auftrag beendet wurde.

(2) Dokumente, die der Rechtsanwalt aus Anlass seiner beruflichen Tätigkeit von dem Auftraggeber oder für ihn erhalten hat, hat der Rechtsanwalt seinem Auftraggeber auf Verlangen herauszugeben. Macht der Auftraggeber kein Herausgabeverlangen geltend, hat der Rechtsanwalt die Dokumente für die Dauer der Frist nach Absatz 1 Satz 2 und 3 aufzubewahren. Diese Aufbewahrungspflicht gilt nicht, wenn der Rechtsanwalt den Auftraggeber aufgefordert hat, die Dokumente in Empfang zu nehmen, und der Auftraggeber dieser Aufforderung binnen sechs Monaten nach Zugang nicht nachgekommen ist. Die Sätze 1 bis 3 gelten nicht für die Korrespondenz zwischen dem Rechtsanwalt und seinem Auftraggeber sowie für die Dokumente, die der Auftraggeber bereits in Urschrift oder Abschrift erhalten hat.

(3) Der Rechtsanwalt kann seinem Auftraggeber die Herausgabe der Dokumente nach Absatz 2 Satz 1 so lange verweigern, bis er wegen der ihm vom Auftraggeber geschuldeten Gebühren und Auslagen befriedigt ist. Dies gilt nicht, soweit das Vorenthalten nach den Umständen unangemessen wäre.

(4) Die Absätze 1 bis 3 gelten entsprechend, sofern sich der Rechtsanwalt zum Führen von Handakten oder zur Verwahrung von Dokumenten der elektronischen Datenverarbeitung bedient.

(5) In anderen Vorschriften getroffene Regelungen zu Aufbewahrungs- und Herausgabepflichten bleiben unberührt.

Auch im Fall des Anwaltswechsels muss die Handakte nicht so an den neuen Anwalt weitergeleitet werden, wie sie im Büro geführt wurde. Ist der Vergütungsanspruch nicht erfüllt (der Mandant hat die Rechnung nicht beglichen), ist eine Herausgabe entsprechend 411

§ 50 Abs. 3 BRAO grds. nicht vorgesehen. Das Gesetz normiert eine Herausgabeverpflichtung der Handakte bei Zahlungsrückstand seitens des Auftraggebers nur dann, wenn die Verweigerung der Herausgabe unangemessen wäre. Wann Unangemessenheit vorliegt, regelt das Gesetz nicht. Dies ist eine Auslegungsfrage, die im konkreten Fall anhand der Kommentierung zu prüfen ist.

412 Generell ist aber die Herausgabe der Handakte für jeden betroffenen Anwalt unerfreulich. So ist es doch nicht auszuschließen, dass der ehemalige Auftraggeber sich mit Forderungen an den seinerzeitigen Anwalt wendet. Ohne dann eine Handakte vorliegen zu haben, kann der RA eine etwaige Anspruchsberechtigung des Auftraggebers nicht prüfen. Es ist unumgänglich, hier Kopien zu fertigen, und entweder dem Auftraggeber die Kopien zu überlassen oder selbst die Kopien zu behalten.

Ob der RA hier berechtigt ist, Kopierkosten oder sonstige Auslagen von dem Auftraggeber zu fordern, ist fraglich.

> *Hinweis:*
>
> In § 50 BRAO ist nicht geregelt, **wie** Sie die Handakte aushändigen müssen. Es ist daher durchaus möglich, die Unterlagen dem neuen RA mittels Telefax oder per elektronischem Dokument zur Verfügung zu stellen.

c) Kopierkosten bei der Überlassung von Handakten

413 **Vorbemerkung 7 VV RVG**

(1) Mit den Gebühren werden auch die allgemeinen Geschäftskosten entgolten. Soweit nachfolgend nichts anderes bestimmt ist, kann der RA Ersatz der entstandenen Aufwendungen (§ 675 i.V.m. § 670 BGB) verlangen.

414 Der RA erhält für seine Tätigkeit eine Vergütung. Diese Vergütung besteht gem. § 1 Abs. 1 Satz 1 RVG aus Gebühren und Auslagen. Vorbemerkung 7 VV RVG bestimmt, dass mit den Gebühren grds. auch die allgemeinen Geschäftskosten für die Bearbeitung der Angelegenheit entgolten sind. Der RA hat i.d.R. allgemeine Geschäftsunkosten. Bei diesen Kosten handelt es sich um die Kosten, die für die allgemeine Unterhaltung und Aufrechterhaltung des Geschäftsbetriebs des RA erforderlich sind. Hierzu gehören insbes. die Miet- (oder Grundstückslasten, Wohngelder u.Ä.), Einrichtungs- und Unterhaltskosten für die Kanzleiräume, Anschaffung und Unterhalt bzw. Leasingkosten für Kopierer, EDV (Soft- und Hardware), Porto, Telefon (Festnetz und Mobilfunk), Telefaxanlagen und Internetanschluss, Instandhaltungskosten, Einrichtungskosten, Reinigungskosten, Grundgebühren für Informationsdienste sowie diverse Mitgliedsbeiträge, Versicherungsbeiträge (Hausrat, Rechtsschutz, Berufshaftpflicht, Berufsgenossenschaften u.a.), Büromaterial einschließlich der gängigen Formulare, Gehälter und Sozialabgaben der Angestellten und Freien Mitarbeiter, Fortbildungskosten (Seminare) und Fachliteratur (Kommentare und Zeitschriften). Diese

Unkosten kann der RA nicht (auch nicht anteilig) auf seinen Auftraggeber umwälzen. Nur in wenigen Ausnahmefällen (anteilige Haftpflichtversicherung, vgl. Nr. 7007 VV RVG), lässt das Gesetz eine Umwälzung ausdrücklich zu.

Der RA kann aber von seinem Auftraggeber die Erstattung von Auslagen fordern. Der Grund liegt darin, dass diese Auslagen, die der RA nach dem Teil 7 VV RVG vom Auftraggeber fordern kann, aufgrund des konkreten Einzelfalls – nämlich fall- bzw. aktenbezogen – entstanden sind. Sie beziehen sich auf die konkrete Angelegenheit, für die der RA eine Vergütung fordert. 415

Nr. 7000 VV RVG 416

Nr.	Auslagentatbestand	Höhe
7000	**Pauschale für die Herstellung und Überlassung von Dokumenten:** **1. für Kopien und Ausdrucke** **a)** ...... **b)** ...... **c) zur notwendigen Unterrichtung des Auftraggebers, soweit hierfür mehr als 100 Seiten zu fertigen waren,**	
	d) in sonstigen Fällen nur, wenn sie im Einverständnis mit dem Auftraggeber zusätzlich, auch zur Unterrichtung Dritter, angefertigt worden sind:	
	für die ersten 50 abzurechnenden Seiten je Seite	**0,50 €**
	für jede weitere Seite	**0,15 €**
	für die ersten 50 abzurechnenden Seiten in Farbe je Seite	**1,00 €**
	Für jede weitere Seite in Farbe	**0,30 €**
	2. Für die Überlassung von elektronisch gespeicherten Dateien oder deren Bereitstellung zum Abruf anstelle der in Nummer 1 Buchstabe d genannten Kopien und Ausdrucke:	
	je Datei	**1,50 €**
	für die in einem Arbeitsgang überlassenen, bereitgestellten oder in einem Arbeitsgang auf denselben Datenträger übertragenen Dokumente insgesamt höchstens	**5,00 €**
	(1) Die Höhe der Dokumentenpauschale nach Nummer 1 ist in derselben Angelegenheit und in gerichtlichen Verfahren in demselben Rechtszug einheitlich zu berechnen. Eine Übermittlung durch den Rechtsanwalt per Telefax steht der Herstellung einer Kopie gleich. (2) Werden zum Zweck der Überlassung von elektronisch gespeicherten Dateien Dokumente im Einverständnis mit dem Auftraggeber zuvor von der Papierform in die elektronische Form übertragen, beträgt die Dokumentenpauschale nach Nummer 2 nicht weniger, als die Dokumentenpauschale im Fall der Nummer 1 betragen würde.	

417 Bei der Abrechnung von **Kopierkosten** ist wegen der Höhe der Kopierkosten bereits zu Beginn des Auftragsverhältnisses eine **Auslagenvereinbarung** sinnvoll. Es ist nicht erforderlich, eine Vergütungsvereinbarung mit allen Einzelheiten zu treffen. Da die Kopierkosten überaus gering sind und die rechnerische Erfassung einige Zeit erfordert, ist es von besonderem Interesse hier mit dem Auftraggeber zu Beginn eine abweichende Kopierkostenregelung zu treffen.

418 *Praxistipp:*

Vereinbaren Sie mit dem Auftraggeber pauschal (so insbes. im baurechtlichen, medizinrechtlichen oder im verwaltungsrechtlichen Mandat, oder in Strafsachen, bei denen ein erhöhtes Kopieraufkommen nicht unüblich ist), dass ein einmaliger Gesamtbetrag (50,00 €, 100,00 €, 150,00 € – je nach zu erwartendem Umfang) anstelle der gesetzlichen Auslagenregelung zu zahlen ist. Dafür ist eine schriftliche Auslagenvereinbarung ausreichend.

8.37

▼

419 **Muster 8.37: Auslagenvereinbarung**

Auslagenvereinbarung zwischen

volle Anschrift – Rechtsanwalt

Und

Volle Anschrift – Auftraggeber

wird in der Sache X ./. Y

zur Abgeltung der Kopierkosten unabhängig von der Anzahl der gefertigten Kopien ein pauschaler Satz von 250,00 € netto, zzgl. 19 % Umsatzsteuer vereinbart.

Der Betrag ist sofort zur Zahlung fällig.

Ort, den

Auftraggeber　　　　　　　　　　Rechtsanwalt

▲

420 Ohne eine solche Kopierkostenregelung richtet sich die Erstattung von Kopierkosten nach der gesetzlichen Vorschrift in Nr. 7000 VV RVG. Die Frage, welche Kopie in den Anwendungsbereich der Norm fällt, ist in Literatur und Rechtsprechung stark umstritten. Hierbei geht es insbes. um das Merkmal der „Notwendigkeit" der Kopien, die der RA im Zweifel belegen muss.

Die zur Erfassung der notwendigen Kopien erforderliche Arbeitszeit steht in keinem Verhältnis zu der Vergütung (also den Auslagen), die dafür dann berechnet werden können. Hier wäre es sinnvoll, Kopierkosten entsprechend gefertigter Anzahl zu berechnen. Aber die gesetzliche Lage hat diverse Freiexemplare aus verschiedenen Gründen für den Auftraggeber vorgesehen. 421

Wenn der Auftraggeber die Übersendung der Handakte fordert, kann davon ausgegangen werden, dass die gefertigten Kopien auch notwendig sind. Dies gilt allerdings nicht für die Teile der Akte, für die das Gesetz selbst vorgibt, dass sie nicht zur Handakte gehören. 422

Werden Ablichtungen oder Ausdrucke zur Unterrichtung des Auftraggebers auf dessen Aufforderung hin gefertigt, fällt dies unter Nr. 7000 Nr. 1d VV RVG. Entsprechend Nr. 7000 Nr. 1d VV RVG erfolgt die Abrechnung von Seiten, die mit dem Einverständnis des Auftraggebers vom RA zusätzlich gefertigt wurden. Zusätzliche „Kopien" sind gegeben, wenn der Auftraggeber etwa weitere Kopien oder Ausdrucke für sich oder für Dritte (der neue RA, die Rechtsschutzversicherung, u.a.) fordert. 423

Ein Großteil der Kopien ist unentgeltlich für den Auftraggeber zu fertigen. So sind die ersten 100 Kopien im Fall der Nr. 7000 Nr. 1d VV RVG frei. Damit kann erst die 101. Kopie in Rechnung gestellt werden. Die Höhe der dann zu bezahlenden Kopien ist von der Anzahl der weiteren Kopien (also der Kopien „über 100") abhängig. Die 101. – 151. Seite kann mit 0,50 € berechnet werden, die 152. Kopie (und alle weiteren) dann nur noch mit 0,15 €. 424

d) Mandatswechsel – Übernahme eines Mandats

Es ist auch immer möglich, dass Sie das Mandat von einem anderen Anwalt übernehmen. Hierfür kommt eine Vielzahl an Gründen infrage. Die Übernahme eines Mandats von einem anderen RA ist immer mit Mehrarbeit verbunden. Wenn ein Anwaltswechsel nach der Beendigung eines Rechtszuges erfolgt, muss der übernehmende RA nicht nur die gesamte vor- bzw. außergerichtliche Korrespondenz auswerten, er muss oft innerhalb kürzester Zeit die abgeschlossene Instanz beurteilen und entscheiden, ob ein Rechtsmittel hinreichend Aussicht auf Erfolg bietet. 425

Nicht selten vereinbart der RA mit dem Auftraggeber dann eine **Vergütungsvereinbarung**, um die zu erbringende Mehrarbeit abzugelten. 426

Fertigen Sie in diesem Fall die Kopien, so hat der BGH (RVGreport 2005, 274) die **Notwendigkeit** dieser Kopien (sowohl im Hinblick auf den Auslagenanspruch gegenüber dem Auftraggeber und die Erstattungsfähigkeit seitens des Gegners) verneint. Der BGH verneint eine Zahllast immer dann, wenn und soweit die Handakten eines früheren Prozessbevollmächtigten gem. § 50 Abs. 1 BRAO von den entsprechenden Vorgängen ein geordnetes Bild ergeben müssten. Dies kann m.E. doch aber nur dann gelten, wenn auf die Handakten auch tatsächlich und rechtzeitig zurückgegriffen werden kann. 427

e) Anwaltswechsel und Rechtsschutzversicherung

428 Ist der Auftraggeber rechtsschutzversichert und beabsichtigt, den Anwalt zu wechseln, so sollten Sie ihn darauf hinweisen, dass die Rechtsschutzversicherung nur die Kosten (besser: Vergütung) für die Hinzuziehung **eines** Anwalts zahlt. Sind beim Erstanwalt schon sämtliche infrage kommenden Gebühren entstanden, zahlt die Versicherung nicht erneut an Sie.

429 *Praxistipp:*

Der Auftraggeber hat gegenüber seiner Versicherung ein **Weisungsrecht**. Er kann die Versicherung auffordern, nicht an den Erstanwalt zu zahlen, sondern an Ihre Kanzlei. Die Versicherung zahlt dann nicht mehr an den Erstanwalt. Sind bereits Vorschüsse auf die Vergütung des Erstanwaltes geleistet worden, erfolgt keine Rückforderung seitens der Rechtsschutzversicherung, denn die Zahlung des Vorschusses ist rechtmäßig erfolgt. Hat die Versicherung noch nicht geleistet, sollten Sie unbedingt selbst einen Vorschuss anfordern. Es gibt „professionelle" Anwaltswechsler, ob das Mandat mit Ihrer Kanzlei bestehen bleibt, ist fraglich. Generell sollten Sie, wenn ein Auftraggeber Sie um Übernahme eines Mandats bittet, in dem bereits andere Rechtsanwälte beauftragt waren, vor Übernahme des Auftrags von Ihrem Vorschussrecht Gebrauch machen.

5. Abschließende Regelung in Nr. 3101 Nr. 1 VV RVG

430 Die Verfahrensgebühr der Nr. 3101 Nr. 1 VV RVG legt fest, in welchen Stadien des Verfahrens der RA bei vorzeitiger Beendigung der Angelegenheit lediglich eine 0,8 Verfahrensgebühr fordern kann.

Es gibt eine Vielzahl von Möglichkeiten, warum eine Angelegenheit vorzeitig endet. So kann bspw. der Auftraggeber den erteilten Prozessauftrag kündigen, die Angelegenheit kann sich erledigen (weil z.B. die Parteien noch eine Einigung ohne Einschaltung von RA erzielen können), der RA kann seine Zulassung abgeben (z.B. Altersgründe), die Zulassung kann entzogen werden u.v.a.m.

431 Unter Rdn 200 (Geschäftsgebühr) wurde bereits erläutert, dass auch bei vorgerichtlicher Tätigkeit des RA nur die reduzierte Verfahrensgebühr gem. Nr. 3101 Nr. 1 VV RVG entstanden sein kann.

6. Verfahrensgebühr der Nr. 3101 Nr. 1 VV RVG und mehrere Auftraggeber

432 Vertritt der Anwalt mehrere Auftraggeber, erhöht sich die Verfahrensgebühr gem. Nr. 3101 Nr. 1 VV RVG um 0,3 für jeden zusätzlichen Auftraggeber. Die Erhöhung gem. Nr. 1008 VV RVG kann auch hier nicht mehr als 2,0 betragen (s. Ausführungen unter Rdn 372).

7. Besonderheiten der Verfahrensgebühr im Arbeitsrecht

Viele RA haben sich auf arbeitsrechtliche Mandate spezialisiert. Aber auch der RA, der eine breit gefächerte Interessenvertretung durchführt, ist mit dem arbeitsrechtlichen Mandat i.d.R. vertraut. Die Abwehr einer Kündigung durch Erhebung einer Kündigungsschutzklage gehört hierbei zum Alltag. Diese ist an die kurze dreiwöchige Ausschlussfrist gebunden. Wird der RA vor Erhebung der Klage auftragsgemäß vor- bzw. außergerichtlich tätig, gibt es häufig Auseinandersetzungen mit RSV, ob die Geschäftsgebühr, die für die vor- bzw. außergerichtliche Tätigkeit entstanden ist, gefordert werden kann. Viele Versicherer erheben hier den Einwand, dass der Versicherungsnehmer eine Obliegenheitsverletzung begeht, wenn er nicht gleich einen unbedingten Klageauftrag erteilt. Für den Fall eines unbedingten Klageauftrages kann keine Geschäftsgebühr gem. Nr. 2300 VV RVG entstehen. 433

Das **AG Rosenheim** (Urt. v. 27.6.2013 – 18 C 105/12 – AGS 2014, 155; JurBüro 2014, 88) hat hierzu entschieden, dass die außergerichtliche Tätigkeit eines RA im Kündigungsschutzprozess dem Leistungsumfang der RSV unterfällt.

Hervorzuheben ist, dass nach zutreffender Auffassung des AG Rosenheim auch im Hinblick auf die kurze Kündigungsschutzklagefrist von drei Wochen in einer außergerichtlichen Tätigkeit des RA nicht von vornherein der Erfolg zu versagen ist und sofort Klage zu erheben ist.

Nicht immer erhält der RA von dem Auftraggeber – trotz der kurzen Ausschlussfrist (drei Wochen ab Zugang der Kündigung) – zur Erhebung der Kündigungsschutzklage beim zuständigen Arbeitsgericht gleich einen Prozessauftrag. Immer wieder wünscht aber der Auftraggeber, dass der RA sich zunächst vor- bzw. außergerichtlich mit seinem Arbeitgeber in Verbindung setzt, mit dem Bemühen, eine vergleichsweise Einigung zu erzielen und die Angelegenheit ohne gerichtliches Verfahren zu bereinigen. 434

Ist dem RA ein solcher Auftrag erteilt, entsteht für seine vor- bzw. außergerichtliche Tätigkeit die **Geschäftsgebühr**. Nimmt er zum Zwecke der Vergleichsverhandlungen telefonisch Kontakt zur Gegenseite auf, entsteht zunächst **keine Terminsgebühr**. Erteilt ihm der Auftraggeber nun nach Scheitern der vorgerichtlichen Bemühungen einen Klageauftrag und einigen sich die Parteien dann doch noch vor Einreichung der Klage (z.B. weil der Arbeitgeber auf das Vergleichsangebot zurückkommt, mittlerweile aber der Klageauftrag erteilt ist), dann ist die **Verfahrensgebühr** gem. Nr. 3101 Nr. 1 VV RVG entstanden. Werden jetzt noch einmal (ggf. auf Wunsch des Auftraggebers) telefonische oder persönliche Vergleichsgespräche geführt, die in einem Vergleich enden, ist zusätzlich die **Terminsgebühr** entstanden. 435

436 Die gebührenrechtliche Lage:

1,6 Geschäftsgebühr gem. §§ 2 Abs. 2, 13, 14 Nr. 2300 VV RVG

(Abweichende Bestimmung des Gebührensatzrahmens gem. § 14 RVG)

0,05 Restverfahrensgebühr gem. §§ 2 Abs. 2, 13 Nr. 3101 Nr. 1 VV RVG

(Anrechnung der Geschäftsgebühr i.H.v. 0,75 gem. Vorbemerkung 3 Abs. 4 VV RVG)

1,2 Terminsgebühr gem. §§ 2 Abs. 2, 13 Nr. 3104 VV RVG

1,5 Einigungsgebühr gem. §§ 2 Abs. 2, 13 Nr. 1000 VV RVG

437 Die Rechtsschutzversicherung des Auftraggebers zahlt i.d.R. nicht die Geschäftsgebühr nach Nr. 2300 VV RVG, weil diese die Kosten hierfür für nicht notwendig ansieht (sog. Obliegenheitsverletzung – die Kosten sollen möglichst gering gehalten werden, in der Form, dass gleich ein Klageauftrag erteilt wird). Die Versicherung wendet ein, dass der Auftraggeber von Anfang an einen **unbedingten** Klageauftrag hätte erteilen können, sodass das Verfahren deutlich günstiger gewesen wäre. Dies ist unzutreffend. Dem kann die Auffassung des AG Rosenheim (s. Rdn 433) entgegenhalten werden.

438 Erteilt der Auftraggeber dem RA dem gegenüber sofort einen unbedingten Klageauftrag, so entsteht für den Fall von telefonischen Besprechungen mit Einigungsbemühungen die Terminsgebühr. Diese entsteht im Fall einer Geschäftsgebühr aber nicht.

Das gebührenrechtliche Ergebnis ist sogar höher, wenn sich der RA gleich einen unbedingten Klageauftrag erteilen lässt und seine Vergleichsbemühungen erfolgreich sind.

439 Sinnvollerweise sollten Sie aber Ihren Auftraggeber gleich bei Auftragserteilung darauf hinweisen, dass es für den Fall einer Einigung ohne Einschaltung der Gerichte, sehr wahrscheinlich ist, dass es zu Auseinandersetzungen mit seiner Rechtsschutzversicherung über Teile der Anwaltsvergütung kommen wird. Dem Auftraggeber steht es selbstverständlich frei, jeden Auftrag so zu erteilen, wie er eine rechtliche Vertretung erwünscht. Es kann aber durchaus sein, dass dann Teile der Anwaltsvergütung von ihm selbst zu tragen sind. Sinnvoll ist es hier, wenn der RA bereits im Beratungsgespräch auf die zu erwartende Problematik hinweist.

8.38

▼

440 **Muster 8.38: Belehrung Auftraggeber/Verfahrensgebühr oder Geschäftsgebühr (unbedingter Klageauftrag)**

Anrede,

wir werden in Ihrer Angelegenheit bemüht sein, die von Ihnen gewünschte Einigung mit der Gegenseite herbeizuführen. Wir möchten bei dieser Gelegenheit darauf hinweisen, dass der von Ihnen erteilte Auftrag dazu führen kann, dass Ihre Rechtsschutzversicherung Teile der hier entstandenen Vergütung nicht zahlen wird. Rechtsschutzversicherungen gehen regelmäßig davon aus, dass eine vorgerichtliche Tätigkeit des Rechtsanwaltes in arbeitsrechtlichen Kündigungsauseinandersetzungen nicht erforderlich und damit nicht notwendig ist. Uns liegt Rechtsprechung vor, die die Zulässigkeit unseres beabsichtigten Vorgehens bestätigt, so dass wir von einem positiven Ausgang der Auseinandersetzung ausgehen.

Nur wenn dies nicht gelingen sollte, verbleibt ein Teil der hier entstandenen Vergütung bei Ihnen, Sie müssten die ausstehende Vergütung begleichen.

Wir haben uns bereits jetzt darum bemüht, Ihre Rechtsschutzversicherung von der Notwendigkeit und Angemessenheit des von Ihnen erteilten Auftrags zu überzeugen. Sollten wir hier scheitern, kommen wir auf die Angelegenheit zurück.

Die genaue Vergütungshöhe, die bei Ihnen verbleibt, können wir noch nicht zuverlässig bestimmen. Hier bleibt abzuwarten, wie Ihre Rechtsschutzversicherung auf unser Schreiben reagiert.

Grußformel

▲

XIII. Verfahrensgebühr gem. Nr. 3101 Nr. 2. VV RVG

Verkürzte Darstellung der Nr. 3101 Nr. 2 VV 441

Nr.	Gebührentatbestand	Gebühr oder Satz der Gebühr nach § 13 RVG
3101	(...) 2. soweit lediglich beantragt ist, eine Einigung der Parteien oder mit Dritten über in diesem Verfahren nicht rechtshängige Ansprüche zu Protokoll zu nehmen oder festzustellen (§ 278 Abs. 6 ZPO), oder soweit lediglich Verhandlungen vor Gericht zur Einigung über solche Ansprüche geführt werden, oder (...) beträgt die Gebühr 3100	0,8

1. Allgemeines zur Verfahrensgebühr gem. Nr. 3101 Nr. 2 VV RVG

Entsprechend Nr. 3101 Nr. 2 VV RVG erhält der RA die 0,8 Verfahrensgebühr auch für 442 den Antrag, eine erzielte Einigung zwischen den Parteien (oder mit Dritten) über die in diesem gerichtlichen Verfahren nicht rechtshängigen Ansprüche zu protokollieren.

443 Umfasst ist damit auch eine Einigung, über die in einem **anderen** gerichtlichen Verfahren evtl. anhängigen Ansprüche. Es kommt für die Anwendbarkeit der Nr. 3101 Nr. 2 VV RVG nur darauf an, dass die An- oder Rechtshängigkeit der Ansprüche für das Verfahren nicht gegeben ist, in dem die Ansprüche mit einbezogen werden.

Hierbei kann es sich z.B. um die Protokollierung eines in einem PKH-Bewilligungsverfahren geschlossenen Vergleichs handeln oder um Ansprüche, die noch in keinem anderen gerichtlichen Verfahren anhängig oder rechtshängig sind.

444 Die Verfahrensgebühr nach Nr. 3101 Nr. 2 VV RVG ist eine sog. **Betriebsgebühr**. Sie entsteht nicht einzeln sondern neben der Verfahrensgebühr der Nr. 3100 VV RVG (vgl. die Ausführungen unter Rdn 308 zur Einigungsgebühr – Einigung über nicht rechtshängige Ansprüche). Wenn in einem Verfahren zwei Verfahrensgebühren entstehen, muss eine sog. Prüfung nach § 15 Abs. 3 RVG erfolgen. Der RA kann und darf nicht mehr berechnen, als die von Anfang an im Gebührenrahmen höchst mögliche Verfahrensgebühr nach dem höchsten infrage kommenden Gegenstandswert (Berechnungsbeispiel bei den Ausführungen zur Einigungsgebühr).

445 Die 0,8 Verfahrensgebühr gem. Nr. 3101 Nr. 2 VV RVG ist **erfolgsunabhängig**. Nur die Einigungsgebühr, die zusätzlich entsteht, ist davon abhängig, dass die Einigung auch rechtswirksam wird. Die Verfahrensgebühr bleibt bestehen, auch wenn der protokollierte Vergleich nicht zustande kommt.

446 Da die Ansprüche, die protokolliert werden, im Verfahren nicht anhängig sind, ist es zur Schaffung eines zur Zwangsvollstreckung geeigneten Titels erforderlich, dass die Einigung genau festgehalten wird.

2. Geschäftsgebühr und Differenzverfahrensgebühr

447 Damit die Verfahrensgebühr der Nr. 3101 Nr. 2 VV RVG entstehen kann, ist es erneut erforderlich, dass der RA den Auftrag hatte, entsprechend tätig zu werden. Hat der RA seitens des Auftraggebers nur einen Auftrag zur vor- bzw. außergerichtlichen Vertretung erhalten, kann nicht die **Differenzverfahrensgebühr** entstehen. In diesem Fall entsteht die Geschäftsgebühr gem. Nr. 2300 VV RVG. Ist zuerst die Geschäftsgebühr entstanden und entsteht im Anschluss daran die Differenzverfahrensgebühr gem. Nr. 3101 Nr. 2 VV RVG, ist die Anrechnung gem. Vorbemerkung 3 Abs. 4 VV RVG zu berücksichtigen (näheres im Beispiel unter Rdn 208 zur Geschäftsgebühr).

XIV. Terminsgebühren

Vorbemerkung 3 VV RVG 448

(3) Die Terminsgebühr entsteht sowohl für die Wahrnehmung von gerichtlichen Terminen als auch für die Wahrnehmung von außergerichtlichen Terminen und Besprechungen, wenn nichts anderes bestimmt ist. Sie entsteht jedoch nicht für die Wahrnehmung eines gerichtlichen Termins nur zur Verkündung einer Entscheidung. Die Gebühr für außergerichtliche Termine und Besprechungen entsteht für

1. die Wahrnehmung eines von einem gerichtlich bestellten Sachverständigen anberaumten Termins und
2. die Mitwirkung an Besprechungen, die auf die Vermeidung oder Erledigung des Verfahrens gerichtet sind; dies gilt nicht für Besprechungen mit dem Auftraggeber.

Nr. 3104 449

Nr.	Gebührentatbestand	Gebühr oder Satz der Gebühr nach § 13 RVG
3104	**Terminsgebühr, soweit in Nummer 3106 nichts anderes bestimmt ist** (1) Die Gebühr entsteht auch, wenn 1. in einem Verfahren, für das mündliche Verhandlung vorgeschrieben ist, im Einverständnis mit den Parteien oder gemäß § 307 oder § 495a ZPO ohne mündliche Verhandlung entschieden oder in einem solchen Verfahren ein schriftlicher Vergleich geschlossen wird, 2. nach § 84 Abs. 1 Satz 1 VwGO oder § 105 Abs. 1 SGG ohne mündliche Verhandlung durch Gerichtsbescheid entschieden wird oder 3. das Verfahren vor dem Sozialgericht nach angenommenem Anerkenntnis ohne mündliche Verhandlung endet. (2) Sind in dem Termin auch Verhandlungen zur Einigung über in diesem Verfahren nicht rechtshängige Ansprüche geführt worden, wird die Terminsgebühr, soweit sie den sich ohne Berücksichtigung der nicht rechtshängigen Ansprüche ergebenden Gebührenbetrag übersteigt, auf eine Terminsgebühr angerechnet, die wegen desselben Gegenstands in einer anderen Angelegenheit entsteht. (3) Die Gebühr entsteht nicht, soweit lediglich beantragt ist, eine Einigung der Parteien oder mit Dritten über nicht rechtshängige Ansprüche zu Protokoll zu nehmen.	**1,2**

Nr.	Gebührentatbestand	Gebühr oder Satz der Gebühr nach § 13 RVG
	(4) Eine in einem vorausgegangenen Mahnverfahren oder vereinfachten Verfahren über den Unterhalt Minderjähriger entstandene Terminsgebühr wird auf die Terminsgebühr des nachfolgenden Rechtsstreits angerechnet.	

1. Allgemeines

450 Auch für die Terminsgebühr gilt der Grundsatz, dass sie in jedem Rechtszug nur einmal entsteht. Auch wenn der RA an 20 Gerichtsverhandlungen teilnehmen muss, ändert dies nichts daran, dass er nur einmal die Terminsgebühr berechnen kann. Eine Terminsgebühr kann der RA darüber hinaus auch nicht für Besprechungen mit dem Auftraggeber fordern.

451

Nr.	Gebührentatbestand	Gebühr oder Satz der Gebühr nach § 13 RVG
1010	**Zusatzgebühr für besonders umfangreiche Beweisaufnahmen in Angelegenheiten, in denen sich die Gebühren nach Teil 3 richten und mindestens drei gerichtliche Termine stattfinden, in denen Sachverständige oder Zeugen vernommen werden** Die Gebühr entsteht für den durch besonders umfangreiche Beweisaufnahmen anfallenden Mehraufwand.	**0,3 oder bei Betragsrahmengebühren erhöhen sich der Mindest- und Höchstbetrag der Terminsgebühr um 30 %**

452 Eine Ausnahme wird nicht direkt durch die Terminsgebühr, sondern durch die Zusatzgebühr der Nr. 1010 VV RVG geschaffen. Der RA erhält eine Zusatzgebühr i.H.v. 0,3 für besonders umfangreiche Beweisaufnahmen, wenn mindestens drei gerichtliche Termine stattfinden, in denen Sachverständige oder Zeugen vernommen werden. Bei diesen Terminen handelt es sich um Gerichtstermine i.S.d. Vorbemerkung 3 Abs. 3 VV RVG, sind jedoch die Voraussetzungen der Nr. 1010 VV RVG erfüllt, entsteht zusätzlich eine 0,3 Gebühr, bei Betragsgebühren erhöht sich der Höchstbetrag der Terminsgebühr um 30 %.

Diese Zusatzgebühr kann mehrfach entstehen, finden z.B. sechs umfangreiche Beweisaufnahmen statt, entsteht die Gebühr zweimal, diese Gebühr kann nicht nur einmal entstehen.

Die Gebühr wir allerdings geringe praktische Relevanz haben, da es im Allgemeinen unüblich ist, dass drei Beweistermine (umfangreich) stattfinden. Auch die Höhe der Gebühr bietet nicht gerade einen Anreiz, wegen dieser Gebühr die Beweisaufnahmen in die Länge zu ziehen. Hier ist der Abschluss einer Vergütungsvereinbarung mit dem Auftraggeber erforderlich. Es ist ja i.d.R. vorherzusehen, in welcher Angelegenheit ein besonderer Beweisaufwand besteht, dem kann vergütungsrechtlich durch den rechtzeitigen Abschluss einer Vergütungsvereinbarung Folge geleistet werden. Es empfiehlt sich für jeden Termin eine pauschale Vergütung zu vereinbaren.

Die Definition des Rechtszuges ergibt sich aus § 19 Abs. 1 RVG. 453

Die Terminsgebühr entsprechend Vorbemerkung 3 Abs. 3 i.V.m. Nr. 3104 VV RVG entsteht: 454

- für die Vertretung in einem Verhandlungs-, Erörterungs- oder Beweisaufnahmetermin,
- für die Wahrnehmung eines von einem gerichtlich bestellten Sachverständigen anberaumten (Orts-) Termins,
- für die Mitwirkung an Besprechungen, mit welchen das Verfahren vermieden oder erledigt werden soll, ohne dass das Gericht an diesen teilnimmt. Dabei ist es unschädlich, wenn das Gericht an diesen Besprechungen teilnehmen sollte. Die Terminsgebühr entsteht auch dann.
- bei einer Entscheidung ohne mündliche Verhandlung,
- bei einer Protokollierung nach § 278 Abs. 6 Satz 2 ZPO.

2. Terminsgebühr im Gerichtstermin

Für das Entstehen der Terminsgebühr ist es nicht erforderlich, dass der RA im Gerichtstermin einen Sachantrag stellt oder dass die Sache erörtert wird. Die Terminsgebühr entsteht bereits dann, wenn der RA den Termin in **Verhandlungsbereitschaft** wahrnimmt. Sobald der RA den Termin wahrnimmt, ist häufig davon auszugehen, dass er eine 1,2 Terminsgebühr fordern kann. Nur für den Fall der **Säumnis** und der ausdrücklich **Einschränkung** der Höhe der Terminsgebühr in Nr. 3105 VV RVG entsteht die Terminsgebühr nicht i.H.v. 1,2, sondern nur i.H.v. 0,5. 455

Nimmt den Gerichtstermin ein anderer Anwalt wahr (Unterbevollmächtigter), so kann nur dieser die Terminsgebühr berechnen, der sog. Hauptbevollmächtigte hat dann keinen Anspruch auf die Terminsgebühr. Selbstverständlich kann der Hauptbevollmächtigte aus anderen Gründen einen berechtigten Anspruch haben, sodass er die Terminsgebühr geltend machen kann – allerdings nie dafür, dass ein anderer Anwalt den Termin wahrgenommen hat. (Die zu BRAGO-Zeiten entsprechend geltende Regelung des § 53 BRAGO mit automatischen Verhandlungsgebühren für Unterbevollmächtigte und Hauptbevollmächtigte hat keine Entsprechung im RVG erhalten). 456

3. Terminsgebühr ohne Beteiligung des Gerichts

457 Einer der Grundgedanken bei der Einführung des RVG war, die Anwaltschaft auch durch Gebührenanreize anzuhalten, in jedem Stadium des Verfahrens nach einer einvernehmlichen Lösung zu suchen und damit die Gerichte zu entlasten. Das RVG regelt daher, dass bereits die Mitwirkung an Besprechungen, mit welchen das gerichtliche Verfahren verhindert werden soll, oder durch die eine gütliche Einigung (Vergleich) erzielt werden soll, die Terminsgebühr entstehen lässt. Dabei ist es nicht erforderlich, dass das Gericht an den Verhandlungen beteiligt ist. Die „Vergleichsbesprechungen" können daher z.B. auch telefonisch geführt werden. Das 2. KostRModG hat diesen Gedanken noch gestärkt und eindeutig klargestellt, dass es eine „außergerichtliche" Terminsgebühr gibt. Allerdings bleibt es dabei, dass, damit die Terminsgebühr entstehen kann, zumindest ein Klageauftrag erteilt sein muss.

458 Dienen die geführten Besprechungen nicht dem Bemühen, das gerichtliche Verfahren zu vermeiden oder zu beenden (s. Gesetzeswortlaut unter Rdn 448), entsteht keine Terminsgebühr.

459 Es ist nicht zwingend erforderlich, dass die Besprechungen nur mit der Gegenseite (bzw. mit dem vertretungsberechtigten RA) geführt werden. Ausreichend ist eine Besprechung auch mit einem Dritten. Für Besprechungen mit dem Auftraggeber entsteht allerdings nie eine Terminsgebühr.

460 Dritte können alle aus **sachlichen** Gründen Beteiligte sein, aber nie der Auftraggeber. Schwierig wird es, wenn Besprechungen mit Dritten erforderlich werden (Steuerberater, Wirtschaftsprüfer, Ärzte, Angehörige des Auftraggebers), die selbst nicht Auftraggeber sind. Dienen diese Besprechungen auch der Vermeidung oder Erledigung eines gerichtlichen Verfahrens, liegt m.E. kein Grund vor, warum die Terminsgebühr nicht entstehen soll. Hierzu gibt es allerdings keine gesicherte Rechtsprechung, die Geltendmachung der Terminsgebühr ist damit in diesen Fällen durchaus risikoreich. Einhellig wird jedoch die Auffassung vertreten, dass **keine** Terminsgebühr besteht, sobald das Gespräch mit Dritten lediglich der **Informationsbeschaffung** dient (oder auch Aufklärung des Sachverhalts u.Ä.).

4. Terminsgebühr, wenn das gerichtliche Verfahren nicht anhängig ist

461 Lange uneinig waren sich Kommentarautoren und die Rechtsprechung über die Frage, ob die Terminsgebühr nur entstehen kann, wenn ein gerichtliches Verfahren bereits **anhängig** ist (Terminsgebühr nach Vorbemerkung 3 Abs. 3, 3. Alt VV RVG). Der BGH hat entschieden, dass der Rechtsstreit oder das Verfahren nicht anhängig sein muss, damit die Terminsgebühr entstehen kann. Der BGH hat aber verlangt (BGH, Urt. v. 8.2.2007 – IX ZR 215/05, AGS 2007, 166 = RENOpraxis 2007, 66 = RVGreport 2007, 143 = JurBüro 2007, 241), dass

der Anwalt vom Auftraggeber einen **unbedingten Klageauftrag** erhalten haben muss, sonst könne die Terminsgebühr nicht entstehen. Hier verweise ich auf die Ausführungen zur Geschäftsgebühr unter Rdn 186, insbes. den Hinweis darauf, dass neben der Geschäftsgebühr die Terminsgebühr nicht entstehen kann. Durch das 2. KostRModG stellt bereits der Gesetzestext klar, dass die Terminsgebühr im vorgenannten Fall entsteht.

Zwingend ist ein unbedingter Klageauftrag, ein nur bedingter Klageauftrag (der Klageauftrag wird für den Fall erteilt, dass die vor- bzw. außergerichtlichen Verhandlungen scheitern) genügt nicht. Ging der RA aber von dem Scheitern der vor- bzw. außergerichtlichen Verhandlungen aus (z.B. weil der Gegner trotz Zahlungszusage nicht zahlt, oder die Zahlungsfrist ergebnislos verstrichen ist) und hat sich der bedingte Klageauftrag in einen unbedingten Klageauftrag gewandelt, kann die Terminsgebühr entstehen, wenn dann z.B. telefonische Verhandlungen mit der Gegenseite geführt werden. 462

5. Erfolgsunabhängigkeit der Terminsgebühr

Der RA erhält die Terminsgebühr auch dann, wenn die Bemühungen scheitern. Das Verfahren muss durch die Besprechungen weder vermieden noch beendet werden. Die Gebühr entsteht erfolgsunabhängig. 463

6. Nachweis der Terminsgebühr gem. Vorbemerkung 3 Abs. 3 Nr. 2 VV RVG

Der RA, der die Terminsgebühr geltend macht, muss im Zweifel nachweisen und belegen können, dass die Terminsgebühr entstanden ist. Hierfür ist es erforderlich, nachzuweisen, aufgrund welcher Tatsachen eine Terminsgebühr entstanden ist. Der Klägeranwalt hat es hier i.d.R. leichter, den entsprechenden Auftrag und den Anfall der Terminsgebühr geltend zu machen. Der RA, der den zukünftigen Beklagten vertreten wird, muss ebenfalls einen unbedingten Prozessauftrag erhalten haben. Hier ist anzunehmen, dass dieser Auftrag ihm vermutlich erst erteilt wird, wenn der Beklagte positiv Kenntnis von einem anhängigen gerichtlichen Verfahren hat. Selbstverständlich kann der zukünftige Beklagte seinen Prozessbevollmächtigten aber auch beauftragen, beispielsweise eine negative Feststellungsklage zu erheben. Aber letztlich ist der Beklagtenanwalt dann auch Klägeranwalt. 464

Liegt auf Beklagtenseite noch kein unbedingter Prozessauftrag vor, kann nur die Geschäftsgebühr entstanden sein.

> *Praxistipp:* 465
>
> In der Vielzahl der Fälle bahnt sich die telefonische Besprechung zwischen den Beteiligten mit Ihrer Einschaltung ein. Sie – oder ein Kollege/eine Kollegin – vermitteln das Gespräch an den zuständigen RA weiter. In den Kanzleien, in denen noch keine ausschließlich elektronische Akte geführt wird, wird dann unverzüglich die entsprechende

Akte vorgelegt. Legen Sie der Akte an gut sichtbarer Stelle eine Notiz für einen Telefonvermerk bei, damit der Nachweis der Terminsgebühr im Streitfall leicht erfolgen kann.

8.39

▼

466 **Muster 8.39: Muster zum Nachweis der vorgerichtlich entstandenen Terminsgebühr**

Anfall der Terminsgebühr in der Akte

A ./. B

Hiesiges Aktenzeichen:

Am hat von bis Uhr

eine Besprechung

mit

a) dem Unterzeichner

b) und dem Gesprächspartner/den Gesprächspartnern
in

(Angabe des Besprechungsortes, des Besprechungsgrunds, wenn möglich, evtl. auch Telefon)

stattgefunden.

Beteiligte der Besprechung waren:

(ggf. s.o.)

Gegenstand der Besprechung war:

Ziel der Besprechung war:

Die Besprechung hat zu folgendem

Ergebnis:

Zwischenergebnis:

keinem Ergebnis

geführt.

Rechtsanwalt

▲

7. Erstattungsfähigkeit der Terminsgebühr gem. Vorbemerkung 3 Abs. 3 Nr. 2 VV RVG

Die Beweislast für den Anfall der Terminsgebühr trägt der RA, der diese geltend machen möchte. Aus der Gerichtsakte lässt sich die Terminsgebühr nicht entnehmen, sodass bei einer Festsetzung gem. §§ 103 ff. ZPO dem Gericht die Terminsgebühr so nachgewiesen werden muss, dass das Entstehen der Terminsgebühr nicht mehr zweifelhaft ist. Hier reicht **Glaubhaftmachung** (eidesstattliche Versicherung) aus. Es spricht nichts gegen eine Festsetzbarkeit. Der BGH (AGS 2007, 115) hat sich ebenfalls für eine Festsetzbarkeit der vorgerichtlichen Terminsgebühr ausgesprochen, wenn grds. zwischen den Parteien Einigkeit besteht, dass die Terminsgebühr entstanden ist. 467

8. Terminsgebühr auch ohne mündliche Verhandlung

§ 128 Abs. 1 ZPO regelt, dass grds. eine mündliche Verhandlung erfolgen soll. Erfolgt eine mündliche Verhandlung, entsteht die Terminsgebühr gem. Nr. 3104 VV RVG. Es gibt darüber hinaus die Möglichkeit, dass die Terminsgebühr auch entsteht, ohne dass tatsächlich mündlich verhandelt wird (unter Verhandlung i.S.d. RVG ist der verhandlungsbereite anwesende Rechtsanwalt zu verstehen). 468

Entsprechend der Regelung in Nr. 3104 Abs. 1 VV RVG gibt es Ausnahmen vom Verhandlungsgrundsatz. Der RA erhält die 1,2 Terminsgebühr auch dann, wenn in den in Nr. 3104 Abs. 1 VV RVG genannten Fällen eine Entscheidung ohne mündliche Verhandlung ergeht (§ 128 Abs. 3 ZPO). 469

Es muss allerdings eine mündliche Verhandlung vorgeschrieben und nicht nur freigestellt sein.

Liegen Verfahren vor, die entsprechend § 128 Abs. 2 ZPO oder § 495a ZPO gar keine mündliche Verhandlung erfordern, fällt auch keine Terminsgebühr an.

Eine Terminsgebühr kann nur entstehen, wenn eine Entscheidung ergeht, die bei einem Verfahren mit einem Streitwert über 600,00 € eigentlich einer mündlichen Verhandlung bedürfte.

9. Terminsgebühr bei Anerkenntnis

Die Bestimmungen zur Terminsgebühr in Nr. 3104 Abs. 1 Nr. 1 VV RVG sieht vor, dass eine Terminsgebühr auch im Fall eines Anerkenntnisses (§ 307 ZPO) entsteht. Eine Terminsgebühr fällt auch beim Anerkenntnis im schriftlichen Verfahren an. Eine Terminsgebühr gem. Nr. 3104 Abs. 1 Nr. 1 RVG entsteht durch den Erlass sämtlicher Anerkenntnisurteile, die ohne mündliche Verhandlung ergehen. 470

Dies gilt sogar dann, wenn ein Anerkenntnisurteil ergeht, ohne dass der Kläger dieses beantragt hat, der Antrag ist für das Entstehen der Terminsgebühr nicht erforderlich.

471 Immer wieder kommt es vor, dass ein Auftraggeber die Kanzlei beauftragt, wenn bereits ein gerichtliches Verfahren gegen ihn rechtshängig ist. Kommt der Anwalt dann zu dem Ergebnis, dass eine Verteidigung gegen die Ansprüche der Gegenseite keine Aussicht auf Erfolg bietet, muss ermittelt werden, wie der RA das Verfahren „kostengünstig" erledigen kann.

472 Es muss berechnet werden, welche Kosten für den Fall eines Anerkenntnisses entstehen und welche Kosten für den Fall eines **Versäumnisurteils** entstehen. Die günstigere Variante entscheidet über den Ausgang des Verfahrens. Die Berechnungen müssen nur die Terminsgebühr und die Gerichtskosten berücksichtigen. Die Verfahrensgebühr entsteht in beiden Fällen gleich hoch.

- Kosten bei Anerkenntnis
  Für den Fall eines Anerkenntnisses entsteht eine:
  1,2 Terminsgebühr gem. §§ 2 Abs. 2, 13 Nr. 3104 Abs. 1 Nr. 1 VV RVG.
  Die Gerichtskosten reduzieren sich aber für den Fall eines Anerkenntnisses auf 1,0 (§ 3 Abs. 2 Nr. 1211 Nr. 2 KV GKG).
- Kosten bei Säumnis
  Für den Fall der Säumnis entsteht (grds.) eine:
  0,5 Terminsgebühr gem. §§ 2 Abs. 2, 13 RVG Nr. 3105 Abs. 1 VV RVG.
  Die Gerichtskosten betragen unvermindert 3,0 (§ 3 Abs. 2 Nr. 1210 KV GKG).

473 Das rechnerische Ergebnis entscheidet hier darüber, welches weitere Vorgehen dem Auftraggeber vorgeschlagen werden sollte.

474 Sowohl die Anwaltsgebühren als auch die Gerichtskosten berechnen sich nach einer Tabelle. Für die Anwaltskosten ist grds. die Tabelle zu § 13 RVG maßgebend (Ausnahme z.B.: bewilligte PKH).

Beispiel:

Vom Auftraggeber wird im Wege der Klage verlangt, dass er eine Zahlung i.H.v. 5.000,00 € leistet. Ein Vorgehen gegen diese Forderung ist aussichtslos.

Unter Berücksichtigung der Kostenfolge für die Terminsgebühren ergibt sich nachstehende Gegenüberstellung.

Für den Fall des ***Anerkenntnisses*** schuldet er:

1,2 Terminsgebühr gem. §§ 2 Abs. 2, 13 Nr. 3104 Nr. 1 VV RVG	***363,60 €***

(Entgelte für Post- und Telekommunikationsdienstleistungen betragen schon nur unter Berücksichtigung der Verfahrensgebühr bei einem Gegenstandswert von 5.000,00 € 20,00 € und sind daher hier nicht aufgeführt.)

19 % anteilige USt gem. Nr. 7008 VV RVG	*69,08 €*
Summe (ohne Gerichtskosten)	*432,68 €*
1,0 Gerichtskosten	*146,00 €*
Gesamtsumme	***578,68 €***

*Für den Fall der **Säumnis** schuldet er:*

0,5 Terminsgebühr gem. §§ 2 Abs. 2, 13 Nr. 3105 Abs. 1 VV RVG	***151,50 €***
(Wegen der Entgelte für Post- und Telekommunikationsdienstleistungen s. den obigen Hinweis.)	
19 % anteilige USt gem. Nr. 7008 VV RVG	*28,79 €*
Summe (ohne Gerichtskosten)	*180,29 €*
3,0 Gerichtskosten	*438,00 €*
Gesamtsumme	***618,29 €***

Im Fall des Anerkenntnisses „spart" der Auftraggeber hier 39,61 €. Die Einsparung wird größer, je höher der Gegenstandswert der Angelegenheit ist.

10. Terminsgebühr für schriftlichen Vergleich

Entsprechend Nr. 3104 Abs. 1 Nr. 1, 2. Alt. VV RVG hat der RA aufgrund gesetzlicher Vorschrift Anspruch auf die „volle" Terminsgebühr für den Abschluss eines schriftlichen Vergleichs (Vergleich im Beschlusswege gem. § 278 Abs. 6 ZPO) in einem Verfahren, für das eine mündliche Verhandlung grds. vorgeschrieben ist. Allgemein wird in Rechtsprechung und Literatur die Auffassung vertreten, dass eine Terminsgebühr auch dann entsteht, wenn eine mündliche Verhandlung nicht vorgeschrieben ist. 475

Die Terminsgebühr entsteht für den Fall des schriftlichen Vergleichs auch dann, wenn der Vergleichsvorschlag durch das Gericht unterbreitetet worden ist.

11. Terminsgebühr und nicht rechtshängige Ansprüche

Die Terminsgebühr gem. Nr. 3104 Abs. 2 VV RVG entsteht auch dann, wenn eine Einigung über nicht rechtshängige Ansprüche erzielt wird. Es entsteht eine **einheitliche** Terminsgebühr. Zum Gegenstandswert der bisher entstandenen Terminsgebühr wird der Gegenstandswert im Hinblick auf die nicht rechtshängigen Ansprüche hinzu addiert. Die Terminsgebühr berechnet sich aus dem **Gesamtgegenstandswert** der rechtshängigen und der nicht rechtshängigen Ansprüche. 476

12. Terminsgebühr bei unechter Säumnis

477 Wird die Klage durch ein sog. unechtes VU abgewiesen (ein VU gem. § 333 Abs. 2 – die Klage wird abgewiesen trotz Säumnis des Beklagten, s. § 7 Rdn 44) entsteht die volle Terminsgebühr.

Die Ermäßigungsvorschriften auf 0,5 in Nr. 3105 Abs. 1 Nr. 2 VV RVG greifen nicht. Diese sind nur einschlägig, für den Fall des Erlasses eines echten VU gem. § 331 Abs. 3 ZPO, das sich gegen den Beklagten richtet.

13. Terminsgebühr im Mahnverfahren

478 Auf die Terminsgebühr im Mahnverfahren mit Anrechnung wird unter Rdn 782 zur Vergütung im Mahnverfahren eingegangen.

XV. Reduzierte Terminsgebühr gem. Nr. 3105 VV RVG

479 **Nr. 3105**

Nr.	**Gebührentatbestand**	**Gebühr oder Satz der Gebühr nach § 13 RVG**
3105	**Wahrnehmung nur eines Termins, in dem eine Partei nicht erschienen oder nicht ordnungsgemäß vertreten ist und lediglich ein Antrag auf Versäumnisurteil oder zur Prozess- oder Sachleitung gestellt wird:** **Die Gebühr 3104 beträgt** (1) Die Gebühr entsteht auch, wenn 1. das Gericht bei Säumnis lediglich Entscheidungen zur Prozess- oder Sachleitung von Amts wegen trifft oder 2. eine Entscheidung gemäß § 331 Abs. 3 ZPO ergeht. (2) § 333 ZPO ist nicht entsprechend anzuwenden.	**0,5**

1. Allgemeines

480 Grds. ist zunächst das Entstehen der „vollen“ Terminsgebühr gem. Nr. 3104 VV RVG zu prüfen. Erst wenn sich aus dieser Norm das Entstehen der vollen Terminsgebühr nicht ergibt, ist zu prüfen, ob die Terminsgebühr entsprechend Nr. 3105 VV RVG entstanden ist. Die Reduzierung (oder Ermäßigung) der Terminsgebühr stellt eine Ausnahme dar, nicht die Regel.

2. Entstehen der reduzierten Terminsgebühr

Die reduzierte Terminsgebühr entsteht, 481

- sofern eine Partei nicht erschienen oder
- ordnungsgemäß vertreten ist und
- der gegnerische RA lediglich einen Antrag auf VU oder
- einen Antrag zur Prozess- oder Sachleitung stellt.

Verhandelt oder erörtert der erschienene Anwalt mit dem Gericht über einen Teil der Forderung (ohne dass auf der Gegenseite die Partei oder der Anwalt erschienen sind), entsteht in diesem Fall hinsichtlich des Teils, auf den sich die Verhandlung/Erörterung bezog, eine 1,2 Terminsgebühr gem. Nr. 3104 VV RVG. Einseitige Erörterungen eines zum Termin erschienenen Anwalts lösen die volle Terminsgebühr aus; es ist nicht erforderlich, dass die Gegenseite in diesem Fall tatsächlich erschienen oder vertreten ist. 482

Nur für den Teil, über den der RA nicht (einseitig) verhandelt hat, kann eine reduzierte Terminsgebühr gem. Nr. 3105 VV RVG entstehen. Für diesen Fall ist auf die Regelung in § 15 Abs. 3 RVG zurückzugreifen (nicht mehr als eine 1,2 Terminsgebühr nach dem höchsten infrage kommenden Gegenstandswert). 483

Für das volle Entstehen der Terminsgebühr gem. Nr. 3104 VV RVG reicht es aus, wenn der erschienene Anwalt die Schlüssigkeit der Klage (oder auch prozessuale Fragen wie Zuständigkeit des Gerichts, Zulässigkeit des Rechtswegs, etc.) erörtert hat. 484

3. Terminsgebühr bei zweitem VU

War der Beklagte bereits einmal säumig und hat gegen das VU form- und fristgerecht **Einspruch** eingelegt, wird ein neuer Termin zur mündlichen Verhandlung anberaumt. Erscheint der Beklagte auch in diesem Termin nicht, so beantragt der RA des Klägers gegen den zum zweiten Mal in Folge nicht erschienenen Beklagten den Erlass eines zweiten VU. Der Antrag auf Erlass eines zweiten VU kommt nur dann infrage, wenn der Beklagte unmittelbar in Folge zweimal hintereinander säumig war. In diesem Fall verdient der Klägeranwalt eine 1,2 Terminsgebühr gem. Nr. 3104 VV RVG und nicht nur eine 0,5 Terminsgebühr gem. Nr. 3105 VV RVG (BGH, RVGreport 2006, 304, 428; RVGreport 2007, 31 f.). 485

4. Terminsgebühr bei Flucht in die Säumnis

In einigen Fällen ergibt sich aus dem Verlauf der mündlichen Verhandlung, dass die Stellung eines Antrags für den Beklagtenvertreter zur Folge hätte, dass ein abweisendes Urteil ergehen würde. Dieses Urteil ist – wenn überhaupt (Überschreiten des Wertes der Beschwer von 600,00 € oder Zulassung der Berufung) – nur mit der **Berufung** anfechtbar. 486

Dies bedeutet, dass ein Berufungsverfahren geführt werden müsste. Das wiederum bedeutet vergütungsrechtlich, dass ein neuer Rechtszug gegeben ist (mit entsprechender Anwaltsvergütung). Zusätzlich werden im Berufungsverfahren weitere Gerichtskosten fällig (4,0 Gerichtskostengebühren). Dabei ist der mögliche Vortrag im Berufungsverfahren eingeschränkt. Aus taktischen Erwägungen ist es daher oft günstiger, ein VU ergehen zu lassen. Dies eröffnet die Möglichkeit der Anfechtung mit dem Rechtsmittel des **Einspruchs**, ein neuer Rechtszug wird nicht eröffnet. Daher spricht man im Allgemeinen von einer „Flucht in die Säumnis".

487 Bezogen auf die Terminsgebühr hat dies keine Reduzierung zur Folge. Sind im Termin beide Parteien anwaltlich vertreten, entsteht die volle Terminsgebühr gem. Nr. 3104 VV RVG selbst dann, wenn eine Partei (vertreten durch ihren Anwalt) keinen Antrag stellt und gegen diese ein VU ergeht.

5. Terminsgebühr bei Entscheidungen zur Prozess- oder Sachleitung

488 Eine reduzierte 0,5 Terminsgebühr entsteht gem. Nr. 3105 Abs. 1 Nr. 1 VV RVG, wenn das Gericht von Amts wegen nur (also lediglich) eine Entscheidung zur Prozess- oder Sachleitung trifft. Auch hier gilt, dass dies nur dann der Fall sein kann, wenn die gegnerische Partei nicht erschienen oder nicht ordnungsgemäß vertreten ist, also ein Fall der Säumnis vorliegt.

6. Terminsgebühr bei VU im schriftlichen Vorverfahren

489 Grds. fordert das Gericht den Beklagten von Amts wegen mit der Zustellung der Klageschrift auf, sich binnen der in § 276 Abs. 1 Satz 1, Abs. 2 ZPO genannten Fristen gegen die Klage zu verteidigen. Oft werden diese Fristen gerade durch einen nicht anwaltlich vertretenen Beklagten nicht eingehalten.

Zeigt der Beklagte daher entgegen den Bestimmungen in § 276 Abs. 1 Satz 1, Abs. 2 ZPO nicht rechtzeitig an, dass er sich gegen die Klage verteidigen will, kann gegen ihn ein VU im schriftlichen Vorverfahren nach § 331 Abs. 3 ZPO ergehen. Voraussetzung hierfür ist ein entsprechender Antrag des Klägers (s. Ausführungen unter § 7 Rdn 32).

Ergeht ein solches VU, kann der RA nur eine reduzierte 0,5 Terminsgebühr nach Nr. 3105 Abs. 1 Nr. 2 VV RVG fordern.

E. Vergütung in höheren Instanzen

490 Die bisher dargestellten Grundsätze bleiben unverändert. Auch im Berufungs- oder Revisionsrechtszug entstehen Verfahrens-, Termins- und Einigungsgebühr.

In jeder Instanz und für eine Vielzahl von sonstigen Verfahren hat die Verfahrensgebühr oder die Terminsgebühr eine eigene Nummer. Ob sich inhaltlich etwas an den Gebühren ändert, ergibt sich z.T. aus den Vorbemerkungen für die besonderen Abschnitte im Vergütungsverzeichnis, z.T. aus den Anmerkungen zu den jeweiligen Vergütungsziffern. 491

Für die einzelnen Rechtszüge wird daher nicht wiederholt, was generell bereits bspw. in Vorbemerkung 3 Abs. 2 oder Vorbemerkung 3 Abs. 3 VV RVG geregelt ist. Erläuterungen hierzu finden sich in den Ausführungen zum erstinstanzlichen Verfahren. 492

I. Nächst höhere Instanz – das Erfolgsaussichtenprüfungsverfahren

1. Allgemeines

Die anwaltliche Tätigkeit beginnt bereits vor der Einlegung des Rechtsmittels. Der RA prüft die Erfolgsaussichten eines Rechtsmittels, bevor er dieses einlegt. Sinnlose und aussichtslose Rechtsmittel wird der RA nicht einlegen. 493

Teil 2 VV RVG 494

Abschnitt 1: Prüfung der Erfolgsaussicht eines Rechtsmittels

Nr. 2100

Nr.	**Gebührentatbestand**	**Gebühr oder Satz der Gebühr nach § 13 RVG**
2100	**Gebühr für die Prüfung der Erfolgsaussicht eines Rechtsmittels, soweit in Nummer 2102 nichts anderes bestimmt ist** Die Gebühr ist auf eine Gebühr für das Rechtsmittelverfahren anzurechnen.	**0,5 bis 1,0**

2. Prüfung der Erfolgsaussichten eines Rechtsmittels

Prüft der RA auftragsgemäß die Erfolgsaussichten eines Rechtsmittels, dann hat er Anspruch auf eine besondere Vergütung gem. Nr. 2100 VV RVG. Diese Norm ist grds. in allen Rechtsgebieten anwendbar, sie gilt auch in Strafsachen (dann aber Nr. 2102 VV RVG). Jeder RA, der die Erfolgsaussichten eines Rechtsmittels prüft, kann die Gebühr verdienen. Auch der RA, der bereits erstinstanzlich tätig war, hat diesen Gebührenanspruch. Die Norm der Nr. 2100 VV RVG geht als spezielle Norm den Regelungen in § 34 RVG (Beratung) vor. 495

Der RA kann die Gebühr für die Prüfung der Erfolgsaussichten für **alle Rechtsmittel** fordern, also nicht nur für Berufung und Revision, sondern auch für Nichtzulassungsbeschwerden, Rechtsbeschwerden, sofortige Beschwerden und sonstige infrage kommende Rechtsmittel.

3. Satzrahmengebühr für die Prüfung der Erfolgsaussichten eines Rechtsmittels

496 Die Gebühr der Nr. 2100 VV RVG ist eine **Wertgebühr** mit einem Gebührensatzrahmen von 0,5 – 1,0. Die **Mittelgebühr** beträgt 0,75. Der RA bestimmt die Höhe der konkreten Gebühr gem. § 14 RVG. Die Prüfungsgebühr gem. Nr. 2100 VV RVG ist in dieser Hinsicht ähnlich wie die Geschäftsgebühr, s. hierzu die Ausführungen zur Bestimmung des konkreten Gebührensatzrahmens unter Rdn 189.

4. Anrechnung der Gebühr

497 Führt der RA nach Prüfung der Erfolgsaussichten das Rechtsmittelverfahren, so erhält er die Gebühr nicht gesondert. Die „Prüfungsgebühr“ wird auf die im Rechtsmittelverfahren entstehende Verfahrensgebühr angerechnet. Post- und Telekomentgelte werden nicht angerechnet, da die Anmerkung zu Nr. 2100 VV RVG ausdrücklich nur die Anrechnung der Gebühr auf eine Gebühr bestimmt.

Beispiel:

Der RA berät den Auftraggeber über die Erfolgsaussichten der Einlegung eines Rechtsmittels gegen ein erstinstanzliches Urteil. Der Auftraggeber ist zur Zahlung von 10.000 € verurteilt worden. Der RA rät wegen 5.000 € von der Einlegung der Berufung ab. Wegen 5.000 € legt er Berufung ein. Da alle Tatbestandsmerkmale des § 14 RVG durchschnittlich waren, bestimmt der RA den Rahmen der Gebühr der Nr. 2100 VV RVG mit 0,75. Die Vergütungsberechnung lautet:

Berechnet gem. §§ 2 Abs. 2, 13, 14 RVG

0,75 Prüfung Erfolgsaussicht eines Rechtsmittels Nr. 2100 VV RVG	***227,25 €***
Gegenstandswert: 10.000,00 €, Anrechnung gem. Nr. 2100 Satz 2 VV RVG durchgeführt	
1,6 Verfahrensgebühr Berufungsverfahren gem. Nr. 3200 VV RVG	***484,80 €***
Gegenstandswert: 5.000,00 €	
Entgelte für Post- und Telekommunikationsdienstleistungen Nr. 7002 VV RVG	*40,00 €*
Entgelte für Post- und Telekommunikationsdienstleistungen i.H.v. 2 × 20,00 €	
Zwischensumme netto	*751,65 €*

Praxistipp: 498

Sie können Streitereien zu der Frage, ob Ihnen ein gesonderter Auftrag zur Prüfung der Erfolgsaussichten erteilt wurde, vermeiden. Sie können sich diesen Auftrag gleich zu Beginn des Mandatsverhältnisses erteilen lassen (s. Auftragsbestätigung unter § 7 Rdn 85). Auf jeden Fall sollten Sie Ihren Auftraggeber bei Vorlage der Entscheidung auf die sich ergebenden Folgen hinweisen.

8.40

Muster 8.40: Kurzbelehrung Vergütungsfolge bei Prüfung der Erfolgsaussichten eines Rechtsmittels 499

Anrede,

anliegend überreichen wir Ihnen die Kopie der Ausfertigung des Urteils (Beschlusses) vom des Gerichts zum AZ .

Wie Sie der Anlage entnehmen können, ist die Angelegenheit bedauerlicherweise nicht zu Ihren Gunsten entschieden worden.

Das Urteil (der Beschluss) kann mit der Berufung/sofortigen Beschwerde angefochten werden. Die Frist zur Anfechtung des Urteils (Beschlusses) beträgt . Das Rechtsmittel muss bis zum begründet werden. Das Rechtsmittel kann nur durch einen beim LG (OLG) zugelassenen Rechtsanwalt eingelegt werden. Wird das Urteil/der Beschluss nicht angefochten, erwächst die Entscheidung in die sogenannte Rechtskraft und kann nicht mehr abgeändert werden.

Bitte nehmen Sie möglichst zeitnah zu uns Kontakt auf, um das weitere Vorgehen, insbesondere auch das Kostenrisiko eines Rechtsmittelverfahrens, zu besprechen. Ohne Ihre ausdrückliche Weisung werden wir – auch nicht zur Fristwahrung – aus Kostengründen das Rechtsmittel nicht einlegen. Eine Kontaktaufnahme ist vor Fristablauf, d.h. spätestens bis zum erforderlich.

Bereits jetzt müssen wir darauf hinweisen, dass für eine Prüfung der Erfolgsaussichten des Rechtsmittels durch uns nach den zwingenden Vorschriften des Rechtsanwaltsvergütungsgesetzes (RVG) Gebühren und sogenannte Auslagen entstehen. Die für die Prüfung der Erfolgsaussichten entstehenden Gebühren werden allerdings für den Fall der Durchführung des Rechtsmittelverfahrens auf die im Rechtsmittelverfahren entstehenden Gebühren angerechnet und bleiben nicht neben den Gebühren des Rechtsmittelverfahrens bestehen.

Wir bitten Sie daher bereits jetzt um Rücksendung der beigefügten Auftragsbestätigung für die Prüfung der Erfolgsaussichten des Rechtsmittels und um telefonische Kontaktaufnahme.

Bei Zahllast des Auftraggebers noch ein Hinweis zur Zwangsvollstreckung/Sicherheitsleistung etc.

Für Rückfragen stehe ich Ihnen selbstverständlich gerne zur Verfügung.

Grußformel

▲

500 *Hinweis:*

Dieses Muster können Sie nicht auf alle Rechtsmittel übertragen, s. die Ausführungen unter Rdn 559 ff. zur Prüfung der Erfolgsaussichten der Revision und Singularzulassung.

8.41

▼

501 **Muster 8.41: Auftragsbestätigung zur Prüfung der Erfolgsaussichten eines Rechtsmittels**

Auftragsbestätigung:

Hiermit beauftrage ich

(nachstehend der Auftraggeber genannt)

(nachstehend die Rechtsanwälte genannt)

mit der Prüfung der Erfolgsaussichten des Rechtsmittels wegen der Anfechtung des Urteils (des Beschlusses) des Gerichts vom zum Aktenzeichen .

Sollte die Prüfung der Erfolgsaussichten ergeben, dass das Rechtsmittel Aussicht auf Erfolg hat, beauftrage ich die Rechtsanwälte mit der Durchführung des Rechtsmittelverfahrens.

Ort, den der Auftraggeber

▲

5. Prüfung der Erfolgsaussichten bei bestehender RSV

502 Verfügt der Mandant über eine RSV, ist die Prüfung der Erfolgsaussichten eines Rechtsmittels grds. mitversichert (§ 1 ARB 1975 oder § 17 Abs. 1 ARB 1994/2000). Da Versicherungsunternehmen häufig die **Kostendeckungszusage** für das Rechtsmittelverfah-

ren von der Frage der Begründung des Rechtsmittels abhängig machen, muss die Prüfung der Erfolgsaussichten vom Versicherungsumfang umfasst sein.

Bitten Sie daher ggf. bereits mit der Kostendeckungsanfrage für das Klageverfahren (oder 503
spätestens bei Kenntnis, dass ein Rechtsmittel einzulegen ist) um Kostendeckungszusage für die Prüfung aller infrage kommender Rechtsmittel.

▼

Muster 8.42: Kostendeckungsanfrage für Prüfung der Erfolgsaussichten des 504
Rechtsmittels

Anrede,

anliegend überreichen wir Ihnen die Klageschrift/Klageerwiderung/Klagebegründung/Antragsschrift vom mit der Bitte um Kostendeckungszusage für das gerichtliche Verfahren.

Bei dieser Gelegenheit bitten wir zur Vereinfachung des weiteren Ablaufs der Korrespondenz bereits jetzt um Kostendeckungszusage für die nach Abschluss des Verfahrens ggf. erforderliche Prüfung der Erfolgsaussichten eines jeden infrage kommenden Rechtsmittels (z.B. Berufung, Revision, Nichtzulassungsbeschwerde, sofortige Beschwerde). Selbstverständlich sind die Erfolgsaussichten eines Rechtsmittels von hier aus nur zu prüfen, wenn Ihr Versicherungsnehmer in irgendeinem Punkt unterlegen sein sollte. Wir bitten um Klarstellung in der Kostendeckungszusage für das jetzt eingeleitete gerichtliche Verfahren, dass sich die Kostendeckungszusage auch auf die etwa erforderliche Prüfung der Erfolgsaussichten jedes infrage kommenden Rechtsmittels bezieht.

Selbstverständlich werden wir Sie unverzüglich über den Ausgang des Verfahrens informieren. Von einem erneuten Gesuch um Kostendeckung für die Prüfung der Erfolgsaussichten sehen wir ab. Auf § 1 ARB 75 bzw. § 17 Abs. 1 ARB 1994/2000 weisen wir an dieser Stelle ausdrücklich hin.

Grußformel

▲

6. Prüfung der Erfolgsaussichten und Terminsgebühr

Stellt der RA nach Prüfung der Erfolgsaussichten des Rechtsmittels fest, dass er gute Aus- 505
sichten sieht, das Rechtsmittelverfahren (zumindest zum größten Teil) obsiegend zu beendigen, ist es nicht ausgeschlossen, dass er im Anschluss an das Prüfungsergebnis mit der **Gegenseite** telefonisch (oder auch im Wege einer sonstigen Besprechung) Kontakt aufnimmt, um einen weiteren Rechtszug zu vermeiden und ggf. eine vergleichsweise Einigung zu erzielen.

506 Eine Terminsgebühr (der jeweiligen Instanz, also z.B. 3202 oder 3210 VV RVG) neben der Gebühr der Nr. 2100 VV RVG entsteht nicht. Die Terminsgebühr ist in Teil 3 des Vergütungsverzeichnisses geregelt. Eine Voraussetzung für das Entstehen der Terminsgebühr ist, dass eine Betriebsgebühr (also i.d.R. eine der vielen Verfahrensgebühren) ebenfalls aus Teil 3 Vergütungsverzeichnis entsteht. Der Mehraufwand für das Führen der Gespräche mit der Gegenseite und Dritten wird über die Bestimmung des Rahmens der Gebühr gem. § 14 Abs. 1 RVG abgegolten. Nur wenn auch eine Betriebsgebühr aus Teil 3 VV RVG entstanden ist, kann die Terminsgebühr entstehen.

Beispiel:

Der RA hat die Erfolgsaussichten der Berufung geprüft, er bejaht die Erfolgsaussichten. Der Auftraggeber erteilt dem RA den Auftrag, Berufung einzulegen. Da der Auftraggeber das hohe Kostenrisiko scheut, beauftragt er den RA vor Einlegung der Berufung noch Vergleichsgespräche mit der Gegenseite zu führen. Diese Vergleichsgespräche scheitern, sodass der RA Berufung einlegen wird.

Der bisherige Gebührenanspruch lautet wie folgt:

0,75 Gebühr für die Prüfung der Erfolgsaussichten der Berufung gem. §§ 2 Abs. 2, 13 RVG Nr. 2100 VV RVG

0,35 Restverfahrensgebühr gem. §§ 2 Abs. 2, 13 Nr. 3201 Nr. 1 VV RVG

1,2 Terminsgebühr gem. §§ 2 Abs. 2, 13 Nr. 3202 VV RVG

Die Verfahrensgebühr gem. Nr. 3201 Nr. 1 VV RVG ermöglicht das Entstehen der Terminsgebühr.

Hinweis:

Es ist möglich, auch hier die Anrechnung auf andere Weise darzustellen. Die Anrechnung kann auch durch Kürzung der „Prüfungsgebühr“ erfolgen.

7. Prüfung der Erfolgsaussichten – Singularzulassung (Verfahren vor dem BGH)

507 Wird die Revision im Urteil zugelassen (oder aber, die Revision wird nicht zugelassen, aber der Wert der Beschwer übersteigt 20.000,00 €), können Sie den Auftraggeber immer dann nicht weiter wirksam gerichtlich vertreten, wenn das Rechtsmittelverfahren (z.B. Revision, Nichtzulassungsbeschwerde, Rechtsbeschwerde in Kosten- und/oder Zwangsvollstreckungssachen) vor dem BGH zu führen ist.

508 Selbstverständlich können Sie für den Auftraggeber die Erfolgsaussichten des Rechtsmittels prüfen, aber das Verfahren können Sie für ihn nicht führen. Ist dies der Fall, wird auch die Gebühr für die Prüfung der Erfolgsaussichten des Rechtsmittels nicht auf die Verfahrens-

gebühr des sich anschließenden Rechtsmittelverfahrens angerechnet. Dies liegt daran, dass zwei verschiedene Anwälte tätig sein werden, sodass eine Anrechnung ausgeschlossen ist.

Es ist auch kaum möglich, die Gebühr für die Prüfung der Erfolgsaussichten des Rechts- 509
mittels im Obsiegensfalle von der Gegenseite im Wege der Kostenfestsetzung erstattet zu erhalten, da es hier regelmäßig an der Notwendigkeit dieser Vergütung fehlt. Der Auftraggeber hätte von Anfang an die Möglichkeit gehabt, einen beim BGH zugelassenen Anwalt mit der Prüfung der Erfolgsaussichten zu beauftragen. Die durch die Prüfung durch einen Anwalt entstandenen Mehrkosten sind i.d.R. nicht erstattungsfähig, auch wenn der RA tätig war, der bisher das Verfahren geführt hat.

Für den Fall, dass ein Revisionsverfahren, die Nichtzulassungsbeschwerde oder ein Ver- 510
fahren über die Rechtsbeschwerde vor dem BGH zu führen sind, ist es sinnvoll, den Auftraggeber ausdrücklich auf diese Vergütungsfolge hinzuweisen.

▼

Muster 8.43: Belehrung Vergütung für Prüfung der Erfolgsaussichten bei 511
Singularzulassung

Anrede,

in der Anlage überreichen wir Ihnen eine Kopie der Ausfertigung des Urteils des Berufungsgerichts vom   zum Aktenzeichen   . Wie Sie dem Tenor des Urteils entnehmen können, hat das Berufungsgericht die Revision zugelassen. Im Revisionsverfahren entstehen nicht unerhebliche Kosten (Anwalts- und Gerichtskosten), sodass hier sorgfältig geprüft werden sollte, ob die beabsichtigte weitere Rechtsverfolgung hinreichend Aussicht auf Erfolg bietet.

Wir können hier gerne die Erfolgsaussichten der Revision prüfen. Dies beinhaltet bedauerlicherweise eine kostenerstattungsrechtliche Problematik, die wir Ihnen vorab erläutern möchten.

Für das Revisionsverfahren ist der Bundesgerichtshof (BGH) in Karlsruhe zuständig. Vor diesem herrscht Singularzulassung. Dies bedeutet, dass nur Anwälte, die am BGH zugelassen sind, wirksam Ihre Rechte vertreten können. Wir sind nicht am BGH zugelassen, denn eine Zulassung am BGH bedeutet, dass die anwaltliche gerichtliche Tätigkeit ausschließlich vor dem BGH erfolgen kann.

Die Revision ist innerhalb einer nicht verlängerbaren Notfrist von einem Monat seit der Zustellung des Urteils, d.h. damit bis zum   beim BGH durch einen beim BGH zugelassenen Rechtsanwalt einzulegen. Wird die Frist nicht gewahrt oder Revision nicht eingelegt, wird das Berufungsurteil rechtskräftig. Eine weitere Anfechtung des Urteils ist dann ausgeschlossen.

Die Prüfung der Erfolgsaussichten einer Revision muss daher in kürzester Zeit entweder durch uns, oder durch einen anderen Rechtsanwalt verfolgen, damit für Sie die Möglichkeit der Überprüfbarkeit des Urteils nicht verloren geht.

Wir können die Erfolgsaussichten prüfen. Da wir vor dem BGH nicht wirksam auftreten können, müssen Sie sich auf jeden Fall in dem Verfahren in Karlsruhe durch einen anderen Rechtsanwalt vertreten lassen.

Erfolgt eine Prüfung der Erfolgsaussichten durch uns, entsteht dadurch folgender Vergütungsanspruch:

Gegenstandswert
(Berechnet gem. §§ 2 Abs. 2, 13, 14 RVG)

1,0 Gebühr für die Prüfung der Erfolgsaussichten der Revision
gem. §§ 2 Abs. 2, 13, 14 Nr. 2100 VV RVG

Entgelte für Post- und Telekommunikationsdienstleistungen
gem. Nr. 7002 VV RVG

19 % USt gem. Nr. 7008 VV RVG

Summe

Diese Vergütung wird nicht auf die Vergütung angerechnet, die ein am BGH zugelassener Rechtsanwalt geltend macht. Sie entsteht zusätzlich. Diese Vergütung ist auch nicht vom Gegner an Sie zu zahlen (also zu erstatten), wenn Sie im Revisionsverfahren obsiegen. Dieser Vergütungsanteil verbleibt bei Ihnen.

Für den Fall, dass Sie unmittelbar einen Anwalt in Karlsruhe beauftragen wollen, erhalten Sie eine Information über Anwälte, die beim BGH zugelassen sind, von der Rechtsanwaltskammer Karlsruhe, Tel.: 0721/25340. Gerne können wir Sie bei der Beauftragung eines zur Vertretung bereiten Anwalts in Karlsruhe unterstützen.

Bitte beachten Sie, ohne Ihre ausdrückliche weitere Auftragserteilung werden wir hier in Ihrem Interesse nicht weiter tätig. Wir werden auch nicht Revision einlegen, da wir beim BGH nicht zugelassen sind und eine durch uns eingelegte Revision als unzulässig zurückgewiesen werden würde.

Bitte teilen Sie uns daher schnellst möglich mit, ob wir hier die Erfolgsaussichten der Revision prüfen sollen und wie Sie weiter vorgehen wollen.

Gerne erläutern wir Ihnen auch das Kostenrisiko im Revisionsverfahren. Falls Sie einen Anwalt beim BGH einschalten, ist es aber sinnvoll, dass dieser Sie über den Verlauf des weiteren Verfahrens informiert.

Grußformel

▲

Hinweis: 512

Ein Textmuster zur Revision mit Kostenübersicht finden Sie unter Rdn 557.

II. Das Berufungsverfahren

Teil 3, Abschnitt 2, Unterabschnitt 1: Berufung, bestimmte Beschwerden und Verfahren vor dem Finanzgericht 513

Gekürzte Darstellung von Vorbemerkung 3.2.1:

Dieser Unterabschnitt ist auch anzuwenden in Verfahren

1. vor dem Finanzgericht,
2. über Beschwerden
   a) gegen die den Rechtszug beendenden Entscheidungen in Verfahren über Anträge auf Vollstreckbarerklärung ausländischer Titel oder auf Erteilung der Vollstreckungsklausel zu ausländischen Titeln sowie über Anträge auf Aufhebung oder Abänderung der Vollstreckbarerklärung oder der Vollstreckungsklausel,
   b) gegen die Endentscheidung wegen des Hauptgegenstands in Familiensachen und in den Angelegenheiten der freiwilligen Gerichtsbarkeit,
   c) gegen die den Rechtszug beendenden Entscheidungen im Beschlussverfahren vor den Gerichten für Arbeitssachen,
   d) gegen die den Rechtszug beendenden Entscheidungen im personalvertretungsrechtlichen Beschlussverfahren vor den Gerichten der Verwaltungsgerichtsbarkeit,

(…)

Nr. 3200

Nr.	Gebührentatbestand	Gebühr oder Satz der Gebühr nach § 13 RVG
3200	**Verfahrensgebühr, soweit in Nummer 3204 nichts anderes bestimmt ist**	**1,6**

1. Allgemeines

Durch die entsprechenden Vorschriften in den Prozessgesetzen wird geregelt, wann ein Berufungsverfahren vorliegt (z.B. §§ 511 ff. ZPO, §§ 64 ff. ArbGG, §§ 124 ff. VwGO, §§ 143 ff. SGG). 514

Im Berufungsverfahren heißen die Beteiligten Berufungskläger und Berufungsbeklagter. 515 Vertreten Sie den **Berufungsbeklagten**, ist das erstinstanzliche Verfahren (ganz oder z.T.) obsiegend beendet. Sie sind **passiv**, Ihre Tätigkeit beginnt mit der Einlegung der Berufung durch den Berufungskläger. Bei nur teilweise obsiegender Beendigung des erstinstanzlichen Verfahrens ist es durchaus möglich, dass beide Parteien gegen das Urteil

Berufung einlegen – es werden aber nicht zwei Verfahren geführt, die Verfahren werden verbunden zu einem einheitlichen Verfahren. Auch ist es bei teilweisem Obsiegen möglich, noch im Wege der **Anschlussberufung** (s. § 7 Rdn 170 ff.) das erstinstanzliche Urteil anzufechten. Aber auch hier bleibt es dabei, dass nur ein Rechtszug geführt wird. Es ergeht auch hier eine einheitliche Entscheidung. Das Berufungsverfahren ist entsprechend § 15 Abs. 2 RVG gebührenrechtlich eine eigene Angelegenheit. Die Angelegenheit beginnt mit dem erteilten Auftrag zur Berufung, das gerichtliche Verfahren beginnt mit der Einreichung der Berufungsschrift beim Berufungsgericht.

516 Wie im erstinstanzlichen Verfahren können in der Berufungsinstanz u.a. eine Verfahrens-, Termins- sowie Einigungsgebühr entstehen. Generell ist es denkbar, dass auch hier die Zusatzgebühr der Nr. 1010 VV RVG entsteht.

2. Verfahrensgebühr gem. Nr. 3200 VV RVG und 3201 Nr. 1 VV RVG

517 In der Nr. 3200 VV RVG wird die **Verfahrensgebühr** für das Berufungsverfahren geregelt. Die volle Verfahrensgebühr i.H.v. 1,6 gem. Nr. 3200 VV RVG entsteht erst mit der Einreichung des Berufungsschriftsatzes. Für das Entstehen der Gebühr ist eine Berufungsbegründung nicht erforderlich.

Für den Berufungsbeklagten entsteht die volle Verfahrensgebühr der Nr. 3200 VV RVG mit Eingang des Berufungszurückweisungsantrages. Sie ist jedoch nicht in voller Höhe erstattungsfähig, siehe Rdn 522.

3. Berufung nur zur Fristwahrung

518 Trotz der mittlerweile vielfältigen Möglichkeiten zur schnellen Kommunikation zwischen Auftraggeber und RA kommt es immer wieder vor, dass zum Zeitpunkt des Ablaufs der Notfrist für die Einlegung der Berufung nicht eindeutig klar ist, ob die Berufung tatsächlich durchgeführt werden soll oder nicht. Weiß der Anwalt nicht sicher, ob er Berufung einlegen soll oder nicht, ist dies problematisch. Reagiert der Anwalt nicht, riskiert er den Eintritt der Rechtskraft und damit den Verlust der Anfechtbarkeit des Urteils.

519 Um dies zu vermeiden, erfolgt die Einlegung der Berufung nur zur sog. „Fristwahrung". Dies ändert nichts daran, dass für den Berufungsführer mit Einlegung der Berufung die volle Verfahrensgebühr i.H.v. 1,6 entsteht. Üblicherweise nimmt der RA, der den Berufungskläger vertritt, in diesen Fällen mit dem RA des Berufungsbeklagten Kontakt auf und informiert diesen über die zunächst nur fristwahrend eingelegte Berufung und bittet die Gegenseite schriftlich, sich „nicht beim Gericht zu bestellen (oder zu melden)". Wird das Rechtsverfahren nach eingehender Prüfung weiterbetrieben, wird die Gegenseite wiederum unterrichtet und sich dann beim Gericht als Prozessvertreter bestellen.

Dieses Vorgehen ist m.E. nicht zu empfehlen. Bis zu dem Schreiben, mit dem der Berufungsbeklagte aufgefordert wird, sich nicht zu bestellen (mandatieren, melden usw.), hat dieser noch keine Kenntnis von der eingelegten Berufung. Hat der RA des Berufungsbeklagten durch die Zustellung der Berufungsschrift oder Ihre Mitteilung, dass Berufung zur Fristwahrung eingelegt wurde, Kenntnis, wird er seinen Auftraggeber informieren. Dieser wird ihm den Auftrag erteilen, die Berufung abzuwehren, sodass mit der Erteilung des Auftrags bei dem RA des Berufungsbeklagten die 1,1 reduzierte Verfahrensgebühr gem. Nr. 3201 Nr. 1 VV RVG entsteht. Durch eine Information des Berufungsbeklagten über die erfolgte Berufung entsteht bei diesem schneller ein Vergütungsanspruch, als wenn die Zustellung nur von Amts wegen erfolgt wäre. Diese dauert üblicherweise je nach Gerichtsbezirk bis zu zehn Tage. 520

Verkürzte Darstellung der Nr. 3201 Nr. 1 521

Nr.	Gebührentatbestand	Gebühr oder Satz der Gebühr nach § 13 RVG
3201	**Vorzeitige Beendigung des Auftrags:** **Die Gebühr 3200 beträgt** Eine vorzeitige Beendigung liegt vor, 1. wenn der Auftrag endigt, bevor der Rechtsanwalt das Rechtsmittel eingelegt oder einen Schriftsatz, der Sachanträge, Sachvortrag, die Zurücknahme der Klage oder die Zurücknahme des Rechtsmittels enthält, eingereicht oder bevor er für seine Partei einen Termin wahrgenommen hat, oder (…)	**1,1**

Diese Gebühr ist auch erstattungsfähig und muss durch den Berufungskläger an den Berufungsbeklagten gezahlt werden, wenn der Berufungskläger die Berufung zurücknimmt. Die Gebühr ist auch dann erstattungsfähig, wenn sich der RA, der den Berufungsbeklagten vertritt, nicht beim Gericht gemeldet hat (sog. Meldeschriftsatz) oder in anderer Weise erkennbar vor dem Gericht aufgetreten ist. Für das Entstehen der Gebühr ist der erteilte **Auftrag** des Auftraggebers entscheidend. Eine konkrete weiter gehende Tätigkeit des RA ist nicht erforderlich. 522

Wenn Sie den Berufungsbeklagten in einem solchen Fall vertreten, sollten Sie sich den Auftrag von diesem gleich bei Weiterleitung der Berufung bestätigen lassen. 523

524 **Muster 8.44: Schreiben an den Auftraggeber bei gegnerischer Berufung zur Fristwahrung**

Anrede,

wie Sie dem in der Anlage beigefügten Schreiben entnehmen können, hat die Gegenseite gegen das obsiegende erstinstanzliche Urteil leider Berufung eingelegt, sodass das Verfahren noch nicht durch Eintritt der Rechtskraft beendet ist. Offenbar ist die Gegenseite sich aber nicht sicher, ob ernsthaft ein Berufungsverfahren geführt wird und hat die Berufung daher nur zur Wahrung der unverlängerbaren Notfrist zur Einlegung der Berufung eingelegt. Gleichzeitig sind wir gebeten worden, uns nicht bei Gericht zu bestellen.

Es ist in diesen Fällen aus anwaltlichen Gepflogenheiten unüblich, sich trotzdem beim Gericht zu melden und Ihre Vertretung anzuzeigen. Da nicht auszuschließen ist, dass das Berufungsverfahren durchgeführt wird, bitten wir Sie, uns mittels der beigefügten Auftragsbestätigung für das Berufungsverfahren zu beauftragen. Wir werden uns dann unverzüglich beim Gericht melden, sobald feststeht, dass die Berufung auch durchgeführt wird. Endet das Berufungsverfahren ohne Begründung mit Rücknahme durch den Berufungskläger (Gegner), werden wir Ihnen keine Vergütung in Rechnung stellen.

Es drohen Ihnen keine Rechtsnachteile, wenn wir uns nicht sofort beim Gericht für Sie melden und bestellen. Das Gericht stellt weiterhin alle Schriftstücke an uns als bisherige Prozessbevollmächtigte zu.

Wir werden Sie sofort informieren, wenn feststeht, ob das Berufungsverfahren tatsächlich durchgeführt wird.

Grußformel

525 **Muster 8.45: Auftragsbestätigung Vertretung im Berufungsverfahren**

Auftragsbestätigung:

Aufgrund der vorliegenden Berufungsschrift beauftrage ich

(nachstehend „der Auftraggeber" genannt)

(nachstehend „die Rechtsanwälte" genannt)

mit meiner Vertretung im Berufungsverfahren.

Die Rechtsanwälte werden ausdrücklich beauftragt, trotz der bisher nur zur Fristwahrung erfolgten Berufung, meine Interessen im Berufungsverfahren zu wahren.

, den der Auftraggeber

▲

Selbst wenn der Berufungsbeklagtenvertreter zusichert, sich nicht beim Gericht zu melden, hat diese Äußerung nicht zur Folge, dass dieser keine Vergütung verlangen wird. Eine Verpflichtung, sich nicht beim Gericht zu melden, oder gar keine Vergütung im Berufungsverfahren geltend zu machen, gibt es nicht. 526

Praxistipp: 527

Ist nur kurzfristig nicht abzusehen, ob ein Berufungsverfahren tatsächlich geführt werden soll, dann informieren Sie den Vertreter des Berufungsbeklagten nicht. Sinnvoller ist es, dem Vertreter des Berufungsbeklagten den Schriftsatz, mit dem die Rücknahme der Berufung erklärt wird, vorab im Parteibetrieb (also von Anwalt zu Anwalt – möglichst noch per Fax oder auf sonstige schnelle Übertragungsweise) zuzustellen. Wenn die Entscheidung über die Durchführung der Berufung rasch gefällt wird, erhält der RA des Berufungsbeklagten dann zu erst die Mitteilung über die Rücknahme der Berufung bevor ihm vom Gericht die Mitteilung über die eingelegte Berufung zugestellt wird. In diesem Fall kann der Berufungsbeklagte keine erstattungsfähige Vergütung geltend machen.

a) Terminsgebühr bei Berufung zur Fristwahrung

Vorsicht ist im Fall der Berufung nur zur Fristwahrung wegen der Terminsgebühr gem. 528 Vorbemerkung 3 Abs. 3 Nr. 2 VV RVG geboten. **Telefonische Vergleichsverhandlungen** lösen die 1,2 Terminsgebühr der Nr. 3202 VV RVG aus. Scheitern die Vergleichsbemühungen und wird die Berufung dann zurückgenommen, kann auch die Terminsgebühr vom Kostenerstattungsanspruch umfasst sein. Gem. § 516 Abs. 3 Satz 1 ZPO trägt der Berufungskläger im Fall der Berufungsrücknahme die Kosten des Berufungsverfahrens.

b) Keine Berufungsbegründung/Fristverlängerungsantrag Berufungsbegründung

Begründet der Berufungskläger die zur Fristwahrung eingelegte Berufung nicht rechtzei- 529 tig, so wird der Berufungsbeklagte zu Recht nach Ablauf der Berufungsbegründungsfrist beantragen, dass die Berufung verworfen wird. Durch diesen Schriftsatz entsteht auf Seiten des Vertreters des Berufungsbeklagten bereits die 1,6 Verfahrensgebühr gem. Nr. 3200 VV RVG. Diese Gebühr (zzgl. Auslagen) ist von dem Berufungskläger zu erstatten. Sie werden als notwendige Kosten der Rechtsverfolgung gewertet.

Dies gilt auch dann, wenn der Berufungskläger beantragt, die Berufungsbegründungsfrist zu verlängern. In diesem Moment darf der Berufungsbeklagte aus kostenerstattungsrechtlicher Sicht beim Gericht seine Verteidigungsabsicht kundtun und sich ordnungsgemäß durch einen RA vertreten lassen.

530 *Praxistipp:*

Im Berufungsverfahren sollte es vermieden werden, bei einer nur zur Fristwahrung eingelegten Berufung auch noch die Verlängerung der Berufungsbegründungsfrist zu beantragen. Wird dann die Berufung zurückgenommen, kann es sein, dass der Auftraggeber die Differenz der entstandenen Verfahrensgebühren (1,6 – 1,1 = 0,5 Gebührenmehr) im Wege des Schadensersatzes vom RA verlangt.

III. Terminsgebühr im Berufungsverfahren

531 **Nr. 3202**

Nr.	**Gebührentatbestand**	**Gebühr oder Satz der Gebühr nach § 13 RVG**
3202	**Terminsgebühr, soweit in Nummer 3205 nichts anderes bestimmt ist** (1) Absatz 1 Nr. 1 und 3 sowie die Absätze 2 und 3 der Anmerkung zu Nummer 3104 gelten entsprechend. (2) Die Gebühr entsteht auch, wenn gemäß § 79a Abs. 2, § 90a oder § 94a FGO ohne mündliche Verhandlung entschieden wird.	**1,2**

1. Allgemeines

532 Die Terminsgebühr in der zweiten Instanz entspricht in wesentlichen Teilen hinsichtlich der Voraussetzungen ihrer Entstehung sowie ihres Anwendungsbereichs der erstinstanzlichen Terminsgebühr.

Die Höhe der Terminsgebühr beträgt sowohl in der ersten als auch in der zweiten Instanz grds. 1,2.

533 Wird die Berufung durch **Beschluss** gem. § 522 Abs. 2 ZPO zurückgewiesen, kann keine Terminsgebühr entstehen. Eine Terminsgebühr kann auch in einem solchen Fall selbstverständlich entstehen, wenn das Gericht ganz ausnahmsweise zuvor **mündlich** verhandelt hat.

2. Terminsgebühr bei Säumnis des Berufungsbeklagten

Erscheint der Berufungsbeklagte nicht zum Termin zur mündlichen Verhandlung, sodass ein **Versäumnisurteil** gegen den Berufungsbeklagten ergeht, reduziert sich die Terminsgebühr nicht. Es entsteht die volle Terminsgebühr gem. Nr. 3202 VV RVG. 534

Es ist daher besonders „teuer", wenn der, der in der ersten Instanz obsiegt hat (und damit der Berufungsbeklagte ist), dann im Berufungsverfahren seine Rechte nicht ordentlich vertritt.

Ist nämlich der Berufungskläger säumig, kommt durchaus eine Reduzierung der Terminsgebühr gem. Nr. 3203 VV RVG in Betracht. Hier gelten die entsprechenden Grundsätze wie zu den erstinstanzlichen Terminsgebühren (Nr. 3104 und Nr. 3105 VV RVG), s. Rdn 450.

3. Reduzierte Terminsgebühr gem. Nr. 3203 VV RVG im Berufungsverfahren

Nr. 3203 535

Nr.	Gebührentatbestand	Gebühr oder Satz der Gebühr nach § 13 RVG
3203	**Wahrnehmung nur eines Termins, in dem eine Partei oder ein Beteiligter, im Berufungsverfahren der Berufungskläger, nicht erschienen oder nicht ordnungsgemäß vertreten ist und lediglich ein Antrag auf Versäumnisurteil oder zur Prozess-, Verfahrens- oder Sachleitung gestellt wird:** **Die Gebühr 3202 beträgt** Die Anmerkung zu Nummer 3105 und Absatz 2 der Anmerkung zu Nummer 3202 gelten entsprechend.	0,5

Entsprechend Nr. 3203 VV RVG reduziert sich die Terminsgebühr auf 0,5, sofern im Verhandlungstermin eine Partei nicht erscheint. Die wichtige Ausnahme im Berufungsverfahren (Säumnis des Berufungsbeklagten) ist bereits zur Terminsgebühr gem. Nr. 3202 VV RVG dargestellt worden (s. Rdn 534). 536

Grds. gilt für das Berufungsverfahren, dass der RA die reduzierte Terminsgebühr nur dann fordern kann, wenn der **Berufungskläger** nicht erschienen ist und der RA des Berufungsbeklagten lediglich einen Antrag auf VU oder zur Prozess- bzw. Sachleitung stellt. 537

Sobald der RA im Berufungsverfahren einen **streitigen** Antrag stellt, entsteht die volle Terminsgebühr nach Nr. 3202 VV RVG.

538 Aus der Anmerkung zu Nr. 3203 VV RVG ergibt sich, dass die Regelungen der Nr. 3105 Abs. 1 bis 3 VV RVG entsprechend gelten. Damit entsteht die 0,5 Gebühr auch, wenn das Gericht bei Säumnis lediglich Entscheidungen zur Prozess- und Sachleitung von Amts wegen trifft oder eine Entscheidung gem. § 331 Abs. 3 ZPO ergeht.

IV. Revisionsverfahren

539 **Teil 3, Abschnitt 2, Unterabschnitt 2: Revision; bestimmte Beschwerden und Rechtsbeschwerden**

Vorbemerkung 3.2.2:

Dieser Unterabschnitt ist auch anzuwenden in Verfahren

1. über Rechtsbeschwerden
   a) in den in der Vorbemerkung 3.2.1 Nr. 2 genannten Fällen und
   b) nach § 20 KapMuG,
2. vor dem Bundesgerichtshof über Berufungen, Beschwerden oder Rechtsbeschwerden gegen Entscheidungen des Bundespatentgerichts und
3. vor dem Bundesfinanzhof über Beschwerden nach § 128 Abs. 3 FGO.

1. Allgemeines

540 Generell ist das Revisionsverfahren das Verfahren der dritten Instanz. Man nennt das **Revisionsverfahren** die **dritte Instanz**. Üblicherweise kann der RA in der dritten Instanz die Gebühren nach Teil 3 Abschnitt 2 Unterabschnitt 2 VV RVG (**Nr. 3206 bis 3213 VV RVG**) berechnen. Wie in der ersten und zweiten Instanz können (u.a.) auch im Revisionsverfahren regelmäßig eine **Verfahrens-, Termins- sowie Einigungsgebühr** entstehen.

541 Wann ein Revisionsverfahren gegeben ist, ergibt sich aus den entsprechenden verfahrensrechtlichen Prozessgesetzen und nicht aus dem RVG. So ist das Revisionsverfahren bspw. geregelt in den §§ 542 ff. ZPO, §§ 72 ff. ArbGG sowie §§ 143 ff. VwGO.

542 Nicht selten wird ein Verfahren im Anschluss an eine Revision an ein untergeordnetes Gericht zurückverwiesen. **Nach Zurückverweisung** liegt **ein neuer Rechtszug** dem Gericht vor, an welches zurückverwiesen wurde (§ 21 Abs. 1 RVG). Im Hinblick auf die Verfahrensgebühr gilt dann entsprechend Vorbemerkung 3 Abs. 6 VV RVG, dass wenn die sog. **Vorabbefassung** vorliegt, die vor dem Gericht bereits einmal entstandene Verfahrensgebühr auf die Verfahrensgebühr angerechnet wird, die nach Zurückverweisung erneut entsteht.

Vorbemerkung 3 Abs. 6 VV RVG 543

(6) Soweit eine Sache an ein untergeordnetes Gericht zurückverwiesen wird, das mit der Sache bereits befasst war, ist die vor diesem Gericht bereits entstandene Verfahrensgebühr auf die Verfahrensgebühr für das erneute Verfahren anzurechnen.

2. Verfahrensgebühr im Revisionsverfahren

Nr. 3206 544

Nr.	Gebührentatbestand	Gebühr oder Satz der Gebühr nach § 13 RVG
3206	**Verfahrensgebühr, soweit in Nummer 3212 nichts anderes bestimmt ist**	**1,6**

545 Für seine Tätigkeit im Revisionsverfahren erhält der RA grds. eine 1,6 Gebühr wie im Berufungsverfahren nach Nr. 3200 VV RVG. Dies gilt nicht, wenn das Revisionsverfahren nur durch einen RA geführt werden kann, der beim BGH zugelassen ist. Für Revisionsverfahren vor dem **BGH** gibt es eine **vorrangige Sondervorschrift** (2,3 Verfahrensgebühr gem. **Nr. 3208 VV RVG**). Wird ein Revisionsverfahren vor dem BGH geführt, ist gem. § 78 Abs. 1 Satz 4 ZPO davon auszugehen, dass nur ein beim BGH zugelassener Anwalt auftreten kann.

546 Die Verfahrensgebühr entsteht (den entsprechenden Auftrag vorausgesetzt), wenn der RA die zu vergütende Tätigkeit in einem Revisionsverfahren vorgenommen hat. Abweichungen zum Entstehen der Verfahrensgebühr entsprechend Vorbemerkung 3 Abs. 2 VV RVG ergeben sich nicht.

3. Sprungrevision

547 Erklärt der RA das Antragsgegners nach § 566 Abs. 1 Satz 1 Nr. 1, Abs. 2 Satz 4 ZPO die Einwilligung zur Sprungrevision, ist diese Erklärung nicht gegenüber dem Gericht, sondern gegenüber dem gegnerischen Anwalt abzugeben. Dieser muss die erteilte Zustimmung dem Antrag auf Sprungrevision beifügen.

548 Bei der **Zustimmung zur Sprungrevision** handelt es sich nicht um einen **sog. Sachvortrag**. Diese Erklärung muss daher nicht entsprechend § 78 ZPO durch einen beim BGH zugelassenen Anwalt erfolgen.

549 Willigt der RA des Antragsgegners in die Sprungrevision ein, so kann er dafür nur eine 1,1 Verfahrensgebühr fordern (3207 VV RVG), weil ein Sachvortrag gegenüber dem Gericht selbst fehlt; er gibt seine Erklärung nur gegenüber dem Revisionsführer ab.

4. Reduzierte Verfahrensgebühr im Revisionsverfahren

550 **Nr. 3207**

Nr.	Gebührentatbestand	Gebühr oder Satz der Gebühr nach § 13 RVG
3207	**Vorzeitige Beendigung des Auftrags:** **Die Gebühr 3206 beträgt** Die Anmerkung zu Nummer 3201 gilt entsprechend.	1,1

551 Erledigt sich der Auftrag vorzeitig, kann der RA im Revisionsgebühr keine höhere Verfahrensgebühr als 1,1 gem. Nr. 3207 VV RVG verlangen. Wann und ob der **Auftrag sich vorzeitig erledigt hat**, ergibt sich aus **Definition zur Verfahrensgebühr der Nr. 3201 Nr. 1 VV RVG**. Abweichende Regelungen zur entsprechenden Verfahrensgebühr der ersten und zweiten Instanz sind nicht getroffen worden.

552 Ist ein Revisionsverfahren gegeben, in dem sich die Parteien nur durch einen beim BGH zugelassenen RA vertreten lassen können, beträgt die Höhe der Verfahrensgebühr für den Fall der vorzeitigen Erledigung entsprechend Nr. 3209 VV RVG 1,8.

5. Verfahrensgebühr im Revisionsverfahren für den BGH-Anwalt

553 **Nr. 3208**

Nr.	Gebührentatbestand	Gebühr oder Satz der Gebühr nach § 13 RVG
3208	**Im Verfahren können sich die Parteien nur durch einen beim Bundesgerichtshof zugelassenen Rechtsanwalt vertreten lassen:** **Die Gebühr 3206 beträgt**	2,3

554 In Revisionsverfahren, die vor dem **BGH** geführt werden, besteht **Anwaltszwang.** Die Parteien können sich ausschließlich durch einen beim BGH zugelassenen Anwalt vertreten lassen (**§ 78 Abs. 1 Satz 4 ZPO**).

Für die allgemeinen Anwaltskanzleien gilt, dass die darin tätigen RA nicht vor dem BGH auftreten können. Aufgrund der Singularzulassung können am BGH zugelassene RA auch nur vor dem BGH auftreten.

555 Regelmäßig gilt in zivilrechtlichen Angelegenheiten für alle anderen Anwälte, dass die Rechtmäßigkeit der Vertretung mit der Beendigung des Berufungsverfahrens endet. Ist der Auftraggeber im Berufungsverfahren unterlegen und lässt das Berufungsgericht die

Revision zu, so steht fest, dass die Revision nur durch einen am BGH zugelassenen RA eingelegt werden kann. Legt ein nicht am BGH zugelassener RA Revision ein, wird die Revision verworfen.

Die **Frist zur Einlegung der Revision** beträgt gem. § 548 ZPO **grds. einen Monat** (Ausnahme: Die Frist beginnt spätestens fünf Monate nach Verkündung des Urteils zu laufen). Innerhalb dieser Frist muss geklärt sein, wer die weitere Vertretung des Auftraggebers übernimmt und welche Funktion Ihre Kanzlei im Revisionsverfahren einnehmen soll. 556

8.46

▼

Muster 8.46: Belehrung des Auftraggebers bei Zulassung der Revision 557

Anrede,

in der Anlage überreichen wir Ihnen eine Kopie der Ausfertigung des Urteils des Berufungsgerichts vom ______ zum Aktenzeichen ______. Wie Sie dem Tenor des Urteils entnehmen können, hat das Berufungsgericht die Revision zugelassen.

Für das Revisionsverfahren ist der Bundesgerichtshof (BGH) in Karlsruhe zuständig. Vor diesem herrscht Singularzulassung. Dies bedeutet, dass nur Anwälte, die am BGH zugelassen sind, wirksam Ihre Rechte vertreten können. Wir sind nicht am BGH zugelassen, denn eine Zulassung am BGH bedeutet, dass die anwaltliche gerichtliche Tätigkeit ausschließlich vor dem BGH erfolgen kann.

Die Revision ist innerhalb einer nicht verlängerbaren Notfrist von einem Monat seit der Zustellung des Urteils, d.h. damit bis zum ______ beim BGH durch einen beim BGH zugelassenen Rechtsanwalt, einzulegen. Wird die Frist nicht gewahrt oder Revision nicht eingelegt, wird das Berufungsurteil rechtskräftig. Eine weitere Anfechtung des Urteils ist dann ausgeschlossen.

Da wir vor dem BGH nicht wirksam auftreten können, müssen Sie sich vor dem Verfahren in Karlsruhe durch einen anderen Rechtsanwalt vertreten lassen.

Eine Information über Anwälte, die beim BGH zugelassen sind, erhalten Sie von der Rechtsanwaltskammer Karlsruhe, Tel.: 0721/25340. Gerne können wir Sie bei der Beauftragung eines zur Vertretung bereiten Anwalts in Karlsruhe unterstützen.

Für ein Revisionsverfahren vor dem Bundesgerichtshof entsteht, da es sich um einen neuen Rechtszug handelt, eine neue weitere Anwaltsvergütung.

Für Ihren Anwalt werden Sie voraussichtlich zahlen müssen:

Gegenstandswert:

2,3 Verfahrensgebühr für Revision vor dem BGH gem. §§ 2 Abs. 2, 13, Nr. 3208 VV RVG

1,5 Terminsgebühr gem. §§ 2 Abs. 2, 13, Nr. 3210 VV RVG

Entgelte für Post- und Telekommunikationsdienstleistungen Nr. 7002 VV RVG

19 % Umsatzsteuer gem. Nr. 7008 VV RVG

Summe

Für den Fall, dass das Revisionsverfahren zu Ihren Ungunsten (ganz oder zum Teil endet), verdoppelt sich die Anwaltsvergütung, weil die Kosten des gegnerischen Rechtsanwalts dann auch von Ihnen zu begleichen sind. Hinzu kommen noch die Gerichtskosten (5,0 Gerichtskosten nach einem Gerichtsgebührenwert in Höhe von gem. § 34 Nr. 1230 KV GKG), wobei regelmäßig diese auch nur im Unterliegensfall von Ihnen zu zahlen sind. Auszuschließen ist eine Zahllast für die Gerichtskosten dann nicht, wenn ein Fall der Rückgriffshaftung (Zahlungsunfähigkeit des Hauptschuldners) gegeben ist. Je nach Kostenquote verändert sich Ihre Zahllast. Das hier dargestellte Kostenrisiko berücksichtigt den ungünstigsten Fall des Ausgangs des Verfahrens, also den Fall, dass Sie im Revisionsverfahren komplett unterliegen.

Wegen der besseren Verständlichkeit haben wir die Möglichkeit eines Vergleichs bei der Kostendarstellung nicht berücksichtigt.

Bei der Übersicht über die zu erwartende und mögliche Kostenbelastung haben wir die für eine weitere Tätigkeit durch uns entstehende Vergütung nicht berücksichtigt.

Dies liegt daran, dass – auch im Fall des Obsiegens – die Kosten für die Hinzuziehung eines weiteren Anwalts im Revisionsverfahren gem. § 91 ZPO grundsätzlich nicht erstattungsfähig sind. Eine weitere Tätigkeit und Betreuung des Mandats durch uns ist darüber hinaus auch nur eingeschränkt möglich. Selbstverständlich können wir mit dem von Ihnen zu beauftragenden BGH Anwalt Kontakt halten, den Sachverhalt besprechen. Dies geschieht dann aber zwingend auf Ihre eigenen Kosten. Wir könnten auch den zu erwartenden Verhandlungstermin am BGH wahrnehmen, wir sind aber nicht befugt, Anträge zu stellen oder in das Verhandlungsgeschehen einzugreifen.

Unsere Vergütung für den Fall einer weiteren Tätigkeit (mit Teilnahme am Gerichtstermin) würde betragen:

Gegenstandswert:

1,0 Verfahrensgebühr Verkehrsanwalt gem. §§ 2 Abs. 2, 13, Nr. 3400 VV RVG

1,5 Terminsgebühr Revision gem. §§ 2 Abs. 2, 13 RVG, Nr. 3210 VV RVG

Geschäftsreise, Benutzung des eigenen Kfz gem. Nr. 7003 VV RVG

Kfz-Benutzung km Hin- und Rückweg × 0,30 €

Geschäftsreise, Tage- und Abwesenheitsgeld für mehr als acht Stunden gem. Nr. 7005 Nr. 3 VV RVG

Entgelte für Post- und Telekommunikationsdienstleistungen gem. Nr. 7002 VV RVG

19 % Umsatzsteuer gem. Nr. 7008 VV RVG

Summe

Für den Fall, dass wir keinen Termin wahrnehmen sollten, verringert sich die Kostenbelastung um die 2. Position in der Übersicht (Terminsgebühr nebst anteiliger Umsatzsteuer).

Bitte nehmen Sie sobald wie möglich mit uns Kontakt auf, damit das weitere Vorgehen besprochen werden kann. Wir werden hier nicht ohne eine Rücksprache einen weiteren RA mit Ihrer Vertretung beauftragen. Wir werden auch nicht Revision einlegen, da dieses Vorgehen nicht zulässig wäre.

Grußformel

▲

Praxistipp: 558

Eine Mitteilung über die am BGH zugelassenen RAe erhalten Sie über die

Rechtsanwaltskammer Karlsruhe

Körperschaft des öffentlichen Rechts, Reinhold-Frank-Str. 72, 76133 Karlsruhe

Tel.: 0721/25340

Fax: 0721/26627

E-Mail: info@rak-karlsruhe.de

Wie Sie den Mustertexten entnehmen konnten, muss der Auftraggeber mit erheblichen Kosten rechnen, wenn Sie ihn auch im Revisionsverfahren (oder im Verfahren über die Nichtzulassungsbeschwerde vor dem BGH oder der Rechtsbeschwerde vor dem BGH) vertreten. Auch im Revisionsverfahren vor dem BGH gibt es gute Gründe, warum eine weitere Betreuung der Angelegenheit zusätzlich durch Sie erfolgen sollte. So kennen Sie i.d.R. das gesamte erstinstanzliche und zweitinstanzliche Verfahren, sind mit dem Sachverhalt vertraut und kennen die Besonderheiten des Verfahrens. Auch hat Ihr Auftraggeber im Laufe der Zeit ein Vertrauensverhältnis zu Ihnen aufgebaut. Den Anwalt am BGH beauftragt der Auftraggeber ja aufgrund zwingender gesetzlicher Vorschriften. Er trifft aber nicht eine Auswahl, wie er es getan hat, als er Ihnen die Vertretung übertragen hat. Es spricht daher nichts dagegen, den Auftraggeber auch weiterhin zu betreuen, Schriftsätze der Gegenseite zu besprechen und mögliche Erwiderungen vorzubereiten. Der Auftraggeber sollte aber wissen, dass Ihre Tätigkeit einen Vergütungsanspruch auslöst, den er auch im Obsiegensfall nicht vom unterliegenden Gegner erstattet erhalten wird.

6. Prüfung der Erfolgsaussichten der Nichtzulassungsbeschwerde

559 Der bisher mit der Sache befasste RA kann die Erfolgsaussichten des Rechtsmittels prüfen. Es kann auch von Vorteil sein, dass ggf. ein bisher vollkommen unbeteiligter RA (z.B. der BGH-Anwalt) die Rechtslage überprüft und eine Einschätzung vornimmt. Sie sollten Ihrem Auftraggeber daher empfehlen, den eingeschalteten BGH-Anwalt zunächst nur mit der Prüfung der Erfolgsaussichten des Rechtsmittels zu beauftragen (somit der Revision, Nichtzulassungsbeschwerde oder Rechtsbeschwerde). Kommt der BGH Anwalt zu dem Ergebnis, dass ein weiteres Vorgehen nicht aussichtsreich ist, ist die Vergütung, die der BGH-Anwalt fordern kann (Gebühr gem. Nr. 2100 VV RVG nebst Auslagen) geringer als die Gebühr, die er fordern könnte, wenn sich der Auftrag zur Durchführung der Revision vorzeitig erledigt.

8.47

▼

560 **Muster 8.47: Schreiben an Auftraggeber – Auftrag an BGH-Anwalt**

Anrede,

wir haben vereinbart, dass aus Kostengründen das weitere Verfahren vor dem BGH durch einen beim BGH zugelassenen Rechtsanwalt erfolgt. Bitte beachten Sie, die hier gegebene Notfrist zur Einlegung der Revision, die am   abläuft. Die Revision muss am Tage des Fristablaufs beim BGH bis 24.00 Uhr eingehen. Nach Ablauf der Frist müssen Sie davon ausgehen, dass das Revisionsverfahren nicht mehr geführt werden kann. Nur in wenigen Ausnahmenfällen des unverschuldeten Fristablaufs ist unter Umständen die Möglichkeit gegeben, Wiedereinsetzung in den vorigen Stand zu beantragen. Darauf sollten Sie es auf keinen Fall ankommen lassen, denn an die Frage, ob ein Fall der unverschuldeten Fristversäumnis vorliegt sind sehr enge Bedingungen und Voraussetzungen geknüpft.

Sie sollten einen sog. bedingten Auftrag an den BGH-Anwalt erteilen. Sinnvoll ist es, dass Sie diesen zunächst mit der Prüfung der Erfolgsaussichten des Rechtsmittels beauftragen und nur für den Fall, dass eine Prüfung der Erfolgsaussichten ergibt, dass ein weiteres Vorgehen auch Erfolgsaussichten bietet, den Auftrag erteilen, dass durch den BGH-Anwalt Revision eingelegt wird. Wenn Sie Ihren Auftrag mit dieser Bedingung erteilen, dann sparen Sie einen großen Teil der Anwaltsvergütung, für den Fall, dass der BGH-Anwalt zu der Auffassung gelangt, ein weiteres Vorgehen sei aussichtslos. Die gesetzliche Vergütung in diesem Fall ist geringer, als wenn Sie gleich den Auftrag für das Revisionsverfahren erteilen.

Formulieren Sie Ihr Anliegen etwa wie folgt:

„Bitte prüfen Sie zunächst die Aussichten der Revision. Nur für den Fall, dass Sie die Revision nach dieser Prüfung für aussichtsreich halten, erteile ich den Auftrag zur Einlegung der Revision".

Bitte informieren Sie uns über den weiteren Fortgang der Angelegenheit. Nach Abschluss des Verfahrens umfasst es der von Ihnen erteilte Auftrag, dass wir uns um die Erstattung der erst- und zweitinstanzlich entstandenen Kosten bemühen.

Wir wünschen Ihnen für das weitere Vorgehen viel Erfolg und hoffen sehr, dass ein Revisionsverfahren den gewünschten Erfolg herbeiführen wird.

Grußformel

▲

7. Revisionsverfahren und Rechtsschutzversicherung

Hat die Rechtsschutzversicherung **Kostendeckungszusage** für das erstinstanzliche Verfah- 561
ren und das Berufungsverfahren erteilt, ist nicht ohne Weiteres davon auszugehen, dass für das Revisionsverfahren auch eine Kostenübernahme erfolgt. Unter Berücksichtigung der Ausführungen unter Rdn 502 muss bei der Rechtsschutzversicherung erneut um Kostendeckung nachgesucht werden. Grds. ist die Tätigkeit gegenüber der Rechtsschutzversicherung eine besondere Angelegenheit, die einen eigenen Vergütungsanspruch auslöst, aber auch hier ist es erforderlich, dass der Auftraggeber den entsprechenden Auftrag erteilt.

Sinnvoll ist es hier, dass der Auftraggeber den Revisionsanwalt mit der weiteren Auseinan- 562
dersetzung mit der Rechtsschutzversicherung beauftragt. Nur der Revisionsanwalt wird der Rechtsschutzversicherung mitteilen können, wie er das Rechtsmittel begründen wird. Je eher hier die Abgabe der Angelegenheit an den BGH-Anwalt erfolgt, umso schneller hat der Auftraggeber Sicherheit darüber, mit welchem Eigenanteil er wird rechnen müssen.

Üblicherweise zahlt die Rechtsschutzversicherung (s. Rdn 322) die Kosten für die Hin- 563
zuziehung eines zweiten RA, wenn der Auftraggeber mehr als 100 km Luftlinie vom Gerichtsort entfernt wohnt (§ 2a Abs. 1 Satz 3 ARB 75/§ 5 Abs. 1 lit a Satz 1 ARB 2000). Allerdings ist damit zu rechnen, dass es erhebliche Auseinandersetzungen geben wird, wenn der sog. **Verkehrsanwalt** (und damit im Ausgangsfall Ihre Kanzlei) einen Termin wahrnimmt und Reisekosten- sowie Abwesenheitskosten verlangt.

Wenn Sie bei der Rechtsschutzversicherung Ihres Auftraggebers um Kostenübernahme 564
bitten wollen, könnte dies wie folgt formuliert werden:

▼ 8.48

Muster 8.48: Kostendeckungsanfrage Revisionsverfahren

Anrede,

wie Sie dem in der Anlage beigefügten Urteil des Berufungsgerichts vom zum Aktenzeichen entnehmen können, hat das Berufungsgericht die Revision zugelassen.

Wir können am BGH nicht auftreten. Da Ihr Versicherungsnehmer mehr als 100 km Luftlinie vom Gerichtsort entfernt wohnt, bitten wir Sie um Kostendeckungszusage für unsere Tätigkeit als Korrespondenz- (oder Verkehrs-) anwälte. Der Prozessbevollmächtigte wird das Revisionsverfahren führen, die erforderlichen Schriftsätze fertigen und auch die Termine wahrnehmen.

Wegen der aus der Zulassung der Revision ersichtlichen grundsätzlichen Bedeutung der Angelegenheit beabsichtigen wir, ebenfalls den Gerichtstermin wahrzunehmen. Auch hierfür bitten wir um Kostendeckungszusage.

Wegen der Kürze der Revisionsfrist bitten wir um Ihre abschließende Stellungnahme bis zum

(Datum)

hier eingehend.

Bei dieser Gelegenheit bitten wir ebenfalls um Kostendeckung für das Revisionsverfahren. Das Berufungsgericht hat durch die Zulassung der Revision deutlich gezeigt, dass nicht auszuschließen ist, dass das Berufungsurteil durch den BGH aufgehoben wird. Wie das Rechtsmittel im Einzelnen begründet wird, wird Ihnen dann der BGH-Anwalt mitteilen.

Grußformel

▲

8. Übergabe der Handakten

565 Wenn ein am BGH zugelassener RA die weitere Vertretung des Auftraggebers übernimmt, fordert dieser regelmäßig die Übersendung der Handakte an. Zu den Bestandteilen der Handakte, den Kopierkosten und der Erstattung etwaiger Versandkosten (z.B. Päckchen, Einschreiben-Rückschein) s. die Ausführungen im § zur vorzeitigen Erledigung des Auftrages (Nr. 3101 Nr. 1 VV RVG) unter Rdn 406, 433, 411.

9. Verfahrensgebühr gem. Nr. 3208 VV RVG

566 Der am BGH zugelassene RA kann gem. Nr. 3208 VV RVG eine 2,3 Verfahrensgebühr verlangen. Diese ist – wie alle Verfahrensgebühren – gem. 7 Nr. 1008 VV RVG erhöhungsfähig, wenn eine Vertretung mehrerer Auftraggeber erfolgt.

10. Vorzeitige Erledigung im Revisionsverfahren

Nr. 3209 567

Nr.	Gebührentatbestand	Gebühr oder Satz der Gebühr nach § 13 RVG
3209	**Vorzeitige Beendigung des Auftrags, wenn sich die Parteien nur durch einen beim Bundesgerichtshof zugelassenen Rechtsanwalt vertreten lassen können:** **Die Gebühr 3206 beträgt** Die Anmerkung zu Nummer 3201 gilt entsprechend.	1,8

Wenn sich die Parteien nur durch einen beim BGH zugelassenen RA vertreten lassen können und in diesen Verfahren der **Auftrag vorzeitig beendet** wird, reduziert sich die Verfahrensgebühr des BGH-Anwalts auf 1,8. Ob und wann eine vorzeitige Beendigung vorliegt, ergibt sich aus **Nr. 3201 Nr. 1, 2 VV RVG.** Die dazu gemachten Ausführungen gelten auch hier.

Bitte beachten Sie hier die Ausführungen zum Unterpunkt „Prüfung der Erfolgsaussichten des Rechtsmittels" unter Rdn 495.

11. Terminsgebühr im Revisionsverfahren

Nr. 3210 568

Nr.	Gebührentatbestand	Gebühr oder Satz der Gebühr nach § 13 RVG
3210	**Terminsgebühr, soweit in Nummer 3213 nichts anderes bestimmt ist** Absatz 1 Nr. 1 und 3 sowie die Absätze 2 und 3 der Anmerkung zu Nummer 3104 und Absatz 2 der Anmerkung zu Nummer 3202 gelten entsprechend.	1,5

a) Allgemeines

Ob eine Terminsgebühr entsteht, hängt erneut von den bereits erläuterten Voraussetzungen in Vorbemerkung 3 Abs. 3 VV RVG i.V.m. Nr. 3104 VV RVG ab. Besonderheiten für die Terminsgebühr im Revisionsverfahren ergeben sich nicht. 569

Allerdings entsteht die Terminsgebühr in allen Revisionsverfahren (nicht nur vor dem BGH) mit einem Gebührensatz von 1,5. Eine besondere Vorschrift, die sich nur auf das Revisionsverfahren bezieht, gibt es nicht.

b) Terminsgebühr für nicht am BGH zugelassenen RA

570 Auch für den RA, der nicht am BGH zugelassen ist und den Auftraggeber weiterhin im Revisionsverfahren vertritt, kann entsprechend Vorbemerkung 3 Abs. 3 VV RVG eine Terminsgebühr entstehen. Nimmt er den Termin wahr, dann kommt es nicht darauf an, ob der RA bei dem Gericht auch zugelassen ist. Die Wahrnehmung des Termins ist ausreichend. Daneben kann die Terminsgebühr auch immer unter der Voraussetzung entstehen, dass die Tatbestandsmerkmale aus Vorbemerkung 3 Abs. 3 Nr. 2 VV RVG vorliegen (s. hierzu die Ausführungen zur Terminsgebühr in Nr. 3104 VV RVG unter Rdn 461, 464).

c) Reduzierte Terminsgebühr im Revisionsverfahren

571 **Nr. 3211**

Nr.	Gebührentatbestand	Gebühr oder Satz der Gebühr nach § 13 RVG
3211	**Wahrnehmung nur eines Termins, in dem der Revisionskläger nicht ordnungsgemäß vertreten ist und lediglich ein Antrag auf Versäumnisurteil oder zur Prozess- oder Sachleitung gestellt wird:** **Die Gebühr 3210 beträgt** Die Anmerkung zu Nummer 3105 und Absatz 2 der Anmerkung zu Nummer 3202 gelten entsprechend.	0,8

572 Selbst im Revisionsverfahren ist es noch denkbar, dass eine der **Parteien säumig** ist. Ist der Revisionskläger **im Verhandlungstermin nicht oder nicht ordnungsgemäß vertreten** und stellt der RA des Revisionsbeklagten daraufhin lediglich (nur) einen Antrag auf Erlass eines Versäumnisurteils oder zur Prozess- oder Sachleitung, reduziert sich die Terminsgebühr gem. Nr. 3211 VV RVG auf 0,8.

V. Nichtzulassungsbeschwerde

573 **Nr. 3506**

Nr.	Gebührentatbestand	Gebühr oder Satz der Gebühr nach § 13 RVG
3506	**Verfahrensgebühr für das Verfahren über die Beschwerde gegen die Nichtzulassung der Revision oder über die Beschwerde gegen die Nichtzulassung einer der in der Vorbemerkung 3.2.2 genannten Rechtsbeschwerden, soweit in**	1,6

Nr.	Gebührentatbestand	Gebühr oder Satz der Gebühr nach § 13 RVG
	Nummer 3512 nichts anderes bestimmt ist. Die Gebühr wird auf die Verfahrensgebühr für ein nachfolgendes Revisions- oder Rechtsbeschwerdeverfahren angerechnet.	

1. Allgemeines

Ob gegen ein Berufungsurteil die Möglichkeit der Revision gegeben ist, hängt in erster Linie davon ab, ob die Revision zugelassen worden ist. Ist die Revision nicht zugelassen, kann **gegen die Nichtzulassung der Revision Nichtzulassungsbeschwerde** erhoben werden, allerdings nur, wenn der Wert der Beschwer 20.000,00 € übersteigt (§ 26 Nr. 8 EGZPO). Aus diesem Grund bietet es sich an, bei der Einlegung der Berufung zu beantragen, dass im Fall einer abschlägigen Entscheidung durch das Berufungsgericht eine Entscheidung über die Zulassung der Revision getroffen wird. Im Muster des Berufungsschriftsatzes unter Rdn 173 ist daher dieser entsprechende Antrag enthalten. 574

Die Anfechtung der Nichtzulassung der Revision richtet sich nach §§ 544 ZPO, 543 Abs. 1 Nr. 1 ZPO. Die Nichtzulassungsbeschwerde ist an eine **Notfrist** gebunden. Die Nichtzulassungsbeschwerde muss üblicherweise **innerhalb eines Monats nach Zustellung des vollständigen Urteils** eingelegt werden. Das Gericht hat dann verschiedene Möglichkeiten (das Gericht kann der Nichtzulassungsbeschwerde stattgeben oder sie abweisen). 575

Das **Nichtzulassungsbeschwerdeverfahren** ist eine **eigene gebührenrechtliche Angelegenheit** (§§ 17 Nr. 9, 15 Abs. 2 Satz 2 RVG). Der RA kann in diesem Verfahren einen eigenen Vergütungsanspruch geltend machen. Die Verfahrensgebühr der **Nr. 3506 VV RVG** im Nichtzulassungsbeschwerdeverfahren wird auf die Verfahrensgebühr für ein sich anschließendes Revisionsverfahren angerechnet (Anm. zu Nr. 3506 VV RVG). Damit kann eine Anrechnung nur erfolgen, wenn der Nichtzulassungsbeschwerde auch stattgegeben worden ist, denn nur dann wird das Verfahren als Revisionsverfahren fortgeführt. 576

Auch hier ist zu beachten, dass die Anrechnung nur Auswirkung auf die Verfahrensgebühr hat. Entgelte für Post- und Telekommunikationsdienstleistungen und andere entstandene **Auslagen** bleiben bestehen. Sie werden **nicht angerechnet**.

2. Verfahrensgebühr im Verfahren über die Nichtzulassung der Revision

577 Im Verfahren über die Beschwerde gegen die Nichtzulassung der Revision entsteht eine 1,6 Verfahrensgebühr. Vom Regelungszweck entspricht die Gebühr der bereits erläuterten Verfahrensgebühr gem. Nr. 3200 VV RVG in Berufungsverfahren. Vertritt der RA mehrere Auftraggeber, ist auch diese Verfahrensgebühr gem. Nr. 1008 VV RVG erhöhungsfähig.

578 Eine 1,6 Verfahrensgebühr entsteht nur in Nichtzulassungsverfahren, die nicht vor dem BGH geführt werden, z.B. Nichtzulassungsverfahren vor dem Bundesarbeitsgericht, BAG. Die 1,6 Verfahrensgebühr entsteht regelmäßig nicht vor Gerichten anderer Gerichtsbarkeiten (wie z.B. dem Bundessozialgericht [BSG] u.a.), wenn dort bspw. Betragsrahmengebühren vorgesehen sind.

579 Ist das Verfahren vor dem BGH zu führen, regelt eine eigene Vergütungsziffer die Höhe der Verfahrensgebühr (**2,3** Nr. 3508 VV RVG).

3. Reduzierte Verfahrensgebühr im Revisionsverfahren

580 **Nr. 3507**

Nr.	**Gebührentatbestand**	**Gebühr oder Satz der Gebühr nach § 13 RVG**
3507	**Vorzeitige Beendigung des Auftrags:** **Die Gebühr 3506 beträgt** Die Anmerkung zu Nummer 3201 ist entsprechend anzuwenden.	**1,1**

581 Im Nichtzulassungsbeschwerdeverfahren erhält der RA eine 1,6 Verfahrensgebühr. Endet der Auftrag vorzeitig, ermäßigt sich die Gebühr auf 1,1.

582 Nach der Anm. zu Nr. 3507 VV RVG gibt es keine Abweichungen zu den Regelungen über die reduzierte Verfahrensgebühr im Berufungsverfahren gem. Nr. 3201 VV RVG und damit ist (wegen der weiteren Verweisung) die Regelungen zur reduzierten Verfahrensgebühr gem. Nr. 3101 Nr. 1 VV RVG einschlägig. Auf die dortigen Ausführungen wird verwiesen (Rdn 373).

4. Nichtzulassungsbeschwerde vor dem BGH

Nr. 3508 583

Nr.	Gebührentatbestand	Gebühr oder Satz der Gebühr nach § 13 RVG
3508	**In dem Verfahren über die Beschwerde gegen die Nichtzulassung der Revision können sich die Parteien nur durch einen beim Bundesgerichtshof zugelassenen Rechtsanwalt vertreten lassen:** **Die Gebühr 3506 beträgt** Die Anmerkung zu Nummer 3201 ist entsprechend anzuwenden.	2,3

Die Nichtzulassungsbeschwerde gem. § 544 ZPO ist beim **BGH einzulegen**. Dies muss durch einen beim BGH zugelassenen RA erfolgen. 584

Der BGH-Anwalt erhält eine erhöhte 2,3 Verfahrensgebühr.

Praxistipp: 585

Sämtliche Ausführungen/Muster und Praxistipps zum Revisionsverfahren vor dem BGH gelten auch für das Verfahren der Nichtzulassungsbeschwerde. Die vorhandenen Muster müssen nur angepasst werden und der Begriff Revision durch den Begriff Nichtzulassungsbeschwerde ersetzt werden. Bitte beachten Sie daher das die Ausführungen zur Revision (§ 7 Rdn 197).

Bei Beendigung des Berufungsrechtszuges (Ausnahme: Die sehr seltene Sprungrevision nach Abschluss der ersten Instanz) hat das Berufungsgericht zwei Möglichkeiten, das weitere Verfahren vorzugeben. 586

Es kann die Revision zulassen, dann kann das Verfahren nur mit der Revision fortgeführt werden. Das Berufungsgericht kann ebenfalls aussprechen, dass die Revision nicht zugelassen wird. Das weitere Vorgehen hängt davon ab, ob der für die Nichtzulassungsbeschwerde erforderliche Wert der Beschwer überschritten wird.

Gem. § 26 Nr. 8 EGZPO ist die Nichtzulassungsbeschwerde bis einschließlich 30.6.2018 (*hier ist es möglich, dass eine Verlängerung dieser Vorschrift verabschiedet wird – darauf müssen Sie ab 30.6.2018 achten*) nur zulässig, wenn der Wert der **Beschwer 20.000,00 € übersteigt**. Ist der Wert der Beschwer (das aberkannte Verlangen des Auftraggebers) geringer, kann die Nichtzulassung der Revision nicht angefochten werden. Das Urteil ist unanfechtbar. Nur, wenn der Wert der Beschwer 20.000,00 € übersteigt, kann die Nichtzulassung der Revision mit der Nichtzulassungsbeschwerde angefochten werden. 587

588 Im Berufungsurteil finden Sie daher (i.d.R.) bereits im Urteilstenor entweder

„Die Revision wird nicht zugelassen“.

oder

„Die Revision wird zugelassen“.

589 Ist die Revision nicht zugelassen und übersteigt der Wert der Beschwer 20.000,00 €, hat der Auftraggeber die Möglichkeit i.R.d. Nichtzulassungsbeschwerde die Entscheidung des Berufungsgerichts durch den BGH überprüfen zu lassen.

590 Sie können den Auftraggeber nicht vertreten, wenn der RA nicht am BGH zugelassen ist. I.d.R. wird dies der Fall sein, denn nur die RA, die ausschließlich am BGH tätig sind, können vor dem BGH auftreten (sog. **Singularzulassung**).

591 Den Auftraggeber sollten Sie über das weitere Vorgehen etwa wie nachfolgend formuliert informieren:

8.49 ▼

Muster 8.49: Schreiben an Auftraggeber – Beendigung der zweiten Instanz – Nichtzulassungsbeschwerde

Anrede,

ausweislich des in der Anlage beigefügten Urteils des Gerichts vom zum Aktenzeichen ist das Berufungsverfahren durch dieses Schlussurteil beendet.

Das Gericht ist der von hier aus geführten rechtlichen Argumentation nicht gefolgt.

Wie Sie dem Urteil entnehmen können, hat das Gericht die Revision nicht zugelassen. Grundsätzlich ist die Revision nicht von einem Wert der Beschwer abhängig. Lässt das Berufungsgericht die Revision aber nicht zu, so kann dagegen Nichtzulassungsbeschwerde zum Bundesgerichtshof (BGH) eingelegt werden. Dies ist aber nur dann möglich, wenn der sogenannte Wert der Beschwer (oder auch die Beschwerdesumme) 20.000,00 € übersteigt. Dies ist hier der Fall, sodass Sie das Verfahren weiterführen können, in dem Sie Nichtzulassungsbeschwerde zum BGH einlegen. Allerdings prüft der BGH zunächst, ob die Nichtzulassung der Revision zu Recht erfolgt ist, das Hauptanliegen wird nur einer rechtlichen Überprüfung unterzogen, wenn der BGH aufgrund der erhobenen Nichtzulassungsbeschwerde dieser stattgibt und damit das Revisionsverfahren eröffnet.

Gibt der BGH der Nichtzulassungsbeschwerde nicht statt, ist das Verfahren rechtskräftig beendet, weitere Anfechtungsmöglichkeiten sind dann nicht gegeben. Die Entscheidung des BGH über die Nichtzulassung der Revision ist endgültig. Nur in ganz wenigen Ausnahmefällen ist bei einer Verletzung der im Grundgesetz (GG) verankerten Grundrechte die Anrufung der Verfassungsgerichte nach einer solchen Entscheidung möglich. Hier verzichten wir an dieser Stelle auf weiterführende Hinweise und kommen auf dieses Thema zurück, sollten nach Abschluss des Verfahrens vor dem BGH Anhaltspunkte dafür vorhanden sein, dass ein weiteres Vorgehen vor den Verfassungsgerichten aussichtsreich erscheinen lässt.

Wie vorstehend mitgeteilt, wird das Verfahren über die Nichtzulassungsbeschwerde der Revision vor dem BGH geführt. Vor dem Bundesgerichtshof sind wir nicht zugelassen. Die Nichtzulassungsbeschwerde ist innerhalb einer nicht verlängerbaren Notfrist von einem Monat seit der Zustellung des Urteils, d.h. damit bis zum beim BGH durch einen beim BGH zugelassenen Rechtsanwalt einzulegen. Wird die Frist nicht gewahrt oder die Nichtzulassungsbeschwerde nicht eingelegt, wird das Berufungsurteil rechtskräftig. Eine weitere Anfechtung des Urteils ist dann ausgeschlossen.

Da wir vor dem BGH nicht wirksam auftreten können, müssen Sie sich vor dem Verfahren in Karlsruhe durch einen anderen Rechtsanwalt vertreten lassen.

Eine Information über Anwälte, die beim BGH zugelassen sind, erhalten Sie von der Rechtsanwaltskammer Karlsruhe, Tel.: 0721/25340. Gerne können wir Sie bei der Beauftragung eines zur Vertretung bereiten Anwalts in Karlsruhe unterstützen.

Für das Verfahren über Nichtzulassung der Revision vor dem Bundesgerichtshof entsteht, da es sich um einen neuen Rechtszug handelt, eine neue weitere Anwaltsvergütung.

Für Ihren Anwalt, der beim BGH zugelassen ist, werden Sie voraussichtlich zahlen müssen:

Gegenstandswert:

2,3 Verfahrensgebühr für Revision vor dem BGH gem. §§ 2 Abs. 2, 13, Nr. 3508 VV RVG

1,2 Terminsgebühr gem. §§ 2 Abs. 2, 13, Nr. 3516 VV RVG (eher unwahrscheinlich)

Entgelte für Post- und Telekommunikationsdienstleistungen Nr. 7002 VV RVG

19 % Umsatzsteuer gem. Nr. 7008 VV RVG

Summe

Für den Fall, dass das die Revision aufgrund der Nichtzulassungsbeschwerde nicht zugelassen wird, verdoppelt sich voraussichtlich der obige Betrag, weil die Kosten des gegnerischen Rechtsanwalts dann auch von Ihnen zu begleichen sind. Hinzu kommen noch die Gerichtskosten (2,0 Gerichtskosten nach einem Gerichtsgebührenwert in Höhe von gem. § 34 Nr. 1242 KV GKG), wobei regelmäßig diese auch nur im Unterliegensfall von Ihnen zu zahlen sind. Auszuschließen ist eine Zahllast für die Gerichtskosten dann nicht, wenn ein Fall der Rückgriffshaftung (Zahlungsunfähigkeit des Hauptschuldners) gegeben ist. Je nach Kostenquote verändert sich Ihre Zahllast. Das hier dargestellte Kostenrisiko berücksichtigt den ungünstigsten Fall des Ausgangs des Verfahrens, also den Fall, dass Sie im Verfahren über die Nichtzulassung der Revision komplett unterliegen. Dem Kostenrisiko für den Fall der anschließenden Durchführung der Revision haben wir nicht dargestellt.

Wegen der besseren Verständlichkeit haben wir die Möglichkeit eines Vergleichs bei der Kostendarstellung nicht berücksichtigt.

Bei der Übersicht über die zu erwartende und mögliche Kostenbelastung haben wir die für eine weitere Tätigkeit durch uns entstehende Vergütung nicht berücksichtigt.

Dies liegt daran, dass – auch im Fall des Obsiegens – die Kosten für die Hinzuziehung eines weiteren Anwalts im Nichtzulassungsverfahren gem. § 91 ZPO grundsätzlich nicht erstattungsfähig sind. Eine weitere Tätigkeit und Betreuung des Mandats durch uns ist darüber hinaus auch nur eingeschränkt möglich. Selbstverständlich können wir mit dem von Ihnen zu beauftragenden BGH-Anwalt Kontakt halten, den Sachverhalt besprechen. Dies geschieht dann aber zwingend auf Ihre eigenen Kosten. Wir könnten auch einen etwaigen (selten) Verhandlungstermin am BGH wahrnehmen, wir sind aber nicht befugt, Anträge zu stellen oder in das Verhandlungsgeschehen einzugreifen.

Unsere Vergütung für den Fall einer weiteren Tätigkeit (mit Teilnahme am Gerichtstermin) würde betragen:

Gegenstandswert:

1,0 Verfahrensgebühr Verkehrsanwalt gem. §§ 2 Abs. 2, 13, Nr. 3400 VV RVG

1,2 Terminsgebühr Nichtzulassungsbeschwerde Revision gem. §§ 2 Abs. 2, 13, Nr. 3516 VV RVG

(Hinweis: Terminsgebühren eher unwahrscheinlich, aber nicht ausgeschlossen)

Geschäftsreise, Benutzung des eigenen Kfz gem. Nr. 7003 VV RVG

Kfz-Benutzung ______ km Hin- und Rückweg × 0,30 €

Geschäftsreise, Tage- und Abwesenheitsgeld für mehr als ______ Stunden

gem. Nr. 7005 Nr. VV RVG

Entgelte für Post- und Telekommunikationsdienstleistungen gem. Nr. 7002 VV RVG

19 % Umsatzsteuer gem. Nr. 7008 VV RVG

Summe ______

Für den Fall, dass wir keinen Termin wahrnehmen sollten, verringert sich die Kostenbelastung um die 2. Position in der Übersicht (Terminsgebühr nebst anteiliger Umsatzsteuer). Gleiches gilt bei der Kostenübersicht des zu beauftragenden BGH-Anwalts sowie den Kosten der gegnerischen Rechtsanwälte.

Bitte nehmen Sie sobald wie möglich mit uns Kontakt auf, damit das weitere Vorgehen besprochen werden kann. Wir werden hier nicht ohne eine Rücksprache einen weiteren RA mit Ihrer Vertretung beauftragen. Wir werden auch nicht Nichtzulassungsbeschwerde einlegen, da dieses Vorgehen nicht zulässig wäre. Wegen der kurzen Frist und der erforderlichen organisatorischen Vorbereitungen (Übergabe der Unterlagen an BGH-Anwalt in Karlsruhe etc.) ist eine zügige Kontaktaufnahme erforderlich.

Grußformel

▲

Praxistipp: 592

Die Muster werden immer umfangreicher. Ob und wie viel der RA dem Auftraggeber erläutert, ist immer auch eine Frage des Stils der Kanzlei, der Art der Mandatsführung und natürlich Geschmackssache. Selbstverständlich kann man sich auch sagen, dass der Auftraggeber lange Ausführungen und Belehrungen gar nicht lesen will, schließlich hat er ja einen RA beauftragt, der für ihn die Entscheidungen treffen soll. Wenn diese Entscheidungen Geld kosten, ist es nach meiner persönlichen Einschätzung besonders notwendig, dem Auftraggeber aufzuzeigen, welche Möglichkeiten es gibt. Auch die Schriftform ist immer wieder von Vorteil, kann doch jederzeit nachgewiesen werden, dass man den Auftraggeber aufgeklärt hat. Hier müssen Sie nur an sich selbst denken: Sie möchten auch gefragt werden, bevor ein Dritter über Ihr Geld verfügt, Sie möchten aufgeklärt werden (Folgen, Nutzen, Nachteil, Alternativen und Kosten), wenn Sie eine erforderliche ärztliche Behandlung durchführen. Natürlich sind nicht alle Auftraggeber in der Lage, tatsächlich zu erfassen, was Sie versuchen, zu vermitteln, aber es ist einen Versuch wert. Der Mandant wird sich häufig an Sie wenden und der RA wird eine Entscheidung treffen. Er wird dabei davon ausgehen, dass seine Entscheidung am sinnvollsten für den Auftraggeber ist. Je mehr der Auftraggeber vor seiner Entscheidung über die Risiken, Vorteile und Kosten des Verfahrens wusste, umso geringer die Anzahl der sich nach Beendigung des Mandats ergebenden Streitigkeiten mit dem eigenen Auftraggeber.

5. Vorzeitige Erledigung Nichtzulassungsbeschwerde BGH-Anwalt

593 **Nr. 3509**

Nr.	Gebührentatbestand	Gebühr oder Satz der Gebühr nach § 13 RVG
3509	**Vorzeitige Beendigung des Auftrags, wenn sich die Parteien nur durch einen beim Bundesgerichtshof zugelassenen Rechtsanwalt vertreten lassen können:** **Die Gebühr 3506 beträgt** Die Anmerkung zu Nummer 3201 ist entsprechend anzuwenden.	1,8

594 Endet ein Verfahren über die Beschwerde gegen die Nichtzulassung der Revision, in welchem sich die Parteien durch einen beim BGH zugelassenen RA vertreten lassen müssen (Nr. 3508 VV RVG), vorzeitig, reduziert sich die Verfahrensgebühr des BGH-Anwalts auf 1,8. Dies kann z.B. dann der Fall sein, wenn der Auftraggeber den BGH-Anwalt mit seiner Vertretung beauftragt hat, dann aber, z.B. aus Kostengründen, von einer weiteren Verfolgung seines Anliegens Abstand nimmt. Auch ein Vergleich zwischen den Parteien nach Auftragserteilung, aber vor Einlegung der Nichtzulassungsbeschwerde könnte ein Grund für eine vorzeitige Beendigung des Auftrages sein.

595 Für die vorzeitige Beendigung des Auftrags bleibt es bei den Ausführungen zur Nr. 3201 Nr. 1 VV RVG und Nr. 3101 Nr. 1 VV RVG. Bitte beachten Sie die Ausführungen (Muster, Praxistipps) im Kapitel zur Revision unter Rdn 591.

6. Prüfung der Erfolgsaussichten der Nichtzulassungsbeschwerde durch den BGH-Anwalt

596 Wie schon im Kapitel Revision erläutert, ist es für den Auftraggeber günstiger, wenn er dem BGH-Anwalt einen **bedingten Auftrag** erteilt, zunächst **die Erfolgsaussichten der Nichtzulassungsbeschwerde** zu prüfen. Verneint der BGH-Anwalt die Erfolgsaussichten, so ist die Gebühr gem. Nr. 2100 VV RVG wesentlich geringer, als wenn der BGH-Anwalt eine vorzeitige Erledigung der Angelegenheit abrechnen würde. S. hierzu auch die Ausführungen unter Rdn 591; im Muster muss der Begriff „Revision" durch „Nichtzulassungsbeschwerde" ersetzt werden.

7. Anrechnung der Verfahrensgebühr, wenn der Nichtzulassungsbeschwerde stattgegeben wird.

In der Anm. zu Nr. 3506 VV RVG ist vorgeschrieben, dass die Verfahrensgebühr der Nr. 3506 VV RVG auf die Verfahrensgebühr des sich anschließenden Revisionsverfahrens anzurechnen ist. Dies gilt auch für die Verfahrensgebühr der Nr. 3508 VV RVG (Nichtzulassungsbeschwerde vor dem BGH), weil die Nr. 3508 VV RVG in der Anmerkung auf die Nr. 3506 VV RVG verweist. Nur die Verfahrensgebühr wird angerechnet, Auslagen und etwaig andere entstandene Gebühren bleiben bestehen. 597

8. Terminsgebühr

Nr. 3516 598

Nr.	Gebührentatbestand	Gebühr oder Satz der Gebühr nach § 13 RVG
3516	Terminsgebühr in den in Nummer 3502, 3504, 3506 und 3510 genannten Verfahren	1,2

Findet in den Nichtzulassungsbeschwerdeverfahren gem. Nr. 3506 oder Nr. 3508 VV RVG eine **mündliche Verhandlung** statt, entsteht dafür gem. nach Nr. 3516 VV RVG zusätzlich eine 1,2 **Terminsgebühr**. 599

Für die Terminsgebühr gelten die allgemeinen Grundsätze gem. Vorbemerkung 3 Abs. 3 VV RVG. Es ist möglich, dass die Terminsgebühr entsteht, wenn der RA mit oder ohne Mitwirkung des Gerichts Besprechungen zwecks Erledigung der Angelegenheit führt. Sie kann daher für jeden am Verfahren beteiligten RA entstehen. Es ist nicht zwingend erforderlich, dass der RA auch Prozessbevollmächtigter ist. Eine eigene Terminsgebühr für das Verfahren über die Nichtzulassung der Revision vor dem BGH ist nicht vorgesehen. 600

F. Mehrere Rechtsanwälte

Vorbemerkung 3.4: 601

Für in diesem Abschnitt genannte Tätigkeiten entsteht eine Terminsgebühr nur, wenn dies ausdrücklich bestimmt ist.

I. Allgemeines

Teil 3 Abschnitt 4 VV RVG fasst Einzeltätigkeiten zusammen. Für das RVG ist im weitesten Sinne eine Einzeltätigkeit, wenn ein **Unterbevollmächtigter** (Terminsvertreter) 602 den Termin für den Auftraggeber vor Gericht anstelle des Prozessbevollmächtigten wahrnimmt. Der sog. **Verkehrsanwalt** ist ebenfalls in Teil 3 Abschnitt 4 geregelt.

603 Unterschieden werden können Verkehrsanwalt und Unterbevollmächtigter wie folgt:

Die Ausgangskonstellation ist gleich: **Mehrere Rechtsanwälte vertreten gleichzeitig** den Auftraggeber.

1. Unterbevollmächtigter

604 Der Unterbevollmächtigte wird eingeschaltet, wenn der RA, der den Kontakt zum Auftraggeber hat, weiterhin Prozessbevollmächtigter (oft **Hauptbevollmächtigter** genannt) bleibt, aber aus verschiedenen möglichen Gründen den Gerichtstermin nicht selbst wahrnimmt. Bei dieser Konstellation wäre es dem Prozessbevollmächtigten aber jederzeit möglich, den Termin selbst wahrzunehmen und rechtlich wirksame Anträge zu stellen. Der RA, der dann anstelle des Prozessbevollmächtigten den Termin wahrnimmt, tut dies auf Bitten des Prozessbevollmächtigten. Der Auftraggeber kann grds. so viele Anwälte mit seiner Vertretung beauftragen, wie er will (und bezahlen kann). Mehrere voneinander unabhängige (also nicht als Sozietät verbundene) RA haben dann einen eigenständigen und unabhängigen Vergütungsanspruch gegen den Auftraggeber. Nur in ganz wenigen Ausnahmefällen ist aber die gegnerische Prozesspartei (oder in sonstiger Dritter) verpflichtet, die Kosten für die Hinzuziehung mehrerer RA zu erstatten.

2. Verkehrsanwalt

605 Wird ein Verfahren bspw. vor dem BGH geführt, kann der bisherige Prozessbevollmächtigte das Verfahren i.d.R. nicht fortführen (sog. **Anwaltszwang** – nur der am BGH zugelassene RA kann den Auftraggeber wirksam vertreten). Der BGH-Anwalt wird Prozessbevollmächtigter. Ist der bisherige RA weiterhin tätig, so kann er selbst keine Schriftsätze und Erklärungen gegenüber dem Gericht abgeben, er kann im Gerichtstermin nicht auftreten, weil er nicht zugelassen ist. Vertritt der RA den Auftraggeber trotzdem vor Gericht, läge ein **Fall der Säumnis** vor. Säumnis ist auch dann gegeben, wenn sich der Auftraggeber durch einen nicht am Gericht zugelassenen RA vertreten lässt. Der bisherige Prozessbevollmächtigte wird also **Verkehrsanwalt** – er hält den Kontakt zum Auftraggeber. Der am Gericht zugelassene RA wird Prozessbevollmächtigter. **Prozessbevollmächtigter** kann nur sein, **wer auch am Gericht zugelassen ist**.

3. Wer erhält welche Gebühr?

606 Eine Verfahrensgebühr entsteht in den Fällen der sog. **Einzeltätigkeit** grds. immer bei jedem der beteiligten RA, aber nur der Prozessbevollmächtigte erhält eine Verfahrens-

gebühr nach Teil 3 Abschnitt 1 oder 2. Der Prozessbevollmächtigte erhält nie eine Verfahrensgebühr nach Teil 3 Abschnitt 4 VV RVG, denn er übt nie eine Einzeltätigkeit aus, ihm ist der Prozessauftrag erteilt worden.

Der Unterbevollmächtigte und der Verkehrsanwalt erhalten jedoch ausschließlich die Verfahrensgebühr nach Teil 3 Abschnitt 4 VV RVG.

II. Die Vertretung durch einen Unterbevollmächtigten

Nr. 3401 607

Nr.	**Gebührentatbestand**	**Gebühr oder Satz der Gebühr nach § 13 RVG**
3401	**Der Auftrag beschränkt sich auf die Vertretung in einem Termin im Sinne der Vorbemerkung 3 Abs. 3:** **Verfahrensgebühr**	**in Höhe der Hälfte der dem Verfahrensbevollmächtigten zustehenden Verfahrensgebühr**

Mit Nr. 3401 VV RVG wird der Gebührenanspruch des Terminsvertreters im Hinblick auf die Verfahrensgebühr geregelt. Dieser vertritt die Partei anstelle des Prozessbevollmächtigten in der mündlichen Verhandlung oder tritt neben ihm auf. Er wird aber nicht zum Prozessbevollmächtigten. Das Gericht stellt weiterhin an den RA zu, der sich als Prozessbevollmächtigter legitimiert hat.

Praxistipp: 608

In vielen Verfahren ist es von Anfang an klar, dass Ihre Kanzlei den Gerichtstermin nicht wahrnehmen wird. Dies kann eine Menge von Gründen haben. So kann es sein, dass der Gegenstandswert, den Sie der anwaltlichen Vergütungsberechnung zugrunde legen, so gering ist, dass es unwirtschaftlich wäre, wenn Sie den Termin selbst wahrnehmen. Ist dies von Anfang an vorhersehbar, sollten Sie den Auftraggeber gleich bei Übernahme des Mandats entsprechend belehren und informieren.

Beispiel: 609

Ihre Kanzlei befindet sich in München. Wegen einer Forderung i.H.v. 500,00 € betreiben Sie gegen einen Antragsgegner, der seinen Wohnsitz in Berlin-Charlottenburg hat, das Mahnverfahren. Das Mahnverfahren selbst führen Sie beim AG München, für das streitige Verfahren wäre das AG Berlin-Charlottenburg zuständig. Sollte der Antragsgegner Widerspruch erheben, ist nicht zu erwarten, dass Sie selbst den Termin in Berlin wahrnehmen werden (obwohl Berlin selbstverständlich immer eine Reise wert ist). Darauf können Sie den Auftraggeber gleich hinweisen. Bei einer geringen Forderungshöhe ist sogar zu vermuten, dass die Hinzuziehung eines weiteren RA geringere Kosten verursachen würde, als wenn der Münchener RA den Termin wahrnehmen würde. Hier ist sogar ggf. eine Pflicht zu vermuten (aus kostenerstattungsrechtlicher Sicht) einen Unterbevollmächtigten zu beauftragen.

8.50

▼

610 **Muster 8.50: Belehrungsschreiben Mandant/Zweiter RA/Gerichtsort**

Anrede,

wir waren zunächst auftragsgemäß vorgerichtlich für Sie tätig. Die Gegenseite hat bisher nicht geleistet, sodass die Einleitung gerichtlicher Schritte zur Durchsetzung Ihres Anliegens erforderlich ist. Es war für uns zu Beginn unserer Tätigkeit nicht abzusehen, ob eine freiwillige Leistung der Gegenseite ohne Einschaltung von Gerichten erfolgen würde.

Da durch die Gegenseite keinerlei Reaktion erfolgt ist, halten wir die Durchführung des gerichtlichen Mahnverfahrens nicht für sinnvoll. Das Schweigen der Gegenseite kann auch bedeuten, dass eine Stellungnahme erst im gerichtlichen Verfahren erfolgen wird. Wir gehen daher mit großer Wahrscheinlichkeit von der Erhebung des Widerspruchs durch die Gegenseite aus. Dieser Widerspruch verzögert das gerichtliche Verfahren unangemessen.

Im Ergebnis ist es für Sie schneller, wenn das gerichtliche Verfahren unmittelbar eingeleitet wird.

Für die Durchführung des streitigen gerichtlichen Verfahrens ist das AG ______ zuständig.

Wir werden selbstverständlich – sofern gesetzlich zulässig – die Durchführung des ausschließlich schriftlichen Verfahrens beantragen, können aber nicht ausschließen, dass Gerichtstermine anberaumt werden.

Den oder die zu erwartenden Gerichtstermine können wir ohne den Abschluss einer Vergütungsvereinbarung nicht wahrnehmen. Aufgrund des niedrigen gesetzlichen Gegenstandswertes ist es für Sie günstiger, wenn Sie entweder

a) am Gerichtsort direkt einen Rechtsanwalt mit Ihrer weiteren Vertretung beauftragen und dieser das gerichtliche Verfahren durchführt, oder

b) wenn wir einen Anwalt am Gerichtsort einschalten, der vor dem Gericht Ihre Interessen vertritt.

Sollten Sie wünschen, dass wir persönlich die Termine wahrnehmen, ist dies nur unter der Voraussetzung möglich, dass wir eine zusätzliche Vergütung vereinbaren. Nur mit einer Vergütungsvereinbarung kann eine wirtschaftliche Vertretung Ihrer Interessen durch uns erfolgen. Bei der zu erwartenden gesetzlichen Vergütung für die Wahrnehmung des Gerichtstermins entsteht ein krasses Missverhältnis zwischen der von hier zu investierenden Zeit und der sich daraus ergebenden gesetzlichen Vergütung.

Wenn Sie wünschen, dass wir weiterhin ohne Vergütungsvereinbarung tätig sind, werden wir auf jeden Fall einen weiteren Rechtsanwalt einschalten, den wir mit der Wahrnehmung des Termins beauftragen werden.

Für die Hinzuziehung eines weiteren Anwalts müssen Sie eine weitere Vergütung einplanen. Es ist aber auch möglich, dass Sie, ohne dass hier noch weitere Kosten entstehen, sofort jetzt einen Rechtsanwalt am Gerichtsort beauftragen. Auf unserer Seite entstehen dann keine weiteren Kosten.

Bisher sind entstanden:

Gegenstandswert:

1,3 Geschäftsgebühr gem. §§ 2 Abs. 2, 13 RVG, Nr. 2300 VV RVG

Entgelte für Post- und Telekommunikationsdienstleistungen gem. Nr. 7002 VV RVG

19 % Umsatzsteuer gem. Nr. 7008 VV RVG

Summe €

Der am Gerichtsort tätige Anwalt wird (berechnet ohne Vergleichsabschluss) berechnen:

Gegenstandswert:

1,3 Verfahrensgebühr gem. §§ 2 Abs. 2, 13, Nr. 3100 VV RVG

1,2 Terminsgebühr gem. §§ 2 Abs. 2, 13, Nr. 3104 VV RVG

Entgelte für Post- und Telekommunikationsdienstleistungen gem. Nr. 7002 VV RVG

19 % Umsatzsteuer gem. Nr. 7008 VV RVG

Summe €

Die grundsätzlich vorgesehene Anrechnung der Geschäftsgebühr gem. Vorbemerkung 3 Abs. 4 VV RVG findet nicht statt, da diese nur gilt, wenn lediglich ein Anwalt am Verfahren beteiligt ist. Die hier entstandene Geschäftsgebühr wird durch den Anwalt, der das gerichtliche Verfahren für Sie durchführt, im gerichtlichen Verfahren geltend gemacht werden. Die Anrechnung erfolgt nur in Höhe von 0,65.

Wenn wir tätig bleiben, die Klage einreichen und einen zweiten Rechtsanwalt beauftragen, entstehen:

Unser gesetzlicher Vergütungsanspruch:

Gegenstandswert:

1,3 Geschäftsgebühr gem. §§ 2 Abs. 2, 13, Nr. 2300 VV RVG

1,3 Verfahrensgebühr gem. §§ 2 Abs. 2, 13, Nr. 3100 VV RVG

abzüglich Anrechnung der Geschäftsgebühr (0,65)

Entgelte für Post- und Telekommunikationsdienstleistungen gem. Nr. 7002 VV RVG

19 % Umsatzsteuer gem. Nr. 7008 VV RVG

Summe €

Der Rechtsanwalt, der das gerichtliche Verfahren führt, wird berechnen:

Gegenstandswert:

0,65 Verfahrensgebühr gem. §§ 2 Abs. 2, 13, Nr. 3401, 3100 VV RVG

1,2 Terminsgebühr gem. §§ 2 Abs. 2, 13, Nr. 3403, 3104 VV RVG

Entgelte für Post- und Telekommunikationsdienstleistungen gem. Nr. 7002 VV RVG

19 % Umsatzsteuer gem. Nr. 7008 VV RVG

Summe €

Sollten Sie im gerichtlichen Verfahren obsiegen, werden Teile der Kosten des zweiten Anwalts nicht erstattungsfähig sein. Die Höhe des verbleibenden nicht erstattungsfähigen Anteils berücksichtigt aber immer, dass für den Fall, dass wir den Termin wahrgenommen hätten, hier Fahrtkosten, Abwesenheitsgelder und anderes entstanden wären. Da die Beauftragung eines zweiten Rechtsanwalt günstiger für Sie ist, als der Abschluss einer Vergütungsvereinbarung mit uns, gehen wir davon aus, dass Sie mit unserer Vorgehensweise einverstanden sind und werden einen sogenannten Unterbevollmächtigten in Ihrem Namen beauftragen.

Selbstverständlich können Sie auch selbst direkt einen Anwalt am Gerichtsort beauftragen, der allein das Mandat weiterführt. Sollten wir hier bis zum nichts Gegenteiliges von Ihnen hören, werden wir das gerichtliche Verfahren einleiten und bei der Vorlage einer Ladung zum Gerichtstermin einen weiteren Anwalt vor Ort beauftragen.

Grußformel

▲

Hinweis: 611

Bitte beachten Sie den Hinweis für den Fall des Vorliegens einer Kostendeckungszusage der Rechtsschutzversicherung unter Rdn 561.

Es ist **nicht erforderlich**, dass der RA den **Auftrag an den Unterbevollmächtigten** erteilt. Auch der Auftraggeber kann selbst diesen Auftrag erteilen. 612

Es ist in der Kommentarliteratur zum RVG umstritten, ob es erforderlich ist, dass der Auftraggeber sein Einverständnis mit der Beauftragung eines zweiten RA erteilt. Unterbleibt ein Hinweis an den Auftraggeber, ist die Wahrscheinlichkeit, dass es bei Abschluss der Angelegenheit Auseinandersetzungen zu diesem Problem gibt, viel höher. Der sicherere Weg ist zu bevorzugen. Streit über die Vergütung ist überflüssig, kostet Zeit und damit Geld. Wo er vermieden werden kann und vorhersehbar ist, ist kein Grund einsichtig, auf Belehrungen zu verzichten. 613

Wird ein **Terminsvertreter beauftragt**, erfolgt dies nicht **im Namen** des Prozessbevollmächtigten, sondern für den **Auftraggeber**. Um Missverständnisse auch mit dem Unterbevollmächtigten zu vermeiden, sollte dies in dem Schreiben, mit dem Sie die Mandatsübernahme erbitten, deutlich ersichtlich sein. 614

8.51

▼

Muster 8.51: Bitte um Mandatsübernahme an den Unterbevollmächtigten 615

Anrede,

wir vertreten in dem Verfahren ______ vor dem Gericht ______ zum Aktenzeichen ______ unseren Auftraggeber ______.

Namens und in beigefügter Vollmacht unseres Auftraggebers bitten wir Sie um Mandatsübernahme und Wahrnehmung des für den ______ anberaumten Gerichtstermins als Unterbevollmächtigter.

Wir schlagen die Gebührenteilung der gesetzlich entstehenden Gebühren vor und bitten um entsprechende Bestätigung.

Die erforderlichen Unterlagen zur Wahrnehmung des Termins stellen wir Ihnen unmittelbar nach Auftragsbestätigung zur Verfügung. Bitte überlassen Sie uns im Bedarfsfall eine Vollmacht ihrerseits für die Terminswahrnehmung. Diese werden wir unverzüglich nach Unterzeichnung an Sie zurückreichen.

Bitte beachten Sie, dass Sie im Termin einen Vergleich nur unter der Voraussetzung abschließen, dass eine Widerrufsmöglichkeit gewährt wird. Ein verbindlicher und bindender Vergleich soll nur nach Rücksprache mit dem Auftraggeber abgeschlossen werden.

Grußformel

▲

III. Mehrere Auftraggeber

616 Vertritt der Terminsvertreter mehrere Auftraggeber, erhöht sich gem. Nr. 1008 VV RVG die Verfahrensgebühr entsprechend den allgemeinen Grundsätzen.

617 Der Unterbevollmächtigte erhält hierbei nicht 1/2 der erhöhten Verfahrensgebühr des Prozessbevollmächtigten. Sein ermittelter Gebührenanspruch erhöht sich um 0,3 gem. Nr. 1008 VV RVG bei der Vertretung mehrerer Auftraggeber.

> *Beispiel:*
>
> *In der ersten Instanz vertritt der Prozessbevollmächtigte drei Auftraggeber.*
>
> Sein Gebührenanspruch beziffert sich auf
>
> 1,9 Verfahrensgebühr gem. §§ 2 Abs. 2, 13, Nr. 3100, 1008 VV RVG.
>
> Der Unterbevollmächtigte berechnete
>
> die 1/2 der Verfahrensgebühr mit
>
> 0,65 Verfahrensgebühr gem. §§ 2 Abs. 2, 13, Nr. 3401, 3100 VV RVG
>
> und 2 × 0,3 Erhöhung für die weiteren Auftraggeber, damit insgesamt
>
> 1,25 Verfahrensgebühr.
>
> Würde der Unterbevollmächtigte die bereits erhöhte Verfahrensgebühr des Prozessbevollmächtigten (1,9) halbieren, dann hätte er nur einen Anspruch in Höhe von 0,95 Verfahrensgebühr. Eine solche Berechnungsweise berücksichtigt aber nicht, dass auch der Unterbevollmächtigte mehrere Auftraggeber vertreten muss, um die Erhöhung gem. Nr. 1008 VV RVG in Anspruch nehmen zu können. Seine eigene Verfahrensgebühr der Nr. 3401 VV RVG (0,65 +2 × 0,3 = 0,95) erhöht sich dann. Der Unterbevollmächtigte erhält daher nicht die Hälfte der erhöhten Gebühr des Prozessbevollmächtigten.

IV. Terminsgebühr

618 **Nr. 3402**

Nr.	**Gebührentatbestand**	**Gebühr oder Satz der Gebühr nach § 13 RVG**
3402	**Terminsgebühr in dem in Nummer 3401 genannten Fall**	**in Höhe der einem Verfahrensbevollmächtigten zustehenden Terminsgebühr**

Ob eine Terminsgebühr entsteht, hängt davon ab, ob dies ausdrücklich durch das Gesetz bestimmt ist. 619

Im Allgemeinen erhält der Unterbevollmächtigte zusätzlich zur Verfahrensgebühr eine Terminsgebühr gem. Nr. 3402 VV RVG. Erscheint eine Partei in dem Termin nicht oder ist sie nicht ordnungsgemäß vertreten oder wird lediglich ein Antrag auf Versäumnisurteil oder zur Prozess- oder Sachleitung gestellt, kann der Unterbevollmächtigte die reduzierte Terminsgebühr gem. Nr. 3105 VV RVG fordern.

1. Terminsgebühr für den Unterbevollmächtigten

In welcher Höhe dem Unterbevollmächtigten eine Terminsgebühr entsteht, hängt davon ab, in welchem Rechtszug seine Beauftragung erfolgte. Er erhält eine Terminsgebühr in der Höhe, die einem Verfahrensbevollmächtigten zustehen würde. Endet der Auftrag vorzeitig, bevor der RA den Termin wahrgenommen hat, entsteht keine Terminsgebühr. 620

Praxistipp: 621

Wenn Sie einem RA Untervollmacht erteilt haben, sollten Sie das Prozessgericht entsprechend informieren. So kann für den Fall einer kurzfristigen Terminsaufhebung verhindert werden, dass der Unterbevollmächtigte ohne noch bestehenden Grund vergeblich den Termin wahrnehmen will. Sämtliche Schriftsätze, Ladung, Umladungen, Terminsverschiebungen werden weiter an den Prozessbevollmächtigten zugestellt. Sie müssen sicherstellen, dass der Unterbevollmächtigte ebenfalls entsprechend informiert wird.

Der Unterbevollmächtigte in der ersten Instanz erhält regelmäßig die Terminsgebühr gem. Nrn. 3104 (oder 3105) VV RVG, in der zweiten Instanz erhält er grds. die Terminsgebühr gem. Nrn. 3202, 3203 VV RVG und im Revisionsverfahren (nicht vor dem BGH) die Terminsgebühr gem. Nrn. 3210 (3211) VV RVG. 622

2. Tabellarische Übersicht der üblichen Terminsgebühren bei der Einschaltung eines Unterbevollmächtigten und eines Prozessbevollmächtigten

623

I. Instanz	**Unterbevollmächtigter**		**Prozessbevollmächtigter**	
Terminsgebühr	3104–1,2	3105–0,5	3104–1,2	3105–0,5
			kein „automatisches“ Entstehen der Terminsgebühr!	kein „automatisches“ Entstehen der Terminsgebühr!

			Denkbar aber z.B. telefonische Erörterungen mit der Gegenseite zur Vermeidung des Termins, Vorbemerkung 3 Abs. 3, 3. Alt VV RVG	Denkbar aber z.B. VU im schriftlichen Verfahren und dann Einspruch des Beklagten
II. Instanz	**Unterbevollmächtigter**		**Prozessbevollmächtigter**	
Terminsgebühr	3202–1,2	3203–0,5	3202–1,2	3203–0,5
			kein „automatisches" Entstehen der Terminsgebühr. Möglich etwa: Vergleichsgespräche nach Einlegung der Berufung durch Gegner	kaum denkbar, aber nicht ausgeschlossen
III. Instanz	**Unterbevollmächtigter**		**Prozessbevollmächtigter**	
Kein Verfahren vor dem BGH				
Terminsgebühr	3210–1,5	3211–0,8	3210–1,5	3211–0,8
			Selten, ggf. wie bei der Terminsgebühr in der II. Instanz	kaum vorstellbar

V. Einigungsgebühr

624 Im Termin zur mündlichen Verhandlung ist es nicht unüblich, dass das Gericht bemüht ist, eine Einigung zwischen den Parteien zu erzielen. Bereits aus Arbeitsgründen ist es auch für das Gericht (bzw. den Richter) von Vorteil, wenn die Parteien sich einigen. Bei einem Vergleichsabschluss muss der Richter kein vollständiges Urteil mehr abfassen. Geschieht dies, wenn der Unterbevollmächtigte den Termin wahrnimmt, so wirkt der Terminsvertreter bei dem **Abschluss eines Vergleichs** mit. Er kann dann die **Einigungsgebühr** beanspruchen (gem. Nr. 1003 oder Nr. 1004 VV RVG, wenn ein anderes gerichtliches Verfahren als ein selbstständiges Beweisverfahren anhängig ist). Ist dem Auftraggeber daran gelegen, das Verfahren nicht durch Vergleich enden zu lassen, sollte er den Auftrag entsprechend formulieren.

625 Ist der Unterbevollmächtigte tätig und wird im Termin ein Vergleich geschlossen, so wird der Unterbevollmächtigte einen Widerrufsvorbehalt vereinbaren, damit er die erzielte Einigung mit dem Prozessbevollmächtigten absprechen kann (z.B. Hintergründe des Ver-

gleichs, die sich nicht aus dem Terminsprotokoll ergeben). Bespricht dann der Prozessbevollmächtigte die mögliche Einigung mit dem Auftraggeber, kann auch der Prozessbevollmächtigte eine Einigungsgebühr fordern, weil er ebenfalls entsprechend der Voraussetzungen in Nr. 1000 VV RVG an der Einigung mitgewirkt hat.

Praxistipp: 626

Weisen Sie den Unterbevollmächtigten bei der Bitte um Übernahme der Vertretung im Gerichtstermin ausdrücklich an, Vergleiche nur unter Widerrufsvorbehalt abzuschließen. Nur so kann vermieden werden, dass der Auftraggeber völlig unerwartet mit einem durch Vergleich erledigten Rechtsstreit einverstanden sein muss. Im Muster „Auftrag an den Unterbevollmächtigten" finden Sie eine entsprechende Formulierung (s. Rdn 616).

VI. Erstattungsfähigkeit der Kosten für Hinzuziehung eines Unterbevollmächtigten

Ob Kosten erstattet werden, regelt grds. § 91 ZPO, genauer § 91 Abs. 2 ZPO. Daneben gibt es noch diverse Einzelvorschriften, die hier aber nicht einschlägig sind. 627

Gelten die Kosten für die Hinzuziehung eines Unterbevollmächtigten als notwendige Kosten der Rechtsverfolgung/oder Rechtsverteidigung, dann sind sie erstattungsfähig. Diese Erstattungsfähigkeit ist eingeschränkt. Eine Erstattungsfähigkeit wird angenommen, soweit dadurch erstattungsfähige Reisekosten des Hauptbevollmächtigten erspart werden. 628

Bei der Berechnung der sog. **„fiktiven" Reisekosten** muss nicht von der günstigen Anreise zum Gerichtsort ausgegangen werden. So ist es durchaus gerechtfertigt, bei langen Entfernungen anstelle mit dem eigenen Pkw mit dem Flugzeug (oder der Bahn) anzureisen. Auch muss nicht der billigste Flug gesucht werden, es kann ein teurerer Flug in Ansatz gebracht werden, wenn dieser dafür flexibel ist und dem RA zu verschiedenen Zeiten einen Rückflug mit dem Flugzeug erlaubt. Ansonsten ist kaum etwas so umstritten wie die Angemessenheit (und damit Notwendigkeit) von entstandenen oder fiktiven Reisekosten. 629

Die von Ihnen in der gegebenen Angelegenheit ermittelten (fiktiven) Reisekosten können bis zu 10 % überschritten werden; in dieser Höhe sind die Kosten für die Hinzuziehung eines zweiten RA erstattungsfähig. 630

Beispiel:

Für die Anreise mit dem Flugzeug zum Gerichtsort in Frankfurt würden Flugkosten i.H.v. 700,00 € entstehen. Die Mehrkosten für die Hinzuziehung eines zweiten RA beträgt 1.000,00 €. I.H.v. 770,00 € sind die Mehrkosten erstattungsfähig.

631 *Praxistipp:*

Die Mehrkosten ermitteln sich immer i.d.R. wie folgt:

Kosten des Prozessbevollmächtigten für den Fall der Alleinvertretung: (2,5 Gebühren zzgl. Reisekosten)

Kosten des Prozessbevollmächtigten und Unterbevollmächtigten: Prozessbevollmächtigten (1,3) + Unterbevollmächtigter (0,65 + 1,2)

Auf dieser Seite ist immer ein Mehr an Vergütung zu verzeichnen (immer 0,65 = 3,15 ./. 2,5).

Wenn auf allen Seiten Termins- und Einigungsgebühren zu verzeichnen sind, erhöht sich das Mehr deutlich.

Faustformel:

0,65 Vergütung zzgl. Nebenleistungen gegen Reisekosten.

Je höher der Gegenstandswert der Angelegenheit, umso geringer die Wahrscheinlichkeit, dass die Reisekosten so hoch sein werden, wie die zusätzlich entstehenden Gebühren.

632 *Hinweis:*

Insbes. bei der Erstattungsfähigkeit der Kosten mehrerer RA gibt es eine Fülle von Entscheidungen. So gelten immer dann Besonderheiten, wenn der Auftraggeber ein Unternehmen ist (mit oder ohne eigener Rechtsabteilung), der Auftraggeber aufgrund von Krankheit oder sonstigem persönlichen Unvermögen besondere Betreuung benötigt und vieles andere mehr. Die obige Faustformel ist lediglich eine allgemeine Regel – Ausnahmen sind vorhanden.

VII. Gebührenteilungsabreden

633 Gebührenteilungsabreden liegen vor, wenn zwei RA in einer Angelegenheit die entstandene Vergütung (oder auch nur die Gebühren) teilen. Häufig überlässt ein RA dem anderen RA Teile seines Vergütungsanspruchs, den er gegenüber dem Auftraggeber hat. Dies liegt daran, dass der Unterbevollmächtigte eine höhere Vergütung als der Prozessbevollmächtigte verlangen kann, der Prozessbevollmächtigte aber derjenige ist, dem der Auftrag ursprünglich erteilt worden ist. Eine Pflicht zur Gebührenteilung gibt es nicht.

1. Zulässigkeit von Gebührenteilungsabreden

§ 22 BORA 634

Als eine angemessene Honorierung im Sinne von § 49b Abs. 3 Satz 2 Bundesrechtsanwaltsordnung ist in der Regel die hälftige Teilung aller anfallenden gesetzlichen Gebühren ohne Rücksicht auf deren Erstattungsfähigkeit anzusehen.

§ 49b Abs. 3 BRAO

(3) Dic Abgabe und Entgegennahme eines Teils der Gebühren oder sonstiger Vorteile für die Vermittlung von Aufträgen, gleichviel ob im Verhältnis zu einem Rechtsanwalt oder Dritten gleich welcher Art, ist unzulässig. Zulässig ist es jedoch, eine über den Rahmen der Nummer 3400 der Anlage 1 zum Rechtsanwaltsvergütungsgesetz hinausgehende Tätigkeit eines anderen Rechtsanwalts angemessen zu honorieren. Die Honorierung der Leistungen hat der Verantwortlichkeit sowie dem Haftungsrisiko der beteiligten Rechtsanwälte und den sonstigen Umständen Rechnung zu tragen. Die Vereinbarung einer solchen Honorierung darf nicht zur Voraussetzung einer Mandatserteilung gemacht werden. Mehrere beauftragte Rechtsanwälte dürfen einen Auftrag gemeinsam bearbeiten und die Gebühren in einem den Leistungen, der Verantwortlichkeit und dem Haftungsrisiko entsprechenden angemessenen Verhältnis untereinander teilen. Die Sätze 2 und 3 gelten nicht für beim Bundesgerichtshof zugelassene Prozessbevollmächtigte.

Ob und wie Gebührenteilungsabreden zulässig sind, ist nicht im RVG, sondern in § 49b 635 Abs. 3 BRAO i.V.m. § 22 BORA geregelt. Ist Gebührenteilung vereinbart, darf die vereinbarte Teilung nicht unangemessen sein (etwa eine Quote von 1/10 für den Unterbevollmächtigten und 9/10 für den Prozessbevollmächtigten). Das Gesetz geht bei Angemessenheit von einer hälftigen Teilung aus (§ 49b Abs. 3 Satz 2 und 3 BRAO). Auf die Erstattungsfähigkeit der zu erwartenden Gebühren kommt es nicht an.

Es ist **unzulässig nur eine Teilung der erstattungsfähigen Gebühren** zu vereinbaren. 636 Eine Vereinbarung, dass nur die erstattungsfähigen Gebühren geteilt werden sollen, stellt regelmäßig eine unzulässige Vergütungsvereinbarung unterhalb der gesetzlichen Gebühren dar. Ist eine solche Vereinbarung aber getroffen worden (Teilung der „festsetzungsfähigen oder erstattungsfähigen Gebühren"), werden mangels gegenteiliger Anhaltspunkte alle bei den beteiligten RA entstandenen Gebühren unabhängig von deren Erstattungsfähigkeit erfasst und geteilt.

Etwas anderes gilt, wenn der RA den Unterbevollmächtigten in seinen Namen beauftragt und das wirtschaftliche Risiko für die Beauftragung allein übernimmt. Dieses Vorgehen ist zulässig.

Der BGH (29.6.2000 – I ZR 122/98, NJW 2001, 753) hat für den Fall, dass der RA einen 637 weiteren RA als Terminsvertreter in eigenem Namen als Erfüllungsgehilfen beauftragt, eine abweichende interne Regelung zugelassen und nicht auf die gesetzlichen Gebühren abgestellt. Die Entscheidung des BGH betrifft den Fall, dass ein RA einem anderen RA einen eigenen Auftrag erteilt, für ihn tätig zu werden.

638 *Praxistipp:*

Gerade bei einem hohen Gegenstandswert und Verhinderung des RA, den Gerichtstermin wahrzunehmen, bietet es sich an, einen anderen RA mit der Terminswahrnehmung zu beauftragen und mit diesem das Entgelt für diese Leistung vorab festzulegen. Dies ist vor allen Dingen dann zu empfehlen, wenn der Prozessbevollmächtigte bereits durch Wahrnehmung eines Termins (oder aus anderen Gründen entsprechend Vorbemerkung 3 Abs. 3, 3. Alt VV RVG) die Terminsgebühr berechnen könnte.

2. Gebührenteilung und BGH – Anwalt

639 I.Ü. sind Gebührenteilungsabreden mit RA, die nur am BGH (Singularzulassung) zugelassen sind, gem. § 49b Abs. 3 Satz 6 BRAO unzulässig.

VIII. Einschaltung mehrerer Rechtsanwälte bei überörtlicher Sozietät

640 Erhält eine überörtliche Sozietät einen Prozessauftrag, tritt eine Veränderung der Gebührenlage nicht ein, wenn diese Kanzlei z.B. in Frankfurt den Auftrag erhält und die notwendigen Informationen an einen anderen RA der überörtlichen Sozietät z.B. in Hamburg übermittelt. Fertigt dann die Hamburger Kanzlei die erforderlichen Schriftsätze und die andere Kanzlei nimmt die Termine wahr, so hat der Auftraggeber immer noch nur einen RA beauftragt, der die Vergütung als Prozessbevollmächtigter verlangen kann.

G. Verkehrsanwalt

641 **Gekürzte Darstellung der Nr. 3400 VV RVG**

Nr.	Gebührentatbestand	Gebühr oder Satz der Gebühr nach § 13 RVG
3400	**Der Auftrag beschränkt sich auf die Führung des Verkehrs der Partei mit dem Verfahrensbevollmächtigten:** **Verfahrensgebühr** **(...)**	**in Höhe der dem Verfahrensbevollmächtigten zustehenden Verfahrensgebühr, höchstens 1,0, bei Betragsrahmengebühren höchstens 420,00 €**

Nr. 3400 VV RVG regelt den Gebührenanspruch des Verkehrsanwalts.

642 Die Gebühr entsteht, sobald der Verkehrsanwalt **im Auftrag der Partei den Kontakt zu dem Prozessbevollmächtigter vermittelt** bzw. nach Erhalt des Auftrags in irgendeiner Weise tätig geworden ist. Bitte beachten Sie hier die besonderen Belehrungsschreiben im Kapitel zur Revision und Nichtzulassungsbeschwerde (Rdn 557).

Die **Höhe** der Verfahrensgebühr **ist beschränkt**. Der Verkehrsanwalt erhält eine Verfahrensgebühr in der Höhe, wie der Prozessbevollmächtigte sie berechnen kann, jedoch nicht höher als 1,0. Die Verfahrensgebühr ist gem. Nr. 1008 VV RVG erhöhungsfähig, wenn der Verkehrsanwalt mehrere Auftraggeber vertritt. 643

Die Verkehrsgebühr vergütet die **gesamte Tätigkeit des Verkehrsanwalts** während des Gebührenrechtszugs. 644

Es ist möglich, dass auch der Verkehrsanwalt eine **Einigungsgebühr** erhalten kann. Wenn er eine Einigung mit den Parteien erzielt, kann er neben der Verkehrsgebühr eine Einigungsgebühr nach Nr. 1000 VV RVG (i.d.R. Nr. 1004 VV RVG) beanspruchen.

Es ist auch vorstellbar, dass der Verkehrsanwalt zusätzlich den Auftrag erhält, einen Termin i.S.d. Vorbemerkung 3 Abs. 3 VV RVG wahrzunehmen. Dann kann er eine Terminsgebühr gem. Nr. 3402 VV RVG verdienen. Diese Terminsgebühr entspricht der Höhe nach der Terminsgebühr, die der Prozessbevollmächtigte fordern könnte.

I.d.R. sind die Kosten für die Hinzuziehung eines Verkehrsanwaltes nicht erstattungsfähig (anders beim Unterbevollmächtigen, s. Rdn 627). Nur in seltenen Ausnahmefällen kann eine Erstattung durch den Gegner erwirkt werden. Bitte beachten Sie das besondere Muster unter Rdn 610. 645

H. PKH

Die Tabelle zu § 13 RVG und § 49 RVG im Vergleich: 646

Anlage 2 zu § 13 Abs. 1 RVG 647

Gegenstandswert bis … €	Gebühr … €	Gegenstandswert bis … €	Gebühr €
500	45,00	50.000	1.163,00
1.000	80,00	65.000	1.248,00
1.500	115,00	80.000	1.333,00
2.000	150,00	95.000	1.418,00
3.000	201,00	110.000	1.503,00
4.000	252,00	125.000	1.588,00
5.000	303,00	140.000	1.673,00
6.000	354,00	155.000	1.758,00
7.000	405,00	170.000	1.843,00
8.000	456,00	185.000	1.928,00
9.000	507,00	200.000	2.013,00
10.000	558,00	230.000	2.133,00

Gegenstandswert bis … €	Gebühr … €	Gegenstandswert bis … €	Gebühr €
13.000	604,00	260.000	2.253,00
16.000	650,00	290.000	2.373,00
19.000	696,00	320.000	2.493,00
22.000	742,00	350.000	2.613,00
25.000	788,00	380.000	2.733,00
30.000	863,00	410.000	2.853,00
35.000	938,00	440.000	2.973,00
40.000	1.013,00	470.000	3.093,00
45.000	1.088,00	500.000	3.213,00

§ 49 Wertgebühren aus der Staatskasse (sog. PKH -Tabelle)

Bestimmen sich die Gebühren nach dem Gegenstandswert, werden bei einem Gegenstandswert von mehr als 3.000,00 EUR anstelle der Gebühr nach § 13 Abs. 1 folgende Gebühren vergütet:

648

Gegenstandswert bis … Euro	Gebühr … Euro	Gegenstandswert bis … Euro	Gebühr … Euro
5.000	257	19.000	349
6.000	267	22.000	363
7.000	277	25.000	377
8.000	287	30.000	412
9.000	297	über 30.000	447
10.000	307		
13.000	321		
16.000	335		

649 **Nr. 3335**

Nr.	Gebührentatbestand	Gebühr oder Satz der Gebühr nach § 13 RVG
3335	Verfahrensgebühr für das Verfahren über die Prozesskostenhilfe	in Höhe der Verfahrensgebühr für das Verfahren, für das die Prozesskostenhilfe beantragt wird, höchstens 1,0, bei Betragsrahmengebühren höchstens 420,00 €

I. Allgemeines

Das gerichtliche Verfahren des RA beginnt nicht immer unverzüglich mit der Einreichung der Klageschrift oder der Berufungsschrift. Ist der Auftraggeber nicht in der Lage, die Anwaltsvergütung selbst zu tragen, so kann über die Möglichkeit der Gewährung von PKH zumindest im Hinblick auf den Vergütungsanspruch des eigenen RA Abhilfe geschaffen werden. 650

Wann und unter welchen Voraussetzungen PKH bewilligt wird, ist unter Rdn 646 ff. ausgeführt. 651

Das sog. PKH-Bewilligungsverfahren wird insbes. dann durchgeführt, wenn der Auftraggeber eine gerichtliche Auseinandersetzung nur führen will, wenn sicher ist, dass die anwaltliche Vergütung durch den Staat gezahlt wird. Ein großer Vorteil des PKH-Bewilligungsverfahrens liegt darin, dass eine Kostenerstattung der dem Gegner zu diesem Zeitpunkt des Verfahrens entstandenen Kosten nicht stattfindet (§ 118 Abs. 1 Satz 4 ZPO), sollte dem Antrag **nicht** stattgegeben werden. Der große Nachteil des PKH-Bewilligungsverfahrens liegt darin, dass für dieses Verfahren selbst PKH nicht möglich ist (s.a. Rdn 646 ff.). Der Auftraggeber schuldet dem RA die gesamte Anwaltsvergütung für dieses Verfahren. Im PKH-Bewilligungsverfahren werden die Gebühren nach der Tabelle zu § 13 RVG bestimmt, die weit aus günstigere Tabelle gem. § 49 RVG (über 5.000,00 € sind die Gebühren nach dieser Tabelle erheblich geringer. Ab einem Gegenstandswert von 30.000,00 € steigt die Vergütung nicht mehr) ist nicht anwendbar. 652

II. PKH-Bewilligungsverfahren und Vorschuss

Der RA wird daher von seinem Auftraggeber einen angemessenen Vorschuss auf die zu erwartende Vergütung fordern (§ 9 RVG). Auf die Einzelheiten im Hinblick auf die Anforderung eines Vorschusses wird in einem eigenen Abschnitt unter § 9 Rdn 135 ff. eingegangen. Ein Textmuster zur Anforderung eines Vorschusses bei voraussichtlicher PKH-Bewilligung finden Sie unter Rdn 655, 677. 653

Erteilt der Auftraggeber den Auftrag unter der Bedingung, dass ihm für die Vertretung im gerichtlichen Verfahren PKH bewilligt wird, ist es durchaus möglich, dass seine finanzielle Leistungsfähigkeit nicht ausreicht, den angemessenen und z.T. anwaltsüblichen Vorschuss zu zahlen. Fordert der RA keinen Vorschuss an, so geht er das Risiko ein, für den Fall, dass PKH nicht bewilligt wird, unentgeltlich tätig geworden zu sein und muss die entstandene Vergütung vorab gerichtlich geltend machen, um diese anschließend im Wege der Zwangsvollstreckung durchzusetzen. Ob aber eine Zwangsvollstreckung gerade in diesem Fall Erfolgsaussichten bietet, ist offen und im Zweifel eher unwahrscheinlich. Wenn nicht von der Möglichkeit der Vereinbarung eines Erfolgshonorars gem. § 4a RVG Gebrauch gemacht wurde (s. die folgenden Ausführungen unter Rdn 663), 654 sollte ein Vorschuss angefordert werden. Hier kann und muss vom Auftraggeber im Zweifel verlangt werden, dass Dritte ihm bei der Finanzierung der Anwaltsvergütung behilflich sind.

8.52

655 **Muster 8.52: Anforderung eines Vorschusses für das PKH-Bewilligungsverfahren**

Anrede,

Sie haben uns beauftragt, für Sie im Prozesskostenhilfebewilligungsverfahren tätig zu werden und den Auftrag für eine streitige gerichtliche Auseinandersetzung mit der Gegenseite davon abhängig gemacht, dass Ihnen durch das Gericht zur Führung der Auseinandersetzung Prozesskostenhilfe gewährt wird.

Für das sogenannte Prozesskostenhilfebewilligungsverfahren kann und wird das Gericht keine Prozesskostenhilfe bewilligen, da dies gesetzlich nicht möglich ist. Das Vorverfahren (also das Prozesskostenhilfebewilligungsverfahren) führen Sie auf eigene Kosten und eigenes Risiko. Unsere Vergütung ist insbesondere dann von Ihnen zu zahlen, wenn das Gericht in Ihrem Begehren keine Erfolgsaussichten sieht und der Antrag auf Bewilligung von Prozesskostenhilfe mit Beschluss abgelehnt wird.

Sollte das Gericht Prozesskostenhilfe nicht bewilligen, müssen Sie zwar unsere Vergütung in voller Höhe zahlen, jedoch nicht auch noch die Kosten der gegnerischen Partei tragen, da dies gesetzlich gem. § 118 Abs. 1 Satz 4 ZPO ausgeschlossen ist.

Für unsere Tätigkeit entsteht sicher die 1,0 Verfahrensgebühr gem. Nr. 3335 VV RVG. Es ist durchaus möglich, dass zusätzlich zur Verfahrensgebühr eine 1,2 Terminsgebühr gem. Nr. 3104 VV RVG entsteht. Für den Fall, dass eine vergleichsweise Einigung bereits im Prozesskostenhilfebewilligungsverfahren erfolgt, entsteht darüber hinaus die 1,0 Einigungsgebühr gem. Nr. 1003 VV RVG. Hinzu kommen die Auslagen entsprechend Teil 7 VV RVG, deren Höhe aber üblicherweise nebensächlich ist.

Aus diesem Grunde dürfen wir Sie bitten, die in der Anlage befindliche Vorschussberechnung zu begleichen. Bitte haben Sie Verständnis dafür, dass wir eine weitere Tätigkeit unsererseits von dem Ausgleich der in der Anlage befindlichen Vorschussrechnung abhängig machen.

Für den Fall, dass durch das Gericht Prozesskostenhilfe bewilligt wird, geht die Vergütung für das Prozesskostenhilfebewilligungsverfahren in der Vergütung für das sich anschließende gerichtliche Verfahren auf. Es liegt dieselbe gebührenrechtliche Angelegenheit im Sinne von § 16 Nr. 2 RVG vor. Ihre Zahlung wird dabei unter Berücksichtigung einer etwaigen Differenz der Tabelle zu § 13 RVG und der Tabelle zu § 49 RVG berücksichtigt.

Wir können nicht abschätzen, ob das Gericht hinreichend Erfolgsaussichten erkennen wird, da insbesondere der Vortrag der Gegenseite hier nicht bekannt ist und damit offen ist, ob seitens der Gegenseite berechtigte Einwände gegen die Forderung erhoben werden können.

Grußformel

Hinweis: 656

Sie sollten die folgende Vorschussberechnung auf einem gesonderten Blatt ausfertigen. Benötigt der Auftraggeber die Rechnung z.B. zum Zwecke des Vorsteuerabzugs, sollte die Rechnung ohne Ausführungen und Belehrungen sein.

Muster 8.53: Vorschussrechnung PKH-Bewilligungsverfahren 657

Anrede,

nachstehend beziffern wir unsere Vorschussanforderung mit der Bitte um Ausgleich.

Sollte Ihnen die Zahlung des Gesamtbetrags nicht möglich sein, setzen Sie sich bitte mit unserer Kanzlei zum Zwecke der Vereinbarung von Ratenzahlung in Verbindung.

Vorschussberechnung gem. § 9 RVG/- Rechnungsnummer: /

Leistungszeitraum	€
Gegenstandswert	€
1,0 Verfahrensgebühr gem. §§ 2 Abs. 2, 13 RVG Nr. 3335 VV RVG	€
Entgelte für Post- und Telekommunikationsdienstleistungen gem. Nr. 7002 VV RVG	€
19 % Umsatzsteuer gem. Nr. 7008 VV RVG	€
Umsatzsteuernummer: / /	
Summe	€

Bitte überweisen Sie den Vorschussrechnungsbetrag in Höhe von € auf eines unserer aus dem Briefbogen ersichtlichen Konten unter Angabe des Betreffs „Kanzleiaktenzeichen“.

Wir bitten um Zahlung bis zum .

Grußformel

658 *Hinweis:*

1. Es ist umstritten, ob die Vorschussberechnung eine Rechnungsnummer benötigt.
2. Der RA muss keine Ratenzahlung akzeptieren.
3. Kommt es nach Fertigung, aber vor Einreichung des PKH-Bewilligungsantrages zu einer Erledigung des Auftrages, reduziert sich die Verfahrensgebühr der Nr. 3335 auf 0,5 gem. Nr. 3338 VV RVG.

III. PKH-Bewilligungsverfahren und Erfolgshonorar

659 Ist der Auftraggeber nicht in der Lage einen Vorschuss zu leisten, kann der RA hier ggf. im Wege eines Erfolgshonorars gem. § 4a RVG vorgehen.

§ 4a RVG Erfolgshonorar

(1) Ein Erfolgshonorar (§ 49b Abs. 2 Satz 1 der Bundesrechtsanwaltsordnung) darf nur für den Einzelfall und nur dann vereinbart werden, wenn der Auftraggeber aufgrund seiner wirtschaftlichen Verhältnisse bei verständiger Betrachtung ohne die Vereinbarung eines Erfolgshonorars von der Rechtsverfolgung abgehalten würde. In einem gerichtlichen Verfahren darf dabei für den Fall des Misserfolgs vereinbart werden, dass keine oder eine geringere als die gesetzliche Vergütung zu zahlen ist, wenn für den Erfolgsfall ein angemessener Zuschlag auf die gesetzliche Vergütung vereinbart wird. Für die Beurteilung nach Satz 1 bleibt die Möglichkeit, Beratungs- oder Prozesskostenhilfe in Anspruch zu nehmen, außer Betracht.

(2) Die Vereinbarung muss enthalten:

1. die voraussichtliche gesetzliche Vergütung und gegebenenfalls die erfolgsunabhängige vertragliche Vergütung, zu der der Rechtsanwalt bereit wäre, den Auftrag zu übernehmen, sowie
2. die Angabe, welche Vergütung bei Eintritt welcher Bedingungen verdient sein soll.

(3) In der Vereinbarung sind außerdem die wesentlichen Gründe anzugeben, die für die Bemessung des Erfolgshonorars bestimmend sind. Ferner ist ein Hinweis aufzunehmen, dass die Vereinbarung keinen Einfluss auf die gegebenenfalls vom Auftraggeber zu zahlenden Gerichtskosten, Verwaltungskosten und die von ihm zu erstattenden Kosten anderer Beteiligter hat.

660 Bereits aus dem Gesetzestext zu § 4a Abs. 1 RVG ist ersichtlich, dass bei Zahlungsunfähigkeit des Aufraggebers der RA grds. nicht tätig werden würde. Will er trotzdem den Auftraggeber vertreten, gestattet ihm § 4a RVG die Vereinbarung eines Erfolgshonorars. § 4a RVG erlaubt es dabei dem RA, für den Fall eines Misserfolges sogar **keine Vergütung** zu vereinbaren. Will der RA in einem solchen Fall dann eine Vergütung erzielen, so muss er einen Erfolg erzielen. Scheitert das gerichtliche Verfahren und unterliegt der Auftraggeber, kann der RA von diesem auch keine Vergütung verlangen, wenn Entsprechendes vereinbart worden ist. Eine Vergütungsvereinbarung zwischen RA und Mandant, die gegen die Vorschriften des § 3a Abs. 1 Satz 1 und Satz 2 RVG oder die Voraussetzung für den Abschluss einer Erfolgshonorarvereinbarung nach § 4a Abs. 1 und 2 RVG ver-

stößt, ist wirksam; aus ihr kann die vereinbarte Vergütung bis zur Höhe der gesetzlichen Gebühr gefordert werden (BGH, Urt. v. 5.6.2014 – IX ZR 137/12).

§ 4a RVG sieht jedoch vor, dass der RA, wenn er eine geringere als die gesetzliche Vergütung vereinbart, einen **Zuschlag** auf die gesetzliche Vergütung für den Erfolgsfall verlangt. Dieser Zuschlag muss angemessen sein. Was ein angemessener Zuschlag sein soll, regelt das Gesetz nicht. 661

Trifft der RA mit dem Auftraggeber eine Vereinbarung über die Zahlung einer Vergütung im Erfolgsfall, muss diese Vergütung einige zwingend gesetzlich vorgeschriebene Angaben enthalten: 662

- die voraussichtliche gesetzliche Vergütung,
- die erfolgsunabhängige vertragliche Vergütung, zu der der RA bereit wäre, den Auftrag zu übernehmen, sowie
- die Angabe, welche Vergütung bei Eintritt welcher Bedingungen geschuldet sein soll,
- die wesentlichen Gründe, die für die Bemessung des Erfolgshonorars bestimmend sind und
- einen Hinweis darauf, dass die Vergütungsvereinbarung keinen Einfluss auf die ggf. vom Auftraggeber zu zahlenden Gerichtskosten und die von ihm zu erstattenden Kosten anderer Beteiligter hat.

8.54

Muster 8.54: Erfolgshonorar bei PKH 663

Vergütungsvereinbarung gem. § 4a RVG

Rechtsanwälte

(zukünftig „die Rechtsanwälte")

vertreten

(zukünftig „der Auftraggeber")

in dem anzustrengenden Prozesskostenhilfebewilligungsverfahren vor dem Gericht.

Der Auftraggeber erklärt, zur Leistung der Prozesskosten nicht imstande zu sein. Er ist aufgrund seiner persönlichen und wirtschaftlichen Verhältnisse auch nicht in der Lage, wenigstens die Verfahrensgebühr gem. Nr. 3335 VV RVG zu leisten.

Der Auftraggeber wurde durch die Rechtsanwälte über die voraussichtliche gesetzliche Vergütung belehrt. Die voraussichtliche gesetzliche Vergütung im PKH-Bewilligungsverfahren beträgt, beziffert nach dem derzeit bekannten Gegenstandswert in Höhe von

1,0 Verfahrensgebühr gem. §§ 2 Abs. 2, 13 Nr. 3335 VV RVG	€
(ggf.) 1,2 Terminsgebühr gem. §§ 2 Abs. 2, 13 Nr. 3104 VV RVG	€
(ggf.) 1,0 Einigungsgebühr gem. §§ 2 Abs. 2, 13 Nr. 1003 VV RVG	€
Entgelte für Post- und Telekommunikationsdienstleistungen gem. Nr. 7002 VV RVG	€
19 % Umsatzsteuer gem. Nr. 7008 VV RVG	€
Summe	€

Die vereinbarte Vergütung gem. § 4a RVG bezieht sich nur auf das Prozesskostenhilfebewilligungsverfahren. Eine Verpflichtung der Rechtsanwälte, nach Abschluss des PKH-Bewilligungsverfahrens, insbesondere im Falle des Unterliegens, weiter tätig zu werden, ist mit dieser Vereinbarung nicht getroffen worden. Sollte eine sofortige Beschwerde gegen einen abweisenden Beschluss erforderlich werden, behalten sich die Rechtsanwälte vor, eine weitere Tätigkeit von der Zahlung der gesetzlichen Vergütung abhängig zu machen. Dem Auftraggeber entsteht dadurch kein Nachteil, da er für ein erforderliches sofortiges Beschwerdeverfahren einen anderen Anwalt mit seiner weiteren Vertretung beauftragen kann.

Für den Fall, dass das Verfahren auf Bewilligung von PKH erfolgreich ist und dem Auftraggeber PKH bewilligt wird, oder die Angelegenheit durch Vergleich beendet wird, vereinbaren die Parteien, dass zusätzlich zu der tatsächlich entstandenen gesetzlichen Vergütung ein Zuschlag in Höhe von 50 % geschuldet wird. Führt das Prozesskostenhilfebewilligungsverfahren nicht zum Erfolg und wird dem Auftraggeber Prozesskostenhilfe nicht bewilligt, vereinbaren die Parteien, dass der Auftraggeber von der tatsächlichen gesetzlichen Vergütung einen Prozentsatz von 25 % schuldet.

Bei der Bestimmung des Erfolgshonorars wurde berücksichtigt, dass den geltend zu machenden Ansprüchen des Auftraggebers Einwendungen durch die Gegenseite entgegen gehalten werden, die dazu führen können, dass ein Gericht davon ausgeht, dass der Auftraggeber seine Ansprüche nicht geltend machen kann.

(Anmerkung der Autorin: Hier ggf. eine ausführlichere rechtliche Begründung vornehmen, die sich auf den Sachverhalt bezieht!)

Die Parteien vereinbaren außerdem, dass eine Anrechnung des Erfolgshonorars auf die Vergütung bei bewilligter Prozesskostenhilfe im Hauptsacheverfahren nicht stattfindet. Die Parteien vereinbaren, dass die Tätigkeit im Prozesskostenhilfebewilligungsverfahren der Rechtsanwälte im Gegensatz zu § 16 Nr. 2 RVG eine eigene und besondere Angelegenheit darstellt. Das vereinbarte Erfolgshonorar wird auch nicht mit bereits erfolgten Zahlungen für eine vor- bzw. außergerichtliche Tätigkeit verrechnet.

Das Erfolgshonorar ist mit Beendigung des gerichtlichen Verfahrens (ggf. einem Revisionsverfahren) sofort zur Zahlung fällig. Wegen der langen Dauer eines gerichtlichen Verfahrens verzichtet der Auftraggeber bereits jetzt auf die Einrede der Verjährung. Die Rechtsanwälte fügen dieser Vergütungsvereinbarung eine Verzichtserklärung der Einrede der Verjährung bei. Der Eingang dieser Verzichtserklärung bei den Rechtsanwälten ist Voraussetzung für die Wirksamkeit der Vergütungsvereinbarung.

Der Auftraggeber wird darauf hingewiesen, dass für den Fall des Erfolgs die geschuldete Vergütung von der gesetzlichen Vergütung abweicht. Die im Erfolgsfall geschuldete Vergütung ist höher als die gesetzliche Vergütung. Im Fall des Obsiegens schuldet eine zur Kostenerstattung verpflichtete Gegenpartei nur die gesetzliche Vergütung.

Der Auftraggeber wird darüber belehrt, dass diese Vereinbarung keinerlei Auswirkung auf eine etwaige Verpflichtung zur Zahlung der Gerichtskosten hat. Eine sich im gerichtlichen Verfahren ergebende Kostenerstattungsverpflichtung im Unterliegensfalle wird von dieser Vergütungsvereinbarung nicht aufgehoben. Kostenerstattungsansprüche muss der Auftraggeber unabhängig von dieser Vergütungsvereinbarung erfüllen.

(Der Auftraggeber) (Der Rechtsanwalt)

▲

Hinweis: 664

Die Regelungen zum Erfolgshonorar sind erst seit dem 1.7.2008 Bestandteil des RVG. Verlässliche Rechtsprechung zu der Frage der Auslegung der entsprechenden Vorschriften ist noch nicht vorhanden. In dieser Frage sollte besonders vorsichtig gehandelt werden. Der BGH hat bei Prozesskostenhilfe ein Erfolgshonorar nicht zugelassen BGH, 24.9.2009 – IX ZR 224/06 – und an der Forderungssperre des § 122 Abs. 1 Nr. 3 ZPO festgehalten.

▼ 8.55

Muster 8.55: Verzicht auf Einrede der Verjährung 665

Vollständige Anschrift Auftraggeber

Die Rechtsanwälte führen für mich ein Prozesskostenhilfebewilligungsverfahren vor dem Gericht.

Mit den Rechtsanwälten wurde ein Erfolgshonorar gem. § 4a RVG vereinbart.

Wegen der sich aus dem Erfolgshonorar ergebenden Vergütung für den Erfolgsfall (50 % über der gesetzlichen Vergütung der tatsächlichen entstandenen Vergütung) erkläre ich in Kenntnis der Tragweite dieser Erklärung unter Berücksichtigung von § 202 Abs. 2 BGB den Verzicht auf die Einrede der Verjährung entsprechend der Frist gem. § 195 BGB.

Die Rechtsanwälte sind nicht verpflichtet, eine Hemmung der Verjährung im Sinne von § 204 BGB durch gerichtliche Geltendmachung herbeizuführen.

Ort, Datum | Auftraggeber

▲

IV. Gebührenhöhe im PKH-Bewilligungsverfahren

666 Die Höhe der Verfahrensgebühr im PKH-Bewilligungsverfahren hängt ab von der Höhe der Verfahrensgebühr, die in dem Verfahren geschuldet wird, für das PKH begehrt wird. Sie kann aber höchstens 1,0 betragen.

> *Beispiel:*
>
> *Sie beantragen die Bewilligung von PKH für ein Zwangsvollstreckungsverfahren. Da der Gebührensatz im Zwangsvollstreckungsverfahren generell 0,3 beträgt, beträgt auch die Gebühr im PKH-Bewilligungsverfahren 0,3.*

667 Die Gebühr der Nr. 3335 VV RVG ist gem. Nr. 1008 VV RVG um 0,3 erhöhungsfähig, wenn der RA mehrere Auftraggeber vertritt. Es gilt wie üblich eine höchst mögliche Erhöhung um 2,0.

V. PKH-Bewilligungsverfahren und Terminsgebühr

668 **Teil 3, Abschnitt 3, Unterabschnitt 6: Sonstige besondere Verfahren**

Vorbemerkung 3.3.6:

Die Terminsgebühr bestimmt sich nach Abschnitt 1, soweit in diesem Unterabschnitt nichts anderes bestimmt ist.

669 Im PKH-Bewilligungsverfahren kann eine Terminsgebühr unter den Bedingungen von Vorbemerkung 3.3.6. VV RVG entstehen. Die Terminsgebühr, die der RA geltend machen wird, ist die Terminsgebühr der Nr. 3104 VV RVG, da in der Vorbemerkung 3.3.6. auf die Terminsgebühr im ersten Abschnitt verwiesen wird. Damit beträgt die Höhe der Terminsgebühr im PKH-Bewilligungsverfahren 1,2.

VI. § 16 Nr. 2 RVG – dieselbe Angelegenheit PKH-Bewilligungsverfahren und Hauptsache

Wird PKH bewilligt und der RA anschließend im Hauptsacheverfahren als Prozessbevollmächtigter tätig, bilden beide Verfahren – also das PKH-Bewilligungsverfahren und das Hauptsacheverfahren – gem. § 16 Nr. 2 RVG dieselbe Angelegenheit. Der Vergütungsanspruch entsteht insgesamt nur einmal, denn nach § 15 Abs. 1 RVG erhält der RA die Vergütung in **derselben** Angelegenheit nicht mehrfach. 670

Die im PKH-Bewilligungsverfahren entstandene Vergütung bleibt nicht gesondert bestehen. Dies gilt aber nur für den Teil der Vergütung, bei dem die Gegenstandswerte sich entsprechen. 671

Beispiel:

Das PKH-Bewilligungsverfahren wird wegen 50.000,00 € geführt. Es findet ein Termin statt. PKH wird nur wegen 20.000,00 € bewilligt. Das Hauptsacheverfahren wird beschränkt auf 20.000,00 € durchgeführt, es findet ein Termin statt.

Vergütungsberechnung

Gegenstandswert: 50.000,00 und 20.000,00 €

1,0 Verfahrensgebühr PKH-Bewilligungsverfahren gem. §§ 2 Abs. 2, 13, Nr. 3335 VV RVG	*1.163,00 €*
Gegenstandswert: 50.000,00 €	
(Berücksichtigung dieselbe Angelegenheit gem. § 16 Nr. 2 RVG)	
1,2 Terminsgebühr §§ 2 Abs. 2, 13, Nr. 3104 VV RVG im PKH-Bewilligungsverfahren	*1.279,30 €*
1,3 Verfahrensgebühr §§ 2 Abs. 2, 13, Nr. 3100 VV RVG (Rest)	*232,60 €*
Gegenstandswert: 20.000,00 €	
1,2 Terminsgebühr § 13, Nr. 3104 VV RVG	*0,00 €*
(Berücksichtigung dieselbe Angelegenheit gem. § 16 Nr. 2 RVG)	
Entgelte für Post- und Telekommunikationsdienstleistungen gem. Nr. 7002 VV RVG	*20,00 €*
Zwischensumme	*2.694,90 €*
19 % USt gem. Nr. 7008 VV RVG	*512,03 €*
Summe	***3.206,93 €***

Da das PKH-Bewilligungsverfahren günstiger ist als die sofortige Einleitung des Hauptsacheverfahrens, ist es möglich, dass die Klage nicht unbedingt beim Gericht eingereicht wird, sondern bedingt, nur für den Fall, dass dem beigefügten PKH-Antrag stattgegeben wird. 672

VII. Umfang der bewilligten PKH

673 **§ 48 RVG Umfang des Anspruchs und der Beiordnung (gekürzte Fassung):**

(1) Der Vergütungsanspruch bestimmt sich nach den Beschlüssen, durch die die Prozesskostenhilfe bewilligt und der Rechtsanwalt beigeordnet oder bestellt worden ist.

(2) In Angelegenheiten, in denen sich die Gebühren nach Teil 3 des Vergütungsverzeichnisses bestimmen und die Beiordnung eine Berufung, eine Beschwerde wegen des Hauptgegenstands, eine Revision oder eine Rechtsbeschwerde wegen des Hauptgegenstands betrifft, wird eine Vergütung aus der Staatskasse auch für die Rechtsverteidigung gegen ein Anschlussrechtsmittel und, wenn der Rechtsanwalt für die Erwirkung eines Arrests, einer einstweiligen Verfügung oder einer einstweiligen Anordnung beigeordnet ist, auch für deren Vollziehung oder Vollstreckung gewährt. Dies gilt nicht, wenn der Beiordnungsbeschluss ausdrücklich etwas anderes bestimmt.

(3) (….)

(4) (….).

(5) In anderen Angelegenheiten, die mit dem Hauptverfahren nur zusammenhängen, erhält der für das Hauptverfahren beigeordnete Rechtsanwalt eine Vergütung aus der Staatskasse nur dann, wenn er ausdrücklich auch hierfür beigeordnet ist. Dies gilt insbesondere für

1. die Zwangsvollstreckung, die Vollstreckung und den Verwaltungszwang;
2. Das Verfahren über den Arrest, die einstweilige Verfügung und die einstweilige Anordnung;
3. Das selbstständige Beweisverfahren;
4. das Verfahren über die Widerklage oder den Widerantrag, ausgenommen die Rechtsverteidigung gegen den Widerantrag in Ehesachen und in Lebenspartnerschaftssachen nach § 269 Abs. 1 Nr. 1 und 2 des Gesetzes über das Verfahren in Familiensachen und in den Angelegenheiten der freiwilligen Gerichtsbarkeit.

(6) (…)

1. Allgemeines

674 Die Bewilligung von PKH hat nicht zur Folge, dass der RA jede Rechtshandlung für den Auftraggeber vornehmen kann und nach Abschluss der Tätigkeit dann eine Vergütung aus der Staatskasse erhält. § 48 RVG bestimmt den **Umfang** des Vergütungsanspruchs des beigeordneten RA. Hierin sind eine Reihe von Einschränkungen erhalten. Die obige Darstellung von § 48 RVG ist gekürzt; vom Abdruck des Gesetzestextes der hier nicht erläuterten Themen ist abgesehen worden (es fehlt z.B. § 48 Abs. 3 RVG). Es ist bereits darauf eingegangen worden, dass selbst dann, wenn PKH bereits bewilligt ist, für bestimmte **Verfahrensabschnitte** erneut PKH beantragt werden muss.

675 Ist dem Auftraggeber PKH bewilligt, so ist er im Umfang der erfolgten Bewilligung nicht mehr **Vergütungsschuldner**. Vergütungsschuldner wird der Staat. Der Auftraggeber

haftet nur für die Teile die Vergütung, die deswegen bestehen, weil PKH nicht in vollem Umfang gewährt worden ist.

2. Vorschuss vom Auftraggeber, wenn PKH noch nicht bewilligt ist

Der RA kann bei seinem Antrag, dem Auftraggeber PKH zu bewilligen, nicht vorher- 676
sagen, ob PKH auch bewilligt wird. Daher kann der RA von seinem Auftraggeber bis zur Bewilligung von PKH einen **Vorschuss** fordern. Wegen der Ungewissheit der Leistungsfähigkeit des Auftraggebers (einen Überblick über seine Leistungsfähigkeit haben Sie spätestens, wenn die Erklärung über die persönlichen und wirtschaftlichen Verhältnisse bei Ihnen vorliegt), sollte in allen Fällen, in denen PKH beantragt wird, ein Vorschuss angefordert werden. Ist der RA von den Erfolgsaussichten der Rechtsverfolgung/Rechtsverteidigung überzeugt, so kann auf die Vorschussanforderung verzichtet werden. Sobald allerdings der Gegenstandswert 5.000,00 € übersteigt, ist eine Vorschussanforderung wieder sinnvoll. Ab hier weisen die Tabellen zu § 13 und § 49 RVG eine unterschiedliche Gebührenhöhe bei identischem Gegenstandswert aus. Der gezahlte Vorschuss darf vom RA zunächst auf die Differenz der Vergütung nach der Tabelle zu § 13 RVG und der Tabelle zu § 49 RVG verrechnet werden.

8.56

▼

Muster 8.56: Vorschussanforderung vom Auftraggeber, der PKH beantragt 677

Anrede,

Sie haben uns mitgeteilt, dass Sie nicht in der Lage sind, die Anwaltsvergütung für die zu führende gerichtliche Auseinandersetzung zu zahlen und darum gebeten, dass wir Prozesskostenhilfe für Sie beantragen.

Bereits mit unseren allgemeinen Belehrungen haben wir Sie zu Beginn des Mandatsverhältnisses über die Voraussetzungen und Folgen der Bewilligung von Prozesskostenhilfe im gerichtlichen Verfahren hingewiesen. Sie wurden des Weiteren darüber informiert, dass in vor- und außergerichtlichen Angelegenheiten Prozesskostenhilfe nicht möglich ist und, dass im Prozesskostenhilfebewilligungsverfahren die Möglichkeit der Gewährung von Prozesskostenhilfe nie gegeben ist. Auch haben wir bereits ausgeführt, dass die bewilligte Prozesskostenhilfe Sie im Unterliegensfalle nicht vom Kostenerstattungsanspruch der Gegenseite befreit.

Wenn Prozesskostenhilfe bewilligt wird, werden Sie von der Zahlung der bei uns entstehenden Vergütung entsprechend der erfolgten Bewilligung befreit. Erfolgt eine Bewilligung von Prozesskostenhilfe nur zum Teil, sind Sie auch nur für diesen Teil von der Zahlung unserer Vergütung freigestellt.

Aus diesem Grunde dürfen wir Sie bitten, bis zur Bewilligung von Prozesskostenhilfe und damit der Feststellung, in welcher Höhe Sie von der Verpflichtung zur Zahlung unserer Vergütung befreit sind, einen anwaltsüblichen Vorschuss wie folgt zu leisten:

	Gegenstandswert: 10.000,00 €	**Gegenstandswert: 10.000,00 €**	**Differenz Tabelle zu § 49 und Tabelle zu § 13 RVG = Zahlbetrag**
	PKH-Tabelle gem. § 49 RVG	**Regelvergütung Tabelle gem. § 13 RVG**	
1,3 Verfahrensgebühr gem. § 2 Abs. 2 Nr. 3100 VV RVG	399,10 €	725,40 €	326,30 €
1,2 Terminsgebühr gem. § 2 Abs. 2, Nr. 3104 VV RVG	368,40 €	669,60 €	301,20 €
Entgelte für Post- und Telekommunikationsdienstleistungen	20,00 €	20,00 €	0,00 €
gem. Nr. 7002 VV RVG			-
19 % Umsatzsteuer	149,63 €	268,85 €	119,22 €
gem. Nr. 7008 VV RVG			
Summe:	937,13 €	1.683,85 €	746,72 €

Wie Sie der vorstehenden Tabelle entnehmen können, berechnen wir nur die Differenz, die sich aus der unterschiedlichen Höhe der Tabelle zu § 13 und § 49 RVG ergibt. Sollte das Gericht nur zum Teil Prozesskostenhilfe bewilligen, erhöht sich unser Anspruch. Den Vorschuss erbitten wir unabhängig von der Bewilligung von Prozesskostenhilfe. Eine den Anforderungen gem. § 14 UStG entsprechende Rechnung ist diesem Schreiben beigefügt. In der Rechnung ziehen wir die voraussichtliche Zahlung durch die Justizkasse ab.

Nach Bewilligung von Prozesskostenhilfe erfolgt eine Verrechnung des von Ihnen geleisteten Vorschusses gem. § 58 Abs. 2 RVG.

Etwaige Gerichtskostenvorschüsse haben wir nicht berücksichtigt.

Bitte zahlen Sie den aus diesem Schreiben und der Anlage ersichtlichen Betrag auf eines unserer aus dem Briefbogen ersichtlichen Konten unter Angabe des Betreffs „Aktenzeichen ______“. Wir sehen dem Zahlungsausgleich bis zum ______ entgegen.

Sollte Ihnen die Zahlung des Gesamtbetrages nicht möglich sein, setzen Sie sich bitte umgehend mit unserer Kanzlei zur Vereinbarung von Ratenzahlung in Verbindung.

Grußformel

▲

Hinweis: 678

1. Eine ordnungsgemäße Rechnung muss beigefügt werden. Die Tabelle ersetzt die Rechnung nicht.
2. Zu den Anforderungen an die Vorschussrechnung siehe das Muster unter Rdn 655, 677.

3. Erfolgshonorar bei finanzieller Leistungsunfähigkeit des Auftraggebers

Bestehen erhebliche Zweifel an den Erfolgsaussichten des Verfahrens, muss natürlich überlegt werden, ob das Verfahren überhaupt geführt werden sollte. Bei finanzieller **Leistungsunfähigkeit** bleibt die Möglichkeit des RA, mit dem Auftraggeber ein Erfolgshonorar gem. § 4a RVG zu vereinbaren. Eine Verpflichtung, nur erfolgsabhängig vergütet zu werden und ein Erfolgshonorar zu vereinbaren, ist nicht gegeben. Hierzu verweise ich auf die Ausführungen unter Rdn 659. 679

4. Verrechnung von Vorschüssen

§ 58 RVG Anrechnung von Vorschüssen und Zahlungen (verkürzte Darstellung) 680

(1) …

(2) In Angelegenheiten, in denen sich die Gebühren nach Teil 3 des Vergütungsverzeichnisses bestimmen, sind Vorschüsse und Zahlungen, die der Rechtsanwalt vor oder nach der Beiordnung erhalten hat, zunächst auf die Vergütungen anzurechnen, für die ein Anspruch gegen die Staatskasse nicht oder nur unter den Voraussetzungen des § 50 besteht.

(3) …

§ 58 RVG gibt vor, wie Vorschüsse und Zahlungen, die der RA von seinem Auftraggeber erhalten hat, zu verrechnen sind. Hierbei muss nicht der Auftraggeber die Zahlungen geleistet haben, auch Zahlungen von Dritten (sogar der Gegner in Erfüllung eines Kostenerstattungsanspruchs) werden entsprechend berücksichtigt. 681

a) Anwendungsbereich

Die Verrechnungsregelung in § 58 Abs. 2 RVG betrifft nur die Vergütungsansprüche, die sich nach Teil 3 VV RVG richten. Eine etwa vor- bzw. außergerichtlich entstandene Geschäftsgebühr ist in Teil 2 geregelt, diese ist nicht von der Anrechnungserleichterung des § 58 Abs. 2 RVG betroffen. 682

683 Hat der RA von seinem Auftraggeber vor oder nach der **Beiordnung** Zahlungen erhalten, so werden die Vorschüsse zunächst auf die gesamte Vergütung (somit auch auf eine entstandene Geschäftsgebühr – Ausnahme: bewilligte Beratungshilfe) entsprechend der Tabelle zu § 13 RVG berechnet. Immer, wenn es eine Differenz zwischen den beiden unterschiedlichen Tabellen gibt, wird der Vorschuss erst auf den **Differenzwahlanwaltsvergütungsanspruch** (= die Differenz zwischen dem Betrag der Wahlanwaltsvergütung nach der Tabelle zu § 13 RVG und dem Betrag der PKH-Vergütung nach der Tabelle zu § 49 RVG) verrechnet. Erst wenn diese Differenz voll ausgeschöpft ist, erfolgt eine Anrechnung auf die Vergütung nach der Tabelle zu § 49 RVG.

Beispiel

Der Vergütungsanspruch nach der Tabelle zu § 13 RVG beträgt	*2.500,00 €.*
Der Vergütungsanspruch nach der Tabelle zu § 49 RVG beträgt	*1.500,00 €.*
Die Differenz beträgt:	*1.000,00 €.*

Der Auftraggeber leistet

a) einen Vorschuss i.H.v. 850,00 € oder
b) einen Vorschuss i.H.v. 1.100,00 €.

zu a)Der Vorschuss i.H.v. 850,00 € wird in voller Höhe auf die Differenz verrechnet. Dies gilt immer dann, wenn die Differenz höher oder gleich hoch ist.

zu b)Der Vorschuss i.H.v. 1.100,00 € wird i.H.v. 1.000,00 € auf die Differenz verrechnet. I.H.v. 100,00 € verringert sich die zu zahlende Vergütung aus der Justizkasse. Der Vorschuss muss i.H.v. 100,00 € bei dem Erstattungsantrag an die Justizkasse angegeben werden. Einen Antrag gem. § 50 RVG muss, kann und sollte der RA nicht mehr stellen. Fraglich ist sogar, ob er einen Antrag nach § 50 RVG noch stellen darf, dazu folgen gesonderte Ausführungen unter Rdn 738.

b) Geschäftsgebühr und bewilligte PKH

684 Regelmäßig wird der RA den Auftraggeber, für den er PKH beantragt, bereits vor- bzw. außergerichtlich vertreten haben. Lagen die Voraussetzungen für die Bewilligung von Beratungshilfe für die vor- bzw. außergerichtliche Vertretung nicht vor, hat der RA einen von der noch zu bewilligenden PKH unabhängigen Vergütungsanspruch. Er wird im Allgemeinen die **Geschäftsgebühr** gem. Nr. 2300 VV RVG von seinem Auftraggeber fordern können. Der Gesetzgeber hat mit dem „Gesetz zur Modernisierung von Verfahren im anwaltlichen und notariellen Berufsrecht, zur Errichtung einer Schlichtungsstelle der Rechtsanwaltschaft sowie zur Änderung der Verwaltungsgerichtsordnung, der Finanzgerichtsordnung und kostenrechtlicher Vorschriften“ (BT-Drucks 16/12717 vom 22.4.2009) mit der Einführung des § 55

Abs. 5 Satz 2 RVG deutlich gemacht, dass der RA in seinem Erstattungsantrag zu erklären hat, ob, und wenn ja, in welcher Höhe er Zahlungen auf Gebühren erhalten hat, die anzurechnen sind.

Der RA, der vor dem Antrag auf Bewilligung von PKH vor- bzw. außergerichtlich tätig war, wird daher dem Auftraggeber die Geschäftsgebühr in Rechnung stellen. Die Geschäftsgebühr wird entsprechend Vorbemerkung 3 Abs. 4 VV RVG auf die Verfahrensgebühr des sich anschließenden gerichtlichen Verfahrens angerechnet (s. die Ausführungen unter Rdn 200). Im Hinblick auf die Vergütungsabrechnungen gegenüber der Justizkasse enthalten alle üblichen Formulare den Zusatz für eine Erklärung dahin gehend, ob vorgerichtlich eine Geschäftsgebühr anzurechnen ist und ggf. den Anspruch des RA mindert. 685

Da der RA ein Wahlrecht hat, wie die Anrechnung durchzuführen ist, darf die Verfahrensgebühr im gerichtlichen Verfahren nicht um den Anrechnungsteil gekürzt werden, wenn der RA die ganze Verfahrensgebühr zur Erstattung beantragt. In diesem Fall muss die Verfahrensgebühr dem RA in voller Höhe aus der Justizkasse erstattet werden. 686

§ 55 Abs. 5 Satz 2 RVG n.F. 687

Der Antrag hat die Erklärung zu enthalten, ob und welche Zahlungen der Rechtsanwalt bis zum Tag der Antragstellung erhalten hat. Bei Zahlungen auf eine anzurechnenden Gebühr sind dies Zahlungen, der Satz oder der Betrag der Gebühr und bei Wertgebühren auch der zugrunde gelegte Wert anzugeben. Zahlungen, die der Rechtsanwalt nach der Antragstellung erhalten hat, hat er unverzüglich anzuzeigen.

Unter Berücksichtigung von § 55 Abs. 5 Satz 2 RVG muss das Gesuch die Erklärung enthalten, ob der Auftraggeber Zahlungen auf eine anzurechnende Gebühr geleistet hat (etwa 2300, 3305, 3500 VV RVG). 688

Der RA muss entweder den Gebührensatz nennen (z.B. 1,3, 1,0 oder 0,3 u.a.) oder den Betrag der Gebühr (nur die Nettogebühr). 689

Praxistipp: 690

Es ist üblich, bei vorhersehbarer PKH von dem Auftraggeber nur den Anrechnungsrest zu fordern. Dieser Betrag, der keine Auswirkung auf die Vergütungsforderung gegenüber der Justizkasse hat, ist nicht zu nennen, da der Auftraggeber keine Zahlung auf eine anzurechnende Gebühr gezahlt. Machen Sie das in der Praxis am Besten dadurch deutlich, dass sie eine Vergütungsvereinbarung über den nicht anrechenbaren Teil der Geschäftsgebühr mit dem Auftraggeber schließen. Zahlungen auf Vergütungsvereinbarungen unterliegen nicht der Anrechnung und sind von § 55 Abs. 5 Satz 2 RVG nicht erfasst.

691 *Praxistipp:*

Bitte rechnen Sie hier unbedingt selbst nach, ob das Ergebnis mittels üblicherweise eingesetzter Software auch tatsächlich zutreffend ist.

Wenn der Auftraggeber die Geschäftsgebühr gezahlt hat, dann sind (je nach Höhe der Geschäftsgebühr) max. 0,75 bei der Anrechnung auf die Verfahrensgebühr zu berücksichtigen (s. die Ausführungen zur Anrechnung der Geschäftsgebühr unter Rdn 200).

692 *Beispiel:*

Gegenstandswert: 50.000,00 €

Sie haben vor- bzw. außergerichtlich berechnet:

2,0 Geschäftsgebühr gem. §§ 2 Abs. 2, 13, 14 Nr. 2300 VV RVG	*2.326,,00 €*
Entgelte für Post- und Telekommunikationsdienstleistungen gem. Nr. 7002 VV RVG	*20,00 €*
19 % USt Nr. 7008 VV RVG	*445,74 €*
Gesamtbetrag	***2.791,74 €***

Dieser Betrag wurde vom Auftraggeber gezahlt.

Angerechnet wird nur die Gebühr (nebst anteiliger USt). Es kommt daher nicht auf die Entgelte für Post- und Telekommunikationsdienstleistungen an; diese bleiben bestehen.

Schließt sich jetzt eine gerichtliche Tätigkeit an, reduziert sich die Verfahrensgebühr nur um 872,25 €, der Restbetrag aus der Geschäftsgebühr bleibt bestehen. Der Kürzungsbetrag ergibt sich aus der Anrechnung gem. Vorbemerkung 3 Abs. 4 VV RVG. Die Verfahrensgebühr ist um 0,75 zu kürzen. Der verbleibende Differenzanspruch (2.326,00 € – 872,25 € = 1.453,75 €) ist auf keinen der Vergütungsansprüche anzurechnen.

Bevor jetzt aber die Verfahrensgebühr gem. § 49 RVG um den Anrechnungsteil der Geschäftsgebühr i.H.v. 872,25 € gekürzt wird, ist zunächst zu ermitteln, wie hoch die Differenz der Ansprüche berechnet nach der Tabelle zu § 13 RVG und der Tabelle zu § 49 RVG ist. Ist die Differenz gleichhoch oder höher als 872,25 €, mindert sich der Zahlungsanspruch, der gegenüber der Justizkasse besteht nicht, eine Anrechnung auf die Verfahrensgebühr erfolgt nicht.

Durch die deutlich unterschiedlichen Tabellen zu § 13 RVG und § 49 RVG könnte sich sonst nach Zahlung der Vergütung für die Geschäftsgebühr ergeben, dass durch die Justizkasse überhaupt keine Zahlung der Vergütung nach der Tabelle zu § 49 RVG zu erfolgen hat.

5. PKH-Bewilligung und Vergütungsvereinbarung

a) Vergütungsvereinbarung vor erfolgter Beiordnung

Hat der RA mit dem Auftraggeber bspw. zu Beginn des Auftragsverhältnisses eine Vergütungsvereinbarung getroffen und ergibt sich im laufenden Verfahren, dass für den Auftraggeber PKH bewilligt wird (eine Zahlungsunfähigkeit kann sich durchaus erst im Laufe des Verfahrens ergeben), so werden Vorschüsse und Zahlungen nach der h.M. zunächst auf die Differenz zwischen der der Vergütung nach § 49 RVG und der Vergütung entsprechend der Vergütungsvereinbarung verrechnet. 693

b) Vergütungsvereinbarung nach erfolgter Beiordnung

§ 3a Abs. 3 RVG (Auszug) 694

(1) (...)

(2) (...)

(3) Eine Vereinbarung, nach der ein im Wege der Prozesskostenhilfe beigeordneter RA für die von der Beiordnung erfasste Tätigkeit eine höhere als die gesetzliche Vergütung erhalten soll, ist nichtig. Die Vorschriften des bürgerlichen Rechts über die ungerechtfertigte Bereicherung bleiben unberührt.

Nach § 3a Abs. 3 Satz 1 RVG kann ein RA nach erfolgter Beiordnung keine verbindliche Vergütungsvereinbarung mehr treffen. Diese Vereinbarung ist nichtig. Ein Zahlungsanspruch kann nicht erfolgreich gegenüber dem Auftraggeber geltend gemacht werden. Hat der Auftraggeber auf diese nichtige Vergütungsvereinbarung Zahlungen geleistet, so sind die Vorschriften des bürgerlichen Rechts über die ungerechtfertigte Bereicherung (§§ 812 ff. BGB) anwendbar. Der Auftraggeber hat i.d.R. ein Rückforderungsrecht für bereits geleistete Zahlungen. 695

Dies gilt dann nicht, wenn der Auftraggeber Kenntnis davon hatte, dass eine Vergütungsvereinbarung für den im Wege der PKH beigeordneten Rechtsanwalt nichtig war. Zahlt der Auftraggeber in **Kenntnis** der Nichtigkeit, also mit dem Wissen, dass er nicht zur Zahlung verpflichtet ist, hat er kein Rückforderungsrecht. Es erscheint eher unwahrscheinlich, dass ein solcher Fall in der Praxis vorkommen wird. 696

6. Umfang der Bewilligung im Rechtsmittelverfahren

Für jedes Rechtsmittelverfahren muss erneut PKH beantragt werden (§ 119 Abs. 1 Satz 1 ZPO). Ist für ein Rechtsmittelverfahren PKH erst einmal bewilligt, so gilt PKH im Allgemeinen auch für die Anschließung (Anschlussberufung oder Anschlussrevision) durch den Rechtsmittelbeklagten. Für das Rechtsmittel selbst ist aber zunächst PKH zu beantragen (§ 48 Abs. 2 RVG). 697

698 Im Rechtsmittelverfahren gibt es eine **Besonderheit**. Obsiegt der Auftraggeber in der ersten Instanz und führt der Unterliegende das Verfahren durch Einlegung eines Rechtsmittels fort, so muss im Rechtsmittelverfahren gem. § 119 Abs. 1 Satz 2 ZPO nur nachgewiesen werden, dass der Auftraggeber keine hinreichenden Mittel zur Finanzierung des Verfahrens hat. Die Erfolgsaussichten und auch eine etwaige Mutwilligkeit sind nicht mehr zu prüfen.

699 Allerdings müssen Sie damit rechnen, dass PKH für das Rechtsmittelverfahren erst erteilt wird, wenn der Gegner das Rechtsmittel begründet hat. Vorher sieht das Gericht regelmäßig keine Veranlassung, PKH zu bewilligen. Einen Auftrag zur Vertretung im Rechtsmittelverfahren sollte der Auftraggeber daher erst erteilen, wenn feststeht, dass der Rechtsmittelführer das Verfahren auch durchführt – oder dieser beantragt hat, die Frist zur Begründung zu verlängern. Vertreten Sie den Auftraggeber bereits vorher und zeigen diese Vertretung beim Gericht an, wird die dafür entstehende Vergütung nicht aus der Justizkasse erstattet werden. Selbstverständlich besteht bei einer Rücknahme der Berufung ein Kostenerstattungsanspruch. Kann dieser nicht durchgesetzt oder beigetrieben werden, bleibt Vergütungsschuldner in diesem Fall der Auftraggeber und nicht der Staat.

700 Sie sollten den Auftraggeber über das weitere Verfahren informieren.

8.57 ▼

701 **Muster 8.57: Obsiegen des Auftraggebers bei bewilligter PKH – Rechtsmittel der Gegenseite**

Anrede,

wir hatten bereits bei der Übersendung des vollständigen Urteils (Beschlusses oder Ähnliches) darauf hingewiesen, dass für die Gegenseite die Möglichkeit besteht, das Urteil durch rechtzeitiges Einlegen des Rechtsmittels der Berufung anzufechten. Die Gegenseite hat diese Anfechtungsmöglichkeit genutzt, sodass das Verfahren voraussichtlich vor dem Gericht fortgeführt wird.

Das Rechtsmittel muss innerhalb einer Frist von zwei Monaten ab Zustellung des vollständigen Urteils begründet werden. Die Gegenseite hat die Möglichkeit diese Begründungsfrist auf Antrag verlängern zu lassen. Eine weitere Verlängerung ist möglich, wenn wir eine entsprechende Zustimmung erteilen. Üblicherweise stimmen Anwälte der Bitte anderer Anwälte zur Verlängerung einer Frist zu.

Für das Ausgangsverfahren ist Ihnen Prozesskostenhilfe bewilligt worden. Da das vorangegangene Verfahren zu Ihren Gunsten entschieden wurde und Sie obsiegt haben, werden vom Gericht in dem nunmehr rechtshängigen Rechtsmittelverfahren nicht mehr die Erfolgsaussichten Ihres weiteren gerichtlichen Vorgehens geprüft.

Auch im Rechtsmittelverfahren hängt die Bewilligung von Prozesskostenhilfe aber davon ab, dass Sie nicht in der Lage sind, die Kosten für das gerichtliche Verfahren ganz oder zum Teil aufzubringen. Entsprechend § 119 Abs. 1 Satz 2 ZPO müssen Ihre Einkommens- und Vermögensverhältnisse erneut dem Gericht dargelegt werden.

Wir fügen daher in der Anlage erneut die Erklärung über die persönlichen und wirtschaftlichen Verhältnisse bei. Bitte füllen Sie die Erklärung schnellstmöglich aus und senden diese zusammen mit den erforderlichen Belegen wieder an uns zurück. Die Einkommensbelege wollen Sie bitte zweifach kopieren, also in dreifacher Ausfertigung hier einreichen.

Bitte reichen Sie die Unterlagen auch an uns zurück, wenn sich Ihre Einkommens- und Vermögensverhältnisse nicht verändert haben. Nicht jedes Gericht akzeptiert die Erklärung, dass keine Änderung eingetreten ist. Viele Gerichte bestehen ausdrücklich auf die Einreichung des entsprechenden Formulars.

Über die Bewilligung von Prozesskostenhilfe wird vermutlich durch das Gericht erst entschieden werden, wenn das Rechtsmittel begründet ist.

Wir werden uns bereits jetzt zur Vermeidung etwaiger Rechtsnachteile beim Gericht für Sie bestellen und dem Gericht mitteilen, dass eine weitere Vertretung durch uns erfolgt.

Einen Vergütungsanspruch werden wir aus dieser Tätigkeit nicht gegen Sie herleiten, sondern für den Fall der Rücknahme des Rechtsmittels lediglich den dann gegebenen Kostenerstattungsanspruch gegen den Rechtsmittelführer weiter verfolgen.

Grußformel

▲

Hinweis: 702

Sie sind nicht verpflichtet, dem Auftraggeber Erklärungen zur Bewilligung von PKH zu übersenden. Diese sind mittlerweile leicht im Internet zu besorgen. Erstaunlicherweise verfügt wirklich fast jede Einkommensgruppe über einen PC, einen Internetanschluss und einen Drucker. Die nötigen Kopien der Einkommensbelege sind ebenfalls nicht unentgeltlich von Ihnen zu fertigen. Dem Auftraggeber kann zugemutet werden, hier einen „Copy Shop" aufzusuchen.

7. Umfang der Bewilligung und Zwangsvollstreckung

Die erfolgte PKH-Bewilligung gilt nur für den jeweiligen Rechtszug. Ist Folge des geführten gerichtlichen Verfahrens, dass ein zur Zwangsvollstreckung geeigneter Titel vorliegt, so muss für die Zwangsvollstreckung erneut PKH beantragt werden (§ 48 Abs. 4 RVG). Nur wenn lediglich die Vollziehung eines Arrests, einer einstweiligen Verfügung oder einer einstweiligen oder vorläufigen Anordnung betroffen ist, umfasst die bisherige Bewilligung der PKH auch die Zwangsvollstreckung (§ 48 Abs. 2 Satz 1, 2. Halbs. RVG). 703

Ist die Bewilligung für die Zwangsvollstreckung erfolgt, dann erstreckt sich diese Bewilligung gem. § 119 Abs. 2 ZPO auf bestimmte Vollstreckungsmaßnahmen.

704 Es ist von Gerichtsbezirk zu Gerichtsbezirk unterschiedlich, wie und ob dem Auftraggeber noch PKH für die Zwangsvollstreckung bewilligt wird und die Beiordnung eines Rechtsanwaltes erfolgt. In vielen Gerichtsbezirken wird verlangt, dass der Rechtsuchende die Rechtsantragstelle des Gerichts aufsucht, bei der er seinen allgemeinen Wohnsitz hat und diese für ihn die Zwangsvollstreckung durchführt.

705 *Praxistipp:*

Es ist wesentlich sinnvoller, dem Auftraggeber die vollstreckbare, zugestellte, im Zweifel rechtskräftige Ausfertigung des Titels auszuhändigen und ihn aufzufordern, die Rechtsantragstelle aufsuchen, um PKH zu beantragen. Für den Fall, dass ihm vor Ort nicht PKH bewilligt wird, soll der Auftraggeber vor Ort dann gleich um die Einleitung von Zwangsvollstreckungsmaßnahmen bitten. Entweder durch die Rechtsantragstelle wird dann PKH bewilligt, oder aber das Gericht leitet die erforderlichen Vollstreckungsmaßnahmen ein und führt diese auch bis zum Ende durch.

8.58 ▼

706 **Muster 8.58: Aushändigung der Vollstreckungsurkunde an Auftraggeber – PKH für Zwangsvollstreckung**

Anrede,

in Ihrer Angelegenheit ist Ihnen durch das Gericht für das bisherige gerichtliche Verfahren Prozesskostenhilfe bewilligt worden, sodass Sie entsprechend dem Umfang der Bewilligung für die Anwaltsvergütung nicht oder nur zum Teil aufkommen mussten.

Es liegt ein vollstreckbarer, zugestellter, rechtskräftiger Titel gegen den Verfahrensgegner vor. Da dieser bisher nicht freiwillig geleistet hat, muss Ihr Anspruch im Wege der Zwangsvollstreckung durchgesetzt werden. Im Zwangsvollstreckungsverfahren entsteht erneut eine Anwaltsvergütung, hinzu kommen je nach Vollstreckungsmaßnahme Gerichtskosten und eventuell Gerichtsvollzieherkosten.

Für die Durchführung der Zwangsvollstreckung ist erneut ein Prozesskostenhilfeantrag erforderlich, da die bisherige Bewilligung der Prozesskostenhilfe nicht auch die Zwangsvollstreckung umfasst.

Hier ist es erforderlich, dass Sie persönlich die Rechtsantragstelle des Gerichts aufsuchen, bei der Sie Ihren allgemeinen Wohnsitz haben. Die Öffnungszeiten der Rechtsantragstelle erfragen Sie bitte direkt beim Gericht (*Anschrift und Telefonnummer einfügen*). Sollte das Gericht Prozesskostenhilfe nicht bewilligen, beantragen Sie bitte gleich vor Ort die Einleitung von Vollstreckungsmaßnahmen gegen den Schuldner. Das Gericht wird Ihnen entweder Prozesskostenhilfe bewilligen oder die Vollstreckung einleiten.

Damit die Rechtsantragstelle die Zwangsvollstreckung einleiten kann, fügen wir diesem Schreiben die vollstreckbare, zugestellte, rechtskräftige Ausfertigung des des Gerichts zum Aktenzeichen bei. Bitte bewahren Sie diese sorgfältig auf. Nur mit dieser Ausfertigung kann die Vollstreckung betrieben werden. Im Verlustfall kann zwar eine weitere vollstreckbare Ausfertigung beantragt werden. Dafür entstehen jedoch Gerichtskosten und eine gesonderte Anwaltsvergütung, was vermieden werden kann.

Bitte informieren Sie uns über das Ergebnis Ihrer Bemühungen vor der Rechtsantragstelle.

Grußformel

Hinweis: 707

Da Sie diesem Schreiben die vollstreckbare Ausfertigung des Urteils versenden, sollten Sie dieses Schreiben nicht mit einfacher Post versenden. Entweder Sie stellen dieses Schreiben durch Boten zu oder schalten den Gerichtsvollzieher mit der Zustellung ein (dazu ist ein besonderes Anschreiben erforderlich, damit das Urteil nicht mit der Zustellurkunde des Gerichtsvollziehers verbunden wird). Die Übersendung mit Einschreiben-Rückschein eignet sich regelmäßig nicht. Sie können, wenn der Versand per Einschreiben-Rückschein erfolgt, nur nachweisen, dass Sie etwas an den Auftraggeber gesandt haben, aber nicht, welchen Inhalt das Schreiben hatte.

Selbstverständlich können Sie den Auftraggeber auch auffordern, das Original während der Bürozeiten persönlich gegen Quittung in Empfang zu nehmen.

8. PKH und der sog. Mehrvergleich

Beabsichtigen die Parteien einen Vergleich zu schließen, in dem nicht rechtshängige 708
Ansprüche berücksichtigt sind (sog. Mehrvergleich), so erstreckt sich die bisher für das Verfahren bewilligte PKH auch auf den Mehrvergleich (BGH, Beschl. v.178.11.2018 – XII ZB 248/16 – Alle abweichenden Entscheidungen von diversen OLG sind damit hinfällig).

9. Teilbewilligung von PKH

Wird PKH nur z.T. bewilligt, muss der RA den Auftraggeber darüber belehren, dass die 709
Teilbewilligung der PKH bewirkt, dass der RA einen eigenen Vergütungsanspruch gegen die Partei (damit dem Auftraggeber) hat und die Partei, die nicht von der Bewilligung erfassten Vergütungsansprüche selbst zu zahlen hat.

Beispiel:

Der RA vertritt den Beklagten. Der Kläger verlangt vom Beklagten Zahlung i.H.v. 15.000,00 €. Gleichzeitig mit dem Antrag auf Klageabweisung stellt der RA den Antrag, dem Beklagten PKH unter seiner Beiordnung zu bewilligen. Das Gericht bewilligt PKH für die Abwehr eines Anspruchs i.H.v. 10.000,00 €. Wegen der weiteren 5.000,00 € lehnt das Gericht die Bewilligung wegen mangelnder Erfolgsaussichten ab.

Für die Ermittlung des eigenen Vergütungsanspruchs des RA gibt es verschiedene Auffassungen:

1. Auffassung

Gesamter Vergütungsanspruch nach einem Gegenstandswert von ***15.000,00*** € berechnet nach der Tabelle zu § 13 RVG

abzüglich

theoretische ***Wahl***anwaltsvergütung nach einem Gegenstandswert von 10.000,00 €

berechnet nach der Tabelle zu **§ 13 RVG**

= Vergütungsanspruch des beigeordneten RA gegenüber dem Auftraggeber.

Nach dieser Auffassung (BGH in BGHZ 13, 337) kommt es nicht darauf an, dass der RA ja tatsächlich nur eine Vergütung nach der Tabelle zu § 49 RVG erhalten hat.

2. Auffassung

Gesamter Vergütungsanspruch nach einem Gegenstandswert von ***15.000,00*** € berechnet nach der Tabelle zu § 13 RVG

abzüglich

tatsächlich erhaltene Zahlung nach einem Gegenstandswert von 10.000,00 €

berechnet nach der Tabelle zu ***§ 49RVG***

= Vergütungsanspruch des beigeordneten RA gegenüber dem Auftraggeber.

Die zweite Auffassung (OLG Köln, JurBüro 1981, 1011) ist deutlich zu bevorzugen, denn es muss doch bei der Ermittlung von Differenzvergütungsansprüchen berücksichtigt werden, welche Zahlung tatsächlich erfolgt ist.

8.59

710 **Muster 8.59: Belehrung des Auftraggebers bei Teilbewilligung von PKH**

Anrede,

wie Sie dem in der Anlage beigefügten Beschluss des Gerichts entnehmen können, wurde dem Antrag auf Bewilligung von Prozesskostenhilfe nur zum Teil stattgegeben. Dies bedeutet, dass im Hinblick auf unsere Vergütung für einen Teil der Vergütung weiterhin Sie als Auftraggeber haften. Eine Zahlung der Vergütung für den nicht bewilligten Teil von Prozesskostenhilfe durch die Justizkasse scheidet aus. Gegen den nicht umfassten Teil der Prozesskostenhilfebewilligung kann zwar grundsätzlich sofortige Beschwerde eingelegt werden, allerdings verursacht das Verfahren über die sofortige Beschwerde zusätzliche Kosten. Diese Kosten (Rechtsanwaltsvergütung zuzüglich Gerichtskosten) sind vermutlich höher als die Differenz der Vergütung, die sich zu Ihren Lasten ergibt. Wir werden daher weil für das sofortige Beschwerdeverfahren erneut PKH zu beantragen ist, keine sofortige Beschwerde einlegen.

Wegen der nur zum Teil erfolgten Bewilligung von Prozesskostenhilfe ergibt sich Ihr eigener Vergütungsanspruch entsprechend der nachstehenden Berechnung. Den nachstehend ermittelten Betrag müssen Sie selbst zahlen.

Insgesamt entsteht voraussichtlich eine Vergütung in Höhe von

Gegenstandswert: €

1,3 Verfahrensgebühr gem. §§ 2 Abs. 2, 13 RVG Nr. 3100 VV RVG	€
1,2 Terminsgebühr gem. §§ 2 Abs. 2, 13 RVG Nr. 3104 VV RVG	€
Entgelte für Post- und Telekommunikationsdienstleistungen gem. Nr. 7002 VV RVG	€
19 % Umsatzsteuer gem. Nr. 7008 VV RVG	€
Summe	**€**

Die Justizkasse wird entsprechend der Teilbewilligung von diesem Vergütungsanspruch eine anteilige Summe in Höhe von

Gegenstandswert: €

1,3 Verfahrensgebühr gem. §§ 2 Abs. 2, 49 RVG Nr. 3100 VV RVG	€
1,2 Terminsgebühr gem. §§ 2 Abs. 2, 49 RVG Nr. 3104 VV RVG	€
Entgelte für Post- und Telekommunikationsdienstleistungen gem. Nr. 7002 VV RVG …	€
19 % Umsatzsteuer gem. Nr. 7008 VV RVG	€
Summe	**€**

Die Abweichung ergibt sich aus dem geringeren Gegenstandswert und der besonderen Tabelle gem. § 49 RVG für den Fall, dass PKH bewilligt wurde. Der sogenannte Anspruch des Wahlanwalts richtet sich aber nach der Tabelle gem. § 13 RVG.

Der gesamte voraussichtliche Gebührenanspruch beträgt	€
abzüglich Zahlung durch die Justizkasse	€
Ihr Zahlbetrag	**€**

Bitte überweisen Sie den Zahlbetrag in Höhe von € bis zum auf eines unserer angegebenen Konten unter Angabe des Betreffs „Aktenzeichen “.

Eine ordnungsgemäße Rechnung im Sinne des § 14 UStG ist diesem Schreiben beigefügt.

Sollten Sie den Rechnungsbetrag nicht als Ganzes leisten können, setzen Sie sich bitte mit unserer Kanzlei zur Vereinbarung von Ratenzahlung in Verbindung.

Grußformel

▲

711 *Hinweis:*

Die Rechnung muss beigefügt werden. In der Rechnung ziehen Sie die Vergütungsforderung gem. § 49 RVG, die die Justizkasse zahlen muss, ab.

10. PKH und mehrere Auftraggeber

712 Vertritt der RA mehrere Auftraggeber und ist nur einem der Auftraggeber PKH bewilligt, ist die Abrechnung schwierig. Wenn nur einer Partei PKH bewilligt wurde, so hat § 7 Abs. 2 RVG zur Folge, dass der RA gegenüber dem Auftraggeber, dem nicht PKH bewilligt wurde, einen Vergütungsanspruch in der Höhe behält, den er geltend machen könnte, wenn er diesen Auftraggeber allein vertreten würde. Damit bestünde ein Vergütungsanspruch i.H.d. **Regelvergütung**. Nur der „Erhöhungszuschlag“ gem. Nr. 1008 VV RVG ist nicht von diesem Auftraggeber geschuldet.

713 Wenn dies gegenüber der Partei gilt, der PKH nicht bewilligt wurde, so muss dies auch für die Partei gelten, der PKH bewilligt wurde. Der RA hat daher unter Berücksichtigung von § 7 Abs. 2 RVG einen vollen Vergütungsanspruch nach der Tabelle zu § 49 RVG gegenüber der Justizkasse. Auch von der Justizkasse kann er den sog. **Mehrvertretungszuschlag** nicht fordern.

714 Eine andere Meinung vertritt die Auffassung, dass von der Justizkasse nur die Erhöhung gem. Nr. 1008 VV RVG geschuldet wird. Diese Auffassung wird vom BGH (MDR 1993, 913) vertreten.

715 Richtig kann m.E. unter Berücksichtigung des Umstandes, dass mehrere Auftraggeber als Gesamtschuldner (§ 426 BGB) haften, nur sein, dass der RA die gesamte Vergütung von einem Auftraggeber fordern kann (so auch § 7 Abs. 2 RVG). Die Justizkasse hat dann aber gegenüber dem anderen Auftraggeber einen Ausgleichsanspruch und wird von diesem einen Anteil an den Verfahrenskosten einfordern.

716 *Praxistipp:*

Ist nur einem von mehreren Auftraggeber PKH bewilligt worden, sollten Sie vom dem Auftraggeber, dem PKH **nicht** bewilligt worden ist

a) den sog. Mehrvertretungszuschlag gem. Nr. 1008 VV RVG nach der Tabelle zu § 13 RVG und
b) die Differenz zwischen Wahlanwaltsvergütung und Vergütungsanspruch nach der Tabelle zu § 49 RVG fordern. Selbst wenn der Staat dann auf diesen Auftraggeber Rückgriff nimmt, tut er dies nur noch wegen der Vergütung nach der Tabelle zu § 49 RVG.

▼ 8.60

Muster 8.60: Anforderung des Vergütungsanspruchs gem. § 7 Abs. 2 RVG bei Bewilligung von PKH nur für einen Auftraggeber 717

Anschrift des Aufraggebers 2, dem PKH nicht bewilligt wurde

Anrede,

wir haben in dem Verfahren vor dem € Gericht PKH für Sie und den weiteren Auftraggeber 1 beantragt. Das Gericht hat entschieden, dass nur bei dem Auftraggeber 1 die Voraussetzungen für die Bewilligung von Prozesskostenhilfe erfüllt sind. Ihr Antrag auf Bewilligung von Prozesskostenhilfe wurde abgelehnt.

Sie stellen gemeinsam mit dem/der/den € (*Auftraggeber 1*) eine sogenannte Gesamthandsgemeinschaft (Gesamtgläubiger und Gesamtschuldner) dar. Jeder von Ihnen schuldet gem. § 7 Abs. 2 RVG die hier entstehende Vergütung so, als wenn er alleine den Rechtsanwalt beauftragt hätte.

In der Rechtsprechung ist umstritten, welche Folge es hat, wenn nur einem von mehreren Beteiligten Prozesskostenhilfe bewilligt wird.

Nach einer Auffassung schuldet der Staat dann nur den sogenannten Mehrvertretungszuschlag gem. Nr. 1008 VV RVG, den der Anwalt berechnen darf, wenn er mehr als einen Auftraggeber vertritt. Eine andere Auffassung geht davon aus, dass der Staat all das zahlen muss, was zu zahlen wäre, wenn der Auftraggeber allein den Rechtsanwalt beauftragt hätte.

Sicher ist, dass Teile der Vergütung bei Ihnen verbleiben. Wir berechnen hier zunächst nur die Vergütungsansprüche, die verbleiben, wenn der Staat komplett den Anspruch des Auftraggebers zu 1. erfüllt. Allerdings kann es sein, dass nach Abschluss des Verfahrens von Ihnen durch den Staat Zahlungen verlangt werden, weil der Staat hier Ausgleichsansprüche aus gesamtschuldnerischer Haftung geltend machen will. In diesem Fall sollten Sie uns unverzüglich über an Sie gerichtete Zahlungsaufforderungen informieren, damit wir überprüfen können, ob diese berechtigt sind.

Der auf jeden Fall bei Ihnen verbleibende Vergütungsanspruch beziffert sich wie folgt:

1. Mehrvertretungszuschlag gem. §§ 2 Abs. 2, 13 Nr. 1008 VV RVG €

2. Differenz zwischen der Vergütung berechnet nach der Tabelle zu § 13 und der Tabelle § 49 RVG €

19 % Umsatzsteuer gem. Nr. 7008 VV RVG €

Summe €

Eine den Anforderungen von § 14 UStG entsprechende Rechnung finden Sie in der Anlage.

Bitte gleichen Sie den Rechnungsbetrag in Höhe von € bis zum € hier eingehend unter Angabe des Betreffs „Aktenzeichen €" aus. Unsere Bankverbindung entnehmen Sie bitte dem Briefbogen.

Grußformel

▲

718 *Hinweis:*

Diesem Schreiben ist eine Rechnung beizufügen. Die Rechnung muss wie folgt aufgebaut sein:

- 1,3 Verfahrensgebühr gem. §§ 2 Abs. 2, 13 Nr. 3100 VV RVG
- Erhöhung gem. Nr. 1008 VV RVG
- 1,2 Terminsgebühr gem. §§ 2 Abs. 2, 13 Nr. 3104 VV RVG
- Entgelte für Post- und Telekommunikationsdienstleistungen gem. Nr. 7002 VV RVG
- 19 % USt
- abzüglich zu erwartender Erstattung von der Justizkasse nach der Tabelle zu § 49 RVG (wie oben nur ohne Nr. 1008 VV RVG und unter Beachtung der Tabelle zu § 49 RVG)
- Summe

Den Abzugsbetrag können Sie in verschiedener Form geltend machen. Das Muster dient der besseren Übersichtlichkeit und entspricht nicht den Anforderungen an eine Rechnung (es fehlt z.B. Leistungszeitraum, Rechnungsnummer, Umsatzsteuernummer etc.).

11. Abrechnung bewilligter PKH/Formulare

719 Für die Abrechnung der Vergütung gegenüber der Justizkasse gibt es keinen Formularzwang.

Sie können auf die üblichen Formulare zugreifen unter: Justizportal des Bundes und der Länder, Gesamtverzeichnis: http://www.justiz.de/Formulare/index.php; Formulare: http://www.justiz.de/Formulare/HKR168-RVG.pdf.

12. Bewilligung von PKH und obsiegende Beendigung des Verfahrens

Obsiegt der Auftraggeber, dem PKH bewilligt ist, ändert sich am **Vergütungsanspruch** 720
des beigeordneten RA nichts. Der RA kann aber gegen den unterlegenen Gegner den Kostenerstattungsanspruch geltend machen. Der RA sollte auf alle Fälle einen Kostenfestsetzungsantrag gem. § 126 ZPO stellen und im Antrag deutlich machen, dass der Antrag im eigenen Namen gestellt wird.

Hat der Gegner noch Ansprüche gegen den Auftraggeber, so kann er nicht mit dem Kos- 721
tenerstattungsanspruch aufrechnen, den der RA im eigenen Namen geltend macht. Er kann gem. § 126 Abs. 2 ZPO nur mit anderen Kosten aus demselben Rechtsstreit aufrechnen.

Stellt der Anwalt einen Antrag nach § 104 ZPO, kann der zur Kostenerstattung Verpflich- 722
tete mit jedem Anspruch gegen den Auftraggeber aufrechnen und muss den Kostenerstattungsanspruch im Zweifel nicht erfüllen.

8.61

▼

Muster 8.61: Kostenfestsetzungsantrag bei Obsiegen und PKH 723

Prozessgericht I. Instanz

Kostenfestsetzungsantrag gem. § 126 ZPO

In dem Verfahren

Kläger,

gegen

Beklagter,

zum Aktenzeichen

wird aufgrund der Kostenentscheidung des Gerichts beantragt,

die Kosten gegen den Verfahrensgegner gem. § 126 ZPO festzusetzen. Soweit die Erstattung von PKH-Gebühren gemäß der Tabelle nach § 49 RVG beantragt wurde, ist dies im Kostenfestsetzungsgesuch berücksichtigt worden. Die entsprechenden Kosten sind in Abzug gebracht worden.

Die Antragstellung erfolgt im eigenen Namen.

Es wird beantragt, gezahlte Gerichtskosten hinzuzusetzen und den festzusetzenden Betrag verzinslich ab Antragstellung mit 5 % über dem Basiszinssatz festzusetzen (§ 104 Abs. 1 Satz 2 ZPO) und eine vollstreckbare Ausfertigung des Beschlusses zu erteilen.

Der Antragsteller ist (nicht) zum Vorsteuerabzug berechtigt.

Diesem Antrag sind zwei Abschriften zum Zwecke der Zustellung beigefügt.

Rechtsanwalt

▲

13. PKH bei Auseinanderfallen von Gerichtsort und Kanzleisitz

724 In einigen Fällen befinden sich zwar der Wohnsitz des Auftraggebers und der Kanzleisitz am selben Ort, das Gericht ist jedoch an einem anderen Ort. Wird in diesen Fällen PKH bewilligt, erfolgt die Bewilligung durch das Gericht mit der Einschränkung, dass nur die Kosten von der Bewilligung von PKH umfasst sind, die entstehen würden, wenn der Anwalt seinen Kanzleisitz am Gerichtsort hätte.

Die Justizkasse zahlt dann nicht die **Reisekosten** und die **Abwesenheitsgelder**, die entstehen, weil der Anwalt zum Gerichtstermin anreisen muss. Diese schuldet der Auftraggeber.

725 *Praxistipp:*

Haben Sie einen Fall, in dem Gerichtsort und Kanzleisitz auseinander fallen, so sollten Sie gleich im Antrag darauf achten, deutlich zu machen, warum auch die Reisekosten vom Umfang der Bewilligung umfasst sein sollten.

726 Ein solches Vorgehen erspart Ihnen voraussichtlich eine sofortige Beschwerde im PKH-Bewilligungsverfahren. Die sofortige Beschwerde hat den Nachteil, dass Sie auch für diese wieder PKH beantragen müssten und erhebliche Zeitverluste berücksichtigt werden müssen.

8.62

▼

727 **Muster 8.62: Antrag auf Bewilligung von PKH bei Ortsverschiedenheit (Gericht/Kanzleisitz)**

Zuständiges Gericht

In Sachen (Aktenzeichen)

wird bereits jetzt weiterhin ausdrücklich beantragt,

Prozesskostenhilfe ohne Einschränkung zu bewilligen.

Insbesondere wird beantragt,

die notwendigen Reisekosten des beigeordneten Rechtsanwalts zur Wahrnehmung der erforderlichen Gerichtstermine nicht vom Umfang der Bewilligung auszuschließen.

Begründung:

Ausweislich der diesem Antrag beigefügten Erklärung über die finanziellen und persönlichen Verhältnisse des Antragstellers ist es diesem nicht möglich, die Reisekosten des beigeordneten Rechtsanwalts aus eigenen Mitteln zu finanzieren.

Es war der um Prozesskostenhilfe nachsuchenden Partei auch nicht möglich, gleich einen Anwalt am Gerichtsort einzuschalten. Vor dem gerichtlichen Verfahren haben die Parteien eine vorgerichtliche Auseinandersetzung geführt. Es war nicht von Anfang an abzusehen, dass sich eine gerichtliche Auseinandersetzung anschließen würde.

Verlangte man jetzt von der um Prozesskostenhilfe nachsuchenden Partei, einen Anwalt am Gerichtsort mit der Wahrnehmung der rechtlichen Interessen zu beauftragen, nähme man dieser Partei die Möglichkeit, ein Vertrauensverhältnis zum zu beauftragenden Rechtsanwalt aufzubauen. Die um Prozesskostenhilfe nachsuchende Partei hat ja nicht nur nicht die Möglichkeit, selbst die Reisekosten eines RA zu finanzieren, ihr fehlt auch die Möglichkeit, einen Anwalt am Gerichtsort auf eigene Kosten auszusuchen.

Ein etwa denkbarer Anwaltswechsel zum jetzigen Zeitpunkt hätte zudem die Folge, dass die Anrechnungsfolge aus Vorbemerkung 3 Abs. 4 VV RVG nicht eintritt. Die vor- bzw. außergerichtlich hier entstandene Geschäftsgebühr wird nicht auf die Verfahrensgebühr angerechnet, die bei einem anderen Anwalt entsteht. Die um Prozesskostenhilfe nachsuchende Partei würde damit unangemessen benachteiligt werden, weil ihr die Möglichkeit genommen würde, sich im Prozess durch den Anwalt ihres Vertrauens vertreten zu lassen. Um uneingeschränkte Bewilligung von Prozesskostenhilfe unter unserer Beiordnung wird daher gebeten.

▲

Hinweis: 728

Der BGH hat hier eine Grundsatzentscheidung zur Reisekostenproblematik getroffen. Bitte lesen Sie die Entscheidung des BGH v. 10.10.2006 – XI ZB 1/06, www.bundesgerichtshof.de – Menüpunkt: Entscheidungen; dort das Aktenzeichen und das Datum eingeben, die Entscheidung ist dann sofort verfügbar.

Es ist davon auszugehen, dass eine Beiordnung des „ortsfremden" RA nur in wenigen Ausnahmefällen erfolgt. Der obige Antrag kann hilfreich sein, es kann aber auch sein, dass trotz dieses Antrags nur eine beschränkte Beiordnung erfolgt („zu den Bedingungen eines ortsansässigen Rechtsanwaltes"). 729

730 Sie sollten Ihren Auftraggeber auf diese Möglichkeit rechtzeitig hinweisen, da er, bedingt durch die eingeschränkte Beiordnung, Schuldner der Reisekosten und Abwesenheitsgelder ist.

8.63

▼

731 **Muster 8.63: Belehrung bei Teil-PKH Beiordnung des auswärtigen RA zum „Tarif" des ortsansässigen RA**

Anrede,

wie Sie dem in der Anlage beigefügten Beschluss entnehmen können, hat uns das Gericht beigeordnet und Ihnen Prozesskostenhilfe bewilligt. Diese Bewilligung ist jedoch nur in eingeschränkter Weise erfolgt. Unsere Kanzlei befindet sich bekanntlich in , die Termine zur mündlichen Verhandlungen werden am Gerichtsort in stattfinden.

Zu diesem Termin müssen wir anreisen, was Kosten verursacht. Die Beiordnung umfasst diese Kosten nicht. Das Gericht hat eine Beiordnung ausgesprochen, in der klargestellt wurde, dass nur die Kosten an uns gezahlt werden, die entstanden wären, wenn wir am Gerichtsort niedergelassen wären.

Eine sofortige Beschwerde gegen diese Bewilligung ist wenig aussichtsreich. Die Einschränkung stimmt mit der Rechtsprechung des BGH überein, sodass wir hier keine Rechtsmittel gegen den Beiordnungsbeschluss einlegen werden.

Um Ihnen einen Überblick über die zu erwartende Kostenbelastung zu ermöglichen, haben wir uns bereits jetzt über die Kosten verschiedener Anreisemöglichkeiten zum Gerichtsort informiert.

Bei den Fahrtkosten handelt es sich jeweils um mögliche Alternativen. Die Anreisekosten entstehen nicht nebeneinander.

Kosten bei der Anreise mit dem **Flugzeug** gem. Nr. 7004 VV RVG €
Economy Flug

ggf. zusätzlich Mietwagen-/Taxi zum Erreichen des Gerichtsortes erforderlich

Parkplatzgebühren, Taxikosten zum Flughafen €
oder

Kosten bei der Anreise mit der **Deutschen Bahn** gem. Nr. 7004 VV RVG

(ggf. unterteilen: mit Bahn Card/ohne Bahn Card, 1. oder 2. Klasse) €
oder

Kosten für die Anreise mit dem **eigenen Pkw** gem Nr. 7003 VV RVG €
(0,30 € pro gefahrenen Kilometer)

Abwesenheitsgeld gem. Nr. 7005 VV RVG €

Eventuell:

Unterbringungskosten gem. Nr. 7006 VV RVG

Hotel, Kategorie 4 Sterne €

Wie Sie der vorstehenden Übersicht entnehmen können, müssen Sie für die Wahrnehmung des Termins insgesamt mit Kosten in Höhe von € rechnen. Unmittelbar nach Zustellung der Ladung zum Termin durch das Gericht werden wir einen Vorschuss bei Ihnen anfordern, der die Reisekosten deckt. Bitte stellen Sie sicher, dass Sie zum Zeitpunkt der Ladung zum Termin finanziell in der Lage sind, die Reisekosten zu verauslagen.

Wir werden uns selbstverständlich um eine günstige Anreise bemühen und auf überflüssigen Luxus verzichten. Bei einer Anreise mit dem Flugzeug können Sie davon ausgehen, dass die Kosten hierfür deutlich günstiger sind, wenn eine Buchung frühzeitig erfolgt. Wir haben keine Bedenken, auch einen Billigflug zu nutzen. Damit wir ein solches Angebot buchen können, ist es allerdings erforderlich, dass durch Sie vorher eine Zahlung der Reisekosten erfolgte. Es ist unüblich, dass die Reisekosten durch Anwälte verauslagt und erst später von dem Auftraggeber erstattet werden.

Sollten Sie noch Fragen haben, wenden Sie sich bitte vertrauensvoll an unser Sekretariat. Unsere Mitarbeiter unterstützen Sie gerne.

Grußformel

▲

VIII. Vorschuss nach bewilligter PKH

§ 47 RVG Vorschuss 732

(1) Wenn dem Rechtsanwalt wegen seiner Vergütung ein Anspruch gegen die Staatskasse zusteht, kann er für die entstandenen Gebühren und die entstandenen und voraussichtlich entstehenden Auslagen aus der Staatskasse einen angemessenen Vorschuss fordern. Der Rechtsanwalt, der nach § 138 des Gesetzes über das Verfahren in Familiensachen und in den Angelegenheiten der freiwilligen Gerichtsbarkeit, auch in Verbindung mit § 270 des Gesetzes über das Verfahren in Familiensachen und in den Angelegenheiten der freiwilligen Gerichtsbarkeit, nach § 109 Absatz 3 oder § 119a Absatz 6 des Strafvollzugsgesetzes beigeordnet oder nach § 67a Abs. 1 Satz 2 der Verwaltungsgerichtsordnung bestellt ist, kann einen Vorschuss nur verlangen, wenn der zur Zahlung Verpflichtete (§ 39 oder § 40) mit der Zahlung des Vorschusses im Verzug ist.

(2) Bei Beratungshilfe kann der Rechtsanwalt aus der Staatskasse keinen Vorschuss fordern.

Im Allgemeinen bestimmt § 9 RVG, dass der RA einen Anspruch darauf hat, von seinem Auftraggeber einen Vorschuss zu fordern. Würde § 9 RVG dies nicht bestimmen, wäre der RA, der eine Dienstleistung erbringt, nach den Regelungen des BGB zur Vorleistung 733 verpflichtet. Der RA kann vom Auftraggeber einen angemessenen Vorschuss fordern, der die voraussichtliche Vergütung und voraussichtliche sonstige Auslagen berücksichtigt. I.R.d. Bewilligung von PKH weicht das Vorschussrecht aus § 47 RVG von der Regelung in § 9 RVG ab.

734 Ist dem Auftraggeber PKH bewilligt, kann der RA auch einen Vorschuss verlangen. Dieses Recht ist aber beschränkt auf die bereits entstandenen Gebühren. Die Auslagen müssen noch nicht entstanden sein, damit der RA sie als Vorschuss fordern kann. Bei den Auslagen ist es ausreichend, dass diese voraussichtlich entstehen werden.

735 Zwischen dem Entstehen einer Gebühr und der Fälligkeit i.S.v. § 8 RVG gibt es große Unterschiede. Bei der Vorschussanforderung gem. § 47 RVG ist es nicht erforderlich, dass die Gebühren bei der Anforderung bereits fällig sind.

736 *Praxistipp:*

Die üblichen Bearbeitungszeiten der Gerichte sind sehr unterschiedlich. Allerdings ist es in vielen Gerichtsbezirken so, dass zwischen dem Antrag auf Erstattung der Vergütung und der Zahlung durch die Justizkasse ein erheblicher Zeitraum vergeht. Nach h.M. hat der RA keinen Anspruch auf Verzinsung seiner Vergütung aus der Staatskasse.

737 Aus diesem Grunde sollte regelmäßig ein Vorschuss angefordert werden. Der erste Vorschuss kann bereits gefordert werden, wenn der Bewilligungsbeschluss eingeht. Die Verfahrensgebühr ist dann mit Sicherheit bereits entstanden. Ist zu diesem Zeitpunkt bereits eine Terminsgebühr entsprechend Vorbemerkung 3 Abs. 3, 3. Alt. VV RVG entstanden, kann auch die Terminsgebühr bereits als Vorschuss gefordert werden. Da diese sich nicht aus der Gerichtsakte ergibt, sollten Sie das Entstehen der Terminsgebühr nachweisen, hierzu verweise ich auf die Ausführungen unter Rdn 464 ff. nebst Textmuster.

IX. Weitere Vergütung gem. § 50 RVG bei bewilligter PKH

738 **§ 50 Abs. 1 u. Abs. 2 RVG – Weitere Vergütung bei Prozesskostenhilfe (Auszug)**

(1) Nach Deckung der in § 122 Absatz 1 Nummer 1 der Zivilprozessordnung bezeichneten Kosten und Ansprüche hat die Staatskasse über die auf sie übergegangenen Ansprüche des Rechtsanwalts hinaus weitere Beträge bis zur Höhe der Regelvergütung einzuziehen, wenn dies nach den Vorschriften der Zivilprozessordnung und nach den Bestimmungen, die das Gericht getroffen hat, zulässig ist. Die weitere Vergütung ist festzusetzen, wenn das Verfahren durch rechtskräftige Entscheidung oder in sonstiger Weise beendet ist und die von der Partei zu zahlenden Beträge beglichen sind oder wegen dieser Beträge eine Zwangsvollstreckung in das bewegliche Vermögen der Partei erfolglos geblieben ist oder aussichtslos erscheint.

(2) Der beigeordnete Rechtsanwalt soll eine Berechnung seiner Regelvergütung unverzüglich zu den Prozessakten mitteilen.

(3) …

1. Allgemeines

In vielen Fällen wird dem Auftraggeber PKH in der Form bewilligt, dass er eine Eigenbeteiligung in Form von Ratenzahlung zu leisten hat). Wird PKH nur unter der Bedingung bewilligt, dass der Auftraggeber Raten zahlt, ist ein Hinweis auf die Folgen der Nichtzahlung erforderlich. 739

8.64

▼

Muster 8.64: Hinweis an den Auftraggeber bei PKH mit Ratenzahlung 740

Anrede,

das Gericht hat Ihnen Prozesskostenhilfe mit der Maßgabe bewilligt, dass Sie sich an den entstehenden Kosten des Verfahrens regelmäßig beteiligen. Das Gericht hat eine Ratenhöhe von monatlich ______ € festgesetzt.

Diese Raten müssen Sie pünktlich und unaufgefordert an die Justizkasse zum Aktenzeichen: ______ zur IBAN ______ BIC ______ leisten. Bitte bewahren Sie Ihre Zahlungsbelege sorgfältig auf.

Die Zahlungen sind nicht an unsere Kanzlei zu richten, wir sind nicht Leistungsempfänger.

Bitte beachten Sie:

Sollten Sie mit der Ratenzahlung in Verzug geraten, weil Sie länger als drei Monate die festgesetzten Raten nicht gezahlt haben, hat das gem. § 124 Nr. 4 ZPO zur Folge, dass das Gericht die bewilligte Prozesskostenhilfe aufhebt. Sie schulden dann bei Aufhebung von Prozesskostenhilfe den vollen und höheren gesetzlichen Vergütungsbetrag.

Sollten sich Ihre Einkommensverhältnisse verschlechtern und Sie nicht mehr in der Lage sein, die Raten in der entsprechenden Höhe zu leisten, müssen Sie uns dringend informieren. Es ist möglich, bei veränderten wirtschaftlichen Verhältnissen, eine Abänderung der Ratenhöhe zu beantragen (unter Umständen sogar eine Freistellung). Dazu ist aber zwingend ein Antrag erforderlich. Die Einstellung der Zahlung hat immer negative Konsequenzen.

Sie müssen die Raten im Übrigen nicht „lebenslang" erbringen. Vier Jahre und damit 48 Kalendermonate lang (§ 115 Abs. 1 Satz 4 ZPO) müssen Sie die Raten leisten. Selbstverständlich müssen Sie dann keine Raten mehr erbringen, wenn Ihre Zahlung bereits sämtliche Ansprüche abdeckt.

Wir bitten um kurze Information, wenn Sie die Ratenzahlung aufgenommen haben, da wir das Prozessgericht entsprechend informieren werden.

Grußformel

▲

741 Sind die Voraussetzungen gem. § 50 RVG gegeben, kann der RA eine weitere Vergütung bis zur Höhe der gesetzlichen Vergütung nach der Tabelle zu § 13 RVG geltend machen. Einen Antrag nach § 50 RVG kann der RA aber nur stellen, wenn der Partei (also dem Auftraggeber) **PKH mit Ratenzahlung** bewilligt wurde. Einen Unterschied in den Tabellen (§ 13 und § 49 RVG) der Höhe nach gibt es erst, wenn ein Gegenstandswert von 5.000,00 € überschritten worden ist.

742 Die höhere Vergütung als die nach der Tabelle zu § 49 RVG (bis zur Regelvergütung nach § 13 RVG) erhält der RA erst nach Abschluss des Verfahrens, wenn der Auftraggeber alle Raten geleistet hat. Eine Zahlung an den RA erfolgt auch erst dann, wenn neben der Vergütung gem. § 49 RVG die gem. § 122 Nr. 1a) und b) ZPO entstandenen Kosten erfüllt sind. Es kann daher viel Zeit vergehen, bis der RA Zahlungen auf seine Vergütung entsprechend § 50 RVG erhält. Eine Verzinsungspflicht besteht nicht.

743 *Praxistipp:*

Legen Sie eine Akte, in der PKH mit Ratenzahlung bewilligt wurde, nicht bereits nach der Zahlung der Justizkasse entsprechend der Tabelle zu § 49 RVG ab. Notieren Sie sich hier regelmäßig Wiedervorlagen, damit der Zahlungsanspruch gem. § 50 RVG nicht übersehen wird.

2. Frist für den Antrag gem. § 50 RVG

744 Eine weitere Vergütung gem. § 50 Abs. 2 RVG kann der RA nur auf Antrag geltend machen. Dieser Antrag sollte gleichzeitig mit dem Antrag nach § 49 RVG (Erstattung der PKH-Vergütung) gestellt werden, allerdings nur, wenn er auch zweckmäßig ist und eine Differenz infrage kommt.

745 **§ 55 RVG Festsetzung der aus der Staatskasse zu zahlenden Vergütungen und Vorschüsse (Auszug)**

(1) Die aus der Staatskasse zu gewährende Vergütung und der Vorschuss hierauf werden auf Antrag des Rechtsanwalts von dem Urkundsbeamten der Geschäftsstelle des Gerichts des ersten Rechtszugs festgesetzt. Ist das Verfahren nicht gerichtlich anhängig geworden, erfolgt die Festsetzung durch den Urkundsbeamten der Geschäftsstelle des Gerichts, das den Verteidiger bestellt hat.

(2) In Angelegenheiten, in denen sich die Gebühren nach Teil 3 des Vergütungsverzeichnisses bestimmen, erfolgt die Festsetzung durch den Urkundsbeamten des Gerichts des Rechtszugs, solange das Verfahren nicht durch rechtskräftige Entscheidung oder in sonstiger Weise beendet ist.

(3) (….)

(4) (….)

(5) § 104 Abs. 2 der Zivilprozessordnung gilt entsprechend. Der Antrag hat die Erklärung zu enthalten, ob und welche Zahlungen der Rechtsanwalt bis zum Tag der Antragstellung erhalten

hat. Bei Zahlungen auf eine anzurechnende Gebühr sind diese Zahlungen, der Satz oder der Betrag der Gebühr und bei Wertgebühren auch der zugrunde gelegte Wert anzugeben. Zahlungen, die der Rechtsanwalt nach der Antragstellung erhalten hat, hat er unverzüglich anzuzeigen.

(6) Der Urkundsbeamte kann vor einer Festsetzung der weiteren Vergütung (§ 50) den Rechtsanwalt auffordern, innerhalb einer Frist von einem Monat bei der Geschäftsstelle des Gerichts, dem der Urkundsbeamte angehört, Anträge auf Festsetzung der Vergütungen, für die ihm noch Ansprüche gegen die Staatskasse zustehen, einzureichen oder sich zu den empfangenen Zahlungen (Absatz 5 Satz 2) zu erklären. Kommt der Rechtsanwalt der Aufforderung nicht nach, erlöschen seine Ansprüche gegen die Staatskasse.

(7) …

Grds. ist der Antrag gem. § 50 RVG nicht an eine Frist gebunden. Eine Frist kann aber möglich werden. Das Gericht hat die Möglichkeit, den RA gem. § 55 Abs. 6 RVG aufzufordern, einen Antrag auf Festsetzung derjenigen Vergütungen einzureichen, für die ihm noch Ansprüche gegen die Staatskasse zustehen. Das Gericht wird dann eine Frist von einem Monat bestimmen. Reicht der RA die entsprechenden Anträge nicht fristgerecht ein, **erlöschen** die Ansprüche des RA. Nach Versäumen dieser Ausschlussfrist ist ein Antrag gem. § 50 RVG überflüssig, eine Zahlung durch das Gericht wird nicht mehr erfolgen. Daher ist es sinnvoll, den Antrag auf Zahlung der Vergütung nach § 49 RVG mit dem Antrag auf Zahlung der Vergütung gem. § 50 RVG zu verbinden. 746

Praxistipp: 747

Das entsprechende Formular können Sie sich jederzeit im Internet besorgen: z.B. www.google.de, dann in die Suchleiste eingeben „HKR RVG 168“ oder: www.amtsgericht.bremen.de/sixcms/media.php/13/HKR168.pdf und andere.

I. Mahnverfahren

I. Vorbemerkung

Wenn Sie beabsichtigen, das gerichtliche Mahnverfahren (ausführlich zum Mahnverfahren s. § 4) durchzuführen, dann steht fest, dass Ihr Auftraggeber eine Geldforderung gegen einen Dritten hat, der diese Forderung (mit oder ohne Begründung) nicht erfüllt. Das Mahnverfahren dient in erster Linie dazu, kostengünstig einen zur Zwangsvollstreckung geeigneten Titel zu schaffen. Der Auftraggeber hat nur das Interesse, seine Forderung durchgesetzt zu sehen. Es ist hier immer ein Hinweis erforderlich, dass es durchaus möglich ist, dass der Schuldner nicht in der Lage ist, die Forderung zu erfüllen. Der Auftraggeber schuldet Ihnen die Vergütung für das Mahnverfahren auch dann, wenn sich im Zuge der Zwangsvollstreckung herausstellen sollte, dass der Gegner nicht leistungsfähig ist. Der Anwalt hat hier die Möglichkeit, im Wege von besonderen **Vergütungsverein-** 748

barungen diese Vergütungsfolge zu ändern. Bereits unter Rdn 21 habe ich darauf hingewiesen, dass auch ein anderer Weg zur Titulierung der Forderung denkbar ist.

749 Das Mahnverfahren ist auch nicht wirklich „kostengünstig". Die Gerichtskosten sind zwar deutlich geringer (0,5 Gerichtskostengebühr), aber die Anwaltsvergütung ist nur unwesentlich geringer als bei einem streitigen gerichtlichen Verfahren, das mit einem Versäumnisurteil endet.

II. Vergütungsvereinbarung bei Forderungseinzug im Mahnverfahren

750 **§ 4 Erfolgsunabhängige Vergütung (Auszug)**

(1) …

2) Der Rechtsanwalt kann sich für gerichtliche Mahnverfahren und Zwangsvollstreckungsverfahren nach den §§ 802a bis 863 und 882b bis 882f der Zivilprozessordnung verpflichten, dass er, wenn der Anspruch des Auftraggebers auf Erstattung der gesetzlichen Vergütung nicht beigetrieben werden kann, einen Teil des Erstattungsanspruchs an Erfüllungs statt annehmen werde. Der nicht durch Abtretung zu erfüllende Teil der gesetzlichen Vergütung muss in einem angemessenen Verhältnis zu Leistung, Verantwortung und Haftungsrisiko des Rechtsanwalts stehen.

(3) …

751 Gem. § 4 Abs. 2 Satz 1 RVG kann sich der RA für gerichtliche Mahnverfahren (§§ 688 ff. ZPO) und Zwangsvollstreckungsverfahren (§§ 803 bis 863, §§ 899 bis 915b ZPO) einen Teil des Erstattungsanspruchs zur Annahme an Erfüllung statt abtreten lassen. Dies bedeutet, dass er seinen Vergütungsanspruch nur realisieren kann, wenn es ihm gelingt, zumindest Teile der Forderung durchzusetzen.

752 Der RA kann von dieser Möglichkeit aber nicht uneingeschränkt Gebrauch machen. Will er eine Vereinbarung abweichend von der gesetzlichen Vergütung treffen (insbes. der Erfolgsunabhängigkeit der Vergütung), dann ist es Voraussetzung, dass der Anspruch des Auftraggebers auf Erstattung der gesetzlichen Vergütung nicht beigetrieben werden kann.

753 In diesem Fall schließt der RA mit dem Auftraggeber keine Vereinbarung einer Vergütung unterhalb der gesetzlichen Vergütung i.S.d. § 4 Abs. 2 Satz 1 RVG. Der Abtretung an Erfüllungs statt unterliegen nur gesetzliche Vergütungsansprüche. Unter den in § 4 Abs. 2 Satz 1 RVG genannten Voraussetzungen ist es dem RA freigestellt, ob er einen Teil des Erstattungsanspruchs des AG gegen den Prozess- oder Verfahrensgegner an Erfüllung statt als Vergütung annehmen möchte; er ist nicht hierzu verpflichtet.

754 Es gibt viele gute Gründe von dieser Möglichkeit nicht Gebrauch zu machen. Der RA hat unabhängig vom Erfolgsfall ebenfalls Verbindlichkeiten zu erfüllen. Die Leistung des AG auf den Vergütungsanspruch ist zwingend, wenn er seinen eigenen Zahlungsverpflichtungen nachkommen will.

§ 4 Abs. 2 Satz 1 RVG erlaubt dem RA, einen Teil des wirtschaftlichen Risikos seiner Tätigkeit zu übernehmen. Dies aber nur in den in § 4 Abs. 2 Satz 1 RVG abschließend genannten Fällen. 755

Gelingt es dem RA nicht, den Kostenerstattungsanspruch beizutreiben, so trägt er bei Bestehen einer Vereinbarung nach § 4 Abs. 2 Satz 1 RVG einen Teil des wirtschaftlichen Risikos und verzichtet gegenüber dem Auftraggeber auf die Durchsetzung seiner vollen Gebühren- oder Vergütungsforderung. 756

Der RA kann aber nicht komplett auf seine Vergütung verzichten. § 4 Abs. 2 Satz 1, 2. Halbs. RVG stellt ausdrücklich auf einen Teil der Vergütung ab, sodass der RA zumindest einen Teil des Vergütungsanspruchs geltend machen muss. Dafür spricht auch § 4 Abs. 2 Satz 2 RVG, wonach die Annahme an Erfüllung statt in angemessenem Verhältnis zur Leistung, Verantwortung und zum Haftungsrisiko des RA stehen muss. 757

Die Annahme des Erstattungsanspruchs an Erfüllung statt gem. § 4 Abs. 2 Satz 1, 2 RVG bezieht sich nicht auf die zur Durchsetzung der Forderung des Auftraggebers verauslagten Aufwendungen (z.B. Gerichtskosten und Gerichtsvollzieherkosten). Aufwendungen muss der Auftraggeber immer erstatten, der RA kann ihn nicht von dieser Zahlung befreien. 758

> *Hinweis:* 759
>
> Es gibt keine Verpflichtung des RA, eine solche Vereinbarung abzuschließen. Sie ist insbes. dann interessant, wenn der Auftraggeber den RA mit einer großen Anzahl von Fällen jährlich beauftragt und das Entgegenkommen des RA an dieser Stelle durch lohnende andere Mandate aufgefangen wird. Für ein Einzelmandat sollte eine solche Vereinbarung nicht getroffen werden.

8.65

▼

Muster 8.65: Vergütungsvereinbarung – Abhängigkeit der Vergütung von Beitreibbarkeit in Mahnsachen 760

Vergütungsvereinbarung in Beitreibungsmandaten

Zwischen

nachfolgend „Auftraggeber“ genannt,

und

nachfolgend „Rechtsanwalt“ genannt.

Die Parteien vereinbaren, dass der Auftraggeber dem RA eine Grundvergütung auch in Beitreibungssachen schuldet. Eine unentgeltliche Vertretung durch die Rechtsanwälte erfolgt nicht und ist nicht beabsichtigt. Die zwischen den Parteien vereinbarte Grundvergütung orientiert sich an der Höhe der durchzusetzenden Forderung:

Bei einer Forderungshöhe in Höhe von schuldet der Auftraggeber eine Vergütung in Höhe von 70 % von der gesetzlichen Vergütung.	**2.000,00 €**
Bei einer Forderungshöhe von schuldet der Auftraggeber eine Vergütung in Höhe von 50 % der gesetzlichen Vergütung.	2.000,01 € – 10.000,00 €
Bei einer Forderungshöhe in Höhe von schuldet der Auftraggeber eine Vergütung in Höhe von 30 % der gesetzlichen Vergütung.	10.000,01 € – 30.000,00 €

Für Forderungen, die 30.000,00 € übersteigen, bedarf es einer gesonderten Vereinbarung. Dies liegt an dem besonderen Haftungsrisiko der Rechtsanwälte.

Die Vertragsparteien vereinbaren, dass der Vergütungsanspruch, der den jeweils vereinbarten Prozentsatz übersteigt, nicht gegen den Auftraggeber geltend gemacht wird, wenn der Kostenerstattungsanspruch nicht beitreibbar ist. Jede Beitreibung (d.h. jeder durch den Schuldner gezahlte Betrag), die durch die Rechtsanwälte erfolgt, wird zunächst auf die Vergütungsansprüche der Rechtsanwälte verrechnet, bis diese 100 % erreichen. Die Parteien treffen die besondere Vereinbarung, dass alle beigetriebenen Forderungen zunächst auf die offenen Vergütungsansprüche der Rechtsanwälte in jeder Angelegenheit verrechnet werden. Der Auftraggeber erteilt den Rechtsanwälten ausdrücklich die Erlaubnis, auch aktenübergreifend eingegangene Zahlungen auf Vergütungsansprüche zu verrechnen.

Die Rechtsanwälte verpflichten sich, über vorgenommene Verrechnungen monatlich abzurechnen. Der Auftraggeber erklärt sein Einverständnis mit der monatlichen Abrechnung. Sämtliche Vergütungsansprüche werden monatlich abgerechnet (entsprechend obiger Quote). Der Auftraggeber verpflichtet sich, innerhalb einer Frist von zwei Wochen die Vergütungsansprüche der Rechtsanwälte beglichen zu haben.

Die Vereinbarung wird für ein Jahr getroffen. Nach Ablauf des Jahres beginnend vom an (damit bis zum) haben die Rechtsanwälte das Recht, diese Vereinbarung zu beenden und eine abweichende Vereinbarung vorzuschlagen. Die Rechtsanwälte haben weiter das Recht, nach Ablauf der Vereinbarung nur noch gegen die gesamte gesetzliche Vergütung tätig zu werden. Es gibt keine Verpflichtung der Rechtsanwälte, länger als ein Kalenderjahr diese Vereinbarung anzuwenden.

Bereits angefangene Akten, bei denen eine Bearbeitung während des Zeitraumes der Vereinbarung erfolgte, werden für begonnene Maßnahmen weiterhin nach dieser Vereinbarung vergütet. Für den Fall eines begonnenen Mahnverfahrens ist das Mahnverfahren abzuschließen. Begonnene Tätigkeiten in der Zwangsvollstreckung (z.B. Beantragung eines Durchsuchungsbeschlusses), sind zu beenden. Die Rechtsanwälte sind nicht verpflichtet, nach Beendigung der Vereinbarung weiterhin zu den Bedingungen dieser Vereinbarung tätig zu werden. Bevor allerdings eine Tätigkeit der Rechtsanwälte zu der gesetzlichen Vergütung erfolgt, ist der Auftraggeber auf die geänderte Vergütungsfolge hinzuweisen und sein Einverständnis einzuholen.

Sollten durch den Auftraggeber weniger als Mandate monatlich (pro Quartal oder jährlich) an die Kanzlei übertragen werden, verliert diese Vereinbarung ihre Wirkung mit der Folge, dass der gesamte gesetzliche Vergütungsanspruch von den Rechtsanwälten eingefordert wird.

Die Vereinbarung gilt nicht für streitige gerichtliche Auseinandersetzungen. Sie ist beschränkt auf das Mahnverfahren und die Zwangsvollstreckung.

Dem Auftraggeber ist bekannt, dass er Auslagen (Gerichtskosten, Gerichtsvollzieherkosten und Sonstiges) in voller gesetzlicher Höhe schuldet.

Dem Auftraggeber ist bekannt, dass eine Vergütungsvereinbarung unterhalb der gesetzlichen Vergütung getroffen wurde. Bestreitet der Auftraggeber das Zustandekommen dieser Vereinbarung, hat dies die Folge, dass die höhere gesetzliche Vergütung geschuldet wird.

Ort, den

Auftraggeber	Rechtsanwalt

▲

III. Vergütung im Mahnverfahren

Der RA kann für seine Tätigkeit grds. alle Gebühren aus Teil 3 verdienen. Es entsteht eine besondere (etwas geringere) **Verfahrensgebühr** für den Antrag auf Erlass des Mahnbescheides. Es kann eine **Terminsgebühr** entstehen und es kann die **Einigungsgebühr** entstehen. Die Verfahrensgebühr ist gem. Nr. 1008 VV RVG erhöhungsfähig. Im Mahnverfahren trennt das Gesetz die Höhe der Verfahrensgebühr danach, wen der RA vertritt. Vertritt er den Antragsgegner, ist seine Vergütung geringer, als wenn die Vertretung des Antragstellers erfolgt. 761

Die Gerichtskosten im Mahnverfahren betragen 0,5 gem. Nr. 1100 KV GKG. 762

IV. Verfahrensgebühr im Mahnverfahren/Antrag auf Erlass des Mahnbescheides Nr. 3305 VV RVG

763 **Nr. 3305**

Nr.	Gebührentatbestand	Gebühr oder Satz der Gebühr nach § 13 RVG
3305	**Verfahrensgebühr für die Vertretung des Antragstellers** Die Gebühr wird auf die Verfahrensgebühr für einen nachfolgenden Rechtsstreit angerechnet.	1,0

764 Vertritt der RA im Mahnverfahren den Antragsteller, so entsteht für die Vertretung des Antragstellers eine Verfahrensgebühr. Die Verfahrensgebühr entsteht gem. Nr. 3305 VV RVG. Sie entsteht i.H.v. 1,0. Die Gebühr ist bei der Vertretung mehrerer Auftraggeber **erhöhungsfähig.**

765 Die Verfahrensgebühr gem. Nr. 3305 VV RVG wird auf die Verfahrensgebühr für einen nachfolgenden Rechtsstreit angerechnet, wie sich aus der Anmerkung zu Nr. 3305 VV RVG ergibt. Ein dem Mahnverfahren nachfolgender Rechtsstreit kann nur die erste Instanz sein, nicht eine höhere (z.B. das Rechtsmittelverfahren) sein. Im Einzelfall kann sich das PKH-Bewilligungsverfahren anschließen.

V. Vergleich Vergütung im Mahnverfahren/Vergütung im Hauptsacheverfahren

766 Legt der Antragsgegner keinen Widerspruch gegen den Mahnbescheid ein, so ist es günstiger, wenn das Mahnverfahren betrieben wird, als wenn das Klageverfahren betrieben wird.

767 Zur Erlangung eines zur Zwangsvollstreckung geeigneten Titels entstehen mindestens:

Mahnverfahren	**Klageverfahren**
1,0 Verfahrensgebühr gem. Nr. 3305 VV RVG	1,3 Verfahrensgebühr gem. Nr. 3100 VV RVG
0,5 Verfahrensgebühr gem. Nr. 3308 VV RVG	0,5 Terminsgebühr gem. Nr. 3105 VV RVG
(Vollstreckungsbescheid)	(Versäumnisurteil)
0,5 Gerichtskosten	3,0 Gerichtskosten

Sowohl die Gebühren als auch die Gerichtskosten sind im Mahnverfahren geringer. Der RA sollte den Auftraggeber auf diesen Umstand hinweisen, insbes. dann, wenn nicht mit einem Widerspruch durch den Gegner zu rechnen ist. 768

8.66

▼

Muster 8.66: Belehrung Auftraggeber über Kosten des Mahnverfahrens im Vergleich zu den Kosten der streitigen gerichtlichen Geltendmachung 769

Anrede,

wir hatten Sie bereits über unsere Zahlungsaufforderung an den Gegner informiert. Die von uns gesetzte Frist ist ergebnislos verstrichen, ohne dass ein Zahlungsausgleich durch den Gegner erfolgt ist. Das Schweigen des Gegners kann entweder bedeuten, dass er seine Vorbehalte gegen den Ausgleich der Forderung erst im gerichtlichen Verfahren erheben wird, oder aber, dass er grundsätzlich der Forderung nichts entgegen zu setzen hat, derzeit aber leistungsunfähig ist.

Für das weitere Vorgehen gibt es zwei Möglichkeiten: das gerichtliche Mahnverfahren oder das streitige gerichtliche Klageverfahren.

Da das Mahnverfahren sowohl im Hinblick auf die Vergütung als auch im Hinblick auf die Höhe der Gerichtskosten günstiger ist als das Erheben einer Klage, werden wir hier, Ihr Einverständnis vorausgesetzt, das gerichtliche Mahnverfahren einleiten.

Sollte der Gegner Widerspruch einlegen, so ist das streitige gerichtliche Verfahren zu führen.

Bitte erlauben Sie uns den Hinweis, dass selbstverständlich im Obsiegensfall der Gegner die Kosten des Rechtsstreits zu tragen hat und damit auch die von Ihnen an uns zu zahlende Vergütung. Dies setzt aber voraus, dass der Schuldner auch leistungsfähig ist. Ist der Schuldner überschuldet oder hat er bereits die Vermögensauskunft – oder auch den Offenbarungseid – abgegeben oder führt er etwa das Privatinsolvenzverfahren durch, ist nicht damit zu rechnen, dass Sie Ihre Forderung durchsetzen können. Es ist dann auch nicht damit zu rechnen, dass durch den Gegner eine Zahlung der Gerichtskosten und der Anwaltskosten erfolgt.

Leider können wir erst bei Vorliegen der Vollstreckungsvoraussetzungen (nach Abschluss des gerichtlichen Verfahrens) zuverlässig durch Zwangsvollstreckungsmaßnahmen in Erfahrung bringen, ob beim Schuldner Leistungsfähigkeit gegeben ist.

Sie finden in der Anlage unsere Vorschussrechnung für das Mahnverfahren mit der Bitte um Ausgleich.

Grußformel

▲

770 *Hinweis:*

Ob Sie eine Vorschussrechnung beifügen, ist eine Geschmacksfrage. Ich würde dies tun, denn nicht Sie haben mit dem Schuldner eine Geschäftsbeziehung, sondern der Auftraggeber. Sie haben mit dem Auftraggeber eine Geschäftsbeziehung, die den Auftraggeber verpflichtet, Ihre Ansprüche zu erfüllen.

VI. Anrechnung der Gebühr der Nr. 3305 VV RVG (Mahnbescheidsantragsgebühr)

771 Für die Anrechnung einer Gebühr gelten immer dieselben Grundsätze. Angerechnet wird eine Gebühr nur dann, wenn die Ausgangsgebühr und die Anrechnungsgebühr über Gegenstandsidentität verfügen. Ist der Gegenstand verschieden, erfolgt auch nur eine Teilanrechnung.

Beispiel:

Der RA beantragt einen Mahnbescheid wegen 10.000,00 €. Nach Zustellung des Mahnbescheides zahlt der Antragsgegner 3.000,00 €. Wegen der Restforderung erhebt er Widerspruch. Das Verfahren wird nach Klagebegründung und Zahlung der weiteren Gerichtskosten vor dem Prozessgericht erster Instanz fortgeführt.

1,0 Verfahrensgebühr für den Antrag auf Erlass des Mahnbescheides gem. §§ 2 Abs. 2, 13, Nr. 3305 VV RVG	***111,00 €***
(Gegenstandswert: 10.000,00 €	
Durchführung der Anrechnung gem. der Anmerkung zu Nr. 3305 VV RVG, Entgelte für Post- und Telekommunikationsdienstleistungen i.H.v. 20,00 € bleiben bestehen, nur die Gebühr wird angerechnet, nicht die Auslagen, Rdn 773, 186*)*	
1,3 Verfahrensgebühr gem. §§ 2 Abs. 2, 13 RVG Nr. 3100 VV RVG	***487,50 €***
Gegenstandswert: 7.000,00 €	
2 × Entgelte für Post- und Telekommunikationsdienstleistungen gem. Nr. 7002 VV RVG	***40,00 €***
19 % USt gem. Nr. 7008 VV RVG	***121,32 €***
Summe	***759,82 €***

Bei der Anrechnung muss berücksichtigt werden, dass das Mahnverfahren und das streitige Verfahren gem. § 17 Nr. 2 RVG verschiedene Angelegenheiten sind. Auch daraus ergibt sich, dass Entgelte für Post- und Telekommunikationsdienstleistungen nicht angerechnet werden. 772

VII. Mahnverfahren und Geschäftsgebühr/besondere Anrechnungsproblematik

Auch dem Mahnverfahren geht oft eine vor- bzw. außergerichtliche Tätigkeit des RA voraus. War der RA vor der Einleitung des gerichtlichen Mahnverfahrens bereits wegen desselben Gegenstandes für den Auftraggeber auftragsgemäß tätig, dann ist die bereits entstandene Geschäftsgebühr (Nr. 2300 VV RVG) entsprechend Vorbemerkung 3 Abs. 4 VV RVG zur Hälfte, höchstens jedoch mit einem Gebührensatz von 0,75 auf die Verfahrensgebühr nach Nr. 3305 VV RVG anzurechnen. 773

Auch hier gibt es zwei Anrechnungsmöglichkeiten und das Wahlrecht gem. § 15a RVG. Der RA kann entweder die Geschäftsgebühr kürzen und den verbleibenden Rest im Wege des Mahnverfahrens geltend machen, oder er kürzt die Verfahrensgebühr und macht im Wege des Mahnverfahrens die komplette Geschäftsgebühr geltend. 774

(Anrechnungsproblematik siehe unter Rdn 186, 773) 775

Die vor- bzw. außergerichtlich bereits entstandene Geschäftsgebühr muss daher im Mahnverfahren ganz oder zum Teil als Nebenleistung geltend gemacht werden. 776

Beispiel:

Gegenstandswert 10.000,00 €

1,3 Geschäftsgebühr gem. §§ 2 Abs. 2, 13 RVG Nr. 2300 VV RVG	725,40 €
0,35 Restverfahrensgebühr gem. §§ 2 Abs. 2, 13 RVG Nr. 3305 VV RVG	*195,30 €*
Summe der Betriebsgebühren	*920,70 €*

Oder

Gegenstandswert: 10.000,00 €

0,65 Restgeschäftsgebühr gem. Vorbemerkung 3 Abs. 4 VV RVG	362,70 €
1,0 Verfahrensgebühr gem. §§ 2 Abs. 2, 13 RVG Nr. 3305 VV RVG	558,00 €
Summe der Betriebsgebühren	920,70 €

VIII. Vorzeitige Erledigung im Mahnverfahren

777 **Nr. 3306**

Nr.	Gebührentatbestand	Gebühr oder Satz der Gebühr nach § 13 RVG
3306	Beendigung des Auftrags, bevor der Rechtsanwalt den verfahrenseinleitenden Antrag oder einen Schriftsatz, der Sachanträge, Sachvortrag oder die Zurücknahme des Antrags enthält, eingereicht hat: Die Gebühr 3305 beträgt	0,5

778 Endet der Auftrag, bevor der RA den verfahrenseinleitenden Antrag oder einen Schriftsatz, der Sachanträge oder die Zurücknahme des Antrags enthält, eingereicht hat, kann nicht die volle Verfahrensgebühr der Nr. 3305 VV RVG entstehen. Es entsteht dann gem. Nr. 3306 VV RVG nur eine 0,5 Verfahrensgebühr. Die Gebühr ist gem. § 7 Nr. 1008 VV RVG erhöhungsfähig.

779 Denkbar ist, dass der RA neben dieser Verfahrensgebühr die **Terminsgebühr** der Nr. 3104 VV RVG verdient. Hat der RA bereits den Auftrag, den Mahnbescheidsantrag zu stellen und bemüht er sich im Wege telefonischer Erörterungen mit dem Antragsgegner um eine vergleichsweise Einigung, entsteht die Terminsgebühr unter Beachtung der Voraussetzung in Vorbemerkung 3, Abs. 3 Nr. 2 VV RVG.

780 Endet der Auftrag nach Absendung des Mahnbescheidsantrags, aber vor Eingang beim Mahngericht, findet keine Gebührenreduzierung statt.

781 Hat der RA noch keinen Auftrag zur Durchführung des Mahnverfahrens erhalten, kann keine Terminsgebühr entstehen (s. Rdn 186). Für die Besprechung mit dem Gegner entsteht dann lediglich die Geschäftsgebühr gem. Nr. 2300 VV RVG. Über § 14 RVG kann die geführte Besprechung bei der Bestimmung des Rahmens der Gebühr entsprechend erhöhend berücksichtigt werden (Umfang der anwaltlichen Tätigkeit).

IX. Terminsgebühr im Mahnverfahren

782 Eine Terminsgebühr kann auch im gerichtlichen Mahnverfahren anfallen. Es entsteht die Terminsgebühr der Nr. 3104 VV RVG i.H.v. 1,2 nach Vorbemerkung 3.3.2 VV RVG.

783 Hat der RA bspw. den Mahnbescheid bereits beantragt und führt dann Besprechungen mit dem Antragsgegner zum Herbeiführen eines Vergleichs, so entsteht die Terminsgebühr. Hierbei ist es unerheblich, wer den Kontakt zur jeweils anderen Partei aufgenommen hat. Die Gebühr entsteht auch, wenn der RA der Veranlasser der Gebühr war.

Die Terminsgebühr kann sowohl auf Seiten des Antragstellervertreters als auch auf der Seite des Antragsgegnervertreters entstehen. Allerdings setzt das Entstehen der Terminsgebühr beim Antragsgegneranwalt wohl voraus, dass dem Antragsgegner ein Mahnbescheid bereits zugestellt ist oder er in sonstiger Weise Kenntnis von dem gegen ihn eingeleiteten gerichtlichen Mahnverfahren erhalten hat. Denkbar ist auch, dass der Antragsteller seine Absicht, ein Mahnverfahren einzuleiten, dem Antragsgegner mitteilt und dieser daraufhin einen RA mit der Abwehr der Ansprüche beauftragt, auch dann entsteht unter Berücksichtigung von Vorbemerkung 3 Abs. 3 Nr. 2 VV RVG eine Terminsgebühr für den RA, der den zukünftigen Antragsgegner vertritt. 784

X. Geltendmachung der Terminsgebühr im Mahnverfahren

Fraglich ist, wie die Terminsgebühr anschließend geltend gemacht werden kann. 785

Die im Mahnverfahren entstandene Terminsgebühr ist im Antrag auf Erlass des Vollstreckungsbescheid zusammen mit den Kosten des Vollstreckungsbescheid geltend zu machen (Enders, JurBüro 2005, 229). Dies kann sich schwierig gestalten. Gelingt es nicht, die Terminsgebühr im Vollstreckungsbescheid zu titulieren, so muss dies im Wege der **Kostenfestsetzung** nachgeholt werden. Ein gesondertes Mahnverfahren wegen der Terminsgebühr ist nicht einzuleiten. Diesem Mahnverfahren fehlt solange das **Rechtsschutzbedürfnis**, wie es einen billigeren und einfacheren Weg gibt, die Forderung zu titulieren. Das Kostenfestsetzungsverfahren ist einfacher als das Mahnverfahren. Es ist auch billiger, weil es im Allgemeinen keine Gerichtskosten verursacht.

XI. Anrechnung Terminsgebühr im Mahnverfahren auf Terminsgebühr in der Hauptsache

Hat der RA bereits im Mahnverfahren die Terminsgebühr verdient und entsteht die Terminsgebühr im Hauptverfahren erneut, so kann er die Gebühr nicht zweimal fordern. Die im Mahnverfahren entstandene Terminsgebühr wird entsprechend Nr. 3104 Anmerkung Abs. 4 VV RVG auf die Terminsgebühr des nachfolgenden Rechtsstreits angerechnet. 786

XII. Verfahrensgebühr für den Antrag auf Erlass des Vollstreckungsbescheids

787 **Nr. 3308**

Nr.	Gebührentatbestand	Gebühr oder Satz der Gebühr nach § 13 RVG
3308	**Verfahrensgebühr für die Vertretung des Antragstellers im Verfahren über den Antrag auf Erlass eines Vollstreckungsbescheids** Die Gebühr entsteht neben der Gebühr 3305 nur, wenn innerhalb der Widerspruchsfrist kein Widerspruch erhoben oder der Widerspruch gemäß § 703a Abs. 2 Nr. 4 ZPO beschränkt worden ist. Nummer 1008 ist nicht anzuwenden, wenn sich bereits die Gebühr 3305 erhöht.	0,5

788 Legt der Antragsgegner gegen den erlassenen und zugestellten Mahnbescheid keinen Widerspruch ein, so wird der RA den Antrag auf Erlass des Vollstreckungsbescheids stellen. Zu den verfahrensrechtlichen Besonderheiten (Frist für den Antrag, Zulässigkeit des Antrags) verweise ich auf die Ausführungen unter § 4. Vertritt der RA den Antragsteller auch im Verfahren über den Antrag auf Erlass eines Vollstreckungsbescheids, entsteht neben der Verfahrensgebühr der Nr. 3305 VV RVG eine weitere 0,5 Verfahrensgebühr gem. Nr. 3308 VV RVG.

789 Der Antrag auf Erlass des Vollstreckungsbescheids ist gem. § 699 Abs. 1 Satz 2 ZPO erst zulässig, wenn die Widerspruchsfrist abgelaufen ist. Ein verfrühter Antrag auf Erlass des Vollstreckungsbescheids löst keine Gebühr aus.

790 Nur die Verfahrensgebühr gem. Nr. 3305 VV (sowie die Verfahrensgebühr der Nr. 3307 VV RVG bei der Vertretung des Antragsgegners) wird auf die Verfahrensgebühr für einen nachfolgenden Rechtsstreit angerechnet. Eine entsprechende Vorschrift fehlt bei Nr. 3308 VV RVG. Aus diesem Grunde bleibt die 0,5 Verfahrensgebühr gem. Nr. 3308 VV RVG für den Vollstreckungsbescheid anrechnungsfrei bestehen und entsteht neben den sonstigen Verfahrensgebühren.

791 Häufig legt der Antragsgegner Widerspruch ein und der RA, der den Antragsteller vertritt, hat davon keine Kenntnis. Die Gebühr des Nr. 3308 VV RVG entsteht neben der Gebühr der Nr. 3305 VV RVG nur, wenn innerhalb der Widerspruchsfrist kein Widerspruch erhoben oder der Widerspruch nach § 703a Abs. 2 Nr. 4 ZPO beschränkt worden ist.

792 Oft legt der Antragsgegner auch verspätet Widerspruch ein. Dies ändert nichts daran, dass der Vollstreckungsbescheid dann nicht mehr erlassen wird. Wird der **Widerspruch** verspätet eingelegt und hatte der Antragsteller ordnungsgemäß den Antrag auf Erlass des

Vollstreckungsbescheids gestellt, bleibt die Verfahrensgebühr gem. Nr. 3308 VV RVG bestehen. Es kommt nicht darauf an, dass der Vollstreckungsbescheid noch erlassen wird.

In der Praxis haben Sie kaum die Möglichkeit, in Erfahrung zu bringen, ob der Antrags- 793
gegner fristgerecht Widerspruch gegen den Mahnbescheid eingelegt hat. Es ist völlig aussichtslos, hier bei den entsprechend zuständigen Gerichten anzurufen und vor dem Antrag auf Erlass des Vollstreckungsbescheids in Erfahrung bringen zu wollen, ob Widerspruch eingegangen ist. Aus diesem Grunde erhält der RA die Vergütung gem. Nr. 3308 VV RVG für den Antrag auf Erlass des Vollstreckungsbescheids auch dann, wenn der Gegner verspätet Widerspruch eingelegt hatte und der RA von dem Widerspruch nichts wusste. Dies gilt nur dann, wenn der Antrag auf Erlass des Vollstreckungsbescheids vor dem verspäteten Widerspruch gestellt wurde.

Praxistipp: 794

Vertreten Sie den Antragsgegner, sollten Sie den Prozessbevollmächtigten des Antragstellers unmittelbar von der erfolgten Einlegung des Widerspruchs informieren. So können Sie insbes. bei verspätetem Widerspruch ggf. vermeiden, dass die Forderung um die Verfahrensgebühr der Nr. 3308 VV RVG (Antrag auf Erlass des Vollstreckungsbescheids) erhöht wird.

8.67

▼

Muster 8.67: Mitteilung an Antragstellervertreter über erfolgten Widerspruch gegen den Mahnbescheid 795

Anrede,

wir zeigen an, dass uns (*Name und Anschrift Auftraggeber*) mit seiner Vertretung beauftragt hat. Eine uns legitimierende Vollmacht ist diesem Schreiben im Original beigefügt.

Namens und in Vollmacht unseres Auftraggebers haben wir gegen den Mahnbescheid des Amtsgerichts vom zum Aktenzeichen Widerspruch eingelegt. Weitere Korrespondenz in dieser Angelegenheit erbitten wir ausschließlich über uns zu führen.

Grußformel

▲

Bei der Verfahrensgebühr der Nr. 3308 VV RVG i.H.v. nur 0,5 ist es nicht vorgesehen, 796
dass diese sich reduziert, sollte der Auftrag vorzeitig enden.

Die Verfahrensgebühr der Nr. 3308 VV RVG entsteht nur für den RA des Antragstellers. 797
Der RA, der den Antragsgegner vertritt, erhält die Vergütung der Nr. 3308 VV RVG nicht. Der Antragsgegnervertreter erhält im Mahnverfahren ausschließlich die Verfahrensgebühr gem. Nr. 3307 VV RVG (und ggf. die Terminsgebühr).

798 Durch die Gebühr der Nr. 3308 VV RVG wird die im **Parteibetrieb** veranlasste Zustellung des Vollstreckungsbescheids und das Erwirken einer besonderen Vollstreckungsklausel für oder gegen den Rechtsnachfolger mit abgegolten.

799 Vertritt der RA mehrere Auftraggeber, erhöht sich die Verfahrensgebühr der Nr. 3308 VV RVG nur in wenigen seltenen Ausnahmefällen. Nur wenn der RA den Auftraggeber erst im Verfahren über den Erlass des Vollstreckungsbescheids vertritt und im sonstigen Mahnverfahren nicht vertreten hat, kann sich die Verfahrensgebühr der Nr. 3308 VV RVG gem. Nr. 1008 VV RVG erhöhen.

800 Sobald sich bereits die Verfahrensgebühr gem. Nr. 3305 VV RVG erhöht hat, erhöht sich die Gebühr der Nr. 3308 VV RVG nicht mehr.

801 Die Gebühr für den Antrag auf Erlass des Vollstreckungsbescheids wird nicht auf eine Verfahrensgebühr des sich anschließenden Verfahrens angerechnet.

XIII. Verfahrensgebühr für die Vertretung des Antragsgegners Nr. 3307 VV RVG

802 **Nr. 3307**

Nr.	Gebührentatbestand	Gebühr oder Satz der Gebühr nach § 13 RVG
3307	**Verfahrensgebühr für die Vertretung des Antragsgegners** Die Gebühr wird auf die Verfahrensgebühr für einen nachfolgenden Rechtsstreit angerechnet.	0,5

803 Für die Vertretung des Antragsgegners (also nicht **nur** für die Erhebung des Widerspruchs!) erhält der RA gem. Nr. 3307 VV RVG eine 0,5 Verfahrensgebühr. Diese Gebühr ist gem. Nr. 1008 VV RVG erhöhungsfähig. Die Ausführungen zur Anrechnung der Geschäftsgebühr der Nr. 2300 VV gelten auch hier.

804 Eine Ermäßigung der Verfahrensgebühr der Nr. 3307 VV RVG für die Vertretung des Antragsgegners bei einer vorzeitigen Erledigung der Angelegenheit findet nicht statt.

Hat das streitige Verfahren einen geringeren Gegenstandswert (Teilwiderspruch), erfolgt eine Anrechnung erneut nur anteilig.

805 Eine Anrechnung der Geschäftsgebühr gem. Nr. 2300 VV RVG führt aber nicht dazu, dass sich ein Gebührenanspruch verringert. Der Anrechnungsteil der Geschäftsgebühr beläuft sich gem. Vorbem. 3 Abs. 4 VV RVG auf max. 0,75. Die Verfahrensgebühr der Nr. 3307 VV RVG beträgt 0,5. Eine Anrechnung findet daher nur i.H.v. 0,5 statt.

Die Verfahrensgebühr für die Erhebung des Widerspruchs gem. Nr. 3307 VV RVG wird auf die Verfahrensgebühr nach Nr. 3100 VV RVG für einen nachfolgenden Rechtsstreit angerechnet (Anm. zu Nr. 3307 VV RVG). 806

1. Zurücknahme des Mahnbescheids nach formularmäßigem Widerspruch

Nimmt der Antragsteller oder sein Vertreter den Antrag auf Erlass des Mahnbescheids zurück, nachdem der RA des Antragsgegners Widerspruch eingelegt hat, wird der RA des Antragsgegners einen Kostenantrag stellen. Analog der Kostenerstattung bei zurückgenommener Klage hat der Antragsteller die Kosten des Mahnverfahrens zu tragen, wenn er den Mahnbescheid zurücknimmt (§ 269 Abs. 3 ZPO). Für den Antrag des Antragsgegner, dem Antragsteller die Kosten des Mahnverfahrens aufzuerlegen, entsteht eine 1,3 Verfahrensgebühr gem. Nr. 3100 VV RVG. Der **Gegenstandswert** für diese Verfahrensgebühr ergibt sich aus dem Wert der bisher entstandenen Kosten. 807

Beispiel:

Der Mahnbescheid wird wegen einer Hauptforderung i.H.v. 10.000,00 € beantragt.

Der Antragsgegner legt Widerspruch gegen den gesamten Mahnbescheid ein. Der Antragsteller nimmt den Mahnbescheid nach dem Widerspruch zurück. Der Antragsgegner beantragt, dem Antragsteller die Kosten des Mahnverfahrens aufzuerlegen. Das Gericht erlässt den entsprechenden Beschluss.

0,5 Verfahrensgebühr gem. §§ 2 Abs. 2, 13 Nr. 3307 VV RVG	*279,00 €*
Gegenstandswert: 10.000,00 €	
1,3 Verfahrensgebühr gem. §§ 2 Abs. 2, 13 Nr. 3100 VV RVG	*104,00 €*
Gegenstandswert: 1.000,00 € – Wert für den Kostenantrag	

(Insgesamt nicht mehr als 1,3 Verfahrensgebühr nach einem Gegenstandswert von 11.000,00 € gem. § 15 Abs. 3 RVG = 785,20 €)

2. Einspruch gegen den Vollstreckungsbescheid

Für den Einspruch gegen den Vollstreckungsbescheid ist die Verfahrensgebühr der Nr. 3307 VV RVG nicht anwendbar. Legt der Prozessbevollmächtigte des Antragsgegners in dessen Auftrag Einspruch gegen den Vollstreckungsbescheid ein, entsteht sogleich die Verfahrensgebühr gem. Nr. 3100 VV RVG. 808

809 *Praxistipp:*

Wenn Sie den Antragsgegner vertreten und für diesen Einspruch gegen den Vollstreckungsbescheid einlegen, ist es sinnvoll, die Einstellung der Zwangsvollstreckung gegen Sicherheitsleistung zu beantragen. Der Vollstreckungsbescheid ist ein zur Zwangsvollstreckung geeigneter Titel und ohne Sicherheitsleistung vorläufig vollstreckbar. Der Einspruch alleine verhindert eine etwaige Zwangsvollstreckung nicht. Vor der Zustellung des Einspruchs durch das Gericht an den Antragsteller ist es immer sinnvoll, den Antragsteller von dem erfolgten Einspruch zu informieren. Gleichzeitig sollten Sie den Auftraggeber vom weiteren Verfahrensverlauf informieren.

8.68

▼

810 **Muster 8.68: Einspruch gegen den Vollstreckungsbescheid mit Einstellungsantrag Zwangsvollstreckung**

Zuständiges Gericht

Parteienbezeichnung

Aktenzeichen

zeigen wir ausweislich der im Original beigefügten Vollmacht an, dass wir den Antragsgegner vertreten. Namens und im Auftrag des Antragsgegners legen wir gegen den Vollstreckungsbescheid vom zugestellt am

Einspruch

ein, mit dem weiteren Antrag,

> den Antragsteller binnen einer durch das Gericht zu bestimmenden Frist aufzufordern, den geltend gemachten Anspruch in Klageform zu begründen.

Ferner beantragen wir,

> die Zwangsvollstreckung aus dem Vollstreckungsbescheid gegen Sicherheitsleistung in Höhe von € (Hauptforderung + 10 %) einstweilen einzustellen.

Für den Fall, dass der Antragsteller den Antrag auf Erlass des Mahnbescheids **zurücknehmen** sollte, beantragen wir bereits jetzt,

> dem Antragsteller die Kosten des Mahnverfahrens in entsprechender Anwendung von § 269 Abs. 3 ZPO aufzuerlegen.

Begründung:

In der hier geführten Auseinandersetzung ist die Durchführung des streitigen Verfahrens zu erwarten. Ohne die Einstellung der Zwangsvollstreckung droht unmittelbar die Einleitung von Vollstreckungsmaßnahmen. Der Antragsgegner beabsichtigt nicht, am Ende des Verfahrens ggf. gem. § 717 ZPO zu Unrecht im Wege der Zwangsvollstreckung beigetriebene Beträge zurück zu fordern. Dies kann nur durch die Stellung einer Sicherheit verhindert werden.

Beglaubigte und einfach Abschrift anbei

Grußformel

An den Vertreter des Antragstellers sollten Sie wie folgt schreiben: 811

Muster 8.69: Schreiben an Vertreter des Antragstellers nach erfolgtem Einspruch 812

Anrede,

in der Sache X ./. Y haben wir mit gleicher Post Einspruch gegen den Vollstreckungsbescheid eingelegt und gleichzeitig beantragt, die Zwangsvollstreckung gegen Sicherheitsleistung einstweilen einzustellen. Wir dürfen Sie daher bitten, bis zu einer Entscheidung des Gerichts über den Einstellungsantrag keine Vollstreckungsmaßnahmen zu ergreifen. Sollten Sie dessen ungeachtet Vollstreckungsmaßnahmen beabsichtigen, dürfen wir Sie bitten, uns vor der Einleitung solcher Maßnahmen entsprechend zu informieren. Üblicherweise wird durch das Gericht einem Einstellungsantrag gegen Sicherheitsleistung stattgegeben. Unverzüglich nach dem entsprechenden Einstellungsbeschluss werden wir die erbrachte Sicherheitsleistung Ihnen gegenüber nachweisen.

Abschrift anbei

Grußformel

Den Auftraggeber sollten Sie wie folgt informieren: 813

Muster 8.70: Schreiben an Auftraggeber – Einspruch gegen Vollstreckungsbescheid und Einstellung der ZV

Anrede,

wie besprochen haben wir gegen den Vollstreckungsbescheid Einspruch eingelegt. Wir verweisen auf die beigefügte Anlage (Abschrift des Einspruchsschriftsatzes). Wie Sie der Anlage entnehmen können, haben wir gleichzeitig beantragt, die Zwangsvollstreckung gegen Sicherheitsleistung einstweilen einzustellen. Dieser Antrag hat seine Begründung darin, dass ein Vollstreckungsbescheid unmittelbar zur Zwangsvollstreckung geeignet ist. Man nennt dies vorläufige Vollstreckbarkeit. Um eine Vollstreckung durch die Gegenseite zu vermeiden, muss die Zwangsvollstreckung eingestellt werden.

Bei einem vorläufig vollstreckbaren Titel (also hier der Vollstreckungsbescheid) stellt das Gericht eine Zwangsvollstreckung nur gegen Sicherheitsleistung ein. Diese Sicherheitsleistung bemisst sich aus der geltend gemachten Hauptforderung zuzüglich 10 % für die Nebenleistungen.

Unmittelbar nach Zustellung des Beschlusses müssen Sie die erforderliche Sicherheitsleistung beim Gericht hinterlegen.

Um eine erforderliche Sicherheitsleistung bereits vorzubereiten, fügen wir diesem Schreiben in der Anlage bereits einen Antrag auf Hinterlegung bei. Bitte ergänzen Sie diesen um die erforderlichen Daten. Die Hinterlegung erfolgt üblicherweise durch Bareinzahlung beim Hinterlegungsgericht. Allerdings ist auch die Überweisung möglich. Das weitere Vorgehen klären wir hier, sobald uns der Einstellungsbeschluss zugestellt wurde.

Die Quittung über die erbrachte Sicherheitsleistung wird Ihnen durch das Gericht ausgestellt. Wir benötigen das Original, um es an die Gegenseite zuzustellen. Erst wenn die Hinterlegungsquittung im Original an die Gegenseite im Parteibetrieb durch uns zugestellt wurde, kann durch die Gegenseite keine Vollstreckung betrieben werden. Leitet diese trotzdem gegen Sie Vollstreckungsmaßnahmen ein, werden diese aufgehoben, da wir die Kopie der Quittung und die Zustellurkunde vorlegen können.

Sollte die Stellung einer Sicherheit für Sie aufgrund persönlicher Umstände nicht möglich sein, setzen Sie sich bitte unverzüglich mit uns in Verbindung.

Unsere Tätigkeit zur Einstellung der Zwangsvollstreckung löst keinen weiteren Vergütungsanspruch aus, die Tätigkeit gehört gem. § 19 Nr. 11 RVG zum Rechtszug.

Grußformel

▲

814 *Hinweis:*

In einigen Gerichtsbezirken ist es möglich, die Sicherheitsleistung zu überweisen. Ist diese Möglichkeit nicht gegeben, muss die Einzahlung bei der Hinterlegungsstelle in bar erfolgen. Die entsprechenden Gepflogenheiten der betroffenen Hinterlegungsstelle müssen Sie erfragen. Viele Gerichtsbezirke habe eine besondere Zuständigkeit für Hinterlegungsverfahren.

8.71

▼

Muster 8.71: Antrag auf Hinterlegung 815

Geschäfts-Nr.: HL /

Antrag

auf Annahme von gesetzlichen oder gesetzlich zugelassenen Zahlungsmitteln zur Hinterlegung bei dem Amtsgericht – Hinterlegungsstelle –

1.	a)	Name, Vorname, Anschrift des Hinterlegers, ggf. Geburtsdatum
	b)	Bei Hinterlegung durch einen Vertreter auch: Name, Vorname, Anschrift des Vertreters, ggf. Geburtsdatum
	zu a)	Angaben zum Auftraggeber:
	zu b)	Angaben zum Prozessbevollmächtigten:
2.	a)	Betrag – *Höhe ergibt sich aus dem Beschluss des Gerichts –* € – in Buchstaben €
3.	a)	Bestimmte Angabe der Tatsachen, welche die Hinterlegung rechtfertigen, insbesondere Bezeichnung der Sache (unter Angabe des vollen Rubrums), der Behörde, des Gerichts und der Geschäftsnummer, wenn die Angelegenheit, in der hinterlegt wird, bei einer Behörde oder einem Gericht anhängig ist:
	b)	Bezeichnung der dem Antrag beigefügten Schriftstücke (*Bezeichnung der Parteien, des Gerichts, Aktenzeichen, Beschlussdatum – Beschluss beifügen*):

Diese Spalte ist **nicht** auszufüllen, wenn eine **Prozesssicherheit** hinterlegt wird!

4.		Bezeichnung der Personen, die als Empfangsberechtigte für den hinterlegten Betrag in Betracht kommen nach Namen, Vornamen, Anschrift, ggf. Geburtsdatum:

Diese Spalte ist **nicht** auszufüllen, wenn eine **Prozesssicherheit** hinterlegt wird!

5. Falls zur Befreiung des Schuldners von seiner Verbindlichkeit hinterlegt wird:

	a)	Angabe, warum der Schuldner seine Verbindlichkeit nicht oder nicht mit Sicherheit erfüllen kann,
	b)	Angabe der etwaigen Gegenleistung, von deren Bewirkung das Recht des in Nr. 4 bezeichneten Gläubigers zum Empfang des hinterlegten Betrages abhängig gemacht wird,
	c)	Angabe, ob auf das Recht der Rücknahme verzichtet wird.

, d.

(Ort) (Datum) (Unterschrift)

▲
▼

816 **Muster 8.72: Hinterlegungsanordnung**

Geschäfts-Nr. HL

1. **Annahmeanordnung**

   € – in Buchstaben

   sind – als neue Masse – zu der im Geldhinterlegungsbuch unter Nummer des Rechnungsjahres

   verzeichneten Masse – als Hinterlegung anzunehmen.

   D. Antragsteller(in) ist aufgefordert worden, den Betrag bis zum einzuzahlen.

   Wird nicht innerhalb dieser Frist eingeliefert, so ist die Annahmeanordnung an die Hinterlegungsstelle zurückzugeben.

2. Nachricht (HS 5) an Antragsteller/Vertreter
3. An die Gerichtskasse

▲
▼

817 **Muster 8.73: Hinterlegungsquittung**

Amtsgericht – Hinterlegungsstelle –

(Siegel)

Datum Rechtspfleger(in)

€

– in Buchstaben: €

sind heute – am – als Geldhinterlegung eingezahlt worden.

Gebucht: EGH Nr. GBH Nr.

(Dienststempel) Gerichtskasse

stellv. Kassenleiter-Kassierer

Buchhalter(in)

▲

XIV. Widerspruch verbunden mit Klageabweisungsantrag

1. Standardformular/Schriftsatz

Üblicherweise erfolgt die Einlegung des Widerspruchs durch ein gesondert dafür vorgesehenes **Formular**. Dies ist jedoch nicht immer so. Es gibt mehrere Gründe, den Widerspruch nicht mittels des Formulars zu erheben, sondern den Widerspruch in Schriftsatzform zu fertigen und diesen Widerspruch zu verbinden mit dem Antrag, das streitige Verfahren durchzuführen. Dieses Verfahren ist insbes. dann sinnvoll, wenn die geltend gemachte Forderung bspw. verjährt ist, der Forderung eine höhere Aufrechnung entgegen gehalten werden kann usw. 818

Erfolgt die Einlegung des Widerspruchs nicht mit dem Standardformular, so wird die 1,3 Verfahrensgebühr der Nr. 3100 VV RVG nicht ohne Weiteres dadurch ausgelöst, dass bspw. mit dem Widerspruch der Antrag verbunden wird, das streitige Verfahren gem. § 696 Abs. 1 ZPO durchzuführen. 819

Seit Inkrafttreten des RVG und der Anrechnung der Geschäftsgebühr gem. Vorbemerkung 3 Abs. 4 VV RVG, hat auch der Antragsgegner ein gesteigertes Interesse daran, die von ihm vor- bzw. außergerichtlich zu zahlende Geschäftsgebühr im gerichtlichen Verfahren gegen den Antragsteller durchzusetzen. Dies geschieht i.d.R. durch eine Widerklage die gemeinsam mit der Klageerwiderung erhoben werden sollte und auf die Erstattung der vor- bzw. außergerichtlich entstandenen Geschäftsgebühr beschränkt sein kann. 820

2. Gebühren bei Widerspruch verbunden mit Klageabweisungsantrag/Kostenerstattung

Verbindet der RA den Widerspruch mit dem Klageabweisungsantrag, ist umstritten, welche Konsequenz dies für den Erstattungsanspruch hat. Dies ist nur dann von Bedeutung, wenn der Antragsteller den Mahnbescheid aufgrund des erfolgten Widerspruchs zurücknimmt. Hier haben die diversen Gerichte in den unterschiedlichen Bezirken verschieden entschieden (z.B. OLG Köln, JurBüro 1995, 81 oder OLG Hamburg, JurBüro 1994, 608 oder aber KG, JurBüro 1998, 1114). Eine h.M. hat sich bislang nicht herausgebildet. Die 1,3 Verfahrensgebühr ist dann erstattungsfähig, wenn der RA des Antragstellervertreters sachliche Gründe hatte, um den Widerspruch mit dem Klageabweisungsauftrag zu verbinden. 821

8.74

▼

822 **Muster 8.74: Widerspruch verbunden mit Klageabweisungsauftrag**

An das Mahngericht

In Sachen

X ./. Y

– – (*Aktenzeichen*)

fügen wir in der Anlage den Widerspruch gegen den Mahnbescheid bei.

Wir zeigen an, dass wir den Antragsgegner vertreten.

Namens und in Vollmacht des Antragsgegners legen wir hiermit nochmals gegen den Mahnbescheid vom , zugestellt am

Widerspruch

ein und beantragen gleichzeitig,

> das Verfahren an das für das streitige Verfahren zuständige Gericht abzugeben und dem Antragsteller eine Frist zu setzen, binnen derer die Klage zu begründen ist.

Wir bitten um Anberaumung eines Termins zur mündlichen Verhandlung, in dem wir beantragen werden:

1. Die Klage wird abgewiesen.
2. Der Kläger hat die Kosten des Rechtsstreits zu tragen,
3. Der Kläger hat die hier entstanden Geschäftsgebühr in Höhe von € aus dem Gesichtspunkt des Schadensersatzes an den Antragsteller/Beklagten zu erstatten.

Im Hinblick auf die Ziffer 3. des Klageabweisungsantrags kündigen wir die Erhebung der Widerklage für den Antragsgegner an.

Für den Fall der Rücknahme des Mahnbescheids beantragen wir gem. § 269 Abs. 3 ZPO bereits jetzt,

dem Antragsteller die Kosten des Mahnverfahrens aufzuerlegen.

Beglaubigte und einfache Abschrift anbei.

Grußformel

▲

823 *Hinweis:*

Die Verbindung des Widerspruchs mit dem Klageabweisungsantrag entsprechend dem vorherigen Textmuster ist insbes. dann sinnvoll, wenn der Antragsteller keinen

Antrag auf Durchführung des streitigen Verfahrens gestellt hat. Das Formerfordernis an das Widerspruchsformular gilt weiterhin. Sie erstellen das Widerspruchsformular und verbinden es mit dem obigen Antrag.

J. Vergütung in der Zwangsvollstreckung

Teil 3, Abschnitt 3, Unterabschnitt 3: Zwangsvollstreckung und Vollziehung einer im Wege des einstweiligen Rechtsschutzes ergangenen Entscheidung 824

Vorbemerkung 3.3.3:

Dieser Unterabschnitt gilt auch für Verfahren auf Eintragung einer Zwangshypothek (§§ 867 und 870a ZPO), Verfahren nach § 33 FGG und für gerichtliche Verfahren über einen Akt der Zwangsvollstreckung (des Verwaltungszwangs).

Nr. 3309 825

Nr.	Gebührentatbestand	Gebühr oder Satz der Gebühr nach § 13 RVG
3309	**Verfahrensgebühr** Die Gebühr entsteht für die Tätigkeit in der Zwangsvollstreckung, soweit nachfolgend keine besonderen Gebühren bestimmt sind.	0,3

I. Vorüberlegungen vor Einleitung von Vollstreckungsmaßnahmen

Wenn es zur Zwangsvollstreckung kommt, haben Sie sehr oft für den Auftraggeber bereits 826 das gerichtliche Verfahren (Mahnverfahren oder Erkenntnisverfahren) geführt, damit überhaupt erst einmal ein zur Zwangsvollstreckung geeigneter Titel geschaffen wird. Der Auftraggeber hat daher meistens bereits erhebliche Vergütungsforderungen beglichen. Auch wenn die Zwangsvollstreckung selbst keine hohen Vergütungsansprüche auslöst, ist jede weitere Vergütungsforderung für den Auftraggeber ein Ärgernis. Wird die Forderung nicht beigetrieben, so bleibt für den Auftraggeber der Eindruck, dass ihm die gesamte Tätigkeit des RA überhaupt nichts gebracht hat und „außer Spesen nichts gewesen" ist.

Praxistipp: 827

Bevor Sie daher Vollstreckungsmaßnahmen einleiten, sollten Sie den Auftraggeber immer noch einmal daran erinnern, dass Sie keinen Erfolg garantieren können und eine Vergütung auch im Zwangsvollstreckungsverfahren unabhängig vom Ausgang der Angelegenheit entsteht. Eine Absprache, welche Kosten noch in die Angelegenheit investiert werden dürfen, sollte getroffen werden. So vermeiden Sie spätere Auseinandersetzungen mit dem Auftraggeber wegen Ihrer Vergütung. Auf die besondere Möglichkeit einer Vergütungsvereinbarung gem. § 4a RVG unterhalb der gesetzlichen Vergütung (s. die Ausführungen unter Rdn 750) wird verwiesen.

8.75

▼

828 **Muster 8.75: Belehrungsschreiben Auftraggeber vor Einleitung von Zwangsvollstreckungsmaßnahmen.**

Anrede,

glücklicherweise liegt in Ihrer Angelegenheit endlich ein zur Zwangsvollstreckung geeigneter Titel vor, mit dem versucht werden kann, die Forderung gegen den Schuldner zwangsweise beizutreiben. Eine Vollstreckung ist unvermeidbar, da bisher eine freiwillige Leistung durch den Schuldner nicht erfolgt ist.

Die Zwangsvollstreckung löst erneut Vergütungsansprüche aus. Die Verfahrensgebühr für jede Vollstreckungsmaßnahme beträgt 0,3 gem. Nr. 3309 VV RVG. Eine Terminsgebühr gem. Nr. 3310 VV RVG entsteht nur in wenigen abschließend im RVG geregelte Ausnahmefällen.

Der Gegenstandswert in der Zwangsvollstreckung bemisst sich anders als im Hauptsacheverfahren, nach der insgesamt vom Schuldner beizutreibenden Forderung, also die Hauptforderung, die Zinsen auf die Hauptforderung, die Kosten, die Zinsen auf die Kosten und sonstige weitere Forderungen, die zur Beitreibung anstehen.

Ausgehend von einem Gegenstandswert von € beziffert sich der Vergütungsanspruch im Zwangsvollstreckungsverfahren für jede Vollstreckungsmaßnahme voraussichtlich wie folgt:

Gegenstandswert: €

0,3 Verfahrensgebühr gem. §§ 2 Abs. 2, 13, Nr. 3309 VV RVG	€
Entgelte für Post- und Telekommunikationsdienstleistungen gem. Nr. 7002 VV RVG	€
19 % Umsatzsteuer gem. Nr. 7008 VV RVG	€
Summe	€

Hinzu kommen etwaige Gerichtskosten und Gerichtsvollziehernachnahmen für bestimmte eingeleitete Maßnahmen (Pfändungs- und Überweisungsbeschlüsse, Mobiliarvollstreckungsaufträge, Verfahren zur Abgabe der Vermögensauskunft etc.).

Selbstverständlich muss der Schuldner die Kosten der Zwangsvollstreckung erstatten. Ist dieser allerdings zahlungsunfähig (oder insolvent), erhöht sich Ihre ausstehende Forderung gegen den Schuldner mit jedem Vollstreckungsversuch. Sie können die Zwangsvollstreckung regelmäßig wiederholen, allerdings dann nicht, wenn gegen den Schuldner das Insolvenzverfahren eröffnet ist.

Wir möchten hier nicht tätig werden, ohne vorab mit Ihnen geklärt zu haben, in welcher Höhe Sie bereit sind, weitere Kosten in die Durchsetzung Ihrer Forderung zu investieren.

Bitte nehmen Sie daher zeitnah mit unserer Kanzlei telefonisch Kontakt auf. Bei dieser Gelegenheit können wir dann auch klären, ob Ihnen Vermögensgegenstände, Forderungen oder sonstiges Vermögen des Schuldners bekannt sind, in die ein Vollstreckungszugriff erfolgen sollte.

Rein vorsorglich möchten wir Sie bitten, uns sofort zu informieren, wenn der Schuldner direkt an Sie leisten sollte. Wir sind dann verpflichtet, die entwertete vollstreckbare Ausfertigung an diesen herauszugeben. Kommen wir dieser Verpflichtung nicht ohne schuldhaftes Verzögern nach, kann es sein, dass der Schuldner seinen Anspruch auf Herausgabe des Schuldtitels kostenpflichtig gegen Sie geltend macht. Dies kann durch eine Mitteilung über die erfolgte Zahlung an uns vermieden werden.

Grußformel

▲

Hinweis: 829

Manchmal lohnt auch die Einschaltung einer Detektei. Allerdings entstehen dafür ebenfalls weitere Kosten, bei denen nicht ohne Weiteres davon ausgegangen werden kann, dass diese auch erstattungsfähig sind.

II. Allgemeines

Für das Verfahrensrecht, also z.B. den Zivilprozess, gehört die Zwangsvollstreckung noch zum Rechtszug. Gem. § 81 ZPO erfolgt daher die **Zustellung in gerichtlichen Vollstreckungsverfahren** auch an den **bisherigen Prozessbevollmächtigten**. Für das Vergütungsrecht gehört die Zwangsvollstreckung nicht zum Rechtszug, mit der Folge, dass ein neuer Vergütungsanspruch entsteht. 830

Voraussetzung für das wirksame Durchführen von Zwangsvollstreckungsmaßnahmen ist das Vorliegen eines **Vollstreckungstitels**, der nach den Vorschriften der ZPO zu vollstrecken ist. 831

Vollstreckungstitel kann **auch ein Arrest oder eine einstweilige Verfügung** sein. Auch für die Vollziehung einer einstweiligen Verfügung oder eines Arrestes steht dem RA eine 0,3 Verfahrensgebühr zu. Die Vollziehung ist aber nicht dann schon gegeben, wenn der Arrest oder die einstweilige Verfügung an den Antragsgegner zugestellt wird. Die Zustellung ist noch von der Verfahrensgebühr des Hauptverfahrens abgegolten. 832

833 Die Vollstreckungsmaßnahmen, die gem. Nr. 3309 VV abgegolten werden, sind klar definiert. So gehört dazu insbes.

- die Zwangsvollstreckung wegen Geldforderungen (§§ 803 ff. ZPO),
- die Zwangsvollstreckung zur Erwirkung der Herausgabe von Sachen und zur Erwirkung von Handlungen oder Unterlassungen (§§ 883 ff. ZPO) sowie
- das Verfahren zur Abnahme des Offenbarungseides und die Verhängung von Zwangshaft (§ 807 ZPO) sowie
- das Erwirken eines vorläufigen Zahlungsverbotes,
- Verfahren zur Abgabe der Vermögensauskunft.

834 Gem. § 18 Nr. 3 RVG ist jede Vollstreckungsmaßnahme zusammen mit den durch sie vorbereiteten weiteren Vollstreckungshandlungen bis zur Befriedigung des Gläubigers eine besondere Angelegenheit. Dies ist insbes. dann von Bedeutung, wenn der RA vor Einleitung von Vollstreckungsmaßnahmen eine Vollstreckungsandrohung versendet oder vor (bzw. gleichzeitig oder zeitnah) dem Antrag auf Erlass eines Pfändungs- und Überweisungsbeschlusses ein vorläufiges Zahlungsverbot beantragt.

835 Allerdings gilt für die vorläufige Einstellung, Beschränkung oder Aufhebung der Zwangsvollstreckung, wenn nicht eine abgesonderte mündliche Verhandlung hierüber stattfindet (§ 19 Nr. 11 RVG) und die erstmalige Erteilung der Vollstreckungsklausel, wenn deswegen keine Klage erhoben wird (§ 19 Nr. 12 RVG), dass diese zum Rechtszug gehören und keine besonderen Vergütungsanspruch auslösen.

III. Gebühren für Tätigkeiten in der Zwangsvollstreckung

1. Verfahrensgebühr gem. Nr. 3309 VV RVG

836 Im Unterabschnitt 3 des Teils 3 VV RVG (Nrn. 3309 ff.) werden die Gebühren geregelt, die der RA für seine Tätigkeit im Rahmen der Zwangsvollstreckung erhält. Hierbei kommt es nicht darauf an, ob der RA den Gläubiger oder den Schuldner vertritt, es entstehen die gleichen Gebühren.

837 Ist der RA i.R.d. Zwangsvollstreckung tätig, erhält der RA eine **0,3 Verfahrensgebühr** gem. Nr. 3309 VV RVG. Die Gebühr ist gem. Nr. 1008 VV RVG erhöhungsfähig, wenn der RA mehrere Auftraggeber vertritt. Die **max. Erhöhung** beträgt auch **hier 2,0**. In der Zwangsvollstreckung kann der RA daher im Höchstfall bei der Vertretung mehrerer Auftraggeber 2,3 verdienen.

838 Ist der RA aber nicht im „reinen" Vollstreckungsverfahren tätig, erhält er auch nicht die Gebühr gem. Nr. 3309 VV RVG. So entsteht z.B. für eine Tätigkeit in der Zwangsverwaltung, Zwangsversteigerung oder im Insolvenzverfahren eine andere Vergütung; das RVG sieht hierfür eigene Gebührentatbestände vor.

2. Terminsgebühr gem. Nr. 3310 VV RVG

Nr. 3310 839

Nr.	Gebührentatbestand	Gebühr oder Satz der Gebühr nach § 13 RVG
3310	**Terminsgebühr** Die Gebühr entsteht für die Teilnahme an einem gerichtlichen Termin, einem Termin zur Abgabe der Vermögensauskunft oder zur Abnahme der eidesstattlichen Versicherung.	0,3

In seltenen Fällen kann im Vollstreckungsverfahren eine Terminsgebühr entstehen. Die Terminsgebühr entsteht hier nicht unter den Voraussetzungen aus Vorbemerkung 3 Abs. 3 VV RVG. Vorrangig und allein maßgebend ist Bestimmung der 0,3 Terminsgebühr in Nr. 3310 VV RVG. Nur unter den dort genannten Voraussetzungen kann im Vollstreckungsverfahren die Terminsgebühr entstehen. 840

Die Gebühr entsteht für die Teilnahme an einem gerichtlichen Termin, einem Termin zur Abgabe der Vermögensauskunft oder zur Abnahme der eidesstattlichen Versicherung.

a) Terminsgebühr in der Zwangsvollstreckung für die Wahrnehmung eines Termins

Die Terminsgebühr kann daher entstehen, wenn z.B. in den Verfahren vor dem Prozessgericht erster Instanz (Zwangsgeld gem. § 888 ZPO, Ersatzvornahme gem. § 887 ZPO, Duldung/Unterlassung gem. § 890 ZPO) ein Termin anberaumt wird. Nimmt der RA diesen Termin wahr, entsteht die 0,3 Terminsgebühr gem. Nr. 3310 VV RVG. 841

b) Terminsgebühr im Verfahren zur Abgabe der eidesstattlichen Versicherung; Termin zur Abgabe der Vermögensauskunft

Die Terminsgebühr entsteht im Vollstreckungsverfahren auch, wenn der RA an einem Termin zur Abgabe der eidesstattlichen Versicherung oder am Termin zur Abgabe der Vermögensauskunft teilnimmt. Diese Terminsgebühr wird in der Praxis sehr selten sein. Dies liegt daran, dass der Gegenstandswert in diesem Verfahren auf 2.000,00 € gem. § 25 Abs. 1 Nr. 4 RVG beschränkt ist und die Vergütung für die Wahrnehmung des Termins unökonomisch ist. 842

> *Praxistipp:* 843
>
> Es gibt Vollstreckungsverfahren, da wäre es sehr sinnvoll, den Schuldner zu seinem Vermögensverhältnis zu befragen, da dann ggf. der Erfolg der Zwangsvollstreckung wahrscheinlicher wird. Sie können mit dem Auftraggeber hier eine Vergütungsvereinbarung treffen. Die Teilnahme am Termin ist insbes. bei hohen Forderung von Interes-

se, wenn der Mandant es wünscht und es dem Anwalt sinnvoll erscheint, kann die niedrige Vergütung durch eine Vergütungsvereinbarung so angepasst werden, dass es vertretbar ist, dass der RA den Termin wahrnimmt.

8.76

▼

844 **Muster 8.76: Schreiben an Auftraggeber – Vergütungsvereinbarung für Wahrnehmung des Termins zur Abgabe der eidesstattlichen Versicherung**

Anrede,

in der gegen den Schuldner betriebenen Zwangsvollstreckungssache haben wir Sie bereits darüber informiert, dass die Vollstreckung fruchtlos war. Der Schuldner wird daher, auf unseren entsprechenden Antrag zur Abgabe der Offenbarungsversicherung über seine Vermögensverhältnisse geladen. Anwälte nehmen üblicherweise diese Termine nicht wahr.

In Ihrer Angelegenheit könnte es sinnvoll sein, den Schuldner im Termin zur Abgabe der eidesstattlichen Versicherung zu seinen Vermögensverhältnissen zu befragen. Eine persönliche Befragung vor Ort hätte auch zur Folge, jeden Versuch des Schuldners, Vermögen zu verschleiern, zu unterbinden.

Die gesetzliche Vergütung, die entsteht, wenn wir den Termin wahrnehmen, ist bedauerlicherweise unzureichend. Diese berechnet sich nach einem Gegenstandswert von maximal 2.000,00 € aufgrund einer Sondervorschrift in § 25 Abs. 1 Nr. 4 RVG. Der Höchstwert gilt unabhängig von der Höhe der beizutreibenden Forderung.

Bei einem Gegenstandswert von maximal 2.000,00 € entstünde folgende Vergütung:

Gegenstandswert: maximal 2.000,00 €

Gesetzliche Vergütung

0,3 Terminsgebühr in der Zwangsvollstreckung

gem. §§ 2 Abs. 2, 13, Nr. 3310 VV RVG	45,00 €
Entgelte für Post- und Telekommunikationsdienstleistungen gem. Nr. 7002 VV RVG	9,00 €
19 % Umsatzsteuer gem. Nr. 7008 VV RVG	10,26 €
Summe	**64,26 €**

Bitte haben Sie Verständnis dafür, dass es uns aus wirtschaftlichen Gesichtspunkten unmöglich ist, für die gesetzliche Vergütung diesen Termin wahrzunehmen. Eine Wahrnehmung des Termins würde bedeuten, dass wir unser Büro nicht ordentlich betreiben. Dies kann auch nicht in Ihrem Interesse sein.

Eine Teilnahme am Termin wäre uns möglich, wenn wir hier eine Vergütungsvereinbarung treffen, dass der durch das Gesetz vorgegebene Gegenstandswert in Höhe von 2.000,00 € nicht einschlägig ist.

Wir könnten den Termin wahrnehmen, wenn wir hier vereinbaren, dass sich der Gegenstandswert für die Wahrnehmung dieses Termins – wie sonst in der Zwangsvollstreckung auch – nach dem Wert der beizutreibenden Forderung richtet. Zudem müssten wir vereinbaren, dass der Rahmen der Gebühr nicht 0,3, sondern 1,2 beträgt.

Hinweis:

Ist die beizutreibende Forderung sehr hoch, kann unter Umständen darauf verzichtet werden, einen abweichenden Gebührenrahmen zu vereinbaren.

Sie müssten mit folgendem Betrag rechnen, den wir anstelle der gesetzlichen Vergütung berechnen:

Gegenstandswert: beizutreibende Forderung

Vereinbarte Vergütung gem. § 3a RVG		€
1, 2 Terminsgebühr in der Zwangsvollstreckung gem. §§ 3a, 2 Abs. 2, 13, Nr. 3310 VV RVG		€
Entgelte für Post- und Telekommunikationsdienstleistungen gem. Nr. 7002 VV RVG		€
19 % Umsatzsteuer gem. Nr. 7008 VV RVG		€
Summe		€

Wir stellen ausdrücklich klar, dass wir für einen Vollstreckungserfolg nicht garantieren können. Trotz unserer Teilnahme am Termin kann es sich ergeben, dass der Schuldner über keinerlei pfändbare Habe, Forderungen oder sonstiges verwertbares Vermögen verfügt.

Für den Fall, dass Sie eine Vereinbarung über die Höhe der Vergütung mit uns abschließen, ist eine Kostenerstattung ausgeschlossen. Der Schuldner muss nur die Vergütung erstatten, die sich aufgrund des gesetzlichen Vergütungsanspruchs ergibt.

Wir haben in der Anlage eine entsprechende Vergütungsvereinbarung beigefügt. Für den Fall, dass Sie eine Terminswahrnehmung durch uns wünschen, bitten wir um schnellstmögliche Rücksendung. Der Gerichtsvollzieher bzw. das Gericht müssen darüber informiert werden, dass wir den Termin wahrnehmen werden und von unserem Fragerecht Gebrauch machen werden. Bitte denken Sie an die Postlaufzeiten bei Gericht. Eine späte Rücksendung der Vergütungsvereinbarung kann dazu führen, dass eine Teilnahme am Termin nicht mehr durchführbar ist. Selbstverständlich schulden Sie dann die Vergütung nicht.

Grußformel

▲

8.77

▼

845 **Muster 8.77: Vergütungsvereinbarung in der ZV – höhere Terminsgebühr**

Vergütungsvereinbarung

zwischen

nachstehend „der Rechtsanwalt"

und

nachstehend „der Auftraggeber"

wird folgende Vereinbarung getroffen:

1. Inhalt des Auftrags

Der Auftraggeber beauftragt den Rechtsanwalt, ihn im Termin zur Abgabe der eidesstattlichen Versicherung gegen den Schuldner , wohnhaft in zu vertreten.

Der Auftrag erstreckt sich auf Wahrnehmung des Termins zur Abgabe des Offenbarungseides.

2. Vergütung

Für die unter Nr. 1 genannte anwaltliche Tätigkeit erhält der Rechtsanwalt anstelle der gesetzlichen Gebühren folgende Vergütung:

Gegenstandswert: beizutreibende Forderung (€) Vereinbarte Vergütung gem. § 3a RVG (€)

1, 2 Terminsgebühr in der Zwangsvollstreckung gem. §§ 3a, 2 Abs. 2, 13, Nr. 3310 VV RVG	€
Entgelte für Post- und Telekommunikationsdienstleistungen gem. Nr. 7002 VV RVG	€
19 % Umsatzsteuer gem. Nr. 7008 VV RVG	€
Summe	**€**

3. Einschaltung von Hilfspersonen

Der Rechtsanwalt ist nicht berechtigt, zur Erfüllung des nach Nr. 1 beschriebenen Auftrages Hilfspersonen einzuschalten. Der Rechtsanwalt kann die Leistung nur persönlich erbringen. Der Rechtsanwalt verpflichtet sich, den Termin persönlich wahrzunehmen.

4. Erhebung von Vorschüssen

Der Rechtsanwalt ist jederzeit berechtigt, angemessene Vorschüsse zu erheben. Rechtzeitig vor dem Termin wird der RA dem Auftraggeber eine Vergütungsberechnung auf der Grundlage dieser Vereinbarung übersenden. Die Zahlung des angeforderten Vorschusses muss mindestens drei Tage vor dem Termin eingehen. Fällt der Termin auf einen Montag, so muss der Betrag spätestens am dem Donnerstag der Vorwoche, auf dem Konto des Rechtsanwalts eingehen oder bar geleistet werden. Eine Zahlung per Scheck ist nicht ausreichend. Kommt der Auftraggeber der Vorschussanforderung nicht fristgerecht nach, wird der Termin durch den Rechtsanwalt nicht wahrgenommen.

Der Auftraggeber wird darauf hingewiesen, dass ein Termin zur Abgabe der Offenbarungsversicherung nicht beliebig wiederholt werden kann. Aufgrund gesetzlicher Schutzvorschriften ist es möglich, dass der Schuldner erst nach drei Jahren erneut zur Abgabe der eidesstattlichen Versicherung geladen werden kann.

5. Hinweise für den Auftraggeber

Der Auftraggeber wird von dem Rechtsanwalt darauf hingewiesen,

- dass die vereinbarte Vergütung die gesetzliche Vergütung übersteigt,
- die vereinbarte Vergütung soweit sie die gesetzliche Vergütung übersteigt auch im Obsiegensfall nicht von der unterliegenden Partei zu erstatten ist,
- die vereinbarte Vergütung, soweit sie die gesetzliche Vergütung übersteigt, nicht von der Rechtsschutzversicherung übernommen wird.

6. Abtretung des Kostenerstattungsanspruchs

Bis zur Höhe der dem Rechtsanwalt nach dieser Vereinbarung zustehenden Vergütung werden ihm bereits jetzt eventuelle Kostenerstattungsansprüche gegen Dritte (insbesondere gegen den unterlegenen Prozessgegner oder die Staatskasse) zur Sicherung seiner Vergütungsansprüche abgetreten. Der Rechtsanwalt ist berechtigt, die Erstattungsansprüche einzuziehen und auf seine Vergütungsansprüche zu verrechnen. Der Rechtsanwalt nimmt die Abtretung ausdrücklich an.

Ort, den

Der Auftraggeber

Der Rechtsanwalt

▲

IV. Einigungsgebühr

Im Vollstreckungsverfahren kann der RA eine Einigungsgebühr gem. Nr. 1003 VV RVG **846**
verdienen s. Rdn 304 ff. Auf § 31b RVG und die Besonderheiten beim Gegenstandswert für eine Teilzahlungsvereinbarung bin ich unter Rdn 264 bereits eingegangen.

V. Vergütung bei Vollstreckung gegen mehrere Schuldner

847 Vollstreckt der RA auftragsgemäß gegen mehrere Schuldner, ist jede Vollstreckungsmaßnahme gegen jeden Schuldner eine **eigene Angelegenheit**. Es entsteht pro Schuldner (unabhängig von der Frage, gegen wie viele Schuldner sich die Zwangsvollstreckung richtet) ein **eigener Vergütungsanspruch** (BGH, 10.10.2003 – IX a ZB 183/03, *www.bundesgerichtshof.de*). Hierbei kommt es nicht darauf an, dass verschiedene Titel vorliegen. Dies gilt auch dann, wenn die **Forderung gegen mehrere Schuldner in einem Titel** tituliert wurde. Es ist auch nicht erforderlich, dass der RA pro Schuldner ein gesondertes Gesuch ausfertigt. Die Gebühr entsteht auch mehrfach, wenn mit einem Gesuch gegen mehrere Schuldner vollstreckt wird.

> *Beispiel:*
>
> *Der RA beantragt einen Pfändungs- und Überweisungsbeschluss wegen einer Forderung i.H.v. 50.000,00 € (inklusive Nebenforderungen, also Kosten, Zinsen Hauptforderung, bisherige Vollstreckungskosten etc.). Gläubiger der titulierten Forderung ist ein Ehepaar. Schuldner der titulierten Forderung ist eine Gesellschaft bürgerlichen Rechts (GbR) bestehend aus vier Personen. Der RA kann abrechnen:*
>
> Für die Vollstreckung gegen einen Schuldner entsteht:
>
> *Gegenstandswert: 50.000,00 €*
>
> | | |
> |---|---|
> | *0,6 Verfahrensgebühr Zwangsvollstreckung gem. §§ 2 Abs. 2, 13, Nr. 3309, 1008 VV RVG* | *697,80 €* |
> | *Zuschlag i.H.v. 0,3 wegen der Vertretung von zwei Auftraggebern gem. Nr. 1008 VV RVG* | |
> | Entgelte für Post- und Telekommunikationsdienstleistungen *gem. Nr. 7002 VV RVG* | *20,00 €* |
> | *19 % USt gem. Nr. 7008 VV RVG* | *136,38 €* |
> | *Zwischensumme* | *854,18 €* |
> | *854,18 € × 4 wegen des Vorgehens gegen vier Schuldner =* | *3.416,72 €* |

VI. Beginn der Zwangsvollstreckung

848 Die Verfahrensgebühr der Nr. 3309 VV RVG entsteht mit dem ersten Tätigwerden nach Erteilung des Vollstreckungsauftrages. Die Gebühr kann auch bereits für die sog. Zwangsvollstreckungsandrohung entstehen.

1. Vergütung bei der Vollstreckungsandrohung

In vielen Fällen „beginnt“ die Zwangsvollstreckung nicht in der Weise, dass sofort Zwangsmaßnahmen gegen den Schuldner eingeleitet werden. Insbes. wenn der Schuldner anwaltlich vertreten war, ist es üblich, vor Einleitung von Vollstreckungsmaßnahmen dem Schuldner eine letzte Frist zur Zahlung einzuräumen, bevor die Mittel der Zwangsvollstreckung ausgeschöpft werden. Immer wieder kommt es vor, dass der Schuldner zwar zahlt, aber die Vergütung für die Vollstreckungsandrohung nicht zahlt, sodass im Zweifel die Kostenfestsetzung gem. § 788 ZPO zu erfolgen hat, damit ein zur Vollstreckung geeigneter Titel über die Vollstreckungskosten ergeht. 849

Für die **Vollstreckungsandrohung** kann der RA regelmäßig eine **Vergütung** verlangen. 850 Auch hier ist ein **entsprechender Auftrag** des Auftraggebers Voraussetzung für die Einforderbarkeit der Vergütung. Unterscheiden müssen Sie hier erneut zwischen dem Entstehen eines Vergütungsanspruch und der Erstattungsfähigkeit von der Gegenseite. Die Vergütung für die Vollstreckungsandrohung kann entstanden sein, aber es kann an einem Erstattungsanspruch gegenüber dem Schuldner fehlen.

Viele Kanzleien stellen dem Auftraggeber die Kosten für eine Vollstreckungsandrohung 851 nicht in Rechnung, wenn der Gegner nicht verpflichtet ist, diese auch zu erstatten.

Damit die Vergütung für die Vollstreckungsandrohung auch von dem Schuldner zu erstatten ist, müssen bestimmte Voraussetzungen erfüllt sein.

2. Zustellung des Titels

Es ist umstritten, ob die Zustellung des Titels an den Schuldner erforderlich ist und be- 852 reits erfolgt sein muss. Der BGH hat dies verneint (BGH, 18.7.2003 – IX a ZB 146/03), wenn es sich bei dem Titel um einen Vergleich handelt. Viele Gerichte stellen daher auch zu Recht nicht auf die Zustellung, sondern auf die Kenntnis des Schuldners von der Entscheidung ab.

> *Praxistipp:* 853
>
> Wenn Sie einen Titel vorliegend haben, aus dem Sie die Vollstreckung beabsichtigen, der noch nicht von Amts wegen zugestellt ist (bspw. liegt nur die Kurzausfertigung des Urteils des Berufungsgerichts vor), so stellen Sie diese unmittelbar nach Eingang im Büro im Parteibetrieb zu. Auf die Zustellung der Vollstreckungsklausel kommt es nicht an, da die Zustellung ja nicht erfolgt, um die Vollstreckungsvoraussetzungen zu schaffen, sondern um die Kenntnis des Schuldners vom Titel zu erwirken.

8.78

▼

854 **Muster 8.78: Zustellungsurkunde Titel nebst Empfangsbekenntnis**

Zustellungsurkunde

In Sachen: (Rubrum)

Gericht:

Az.:

bringen die Prozessbevollmächtigten und Verfahrensbevollmächtigten des Gläubigers Rechtsanwälte

(volle Anschrift der Kanzlei)

die *(Titel, Datum des Titels)* in beglaubigter und einfacher Kopie gemäß § 195 ZPO von Anwalt zu Anwalt zur Zustellung an:

den Prozessbevollmächtigten der (Gegenseite) *(vollständige Anschrift der Vertreter der Gegenseite)*

zum Hinweis auf eine bevorstehende Zwangsvollstreckung.

Ort, Datum Unterschrift Rechtsanwalt

Ein eigenes Blatt Papier für die Folgeseite ausfertigen

ggf.:

Bitte nur per Fax zurück an: Rechtsanwalt Telefaxnummer

Empfangsbekenntnis

(dies geht zurück an zustellenden Anwalt)

In Sachen:

Gericht:

Az.:

habe/haben ich/wir von den Prozessbevollmächtigten/Verfahrensbevollmächtigten des Gläubigers

(volle Anschrift der Kanzlei, die die Zwangsvollstreckung durchführen will)

die *(Titel, Datum des Titels)* in beglaubigter und einfacher Kopie gemäß § 195 ZPO von Anwalt zu Anwalt zugestellt erhalten:

Prozessbevollmächtigte des Schuldners:

(vollständige Anschrift der Rechtsanwälte der Gegenseite)

Ort, Datum — Unterschrift Rechtsanwalt

▲

Hinweis: 855

Bitte denken Sie daran, dem Empfangsbekenntnis die beglaubigte und einfache Kopie des Urteils beizufügen. Sie sollten einen frankierten und adressierten Rückumschlag beifügen oder Ihre Faxnummer auf dem Empfangsbekenntnis vermerken. Viele Kanzleien senden ein Empfangsbekenntnis nicht zurück, wenn kein Rückporto beigefügt ist. Eine Rücksendung per Fax wird üblicherweise erledigt. An dieser Stelle erfolgen keine Ausführungen zu der Frage, ob es zulässig ist, dass ein RA eine Zustellquittung/ein Empfangsbekenntnis nicht zurück reicht, weil kein Porto aufgebracht worden ist.

8.79

▼

Muster 8.79: Zustellanschreiben zur Vorbereitung der Zwangsvollstreckung an die Verfahrensbevollmächtigten des Schuldners 856

Anrede,

wir haben in der Anlage eine beglaubigte und einfache Kopie des *(Titel benennen)* des Gerichts vom zum Aktenzeichen zum Zwecke der Zustellung beigefügt. Wir weisen darauf hin, dass für die Kenntnis der Entscheidung auf Schuldnerseite die Zustellung des Titels von Amts wegen nicht erforderlich ist. Mit dieser Zustellung ist davon auszugehen, dass der Schuldner seine Leistungsverpflichtung hinreichend kennt.

Abschrift anbei

Grußformel

▲

Hinweis: 857

Geben Sie dem Schuldner jetzt die Möglichkeit, innerhalb einer angemessenen Frist (zehn Tage) freiwillig zu leisten. Leistet er nicht, kündigen Sie die Einleitung von Vollstreckungsmaßnahmen an, auch wenn die Vollstreckungsvoraussetzungen noch nicht erfüllt sind. Liegen alle Vollstreckungsvoraussetzungen vor, können Sie auch nach Ablauf der Frist unmittelbar Vollstreckungsmaßnahmen ergreifen.

Ist die Zustellung des Titels vorab erfolgt, muss dem Schuldner bewusst sein, dass eine Zwangsvollstreckung unmittelbar bevorsteht, sobald alle Voraussetzungen vorliegen.

3. Zustellung einer vollstreckbaren Ausfertigung des Titels?

858 Bei Erstellen einer Vollstreckungsandrohung ist es nicht erforderlich, dass bereits eine vollstreckbare Ausfertigung des Urteils zugestellt worden ist.

859 *Praxistipp:*

Sie sind als Gläubigervertreter nicht verpflichtet, abzuwarten, bis die Zustellung der vollstreckbaren Ausfertigung von Amts wegen erfolgt ist. Sie können die vollstreckbare Ausfertigung des Titels im Parteibetrieb zustellen. Für die Voraussetzung der Zwangsvollstreckung muss der Titel nicht von Amts wegen zugestellt werden. Die Zustellung von Amts wegen ist erforderlich, um ordnungsgemäß die Rechtsmittel und Rechtsbehelfsfristen in Gang zu setzen. Für die Vollstreckung reicht die Zustellung der vollstreckbaren Ausfertigung gem. § 750 Abs. 1 Satz 2 ZPO im Parteibetrieb. Das Textmuster einer Zustellungsurkunde im Parteibetrieb finden Sie unter Rdn 856).

8.80

860 **Muster 8.80: Anforderung einer vollstreckbaren Ausfertigung zum Zwecke der Parteizustellung**

Adresse Prozessgericht

In Sachen

./.

Az.:

wird beantragt,

eine vollstreckbare Ausfertigung des (Titels) vom zu erteilen und an

uns – auch ohne Zustellattest – zu überreichen.

Es wird ferner beantragt,

die sogenannte Rapidklausel gem. § 317 Abs. 2 Satz 2 ZPO zu erteilen.

Begründung

Es ist diesseits beabsichtigt, zügig die Zwangsvollstreckung gegen den Schuldner (ehemaliger Kläger oder Beklagter) einzuleiten. Zu diesem Zweck soll die Zustellung der vollstreckbaren Ausfertigung des Urteils gem. § 750 Abs. 1 Satz 2 ZPO im Parteibetrieb erfolgen. Es ist entsprechend § 750 Abs. 1 Satz 2 ZPO nicht erforderlich, dass die vollstreckbare Ausfertigung des Urteils, die im Parteibetrieb zugestellt werden soll, bereits mit Tatbestand und Entscheidungsgründen versehen ist.

Beglaubigte und einfache Abschrift anbei

Grußformel

▲

Hinweis: 861

Für diesen Antrag und die Zustellung kann der RA keinen gesonderten Vergütungsanspruch geltend machen. Dieser Antrag sowie die Zustellung gehören gem. § 19 Nr. 9, 12, 15 RVG zum Rechtszug.

4. Vorliegen der Vollstreckungsklausel

In der Rechtsprechung wird überwiegend die Auffassung vertreten, dass es für die Erstat- 862
tungsfähigkeit der Kosten für eine Vollstreckungsandrohung erforderlich ist, dass die Vollstreckungsklausel bereits erteilt ist (BGH, 10.10.2003 – IX a ZB 183/03). Diese Auffassung wird im Wesentlichen darauf gestützt, dass eine Zwangsvollstreckung i.d.R. nicht möglich ist (Ausnahme z.B. Arrest, einstweilige Verfügung, Vollstreckungsbescheid), wenn eine Klausel nicht erteilt wurde.

5. Nachweis der Sicherheitsleistung

Ist eine Zwangsvollstreckungsmaßnahme nur gegen Sicherheitsleistung des Gläubigers 863
möglich („Das Urteil ist gegen Sicherheitsleistung i.H.v. … € vorläufig vollstreckbar"), muss die erfolgte Sicherheitsleistung nachgewiesen sein, bevor die Kosten für eine Vollstreckungsandrohung erstattungsfähig sind und vom Schuldner zu leisten sind. Dies gilt selbst dann, wenn der Gläubiger die Vollstreckungsvoraussetzungen gem. § 720a ZPO geschaffen hat (sog. **Sicherungsvollstreckung**, in dem eine Pfändung, aber keine Verwertung erfolgt). Er verlangt mit seiner Vollstreckungsandrohung Zahlung vom Schuldner, daher reichen die Voraussetzungen gem. § 720a ZPO nicht aus, wenn die Zwangsvollstreckung nur gegen Sicherheitsleistung möglich ist.

864 *Praxistipp:*

Für den Auftraggeber sind insbes. die Regelungen zur Sicherheitsleistung verwirrend. Weisen Sie den Auftraggeber darauf hin, wie bei einer nur gegen Sicherheitsleistung zulässigen Zwangsvollstreckung weiter zu verfahren ist. Damit eine Vollstreckung zügig und effektiv durchgeführt werden kann, sollten Sie Ihren Auftraggeber gleich bei der Zustellung der Kurzausfertigung des Urteils entsprechend informieren.

8.81 ▼

865 **Muster 8.81: Information des Auftraggebers bei Vollstreckung nur gegen Sicherheitsleistung**

Anrede,

in der Anlage übersenden wir Ihnen die Kurzausfertigung des Urteils vom des Gerichts zum Aktenzeichen – –.

Wie Sie dem Urteil entnehmen können, ist der Beklagte verurteilt worden,

1. € an Sie zu zahlen,

2. die Kosten des Rechtsstreits zu tragen.

   Der Beklagte muss daher die im gerichtlichen Verfahren entstandene Anwaltsvergütung an Sie erstatten.

3. Die Zwangsvollstreckung ist nur gegen Sicherheitsleistung in Höhe von zulässig.

Für den Beklagten besteht die Möglichkeit, gegen dieses Urteil binnen einer sogenannten Notfrist (unverlängerbar) von einem Monat seit Zustellung der vollständigen Entscheidung an seinen Prozessbevollmächtigten Berufung einzulegen. Aus diesem Grund ist eine Zwangsvollstreckung nur eingeschränkt möglich.

Es besteht immer die Möglichkeit, dass ein Berufungsgericht die Entscheidung des erstinstanzlichen Gerichts aufhebt. Die Sicherheitsleistung soll für den Beklagten garantieren, dass nicht endgültige Verhältnisse hergestellt werden, wenn noch offen ist, wie ein Berufungsgericht entscheiden wird. Wenn der Beklagte mit Zwang zur Leistung gezwungen werden soll, muss durch den Gläubiger (im vorliegenden Verfahren sind Sie der Gläubiger) Sicherheit geleistet werden. Nur dann kann der Beklagte vor Eintritt der sogenannten Rechtskraft zur Zahlung auch im Wege einer Vollstreckung gezwungen werden.

Wird das jetzt ergangene Urteil rechtskräftig, entfällt für Sie die Verpflichtung zur Sicherheitsleistung. Eine Leistungspflicht des Beklagten steht mit Rechtskraft definitiv fest. Mit Eintritt der Rechtskraft kann die Entscheidung des Gerichts regelmäßig nicht mehr abgeändert werden.

Bitte teilen Sie uns mit, ob Sie in der Lage sind, die im Urteil tenorierte Sicherheit zu leisten.

Wenn Sie nicht in der Lage sind, die erforderliche Sicherheitsleistung aufzubringen, kann in eingeschränktem Maße eine Vollstreckung betrieben werden. Diese erfolgt letztlich gem. § 720a ZPO aber nur in der Weise, dass der Schuldner gezwungen wird, Sicherheit zu leisten. Die sogenannte Sicherungsvollstreckung hat nicht zur Folge, dass wir Beträge an Sie auskehren können. Ihre Forderung wird lediglich gesichert, aber nicht befriedigt.

Selbstverständlich besteht auch die Möglichkeit, hier abzuwarten, bis die Rechtskraft des Urteils eingetreten ist. Da ein Berufungsverfahren einen für uns nicht vorhersehbaren Zeitraum dauern wird, ist immer die Möglichkeit gegeben, dass der Schuldner nach Abschluss des sogenannten Erkenntnisverfahrens (also der Berufung) insolvent und damit leistungsunfähig ist.

Die Vorbereitung der Sicherungsvollstreckung gem. § 720a ZPO löst keinen gesonderten Vergütungsanspruch aus. Diese Tätigkeit ist mit der Vergütung für unsere bisherige Tätigkeit abgegolten. Die Hinterlegung der Sicherheit und die Zustellung der Hinterlegungsquittung an den Prozessbevollmächtigten des Schuldners löst ebenfalls keinen neuen Vergütungsanspruch aus.

Wir bitten um kurzfristige Kontaktaufnahme zur Besprechung des weiteren Vorgehens.

Grußformel

▲

Praxistipp: 866

Beabsichtigen Sie, für den Auftraggeber die Sicherungsvollstreckung gem. § 720a ZPO zu betreiben, können Sie auch hier beantragen, dass das Gericht Ihnen vorab eine vollstreckbare Ausfertigung des Titels ohne Zustellvermerk zur Verfügung stellt. Sie können das vorhandene Muster (Rdn 856) verwenden. Auf eine beabsichtigte Sicherungsvollstreckung gem. § 720a ZPO i.V.m. § 750 Abs. 3 ZPO würde ich nicht gesondert im Antrag hinweisen.

6. Ausreichend Zeit, die Forderung freiwillig zu erfüllen

Die zutreffende Abgrenzung dieses Zeitpunktes ist schwierig. Es ist nachvollziehbar, dass 867
dem Schuldner eine Zeitspanne eingeräumt werden muss, freiwillig zu leisten. Auf der anderen Seite führt der Gläubiger das Verfahren bereits seit einiger Zeit, so ist es auch nachvollziehbar, dass der Gläubiger nicht mehr warten möchte. Für Gläubiger stellt sich das Rechtssystem ohnehin oft so dar, dass der Schuldner alle Rechte hat und der Anspruchsinhaber und damit Gläubiger auf eigenes Kostenrisiko gerichtliche Verfahren führen muss. So fällt es im beruflichen Alltag schwer, dem Auftraggeber zu erklären, warum und worauf er denn jetzt schon wieder warten muss.

868 *Praxistipp:*

Wenn es schnell gehen soll, dann rufen Sie den Schuldnervertreter an, bevor Sie Vollstreckungsmaßnahmen ergreifen, da diese als verfrüht erscheinen könnten. So ist es durchaus sinnvoll, z.B. am Tag nach Ablauf der Widerrufsfrist eines Vergleichs im Büro des gegnerischen RA anzurufen. Zunächst erfragen Sie, ob von dort ein Widerruf des Vergleichs erfolgt ist, damit Sie die vollstreckbare Ausfertigung des Vergleichs anfordern können. Dann weisen Sie darauf hin, dass eine schnelle Zwangsvollstreckungsmaßnahme beabsichtigt ist. Wenn Sie dann unmittelbar nach Eingang der Vollstreckungsklausel die Zwangsvollstreckung einleiten oder diese androhen, steht einer Erstattungsfähigkeit der Vergütung für die Androhung nichts entgegen. Da diese Fälle häufig vorkommen, empfiehlt es sich, eine entsprechende Telefonnotiz bereits vorbereitet zu haben.

8.82

▼

869 **Muster 8.82: Telefonvermerk – Widerruf Vergleich – Vollstreckungsabsichten**

Telefonnotiz

Am um habe ich in der Sache

unter Az.: angerufen.

Ich habe dort nachgefragt, ob der Vergleich vom vor dem Gericht zum Aktenzeichen von der Kanzlei widerrufen worden ist. Mir wurde mitgeteilt, dass der Vergleich nicht widerrufen worden ist.

Ich habe dann die andere/den anderen Gesprächsteilnehmer/in Frau/Herrn

darauf hingewiesen, dass uns ein Vollstreckungsauftrag erteilt worden ist und mit unverzüglicher Vollstreckung zu rechnen ist. Für den Fall, dass seitens der Schuldnerin/des Schuldners eine freiwillige Leistung beabsichtigt ist, ist eine unverzügliche diesbezügliche Information an uns erforderlich. Ich habe ferner mitgeteilt, dass die Ankündigung der Leistungsbereitschaft nicht genügen wird, sondern der Nachweis einer erfolgten Leistung zu erbringen ist.

Ort, den Unterschrift/Namenskürzel

▲

870 Leistet der Schuldner trotz all Ihrer Bemühungen nicht fristgerecht, können Sie jetzt, auch ohne, dass sämtliche Vollstreckungsvoraussetzungen erfüllt sind, eine Vollstreckungsandrohung an den Schuldner versenden.

8.83

▼

Muster 8.83: Vollstreckungsandrohung 871

Anrede,

in der vorbezeichneten Angelegenheit liegt gegen Ihre Mandantschaft das Urteil des Gerichts zum Aktenzeichen vor. Aus dem Urteil ergibt sich eine gerichtlich festgestellte Zahlungsforderung. Das Urteil haben wir bereits am im Parteibetrieb zugestellt. Die titulierte Forderung beträgt

Hauptforderung (z.B.)	9.000,00 €
Zinsen entsprechend Titel (z.B.)	1.000,00 €

Die Zinsforderung erhöht sich bis zum tatsächlichen Eingang einer Zahlung.

Diese Kosten erhöhen sich um die Kosten

für diese Androhung in Höhe von	576,44 €,
sodass Ihr Auftraggeber insgesamt	10.576,44 €

zu leisten hat.

Ggf. weitere Forderungen (titulierte Nebenforderungen, Kostenfestsetzungsbeschlüsse etc.)

Bis zum heutigen Tage ist eine freiwillige Zahlung durch Ihre Mandantschaft nicht erfolgt. Aus diesem Grunde kündigen wir hiermit an, dass wir im Auftrage unserer Mandantschaft die

Zwangsvollstreckung

aus dem Urteil betreiben werden. Sollte ein Ausgleich der unserer Mandantschaft zustehenden Forderung nicht bis zum

Datum

auf einem unserer aus dem Briefbogen ersichtlichen Konten erfolgt sein, wird ohne weitere Korrespondenz die zwangsweise Beitreibung der Forderung betrieben.

Sollte Ihr Auftraggeber die hier entstandene Vergütung für die notwendige Vollstreckungsandrohung nicht leisten, kündigen wir bereits jetzt an, dass wir eine Titulierung gem. § 788 ZPO betreiben werden.

Gegenstandswert: 10.000,00 €

0,6 Verfahrensgebühr Zwangsvollstreckung gem. §§ 2 Abs. 2, 13, Nr. 3309 VV RVG	464,40 €

Erhöhung für die Vertretung mehrerer Auftraggeber gem. Nr. 1008 VV RVG um 0,3

(*Im Beispielsfall soll der RA ein Ehepaar vertreten*)

Entgelte für Post- und Telekommunikationsdienstleistungen gem. Nr. 7002 VV RVG	20,00 €
19 % Umsatzsteuer gem. Nr. 7008 VV RVG	92,04 €
Summe Vergütung Vollstreckungsandrohung	**576,44 €**

Bitte veranlassen Sie einen Zahlungsausgleich durch Ihren Auftraggeber. Allen Parteien ist mit Sicherheit daran gelegen, keine weiteren Auseinandersetzungen wegen der mittlerweile feststehenden Forderung führen zu müssen.

Dieses Schreiben wird Ihnen im Parteibetrieb zugestellt.

Abschrift anbei

Grußformel

▲

VII. Keine Anwendbarkeit der Nr. 3309 VV RVG

872 Nur für eine Tätigkeit in der Zwangsvollstreckung kann der RA Verfahrensgebühr gem. Nr. 3309 VV RVG fordern. Keine Vollstreckungsmaßnahme ist gegeben, wenn der RA für seinen Auftraggeber einen Titel „vollstreckt“ (der bessere Begriff wäre hier „vollzieht), in dem der Schuldner zur Abgabe einer Willenserklärung rechtskräftig verurteilt worden ist (z.B. ein Antrag auf Eintragung der Löschung eines Rechts im Grundbuch). Dies verhindert § 894 ZPO, denn entsprechend dieser Vorschrift gilt die Erklärung als abgegeben, sobald das Urteil rechtskräftig geworden ist.

VIII. Keine Anwendbarkeit der Nr. 3309 VV RVG – Anforderung des entwerteten Titels

873 Hat der Schuldner geleistet, so hat er den Anspruch, dass ihm der entwertete Titel zugesandt wird. Die vollstreckbare Ausfertigung des Titels muss vom Gläubiger unbrauchbar gemacht werde (entweder mit dem Zusatz: „Entwertet durch Gläubiger X“ oder „Gezahlt durch Schuldner Y“ oder „Beigetrieben“ u.v.m). Händigt der Gläubiger dem Schuldner den Schuldtitel nach der Erfüllung nicht unverzüglich aus, kann der Schuldner vom Gläubiger die Herausgabe verlangen. Dafür entsteht für den Vertreter des Gläubigers ein neuer Vergütungsanspruch, insbes. dann, wenn der Schuldnervertreter bereits den Auftrag hatte, wegen der Herausgabe des Titels die Zwangsvollstreckungsabwehrklage zu erheben. So lange der Gläubiger den Schuldtitel in den Händen hält (genauer: die vollstreckbare Ausfertigung), kann er gegen den Schuldner Vollstreckungsmaßnahmen ergreifen.

Praxistipp: 874

Auf Gläubigerseite ist die Aushändigung des Titels nach Zahlung der Forderung eine Frage der richtigen Organisation. In vielen Kanzleien bleiben vollstreckbare Ausfertigungen einfach in der Akte. Dies ist so lange problemlos, bis einmal ein Schuldner kostenpflichtig die Herausgabe fordert. Senden Sie sofort nach dem vollständigen Zahlungsausgleich den vollstreckbaren Titel an den Schuldner.

Beispiel: 875

Das erstinstanzliche Verfahren wurde obsiegend beendet. Es ergeht zugunsten Ihres Mandanten ein Kostenfestsetzungsbeschluss. Der Schuldner erfüllt den Zahlungsanspruch. Die vollstreckbare Ausfertigung des Kostenfestsetzungsbeschlusses müssen Sie unverzüglich an den Vertreter des Schuldners aushändigen.

▼

Muster 8.84: Aufforderung zur Herausgabe der vollstreckbaren Ausfertigung des Titels 876

Vorab per Telefax an Vertreter des Gläubigers

Anrede,

wie Sie wissen, vertreten wir die Interessen des (vollständige Anschrift des Auftraggebers). Eine uns legitimierende Vollmacht ist diesem Schreiben erneut in der Anlage beigefügt.

Ausweislich des Urteils des Gerichts vom Aktenzeichen war unser Auftraggeber verpflichtet, eine Forderung in Höhe von € nebst Zinsen zu erfüllen.

Unser Auftraggeber hat ausweislich des hier vorliegenden Kontoauszuges die titulierte Forderung erfüllt. Die Zahlung ist am vollständig erfolgt.

Nach dem unser Auftraggeber uns einen Klageauftrag erteilt hatte, haben wir Sie bereits am telefonisch aufgefordert, unverzüglich die entwertete vollstreckbare Ausfertigung zu unseren Händen zu reichen. Hier sollte ein weiteres gerichtliches Verfahren vermieden werden. Bis zum heutigen Tage sind Sie dieser Aufforderung nicht nachgekommen.

Wir fordern Sie hiermit letztmalig auf, die entwertete vollstreckbare Ausfertigung des o.g. Urteils an uns zu überreichen. Der Erledigung sehen wir bis zum

Datum

entgegen.

Sollten wir den fristgerechten Eingang der entwerteten vollstreckbaren Ausfertigung des Urteils nicht feststellen können, werden wir ohne weitere Korrespondenz dem uns bereits erteilten Klageauftrag nachkommen und Zwangsvollstreckungsabwehrklage erheben.

Die Kosten für dieses Aufforderungsschreiben werden wir ebenfalls von Ihrem Auftraggeber einfordern.

Abschrift anbei

Wir stellen zu (Zustellkarte beifügen)

Grußformel

▲

877 *Hinweis:*

Es ist immer sinnvoll, hier zunächst eine telefonische Lösung zu suchen, bevor weitere Kosten veranlasst werden. Zur Erstattung der Vergütung für dieses Aufforderungsschreiben, wenn der Gläubigervertreter leistet und ein Klageverfahren nicht erforderlich ist, lesen Sie bitte unter Rdn 237) nach.

IX. Keine Anwendbarkeit der Nr. 3309 VV RVG – Rückgabe einer Sicherheit

878 Hat der Gläubiger zur Herstellung der Vollstreckungsvoraussetzungen Sicherheit geleistet (s. das entsprechende Formular unter Rdn 865), so gehört das **Rückgabeverfahren** gem. §§ 109, 715 ZPO **zum Hauptsacheverfahren**. Die Vergütung für die entsprechende Tätigkeit ist gem. § 19 Abs. 1 Satz 2 Nr. 7 RVG von der Gebühr für das Hauptsacheverfahren abgegolten (umstrittene Auffassung – andere Auffassungen billigen hier einen gesonderten Vergütungsanspruch zu).

879 Hat der Schuldner die Sicherheit zur Abwendung der Zwangsvollstreckung geleistet, geht die wohl h.M. davon aus, dass für das Rückgabeverfahren ein gesonderter Vergütungsanspruch entsteht. Dieser ist aufgrund der Kostenentscheidung des das Verfahren abschließenden Schlussurteils festsetzbar.

880 *Praxistipp:*

Wenn der Schuldner Sicherheit zur Abwendung der Zwangsvollstreckung geleistet oder eine Bankbürgschaft im Original an Sie zugestellt hat, dann erklären Sie im Hinblick auf die geleistete Sicherheit unverzüglich die Freigabe, oder senden das Original der Bürgschaftsurkunde zurück an den Vertreter der Gegenseite. So vermeiden Sie es, evtl. kostenpflichtig zur Freigabe oder Herausgabe aufgefordert zu werden.

8.85

▼

Muster 8.85: Freigabeerklärung einer hinterlegten Sicherheit 881

Gericht

Hinterlegungsgericht-

In Sachen

Az. der Hinterlegungsquittung –

zeigen wir an, dass wir den Hinterlegungsbegünstigten auch im Hinterlegungsverfahren vertreten. Wir erklären namens und in beigefügter Vollmacht des Hinterlegungsbegünstigten die Freigabe des hinterlegten Betrags nebst Zinsen an den Hinterleger.

Der Rechtsgrund für die Hinterlegung ist entfallen, sodass die insgesamt angelaufene Forderung an den Hinterleger ausgekehrt werden kann.

Drei Abschriften anbei

Grußformel

▲

Hinweis: 882

In der beizufügenden Vollmacht (Sie müssen ein Original beifügen, keine Kopie) muss im Betreff bei „wegen“ – *Freigabe des hinterlegten Betrags beim AG … zum Az. – … – nebst Zinsen – vermerkt* sein.

Wenn Sie eine **Bürgschaftsurkunde im Original** wieder zurückreichen, legt der sog. Bürgschaftsnehmer die Bürgschaft der Bank im Original vor. Nur so kann eine Bürgschaft erlöschen. Solange der Bürgschaftsnehmer dem Bürgen das Original der Bürgschaftsurkunde nicht vorlegen kann, ist der Bürge an die Bürgschaft gehalten. Rechtssicherheit ist erst gegeben, wenn die Bürgschaftsurkunde vorgelegt wird. Achten Sie bei der Übersendung dieser Urkunden besonders darauf, dass Sie den **Zugang nachweisen** können. 883

8.86

▼

Muster 8.86: Rückgabe einer Bürgschaft an gegnerischen Prozessbevollmächtigten 884

Anrede,

in der vorbezeichneten Angelegenheit überreichen wir anliegend nach der Beendigung des gerichtlichen Verfahrens die Ausfertigung der Bürgschaftsurkunde vom der Bank zum Bearbeitungszeichen über einen Betrag in Höhe von €.

Bitte händigen Sie die Urkunde unverzüglich im Original Ihrem Mandanten aus.

Dieses Schreiben stellen wir Ihnen im Parteibetrieb zu.

Abschrift anbei

Grußformel

▲

X. Eintragung einer Sicherungshypothek

885 Auch die Eintragung einer Sicherungshypothek ist eine Maßnahme der Zwangsvollstreckung, die hier kurz erwähnt werden soll. Unter § 5 Rdn 327 finden Sie einen entsprechenden Musterantrag. Gem. § 867 ZPO wird die Sicherungshypothek auf Antrag des Gläubigers in das Grundbuch eingetragen. Es handelt sich bei einem Antrag zur Eintragung einer Sicherungshypothek gem. § 18 Nr. 13 RVG eine besondere Angelegenheit der Zwangsvollstreckung, sodass die Verfahrensgebühr der Nr. 3309 VV RVG entsteht.

XI. Hebegebühr

886 Für die Entgegennahme und Weiterleitung der Zahlung des Schuldners kann die Hebegebühr entstehen. Auf die Ausführungen in Rdn 349 wird verwiesen.

XII. Der Umgang mit Fremdgeld/Verrechnung mit eigener Gebührenforderung

887 Im Laufe eines Vollstreckungsverfahrens ist es nichts Ungewöhnliches, dass Zahlungen für den Auftraggeber auf das Konto des RA eingehen. Der RA muss **Fremdgelder** an den Auftraggeber weiterleiten. Selbstverständlich nur Fremdgelder, Vergütungsansprüche, die dem RA zustehen, werden nicht an den Auftraggeber ausgekehrt.

888 Die Frage ist, wie lange hat der RA Zeit, das eingegangene Fremdgeld an den Auftraggeber zu erstatten, sowie, ob er das Fremdgeld aus der einen Akte mit offenen Vergütungsforderungen aus einer anderen Akte verrechnen kann.

Erhaltene Fremdgelder muss der RA **unverzüglich** an den Auftraggeber auskehren. Dazu führt die Kommentarliteratur aus:

> *„§ 43a Abs. 5 Satz 1 BRAO formuliert den Grundsatz, dass der Anwalt bei der Behandlung der ihm anvertrauten Vermögenswerte zu der erforderlichen Sorgfalt verpflichtet sei. Dieser allgemeinen Regel stellt der Satz 2 das Gebot zur Seite, fremde Gelder unverzüglich an den Empfangsberechtigten weiterzuleiten oder auf ein Anderkonto einzuzahlen. Nach dem Normzweck begründet sich die Sorgfaltspflicht*

des Anwalts aus dem vertraglichen Vertrauensverhältnis zu seinem Mandanten und dessen Erwartung in die uneingeschränkte Integrität des Rechtsanwalts in seiner Stellung als Organ der Rechtspflege (Eylmann, in: Henssler/Prütting, BRAO, § 43a Rn 154; Feuerich/Braun, BRAO § 43a Rn 84; Jessnitzer/Blumberg, BRAO, § 43a Rn 5.)"

Behält der RA Fremdgelder längere Zeit auf seinem Kanzleikonto, handelt er pflichtwidrig. Man unterscheidet zwischen **vorsätzlicher** und **fahrlässiger Pflichtwidrigkeit**. Will der RA einen Liquiditätsengpass überbrücken, so handelt er vorsätzlich. Fahrlässig handelt er, wenn Nachlässigkeit oder Vergesslichkeit die Ursache für die nicht erfolgte Weiterleitung des Fremdgeldes war. 889

Die Rechtsprechung hat vorgegeben, was unter **unverzüglich** zu verstehen ist: 890

Es kommt selbstverständlich auch auf die Organisationsstruktur der Kanzlei an. Bei einem Einzelanwalt wird ein Zeitraum von zwei Tagen angenommen, innerhalb dieser Frist muss die Weiterleitung des Fremdgeldes an den Auftraggeber erfolgt sein. Nur, wenn dieser Zeitraum eingehalten ist, liegt die geforderte Unverzüglichkeit vor. Bei Großkanzleien wurde ein Zeitraum von bis zu drei Wochen als unverzüglich angesehen. Können Sie das Fremdgeld innerhalb dieser Frist nicht weiterleiten, weil Ihnen etwa die Bankverbindung des Auftraggebers nicht bekannt ist, muss die Übertragung auf ein Anderkonto erfolgen. Selbstverständlich ist klar, dass hier Theorie und Praxis weit von einander entfernt sind, aber die Folgen eines Fehlverhaltens des RA können überaus unangenehm sein. Sie werden nur solange „sorglos" mit Fremdgeld umgehen, bis einmal dann doch ein Auftraggeber Strafanzeige erhebt und ein Strafverfahren gegen den RA eröffnet wird.

Ist dem RA eine unverzügliche Weiterleitung nicht möglich (Hinderungsgründe, die nicht in seiner Person oder Organisation seiner Kanzlei liegen), so hat der RA die Pflicht, das eingegangene Fremdgeld auf ein extra für diesen Zweck eingerichtetes **Anderkonto** einzuzahlen. Andere Möglichkeiten sieht das Gesetz grds. nicht vor. Allerdings ergibt sich aus § 4 Abs. 2 Satz 2 BORA, dass die Weiterleitungspflicht an den Auftraggeber Vorrang vor der Einzahlungspflicht auf ein Anderkonto hat. 891

Gerade im Umgang mit fremdem Geld ist äußerste Vorsicht geboten. Für den Fall eines Fehlers kann hier sehr schnell ein Strafverfahren wegen Unterschlagung drohen (§ 246 StGB). Möglich ist auch, dass der RA wegen Untreue (§ 266 StGB) belangt wird. 892

Der RA darf das eingegangene **Fremdgeld mit eigenen Vergütungsforderungen aufrechnen** (AG Berlin-Charlottenburg, 9.4.2003 – 20 – 2 C 541/02, JurBüro 2003, 424). Damit die Aufrechnung erfolgen kann, muss die sog. **Aufrechnungslage** vorliegen und die Aufrechnung muss gegenüber dem Auftraggeber erklärt werden. 893

Hierbei ist Vorsicht geboten. Es muss im Einzelfall ermittelt werden, ob der besondere Inhalt des zwischen den Parteien begründeten Schuldverhältnisses (Dienstleistungs- oder Ge- 894 schäftsbesorgungsvertrag), die Natur der Rechtsbeziehungen oder der Zweck der geschuldeten Leistung eine Erfüllung im Wege der Aufrechnung als mit Treu und Glauben unvereinbar erscheinen lassen (BGH, 23.2.1995 – IX ZR 29/94, NJW 1995, 1425).

895 Ein besonderes **Aufrechnungsverbot** enthält § 4 Abs. 3 BORA, wonach der RA eigene Vergütungsforderungen nicht mit Geldern verrechnen darf, die zweckgebunden zur Auszahlung an andere als den Auftraggeber bestimmt sind. Hierzu zählt insbesondere der Unterhaltsanspruch des Auftraggebers, der als Fremdgeld auf dem Konto eingegangen ist. Eine Verrechnung mit Unterhaltsansprüchen fällt unter das Aufrechnungsverbot von § 4 Abs. 3 BORA.

8.87 ▼

896 **Muster 8.87: Aufrechnungserklärung gegenüber dem Mandanten Fremdgeld – offene Vergütungsansprüche**

Anrede,

in der vorbezeichneten Angelegenheit können wir eine erfreuliche Mitteilung überbringen. Der Schuldner hat eine Zahlung in Höhe von € geleistet.

Diese Forderung verrechnen wir entsprechend der gegebenen gesetzlichen Ermächtigung in § 43a BRAO mit dem hier offenen Verfügungsanspruch. Aus unserer Vergütungsrechnung vom in Höhe von € in dieser Sache ist noch ein Vergütungsanspruch in Höhe von € offen. Diese Rechnung fügen wir in Kopie erneut zur besseren Übersichtlichkeit bei.

Wir erklären hiermit ausdrücklich die Aufrechnung unserer Vergütungsforderung mit dem eingegangenen Fremdgeldbetrag.

Unter Berücksichtigung des eingegangenen Betrags in Höhe von:	€
verbleibt nach Abzug von:	€
eine Zwischensumme in Höhe von:	€

Dieser Betrag reduziert sich um die Hebegebühr gem. Nr. 1009 VV RVG, die wir nachstehend beziffern. Im Hinblick auf die Hebegebühr hat der Rechtsanwalt ein sofortiges Entnahmerecht. Der o.g. Betrag in Höhe von €, der sich nach Abzug unserer Vergütungsforderung ergab, verringert sich um die Hebegebühr.

Gegenstandswert – auszukehrender Betrag	€
% Hebegebühr gem. § 2 Abs. 2 Nr. 1009 VV RVG	€
19 % Umsatzsteuer gem. Nr. 7008 VV RVG	€
Summe	€

Es ergibt sich ein Zahlbetrag in Höhe von (Zwischensumme – Hebegebühr = Überweisungsbetrag) €.

Mit gleicher Post haben wir den Betrag in Höhe von € an Sie zur Anweisung gebracht.

Grußformel

▲

Hinweis: 897

- Sie können die Rechnung über die Hebegebühr auch in einem gesonderten Schreiben erstellen.
- Hatten Sie bisher noch keine Vergütungsrechnung erstellt, so hängt die Zulässigkeit der Aufrechnung davon ab, ob die Vergütung zum Zeitpunkt der erforderlichen Aufrechnungserklärung bereits fällig i.S.v. § 8 RVG ist. Sie müssen dann spätestens mit der Aufrechnungserklärung eine Vergütungsberechnung erstellen, die den Anforderungen an § 10 RVG entspricht.
- Sie können hier abweichende Vereinbarungen zur Verrechnung in den allgemeinen Mandatsbedingungen treffen. Ein entsprechendes Muster finden Sie im unter Rdn 407 gem. Nr. 3101 Nr. 1 VV RVG.
- Eine „Querverrechnung" mit Vergütungsansprüchen aus unterschiedlichen Akten wird generell als unzulässig angesehen.

Eine abweichende Vereinbarung mit dem Auftraggeber ist zulässig.

Praxistipp: 898

Vereinbaren Sie i.R.d. allgemeinen Mandatsbedingungen Ihrer Kanzlei eine andere Handhabung für Fremdgelder.

▼ 8.88

Muster 8.88: Besondere Klausel – Verrechnung von Fremdgeldern 899

Die Rechtsanwälte sind berechtigt, für den Auftraggeber entgegengenommene Gelder (im Folgenden: Fremdgelder) mit eigenen Vergütungs- und Vorschussforderungen gegenüber dem Mandanten zu verrechnen. Auf die Fälligkeit des Vergütungsanspruchs kommt es nicht an. Bei Vorschussforderungen kommt nur eine Verrechnung mit bereits entstandenen Vergütungsansprüchen infrage. Eine Verrechnung des Fremdgeldanspruchs mit Vergütungsansprüchen ist zulässig, auch wenn der Vergütungsanspruch nicht in der Angelegenheit begründet ist, in dem der Fremdgeldeingang erfolgte. Eine Verrechnung mit zweckgebunden zur Verfügung gestellten Fremdgeldern bedarf der Zustimmung des Auftraggebers.

▲

Hinweis: 900

Diese Klausel können Sie bedenkenlos dem Muster für Allgemeine Mandatsbedingungen anfügen, das Sie unter Rdn 407 finden.

XIII. Festsetzung der Vollstreckungskosten

901 Immer wieder (und zunehmend häufiger) führt die Zwangsvollstreckung nicht zum Erfolg. Der Schuldner hat kein zu verwertendes Einkommen oder Vermögen, er hat die Offenbarungsversicherung abgegeben, oder noch schlimmer, das Insolvenzverfahren ist eröffnet. Ist der Schuldner insolvent, so werden die Zwangsvollstreckungsunterlagen (Titel und sonstige Belege) i.d.R. zur Anmeldung der Forderung zur Insolvenztabelle eingereicht.

902 In den anderen Fällen ist die Frage, wohin mit den Unterlagen. Der Auftraggeber kann eine zunächst erfolglose Zwangsvollstreckung unter Berücksichtigung gewisser Fristen wiederholen. Solange wollen Sie die Akte nicht als laufende Akte aufbewahren. Die Akte sollte archiviert werden. Es empfiehlt sich, im Hinblick auf die Kosten der Zwangsvollstreckung, die bisher angefallen Kosten der Zwangsvollstreckung gem. § 788 ZPO zu titulieren. Dies hat den Vorteil, dass Sie zukünftig die Vollstreckungsbelege nicht mehr zum Nachweis der bisher entstandenen Kosten benötigen. Ferner werden auch die Vollstreckungskosten dann verzinst, wenn sie gem. § 788 ZPO tituliert sind. Wenn dieser Arbeitsschritt erledigt ist, sollten Sie die gesamten Belege mit einem Belehrungsschreiben an den Auftraggeber aushändigen.

8.89

903 **Muster 8.89: Kostenfestsetzungsantrag gem. § 788 ZPO**

Amtsgericht

(das Gericht, in dem die letzte Vollstreckungshandlung durchgeführt wurde)

In Sachen

./.

Az. der letzten Vollstreckungsmaßnahmen

überreichen wir anliegend zunächst im Original den der Zwangsvollstreckung zugrunde liegenden Schuldtitel (genaue Bezeichnung, Datum, Az.) und beantragen namens und in versicherter Vollmacht des Gläubigers,

die nachstehend bezifferten Vollstreckungskosten gegen den Schuldner festzusetzen

Der Schuldner hat bis zum heutigen Tage den Anspruch des Gläubigers nicht erfüllt. Es liegt kein anderer Kostenfestsetzungsbeschluss über die geltend gemachten Vollstreckungskosten vor.

Rein vorsorglich erklären wir, dass die zu tätigenden Aufwendungen (Gerichtskosten und Gerichtsvollziehernachnahmen) aus eigenen Mitteln verauslagt worden sind. Dies versichern wir anwaltlich.

Aufstellung der Vollstreckungskosten

1. Vergütung Maßnahme 1 *(Kurzbeschreibung)*

Gerichtskosten

Gerichtsvollziehernachnahme

2. Vergütung Maßnahme 2 *(Kurzbeschreibung)*

wie vor

usw.

Gesamtsumme der Vollstreckungskosten: €
Der Antragsteller (Gläubiger) ist nicht zum Vorsteuerabzug berechtigt.

Sämtliche Vollstreckungsbelege sind im Original beigefügt.

Wir beantragen, den Betrag in Höhe von € festzusetzen. Gleichzeitig beantragen wir, dass die festgesetzten Beträge ab Eingang dieses Gesuchs bei Gericht mit 5 Prozentpunkten über dem jeweils gültigen Basiszinssatz nach § 247 BGB, § 104 Abs. 1 Satz 2 ZPO zu verzinsen sind. Etwa weiter gezahlte Gerichtskosten sollen berücksichtig und hinzugesetzt werden.

Es wird gebeten, eine vollstreckbare und zugestellte Ausfertigung des Beschlusses zu unseren Händen zu reichen.

Beglaubigte und einfache Abschrift anbei

Grußformel

▲

Liegt dieser Kostenfestsetzungsbeschluss vor, können Sie diesen mit dem verbleibenden Rest der Mandantenunterlagen und dem Titel an den Auftraggeber aushändigen. 904

8.90

▼

Muster 8.90: Aushändigung von Originalunterlagen an den Auftraggeber nach Zwangsvollstreckung 905

Anrede,

wir hatten Ihnen ja bereits mitgeteilt, dass die Zwangsvollstreckung gegen den Schuldner bedauerlicherweise erfolglos war. Trotz intensiver Bemühungen ist es uns nicht gelungen, den Schuldner zur Zahlung zu bewegen. Wir werden Ihre Akte daher hier schließen, da nicht zu erwarten ist, dass sich die Vermögensverhältnisse des Schuldners in absehbarer Zeit ändern.

Zu unserer Entlastung fügen wir diesem Schreiben bei:

- die vollstreckbare Ausfertigung des (genaue Bezeichnung des Schuldtitels)
- die vollstreckbare Ausfertigung des Kostenfestsetzungsbeschlusses gem. § 788 ZPO,
- sämtliche Vollstreckungsbelege im Original.

Die Vollstreckungsbelege benötigen Sie für eine weitere Zwangsvollstreckung nicht mehr. Die für die Durchführung der bisherigen Vollstreckung entstandenen Kosten haben wir tituliert. So ist zum einen der Vorteil eingetreten, dass sich auch die Kosten der Zwangsvollstreckung verzinsen, zum anderen müssen Sie nur die sogenannten Titel zwingend aufbewahren.

Da der Schuldner die Offenbarungsversicherung abgegeben hat, können Sie üblicherweise nach der gesetzlichen Lage erst wieder in drei Jahren einen Vollstreckungsversuch unternehmen. Dies gilt dann nicht, wenn Sie positive und nachweisbare Kenntnis davon haben, dass der Schuldner neues Einkommen erworben hat.

Sollten Sie nach Ablauf von drei Jahren nicht erneut Vollstreckungsmaßnahmen ergreifen, müssen Sie zwingend das dann geltende Recht zur Verjährung von Zinsansprüchen prüfen oder prüfen lassen. Hier hat es diverse Änderungen durch das Gesetzgebungsverfahren gegeben. Sicher ist, dass eine etwaige Verjährung von Zinsen gehemmt wird, wenn Sie erneut einen Vollstreckungsversuch unternehmen.

Als Schlusshinweis möchten wir vermerken, das viele Schuldner nach drei Jahren oft durchaus leistungsfähig sind, weil viele Gläubiger eine Vollstreckung gegen diese aufgegeben haben. Leider kann nicht ausgeschlossen werden, dass über das Vermögen des Schuldners zukünftig ein Insolvenzverfahren eingeleitet wird. Außer im Fall einer Insolvenz, können Sie mit Ihren Schuldtiteln 30 Jahre lang gegen den Schuldner vollstrecken. Diese Frist verlängert sich, seine Schulden gibt der Schuldner an seine Nachfahren im Zuge der Erbfolge weiter.

Wir bedanken uns an dieser Stelle für die sehr angenehme Zusammenarbeit und verbleiben

Grußformel

▲

K. Zwangsversteigerung und Zwangsverwaltung

Nr. 3311 VV RVG (verkürzte Darstellung) 906

Nr.	Gebührentatbestand	Gebühr oder Satz der Gebühr nach § 13 RVG
3311	**Verfahrensgebühr** Die Gebühr entsteht jeweils gesondert 1. für die Tätigkeit im Zwangsversteigerungsverfahren bis zur Einleitung des Verteilungsverfahrens; (…) 3. im Verfahren der Zwangsverwaltung für die Vertretung des Antragstellers im Verfahren über den Antrag auf Anordnung der Zwangsverwaltung oder auf Zulassung des Beitritts; (…) 5. im Verfahren der Zwangsverwaltung für die Vertretung eines sonstigen Beteiligten im ganzen Verfahren einschließlich des Verteilungsverfahrens und 6. für die Tätigkeit im Verfahren über Anträge auf einstweilige Einstellung oder Beschränkung der Zwangsvollstreckung und einstweilige Einstellung des Verfahrens sowie für Verhandlungen zwischen Gläubiger und Schuldner mit dem Ziel der Aufhebung des Verfahrens.	0,4

I. Allgemeines

Verfügt der Schuldner über Grundbesitz, kann der Gläubiger, wenn der Schuldner die titulierte Forderung nicht leistet, Zwangsversteigerung oder Zwangsverwaltung betreiben. 907 Bei der **Zwangsversteigerung** verliert der Schuldner das Eigentum an seinem Grundstück. Bei der **Zwangsverwaltung** bleibt der Schuldner Eigentümer. Die sog. Früchte und Nutzungen, die aus dem Grundstück gezogen werden, dienen dann aber dazu, den Gläubiger zu befriedigen. Es ist auch eine Kostenfrage, ob der Gläubiger das Verfahren der Zwangsversteigerung oder das Verfahren der Zwangsverwaltung betreibt. Im Zwangsversteigerungsverfahren entstehen hohe Kosten dadurch, dass ein sog. **Verkehrswertgutachten** eingeholt werden muss. Der **Verkehrswert (= gewöhnliche Verkaufspreis)** der Immobilie muss vor der Zwangsversteigerung durch einen Gutachter festgestellt werden. Nicht selten entstehen für dieses Gutachten Gutachterkosten von bis zu 3.000,00 €. Diese Kosten muss der Gläubiger verauslagen und trägt damit das Risiko für den Fall, dass eine Versteigerung nicht erfolgt, er diese Kosten aufgewandt hat und eine Realisierung seiner Forderung nicht eintritt.

II. Übliche Vergütung im Zwangsversteigerungsverfahren Nr. 3311 Nr. 1 VV RVG

908 Für das gesamte Verfahren bis zur Zwangsversteigerung erhält der RA eine 0,4 Verfahrensgebühr gem. Nr. 3311 VV RVG. Erst wenn das Gericht nach der Zwangsversteigerung gem. § 105 ZVG einen Termin zur Verteilung des Versteigerungserlöses anberaumt und der RA an diesem Termin teilnimmt, entsteht dafür die Terminsgebühr i.H.v. 0,4 gem. Nr. 3312 VV RVG.

909 Nicht immer ist im Zwangsversteigerungsverfahren ein Erfolg festzustellen. Für viele Grundstücke (bzw. auch Eigentumswohnungen) findet sich auch bei einer Zwangsversteigerung kein Käufer.

910 Ist ein Zwangsversteigerungsverfahren auch im zweiten Termin ergebnislos geblieben, so kann der Gläubiger nach § 77 Abs. 2 ZVG beantragen, dass das bisherige Zwangsversteigerungsverfahren als **Zwangsverwaltungsverfahren** fortgesetzt wird. Für diese Tätigkeit kann der RA eine weitere 0,4 Verfahrensgebühr gem. Nr. 3311 Nr. 3 VV RVG beanspruchen. Häufig wird der **Antrag auf Zwangsverwaltung kombiniert mit dem Antrag auf Zwangsversteigerung**. Dies, damit der Gläubiger bis zur Versteigerung des Grundstücks von den Nutzungen des Grundstücks (z.B. Mieteinnahmen) profitieren kann. Stellt der RA gleichzeitig diese Anträge, kann er sowohl die Gebühren gem. Nr. 3311 Nr. 1 VV RVG als auch die Verfahrensgebühr gem. Nr. 3311 Nr. 3 VV RVG beanspruchen.

Die Verfahrensgebühr der Nr. 3311 VV RVG ist gem. Nr. 1008 VV RVG erhöhungsfähig.

III. Vertretung eines nicht am Verfahren beteiligten Bieters

911 Eine 0,4 Verfahrensgebühr gem. Nr. 3311 VV RVG entsteht auch dann, wenn der RA einen am Verfahren nicht beteiligten Bieter vertritt.

IV. Vergütung bei Zwangsverwaltung Nr. 3311 Nr. 3 VV RVG

912 Die Zwangsverwaltung findet nach Maßgabe der §§ 146 bis 161 ZVG statt. Sie wird i.d.R. aufgrund des Antrags eines persönlichen oder dinglichen Gläubigers (vgl. aber § 172 ZVG) wegen eines Geldanspruchs gegen den Grundstückseigentümer eingeleitet. Der RA erhält für diesen Antrag gem. Nr. 3311 Nr. 3 VV RVG eine 0,4 Verfahrensgebühr. Die gleiche Gebühr erhält der RA auch für den Antrag auf Zulassung des Beitritts.

Von der 0,4 Verfahrensgebühr gem. Nr. 3311 Nr. 3 VV RVG sind sämtliche Tätigkeiten des RA bis zur Anordnung der Zwangsverwaltung bzw. der Zulassung oder Ablehnung des Beitritts abgegolten.

Die Verfahrensgebühr der Nr. 3311 Nr. 3 VV RVG ist gem. Nr. 1008 VV RVG erhöhungsfähig.

V. Vergütung für Schutzanträge im Versteigerungsverfahren

Wird das Grundstück im Wege der Zwangsversteigerung verwertet, so gilt der **Zuschlagsbeschluss als Räumungstitel**. Der neue Eigentümer des Grundstücks muss keine Klage auf Räumung einreichen, wenn er die Herausgabe des Grundstücks durch den Eigentümer erreichen will. Für Mieter der versteigerten Immobilie bedeutet die Zwangsversteigerung nicht, dass eine Räumung zu erfolgen hat. Das Mietverhältnis besteht mit dem neuen Eigentümer, der die Immobilie erworben hat, fort. 913

Mieter und sonstige Dritte, die im versteigerten Objekt wohnen, schulden spätestens ab Kenntnis des Eigentumswechsels den Mietzins an den neuen Eigentümer. 914

Gem. Nr. 3311 Nr. 6 VV RVG erhält der RA eine 0,4 Verfahrensgebühr für seine Tätigkeit im Verfahren über Anträge auf einstweilige Einstellung oder Beschränkung der Zwangsvollstreckung und einstweilige Einstellung des Verfahrens. 915

VI. Terminsgebühr im Versteigerungsverfahren

Nr. 3312 916

Nr.	Gebührentatbestand	Gebühr oder Satz der Gebühr nach § 13 RVG
3312	**Terminsgebühr** Die Gebühr entsteht nur für die Wahrnehmung eines Versteigerungstermins für einen Beteiligten. Im Übrigen entsteht im Verfahren der Zwangsversteigerung und der Zwangsverwaltung keine Terminsgebühr.	0,4

Die Zwangsversteigerung eines Grundstücks findet in einem eigens dafür anberaumten Termin statt. Man nennt diesen Termin **Zwangsversteigerungstermin** (oder Versteigerungstermin). Der RA kann diesen Termin für den Auftraggeber wahrnehmen. Dafür erhält der RA eine 0,4 Terminsgebühr gem. Nr. 3312 VV RVG. Das Gesetz ist hier eindeutig: Nur für die Wahrnehmung des Termins entsteht eine Gebühr. Damit sind die sonstigen Möglichkeiten des Entstehens einer Terminsgebühr gem. Vorbemerkung 3 Abs. 3 VV RVG nicht gegeben. 917

L. Insolvenzverfahren

918 Das Insolvenzverfahren ist ein eigenständiges Verfahren, das geführt wird, wenn eine Zwangsvollstreckung nicht möglich ist. Die Höhe der Vergütung hängt im Insolvenzverfahren oft davon ab, ob der RA den Schuldner oder den Gläubiger vertritt. Für die Schuldnervertretung beachten Sie bitte auch die Ausführungen unter Rdn 162.

919 Je schlechter die wirtschaftlichen Zeiten, umso geringer ist die Aussicht, dass der Auftraggeber seine Forderung im Insolvenzverfahren realisieren kann. Dies liegt auch daran, dass die Rangfolge, nach der eine Befriedigung im Insolvenzverfahren erfolgt, den „Normalgläubiger", der „nur" eine Forderung hat, nicht bevorzugt. Viele Forderungen (Steuern, öffentliche Abgaben, Beiträge zu Sozialversicherungsträgern etc.) gehen der typischen Gläubigerforderung vor. Der Auftraggeber ist i.d.R. sehr enttäuscht, wenn am Ende eines ggf. langwierigen gerichtlichen Verfahrens seine Forderung zur Insolvenztabelle angemeldet werden muss. Umso wichtiger ist es, den Auftraggeber, der eine Forderung einziehen will, auf das **Ausfallrisiko** hinzuweisen (s. das Muster „Belehrungen" unter Rdn 53).

920 Die nachfolgenden vergütungsrechtlichen Ausführungen beschäftigen sich ausschließlich mit der **Vergütung für den Gläubigervertreter**. Vertreten Sie einmal einen Schuldner im Insolvenzverfahren finden Sie die vergütungsrechtlichen Vorschriften dazu im Unterabschnitt 5 des dritten Teiles des VV RVG (Nrn. 3314 ff.). Bei der Schuldnervertretung im Insolvenzverfahren müssen Sie besonders auf die Sicherung des eigenen Vergütungsanspruchs achten.

921 Die vergütungsrechtlichen Vorschriften des RVG gelten nicht, wenn der RA als Insolvenzverwalter tätig ist. Die Tätigkeit als **Insolvenzverwalter** wird regelmäßig nach der **InsVV** vergütet. Teilweise erzielt der Insolvenzverwalter eine Vergütung neben dem RVG. Weiteres hierzu finden Sie in einer ausführlichen Kommentierung zu § 1 Abs. 2 RVG.

I. Vertretung des Gläubigers im Eröffnungsverfahren

922 **Nr. 3314**

Nr.	Gebührentatbestand	Gebühr oder Satz der Gebühr nach § 13 RVG
3314	**Verfahrensgebühr für die Vertretung des Gläubigers im Eröffnungsverfahren** Die Gebühr entsteht auch im Verteilungsverfahren nach der SVertO.	0,5

923 Vertritt der RA einen Gläubiger im **Eröffnungsverfahren**, so erhält er eine 0,5 Verfahrensgebühr. Auch diese Verfahrensgebühr ist gem. Nr. 1008 VV RVG erhöhungsfähig.

Dazu ist es nicht erforderlich, dass der RA für den Gläubiger den Eröffnungsantrag gestellt hat. Die Gebühr entsteht auch, wenn dieser nicht durch den Gläubigeranwalt gestellt worden ist.

Die Verfahrensgebühr der Nr. 3314 VV RVG gilt alle anwaltlichen Tätigkeiten i.R.d. Eröffnungsverfahrens ab. Dazu gehört die Stellung des Antrags (§§ 13, 14 InsO), die Mitwirkung im Zulassungsverfahren sowie bei die Ermittlungen nach Zulassung des Antrags bis hin zur Entgegennahme des Eröffnungsbeschlusses. 924

Vertritt der RA **mehrere unterschiedliche Gläubiger mit verschiedenen Forderungen**, entsteht die Gebühr mehrfach. Dies gilt dann nicht, wenn mehreren eine Forderung gemeinschaftlich zusteht (Gesamthandsgemeinschaft, Gesamtgläubiger). Dann erhöht sich die Verfahrensgebühr entsprechend Nr. 1008 VV RVG. 925

II. Tätigkeit des Gläubigervertreters im Verfahren über den Schuldenbereinigungsplan

Nr. 3316 926

Nr.	Gebührentatbestand	Gebühr oder Satz der Gebühr nach § 13 RVG
3316	**Tätigkeit auch im Verfahren über den Schuldenbereinigungsplan:** **Die Verfahrensgebühr 3314 beträgt**	1,0

Ist der Schuldner eine natürliche Person, die keine oder nur eine geringfügige selbstständige wirtschaftliche Tätigkeit ausübt (§ 304 InsO), so muss der Schuldner zusammen mit dem Antrag auf Eröffnung des Insolvenzverfahrens (§ 311 InsO) oder unverzüglich nach diesem Antrag einen sog. **Schuldenbereinigungsplan** vorlegen (§ 305 Abs. 1 Nr. 4 InsO). 927

Mit diesem Schuldenbereinigungsplan unterbreitet der Schuldner einen Vorschlag zur vergleichsweise Erledigung des Verfahrens und bemüht sich, das Insolvenzverfahren abzuwenden (§ 308 Abs. 1 Satz 2 InsO). Ist der Schuldner eine **natürliche Person**, so nennt man das Insolvenzverfahren **Verbraucherinsolvenzverfahren**. 928

Dieser Vorschlag wird regelmäßig an den Auftraggeber zur Stellungnahme weitergeleitet. Nur selten kann sich ein Auftraggeber mit der vom Schuldner vorgeschlagenen Quote einverstanden erklären. Das Risiko ist allerdings, dass ggf. im Insolvenzverfahren die Quote noch geringer ist. 929

Vertritt der RA den Gläubiger auch im **gerichtlichen Schuldenbereinigungsplanverfahren**, erhöht sich die 0,5 Verfahrensgebühr der Nr. 3314 VV RVG auf 1,0. Zwingend vorgeschrieben ist es nicht, dass hier der RA den Auftraggeber weiter vertritt. Es ist frag- 930 lich, ob man dem Auftraggeber im Kosteninteresse nicht raten sollte, sich im Insolvenzverfahren selbst zu vertreten. Gerade im „Planverfahren" ist die Wahrscheinlichkeit, dass der RA etwas Positives bewirken kann, gering.

III. Tätigkeit im Insolvenzverfahren

931 **Nr. 3317**

Nr.	Gebührentatbestand	Gebühr oder Satz der Gebühr nach § 13 RVG
3317	**Verfahrensgebühr für das Insolvenzverfahren** Die Gebühr entsteht auch im Verteilungsverfahren nach der SVertO.	1,0

932 Wird das Insolvenzverfahren eröffnet, ist das sog. **Eröffnungsverfahren** (Nr. 3314 VV RVG) abgeschlossen. Vertritt der RA den Gläubiger auch im Insolvenzverfahren, kann er zusätzlich eine weitere 1,0 Verfahrensgebühr gem. Nr. 3317 VV RVG fordern. Die Verfahrensgebühr ist gem. Nr. 1008 VV RVG erhöhungsfähig. Wie für alle Gebühren gilt auch hier, dass für das Entstehen der Gebühr der Auftrag des Auftraggebers vorliegen muss.

933 Die **Verfahrensgebühr** gem. Nr. 3317 VV RVG entsteht, sobald der RA (einen entsprechenden Auftrag vorausgesetzt) i.R.d. Insolvenzverfahrens tätig geworden ist. Die Verfahrensgebühr gem. Nr. 3317 VV RVG entsteht sowohl für den Vertreter des Gläubigers als auch für den Vertreter des Schuldners.

934 Im Hinblick auf den anwendbaren **Gegenstandswert** unterscheidet das RVG danach, ob der Schuldner oder der Gläubiger vertreten wird (§ 28 Abs. 1 und 2 RVG).

935 Wird lediglich eine Forderung zur Insolvenztabelle angemeldet, entsteht nicht die Verfahrensgebühr gem. Nr. 3317 VV RVG. Es entsteht die Verfahrensgebühr gem. Nr. 3320 VV RVG.

IV. Vertretung des Gläubigers – Anmeldung zur Insolvenztabelle

936 **Nr. 3320**

Nr.	Gebührentatbestand	Gebühr oder Satz der Gebühr nach § 13 RVG
3320	**Die Tätigkeit beschränkt sich auf die Anmeldung einer Insolvenzforderung:** **Die Verfahrensgebühr 3317 beträgt**	0,5

Beschränkt sich die Tätigkeit des RA auf die Anmeldung der Forderung des Gläubigers zur Insolvenztabelle (§§ 28 Abs. 1, 174 ff. InsO), erhält der RA hierfür eine 0,5 Verfahrensgebühr gem. Nr. 3320 VV RVG. Diese Gebühr ist gem. Nr. 1008 VV RVG erhöhungsfähig. 937

Es ist nicht möglich, dass der RA in derselben Angelegenheit die Verfahrensgebühr gem. Nr. 3320 VV RVG und die Verfahrensgebühr der Nr. 3317 VV RVG zusätzlich erhält. Es entsteht entweder die eine oder die andere Gebühr, aber nicht beide. 938

8.91

▼

Muster 8.91: Antrag auf Anmeldung zur Insolvenztabelle 939

(An das Insolvenzgericht)

In dem Insolvenzverfahren über das Vermögen von (Schuldner) zum Aktenzeichen melden wir für den:

Gläubiger: ( )

(Vor- und Zuname)

Anschrift des Gläubigers (Straße, Ort)

bei Firmen/juristischen Personen:

(vollständige Bezeichnung der Firma/Rechtsform)

Name des Inhabers oder des gesetzlichen Vertreters (Geschäftsführers/Komplementärs/Vorstands):

Anschrift der Firma

Zahlungsadresse des Gläubigers:

(**Bank:**)

IBAN:

BIC:

Az. des Gläubigers:

Gläubigervertreter:

Stempel der Kanzlei

Bank:

IBAN:

BIC:

Vollmacht:

ist beigefügt | **folgt umgehend**

Aktenzeichen des Gläubigervertreters

wegen (Bezeichnung der Forderung)

in EURO anzugeben

Forderungsgrund:

Hauptforderung:

Zinsen bis einen Tag vor Verfahrenseröffnung:

aus

Fälligkeitstag

Zinssatz

Kosten bis Verfahrenseröffnung

Gesamtsumme der angemeldeten Beträge:

Nachweise (Verträge, Rechnungen, usw.) sind in zweifacher Ausfertigung beigefügt. Ein zur Zwangsvollstreckung geeigneter Titel ist in vollstreckungsfähiger Form beigefügt.

Ggf.: Abgesonderte Befriedigung unter gleichzeitiger Anmeldung für den Ausfall wird beansprucht.

Ort, Datum | Unterschrift – Kanzleistempel

M. Vergütungsvereinbarung

§ 3a Vergütungsvereinbarung (verkürzte Darstellung) 940

(1) Eine Vereinbarung über die Vergütung bedarf der Textform. Sie muss als Vergütungsvereinbarung oder in vergleichbarer Weise bezeichnet werden, von anderen Vereinbarungen mit Ausnahme der Auftragserteilung deutlich abgesetzt sein und darf nicht in der Vollmacht enthalten sein. Sie hat einen Hinweis darauf zu enthalten, dass die gegnerische Partei oder die Staatskasse im Falle der Kostenerstattung regelmäßig nicht mehr als die gesetzliche Vergütung erstatten muss. Die Sätze 1 und 2 gelten nicht für eine Gebührenvereinbarung nach § 34 RVG.

(...)

(3) Eine Vereinbarung nach der ein im Wege der Prozesskostenhilfe beigeordneter RA für die von der Beiordnung erfasste Tätigkeit eine höhere als die gesetzliche Vergütung erhalten soll, ist nichtig. Die Vorschriften des bürgerlichen Rechts über die ungerechtfertigte Bereicherung bleiben unberührt.

(4) § 8 des Beratungshilfegesetzes bleibt unberührt.

I. Allgemeines

Im beruflichen Alltag gibt es viele Gründe, die für den Abschluss einer Vergütungsver- 941
einbarung sprechen. Bei geringen Gegenstandswerten ist die gesetzliche Vergütung, die der RA erzielen kann, bspw. oft so gering, dass eine kostendeckende Bearbeitung des Mandats nicht möglich ist. Aber auch die beschränkte Anzahl an Gebühren (oft nur Verfahrens- und Terminsgebühr) sind unzureichend, um die anwaltliche Tätigkeit angemessen zu honorieren. Wer mehrfache Gerichtstermine in einer Angelegenheit wahrnehmen musste, der wird über die vertragliche Abänderung der Regelung in § 15 Abs. 2 Satz 2 RVG (Einmaligkeit der Gebühren in jedem Rechtszug) nachdenken. Daran ändert auch die Einführung der besonderen Gebühr gem. Nr. 1010 VV RVG nichts. Viele Kanzleien arbeiten daher ergänzend mit Vergütungsvereinbarungen, in einigen Kanzleien sind die RA ausschließlich dann tätig, wenn der RA mit seinem Auftraggeber eine Vergütungsvereinbarung abgeschlossen hat. Es gibt eine sehr große Vielzahl an Möglichkeiten, etwas anderes als die gesetzliche Vergütung zu vereinbaren. Der Hauptzweck ist hierbei selbstverständlich eine höhere als die gesetzliche Vergütung zu vereinbaren. In Einzelfällen ist es aber auch möglich, dass der RA mit seinem Auftraggeber eine Vereinbarung trifft, die die gesetzliche Vergütung unterschreitet und damit niedriger ist. Dem RA ist es ferner im Einzelfall gestattet, auch ein Erfolgshonorar mit dem Auftraggeber zu vereinbaren.

In größeren überörtlichen Kanzleien wird anstelle der gesetzlichen Vergütung vielfach 942
eine Stundenvergütung vereinbart. Hier gibt es keine feststehenden Stundensätze. In jedem Bundesland, in jeder Stadt können ganz verschiedene Stundensätze üblich sein. Auch die Größe der Kanzlei beeinflusst die Höhe des Stundenhonorars. Selbstverständlich ist auch die Leistungsfähigkeit des Auftraggebers maßgebend für die Höhe der zu ver-

einbarenden Vergütung. Während regelmäßig in den größeren Kanzleien leistungsfähige Auftraggeber die Regel sind, hat die durchschnittliche Anwaltskanzlei (sog. Wald- und Wiesenanwalt) oft nicht die entsprechende Klientel. Der Auftraggeber, der sich von einem Mietrechtsexperten über eine Mieterhöhung von monatlich 50,00 € beraten lässt, wird mit diesem RA kaum eine Vergütungsvereinbarung treffen wollen. Für viele RA ist daher die Frage alltäglich, ob sie das Mandat durchführen sollen und nur die gesetzliche Vergütung berechnen können, oder ob sie das Mandat überhaupt nicht durchführen. Zwischen beiden Alternativen gibt es oft keinen Spielraum.

943 Allerdings muss die Vergütungsvereinbarung nicht in „astronomischer" Höhe vereinbart werden. Auch wenn nur geringe zusätzliche Beträge, ein abweichender Gegenstandswert, eine zusätzliche Gebühr oder der Wegfall von Anrechnungsvorschriften vereinbart (u.v.m.) werden, erhöht es den in der Akte erzielten Gewinn.

944 Die Auftraggeber haben noch zu oft von RAe das Bild, dass diese Ritter in schwarzer Robe sind und dem angsterfüllten Auftraggeber bewaffnet etwa mit dem Schönfelder aus Idealismus zur Seite eilen. Natürlich gibt es auch die Mandate, in denen der RA den Auftraggeber aus Überzeugung vertritt. Dies ist aber nur im Einzelfall möglich, denn auch ein RA leitet ein Wirtschaftsunternehmen – seine Kanzlei. Dem Auftraggeber muss daher vermittelt werden, dass gute anwaltliche Leistung auch entsprechend zu honorieren ist.

945 Natürlich bleibt immer die Frage, ob überhaupt ein Mandat nicht besser ist, als kein Mandat. Wenn Mandate nicht kostendeckend geführt werden, tritt zwangsläufig die Folge ein, dass der RA irgendwann seinen eigenen Verpflichtungen nicht mehr nachkommen kann. Kein Mandat ist besser, wenn der RA die dadurch gewonnene Zeit sinnvoll dafür nutzen kann, neue Auftraggeber zu gewinnen und bestehende Mandate ordentlich zu bearbeiten. Auch widerspricht es jeder Lebenserfahrung, dass ein Auftraggeber, der dem RA ein Verlustgeschäft anträgt, irgendwann den RA mit einem vernünftigen Mandat beauftragen wird. Die Verhandlung mit dem Auftraggeber über eine höhere Vergütung ist daher bereits aus Selbstschutz eine zwingende Aufgabe.

II. Form der Vergütungsvereinbarung

946 Damit der RA aus der Vergütungsvereinbarung auch Ansprüche herleiten kann, muss diese in **Textform** vereinbart werden.

947 Das Textformerfordernis ist in **§ 126b BGB** geregelt. Wenn das Gesetz die Textform vorschreibt, dann muss die Erklärung

- in einer Urkunde oder
- auf andere zur dauerhaften Wiedergabe in Schriftzeichen geeigneten Weise abgegeben werden,

- die Person des Erklärenden nennen und
- den Abschluss der Erklärung durch Nachbildung der Namensunterschrift oder anders erkennbar machen.

Die Vergütungsvereinbarung muss nicht schriftlich erfolgen. Das Gesetz lässt diverse andere Möglichkeiten zu. So ist es zulässig, dass eine Speicherung auf einer Festplatte, einer CD-Rom, einer Diskette, sonstigen Speichermedien (USB-Stick), Fax, E-Mail, Kopie oder im Zweifel auch per SMS erfolgt. 948

Auch wenn es gesetzlich erlaubt ist, die Vergütungsvereinbarung nicht in Schriftform (§ 126 BGB) abzuschließen. Wann immer es den Umständen entsprechend möglich ist, diese in Schriftform abzuschließen, sollte der Schriftform der Vorzug gegeben werden. Es ist nie schädlich, sogar aus Beweisgründen empfehlenswert, eine strengere Formvorschrift zu befolgen, als sie gesetzlich vorgeschrieben ist. 949

Schriftform bedeutet, dass die Vergütungsvereinbarung von dem Aussteller eigenhändig durch Namensunterschrift unterzeichnet wird. Eine Vergütungsvereinbarung ist ein Vertrag. Daher müsste entsprechend § 126 BGB die Unterzeichnung des RA und des Auftraggebers auf der Vergütungsvereinbarung erfolgen. Die Unterschrift kann durch qualifizierte elektronische Signatur oder notarielle Beurkundung ersetzt werden. 950

III. Bezeichnung

Die Vergütungsvereinbarung muss nicht Vergütungsvereinbarung heißen. Sie kann gem. § 3a Abs. 1 Satz 2 RVG auch auf andere Weise bezeichnet werden. § 3a Abs. 1 Satz 2 RVG sieht vor, dass die Vergütungsvereinbarung entweder als Vergütungsvereinbarung oder in ähnlicher Weise zu bezeichnen ist. Eine entsprechende Bezeichnung ist zwingend. Einer Bezeichnung als Honorarvereinbarung, Honorarschein, Zusatzvereinbarung u.a. ist zulässig. 951

IV. Deutliches Absetzen von anderen Erklärungen

In Rdn 407 finden Sie ein Muster zu allg. Mandatsbedingungen. Die Vergütungsvereinbarung kann gem. § 3a Abs. 1 Satz 2 RVG **nicht** mit diesen Belehrungen und Erklärungen verbunden werden. Damit die Vereinbarung wirksam ist, ist es erforderlich, dass sie von anderen Vereinbarungen (mit Ausnahme der Auftragserteilung) deutlich abgesetzt ist. 952

Nicht zulässig ist es, in die Vergütungsvereinbarung Klauseln mit aufzunehmen, die das sonstige Auftragsverhältnis betreffen. Hierzu zählen insbes. eine **allgemeine Gerichtsstandsklausel** zum gesamten Auftragsverhältnis sowie **sonstige allgemeine Mandatsbedingungen**. Um im Fall einer streitigen Auseinandersetzung über die Vereinbarung kein unnötiges Risiko einzugehen, sollte der Text der Vergütungsvereinbarung auf das zwingend Erforderliche beschränkt werden. 953

954 Die ausdrückliche gesetzliche Regelung untersagt es, die Vergütungsvereinbarung mit der Vollmacht zu verbinden. Benutzt der RA für die **Vollmacht und die Vergütungsvereinbarung ein einheitliches Formular**, so ist die **Vergütungsvereinbarung unwirksam**. Vollmachtsurkunde und Vergütungsvereinbarung sind nur als getrennte Formulare zulässig.

955 Der RA darf die Vergütungsvereinbarung entsprechend § 3a Abs. 1 Satz 2 RVG mit der Auftragserteilung verbinden. Darüber hinaus darf die Vereinbarung Klauseln enthalten, die die Vergütungsvereinbarung selbst betreffen. Gemeint sind die Klauseln, die insbesondere die Vorschussregelungen, Fälligkeitsregelungen, Regelungen über den Gerichtsstand für die Klage betreffend die Vergütungsvereinbarung u.a. umfassen.

V. Hinweispflicht auf begrenzte Kostenerstattung

956 Gem. § 91 ZPO ist nur eine gesetzliche Vergütung erstattungsfähig. Vereinbart der RA mit seinem Auftraggeber eine Vergütung, die von der gesetzlichen Regelung abweicht, so muss der Auftraggeber damit rechnen, dass er vom Gegner nur die Vergütung erstattet erhält, die der Höhe nach der gesetzlichen Vergütung entspricht.

957 Daher regelt § 3a Abs. 1 Satz 3 RVG, das eine Vergütungsvereinbarung einen **Hinweis** darüber beinhalten muss, dass die gegnerische Partei, ein Verfahrensbeteiligter oder die Staatskasse im Fall der Kostenerstattung regelmäßig nicht mehr als die gesetzliche Vergütung erstatten muss. Dem Auftraggeber soll durch diese Hinweispflicht deutlich gemacht werden, dass die höhere als die gesetzliche vereinbarte Vergütung nur von ihm zu zahlen ist. Auch wenn der Auftraggeber über eine Rechtsschutzversicherung verfügt, kann er mit dem RA eine Vergütungsvereinbarung treffen und eine höhere als die gesetzliche Vergütung vereinbaren. Diese Vereinbarung verpflichtet nur den Auftraggeber, nicht die Rechtsschutzversicherung. Diese zahlt nur die gesetzliche Vergütung,

958 *Praxistipp:*

Unter Rdn 610, 627 ist bereits darauf hingewiesen worden, dass bei der Beauftragung mehrerer RAe nicht damit zu rechnen ist, dass die Kosten zweier RAe auch erstattungsfähig sind. Die Rechtsschutzversicherung zahlt regelmäßig die Kosten für die Einschaltung zweier RAe, wenn der Wohnort des Versicherungsnehmers mehr als 100 km Luftlinie von Gerichtsort entfernt ist (§ 2a Abs. 1 Satz 3 ARB 75/§ 5 Abs. 1 lit. a Satz 1 ARB 2000). Schlagen Sie in einem solchen Fall der Versicherung den Abschluss einer Vergütungsvereinbarung vor, dass Sie für eine Zusatzvergütung (z.B. die Hälfte der Kosten, die ein zweiter RA berechnen würde) den Termin selbst wahrnehmen.

8.92

▼

Muster 8.92: Vorschlag zum Abschluss einer Vergütungsvereinbarung an Rechtsschutzversicherung bei Ortsverschiedenheit (Kanzleisitz/Gerichtsort) 959

Anrede,

in der vorbezeichneten Angelegenheit ist offensichtlich, dass für das gerichtliche Verfahren das Gericht in zuständig sein wird. Das Gericht ist mehr als 100 km Luftlinie vom Wohnort Ihres Versicherungsnehmers entfernt.

Wir werden daher – Ihre Kostendeckung vorausgesetzt – einen weiteren Anwalt mit der Wahrnehmung der Interessen Ihres Versicherungsnehmer vor Ort einschalten müssen.

Die sich daraus ergebende Kostenfolge auch im Obsiegensfall setzen wir als bekannt voraus.

Als ein Zeichen unseres Entgegenkommens, können wir hier allerdings folgenden Vorschlag unterbreiten:

Der Unterbevollmächtigte würde folgende Vergütung berechnen:

Gegenstandswert	€
0,65 Verfahrensgebühr gem. §§ 2 Abs. 2, 13, Nr. 3401, 3100 VV RVG	€
1,2 Terminsgebühr gem. §§ 2 Abs. 2, 13, Nr. 3402, 3104 VV RVG	€
Entgelte für Post- und Telekommunikationsdienstleistungen gem. Nr. 7002 VV RVG	€
19 % Umsatzsteuer gem. Nr. 7008 VV RVG	€
Summe	€

Wir wären bereit, den Gerichtstermin (oder falls erforderlich auch mehrere) wahrzunehmen, allerdings nur gegen den Abschluss einer Vergütungsvereinbarung. Diese Vereinbarung sollte beinhalten, dass Sie an uns zusätzlich zu unserer gesetzlichen Vergütung die Hälfte der obigen Vergütung für die Wahrnehmung des Termins zahlen. Der Vorteil für Sie liegt auf der Hand. Sie sparen erheblich an den nicht erstattungsfähigen Kosten.

Bitte informieren Sie uns – gerne auch fernmündlich – ob dieser Vorschlag Ihr Einverständnis findet. Wir bitten um zeitnahe Reaktion, damit bei Nichtzustandekommen einer entsprechenden Vereinbarung ein Unterbevollmächtigter entsprechend beauftragt werden kann.

Grußformel

▲

VI. Bestimmbarkeit der Vergütungsvereinbarung

960 Schließt der RA mit dem Auftraggeber eine Vergütungsvereinbarung, muss diese so formuliert sein, dass die Höhe der durch den Auftraggeber geschuldeten Vergütung ohne Weiteres zu ermitteln ist. Es reicht nicht aus, wenn etwa eine „angemessene" Vergütung o.Ä. festgelegt ist.

961 **Bestimmbarkeit der Vergütung** ist gegeben, wenn

- ein Festbetrag,
- ein Mehrfaches der gesetzlichen Gebühren (z.B. das Doppelte oder Dreifache),
- der Wegfall von Anrechnungsvorschriften (z.B. Ausschluss der Anrechnungsvorschrift in Vorbemerkung 3 Abs. 4 VV),
- höhere, pauschale Auslagen und Spesen (z.B. Erhöhung der Kopierkosten, Wegfall der Freikopien, andere Abwesenheitsgelder etc.),
- höhere als die vorgegebenen Satz- und Betragsrahmengebühren (z.B. Vereinbarung einer 4,0 Geschäftsgebühr gem. Nr. 2300 VV RVG),
- ein höherer Gegenstandswert (z.B. Vereinbarung eines Gegenstandswerts von 50.000,00 € bei einem gesetzlichen Gegenstandswert von 5.000,00 €),
- das Vorliegen einer neuen Angelegenheit, wenn eigentlich eine gebührenrechtliche Angelegenheit vorliegt,
- eine Verkürzung der zeitlichen Grenze in § 15 Abs. 5 RVG (z.B. Vereinbarung, dass die Angelegenheit bereits nach einem Jahr als neue Angelegenheit abgerechnet wird),
- Zeithonorare (z.B. Stundenhonorare)

vereinbart werden.

8.93 ▼

962 **Muster 8.93: Vergütungsvereinbarung – Honorarvereinbarung**

Vergütungsvereinbarung (oder Honorarvereinbarung)

Rechtsanwälte (*vollständige Anschrift*)

nachfolgend „der Rechtsanwalt"

berät und vertritt

die/den

(*vollständige Anschrift*)

nachfolgend „der Auftraggeber"

in allen Rechtsangelegenheiten.

Die Parteien vereinbaren eine Vergütung in Höhe von 300,00 € pro Stunde zuzüglich gesetzlicher Umsatzsteuer in Höhe von derzeit 19 % als Vergütung für die anwaltliche Tätigkeit eines Rechtsanwalts. Die zu vergütende Stunde beinhaltet einen tatsächlichen Zeitfaktor von 45 Minuten. Jede anwaltliche Tätigkeit wird mit mindestens 10 Minuten in Rechnung gestellt. Die geringste Zeiteinheit beträgt 10 Minuten, selbst dann, wenn der tatsächliche Zeitaufwand geringer als 10 Minuten sein sollte.

Sollte die für die Bearbeitung erforderliche Bearbeitung durch eine andere Person als den Rechtsanwalt erfolgen, wird die Zeitvergütung wie folgt gestaffelt:

- € für Büroleistungen (Schreibarbeiten, Telefonate, Kopierarbeiten etc.),
- € für Referendare und Assessoren,
- € für Rechtsfachwirte und Bürovorsteher,
- € für sonstige juristische Hilfskräfte.

Die Rechnung wird monatlich erstellt. Die Rechnung enthält den Tag und die Zeit der Leistung sowie den Grund für das Tätigwerden. Die Dauer der aufgewandten Zeit wird erfasst und wiedergegeben.

Wird in einem laufenden Kalendermonat (jeweils vom 1. bis zum letzten Tag eines Monats) ein Betrag in Höhe von 3.000,00 € an Zeitvergütung erreicht, so hat der Rechtsanwalt schriftlich beim Auftraggeber nachzufragen, ob in diesem Monat noch weitere Leistungen in Anspruch genommen werden sollen. In eiligen Angelegenheiten stimmt der Auftraggeber einer telefonischen Rückfrage zu.

Der Rechtsanwalt ist verpflichtet, dem Auftraggeber schriftlich eine Begründung für den erforderlichen Stundenaufwand zu erstellen. Fordert der Auftraggeber mehr als einmal eine Begründung für die aufgewandte Zeit des Rechtsanwalts, hat der Rechtsanwalt das Recht, für die schriftliche Begründung seiner Zeitvergütung eine Vergütung entsprechend dieser Vereinbarung nach aufgewandter Zeit zu verlangen.

Neben diesem Stundenhonorar gelten die Auslagenbestimmungen in Nrn. 7000 ff. VV RVG.

Eine Anrechnung der Stundenvergütung auf weitere Tätigkeit erfolgt nicht. Eine Anrechnung der Stundenvergütung für die außergerichtliche Tätigkeit auf die gerichtliche Tätigkeit erfolgt nicht.

Der Auftraggeber wurde darauf hingewiesen, dass eine Erstattung der Stundenvergütung vom Gegner oder einem Dritten (z.B. Rechtsschutzversicherung, Staatskasse im Rahmen der Prozesskostenhilfe) nicht zu erwarten ist. Der Auftraggeber ist alleiniger Schuldner dieser Vergütung.

Der Auftraggeber wurde darauf hingewiesen, dass für den Fall eines gerichtlichen Verfahrens der RA grundsätzlich verpflichtet ist, die gesetzliche Vergütung zu berechnen. Ist die gesetzliche Vergütung in einem Gerichtsverfahren höher, als die sich aus dem Stundenhonorar ergebende Vergütung, wird durch den RA die gesetzliche Vergütung berechnet werden.

Ort, den

Der Rechtsanwalt | Der Auftraggeber

963 **Muster 8.94: Vergütungsvereinbarung – höherer Gebührensatzrahmen der Geschäftsgebühr**

Vergütungsvereinbarung

Zwischen

nachfolgend „der Auftraggeber" genannt,

und

nachfolgend „die Rechtsanwälte" genannt,

wird folgende Vergütungsvereinbarung für die Beratung und die außergerichtliche Vertretung des Auftraggebers hinsichtlich des (Sache) geschlossen:

1.

Die Rechtsanwälte vereinbaren mit dem Auftraggeber für ihre außergerichtliche Tätigkeit eine 3,5 Geschäftsgebühr gem. Nr. 2300 VV RVG.

2.

In der vereinbarten Vergütung sind Entgelte für Post- und Telekommunikationsdienstleistungen sowie Schreibauslagen (Kopierkosten) nicht enthalten. Fahrtkosten werden bei Benutzung des eigenen Pkw mit 0,60 € pro Kilometer, sonstige mandatsbezogene Kosten (Flugkosten, Taxikosten und Übernachtungskosten etc.) in Höhe der tatsächlich entstandenen und nachgewiesenen Kosten zusätzlich berechnet. Hinzu kommt die jeweils gültige gesetzliche Mehrwertsteuer (zzt. 19 %).

3.

Recherchekosten z.B. für die Adressermittlung (Einwohnermeldeamtanfragen, Onlineclub), Handelsregisterauskünfte, Grundbuchauszüge, Einschaltung von Detekteien, Bonitätsprüfungen sowie sonstige juristische Recherchen werden als Honorar abgerechnet. Die Abrechnung erfolgt als Abrechnung von Fremdkosten mit einem Zuschlag von 15 %.

4.

Eine Anrechnung der Geschäftsgebühr auf eine Verfahrensgebühr des sich eventuell anschließenden gerichtlichen Verfahrens erfolgt nicht.

Der Auftraggeber wurde darauf hingewiesen, dass eine Erstattung der vereinbarten Vergütung vom Gegner oder einem Dritten (z.B. Rechtsschutzversicherung, Staatskasse im Rahmen der Prozesskostenhilfe) nicht zu erwarten ist. Der Auftraggeber ist alleiniger Schuldner dieser Vergütung.

5.

Der Auftraggeber wird darauf hingewiesen, dass im gerichtlichen Verfahren erneut eine Anwaltsvergütung entsteht und fällig wird.

Ort, den

Der Rechtsanwalt | Der Auftraggeber

VII. Vergütungsvereinbarung und PKH

Eine Vergütungsvereinbarung ist nicht möglich, wenn dem Auftraggeber PKH bewilligt 964
worden ist. Gem. § 3a Abs. 3 Satz 1 RVG ist eine solche **Vergütungsvereinbarung nichtig**. Der RA könnte aus dieser keine Rechte herleiten. Der Auftraggeber könnte im Zweifel sogar Rückzahlung von Beträgen verlangen, die er geleistet hat. Dies hat keinen Einfluss auf die Möglichkeit, ein Erfolgshonorar mit dem Auftraggeber zu vereinbaren (s.a. Rdn 659).

Wenn der Gesetzgeber eine Vergütungsvereinbarung für den Fall von bewilligter PKH 965
ausgeschlossen hat, so beschränkt sich dies auf Vereinbarungen oberhalb der gesetzlichen Vergütung. Auch im Fall von PKH ergibt sich die gesetzliche Vergütung nach der Tabelle zu § 13 RVG. Wird daher eine Vereinbarung getroffen, die die gesetzliche Vergütung nicht übersteigt (also eine Beschränkung auf die Vergütung gem. § 13 RVG), ist diese wirksam (Gerold/Schmidt, RVG, § 3a Rn 36).

**Muster 8.95: Vereinbarung der Differenz zur Wahlanwaltsvergütung bei 966
PKH-Mandat**

Zusatzvereinbarung gem. § 3a RVG

zwischen

nachfolgend „der Auftraggeber“ genannt,

und

nachfolgend „der Rechtsanwalt“ genannt.

Die Parteien vereinbaren, dass der Auftraggeber die Differenz zwischen der aus der Staatskasse zu zahlenden Vergütung und der gesetzlichen Vergütung zusätzlich an den Rechtsanwalt zahlt.

Diese beziffert sich voraussichtlich wie folgt

Vergütung nach der Tabelle zu § 13 RVG	**Vergütung nach der Tabelle zu § 49 RVG (PKH)**
1,3 Verfahrensgebühr gem. §§ 2 Abs. 2, Nr. 3100 VV RVG	
Summe: €	Summe: €
1,2 Terminsgebühr gem. §§ 2 Abs. 2, Nr. 3104 VV RVG	
Summe: €	Summe: €
Entgelte für Post und Telekommunikationsdienstleistungen gem. Nr. 7002 VV RVG	
Summe: €	Summe: €
19 % Umsatzsteuer gem. Nr. 7008 VV RVG	
Summe: €	Summe: €
Summe sog. Regelvergütung: €	**Summe PKH-Vergütung: €**

Differenz = Betrag der Vergütungsvereinbarung

Der Auftraggeber wird darauf hingewiesen, dass es sich mit dieser Vereinbarung nicht um eine Vergütungsvereinbarung handelt. Der Rechtsanwalt und der Auftraggeber haben lediglich die Anwendbarkeit der üblichen Tabelle vereinbart, wenn Prozesskostenhilfe nicht bewilligt wurde.

Der Auftraggeber wird darauf hingewiesen, dass sich der geschuldete Betrag erhöhen kann, beispielsweise für den Fall, dass sich der gesetzliche Gegenstandswert erhöht, oder aber noch weitere Gebühren entstehen (Einigungsgebühren der Nr. 1000, 1003 VV RVG und ggf. dazu gehörige Betriebsgebühren wie etwa die Verfahrensgebühr der Nr. 3101 Nr. 2 VV RVG).

Ort, den

Der Rechtsanwalt

Der Auftraggeber

VIII. Vergütungsvereinbarung und Beratungshilfe

Mit einem Auftraggeber, dem Beratungshilfe bewilligt wurde, ist eine wirksame Vergütungsvereinbarung nicht möglich, diese sind entsprechend § 8 BerHG nichtig. Zu einem möglichen Erfolgshonorar bei Beratungshilfe liegen noch keinerlei Erfahrungswerte vor. 967

IX. Rechtsschutzversicherung

Hat der RA mit einem Auftraggeber, der rechtsschutzversichert ist, eine Vergütungsvereinbarung getroffen, so muss die Versicherung nicht die vereinbarte Vergütung zahlen. Die Rechtsschutzversicherung schuldet nur die gesetzliche Vergütung, in dieser Höhe wird eine Leistung erfolgen. Die weiteren Beträge schuldet der Auftraggeber. In den hier abgebildeten Mustern ist daher auch immer ein ausdrücklicher Hinweis auf diesen Punkt enthalten. 968

X. Kostenerstattung

Wenn der RA mit seinem Auftraggeber eine Vergütungsvereinbarung abschließt, so ist nur das Vertragsverhältnis zwischen diesen beiden betroffen. Ein an dem Verfahren beteiligter Dritter (etwa der Beklagte oder ein sonstiger Dritter) ist i.R.d. Kostenerstattung nur verpflichtet, die gesetzliche Vergütung zu erstatten. Eine vereinbarte Vergütung muss er nicht erstatten. Üblich ist es daher, die gesetzliche Vergütung i.R.d. Kostenerstattung geltend zu machen. Der RA stellt seinem Auftraggeber die Beträge aus der Vergütungsvereinbarung in Rechnung. Für den Fall eines gerichtlichen Verfahrens mit Kostenerstattungsverpflichtung macht der RA beim Kostenfestsetzungsantrag nur die gesetzliche Vergütung geltend. 969

N. Erfolgshonorar

§ 4a Erfolgshonorar 970

(1) Ein Erfolgshonorar (§ 49b Abs. 2 Satz 1 der Bundesrechtsanwaltsordnung) darf nur für den Einzelfall und nur dann vereinbart werden, wenn der Auftraggeber aufgrund seiner wirtschaftlichen Verhältnisse bei verständiger Betrachtung ohne die Vereinbarung eines Erfolgshonorars von der Rechtsverfolgung abgehalten würde. In einem gerichtlichen Verfahren darf dabei für den Fall des Misserfolgs vereinbart werden, dass keine oder eine geringere als die gesetzliche Vergütung zu zahlen ist, wenn für den Erfolgsfall ein angemessener Zuschlag auf die gesetzliche Vergütung vereinbart wird. Für die Beurteilung nach Satz 1 bleibt die Möglichkeit, Beratungs- oder Prozesskostenhilfe in Anspruch zu nehmen, außer Betracht.

(2) Die Vereinbarung muss enthalten:

1. die voraussichtliche gesetzliche Vergütung und gegebenenfalls die erfolgsunabhängige vertragliche Vergütung, zu der der Rechtsanwalt bereit wäre, den Auftrag zu übernehmen, sowie
2. die Angabe, welche Vergütung bei Eintritt welcher Bedingungen verdient sein soll.

(3) In der Vereinbarung sind außerdem die wesentlichen Gründe anzugeben, die für die Bemessung des Erfolgshonorars bestimmend sind. Ferner ist ein Hinweis aufzunehmen, dass die Vereinbarung keinen Einfluss auf die gegebenenfalls vom Auftraggeber zu zahlenden Gerichtskosten, Verwaltungskosten und die von ihm zu erstattenden Kosten anderer Beteiligter hat.

I. Allgemeines

971 Die Einführung des Erfolgshonorars in das Deutsche Vergütungssystem ist eine komplette Abkehr von dem bisherigen Recht. Gängige Praxis war, dass die Vergütung des RA erfolgsunabhängig geschuldet wird. Darauf, ob der RA „gewinnt" oder „verliert" kam es nicht an. Die geleisteten Dienste waren in jedem Fall zu vergüten. Nur für einige wenige Gebühren war die Vergütung mit einem Erfolg verknüpft (z.B. Einigungsgebühr, Erledigungsgebühr, Aussöhnungsgebühr), ansonsten kam es nicht auf das Ergebnis der anwaltlichen Tätigkeit an. Für die gesetzliche Vergütung gilt dieser Grundsatz weiterhin. Der RA kann aber vereinbaren, dass die Höhe seiner Vergütung (oder überhaupt seine Vergütung) von dem Ausgang des Verfahrens abhängig gemacht wird. Hier muss es jedem RA selbst überlassen bleiben, ob er das Entgelt für seine Tätigkeit (der RA ist letztlich nichts anderes als ein Unternehmer) von dem ungewissen Ausgang eines Verfahrens abhängig machen will. Vereinbart der RA ein Erfolgshonorar, so ist sein Interesse selbstverständlich auf den positiven Ausgang eines Verfahrens gerichtet. Aber auch ohne Erfolgshonorar kann davon ausgegangen werden, dass der RA ein Mandat möglichst erfolgreich führen will und aussichtslose Mandate gar nicht erst übernimmt. Die Fragen ob, und wenn ja, in welcher Höhe ein Erfolgshonorar sinnvoll ist, sind noch nicht durch Rechtsprechung geklärt. Mit der Vereinbarung von Erfolgshonoraren sollten solange vorsichtig umgegangen werden, bis einigermaßen verlässliche Rechtsprechung vorliegt. Zur Wirksamkeit einer „unwirksamen" Vergütungsvereinbarung gem. § 4a RVG sollten Sie das bemerkenswerte Urteil des BGH v. 5.6.2014 (Az. IX ZR 137/12) lesen.

II. Begriff des Erfolgshonorars

972 Ein Erfolgshonorar liegt vor, wenn die Höhe der Vergütung des RA **vom Ausgang der Sache oder dem Erfolg der anwaltlichen Tätigkeit abhängig** gemacht wird. Möglich ist auch, dass der RA vereinbart, dass er einen Teil der erstrittenen Forderung als Vergütung erhält, auch dies ist ein Erfolgshonorar.

III. Zulässigkeit des Erfolgshonorars

973 Der RA kann nicht immer und überall in jedem Mandatsverhältnis ein Erfolgshonorar vereinbaren. Ein Erfolgshonorar ist nur zulässig, wenn ohne eine solche Vereinbarung

der Auftraggeber von der Rechtsverfolgung abgehalten werden würde. Damit der RA wirksam ein Erfolgshonorar vereinbaren kann, ist erforderlich, dass die wirtschaftlichen Verhältnisse des Auftraggebers es nicht erlauben, sein Anliegen unter Einschaltung der Gerichte zu verfolgen. Dies wird in der Praxis schwer feststellbar sein.

Ein Erfolgshonorar darf weiterhin **nur für den Einzelfall** vereinbart werden (§ 4a Abs. 1 974 Satz 1 RVG). Vertritt der RA einen bestimmten Auftraggeber häufiger (Vermieter von diversen Eigentumswohnungen, Handwerker, Architekten etc.), so kann mit diesen Auftraggebern nicht generell ein Erfolgshonorar vereinbart werden.

IV. Zahlungsfähigkeit des Auftraggebers und Erfolgshonorar

Wenn der RA mit seinem Auftraggeber ein Erfolgshonorar vereinbaren möchte, muss er 975 die wirtschaftlichen Verhältnisse des Auftraggebers prüfen. Der Auftraggeber muss der Auffassung sein, dass er nicht in der Lage ist, seine rechtlichen Belange (Führung eines gerichtlichen Verfahrens) aus angemessenen eigenen Mitteln zu finanzieren. Der Auftraggeber muss daher nicht unvermögend oder „arm" sein. Es reicht aus, dass bspw. um einen Vermögensgegenstand gestritten wird, der den einzigen oder wesentlichen Vermögensbestandteil des Auftraggebers darstellt (Erbauseinandersetzung, Streit um einen Entschädigungsbetrag oder um Schmerzensgeld, Provisionsansprüche).

V. Höhe der Erfolgsvergütung

Ein Erfolgshonorar kann auf verschiedene Weise vereinbart werden. Der RA kann eine nied- 976 rigere als die gesetzliche Vergütung vereinbaren. Er kann für den Fall des Misserfolgs keinerlei Vergütung vereinbaren und für den Fall eines Erfolgs eine deutliche höhere Vergütung als die gesetzliche Vergütung vereinbaren. Allgemein gilt, dass, je geringer die Vergütung für einen Misserfolg vereinbart wird, umso höher die Vergütung für den Erfolgsfall vereinbart werden kann. Wenn völlige Leistungsunfähigkeit gegeben ist, ist es sinnvoller, einen Prozessfinanzierer einzuschalten, als auf die eigene Vergütung durch ein erfolgsabhängiges Honorar im Zweifel zu verzichten. Hierbei hat jedes prozessfinanzierende Unternehmen als Vertragsbestandteil, dass nicht unwesentliche Teile des Erfolges für die Finanzierung gezahlt werden. Auf die Anwaltsvergütung hat dies aber keinen Einfluss. Über prozessfinanzierende Unternehmen kann man bequem im Internet (Vertragsbedingungen etc.) recherchieren.

VI. Zwingende Bestandteile der Vereinbarung

Für die Wirksamkeit der Vereinbarung über ein Erfolgshonorar schreibt § 4a Abs. 2 977 Nr. 1 RVG Bestandteile vor, die zwingend in der Vereinbarung enthalten sein müssen. Hierbei handelt es sich um

1. die voraussichtliche gesetzliche Vergütung,
2. ggf. die erfolgsunabhängige vertragliche Vergütung, zu der der RA bereit wäre, den Auftrag zu übernehme sowie
3. die Angabe, welche Vergütung bei Eintritt welcher Bedingung verdient sein soll,
4. einen Hinweis darauf, dass das Erfolgshonorar keinen Einfluss auf die Kostenerstattung im Unterliegensfall hat und
5. einen Hinweis darauf, dass Gerichtskosten, Verwaltungskosten und Kosten anderer Beteiligter unabhängig von dem Abschluss der Vereinbarung vom Auftraggeber geschuldet sind.

1. Höhe der gesetzlichen Vergütung

978 Es ist sehr schwierig für den RA, zu Beginn des Auftragsverhältnisses zutreffend die Höhe der gesetzlichen Vergütung zu bestimmen. Er ist bei seiner Einschätzung i.d.R. ausschließlich auf die Angaben des Auftraggebers angewiesen. Nicht selten zeigt sich aber in einem gerichtlichen Verfahren, dass der Beklagte selbst behauptet, eine Reihe von Forderungen gegen den Kläger zu haben, sodass der Beklagte Widerklage erhebt, die Aufrechnung erklärt, die Hilfsaufrechnung erklärt u.a. Dann können sich durch das Beklagtenverhalten der Streitwert und damit auch der Gegenstandswert erhöhen. In einem solchen Fall ist die Einschätzung des RA über die Höhe der zu erwartenden Kosten nicht mehr zutreffend. Auch kann der RA nicht abschätzen, ob das Verfahren mit einem Vergleich endet. Je zutreffender der RA diese Kosteneinschätzung erteilen möchte, umso umfangreicher und komplizierter wird sie („für den Fall, dass, ... Dies gilt aber nur dann, wenn …“). Insofern muss es der Rechtsprechung überlassen bleiben, zu klären, welche gesetzliche Vergütung der RA zu Beginn des Mandatsverhältnisses regelmäßig hätte erwarten können.

979 Bis zum Vorliegen solcher Entscheidungen sollte bei der Einschätzung der gesetzlichen Vergütung für die Bestimmung der Höhe des Erfolgshonorars regelmäßig bei einem zu bestimmenden Gegenstandswert von dem Entstehen einer Verfahrensgebühr und einer Terminsgebühr ausgegangen (zuzüglich Auslagen) werden.

2. Definition des Erfolges in der Vergütungsvereinbarung

980 Wie oben dargestellt (Rdn 977), muss die Vergütungsvereinbarung über das Erfolgshonorar enthalten, welche Vergütung bei Eintritt welcher Bedingung der Auftraggeber an den RA zu zahlen hat. Der Begriff „Erfolg“ sollte so genau wie möglich abgegrenzt werden. Bei einer Zahlungsklage kann z.B. das obsiegende Urteil der Erfolg sein, der RA und sein Auftraggeber können aber auch vereinbaren, dass erst mit Zahlung (also auch der zwangsweisen Beitreibung) der Erfolg eingetreten ist.

Es sollte zudem in der Vergütungsvereinbarung auch eine Regelung darüber enthalten sein, ob – und wenn ja wie – ein Vergleich als Erfolg zu werten ist. Ein Erfolg ist ja auch bereits eingetreten, wenn der Auftraggeber nur z.T. obsiegt. Auch dies sollte in der Vereinbarung entsprechend festgehalten werden – selbstverständlich mit einer dazu gehörenden Vereinbarung, welche Vergütung der Auftraggeber für den Fall eines Teilerfolges dem RA schuldet. Wenn der RA sich schon auf das Abenteuer eines Erfolgshonorars einlässt, dann sollte im Erfolgsfall nicht eine fehlerhafte Formulierung dafür Veranlassung sein, dass der RA sein schwer verdientes Honorar nicht erhält. 981

3. Einschätzung der Erfolgsaussichten

Die Vereinbarung eines Erfolgshonorars ist an eine weitere Voraussetzung geknüpft, die durchaus als unerfüllbare Hürde betrachtet werden kann. Der RA muss gem. § 4a Abs. 3 Satz 1 RVG in der Vergütungsvereinbarung die wesentlichen Gründe angeben, die für die Bemessung des Erfolgshonorars ausschlaggebend sind. Der RA muss ausgestattet nur mit der Kenntnis des Vortrags des Auftraggebers (die Unterlagen des Gegners hat der RA i.d.R. erst, wenn dieser auf die Klage erwidert!) und ohne Kenntnis eines etwaigen Verteidigungsvorbringens die Erfolgsaussichten einschätzen und anhand dieser Einschätzung ausführen, wie das Erfolgshonorar bestimmt worden ist. 982

Hier hat der Gesetzgeber wenig hilfreich ausgeführt, dass unter den sog. „wesentlichen Gründen", die für die Bemessung des Erfolgshonorars maßgebend sind, die „Geschäftsgrundlagen" fallen, von denen die Vertragsparteien bei der Vereinbarung der erfolgsabhängigen Vergütung ausgegangen sind (BT-Drucks 16/8384, S. 18). Dem RA sollten keine Ermittlungs- oder Prüfungspflichten auferlegt werden (BT-Drucks 16/8384, S. 18). Berücksichtigt werden soll bei der Einschätzung der Erfolgsaussichten durch den RA ein aufgrund seiner Erfahrungen grundsätzlich gegebenes allgemeines Prozessrisiko (BT-Drucks 16/8384, S. 18). 983

Damit ist keinem RA wirklich geholfen, wenn er (i.d.R. auch noch unter Zeitdruck) eine Vereinbarung über ein Erfolgshonorar treffen soll. Bei der derzeitigen gesetzlichen Regelung ist ein Erfolgshonorar überhaupt nur bei einem ganz klaren Sachverhalt denkbar, wenn der RA sich sicher ist, dass er hier den geschuldeten Erfolg herbeiführen kann. Dann kann und muss man sich aber fragen, warum der RA dann nicht für seinen Auftraggeber PKH beantragt hat, anstelle ein Erfolgshonorar zu vereinbaren. 984

4. Hinweis auf Kostenerstattungsrisiko

Vereinbart der RA mit seinem Auftraggeber eine erfolgsabhängige Vergütung, so muss die Vergütung einen Hinweis darauf enthalten, dass die Vereinbarung keinen Einfluss auf die ggf. vom Auftraggeber zu zahlenden Gerichtskosten, Verwaltungskosten und 985 die sonst von ihm zu erstattenden Kosten anderer Beteiligter hat. Diese Bestimmung ist in ähnlicher Form als Belehrungspflicht bei bewilligter PKH gegeben.

986 Auch im Fall eines Erfolgshonorars ist es dem RA nicht erlaubt (§ 49b Abs. 2 Satz 2 BRAO), Gerichtskosten, Verwaltungskosten oder Kosten anderer Beteiligter zu übernehmen. Er kann diese natürlich verauslagen (Gerichtskosten u.Ä.), der Auftraggeber muss diese aber erstatten. I.Ü. ist es in der Praxis unüblich, Gerichtskosten für Auftraggeber zu verauslagen, bei denen bekannt ist, dass die wirtschaftliche Leistungsfähigkeit zur Rückzahlung im Zweifel nicht gegeben ist.

8.96

▼

987 **Muster 8.96: Erfolgshonorar – Vereinbarung eines zulässigen Erfolgshonorars**

Rechtsanwälte

(zukünftig „die Rechtsanwälte")

vertreten

(zukünftig „der Auftraggeber")

in dem anzustrengenden gerichtlichen Verfahren. In dem Verfahren wird der Anspruch des Auftraggebers gegen den (Name Gegenseite) in Höhe von € verfolgt werden.

Der Auftraggeber erklärt, zur Leistung der Prozesskosten nicht imstande zu sein. Er ist aufgrund seiner persönlichen und wirtschaftlichen Verhältnisse auch nicht in der Lage, wenigstens die Verfahrensgebühr gem. Nr. 3335 VV RVG zu leisten. Die geltend zu machende Forderung stellt den einzigen und wesentlichen Vermögensgegenstand des Auftraggebers dar.

Der Auftraggeber wurde durch die Rechtsanwälte über die voraussichtliche gesetzliche Vergütung belehrt. Die voraussichtliche gesetzliche Vergütung im gerichtlichen Verfahren der ersten Instanz beträgt nach dem derzeit bekannten Gegenstandswert in Höhe von €

1,3 Verfahrensgebühr gem. §§ 2 Abs. 2, 13, Nr. 3100 VV RVG	€
1,2 Terminsgebühr gem. §§ 2 Abs. 2, 13, Nr. 3104 VV RVG	€
1,0 Einigungsgebühr gem. §§ 2 Abs. 2, 13, Nr. 1003 VV RVG	€

(die Einigungsgebühr entsteht nur für den Fall eines wirksamen Vergleichs)

Entgelte für Post- und Telekommunikationsdienstleistungen gem. Nr. 7002 VV RVG	€
19 % Umsatzsteuer gem. Nr. 7008 VV RVG	€
Summe	€

Der Auftraggeber wird darauf hingewiesen, dass für die Durchführung des gerichtlichen Verfahrens die Zahlung von Gerichtskosten erforderlich ist. Diese werden nicht von den Anwälten gezahlt oder verauslagt. Der Auftraggeber ist hier in voller Höhe vorleistungspflichtig. Der Auftraggeber wird darauf hingewiesen, dass im Fall eines auch nur teilweisen Unterliegens, ein Kostenerstattungsanspruch der Gegenseite gegen ihn gegeben sein kann, den er unabhängig von der hier abgeschlossenen Vergütungsvereinbarung erfüllen muss. Die Rechtsanwälte haben den Auftraggeber darüber belehrt, dass sie üblicherweise nur bereit sind, solche Verfahren erfolgsunabhängig gegen Zahlung der gesetzlichen Vergütung zu führen.

Um dem Auftraggeber den Zugang zu einer gerichtlichen Klärung seines Anliegens zu ermöglichen, wird folgendes Erfolgshonorar vereinbart:

1.

Für den Fall des kompletten Unterliegens schuldet der Auftraggeber keine Gebühren. Komplettes Unterliegen ist auch gegeben, wenn weniger als 10 % des Anliegens des Auftraggebers durchgesetzt werden kann.

Die Auslagen (nur: Reisekosten zur Wahrnehmen von Gerichtsterminen, Übernachtungskosten) werden unabhängig vom Erfolg der Angelegenheit geschuldet.

2.

Wird das Anliegen des Auftraggebers in Höhe von 10 bis zu 19 % der begehrten Forderung oder des Wertes des Interesses erfolgreich durchgesetzt, erfolgt auf die oben dargestellte gesetzliche Vergütung ein Zuschlag in Höhe von 20 %.

3.

Ist das Anliegen des Auftraggebers in Höhe von 20 bis zu 39 % der begehrten Forderung oder des Wertes des Interesses erfolgreich, erfolgt auf die oben dargestellte gesetzliche Vergütung ein Zuschlag in Höhe von 40 %.

4.

Ist das Anliegen des Auftraggebers in Höhe von 40 bis zu 59 % der begehrten Forderung oder des Wertes des Interesses erfolgreich, erfolgt auf die oben dargestellte gesetzliche Vergütung ein Zuschlag in Höhe von 60 %. Darüber hinaus schuldet der Auftraggeber 10 % der erstrittenen Forderung.

5.

Ist das Anliegen des Auftraggebers in Höhe von 60 bis zu 79 % der begehrten Forderung oder des Wertes des Interesses erfolgreich, erfolgt auf die oben dargestellte gesetzliche Vergütung ein Zuschlag in Höhe von 80 %. Darüber hinaus schuldet der Auftraggeber 20 % der erstrittenen Forderung.

6.

Ist das Anliegen des Auftraggebers in Höhe von 80 bis zu 99 % der begehrten Forderung oder des Wertes des Interesses erfolgreich, erfolgt auf die oben dargestellte gesetzliche Vergütung ein Zuschlag in Höhe von 100 %. Es wird eine Verdoppelung der gesetzlichen Vergütung vereinbart. Zusätzlich schuldet der Auftraggeber 30 % der erstrittenen Forderung.

7.

Ist das Anliegen des Auftraggebers in Höhe von 100 % der begehrten Forderung oder des Wertes des Interesses erfolgreich, erfolgt auf die oben dargestellte gesetzliche Vergütung ein Zuschlag von 150 %. Zusätzlich schuldet der Auftraggeber 40 % der erstrittenen Forderung.

8.

Ein Erfolg ist auch dann anzunehmen, wenn das Verfahren durch einen Vergleich beigelegt werden kann. Der Erfolg tritt insgesamt erst dann ein, wenn die durchgesetzte Forderung bei der Gegenseite nötigenfalls zwangsweise beigetrieben worden ist und Zahlung an die Rechtsanwälte erfolgt ist.

Bei der Zwangsvollstreckung stellt jede Teilzahlung den auf den Prozentsatz der Durchsetzung bezogenen Erfolg dar. Hat der Schuldner auf eine Forderung von ______ € lediglich ______ € geleistet, wird die Zahlung so behandelt, als wäre eine Vollleistung erfolgt. Das Erfolgshonorar wird entsprechend der sich aus dem Vergleich oder dem Urteil ergebenden Erfolgsquote geschuldet. Die Rechtsanwälte werden den Erfolgshonoraranspruch aufgrund einer Teilleistung zunächst der Höhe nach auf die erfolgte Teilleistung beschränken.

Etwaige von der Gegenseite erklärte berechtigte Aufrechnungserklärung schmälert den Erfolg nicht. Eine Aufrechnung wird als vollständige Leistung gewertet.

Das vereinbarte Erfolgshonorar bezieht sich nur auf das erstinstanzliche Verfahren. Eine Verpflichtung der Rechtsanwälte, nach Abschluss der ersten Instanz, insbesondere im Fall des vollständigen Unterliegens, weiter tätig zu werden, ist mit dieser Vereinbarung nicht getroffen worden. Sollte der Auftraggeber nur teilweise unterlegen sein und im Hinblick auf sein Unterliegen die Führung eines Berufungsverfahrens beabsichtigen, von dem die Rechtsanwälte abraten, gilt der Erfolg auch dann als eingetreten, wenn das Berufungsverfahren durch einen anderen Rechtsanwalt geführt wird und sich im Berufungsverfahren die titulierte Forderung zulasten des Auftraggebers verringert.

Sollte eine Berufung gegen ein abweisendes Urteil erforderlich werden, behalten sich die Rechtsanwälte vor, eine weitere Tätigkeit im Berufungsverfahren von der Zahlung der gesetzlichen Vergütung oder dem Abschluss einer Vergütungsvereinbarung oberhalb der gesetzlichen Vergütung abhängig zu machen. Ist der Auftraggeber dazu nicht bereit, entsteht dem Auftraggeber dadurch kein Nachteil, da er für ein erforderliches Rechtsmittelverfahren einen anderen Anwalt mit seiner weiteren Vertretung beauftragen kann. Die Anwälte werden den Auftraggeber rechtzeitig nach Zustellung des in vollständiger Form abgefassten Urteils informieren, ob eine weitere Vertretung erfolgen wird. Spätestens zwei Wochen vor Ablauf der Berufungsfrist wird der Auftraggeber entsprechend informiert.

Bei der Bestimmung des Erfolgshonorars wurde berücksichtigt, dass den geltend zu machenden Ansprüchen des Auftraggebers Einwendungen durch die Gegenseite entgegen gehalten werden, die dazu führen können, dass ein Gericht davon ausgeht, dass der Auftraggeber seine Ansprüche nicht geltend machen kann (*Hinweis: Hier ggf. eine ausführlichere rechtliche Begründung vornehmen, die sich auf den Sachverhalt bezieht!*)

Das Erfolgshonorar ist nach Zahlung der durch den Gegner geschuldeten Forderung sofort zur Zahlung fällig. Wegen der langen Dauer eines gerichtlichen Verfahrens verzichtet der Auftraggeber bereits jetzt auf die Einrede der Verjährung im Hinblick auf den Vergütungsanspruch der Rechtsanwälte. Die Rechtsanwälte fügen dieser Vergütungsvereinbarung eine Verzichtserklärung der Einrede der Verjährung bei. Der Eingang dieser Verzichtserklärung bei den Rechtsanwälten ist Voraussetzung für die Wirksamkeit der Vergütungsvereinbarung.

Der Auftraggeber wird darauf hingewiesen, dass für den Fall des Erfolgs die geschuldete Vergütung von der gesetzlichen Vergütung abweicht. Die im Erfolgsfall geschuldete Vergütung ist höher, als die gesetzliche Vergütung. Im Fall des Obsiegens schuldet eine zur Kostenerstattung verpflichtete Gegenpartei nur die gesetzliche Vergütung.

Der Auftraggeber wird noch einmal darüber belehrt, dass diese Vereinbarung keinerlei Auswirkung auf eine etwaige Verpflichtung zur Zahlung der Gerichtskosten hat. Eine sich im gerichtlichen Verfahren ergebende Kostenerstattungsverpflichtung im Unterliegensfall wird von dieser Vergütungsvereinbarung nicht aufgehoben. Kostenerstattungsansprüche muss der Auftraggeber unabhängig von dieser Vergütungsvereinbarung erfüllen.

Sollte das Auftragsverhältnis während des laufenden gerichtlichen Verfahrens enden, ohne dass die Beendigung des Verfahrens von den Rechtsanwälten zu vertreten ist, schuldet der Auftraggeber die gesetzliche Vergütung in voller Höhe. (*Hinweis: Hier könnte noch ein Zusatz eingefügt werden, dass das Erfolgshonorar auch bei vorzeitiger Erledigung geschuldet wird, wenn der Auftraggeber im Verfahren – auch nur zum Teil – obsiegt.*) Allerdings liegt über die Zulässigkeit einer solchen Vereinbarung noch keine Rechtsprechung vor.

(Der Auftraggeber) (Der Rechtsanwalt)

988 *Hinweis:*

Die Regelungen zum Erfolgshonorar sind erst seit dem 1.7.2008 Bestandteil des RVG. Rspr. zu der Frage der Auslegung der entsprechenden Vorschriften ist – bis auf den einen Hinweis bei Rdn 971 – noch nicht vorhanden. In dieser Frage sollte besonders vorsichtig gehandelt werden. Sie konnten meinen Ausführungen entnehmen, dass ich Zweifel an der praktikablen Umsetzung der gesetzlichen Vorschriften habe.

8.97

▼

989 **Muster 8.97: Verzicht auf Einrede der Verjährung**

Vollständige Anschrift Auftraggeber

Die Rechtsanwälte ______ führen für mich ein Gerichtsverfahren vor dem ______ Gericht.

Mit den Rechtsanwälten wurde ein Erfolgshonorar gem. § 4a RVG vereinbart.

Wegen der sich aus dem Erfolgshonorar ergebenden Vergütung erkläre ich in Kenntnis der Tragweite dieser Erklärung unter Berücksichtigung von § 202 Abs. 2 BGB den Verzicht auf die Einrede der Verjährung entsprechend der Frist gem. § 195 BGB.

Die Rechtsanwälte sind nicht verpflichtet, eine Hemmung der Verjährung im Sinne von § 204 BGB durch gerichtliche Geltendmachung herbeizuführen.

Ort, Datum Auftraggeber

▲

990 Ein Textmuster für eine weitere Vergütungsvereinbarung (Stichpunkt „Beitreibungssachen“) finden Sie unter Rdn 760.

§ 9 Wertbegriffe, Gegenstandswert im Einzelnen und Anforderung an die Rechnung

Inhalt

A. Vorbemerkung

1 **Abschnitt 4: Gegenstandswert**

§ 22 RVG Grundsatz

(1) In derselben Angelegenheit werden die Werte mehrerer Gegenstände zusammengerechnet.

(2) Der Wert beträgt in derselben Angelegenheit höchstens 30 Millionen Euro, soweit durch Gesetz kein niedrigerer Höchstwert bestimmt ist. Sind in derselben Angelegenheit mehrere Personen Auftraggeber, beträgt der Wert für jede Person höchstens 30 Millionen Euro, insgesamt jedoch nicht mehr als 100 Millionen Euro.

B. Gegenstandswert

I. Allgemeines

2 Es gibt verschiedene **Wertbegriffe**. Wenn Sie eine Vergütungsberechnung erstellen, so heißt der Wert ausschließlich **Gegenstandswert** (§ 2 Abs. 1 RVG). Der **Streitwert (in Familiensachen der Verfahrenswert)** entscheidet über die sachliche Zuständigkeit des Gerichts, der **Wert der Beschwer** entscheidet über die Zulässigkeit eines Rechtsmittels oder Rechtsbehelfs, der **Gerichtsgebührenwert** wird benötigt, um die zutreffende

Höhe der Gerichtskostenzahllast zu bestimmen. Den **Geschäftswert** benötigen Sie zur Abrechnung notarieller Tätigkeiten und der Gegenstandswert ist maßgebend zur Bestimmung der zutreffenden Höhe der Vergütung nach der Tabelle zu § 13 (oder § 49) RVG.

Nicht alle Vergütungsvorschriften erfordern das Ermitteln eines Gegenstandswertes. Ob ein Gegenstandswert benötigt wird, hängt von der Art der Gebühr ab, die entstanden ist. Es kann 3

- eine Festgebühr,
- eine Betragsrahmengebühr,
- eine Satzrahmengebühr,
- oder eine Wert- bzw. Regelgebühr entstanden sein.

Wenn Sie eine **Festgebühr** (z.B. Beratungshilfe) oder eine **Betragsrahmengebühr** (z.B. Bußgeldverfahren, Strafsachen) abrechnen müssen, brauchen Sie sich i.d.R. über den Gegenstandswert keine Gedanken zu machen, er wird in diesen Fällen nicht benötigt. Wenn Sie aber eine **Satzrahmengebühr** abrechnen (z.B. Prüfung der Erfolgsaussichten gem. Nr. 2100 VV RVG und Geschäftsgebühr gem. Nr. 2300 VV RVG), dann müssen Sie nicht nur den zutreffenden Gebührensatzrahmen ermitteln, sondern auch den Gegenstandswert. 4

Der **Gegenstandswert** bestimmt sich nach dem Gegenstand der anwaltlichen Tätigkeit (**§ 2 Abs. 1 RVG**). Der Gegenstand der anwaltlichen Tätigkeit kann so vielseitig sein, wie das Leben. Daher gibt das RVG einige Standardmöglichkeiten vor und bestimmt den Gegenstandswert. Auf alle Fragen werden Sie mit Sicherheit im RVG keine Antwort finden. Sobald es um die sog. **nichtvermögensrechtlichen Streitigkeiten** geht, müssen Sie den Gegenstandswert schätzen. Sie wissen selbst, wie schwierig es ist, etwas zu schätzen. Nehmen Sie alleine eine Entfernung, die Sie einschätzen wollen. Mit einem Schuh, mit dem Sie bequem laufen können, ist eine Entfernung von 1 km harmlos, mit einem Schuh, den man auch „Sitzschuh" nennt, kann dieser Kilometer Ihnen wie ein Marathonlauf vorkommen. Nach der Entfernung befragt, die Sie zurücklegen mussten, hängt die Antwort vom subjektiven Erfahren ab. So kann es sein, dass Sie einen Sachverhalt bewerten und denken, der Wert wäre mit max. 1.000.000,00 € zu bestimmen. Im gerichtlichen Verfahren ergibt sich aber, dass der Richter (oder die Richter) den gleichen Sachverhalt mit 20.000.000,00 € bewerten. 5

Abweichungen nach oben im Wert sind natürlich auf der einen Seite erfreulich, wird damit auch der Vergütungsanspruch erhöht. Auf der anderen Seite gibt es Klärungsbedarf. Ihr Auftraggeber möchte von Ihnen wissen, warum Sie den Wert viel niedriger bestimmt hatten. Im Zuge der folgenden Ausführungen zum Gegenstandswert folgen Hinweise, Tipps und Belehrungen an den Auftraggeber, wie dieser darauf vorbereitet wird, dass der ursprünglich angenommene Wert eben nur eine Annahme bzw. Schätzung war. **Letztlich entscheidet über die Höhe des Gegenstandswertes** im gerichtlichen Verfahren die Festsetzung des **Gerichts**. 6

II. Einzelne Wertvorschriften

1. § 22 RVG – Allgemeine Vorschrift

7 Im 4. Abschnitt des RVG (§§ 22–33 RVG) sind (fast) alle Wertvorschriften zusammengefasst, die für die anwaltliche Gebührenbemessung maßgebend sind. Teilweise hat der Gesetzgeber dann noch Wertvorschriften im VV des RVG versteckt, oder bei speziellen Sondervorschriften (Verfassungsbeschwerde: § 37 Abs. 2 RVG).

8 Nun ist es nicht immer so, dass der Auftraggeber lediglich ein Anliegen (oder einen Anspruch) verfolgt. Häufig liegen mehrere Ansprüche zugrunde. Handelt es sich um dieselbe Angelegenheit, so werden gem. § 22 Abs. 1 RVG die Werte **mehrerer Gegenstände** zusammengerechnet. Die Gebühren werden aus dem **addierten Gesamtwert** berechnet.

9 *Beispiel 1:*

In einer Verkehrsunfallsache fordert der Auftraggeber ein Schmerzensgeld von 2.000,00 €, Reparaturkosten i.H.v. 1.500,00 € und Verdienstausfall i.H.v. 220,00 €.

Es wird eine einheitliche Gebühr nach einem Gegenstandswert i.H.v. 3.720,00 € berechnet, denn es liegt eine Angelegenheit (ein Lebenssachverhalt) vor. Die Ansprüche können in einem gerichtlichen Verfahren vor demselben Gericht verfolgt werden.

10 *Beispiel 1:*

Dem Hauswart, der über eine Dienstwohnung verfügt ist sowohl das Arbeitsverhältnis (monatlich 1.000,00 € brutto) als auch die Wohnung (Miete 250,00 €) brutto gekündigt worden. Ihre Kanzlei soll gegen beide Kündigungen vorgehen. Für beide Werte gilt, dass sie multipliziert werden. Im Kündigungsschutzverfahren – Arbeitsverhältnis bestimmt sich der Gegenstandswert nach einer Wertvorschrift aus dem GKG mit dem dreifachen Bruttoeinkommen (§ 42 Abs. 4 GKG, 3 × 1.000,00 € = 3.000,00 €), für die Vertretung im Verfahren wegen der Kündigung der Hauswartsdienstwohnung bestimmt sich der Gegenstandswert ebenfalls aus dem GKG mit dem Jahresbetrag des Bruttomietzinses (§ 41 Abs. 2 GKG 12 × 250,00 €).

Die Werte werden aber nicht addiert. Denn die Verfahren könnten nicht vor demselben Gericht geführt werden. Es liegen somit zwei Angelegenheiten vor, eine Werteaddition kann nicht erfolgen. Sie erstellen zwei Rechnungen.

2. Höchstwert des § 22 Abs. 2 RVG

11 In sehr vielen Fällen bemisst sich der Gegenstandswert nach der geltend zu machenden Forderung. Ein Großteil der anwaltlichen Tätigkeit wird aufgewandt, um Geldansprüche durchzusetzen. Als Grundsatz gilt, dass die **Höhe der geltend zu machenden Forderung**

die Höhe des Gegenstandswertes bestimmt. Allerdings gibt § 22 Abs. 2 RVG eine sog. **Kappungsgrenze** vor. Der Wert kann nicht höher sein als 30 Mio. €.

Beispiel 1:

Sollen Sie eine Forderung i.H.v. 60 Mio. € geltend machen, so endet die Tabelle zu § 13 RVG bei 30 Mio. €. Ab 30 Mio. € bis unendlich ist die Gebühr immer gleich hoch. Dies kann nur über eine Vergütungsvereinbarung abweichend geregelt werden. Wie Sie aus dem Kapitel „Vergütungsvereinbarung" bereits wissen, beschränkt sich aber eine Kostenerstattung auf die gesetzliche Vergütung.

Im Hinblick auf die Wertbegrenzung hat das Bundesverfassungsgericht festgestellt, dass 12
diese Wertbegrenzung mit der Verfassung vereinbar ist (BVerfG v. 13.2.2007, RENOpraxis 2007, 156 = RVGreport 2007, 311 – 312).

III. Besondere Auslagen bei Gegenstandswerten über 30 Mio. €

Höchst selten wird man eine Akte abrechnen, bei der der Gegenstandswert 30 Mio. € über- 13
steigt. Wie selten sind bereits Gegenstandswerte im Bereich von 1 Mio. €. Die sehr hohen Gegenstandswerte ergeben sich nicht selten aus bestimmten Rechtsgebieten (Urheberrecht, Patentrechte, Grundstücksrechte), sodass die Allgemeinheit der RAe kaum dazu kommt § 22 Abs. 2 RVG anwenden zu müssen. Übersteigt der Gegenstandswert dann tatsächlich einmal 30 Mio. €, hat der Gesetzgeber einen eigenen Auslagentatbestand geschaffen.

Bei einem Gegenstandswert von besonderer Höhe ist es nicht unüblich, eine eigene **fall-** 14
bezogene Haftpflichtversicherung abzuschließen. Von den generellen Haftpflichtversicherungspolicen sind Forderungen in dieser Höhe mit Sicherheit nicht abgedeckt. Gem. Nr. 7007 VV RVG kann der RA daher die im Einzelfall für eine Vermögensschadenshaftpflichtversicherung gezahlte Prämie vom Auftraggeber erstattet verlangen.

Praxistipp: 15

Bitte achten Sie unbedingt darauf, dass das Versicherungsunternehmen in der Prämienrechnung für die Vermögenshaftpflichtversicherung ausweist, welcher Anteil der Versicherung allein dafür zu zahlen ist, dass der Wert der Angelegenheit 30 Mio. € übersteigt. Denn nur diesen Teil der Prämie dürfen Sie nach der Vorschrift der Nr. 7007 VV RVG auf den Aufraggeber abwälzen. Die Prämie, die gezahlt wird, bis der gesetzliche Gegenstandswert erreicht ist, kann dem Auftraggeber nicht in Rechnung gestellt werden (es sei denn, es wurde entsprechend vereinbart).

IV. Gegenstandswert bei Zahlungsvereinbarungen

16 **§ 31b RVG Gegenstandswert bei Zahlungsvereinbarungen**

Ist Gegenstand einer Einigung nur eine Zahlungsvereinbarung (Nummer 1000 des Vergütungsverzeichnisses), beträgt der Gegenstandswert 20 Prozent des Anspruchs.

17 § 31b RVG regelt den Gegenstandswert für das Entstehen einer Einigungsgebühr nach der Nr. 1000 VV RVG, wenn die Erfüllung des Anspruches bei gleichzeitigem vorläufigen Verzicht auf die gerichtliche Geltendmachung gegeben ist. § 31b RVG ist weiterhin anzuwenden, wenn bereits ein zur Zwangsvollstreckung geeigneter Titel vorliegt und ein gleichzeitiger (ggf. auch vorläufiger) Verzicht auf Vollstreckungsmaßnahmen erfolgt.

Dies gilt auch dann, wenn der Anspruch zum Zeitpunkt der Zahlungsvereinbarung zwar rechtshängig, aber noch nicht tituliert ist (OLG München, 18.2.2014 – 11 W 457/14).

V. § 23 RVG – Allgemeine Wertvorschrift

18 **§ 23 RVG Allgemeine Wertvorschrift (verkürzte Darstellung)**

(1) Soweit sich die Gerichtsgebühren nach dem Wert richten, bestimmt sich der Gegenstandswert im gerichtlichen Verfahren nach den für die Gerichtsgebühren geltenden Wertvorschriften. In Verfahren, in denen Kosten nach dem Gerichtskostengesetz oder dem Gesetz über Gerichtskosten in Familiensachen erhoben werden, sind die Wertvorschriften des jeweiligen Kostengesetzes entsprechend anzuwenden, wenn für das Verfahren keine Gerichtsgebühr oder eine Festgebühr bestimmt ist. Diese Wertvorschriften gelten auch entsprechend für die Tätigkeit außerhalb eines gerichtlichen Verfahrens, wenn der Gegenstand der Tätigkeit auch Gegenstand eines gerichtlichen Verfahrens sein könnte. [4]§ 22 Abs. 2 Satz 2 bleibt unberührt.

(...)

(3) Soweit sich aus diesem Gesetz nichts anderes ergibt, gelten in anderen Angelegenheiten für den Gegenstandswert die Bewertungsvorschriften des Gerichts- und Notarkostengesetzes und die §§ 37, 38, 42 bis 45 sowie 99 bis 102 des Gerichts- und Notarkostengesetzes entsprechend. [2]Soweit sich der Gegenstandswert aus diesen Vorschriften nicht ergibt und auch sonst nicht feststeht, ist er nach billigem Ermessen zu bestimmen; in Ermangelung genügender tatsächlicher Anhaltspunkte für eine Schätzung und bei nichtvermögensrechtlichen Gegenständen ist der Gegenstandswert mit 5.000 Euro, nach Lage des Falles niedriger oder höher, jedoch nicht über 500.000 Euro anzunehmen.

19 **§ 23 Abs. 1 und 3 RVG** sind die **zentralen Wertvorschriften** des RVG. Wenn Sie den Gegenstandswert bestimmen wollen, müssen Sie sich immer fragen:

- Gibt es eine besondere Wertvorschrift (z.B. §§ 25, 31b RVG) im RVG selbst, die den Wert bestimmt?
- Dann bestimmt diese den Wert.
- Ermittelt sich der Gegenstandswert nach § 23 Abs. 1 Satz 1 RVG?

Wenn es einen **Wert für das gerichtliche Verfahren** gibt und keine vorrangige Wertvorschrift im RVG einen anderen Wert vorgibt, dann bestimmt sich der Gegenstandswert nach den Wertvorschriften für das gerichtliche Verfahren. Dies gilt aber nur dann, wenn die Tätigkeit des RA überhaupt Gegenstand eines gerichtlichen Verfahrens sein könnte. Immer dann, wenn der RA bestehende Ansprüche verfolgt oder abwehrt, dann könnte seine Tätigkeit auch Gegenstand eines gerichtlichen Verfahrens sein. Oft handelt es sich dann um Tätigkeiten, die einem gerichtlichen Verfahren üblicherweise vorausgehen (so z.B. Mahnungen, Zahlungsaufforderungen etc.). Ein gerichtliches Verfahren liegt immer dann vor, wenn das Verfahren bei einem Gericht anhängig ist. Hierzu zählen auch Verfahren der freiwilligen Gerichtsbarkeit sowie die Verfahren vor den Sozial-, Verfassungs-, Verwaltungs- und Finanzgerichten.

- Liegt eine Tätigkeit vor, die nicht Gegenstand eines gerichtlichen Verfahrens sein kann?
  Dann bestimmt sich der Gegenstandswert nach **§ 23 Abs. 3 RVG**. § 23 Abs. 3 RVG verweist auf einige Wertvorschriften der GNotKG (im Allgemeinen berechnen Notare ihre Vergütung nach dem GNotKG). Die Werte, die sich bei der Anwendung des GNotKG ergeben, sind oft deutlich höher als die Werte, die sonst vorgegeben wird. Trotzdem wendet der RA die Tabelle zu § 13 RVG an. Denn ein Verweis auf die GNotKG-Tabelle ist in § 23 Abs. 3 RVG nicht enthalten. Man nennt diese Tätigkeit des RA auch häufig „**rechtsbegründende Tätigkeit**". Zwischen den Parteien gibt es noch keine Ansprüche, sie schließen erst Verträge ab und lassen sich vor Vertragsabschluss anwaltlich beraten. Dann ergibt sich der Gegenstandswert regelmäßig aus § 23 Abs. 3 RVG.
- Ergibt sich der Wert nicht aus § 23 Abs. 3 RVG und steht er auch sonst nicht fest, dann muss der Wert anhand des vorgegebenen Sachverhaltes geschätzt werden.
- Hat der RA nicht genügende Anhaltspunkte für eine Schätzung und grds. bei nichtvermögensrechtlichen Streitigkeiten, gibt § 23 Abs. 3 Satz 2, 2. Halbs. RVG vor, dass der Gegenstandswert regelmäßig mit 5.000,00 € bestimmt wird (sog. **Auffangwert**). Der Wert kann höher oder niedriger bestimmt werden, er kann allerdings 500.000,00 € nicht übersteigen.

Von einer detaillierten Darstellung über die Wertermittlung nach dem GNotKG und die Einzelheiten zu § 23 Abs. 3 Satz 2, 2. Halbs. RVG wird hier abgesehen, hier hilft ein Blick in einen ausführlichen Kommentar; Kurzkommentare sind an dieser Stelle leider etwas knapp. 20

In vielen Fällen ist es einfach. Der Mandant begehrt eine Forderung von einem Dritten, diese Forderung bestimmt den Gegenstandswert. Jeder rechnet so ab, aber kaum einer weiß, dass es tatsächlich richtig ist und es sich aus § 23 Abs. 1 Satz 1 RVG (oder Satz 2 RVG – je nach Sachverhalt) ergibt, weil sowohl § 43 GKG als auch § 4 ZPO be- 21 stimmen, dass **maßgebend** für die Wertermittlung **der Hauptgegenstand** des Geschäfts ist. Zinsen und Nebenforderungen bleiben unberücksichtigt, sofern diese nicht selbstständig Gegenstand eines Geschäfts (Verfahrens, Angelegenheit ….) sind.

22 In allen anderen Fällen gibt es viele Unsicherheiten. Häufig hängt die Wertermittlung (gerade im gerichtlichen Verfahren und damit auch für die vor- bzw. außergerichtliche Tätigkeit) davon ab, welches Verfahren Sie führen. Es gibt für das familienrechtliche Verfahren eine Reihe von feststehenden Werten im RVG, GKG und FamGKG. Das arbeitsrechtliche Verfahren und das mietrechtliche Verfahren (wenn das Verfahren ein Wohnraummietverhältnis betrifft) sind demgegenüber im GKG geregelt, für viele andere Verfahren (Zwangsversteigerung, Insolvenz) gibt es Wertvorschriften im RVG. Hier empfiehlt es sich einfach immer wieder zu lesen:

- §§ 39–52 GKG,
- §§ 41–52 FamGKG
- §§ 3–9 ZPO,
- die Wertvorschriften des RVG (§§ 22–33 RVG) sowie
- diverse Einzelvorschriften für verschiedene Rechtsgebiete.

23 Hinsichtlich der Wertvorschriften des RVG hat eine Auswahl und Beschränkung stattgefunden. Nicht jede Wertvorschrift kann hier dargestellt werden. Wenn eine Wertvorschrift ausgelassen wurde, heißt das nicht, dass diese unwichtig sei. Einige spezielle Wertvorschriften sind aber nur in wenigen spezialisierten Kanzleien anwendbar. Bei speziellen Einzelfragen müssen Sie weitere Fachlektüre als Unterstützung benutzen.

24 Die intensive Beschäftigung mit dem Thema Gegenstandswert gäbe genug Material für ein eigenes umfangreiches Buch.

VI. Abweichende Vereinbarung des Gegenstandswertes

25 Bei den Darstellungen zu den Vergütungsvorschriften konnten Sie bereits sehen, dass im Wesentlichen im gerichtlichen Verfahren die Verfahrensgebühr, die Terminsgebühr und unter Umständen die Einigungsgebühr entsteht.

26 Von den Gebühren hängt es nicht ab, ob die Vergütungsberechnung „hoch" oder niedrig ausfällt.

27 *Praxistipp:*

Sie sollten für sich eine Statistik führen:

- Welche Anzahl von Rechnungen endet mit einem Betrag von bis zu 200,00 €?
- Welche Anzahl von Rechnungen endet mit einem Betrag von bis zu 500,00 €?
- Welche Anzahl von Rechnungen endet mit einem Betrag von bis zu 1.000,00 €?

usw.

Sie werden je nach Art der Kanzlei feststellen können, dass es nur wenig Rechnungen (wenn überhaupt) gibt, die auf einen Rechnungsbetrag von über 10.000,00 € lauten. Die dazu gehörigen Akten fallen Ihnen üblicherweise sofort ein. 28

Eine Anwaltskanzlei ist nichts anderes als ein Wirtschaftsunternehmen. Von den erzielten Bruttobeträgen muss zunächst die Umsatzsteuer abgeführt werden (fast 20 % des Ergebnisses verbleibt nicht für Ihre Kanzlei), dann sind die laufenden Kosten zu finanzieren: Miete (oder bei Eigentum die dafür aufzuwendenden Kosten), Gehälter, Sozialabgaben, sonstige Kosten (Büroeinrichtung und Ausstattung, Wartungen, Leasingraten, Softwarekosten, diverse Versicherungen, Reparaturen, Instandhaltungen, Neuanschaffungen, Büromaterial, Fachliteratur, Fahrtkosten …). Dann muss der RA oder die RAe die Kosten für die eigene Altersvorsorge, Krankenversicherungen, Verdienstausfallversicherung, Haftpflichtversicherung, Berufsunfähigkeitsversicherungen u.v.m. bezahlen. Nach Ermittlung der für die Einkommenssteuer abzugsfähigen Kosten (nicht alle Aufwendungen sind bei der Berücksichtigung des zu versteuernden Einkommens in voller Höhe zu berücksichtigen) ergibt sich dann irgendwann der Nettoertrag aus einer Akte. Und genau dies ist der Zeitpunkt, wo man vor Entsetzen aufschreit: „So wenig bleibt übrig!". Viele Akten sind für die Kanzlei ein sog. Zuschussgeschäft. Der Umsatz in der Akte ist so gering, dass für den RA trotz oft sehr hohen Arbeitseinsatzes nichts verbleibt. Es hört sich vielleicht merkwürdig an, aber auch Sie haben ein Interesse daran, dass die erzielte Vergütung einen Gewinn erwarten lässt. Nur, wenn der RA genügend Vergütungsforderungen erzielt, kann er Ihr Gehalt zahlen. Nur, wenn der RA ein hinreichend hohes Einkommen hat, kann er überhaupt daran denken, Ihr Gehalt zu erhöhen. 29

Eine weitere Regel, die gerne vergessen wird: Erzielt ein RA nicht genügend Einnahmen, dann muss er Sparmaßnahmen ergreifen. Dies kann er auf verschiedene Weise machen, wie z.B. andere Räumlichkeiten, weniger Fachliteratur, geringe Büroausstattung. Aber es gibt noch eine Möglichkeit, sog. Kosten (also Ausgaben der Kanzlei) einzusparen. Der RA kann sich auch von Mitarbeitern trennen und diese Mitarbeiter durch günstigeres Personal ersetzen. Oft wird aber auch eine Kündigung ausgesprochen und der Arbeitsplatz nicht neu besetzt. Die verbleibenden Mitarbeiter müssen die zusätzliche Arbeit übernehmen, dies ist ggf. nur möglich, wenn Überstunden geleistet werden. Ob durch den RA eine Vergütung dieser Überstunden erfolgt, hängt neben diversen anderen Faktoren natürlich auch davon ab, ob überhaupt eine Leistungsfähigkeit gegeben ist. 30

Wenn also ein Auftraggeber Ihnen ein Mandat anträgt, das über einen gesetzlichen Gegenstandswert von 100,00 € verfügt, dann wissen Sie spätestens jetzt: Der RA erzielt mit diesem Mandat keine Vergütung, die auch nur ansatzweise angemessen ist. 31

Hier können Sie jetzt (selbstverständlich nur nach Rücksprache mit dem RA, je nachdem wie selbstständig Sie Entscheidungen treffen dürfen) dem Auftraggeber eine Vergütungsvereinbarung vorschlagen und den Gegenstandswert abweichend vereinbaren. Sie kön- 32 nen auch einen pauschalen Festbetrag vereinbaren, den der Auftraggeber zusätzlich zur gesetzlichen Vergütung zu zahlen hat.

33 Natürlich kann es sein, dass der Auftraggeber Ihnen den Auftrag dann nicht erteilt. Die Frage ist: Haben Sie dann wirklich etwas verloren?

34 Viele RA übernehmen ein Mandat in der Hoffnung, dass der Auftraggeber ihnen irgendwann ein gewinnbringendes Mandat übertragen wird. Hält Ihr Arbeitgeber Ihnen diesen Einwand entgegen, wenn Sie ihm raten, eine Vergütungsvereinbarung abzuschließen oder das Mandat nicht zu übernehmen, dann bitten Sie ihn (oder sie) doch einfach, Ihnen auch nur einen einzigen Fall zu nennen, der zu Ihren Lebzeiten bei ihm in der Kanzlei eingetreten ist, bei dem dies geschehen ist. Dann sollten Sie, falls er sich tatsächlich an einen solchen Fall erinnert, schleunigst prüfen, ob der damalige Auftraggeber die Vergütung jemals gezahlt hat. Es ist weitaus günstiger, ein Mandat nicht anzunehmen, als ein Mandat zu führen, bei dem von Anfang an klar ist, dass es die Kosten nicht decken wird.

35 Viele RAe denken auch, sie könnten das Mandat ja auch schnell nebenbei erledigen. Dies bewahrheitet sich in der Praxis nicht. Wenn Sie eine Statistik führen, welche Auftraggeber am anspruchsvollsten sind und einen extrem hohen Zeitaufwand verursachen und dies mit den dahinter stehenden Gegenstandswerten in Relation bringen, werden Sie feststellen, dass ausgerechnet das Mandat, das nichts einbringt, auch noch besonders arbeitsintensiv ist.

36 Für Auftraggeber, die bereits viele „gute“ Mandate übertragen haben, führt man auch eine geringwertige Streitigkeit durch – und zwar gerne.

37 Viele RAe scheuen vor der Vereinbarung einer Vergütung zurück. Dies liegt vielleicht daran, dass dies nicht im Studium gelehrt wird. Aber eben auch die Schwierigkeit, die eigene Leistung angemessen „zu verkaufen“ spielt eine Rolle. Wenn es die Struktur Ihrer Kanzlei zulässt, dann versuchen Sie hier auch aus ganz eigennützigen Motiven, dem RA diese Verhandlungen abzunehmen – oder diese zumindest vorzubereiten.

38 Sie können sich auch fragen, warum sich der Auftraggeber auf eine solche Vereinbarung einlassen soll – ganz einfach – weil gute Leistung entsprechend honoriert werden muss. Wenn er Ihnen den Auftrag dann nicht überträgt, wird er mit Sicherheit einen RA finden, der bereit ist, das Mandat auch zu den Bedingungen der gesetzlichen Vergütung zu führen. Der RA, der diesem Ansinnen zu oft nachgibt, muss entweder sehr sparsam wirtschaften – oder aber er befindet sich irgendwann in der Situation, dass er selbst ein Fall für den Insolvenzrechtler wird.

39 **§ 14 Abs. 2 Nr. 7 BRAO (verkürzte Darstellung)**

Gemäß § 14 Abs. 2 Nr. 7 BRAO ist die Zulassung eines Rechtsanwalts zu widerrufen, (…)

7. wenn der Rechtsanwalt in Vermögensverfall geraten ist, es sei denn, daß dadurch die Interessen der Rechtsuchenden nicht gefährdet sind; ein Vermögensverfall wird vermutet, wenn ein Insolvenzverfahren über das Vermögen des Rechtsanwalts eröffnet oder der

Rechtsanwalt in das vom Vollstreckungsgericht zu führende Verzeichnis (§ 26 Abs. 2 der Insolvenzordnung, § 882b der Zivilprozeßordnung) eingetragen ist;

(…)

40 Unter § 8 Rdn 963 finden Sie ein Muster über die abweichende Vereinbarung des Gegenstandswertes.

VII. Geltendmachung der Geschäftsgebühr neben der Hauptsache

41 Bereits unter § 8 Rdn 213 wird erläutert, dass die Geschäftsgebühr im gerichtlichen Verfahren neben der Hauptsache geltend gemacht werden muss. Hierbei kann die Geschäftsgebühr eine nicht unbeträchtliche Höhe erreichen. Trotzdem beeinträchtigt die Geschäftsgebühr nicht den Gegenstandswert. Nach der h.M. ist die **Geschäftsgebühr** eine **Nebenforderung** (i.S.v. § 4 ZPO).

42 Wird neben der Hauptsache ein vorgerichtlich entstandener materiellrechtlicher Kostenerstattungsanspruch eingeklagt, führt dies nicht zu einer Erhöhung des Streitwerts. Da gem. § 32 Abs. 1, § 23 Abs. 1 Satz 2 RVG der „Streitwert" den Gegenstandswert bestimmen kann, gilt für den Gegenstandswert nichts anderes. Nebenforderungen werden beim Gegenstandswert nicht berücksichtigt, es sei denn, das RVG bestimmt etwas (z.B. § 25 Abs. 1 RVG für die Zwangsvollstreckung) anderes.

VIII. Gegenstandswert für Sanierungsangelegenheiten

43 **§ 24 Gegenstandswert für bestimmte einstweilige Anordnungen**

§ 24 RVG regelt die Wertbestimmung für eine Tätigkeit des RA im Sanierungs- und Reorganisationsverfahren eines Gläubigers. Der Wert bestimmt sich nach dem Nennwert der Forderung.

IX. Gegenstandswert in der Zwangsvollstreckung

44 **§ 25 RVG Gegenstandswert in der Vollstreckung und bei der Vollziehung**

(1) In der Zwangsvollstreckung, in der Vollstreckung, in Verfahren des Verwaltungszwangs und bei der Vollziehung eines Arrests oder einer einstweiligen Verfügung bestimmt sich der Gegenstandswert

1. nach dem Betrag der zu vollstreckenden Geldforderung einschließlich der Nebenforderungen; soll ein bestimmter Gegenstand gepfändet werden und hat dieser einen geringeren Wert, ist der geringere Wert maßgebend; wird künftig fällig werdendes Arbeitseinkommen nach § 850d Abs. 3 der Zivilprozessordnung gepfändet, sind die noch nicht fälligen Ansprüche nach § 51 Abs. 1 Satz 1 des Gesetzes über Gerichtskosten in Familiensachen und § 9 der Zivilprozessordnung zu bewerten; im Verteilungsverfahren (§ 858 Abs. 5, §§ 872 bis 877 und 882 der Zivilprozessordnung) ist höchstens der zu verteilende Geldbetrag maßgebend;

2. nach dem Wert der herauszugebenden oder zu leistenden Sachen; der Gegenstandswert darf jedoch den Wert nicht übersteigen, mit dem der Herausgabe- oder Räumungsanspruch nach den für die Berechnung von Gerichtskosten maßgeblichen Vorschriften zu bewerten ist;
3. nach dem Wert, den die zu erwirkende Handlung, Duldung oder Unterlassung für den Gläubiger hat, und
4. in Verfahren über die Erteilung der Vermögensauskunft nach § 802c der Zivilprozessordnung nach dem Betrag, der einschließlich der Nebenforderungen aus dem Vollstreckungstitel noch geschuldet wird; der Wert beträgt jedoch höchstens 2 000,00 €.

(2) In Verfahren über Anträge des Schuldners ist der Wert nach dem Interesse des Antragstellers nach billigem Ermessen zu bestimmen.

1. Allgemeines

45 § 25 RVG regelt abweichend von den sonstigen Vorschriften im GKG und der ZPO den Gegenstandswert für die Anwaltsgebühren des RA, wenn er im Rahmen der Zwangsvollstreckung tätig ist.

2. Vollstreckung einer Geldforderung

46 Hat der RA den Auftrag, wegen einer Geldforderungen zu vollstrecken, bestimmt sich der Wert für die Anwaltsgebühren nach dem **Betrag der zu vollstreckenden Geldforderung** einschließlich Nebenforderungen (§ 25 Abs. 1 Nr. 1, 1. Halbs. RVG). Der RA muss nicht wegen der gesamten titulierten Forderung beauftragt sein, er kann auch nur wegen einer Teilforderung gegen den Schuldner vorgehen (z.B. um die Kostenforderung zu begrenzen). Bei der Vollstreckung einer Teilforderung bestimmt diese Teilforderung (zuzüglich Nebenleistungen) den Gegenstandswert.

47 Unter den **Nebenforderungen** sind besonders die titulierten Zinsen zu verstehen. Diese beeinflussen den Gegenstandswert bis zum Tag der Ausführung der Zwangsvollstreckung. Da der RA dies bei der Erteilung des Auftrags i.d.R. nicht beeinflussen kann (denken Sie nur daran, wie lange es dauert, bis ein Vollstreckungsauftrag durch den Gerichtsvollzieher bearbeitet worden ist), sollten Sie bei großen täglichen Zinsansprüchen Alternativberechnungen für den Gerichtsvollzieher beifügen. Dies lohnt sich nur, wenn aufgrund der Höhe des Zinsanspruchs zu erwarten ist, dass sich der Gegenstandswert so verändert, dass eine höhere Vergütung am Beitreibungstag als am Antragstag entsteht.

48 Der Gegenstandswert wird auch durch die bisher entstandene Anwaltsvergütung beeinflusst, wenn der RA diese geltend macht (oft in Form eines eigenen Titels, wie z.B. KFB, oder gleichzeitige Titulierung im Vollstreckungsbescheid). Die Kosten (Anwaltskosten, Gerichtskosten, Gerichtsvollziehernachnahmen u.a.) für bisherige Vollstreckungsmaßnahmen erhöhen ebenfalls den Gegenstandswert. Hierzu bedarf es keines besonderen Titels.

Beispiel 1: 49

Die Hauptforderung beträgt	*10.000,00 €*
Die Zinsen bis zur Antragstellung	*500,00 €*
Die festgesetzten Kosten	*2.500,00 €*
Die Zinsen auf die festgesetzten Kosten	*75,00 €*
Kosten für bisherige ZV-Maßnahmen	*550,00 €*
Gesamtforderung	***13.625,00 €***

Wegen dieser Forderung beantragt der RA einen Pfändungs- und Überweisungsbeschluss. Daher beträgt der Gegenstandswert 13.625,00 €. Dieser könnte sich noch erhöhen um die weiteren Zinsen. Ein Wechsel in der Tabelle zu § 13 RVG von einer Wertstufe zur nächsten ist nicht zu erwarten, sodass dies hier unerheblich ist.

3. Pfändung eines bestimmten Gegenstandes/Forderungspfändung

Wird der Gerichtsvollzieher durch den RA mit der Pfändung eines bestimmten Gegen- 50
standes (Sache, Forderung, sonstiges Recht) beauftragt, so bestimmt der Wert dieses Gegenstandes den Gegenstandswert. Problematisch ist in vielen Fällen die Bestimmung des Wertes des Gegenstandes. Generell (h.M.) wird hierbei der Wert angenommen, der sich nach der Durchführung der Zwangsvollstreckung herausstellt.

Dies führt aber nicht dazu, dass ein Wert von 0,00 € anzunehmen ist, wenn die Zwangs- 51
vollstreckung erfolglos blieb, es ist auch nicht nur der Mindestwert von 15,00 € gem. § 13 Abs. 2 RVG anzusetzen. Hierzu gibt es bedauerlicherweise in der Rechtsprechung und auch Literatur zum Teil unterschiedlich vertretene Auffassungen. Eine Reduzierung des Gegenstandswertes nach Erfolglosigkeit der Zwangsvollstreckung verkennt, dass die **Zwangsvollstreckungsgebühr** gem. Nr. 3309 VV RVG **keine Erfolgsgebühr** ist. Die Gebühr wird unabhängig vom Erfolg geschuldet, sie entsteht mit dem Auftrag. Für eine Reduzierung des Wertes bei Erfolglosigkeit der Zwangsvollstreckung lässt sich im Gesetz keine Grundlage finden.

Aus den gleichen Gründen kommt eine Wertreduzierung auch nicht bei Forderungspfän- 52
dung in Betracht, wenn die Pfändung ergibt, dass die gepfändete Forderung nicht besteht, wertlos ist oder die Pfändung aus anderen Gründen erfolglos bleibt (umstritten, a.A. AG Hamburg-Altona, AGS 2007, 100 ff. m. abl. Anm. von Mock – die Anmerkungen von Mock überzeugen). Es bleibt hier dabei, dass die beizutreibende Forderung den Gegenstandswert bestimmt.

4. Pfändung von künftig fällig werdendem Arbeitsentgelt

53 Wird künftig fälliges Arbeitsentgelt nach § 850d Abs. 3 ZPO (**verschärfte Pfändung**, unbedingt beachten, nicht für die reguläre Pfändung gem. § 850c ZPO) gepfändet, sind die noch nicht fälligen Ansprüche auf das Arbeitsentgelt nach § 9 ZPO und § 51 Abs. 1 Satz 1 FamGKG zu bewerten (§ 25 Abs. 1 Nr. 1, 3. Halbs. RVG). Maßgebend für die Ermittlung des Gegenstandswertes ist das **Arbeitseinkommen**, welches der Schuldner nach den Angaben des Gläubigers **zum Zeitpunkt der Antragstellung** bezieht. Abzuziehen sind die Beträge, welche dem Schuldner nach § 850d Abs. 1 Satz 2 ZPO zu belassen sind. Die bei Antragstellung bereits fälligen Ansprüche werden nach § 42 Abs. 3 GKG hinzu addiert, die noch nicht fälligen Ansprüche nach § 42 Abs. 1, 2 GKG bewertet. Wird der RA im Verteilungsverfahren nach §§ 858 Abs. 5, 872 bis 877, 882 ZPO tätig, bemisst sich der Wert grds. nach dem Betrag der zu vollstreckenden Forderung einschließlich Nebenforderung. Es ist höchstens der zu verteilende Geldbetrag (= hinterlegter Betrag zuzüglich Zinsen) maßgebend (§ 25 Abs. 1 Nr. 1, 4. Halbs. RVG). Komplett streichen, überholt

5. Vollstreckung zur Herausgabe einer Sache

54 In vielen Fällen, hat der Gläubiger nicht nur das Interesse an der Zahlung einer Geldsumme. So wird der Vermieter nach einem Räumungsrechtsstreit regelmäßig nicht nur die titulierten Miete vom Mieter verlangen, sondern auch die **Räumung der gemieteten Räumlichkeiten** (Wohn- und/oder Gewerbemieträume). Dieses Räumungsbegehren ist nichts anderes als ein **Herausgabegehren**.

55 Ist die Zwangsvollstreckung auf Herausgabe oder Leistung einer Sache (**§§ 883 bis 885 ZPO**) gerichtet, bemisst sich der **Gegenstandswert** grds. nach dem **Wert der Sache** (§ 25 Abs. 1 Nr. 2, 1. Halbs. RVG). Damit wäre bei einer Räumungsvollstreckung der Wert des gemieteten Grundstücks oder der Wohnung maßgebend und es würden sehr hohe Kosten entstehen. Nach § 25 Abs. 1 Nr. 2, 2. Halbs. RVG ist für diese Fälle eine **Wertbegrenzung** vorgegeben. Der Gegenstandswert darf den Wert des Jahresbetrags der zu entrichtenden Miete bzw. des zu entrichtenden Nutzungsentgelts nach § 41 Abs. 2 GKG nicht übersteigen.

6. Zwangsvollstreckung zur Erwirkung einer Handlung, Duldung oder Unterlassen

56 Für einige Vollstreckungsverfahren ist das Prozessgericht erster Instanz auch für die Zwangsvollstreckung zuständig (§§ 897 bis 890 ZPO). Dies liegt darin, dass bestimmte Urteilssprüche schwer vollstreckbar sind.

Für den Fall, dass der Schuldner bestimmte **Handlungen (oder Äußerungen) unterlassen** muss, können Sie sich ja schlecht hinter den Schuldner stellen und diesem bei jedem Fall einer Zuwiderhandlung gegen eine im Urteil festgestellte Verpflichtung einen entsprechenden „züchtigenden“ Hinweis verpassen (von Zeit zu Zeit wäre dies durchaus wünschenswert, entspricht aber nicht dem Rechtssystem). Das Gericht übernimmt diese Aufgabe für Sie in der Form von Zwangsgeld, Zwangshaft, Ordnungsgeld, Ordnungshaft usw. 57

Für die Zwangsvollstreckung ist dann ein geringerer Wert als der, den die Hauptsache hatte, maßgebend. Hier muss gem. **§ 25 Abs. 1 Nr. 3 RVG** der Gegenstandswert nach dem Wert bestimmt werden, den die Handlung, Duldung oder Unterlassung für den Gläubiger hat. Dieses Interesse kann nur geschätzt werden (§ 3 ZPO).

Eine weitere Möglichkeit der Vollstreckung vor dem Prozessgericht sind Anträge auf **Ersatzvornahme** gem. § 887 Abs. 2 ZPO (s.a. § 5 Rdn 328 ff.). Betreibt der RA z.B. die Vollstreckung eines nach § 887 Abs. 2 ZPO festgesetzten Vorschusses, ist dessen Betrag maßgebend. Regelmäßig beantragt der RA nicht die Ersatzvornahme, sondern die Zahlung eines bestimmten Betrags, um die erforderliche Ersatzvornahme ausführen zu können. Hier müssen Sie nach Abschluss der Angelegenheit eine Abrechnung der beigetriebenen und aufgewandten Beträge gegenüber dem Schuldner vornehmen. 58

X. Verfahren zur Abgabe der Vermögensauskunft

Ist der RA im Verfahren zur Abgabe des Offenbarungseides tätig (**§ 807 ZPO**), ist der Forderungsbetrag (zuzüglich der üblichen Nebenleistungen) für die Wertbestimmung nur dann maßgebend, wenn dieser Betrag 2.000,00 € nicht überschreitet. Ist der Wert geringer als 2.000,00 €, so ist der geringe Betrag maßgebend, ist der Betrag höher (oder gleich) 2.000,00 €, ist der Wert auf 2.000,00 € begrenzt. 59

XI. Gegenstandswert in der Zwangsversteigerung

§ 26 RVG Gegenstandswert in der Zwangsversteigerung 60

In der Zwangsversteigerung bestimmt sich der Gegenstandswert

1. bei der Vertretung des Gläubigers oder eines anderen nach § 9 Nr. 1 und 2 des Gesetzes über die Zwangsversteigerung und die Zwangsverwaltung Beteiligten nach dem Wert des dem Gläubiger oder dem Beteiligten zustehenden Rechts; wird das Verfahren wegen einer Teilforderung betrieben, ist der Teilbetrag nur maßgebend, wenn es sich um einen nach § 10 Abs. 1 Nr. 5 des Gesetzes über die Zwangsversteigerung und die Zwangsverwaltung zu befriedigenden Anspruch handelt; Nebenforderungen sind mitzurechnen; der Wert des Gegenstands der Zwangsversteigerung (§ 66 Abs. 1, § 74a Abs. 5 des Gesetzes über die Zwangsversteigerung und die Zwangsverwaltung), im Verteilungsverfahren der zur Verteilung kommende Erlös, sind maßgebend, wenn sie geringer sind;

2. bei der Vertretung eines anderen Beteiligten, insbesondere des Schuldners, nach dem Wert des Gegenstands der Zwangsversteigerung, im Verteilungsverfahren nach dem zur Verteilung kommenden Erlös; bei Miteigentümern oder sonstigen Mitberechtigten ist der Anteil maßgebend;
3. bei der Vertretung eines Bieters, der nicht Beteiligter ist, nach dem Betrag des höchsten für den Auftraggeber abgegebenen Gebots, wenn ein solches Gebot nicht abgegeben ist, nach dem Wert des Gegenstands der Zwangsversteigerung.

61 Im Zwangsversteigerungsverfahren kann der RA eine Vergütung (Verfahrens- und Terminsgebühr) nach den Nrn. 3311, 3312 VV RVG verdienen.

62 Der Wert im Zwangsversteigerungsverfahren bestimmt sich grds. nach dem Wert des dem Gläubiger oder Beteiligten zustehenden Rechts. Hinzuzurechnen sind die Nebenforderungen wie Zinsen etc.

XII. Gegenstandswert in der Zwangsverwaltung

63 **§ 27 RVG Gegenstandswert in der Zwangsverwaltung (verkürzte Darstellung)**

In der Zwangsverwaltung bestimmt sich der Gegenstandswert bei der Vertretung des Antragstellers nach dem Anspruch, wegen dessen das Verfahren beantragt ist; Nebenforderungen sind mitzurechnen; bei Ansprüchen auf wiederkehrende Leistungen ist der Wert der Leistungen eines Jahres maßgebend.

64 Im Verfahren der Zwangsverwaltung können die Gebühren (Verfahrens- und Terminsgebühr) gem. Nrn. 3311, 3312 VV RVG entstehen. Der für die Anwaltsgebühren maßgebende Gegenstandswert bestimmt sich i.d.R. nach dem Anspruch, dessentwegen das Verfahren beantragt worden ist.

XIII. Gegenstandswert im Insolvenzverfahren

65 **§ 28 RVG Gegenstandswert im Insolvenzverfahren (verkürzte Darstellung)**

(…)

(2) Ist der Auftrag von einem Insolvenzgläubiger erteilt, werden die Gebühren und die Gebühr nach dem Nennwert der Forderung berechnet. Nebenforderungen sind mitzurechnen.

(…)

66 Vertritt der RA einen Insolvenzgläubiger, werden die Gebühren der Nr. 3314 VV RVG (Verfahrensgebühr für die Vertretung des Gläubigers im Eröffnungsverfahren) und der Nr. 3317 VV RVG (Verfahrensgebühr für das Insolvenzverfahren) nach dem **Nennwert der Forderung** des Gläubigers berechnet.

Zum Nennwert der Forderung sind nach § 28 Abs. 2 Satz 2 RVG die **Nebenforderungen hinzuzurechnen.** Das sind die bisherigen Kosten sowie Zinsen bis zur Eröffnung des Insolvenzverfahrens. Hier müssen Sie auf das **Datum der Eröffnung des Verfahrens im**

Eröffnungsbeschluss achten. Weitere Zinsen dürfen beim Gegenstandswert nicht berücksichtigt werden.

C. Wertfestsetzung im gerichtlichen Verfahren

I. Allgemeines

§ 32 RVG Wertfestsetzung für die Gerichtsgebühren 67

(1) Wird der für die Gerichtsgebühren maßgebende Wert gerichtlich festgesetzt, ist die Festsetzung auch für die Gebühren des Rechtsanwalts maßgebend.

(2) Der Rechtsanwalt kann aus eigenem Recht die Festsetzung des Werts beantragen und Rechtsmittel gegen die Festsetzung einlegen. Rechtsbehelfe, die gegeben sind, wenn die Wertfestsetzung unterblieben ist, kann er aus eigenem Recht einlegen.

Waren Sie im gerichtlichen Verfahren tätig, erfolgt häufig durch das Gericht nach Abschluss des Verfahrens eine Wertfestsetzung. Das Gericht beschließt: 68

„Der Streitwert wird auf … € festgesetzt".

Diese **Wertfestsetzung** ist **für den Gegenstandswert maßgebend** (s. Rdn 20).

Nicht immer aber entspricht der Wert des gerichtlichen Verfahrens auch dem Wert, den die anwaltliche Tätigkeit hatte. Dies ist z.B. dann nicht der Fall, wenn bei einem vor- bzw. außergerichtlichen Vergleich der Prozess- und der Vergleichsgegenstand nicht übereinstimmen. In diesem Fall ist der Wert nach **§ 33 RVG** zu bestimmen. 69

In einigen Akten kann es auch sein, dass Sie nach Lektüre der Akte immer noch keine Vorstellung davon haben, wie der Wert zu bestimmen ist (insbes. bei gerichtlichen Verfahren). In diesen Fällen ist ein Antrag auf „Streitwertfestsetzung" an das Gericht hilfreich. 70

9.1

▼

Muster 9.1: Antrag auf Festsetzung des Streitwerts zum Zwecke der Vergütungsberechnung 71

Gericht

(das Gericht, das zuletzt über die Sache entschieden hat)

In Sachen

./.

Az.:

wird aus eigenem Recht gem. § 32 Abs. 2 RVG beantragt,

den Streitwert zum Zwecke der anwaltlichen Vergütungsberechnung auf € festzusetzen.

Begründung

Dem streitigen Sachverhalt liegt eine nicht vermögensrechtliche Streitigkeit zugrunde. Unter Berücksichtigung des Interesses des Klägers am Erfolg in der Sache gehen wir von einem Streitwert in Höhe von € aus und bitten um entsprechende Festsetzung. Sollte das Gericht von einem geringeren oder höheren Streitwert ausgehen, wird höflichst um kurze Wiedergabe einer Begründung gebeten.

Beglaubigte und einfache Abschrift anbei

Rechtsanwalt

▲

72 Über den Antrag wird durch Beschluss entschieden. Gegen diesen Beschluss kann Beschwerde eingelegt werden. Nach § 63 Abs. 2 i.V.m. § 68 Abs. 1 GKG muss der Wert des Beschwerdegegenstandes 200,00 € übersteigen Der Wert der Beschwer ergibt sich aus der Vergütungsdifferenz, die sich ergibt, wenn man aufgrund des von Ihnen gewünschten Streitwerts die Vergütung berechnet und diese mit der Vergütung, die sich aufgrund der Streitwertfestsetzung des Gerichts ergibt, vergleicht.

Beispiel: Ermittlung des Wertes der Beschwer bei Streitwertbeschwerden

Sie haben die Festsetzung eines Streitwerts i.H.v. 20.000,00 € beantragt. Angenommen der Vergütungsanspruch, der sich daraus ergäbe beträgt 2.000,00 €. Das Gericht hat den Streitwert mit 18.000,00 € festgesetzt. Der Vergütungsanspruch, der sich daraus ergibt, beträgt (fiktiv) 1.850,00 €. Eine Beschwerde ist nicht möglich. Die sich ergebende Vergütungsdifferenz, die den Wert der Beschwer bestimmt, ist geringer als 200,00 €.

II. Antrag gem. § 32 Abs. 2 RVG – Wertfestsetzung aus eigenem Recht

73 Der RA benötigt in vielen Fällen die Festsetzung des Streitwertes, weil dieser sich nicht eindeutig ergibt. Daher kann er gem. § 32 Abs. 2 RVG aus eigenem Recht die Festsetzung des Streitwerts (und damit Gegenstandswerts) beantragen. **Jeder RA**, der am Verfahren beteiligt war, kann einen solchen **Antrag stellen**.

74 Erfolgt eine Wertfestsetzung und findet der festgesetzte Wert nicht das Einverständnis des RA, so kann er gegen die Wertfestsetzung **Beschwerde** einlegen **(§ 32 Abs. 2 Satz 1 RVG**). Die Beschwerde ist vom Erreichen des Wertes der Beschwer abhängig. Dieser muss 200,00 € übersteigen (zur Ermittlung des Wertes der Beschwer s. das Beispiel Rdn 72) In eigenem Namen kann er gegen die Wertfestsetzung nur Beschwerde einlegen, wenn er den Wert für zu gering erachtet.

Ist nach Auffassung des RA ein zu hoher Wert festgesetzt worden, wird die Beschwerde nur im Auftrag der Partei eingelegt. Der RA hat mit Sicherheit kein eigenes Interesse daran, dass der Wert niedriger festgesetzt wird.

III. Wertfestsetzung gem. § 33 RVG

§ 33 RVG Wertfestsetzung für die Rechtsanwaltsgebühren 75

(1) Berechnen sich die Gebühren in einem gerichtlichen Verfahren nicht nach dem für die Gerichtsgebühren maßgebenden Wert oder fehlt es an einem solchen Wert, setzt das Gericht des Rechtszugs den Wert des Gegenstands der anwaltlichen Tätigkeit auf Antrag durch Beschluss selbstständig fest.

(2) Der Antrag ist erst zulässig, wenn die Vergütung fällig ist. Antragsberechtigt sind der Rechtsanwalt, der Auftraggeber, ein erstattungspflichtiger Gegner und in den Fällen des § 45 die Staatskasse.

(3) Gegen den Beschluss nach Absatz 1 können die Antragsberechtigten Beschwerde einlegen, wenn der Wert des Beschwerdegegenstands 200 Euro übersteigt. Die Beschwerde ist auch zulässig, wenn sie das Gericht, das die angefochtene Entscheidung erlassen hat, wegen der grundsätzlichen Bedeutung der zur Entscheidung stehenden Frage in dem Beschluss zulässt. Die Beschwerde ist nur zulässig, wenn sie innerhalb von zwei Wochen nach Zustellung der Entscheidung eingelegt wird.

(4) Soweit das Gericht die Beschwerde für zulässig und begründet hält, hat es ihr abzuhelfen; im Übrigen ist die Beschwerde unverzüglich dem Beschwerdegericht vorzulegen. Beschwerdegericht ist das nächsthöhere Gericht, in Zivilsachen der in § 119 Abs. 1 Nr. 1 des Gerichtsverfassungsgesetzes bezeichneten Art jedoch das Oberlandesgericht. Eine Beschwerde an einen obersten Gerichtshof des Bundes findet nicht statt. Das Beschwerdegericht ist an die Zulassung der Beschwerde gebunden; die Nichtzulassung ist unanfechtbar.

(5) War der Beschwerdeführer ohne sein Verschulden verhindert, die Frist einzuhalten, ist ihm auf Antrag von dem Gericht, das über die Beschwerde zu entscheiden hat, Wiedereinsetzung in den vorigen Stand zu gewähren, wenn er die Beschwerde binnen zwei Wochen nach der Beseitigung des Hindernisses einlegt und die Tatsachen, welche die Wiedereinsetzung begründen, glaubhaft macht. Ein Fehlen des Verschuldens wird vermutet, wenn eine Rechtsbehelfsbelehrung unterblieben oder fehlerhaft ist. Nach Ablauf eines Jahres, von dem Ende der versäumten Frist an gerechnet, kann die Wiedereinsetzung nicht mehr beantragt werden. Gegen die Ablehnung der Wiedereinsetzung findet die Beschwerde statt. Sie ist nur zulässig, wenn sie innerhalb von zwei Wochen eingelegt wird. Die Frist beginnt mit der Zustellung der Entscheidung. Absatz 4 Satz 1 bis 3 gilt entsprechend.

(6) Die weitere Beschwerde ist nur zulässig, wenn das Landgericht als Beschwerdegericht entschieden und sie wegen der grundsätzlichen Bedeutung der zur Entscheidung stehenden Frage in dem Beschluss zugelassen hat. Sie kann nur darauf gestützt werden, dass die Entscheidung auf einer Verletzung des Rechts beruht; die §§ 546 und 547 der Zivilprozessordnung gelten entsprechend. Über die weitere Beschwerde entscheidet das Oberlandesgericht. [4]Absatz 3 Satz 3, Absatz 4 Satz 1 und 4 und Absatz 5 gelten entsprechend.

(7) Anträge und Erklärungen können ohne Mitwirkung eines Bevollmächtigten schriftlich eingereicht oder zu Protokoll der Geschäftsstelle abgegeben werden; § 129a der Zivilprozessordnung gilt entsprechend. Für die Bevollmächtigung gelten die Regelungen der für das zugrunde liegende Verfahren geltenden Verfahrensordnung entsprechend. Die Beschwerde ist bei dem Gericht einzulegen, dessen Entscheidung angefochten wird.

(8) Das Gericht entscheidet über den Antrag durch eines seiner Mitglieder als Einzelrichter; dies gilt auch für die Beschwerde, wenn die angefochtene Entscheidung von einem Einzelrichter oder einem Rechtspfleger erlassen wurde. Der Einzelrichter überträgt das Verfahren der Kammer oder dem Senat, wenn die Sache besondere Schwierigkeiten tatsächlicher oder rechtlicher Art aufweist oder die Rechtssache grundsätzliche Bedeutung hat. Das Gericht entscheidet jedoch immer ohne Mitwirkung ehrenamtlicher Richter. Auf eine erfolgte oder unterlassene Übertragung kann ein Rechtsmittel nicht gestützt werden.

(9) [1]Das Verfahren über den Antrag ist gebührenfrei. [2]Kosten werden nicht erstattet; dies gilt auch im Verfahren über die Beschwerde.

76 Grds. richten sich die Anwaltsgebühren nach dem für die Gerichtsgebühren maßgeblichen Wert. Natürlich hat dieser Grundsatz auch Ausnahmen. So richten sich in vielen Fällen die Gerichtsgebühren nicht nach einem Wert (die Gerichtskosten entstehen z.B. als Festgebühren), in diesen Fällen ist § 33 RVG einschlägig. § 33 RVG ergänzt insoweit die Regelung des § 32 RVG. Die Kernvorschrift ist in § 32 RVG zu sehen. Anwendbar ist § 33 RVG nur, wenn der RA in einem gerichtlichen Verfahren tätig war.

77 Das Gericht entscheidet nur auf Antrag und nie von Amts wegen. Einen **Wertfestsetzungsantrag** können der RA, der Auftraggeber, der Gegner u.a. am Verfahren Beteiligte (Staatskasse) stellen.

78 Setzt das Gericht in seinem Beschluss den Streitwert zu gering fest, kann der RA gem. § 33 Abs. 3 RVG gegen den Beschluss innerhalb einer **Notfrist von zwei Wochen** nach Zustellung des Beschlusses Beschwerde einlegen. Die Beschwerde ist bei dem Gericht einzulegen, welches den Beschluss erlassen hat (§ 33 Abs. 7 RVG). Sie ist nur zulässig, wenn der Wert des Beschwer 200,00 € übersteigt, oder aber, das Gericht, welches die angefochtene Entscheidung erlassen hat, hat nach § 33 Abs. 3 Satz 2 RVG die Beschwerde zugelassen hat; zur Ermittlung des Wertes der Beschwer vgl. die Ausführungen unter Rdn 72 ff. und unter § 7 Rdn 121.

79 Die Beschwerde muss begründet werden. Das Beschwerdegericht (also das Gericht, das den angefochtenen „Streitwertbeschluss" erlassen hat) kann der Beschwerde abhelfen, sofern es sie für zulässig und begründet hält. Wird der Beschwerde durch das Erstgericht nicht abgeholfen, ist die Beschwerde unverzüglich dem Beschwerdegericht vorzulegen (§ 33 Abs. 4 Satz 1 RVG). Hierbei ist das nächst höhere Gericht entsprechend § 33 Abs. 4 Satz 2, 1. Halbs. RVG zuständig. Die Besonderheiten von § 119 Abs. 1 Nr. 1, Abs. 2, 3 GVG (Besondere Zuständigkeit in Berufungssachen für Familiensachen) gelten auch hier. Für die Beschwerde, die ihren Ursprung in einem solchen (familienrechtlichen) Verfahren hat, ist das OLG zuständig. Eine Beschwerde zum BGH ist nicht möglich, allerdings kann das Beschwerdegericht eine Rechtsbeschwerde zum BGH zulassen.

Das Beschwerdegericht entscheidet gem. § 572 Abs. 4 ZPO erneut durch Beschluss und kann die Rechtsbeschwerde zulassen. Durch die Beschwerde darf aber kein geringerer Wert festgesetzt werden, als er ursprünglich festgesetzt wurde. Im Beschwerdeverfahren gilt das sog. **Verschlechterungsverbot** (umstritten, a.A. werden in der Kommentarliteratur vertreten). 80

Praxistipp: 81

Wenn Sie eine Beschwerde gegen einen Streitwertbeschluss einlegen, beantragen Sie doch gleichzeitig, dass das Gericht eine Entscheidung über die Zulässigkeit der Rechtsbeschwerde trifft.

9.2

▼

Muster 9.2: Antrag auf Entscheidung über die Zulässigkeit der Rechtsbeschwerde 82

wird des Weiteren beantragt,

für den Fall, dass der Beschwerde nicht abgeholfen werden sollte, eine Entscheidung über die Zulässigkeit der Rechtsbeschwerde zu treffen.

▲

D. Rechnungsstellung gem. § 10 RVG

I. Form der Rechnung

1. Allgemeines

Der Auftraggeber ist nicht verpflichtet, den Vergütungsanspruch des RA zu erfüllen, wenn er keine ordentliche Rechnung erhalten hat. So kann der RA dem Auftraggeber selbstverständlich telefonisch mitteilen, dass seine Vergütung sich in der Angelegenheit auf eine bestimmte Summe belaufe und den Auftraggeber zur Zahlung auffordern. Eine Verpflichtung zur Zahlung ergibt sich aber nicht, weil diese „Rechnung“ nicht den Anforderungen aus § 10 RVG entspricht. 83

Neben § 10 RVG sind noch weitere Anforderungen zu beachten (z.B. Anforderungen nach dem Umsatzsteuerrecht). Diese Anforderungen haben aber regelmäßig auf die Wirksamkeit der Vergütungsberechnung keinen Einfluss. Der RA könnte seine Vergütung einklagen, auch wenn die umsatzsteuerrechtlichen Auflagen an die Erstellung einer Rechnung (z.B. § 14 UStG) nicht erfüllt sind. Auch die Übermittlung der Rechnung kann auf unterschiedlichen Wegen erfolgen. Im sog. digitalen Zeitalter kann die Rechnung auch elektronisch übermittelt werden. Hierbei sind aber enge Voraussetzungen an die Zulässigkeit dieser Übermittlung vorgegeben. 84

85 Nach dem UStG ist eine Rechnung ein Dokument mit dem eine Lieferung oder sonstige Leistung abgerechnet wird (§ 14 Abs. 1 UStG i.V.m. § 31 Abs. 1 UStDV). Hierbei muss die Rechnung nicht als Rechnung bezeichnet sein. Ebenso ist es möglich, diese als „Zahlungsaufforderung" zu bezeichnen. Sie könnten Ihre Rechnungen daher mit dem Zusatz überschreiben:

„Zahlungsaufforderung gem. § 10 RVG (§ 14 Abs. 1 UStG, § 31 Abs. 1 UStDV)". Dies ist in der Praxis jedoch völlig unüblich.

2. Anforderung an die Rechnung gem. § 14 UStG

86 Gem. § 14 Abs. 4 UStG muss eine Rechnung, auch eine elektronisch übermittelte, folgende Angaben enthalten (die Darstellung erfolgt unter Berücksichtigung der Erstellung einer Rechnung in einer Anwaltskanzlei. Angaben, die in einer Anwaltskanzlei nicht erforderlich sind, wurden hier nicht aufgezählt):

- Name und Anschrift des leistungserbringenden Unternehmers und des Leistungsempfängers (RA);
- Steuernummer oder Umsatzsteueridentifikationsnummer;
- Ausstellungsdatum;
- fortlaufende Nummer (Rechnungsnummer);
- Leistungszeitraum;
- Zeitpunkt der Leistung oder der Vereinnahmung des Entgelts;
- Entgelt aufgeschlüsselt nach Steuersätzen und einzelnen Steuerbefreiungen;
- einen Hinweis auf die Aufbewahrungspflicht des Leistungsempfängers nach § 14b Abs. 1 Satz 5 UStG.

Rechnungen können auf Papier oder, vorbehaltlich der Zustimmung des Empfängers, auf elektronischem Weg übermittelt werden.

3. Zustimmung des Empfängers zur elektronischen Rechnungsübermittlung

87 An die Zustimmung des Empfängers zur elektronischen Rechnungsübermittlung werden keine hohen Anforderungen gestellt. Zwischen RA und Auftraggeber muss lediglich Einvernehmen darüber bestehen, dass der RA die Rechnung elektronisch übermitteln soll.

88 *Praxistipp:*

Nehmen Sie eine solche Einverständniserklärung in die Allgemeinen Mandatsbedingungen mit auf.

9.3

▼

Muster 9.3: Zustimmung des Auftraggebers zur Übermittlung der Rechnung in elektronischer Form 89

Hiermit stimme ich – der Auftraggeber – in Kenntnis der rechtlichen Tragweite dieser Erklärung der ausschließlichen elektronischen Versendung der Berechnungen über die Rechtsanwaltsvergütung an meine hinterlegte E-Mail-Adresse zu. Auf ein etwaiges Widerrufsrecht bin ich von den Rechtsanwälten hingewiesen worden. Ein Widerruf der Einverständniserklärung wird nicht erfolgen.

▲

Die elektronische Übermittlung der Rechnung spart Zeit und Kosten, die bei dem üblichen Versand der Rechnung entstehen. Allerdings hat die elektronische Übermittlung der Vergütungsberechnung einen erheblichen Nachteil. Der RA kann bei elektronischer Übermittlung den Nachweis über den Zugang der Rechnung nicht führen. Dies gelingt ihm aber üblicherweise auch dann nicht, wenn er die Rechnung mit einfacher Post versandt hat. Ein weiterer Nachteil auf Aufraggeberseite liegt darin, dass die Vergütungsberechnung des RA sich nur dann für die Berechtigung zum **Vorsteuerabzug** eignet, wenn die **Rechnung die Bedingungen in § 14 Abs. 3 UStG** erfüllt. 90

4. Garantie der Echtheit bei der elektronischen Übermittlung, § 14 Abs. 3 UStG

Nach § 14 Abs. 3 UStG sind bei elektronischer Übermittlung der Vergütungsberechnung die Echtheit der Herkunft der Rechnung und die Unversehrtheit des Inhalts der Rechnung zu gewährleisten. Dies kann auf zwei Arten erfolgen: 91

- mit qualifizierter elektronischer Signatur bzw. mit qualifizierter elektronischer Signatur mit Anbieter-Akkreditierung nach dem Signaturgesetz oder
- im EDI-Verfahren (elektronischer Datenaustausch) mit einer zusätzlichen zusammenfassenden Rechnung in Papierform oder in elektronischer Form, wenn diese zusammenfassende Rechnung mindestens mit einer qualifizierten elektronischen Signatur versehen wurde.

Eine „Signatur" ist nicht gleichzusetzen mit einer handschriftlichen Unterschrift (= Signatur). Üblicherweise ist davon auszugehen, dass beim Unterschriftserfordernis das Schriftstück vom RA (Aussteller) eigenhändig unterschrieben sein muss. 92

Die **eigenhändige Unterschrift** ist **im elektronischen Rechtsverkehr nicht ausreichend**. Diese kann zwar als eingescannte Grafik unter eine Willenserklärung gesetzt werden. Die Unterschriftsgrafik lässt sich von jedem Empfänger beliebig oft vervielfältigen. Missbrauch kann nicht ausgeschlossen werden. Aus diesem Grund fordert § 14 Abs. 3

UStG, dass **elektronisch übermittelte Rechnungen mit einer qualifizierten elektronischen Signatur** zu versehen sind.

5. Qualifizierte Signaturen

93 Die elektronische Signatur ist eine Art **Siegel oder Stempel** (ähnlich den Siegeln und Stempeln, die Notare für Beurkundungen und Beglaubigungen benutzen) für digitale Daten. Zur Erstellung der Signatur benötigt der RA ein qualifiziertes Zertifikat, das ein Zertifizierungsdienstanbieter ausstellt und mit dem sich die Identität des RA als Zertifikatsinhabers nachweisen lässt. Ein Zertifikat kann gem. § 2 Nr. 8 SigG nur für natürliche Personen ausgestellt werden.

94 Ob Sie sich dafür entscheiden, von der gegebenen Möglichkeit einer elektronisch übermittelten Rechnung Gebrauch zu machen, hängt in erster Linie davon ab, wie viele Rechnungen Sie versenden. Eine wirtschaftlich lohnende Alternative zur bisherigen Papierrechnung ergibt sich nur durch einen Kostenvergleich. Informationen zu diesem Thema finden Sie insbes. auf den Internetseiten der Regulierungsbehörde für Telekommunikation und Post (*www.regtp.de*). Weitere Informationen erhalten Sie beim Bundesamt für Sicherheit in der Informationstechnik (*www.bsi.de*). Auskünfte und Hilfestellung hinsichtlich der elektronischen Signatur geben auch die örtlichen Industrie- und Handelskammern.

II. Anforderungen an die Vergütungsberechnung gem. § 10 RVG

95 **§ 10 RVG Berechnung**

(1) Der Rechtsanwalt kann die Vergütung nur aufgrund einer von ihm unterzeichneten und dem Auftraggeber mitgeteilten Berechnung einfordern. Der Lauf der Verjährungsfrist ist von der Mitteilung der Berechnung nicht abhängig.

(2) In der Berechnung sind die Beträge der einzelnen Gebühren und Auslagen, Vorschüsse, eine kurze Bezeichnung des jeweiligen Gebührentatbestands, die Bezeichnung der Auslagen sowie die angewandten Nummern des Vergütungsverzeichnisses und bei Gebühren, die nach dem Gegenstandswert berechnet sind, auch dieser anzugeben. Bei Entgelten für Post- und Telekommunikationsdienstleistungen genügt die Angabe des Gesamtbetrags.

(3) Hat der Auftraggeber die Vergütung gezahlt, ohne die Berechnung erhalten zu haben, kann er die Mitteilung der Berechnung noch fordern, solange der Rechtsanwalt zur Aufbewahrung der Handakten verpflichtet ist.

1. Allgemeines

96 Wenn es um das Erstellen einer Vergütungsberechnung geht, müssen Sie verschiedene Begrifflichkeiten unterscheiden:

- der Vergütungsanspruch **entsteht**,
- der Vergütungsanspruch wird **fällig**,
- der Vergütungsanspruch wird **einforderbar**.

Der Vergütungsanspruch des RA entsteht mit seiner ersten Tätigkeit nach Übernahme des Auftrags. Er kann die Vergütung dann aber noch nicht einfordern, weil die Vergütung noch nicht fällig ist. Deshalb gibt der Abschluss des Anwaltsvertrags dem RA gleichzeitig das Recht (und nach meiner Auffassung auch die Pflicht), die Zahlung eines **angemessenen Vorschusses** gem. § 9 RVG vom Auftraggeber zu verlangen. 97

Fällig wird die Vergütung nach den Vorgaben in § 8 Abs. 1 RVG. 98

§ 8 RVG Fälligkeit, Hemmung der Verjährung (verkürzte Darstellung) 99

(1) Die Vergütung wird fällig, wenn der Auftrag erledigt oder die Angelegenheit beendet ist. Ist der Rechtsanwalt in einem gerichtlichen Verfahren tätig, wird die Vergütung auch fällig, wenn eine Kostenentscheidung ergangen oder der Rechtszug beendet ist oder wenn das Verfahren länger als drei Monate ruht.

(…)

Damit der RA die Vergütung auch einfordern kann (im Zweifel auch mit Einschaltung gerichtlicher Organe), ist es erforderlich, dass der RA dem Auftraggeber eine Berechnung seiner Vergütung übermittelt. 100

2. Bezeichnung der Rechnung

Wie der RA seine Rechnung nennt, gibt das Gesetz entgegen vieler Meinungen nicht vor. Zulässig ist es, die Rechnung etwa mit Vergütungsberechnung, Vergütungsrechnung, Gebührenberechnung, Kostenberechnung, Honorarrechnung, Honorarnote u.v.m. zu bezeichnen. Ich bevorzuge die Bezeichnung „Vergütungsberechnung“, aber das ist die Macht der Gewohnheit. Letztlich kann der RA seine Rechnung auch einfach nur „Anwaltsrechnung“ nennen. 101

3. Formerfordernis an die Vergütungsberechnung

Der Gesetzgeber hat die Formvorschriften an die Anwaltsrechnung aufgestellt, damit für den Auftraggeber eine Nachprüfbarkeit gegeben ist. Dies ist natürlich dem juristisch nicht versierten Auftraggeber nicht möglich, was im Büroalltag zuweilen zu äußerst amüsanten Begebenheiten führt. Nicht selten werden Sie es erleben, dass der Auftraggeber auf eine Rechnung in voller Verzweiflung ausführt: 102

„Der RA hat doch nur einmal geschrieben und dafür soll ich jetzt so viel zahlen“, oder aber: „Der RA hat im Termin doch gar nichts gesagt, warum erhält er dann trotzdem eine Gebühr". Oder „Ich dachte, das erste Schreiben eines Anwalts kostet nichts".... Notieren Sie sich diese Begebenheiten, weil Sie dann ggf. damit anfangen, gleich in der Rechnung bestimmten Einwänden von Auftraggebern zuvor zu kommen.

103 Sicher kennen Sie auch diesen Auftraggeber: Egal wie hoch die Rechnung ausfällt, der Auftraggeber hat immer etwas auszusetzen, der zu zahlende Betrag ist ihm immer zu hoch und er ist leidenschaftlicher „Händler". Auch da können Sie vorbeugen und bereits mit Ihren Rechnungsanschreiben dem Auftraggeber die Möglichkeit nehmen (oder seine Möglichkeit beschränken), mit Ihnen zeitintensive Diskussionen über die Höhe des Vergütungsanspruchs zu führen.

104 *Praxistipp:*

Der Auftraggeber hat oft von der möglichen Vergütung und der Zusammensetzung des Gegenstandswertes keine Vorstellung, erläutern Sie dem Auftraggeber doch die geltend gemachten Gebühren in einem gesonderten Anschreiben und fügen diesem Anschreiben nur noch die Kurzrechnung ohne Erläuterung bei. Sie können dann jederzeit darauf verweisen, dass Sie den Vergütungsanspruch erläutert haben. Denn immer wieder kommt es auch vor, dass ein Auftraggeber mit der Überprüfung Ihrer Rechnung einen anderen Anwalt beauftragt. Für diesen ist offensichtlich, wie Sie die Vergütung ermittelt haben, die Angelegenheit ist oft erledigt, ohne dass es einer ausufernden Korrespondenz bedarf.

Ein weiterer Grund für eine begründete Vergütungsberechnung ist die sog. Aktentransparenz. Wenn Sie eine Rechnung erstellt haben, kann ein Dritter (Ihre Kollegin/Ihr Kollege [im weiteren: „die Kollegin"] oder Ihr Arbeitgeber/Ihre Arbeitgeberin [im weiteren „Der Arbeitgeber"] nicht ohne Weiteres nachvollziehen, wie Sie zu Ihrem Ergebnis gekommen sind. Oberste Regel: Je schwieriger die Rechnung, umso wichtiger ist zumindest eine Aktennotiz in der Akte, wie Sie zu Ihren Ergebnis gekommen sind. Denn, selbst wenn Sie „immer" da sind, also Ihr Büro Ihre Heimat ist, dann machen auch Sie einmal Urlaub. Und genau in diesem Zeitraum kommt garantiert die Akte zur Bearbeitung an die Kollegin, an der Sie selbst ewig gearbeitet haben. Ohne Vermerk oder ohne begründete Rechnung kann Ihre Kollegin nur hilflos auf Ihre Rückkehr verweisen. Ich behaupte, dass es niemand schätzt, nach der Urlaubsrückkehr mit einem Berg von Akten konfrontiert zu werden, bei dem allein der Anblick und die Höhe des Berges jede Erholung sofort aufhebt.

Muster 9.4: Erläuterungsanschreiben an den Auftraggeber bei der Übersendung der Vergütungsberechnung 105

Anrede,

in der Anlage überreichen wir Ihnen unsere Vergütungsberechnung. Wir bitten um Ausgleich binnen der in der Anlage gesetzten Zahlungsfrist.

Zur Vergütung möchten wir wie folgt – zum besseren Verständnis – ausführen:

Wir berechnen die gesetzliche Vergütung nach dem Rechtsanwaltsvergütungsgesetz (zukünftig RVG).

Das RVG gilt immer dann, wenn der RA und der Auftraggeber keine abweichende Vereinbarung getroffen haben. Treffen die Parteien eine vom RVG abweichende Vereinbarung, dann wird in der Regel eine höhere als die gesetzliche Vergütung vereinbart.

Die Geschäftsgebühr gem. Nr. 2300 VV RVG ist entstanden, da wir vorgerichtlich für Sie tätig waren und uns entsprechend dem erteilten Auftrag um vorgerichtliche Bereinigung der Angelegenheit bemüht haben (Vorbemerkung 2.3. Abs. 3 VV RVG). Die Geschäftsgebühr wird nach der Tabelle zu § 13 RVG berechnet. Die genaue Höhe der Geschäftsgebühr ergibt sich aus dem gesetzlichen Gegenstandswert und der in Ansatz gebrachten Rahmengebühr. Den Rahmen der Geschäftsgebühr haben wir unter Berücksichtigung von § 14 RVG (Umfang und Schwierigkeit der anwaltlichen Tätigkeit, Bedeutung der Angelegenheit für den Auftraggeber, Vermögensverhältnisse des Auftraggebers, Haftungsrisiko des Rechtsanwalts) mitbestimmt.

Der Gegenstandswert ergibt sich gem. § 23 Abs. 1, § 32 RVG aus den entsprechenden Wertvorschriften des Gerichts (*oder zum Beispiel: der Wertfestsetzung des Gerichts u.a.*).

Für das gerichtliche Verfahren ist eine

- 1,3 Verfahrensgebühr gem. Nr. 3100 VV RVG
- 1,2 und eine Terminsgebühr gem. Nr. 3104 VV RVG entstanden.

Die Verfahrensgebühr ist für sämtlichen Schriftverkehr im gerichtlichen Verfahren entstanden (sowie für das allgemeine Betreiben der Angelegenheit). Die Terminsgebühr ist für die Wahrnehmung des Gerichtstermins entstanden *(oder eine andere Alternative aus Vorbemerkung 3 Abs. 3 VV RVG)*.

In unserer Rechnung ist die **Geschäfts**gebühr gekürzt. Anstelle von 1,3 sind nur 0,65 ausgewiesen. Dies liegt daran, dass die Geschäftsgebühr gem. Vorbemerkung 3 Abs. 4 VV RVG auf die Verfahrensgebühr angerechnet wird. Die Anrechnung erfolgt üblicherweise mit einem Gebührensatz von 0,65 *(wenn der Gebührensatz höher ist, dann hier entsprechend vermerken).* Daher ergibt sich 1,3–0,65 = 0,65 Restgeschäftsgebühr.

Bei den weiteren Positionen, den sogenannten Auslagen, haben wir ebenfalls nur den gesetzlichen Anspruch geltend gemacht. Wir erlauben uns angesichts der Höhe der gesetzlichen Auslagen auf weitere Ausführungen zu verzichten.

Wir haben uns bemüht, das komplexe gesetzliche Vergütungssystem übersichtlich darzustellen. Bei weiteren Fragen können Sie im Internet Antworten finden. Selbstverständlich sind unsere Mitarbeiter/Innen auch gerne bereit, Ihnen hier bei Bedarf mit weiteren Erläuterungen und Erklärungen hilfreich zur Seite zu stehen.

Grußformel

▲

106 *Hinweis:*

In manchen Kanzleien werden kleine Aufmerksamkeiten in den Rechnungsumschlag beigepackt. So etwa Schokolade, Gummibärchen (kleine Tüte), ein besonderer Tee u.v.m. Hier können Sie sich ja überlegen, wie Sie in Ihrer Kanzlei dem Auftraggeber die Rechnung etwas „versüßen".

4. Einfordern der Vergütung

107 Der RA fordert seinen Vergütungsanspruch ein, wenn er den Vergütungsanspruch geltend macht.

Der RA fordert die Vergütung ein, wenn er den Auftraggeber zur Zahlung auffordert, eine Mahnung fertigt (oder fertigen lässt), die Aufrechnung mit einem Geldbetrag (Fremdgeld) oder die Zurückbehaltung erklärt.

5. Aufrechnung der Vergütung

108 Will der RA etwa eine Fremdgeldforderung mit der Vergütungsforderung aufrechnen, so kann er dies in zulässiger Weise nur, wenn er den Vergütungsanspruch gem. § 10 RVG abgerechnet hat. Eine **Aufrechnung gem. § 387 BGB** ist nur möglich, wenn der Aufrechnende (also der RA) die ihm gebührende Leistung (also die Vergütung) fordern darf. Solange der RA keine ordnungsgemäße Vergütungsberechnung erstellt hat, ist die Aufrechnung nicht zulässig. Die **Vergütungsberechnung kann gleichzeitig mit der Erklärung der Aufrechnung** erteilt werden.

6. Auslagen für die Übersendung der Rechnung

109 Für die Übersendung der Rechnung an den Auftraggeber kann der RA keine Entgelte für Post- und Telekommunikationsdienstleistungen gem. Nrn. 7001 oder 7002 VV RVG fordern.

7. Inhalt der Vergütungsberechnung

Die Vergütungsberechnung muss **schriftlich** erteilt werden (§ 10 Abs. 1 RVG). 110

§ 10 Abs. 2 RVG verlangt als **Inhalt** der Vergütungsberechnung weiter, dass diese

- eine kurze Bezeichnung des jeweiligen Gebührentatbestandes,
- die angewandten Nummern des Vergütungsverzeichnisses,
- bei Wertgebühren die Angabe des Gegenstandswertes,
- die Bezeichnung der Auslagen und Gerichtskosten (Aufwendungen),
- und die geleisteten Vorschüsse enthält und
- vom RA unterschrieben ist.

Das Gesetz verlangt **ausdrücklich**, dass der **RA die Rechnung unterschreibt**. Ob dies eigenhändig, oder durch eine Signatur erfolgt, hängt von der Form der Versendung ab (s. Ausführungen zur Signatur der Rechnung unter Rdn 91). In vielen Kapiteln finden Sie bereits an verschiedenen Stellen Muster, Beispiele etc. für Vergütungsberechnungen. 111

Sind **Wertgebühren** Teil der Vergütungsberechnung, muss der RA in der Vergütungsberechnung auf die Tabelle zu **§ 13 RVG** verweisen. Nur aus der Tabelle ergibt sich die Höhe seiner Vergütung. Ergibt sich die Gebühr aus dem VV des RVG, sollte der RA dies kennzeichnen, indem er in der Vergütungsberechnung zusätzlich § 2 Abs. 2 RVG zitiert. 112

Praxistipp: 113

Wenn Sie bei Wertgebühren den Hinweis auf die Tabelle zu § 13 RVG sowie auf die Anwendung des VV gem. § 2 Abs. 2 RVG nicht bei jeder Gebühr wiederholen wollen, ist es einfacher, eine weitere Überschrift über der Rechnung zu bilden: z.B.

- Vergütungsberechnung – Rechnungsnummer,
- Leistungszeitraum/Umsatzsteuernummer,
- Gegenstandswert,
- Berechnet gem. §§ 2 Abs. 2, 13 VV RVG.

8. Erläuterungen in der Rechnung bei Rahmengebühren

Berechnet der RA eine Rahmengebühr (Betrags- oder Satzrahmengebühr), muss aus der Vergütungsberechnung erkennbar sein, wie der RA den Gebührenrahmen im konkreten Einzelfall bestimmt hat. Fehlen dazu Ausführungen, ist die Vergütungsberechnung nicht nachvollziehbar. 114

Berechnet der RA bei Rahmengebühren nur die Mittelgebühr oder bspw. bei der Geschäftsgebühr gem. Nr. 2300 VV RVG die sog. **Schwellengebühr**, müssen keine besonderen Ausführungen zur Bestimmung des Gebührenrahmens in der Vergütungsberechnung durch den RA erfolgen. Sinnvoll ist es aber, hier den Auftraggeber darauf hinzuweisen, dass die Gebühr in der normierten gesetzlichen Höhe gefordert wird. 115

9.5

▼

116 **Muster 9.5: Formulierung bei Geltendmachung der Regelgebühr/Schwellengebühr**

Die von uns erhobene Geschäftsgebühr gem. Nr. 2300 VV RVG entsteht nach dem ausdrücklichen Willen des Gesetzgebers regelmäßig i.H.v. 1,3. Wir sind von der gesetzlichen Vorgabe nicht abgewichen, da sich aus dem Sachverhalt keine Gründe für ein Abweichen nach oben oder unten ergeben haben.

▲

117 Soll mehr als die Mittel- oder Schwellengebühr geltend gemacht werden, ist die Vergütungsberechnung nur dann ordnungsgemäß, wenn der RA dies unter Berücksichtigung von § 14 RVG erläutert (s. das Muster unter Rdn 123).

118 Hat der Auftraggeber bereits Vorschüsse auf die zu erwartende Vergütung gezahlt, ist es erforderlich, dass sich die gezahlten Vorschüsse in der Vergütungsberechnung wieder finden. Aus der Rechnung muss hervorgehen, **von wem, wann – also der Zahlungszeitpunkt – und in welcher Höhe ein Vorschuss** gezahlt wurde.

9. Unterzeichnung der Rechnung

119 Nur der RA kann die Vergütungsberechnung unterzeichnen. Wird die Rechnung von der/dem Rechtsanwaltsfachangestellte/n, der/dem Rechtsfachwirtin/Rechtsfachwirt oder einem sonstigen Dritten unterzeichnet, ist keine wirksame Rechnung erstellt worden. Auf die Möglichkeit einer elektronischen Signatur (s. Rdn 91 ff.) wird verwiesen. Dadurch, dass der RA die Rechnung unterzeichnet, übernimmt er die straf- (§ 352 StGB), standes- und haftungsrechtliche Verantwortung für die Rechnung.

120 Ist der RA Partner einer Sozietät o.Ä., dann ist die Unterschrift eines Partners, Sozius oder allgemeinen Vertreters ausreichend (OLG Brandenburg, AnwBl 2001, 306).

10. Versand der Rechnung an RSV

121 Hat eine RSV die sog. Kostendeckungszusage erteilt, sollte ihr ein Exemplar einer unterschriebenen Vergütungsberechnung gesandt werden.

122 Die Rechnung selbst ist dabei **adressiert an den Auftraggeber**. I.d.R. übersendet der RA in diesen Fällen gleichzeitig eine Rechnung an den Auftraggeber und teilt dem Auftraggeber mit, dass er die Zahlung der Vergütung mit gleicher Post bei der Versicherung angefordert hat. Geht der RA so vor, dann fordert er die Vergütung vom Auftraggeber (die RSV erfüllt eine Verbindlichkeit des Auftraggebers). Der Anspruch bleibt gegenüber dem Auftraggeber auch dann bestehen, wenn die Rechtschutzversicherung nicht zahlen sollte.

9.6

▼

Muster 9.6: Anforderung der Rechnung von der Rechtsschutzversicherung 123

Anrede,

in der Anlage überreichen wir unsere Vergütungsberechnung vom heutigen Tage, die direkt an Ihren Versicherungsnehmer adressiert ist. Ihren Versicherungsnehmer haben wir von der erfolgten Rechnungslegung informiert und diesem ferner mitgeteilt, dass wir uns wegen des Ausgleichs der Rechnung unmittelbar mit Ihnen in Verbindung gesetzt haben.

Wir bitten Sie, Ihren Versicherungsnehmer unverzüglich von der geschuldeten Vergütungsforderung freizustellen. Auf die gesetzliche Verzinsungspflicht gem. §§ 286, 288 BGB verweisen wir.

Etwaige geleistete Vorschüsse haben wir von dem Rechnungsbetrag in Abzug gebracht.

Für den Fall, dass Sie Einwände gegen einzelne Rechnungspositionen erheben sollten, weisen wir daraufhin, dass wir uns unverzüglich an den Vergütungsschuldner (= Ihr Versicherungsnehmer) wegen aller ausstehenden Zahlungen wenden werden. Eine Teilzahlung nicht bestrittener Positionen erwarten wir dann selbstverständlich.

Bei Einwänden gegen einzelne Vergütungspositionen dürfen wir Sie ferner bitten, den unbürokratischen Weg der telefonischen Kontaktaufnahme zu wählen. Viele Dinge lassen sich rasch durch ein Telefonat klären (etwa eventuell weiter benötigte Unterlagen). Für den Fall, dass sich klärungsbedürftige Sachverhalte telefonisch klären lassen, verzichten wir darauf, einen gesonderten Vergütungsanspruch diesbezüglich gegenüber dem Versicherungsnehmer geltend zu machen.

Wir gehen davon aus, dass es auch in Ihrem Interesse ist, jede Angelegenheit mit dem geringsten Ausmaß an Bürokratie abzuwickeln.

Die Höhe und die Zusammensetzung unseres Vergütungsanspruchs entnehmen Sie bitte der Anlage.

Grußformel

▲

9.7

▼

Muster 9.7: Anschreiben an Auftraggeber – Rechnung wurde an Versicherung gesandt 124

Anrede,

wir haben mit gleicher Post unsere in der Anlage beigefügte Vergütungsberechnung an Ihre Versicherung mit der Bitte um Zahlungsausgleich weitergeleitet. Unser entsprechendes Anschreiben ist diesem ebenfalls als Abschrift beigefügt. Eine Zahlung ist zurzeit für Sie noch nicht zu veranlassen.

Der guten Ordnung halber weisen wir noch einmal darauf hin, dass, für den Fall, dass Ihre Versicherung nicht, oder nur zum Teil leistet, Sie als Auftraggeber unser Vergütungsschuldner sind.

Wir kommen auf den Rechnungsausgleich nur zurück, sollte Ihre Versicherung den Vergütungsanspruch nicht in voller Höhe erfüllen. Sollten wir uns nach Ablauf von fünf Wochen (übliche Zahlungsfrist der Versicherung zuzüglich Bearbeitungszeitraum) nicht wieder bei Ihnen gemeldet haben, gehen wir davon aus, dass die Angelegenheit erledigt ist.

Etwaige Selbstbeteiligungen die Sie mit Ihrer Versicherung vereinbart haben, haben wir in der Regel bereits eingefordert, nachdem uns Ihre Versicherung von der vereinbarten Selbstbeteiligung informiert hat.

Grußformel

▲

11. Lauf der Verjährungsfrist

125 § 10 Abs. 1 Satz 2 RVG regelt eindeutig, dass der Lauf der Verjährungsfrist von der Mitteilung der Berechnung unabhängig ist. Mit der Übersendung der Rechnung kann der RA den Lauf der Verjährungsfrist nicht hemmen. Trotz Übersendung einer Rechnung tritt die Verjährung bei drohendem Ablauf der Verjährungsfrist ein. Die Verjährung der Vergütungsforderung des RA ist von der Fälligkeit des Vergütungsanspruchs gem. § 8 RVG abhängig. Die Verjährungsfrist beginnt mit der Fälligkeit des Vergütungsanspruchs zu laufen und zwar unabhängig davon, ob der RA dem Auftraggeber seine Vergütungsberechnung übersandt hat.

12. Weitere Anforderungen an die Rechnung aus umsatzsteuerlicher Sicht

126 Seit dem 1.1.2004 bedürfen alle Rechnungen, die den Rechnungsempfänger zur Geltendmachung des **Vorsteuerabzugs** berechtigen sollen, weitere Angaben, die ihre Grundlage nicht im RVG haben.

127 In jeder Rechnung und Gutschrift ist gem. § 14 Abs. 4 UStG die

- Steuernummer oder die
- Umsatzsteuer-Identifikationsnummer (USt-ID-Nr.) anzugeben. Das Fehlen der Steuernummer bzw. der USt-ID-Nr. führt zur Versagung des Vorsteuerabzugs.

128 Eine **Rechnung** muss gem. § 14 Abs. 4 UStG folgende Angaben enthalten:

- die dem leistenden Unternehmer vom Finanzamt erteilte Steuernummer oder die ihm vom Bundesamt für Finanzen erteilte Umsatzsteuer-Identifikationsnummer (USt-ID-Nr.),
- das Ausstellungsdatum,

- eine fortlaufende Nummer mit einer oder mehreren Zahlenreihen, die zur Identifizierung der Rechnung vom Rechnungsaussteller einmalig vergeben wird (Rechnungsnummer),
- die Menge und die Art (handelsübliche Bezeichnung) der gelieferten Gegenstände oder den Umfang und die Art der sonstigen Leistung, (z.B. Vertretung im gerichtlichen Verfahren erster Instanz).
- den Zeitpunkt der Lieferung oder sonstigen Leistung oder der Vereinnahmung des Entgelts oder eines Teils des Entgelts für eine noch nicht ausgeführte Lieferung oder sonstige Leistung, sofern dieser Zeitpunkt feststeht und nicht mit dem Ausstellungsdatum der Rechnung identisch ist,
- den anzuwendenden Steuersatz sowie den auf das Entgelt entfallenden Steuerbetrag oder im Fall einer Steuerbefreiung einen Hinweis darauf, dass für die Lieferung oder sonstige Leistung eine Steuerbefreiung gilt.

Durch die fortlaufende Nummer (**Rechnungsnummer**) soll sichergestellt werden, dass die Rechnung einmalig ist. Bei der Erstellung der Rechnungsnummer ist es zulässig, eine oder mehrere Zahlen- oder Buchstabenreihen zu verwenden. Auch eine Kombination von Ziffern mit Buchstaben ist möglich. **129**

> *Praxistipp:* **130**
>
> Nicht jeder RA möchte unbedingt nach außen tragen, wie viele Rechnungen er im Kalenderjahr bereits erteilt hat. Es ist nicht zwingend vorgeschrieben, dass der RA seine Rechnungsnummern mit 1 beginnt und mit 1.000 am Jahresende abschließt. Ein RA der am Jahresende 100 Rechnungen erstellt hat, kann einen größeren Gewinn erzielt haben, als ein RA der 10.000 Rechnungen erstellt hat. Die Anzahl der Rechnungen sagt nicht automatisch etwas über den Gewinn. Aber sie kann natürlich ein Anzeichen sein. Nutzen Sie die gem. § 14 Abs. 4 UStG zulässigen anderen Darstellungsformen.
>
> Die Angabe des Leistungszeitraumes in der Rechnung erschreckt viele Auftraggeber. Wer sich mit dem anwaltlichen Vergütungsrecht nicht auskennt, der glaubt, dass inhaltsgleiche Rechnungen immer wieder erstellt werden. Sie sollten daher eine kurze Erläuterung im Rechnungsanschreiben mit aufnehmen:

▼ 9.8

Muster 9.8: Erläuterung des Begriffes Leistungszeitraum **131**

Aufgrund steuerrechtlicher Vorschriften sind wir gehalten, in jeder Rechnung einen Leistungszeitraum zu nennen. Unsere Gebühren entstehen jedoch aufgrund des sog. Pauschcharakters der Gebühren in jeder Angelegenheit nur einmal. Sie müssen nicht damit rechnen, eine Rechnung über die gleichen Vergütungsziffern erneut zu erhalten.

▲

13. Muster einer Vergütungsberechnung

132 Da der Auftraggeber nicht selten die Rechnung zur Geltendmachung des Vorsteuerabzugs benutzt, haben nach meiner Auffassungen Erläuterungen zur Ermittlung des Gegenstandswerts, der Höhe des Rahmens einer Gebühr, zum Gegenstandswert etc. nichts in der Rechnung selbst zu suchen. Diese Ausführungen haben das FA nicht zu interessieren. Eine **Rechnung** besteht daher aus **zwei Schreiben**. Dem Rechnungsanschreiben mit allen Erläuterungen und der eigentlichen Rechnung.

▼

133 **Muster 9.9: Rechnung an den Auftraggeber**

(vollständige Absenderangaben, ggf. hier Steuernummer oder Umsatzsteuer-Identifikationsnummer)

(vollständige Rechnungsanschrift, bei juristischen Personen mit Angabe der gesetzlichen Vertreter)

Betreff:

(Kurzbeschreibung der Tätigkeit, z.B.: Berufungsverfahren vor dem OLG zum Az.)

Anrede,

nachstehend erlauben wir uns, wegen der Fälligkeit der Vergütungsforderung gem. § 8 Abs. 1 RVG unsere Rechnung zu übermitteln:

Rechnungsnummer: *(Beispiel: 150003100/ggf. kombiniert mit Aktenzeichen)*

Leistungszeitraum: *(Beispiel: Beginn des Berufungsverfahrens – Abschluss des gebührenrechtlichen Berufungsverfahrens)*

Gegenstandswert: € *(Angabe der gesetzlichen Vorschriften nicht erforderlich)*

Berechnet nach der Tabelle zu § 13 RVG, Vergütungsverzeichnis gem. § 2 Abs. 2 RVG

1,6 Verfahrensgebühr gem. Nr. 3200 VV RVG	€
1,2 Terminsgebühr gem. Nr. 3202 VV RVG	€
Entgelte für Post- und Telekommunikationsdienstleistungen gem. Nr. 7002 VV RVG	€
Zwischensumme netto	€
19 % Umsatzsteuer gem. Nr. 7008 VV RVG	€
Summe	€

Wir bitten um Überweisung des Rechnungsbetrages in Höhe von € auf eines unserer aus dem Briefbogen ersichtlichen Konten unter Angabe unseres Aktenzeichens: „“.

Bitte beachten Sie, dass gem. §§ 284, 286 BGB eine gesetzlich vorgeschriebene Verzinsung des obigen Vergütungsanspruchs eintritt, wenn eine fristgerechte Zahlung nicht erfolgt.

Wir fügen diesem Schreiben ein Doppel bei (Abschrift). Die mit der Unterschrift versehene Rechnung wollen Sie bitte sorgfältig aufbewahren und zu Ihren Steuerunterlagen nehmen.

Für den Fall einer Vorsteuerabzugsberechtigung Ihrerseits, können Sie die in dieser Rechnung enthaltene Umsatzsteuer von Ihrer eigenen Vorsteuerzahllast in Abzug bringen. Die Abzugsberechtigung ist erst nach erfolgter Zahlung zulässig.

Grußformel

▲

Praxistipp: 134

In manchen Fällen weiß man mit Sicherheit bereits bei der Erstellung der Vergütungsberechnung, dass es mit dem Auftraggeber Auseinandersetzungen geben wird. In einem solchen Fall (wenn Sie davon ausgehen, dass es eine gerichtliche Auseinandersetzung mit dem Auftraggeber wegen des Vergütungsanspruchs geben wird), sollten Sie für den Nachweis des Zugangs der Rechnung Vorsorgemaßnahmen ergreifen.

Entweder Sie stellen die Rechnung durch Einschaltung eines Gerichtsvollziehers zu, oder Sie stellen die Rechnung über einen Boten zu, der in seiner Zustellquittung bescheinigt, dass und welches Schriftstück er wann zugestellt hat.

E. Vorschuss

I. Vorschuss gem. § 9 RVG

§ 9 RVG Vorschuss 135

Der Rechtsanwalt kann von seinem Auftraggeber für die entstandenen und die voraussichtlich entstehenden Gebühren und Auslagen einen angemessenen Vorschuss fordern.

Aus dem zwischen dem RA und dem Auftraggeber geschlossenen Vertrag ergibt sich die 136 Anspruchsgrundlage für die Vergütungsforderung des RA. **Anspruchsgrundlage** für die anwaltliche Vergütung ist nicht das RVG, sondern i.d.R. der **geschlossene Vertrag**, meist ein Geschäftsbesorgungsvertrag (§ 675 Abs. 1 BGB). Dass der RA das Recht hat, einen Vorschuss zu fordern, ergibt sich aus dem RVG, sein Recht (und seine Pflicht) einen Vorschuss zu fordern, ergibt sich bereits aus § 669 BGB. Das Vorschussrecht nach dem BGB ist jedoch eingeschränkt. Nach dem BGB könnte der RA nur einen Vorschuss für die erforderlichen Aufwendungen (Auslagen entsprechend Teil 7 VV RVG) fordern. Daher gibt § 9 RVG dem RA das Recht auf einen **Vorschuss für seine Vergütungsansprüche**

(Gebühren und Auslagen, § 1 Abs. 1 RVG). Der RA darf einen Vorschuss auf die voraussichtlich entstehende Vergütung erheben.

137 *Praxistipp:*

Jeder RA kann einen Vorschuss anfordern. Dieses Recht steht daher auch dem Unterbevollmächtigten zu. Trägt Ihnen ein anderer RA ein Mandat an, kennen Sie i.d.R. den Auftraggeber nicht. Sie kennen auch nicht dessen Zahlungsmoral. Daher sollten Sie von Ihrem Vorschussrecht auch dann Gebrauch machen, wenn Sie lediglich Unterbevollmächtigter sind.

9.10

138 **Muster 9.10: Anforderung eines Vorschusses des Unterbevollmächtigten gegenüber dem Hauptbevollmächtigten**

Anrede,

wir bedanken uns für die Übertragung des Mandats und die überlassene Vollmacht zur Wahrnehmung des Gerichtstermins vor dem Gericht zum Az. am (Datum). Der Termin ist hier entsprechend notiert. Allerdings machen wir die Übernahme des Auftrags von dem Ausgleich des aus der Anlage ersichtlichen Vorschussbetrages abhängig.

Wir erlauben uns hier, als potenzieller Unterbevollmächtigter von unserem Recht auf die Anforderung eines Vorschusses gem. § 9 RVG Gebrauch zu machen. Eine auf den Auftraggeber ausgestellte Rechnung finden Sie in der Anlage. Wir haben in der Rechnung den Auftraggeber ausdrücklich darauf hingewiesen, dass eine Vertretung seiner Interessen durch uns nur erfolgt, wenn der angeforderte Vorschuss rechtzeitig vor dem Termin hier eingeht. Selbstverständlich ist es auch ausreichend, wenn der Vorschuss zunächst zweckgebunden bei Ihnen eingeht und Sie uns über den Zahlungseingang des Vorschusses informieren. Auf eine zweckgebundene Vorschussleistung zum Zwecke der Weiterleitung an uns legen wir dann aber explizit wert.

Sollte eine Rechtsschutzversicherung Kostendeckung erteilt haben, bitten wir Sie, zur Vereinfachung und Beschleunigung der Angelegenheit, an die Versicherung unsere Rechnung zum Zwecke des Ausgleichs weiterzureichen. In diesem Fall reicht es uns aus, wenn Sie uns vor dem Termin eine Mitteilung der Versicherung überlassen, aus der sich ergibt, dass unsere Vergütungsforderung in voller Höhe ausgeglichen wird und die Anweisung bereits veranlasst ist.

Bitte haben Sie Verständnis für diese Maßnahme, wir haben bisher keinen persönlichen Kontakt zum gemeinsamen Auftraggeber. Daher bitten wir darum, dass der aus der Anlage ersichtliche Rechnungsbetrag rechtzeitig vor dem Termin unserem Konto gutgeschrieben wird.

Wir gehen davon aus, dass Sie den Auftraggeber bereits auf die kostenerstattungsrechtlichen Folgen der Beauftragung mehrerer unabhängig von einander tätiger Rechtsanwälte hingewiesen haben und unterlassen entsprechende Ausführungen daher.

Dieses Schreiben überlassen wir Ihnen mit zwei Abschriften (zur gefälligen Weiterleitung an den Auftraggeber und ggf. zur Weiterleitung an die Rechtsschutzversicherung).

Unsere anhängende Rechnung ist ebenfalls mit zwei Abschriften versehen. Das Original bitten wir Sie, an den Auftraggeber weiterzuleiten.

Unsere Bankverbindung entnehmen Sie bitte unserem Briefbogen.

Grußformel

▲
▼

Muster 9.11: Vorschussrechnung an den Hauptbevollmächtigten 139

(Vollständige Anschrift des Auftraggebers)

Betreff: *(Gericht, gerichtliches Az.)*

Wahrnehmung des Gerichtstermins

Anrede,

die Rechtsanwälte aus haben uns in Ihrem Namen beauftragt, den Gerichtstermin in vor dem Gericht zum Aktenzeichen am wahrzunehmen.

Aus diesem Grunde erlauben wir uns, Ihnen nachstehend unsere Vorschussrechnung zu überreichen.

Rechnungsnummer:

Leistungszeitraum:

Gegenstandswert:

Berechnet nach der Tabelle zu § 13 RVG, Vergütungsverzeichnis gem. § 2 Abs. 2 RVG

0,65 Verfahrensgebühr gem. Nr. 3100, 3401 VV RVG	€
1,2 Terminsgebühr gem. Nr. 3104, 3402 VV RVG	€
Entgelte für Post- und Telekommunikationsdienstleistungen gem. Nr. 7002 VV RVG	€
Zwischensumme netto	€
19 % Umsatzsteuer gem. Nr. 7008 VV RVG	€
– *(Steuernummer)*	
Summe	€

Bitte überweisen Sie den Rechnungsbetrag rechtzeitig vor dem Gerichtstermin, damit einer Wahrnehmung Ihrer Rechte durch uns nichts im Wege steht. Wir weisen ausdrücklich darauf hin, dass wir unsere Tätigkeit von dem Ausgleich der Vorschussrechnung abhängig machen. Die Annahme des Auftrags machen wir von dem fristgerechten Ausgleich der Vergütungsforderung abhängig.

Unsere Bankverbindung entnehmen Sie bitte dem Briefbogen. Bei der Überweisung wollen Sie bitte unseren Betreff „ “ angeben.

Grußformel

▲

II. Vorschuss gem. § 1360a BGB

140 In einigen Familiensachen hat der Auftraggeber das Recht auf einen Vorschuss zur Führung des Verfahrens gegenüber dem Antragsgegner. Gegen diese Dritten, deren Vorschusspflicht nur gegenüber dem Auftraggeber besteht (§ 1360a BGB), hat der RA kein eigenes Vorschussrecht. Der RA kann die Zahlung eines Vorschusses nicht im eigenen Namen geltend machen. Er muss den Vorschuss für den Auftraggeber geltend machen, eine eigene Anspruchsgrundlage zur Forderung des Vorschusses steht dem RA zu. Dies gilt auch für die gesetzliche Unterhaltspflicht des Minderjährigen. Im Rahmen dieser Unterhaltspflicht kann der RA den Vorschuss nur von dem oder den gesetzlichen Vertretern im Namen des Minderjährigen geltend machen, ihn aber nicht für sich selbst fordern.

III. Form der Vorschussrechnung

141 Die Vorschussrechnung muss nicht den Formvorschriften des § 10 RVG genügen (z.B., wenn der RA einen Gesamtbetrag einfordert, etwa 1.500,00 € o.Ä.). Bei der Vorschussrechnung sind hingegen die Vorgaben des Zweiten Gesetzes zur Änderung steuerrechtlicher Vorschriften (Steueränderungsgesetz 2003 v. 15.12.2003, BGBl I, S. 2645) insbes. die Vergabe einer erforderlichen Rechnungsnummer etc. zu beachten. Für die Vorschussrechnung ist die Einhaltung der Anforderungen aus § 14 Abs. 4 UStG i.V.m. § 14 Abs. 5 UStG erforderlich.

142 *Praxistipp:*

Halten Sie sich so weit wie möglich an die Anforderungen in § 10 RVG. Es ist für eine spätere Abrechnung sowieso erforderlich, dass Sie sich damit auseinandersetzen, welche Gebühren entstanden sind und welchen Gegenstandswert die Angelegenheit hat. Auch das häufig in der Praxis anzutreffende Argument, den Auftraggeber durch „hohe“ Vorschussforderungen nicht verschrecken zu wollen, führt dann bei der Schlussrechnung dazu, dass Sie ggf. lange Zeit benötigen um noch verbliebene Vergütungsansprüche durchzusetzen. Der Vorschuss dient in erster Linie der Sicherung des gesamten Vergütungsanspruchs.

IV. Vorschuss und Übernahme des Auftrags

In der Annahme eines Auftrags ist der RA grds. frei. Er kann regelmäßig nicht gezwungen werden, einen bestimmten Auftrag anzunehmen und diesen auszuführen. Auch wird vom RA nicht verlangt, dass er unentgeltlich tätig ist. Der RA kann, darf, sollte und muss in heutigen Zeiten die Annahme des Auftrags von der Zahlung eines Vorschusses abhängig machen. Die Annahme des Auftrags hängt dann von einer Bedingung ab – nämlich der Zahlung des Vorschusses durch den Auftraggeber. Selbstverständlich kann der RA den Auftrag annehmen und zunächst keinen Vorschuss geltend machen. In diesen Fällen geht er aber das Risiko ein, dass sein Vergütungsanspruch nicht erfüllt wird. 143

Selbstverständlich gibt es Auftraggeber, die schon lange Jahre durch den RA vertreten werden. Hat sich bereits ein besonderes Vertrauensverhältnis herausgebildet und der Auftraggeber durch sein bisheriges Zahlungsverhalten bewiesen, dass keine Ausfälle zu befürchten sind, muss kein Vorschuss gefordert werden. Aber achten Sie einmal darauf, wie schnell man sich in der Einschätzung des Zahlungsverhaltens eines Auftraggebers irren kann. Häufig zahlt gerade der Auftraggeber, bei dem man davon ausging, er würde sicher zahlen, bei Beendigung der Angelegenheit dann nicht. 144

Vorsicht ist geboten, wenn der Auftraggeber nach einem Anwaltswechsel Ihnen das Mandat überträgt. Selbstverständlich kann es gute Gründe dafür geben, dass der Mandant den RA gewechselt hat. Können Sie aber sehen, dass dies nicht das erste Mal der Fall ist und Sie in einer Reihe von Kollegen nur eine weitere beauftragte Kanzlei sind, sollten Sie hier vor einem Tätigwerden einen angemessenen Vorschuss fordern. 145

Will der Auftraggeber Ihnen ein Mandat übertragen, bei dem innerhalb kürzester Zeit Fristen abzulaufen drohen (insbesondere Rechtsbehelfs- und Rechtsmittelfristen), sollten Sie ohne Vorschuss nicht tätig werden. In solchen Fällen droht neben dem Vergütungsausfall auch noch ein erhebliches Haftungsrisiko. Nicht selten überlassen Ihnen potenzielle Auftraggeber unaufgefordert Unterlagen zum Verfahren, ohne dass bereits ein Auftragsverhältnis zustande gekommen ist. Hier sollten Sie unverzüglich reagieren. Ihre zeitliche Reaktion sollte so erfolgen, dass der Auftraggeber noch Gelegenheit zu zahlen hat oder aber einen anderen RA mit seiner Vertretung beauftragen kann. 146

9.12

▼

147 **Muster 9.12: Vorschussanforderung bei drohendem Fristablauf – Neumandat**

Versand des Schreibens per Fax, E-Mail und mit einfacher Post, wenn möglich

Anrede,

wir danken, für die ohne unsere Aufforderung zur Verfügung gestellten Unterlagen. Diesen Unterlagen konnten wir entnehmen, dass in Ihrer Angelegenheit bis zum ___ beim ___ Gericht das Rechtsmittel der ___ einzulegen ist. Diese Frist ist unverlängerbar.

Das Rechtsmittel ist innerhalb einer Frist von zwei Monaten ab Zustellung beim bisherigen Prozessbevollmächtigten zu begründen. Hier gäbe es die Möglichkeit, die Begründungsfrist zustimmungsfrei um einen Monat zu verlängern, mit Zustimmung des Rechtsmittelgegners kann die Rechtsmittelbegründungsfrist um zwei Monate verlängert werden.

Bitte haben Sie Verständnis dafür, dass wir hier die Auftragsübernahme von der Zahlung eines Vorschusses abhängig machen. Aus der in der Anlage beigefügten Vorschussrechnung können Sie einen Vorschuss in Höhe von ___ € entnehmen.

Da die Frist bereits am ___ abläuft, müssen Sie bitte sicherstellen, dass uns dieser Vorschuss vorher zugeht. Der Nachweis einer bankbestätigten Überweisung ist ausreichend (jedoch nicht der Nachweis lediglich einer Onlinebank). Sie können jederzeit den Vorschussbetrag bar in unserer Kanzlei während der aus dem Briefbogen ersichtlichen Öffnungszeiten leisten. Auch die Möglichkeit der Zahlung des Vorschussbetrages mittels ec-Karte (und PIN/oder Geheimnummer) ist in unserer Kanzlei möglich.

Ohne erfolgten Zahlungsausgleich wird keine Tätigkeit durch uns erfolgen, denn es liegt noch kein wirksames Auftragsverhältnis vor. Eine Tätigkeit gegenüber dem Gericht muss innerhalb der Rechtsmittelfrist erfolgen. Wird die Rechtsmittelfrist versäumt, können Sie unter bestimmten Voraussetzungen Wiedereinsetzung in den vorigen Stand beantragen. Wir gehen allerdings nicht davon aus, dass das Gericht Wiedereinsetzung gewähren würde, wenn der Anwaltsvertrag aufgrund Nichtzahlung eines Vorschusses nicht zustande gekommen ist.

Wir werden hier auch nicht im Rahmen der sog. Prozesskostenhilfe tätig. Denn bis zum Bewilligungsbeschluss des Gerichts ist eine Sicherung unserer Vergütung nicht gegeben. Auch vermögen wir die Erfolgsaussichten eines weiteren Vorgehens nicht einzuschätzen, da auch eine diesbezügliche Tätigkeit unsererseits von der Zahlung eines Vorschusses abhängig gemacht wird.

Sollten Sie jetzt davon Abstand nehmen, uns beauftragen zu wollen, bitten wir um entsprechende Information. Ihre Unterlagen können Sie jederzeit nach vorheriger Ankündigung in unserer Kanzlei dann wieder im Empfang nehmen. Sollten Sie sich nicht innerhalb von sechs Monaten wieder mit uns in Verbindung gesetzt haben, würden wir diese Unterlagen vernichten. Eine Aufbewahrungspflicht gibt es nicht, da noch kein Mandatsverhältnis zustande gekommen ist.

Bitte beachten Sie bei weiteren Dispositionen, dass für das weitere gerichtliche Verfahren der sog. Anwaltszwang gegeben ist. Sie müssen sich durch einen Anwalt vertreten lassen, damit Ihre weitere Vertretung in zulässiger Weise erfolgt.

Wenn wir hier weiter vertreten sollen, bitten wir Sie unverzüglich nach Fristablauf für das Rechtsmittel mit unserer Kanzlei einen Termin zu vereinbaren, damit die zu erfolgende Rechtsmittelbegründung abgesprochen werden kann. Zu diesem Zweck wollen Sie bitte vorab die Prozessunterlagen zur Verfügung stellen. Bitte überlassen Sie uns dann diese Unterlagen in Kopie, damit Sie weiterhin über die Originale verfügen können.

Grußformel

▲

Hinweis: 148

- Denken Sie bitte daran, die Vorschussrechnung beizufügen und sinnvollerweise die Verfahrens- und Terminsgebühr nebst Auslagen zu berechnen.

Kann der Auftraggeber eine Vorschusszahlung nicht mehr rechtzeitig leisten, sollte der RA den Auftrag unverzüglich ablehnen. Vom RA kann nicht verlangt werden, anwaltliche Tätigkeiten auszuüben und dafür auch zu haften, ohne dass sichergestellt wäre, dass er eine Vergütung für seine Tätigkeit erhält. 149

Wichtig ist es, zu unterscheiden, ob der RA den Auftrag annimmt und anschließend einen Vorschuss fordert oder ob er die Annahme des Auftrags von der Zahlung des Vorschusses abhängig macht. Nimmt der RA den Auftrag an und fordert dann einen Vorschuss, so muss der RA unaufschiebbare Tätigkeiten vor Eingang des Vorschusses ausführen. Es kommt daher darauf an, dass der RA eindeutig erklärt, ob er den Auftrag annimmt und einen Vorschuss fordert, oder ob er die Annahme des Auftrags von der Zahlung eines Vorschusses abhängig macht. 150

Praxistipp: 151

In vielen Kanzleien wird erst einmal das Mandat angenommen, eine Tätigkeit ausgeführt und dann ein Vorschuss angefordert. Hier sollten Sie sich fragen, was Sie zu verlieren haben, wenn Sie von dieser Routine abweichen. Wenn Sie das fristgebundene Mandat nur gegen Zahlung eines Vorschusses annehmen und der Auftraggeber nicht zahlt, haben Sie Zeit gewonnen, die in Akten investiert werden kann, in denen der Vergütungsanspruch geleistet wird. Sie haben Stress vermieden. Der Auftraggeber, der Ihre Vorschussanforderung nicht leistet, hätte auch später nicht geleistet. Das Mandat, das auf diese Weise nicht zustande kommt, ist kein verlorenes Mandat, sondern in jeder Hinsicht ein Gewinn.

V. Höhe des Vorschusses

152 Erlaubt ist hier nicht, was gefällt. Der RA darf einen angemessenen Vorschuss auf die entstehende oder bereits entstandene Vergütung fordern. Der Höhe nach ist der Vorschuss daher an der Gesamtvergütung zu orientieren. Der Vorschuss kann bis zur Höhe der zu erwartenden Gesamtvergütung geltend gemacht werden.

153 *Praxistipp:*

Vor- bzw. außergerichtlich wird der RA daher in vielen Fällen zunächst eine Geschäftsgebühr gem. Nr. 2300 VV RVG fordern.

Weisen Sie den Auftraggeber bei der Vorschussanforderung bereits auf die Anrechnungsproblematik hin (s. Muster unter Rdn 168 und die Ausführungen in § 8).

9.13

▼

154 **Muster 9.13: Vorschussanforderung bei Rahmengebühren**

Mit dem Vorschuss berechnen wir eine sog. Rahmengebühr. Die Bestimmung des Gebührenrahmens erfolgt im Wege des Vorschusses nur vorläufig. Eine endgültige Bestimmung des Gebührenrahmens erfolgt bei Abschluss der Angelegenheit und Fälligkeit der Vergütung im Sinne von § 8 RVG unter Berücksichtigung von § 14 RVG.

▲

Ein solcher Zusatz stellt sicher, dass Sie in der Schlussrechnung bei Rahmengebühren von dem in der Vorschussrechnung bestimmten Gebührenrahmen nach oben abweichen können. Auch bei Vorschussanforderungen gegenüber Rechtsschutzversicherungen ist dieser Zusatz angemessen.

155 Der RA hat auch einen Anspruch auf Geltendmachung eines Vorschusses, wenn eine Vergütungsvereinbarung vorliegt, unabhängig vom Inhalt der Vereinbarung. Dies wird allerdings für den Fall der Vereinbarung eines Erfolgshonorars nicht gelten, außer der RA hat eine entsprechende Vereinbarung getroffen.

VI. Angeforderter Vorschuss wird nicht gezahlt

156 Zahlt der Auftraggeber die Vorschussforderung nicht, so hat der Verstoß gegen diese Zahlungsverpflichtung verschiedene Rechtsfolgen. Der RA ist nicht verpflichtet, ohne eine Vorschusszahlung tätig zu werden. Er ist auch nicht verpflichtet, die Vorschusszahlung in Raten anzunehmen. Der Vorschuss kann als Ganzes gefordert werden. Der RA kann sich mit der Ratenzahlung einverstanden erklären, er muss es aber nicht.

157 Zahlt der Auftraggeber den Vorschuss nicht, muss der RA nicht weiter tätig werden. Der RA hat das Recht zur **fristlosen Kündigung des Mandatsvertrags**. Der RA ist nach der fristlosen Kündigung des Vertrags wegen nicht erfolgter Vorschusszahlung nach § 671

Abs. 2 Satz 1 BGB auch nicht mehr verpflichtet, sog. unaufschiebbare Geschäfte für den Auftraggeber vorzunehmen. Nimmt er diese unaufschiebbaren Geschäfte für den Auftraggeber nach Kündigung nicht mehr vor, haftet er nicht für einen etwaigen Schaden (§ 671 Abs. 2 Satz 2 BGB).

Das **Kündigungsrecht des RA** und seine Untätigkeit dürfen, wenn unaufschiebbare Geschäfte zu tätigen wären (z.B. bei Notfristablauf), **nicht zur Unzeit ausgeübt** werden. Der RA ist daher verpflichtet, die beabsichtigte Kündigung bzw. die beabsichtigte Untätigkeit anzukündigen. Sinnvollerweise wird der RA den Auftraggeber in der Vorschussanforderung darauf hinweisen, welche Folgen eine Nichtzahlung des Vorschusses hat. Ferner ist es sinnvoll, den Zugang der Vorschussanforderung, die eine Ankündigung der Untätigkeit oder Androhung der Kündigung enthält, sicherzustellen (§§ 130, 132 BGB). 158

9.14

▼

Muster 9.14: Kündigung bei nicht gezahltem Vorschuss 159

Anrede,

bedauerlicherweise haben Sie den mit Schreiben vom   angeforderten Vorschuss in Höhe von   € nicht geleistet.

Bereits in unserer Vorschussanforderung vom   hatten wir darauf hingewiesen, dass wir eine weitere Tätigkeit unsererseits und eine Vertretung Ihrer rechtlichen Interessen von dem Ausgleich der Vorschussforderung abhängig machen werden. Wir hatten Sie weiter darüber in Kenntnis gesetzt, dass bei ergebnislosem Ablauf der Zahlungsfrist das Mandatsverhältnis von uns gekündigt werden wird.

Aus diesem Grunde

kündigen

wir daher hiermit das Mandatsverhältnis. Weitere Tätigkeiten werden wir auch dann nicht ausführen, wenn unsere Untätigkeit einen erheblichen rechtlichen Nachteil für Sie bedeuten würde.

Die Kündigung des Mandatsverhältnisses befreit Sie nicht von der Verpflichtung, die bisher entstandene Anwaltsvergütung zu begleichen.

Unsere Schlussrechnung haben wir beigefügt und mit gleicher Post gerichtliche Schritte zur Durchsetzung der Vergütungsforderung ergriffen.

Ihre Unterlagen können Sie nach vollständigem Ausgleich unserer Rechnung ausgehändigt erhalten. Bis dahin machen wir von unserem Zurückbehaltungsrecht Gebrauch.

Bitte erlauben Sie uns den Schlusshinweis, dass berechtigte gegen Sie gerichtete Forderungen (wie unsere Vergütungsforderung) sich weder in Luft auflösen, noch vergessen werden. Im Gegenteil ist es so, dass sich die ausstehende Forderung durch Zinsen und weitere Kosten immer mehr erhöht. Dies können Sie durch Ausgleich der Forderung vermeiden. Konstruktiven Vorschlägen stehen wir daher offen gegenüber.

Für die weitere Verfolgung Ihres Anliegens wünschen wir Ihnen trotz allem viel Erfolg.

Grußformel

▲

160 *Hinweis:*

- Die Schlussrechnung ist beizufügen.
- Unbedingt auf den Zugang der Kündigung achten – ggf. (bei absehbaren Fristablauf) Zustellung über den Gerichtsvollzieher
- Bei Vergütungsforderungen aus einem gerichtlichen Verfahren können Sie Vergütungsfestsetzung gem. § 11 RVG beantragen.
- Ggf. muss Gebührenklage erhoben werden.

VII. Vorschuss und Rechtsschutzversicherung

161 Der RA hat keinerlei Vertragsverhältnis mit der Rechtsschutzversicherung des Auftraggebers. Der Auftraggeber hat den Vertrag mit der Versicherung abgeschlossen; daher kann nur der Auftraggeber Ansprüche gegenüber der Rechtsschutzversicherung geltend machen. Die Auseinandersetzung mit der Rechtsschutzversicherung, das Einholen der Kostendeckungszusage, die Übersendung der Rechnung usw. geschehen nur aufgrund eines besonderen Auftrags, den der Auftraggeber dem RA erteilt. Dieser Auftrag ist völlig unabhängig vom eigentlichen Auftrag zu sehen.

162 Eine Beziehung zwischen beiden Aufträgen besteht nur dann, wenn der Auftraggeber die Vertretung im Hauptanliegen davon abhängig macht, dass die Versicherung Kostendeckung erteilt. Der RA hat einen eigenen besonderen Vergütungsanspruch für seine Tätigkeit gegenüber der Rechtsschutzversicherung (s. Ausführungen unter § 8 Rdn 44). Der RA kann jederzeit dem Auftraggeber seine Rechnung und Vorschussrechnung direkt übersenden und den Auftraggeber auffordern, für eine Zahlung durch die Versicherung zu sorgen.

163 Hat die Rechtsschutzversicherung Kostendeckungszusage erteilt, so hat der Auftraggeber einen Anspruch auf Freistellung von Vorschussforderungen des RA (§ 1 Abs. 2 Allgemeine Rechtsschutzbedingungen – ARB).

164 Eine Vorschussforderung auch bei Auftraggebern, die über eine Rechtsschutzversicherung verfügen, sollte auf alle Fälle erfolgen. Da die Rechtsschutzversicherung nur den Freistellungsanspruch des Versicherungsnehmers (Auftraggebers) erfüllt, kann sie die an den RA geleisteten Vorschüsse nicht zurückverlangen, wenn die Kostendeckungszusage nach Zahlung widerrufen wird, oder aus sonstigen Gründen Ersatzansprüche

der Rechtsschutzversicherung gegenüber dem Auftraggeber (Versicherungsnehmer) bestehen. Dies kann der Fall sein, wenn der Auftraggeber Folgeprämien nicht leistet, oder aber der Verfahrensgegner die Aufrechnung mit Kostenerstattungsansprüchen erklärt.

Darüber hinaus hat der Auftraggeber gegenüber der Rechtsschutzversicherung ein Wei- 165
sungsrecht. Er kann seine Versicherung anweisen, nicht (oder nicht mehr) an den RA zu leisten. Selbstverständlich kann der RA dann seine Vergütungsansprüche direkt gegenüber dem Auftraggeber geltend machen. Hat der RA bereits einen angemessenen Vorschuss erhalten, betrifft ihn eine anschließende Zahlungsanweisung des Auftraggebers nicht mehr (häufig insbes. im Fall eines Anwaltswechsels), auch Ersatzansprüche der Versicherung kann diese nur gegenüber dem Auftraggeber geltend machen. War der von der Versicherung angeforderte Vorschuss höher, als die tatsächlich entstandene Vergütung, kann die Rechtsschutzversicherung verlangen, dass nicht verbrauchte Vorschüsse erstattet werden. Das Bestehen einer Rückzahlungspflicht gegenüber der Rechtsschutzversicherung ist abhängig vom Rückforderungsgrund.

In vielen Kostendeckungszusagen finden Sie den Zusatz, dass die RSV darum bittet, von 166
einer Vorschussforderung abzusehen. Dieser Bitte sollten Sie auf keinen Fall nachkommen (s.o.).

VIII. Angabe des Vorschusses in der Schlussrechnung

Der erhaltene Vorschuss muss gem. § 10 Abs. 1 RVG in der Schlussrechnung genannt 167
sein. Sie haben auch bei der **Vorschussanforderung die USt ausgewiesen**. In der Schlussrechnung sollten Sie daher von der Vergütung den Nettobetrag des bereits geleisteten Vorschusses und von der USt den anteilig darin enthalten USt-Betrag abziehen. Hier gibt es erhebliche Unterschiede der Darstellung je nachdem, ob, und wenn ja, welche Software (deren Vergütungsprogramme z.T. völlig unbrauchbar sind) Sie für die Erstellung der Vergütungsberechnung nutzen. Bitte denken Sie daran: Nur weil ein Softwareunternehmen etwas als Lösungsvorschlag anbietet, heißt das noch lange nicht, dass dieser Vorschlag richtig ist. Anhand der umfangreichen Rechtsprechung zu fast allen Themen, die wir kennen, wissen wir: „Wo zwei sich streiten, gibt es meist sogar noch eine dritte und eine vierte Auffassung". Hier rate ich jedem, einen Steuerberater zu befragen, ob die Darstellung der Rechnung durch die eingesetzte Software den steuerrechtlichen Anforderungen standhält. Richtig ist nämlich, was der zuständige Finanzbeamte als richtig gelten lässt.

▼ 9.15

Muster 9.15: Abzug der gezahlten Vorschüsse 168

Den von Ihnen geleisteten Vorschuss haben wir in der Rechnung in Abzug gebracht. Der Abzug ist aufgeteilt in den Nettovorschuss und in die darin enthaltene Umsatzsteuer.

Zwischensumme Vergütungsbetrag netto	€
Abzüglich netto gezahlter Vorschuss	€
Zwischensumme netto	€
19 % Umsatzsteuer auf Vergütungsbetrag netto	€
Abzüglich gezahlter Vorschuss auf Umsatzsteuer	€
Zwischensumme Vorsteuer nach Abzug Vorschuss	€
Summe: (= Vergütung + Umsatzsteuer)	€

▲

§ 10 Die gerichtliche Geltendmachung der Vergütung

Inhalt

A. Vorbemerkung

1 **§ 11 RVG Festsetzung der Vergütung (verkürzte Darstellung)**

(…)

(2) Der Antrag ist erst zulässig, wenn die Vergütung fällig ist. Vor der Festsetzung sind die Beteiligten zu hören. Die Vorschriften der jeweiligen Verfahrensordnung über das Kostenfestsetzungsverfahren mit Ausnahme des § 104 Abs. 2 Satz 3 der Zivilprozessordnung und die Vorschriften der Zivilprozessordnung über die Zwangsvollstreckung aus Kostenfestsetzungsbeschlüssen gelten entsprechend. Das Verfahren vor dem Gericht des ersten Rechtszugs ist gebührenfrei. In den Vergütungsfestsetzungsbeschluss sind die von dem Rechtsanwalt gezahlten Auslagen für die Zustellung des Beschlusses aufzunehmen. Im Übrigen findet eine Kostenerstattung nicht statt; dies gilt auch im Verfahren über Beschwerden.

(…)

(4) Wird der vom Rechtsanwalt angegebene Gegenstandswert von einem Beteiligten bestritten, ist das Verfahren auszusetzen, bis das Gericht hierüber entschieden hat (§§ 32, 33 und 38 Abs. 1).

(5) Die Festsetzung ist abzulehnen, soweit der Antragsgegner Einwendungen oder Einreden erhebt, die nicht im Gebührenrecht ihren Grund haben. Hat der Auftraggeber bereits dem Rechtsanwalt gegenüber derartige Einwendungen oder Einreden erhoben, ist die Erhebung der Klage nicht von der vorherigen Einleitung des Festsetzungsverfahrens abhängig.

(…)

(7) Durch den Antrag auf Festsetzung der Vergütung wird die Verjährung wie durch Klageerhebung gehemmt.

(8) Die Absätze 1 bis 7 gelten bei Rahmengebühren nur, wenn die Mindestgebühren geltend gemacht werden oder der Auftraggeber der Höhe der Gebühren ausdrücklich zugestimmt hat. Die Festsetzung auf Antrag des Rechtsanwalts ist abzulehnen, wenn er die Zustimmungserklärung des Auftraggebers nicht mit dem Antrag vorlegt.

B. Allgemeines

2 Auch in den Anwaltsbüros gibt es Auftraggeber, die die Rechnung nicht begleichen. Der RA muss dann, wie jeder andere, der eine Dienstleistung erbringt, die Gerichte zur Durchsetzung seiner Vergütung einschalten. Vor der gerichtlichen Geltendmachung wird der RA den Auftraggeber auf die ausstehende Forderung hinweisen, er wird ihn mahnen. Zahlt der Auftraggeber auch dann nicht, kann der RA die gerichtliche Geltendmachung betreiben. Hierfür gibt es zwei Möglichkeiten:

I. Ursprung der Vergütungsforderung im Gerichtsverfahren

3 Stammt die Vergütungsforderung aus einem gerichtlichen Verfahren, wird der RA die Vergütungsfestsetzung (nicht: Kostenfestsetzung!) betreiben. Dabei muss unterschieden werden, ob der RA **Wertgebühren** oder **Rahmengebühren** geltend macht.

II. Ursprung der Vergütungsforderung außerhalb gerichtlicher Verfahren

Stammt die Vergütungsfestsetzung nicht aus einem gerichtlichen Verfahren (z.B. sämtliche Ansprüche aus Teil 2 VV RVG), kann der RA entweder das Mahnverfahren oder aber die streitige gerichtliche Auseinandersetzung wählen. Man nennt die Klage, die ein RA einreicht, wenn er einen solchen Anspruch verfolgt auch **Gebührenklage** (oder Vergütungsklage). 4

C. Vergütungsfestsetzung

I. Zulässigkeit des Vergütungsfestsetzungsverfahrens gem. § 11 RVG

§ 11 RVG ermöglicht dem RA, der in irgendeinem gerichtlichen Verfahren tätig gewesen 5
ist, ein einfaches, kostengünstiges und schnelles Verfahren zur Titulierung der Vergütungsforderung.

Bevor der RA gerichtliche Schritte zur Geltendmachung seiner Forderung ergreift, ist davon auszugehen, dass der Auftraggeber sich mit der Zahlung der Vergütung in Verzug befindet, oder auf andere Weise deutlich eine Zahlung der Vergütung abgelehnt. Im Fall des Zahlungsverzugs, wird der RA den Auftraggeber mahnen. Im Fall einer sonstigen eindeutigen Leistungsverweigerung ist zu überlegen, ob tatsächlich noch der Antrag auf Vergütungsfestsetzung erforderlich ist, oder aber gleich andere (aber teurere) gerichtliche Maßnahmen zur Geltendmachung der Forderung ergriffen werden sollten.

1. Mahnung der Vergütung

Ich kann mich nicht daran erinnern, zu Beginn meiner Berufstätigkeit, also vor mehr als 6
30 Jahren, Mandanten wegen ausstehender Rechnungen gerichtlich verfolgt zu haben.

Heute fordere ich selbstverständlich Vorschüsse, tituliere Vergütungsansprüche und verfolge diese im Rahmen der Zwangsvollstreckung weiter, es ist nichts Besonderes mehr. Auch die Ausreden, die Auftraggeber vorbringen, warum eine Rechnung nicht gezahlt wird, überraschen mich mehr. Das letzte Mal geschmunzelt habe ich, als ein Auftraggeber den Einwand erhob, in seinem Briefkasten würden Vögel nisten, deshalb hätte er die Rechnung nicht zahlen können. Als dann aber tatsächlich innerhalb von wenigen Tagen der Ausgleich der Rechnung erfolgte (nach dem diese natürlich noch einmal an den Auftraggeber versandt wurde), da war ich fast bereit, dem Auftraggeber zu glauben.

7 *Praxistipp:*

Die richtige Mahnung ist schwierig. Auf der einen Seite möchten Sie den Auftraggeber halten und Folgemandate von diesem erhalten (natürlich nur, wenn er auch zahlt). Auf der anderen Seite möchten Sie auf bestehende Vergütungsansprüche nicht verzichten. Vor einer ersten schriftlichen Mahnung können Sie telefonisch mit dem Auftraggeber Kontakt aufnehmen. Sicher, das ist nicht immer leicht. Aber, bei jedem dieser Anrufe, denke ich an folgende Regel: Ich telefoniere, wegen eines berechtigten Anspruchs. Ich möchte nichts von dem Auftraggeber, was nicht auch dem RA zusteht. Bleiben Sie freundlich und stellen Sie den Sachverhalt so dar, als ob es sich ganz offensichtlich nur um ein Versehen handeln kann. Eröffnen Sie dem Auftraggeber eine Brücke, etwa indem Sie etwa fragen:

„Sagen Sie (Name Auftraggeber), haben Sie etwa unsere Rechnung vom … in Höhe von … € nicht erhalten? Ich kann hier noch gar keinen Zahlungsausgleich feststellen und bin sicher, dass dann irgendwo ein Fehler unterlaufen ist.“

Häufig wird sich herausstellen, dass „tatsächlich“ zufälligerweise die Rechnung beim Auftraggeber nicht eingegangen ist (ob Sie daran glauben oder nicht, spielt keine Rolle. Aber der Auftraggeber hat einen Zahlungsaufschub erhalten). Sie werden dann das Gespräch fortführen und dem Auftraggeber die Rechnung nochmals übermitteln. Denken Sie daran, das Gespräch wie folgt zu schließen:

„Ich wäre Ihnen dankbar, wenn Sie mich informieren könnten, wenn die Zweitausfertigung der Rechnung bei Ihnen eingeht, damit ich Gewissheit habe. Ich mache gleich eine entsprechende Notiz zur Akte, dass ich die Rechnung nochmals postalisch an Sie übermittelt habe.“

Der Auftraggeber kann auch antworten, dass er Bedenken im Hinblick auf den Rechnungsausgleich hat, dann können Sie auch diese ggf. gleich telefonisch ausräumen. Möglichkeiten gibt es viele. Die persönliche Ansprache schadet nie.

Will der Auftraggeber allerdings über die Höhe des Vergütungsanspruchs mit Ihnen in Verhandlungen treten, so verhandeln Sie bitte nie über den Vergütungsanspruch (Rabatte, Abschläge etc.) ohne die Absicherung, dass Sie dies im Einverständnis mit dem RA tun.

8 Hilft auch die „telefonische Mahnung“ nicht weiter, sollten Sie den Auftraggeber schriftlich deutlich energischer an den ausstehenden Rechnungsausgleich erinnern. Wenn es zulässig ist, Vergütungsfestsetzung zu beantragen, dann mahnen Sie und beantragen gleichzeitig Vergütungsfestsetzung.

10.1

▼

Muster 10.1: Mahnung wegen des Vergütungsanspruchs des RA 9

Anrede,

bedauerlicherweise konnten wir den Ausgleich unserer Rechnung vom in Höhe von bis zum heutigen Tage nicht feststellen. Dies obwohl wir zunächst telefonisch um Rechnungsausgleich gebeten haben.

Aus diesem Grunde müssen wir Sie zu unserem Bedauern auffordern, den Vergütungsanspruch in voller Höhe bis zum hier eingehend erfüllt zu haben.

Da Sie sich in Verzug befinden, haben Sie auch die Zinsen, die bereits entstanden sind, zu tragen. Auf die Geltendmachung des Zinsanspruchs verzichten wir, wenn der Zahlungsausgleich nunmehr innerhalb der gesetzten Nachfrist gezahlt wird.

Bitte haben Sie Verständnis dafür, dass wir zu Sicherung unseres Vergütungsanspruchs mit gleicher Post das Vergütungsfestsetzungsverfahren gem. § 11 RVG eingeleitet haben. Erfolgt ein rechtzeitiger Zahlungsausgleich werden wir keine Kosten aus diesem Verfahren gegen Sie fordern und dem Gericht die Erledigung mitteilen.

Sollten wir erneut keinen Zahlungsausgleich feststellen können, werden wir das gerichtliche Verfahren fortführen.

Sollten Sie den Ausgleich der Vergütungsforderung bereits veranlasst haben und sich Ihre Anweisung mit unserer Zahlungsaufforderung gekreuzt haben, so betrachten Sie unser Schreiben bitte als gegenstandslos.

Nur am Rande teilen wir mit, dass wir wirklich nur ungern Zwangsvollstreckungsmaßnahmen gegen Sie einleiten würden, wenn auch nach Titulierung der Forderung keine Zahlung erfolgt. Im Rahmen einer vergütungsrechtlichen Auseinandersetzung ist der RA im Übrigen nicht an die Schweigepflicht gebunden. Selbstverständlich gilt dies nur für die vergütungsrechtliche Auseinandersetzung zur Darlegung eines entstandenen Vergütungsanspruchs.

Ihre Unterlagen stehen nach Zahlungsausgleich zur Abholung bereit. Bitte holen Sie diese spätestens innerhalb von sechs Monaten seit Zugang dieses Schreibens nach vorheriger Ankündigung in unserer Kanzlei ab. Nach Ablauf von sechs Monaten werden die mandatsbezogenen Unterlagen durch uns vernichtet.

Es wäre betrüblich, wenn sich hier nach der eigentlichen Auseinandersetzung eine Auseinandersetzung zwischen uns anschließen würde. Bei Nichtausgleich des Vergütungsanspruchs haben wir keine andere Möglichkeit.

Sollten Ihre finanziellen Mittel der Grund für die bisher nicht erfolgte Zahlung sein, so setzen Sie sich bitte unverzüglich mit uns in Verbindung. Es ist auch in Ihrem Interesse, wenn hier Mehrkosten vermieden werden. Eine sinnvolle, der Leistungsfähigkeit entsprechende Ratenzahlungsvereinbarung lässt sich bestimmt finden.

Grußformel

▲

2. Vergütungsanspruch für die Mahnung der Rechtsanwaltsvergütungsberechnung

10 Vertritt sich der RA im gerichtlichen Verfahren selbst, hat er gem. **§ 91 Abs. 2 Satz 3 ZPO** einen Anspruch auf eine Vergütung, in der Höhe, wie sie ein RA erzielen würde, der ihn an seiner statt vertritt. § 91 Abs. 2 Satz 3 ZPO bezieht sich auf das gerichtliche Verfahren. Auf eine vor- bzw. außergerichtliche Mahnung lässt sich § 91 Abs. 2 Satz 3 ZPO nicht übertragen.

11 Im Allgemeinen wird dem RA **kein Vergütungsanspruch für die Mahnung** (Geschäftsgebühr gem. Nr. 2300 VV RVG) zugebilligt, wenn er den ausstehenden und fälligen Vergütungsanspruch durch Mahnung einfordert. Als Argument wird auf §§ 286, 288 BGB verwiesen. Etwas anderes kann gelten, wenn in den Allgemeinen Mandatsbedingungen der RA und der Auftraggeber vereinbaren, dass der Auftraggeber für Mahnungen eine zusätzliche Vergütung schuldet. Mir sind keine allgemeinen Mandatsbedingungen bekannt, in denen eine zusätzliche Vergütung für eine Mahnung vereinbart worden ist. Sie müssen davon ausgehen, für Mahnungen etc. keine weitere Vergütung gegen den Auftraggeber geltend machen zu können.

II. Vorangegangenes gerichtliches Verfahren

12 Immer dann, wenn das Vergütungsfestsetzungsverfahren zulässig wäre, ist es nicht möglich, i.R.d. gerichtlichen Mahnverfahrens oder der Gebührenklage die Vergütungsforderung gerichtlich zu verfolgen. Jedes andere gerichtliche Verfahren als das Vergütungsfestsetzungsverfahren ist unzulässig, weil diesem anderen Verfahren das sog. Rechtsschutzbedürfnis fehlt (BGH, NJW 1981, 876). Für das Vergütungsfestsetzungsverfahren gem. § 11 RVG ist es zwingende Voraussetzung, dass der RA im gerichtlichen Verfahren tätig war.

III. Vergütungsfestsetzung und Kostenfestsetzung

13 Das Vergütungsfestsetzungsverfahren gem. § 11 RVG weist lediglich Ähnlichkeiten mit dem Kostenfestsetzungsverfahren gem. §§ 103 ff ZPO auf. Daher verweist § 11 Abs. 2 Satz 2 RVG auch nur mit Einschränkungen auf die Regelungen in der ZPO zur Kostenfestsetzung. Das Vergütungsfestsetzungsverfahren gem. § 11 RVG ist generell neben

dem Kostenfestsetzungsverfahren gem. §§ 103 ff. ZPO zulässig. Beide Verfahren können unabhängig voneinander und nebeneinander betrieben werden.

> *Beispiel:*
>
> *Der Auftraggeber hat ein gerichtliches Verfahren obsiegend beendet. Zu seinen Gunsten liegt ein Kostenfestsetzungsbeschluss vor. Der Gegner und Kostenschuldner leistet nicht. Der RA kann, wenn der Auftraggeber die Vergütung nicht zahlt, Vergütungsfestsetzung gegen den Auftraggeber betreiben und auch gegen diesen vollstrecken. Der Vergütungsanspruch besteht immer unabhängig von einem möglichen Kostenerstattungsanspruch.*

IV. Erklärung zum Vorsteuerabzug

Entsprechend § 11 Abs. 2 Satz 2 RVG ist § 104 Abs. 2 Satz 3 ZPO im Vergütungsfestset- **14**
zungsverfahren nicht anwendbar. Im Vergütungsfestsetzungsverfahren ist keine Erklärung zum Vorsteuerabzug durch den RA abzugeben. Die USt gem. Nr. 7008 VV RVG ist festzusetzen, sobald der RA diese berechnet.

> *Praxistipp:* **15**
>
> Es ist immer sinnvoll, im Vergütungsfestsetzungsgesuch gem. § 11 RVG auf die nicht erforderliche Erklärung zum Vorsteuerabzug explizit hinzuweisen.

▼

Muster 10.2: Keine Erklärung zum Vorsteuerabzug im Vergütungsfestsetzungsgesuch gem. § 11 RVG **16**

Wir weisen darauf hin, dass eine Erklärung zum Vorsteuerabzug gem. § 11 Abs. 2 Satz 2 RVG nicht erforderlich ist. § 104 Abs. 2 Satz 3 ZPO ist im Vergütungsfestsetzungsverfahren nicht anwendbar. Um antragsgemäße Festsetzung der Umsatzsteuer gem. Nr. 7008 VV RVG wird daher gebeten.

▲

V. Festsetzbare Vergütung im Vergütungsfestsetzungsverfahren

Im Wege der Vergütungsfestsetzung können nur gesetzliche Vergütungsansprüche **17**
des RA geltend gemacht werden, die im Rahmen eines gerichtlichen Verfahrens entstanden sind. Es muss sich bei der geltend gemachten Vergütung um Kosten des gerichtlichen Verfahrens handeln. **Vor der Einleitung eines gerichtlichen Verfahrens** entstandene Gebühren (z.B. die Geschäftsgebühr gem. Nr. 2300 VV RVG) sind nicht festsetzbar.

18 Hat der RA mit dem Auftraggeber eine Vergütungsvereinbarung (oder Vergleichbares mit einer anderen Bezeichnung) vereinbart, ist eine Festsetzung gem. § 11 RVG nicht möglich. Weder die höhere, noch die niedrigere Vergütung, noch das Erfolgshonorar sind festsetzungsfähig.

VI. Parteienbezeichnung im Vergütungsfestsetzungsverfahren

19 § 11 Abs. 1 Satz 1 RVG gibt die Parteienbezeichnung vor. Die Parteien werden Antragsteller und Antragsgegner genannt.

20 *Praxistipp:*

Um deutlich zu machen, dass Sie das Vergütungsfestsetzungsverfahren gem. § 11 RVG betreiben, sollten Sie in diesem Verfahren nicht mehr die Bezeichnungen aus dem Ausgangsverfahren verwenden (Kläger und Beklagter).

Auch wenn Ihre Software Ihnen ein Muster für ein Vergütungsfestsetzungsgesuch gem. § 11 RVG anbietet (leider geben die meisten Anbieter „Kostenfestsetzung gem. § 11 RVG“ vor, dies ist aber nicht hilfreich, weil es gerade nicht um die Kostenfestsetzung geht), erstellen Sie sich besser Ihr eigenes Formular (s. Muster Rdn 39), in dem alle Angaben, die Sie für erforderlich erachten, enthalten sind.

VII. Zuständiges Gericht für Antrag auf Vergütungsfestsetzung

21 Unter Verwendung des im rechtlichen Alltag unverzichtbaren Worts „grundsätzlich“, gilt, dass grds. das Gericht des ersten Rechtszugs zuständig ist.

22 Dies ist auch nach h.M. zuständig, wenn die Festsetzung des Vergütungsanspruchs des gerichtlichen Mahnverfahrens, dem sich ein streitiges gerichtliches Verfahren nicht angeschlossen hat, erfolgt. **Zuständig ist das Mahngericht**, wenn eine Abgabe an das streitige Gericht fehlt (BGH, 25.2.2009 – Xa ARZ, 197/08, NJW-RR 2009, 860).

23 Für die Festsetzung der anwaltlichen Vergütung aus Vollstreckungstätigkeiten ist in entsprechender Anwendung des §§ 788 Abs. 2 Satz 1, 764 Abs. 2 Satz 1, 802 ZPO nicht das Prozessgericht erster Instanz, sondern ausschließlich das **Vollstreckungsgericht** sachlich zuständig (BGH, RVGreport 2005, 184 ff.). Zuständig für alle in der Vollstreckung entstandenen Ansprüche i.S.v. § 11 Abs. 1 Satz 1 RVG ist das Gericht, in dessen Bezirk die letzte Vollstreckungshandlung vorgenommen wurde.

VIII. Notwendige Bestandteile des Vergütungsfestsetzungsantrags

Der Vergütungsfestsetzungsantrag gem. § 11 RVG muss eine Berechnung der Vergütung entsprechend den Vorschriften gem. § 10 RVG unter Berücksichtigung der gezahlten Beträge erhalten. Der Antrag muss ergeben, welcher bezifferte Betrag gegen welche(n) Auftraggeber festgesetzt werden soll. Soll die Festsetzung gegen mehrere Auftraggeber gleichzeitig erfolgen, ist es sinnvoll, dem Gericht hierdurch deutlich zu machen, gegen wen eine Titulierung der Vergütungsansprüche erfolgen soll. Zusätzlich fügen Sie dann die entsprechende Anzahl von beglaubigten Kopien oder Abschriften dem Antrag bei. 24

Zwar kein Bestandteil, aber eine wesentliche Voraussetzung des Vergütungsfestsetzungsverfahrens ist, dass die Vergütung fällig gem. § 8 RVG ist. 25

IX. Ablauf des Verfahrens

Das Vergütungsfestsetzungsgesuch des RA wird dem Antragsgegner (= Auftraggeber) zum Zwecke der Stellungnahme übersandt. Äußert sich dieser nicht und ergibt sich aus dem Gesuch eine Berechtigung der Vergütungsansprüche des RA, wird die Vergütung festgesetzt. Es ergeht ein **Vergütungsfestsetzungsbeschluss**, den der RA in vollstreckbarer Ausfertigung erhält. Unter Berücksichtigung der **Wartefrist gem. § 798 ZPO** kann der RA die Vollstreckung gegen den Auftraggeber betreiben. Der Auftraggeber kann gegen den erlassenen Beschluss noch Rechtsbehelfe/Rechtsmittel einlegen. 26

Der Auftraggeber kann aber während des laufenden Vergütungsfestsetzungsverfahrens auch Einreden erheben. Diese werden unterschiedlich bewertet. Man unterscheidet zwischen Einwendungen des Auftraggebers, die im Gebührenrecht ihren Ursprung haben und Einwendungen, die außerhalb des Gebührenrechts ihren Ursprung haben. 27

Eine Festsetzung der Vergütung durch das Gericht erfolgt nicht (§ 11 Abs. 5 Satz 1 RVG), wenn der Auftraggeber **Einwendungen oder Einreden** erhebt, die nicht im Gebührenrecht ihren Ursprung haben (alle Einwendungen und Einreden, die unmittelbar mit dem Auftrag zusammenhängen). Dies liegt daran, dass funktional für das Vergütungsfestsetzungsverfahren (meistens) der Rechtspfleger zuständig ist. Erhebt der Auftraggeber Einwendungen, die außerhalb des Gebührenrechts ihren Ursprung haben, hätte eine Klärung durch den Rechtspfleger zur Folge, dass dieser Entscheidungen über materiell-rechtliche Fragen trifft. Dies ist in unserem Rechtssystem nicht zulässig. Der Rechtspfleger kann, darf und soll keine anspruchsbegründenden/materiell-rechtlichen Tatsachen prüfen und bewerten. Diese Aufgabe ist allein dem Richter vorbehalten. Wenn Sie jetzt zu § 10 Rdn 32 blättern und dann in einem Kommentar die möglichen nicht gebührenrechtlichen Einwendungen und Einreden lesen, wird Ihnen auffallen, dass so vieles sich erst am Ende rächt. Und zwar dann, wenn Sie den Vergütungsanspruch gerichtlich geltend machen müssen. 28

29 Der Auftraggeber kann aber auch gebührenrechtliche Einwendungen oder Einreden (Höhe des Gegenstandswerts, Entstehen einer Gebühr) erheben. Diese führen nicht zur Ablehnung der Vergütungsfestsetzung, sondern sind im Vergütungsfestsetzungsverfahren zu klären. In einem solchen Fall wird das Vergütungsfestsetzungsverfahren fortgesetzt, der Rechtspfleger entscheidet und erlässt einen Beschluss.

30 Dem RA ist es bei Einwendungen außerhalb des Gebührenrechts nicht verwehrt, seine Vergütungsansprüche gegen den Gegner geltend zu machen. Er kann dies nur nicht im Wege der Vergütungsfestsetzung tun. Er muss gegen den Vergütungsschuldner (sinnvollerweise gleich) die Gebührenklage erheben.

31 *Praxistipp:*

Es gibt immer wieder den Fall, dass der Auftraggeber nach Erhalt der Vergütungsberechnung mit der Kanzlei Kontakt aufnimmt und z.T. in deutlichen Worten ausführt, dass er die Vergütungsrechnung nicht zahlen wird. Oft beschwert sich der Auftraggeber dann über alle möglichen Fehler, die der RA gemacht haben soll. Auch wenn Sie erwarten können, dass der Auftraggeber diesen Vortrag ggf. im gerichtlichen Verfahren wiederholt, ist dies nicht sicher. Auch wenn das Gesetz Ihnen erlaubt, die Vergütung gleich im Wege der Gebührenklage weiter zu verfolgen, so ist es auch aus Kostengründen sinnvoll, hier zunächst Vergütungsfestsetzung zu beantragen und abzuwarten, ob der Auftraggeber bei seiner eindeutigen Leistungsverweigerung bleibt.

X. Offensichtlich unhaltbare Einwendung

32 Der RA ist aber nicht rechtlos den Einwendungen der Auftraggeber ausgeliefert. Die Rechtsprechung hat den Begriff der „**offensichtlich aus der Luft gegriffenen**“ Einwendungen entwickelt. Ist eine Einwendung offensichtlich aus der Luft gegriffen, bleibt die Möglichkeit der Vergütungsfestsetzung gem. § 11 RVG bestehen. Eine offensichtlich aus der Luft gegriffene Einwendung muss **vollkommen substanzlos und irrelevant** sein.

Die Literatur und Rechtsprechung zu dieser Frage zeigt, dass es sich bei „offensichtlich aus der Luft gegriffenen“ Einwendungen mehr oder weniger um „sinnloses Geschwätz, querulatorische Tiraden oder Plattheiten“ handelt. Diese führen nicht zu einer Ablehnung der Vergütungsfestsetzung.

33 *Praxistipp:*

Im Vergütungsfestsetzungsantrag sollte zur Vermeidung von Zustellungsmängeln und damit Verzögerungen des Verfahrens der Zusatz enthalten sein, dass die Zustellung des Gesuchs und Beschlusses an den Antragsgegner (also der Auftraggeber – hier natürlich nebst Angabe der zustellfähigen Anschrift) erfolgen soll. So verhindern Sie, dass fehlerhaft zugestellt wird.

Muster 10.3: Zustellungsanweisung für den Vergütungsfestsetzungsantrag 34

Wir bitten bei der Zustellung des Vergütungsfestsetzungsgesuchs zu beachten, dass die Zustellung an den Antragsgegner (ehemaliger Kläger oder Beklagter oder Sonstiges) dieses Verfahrens erfolgen muss. Die Prozessvollmacht des Antragstellers des Vergütungsfestsetzungsverfahrens bezieht sich gerade nicht auf die Entgegennahme der Zustellung eines Vergütungsfestsetzungsgesuchs. Eine Zustellung an den Antragsteller würde einen groben Verfahrensfehler darstellen, ein wirksamer Beschluss kann so nicht ergehen.

Die Zustellung muss erfolgen an:

(Vollständige Anschrift des Antragsgegners = Auftraggeber)

XI. Verjährungshemmung durch Eingang des Gesuchs

Durch Eingang des ordnungsgemäßen Vergütungsfestsetzungsantrags beim zuständigen Gericht wird die Verjährung wie durch Klageerhebung (§ 204 Abs. 1 Nr. 1 BGB) gem. § 11 Abs. 7 RVG gehemmt. 35

XII. Zustellungskosten

Im Vergütungsfestsetzungsverfahren muss der RA Zustellungskosten zahlen. Die Höhe der Zustellungskosten richtet sich nach Nr. 9002 GKG KV (derzeit 3,50 € pro Gebührenschuldner). Die vom RA gezahlten Zustellungskosten sind gem. § 11 Abs. 2 Satz 5 RVG im Vergütungsfestsetzungsbeschluss festzusetzen. 36

XIII. Sonstige Gebühren für das Vergütungsfestsetzungsverfahren

Das Festsetzungsverfahren vor dem Gericht des ersten Rechtszugs ist gebührenfrei. Gerichtskosten werden nicht erhoben. Die im Vergütungsfestsetzungsverfahren im ersten Rechtszug entstehenden Anwaltskosten sind nicht erstattungsfähig. 37

Ein Beschwerdeverfahren ist nicht gebührenfrei. Im Beschwerdeverfahren entstehen Gerichtskosten. Eine Kostenerstattung findet allerdings nach § 11 Abs. 2 Satz 5 RVG auch im Beschwerdeverfahren nicht statt. Im Beschwerdeverfahren kann der RA eine 0,5 Verfahrensgebühr gem. Nr. 3500 VV RVG berechnen. Der Gegenstandswert wird durch den Beschwerdegegenstand bestimmt. 38

▼

39 **Muster 10.4: Vergütungsfestsetzungsverfahren gem. § 11 RVG**

Prozessgericht I. Instanz

Bisheriges Rubrum *(Altbezeichnung aus der Akte)*

Aktenzeichen:

Vergütungsfestsetzungsantrag gem. § 11 RVG

In dem Verfahren

vollständige Anschrift des Rechtsanwalts,

Antragsteller,

gegen

vollständige Anschrift des Auftraggebers,

(bisherige Position im gerichtlichen Verfahren: Kläger oder Beklagter – jetzt:)

Antragsgegner,

zum Aktenzeichen

wird beantragt,

> die Vergütung des Antragstellers im hier vorliegenden gerichtlichen Verfahren gegen den Auftraggeber gemäß § 11 RVG festzusetzen.

(Rechnung einfügen)

Eine Erklärung zum Vorsteuerabzug ist gem. § 11 Abs. 2 Satz 2 RVG nicht erforderlich. § 104 Abs. 2 Satz 3 ZPO ist im Vergütungsfestsetzungsverfahren nicht anwendbar. Um antragsgemäße Festsetzung der Umsatzsteuer gem. Nr. 7008 VV RVG wird daher gebeten.

Es wird weiter beantragt,

> den festzusetzenden Betrag verzinslich ab Antragstellung mit 5 Prozentpunkten über dem Basiszinssatz festzusetzen (§ 104 Abs. 1 Satz 2 ZPO) und eine vollstreckbare Ausfertigung des Beschlusses mit dem Vermerk des Zustellungsdatums zu erteilen.

Der Auftraggeber hat am (Datum) eine ordnungsgemäße Vergütungsberechnung erhalten, die den Anforderungen des § 10 RVG entspricht. Alle in diesem Verfahren/dieser Angelegenheit etwa geleisteten Zahlungen wurden berücksichtigt.

Die für die Zustellung an den Antragsgegner erforderlichen Zustellkosten sind beigefügt. Die Zustellungskosten für die erforderliche Zustellung sollen hinzugesetzt werden.

Wir bitten darum, bei der Zustellung des Vergütungsfestsetzungsgesuchs zu beachten, dass die Zustellung nur an den Antragsgegner dieses Verfahrens erfolgen muss. Die Prozessvollmacht bezieht sich gerade nicht auf die Entgegennahme der Zustellung im Vergütungsfestsetzungsverfahren. Eine Zustellung an den Antragsteller würde einen groben Verfahrensfehler darstellen, ein wirksamer Beschluss würde nicht ergehen.

Die Zustellung muss erfolgen an:

Vollständige Anschrift des Antragsgegners (= Auftraggeber).

Beglaubigte und einfache Abschrift anbei

Grußformel

▲

D. Gerichtliche Geltendmachung des Vergütungsanspruchs

Zahlt der Auftraggeber die ausstehende Vergütung nicht und ist gegen ihn die Vergütungsfestsetzung nicht möglich (oder durch Beschluss abgelehnt worden – vgl. die Ausführungen zu § 11 RVG unter Rdn 28) kann der RA seinen Vergütungsanspruch nur durch die „streitige gerichtliche" Geltendmachung realisieren. 40

Der RA hat die **Wahlmöglichkeit**, entweder das **gerichtliche Mahnverfahren** zu betreiben, oder aber gleich gegen den Aufraggeber **Gebührenklage** (oder auch Vergütungsklage) zu erheben. 41

Sowohl das Mahnverfahren als auch das Klageverfahren kosten Geld. Selbstverständlich sind die Gerichtskosten im Mahnverfahren geringer. Ist aber offensichtlich, dass der Auftraggeber gegen den Mahnbescheid Widerspruch erheben wird, so verlangsamt sich nur das Verfahren. Den Antrag auf Erlass des Mahnbescheides sollte der RA nur wählen, wenn er davon ausgeht, dass sich der Auftraggeber nicht „wehren wird".

I. Mahnung der Anwaltsvergütung

Jeder gerichtlichen Geltendmachung gehen üblicherweise eine oder mehrere Mahnungen voraus. Der RA wird den Auftraggeber zur Leistung auffordern, um mit seinem Auftraggeber nicht eine gerichtliche Auseinandersetzung über die Anwaltsvergütung führen zu müssen. 42

10.5

▼

43 **Muster 10.5: Mahnung an den Auftraggeber**

Anrede,

wir haben Ihnen unsere Rechnung vom in Höhe von € übersandt. Bereits mit der Rechnung haben wir auf die gesetzliche Fälligkeit der Forderung gem. §§ 286, 288 BGB verwiesen. Zu unserem Bedauern können wir den Ausgleich unserer Rechnung nicht feststellen.

Wir gehen hierbei davon aus, dass die Nichtzahlung auf ein schlichtes Versehen Ihrerseits zurückzuführen ist und dürfen nochmals um Zahlung des ausstehenden Gebührenbetrags in Höhe von € bis zum eingehend bitten.

Sollten wir den fristgerechten Ausgleich der Vergütungsforderung nicht feststellen können, werden wir – ohne weitere Korrespondenz – gerichtliche Schritte gegen Sie zur Durchsetzung unserer Forderung ergreifen. Bitte erlauben Sie uns den Hinweis, dass dafür weitere Kosten entstehen (Anwaltsvergütung und Gerichtskosten). Auch wenn der Rechtsanwalt sich selbst im gerichtlichen Verfahren vertritt, kann und darf er gem. § 91 Abs. 2 Satz 3 ZPO eine Vergütung berechnen, als wenn er einen anderen Anwalt mit seiner Vertretung beauftragt hätte. Zusätzlich zu den weiteren Kosten entstehen nicht unerhebliche Zinsen.

Es ist ausgeschlossen, dass wir die Forderung vergessen oder nicht titulieren, weil auch wir davon abhängig sind, dass unsere geleisteten Dienste durch die Auftraggeber vergütet werden. Eine Verjährung der Forderung können Sie auch nicht erwarten. Wir als Anwälte wissen selbstverständlich geeignete Schritte zu ergreifen, um immer wieder eine etwa drohende Verjährung zu hemmen.

Erfolgt keine freiwillige Leistung durch Sie, bleibt uns keine andere Möglichkeit, als im Wege der Zwangsvollstreckung die Forderung gegen Sie beizutreiben. Hier hilft es auch nichts, wenn Sie zunächst leistungsunfähig sind. Sie können davon ausgehen, dass wir regelmäßig überprüfen werden, ob Sie immer noch nicht in der Lage sind, zu leisten. Selbst, wenn wir die Kanzlei in ferner Zukunft selbst nicht mehr fortführen, so kann der Kanzleiübernehmer die Forderung weiter gegen Sie verfolgen.

Irgendwann ist dann eine Situation eingetreten, in der Sie ein Vielfaches dessen schulden, was ursprünglich als Vergütungsforderung offen war. Dies ist vermeidbar, wenn Sie den kompletten Vergütungsanspruch ausgleichen, oder aber sich unverzüglich mit uns in Verbindung setzen, um etwaige Ratenzahlungsmodalitäten zu klären.

Sollten wir keinen Zahlungsausgleich feststellen können und sollte auch sonst keine Reaktion von Ihnen erfolgen, folgt mit Sicherheit die gerichtliche Titulierung.

Sollte dieses Schreiben Sie bewegt haben, den Ausgleich der Rechnung zu bewirken, sehen wir einer Zahlung eingehend innerhalb von einer Woche, d.h. bis zum   auf eines unserer Konten unter Angabe des Betreffs „   " entgegen.

Grußformel

▲

Hinweis: 44

Für die Mahnung kann der RA keine Vergütung geltend machen. Wenn er im gerichtlichen Verfahren tätig war, ergibt sich dies aus § 19 Abs. 11 Nr. 13 RVG (das Einfordern der Vergütung gehört noch zum Rechtszug). Wenn er vor- bzw. außergerichtlich tätig war, fehlt es i.d.R. an einer materiell-rechtlichen kostenerstattungsrechtlichen Grundlage, §§ 286, 288 BGB sind einschlägig.

II. Vergütungsklage

Der RA kann, wie oben erwähnt, im Wege der Vergütungsklage vorgehen. Er kann seine 45
Forderung auch im Wege des Mahnverfahrens geltend machen.

1. Erfordernis des Antrags auf Vergütungsfestsetzung vor Erhebung der Gebührenklage

War der RA im gerichtlichen Verfahren tätig, muss grds. zunächst die **Vergütungsfest-** 46
setzung erfolgen. Wenn die Vergütungsfestsetzung gem. **§ 11 RVG** zulässig ist, fehlt einer Klage das sog. Rechtsschutzbedürfnis, denn mit der Vergütungsfestsetzung gibt es einen billigeren und einfacheren Weg, wie der RA einen zur Zwangsvollstreckung geeigneten Titel erlangen kann (der **Vergütungsfestsetzungsbeschluss** ist gem. § 794 Abs. 1 Nr. 2 ZPO, § 11 Abs. 2 Satz 2 RVG ein zur Zwangsvollstreckung geeigneter Titel).

Erhebt der Auftraggeber allerdings **Einwendungen**, die ihren **Ursprung außerhalb des** 47
Gebührenrechts haben (z.B. der RA hat PKH trotz Weisung nicht beantragt – oder, der RA hat ohne Auftrag gehandelt), muss der RA nicht erst die Vergütungsfestsetzung beantragen. **§ 11 Abs. 5 Satz 2 RVG** erlaubt es dem RA, sofort die **Gebührenklage** zu erheben. Für die Praxis ist es daher wichtig, dass der Einwand des Auftraggebers nicht nur „fernmündlich" erfolgt ist. Der RA muss dies im Zweifel nachweisen. Die Gebührenklage sollte nur unmittelbar erhoben werden, wenn der RA die **Einwendungen und Einreden des Auftraggebers nachweisen** kann, weil dieser diese **schriftlich** erhoben hat. In allen anderen Fällen läuft der RA Gefahr, dass sich der Auftraggeber im streitigen gerichtlichen Verfahren nicht mehr an seine Einwendungen und Einreden „erinnert" und daher die Klage ggf. abgewiesen wird.

48 *Praxistipp:*

Solange keine schriftlichen Einwendungen vorliegen, beantragen Sie im gerichtlichen Verfahren am Besten zunächst die Vergütungsfestsetzung. Erhebt der Auftraggeber dann seine Einwendungen, so können Sie die Klage erheben. Der Lauf der Verjährungsfrist wird durch das Vergütungsfestsetzungsgesuch so gehemmt, als hätten Sie Klage eingereicht (§ 11 Abs. 7 RVG). Nach Ablehnung der Festsetzung dürfen Sie aber nicht zu lange mit der Klage warten. Die verjährungshemmende Wirkung geht dann verloren. Die Kosten, die Sie für die Zustellung des Gesuchs aufgewandt haben (3,50 €), müssen Sie im Wege der Klage dann berücksichtigen. Bei einer Kostenfestsetzung gem. § 104 ZPO im Obsiegensfall im Verfahren über die Gebührenklage werden diese Zustellungskosten aus einem gerichtlichen Verfahren nicht berücksichtigt.

2. Gebührenklage und Rahmengebühren – Abwägung Vergütungsfestsetzung gem. §§ 11 Abs. 8 RVG

49 War der RA in einem gerichtlichen Verfahren tätig, in dem Betragsrahmengebühren entstanden sind (z.B. einige sozialgerichtliche Verfahren sowie ein Großteil der Strafsachen aus Teil 4 VV RVG), so sind diese Betragsrahmengebühren auch gegen den Auftraggeber festsetzbar.

a) Einschränkung der Festsetzbarkeit von Rahmengebühren im Rahmen von § 11 Abs. 8 RVG

50 Allerdings ist die Festsetzbarkeit eingeschränkt.

51 Der RA benötigt entweder die **Zustimmungserklärung des Auftraggebers (§ 11 Abs. 8 Satz 1 RVG)**, oder durch das Gericht werden **lediglich die Mindestgebühren** festgesetzt (§ 11 Abs. 8 Satz 1 RVG). § 11 Abs. 8 Satz 1 RVG gibt vor, dass die ausdrückliche Zustimmung zur Höhe der Gebühr gemeinsam mit dem Antrag auf Vergütungsfestsetzung vorzulegen ist. Daraus ergibt sich, dass die **Zustimmung schriftlich** zu erfolgen hat. Legt der RA die Zustimmungserklärung nicht vor, ist die Festsetzung von Rahmengebühren abzulehnen.

52 Nur im seltenen Fall wird ein Auftraggeber zu der Höhe der Vergütungsberechnung (und damit der Bestimmung des Betragsrahmens der Gebühr gem. § 14 Abs. 1 RVG) seine Zustimmung erklären, wenn der Auftraggeber gleichzeitig weiß, dass diese Zustimmung Voraussetzung der gerichtlichen Geltendmachung ist. In vielen Kanzleien wird daher die Zustimmungserklärung bereits zu Beginn des Mandatsverhältnisses (meist gleichzeitig mit der Vollmacht – so geben es sogar einige Softwareunternehmen vor) ausgedruckt und durch den Auftraggeber unterschrieben. Eine **wirksame Zustimmung ist dies nicht**. Der Auftraggeber kann der Höhe der Gebühr nur zustimmen, wenn die Höhe der Gebühr auch bekannt ist; er kann **nur zustimmen, wenn der RA eine bezifferte Forderung** hat.

53 Eine Zustimmungserklärung sollte daher, wenn man dem Gesetz folgt, lauten:

▼ 10.6

Muster 10.6: Zustimmungserklärung zur Höhe der Vergütung

Hiermit stimme ich (vollständige Anschrift des Auftraggebers) der Höhe der Gebühr/der Höhe der Gebühren in der Vergütungsberechnung von Rechtsanwalt (vollständige Anschrift des RA) vom (Datum der Rechnung) ausdrücklich zu. Vorbehalte gegen die Bestimmung des Betragsrahmens der geltend gemachten Gebühren habe ich nicht. Mir ist bekannt, dass diese Zustimmungserklärung durch den von mir beauftragten Rechtsanwalt dem Gericht gem. § 11 Abs. 8 Satz 1 RVG vorgelegt werden wird.

Ort, Datum — Unterschrift

▲

Selbstverständlich können auch andere Erklärungen bei der Vergütungsfestsetzung berücksichtigt werden. Ob Sie hier ein an den entsprechenden Stellen „leeres" Formular unterzeichnen lassen können und dieses dann benutzen, möchte ich nicht bewerten. Auch hier gilt: Wenn Sie damit bisher erfolgreich waren und selbst keine Bedenken haben, so können nur Sie entscheiden, ob Sie es „richtig" i.S.d. Vorschrift machen oder „falsch", aber den Vergütungsanspruch damit durchsetzen. 54

b) Gebührenklage trotz Vergütungsfestsetzungsantrag – Mindestgebühren gem. § 11 Abs. 8 Satz 1 RVG

Man könnte jetzt auf die Idee kommen, die Mindestgebühren gegen den Auftraggeber gem. § 11 Abs. 8 Satz 1 RVG festsetzen zu lassen und die Gebühren, die die Mindestgebühren übersteigen, im Wege der Gebührenklage oder des gerichtlichen Mahnverfahrens zu verfolgen. 55

Dies ist nicht möglich. Wenn Sie die Mindestgebühren gem. § 11 Abs. 8 Satz 1 RVG festsetzen lassen, können Sie nicht darüber liegende Vergütungsdifferenzen weiter verfolgen. Dies liegt daran, dass Sie mit der Geltendmachung der Mindestgebühren das Bestimmungsrecht gem. § 14 Abs. 1 RVG ausgeübt haben. Die **einmal erfolgte Bestimmung des Rahmens einer Gebühr (Betrags- oder Satzrahmengebühr) ist bindend**. Der RA kann sich hier auch nicht vorbehalten, den Rahmen an anderer Stelle abweichend zu bestimmen.

Wer die Festsetzung der Mindestgebühren beantragt, kann keine höhere Vergütung vom Auftraggeber mehr einfordern. Natürlich „kann" man vieles, und gerade im Mahnverfahren weiß ja niemand, dass Sie bereits die Mindestgebühr gefordert haben. Legt der Gegner aber Widerspruch ein, dann werden Sie im gerichtlichen Verfahren nicht obsiegen können. 56

III. Mahnbescheid und Gebührenklage

57 Der Mahnbescheid wegen der Vergütung ist ein ganz „normaler" Mahnbescheid. Der RA ist der Antragsteller, der Auftraggeber ist als Gebührenschuldner der Antragsgegner. Es entsteht die Anwaltsvergütung, denn das Mahnverfahren ist ein gerichtliches Verfahren, sodass § 91 Abs. 2 Satz 3 ZPO maßgebend ist. Allerdings entsteht in diesen Verfahren keine USt. Der RA ist vorsteuerabzugsberechtigt und kann daher keine USt auf die Vergütung im Mahnverfahren fordern. Sein dem Mahnbescheid zugrunde liegender Anspruch, also die ausstehende Vergütung, berechnet sich natürlich mit USt. Wegen des generellen Ablaufs des Mahnverfahrens wird auf die Ausführungen ab § 4 Rdn 1 ff., 39 verwiesen.

1. Gebührenklage

58 Die Gebührenklage eröffnet den Weg zu einem „ganz normalen" Zivilprozess. Unabhängig davon, in welchem Verfahren die Vergütungsforderung entstanden ist (FamG, ArbG, SG etc.), die Klage wird vor einem Zivilgericht geführt.

2. Zuständigkeit des Gerichts

59 Lange Jahre war es möglich, bei der Durchsetzung des Vergütungsanspruchs das Gericht des Erfüllungsorts (§ 29 ZPO) zu wählen und damit die Klage beim Gericht einzureichen, in dessen Bezirk sich die Kanzlei befand. Dies ist nicht mehr möglich. Der BGH hat (Urt. v. 11.11.2003 – ARZ 91/03, NJW 2004, 54) festgestellt, dass der Gerichtsstand des Erfüllungsorts nicht gewählt werden kann. Der RA muss für das streitige Verfahren das Gericht wählen, in dessen Bezirk der Vergütungsschuldner seinen allgemeinen Wohnsitz (oder Geschäftssitz hat).

60 Ergibt sich unter Berücksichtigung von §§ 23, 71 GVG die Zuständigkeit des LG (die Vergütungsforderung übersteigt 5.000,00 €), so ist das entsprechende LG zuständig. Es herrscht dann in dem Verfahren Anwaltszwang, der Beklagte muss sich gem. § 78 Abs. 1 Satz 1 ZPO durch einen RA vertreten lassen.

3. Verschwiegenheitsverpflichtung in der Gebührenklage

61 Eine der wesentlichen Pflichten aus dem Anwaltsvertrag ist die Pflicht zur Verschwiegenheit (s. § 1 ff.). Die Verschwiegenheitsverpflichtung gilt nicht, wenn der RA einen Vergütungsprozess führt. Gem. § 2 Abs. 3 BORA (Berufsordnung der RA) kann der RA das zur Erfüllung seiner Darlegungs- und Beweislast Notwendige vortragen, auch wenn er dadurch gegen das Verschwiegenheitsgebot verstößt. Ohne diese ausdrückliche Ermächtigung würde die Verschwiegenheitsverpflichtung dazu führen, dass der RA seine berech-

tigte Vergütungsforderung nicht geltend machen kann. Dies würde gegen das Recht zur freien Berufsausübung verstoßen, da der RA ansonsten niemals seinen Vergütungsanspruch durchsetzen könnte.

4. Obligatorisches Schlichtungsverfahren

Es ist durch die Gesetzgebung der Länder nunmehr nahezu ausgeschlossen, dass ein 62
Schlichtungsverfahren gem. **§ 15a EGZPO** erforderlich ist. Von einer Darstellung wird abgesehen.

10.7

▼

Muster 10.7: Muster einer Gebührenklage 63

An das

Gericht

(*Wohnsitz des Beklagten – je nach Streitwert Amtsgericht oder Landgericht*)

Vergütungsklage

der Rechtsanwälte *(komplette Zusammensetzung einer etwaigen Sozietät, GbR o.Ä., vollständige Anschrift)*

Kläger,

gegen

Vor- und Zuname des Auftraggebers *(bei Firma Rechtsform und Vertretungsverhältnisse, vollständige Anschrift)*

Beklagter,

wegen Zahlung in Höhe von €

wir erheben in eigenem Namen und im eigenen Auftrag Vergütungsklage gegen den Beklagten. Wir bitten erforderlichenfalls um Anberaumung eines Termins zur mündlichen Verhandlung, in dem wir beantragen werden,

1.

Der Beklagte wird verurteilt an die Kläger als Gesamtgläubiger € (Vergütungsforderung/Vergütungsforderungen) nebst 5 % Zinsen über dem jeweils gültigen und fälligen Basiszinssatz seit dem (*Verzug des Vergütungsschuldners – oder Zustellung der Vergütungsklage*) zu zahlen.

2.

Für den Fall, dass der Beklagte seine Verteidigungsabsicht nicht rechtzeitig anzeigt, wird beantragt, gegen den Beklagten Versäumnisurteil zu erlassen und dieses Versäumnisurteil in zugestellter Form, versehen mit der Vollstreckungsklausel, zu unseren Händen zu reichen.

3.

Für den Fall, dass der Beklagte die Forderung ganz oder teilweise anerkennt, wird beantragt, das entsprechende Anerkenntnisurteil zu erlassen und das Anerkenntnisurteil in zugestellter Form, versehen mit der Vollstreckungsklausel, zu unseren Händen zu reichen.

4.

Eine Geltendmachung der Geschäftsgebühr gem. Nr. 2300 VV RVG scheidet aus, weil diese nicht entstanden ist. Für die vorgerichtliche Mahnung des Schuldners kann der RA in eigenen Sachen keine Geschäftsgebühr der Nr. 2300 VV RVG fordern.

5.

Sollte der Wert der Beschwer 600,00 € nicht übersteigen, wird beantragt, einen Ausspruch über die Zulässigkeit der Berufung zu treffen.

6.

Dem Beklagten werden in entsprechender Anwendung von § 91 Abs. 2 Satz 3 ZPO die Kosten des gerichtlichen Verfahrens auferlegt.

Begründung:

Der Klageweg ist zulässig, da ein Vergütungsfestsetzungsverfahren gem. § 11 RVG nicht zulässig ist. Gegen den Beklagten wird eine Vergütungsforderung für die vor- bzw. außergerichtliche Tätigkeit der Kläger geltend gemacht. Eine Verschwiegenheitsverpflichtung ist gem. § 2 Abs. 3 BORA nicht gegeben.

Der Beklagte beauftragte die Kläger am   mit der Wahrnehmung seiner rechtlichen Interessen. Er erteilte den Auftrag, gegen den (Name und Anschrift des „Gegners" des Auftraggebers in der Akte) eine   (genaue Beschreibung des Anspruchs) geltend zu machen.

Beweis: Vorlage der Auftragsbestätigung vom   in Kopie anbei

Entsprechend dem erteilten Auftrag wurden die Kläger tätig. Zunächst wurde der Dritte des Verfahrens (Gegner des Auftraggebers) zur   unter Fristsetzung aufgefordert. Der „Gegner" wandte sich unmittelbar nach Zugang des Schreibens an die Kläger und führte Vergleichsgespräche.

Über diese Vergleichsgespräche wurde der Beklagte informiert, insbesondere erfolgte eine Belehrung über das Kostenrisiko für den Fall einer vergleichsweisen Erledigung der Angelegenheit.

Mit Telefax vom stimmte der Beklagte dem avisierten Vergleich zu.

Beweis: Vorlage der Zustimmungserklärung des Beklagten vom in Kopie anbei

Die Kläger teilten dem Beklagten daraufhin mit, dass der Vergleich zustande gekommen ist und übersandte dem Beklagten die Vergütungsberechnung vom die auf einen Betrag in Höhe von € endet.

Beweis: Vorlage der Vergütungsberechnung vom in Kopie anbei

Rein vorsorglich und nur hilfsweise wiederholen wir die Vergütungsberechnung an dieser Stelle:

Gegenstandswert:	€
1,3 Geschäftsgebühr gem. §§ 2 Abs. 2, 13, Nr. 2300 VV RVG	€
1,5 Einigungsgebühr gem. §§ 2 Abs. 2, 13, Nr. 1000 VV RVG	€
Entgelte für Post- und Telekommunikationsdienstleistungen gem. Nr. 7002 VV RVG	€
Zwischensumme netto	€
19 % Umsatzsteuer gem. Nr. 7008 VV RVG	€
Gesamtforderung	€

Der Gegner des Ausgangsverfahrens hat den Vergleich nicht erfüllt. Der Vergütungsschuldner und hiesige Beklagte wendet mit Schreiben vom nunmehr ein, dass eine Vergütung der Rechtsanwälte daher von ihm nicht geschuldet sei.

Beweis: Vorlage des Schreibens des Beklagten vom in Kopie anbei

Mit Schreiben vom haben die Kläger dem Beklagten erläutert, dass der Vergütungsanspruch von Rechtsanwälten „erfolgsunabhängig“ geschuldet wird. Auch für das Entstehen der Einigungsgebühr gem. Nr. 1000 VV RVG ist es nur erforderlich, dass eine wirksame Einigung erzielt wird. Die Erfüllung der Einigung ist nicht Voraussetzung für das Entstehen der Einigungsgebühr.

Der Beklagte hat auf dieses Schreiben nicht mehr reagiert. Auch die Mahnung vom blieb unberücksichtigt, sodass Klage geboten ist.

Zur Zusammensetzung der Vergütungsforderung führen wir wie folgt aus:

1. Geschäftsgebühr

Die Geschäftsgebühr der Nr. 2300 VV RVG ist entstanden, da entsprechend Vorbemerkung 2 (3) Satz 3 VV RVG die Kläger das Geschäft betrieben haben.

Die Geschäftsgebühr entsteht regelmäßig (sog. Schwellen/oder Regelgebühr) mit einem Gebührensatzrahmen von 1,3 (Anmerkung zu Nr. 2300 VV RVG). Der Umfang der anwaltlichen Tätigkeit und die Schwierigkeit der anwaltlichen Tätigkeiten waren im gegebenen Sachverhalt durchschnittlich, sodass der Ansatz der Regelgebühr gerechtfertigt ist.

Da hier lediglich die Regelgebühr geltend gemacht wird, erübrigen sich weitere Ausführungen gem. § 14 Abs. 1 RVG. Ein Gutachten der Rechtsanwaltskammer im Sinne von § 14 Abs. 2 RVG ist ebenfalls bei Mittel- bzw. Regelgebühren nicht einzuholen.

Sollte das Gericht hier weiteren Vortrag für erforderlich halten, wird höflichst um einen entsprechenden richterlichen Hinweis gebeten.

2. Einigungsgebühr

Mit dem Gegner des Ausgangsverfahrens wurde über ein streitiges Rechtsverhältnis eine Einigung unter ursächlicher Mitwirkung der Kläger erzielt. Die Einigung ist wirksam zustande gekommen. Sämtliche Voraussetzungen der Nr. 1000 VV RVG sind erfüllt. Entsprechend Vorbemerkung 1 VV RVG ist neben der Einigungsgebühr die Geschäftsgebühr als sog. Betriebsgebühr entstanden.

Der Beklagte wurde auch ausdrücklich über die Folgen des Vergleichs belehrt (generelle Kostenaufhebung, Verlust eines Teils der Forderung, Vorteil gegenüber gerichtlicher Geltendmachung). Er hat dem Vergleich zugestimmt, sodass das Vorgehen der Kläger in Absprache und unter Berücksichtigung der Belange des Beklagten stattgefunden hat.

Wenn der Vergleichsvertrag anschließend nicht erfüllt wird, ändert dies nichts am Vergütungsanspruch. Dies hätte zur Folge, dass bei jedem erstrittenen Urteil der RA im Zweifel seine Vergütung verlöre, wenn die mit Urteil festgestellte Forderung nicht beitreibbar wäre. Dies widerspricht dem Grundgedanken des § 675 BGB.

Aus sämtlicher Kommentierung zum RVG ergibt sich daher auch, dass die Einigungsgebühr nicht von der Durchsetzung der Forderung abhängig ist.

3. Auslagen – Entgelte für Post- und Telekommunikationsdienstleistungen – Umsatzsteuer

Aus der sog. Legaldefinition der Vergütung in § 1 Abs. 1 RVG (Gebühren und Auslagen) ergibt sich, dass die Kläger einen Anspruch auf die entstandenen Auslagen aus Teil 7 VV RVG haben.

4. Gegenstandswert

Gegenstand der anwaltlichen Tätigkeit war die Forderung des Beklagten auf gegen . Diese Forderung ist zu bewerten entsprechend §§ 23 Abs. 1 Satz 1, § 23 Abs. 1 Satz 3 RVG. Maßgeblich sind daher die Vorschriften in Abschnitt 7 GKG (§§ 39 bis 60 GKG), oder, in Ermangelung einer maßgebenden Vorschrift im GKG, §§ 3 bis 9 ZPO. (*Hier muss auf den Einzelfall bezogen vorgetragen werden*).

5. Fälligkeit

Die Vergütungsforderung ist unter Berücksichtigung von § 8 Abs. 1 Satz 1, 2. Alt. RVG fällig. Der Auftrag war mit dem Abschluss des Vergleichs erledigt.

6. Zinsen

Die geltend gemachten Zinsen ergeben sich daraus, dass sich der Beklagte seit dem unter Berücksichtigung von §§ 286, 288 BGB in Verzug befindet.

Der Beklagte hat eine ordnungsgemäße Vergütungsberechnung erhalten, die den Anforderungen des § 10 RVG entspricht. Vorschüsse hat der Beklagte nicht geleistet.

Nach alledem ergibt sich, dass die Klageforderung berechtigt ist, der Beklagte ist antragsgemäß zu verurteilen.

Beglaubigte und einfache Abschrift sowie Gerichtskosten in Höhe von € anbei.

Rechtsanwalt

10.8

Muster 10.8: Geltendmachung der Gebührendifferenz in der Klage 64

(*Zuständiges Prozessgericht*)

(*Name und Anschrift des Klägers*)

Kläger,

Prozessbevollmächtigte: RA

gegen

(*Name und Anschrift des Beklagten*)

Beklagter,

voraussichtlicher Prozessbevollmächtigte: RA

wegen

Streitwert: €

1.

   (*Hauptanspruch nebst Zinsen*)

2. Der Beklagte wird verurteilt, an den Kläger weitere € nebst 5 % Zinsen über dem jeweiligen Basiszinssatz seit dem (spätestens Zustellung der Klage/Widerklage) zu zahlen.

3.

(*Weitere Ansprüche und Anträge, z.B. Vollstreckbarkeit/Zulassung von Rechtsmitteln/Stellung einer Bankbürgschaft u.Ä.*)

Begründung:

1. (*Begründung zum Hauptanspruch*)

2. Der mit dem Antrag zu 2. geltend gemachte Zahlungsanspruch ergibt sich wie folgt:

Der unbedingte Auftrag zur vorgerichtlichen Tätigkeit ist am erteilt worden und somit nach Inkrafttreten von § 15a RVG.

Der Beklagte ist zur Erstattung des vorgerichtlich bei dem Kläger verbleibenden Rests der entstandenen Geschäftsgebühr verpflichtet. Dem Kläger steht ein materiell-rechtlicher Kostenerstattungsanspruch als Folgeschaden zu. Durch das vorgerichtliche Verhalten des Beklagten war der Kläger veranlasst, anwaltliche Hilfe zur Durchsetzung in Anspruch zu nehmen. Dazu war der Kläger auch berechtigt.

Außer- bzw. vorgerichtlich ist dem Kläger ein Schaden entstanden, der sich wie folgt berechnet:

Als Anwaltsvergütung ist folgende **Geschäftsgebühr** entstanden:

Gegenstandswert: €

1,3 Geschäftsgebühr gem. §§ 2, 13 Nr. 2300 VV RVG	€
Entgelte für Post- und Telekommunikationsdienstleistungen gem. Nr. 7008 VV RVG	€
19 % USt gem. Nr. 7008 VV RVG	€
Summe	€

Die Geschäftsgebühr in Höhe von € wird gemäß der Anrechnungsvorschrift in Vorbemerkung 3 Abs. 4 VV RVG i.V.m. § 15a RVG zur Hälfte angerechnet. Es verbleibt ein Gebührenrest in Höhe von 0,65 Geschäftsgebühr €.

Dieser Rest der Geschäftsgebühr ist nach der h.M. nicht vom Kostenerstattungsanspruch umfasst, sodass er klageweise geltend gemacht werden muss. Es handelt sich um eine Nebenforderung.

Der Beklagte hat keine Zahlungen auf den materiell-rechtlichen Kostenerstattungsanspruch erbracht.

Der Beklagte hat sich auch hinsichtlich der außergerichtlich bei dem Kläger verbleibenden Gebührenreste schadensersatzpflichtig gemacht. Aus diesem Grunde steht dem Kläger ein materiell-rechtlicher Kostenerstattungsanspruch als Folgeschaden zu. Durch das außergerichtliche Verhalten des Beklagten war der Kläger veranlasst, anwaltliche Hilfe in Anspruch zu nehmen. Dazu war der Kläger auch berechtigt.

Außergerichtlich sind bei dem Kläger nach Anrechnung der 1,3 Geschäftsgebühr der Nr. 2300 VV RVG auf die Verfahrensgebühr der Nr. 3100 VV RVG folgende Gebührenreste verblieben:

Gegenstandswert: €

0,65 Geschäftsgebührrest gem. Vorbemerkung 3 Abs. 4 VV RVG	€
Entgelte für Post- und Telekommunikationsdienstleistungen gem. Nr. 7002 VV RVG	€
(Hinweis: Diese bleiben in voller Höhe entsprechend der ersten Rechnung in der Klagebegründung bestehen.)	
19 % USt gem. Nr. 7008 VV RVG	€
Summe	€

Dieser Gebührenrest folgt daraus, dass entsprechend der Vorbemerkung 3 Abs. 4 VV RVG nur die Hälfte der 1,3 Geschäftsgebühr der Nr. 2300 VV RVG auf die Verfahrensgebühr des gerichtlichen Verfahrens anzurechnen ist. Die Anrechnung der Hälfte der Geschäftsgebühr erfolgt jedoch höchstens mit einem Gebührensatz von 0,75 auf die Verfahrensgebühr des gerichtlichen Verfahrens. Da die Geschäftsgebühr mit einem Gebührensatz von 1,3 geltend gemacht wurde, erfolgt die Anrechnung in Höhe von 0,65.

Dementsprechend verbleibt außergerichtlich die oben bezifferte Gebühr zzgl. der Auslagen und anteiligen Umsatzsteuer als übersteigender nicht anrechenbarer Teil der Geschäftsgebühr. Neben dieser Geschäftsgebühr bleiben die vollen Entgelte für Post- und Telekommunikationsdienstleistungen gem. Nr. 7002 VV RVG bestehen, denn diese werden nicht angerechnet. In Vorbemerkung 3 Abs. 4 VV RVG ist die Anrechnung lediglich der Geschäftsgebühr vorgesehen. Aus der Legaldefinition in § 1 Abs. 1 RVG ergibt sich, dass die Rechtsanwaltsvergütung sich aus Gebühren und Auslagen zusammensetzt.

Dementsprechend sind die Auslagen der Nr. 7002 VV RVG nicht anzurechnen, sodass diese zu dem Rest der Geschäftsgebühr, der nach Anrechnung verbleibt, hinzuzurechnen sind. Insgesamt ergibt sich damit der unter dem Klageantrag zu 2. bezifferte Anspruch in Höhe von €, den der Kläger hiermit ausdrücklich beantragt.

Der Kläger ist nicht zum Vorsteuerabzug berechtigt. (Zutreffendes berücksichtigen)

Der Kläger hat die Geschäftsgebühr der Nr. 2300 VV RVG bereits beglichen.

(1. Hinweis: Hat der Kläger nicht geleistet, ist auf Freistellung zu klagen.

2. Hinweis: Die folgenden Ausführungen sind nur erforderlich, wenn der Gebührensatzrahmen der Geschäftsgebühr mit höher als 1,3 bestimmt wird.)

Gleichzeitig wird an dieser Stelle darauf hingewiesen, dass ein Gutachten der Rechtsanwaltskammer gemäß § 14 Abs. 2 RVG nicht erforderlich ist. Sollte der Beklagte die Angemessenheit des Gebührensatzrahmens der Geschäftsgebühr bestreiten, wird der Einholung eines Gutachtens durch die Rechtsanwaltskammer ausdrücklich widersprochen. Ein Gutachten der Rechtsanwaltskammer ist nicht einzuholen, wenn die Auseinandersetzung um die Angemessenheit von Gebühren nicht eine Auseinandersetzung um Gebührenansprüche zwischen Rechtsanwalt und Auftraggeber betrifft. Bereits zur Geltungszeit der BRAGO gab es hinsichtlich der Erstattungsfähigkeit der Gebühren des § 118 BRAGO im Hinblick auf das FGG-Verfahren Kostenrechtsprechung. Insofern wird verwiesen auf: Baumgärtel/Hergenröder/Houben, RVG, 16. Aufl., § 14 Rn 18; Gerold/Schmidt, RVG, 23. Aufl., § 14 Rn 119; Mümmler, JurBüro 1985, 9; BVerwG, JurBüro 1982, 857; BSG, SozSich 1990, 294; OLG Hamm, zfs 1992, 23 und 119; AG Düsseldorf, AGS 2004, 19; Schneider/Wolf, RVG, § 14 Rn 99; Schneider, NJW 2004, 193; Hartmann, Kostengesetze – RVG, § 14 Rn 28; Göttlich/Mümmler, RVG, 7. Aufl. „Rechtsanwaltskammer" Rn 2.2.

Es wird einheitlich die Auffassung vertreten, dass ein Gutachten der Rechtsanwaltskammer nicht erforderlich ist, wenn materiell-rechtliche Kostenerstattungsansprüche Grundlage der Auseinandersetzung im Hinblick auf die Angemessenheit der Ausübung des Ermessens des Rechtsanwalts sind.

Sollte das Gericht der Auffassung sein, dass hinsichtlich der geltend gemachten Gebührenreste ein Gutachten der Rechtsanwaltskammer erforderlich ist, wird bereits jetzt beantragt:

> das Verfahren hinsichtlich des Gebührenrestes abzutrennen und über den geltend gemachten weiteren Anspruch (Ziffer 1. der Klage) vorab besonders zu entscheiden.

▲

§ 11 Besondere Verfahren

Inhalt

A. Allgemeines zu den besonderen Verfahren

Brunner-Ovadia

Einige Verfahren der Ordentlichen Gerichtsbarkeit, insbesondere die familienrechtlichen Verfahren, der Urkundenprozess sowie das Bußgeld- und Strafverfahren, weisen erhebliche Besonderheiten zum normalen Zivilprozess auf. 1

Daneben gibt es noch die folgenden besonderen Gerichtsbarkeiten: 2

- Arbeitsgerichtsbarkeit,
- Verwaltungsgerichtsbarkeit,
- Sozialgerichtsbarkeit und
- Finanzgerichtsbarkeit.

Im Folgenden werden die Grundzüge und die Besonderheiten dieser besonderen Verfahrensarten bzw. Gerichtsbarkeiten dargestellt, um eine effektive Sachbearbeitung in der Praxis zu ermöglichen: 3

B. Familiengerichtsbarkeit

I. Allgemeines

Das Familienrecht ist ein Teil der Ordentlichen Zivilgerichtsbarkeit, das jedoch eine eigene Verfahrensordnung besitzt. 4

Das Verfahrensrecht ist seit dem 1.9.2009 im Familienverfahrensgesetz (FamFG) geregelt. Das FamFG hat somit insbesondere das Gesetz über die Angelegenheiten der freiwilligen Gerichtsbarkeit (FGG) sowie Teile der ZPO, soweit diese familienrechtliche Verfahren regelten (z.B. Vaterschaftsanfechtung und Unterhalt), ersetzt. Mit dieser Neuregelung sollte eine einheitliche familienrechtliche Verfahrensordnung geschaffen werden, die auch dem Laien verständlich sein sollte.

5 Schwerpunkte der Gesetzesänderung waren insbesondere

- die Schaffung des großen Familiengerichtes (vgl. Punkt 2),
- die Förderung der gerichtlichen und außergerichtlichen Streitschlichtung für Scheidungsfolgesachen,
- Beschleunigung der Umgangs- und Sorgerechtsverfahren,
- Neuregelung der Interessenvertretung von Kindern und Jugendlichen im Gerichtsverfahren durch den sogenannten Verfahrensbeistand sowie
- die Einführung eines von der Hauptsache unabhängigen, einstweiligen Rechtschutzes.

6 Das FamFG übernahm auch nicht die bisher gewohnten Verfahrensbegriffe, sondern ersetzte diese Begriffe. durch neue:

- Antrag statt Klage,
- Antragsteller und Antragsgegner statt Kläger und Beklagter,
- Beteiligte statt Parteien sowie
- Verfahrenskostenhilfe statt Prozesskostenhilfe.

7 Bei allen familienrechtlichen Verfahren handelt es sich nunmehr nicht mehr um ein Klage- sondern um ein Antragsverfahren, so dass die Entscheidungen nicht mehr Urteil sondern Beschluss heißen.

II. Zuständigkeit

8 Das Familiengericht ist kein eigenständiges Gericht (wie z.B. das Arbeitsgericht), sondern eine Abteilung des AG.

9 Das Familiengericht (AG) ist für alle Familiensachen ausschließlich sachlich zuständig (vgl. § 23a des Gerichtsverfassungsgesetzes). In § 111 Nr. 1 – 11 FamFG werden Familiensachen abschließend definiert, hierzu gehören

- Ehesachen,
- Kindschaftssachen,
- Abstammungssachen,
- Adoptionssachen,
- Wohnungszuweisungs- und Hausratssachen,
- Gewaltschutzsachen,

- Versorgungsausgleichssachen,
- Unterhaltssachen,
- Güterrechtssachen,
- sonstige Familiensachen und
- Lebenspartnerschaftssachen.

Mit dem Inkrafttreten des FamFG am 1.9.2009 wurde das Vormundschaftsgericht abgeschafft und dessen Zuständigkeiten auf das Familiengericht übertragen. Man spricht daher wegen der Vergrößerung des Zuständigkeitsbereiches auch vom sog. „Großen Familiengericht“. Für die früher dem Vormundschaftsgerichten obliegenden Aufgaben in Betreuungssachen wurden Betreuungsgerichte eingerichtet. 10

Die örtliche Zuständigkeit ist gem. § 122 FamFG ausschließlich geregelt. Die örtliche Zuständigkeit der Familiensache richtet sich demnach nach folgender Rangfolge: Es ist 11

1. das Gericht, in dessen Bezirk einer der Ehegatten mit allen gemeinschaftlichen minderjährigen Kindern seinen gewöhnlichen Aufenthalt hat;
2. das Gericht, in dessen Bezirk einer der Ehegatten mit einem Teil der gemeinschaftlichen minderjährigen Kinder seinen gewöhnlichen Aufenthalt hat, sofern bei dem anderen Ehegatten keine gemeinschaftlichen minderjährigen Kinder ihren gewöhnlichen Aufenthalt haben;
3. das Gericht, in dessen Bezirk die Ehegatten ihren gemeinsamen gewöhnlichen Aufenthalt zuletzt gehabt haben, wenn einer der Ehegatten bei Eintritt der Rechtshängigkeit im Bezirk dieses Gerichts seinen gewöhnlichen Aufenthalt hat;
4. das Gericht, in dessen Bezirk der Antragsgegner seinen gewöhnlichen Aufenthalt hat;
5. das Gericht, in dessen Bezirk der Antragsteller seinen gewöhnlichen Aufenthalt hat;
6. das Amtsgericht Schöneberg in Berlin (bei fehlenden inländischen Wohnsitz beider Parteien)

zuständig, in absteigender Rangfolge.

Durch § 122 FamFG wird eine besondere Konzentration der Familiensachen auf ein bestimmtes Amtsgericht im Gerichtsbezirk nicht geändert. So gibt es z.B. in Berlin drei Familiengerichte, deren Zuständigkeit sich nach dem jeweiligen Bezirk richten (AG Tempelhof-Kreuzberg, AG Pankow/Weißensee sowie das AG Schöneberg). 12

III. Instanzenzug

Der Instanzenzug der Familiengerichtsbarkeit ist wie in Zivilsachen dreistufig. 13

Erstinstanzliches Eingangsgericht ist unabhängig vom Streitwert immer das Amtsgerichtes gem. § 23a Gerichtsverfassungsgesetz (GVG) und dort das Familiengericht als Abteilung des AG. 14

15 Gegen die Beschlüsse des Familiengerichts (Amtsgericht) ist die Beschwerde zum OLG gem. § 119 Abs. 1 Nr. 1a GVG möglich.

16 Gegen die Entscheidungen der Oberlandesgerichte kann das Rechtsmittel der Rechtsbeschwerde zum Bundesgerichtshof (BGH) in Karlsruhe eingelegt werden. Die Rechtsbeschwerde ist jedoch gem. §§ 70 ff. FamFG nur statthaft, sofern das Beschwerdegericht sie zugelassen hat.

Eine Nichtzulassungsbeschwerde bei nicht zugelassener Rechtsbeschwerde kennt das FamFG nicht.

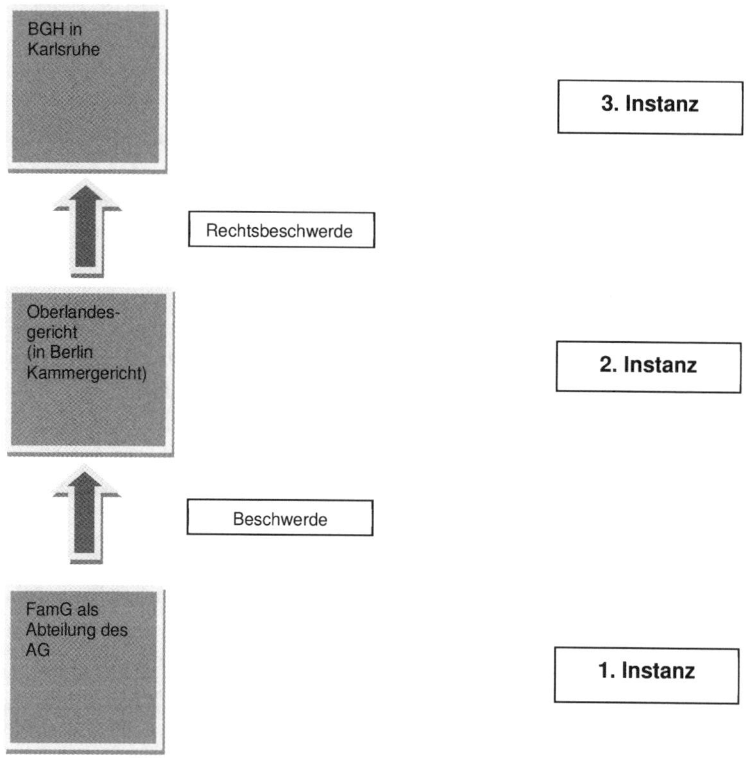

IV. Spruchkörper

17 Der Spruchkörper in Familiensachen besteht wie im ordentlichen Zivilrecht aus einem Einzelrichter. Die Abteilungen für Familiensachen werden jedoch mit sogenannten Fami-

lienrichtern besetzt. Ein Richter auf Probe darf im ersten Jahr nach seiner Ernennung Geschäfte des Familienrichters nicht wahrnehmen.

V. Verfahren

1. Anwaltszwang bei Verfahren vor dem Familien- und Oberlandesgericht

Anwaltszwang besteht nach § 114 FamFG in Ehesachen und deren Folgesachen sowie in selbstständigen, isolierten Familienstreitsachen. Bislang regelte die ZPO den Anwaltszwang. Mit der Übernahme in das FamFG wurde der Anwaltszwang deutlich erweitert. 18

So führt das FamFG beispielsweise den Anwaltszwang für erstinstanzliche Unterhaltsstreitigkeiten ein. Der Anwaltszwang bietet so insbesondere Unterhaltsberechtigten Schutz. Zudem gewährleistet der Anwaltszwang in diesem Bereich „Waffengleichheit". Außerdem gilt mit dem FamFG der Anwaltszwang für sonstige Familiensachen, wenn diese Familienstreitsachen sind.

2. Einleitung des Verfahren

Gemäß § 124 FamFG werden alle familienrechtliche Verfahren durch die Antragsschrift eingeleitet. 19

Die Verfahrensvollmacht ist dabei gem. § 11 FamFG schriftlich zu den Gerichtsakten zu reichen. Die Vollmacht kann grds. auch nachgereicht werden und muss dem Antrag nicht beigefügt sein. Es ist jedoch möglich, dass das Familiengericht unter Fristsetzung zur Vollmachtsvorlage auffordert. 20

Das FamFG kennt grds. einstweiligen Rechtsschutz in Form von einstweiligen Anordnungen. Die einstweilige Anordnung ist dabei von einer gleichartigen Hauptsache oder eines gestellten Antrages auf Verfahrenskostenhilfe gem. § 51 Abs. 3 FamFG unabhängig. 21

Ob neben dem einstweiligen Anordnungsverfahren auch noch ein Hauptsacheverfahren einzuleiten ist, wird in § 52 FamFG geregelt. Maßgeblich ist es nämlich, ob es sich um eine Familiensache (Amtsverfahren) oder um eine Familienstreitsache (Antragsverfahren) handelt. Familienstreitsachen werden in § 112 FamFG abschließend definiert: 22

- Unterhaltssachen,
- Güterrechtssachen und
- sonstige Familiensachen nach § 266 FamFG (z.B. Ansprüche zwischen ehemals Verlobten etc.).

Im Amtsverfahren hat das Familiengericht das Hauptsacheverfahren von Amts wegen einzuleiten. Durch den Antrag eines Beteiligten wird das Hauptsacheverfahren jedoch herbeigeführt (§ 52 Abs. 1 FamFG). Die Beteiligten sind auf dieses Antragsrecht gem. 23

§ 39 FamFG hinzuweisen. Damit nicht vorschnell das Hauptsacheverfahren betrieben wird, sieht das Gesetz vor, dass das Familiengericht eine Wartefrist für den Einleitungsantrag bestimmen kann. Ist jedoch das Familiengericht bereits bei Erlass der einstweiligen Anordnung entschlossen, das Hauptsacheverfahren durchzuführen, unterbleibt die Fristsetzung.

24 § 52 Abs. 2 FamFG bestimmt hingegen den Übergang im Antragsverfahren. Auf Antrag des Beteiligten, der durch die einstweilige Anordnung beeinträchtigt ist, hat das Familiengericht gegenüber demjenigen, der die einstweilige Anordnung erwirkt hat, anzuordnen, dass er die Einleitung des Hauptsacheverfahrens innerhalb einer vom Gericht gesetzten Frist beantragt. Die Frist darf drei Monate nicht überschreiten. Wird dieser Anordnung nicht Folge geleistet, ist die einstweilige Anordnung aufzuheben.

25 Das Hauptsacheverfahren kann selbstverständlich auch ohne ein vorgeschaltetes einstweiliges Anordnungsverfahren betrieben werden.

3. Verfahrensgrundsätze

26 Sowohl für das einstweilige Anordnungsverfahren als auch für das Hauptsacheverfahren gelten folgende Verfahrensgrundsätze:

- die Ermittlung erfolgt von Amts wegen (§ 26 FamFG),
- die Beteiligten wirken dabei an der Aufklärung des Sachverhaltes mit (§ 27 FamFG),
- die Beweiserhebung erfolgt wie in der ZPO, jedoch ist das Gericht nicht an das Vorbringen der Beteiligten gebunden (§ 28 FamFG),
- im Gerichtstermin wird die Sachlage mit den Beteiligten erörtert (§ 32 FamFG),
- das persönliche Erscheinen der Beteiligten zum Termin ist daher grds. angeordnet (§ 33 FamFG),
- bis auf Gewaltschutzsachen hat das Familiengericht auf eine gütliche Einigung der Beteiligten hinzuwirken, soweit diese über den Verfahrensgegenstand verfügen können (§ 36 Abs. 1 FamFG),
- die Entscheidung ergeht durch Beschluss, soweit durch die Entscheidung der Verfahrensgegenstand ganz oder teilweise erledigt wird (Endentscheidung) (§ 38 FamFG),
- die mündliche Verhandlung ist gem. § 170 Gerichtsverfassungsgesetz (GVG) grds. nicht öffentlich; die Verkündung der Entscheidung muss hingegen immer öffentlich erfolgen (§ 173 GVG).

4. Neukonzeption des Rechtsmittels

27 Musste man früher vor Inkrafttreten des FamFG zum 1.9.2009 noch unterschieden, ob es sich um ein FGG-Verfahren (mit den Rechtsmittel Beschwerde und Rechtsbeschwerde)

oder um ein ZPO-Verfahren (mit dem Rechtsmittel Berufung und Revision) handelte, fällt diese Unterscheidung nunmehr fort.

Mit dem FamFG wurde ein einheitliches Rechtsmittel eingeführt. Gegen erstinstanzliche Entscheidungen ist nunmehr einzig das Rechtsmittel der Beschwerde gegeben. 28

Anders als im Zivilprozess ist die Beschwerde beim Familiengericht der ersten Instanz einzureichen (§ 64 FamFG). Eine Abhilfebefugnis hat der Familienrichter der 1. Instanz jedoch nicht. 29

Die Beschwerdefrist beträgt gem. § 63 Abs. 1 FamFG ein Monat im Hauptsacheverfahren und 2 Wochen im einstweiligen Anordnungsverfahren. Die Frist beginnt jeweils mit der schriftlichen Bekanntgabe des Beschlusses an die Beteiligten. Kann die schriftliche Bekanntgabe an einen Beteiligten nicht bewirkt werden, beginnt die Frist spätestens mit Ablauf von fünf Monaten nach Erlass des Beschlusses. 30

Gem. § 65 FamFG soll die Beschwerde begründet werden. Das Familiengericht kann hierzu eine angemessene Frist setzen. Die Begründung kann dabei auch neue Tatsachen und Beweise enthalten (§ 65 Abs. 3 FamFG). 31

Gegen zweitinstanzliche Entscheidungen des Beschwerdegerichts ist das Rechtsmittel der Rechtsbeschwerde gegeben, sofern diese vom Beschwerdegericht zugelassen worden ist. 32

Gemäß § 71 Abs. 1 FamFG ist die Rechtsbeschwerde binnen einer Frist von einem Monat nach der schriftlichen Bekanntgabe des Beschlusses durch Einreichen einer Beschwerdeschrift bei dem Rechtsbeschwerdegericht (BGH) einzulegen. Die Rechtsbeschwerde ist, sofern die Beschwerdeschrift keine Begründung enthält, binnen einer Frist von einem Monat zu begründen. Die Frist beginnt mit der schriftlichen Bekanntgabe des angefochtenen Beschlusses, nicht mit der Einlegung der Beschwerde (§ 71 Abs. 2 FamFG). Wird die Beschwerde also am letzten Tag der Beschwerdefrist beim BGH eingereicht, so muss sie bereits vollständig begründet sein. 33

VI. Gebühren

In Familien- und Lebenspartnerschaftssachen können grds. dieselben Gebühren entstehen wie in einem ordentlichen Zivilprozess. Zu den einzelnen Gebührentatbeständen vgl. § 8 Rdn 169 ff. 34

Die Schwierigkeit bei der Abrechnung familienrechtlicher Angelegenheiten besteht vielmehr in der Bestimmung des Gegenstandswertes. 35

Zusammen mit dem FamFG ist auch das Gesetz über die Gerichtskosten in Familiensachen (FamGKG) in Kraft getreten. Das FamGKG enthält nunmehr die einheitlich für alle Familiensachen anwendbaren Verfahrenswerte und löst somit die bis dahin gelten- 36 den kostenrechtlichen Regelungen im GKG und in der Kostenordnung ab. Mit dem 2. KostRMoG, das zum 1.8.2013 in Kraft getreten ist, wurden letztmalig insbesondere der Gegenstandswert für die Scheidung angepasst.

37 Nachfolgend eine Kurzübersicht über die wichtigsten Gegenstandswerte im familienrechtlichen Verfahren:

Geldforderung	Der Verfahrenswert wird gem. § 35 FamGKG durch den Wert der bezifferten Geldforderung bestimmt.
Früchte und Nutzungen (z.B. Zinsen)	Gem. § 37 FamGKG werden Nebenforderung nicht beim Wert berücksichtigt.
Stufenklage	Wird zunächst auf Auskunft geklagt und dann der aufgrund der Auskunft berechnete Leistungsanspruch mit der Klage verbunden geltend gemacht, ist für die Wertberechnung nur einer der verbundenen Ansprüche, und zwar der höhere, maßgebend. Dies stellt keine Neuerung dar und entspricht vielmehr § 44 GKG.
einstweilige Anordnungen	§ 41 FamGKG gilt nunmehr für alle einstweiligen Anordnungen. Es ist ein Abschlag vom Wert der Hauptsache vorzunehmen. In der Regel ist von der Hälfte des für die Hauptsache bestimmten Wertes auszugehen.
Auffangwert	§ 42 FamGKG ist als zentrale Vorschrift anzusehen. Wenn sich der Wert in einer Familiensache nicht aus den nachfolgenden Vorschriften ergibt, beträgt der Wert nach § 42 Abs. 3 FamGKG 5.000,00 €.
Ehesachen (z.B. Scheidung)	Wie gehabt berechnet sich der Wert einer Ehesache grds. gem. § 43 Abs. 2 FamGKG nach dem 3-fachen Netto-Monatseinkommen beider Ehegattten, **mindestens jedoch 3.000,00 €**. Der Mindestwert wurde somit zum 1.8.2013 mit Inkrafttreten des 2. KostRMoG deutlich um 50 % erhöht. Entscheidend sind dabei die Einkommen der letzten drei Monate vor Einreichung des Antrages. Urlaubs- und Weihnachtsgeld ist dabei auf zwölf Monate umzulegen und anteilig für drei Monate zu berücksichtigen. Gemäß § 43 Abs. 1 FamGKG soll es jedoch nicht nur auf die Einkommensverhältnisse der Beteiligten, sondern auch auf die Vermögensverhältnisse ankommen. Auszugehen ist dabei vom Nettovermögen unter Abzug von Schulden.

	Praxistipp: Insbesondere bei Hausgrundstücken sollte auf die Vermögensverhältnisse bei der Berechnung des Gegenstandswertes hingewiesen werden.
Werte im Verbund	Mehrere Familiensachen, die zwischen denselben Beteiligten anhängig sind, sind, wenn die Ehescheidung anhängig ist, zusammen mit der Scheidungssache zu verhandeln. Wird dem Scheidungsantrag stattgegeben, ist über die Folgesachen mitzuentscheiden. Gem. § 623 ZPO nennt man diesen Zusammenschluss „Verbund". Es kommen folgende Folgesache in Betracht: ■ Versorgungsausgleichssachen, ■ Unterhaltssachen, sofern sie die Unterhaltspflicht gegenüber einem gemeinschaftlichen Kind oder die durch Ehe begründete gesetzliche Unterhaltspflicht betreffen mit Ausnahme des vereinfachten Verfahrens über den Unterhalt Minderjähriger, ■ Ehewohnungs- und Haushaltssachen, ■ Güterrechtssachen und ■ Kindschaftssachen (wie elterliche Sorge und Umgang). Eine Folgesache wird grundsätzlich nur auf Antrag anhängig, lediglich der Versorgungsausgleich wird von Amts wegen anhängig. Gem. § 44 Abs. 1 FamGKG gelten die Scheidungssache und die Folgesachen als ein Verfahren. Die Gegenstandswerte aller im Verbund anhängigen Familiensachen sind daher zu addieren und nach der Summe der Gegenstandswerte berechnen sich die Anwaltsgebühren. Die Gegenstandswerte der Folgesachen berechnen sich nach den gleichen Grundsätzen, als wenn diese isoliert eingeklagt worden wären. Lediglich bei Kindschaftssachen im Verbund sieht § 44 Abs. 2 FamGKG vor, dass der Gegenstandswert nur um 20 % erhöht wird, höchstens um jeweils 3.000,00 €. **Achtung:** Mehrere Kinder gelten als nur ein Gegenstand.
elterliche Sorge, Umgangsrecht und Kindesherausgabe	Gemäß § 45 FamGKG beträgt der Verfahrenswert für diese Gegenstände jeweils 3.000,00 €.

Wohnungszuweisung und Hausrat	§ 48 FamGKG regelt den Wert für die Wohnungszuweisung und den Hausrat. Dabei wird unterschieden, ob die Verfahrensgegenstände bei einer Trennung oder bei einer Scheidung geltend gemacht werden. Vor Anhängigkeit der Scheidung (nur bei Getrenntleben) beträgt der Gegenstandswert für die Wohnungszuweisung 3.000,00 € und für den Hausrat 2.000,00 €. Nach Anhängigkeit der Scheidung beträgt der Gegenstandswert für die Wohnungszuweisung 4.000,00 € und für den Hausrat 3.000,00 €. Bei besonderen Umständen des Einzelfalles kann das Gericht einen niedrigen oder höheren Wert festsetzen. Hierzu muss in Praxis ggf. vorgetragen werden.
Gewaltschutzsachen	Die Gewaltschutzsachen sind in § 49 FamFG geregelt. Werden gerichtliche Maßnahmen zum Schutz vor Gewalt und Nachstellungen angeordnet, beträgt der Gegenstandswert 2.000,00 €. In Verfahren zur Überlassung der gemeinsamen Wohnung nach § 2 Gewaltschutzgesetz beträgt der Gegenstandswert 3.000,00 €.
Versorgungsausgleich	Nach der Neuregelung des § 50 FamGKG mit Inkrafttreten des 2. KostRMoG zum 1.8.2013 beträgt nunmehr in Versorgungsausgleichssachen der Verfahrenswert für jedes Anrecht 10 %, bei Ausgleichsansprüchen nach der Scheidung für jedes Anrecht 20 % des in drei Monaten erzielten Nettoeinkommens der Ehegatten, **mindestens jedoch 1.000,00 €**. In der Regel wird dieser Mindestwert weiterhin als Gegenstandswert festgesetzt. Früher galt dieser Wert als Regelwert, von dem im Einzelfall sowohl nach oben als auch nach unten abgewichen werden durfte. Eine Unterschreitung des Mindestbetrages von 1.000,00 € ist jedoch mit der Neuregelung nicht mehr möglich.
Unterhalt	In Unterhaltssachen berechnet sich der Gegenstandswert für den laufenden Unterhalt nach § 51 FamGKG aus dem 12-fachen Monatsunterhaltsbeträgen nach Einreichung

	der Klage bzw. dem geforderte Betrag (wenn dieses unter einem Jahr liegt). Fällige Unterhaltsrückstände werden gem. § 51 Abs. 2 FamGKG dem Wert hinzugerechnet.

In selbstständigen (isolierten) Familiensachen ist i.d.R. meist nur ein Gegenstand (z.B. elterliche Sorge) anhängig. Nach dem Wert dieses einzelnen Gegenstandes bestimmen sich die Anwaltsgebühren. 38

Werden mehrere isolierte Familiensachen nebeneinander in gesonderten Verfahren gelten gemacht, sind die Wert nicht zu addieren. Die Verfahren sind vielmehr einzeln abzurechnen. Die Gebühren entstehen mehrfach nach den jeweiligen Einzelgegenstandswerten. 39

Nur ausnahmsweise sind die Gegenstandswerte auch in isolierten Familiensachen zu addieren und zwar wenn mehrere Gegenstände in einem gerichtlichen Verfahren anhängig sind. In diesem Fall entstehen die Gebühren nach dem addierten Wert.

VII. Gerichtskosten

Gemäß § 9 FamGKG sind die Gerichtskosten mit Einreichung der Antragsschrift fällig. 40

Gemäß Nr. 1110 Kostenverzeichnis FamGKG betragen die Gerichtskosten für das Verfahren im Allgemeinen 2,0 (anders als im ordentlichen Zivilprozess, dort 3,0). 41

Die Gerichtskosten können sich jedoch im Laufe des Verfahrens gem. Nr. 1111 KB FamGKG auf 0,5 reduzieren, wenn die Beendigung des Verfahrens durch folgende Handlungen erfolgt ist: 42

- Rücknahme des Antrages vor Schluss der mündlichen Verhandlung,
- Anerkenntnis- oder Verzichtsentscheidung,
- gerichtlicher Vergleich oder
- Erledigung in der Hauptsache, wenn keine Entscheidung über die Kosten ergeht.

C. Urkundenprozess

Bugarin

I. Allgemeines

Der Urkundenprozess ist ein zivilprozessuales Verfahren, das im 5. Buch der ZPO **gesondert geregelt** ist (**§§ 592 – 600 ZPO**). 43

Der **Wechsel- und Scheckprozess** sind gesonderte Verfahrensarten des Urkundenprozesses und in den §§ 602, 605a ZPO geregelt. 44

45 Die Besonderheit und der Zweck des Urkundenprozesses sind, dass der Kläger auf einem schnelleren Weg über einen **vorläufig vollstreckbaren Titel – ohne Sicherheitsleistung** – verfügen kann, wenn er seinen Anspruch durch Urkunden beweisen kann. Gem. § 708 Nr. 4 ZPO kann der Kläger aus dem Urteil ohne Sicherheitsleistung vollstrecken.

46 Der Kläger in diesem Verfahren hat, sofern die Voraussetzungen vorliegen, ein **Wahlrecht** zwischen dem Klageverfahren in dem **Urkundenprozess** oder der Beschreitung des **ordentlichen Verfahrens**.

47 *Hinweis:*

Der Urkundenprozess ist im arbeitsgerichtlichen Verfahren ausgeschlossen.

48 Der Urkundenprozess ist gegliedert in

- das **Vorverfahren** (dies ist das eigentliche Urkundsverfahren) und
- das **Nachverfahren.**

49 Beide Verfahrensarten werden in diesem Kapitel erläutert.

50 Für den Beklagten in einem Urkundenprozess sind erhebliche Einschränkungen im Vergleich zu dem ordentlichen Klageverfahren gegeben.

II. Voraussetzungen/Zulässigkeit

51 Um einen Urkundenprozess gem. § 592 ZPO zu führen, müssen folgende Voraussetzungen vorliegen, die dieser Form des Klageverfahrens den Weg der Zulässigkeit eröffnen:

- Ein Anspruch auf **Zahlung einer Geldsumme** (dazu gehören auch Zahlungsansprüche aus Hypotheken, Grundschulden oder Schiffshypotheken). oder
- die Leistung einer **bestimmten Menge anderer vertretbarer Sachen** oder Wertpapiere muss gegeben sein.

52 Die **Definition vertretbarer Sachen** ergibt sich aus § 91 BGB:

§ 91 BGB Vertretbare Sachen

Vertretbare Sachen im Sinne des Gesetzes sind bewegliche Sachen, die im Verkehr nach Zahl, Maß oder Gewicht bestimmt zu werden pflegen.

53 Beispiele für vertretbare Sachen:

- Geld,
- Wertpapiere,
- 30 Schwarzwälder Brote,
- serienmäßig hergestellte Jeans.

Beispiele für nicht vertretbare Sache: 54

- der maßgeschneiderte Anzug;
- ein Originalgemälde von Dalí;
- eine handgearbeitete Damenuhr mit Gravur.

Die **Begründung des Tatsachenvortrags** der unter Rdn 51 genannten Voraussetzungen **müssen** in diesem Verfahren ausschließlich durch Urkunden bewiesen werden. 55

III. Urkunden

Bei der Beweiskraft von Urkunden unterscheidet die ZPO zwischen den **öffentlichen** (§ 415 ZPO) und **privaten Urkunden** (416 ZPO). 56

> **§ 415 ZPO Beweiskraft öffentlicher Urkunden über Erklärungen** 57
>
> (1) Urkunden, die von einer **öffentlichen Behörde** innerhalb der Grenzen ihrer Amtsbefugnisse oder von einer mit öffentlichem Glauben versehenen Person innerhalb des ihr zugewiesenen Geschäftskreises in der vorgeschriebenen Form aufgenommen sind (öffentliche Urkunden), begründen, wenn sie über eine vor der Behörde oder der Urkundsperson abgegebene Erklärung errichtet sind, vollen Beweis des durch die Behörde oder die Urkundsperson beurkundeten Vorganges.
>
> (2) Der Beweis, dass der Vorgang unrichtig beurkundet sei, ist zulässig.

Beispiele für öffentliche Urkunden: 58

- Notarielle Urkunden,
- Handelsregisterauszüge,
- Grundbuchauszug,
- Öffentliches Testament.

> **§ 416 ZPO Beweiskraft von Privaturkunden** 59
>
> Privaturkunden begründen, sofern sie von den Ausstellern unterschrieben oder mittels notariell beglaubigten Handzeichens unterzeichnet sind, vollen Beweis dafür, dass die in ihnen enthaltenen Erklärungen von den Ausstellern abgegeben sind.

Beispiele für private Urkunden: 60

- Kaufvertrag,
- Darlehensvertrag,
- Mietvertrag,
- Wechsel,
- Scheck,
- Eigenhändiges Testament.

> *Beispiel:* 61
>
> *Vermieter V und Mieter M haben am 25.8.2017 einen unbefristeten, schriftlichen Mietvertrag über Wohnräume abgeschlossen. Mietbeginn ist der 1.9.2017. In dem*

Mietvertrag hat sich der Mieter M u.a. verpflichtet, die Miete i.H.v. 650,00 € im Voraus, spätestens zum 3. Werktag eines jeden Monats, porto- und spesenfrei auf das Konto des Vermieters V zu überweisen.

Für die Monate November und Dezember 2017 hat der Mieter M den Mietzins nicht bezahlt, sodass der Vermieter V nach fruchtlosen Zahlungsaufforderungen deshalb gerichtliche Schritte einleiten möchte. Dem Vermieter V liegt eine Mängelanzeige des Mieters M vor, wonach dieser wegen Ungezieferbefall in der Wohnung die Miete für die die Monate November und Dezember 2017 um 100 % gemindert hat.

Der Vermieter V könnte (**wahlweise**) seinen Anspruch wie folgt geltend machen:

- mit Klage im ordentlichen Verfahren (§ 253 ZPO)
  oder
- mit Klage im Urkundenprozess (§ 592 ZPO)
  oder
- im Mahnverfahren (§ 688 ZPO)
  oder
- im Urkundenmahnverfahren (§ 703a ZPO).

Da im vorliegenden Fall damit zu rechnen ist, dass der Mieter M, sofern der Vermieter V das Urkundenmahnverfahren (§ 703a ZPO) einleitet, Widerspruch (§ 694 ZPO) gegen Mahnbescheid bzw. Einspruch (§ 700 ZPO) gegen den Vollstreckungsbescheid einlegen wird, ist zu empfehlen, die Klage im Urkundenprozess (§ 592 ZPO) einzureichen.

62 Sofern das **Urkundenmahnverfahren** eingeleitet werden soll, ist der Antrag auf Erlass des Mahnbescheids als solcher zu bezeichnen (Mahnverfahren im Urkundenprozess). Die Wirkung der Bezeichnung des Urkundenmahnverfahrens ist, sofern die Voraussetzungen vorliegen, dass bei dem Übergang in das streitige Verfahren der Rechtsstreit als Urkundenprozess anhängig wird.

IV. Zuständigkeit

1. Örtliche Zuständigkeit

63 Auch im Urkundenprozess gilt der **allgemeine Grundsatz** des § 12 ZPO, wonach die Klage bei dem Gericht einzureichen ist, in dessen Bezirk der Beklagte seinen allgemeinen Gerichtsstand hat – sofern nicht ein ausschließlicher Gerichtsstand begründet ist.

64 Bei Wechsel- und Scheckklagen kann auch der besondere Gerichtsstand des Zahlungsorts gewählt werden (§§ 603 ZPO, 605a i.V.m. § 603 ZPO). Dies jedoch nur dann, wenn in der Klageschrift erklärt wird, dass die Klage als Wechsel- oder Scheckklage geführt wird.

65 Gem. **§ 35 ZPO** hat der Kläger ein **Wahlrecht**, sofern nicht ein ausschließlicher Gerichtsstand gegeben ist.

2. Sachliche Zuständigkeit

Die sachliche Zuständigkeit im Zivilprozess ist gem. § 1 ZPO im GVG geregelt. 66

Je nach Höhe des Streitwerts oder einer ausschließlichen sachlichen Zuständigkeit, ist entweder das AG (§ 23 GVG) oder das LG (§ 71 GVG) in erster Instanz sachlich zuständig.

Für Wechsel- und Scheckklagen ist gem. § 95 Abs. 1 Nr. 3 und Nr. 4 GVG die Kammer für Handelssachen zuständig, **sofern die sachliche Zuständigkeit des LG gegeben ist**. 67

Sofern die Wechsel- oder Scheckklage bei der Kammer für Handelssachen anhängig gemacht werden soll, ist dies gem. § 96 GVG zu beantragen.

Für andere Ansprüche aus Urkunden, die nicht Wechsel oder Scheck sind, gelten die allgemeinen Voraussetzungen über die sachliche Zuständigkeit.

V. Klageverfahren

Gem. § 593 Abs. 1 ZPO **muss** die Klage die Erklärung enthalten, dass im Urkundenprozess geklagt wird. 68

I.Ü. gelten die in der ZPO genannten Vorschriften für die Klage (§§ 253, 261 ZPO). 69

> *Praxistipp:* 70
>
> Es ist zu empfehlen, neben der Erklärung (im Klageantrag), die Klage als solche entsprechend zu **bezeichnen**.
>
> Je nach Klageart ist die Klage wie folgt zu bezeichnen:
>
> - Klage im Urkundenprozess,
> - Klage im Wechselprozess (Wechselklage),
> - Klage im Scheckprozess (Scheckklage).

Fehlt die Angabe bzw. die Erklärung, dass im Urkundenprozess geklagt wird, so wird die Klage im **ordentlichen Verfahren** anhängig. 71

Die in den §§ 592 ff. ZPO enthaltenen Einschränkungen haben keine Auswirkung mehr. 72

Insbes. die Erschwerung der Beweisführung, Unzulässigkeit der Widerklage, findet keine Berücksichtigung mehr, da die Klage, wegen der fehlenden Erklärung im ordentlichen Verfahren erhoben wurde.

Gemäß § 263 ZPO könnte, sofern die Erklärung, dass im Urkundenprozess geklagt wird, eine nachträgliche Abgabe beantragt werden. Dazu muss entweder der Beklagte zustimmen oder das Gericht die Änderung der Klage für sachdienlich halten. Dies führt jedoch in der Praxis zu erheblichen Schwierigkeiten. 73

74 Neben der Voraussetzung, dass die Erklärung vorliegen muss und dass im Urkundenprozess geklagt wird, muss gem. § 593 Abs. 2 ZPO die Urkunde der Klageschrift oder ein vorbereiteter Schriftsatz in Urschrift oder Abschrift beigefügt werden.

11.1

75 **Muster 11.1: Klage im Urkundenprozess**

An das

Amtsgericht

(Anschrift, PLZ)

KLAGE

IM URKUNDENPROZESS

(Bezeichnung)

(Mandant, Anschrift)

Kläger,

Prozessbevollmächtigter:

(Rechtsanwalt Anschrift)

gegen

(Gegner, Anschrift),

Beklagter,

wegen Zahlung rückständigen Mietzinses

Vorläufiger Streitwert: 1.300,00 €

Namens und in Vollmacht des Klägers erhebe ich Klage im Urkundenprozess *(Erklärung)* und werde beantragen,

1. den Beklagten zu verurteilen, an den Kläger 1.300,00 € nebst 5 Prozentpunkten Zinsen über dem jeweils aktuellen Basiszinssatz aus 650,00 € seit dem 03.011.2017 und aus weiteren 650,00 € seit dem 4.12.2017 zu zahlen.
2. im Fall des Vorliegens der gesetzlichen Voraussetzungen, gegen den Beklagten Versäumnis- bzw. Anerkenntnisvorbehaltsurteil zu erlassen.
3. dem Kläger eine vorläufig vollstreckbare Ausfertigung des Urteils gem. § 708 Abs. 1 Nr. 4 ZPO zu erteilen.
4. Der Beklagte trägt die Kosten des Rechtsstreits.

Begründung:

Beglaubigte und einfache Abschrift anbei.

Rechtsanwalt/Rechtsanwältin

▲

VI. Vorverfahren

Das Vorverfahren ist der faktische Urkundenprozess. 76

Liegen die Voraussetzungen des § 592 ZPO vor, ist **mit Zustellung der Klageschrift** gem. § 593 ZPO an den Beklagten das **Vorverfahren rechtshängig**.

Die Besonderheit des Urkundenprozesses besteht darin, dass in dem Vorverfahren des Urkundenprozesses **die Widerklage ausgeschlossen** und die **Beweisaufnahme**, anders als im ordentlichen Verfahren, **erheblich eingeschränkt** ist. 77

1. Widerklage

Die Widerklage in einem Urkundenprozess ist gem. § 595 Abs. 1 ZPO **nicht statthaft**. 78

> *Beispiel:*
>
> *Der Beklagte ist im Besitz einer Urkunde, in der eine Forderung auf Zahlung einer Geldsumme gegen den Kläger dokumentiert ist.*
>
> Der Beklagte wird, auch wenn es sich um eine Urkunde handelt, im Wege der Widerklage in dem von dem Kläger rechtshängigen Verfahren im Urkundenprozess keinen Erfolg haben.
>
> Seine Widerklage würde als unstatthaft im Urkundenprozess abgewiesen werden.

> *Praxistipp:* 79
>
> Der Widerkläger könnte vor einer Abweisung seiner Widerklage Prozesstrennung gem. § 145 Abs. 2 ZPO beantragen.

2. Beweismittel

Vielleicht kennen Sie noch den **Kurzbegriff „SAPUZA"**, den Sie sich während der Ausbildung eingeprägt haben. Diese „Eselsbrücke" stellt die sechs möglichen Beweismittel in einem ordentlichen Verfahren dar. 80

81

S = Sachverständigengutachten

A = Augenscheinseinnahme

P = Parteivernehmung

U = Urkundsbeweis

Z = Zeugenvernehmung

A = amtliche Auskunft

82 Im **Vorverfahren** des Urkundenprozesses reduziert sich „SAPUZA" auf „UP". Dort sind als Beweismittel lediglich Urkunden und **auf Antrag** Parteivernehmung zulässig (§ 595 Abs. 2 ZPO).

Es findet somit **kein Beweis durch**

- Zeugenvernehmung,
- Augenscheineinnahme,
- Sachverständigengutachten
- amtliche Auskunft

statt.

83 Als **Beweismittel im Vorverfahren** sind gem. § 595 Abs. 2 und 3 ZPO **ausschließlich zulässig:**

- wegen der **Echtheit** oder **Unechtheit** der Urkunde nur **Urkunden**;

84 *Beispiel 1:*

Der Kläger legt in dem Urkundenprozess ein eigenhändiges Testament des Erblassers vor, aus dem er Zahlungsansprüche gegen B herleiten möchte. B zweifelt die Echtheit des Testamentes an. Beweis könnte er nur damit führen, indem er eine Urkunde vorlegt (z.B. ein öffentliches Testament neueren Datums). Er hätte keinen Erfolg mit dem Antrag, einen Sachverständigen mit der Überprüfung der Echtheit des Testaments zu beauftragen.

- wegen des in § 592 ZPO aufgeführten **Tatsachenvortrags** nur **Urkunden**.

85 *Beispiel 2:*

Der Kläger erhebt Klage im Urkundenprozess und macht Zahlungsansprüche aus einem Mietvertrag geltend. Hier muss der Kläger zum Beweis die Urkunde (Mietvertrag) vorlegen. Er kann nicht beantragen, ihn als Partei zu hören, um Beweis zu führen.

Er muss Beweis durch Vorlage der Urkunde führen.

- wegen eines anderen ggf. weiter gehenden Tatsachenvortrags, der in § 592 ZPO nicht genannt ist, nur **Urkunden** und **auf Antrag Parteivernehmung**.

Beispiel 3: 86

Der Beklagte beantragt, die Klage mit der Begründung abzuweisen, dass der Zahlungsanspruch des Klägers erfüllt sei.

Er ist im Besitz einer Quittung, in der der Beklagte schriftlich bestätigt hat, dass er die Zahlung erhalten hat.

Der Beklagte hat in diesem Fall die Möglichkeit, die Urkunde (Quittung) vorzulegen und den Antrag auf Parteivernehmung (er selbst) zu stellen.

3. Abstandnehmen vom Urkundenprozess, § 596 ZPO

Da auch für den Kläger im Urkundenprozess die Beweisführung erschwert ist, kann er 87
deshalb oder aus anderen Gründen, z.B. weil er die Abweisung der Klage im Urkundenprozess befürchtet, anders als der Beklagte, jederzeit und bis zum Schluss der mündlichen Verhandlung in erster Instanz von dem Urkundenprozess Abstand nehmen.

Erfolgt eine Erklärung des Klägers dahingehend, dann wird das ordentliche Verfahren weitergeführt.

Hat der Kläger eine solche Erklärung abgegeben, kann er diese nicht mehr widerrufen. Er hat keinen Zugang mehr vom ordentlichen Verfahren zum Urkundenprozess.

4. Urteile im Urkundenprozess

a) Urteile bei Klageabweisung, § 597 ZPO

Grds. kann eine Klage im Urkundenprozess wegen 88

- Unzulässigkeit,
- Unstatthaftigkeit und
- Unbegründetheit

abgewiesen werden.

In dem Urkundenverfahren ist in § 597 Abs. 1 und Abs. 2 ZPO die Klageabweisung wegen 89
Unstatthaftigkeit und Unbegründetheit erwähnt.

Hinsichtlich der Klageabweisung wegen Unzulässigkeit gibt es im Urkundenverfahren keine besonderen Vorschriften. Es gelten die allgemeinen Verfahrensgrundsätze der ZPO. **Fehlen Prozessvoraussetzungen**, ist die Klage immer als **unzulässig** abzuweisen.

§ 597 ZPO beinhaltet die letzten beiden genannten Klageabweisungsgründe.

Die Klage wird als unstatthaft abgewiesen, 90

- wenn die in § 592 ZPO genannten Voraussetzungen nicht erfüllt sind,
- wenn der Kläger keinen Beweis durch Urkunden führt,

91 In diesem Fall ergeht ein klageabweisendes Prozessurteil.

Der Kläger kann gegen dieses Urteil, sofern die gesetzlichen Voraussetzungen vorliegen, das Rechtsmittel der **Berufung** einlegen. Im Fall einer solchen Entscheidung kann der **Kläger seinen Anspruch nochmals und unabhängig** von einer (ggf. rechtskräftigen) Entscheidung im ordentlichen Verfahren geltend machen.

92 Die Klage wird als **unbegründet** abgewiesen, wenn z.B. die Klage nicht schlüssig ist.

In diesem Fall ergeht ein klageabweisendes Sachurteil (das Gericht entscheidet in der Sache selbst).

Sofern die Voraussetzungen vorliegen, könnte der Kläger gegen dieses Urteil das **Rechtsmittel der Berufung** einlegen. Anders als bei der Abweisung der Klage wegen Unstatthaftigkeit kann der Kläger hier bei Vorliegen der Rechtskraft des Urteils seinen Anspruch **nicht erneut** im ordentlichen Verfahren oder im Urkundenverfahren geltend machen.

b) Urteil bei Obsiegen des Klägers

93 Obsiegt der Kläger und hat der Beklagte dem Anspruch des Klägers im Vorverfahren widersprochen, endet das Vorverfahren im Urkundenprozess mit einem **Vorbehaltsurteil (§ 599 Abs. 1 ZPO)**.

94 Daran folgend schließt sich das sog. **Nachverfahren** an **(§ 600 Abs. 1 ZPO)**.

95 Das **Vorbehaltsurteil steht** einem **Endurteil** im Hinblick auf die Vollstreckbarkeit und den Lauf von Rechtsmittelfristen **gleich** (§ 599 Abs. 3 ZPO).

96 Der Kläger kann aus einem Vorbehaltsurteil **ohne Sicherheitsleistung Zwangsvollstreckungsmaßnahmen** einleiten (§ 708 Abs. 1 Nr. 4 ZPO).

97 Der Beklagte kann zum Einen, wenn er der Auffassung ist, dass das Gericht hinsichtlich seiner im Vorverfahren getroffenen Entscheidungen Fehler gemacht hat, das Vorbehaltsurteil mit dem Rechtsmittel der Berufung, sofern die Voraussetzungen für die Berufung gegeben sind, angreifen.

Unterlässt er dies, so erwächst das Vorbehaltsurteil zu **formeller Rechtskraft**.

Die **materielle Rechtskraft** des Vorbehaltsurteils bleibt jedoch bis zum Schlussurteil dem Nachverfahren vorbehalten.

98 Unabhängig von dem Rechtsmittelverfahren gegen ein Vorbehaltsurteil, kann der Beklagte die Wahrnehmung seiner Rechte in dem Nachverfahren betreiben.

99 Sofern das Urteil keinen Vorbehalt erhält, kann die Ergänzung dahingehend gem. § 599 Abs. 2 ZPO, der auf § 321 ZPO verweist, beantragt werden.

Hinweis: 100

Der Vorbehalt wird nur dann in das Urteil aufgenommen, wenn der Beklagte dem Anspruch des Klägers in dem Urkundenprozess widersprochen hat. Dies ist dann nicht der Fall, wenn der Beklagte säumig ist oder den Anspruch des Klägers anerkennt.

Der Widerspruch des Beklagten kann entweder schriftlich oder in der mündlichen Verhandlung erklärt werden und muss sich gegen die vorbehaltslose Verurteilung richten. Den Widerspruch muss der Beklagte nicht begründen.

(Vgl. Zöller, § 599 Rn 5)

Praxistipp: 101

Im Fall eines Widerspruchs gegen den Anspruch des Klägers ist es unschädlich und zu empfehlen, neben dem Klageabweisungsantrag zu erklären, dass der Beklagte der vorbehaltslosen Verurteilung widerspricht.

▼ 11.2

Muster 11.2: Klageabweisungsantrag mit Widerspruch gegen vorbehaltloses Urteil 102

Amtsgericht

Anschrift

In dem Rechtsstreit

./.

– Geschäftszeichen –

zeige ich an, dass ich den Beklagten vertrete.

Namens und in Vollmacht des Beklagten, werde ich beantragen:

1. **die Klage abzuweisen,**
2. **dem Kläger die Kosten des Rechtstreits aufzuerlegen**.

Die Begründung des Klageabweisungsantrags erfolgt fristgerecht innerhalb der vom Gericht gesetzten Frist in einem gesonderten Schriftsatz.

Der Beklagte widerspricht dem Anspruch des Klägers sowie einer vorbehaltslosen Verurteilung in dem Urkundenprozess.

Beglaubigte und einfache Abschrift anbei.

Rechtsanwalt/Rechtsanwältin

▲

103 Hat der Beklagte der vorbehaltslosen Verurteilung widersprochen und ergeht ein Urteil ohne Vorbehalt, ist, wie zuvor ausgeführt, die Ergänzung des Urteils zu beantragen.

104 *Praxistipp:*

Prüfen Sie zunächst, ob der Vorbehalt in den Entscheidungsgründen des Urteils enthalten ist. In diesem Fall muss keine Berichtigung des Urteils erfolgen (Zöller, ZPO, § 599 Rn 2).

Eines Vorbehalts bedarf es nicht, wenn die Klage abgewiesen wurde.

Lediglich im Fall der Verurteilung des Beklagten ist der Vorbehalt in das Urteil aufzunehmen.

105 *Hinweis:*

§ 599 Abs. 2 ZPO verweist auf § 321 ZPO (Ergänzung des Urteils).

Gem. § 321 Abs. 2 ZPO muss die Berichtigung innerhalb von zwei Wochen seit Zustellung des Urteils schriftlich beantragt werden.

Notieren Sie diese Frist grds. bei allen Titeln.

11.3

106 **Muster 11.3: Antrag auf Berichtigung bzw. Ergänzung des Urteils**

Amtsgericht/oder Landgericht

Anschrift

In dem Rechtsstreit

./.

– Geschäftszeichen –

wird beantragt,

das Urt. v. (*Datum*), zugestellt am (*Datum*) gem. § 599 Abs. 2 ZPO i.V.m. § 321 ZPO mit der Maßgabe zu berichtigen,

den Urteilstenor gem. der Vorschrift des § 599 Abs. 1 ZPO zu ergänzen

und

dem Beklagten die Ausführung seiner Rechte im Nachverfahren vorzubehalten.

Begründung:

Der Antrag ist gem. § 599 Abs. 2 ZPO zulässig und statthaft.

Der Beklagte hat dem Klageanspruch des Klägers im Urkundenprozess (gem. Schriftsatz vom/Antrag in der mündlichen Verhandlung vom) widersprochen. Ihm ist die Ausführung seiner Rechte im Nachverfahren vorzubehalten.

Beglaubigte und einfache Abschrift anbei.

Rechtsanwalt/Rechtsanwältin

▲

VII. Nachverfahren gem. § 600 ZPO

Mit dem Nachverfahren wird das Vorbehaltsverfahren fortgesetzt. 107

Unabhängig davon, dass ggf. gegen das Vorbehaltsurteil Berufung eingelegt worden ist, bleibt das Nachverfahren beim **erstinstanzlichen Gericht anhängig**.

Bei diesem Verfahren handelt es sich um ein **ordentliches Verfahren** (§ 600 Abs. 1 ZPO).

Die Einschränkungen gem. § 595 ZPO im Vorverfahren sind im Nachverfahren nicht gegeben; sie entfallen hier.

1. Rechte des Beklagten im Nachverfahren

Im Nachverfahren kann der Beklagte nunmehr bspw. folgende Rechte wahrnehmen: 108

- Sämtliche in der ZPO zugelassenen Beweismittel anbieten, die ihm im Vorverfahren verwehrt waren (Zeugen, Sachverständige, Inaugenscheinnahme),
- Erhebung einer Widerklage,
- Einrede der Verjährung, sofern er dies im Vorverfahren nicht durch Urkunden oder Parteivernehmung beweisen konnte,
- Vorbringen neuer Angriffs- und Verteidigungsmittel.

2. Rechte des Klägers im Nachverfahren

Im Nachverfahren kann der Kläger, da auch für ihn im Nachverfahren die Einschränkungen des § 595 ZPO nicht mehr greifen, folgende Rechte wahrnehmen: 109

- Vorbringen neuer Angriffs- und Verteidigungsmittel,
- Klageerweiterung,
- Klageänderung.

3. Form/Frist

110 Die Einleitung des Nachverfahrens ist an **keine Form oder Frist** gebunden.

> *Praxistipp:*
>
> Ob das Verfahren von Amts wegen weiter fortgeführt wird oder ob ein Antrag des Beklagten erforderlich ist, kann von Gericht zu Gericht variieren.
>
> Es ist zu empfehlen, einen entsprechenden Antrag (s. Rdn 106), dass der Beklagte seine Rechte im Nachverfahren geltend macht, zu stellen.

4. Zuständigkeit

111 Das Gericht, das das Vorbehaltsurteil erlassen hat, ist das für das Nachverfahren zuständige Gericht. I.d.R. ist es das erstinstanzliche Gericht.

Das Berufungsgericht könnte jedoch auch das für das Nachverfahren zuständige Gericht sein. Auf Antrag kann das Verfahren an das AG verwiesen werden.

> *Beispiel:*
>
> *Das AG hat die Klage des Klägers M im Urkundenprozess abgewiesen, da die Klage nicht statthaft ist. Da der Kläger der Auffassung des Gerichts nicht folgt, legt er form- und fristgerecht Berufung gegen das Urteil bei dem LG ein.*

Das LG gibt der Berufung statt und verurteilt den Beklagten B antragsgemäß zur Zahlung. Dem Beklagten bleibt die Ausführung seiner Rechte im Nachverfahren vorbehalten.

Das für das Nachverfahren zuständige Gericht ist das LG.

5. Anträge im Nachverfahren

a) Antrag des Beklagten

112 Der Beklagte stellt den Antrag, das Vorbehaltsurteil aufzuheben und die Klage abzuweisen.

11.4

▼

113 **Muster 11.4: Antrag zur Aufhebung des Vorbehaltsurteils/Klageabweisung**

Amtsgericht

(Anschrift)

In dem Rechtsstreit

./.

– Geschäftszeichen –

beantrage ich namens und in Vollmacht des Beklagten,

1. das am (*Datum*) verkündete und am (*Datum*) zugestellte Vorbehaltsurteil, Geschäftszeichen, aufzuheben

   und

2. die Klage abzuweisen.

Begründung:

Beglaubigte und einfache Abschrift anbei.

Rechtsanwalt/Rechtanwältin

▲

b) Antrag des Klägers

Der Kläger stellt den Antrag, das Urteil für vorbehaltlos zu erklären. 114

▼

Muster 11.5: Antrag auf Vorbehaltloserklärung des Urteils 115

Amtsgericht

Anschrift

In dem Rechtsstreit

/

– Geschäftszeichen –

beantrage ich namens und in Vollmacht des Klägers,

1. das am (*Datum*) verkündete und am (*Datum*) zugestellte Urteil, Geschäftszeichen, für vorbehaltlos zu erklären,
2. den Antrag des Beklagten vom (*Datum*) abzuweisen

Beglaubigte und einfache Abschrift anbei.

Rechtsanwalt/Rechtsanwältin

▲

6. Entscheidungen/Rechtsmittel im Nachverfahren

Das Nachverfahren kann entweder ganz oder teilweise zugunsten des Klägers oder Beklagten entschieden werden: 116

- Hält das erstinstanzliche Gericht die **Klage für begründet**, erlässt es ein Schlussurteil mit dem Urteilstenor, dass das Vorbehaltsurteil für vorbehaltlos erklärt wird.
  Gegen dieses Urteil hat der Beklagte die Möglichkeit, Rechtsmittel einzulegen, sofern die gesetzlichen Voraussetzungen für das Rechtsmittel erfüllt sind.
- Hält das erstinstanzliche Gericht die **Klage für unbegründet**, wird es das Vorbehaltsurteil aufheben und die Klage kostenpflichtig abweisen.
  Gegen dieses Urteil hat der Kläger die Möglichkeit, Rechtsmittel einzulegen, sofern die gesetzlichen Voraussetzungen für das Rechtsmittel erfüllt sind.

7. Besonderheiten bei Zusammentreffen von Rechtsmittelverfahren und Nachverfahren

117 Ungeachtet der Wahrnehmung der Rechte **im Nachverfahren** kann der Beklagte daneben **gegen ein Vorbehaltsurteil Rechtsmittel** einlegen.

Es ist möglich, dass entweder im Nachverfahren eine Entscheidung durch das erstinstanzliche Gericht folgt oder aber das Berufungsgericht erlässt eine Entscheidung.

118 **Hebt das Rechtsmittelgericht ein Vorbehaltsurteil auf** und weist es die Klage zurück, wird dadurch das Nachverfahren, auch wenn eine Entscheidung ergangen ist, hinfällig.

119 Ein Rechtsmittel (Berufung/Revision) ist gegen ein im Nachverfahren ergangenes Schlussurteil zulässig (Baumbach/Lauterbach/Albers/Hartmann, § 600 Rn 15).

120 **Wird das Vorbehaltsurteil durch das Rechtmittelgericht rechtskräftig** in der Weise abgeändert, dass der Beklagte vorbehaltlos verurteilt wird, so ist auch in diesem Fall das Nachverfahren hinfällig.

D. Bußgeldverfahren und Strafbefehlsverfahren

Bugarin

121 In diesem Kapitel werden das Ordnungswidrigkeitenverfahren nach der StVO (Straßenverkehrsordnung) und das Strafbefehlsverfahren in abgekürzter Form dargestellt.

I. Bußgeldverfahren

1. Rechtliche Grundlage

122 Für das Bußgeldverfahren findet das **OWiG (Ordnungswidrigkeitengesetz)** Anwendung. Gem. § 46 Abs. 1 OWiG gelten im Bußgeldverfahren die **allgemeinen Vorschriften über das Strafverfahren**. Grds. hat die Verwaltungsbehörde bei Ihren Ermittlungen dieselben Rechte und Pflichten, wie die StA bei Ihren Ermittlungen.

Die Person, gegen die ein Ordnungswidrigkeitenverfahren eingeleitet wird, nennt sich Betroffener. 123

2. Zuständigkeit

Sachlich und örtlich ist die die jeweilige Verwaltungsbehörde zuständig, in deren Bezirk die Ordnungswidrigkeit begangen wurde. 124

3. Verwaltungsverfahren

Sofern Anhaltspunkte für eine Ordnungswidrigkeit vorliegen, leitet die Verwaltungsbehörde gem. den Vorschriften der §§ 53–64 OWiG ein **Ermittlungsverfahren** ein. In diesem Verfahren erfolgt eine Sachverhaltsaufklärung und die Anhörung des Betroffenen gem. § 55 OWiG. (Der Betroffene erhält, zusammen mit der Mitteilung, dass ein Ordnungswidrigkeitenverfahren gegen ihn eingeleitet wurde, einen Anhörungsbogen). 125

Nach dem Abschluss des Ermittlungsverfahrens kann die Verwaltungsbehörde selbstständig entscheiden, ob 126

- eine Einstellung des Verfahrens erfolgt (§§ 47, 46 Abs. 2 OWiG i.V.m § 170 Abs. 2 Satz 1 StPO);
- eine Verwarnung mit oder Verwarnungsgeld ausgesprochen wird (§ 56 OWiG);
- der Bußgeldbescheid erlassen wird (§ 65 OWiG).

a) Verwarnung

Die Verwarnung ist eine mildere Buße als der Bußgeldbescheid. Eine Verwarnung kann nur mit Zustimmung des Betroffenen erfolgen; anderenfalls kommt es zum Bußgeldverfahren. 127

b) Kostenbescheid

Eine besondere Form des Verwarnungsverfahrens ist der Kostenbescheid gem. § 25a StVG. Dieser wird bei Park- und Haltverstößen erlassen, wenn der Fahrer nicht ermittelt werden kann. 128

Gegen einen Kostenbescheid kann gerichtliche Entscheidung bei der Verwaltungsbehörde, die den Kostenbescheid erlassen hat, beantragt werden. 129

4. Verfahren nach Erlass eines Bußgeldbescheids

Erlässt die Verwaltungsbehörde einen Bußgeldbescheid, kann der Betroffene innerhalb von zwei Wochen seit der Zustellung des Bußgeldbescheids **Einspruch gem. § 67 OWiG** bei der Verwaltungsbehörde, die den Bußgeldbescheid erlassen hat, erheben. 130

Eine fristwahrende Übersendung des Einspruchs per Telefax genügt. Der Betroffene kann den Einspruch gegen den Bußgeldbescheid entweder schriftlich oder zur Niederschrift bei der Verwaltungsbehörde erklären. Der Einspruch muss nicht begründet werden. Es besteht kein Anwaltszwang.

▼

131 **Muster 11.6: Einspruch gegen Bußgeldbescheid, Antrag auf Bewilligung von Aktenansicht**

Name Verwaltungsbehörde

(Anschrift)

– vorab per Telefax –

Aktenzeichen:

Bußgeldbescheid vom

(Vorname, Name, Geburtsdatum des Beschuldigten)

Sehr geehrte Damen und Herren,

unter Bezugnahme auf die beiliegende Vollmacht zeige ich die Vertretung des Betroffenen, Name Mandant, in dem o.g. Ordnungswidrigkeitenverfahren an.

Namens und in Vollmacht meines Mandanten lege ich gegen den Bußgeldbescheid vom (*Datum*), zugestellt am (*Datum*)

Einspruch

ein und beantrage gleichzeitig, mir

Akteneinsicht

zu gestatten.

Um Weiterleitung meines Akteneinsichtsgesuchs und Abgabenachricht wird gleichzeitig gebeten.

Mein Mandant macht von seinem Recht, sich zu der Sache nicht äußern, zunächst Gebrauch.

Mit freundlichen Grüßen

Rechtsanwalt/Rechtsanwältin

▲

Sofern der Betroffene gegen den Bußgeldbescheid **keinen Einspruch** einlegt, wird der 132
Bußgeldbescheid bestandskräftig (§ 89 OWiG).

Hat der Betroffene die Einspruchsfrist ohne Verschulden versäumt, kann er einen Antrag 133
auf **Wiedereinsetzung in den vorigen Stand** beantragen (§ 52 OWiG). Den Antrag stellt er bei der Verwaltungsbehörde, die den Bußgeldbescheid erlassen hat.

Dass der Betroffene die Einspruchsfrist **ohne Verschulden** versäumt hat, muss er darlegen und glaubhaft machen – dies innerhalb einer Frist von einer Woche seit Bemerken. Diesen Zeitpunkt muss der Betroffene ebenfalls glaubhaft nachweisen.

▼

Muster 11.7: Antrag auf Wiedereinsetzung in vorigen Stand/Einspruch 134

Name Verwaltungsbehörde

(Anschrift)

– vorab per Telefax –

Aktenzeichen:

Bußgeldbescheid vom

(Vorname, Name, Geburtsdatum des Beschuldigten)

Sehr geehrte Damen und Herren,

unter Bezugnahme auf die beiliegende Vollmacht zeige ich die Vertretung des Betroffenen, Name Mandant, in dem o.g. Ordnungswidrigkeitenverfahren an.

Namens und in Vollmacht meines Mandanten beantrage ich wegen der Versäumung der Einspruchsfrist,

1. **diesem Wiedereinsetzung in den vorigen Stand zu gewähren.**

Gegen den Bußgeldbescheid vom *(Datum)*, zugestellt am *(Datum)* lege ich namens und in Vollmacht meines Mandanten

Einspruch ein

und beantrage

2. **Aufschub der Vollstreckung.**

Des Weiteren beantrage ich, mir

Akteneinsicht

zu gestatten.

Begründung Wiedereinsetzungsantrag:

Um Weiterleitung meines Akteneinsichtsgesuchs und Abgabenachricht wird gleichzeitig gebeten.

Mit freundlichen Grüßen

Rechtsanwalt/Rechtsanwältin

▲

135 **Gleichzeitig** mit dem **Antrag auf Wiedereinsetzung** in den vorigen Stand muss der **Einspruch** erklärt werden.

136 Nach Einlegung des Einspruchs erfolgt seitens der Verwaltungsbehörde in dem sog. **Zwischenverfahren** (§ 69 Abs. 2 OWiG) eine nochmalige sachliche Prüfung.

Zunächst erfolgt die Prüfung, ob der Einspruch form- und fristgerecht eingelegt wurde. Wurde der Einspruch nicht form- und fristgerecht eingelegt, wird der Einspruch von der Verwaltungsbehörde als unzulässig verworfen (§ 69 Abs. 1 Satz 1 OWiG).

137 Gegen diese Entscheidung kann der Betroffene innerhalb von zwei Wochen seit Zustellung Antrag auf gerichtliche Entscheidung stellen.

5. Gerichtliches Verfahren

138 Hält die Verwaltungsbehörde an dem erlassenen Bußgeldbescheid fest, gibt sie das Verfahren an die StA weiter.

Seitens der StA findet ebenfalls eine Prüfung statt, ob eine Einstellung des Verfahrens erfolgt oder ob weitere Ermittlungen durchgeführt werden. Die StA kann das Verfahren einstellen oder im Fall einer Aufrechterhaltung des Bußgeldbescheids das Verfahren an das AG gem. § 69 Abs. 4 OWiG abgeben.

139 Der Richter bei dem AG prüft zunächst die Verfahrensvoraussetzungen und die Beweislage.

140 Bei einer **ungenügenden Sachverhaltsaufklärung** erfolgt die **Zurückverweisung** an die Verwaltungsbehörde mit der Zustimmung der StA (§ 69 Abs. 5 OWiG). Durch die Verwaltungsbehörde erfolgt eine weitere Prüfung des Sachverhalts.

141 Die Verwaltungsbehörde kann den Bußgeldbescheid aufheben oder einen neuen Bußgeldbescheid erlassen. Erlässt die Verwaltungsbehörde einen neuen Bußgeldbescheid erfolgt eine Weiterleitung über die StA an den Richter bei dem AG.

142 Kommt der Richter zu dem Ergebnis, dass der Bußgeldbescheid zulässig ist, wird das gerichtliche Bußgeldverfahren durchgeführt.

143 In dem gerichtlichen Bußgeldverfahren kann der Richter durch Beschluss gem. § 72 OWiG entscheiden, wenn die StA und der Betroffene nicht innerhalb von zwei Wochen

seit Ankündigung über Beschlussverfahren, widersprechen. In dem Beschlussverfahren kann der Betroffene sich jedoch schriftlich äußern. Wird dennoch im Beschlussverfahren entschieden, obwohl einer der Beteiligten (StA/Betroffener) fristgerecht widersprochen hat oder wurde das rechtliche Gehör des Betroffenen verletzt, kann gem. **§ 79 Abs. 1 Nr. 5 OWiG Rechtsbeschwerde** bzw. unter bestimmten Voraussetzungen der **Antrag auf Zulassung der Rechtsbeschwerde** gem. § 80 OWiG eingelegt werden.

Widerspricht der Betroffene oder die StA der Durchführung des Beschlussverfahrens 144
oder hält der Richter die Durchführung einer Hauptverhandlung für erforderlich, findet ein Termin zur **Hauptverhandlung** statt.

Zu dem Termin zur Hauptverhandlung muss der Betroffene erscheinen. Unter besonderen 145
Umständen kann er von dieser Verpflichtung befreit werden. Sofern der Betroffene unentschuldigt nicht zu dem Hauptverhandlungstermin erscheint, wird der Einspruch gegen den Bußgeldbescheid durch Urteil gem. § 74 Abs. 2 OWiG verworfen. Dagegen kann der Betroffene innerhalb einer Woche seit Zustellung des Urteils **Wiedereinsetzung in den vorigen Stand** beantragen (§ 74 Abs. 4 OWiG) oder **Rechtsbeschwerde** (§ 79 Abs. 1 Nr. 4 OWiG) einlegen.

Gegen ein Urteil oder den Beschluss gem. § 72 OWiG kann der Betroffene Rechts- 146
beschwerde einlegen, die unter bestimmten Voraussetzungen zuzulassen ist (Geldbuße bis 250,00 €). Danach muss ein Antrag auf Zulassung der Rechtsbeschwerde gem. § 80 OWiG gestellt werden.

Über diese Rechtsmittel entscheidet das OLG. 147

6. Vergütung im Bußgeldverfahren

Die Vergütung des RA im Bußgeldverfahren richtet sich nach Teil 5 VV RVG. 148

Je nachdem, in welchem Stadium der Auftrag erteilt wird, fallen die Gebühren an. 149

- Verfahren vor der Verwaltungsbehörde (Nr. 5101 bis 5106 VV RVG)
- Verfahren vor dem AG (Nr. 5107 bis 5112 VV RVG)
- Verfahren über die Rechtsbeschwerde (Nr. 5113 bis 5114 VV RVG)
- Zusätzliche Gebühren (Nr. 5115 bis 5116 VV RVG)
- Einzeltätigkeiten Nr. 5200 VV RVG

Neben diesen Gebühren fällt die **Grundgebühr gem. Nr. 5100 VV RVG** immer an, so- 150
fern der RA als Verteidiger tätig ist. Die Grundgebühr kann, entsprechend dem erteilten Auftrag, in jedem Stadium des Verfahrens **nur einmal entstehen**. Ist die Grundgebühr in einem vorausgegangenen Strafverfahren wegen derselben Handlung oder Tat entstanden, so fällt sie im Bußgeldverfahren nicht erneut an.

151 Sofern eine Verfahrensgebühr angefallen ist, können die in Unterabschnitt 5 genannten zusätzlichen Gebühren entstehen.

152 *Praxistipp:*

Auf der Internetseite *www.burhoff.de* finden Sie gebührenrechtlich relevante Entscheidungen, sowie einen „Rechtsprechungs-Service“. Sie haben zudem die Möglichkeit, einen kostenlosen Newsletter zu abonnieren.

II. Strafbefehlsverfahren

1. Allgemeines

153 Das Strafbefehlsverfahren ist eine vereinfachte und beschleunigte Verfahrensart, die bei begangenen **Vergehen** von Erwachsenen (**nicht** verwechseln mit **Verbrechen**) angewendet werden kann.

154 Diese Verfahrensweise entlastet insoweit die Gerichte, weil das Verfahren zum einen kostengünstiger ist und zum anderen eine Hauptverhandlung entbehrlich ist, sofern der Beschuldigte geständig ist oder aber den Strafbefehl akzeptiert. Es erfolgt eine rechtskräftige Verurteilung ohne Hauptverhandlung.

155 Gerade im Hinblick auf die „Massenkleinkriminalität“ wird in der Praxis von dem Strafbefehlsverfahren sehr oft Gebrauch gemacht.

2. Gesetzliche Grundlage

156 Das Verfahren über den Strafbefehl ist in §§ 407 ff. StPO geregelt.

3. Verfahren bei Strafbefehl

157 Der Staatsanwalt prüft die Voraussetzungen für den Erlass eines Strafbefehls. Hält er die Durchführung einer Hauptverhandlung nicht für erforderlich, fertigt er den Strafbefehl und legt diesen dem zuständigen Richter bei dem AG vor mit dem Antrag, den Strafbefehl zu erlassen (§ 407 Abs. 1 StPO).

158 **Ausschließlich die in § 407 Abs. 2 StPO** genannten Strafen dürfen in einem Strafbefehl erlassen werden:

§ 407 Abs. 2 StPO (verkürzte Darstellung)

(…)

(2) Durch Strafbefehl dürfen nur die folgenden Rechtsfolgen der Tat, allein oder nebeneinander, festgesetzt werden:

1. Geldstrafe, Verwarnung mit Strafvorbehalt, Fahrverbot, Verfall, Einziehung, Vernichtung, Unbrauchbarmachung, Bekanntgabe der Verurteilung und Geldbuße gegen eine juristische Person oder Personenvereinigung,
2. Entziehung der Fahrerlaubnis, bei der die Sperre nicht mehr als zwei Jahre beträgt,

2a. Verbot des Haltens oder Betreuens von sowie des Handelns oder des sonstigen berufsmäßigen Umgangs mit Tieren jeder oder einer bestimmten Art für die Dauer von einem Jahr bis zu drei Jahren sowie

3. Absehen von Strafe

(…)

Der Richter kann nach Prüfung des Sachverhalts und der Rechtlage folgende Entscheidungen hinsichtlich des gestellten Antrages auf Erlass des Strafbefehls treffen: 159

- Er kann dem Antrag der StA zustimmen. In diesem Fall unterschreibt er den vorgefertigten Strafbefehl. Dieser wird mit einem Datum versehen und es erfolgt eine Verfügung zur Zustellung des Strafbefehls an den Beschuldigten.
  Die öffentliche Zustellung des Strafbefehls ist ausgeschlossen.
- Stellt der Richter keinen hinreichenden Tatverdacht fest, lehnt der den Erlass des Strafbefehls durch Beschluss ab (§ 408 Abs. 2 StPO). Gegen diesen Beschluss kann der Staatsanwalt Beschwerde einlegen.
- Besteht hinreichender Tatverdacht aber Bedenken seitens des Richters, ohne Hauptverhandlung zu entscheiden, oder wenn eine andere Verurteilung als die im Strafbefehl genannte erfolgen soll, wird ein Termin zur Hauptverhandlung anberaumt (§ 408 Abs. 3 StPO).

4. Rechtsbehelf/Rechtsmittel

Erlässt der Richter den Strafbefehl und wird dieser dem Beschuldigten zustellt, hat er die Möglichkeit, **Einspruch** innerhalb von zwei Wochen seit Zustellung des Beschlusses einzulegen (§ 410 StPO). 160

Versäumt der Beschuldigte die Einlegung des Einspruchs gegen den Strafbefehl, oder legt er den Einspruch verspätet ein, steht der Strafbefehl einem rechtkräftigen Urteil gleich (§ 410 Abs. 2 StPO). 161

Legt der Beschuldigte verspätet Einspruch gegen Strafbefehl ein oder ist der **Einspruch** aus sonstigen Gründen **unzulässig**, wird der Einspruch durch Beschluss als unzulässig verworfen. Gegen diesen Beschluss findet die **sofortige Beschwerde** statt. 162

Hat der Beschuldigte die Frist zur Einlegung des Einspruchs nicht schuldhaft versäumt, kann er gem. **§ 44 StPO** einen **Antrag auf Wiedereinsetzung in den vorigen Stand** beantragen. 163

Gem. § 45 StPO muss der Antrag auf Wiedereinsetzung in den vorigen Stand mit der gleichzeitigen Einlegung des Einspruchs innerhalb einer Frist von einer Woche nach Wegfall des Hinderungsgrundes gestellt werden.

164 Legt der Beschuldigte rechtzeitig Einspruch gegen den Strafbefehl ein, wird ein Termin zur Hauptverhandlung anberaumt.

11.8

▼

165 **Muster 11.8: Einspruch gegen den Strafbefehl**

Name Gericht

(Anschrift)

In der Strafsache

gegen

Name Mandant

Geschäftszeichen

lege ich namens und in Vollmacht meines Mandanten gegen den am (*Datum*) zugestellten Strafbefehl vom (*Datum*) (ggf. *Vertretungsanzeige*)

Einspruch

ein.

Gleichzeitig beantrage ich, mir

Akteneinsicht

zu gestatten.

Ich bitte, die Akte über die Geschäftsstelle zwecks Abholung bereit zu legen und mich darüber telefonisch zu informieren/wahlweise: Ich bitte um Zusendung der Akte an meine Kanzleianschrift.

Rechtsanwalt/Rechtsanwältin

▲

5. Vergütung

166 Die anwaltliche Vergütung für eine Tätigkeit im Strafbefehlsverfahren richtet sich nach den allgemeinen Vorschriften des Teil 4 VV RVG, sofern der RA mit seinem Auftraggeber **keine** Vergütungsvereinbarung abgeschlossen hat. Für das Strafbefehlsverfahren selbst gibt es keine eigenen Gebührenvorschriften. Maßgeblich ist der „Verteidigungsauftrag". Ist der RA auftragsgemäß beratend tätig, besteht der Vergütungsanspruch gem. § 34 RVG.

167 Sofern der RA nicht als Verteidiger beauftragt ist und auch nicht mit einer Vertretung i.Ü., sondern mit Einzeltätigkeiten, entstehen die Gebühren gem. Teil 4 Abschnitt 3 VV RVG.

In dem **Strafbefehlsverfahren** können **folgende Gebühren** entstehen: 168

- Grundgebühr Nr. 4100 VV RVG: Diese Gebühr entsteht für die einmalige Einarbeitung in den Rechtsfall.
- Verfahrensgebühr Nr. 4104 VV RVG: Diese Gebühr entsteht im vorbereitenden Verfahren. (Das Verfahren über den Strafbefehl bis zum Eingang des Antrags über den Erlass des Strafbefehls bei dem Amtsgericht).
- Verfahrensgebühr Nr. 4106 VV RVG: Verfahren vor dem AG nach dem Antrag über den Erlass des Strafbefehls.
- Terminsgebühr Nr. 4108 ff. VV RVG.
- Nr. 4141 Abs. 1 Nr. 3 VV RVG.

Die Gebühr für die **Rücknahme des Einspruchs** fällt dann an, wenn der Einspruch insgesamt zurückgenommen wird und nicht nur wegen eines Teils und somit eine Verfahrensbeendigung durch die Rücknahme des Einspruchs erfolgt. 169

a) Besonderheit zum Entstehen der Gebühr gem. Nr. 4141 Abs. 1 Nr. 3 VV RVG bei anberaumten Termin zur Hauptverhandlung

Die Gebühr gem. Nr. 4141 Abs. 1 Nr. 3 VV RVG kann auch nach Anberaumung eines Termins zur Hauptverhandlung entstehen. Es kommt aber auf den Zeitpunkt der Rücknahme des Einspruchs an. Nur in dem Fall, dass der Einspruch früher als zwei Wochen vor dem Beginn des Tages des anberaumten Hauptverhandlungstermins zurückgenommen wird, fällt die Gebühr an. Dabei kommt es auf den Eingang des Antrags bei Gericht an. 170

b) Nr. 4142 VV RVG/Verfahren bei Einziehung

Gem. § 407 Abs. 2 Nr. 2 StPO kann im Strafbefehlsverfahren u.a. die Einziehung des Führerscheins erfolgen. Wird der RA in diesem Zusammenhang beauftragt, kann diese Gebühr ebenfalls entstehen. 171

c) Rechtsmittelverfahren

Die Gebühren im Rechtsmittelverfahren richten sich nach Nr. 4124 ff. RVG. 172

E. Arbeitsgerichtsbarkeit

Brunner-Ovadia

I. Allgemeines

Die Arbeitsgerichtsbarkeit gehört zu den besonderen Fachgerichtsbarkeiten und beschäftigt sich mit der Rechtsmaterie des Arbeitsrechts. Obwohl das Arbeitsrecht sich teilweise mit dem Zivilrecht und dem Sozialrecht überschneidet, ist es eine eigenständige Gerichtsbarkeit, dessen Prozessordnung im Arbeitsgerichtsgesetz (ArbGG) geregelt ist. 173

II. Zuständigkeit

174 Die Rechtswegzuständigkeit der Arbeitsgerichte muss ausschließlich gegeben sein. Ein umfassender Katalog ist in den §§ 2, 2a ArbGG enthalten. In der Praxis sind wohl die häufigsten Fälle Streitigkeiten

- zwischen Arbeitnehmer und Arbeitgeber über Rechte und Pflichten aus dem Arbeitsverhältnis sowie
- über den Bestand des Arbeitsverhältnisses (z.B. Kündigungsschutzklagen).

175 Als örtliche Zuständigkeit kommen grds. der allgemeine Gerichtsstand des Beklagten (§§ 12 ff. ZPO) oder wahlweise der besondere Gerichtsstand des Arbeitsortes (§ 48 Abs. 1a ArbGG) in Betracht.

Bei dem allgemeinen Gerichtsstand kann man immer klagen. Gibt es jedoch einen zusätzlichen besonderen Gerichtsstand, so hat man das Wahlrecht, das einmal ausgeübt, nicht mehr rückgängig gemacht werden kann.

III. Instanzenzug

176 Der Instanzenzug der Arbeitsgerichtsbarkeit ist wie in Zivilsachen dreistufig.

177 Erstinstanzliche Eingangsgerichte sind immer die Arbeitsgerichte.

178 Gegen die Urteile der Arbeitsgerichte ist die Berufung zum Landesarbeitsgericht möglich. Das Landesarbeitsgericht entscheidet auch über Beschwerden gegen Beschlüsse der Arbeitsgerichte.

179 Gegen die Entscheidungen der Landesarbeitsgerichte können die Rechtsmittel der Revision (im Urteilsverfahren) und der Rechtsbeschwerde (im Beschlussverfahren) eingelegt werden, näheres unter Punkt 5. Über das jeweils eingelegte Rechtsmittel entscheidet dann das Bundesarbeitsgericht in Erfurt. Auch die Sprungrevision vom Arbeitsgericht zum Bundesarbeitsgericht ist grundsätzlich nach § 76 ArbGG möglich.

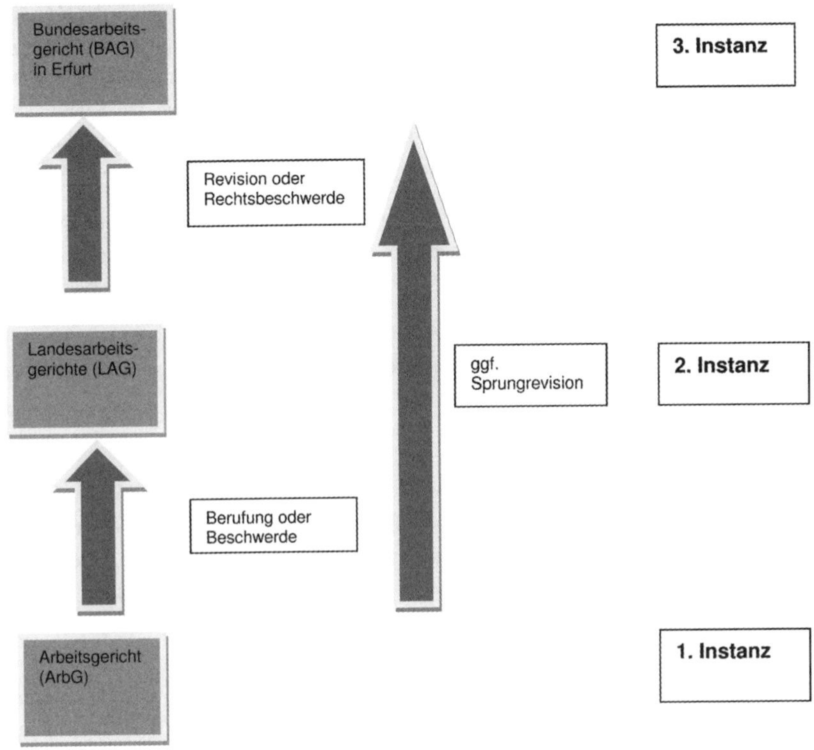

IV. Spruchkörper

In allen Instanzen sind sämtliche Spruchkörper der Arbeitsgerichte, sog. Kollegialgerichte, d.h. sie sind mit Berufsrichtern und ehrenamtliche Richter besetzt. Der Vorsitzende ist dabei immer ein Berufsrichter. Die ehrenamtlichen Richter stammen dabei je zur Hälfte aus dem Kreis der Arbeitnehmer und dem Kreis der Arbeitgeber und werden jeweils von den Gewerkschaften und von den Arbeitgeberverbänden vorgeschlagen. 180

V. Verfahren

Das Verfahren vor den Arbeitsgerichten ist grds. ähnlich wie der Zivilprozess aufgebaut. 181
Gemäß §§ 46 ArbGG, 495 ZPO sind die Vorschriften über das Verfahren vor den Amtsgerichten entsprechend anzuwenden, es sei denn, es ist etwas anderes im ArbGG geregelt. So gelten im arbeitsgerichtlichen Verfahren meist kürzere Fristen (siehe Rdn 201).

182 Die für Arbeitnehmer wohl wichtigste Frist ist jedoch die Frist zur Einlegung der **Kündigungsschutzklage**. Diese beträgt **drei Wochen ab Zugang der schriftlichen Kündigung** gem. § 4 KSchG. Bei dieser Frist handelt es sich nicht um eine Zulässigkeitsvoraussetzung, sondern sie dient vielmehr der materiell-rechtlichen Präklusion. Die Kündigung gilt nämlich als von Anfang an rechtswirksam, wenn sie nicht innerhalb der 3-Wochen-Frist angegriffen wird (Wirksamkeitsfiktion gem. § 7 KschG).

> In einer Kündigungsschutzsache muss immer bereits bei telefonischer Vereinbarung eines Besprechungstermins der Zugang der Kündigung erfragt werden, um die Frist für die Kündigungsschutzklage gleichwohl zu berechnen und um so ein Fristversäumnis vorzubeugen.

183 Im arbeitsgerichtlichen Verfahren unterscheidet man zwischen Urteils- und Beschlussverfahren.

1. Urteilsverfahren

184 Im Urteilsverfahren werden sämtliche individualarbeitsrechtlichen Verfahren entschieden. In der Regel sind dies Rechtsstreitigkeiten zwischen Arbeitgebern und Arbeitnehmern aus dem Arbeitsverhältnis (z.B. Kündigungsschutzklage) oder zwischen Arbeitgeberverbänden und Gewerkschaften.

185 Die Parteien im Urteilsverfahren nennt man Kläger und Beklagter.

186 Der Kläger kann das Verfahren durch schriftliche Klageerhebung oder indem er die Klageerhebung mündlich zu Protokoll der Geschäftsstelle des zuständigen Arbeitsgerichtes erklärt einleiten. Der Vorsitzende bestimmt sodann einen Termin zur Güteverhandlung, Für Kündigungsschutzklage soll dieser erste Gütetermin 2 Wochen nach Eingang der Klage stattfinden. An der Güteverhandlung nimmt nur der Vorsitzende – nicht die ehrenamtlichen Richter – teil und erörtert mit dem Verfahrensbeteiligten das gesamte Sach- und Rechtsverhältnis. Es soll auf eine gütliche Einigung zwischen den Parteien hingewirkt werden.

187 Scheitert eine gütliche Verhandlung oder ist eine Partei zum Gütetermin nicht erschienen, so schließt sich nach dem ArbGG eine weitere streitige Verhandlung an. Nach dem Gesetz könnte diese streitige Verhandlung sich direkt an die Güteverhandlung anschließen, in der Praxis wird in der Regel jedoch ein neuer Termin bestimmt. Diesen Termin nennt man auch Kammertermin, da dort der Spruchkörper aus dem Vorsitzenden und den beiden ehrenamtlichen Richtern besteht. Im Kammertermin findet sodann die streitige Verhandlung mit Beweisaufnahme statt. Die Kammer entscheidet am Ende des Verfahrens durch Urteil.

188 Erscheint eine Partei nicht in der streitigen Verhandlung, kann gegen sie ein Versäumnisurteil ergehen, sofern die andere Partei dies beantragt hat.

Gegen die erstinstanzlichen Urteile der Arbeitsgerichte können die Parteien Berufung einlegen, wenn 189

- sie mit dem Urteil um mindestens 600,00 € beschwert sind (sogenannter Wert der Beschwer für die Berufung) oder
- es sich um eine Berufung über ein Bestehen, Nichtbestehen oder die Kündigung eines Arbeitsverhältnisses handelt oder
- das Arbeitsgericht die Berufung wegen der grundsätzlichen Bedeutung der Rechtssache gem. § 64 Abs. 2 ArbGG unabhängig vom Wert der Beschwer zugelassen hat.

Gegen die zweitinstanzlichen Urteile der Landesarbeitsgerichte ist das Rechtsmittel der Revision gegeben, wenn 190

- die Revision bereits im Urteil des Landesarbeitsgerichts zugelassen worden ist oder
- die Revision später durch einen Beschluss des Bundesarbeitsgerichts auf Antrag zugelassen wird.

Die Revision wird dabei nur zugelassen, wenn die Rechtssache grundsätzliche Bedeutung für die Rechtsfortbildung hat oder wenn die Entscheidung des Landesarbeitsgerichtes von der ständigen Rechtsprechung des Bundesarbeitsgerichtes abweicht. 191

Bei Nichtzulassung der Revision kann Nichtzulassungsbeschwerde gem. § 72a ArbGG eingelegt werden.

Die Notfristen für die Berufung und Revision im Arbeitsrecht betragen – wie in der ZPO – jeweils einen Monat ab Zustellung des vollständig abgefassten Urteils. Die Berufungs- und Revisionsfrist beginnt jedoch spätestens mit Ablauf von fünf Monaten nach Urteilsverkündung (§§ 66 bzw. 74 ArbGG). Die Begründungsfristen betragen wie in der ZPO zwei Monate ab Zustellung des vollständig abgefassten Urteils. 192

Die Nichtzulassungsbeschwerde muss innerhalb einer Notfrist von einem Monat ab Zustellung des in vollständiger Form abgefassten Urteils beim BAG schriftlich eingelegt werden und innerhalb einer weiteren Notfrist von zwei Monaten ab Urteilszustellung begründet werden. 193

Nach § 76 ArbGG ist auch die Sprungrevision vom Arbeitsgericht zum Bundesarbeitsgericht zulässig, wenn beide Prozessparteien diesem Vorgehen schriftlich zugestimmt haben und das Arbeitsgericht die Sprungrevision zulässt. 194

Das Bundesarbeitsgericht überprüft das Urteil der Landesarbeitsgerichte jedoch nur auf Rechtsfehler hin und entscheidet ggf. durch Urteil. Ist jedoch eine weitere Sachverhaltsklärung erforderlich, so erfolgt eine Zurückverweisung an das Landesarbeitsgericht. 195

2. Beschlussverfahren

196 Im Beschlussverfahren werden alle kollektivarbeitsrechtlichen Verfahren entschieden. In der Regel sind dies Streitigkeiten aus dem Betriebsverfassungsgesetz oder Entscheidungen über die Tariffähigkeit oder Tarifzuständigkeit von Vereinigungen.

197 Die Parteien im Beschlussverfahren nennt man Antragssteller und Antragsgegner.

198 Das Verfahren wird durch die schriftliche Einreichung der Antragsschrift durch den Antragssteller eröffnet. Wahlweise kann dieser seinen Antrag auch mündlich zur Niederschrift bei der Geschäftsstelle des zuständigen Arbeitsgerichtes stellen. Im Beschlussverfahren wird der Sachverhalt von Amts wegen durch das erkennende Gericht erforscht, wobei jedoch die Parteien an der Aufklärung des Sachverhaltes mitzuwirken haben. Das Verfahren endet durch Beschluss der Kammer, der schriftlich begründet wird.

199 Gegen die erstinstanzlichen Beschlüsse der Arbeitsgerichte kann sodann das Rechtsmittel der Beschwerde beim Landesarbeitsgericht eingelegt werden. Die Beschwerdefrist beträgt einen Monat ab Zustellung des begründet Beschlusses (§ 66 Abs. 1 Satz 1 ArbGG analog).

200 Gegen die zweitinstanzlichen Beschlüsse der Landesarbeitsgerichte ist das Rechtsmittel der Rechtsbeschwerde zulässig. Diese muss wiederum vom Landesarbeitsgericht in den Fällen der grundsätzlichen Bedeutung der Rechtssache oder eine abweichende Entscheidung zur ständigen Rechtsprechung des Bundesarbeitsgerichts zugelassen sein.

VI. Besonderheiten

201 Nach §§ 46 Abs. 2, 80 Abs. 2 ArbGG gilt grds. für das arbeitsgerichtliche Verfahren die ZPO, sofern das Arbeitsgerichtsgesetz keine Sonderregelung enthält. Die nachstehende Tabelle stellt einige Besonderheiten dar:

Parteifähigkeit (§ 10 ArbGG)	Neben der Parteifähigkeit aus § 50 ZPO sind auch Gewerkschaften und Arbeitgeberverbände sowie Zusammenschlüsse solcher Vereinigungen parteifähig, selbst wenn sie nicht rechtsfähig sind.
Prozessvertretung (§ 11 ArbGG)	Vor den Arbeits- und Landesarbeitsgerichten können sich die Parteien durch Vertreter von Gewerkschaften oder Arbeitgeberverbänden vertreten lassen.
verkürzte Einspruchsfrist (§ 59 ArbGG)	Im Gegensatz zur ZPO beträgt die Frist für den Einlegung eines Einspruches gegen ein Versäumnisurteil oder einen Vollstreckungsbescheid nur eine Woche, anstatt zwei.

Mahnverfahren	1. Die Widerspruchsfrist gegen den Mahnbescheid beträgt im Vergleich zur ZPO nur eine Woche, anstatt zwei (§ 46a Abs. 3 ArbGG). 2. Für das arbeitsgerichtliche Mahnverfahren gilt die seit 1.12.2008 bestehende Verpflichtung des RA, Mahnanträge nur noch in elektronischer Form gem. § 690 Abs. 3 Satz 2 ZPO einzureichen, nicht. Der Mahnantrag ist weiterhin auf dem amtlichen Vordruck beim zuständigen Arbeitsgericht einzureichen.
Ladungs- und Einlassungsfristen (§ 47 ArbGG)	Gem. § 47 Abs. 1 ArbGG muss zwischen Zustellung der Klageschrift und Termin mindestens eine Woche liegen (in der ZPO zwei Wochen gem. § 274 Abs. 3 ZPO).
PKH (§ 11a ArbGG)	In Gegensatz zur ZPO kann im arbeitsgerichtlichen Verfahren einer bedürftigen Partei – auch ohne Prüfung der Erfolgsaussichten – auf Antrag ein RA beigeordnet werden, wenn die Gegenseite durch einen RA vertreten ist. Dies soll eine Chancengleichheit für Arbeitnehmer garantieren. Gem. § 11a Abs. 2 ArbGG schließt jedoch offensichtliche Mutwilligkeit die Beiordnung aus.
Kostentragungspflicht (§ 12a ArbGG)	In der ersten Instanz hat die obsiegende Partei anders als nach § 91 ZPO keinen Kostenerstattungsanspruch. Der Mandant ist hierauf (am besten schriftlich) hinzuweisen. Der RA hat eine entsprechende Belehrungspflicht.
Gerichtskosten	Anders als im Zivilprozess gibt es im arbeitsrechtlichen Verfahren keine Gerichtskostenvorschusspflicht. Die Kosten werden erst nach Beendigung des Verfahrens erhoben (§ 9 GKG). Die Gerichtskosten im Urteilsverfahren für den ersten Rechtszug betragen 2,0 nach Nr. 8210 KV GKG. Nach Vorbemerkung 8 des Kostenverzeichnisses GKG entfallen diese Gerichtskosten jedoch, wenn das Verfahren durch einen gerichtlichen oder dem Gericht mitgeteilten Vergleich beendet wird – gleich in welchem Verfahrensabschnitt. Da in der Praxis viele Verfahren mit einem Vergleich vor dem Arbeitsgericht enden, erscheint das Verfahren scheinbar gerichtskostenfrei zu sein.

	Die Gerichtskosten entfallen auch vor streitiger Verhandlung bei Klagerücknahme gem. Anmerkung Abs. 2 zu Nr. 8210 KV GKG. Nach streitiger Verhandlung reduzieren sich die Gerichtskosten bei einer Klagerücknahme oder einem Anerkenntnisurteil gemäß Nr. 8211 KV GKG lediglich auf 0,4.

VII. Gebühren

202 In arbeitsrechtlichen Angelegenheiten (egal ob Urteils- oder Beschlussverfahren) fallen die gleichen Gebühren wie im Zivilrecht (bürgerlichen Streitigkeiten) an.

203 Hinsichtlich der einzelnen Gebührentatbestände (Beratung, Geschäftsgebühr, Verfahrens-, Termins- und Einigungsgebühr) wird auf den vergütungsrechtlichen Teil (vgl. § 8 Rdn 169 ff.) verwiesen.

204 Lediglich hinsichtlich der Terminsgebühr ist auf die Besonderheit des arbeitsgerichtlichen Verfahrens hinzuweisen. In der ersten Instanz vor dem Arbeitsgericht ist vor der streitigen Verhandlung (Kammertermin) zwingend ein Gütetermin vorgeschaltet. Die Terminsgebühr entsteht bereits bei der Teilnahme des RA am Gütetermin. Nimmt er jedoch auch am Kammertermin teil, so entsteht die Terminsgebühr nicht noch ein zweites Mal.

205 Im Beschlussverfahren erfolgt die Entscheidung meist ohne mündliche Verhandlung, so dass hier in der Regel nur eine 1,3 Verfahrensgebühr nach Nr. 3100 VV RVG entstehen wird.

206 Die größte Schwierigkeit im arbeitsrechtlichen Verfahren liegt vielmehr in der Bestimmung des Gegenstandswertes. So werden in der Kündigungsschutzklage neben den eigentlichen Kündigungsschutzantrag meist weitere Ansprüche (z.B. auf Erteilung eines Zeugnisses) geltend gemacht.

207 Für die eigentliche Kündigungsschutzklage findet sich eine gesetzliche Gegenstandswertregelung in § 42 Abs. 4 Satz 1 GKG, wonach der Gegenstandswert bis zu drei Brutto-Monatsgehältern beträgt. Der Wortlaut ist hier entscheidend. Bis zu 3 Monatsgehältern bedeutet, der Gegenstandswert kann auch darunterliegen. Das Landesarbeitsgericht Berlin hatte hierzu z.B. folgende Grundsätze entwickelt:

- bei einer Arbeitsverhältnisdauer bis zu sechs Monaten beträgt der Gegenstandswert = ein Brutto-Monatsgehalt,
- bei einer Arbeitsverhältnisdauer zwischen sechs bis zwölf Monaten beträgt der Gegenstandswert = zwei Brutto-Monatsgehälter und

- ab einer Arbeitsverhältnisdauer von über zwölf Monaten beträgt der Gegenstandswert = drei Brutto-Monatsgehälter.
- Um eine möglichst einheitliche Wertrechtsprechung in Deutschland zu garantieren, wurde dann erstmalig im Jahr 2013 ein einheitlicher **Streitwertkatalog für die Arbeitsgerichtsbarkeit (StWK ArbR)** entwickelt, der zum 5.4.2016 letztmalig überarbeitet worden ist. Nach Punkt 19 des Streitwertkatalogs berechnet sich nunmehr der Gegenstandswert für (eine) Kündigung nach der Vergütung für ein Vierteljahr, es sei denn unter Auslegung des Klageantrages und der Klagebegründung ist nur ein Fortbestand des Arbeitsverhältnisses von unter drei Monaten im Streit (dann entsprechend geringerer Wert). 208

Die meisten Arbeitsgerichte wenden zwischenzeitlich diesen Streitwertkatalog 1:1 an. **Eine Verbindlichkeit besteht jedoch nicht.** Sollte im Einzelfall eine Abweichung gerechtfertigt sein, so sollten Sie den abweichenden Gegenstandswert beantragen und natürlich entsprechend begründen.

Die bei Einreichung der Klage fälligen Beträge (z.B. ausstehende Lohnforderungen) sind gem. § 42 Abs. 5 Satz 1 GKG dem Gegenstandswert hinzuzurechnen. 209

Bei allen anderen nichtvermögensrechtlichen Ansprüchen (wie Erteilung eines Zeugnisses, Arbeitspapiere etc.) richtet sich der Gegenstandswert nach § 48 Abs. 1 GKG, § 3 ZPO und wird nach billigen Ermessen bestimmt. Auch hier gibt es Regelungen im neuen Streitwertkatalog. Einige Beispiele hierzu sind: 210

qualifiziertes Zeugnis Nr. 25.2 StWK ArbR	ein Brutto-Monatsgehalt
Arbeitspapiere Nr. 7 StWK ArbR	10 % eines Brutto-Monatsgehalts pro Arbeitspapier
Folgekündigung mit geänderten Beendigungszeitpunkt Nr. 20.3 StWK ArbR	Brutto-Entgeltdifferenz zwischen den Beendigungszeitpunkten, max. Vierteljahr
Entfernung einer Abmahnung Nr. 2 StWK ArbR	ein Brutto-Monatsgehalt

Achtung: Abfindungen werden aber zum Gegenstandswert nicht hinzugerechnet gem. § 42 Abs. 4 Satz 1 letzer Halbs. GKG. 211

F. Verwaltungsgerichtsbarkeit

I. Allgemeines

212 Die Verwaltungsgerichtsbarkeit ist eine der vier Fachgerichtsbarkeiten und dient der Kontrolle des Verwaltungshandelns. Es handelt sich hier meist um Streitigkeiten zwischen dem Bürger und dem Staat oder zwischen zwei Staatsorganen.

213 Das Verfahrensrecht der Verwaltungsgerichtsbarkeit ist in erster Linie in der Verwaltungsgerichtsordnung (VwGO) geregelt.

II. Zuständigkeit

214 Zuständig sind die Verwaltungsgerichte gem. § 40 Abs. 1 Satz 1 VwGO für alle öffentlich-rechtlichen Streitigkeiten nichtverfassungsrechtlicher Art. Die Abgrenzung zur ordentlichen Zivilgerichtsbarkeit, zur Sozialgerichtsbarkeit und zur Finanzgerichtsbarkeit ist dabei nicht immer ganz einfach.

III. Instanzenzug

215 Die Verwaltungsgerichtsbarkeit ist dreistufig aufgebaut.

216 Für die meisten verwaltungsrechtlichen Verfahren ist dabei als erste Instanz das Verwaltungsgericht zuständig.

217 Die Oberverwaltungsgerichte dienen als Berufungs- und Beschwerdeinstanz gegen erstinstanzliche Entscheidungen der Verwaltungsgerichte sowie als Eingangsinstanz (1. Instanz) bei

- Normenkontrollen von Satzungen,
- landesrechtlichen Vereinsverboten und
- Verfahren zur Genehmigung bei bestimmten in § 48 Abs. 1 VwGO aufgezählten technischen Großprojekten.

218 Revisions- und Rechtsbeschwerdeinstanz ist das Bundesverwaltungsgericht mit Sitz in Leipzig. Es dient jedoch auch als Eingangsinstanz bei

- Streitigkeiten der Versicherungsaufsicht und
- bei nichtverfassungsrechtlichen Streitigkeiten zwischen Bund und Ländern oder zwischen verschiedenen Bundesländern.

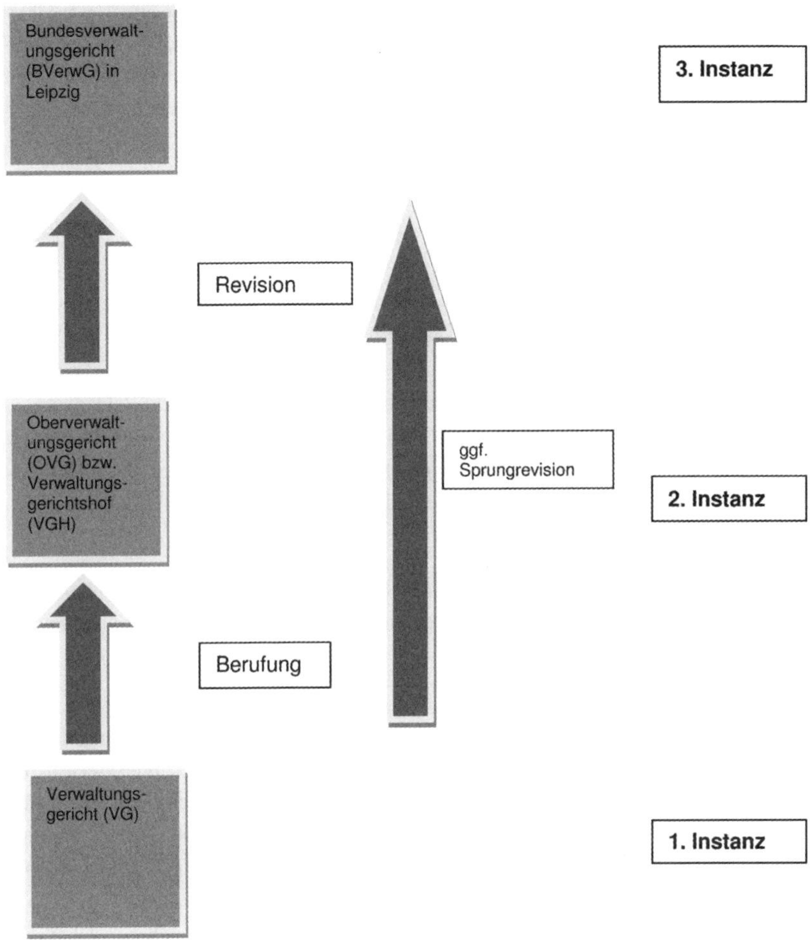

IV. Spruchkörper

Bei den Verwaltungsgerichten heißen die Spruchkörper Kammern, die mit drei Berufsrichtern und bei einer mündlichen Verhandlung mit zwei zusätzlichen Ehrenrichtern, die von den Landkreisen bestimmt werden, besetzt sind. **219**

Auf Zustimmung der Parteien kann dem Berichterstatter jedoch der Rechtsstreit als Einzelrichter übertragen werden. In der Praxis wird von dieser Regelung häufig Gebrauch gemacht, so dass Kammerentscheidungen die Ausnahme geworden sind. **220**

221 Bei den Oberverwaltungsgerichten (in Bayern, Baden-Württemberg und Hessen historisch bedingt Verwaltungsgerichtshöfe genannt) heißen die Spruchkörper Senate, die je nach Landesrecht unterschiedlich besetzt sind. Es gibt Besetzungen mit drei bis fünf Berufsrichtern mit und ohne zwei zusätzlichen ehrenamtlichen Richtern.

222 Beim Bundesverwaltungsgericht heißen die Spruchkörper ebenfalls Senate und sind jeweils mit fünf bis sieben Berufsrichter besetzt.

V. Verfahren

223 Das Verfahren wird mit der Erhebung einer schriftlichen Klage eröffnet. Bei dem Verwaltungsgericht kann die Klage auch zur Niederschrift des Urkundsbeamten der Geschäftsstelle erhoben werden.

224 Die Beteiligten im verwaltungsrechtlichen Verfahren heißen Kläger und Beklagter.

225 Neben einen bestimmten Antrag und den zur Begründung dienenden Tatsachen und Beweismittel soll der Klage auch die angefochtene Verfügung und der Widerspruchsbescheid in Urschrift oder in Abschrift beigefügt werden (§ 82 Abs. 1 VwGO).

226 *Praxistipp:*

Anders als im Zivilprozess müssen sämtliche Schriftstücke nicht mit einer beglaubigten Abschrift versandt werden, da die gegnerische (Verwaltungs-)Behörde sich i.d.R. selbst verteidigt. Die Abschrift muss jedoch – anders als im Zivilprozess – mit sämtlichen Anlagen versehen sein.

227 Das Gericht kann ohne mündliche Verhandlung durch Gerichtsbescheid entscheiden, wenn die Sache keine besonderen Schwierigkeiten tatsächlicher oder rechtlicher Art aufweist und der Sachverhalt geklärt ist (§ 84 VwGO). Die Beteiligten jedoch sind vorher zu hören. Der Gerichtsbescheid hat die Wirkung eines Urteils. In berufungsfähigen Sachen wird damit die Instanz beendet, in nicht berufungsfähigen Angelegenheiten kann jeder Beteiligte die mündliche Verhandlung per Antrag erzwingen.

228 Das Gericht erforscht den Sachverhalt von Amts wegen; die Beteiligten haben dabei aber an der Sachverhaltsaufklärung mitzuwirken. Das Gericht ist jedoch an das Vorbringen und an die Beweisanträge der Beteiligten nicht gebunden (§ 86 VwGO).

229 In der Regel wird nach Klageerhebung das Verfahren schriftlich vorbereitet. In dem schriftlichen Verfahren soll der Vorsitzende vorbereitenden Ermittlungen, wie die Einholung eines Sachverständigengutachtens, erheben. Die Ermittlungen sollen so weit vorangetrieben werden, dass der Rechtsstreit in einer einzigen mündlichen Verhandlung erledigt werden kann (§ 87 VwGO). Im schriftlichen Verfahren sind die ehrenamtlichen Richter zunächst nicht beteiligt.

In der Regel kommt es nach Abschluss der Ermittlungen zu einer mündlichen Verhandlung unter Beteiligung der ehrenamtlichen Richter. In der mündlichen Verhandlung trägt der Berichterstatter zunächst den Sachverhalt nach Aktenlage vor, danach wird die Sach- und Rechtslage mit den Beteiligten erörtert und es erfolgt ggf. eine Beweisaufnahme. Am Ende der Sitzung stellen die Beteiligten ihre Anträge. Die Entscheidung ergeht nach geheimer Beratung der Kammer durch Urteil. 230

Gegen die erstinstanzlichen Urteile der Verwaltungsgerichte ist das Rechtsmittel des Antrages auf Zulassung der Berufung gem. § 124a Abs. 4 VwGO gegeben. Der Antrag auf Berufungszulassung muss innerhalb eines Monats ab Zustellung des begründeten Urteils beim Verwaltungsgericht gestellt werden und innerhalb von zwei Monaten ab Zustellung des begründeten Urteils begründet werden. Die Begründung ist, soweit sie nicht bereits mit dem Antrag vorgelegt worden ist, bei dem Oberverwaltungsgericht einzureichen. Die Stellung des Antrags hemmt die Rechtskraft des Urteils. 231

Wird der Antrag abgelehnt oder verworfen, so ist das erstinstanzliche Urteil rechtskräftig. Wird dem Antrag jedoch stattgegeben, so wird das Zulassungsverfahren als Berufungsverfahren fortgesetzt. 232

Das Verwaltungsgericht kann jedoch bei grundsätzlicher Bedeutung der Rechtssache auch die Berufung im erstinstanzlichen Urteil selbst zulassen. Die Berufung ist jedoch anders als im Zivilrecht beim erstinstanzlichen Verwaltungsgericht einzulegen gem. § 124a Abs. 2 VwGO. Die Frist zur Berufungseinlegung beträgt wiederum einen Monat ab Zustellung des begründeten Urteils, die Frist zur Berufungsbegründung zwei Monate ab Zustellung des begründeten Urteils gem. § 124a Abs. 2, Abs. 3 VwGO). Die Begründung ist, soweit sie nicht bereits mit dem Antrag vorgelegt worden ist, bei dem Oberverwaltungsgericht einzureichen. 233

Die Berufungsinstanz ist dabei auch eine Tatsacheninstanz, d.h. das Oberverwaltungsgericht prüft den Streitfall innerhalb des Berufungsantrags im gleichen Umfang wie das Verwaltungsgericht. Es berücksichtigt auch neu vorgebrachte Tatsachen und Beweismittel. 234

Nach § 134 VwGO ist auch eine Sprungrevision möglich, wenn beide Parteien dem zustimmen und diese vom Verwaltungsgericht zugelassen wird. 235

Gegen die zweitinstanzlichen Urteile der Oberverwaltungsgerichte ist das Rechtsmittel der Revision gegeben, wenn die Revision im Urteil zugelassen worden ist oder aufgrund einer Nichtzulassungsbeschwerde erzwungen worden ist. 236

Die Revision wird jedoch gem. § 132 Abs. 2 VwGO nur zugelassen, wenn 237

- die Rechtssache grundsätzliche Bedeutung hat
- das Urteil von einer Entscheidung des Bundesverwaltungsgerichts, des Gemeinsamen Senats der obersten Gerichtshöfe des Bundes oder des Bundesverfassungsgerichts abweicht und auf dieser Abweichung beruht oder

- ein Verfahrensmangel geltend gemacht wird und vorliegt, auf dem die Entscheidung beruhen kann.

238 Die Nichtzulassungsbeschwerde ist gem. § 133 VwGO innerhalb eines Monats ab Zustellung des begründeten Urteils beim Oberverwaltungsgericht einzulegen und innerhalb von zwei Monaten ab Zustellung des begründeten Urteils zu begründen. Die Begründung ist auch beim Oberverwaltungsgericht einzulegen.

Das Oberverwaltungsgericht kann der Beschwerde selbst abhelfen, indem es die Revision zulässt. Wird der Beschwerde nicht abgeholfen, entscheidet das Bundesverwaltungsgericht durch Beschluss.

239 Die Frist für die Revision beträgt nach § 139 VwGO einen Monats ab Zustellung des vollständigen Urteils oder des Beschlusses über die Zulassung der Revision (Ergebnis der Nichtzulassungsbeschwerde. Die Revision muss schriftlich beim Oberverwaltungsgericht eingelegt werden. Die Begründungsfrist beträgt sodann zwei Monate ab Zustellung des vollständigen Urteils oder des Beschlusses über die Zulassung der Revision und ist beim Bundesverwaltungsgericht einzureichen (§ 139 Abs. 3 VwGO).

VI. Gebühren

240 In verwaltungsrechtlichen Angelegenheiten fallen grds. die gleichen Gebühren wie im Zivilrecht (bürgerlichen Streitigkeiten) an vgl. § 8 Rdn 169 ff. Es handelt sich also um Wertgebühren nach einem Gegenstandswert.

1. Gegenstandswert

241 Der Gegenstandwert für die Anwaltsgebühren bestimmt sich gem. § 52 GKG nach der sich aus dem Antrag des Klägers für ihn ergebenden Bedeutung der Sache und ist nach billigem Ermessen zu bestimmen.

242 *Praxistipp:*

In der Rechtsprechung hat sich zu einzelnen Verwaltungsstreitigkeiten ein sogenannter Streitwertkatalog entwickelt. Der aktuelle Streitwertkatalog ist auf der Seite des Bundesverwaltungsgerichts (www.bverwg.de) unter dem Punkt Information → Streitwertkatalog zu finden. Der Streitwertkatalog für die Verwaltungsgerichtsbarkeit wurde erstmalig 2004 erstellt und ist damit der älteste der Streitwertkataloge. Eine letztmalige Überarbeitung fand am 18.7.2013 statt. Wie alle anderen Streitwertkatalog ist auch dieser **nicht verbindlich**, sondern enthält nur Empfehlungen. De facto kommt es in der Praxis jedoch fast zu keinen Abweichungen.

Bietet der Sach- und Streitstand für die Bestimmung des Streitwertes keine genügenden Anhaltspunkte, ist ein Auffangstreitwert in Höhe von 5000,00 € gem. § 52 Abs. 2 GKG anzunehmen. 243

2. Vorgerichtliche Vertretung

Vertritt der Rechtsanwalt den Auftraggeber in einer verwaltungsrechtlichen Angelegenheit vorgerichtlich, so entstehen Gebühren nach Teil 2 VV RVG. 244

Die Besonderheit im verwaltungsrechtlichen Angelegenheiten liegt jedoch darin, dass nach § 17 Nr. 1 RVG 245

- das Verwaltungsverfahren (das sogenannte Antragsverfahren) und
- das einem gerichtlichen Verfahren vorausgehende und der Nachprüfung der Verwaltungsaktes dienende weitere Verwaltungsverfahren (Rechtsbehelfsverfahren)

verschiedene Angelegenheiten neben dem gerichtlichen Verfahren sind, so dass hier ggf. zwei Geschäftsgebühren entstehen können.

Im Antragsverfahren entscheidet die Behörde zunächst einmal über den vom Bürger gestellten Antrag. Wird der RA bereits im Verfahrensabschnitt tätig, erhält er eine Geschäftsgebühr nach Nr. 2300 VV RVG. Die Gebühr ist innerhalb eines Rahmens von 0,5 bis 2,5 zu bestimmen. Die Schwellengebühr von 1,3 darf jedoch nur überschritten werden, wenn die Tätigkeit umfangreich oder schwierig war (vgl. § 8 Rdn 189 ff.). 246

Bis zum 1.8.2013 (mit Inkrafttreten des 2. KostRMoG) konnte der Rechtsanwalt daneben noch eine weitere „kleine" Geschäftsgebühr nach Nr. 2301 VV RVG (0,5 bis 1,3) für das Rechtsmittelverfahren verdienen. Die Geschäftsgebühr nach Nr. 2300 VV RVG musste mangels Anrechnungsvorschrift auf die Geschäftsgebühr des Rechtsmittelverfahrens nicht angerechnet werden. Diese Systematik hat der Gesetzgeber nunmehr aufgeben und mit dem 2. KostRMoG die Gebühren des Verwaltungs- und Sozialrechts wieder an die Gebühren des allgemeinen Zivilrechts angepasst und somit die allgemeinen Abrechnungsvorschriften auch für diese Gerichtszweige wieder eingeführt. 247

Im Rechtsmittelverfahren entscheidet die Behörde über den vom Bürger eingereichten Rechtsbehelf (i.d.R. Widerspruch). Vertritt der RA den Auftraggeber auch in diesem Verfahrensabschnitt, nachdem er ihn bereits im Antragsverfahren vertreten hat, so erhält er nach dem 2. KostRMoG hierfür eine weitere Geschäftsgebühr nach Nr. 2300 VV RVG. Die Gebühr ist innerhalb eines Rahmens von 0,5 bis 2,5 zu bestimmen. Die in dem Antragsverfahren entstandene Geschäftsgebühr ist dann allerdings nach Vorbemerkung 2.3 Abs. 4 VV RVG zur Hälfte, jedoch höchstens mit einem Gebührensatz von 0,75 auf die Geschäftsgebühr für die Tätigkeit in dem weiteren Verwaltungsverfahren, das der Nachprüfung des Verwaltungsaktes dient, anzurechnen. 248

249 Bei der Bestimmung des Gebührensatzes für die zweite Geschäftsgebühr im Rechtsbehelfsverfahren ist gem. Vorbemerkung 2.3 Abs. 4 Satz 3 VV RVG nicht zu berücksichtigen, dass der Umfang der Tätigkeit im Rechtsbehelfsverfahren infolge der bereits erfolgten Tätigkeit im Antragsverfahren geringer ist. Einer automatischen Herabsetzung unterhalb der Schwellengebühr von 1,3 bei einer Vorbefassung des Rechtsanwalts auch im Antragsverfahren soll hier vorgebeugt werden.

250 Neben den Geschäftsgebühren kann noch eine Einigungsgebühr nach Nr. 1000 VV RVG oder eine Erledigungsgebühr nach Nr. 1002 VV RVG i.H.v. 1,5 entstehen.

251 Vertritt der RA den Auftraggeber sowohl im Antrags- als auch im Rechtsbehelfsverfahren, so wird nach Vorbemerkung 3 Abs. 4 VV RVG nur die zuletzt entstandene Geschäftsgebühr auf die im sozialgerichtlichen Verfahren entstehende Verfahrensgebühr nach Nr. 3100 VV RVG angerechnet.

3. Gerichtliches Verfahren

252 Die Gebühren in einem gerichtlichen Verwaltungsverfahren richten sich nach Teil 3 des Vergütungsverzeichnisses RVG. Grundsätzlich können also die gleichen Gebühren wie im Zivilprozess entstehen (vgl. § 8 Rdn 169 ff.), insbesondere:

- 1,3 Verfahrensgebühr Nr. 3100 VV RVG,
- 1,2 Terminsgebühr Nr. 3104 VV RVG,
- 1,0 Einigungsgebühr Nr. 1000,1003 VV RVG

Die Einigungsgebühr kann jedoch nur hinsichtlich Ansprüchen entstehen, über die vertraglich verfügt werden kann.

253 Kann über die Ansprüche des öffentlichen Rechts nicht vertraglich verfügt werden, so kann auch eine 1,0 Erledigungsgebühr nach Nr. 1002, 1003 VV RVG entstehen.

Hierfür ist es jedoch erforderlich, dass

- der Verwaltungsakt mit einem Rechtsbehelf angefochten worden ist,
- die Rechtssache sich ganz oder teilweise nach Aufhebung oder Änderung des mit einem Rechtsbehelf angefochtenen Verwaltungsakts erledigt hat und
- der RA muss an dieser Erledigung mitgewirkt haben.

254 Insbesondere an die Mitwirkung stellt die Rechtsprechung hohe Anforderungen. Es ist eine „*besondere, nicht nur unwesentliche und gerade auf die außergerichtliche Erledigung gerichtete Tätigkeit*“ des Rechtsanwalts erforderlich. Die Einlegung und Begründung des Rechtsbehelfs allein oder auch Sachstandsanfragen reichen nach der Rechtsprechung für eine Mitwirkung des RA nicht aus. In der Praxis gibt es daher häufig um die Entstehung der Erledigungsgebühr Streit.

Die Systemänderung durch das 2. KostRMoG führte dabei zu einer deutlichen Verringerung des Gebührenanspruches, auch wenn auf den ersten Blick eine höhere Geschäftsgebühr für das Rechtsbehelfsverfahren besteht. Der nachtstehende Vergleich orientiert sich dabei an den jeweiligen Schwellenwerten der Geschäftsgebühr.

Rechtslage bis 31.7.2013

Antragsverfahren: Geschäftsgebühr Nr. 2300 VV RVG	Schwellenwert 1,3
Rechtsbehelfsverfahren: Geschäftsgebühr Nr. 2301 VV RVG	Schwellenwert 0,7
keine Anrechnung	
Gerichtsverfahren: Verfahrensgebühr Nr. 3100 VV RVG	1,3
Anrechnung der letzten Geschäftsgeb. zur Hälfte, max. 0,75	./. 0,35
Gesamtgebührenaufkommen	2,95

Nunmehr seit dem 1.8.2013 (2. KostRMoG) geltende Rechtslage

Antragsverfahren: Geschäftsgebühr Nr. 2300 VV RVG	Schwellenwert 1,3
Rechtsbehelfsverfahren: Geschäftsgebühr Nr. 2300 VV RVG	Schwellenwert 1,3
Anrechnung zur Hälfte, max. 0,75	./. 0,65
Gerichtsverfahren: Verfahrensgebühr Nr. 3100 VV RVG	1,3
Anrechnung der letzten Geschäftsgeb. zur Hälfte, max. 0,75	./. 0,65
Gesamtgebührenaufkommen	2,6

G. Sozialgerichtsbarkeit

I. Allgemeines

Die Sozialgerichtsbarkeit ist eine weitere Fachgerichtsbarkeit und beschäftigt sich mit 255
den Angelegenheiten des Sozialrechts. Das Verfahrensrecht der Sozialgerichtsbarkeit ist in erster Linie im Sozialgerichtsgesetz (SGG) geregelt, ergänzend finden jedoch auch die Vorschriften der ZPO und des Gerichtsverfassungsgesetzes Anwendung, insoweit das SGG keine nähere Regelung enthält.

Die Sozialgerichtsbarkeit ist von der Arbeitsgerichtsbarkeit und der Verwaltungsgerichtsbarkeit abzugrenzen.

II. Zuständigkeiten

256 Die sachliche Zuständigkeit der Sozialgerichte ist in § 51 SGG abschließend geregelt. Insbesondere sind die Sozialgerichte in folgenden öffentlich-rechtlichen Streitigkeiten zuständig:

- in Angelegenheiten der gesetzlichen Rentenversicherung,
- in Angelegenheiten der gesetzlichen Krankenversicherung und Pflegeversicherung,
- in Angelegenheiten der gesetzlichen Unfallversicherung,
- in Angelegenheiten der Grundsicherung für Arbeitssuchende und der Arbeitsförderung sowie der übrigen Aufgaben der Bundesagentur für Arbeit,
- in Angelegenheiten der Sozialhilfe und des Asylbewerberleistungsgesetzes.

257 Die Rechtswegzuweisung an die Sozialgerichte hinsichtlich der Streitigkeiten über Sozialhilfe ist erst zum 1.1.2005 erfolgt. Davor waren die Verwaltungsgerichte zuständig.

Für alle nicht in § 51 SGG genannten sozialrechtlichen Streitigkeiten ist nämlich der Rechtsweg zur Verwaltungsgerichtsbarkeit gem. § 40 VwGO eröffnet.

258 In der örtlichen Zuständigkeit gibt es keine Besonderheiten.

III. Instanzenzug

259 Die Sozialgerichtsbarkeit ist dreistufig aufgebaut.

260 Die erste Instanz ist immer das Sozialgericht, Berufungs- und Beschwerdeinstanz ist das Landessozialgericht und Revisions- sowie Rechtsbeschwerdeinstanz das Bundessozialgericht mit Sitz in Kassel.

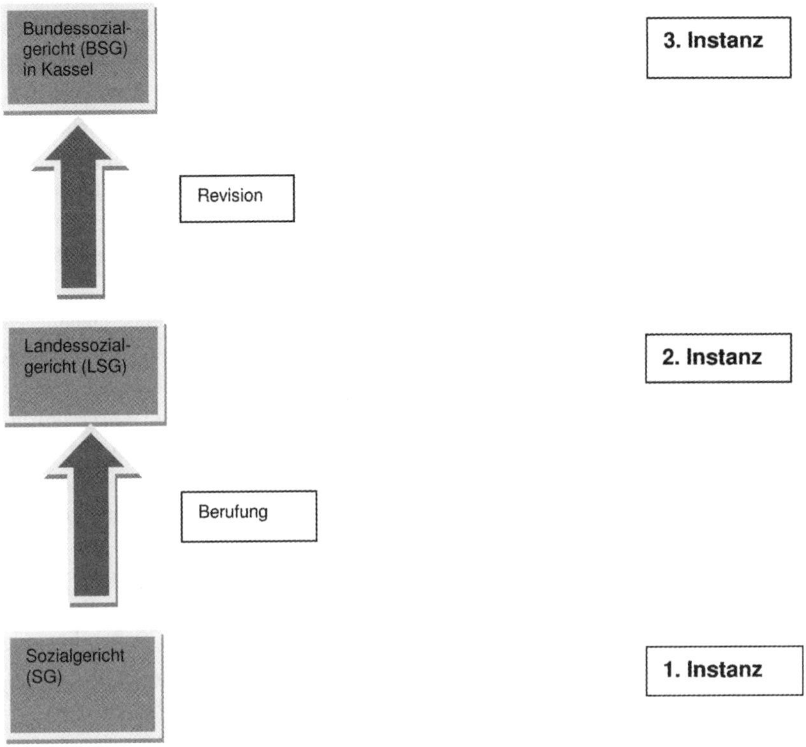

IV. Sprucharten

Auch die Spruchkörper der Sozialgerichte sind Kollegialgerichte. 261

In erster Instanz heißen die Spruchkörper Kammern, die jeweils mit einem Berufsrichter und zwei ehrenamtlichen Richter besetzt sind. 262

Die ehrenamtlichen Richter bestimmen sich je nach Rechtsgebiet aus unterschiedlichen Personenkreisen: So bestimmt sich in Angelegenheiten der Sozialversicherung und der Bundesagentur für Arbeit je ein ehrenamtlicher Richter aus dem Kreis der Arbeitgeber und einer aus dem Kreis der Versicherten, in Angelegenheiten der Sozialhilfe werden die ehrenamtlichen Richter von den Landkreisen bestimmt. 263

Die Spruchkörper der zweiten und dritten Instanz heißen Senate und sind mit jeweils drei Berufsrichtern und zwei ehrenamtlichen Richtern besetzt. 264

V. Verfahren

265 In der Sozialgerichtsbarkeit gilt – soweit der Sachverhalt streitig ist – der Amtsermittlungsgrundsatz, d.h., das Gericht hat den Sachverhalt von Amts wegen zu erforschen.

266 Nach der erstinstanzlichen Klageerhebung schließt sich in der Regel ein schriftliches Verfahren an. In diesem schriftlichen Verfahren finden die vorbereitenden Ermittlungen, wie die Einholung eines Sachverständigengutachtens, statt. Die Ermittlungen sollen so weit vorangetrieben werden, dass der Rechtsstreit in einer einzigen mündlichen Verhandlung erledigt werden kann. Im schriftlichen Verfahren sind die ehrenamtlichen Richter zunächst nicht beteiligt.

267 Grundsätzlich kommt es sodann nach Abschluss der Ermittlungen zu einer mündlichen Verhandlung unter Beteiligung der ehrenamtlichen Richter. In der mündlichen Verhandlung trägt der Vorsitzende zunächst den Sachverhalt nach Aktenlage vor, danach wird die Sach- und Rechtslage mit den Beteiligten erörtert und es erfolgt ggf. eine Beweisaufnahme. Am Ende der Sitzung stellen die Beteiligten ihre Anträge und nach geheimer Beratung des Spruchkörpers verkündet der Vorsitzende das Urteil, das er in Grundzügen mündlich begründet. Das schriftliche Urteil wird innerhalb von fünf Monaten schriftlich mit den ausführlichen Entscheidungsgründen abgesetzt.

268 Unter bestimmten Voraussetzungen kann aber auch eine schriftliche Entscheidung in voller Besetzung der Kammer bzw. des Senates ohne mündliche Verhandlung ergehen, wenn alle Beteiligten diesem Vorgehen zustimmen. Wenn ein Beteiligter zum Termin nicht erscheint, besteht auch die Möglichkeit, eine Entscheidung nach Aktenlage zu erlassen, sofern in der Ladung hierauf ausdrücklich hingewiesen worden ist.

269 Eine Besonderheit besteht in der Sozialgerichtsbarkeit insoweit, dass der Rechtsstreit durch Gerichtsbescheid entschieden werden kann. Dieser Gerichtsbescheid wird allein durch den Vorsitzenden erlassen und hat die Wirkung eines Urteils. In berufungsfähigen Sachen wird damit die Instanz beendet, in nicht berufungsfähigen Angelegenheiten kann jeder Beteiligte die mündliche Verhandlung per Antrag erzwingen.

270 Eine weitere Besonderheit ist, dass der Kläger zu jeder Zeit die Klage zurücknehmen kann, ohne dass er sanktioniert wird (insbesondere ohne Kostenfolge). Die Sozialgerichtsbarkeit kennt im Übrigen auch keine Versäumnis- oder Anerkenntnisurteile.

271 *Praxistipp:*

Anders als im Zivilprozess müssen sämtliche Schriftstücke nicht mit einer beglaubigten Abschrift versandt werden, da die gegnerische (Verwaltungs-)Behörde sich i.d.R. selbst verteidigt. Die Abschrift muss jedoch – anders als im Zivilprozess – mit sämtlichen Anlagen versehen sein.

VI. Gebühren

In sozialrechtlichen Angelegenheiten ist grundsätzlich zu unterscheiden zwischen 272

- Angelegenheiten, in deren Betragsrahmengebühren und
- Angelegenheiten, in deren Wertgebühren

entstehen. Zur der Rechtsnatur der einzelnen Gebührenarten vgl. § 8 Rdn 169 ff.

Die entscheidende Vorschrift für diese Unterteilung ist § 3 RVG. Die Frage, ob in einer 273
Sache nämlich Wertgebühren nach einem Gegenstandswert berechnet werden oder Betragsrahmengebühren entstehen, richtet sich danach, ob das Gerichtskostengesetz (GKG) Anwendung findet.

Ist das GKG anwendbar, so entstehen Wertgebühren nach dem Gegenstandswert der An- 274
gelegenheit. Findet das GKG hingegen keine Anwendung, so sind Betragsrahmengebühren abzurechnen.

Dies gilt entsprechend auch für vorgerichtliche Tätigkeiten des Rechtsanwalts.

Es stellt sich nunmehr die Frage, in welchen Fällen das Gerichtskostengesetz Anwendung 275
findet. § 1 Nr. 4 GKG verweist insoweit auf das Sozialgerichtsgesetz (SGG). § 183 SGG enthält eine Aufzählung von Personengruppen, u.a.

- Versicherte der Sozialversicherung,
- Leistungsempfänger der Sozialversicherung,
- Behinderte,
- Rechtsnachfolger der vorstehend genannten Personen.

Gehört weder der Kläger noch der Beklagte zu einer der dort genannten Personengruppen, 276
so werden Kosten nach dem Gerichtskostengesetz erhoben und Wertgebühren entstehen (z.B. die Vertretung eines Arbeitgebers gegen die Krankenkasse oder die Berufsgenossenschaft).

Ein entsprechender Streitwertkatalog für die Wertgebühren besteht seit 2006 und wurde 277
letztmalig im März 2017 (5. Auflage) überarbeitet. In der Praxis hat der Streitwertkatalog jedoch kaum Bedeutung, da am Großteil der Verfahren die unter Rdn 275 genannten Personengruppen beteiligt sind. Wie alle Streitwertkataloge enthält auch dieser nur Empfehlungen und ist **nicht verbindlich**.

Soweit jedoch die dort genannten Personengruppen am Verfahren auf Kläger- oder Be- 278
klagtenseite stehen, ist das Verfahren vor dem Sozialgericht **gerichtskostenfrei und Betragsrahmengebühren** fallen an (z.B. die Vertretung eines Arbeitssuchenden gegen die Bundesagentur für Arbeit auf Bewilligung von Hartz IV).

279 Als Betragsrahmengebühren können folgende Gebühren entstehen:

Gebühren	Betragsrahmen in €	Mittelgebühr in €
vorgerichtlich:		
Geschäftsgeb. 2302 VV RVG	50,00 – 640,00	345,00 (Schwellenwert 300,00)
Einigungs- oder Erledigungsgeb. Nr. 1005 VV RVG	in Höhe der Geschäftsgebühr	
1. Instanz:		
Verfahrensgebühr Nr. 3102 VV RVG	50,00 – 550,00	300,00
Terminsgeb. Nr. 3106 VV RVG	50,00 – 510,00	280,00
Einigungs- oder Erledigungsgeb. Nr. 1006 VV RVG	in Höhe der Geschäftsgebühr	
2. Instanz:		
Verfahrensgeb. Nr. 3204 VV RVG	60,00 – 680,00	510,00
Terminsgebühr Nr. 3205 VV RVG	50,00 – 510,00	280,00
3. Instanz:		
Verfahrensgeb. Nr. 3212 VV RVG	80,00 – 880,00	735,00
Terminsgeb. Nr. 3213 VV RVG	80,00 – 830,00	455,00
Einigungs- und Erledigungsgeb. für 2. und 3. Instanz ebenfalls nach Nr. 1006 VV RVG	in Höhe der Geschäftsgebühr	

280 Zum Anfallen der einzelnen Gebühren vgl. die Gebührentatbestände unter § 8 Kosten und Gebühren.

281 Hinsichtlich sozialrechtlichen Angelegenheiten gibt es die Besonderheit, dass vorgerichtlich zwei Geschäftsgebühren anfallen können, und zwar für das Antrags- und das Rechtsbehelfsverfahren. Bis zum Inkrafttreten des 2. KostRMoG zum 1.8.2013 waren die beiden Geschäftsgebühren anrechnungsfrei und die zweite Gebühr jedoch deutlich reduziert. Dieses System wurde nunmehr vom Gesetzgeber **aufgegeben**.

282 Es entstehen jetzt zwei Geschäftsgebühr nach 2302 VV RVG jeweils eine für das Antrags- und eine für das Rechtsbehelfsverfahren, wobei die im Antragsverfahren entstandene Ge-

schäftsgebühr dann jedoch zur Hälfte, höchstens jedoch mit einem Betrag von 175,00 € auf die Geschäftsgebühr des Rechtsbehelfsverfahrens **anzurechnen ist** (Vorbemerkung 2.3 Abs. 4 VV RVG).

Es gibt auch nur noch eine Verfahrensgebühr im gerichtlichen Verfahren der ersten Instanz nach Nr. 3102 VV RVG. Eine Unterscheidung, ob der Anwalt bereits im Rechtsbehelfsverfahren vorbefasst war oder nicht, entfällt somit. Nr. 3103 VV RVG wurde daher durch das 2. KostRMoG ersatzlos gestrichen. **283**

Eine für die außergerichtliche Vertretung entstandene Geschäftsgebühr der Nr. 2302 VV RVG ist jedoch nach Vorbemerkung 3 Abs. 4 VV RVG zur Hälfte, höchstens mit einem Betrag in Höhe von 175,00 € auf eine Verfahrensgebühr nach Nr. 3102 VV RVG anzurechnen, die der Rechtsanwalt wegen desselben Gegenstandes erhält. **284**

Sind sowohl die Geschäftsgebühr für das Antragsverfahren als auch für das Rechtsbehelfsverfahren entstanden, ist nur die zuletzt entstandene Geschäftsgebühr auf die Verfahrensgebühr des gerichtlichen Verfahrens anzurechnen. **285**

Die **Wertgebühren** im gerichtlichen Verfahren sind identisch mit denen im normalen Zivilverfahren, mit Ausnahme, dass auch hier zwei Geschäftsgebühr nach Nr. 2300 VV RVG jeweils eine für das Antrags- als auch eine für das Rechtsbehelfsverfahren entstehen können, wobei die Geschäftsgebühren nunmehr der Anrechnung gem. Vorbemerkung 2.3. Abs. 4 VV RVG unterliegen (vgl. Rdn 246–249). **286**

Vertritt der Rechtsanwalt den Auftraggeber sowohl im Antrags- wie im Rechtsbehelfsverfahren, so wird nach Vorbemerkung 3 Abs. 4 VV RVG nur die zuletzt entstandene Geschäftsgebühr auf die im sozialgerichtlichen Verfahren entstehende Verfahrensgebühr nach Nr. 3100 VV RVG angerechnet. **287**

H. Finanzgerichtsbarkeit

I. Allgemeines

Die Finanzgerichtsbarkeit ist die vierte Fachgerichtsbarkeit. Ihre wichtigste Aufgabe ist die Gewährung von Rechtsschutz gegen Verwaltungsakte (in der Regel Steuerbescheide) der Finanzbehörden, **288**

II. Zuständigkeit

Die Finanzgerichte entscheiden über **289**

- öffentliche-rechtliche Streitigkeiten in Abgabenangelegenheiten (also v.a. über Streitigkeiten über Bundes- und Landessteuern und Zölle) sowie
- berufsrechtliche Streitigkeiten der Steuerberater.

290 Hiervon ist die Verwaltungsgerichtsbarkeit abzugrenzen. Die Verwaltungsgerichte entscheiden über nicht abgabenrechtliche öffentlich-rechtliche Streitigkeiten.

III. Instanzenzug

291 Anders als bei den übrigen Gerichtsbarkeiten ist die Finanzgerichtsbarkeit nur zweistufig. Eingangsgericht ist das jeweilige Finanzgericht. Als einziges Rechtsmittel gegen ein Urteil eines Finanzgerichtes gibt es die Revision. Diese führt, sofern sie zugelassen wird, zum Bundesfinanzhof in München. Im Falle der Nichtzulassung der Berufung kann Nichtzulassungsbeschwerde erhoben werden.

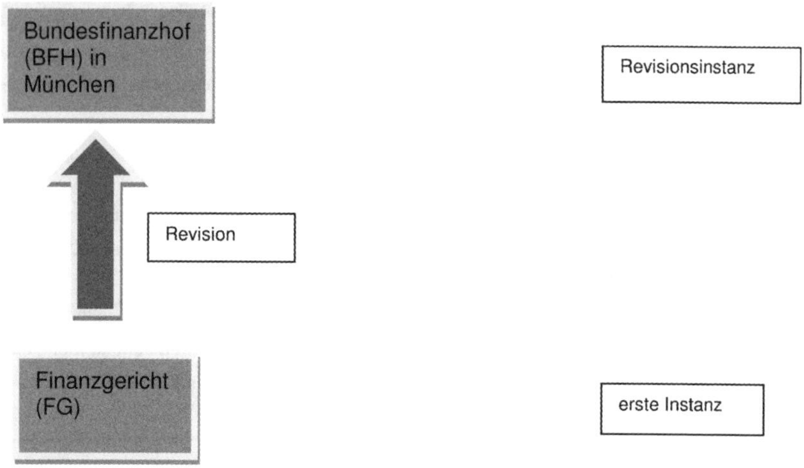

IV. Spruchkörper

292 Die Spruchkörper bei den Finanzgerichten (1. Instanz) sind i.d.R. Senate mit drei Berufsrichtern und zwei ehrenamtlichen Richtern oder aber der Einzelrichter.

Beim Bundesfinanzhof bestehen die Senate aus fünf Berufsrichtern.

V. Verfahren

293 Das Verfahren und die Klagearten bestimmen sich nach der Finanzgerichtsordnung, sind aber im Wesentlichen identisch mit denen der Verwaltungsgerichtsbarkeit.

Eine Ausnahme besteht jedoch darin, dass neben Rechtsanwälten auch Steuerberater und Wirtschafsprüfer vertretungsbefugt sind, wobei ein Vertretungszwang erst vor dem Bundesfinanzgericht besteht.

> *Praxistipp:* 294
>
> Anders als im Zivilprozess müssen sämtliche Schriftstücke nicht mit einer beglaubigten Abschrift versandt werden, da die gegnerische (Finanz-)Behörde sich i.d.R. selbst verteidigt. Die Abschrift muss jedoch – anders als im Zivilprozess – mit sämtlichen Anlagen versehen sein.

VI. Gebühren

1. Gegenstandswert

Betrifft der Antrag des Klägers eine bezifferte Geldleistung oder einen hierauf gerichteten Verwaltungsakt (Steuerbescheid), ist deren Höhe für den Gegenstandswert maßgebend (§ 52 Abs. 3 GKG). Ansonsten bestimmt sich der Gegenstandswert nach § 52 Abs. 1 GKG, wonach der Streitwert nach der sich aus dem Antrag des Klägers für ihn ergebenen Bedeutung der Sache nach Ermessen zu bestimmen ist. Dabei darf der Streitwert bei der Finanzgerichtsbarkeit nicht unter 1.500,00 € liegen (§ 52 Abs. 4 Nr. 1 GKG). 295

Bietet der Sach- und Streitgegenstand für die Bestimmung des Gegenstandswertes keine genügenden Anhaltspunkte, ist gem. § 52 Abs. 2 GKG ein Auffanggegenstandswert von 5.000,00 € anzunehmen. 296

2. Außer- und vorgerichtliche Vertretung

Für die Erfüllung steuerlicher Buchführungs- und Aufzeichnungspflichten sowie für die Hilfe bei allgemeinen Steuerpflichten kann der Rechtsanwalt grundsätzlich eine Vergütung nach der Steuerberatergebührenverordnung verlangen. 297

Für die vorgerichtliche Tätigkeit in einem (Steuer–)Verwaltungsverfahren (Antragsverfahren) und einem anschließenden Rechtsbehelfsverfahren gilt, wie im Verwaltungsverfahren, dass dies nach § 17 Nr. 1 RVG jeweils verschiedene Angelegenheiten sind. 298

Für eine vorgerichtliche Tätigkeit in einem Steuerverwaltungsverfahren (Antragsverfahren) erhält der Rechtsanwalt daher eine Geschäftsgebühr nach Nr. 2300 (0,5 – 2,5; Schwellenwert 1,3; vgl. § 8 Rdn 189 ff.). 299

Für das Rechtsbehelfsverfahren, das der Nachprüfung des Verwaltungsaktes dient (z.B. Einspruch gegen den Steuerbescheid) kann der Rechtsanwalt nunmehr nach dem 2. KostRMoG eine weitere Geschäftsgebühr nach Nr. 2300 VV RVG (0,5 – 2,5; Schwellengebühr 1,3) abrechnen. Die in dem Antragsverfahren entstandene Geschäftsgebühr ist 300 dann allerdings nach Vorbemerkung 2.3 Abs. 4 VV RVG zur Hälfte, jedoch höchstens mit einem Gebührensatz von 0,75 auf die Geschäftsgebühr für die Tätigkeit in dem weiteren Steuerverwaltungsverfahren, das der Nachprüfung des Verwaltungsaktes dient, anzurechnen.

301 Vertritt der Rechtsanwalt den Auftraggeber sowohl im Antrags- wie im Rechtsbehelfsverfahren, so wird nach Vorbemerkung 3 Abs. 4 VV RVG nur die zuletzt entstandene Geschäftsgebühr auf die im finanzgerichtlichen Verfahren entstehende Verfahrensgebühr nach Nr. 3200 VV RVG angerechnet.

3. Gerichtliches Verfahren

302 Da in der Finanzgerichtsbarkeit nur zwei Instanzen existieren, wurde dies auch im RVG berücksichtigt. Nach Vormerkung 3.2.1 Absatz 1 Ziffer 1 gelten die Nummer 3200 ff. VV RVG, die grundsätzlich für das zivilrechtliche Berufungsverfahren gelten, auch im Verfahren vor den Finanzgerichten, mit der Folge, dass die Verfahrensgebühr für die 1. Instanz beim Finanzgericht in Höhe von 1,6 (anstatt einer 1,3 im Zivilverfahren) nach Nr. 3200 VV RVG entsteht.

303 Die Terminsgebühr beträgt nach Nr. 3202 VV RVG 1,2.

304 Im Revisionsverfahren vor dem Bundesfinanzhof entstehen Gebühren nach Teil 3, Abschnitt 2, Unterabschnitt 2 VV RVG, insbesondere eine 1,6 Verfahrensgebühr nach Nr. 3206 VV RVG und eine 1,5 Terminsgebühr nach Nr. 3210 VV RVG.

305 Sowohl vorgerichtlich als auch im finanzgerichtlichen Verfahren kann zusätzlich eine Einigungs- oder Erledigungsgebühr entstehen, wenn die Voraussetzungen hierfür vorliegen (§ 8 Rdn 257). Vorgerichtlich (sowohl im Antrags- als im Rechtsbehelfsverfahren) beträgt die Höhe der Einigungsgebühr nach Nr. 1000 VV RVG 1,5.

306 Umstritten ist es jedoch, in welcher Höhe sie vor den Finanzgerichten entsteht, und zwar in Höhe von 1,0 oder 1,3.

Da für das Finanzverfahren der 1. Instanz die Gebührenvorschriften für das Berufungsverfahren in Zivilsachen für die Verfahrens- und Terminsgebühr anzuwenden sind, spricht vieles dafür, dass dies auch für die Einigungs- und Erledigungsgebühr gelten muss, und die Gebühren jeweils in Höhe von 1,3 entstehen.

307 Seit 2009 gibt es auch einen Streitwertkatalog für die Finanzgerichtsbarkeit, der letztmalig im Dezember 2015 aktualisiert worden ist. Wie alle Streitwertkataloge enthält auch dieser nur Empfehlungen und ist **nicht verbindlich**.

§ 12 Das selbstständige Beweisverfahren

Inhalt

A. Allgemeines

Das selbstständige Beweisverfahren ist in den §§ 485 ff. ZPO geregelt. Ziel dieses Verfahrens ist es, ohne großen Aufwand und beschleunigt Tatsachen festzustellen. In der Regel trägt dieses Verfahren auch dazu bei, ein streitiges Verfahren zu vermeiden. Besonderheit dieses Verfahrens ist, dass weder eine mündliche Verhandlung noch eine abschließende gerichtliche Entscheidung zwingend vorgesehen sind. 1

Ist ein Rechtsstreit bereits anhängig, kann in diesem Verfahren ebenfalls ein derartiger Antrag gestellt werden. 2

Besondere Bedeutung hat dieses Verfahren insbesondere in Bausachen, mietrechtlichen Angelegenheiten, Arzthaftungsangelegenheiten, Streitigkeiten betreffend Grundstücke/Gebäude wegen des Zustandes derselben. 3

Gem. § 204 Abs. 1 Nr. 7 BGB, § 167 ZPO wird die Verjährung eines Anspruchs durch die Einleitung des selbstständigen Beweisverfahrens gehemmt. 4

B. Zulässigkeit

Die Zulässigkeitsvoraussetzungen sind in § 485 ZPO geregelt. 5

6 Alternative 1./Zulässigkeitsvoraussetzung gem. **§ 485 Abs. 1 ZPO**:

Danach ist der Antrag **während oder außerhalb** eines Streitverfahrens zulässig auf

1. Einnahme des Augenscheins,
2. Vernehmung von Zeugen
3. Anordnung der Begutachtung durch einen Sachverständigen

wenn

1. der Antragsgegner zustimmt
   oder
2. zu besorgen ist, dass das Beweismittel verloren oder seine Benutzung erschwert wird.

7 Immer dann, wenn die Gefahr besteht, dass ein Beweismittel droht verloren zu gehen, oder die Benutzung erschwert wird, ist die Zustimmung des Antragsgegners nicht erforderlich.

> *Beispiel:*
>
> Ein in einem streitigen Verfahren benannter Zeuge ist lebensgefährlich erkrankt. Auf Grund seiner ernsthaften Erkrankung besteht die Gefahr, dass der Zeuge nicht mehr gehört werden kann.
>
> Die in § 485 Abs. 1 ZPO genannten Beweismittel sind abschließend aufgezählt; demnach ist ein Urkundenbeweis oder die Parteivernehmung nicht möglich.

8 *Antrag und Verfahren gem. § 485 Abs. 1:*

- Zustimmung durch den Antragsgegner:
  Liegt die Zustimmung des Antragsgegners vor, ist neben dem notwendigen Inhalt des Antrages gem. § 487 ZPO diese dem Gericht vorzulegen oder aber von dem Antragsgegner gegenüber dem Gericht selbst zu erklären. Diese vom dem Antragsteller einmal erklärte Zustimmung ist als Prozesshandlung unwiderruflich (vgl. Zöller, § 485 ZPO Rn 2).
- Für den Fall, dass ein Beweismittel droht verloren zu gehen oder seine Benutzung erschwert wird, ist die Zustimmung des Antragsgegners nicht erforderlich.

▼

9 **Muster 12.1: Musterantrag auf Anordnung des selbstständigen Beweisverfahrens gem. § 485 Abs. 1 ZPO**

An das

AG

In dem Rechtsstreit

Kläger ./. Beklagter

Geschäftszeichen: ______ C ______/18

beantrage ich namens und in Vollmacht des Klägers im Wege des selbstständigen Beweisverfahrens gem. § 485 Abs. 1 ZPO – ohne mündliche Verhandlung – die Vernehmung des Zeugen , zu laden über Anschrift, zu folgendem Beweisthema anzuordnen:

Hat der Beklagte in Anwesenheit des Zeugen zugesichert, dass ein neues Getriebe an dem Fahrzeug mit dem amtlichen Kennzeichen , Fahrgestell-Nr. , eingebaut worden ist.

Begründung:

Der Zeuge [Name] kann/wird den klägerischen Vortrag bestätigen, wonach der Beklagte im Zuge der Vertragshandlungen in Anwesenheit des Zeugen dem Kläger am 13.3.2018 zugesichert hat, dass er ein neues Getriebe zu einem Preis in Höhe von 3.000,00 € eingebaut hat und die Rechnung nachreichen werde.

Da der Zeuge zwischenzeitlich schwer erkrankt ist, ist nicht auszuschließen, dass dieser im Zeitpunkt einer Beweisaufnahme oder in dem Hauptsacheverfahren nicht mehr vernommen werden kann.

Beglaubigte und einfache Abschrift anbei.

Rechtsanwalt/Rechtsanwältin

▲

Alternative 2/Zulässigkeitsvoraussetzung gem. § 485 Abs. 2 ZPO 10

Danach kann eine Partei, sofern ein Rechtsstreit nicht anhängig ist, die schriftliche Begutachtung durch einen Sachverständigen beantragen – vorausgesetzt, dass sie ein berechtigtes Interesse daran hat festzustellen:

1. Zustand einer Person oder den Zustand oder den Wert einer Sache (z.B. Feststellung des Zustandes eines scheinbar fertig gestellten Bauwerks).
2. Ursache eines Personenschadens, Sachschadens oder Sachmangels (z.B. Einholung eines medizinischen Sachverständigengutachtens, zur Klärung der Beweisfrage, ob und in welchem Umfang die Verletzung auf den Verkehrsunfall zurückzuführen ist),
3. Aufwand für die Beseitigung eines Personenschadens, Sachschadens oder Sachmangels (z.B. besteht zwischen den Parteien Streit darüber, ob ein Mangel an einem Bauwerk vorliegt und des Weiteren, welche Kosten die Beseitigung dieses Mangels verursachen kann zum Einen der Zustand der Sache gem. § 485 Abs. 2 Nr. 1 ZPO und die Kosten der Beseitigung des Mangels gem. § 485 Abs. 2 Nr. 3 ZPO durch ein schriftliches Sachverständigengutachten geklärt werden)

Das selbstständige Beweisverfahren dient zur Klärung von Tatsachen. Besteht also zwischen den Parteien Streit vorwiegend über Rechtsfragen, findet das Beweisverfahren keine Anwendung. 11

12 Von einem rechtlichen Interesse des Antragstellers ist immer dann auszugehen, wenn die Feststellung der Vermeidung eines Rechtsstreits dienen kann. Ausreichend ist demnach bei einem entsprechenden Antrag, dass ein Rechtsverhältnis (gesetzliches oder vertragliches) zwischen den Parteien besteht und ein Antragsgegner vorhanden ist.

13 *Antrag und Verfahren gem. § 485 Abs. 2 ZPO*

Die Zulässigkeitsvoraussetzungen eines solchen Antrages sind

1. Keine Anhängigkeit des Rechtsstreits in der Hauptsache:
   Wird nach Einleitung des Verfahrens der Prozess in der Hauptsache anhängig, entfällt die Zulässigkeit des selbstständigen Beweisverfahrens, sofern keine Fortsetzung des Verfahrens gem. § 485 Abs. 1 ZPO in Frage kommt.
2. Notwendiges rechtliches Interesse:
   Der Antragsteller muss ein notwendiges rechtliches Interesse haben. Droht z.B. die Verjährung, ist das notwendige rechtliche Interesse gegeben.
3. Zulässigkeit des Beweismittels:
   In dem Verfahren gem. § 485 Abs. 2 ZPO ist als Beweismittel ausschließlich ein schriftliches Sachverständigengutachten zugelassen.
4. Zulässigkeit des Beweisgegenstandes:
   Ausschließlich die in § 485 Abs. 2 Nr. 1 – 3 ZPO genannten Beweisfragen (siehe Alternative 2/Zulässigkeitsvoraussetzungen, Rdn 10).

14 Das Verfahren und die Antragstellung gem. **§ 485 Abs. 2 ZPO** ist ausschließlich vorprozessual zulässig. Es darf kein anhängiges Verfahren geben. Ziel dieses Verfahrens ist die Entlastung der Gerichte.

Als einziges Beweismittel im selbstständigen Beweisverfahren gem. **§ 485 Abs. 2 ZPO** ist allein das schriftliche Sachverständigengutachten zulässig. Ein Beweisverfahren, das z.B. als Voraussetzung die Augenscheinnahme oder Zeugenvernehmung erfordert, scheidet demnach aus.

Für den Antragsteller besteht keine Verpflichtung, einen Sachverständigen zu benennen, er kann jedoch einen Sachverständigen vorschlagen. Ein rechtlicher Anspruch darauf, dass das Gericht den vorgeschlagenen Sachverständigen ernennt, besteht nicht.

C. Gerichtliche Zuständigkeit gem. § 486 ZPO

15 1. Ist ein Rechtsstreit bereits anhängig, erfolgt die Antragstellung bei diesem Gericht (Prozessgericht)
2. Ist ein Rechtsstreit nicht anhängig, so ist das Gericht zuständig, das in der Hauptsache zuständig wäre. In seinem sich ggf. anschließenden Hauptsachverfahren kann sich der Antragsteller nicht mehr auf eine Unzuständigkeit des angerufenen Gerichts berufen.

3. Bei dringender Gefahr kann eine Antragstellung auch bei dem Gericht erfolgen, in dessen Bezirk sich die zu vernehmende oder begutachtende Person aufhält, oder sich eine in Augenschein zu nehmende oder zu begutachtende Sache befindet.
4. Die Antragstellung kann vor der Geschäftsstelle des Gerichts erfolgen. Der Antrag kann wahlweise auch schriftlich eingereicht werden.

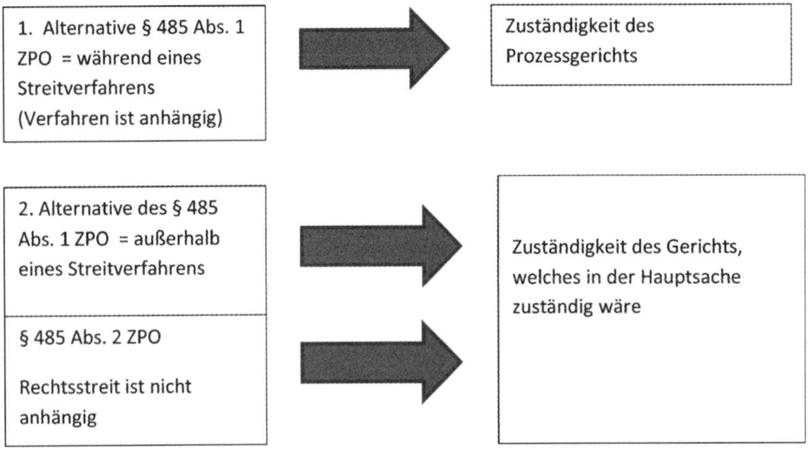

Die sachliche Zuständigkeit ist nach den Vorschriften der §§ 23, 71 GVG zu bestimmen. 16

Die örtliche Zuständigkeit ist nach den Vorschriften der §§ 12 ff. ZPO zu bestimmen.

Sind die Voraussetzungen für die funktionelle Zuständigkeit der Kammer für Handelssachen gem. § 94 ff. GVG gegeben, sollte der Antragsteller den Antrag bei diesem Gericht stellen, da anderenfalls durch einen zu erwartenden Verweisungsantrag des Antragsgegners gem. § 98 GVG eine nicht zu unterschätzende Verzögerung des Verfahrens und somit möglicherweise der Verlust oder Untergang des Beweismittels eintreten kann.

D. Inhalt des Antrages gem. § 487 ZPO

Der Antrag ist an folgende Muss-Vorschriften gebunden: 17

- Bezeichnung des Antragsgegners
- Bezeichnung der Tatsachen, über die Beweis erhoben werden soll
- Benennung der Zeugen oder die Bezeichnung der übrigen nach § 485 ZPO zulässigen Beweismittel
- Glaubhaftmachung der Tatsachen, die die Zulässigkeit des selbstständigen Beweisverfahrens und die Zuständigkeit des Gerichts begründen sollen.

18 Dabei handelt es sich um Zulässigkeitsvoraussetzungen. Liegen Mängel in der Antragstellung vor, kann der Antrag als unzulässig abgewiesen werden, jedoch hat das Gericht gem. § 139 Abs. 3 ZPO in dem selbstständigen Beweisverfahren vor einer Zurückweisung eine Hinweispflicht.

Gem. § 494 Abs. 1 ZPO kann der Antragsteller auf die Benennung des Gegners verzichten, wenn der Antragsteller dem Gericht glaubhaft machen kann, ohne Verschulden daran gehindert zu sein. Dies ist insbesondere bei Ansprüchen der Fall, denen eine vorangegangene Straftat zugrunde liegt und bei denen der Antragsgegner als Verursacher/Schädiger unbekannt ist.

E. Form des Antrages

19 Da gem. § 486 Abs. 4 ZPO der Antrag vor der Geschäftsstelle des Gerichts erklärt werden kann, schreibt das Verfahren für die Antragstellung selbst keinen Anwaltszwang vor. Eine anwaltliche Vertretung ist somit nicht vorgeschrieben. Auch wenn ein solcher Antrag dem Antragsgegner vom Landgericht zugestellt wird, ist dieser zunächst nicht verpflichtet, einen Rechtsanwalt zu beauftragen. Einen vom Sachverständigen anberaumten Ortstermin können die Parteien auch ohne einen Rechtsanwalt wahrnehmen.

20 Lädt das Landgericht jedoch auf Antrag einer der Parteien den Sachverständigen zwecks Erläuterung seines Gutachtens gem. § 411 Abs. 3 ZPO, greift der gem. § 78 Abs. 1 ZPO vorgeschriebene Anwaltszwang. Die Wahrnehmung dieses Termins kann ausschließlich nur in Vertretung durch einen Rechtsanwalts erfolgen.

21 Solange in dem Verfahren nicht mündlich vor den Landgericht verhandelt wird, kann das selbstständige Beweisverfahren von dem Antragsteller, Antragsgegner sowie den Streithelfern ohne anwaltliche Vertretung betrieben werden. Lädt das Gericht, vor dem gem. § 78 ZPO Anwaltszwang herrscht, die Parteien zu einer Erörterung, muss eine Vertretung durch Rechtsanwälte erfolgen.

12.2

▼

22 **Muster 12.2: Musterantrag auf Anordnung des selbstständigen Beweisverfahrens gem. § 485 Abs. 2 ZPO**

An das

Landgericht

Antrag auf Anordnung eines selbstständigen Beweisverfahrens

gem. § 485 Abs. 2 ZPO

des vollständige Bezeichnung des Antragstellers nebst Anschrift und ggf.

gesetzlicher Vertretung,

– Antragstellers –,

Verfahrensbevollmächtigte:

gegen

den vollständige Bezeichnung des Antragsgegners nebst Anschrift und ggf.

gesetzlicher Vertretung,

– Antragsgegnerin –,

vorläufiger Gegenstandswert: 7.000,00 €

Namens und in Vollmacht des Antragstellers beantrage ich,

im Wege des selbstständigen Verfahrens gem. § 485 Abs. 2 ZPO – ohne mündliche Verhandlung – die Einholung eines schriftlichen Sachverständigengutachtens zu den nachfolgenden Tatsachen anzuordnen:

1.) Liegt an dem Fahrzeug Alfa Romeo, Fahrgestell-Nr. amtliches Kennzeichen ein konstruktiver Getriebeschaden vor

2.) Welche Maßnahmen innerhalb welchen Zeitraums sind erforderlich, um den bestehenden Mangel zu beheben

3.) War der unter Ziffer 1.) genannte Mangel zum Zeitpunkt des Gefahrenübergangs vorhanden?

4.) Welche Kosten fallen für die unter Ziffer 2.) genannte Maßnahme an?

5.) Es wird angeregt, den Sachverständigen, Name, Anschrift, mit der Erstellung des Sachverständigengutachtens zu beauftragen.

Begründung:

Der Antragsteller ist Eigentümer und Besitzer des Pkw mit dem amtlichen Kennzeichen . Der Antragsteller kaufte am 1.3.2018 von dem Antragsgegner das in Ziffer 1.) genanntes fabrikneues Fahrzeug zu einem Preis in Höhe von 25.000,00 €. Das Fahrzeug wurde dem Antragsteller am 15.4.2018 auf dem Geschäftsgelände der Antragsgegnerin übergeben.

Glaubhaftmachung: Kaufvertrag vom in Kopie anbei.

Fahrzeugbrief in Kopie anbei.

Eidesstattliche Erklärung der Ehefrau des Antragstellers,

die bei der Übergabe des Fahrzeugs anwesend war.

Nach einer viermonatigen Nutzung ist an dem Fahrzeug des Antragstellers ein Getriebeschaden eingetreten. Der Antragsteller hat das Fahrzeug in einer Fachwerkstatt untersuchen lassen, die ihm nach erfolgter Untersuchung des Fahrzeugs einen Getriebeschaden bestätigte.

Glaubhaftmachung: Kostenvoranschlag der Fa. in Kopie anbei.

Der Antragsteller hat die Antragsgegnerin mit Schreiben vom zur Mängelbeseitigung aufgefordert.

Glaubhaftmachung: Schreiben vom in Kopie anbei.

Die Antragsgegnerin verweigert die Beseitigung des Mangels mit der Begründung, dass der am Fahrzeug festgestellte Getriebeschaden vom Antragsteller selbst durch unsachgemäße Behandlung des Fahrzeugs verursacht worden war.

Glaubhaftmachung: Schreiben der Antragsgegnerin vom in Kopie anbei.

Der Antragsteller geht trotz der Verweigerung der Mängelbeseitigung durch die Antragsgegnerin davon aus, dass diese sich nach Vorliegen des Sachverständigengutachtens, diesem nicht verschließen wird und zu erwarten ist, dass das Verfahren zu einer einvernehmlichen Regelung zwischen den Parteien führen wird.

Das Landgericht ist gem. § 486 Abs. 2 ZPO als Gericht der Hauptsache sachlich zuständig, da hinsichtlich der Kosten der Mängelbeseitigung gem. Kostenvoranschlag der Fachwerkstatt vom In Höhe von 7.000,00 € auszugehen ist.

Beglaubigte und einfache Abschrift anbei.

Rechtsanwalt/Rechtsanwältin

▲

F. Entscheidung über den Antrag gem. § 490 ZPO

23 1. Die Entscheidung über den Antrag erfolgt im Beschlussweg.

2. In dem Beschluss hat das Gericht bei Stattgeben des Antrages die Tatsachen über die der Beweis zu erheben ist, die Beweismittel unter Benennung der zu vernehmenden Zeugen und Sachverständigen zu bezeichnen.

3. Ein stattgebender Beschluss ist nicht anfechtbar (BGH, 9.2.2010 – VI ZB 59/09).

24 Da eine mündliche Verhandlung gem. § 128 ZPO im selbstständigen Beweisverfahren freigestellt ist, ist die Anhörung des Antragsgegners notwendig. Etwas anderes gilt dann, wenn wegen Eilbedürftigkeit eine sofortige Entscheidung über den Antrag notwendig ist. In diesem Fall sind der Antrag und der Beschluss dem Gegner mitzuteilen.

Der Antragsgegner hat die Möglichkeit, einen Gegenantrag zu stellen, Beweismittel zu beantragen oder einen Gegenbeweis anzutreten. 25

Da der Beschluss inhaltlich einem Beweisbeschluss gem. § 359 ZPO entspricht, ist dieser zwar nicht anfechtbar, dafür jedoch jederzeit abänderbar z.B. nach erfolgter Gegenvorstellung. 26

> *Gegenvorstellung:* 27
>
> Die Gegenvorstellung ist gesetzlich nicht geregelt. Sie ist ein formloser Rechtsbehelf gegen Entscheidungen des Gerichts (auch Behörden), bei denen Beschlüsse nicht mit der sofortigen Beschwerde angegriffen werden können.
>
> Hiervon ausgenommen sind jedoch solche Entscheidungen, die gem. § 321 ZPO im Wege der sog. Anhörungsrüge angefochten werden können.
>
> Hinzuweisen ist auf eine Entscheidung des BGH v. 26.4.2001 (Az. IX ZB 25/01), wonach die Frist zur Einlegung der Gegenvorstellung – zumindest im Verfahren auf Bewilligung von Prozesskostenhilfe – zwei Wochen seit Zustellung der anzugreifenden Entscheidung beträgt.

Eine Begründung des Beschlusses erfolgt, wenn die Entscheidung des Gerichts entweder vom Antrag des Antragsstellers oder des Antragsgegners abweicht, ansonsten bedarf der Beschluss keiner Begründung. 28

Erlässt das Gericht einen abweisenden Beschluss wegen 29

a) eines unzulässigen Gesuches
b) fehlender Zuständigkeit
c) Ungeeignetheit des Beweismittels

ist das Rechtsmittel der Beschwerde gem. § 567 Abs. 1 Nr. 2 ZPO zulässig sowie im Weiteren die Rechtsbeschwerde gem. § 574 ZPO.

Ein Beschwerderecht ist nicht gegeben, 30

- wenn sich das Gericht bei seiner Auswahl des Sachverständigen nicht an dem Vorschlag der Partei orientiert,
- eine wiederholte oder nachträgliche Vernehmung eines Zeugen ablehnt (§§ 398, 402, 412 ZPO),
- bei Anforderung eines Auslagenvorschusses für den Sachverständigen.

Anberaumung eines Anhörungstermins anstelle der Einholung eines beantragten Obergutachtens (vgl. Zöller, § 490 ZPO Rn 4).

G. Beweisaufnahme gem. § 492 ZPO

31 Die Beweisaufnahme erfolgt nach den für die Aufnahme des betreffenden Beweismittels geltenden Vorschriften (§ 402 ZPO). Damit gelten für die Beweisaufnahme im selbstständigen Beweisverfahren dieselben Vorschriften wie die der Beweisaufnahme im streitigen Erkenntnisverfahren.

Diese sind:

- die allgemeinen Vorschriften über die Beweisaufnahme § 355 – 371 ZPO,
- Beweis durch Sachverständige gem. § 402 – 414 ZPO,
- Beweis durch Augenschein gem. §§ 371 – 372a ZPO,
- Zeugenbeweis gem. § 373 – 401 ZPO,
- bei beteiligten Dritten gem. § 144 Abs. 1 Satz 2 ZPO (Duldungspflicht).

32 Der Verfahrensablauf erfolgt in der Weise, dass das Gericht

- den Sachverständigen gem. den Vorschriften der §§ 492, 404a ZPO erfährt. Unter den für die Beweisaufnahme geltenden Vorschriften wird der Sachverständige vom Gericht ausgewählt.
- Bei Vorliegen des Sachverständigengutachtens haben die Parteien das Recht, Stellung zu nehmen, Einwendungen zu erheben, Ergänzungsfragen zu stellen (§§ 492, 411 Abs. 4 ZPO). Das Recht beinhaltet auch auf Antrag die Befragung des Sachverständigen durch die Parteien.
- Gem. §§ 492, 412 ZPO kann das Gericht ein neues Gutachten anordnen.
- Das Gericht kann die Parteien zur mündlichen Erörterung laden, wenn eine Einigung zu erwarten ist, ein Vergleich ist zu gerichtlichem Protokoll zu nehmen (§ 492 Abs. 3 ZPO).

33 Besonderheit des selbstständigen Beweisverfahrens ist, dass keine mündliche Verhandlung (§ 128 Abs. 4 ZPO) vorgeschrieben und somit ein Beweiserörterungstermin im Sinne von § 258 ZPO nicht erforderlich ist.

34 Das Protokoll (§ 160 ZPO) über die Beweisaufnahme ist bei dem Gericht, das sie angeordnet hat, aufzubewahren (§ 492 Abs. 2 ZPO). Es verbleibt bis zu einer Beiziehung durch das Prozessgericht und nach Abschluss des Hauptsacheverfahrens, bei dem anordnenden Gericht. Das Beweisergebnis ist im Protokoll festzuhalten. Bei Abschluss eines Vergleichs – mit Bestandskraft – ist dieser ein Vollstreckungstitel gem. § 794 Abs. 1 Nr. 1 ZPO.

35 Gem. § 204 Abs. 2 BGB endet die Hemmung der Verjährung sechs Monate nach Beendigung des selbstständigen Beweisverfahrens.

Da das Gesetz eine förmliche Beendigung des selbstständigen Beweisverfahrens nicht vorsieht, sollte stets ein besonderes Augenmerk auf die Verjährung gehalten werden.

Das selbstständige Beweisverfahren ist dann beendet, wenn eine sachliche Beweissicherung erfolgt. Bei einem schriftlichen Sachverständigengutachten ist das Beweisverfahren mit Zustellung des Gutachtens an die Parteien beendet, wenn keine Fristsetzung gem. § 411 Abs. 4 Satz 2 ZPO erfolgte oder die Parteien innerhalb eines angemessenen Zeitraums Einwendungen, Ergänzungsfragen oder andere Anträge gestellt haben.

Tipp:

Vergessen Sie nicht beim Abschluss eines Vergleichs im selbstständigen Beweisverfahren eine Regelung über die Kosten des Verfahrens einschließlich Vergleich zu treffen. Die Kosten des selbstständigen Beweisverfahrens werden von den Kosten einer sich anschließenden Hauptsache auch nur erfasst, wenn ein entsprechender Antrag gestellt wird.

H. Benutzung im Prozess (§ 493 ZPO)

Gem. § 493 Abs. 1 ZPO steht die selbstständige Beweiserhebung einer Beweisaufnahme vor dem Prozessgericht gleich, wenn sich eine Partei in dem Prozess auf die Tatsachen, über die im selbstständigen Beweisverfahren erhoben worden ist, beruft. 36

Konnte eine Einigung der Parteien nicht bereits in dem selbstständigen Beweisverfahren zwischen den Parteien herbeigeführt werden, so wird das in dem in dem selbstständigen Beweisverfahren festgestellte Beweisergebnis in einem sich ggf. anschließenden Hauptsacheverfahren von Amts wegen ausgewertet. 37

Ein Beweisantrag der Parteien oder ein förmlicher Beweisbeschluss im Hauptsacheverfahren ist notwendig. Ausreichend ist die im Protokoll festgestellte Beweiswertung und ggf. eine Beweiserörterung. Das Beweisergebnis im selbstständigen Beweisverfahren dient dem Hauptsacheverfahren vorbereitend und soll den Verfahrensablauf vereinfachen. 38

Im Interesse der Verfahrensbeschleunigung erfolgt regelmäßig keine Wiederholung oder die Fortsetzung der Beweiserhebung über das bereits im selbstständigen Beweisverfahren festgestellte Beweisergebnis. 39

Das Prozessgericht kann allerdings davon eine Ausnahme machen, wenn: 40

a) die Beweisaufnahme fehlerhaft war (Verfahrensmängel der Vorschriften des § 492 ZPO),
b) das Prozessgericht das Beweisergebnis für ergänzungsbedürftig hält (§ 398 ZPO),
c) bei Unmittelbarkeit der Beweisaufnahme gem. § 355 ZPO (z.B. Richterwechsel),
d) Nachholung einer Vereidigung von Zeugen oder des Sachverständigen (§§ 391, 410 ZPO),
e) bei erfolgreicher Ablehnung des beauftragten Sachverständigen, der im Hauptsacheverfahren als Zeuge geladen werden kann.

41 War der Antragsgegner in einem Termin im selbstständigen Beweisverfahren nicht anwesend, kann gem. § 493 Abs. 2 ZPO das festgestellte Beweisergebnis im selbstständigen Beweisverfahren nur dann benutzt werden, wenn der Antragsgegner rechtzeitig geladen war.

I. Frist zur Klageerhebung gem. § 494a ZPO

42 Ist zum Zeitpunkt der Beendigung der Beweisaufnahme im selbstständigen Beweisverfahren ein Rechtsstreit nicht anhängig, hat das Gericht nach der Beendigung auf Antrag ohne mündliche Verhandlung anzuordnen, dass der Antragsteller binnen einer vom Gericht zu bestimmenden Frist, die Klage erhebt (§ 494a Abs. 1 ZPO).

43 Kommt der Antragsteller dieser Anordnung des Gerichts nicht nach und stellt der Antragsgegner einen Kostenantrag, hat das Gericht durch Beschluss auszusprechen, dass der Antragsteller die dem Antragsgegner in diesem Verfahren erwachsenen Kosten zu tragen hat. Diese Entscheidung ist mit der sofortigen Beschwerde anfechtbar (§ 494a Abs. 2 ZPO).

44 Beide in § 494a ZPO genannten Anordnungen setzten zwingend einen Antrag voraus. Wird ein entsprechender Antrag nicht gestellt oder versäumt, erfolgen seitens des Gerichts keine weiteren Maßnahmen.

45 Das selbstständige Beweisverfahren, das gebührenrechtlich ein eigenständiges Verfahren ist, kennt weder eine obsiegende noch unterlegene Partei im Sinne von § 91 ZPO, da dieses Verfahren zu keiner Streitentscheidung führt, so dass grundsätzlich ein Kostenausgleich nicht stattfindet. Die Kostenentscheidung können die Parteien in einem sich ggf. anschließenden Hauptsacheverfahren einbeziehen.

46 Da das selbstständige Beweisverfahren kein Ausforschungsprozess ist und den Zweck und die Absicht haben soll, durch diese Beweiserhebung einen Hauptsacheprozess vorzubereiten oder aber auch im Wege einer vergleichsweisen Erledigung i.S.v. §§ 485 Abs. 2, 494 Abs. 3 ZPO zu verhindern oder zu beenden, gibt die in § 494a Abs. 2 ZPO getroffene Regelung dem Antragsgegner das Recht, die ihm erwachsenen Kosten gegen den Antragsteller durch Beschluss und ohne eine Entscheidung im Hauptsacheverfahren feststellen zu lassen, sofern der Antragsteller das Hauptsacheverfahren nicht betreibt.

47 Da der Antragsgegner ebenfalls die Möglichkeit hat, Gegen- bzw. Beweisanträge in dem selbstständigen Verfahren zu stellen, kann auch der Antragsteller Gebrauch von der Vorschrift des § 494a ZPO machen

Beispiel:

Nach erfolgter Beweisaufnahme, in deren Verlauf sowohl der Antragsteller als auch der Antragsgegner Beweisanträge gestellt haben und über die Beweis erhoben worden ist, erhebt der Kläger Leistungsklage. Der Antragsgegner, der ebenfalls einen eigenständigen Beweisantrag gestellt hat, wäre, sofern der Antragsteller den Antrag gem. § 494a Abs. 1 ZPO stellt, gehalten, Feststellungsklage zu erheben.

Tipp: 48

Dem Antragsteller gem. § 494a Abs. 2 ZPO (dies kann entweder der Antragsteller oder Antragsgegner des selbstständigen Beweisverfahrens sein) ist vor Stellung dieses Antrages zu empfehlen, den Antragsgegner zunächst aufzufordern, auf den geltend gemachten Anspruch, gleich aus welchem Grund, zu verzichten. Erteil der Antragsteller diese Verzichtserklärung nicht, besteht zweifelsfrei ein Rechtsschutzbedürfnis für einen Antrag gem. § 494a Abs. 2 ZPO.

Versäumt der nach § 494a Abs. 2 ZPO Betroffene die Klageerhebung, erlässt das Gericht 49
nach Ablauf der Frist und Anhörung auf Antrag den Kostenbeschluss. Verzichtet der Antragsteller nach einem für ihm negativen Beweisergebnis auf die Klageerhebung, ist eine Fristsetzung nicht erforderlich.

Das Gericht entscheidet dann analog gem. des Verzichtes durch Kostenbeschluss. Wird die Festsetzung durch das Gericht verweigert oder die Kostentragung durch Beschluss ausgesprochen, kann der Betroffene dagegen gem. § 567 Abs. 1 ZPO sofortige Beschwerde einlegen, Die Zulassung der Rechtsbeschwerde gem. § 574 Abs. 1 ZPO ist ebenfalls möglich, sofern diese

a) beantragt wurde
b) und die Kammer oder der Senat die Rechtsbeschwerde ausdrücklich zugelassen hat.

▼

Muster 12.3: Antragsmuster zur Anordnung einer Frist zur Klageerhebung 50

An das

AG/LG

Antrag auf Anordnung einer Frist zur Klageerhebung gem. § 494a ZPO

In dem selbstständigen Beweisverfahren

Antragsteller ./. Antragsgegner

Geschäftszeichen: OH /18

beantrage ich namens und in Vollmacht des Antragsgegners:

1.

dem Antragsteller eine angemessene Frist zur Klageerhebung in dem Hauptsacheverfahren zu setzen – die in das Ermessen des Gerichts gestellt wird – jedoch nicht vier Wochen seit Antragstellung überschreiten sollte.

2.

Für den Fall des fruchtlosen Ablaufs der Frist, dem Antragsteller die Kosten des selbstständigen Beweisverfahrens aufzuerlegen.

Begründung:

Das zum o.a Geschäftszeichen geführte Beweisverfahren hat nach der vom Gericht gesetzten Stellungnahmefrist zum Gutachten des vom Gericht beauftragten Sachverständigen vom ____ seine Beendigung gefunden.

Die Parteien haben in dem Beweisverfahren keine Einigung erzielt, Ergänzungen wurden ebenfalls nicht gestellt, eine vom Antragsgegner mit Schreiben vom ____ angeforderte Verzichtserklärung hat der Antragsteller – trotz Fristsetzung – bis zum heutigen Zeitpunkt nicht erteilt.

Nach alledem ist geboten, dem Antrag stattzugeben.

Beglaubigte und einfache Abschrift anbei.

Rechtsanwalt/Rechtsanwältin

▲

51 Von der Klagerhebung seitens des Antragstellers abzusehen muss nicht zwangsläufig bedeuten, dass das Hauptsacheverfahren keinen Erfolg haben würde. Mehrere berechtigte Gründe können einer Klageerhebung entgegenstehen.

52 *Tipp:*

Im Hinblick auf Klagerhebung bzw. eine damit verbundene Kostentragungspflicht seitens des Antragstellers ist von diesem dringend zu prüfen, wann die Kosten des Antragsgegners ausgelöst worden sind. Sind diese nach erklärtem Verzicht des Antragstellers auf seine Ansprüche erwachsen, wird in der Regel die Kostenerstattung für den Antragsgegner verneint. Des Weiteren sollte der Antragsteller prüfen, ob ggf. Aufrechnungsansprüche oder andere Gründe einer Klageerhebung entgegenstehen

53 So kann der Antragsteller von der Klageerhebung absehen, ohne in die Kosten verurteilt zu werden, wenn:

- der Antragsgegner nach durchgeführter oder während der Beweisaufnahme den Anspruch des Klägers vor einer Klageerhebung erfüllt hat
- ein anderer Gesamtschuldner den Anspruch des Klägers erfüllt hat
- der Antragsgegner eine vorbehaltlose Erklärung abgegeben hat, den Anspruch des selbstständigen Beweisverfahrens zu erfüllen
- eine Einigung zwischen Antragsteller und Antragsgegner erfolgt ist.
- Zahlungsunfähigkeit des Antragsgegners (Insolvenz), die im Falle einer Klageerhebung für den Antragsteller eine unzumutbare Kostenbelastung darstellen würde.

12.4

▼

Muster 12.4: Musterantrag des Antragstellers auf Verwerfung des Antrages gem. § 494a ZPO 54

An das

AG/LG

In dem Rechtsstreit

Antragsteller ./. Antragsgegner

Geschäftszeichen OH /18

beantrage ich namens und Vollmacht des Antragstellers, den Antrag vom zurückzuweisen.

Begründung:

Dem Antrag vom fehlt das erforderliche Rechtsschutzbedürfnis.

Ein Kostenerstattungsanspruch gem. § 494a ZPO ist dann gegeben, wenn der Antragsteller wegen des für ihn im selbstständigen Beweisverfahren ungünstigen Ergebnisses der Beweisaufnahme auf eine Klageerhebung im Hauptsacheverfahren verzichtet. Diese Voraussetzung ist vorliegend gerade nicht gegeben. Das Ergebnis der Beweisaufnahme bejaht gerade die Erfolgsaussichten des Antragstellers in einem Hauptsacheverfahren, da (hier ist im Einzelnen auf das für den Antragsteller sprechende Beweisergebnis einzugehen).

Der Antragsteller verzichtet jedoch auf eine Klageerhebung, da der Antragsgegner nach Abschluss der Beweisaufnahme die Mängel beseitigt/den Anspruch erfüllt hat. An dieser Stelle ist das Zutreffende auszuführen (siehe zuvor aufgeführte Aufzählung von möglichen Gründen).

Mangels fehlendem Rechtsschutzbedürfnis besteht für einen Antrag gem. § 494a ZPO kein Raum, so dass dieser antragsgemäß zurückzuweisen ist.

Beglaubigte und einfache Abschrift anbei.

Rechtanwalt/Rechtsanwältin

Tipp:

Im Falle der Insolvenz des Antragsgegners darf der Antragsteller nicht versäumen, die ihm erwachsenen Kosten im selbstständigen Beweis- und Hauptsacheverfahren zur Insolvenztabelle anzumelden.

▲

Schematischer Kurzüberblick Verfahrensablauf

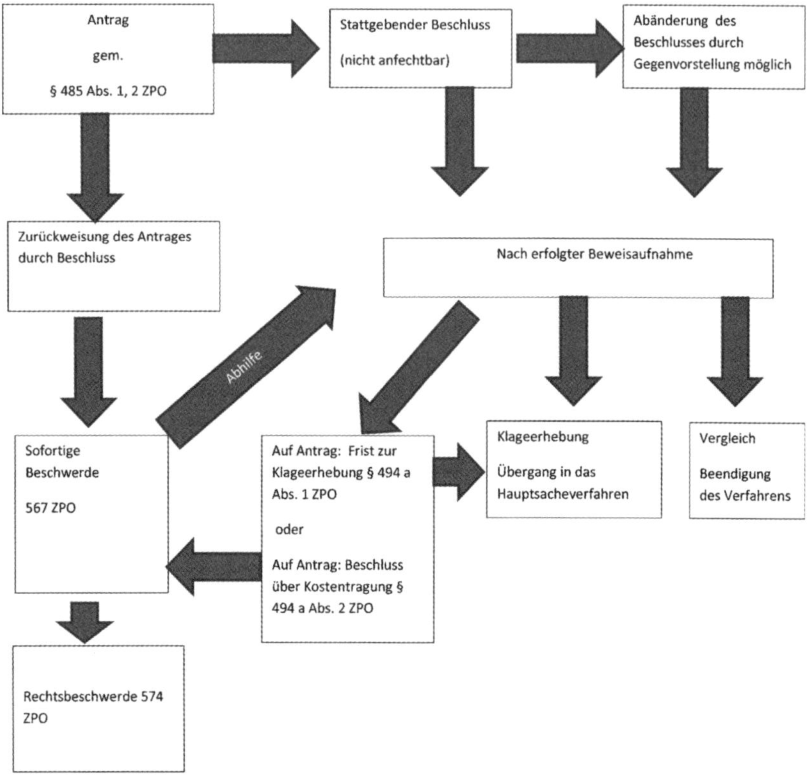

J. Vergütung des Rechtsanwalts im selbstständigen Beweisverfahren

55 Im selbstständigen Beweisverfahren erhält der Rechtsanwalt auftragsgemäß und gem. geschlossenem Anwaltsvertrag mit seinem Auftraggeber die gleichen Gebühren wie in einem ordentlichen Verfahren.

56 Das selbstständige Beweisverfahren ist eine eigene Gebührenangelegenheit im Verhältnis zu einem sich ggf. anschließenden Hauptsacheverfahren. Es ist nicht in § 19 RVG aufgeführt. Zudem ergibt sich aus der Vorbem. 3 Abs. 5 VV RVG, dass das selbstständige Beweisverfahren eine eigene Angelegenheit ist.

Der Rechtsanwalt kann im selbstständigen Beweisverfahren folgende Gebühren verdienen: 57

1. 1,3 Verfahrensgebühr gem. Nr. 3100 VV RVG, Vorbem. 3(2) VV RVG 58

Gem. Vorbem. 3 Abs. 5 VV RVG erfolgt die Anrechnung der Verfahrensgebühr des selbstständigen Beweisverfahren auf eine Verfahrensgebühr im Hauptsacheverfahren.

Gem. § 15 Abs. 5 Satz 2 RVG entfällt die Anrechnungsvorschrift, sofern seit der Beendigung des Beweisverfahrens ein Zeitraum von zwei Jahren vergangen ist.

1,2 Terminsgebühr gem. Nr. 3104 VV RVG 59

Die Terminsgebühr entsteht sowohl für die Wahrnehmung von gerichtlichen Terminen als auch für die Wahrnehmung von außergerichtlichen Terminen und Besprechungen, wenn nichts anderes bestimmt ist. Sie entsteht jedoch nicht für die Wahrnehmung eines gerichtlichen Termins nur zur Verkündung einer Entscheidung. Die Gebühr für außergerichtliche Termine und Besprechungen entsteht für

1. die Wahrnehmung eines von einem gerichtlich bestellten Sachverständigen anberaumten Termins und
2. die Mitwirkung an Besprechungen, die auf die Vermeidung oder Erledigung des Verfahrens gerichtet sind; dies gilt nicht für Besprechungen mit dem Auftraggeber.

1,5 Einigungsgebühr gem. Nr. 1000 VV RVG 60

Schließen die Parteien in dem selbstständigen Beweisverfahren einen Vergleich, kann die Einigungsgebühr gem. Nr. 1000 VV RVG i.H.v. 1,5 entstehen. Hier kommt es jedoch darauf an, dass kein Mahn- oder Hauptsacheverfahren anhängig ist. In diesem Fall entsteht die Einigungsgebühr gem. 1003 VV RVG nur noch mit einem Gebührensatz von 1,0.

> Eine im Rahmen des selbstständigen Beweisverfahrens erzielte Einigung der Parteien wird mit einer Gebühr gem. Nr. 1000 VV RVG mit dem Gebührensatz von 1,5 abgerechnet, da das selbstständige Beweisverfahren nicht als gerichtliches Verfahren i.S.d. Nr. 1003 VV RVG gilt – dies unter der Voraussetzung, dass kein gerichtliches Verfahren anhängig ist. 61

Je nach Auftrag kann bei einer vorgerichtlichen Tätigkeit die Geschäftsgebühr gem. Nr. 2300 VV entstehen. Hinsichtlich der Anrechnungsvorschrift verweise ich auf § 8 Rdn 200 ff. 62

§ 13 Arrest und Einstweilige Verfügung

Inhalt

A. Allgemeines

Die Selbsthilfe ist in Deutschland weitgehend ausgeschlossen, Zwangsvollstreckungs- **1** maßnahmen sind nur mit Hilfe staatlicher Gewalt möglich. Aus diesem Grunde ist der einstweilige Rechtsschutz geschaffen worden, um zu vermeiden, dass ein Gläubiger seine Ansprüche nur auf dem „regulären" Rechtsweg geltend machen kann und die Inanspruchnahme der Zivilgerichte in einem normalen i.d.R. länger dauernden Verfahren der einzige Weg zur Realisierung einer Forderung ist.

2 Durch das Zivilprozessrecht werden als Lösung der **Arrest** und die **einstweilige Verfügung** als besondere Verfahrensarten geboten, um einen schnellen Rechtsschutz zu gewährleisten. Der Gläubiger braucht für diese Maßnahmen keinen zur Zwangsvollstreckung geeigneten Titel zu besitzen, er kann aber auch nur Sicherungsmittel erreichen.

3 An erster Stelle wird durch die ZPO das Arrestverfahren (§§ 916 ff. ZPO) geregelt und für die einstweilige Verfügung wird auf die Vorschriften §§ 935, 936 ZPO verwiesen.

4 Nach § 916 ZPO kann ein Arrest beantragt werden, wenn die Realisierung eines auf Geld gehenden Anspruches oder eines Anspruches, der in eine Geldforderung übergehen kann, gefährdet ist. Die einstweilige Verfügung ist zu wählen, wenn ein Individualanspruch gefährdet ist.

5 Durch den Arrest und die einstweilige Verfügung soll der vorläufige Rechtschutz gesichert werden.

6 Im überwiegenden Maße findet der Arrest gem. § 912 Abs. 1 ZPO zur Sicherung der Zwangsvollstreckung statt und dient als schnellstes Mittel der Befriedigung des Gläubigers, wenn zu befürchten ist, dass ohne einen Arrest der Vollstreckungszugriff nicht mehr möglich ist. Der Arrest ist nur möglich,

- zur Sicherung der Zwangsvollstreckung wegen einer Geldforderung
- oder wegen einer Forderung, die in eine Geldforderung übergehen kann.

Andere Ansprüche werden mittels der einstweiligen Verfügung gem. §§ 935 ff. ZPO gesichert.

7 Die gesetzlichen Grundlagen für den Arrest und die einstweilige Verfügung sind in den §§ 916–945 ZPO enthalten. Die Regelungen finden sich damit im 8. Buch der ZPO. Trotzdem handelt es sich bei einem Arrestverfahren und dem Verfahren der einstweiligen Verfügung nicht um Zwangsvollstreckungs-, sondern um Erkenntnisverfahren.

Das Ziel dieser Erkenntnisverfahren ist nicht primär eine Vollstreckungshandlung, sondern die Schaffung eines Vollstreckungstitels. Dieser Titel muss, wie jeder andere Titel auch, vollzogen werden. Im Moment der Vollziehung eines Arrestes oder einer einstweiligen Verfügung liegt eine Vollstreckungsmaßnahme vor.

B. Parteienbezeichnung

8 Die Parteien heißen Antragsteller und Antragsgegner. Rechtsanwälte sind Verfahrensbevollmächtigte.

C. Mögliche Verfahrensgegenstände

Mit dem Arrest- oder einstweiligen Verfügungsverfahren wird nicht die Hauptsache rechtshängig. Der Antragsteller kann nur eine vorläufige Sicherung bzw. Regelung erwirken. Man nennt dies das Sicherungsbegehren. Da die Hauptsache eben nicht geregelt wird, ist die im Arrest- oder einstweiligen Verfügungsverfahren erfolgte Sicherung der Ansprüche jederzeit durch das Hauptsacheverfahren abänderbar. 9

D. Gegenstands- und Streitwert

Der geringeren Wertigkeit folgt, dass der Wert entsprechend § 3 ZPO i.V.m. § 53 GKG geschätzt wird und zwar auf einen Bruchteil des Wertes eines etwaigen Hauptsacheverfahrens. In jedem ZPO-Kommentar findet sich eine Streitwertübersicht bei § 3 ZPO, die hilft, den Wert zu bestimmen. 10

Arrestverfahren bilden stets eine Angelegenheit (§ 17 Nr. 4 lit. a RVG). Verfahren auf Abänderung oder Aufhebung stellen keine gesonderten Angelegenheiten dar (§ 16 Nr. 5 RVG). Es entsteht in erster Linie die Verfahrensgebühr der Nr. 3100 VV RVG und für den Fall einer mündlichen Verhandlung die Terminsgebühr der Nr. 3104 VV RVG. 11

Die Höhe der Gerichtskosten regelt sich nach Nr. 1410 ff. KV GKG. 12

E. Verfügungsanspruch

Im Antrag auf Erlass eines Arrestes oder einer einstweiligen Verfügung muss der sog. Arrest- oder Verfügungsanspruch dargetan werden. Auch in diesem Verfahren muss eine Anspruchsgrundlage vorhanden sein und vorgetragen werden. 13

F. Verfügungsgrund

Wie in einem Hauptsacheprozess bedarf auch ein Arrest- oder einstweiliges Verfügungsverfahren einer Begründung. Es muss dargelegt werden, aus welchen Gründen die Sicherung des Anspruches im Eilverfahren erfolgen muss (§ 917 ZPO). 14

Davon kann ausgegangen werden, wenn z.B. der Schuldner sein Vermögen ins Ausland bringt (§ 917 Abs. 2 ZPO), sein Vermögen verschleudert, belastet, veräußert, seinen Wohnsitz häufig wechselt oder eine Straftat in Form eines Vermögensdeliktes begangen hat. 15

Eine allgemein schlechte Vermögenslage des Schuldners, eine drohende Insolvenz und die Befürchtung, andere Gläubiger könnten dem eigenen Zugriff zuvorkommen, reichen nicht für eine Begründung des Arrestes oder der einstweiligen Verfügung. Mittels der besonderen Eilverfahren kann man sich nicht „vordrängeln“.

G. Arten des Arrestes

16 Der Arrest erfordert einen Arrestanspruch und einen Arrestgrund.

17 Arrestanspruch kann jede bestimmte Geldforderung sein (§ 916 ZPO).

18 Man unterscheidet zwei Arrestarten:

- der dingliche und
- der persönliche Arrest.

I. Dinglicher Arrest

19 Der dingliche Arrest gibt dem Gläubiger das Recht, zur Sicherung seiner Forderung in das Vermögen des Schuldners zu vollstrecken (§§ 929 ff. ZPO). Er darf zwar pfänden, wegen des bloßen Sicherungszwecks aber nicht verwerten.

II. Persönlicher Arrest

20 Die Sicherung des Anspruches erfolgt, indem der Schuldner durch Verhaftung daran gehindert wird, die künftige Vollstreckung in der Form zu vereiteln, dass er sich ins Ausland absetzt.

21 Ein Arrestgrund für den persönlichen Arrest ist wegen der Schwere des mit ihm verbundenen Eingriffs in die persönliche Freiheit des Schuldners gem. § 918 ZPO nur gegeben, wenn eine Freiheitsbeschränkung zur Sicherung der Forderung erforderlich ist. Das ist nur dann der Fall, wenn der dingliche Arrest keinen Erfolg verspricht.

H. Zuständigkeit des Gerichts

22 Entsprechend der §§ 919, 802 ZPO ist das Gericht der Hauptsache (§ 943 ZPO) und das Amtsgericht, in dessen Bezirk sich der Arrestgegenstand bzw. die zu arrestierende Person befindet, zuständig.

I. Arrestgesuch

23
- Das Arrestgesuch muss eine Bezeichnung des Arrestanspruchs unter Angabe des Geldbetrages oder – wertes enthalten (§ 920 Abs. 1 ZPO),
- die Bezeichnung des Arrestgrundes (§ 920 Abs. 1 ZPO),
- Angabe, ob ein dinglicher oder persönlicher Arrest beantragt wird,
- eine Glaubhaftmachung der Tatsachen zum Arrestanspruch und zum Arrestgrund (§ 920 Abs. 2 ZPO),

- der Arrest kann schriftlich oder zu Protokoll der Geschäftsstelle des Arrestgerichts erhoben werden (§ 920 Abs. 3 ZPO)
- es besteht kein Anwaltszwang, §§ 78 Abs. 3, 920 Abs. 3 ZPO.

▼

13.1

Muster 13.1: Einstweilige Verfügung 24

Einstweilige Verfügung

An das

Verfügungsgericht

Antrag auf Erlass einer einstweiligen Verfügung

des – vollständige Bezeichnung

Antragsteller,

Verfahrensbevollmächtigter:

gegen

den – vollständige Bezeichnung -

Antragsgegner,

wegen

Namens und mit Vollmacht des Antragstellers beantragen wir im Wege der einstweiligen Verfügung ohne mündliche Verhandlung,

1. dem Antragsgegner aufzugeben .
2. Dem Antragsgegner wird für jeden Fall der Zuwiderhandlung gegen die Verpflichtungen im Antrag zu 1. ein Ordnungsgeld bis zu 250.000,00 EUR und für den Fall, dass dieses nicht beigetrieben werden kann, Ordnungshaft bis zu 6 Monaten angedroht.

Der Antragsgegner hat die Kosten des einstweiligen Verfahrens zu tragen.

Begründung:

Einleitung

Darlegung Anspruchsgrund ( )

Glaubhaftmachung: eidesstattliche Versicherung

Darlegung Verfügungsgrund ( )

Unterschrift

▲

J. Verfahrensablauf

25 Es erfolgt durch das Gericht eine **Schlüssigkeitsprüfung** auf der Grundlage des Tatsachenvortrags des Antragstellers.

26 Um zu einer Entscheidung zu kommen, prüft das Gericht die Zulässigkeit und die Begründetheit des Antrags bezogen auf den:

- Arrestanspruch
- Arrestgrund
- die Glaubhaftmachung bezogen auf die im Antrag vorgebrachten Tatsachen, vgl. § 920 Abs. 2 ZPO.

27 Das Arrest- und das einstweilige Verfügungsverfahren haben Besonderheiten gegenüber einem regulären Verfahren und schränken die Rechte des Antragsgegners zum Teil erheblich ein.

I. Glaubhaftmachung von Tatsachen: eidesstattliche Versicherung

28 Im Arrest- und einstweiligen Verfügungsverfahren müssen die vorgetragenen Tatsachen nicht bewiesen werden. Es genügt, wenn diese glaubhaft gemacht werden (§ 920 Abs. 2 ZPO). Die Glaubhaftmachung erfolgt i.d.R. durch eine eidesstattliche Versicherung.

▼

29 **Muster 13.2: Eidesstattliche Versicherung**

Eidesstattliche Versicherung

In Kenntnis über die Bedeutung einer eidesstattlichen Versicherung als Mittel der Glaubhaftmachung tatsächlicher Angaben in einem geordneten Verfahren vor einer Behörde oder einem Gericht, wobei der Behörde oder dem Gericht vorbehalten ist, darüber zu entscheiden, ob und gegebenenfalls in welchem Umfang die Angaben zur Glaubhaftmachung geeignet sind, sowie belehrt über die strafrechtlichen Folgen einer vorsätzlich oder fahrlässig falschen Abgabe einer eidesstattlichen Versicherung, insbesondere der Strafvorschriften der § 156 und § 163 Strafgesetzbuch (1 Jahr Freiheitsstrafe bei Abgabe einer fahrlässigen bzw. 3 Jahre bei Abgabe einer wissentlich falschen eidesstattlichen Versicherung) erkläre ich:

Zur Person:

Zur Vorlage bei:

Zur Sache:

Die vorstehenden Tatsachen habe ich nach besten Wissen und Gewissen gemacht.

Sie sind richtig und vollständig. Dies versichere ich an Eides statt.

Ort, Datum Unterschrift

▲

II. Keine mündliche Verhandlung erforderlich

Die Entscheidung kann ohne mündliche Verhandlung und ohne Anhörung des Antrags- 30
gegners ergehen.

III. Arrestentscheidung

Die Entscheidung des Gerichts hängt vom Verfahrensverlauf ab. 31

Sie ergeht entweder:

- durch **Beschluss**, wenn über das Arrestgesuch ohne mündliche Verhandlung entschieden wird (§ 922 Abs. 1 Satz 1 ZPO).
- Hier erfolgt die Zustellung des Beschlusses nur im Parteibetrieb.
- Bei **stattgebender Entscheidung**: Zustellung/Übergabe des Beschlusses an den Antragsteller, der diesen Beschluss in Eigenregie an den Antragsgegner zustellen lassen muss (mit Abschriften der Antragsschriften) (§ 922 Abs. 2 ZPO).
- Bei **ablehnender Entscheidung**: Es erfolgt die Zustellung des Beschlusses nur an den Antragsteller (§ 922 Abs. 3 ZPO).
- durch **Urteil**, wenn das Gericht nach mündlicher Verhandlung entschieden hat (§ 922 Abs. 1 ZPO),
- **von Amts wegen erfolgt eine Zustellung des Urteils** nach §§ 310 ff. ZPO. Der Antragssteller muss die Ausfertigung des Urteils im Parteibetrieb zum Zwecke des Vollzugs des Arrestes/der einstweiligen Verfügung vornehmen (Monatsfrist des § 929 Abs. 2 ZPO beachten!)

> *Hinweis:* 32
>
> „Begleiten“ Sie den Arrest oder die einstweilige Verfügung zum Gericht und lassen Sie sich den erlassenen Arrestbefehl bzw. die einstweilige Verfügung gleich aushändigen. Sie können dann die Verteilerstelle für Gerichtsvollzieheraufträge aufsuchen und sofort die Zustellung des Arrestbefehls bzw. der einstweiligen Verfügung in Auftrag geben.

IV. Schutzschrift

33 Ahnt der zukünftige Antragsgegner, dass möglicherweise ein Arrest oder eine einstweilige Verfügung beantragt und erlassen wird, so kann er bei dem zuständigen Gericht eine sog. Schutzschrift einreichen, mit der er die Gegenargumente vorbringt und von vornherein zumindest eine mündliche Verhandlung erreichen will.

V. Rechtsanwaltsvergütung für die Schutzschrift

34 Für die Schutzschrift entsteht die 1,3 Verfahrensgebühr gem. Nr. 3100 VV RVG. Erfolgt eine weitere Stellungnahme im Arrest- und einstweiligen Verfügungsverfahren entsteht die Verfahrensgebühr nur einmal (§ 15 Abs. 2 RVG). Im Hauptsacheverfahren, das sich ggf. der einstweiligen Verfügung anschließt, entsteht die Verfahrensgebühr der Nr. 3100 VV RVG erneut (§ 17 Nr. 4 RVG).

VI. Widerspruch

35 Nach Erlass des Arrestes oder der einstweiligen Verfügung ohne mündliche Verhandlung wird diese in der Regel durch den Antragsteller im Parteibetrieb dem Antragsgegner zugestellt.

36 Ist der Arrest oder die einstweilige Verfügung dem Antragsgegner zugestellt worden, kann der Antragsgegner gegen den Arrest oder die einstweilige Verfügung Widerspruch (§ 924 ZPO) einlegen. Der Widerspruch ist an keine Frist gebunden, es liegt aber im Interesse des Antragsgegners hier zügig eine Klärung zu erlangen.

37 Nach Widerspruch ist durch Endurteil zu entscheiden (§ 925 ZPO). Wird nach mündlicher Verhandlung durch Urteil entschieden (Aufrechterhaltung der bisherigen Entscheidung oder Aufhebung und Abweisung des Antrages), so kann hiergegen Berufung (siehe § 7 Rdn 113) eingelegt werden.

VII. Antrag auf Aufhebung wegen Klagefristversäumung

38 Gem. § 926 Abs. 1 ZPO kann der Antragsgegner dem Gläubiger vom Gericht eine **Frist zur Klageerhebung** in der Hauptsache setzen lassen. Der entsprechende Antrag ist zulässig, solange die Hauptsache noch nicht rechtshängig ist und die Eilmaßnahme noch besteht. Es gibt daher keine starren Fristen für diesen Antrag. Die Frist durch das Gericht, die Hauptsache rechtshängig zu machen, ist üblicherweise sehr kurz und beträgt in der Regel nur zwei Wochen. Innerhalb dieser Frist muss der Antragsteller die Klage beim zuständigen Gericht eingereicht haben, sie muss aber nicht zugestellt sein.

Versäumt der Antragsteller und zukünftige Kläger diese Klagefrist, kann der Antragsgegner gem. § 926 Abs. 2 ZPO die Aufhebung des Arrests bzw. der einstweiligen Verfügung beantragen.

VIII. Aufhebung wegen veränderter Umstände

Gem. § 927 Abs. 1 ZPO kann der Antragsgegner auch wegen veränderter Umstände die Aufhebung der Eilmaßnahme beantragen. 39

Auch dieser Antrag ist, wie der Antrag gem. § 926 Abs. 2 ZPO, zulässig (§ 927 Abs. 1 ZPO), solange der Arrest oder die einstweilige Verfügung besteht und der Antragsgegner eine Vollziehung befürchten muss.

K. Arrestvollziehung (§ 929 Abs. 2, 3 ZPO)

Der Arrestbefehl oder die einstweilige Verfügung sind ein zur Zwangsvollstreckung geeigneter Titel (§§ 928 ff. ZPO). 40

Einer Vollstreckungsklausel bedürfen beide nicht (§ 929 Abs. 1 ZPO). 41

Die Vollziehung ist nach § 929 Abs. 3 Satz 1 ZPO bereits vor Zustellung zulässig. 42

Ein Arrestbefehl oder eine einstweilige Verfügung sind sofort vollstreckbar; beide benötigen kein Rechtskraftattest, keine Vollstreckungsklausel und keine Zustellung. 43

Der Vollzug kann vor der Zustellung erfolgen. 44

Die wichtigste Frist im vorläufigen Rechtsschutz ist die Vollziehungsfrist. 45

Die Vollziehung eines Arrestes oder einer einstweiligen Verfügung ist nicht mehr zulässig, wenn seit seiner **Verkündung** oder der **Zustellung** des Befehls an den **Antragsteller ein Monat** vergangen ist (§§ 929 Abs. 2, 936 ZPO).

Ist die **Vollziehung** erfolgt, bevor der Arrest oder die einstweilige Verfügung zugestellt war, so ist die Vollziehung **wirkungslos**, wenn die **Zustellung** des Arrestes oder der einstweiligen Verfügung nicht innerhalb **einer Woche** nach der Vollziehung und vor Ablauf der Monatsfrist erfolgt (§ 929 Abs. 3 ZPO). 46

L. Kostenfestsetzung

Die Kostenfestsetzung erfolgt gem. § 104 ff. ZPO (siehe § 7 Rdn 68). Das Gericht setzt die Kosten gegen den Antragsgegner allerdings nur fest, wenn die Zustellung des Arrestbefehls bzw. der einstweiligen Verfügung nachgewiesen ist. Die Kopie der Zustellurkunde müssen Sie daher Ihrem Kostenfestsetzungsantrag beifügen. 47

§ 14 Personalwesen

Inhalt

A. Vorbemerkung

1 Der Personalbereich in diesem Buch richtet sich ausdrücklich an Rechtsanwaltsfachangestellte und nicht an Rechtsfachwirte, die evtl. die gesamte Personalabteilung leiten und somit umfassende arbeitsrechtliche Kenntnisse einsetzen müssen.

B. Anzeigenschaltung

2 Bereits das Aufgeben einer Anzeige im Stellenmarkt der örtlichen Tageszeitung für eine neue Mitarbeiterin/einen neuen Mitarbeiter kann schnell zu einem Problem werden. Jahrelang sahen Anzeigen wie folgendes Beispiel aus:

> *Beispiel:*
> *„Anwaltskanzlei sucht eine junge Rechtsanwaltsfachangestellte bis 35 Jahre, gute Englischkenntnisse erwünscht. Bewerbungen unter Chiffre 5678"*

3 Durch das **Allgemeine Gleichbehandlungsgesetz** (AGG), das am 14.8.2006 in Kraft getreten ist, ist jedoch eine Benachteiligung sowohl wegen des Geschlechts als auch wegen des Alters nach § 1, 2 AGG unzulässig.

4 Lediglich wenn z.B. ein berechtigter Grund wegen der Art der auszuübenden Tätigkeit i.S.v. § 8 AGG vorliegen würde, wäre eine unterschiedliche Behandlung zulässig.

Warum jedoch die Tätigkeit als Rechtsanwaltsfachangestellter nur von weiblichem oder jüngerem Personal ausgeübt werden könnte, ist nicht ersichtlich. Eine Ungleichbehandlung wegen des Alters oder des Geschlechts muss daher bereits bei der Anzeigenaufgabe unterbleiben, auch wenn es sich um ein besonders junges Team handeln sollte. Nur mit einer **neutralen** Anzeige können Sie Ihren RA vor möglichen Entschädigungsansprüchen schützen.

5 Das Erfordernis von Englischkenntnissen oder speziellen Softwarekenntnissen verstößt hingegen nicht gegen das Allgemeine Gleichheitsgesetz und ist lediglich eine geforderte Qualifikation.

6 Sollte sich auf die obige Anzeige ein männlicher Bewerber mit den gewünschten Qualifikationen als Rechtsanwaltsfachangestellter oder eben auch eine ältere Kollegin bewerben, so wäre der RA gem. § 15 Abs. 2 Satz 2 AGG zu einer angemessenen Entschädigung bis zu drei Monatsgehältern verpflichtet, wenn der Bewerber die Stelle nicht bekommen würde und er eine Diskriminierung vorträgt. Allein schon die fehlerhafte Anzeige würde bei einer Ablehnung für eine Diskriminierung nach dem AGG sprechen, auch wenn die Ablehnung tatsächlich aus anderen Gründen erfolgt ist. Der RA müsste die anderen Gründe detailliert darlegen und den Beweis für die Ursächlichkeit führen.

D.h. er müsste unter Beweis vortragen können, dass die ausgewählte Bewerberin fachlich geeigneter ist als der abgelehnte Bewerber, sowie dass die Kriterien Alter und Geschlecht für seine Entscheidungsfindung nicht relevant waren.

> *Hinweis:* 7
>
> Stellenanzeigen im Rechtsanwaltsbereich immer geschlechts- und altersneutral schalten.

C. E-Mail-Bewerbungen

Immer mehr RA gehen zwischenzeitlich wie in der freien Wirtschaft dazu über, dass Be- 8
werbungen per E-Mail erwünscht sind.

I. Umgang mit E-Mail-Bewerbungen

Wie bereits unter § 2 Rdn 154 ff. dargestellt, ist es äußerst hilfreich, sein E-Mail- Postfach 9
zu strukturieren. Es bietet sich hier an, verschiedene Ordner anzulegen. Diese könnten z.B. sein:

- Bewerbungseingänge
- Absagen
- Einladung zum Bewerbungsgespräch

Denken Sie daran, dass es der Höflichkeit und der Schnelligkeit des E-Mail-Verkehrs ent- 10
spricht, wenn die Bewerberin/der Bewerber zeitnah zumindest eine Eingangsbestätigung erhält. Letztendlich spricht eine schnelle Beantwortung auch für Ihre Kanzlei.

Sollte es in Ihrer Kanzlei die Anweisung geben, die Bewerbungen ausgedruckt dem RA 11
vorzulegen, so vergessen Sie bitte nicht sämtliche **Anlagen** mit auszudrucken. Dies wird gelegentlich in der Hektik des Alltags vergessen.

II. Aussehen einer E-Mail-Bewerbung

Immer wieder stellt sich die Frage, wie eine E-Mail-Bewerbung aussehen soll. Vom 12
Grundsatz her gilt: wie eine „normale“ Bewerbung, nur in elektronischer Form. Die E-Mail selbst stellt dabei das eigentliche Anschreiben da.

Zu vermeiden sind sämtliche Abkürzungen aus dem Privatgebrauch von E-Mails wie z.B. 13
LG, *smile* etc. Auch ist eine förmliche Anrede erwünscht und nicht ein bloßes „Hallo, Herr RA R“. Ansonsten gelten die allgemeinen Regeln für Anschreiben. Eine mögliche E-Mail könnte daher wie folgt aussehen (selbstverständlich muss der Text immer an die jeweilige Anzeige angepasst werden):

14.1

▼

14 **Muster 14.1: E-Mail-Bewerbung**

Sehr geehrter Herr Rechtsanwalt R,

für Ihre Anwaltskanzlei in Berlin suchen Sie auf www.fachkräfte.de eine erfahrene Rechtsanwaltsfachangestellte. Da ich über die gewünschten Kenntnisse, insbesondere im Gebührenrecht und in der Zwangsvollstreckung verfüge, bewerbe ich mich auf diese Position.

Nach meiner erfolgreich abgeschlossenen Ausbildung zur Rechtsanwalts- und Notarfachangestellten war ich zunächst in der Kanzlei A tätig, bis ich vor ca. drei Jahren zu meinem jetzigen Arbeitgeber wechselte.

Mein Aufgabenschwerpunkt liegt derzeit neben der allgemeinen Korrespondenz, dem Erstellen von Kostenrechnungen und der Fristenüberwachung in der Leitung des Zwangsvollstreckungsdezernates.

Ich arbeite sehr gewissenhaft und zuverlässig, auch im Umgang mit den Mandanten trete ich gewandt und sicher auf.

Ich suche derzeit eine neue berufliche Herausforderung und würde mich freuen, wenn Sie mich zu einer persönlichen Vorstellung einladen.

Mit freundlichen Grüßen

Unterschrift

Anlagen: Lebenslauf, zwei Zeugnisse

▲

15 Als Anlagen sollte ein tabellarischer Lebenslauf sowie die Zeugnisse – am besten im pdf-Format – beifügen werden.

16 In den letzten Jahren wird von den meisten Kanzleien und der freien Wirtschaft ein chronologisch **rückläufiger** Lebenslauf präferiert, eine Faustregel gibt es jedoch nicht.

17 Ferner sollte man auch daran denken, ein Passfoto von sich mit der Bewerbung zu schicken. In der E-Mail- Bewerbung bietet es sich an, das Passfoto im tabellarischen Lebenslauf rechts oben einzuarbeiten. Eine separate Übersendung als Anhang ist hingegen nicht zu empfehlen. Aus meiner langjährigen Praxis möchte ist noch einmal ausdrücklich darauf hinweisen, dass ausschließlich **Pass-** bzw. **professionelle Bewerbungsfotos** zu verwenden sind – auf gar keinen Fall Fotos aus dem letzten Urlaub.

> *Praxistipp:*
>
> Die Antidiskriminierungsstelle des Bundes hat bereits 2011 die Ergebnisse eines Pilotprojekts einer sogenannten „anonymen Bewerbung" vorgestellt, wonach sich die

Wahrscheinlichkeit etwa für Frauen und Migranten, zum Vorstellungsgespräch eingeladen zu werden, erhöht, wenn die Bewerbung anonym ist. (Im konservativen Berufsfeld der ReNo würde dies eher die Wahrscheinlichkeit einer Einladung zum Vorstellungsgespräch für männliche Bewerber erhöhen.)

Großkonzerne und teilweise der Staat verlangen von Bewerbern daher oftmals kein Foto mehr und auch Angaben wie Familienstand, Nationalität oder Alter sind keine Pflicht mehr. Was in den USA und in anderen Ländern schon längst Standard ist, setzt sich in Deutschland nur schwer durch. Gerade in kleineren oder mittelständischen Unternehmen (Kanzleien) führt ein fehlendes Bewerbungsfoto schnell zur Irritation und sollte daher weiterhin beigefügt werden.

Bei den Zeugnissen gilt – wie auch bei der schriftlichen Bewerbung – der Grundsatz: Es sind nur die Zeugnisse beizufügen, die wirklich benötigt werden. 18

Dabei handelt es sich grundsätzlich um:

- das Schulabschlusszeugnis (z.B. Abiturzeugnis),
- das Ausbildungszeugnis (Rechtsanwaltskammerabschluss),
- ggf. das Prüfungszeugnis zum Rechtsfachwirt/in bzw. geprüft. Bürovorsteher/in,
- (i.d.R.) die letzten beiden Arbeitszeugnisse sowie
- sonstige Zertifikate (z.B. Fremdsprachenabschlüsse).

Die Zeugnisse werden dabei üblicherweise in umgekehrt chronologischer Reihenfolge sortiert, d.h. das älteste Zeugnis (Schulabschlusszeugnis) zuletzt, das letzte Arbeitszeugnis zuerst. 19

D. Einladung zum Bewerbungsgespräch

Hat sich der RA für einen engeren Kreis von Bewerber/Innen entschieden, so werden diese meist durch das Sekretariat zum Vorstellungsgespräch eingeladen. Auch hier ist besondere Sorgfalt erforderlich, um die Kanzlei vor weiteren Kosten zu bewahren. 20

Wird der Bewerber durch die Kanzlei zur Vorstellung eingeladen, so sind seine Vorstellungskosten nach §§ 662, 670 BGB vom Arbeitgeber zu erstatten. Insbesondere bei Bewerbern, die von auswärts anreisen, können hier größere Beträge auf die Kanzlei zukommen. Zu den Vorstellungskosten gehören nämlich Fahrt-, Übernachtungs- und Verpflegungskosten – jeweils im angemessenen Rahmen. Der Erstattungsanspruch steht sowohl dem erfolgreichen, als auch dem erfolglosen Bewerber zu. 21

In den meisten Kanzleien werden jedoch Vorstellungskosten gar nicht oder nur z.T. übernommen. Dieser Ausschluss ist trotz der Gesetzeslage möglich, wenn das Sekretariat bereits bei der Einladung die Begrenzung/den Ausschluss der Kostenerstattung wie folgt klarstellt: 22

Formulierungsbeispiel: Ausschluss von der Erstattung von Reisekosten (Bewerbungsgespräch)

Formulierungsvorschlag für einen kompletten Ausschluss:

„Wir möchten Sie freundlichst darauf hinweisen, dass Anreisekosten nicht von uns übernommen werden."

oder

Formulierungsvorschlag für eine Begrenzung:

„Wir möchten Sie freundlichst darauf hinweisen, dass Ihnen lediglich Anreisekosten bis zu einer Höhe von 50,00 € bei Nachweis entsprechender Belege von uns erstattet werden."

E. Arbeitsvertrag

23 Das Erstellen von Arbeitsverträgen gehört grds. nicht zu den Aufgaben einer Rechtsanwaltsfachangestellten. Die Arbeitsverträge werden von den RA selbst entworfen.

Einige Grundlagen sollten dennoch jeder Rechtsanwaltsfachangestellten bekannt sein.

24 Der Abschluss eines Arbeitsvertrags unterliegt keinerlei Formvorschrift. Somit ist auch der mündliche, formfreie Arbeitsvertrag wirksam. Es gilt aber auch für diese formfreien Arbeitsverträge, dass Kündigungen und Aufhebungsverträge das Schriftformerfordernis des § 623 BGB erfüllen müssen, d.h. die Urkunde muss von dem Aussteller gem. § 126 BGB eigenhändig durch Namensunterschrift oder mittels notariell beglaubigten Handzeichen unterzeichnet werden.

25 Gemäß § 2 Abs. 1 Nachweisgesetz hat der Arbeitgeber jedoch die wesentlichen Vertragsbedingungen innerhalb eines Monats ab dem vereinbarten Beginn des Arbeitsverhältnisses schriftlich niederzulegen, die Niederschrift zu unterzeichnen und dem Arbeitnehmer auszuhändigen.

26 Die wesentlichen Vertragsbedingungen sind dabei:

1. vollständige Parteibezeichnung und Beginn des Arbeitsverhältnisses,
2. Arbeitsort,
3. kurze Beschreibung der vom Arbeitnehmer zu leistenden Tätigkeiten,
4. Arbeitszeit,
5. Urlaubstage,
6. Arbeitsentgelt (Höhe und Zusammensetzung),
7. Kündigungsfristen,
8. bei Befristung: Dauer der Befristung.

Praxistipp:

Solange kein Arbeitsvertrag bzw. keine Niederschrift nach § 2 Abs. 1 Nachweisgesetz vorliegt, unterliegt die Kanzlei der Gefahr der Beweislastumkehr. Der Arbeitnehmer könnte z.B. einen höheren Urlaubsanspruch behaupten.

Befristungen müssen immer vor Aufnahme der Arbeit durch den Arbeitnehmer unterschrieben werden, ansonsten ist die Befristung nichtig und das Arbeitsverhältnis ist ein unbefristetes. Einen möglichen Vordruck für einen Arbeitsvertrag erhalten Sie auch auf der Seite des RENO Bundesverbandes unter www.reno-bundesverband.de unter Information – Formulare. 27

An dieser Stelle möchte ich ferner noch auf die unterschiedlichen maximalen Probezeiten hinweisen: 28

Für Auszubildende gilt § 20 Bundesbildungsgesetz (BBiG), demnach muss die Probezeit mindestens einen Monat und darf höchstens vier Monate betragen.

Für sonstige Arbeitnehmer gilt § 622 Abs. 3 BGB: Eine Probezeit kann, muss jedoch nicht vereinbart werden. Für längstens sechs Monate Probezeit kann das Arbeitsverhältnis mit einer reduzierten Kündigungsfrist von zwei Wochen ohne bestimmten Endpunkt gekündigt werden.

F. Urlaub

Besonders bei Kollegen und Kolleginnen, die nicht gerade in einer arbeitsrechtlichen Kanzlei arbeiten, gibt es immer wieder Unsicherheiten beim Thema Urlaub. 29

I. Dauer

Gemäß § 3 Abs. 1 Bundesurlaubsgesetz (BUrlG) beträgt der gesetzliche Urlaubsanspruch 24 Werktage. Unter **Werktagen** versteht man dabei die Wochentage von Montag bis Samstag, sodass es letztendlich einen gesetzlichen Mindestanspruch von vier Wochen Urlaub gibt. Dies gilt auch für Mitarbeiter, deren Arbeitstage lediglich Montag bis Freitag sind. Ist hingegen im Arbeitsvertrag von **Arbeitstagen** als Urlaub die Rede, so sind die tatsächlichen Arbeitstage (Montag bis Freitag) gemeint. 30

Vertraglich können selbstverständlich mehr Urlaubstage vereinbart werden, bei den gesetzlichen Regelungen handelt es sich immer nur um den **Mindesturlaubsanspruch**. 31

Der Mindesturlaubsanspruch von 24 Werktagen = 4 Wochen gilt auch für **Halbtagskräfte**. Der Anspruch wird dabei an die Anzahl der Arbeitstage angepasst, sodass auch die Halbtagskraft einen vierwöchigen Mindesturlaubsanspruch erhält. 32

33 *Praxistipp:*

Achten Sie immer genau auf die konkrete Formulierung im Arbeitsvertrag. Wurde der Urlaub in Form von Werktagen oder in Form von Arbeitstagen geregelt? Sollte der Urlaub in Form von Werktagen geregelt sein, so muss der Urlaubsanspruch um die Samstage bereinigt werden.

Bei einem Urlaubsanspruch von 24 Werktagen berechnen sich die Anzahl der Urlaubstage wie folgt:

bei einer 5-Tage-Woche:	20 Arbeitstage,
bei einer 4-Tage-Woche:	16 Arbeitstage,
bei einer 3-Tage-Woche:	12 Arbeitstage,
bei einer 2-Tage-Woche:	8 Arbeitstage,
bei einer 1-Tages-Woche:	4 Arbeitstage.

34 Sollte eine **Schwerbehinderung** vorliegen, so erhöht sich der Mindesturlaubsanspruch um eine weitere Woche gem. § 125 Sozialgesetzbuch (SGB) IX.

II. Wartezeit

35 Häufig wird übersehen, dass ein Urlaubs(gewährungs)anspruch gem. § 4 BurlG erst nach Ablauf von sechs Monaten besteht. Während der Wartezeit „sammelt sich" natürlich ein anteiliger Urlaubsanspruch an, der Arbeitnehmer hat jedoch noch keinen Anspruch auf Gewährung des Urlaubs.

Aus Kulanzgründen wird häufig auch während dieser Wartezeit dem Arbeitnehmer vom Arbeitgeber Urlaub eingeräumt. Steht ein Urlaub demnächst an, sollte man dies auch in möglichen Vertragsverhandlungen bei Abschluss eines neuen Arbeitsverhältnisses direkt ansprechen und bestätigen lassen.

III. Teilurlaub

36 § 5 BurlG sieht in folgenden drei Fällen einen Anspruch auf Teilurlaub vor:

- Der Arbeitnehmer scheidet innerhalb der Wartezeit aus.
- Der Arbeitnehmer erfüllt die Wartezeit im Kalenderjahr nicht.
- Der Arbeitnehmer scheidet nach Erfüllen der Wartezeit in der ersten Hälfte eines Kalenderjahres aus.

37 In allen o.g. Fällen wird der Urlaubsanspruch durch die Zahl 12 geteilt und das Ergebnis mit der Anzahl der Monate multipliziert, die der Arbeitnehmer in der Kanzlei beschäftigt war.

Beispiel: 38

Frau M ist seit mehreren Jahren in der Kanzlei K angestellt und hat einen jährlichen Urlaubsanspruch von 30 Arbeitstagen. Sie scheidet aufgrund einer betriebsbedingten Kündigung zum 30.4.2018 aus. Der Arbeitsvertrag enthält keine Regelung zum Teilurlaub.

Sie hätte für das Jahr 2018 einen gesetzlichen Teilurlaubsanspruch erworben. Dieser würde sich wie folgt berechnen:

$$\frac{\text{30 Urlaubstage}}{12} = \text{Urlaubsanspruch von 2,5 Tagen pro Monat}$$

Da Frau M vier Monate gearbeitet hat, hätte sie demnach einen Urlaubsanspruch von zehn Tagen (2,5 × 4).

Alternative: 39

Wie wäre es jedoch, wenn das Arbeitsverhältnis erst am 31.7.2018 enden würde?

Ein Teilurlaub kommt hier nicht infrage. §§ 4, 5 Abs. 1 Buchst. e) BUrlG ist hier eindeutig. Bei einem Ausscheiden des Arbeitsnehmers in der zweiten Jahreshälfte ist grundsätzlich der volle Urlaub zu gewähren.

Das Vorgesagte gilt jedoch nur uneingeschränkt für den gesetzlichen Mindesturlaubs- 40
anspruch nach § 5 BUrlG und darüber hinaus auch für den vertraglichen „Mehr"-Urlaub, soweit eine Quotelung bei Ausscheiden in der zweiten Jahreshälfte **nicht** vereinbart worden ist (wie im obigen Fallbeispiel).

In der Praxis kommt es jedoch häufig vor, dass eine Quotelung hinsichtlich des den gesetzlichen Urlaubsanspruch übersteigenden vertraglichen Urlaubsanspruches beim Ausscheiden in der zweiten Jahreshälfte vereinbart wird. Eine solche Vereinbarung ist zulässig und könnte wie folgt aussehen:

Formulierungsbeispiel: Quotelung „Mehrurlaub" für den Arbeitsvertrag

Endet das Arbeitsverhältnis im zweiten Kalenderhalbjahr, steht der/dem Arbeitnehmer/in im Hinblick auf seinen/ihren den gesetzlichen Urlaubsanspruch übersteigenden (vertraglichen) Urlaubsanspruch nur ein anteiliger Urlaubsanspruch zu. Dasselbe gilt hinsichtlich des gesamten Urlaubsanspruchs (gesetzlich und vertraglich) für den Fall eines Ausscheidens im ersten Kalenderhalbjahr oder wenn das Arbeitsverhältnis insgesamt kürzer als sechs Monate besteht. Die Parteien sind sich darüber einig, dass der/die Arbeitnehmer/in zunächst den gesetzlichen Urlaubsanspruch und erst nachdem dieser vollständig genommen wurde, den vertraglichen Urlaub in Anspruch nimmt, der den gesetzlichen Urlaubsanspruch übersteigt.

Zunächst ist hier der vertragliche „Mehr"-Urlaub von zehn Arbeitstagen (von insgesamt 30 Urlaubstagen) nach Monaten zu quoteln:

$$\frac{\text{10 (vertragl.) Urlaubstage}}{12} = \text{Urlaubsanspruch von 0,83 Tagen pro Monat}$$

Für den Zeitraum Januar bis Juli 2018 ergibt dies 5,83 = aufgerundet 6 Urlaubstage.

Der gesamte Urlaubsanspruch der Frau M. würde sich bei einem Ausscheiden zum 31.7.2018 bei einer solchen getroffenen Vereinbarung somit wie folgt berechnen:

1.	Gesetzlicher Urlaubsanspruch in voller Höhe	=	20 Arbeitstage (24 Werktage)
2.	Vertraglicher Mehrurlaub (gequotelt, 7 Monate)	=	6 Arbeitstage
	Gesamturlaub für 201		26 Arbeitstage

Die restlichen 4 Tage fallen im Beispiel wegen der vertraglich vereinbarten Quotelung weg.

IV. Übertragung des Urlaubs

41 In den meisten Kanzleien ist es gängige Praxis, dass der Resturlaub bis zum 31.03. des Folgejahres genommen werden kann.

42 Grundsätzlich gilt jedoch, dass der Urlaubsanspruch nur für das jeweilige Kalenderjahr besteht und nicht für die Folgejahre „angespart" werden kann (§ 7 Abs. 3 BUrlG).

Lediglich in folgenden Fällen ist eine Übertragung bis zum 31.03. vorgesehen:

- Es liegen dringende betriebliche oder in der Person des Arbeitnehmers liegende Gründe vor.
- Im Urlaubsjahr ist lediglich ein Teilurlaubsanspruch entstanden.

43 *Praxistipp:*

Kann der Urlaub einmal nicht bis zum 31.03. des Folgejahres aus persönlichen oder betrieblichen Gründen genommen werden, so können Sie durchaus den Übertragungszeitraum einzelvertraglich (z.B. bis zum 30.06.) vereinbaren.

V. Urlaubsgewährung

44 Der Urlaub muss vom Arbeitgeber zugeteilt werden und darf nicht in Form einer Selbstbeurlaubung stattfinden.

45 Bei der Zuteilung hat der Arbeitgeber jedoch nach billigem Ermessen die Urlaubswünsche der Arbeitnehmer zu berücksichtigen.

Billiges Ermessen ist dabei ein unbestimmter Rechtsbegriff und meint so viel wie pflichtgemäßes Ermessen.

Der Arbeitsgeber sollte bei der Urlaubsgewährung auf Ausgewogenheit zwischen den einzelnen Mitarbeitern achten sowie die Schulpflicht der Kinder berücksichtigen.

So soll nicht nur ein Mitarbeiter alle „Brückentage" (Definition gemäß Wikipedia: „Brückentage sind Tage, die zwischen einem Feiertag und einem [zumeist in den Kanzleien] ohnehin arbeitsfreien Tag Samstag oder Sonntag liegen, demzufolge also entweder ein Montag oder ein Freitag") nutzen dürfen. Den Auszubildenden in der Anwaltskanzlei ist zumal i.d.R. Urlaub in den Schulferien zu gewähren. 46

In der Regel funktioniert diese Urlaubsgewährung in den meisten Kanzleien recht gut. Letztendlich muss Urlaub aber immer **gewährt** werden. Auf keinen Fall darf der Arbeitnehmer eigenmächtig in den Urlaub fahren. Dies könnte durchaus ein Grund für eine Kündigung sein. 47

Die Urlaubsgewährung ist grds. formfrei und kann daher auch mündlich erfolgen. Es bietet sich jedoch durchaus an, für jeden Mitarbeiter pro Jahr eine Urlaubsliste anzulegen, in der der Arbeitgeber die Genehmigung des gewünschten Urlaubs abzeichnet: 48

Eine mögliche Liste könnte wie folgt aussehen: 49

14.2

▼

Muster 14.2: Urlaubsgewährung

Name Mitarbeiter: Frau M

Anzahl der Urlaubstage im Jahr 2018: 30 Tage

Resturlaub 2017 (bis 31.03.18 zu nehmen): 2 Tage

Gesamt: 32 Tage

Zeitraum beantragter Urlaub	verbrauchte Urlaubstage	Resturlaub	genehmigt
02.01.2018	1	31	Unterschrift RA

▲

VI. Urlaubsabgeltung

Die Urlaubsabgeltung kommt lediglich dann in Betracht, wenn der Urlaubsanspruch besteht, der Urlaub jedoch nicht mehr angetreten werden kann. Ist der Urlaubsanspruch jedoch erloschen, gibt es auch keine Urlaubsabgeltung mehr, da diese lediglich den Ersatz (Surrogat) für den eigentlichen Urlaub darstellt. 50

Die Berechnung erscheint zunächst schwierig, mit der nachstehenden Formel ist sie jedoch recht einfach. Man muss zunächst einmal den Durchschnittsverdienst je Urlaubstag berechnen. Dabei werden die letzten 13 Wochen zugrunde gelegt. 51

$$\frac{\text{Verdienst der letzten 13 Wochen (= 3 Monate)}}{\text{Arbeitstage der letzten 13 Wochen}} = \text{Durchschnittsverdienst je Urlaubstag}$$

52 *Beispiel 1:*

Frau S verdient 1.500,00 € brutto monatlich bei einer 4 Tage-Woche. Sie hätte demnach einen durchschnittlichen Tagesverdienst von

$$\frac{3 \times 1.500{,}00\ € = 4.500{,}00\ €}{4\ (\text{AT}) \times 13\ (\text{Wochen}) = 52\ \text{AT}} = 86{,}54\ €\ \text{brutto je Tag.}$$

53 *Beispiel 2:*

Frau M verdient 2.400,00 € brutto bei einer 5 Tage-Woche. Sie hätte demnach einen durchschnittlichen Tagesverdienst von

$$\frac{3 \times 2.400{,}00\ € = 7.200{,}00\ €}{5\ (\text{AT}) \times 13\ (\text{Wochen}) = 65\ \text{AT}} = 110{,}77\ €\ \text{brutto je Tag}$$

54 Die durchschnittlichen Tagesverdienste müssten sodann nur noch mit der Anzahl der abzugeltenden Urlaubstage multipliziert werden.

G. Berechnung Umlage U 1 (Krankheit)

55 Arbeitnehmer haben grds. im Krankheitsfall Anspruch auf **Lohnfortzahlung** für maximal sechs Wochen. Um kleine bzw. mittelständische Betriebe zu entlasten, wurde jedoch seit 2006 die sog. Umlage U1 für Arbeitgeber mit bis zu regelmäßig 30 Beschäftigten – erstmals seit diesem Zeitpunkt auch einschließlich der Angestellten – eingeführt. Durch die Ausweitung der Umlage auf die Gruppe der Angestellten sind die meisten Kanzleien umlagepflichtig. Im Krankheitsfall können die an diesem Umlageverfahren teilnehmenden Kanzleien einen Erstattungsantrag stellen und erhalten bis zu 80 % des fortgezahlten Arbeitsentgelts von der Krankenkasse erstattet.

56 Die Teilnahme am Ausgleichverfahren entsteht dabei kraft Gesetzes und ist nicht von einem förmlichen Feststellungsbescheid abhängig. Der Arbeitgeber hat lediglich Einfluss darauf, seine Umlagekosten zu minimieren, indem er einen häufig von den Krankenkassen angebotenen geminderten U1-Betrag entrichtet.

57 Das Stellen dieses **Erstattungsantrags** fällt meist in die Zuständigkeit des Sekretariats.

Auch hier bedarf es wieder einiger arbeitsrechtlicher Grundlagen:

Die Kanzlei hat nur einen Erstattungsanspruch auf Umlage U1, wenn die Voraussetzungen nach dem Entgeltfortzahlungsgesetz vorliegen:

1. Der Mitarbeiter muss mindestens vier Wochen ununterbrochen beschäftigt sein, da dann gem. § 3 Abs. 3 Entgeltfortzahlungsgesetz erst ein Fortzahlungsanspruch des Arbeitsnehmers im Krankheitsfall existiert.
2. Es wird lediglich ein U1-Betrag für einen maximalen Zeitraum von sechs Wochen erstattet.
   Dabei gilt der Grundsatz, dass die Zeiten zusammengerechnet werden, wenn der Arbeitnehmer innerhalb von zwölf Monaten infolge derselben Krankheit wiederholt arbeitsunfähig war. War der Arbeitnehmer zwischen zwei Arbeitsunfähigkeitszeiten jedoch infolge derselben Krankheit mindestens sechs Monate wieder arbeitsfähig, so erwirbt der Arbeitsnehmer einen neuen Anspruch auf Entgeltfortzahlung bis längstens sechs Wochen (§ 3 EFZG).
3. Die ärztliche Krankschreibung (AU) muss vor Antragstellung vom Arbeitnehmer bei der Krankenkasse eingereicht worden sein, ansonsten kommt es zu einer entsprechenden Zwischenverfügung. Ist jedoch der Arbeitnehmer nur ein bis drei Tage krank, kann auch ein U1-Erstattungsantrag ohne das Vorliegen einer Krankschreibung bei der Krankenkasse gestellt werden, da er nach § 5 Abs. 1 Entgeltfortzahlungsgesetz eine ärztliche Bescheinigung grundsätzlich erst vorlegen muss, wenn die Arbeitsunfähigkeit länger als drei Kalendertage (Achtung: nicht Arbeitstage) andauert.

Die entsprechenden Erstattungsanträge können an die jeweilige Krankenkasse nur noch in **elektronischer Form** z.B. über das kostenlose Programm SV-Net oder über die gängigen Softwareprogramme wie Lexware oder DATEV übermittelt werden. 58

Beim Ausfüllen der entsprechenden SV-Net-Anträge ergibt sich meist das Problem, wie man das fortgezahlte Entgelt berechnet. Bei den gängigen Softwarelösungen erfolgt die Berechnung der Erstattungsbeträge jedoch automatisch auf der Grundlage des hinterlegten Gehalts und der eingetragenen Fehlzeiten. 59

Zunächst gilt das **Bruttoarbeitsentgeltprinzip**, d.h. es ist das Bruttoarbeitsentgelt (einschließlich der Lohn- und Kirchensteuer und des Versichertenanteils zu den Sozialversicherungen) im arbeitsrechtlichen Sinne anzusetzen. Zuschläge für Mehr-, Sonn- und Feiertagsarbeit sowie Leistungen, die als Ersatz für Aufwendungen des Arbeitsgebers dienen, z.B. Fahrtkostenzuschüsse oder Kindergartenzuschüsse, gelten hingegen nicht als Arbeitsentgelt. 60

Überstunden werden nur dann berücksichtigt, wenn sie in der Vergangenheit regelmäßig angefallen sind und dies ohne die Arbeitsunfähigkeit auch weiterhin der Fall gewesen wäre. 61

Die Berechnung der Umlage U1-Erstattungsbetrag erfolgt daher auch nach der Formel, die wir bereits aus der Berechnung der Urlaubsabgeltung kennen. 62

$$\frac{\text{Bruttolohn der letzten 13 Wochen (= 3 Monatsgehälter)}}{\text{Arbeitstage der letzten 13 Wochen (bei einer 5-Tage-Woche = 65 Tage)}}$$

Beispiel:

Frau M ist insgesamt fünf Wochen im Zeitraum vom 27.10. bis 28.11. krank. Sie hat ein Grundlohn von 2.500,00 € brutto bei einer 5-Tage-Woche und hat in den letzten Monaten regelmäßig Überstunden geleistet. Die Überstunden wurden im August mit 500,00 € brutto, im September mit 600,00 € brutto und im Oktober mit 450,00 € brutto abgerechnet. Das Gesamtbruttogehalt beträgt demnach in den letzten 3 Monaten 9.050,00 €. Teilt man diesen Betrag nach der oben stehenden Formel durch die Anzahl der Arbeitstage der letzten 13 Wochen, hier 65 Arbeitstage, kommt man zu einem Tagesverdienst von 139,23 € brutto.

Diesen Tagesverdienst muss man jetzt nur noch mit der Anzahl der fehlenden Arbeitstage multiplizieren (hier waren es 5 Wochen = 25 Tage), sodass man zu einem Entgeltfortzahlungsbetrag von 3.480,77 € kommt.

Dies ist jedoch nicht der Erstattungsbetrag. Je nach Vereinbarung zwischen Arbeitgeber und Krankenversicherung und Zahlung des entsprechenden Umlagebetrags ergibt sich eine Erstattung zwischen 50 bis max.80 %.

H. Umlage U2 (Mutterschaft) und Exkurs Schwangerschaft

63 Mit dem Inkrafttreten des Gesetzes über den Ausgleich der Arbeitgeberaufwendungen für Entgeltfortzahlung (AAG) zum 1.1.2006 wurde außerdem die Umlage U2 (Mutterschaft) neu geregelt.

Die gesetzliche Neuregelung war erforderlich geworden, da das BVerfG die damalige Regelung als nicht verfassungsgemäß angesehen und dem Gesetzgeber eine Frist für die Neuregelung bis zum Ende des Jahres 2005 eingeräumt hatte (BVerfGE 109, 64).

64 Die Neuregelung umfasst folgende Punkte hinsichtlich der Umlage U2:

- Alle Arbeitgeber sind unabhängig von der Größe ihres Betriebs (anders als bei der Umlage U1) zur Entrichtung der Umlage U2 an die entsprechenden Krankenkassen ihrer Arbeitnehmer verpflichtet. (Diese Änderung war notwendig geworden, da das BVerfG die Altregelung als nicht verfassungskonform ansah, da damals nur Kleinbetriebe – bis zu 20 Arbeitnehmer – eine Erstattung der Arbeitgeberaufwendungen erhielten. Das Gericht sah hierin eine Gefahr, dass Frauen evtl. bei größeren Betrieben bei der Einstellung benachteiligt werden könnten.)
- Die Umlage U2 muss nunmehr auch für männliche Arbeitnehmer abgeführt werden, obwohl diese natürlich nicht selbst schwanger werden können. (Das BVerfG hat jedoch die Ungleichbehandlung von männlichen und weiblichen Beschäftigten bei der Abführung der Beiträge beanstandet, da die Umlage U2 nach der Altregelung nur für weibliche Arbeitnehmerinnen abgeführt werden musste. Um eine geschlechtsspezi-

fische Benachteiligung zu verhindern und unter dem Gesichtspunkt der Solidargemeinschaft war die Neuregelung geboten.)

Die Beiträge für die Umlage U2 werden nunmehr nach der Neuregelung aus der Summe aller rentenversicherungspflichtigen Entgelte der Arbeitnehmer berechnet und mit den monatlichen Sozialversicherungsmeldungen an die Krankenkassen gemeldet. 65

Im Gegensatz zu den anderen Sozialversicherungsbeiträgen (wie Kranken-, Pflege-, Arbeitslosen- und Rentenversicherungsbeiträge) sind die Umlagebeiträge U1 und U2 alleine vom Arbeitgeber zu tragen. 66

Anders als bei der Umlage U1 (Krankheit) gibt es bei der Umlage U2 (Mutterschaft) keine unterschiedlichen Erstattungssätze. Die Erstattungsleistung beträgt immer 100 %. 67

Dabei werden folgende Arbeitgeberaufwendungen erstattet: 68

- Entgeltfortzahlungen bei individuellen Beschäftigungsverboten sowie die hierauf entfallenden Arbeitgeberanteile zum Gesamtsozialversicherungsbetrag und
- der ausgezahlte Zuschuss zum Mutterschaftsgeld, der während des allgemeinen Beschäftigungsverbots (grds. sechs Wochen vor der Geburt bis acht Wochen nach der Geburt) vom Arbeitgeber zu zahlen ist.

Die Erstattungsanträge für die Umlage U2 können auch nur in elektronischer Form an die Krankenkassen übermittelt werden. 69

Exkurs: Schwangerschaft 70

Das Gesetz sieht für schwangere Arbeitnehmerinnen umfangreiche Schutzrechte und Leistungen vor. Hierfür ist es jedoch erforderlich, dass der Arbeitgeber möglichst umgehend über die Schwangerschaft informiert wird, da nur so umfassend die Schutzrechte wirken können.

Dabei gelten sämtliche Schutzvorschriften und Leistungen sowohl für befristete wie auch für unbefristete Arbeitsverhältnisse. Die Größe der Kanzlei ist unbeachtlich.

Kündigungsschutz:

§ 9 Mutterschutzgesetz (MuSchG) enthält ein weitreichendes Kündigungsverbot, das während der gesamten Schwangerschaft bis zum Ablauf von vier Monaten nach der Entbindung gilt. Im diesem Zeitraum sind Kündigungen (egal ob ordentlich oder außerordentlich) der schwangeren Arbeitnehmerin grds. ausgeschlossen.

Das Verbot gilt jedoch nicht, wenn das Arbeitsverhältnis aus anderen Gründen endet (z.B. durch Ablauf der vereinbarten Frist bei einem befristeten Arbeitsvertrag oder durch einen Aufhebungsvertrag).

Das Verbot setzt voraus, dass die Schwangerschaft bei Zugang der Kündigung bestand. Der weitere Verlauf richtet sich dabei danach, wann der Arbeitgeber von der Schwangerschaft Kenntnis erlangt hat:

Hatte der Arbeitgeber **keine Kenntnis** von der Schwangerschaft zum Zeitpunkt der Kündigung, so kann die Arbeitnehmerin die Mitteilung über die Schwangerschaft innerhalb von zwei Wochen ab Zugang der Kündigung nachholen. Die Kündigung wäre zunächst zwar unzulässig, die Arbeitnehmerin müsste in diesem Fall jedoch nach § 4 Satz 1 KSchG eine entsprechende Kündigungsschutzklage innerhalb von drei Wochen ab Zugang der Kündigung einreichen. Legt die Arbeitnehmerin keine entsprechende Klage fristgerecht ein, so würde die ausgesprochene Kündigung gem. § 7 KSchG von Anfang an rechtswirksam werden.

Hatte der Arbeitgeber jedoch **Kenntnis** von der Schwangerschaft zum Zeitpunkt der Kündigung, so hätte er die schwangere Arbeitnehmerin nur aus besonderen Gründen (z.B. wegen Diebstahls) und nur mit Zustimmung der für den Arbeitsschutz zuständigen obersten Landesbehörde kündigen dürfen. In diesen Fällen beginnt die 3-wöchige Frist zur Erhebung der Kündigungsschutzklage gem. § 4 Satz 4 KSchG erst mit Bekanntgabe der Entscheidung der Behörde an die Arbeitnehmerin. Hat der Arbeitgeber noch gar keine Zustimmung eingeholt, so kann auch keine Frist laufen.

Schutz am Arbeitsplatz:

Die Verordnung zum Schutze der Mütter am Arbeitsplatz (MuSchV) regelt zusammen mit dem MuSchG umfangreich die Rechte der Mütter am Arbeitsplatz.

Nach dem Gesetz sind keine Arbeiten zu verrichten, die die Gesundheit des Kindes bedrohen könnten, dies gilt insbes. für Tätigkeiten, bei denen Kontakt mit gesundheitsgefährdenden Stoffen besteht.

In der Praxis dürfte jedoch die normale Bürotätigkeit keine Gefährdung des Kindes darstellen. Das Heben von schweren Kartons mit Leitzordnern kann jedoch verweigert werden.

In Kanzleien ist vielmehr darauf zu achten, dass ausreichende **Erholungspausen** ermöglicht werden. Der Arbeitgeber muss ferner die Arbeitnehmerin für Arztbesuche und das Stillen des Kindes freistellen (eine Nacharbeitung ist gem. § 7 Abs. 2 Satz 2 MuSchG nicht erforderlich).

Mutterschutzfrist und Mutterschaftsgeld:

Die Mutterschutzfrist beginnt gem. § 3 Abs. 2 MuSchG sechs Wochen vor dem errechneten Geburtstermin. Ab diesem Zeitpunkt dürfen Arbeitnehmerinnen nur noch beschäftigt werden, wenn sie dies ausdrücklich wünschen. Die Erklärung kann jedoch jederzeit widerrufen werden.

Die Mutterschutzfrist endet grds. gem. § 6 MuSchG acht Wochen nach der Entbindung, es sei denn, es liegt eine Früh- oder Mehrlingsgeburt vor. In diesen Fällen endet die Frist erst nach zwölf Wochen nach der Entbindung.

Neuregelung des Mutterschutzrechts zum 1.1.2018:

Mit der Neuregelung gilt das Mutterschaftsgesetz nunmehr erstmalig auch für Studentinnen und Schülerinnen, die z.B. Klausuren in der Mutterschutzfrist – ohne negative Folgen für die Ausbildung – nicht mitschreiben müssen. Allerdings gilt der Mutterschutz hier etwas modifiziert, so ist die absolute Schutzfrist nach der Entbindung im Unterschied zu einer normalen Arbeitnehmerin nicht verbindlich. Eine Fortsetzung der schulischen bzw. hochschulischen Ausbildung ist auf Verlangen der Mutter möglich, kann jedoch jederzeit mit Wirkung für die Zukunft widerrufen werden.

Für Auszubildende galt jedoch bereits vor der Neuregelung das Mutterschutzrecht uneingeschränkt. Hier noch einmal der Hinweis, dass Berufsausbildungsverhältnisse befristete Beschäftigungsverhältnisse sind, die mit Ablauf der vertraglich vereinbarten Ausbildungszeit oder – bei vorzeitigem Bestehen der Abschlussprüfung – mit Bekanntgabe der Prüfungsergebnisse durch den Prüfungsausschuss enden, ohne dass es einer gesonderten Kündigung bedarf. Die Auszubildende kann jedoch vor der Abschlussprüfung beantragen, dass die Ausbildungszeit aufgrund der Fehlzeiten wegen der Schwangerschaft verlängert wird, so dass das Ausbildungsziel erreicht werden kann. Beim Nichtbestehen der Abschlussprüfung ist auch eine Verlängerung des Ausbildungsverhältnisses bis zur nächstmöglichen Abschlussprüfung, maximal ein Jahr auf Antrag möglich. Die Anträge sind bei der für das Ausbildungsverhältnis zuständigen Rechtsanwaltskammer zu stellen.

Während der gesamten Mutterschutzfrist hat die Arbeitnehmerin einen Anspruch auf **Mutterschaftsgeld**, das bei der Krankenkasse von der Arbeitnehmerin selbst beantragt werden muss und von der Kasse ausgezahlt wird. Daneben hat die Arbeitnehmerin noch einen Anspruch auf Zuschuss zum Mutterschaftsgeld gem. § 14 MuSchG gegenüber ihrem Arbeitgeber.

Zusammen betragen Mutterschaftsgeld und Arbeitgeberzuschuss i.d.R. etwa so viel wie das letzte Nettoarbeitseinkommen.

Elternzeit und Elterngeld:

Bereits seit dem 1.1.2007 haben Eltern gemäß dem Bundeselterngeld- und Elternzeitgesetz (BEEG) einen Anspruch auf Elternzeit und Elterngeld.

Die Elternzeit kann nach dem Ablauf der gesetzlichen Mutterschutzfrist oder später genommen werden und beträgt für jeden Elternteil (also auch den Vater des Kindes) höchstens drei Jahre.

Für die ab dem 1.7.2015 geborenen Kinder gelten nunmehr allerdings neue Regelungen.

Mütter und Väter können seitdem 24 statt bisher zwölf Monate Elternzeit auf den Zeitraum zwischen dem dritten Geburtstag und der Vollendung des achten Lebensjahres des Kindes übertragen. Eine Zustimmung des Arbeitgebers ist **nicht mehr erforderlich**.

Jeder Elternteil kann seine gesamte Elternzeit in nunmehr **drei Zeitabschnitte** aufteilen. Der Arbeitgeber kann jedoch den dritten Abschnitt der Elternzeit aus dringenden betrieblichen Gründen ablehnen, wenn er zwischen dem dritten Geburtstag und der Vollendung des achten Lebensjahres des Kindes liegt.

Eine Verteilung auf weitere beziehungsweise mehr als drei Zeitabschnitte ist nur mit Zustimmung des Arbeitgebers möglich.

Diese Aufteilung in verschiedene Zeitabschnitte wird insbes. von Eltern favorisiert, die ihr Kind im ersten Schuljahr intensiv betreuen möchten.

Beide Elternteile können auch gleichzeitig bis zu drei Jahre Elternzeit in Anspruch nehmen.

Die Elternzeit muss gem. § 16 BEEG **vor Beginn** durch schriftliche Erklärung beim Arbeitgeber verlangt werden und die Erklärung enthalten, für welche Zeiten innerhalb von zwei Jahren Elternzeit genommen werden soll.

Hierbei gelten jedoch unterschiedliche Fristen:

- Für den Zeitraum bis zum vollendeten dritten Lebensjahr des Kindes beträgt die Frist für die Beanspruchung sieben Wochen vor Beginn der Elternzeit.
- Für den Zeitraum zwischen dem dritten Geburtstag und dem vollendeten achten Lebensjahr des Kindes muss die Elternzeit spätestens 13 Wochen vor Beginn der Elternzeit verlangt werden.

Die Elternzeit bedarf jedoch nicht der Zustimmung des Arbeitgebers. Der Arbeitgeber soll durch die Erklärung nur eine gewisse Planungssicherheit erhalten. Eltern müssen ihre Elternzeit grds. auch nur für zwei Jahre anmelden. Die restliche Zeit kann flexibel gestaltet werden. Es bedarf jedoch einer weiteren Ankündigung gegenüber dem Arbeitgeber.

Während der Elternzeit erhält die Arbeitnehmerin kein Gehalt vom Arbeitgeber, sondern vielmehr unbezahlten Urlaub. Das Arbeitsverhältnis ruht, Urlaubsansprüche werden in der Elternzeit nicht erworben.

Gem. § 18 BEEG besteht während der gesamten Elternzeit ein Kündigungsschutz, die Arbeitnehmerin/der Arbeitnehmer kann jedoch selbst das Arbeitsverhältnis während der Elternzeit kündigen.

In Kanzleien mit mehr als 15 Vollzeitbeschäftigten hat der Arbeitnehmer/Arbeitnehmerin einen Rechtsanspruch auf Verringerung seiner Arbeitszeit in der Elternzeit im Rahmen von 15 bis 30 Wochenstunden, der allerdings ausgeschlossen ist, wenn dringenden beruflichen Gründen dem entgegenstehen.

Um die Eltern wirtschaftlich abzusichern, haben diese für **14 Lebensmonaten** des Kindes einen Anspruch auf **Elterngeld (12 Grundmonate + 2 Partnermonate).** Bei dem Elterngeld handelt es sich um eine Familienleistung des Staates, die insbes.

nur dann gewährt wird, wenn sich ein Elternteil vorrangig selbst der Betreuung des Kindes widmen will und deshalb nicht voll erwerbstätig ist.

Gem. § 2 BEEG beträgt das Elterngeld i.d.R. 67 % des entfallenden Nettoeinkommens, mindestens jedoch 300,00 € und höchstens 1.800,00 € (67 % von max. 2.700,00 €, die als Einkommen berücksichtigt werden) für mindestens zwölf Lebensmonate des Kindes.

Die Eltern haben ferner einen Anspruch auf weitere zwei sog. Partnermonate gem. § 4 Abs. 2 BEEG, wenn sich der andere Partner auch vorrangig um die Kinderbetreuung für mindestens zwei Monate kümmert. Für Alleinerziehende gibt es eine entsprechende Anpassungsregelung, sie erhalten die vollen 14 Monate bezahlt.

Dabei steht das Elterngeld sowohl erwerbstätigen Eltern wie auch Eltern ohne Erwerbseinkommen (wie z.B. Hausfrauen und Arbeitslosen) zu.

Während der Elternzeit darf der Elternteil, der Elterngeld bezieht, **nicht mehr als 30 Stunden** wöchentlich einer Erwerbstätigkeit nachgehen. Bei gleichzeitiger Elternzeit können Eltern jedoch somit insgesamt 60 Stunden erwerbstätig sein.

Soll die Teilzeittätigkeit bei einem anderen Arbeitgeber erfolgen, so ist unbedingt die Einholung einer Genehmigung des ursprünglichen Arbeitgebers erforderlich. Dieser kann die Genehmigung aus dringenden betrieblichen Gründen (z.B. wegen Wettbewerbsschutz) versagen.

Zum 1.7.2015 trat daneben das sogenannte **Elterngeld Plus** in Kraft. Dies würde insbesondere für die Eltern geschaffen, die schon während des Elterngeldbezuges wieder in Teilzeit arbeiten möchten, um so den Anschluss an die Arbeitswelt nicht zu verlieren bzw. um die Haushaltskasse aufzufüllen. Es soll der Vereinbarkeit von Beruf und Familie dienen und hilft auch den Kanzleien auf motivierte Mitarbeiter und Mitarbeiterinnen nicht längere Zeit gänzlich zu verzichten.

Beim Elterngeld Plus bekommen die Eltern **doppelt solange** Elterngeld jedoch nur **in halber Höhe** (mindestens 150,00 € und höchstens 900,00 €). Aus einem bisherigen Elterngeldmonat werden somit quasi zwei Elterngeld-Plus-Monate (24 Grundmonate + 4 Partnermonate).

Bei Mehrlingsgeburten wird darüber hinaus ein **Mehrlingszuschlag** von 300 € (150 € bei ElterngeldPlus) für jedes weitere neugeborene Kind gezahlt.

Nur zur Vollständigkeit sei erwähnt, dass der Elterngeldanspruch für Elternpaare entfällt, die im Kalenderjahr vor der Geburt ihres Kindes ein Einkommen von mehr als 500.000,00 € hatten, für Alleinerziehende gilt eine Einkommensgrenze von 250.000,00 €. In der Berufsgruppe der ReNo dürfte die Einkommensgrenze wohl eher keine Rolle spielen.

Die Eltern haben für Kinder, die nach dem 1.7.2015 geboren sind, das **Wahlrecht**, welches Elterngeld (**klassisch oder plus**) sie beziehen möchten.

I. Feedbackgespräche und Mobbing

71 Feedbackgespräche sind in vielen deutschen Unternehmen zur festen Größe geworden und halten in immer mehr Kanzleien ihren Einzug.

Immer wieder kommt es vor, dass mir Kolleginnen berichten, dass sie vor dem demnächst stattfindenden Feedbackgespräch Angst haben, und sie nicht wissen, was auf sie zukommt.

Letztendlich ist das Feedbackgespräch gar nicht so neu, sondern hat lediglich das alte „Vier-Augen-Gespräch zwischen Chef und Angestellten", das es in vielen Kanzleien bereits vorher gab, verdrängt.

Das Gespräch soll dabei in erster Linie dazu dienen, die Ist-Situation zu überdenken und Zukunftsprojekte zu entwickeln.

I. Solide Vorbereitung

72 Es ist dabei für Kolleginnen äußerst wichtig, sich auf dieses Gespräch vorzubereiten und sich ggf. auch zu hinterfragen.

73 *Praxistipp:*

Beantworten Sie sich selbst die nachstehenden Fragen:

Ist- Zustand:

- Wie zufrieden sind Sie mit der Arbeit?
- Welche Situationen führten zu Stress? Gibt es Lösungsvorschläge von Ihnen?
- Welche Aktenbearbeitungen sind Ihnen im letzten Jahr gut in Erinnerung geblieben? (z.B., weil Sie weitere Gebühren von der Rechtsschutzversicherung erstritten haben, erfolgreich vollstreckt haben o.ä.)
- Gab es auch Aktenbearbeitungen, wo es zu Problemen kam? Gibt es Lösungsvorschläge von Ihnen hierzu?

Zukunft:

- Welche Seminare möchten Sie im nächsten Jahr besuchen? (evtl. wird sogar ein Rechtsfachwirtstudium angestrebt.)
- Welchen Rechtsbereich könnte Ihnen Ihr Rechtsanwalt vermitteln und damit Ihre Arbeit unterstützen?
- Sehen Sie Möglichkeiten, wo Sie Ihren Chef unterstützen und somit entlasten könnten?

Die Liste könnte endlos weitergeführt werden und soll hier lediglich einen Anstoß für eigene Überlegungen geben. 74

II. Zeit nehmen

Ein weiterer Grundsatz hört sich banal an, ist aber für das Gelingen eines Feedbackgesprächs äußerst wichtig: sich Zeit zu nehmen. 75

Planen Sie für das Feedbackgespräch eine gute Stunde ein und legen es, wenn es in Ihren Möglichkeiten liegt, an einem der nicht so ganz stressigen Tage. Nichts ist schlimmer, als wenn der Chef aus einer „langwierigen Besprechung" mit einem Mandanten kommt und Sie auch angespannt sind, da noch diverse Fristen anstehen und das Telefon andauernd klingelt. Jede Kanzlei hat auch ihre ruhige Zeit, Sie kennen bestimmt den besten Zeitpunkt.

Sollte das Gespräch zum Ende des Arbeitstags stattfinden, nehmen Sie sich am besten nichts direkt danach vor, denn so setzen Sie sich nur selbst unter Zeitdruck und letztendlich geht es um Ihre Zukunft.

III. Gesprächsprotokoll

Über das Gespräch sollte der Vorgesetzte ein Protokoll schreiben, dass Sie kommentieren können, bevor beide durch Unterschrift ihre Zustimmung signalisieren. Beide Gesprächspartner wissen so nach einem Jahr beim nächsten Feedbackgespräch, was sie vereinbart haben. 76

IV. Gesprächsverlauf

Nach der Gesprächseröffnung sollte zunächst das Feedback des Mitarbeiters an den Chef erfolgen. Infolgedessen könnten einige der nachstehenden Fragen beantwortet werden: 77

- Wie wohl fühlen Sie sich in der Kanzlei?
- Wie lief das letzte Jahr aus Ihrer Sicht?
- Was muss sich Ihrer Meinung nach ändern?
- Was können Sie dazu beitragen?
- Welche Perspektiven sehen Sie für sich in der Kanzlei?
- Was wünschen Sie sich von Ihrem RA?

Anschließend sollte der Chef das Gehörte kurz zusammenfassen, jedoch ohne Wertung. 78

Danach folgt das Feedback des Chefs an die Kollegin. Hier könnten z.B. folgende Fragen beantwortet werden: 79

- Wie lief das letzte Jahr bei Ihnen aus Sicht Ihres Chefs?
- Wie weit konnten Sie seine Erwartungen erfüllen?

- Was erwartet er von Ihnen in nächster Zeit?
- Wo sieht Ihr Chef Ihre Stärken, wo Ihre Schwächen?
- Welche Entwicklungsperspektiven sieht er für Sie?

80 Auch hier sollte eine Zusammenfassung des Gehörten diesmal durch den Mitarbeiter ohne Wertung erfolgen.

81 Im letzten Schritt, dem Gesprächsabschluss, einigen sich die Gesprächspartner auf konkrete Ziele und Maßnahmen für das nächste (halbe) Jahr und terminieren das nächste Feedbackgespräch (z.B. im Mai nächsten Jahres).

82 *Praxistipp:*

Da das Feedbackgespräch eine emotionale Ausnahmesituation ist, können Menschen in dieser Situation nur eine begrenzte Zahl von Informationen mit einer begrenzten Kompliziertheit verarbeiten. Ein Feedbackgespräch sollte sich daher auf die wesentliche Punkte (drei bis fünf) beschränken.

V. Kein Beschwerdeinstrument

83 Das Feedbackgespräch soll grds. nicht als Beschwerdeinstrument benutzt werden, da es dazu dienen soll, die Kanzlei und den entsprechenden Mitarbeiter voranzubringen.

Eine Stellungnahme über das allgemeine Büroklima ist erlaubt, reden Sie jedoch nie schlecht über Kollegen oder lästern gar.

84 Eine einzige Ausnahme sei hier erlaubt, wenn Sie Opfer von Mobbing geworden sind.

85 Untersuchungen haben ergeben, dass es zu Mobbing meist aus einer Mischung von verschiedenen Gründen kommt. Diese lassen sich in folgende Bereiche einteilen:

- die Organisation der Arbeit,
- das Führungsverhalten des Vorgesetzten und
- die besondere soziale Stellung des Betroffenen.

86 Typische Mängel in der Arbeitsorganisation, die Mobbing befördern, können z.B.

- unbesetzte Stellen,
- hoher Zeitdruck,
- starre Hierarchie,
- hohe Verantwortung bei geringem Handlungsspielraum oder auch
- geringe Bewertung der Tätigkeit

sein.

87 In den meisten Fällen geht Mobbing von den Kollegen aus. In diesen Fällen ist eindeutig der Chef gefragt. Er hat sowohl die Weisungsbefugnis als auch die Fürsorgepflicht für alle

Mitarbeiter. Je früher der Chef eingreift, desto besser sind die Chancen, den Mobbing-Prozess im Ansatz zu stoppen.

Es kann auch durchaus vorkommen, dass besondere Merkmale oder Eigenarten einer Person den Mobbing-Prozess auslösen. Dies heißt jedoch nicht, dass der Betroffene selbst schuld ist. Manche Kollegen geraten wegen Ihrer Persönlichkeit, ihres Geschlechts, ihrer Hautfarbe oder sonstiger Eigenheiten in eine sozial hervorgehobene Stellung und lösen so den Mobbing-Prozess aus. Die gleichen Leute können jedoch in einer anderen Gruppe völlig akzeptiert sein. 88

Untersuchungen haben ferner ergeben, dass Frauen in typischen Männerberufen, aber auch Männer in typischen Frauenberufen häufig von Mobbing betroffen sind. 89

Mobbing-Attacken unter Kollegen werden nur selten von wirklich bösartigen Menschen ausgeführt. Viel häufiger entwickelt sich aus verschiedenen Situationen ein schleichender Mobbing-Prozess, in dem sich die „Täter" nur wenig Gedanken über die Auswirkungen ihres Handels machen. Aber auch bei gezielten Mobbing-Handlungen einzelner gehört das Dulden durch die Mehrzahl der Kollegen dazu. 90

Daher sollte Mobbing, bereits in den Anfängen, im Feedbackgespräch angesprochen werden, sodass der Prozess beendet werden kann. 91

Ein geeignetes Instrument ist ein Gesamtkanzleimeeting mit den betroffenen Mitarbeitern, wo gemeinsame Leitsätze zur kanzleiinternen Moral entwickelt werden sollten. Es muss ein Konsens erzielt werden, der Mobbing-Handlungen in der Kanzlei inakzeptabel erscheinen lassen. Es soll hier noch einmal ausdrücklich darauf hingewiesen werden, dass damit nicht gemeint sein kann, „Konflikte zu verbieten", denn Konflikte sind notwendig und lassen sich auch nicht verbieten. Die Gefahr besteht jedoch in Konflikten, die ungelöst sind und daher in einen Mobbing-Prozess wuchern. Eine rechtzeitige Konflikt-Kommunikation zwischen Kollegen ist daher immer ratsam. 92

J. Mitarbeitermotivation und Mitarbeiterbindung

In Zeiten geburtenschwacher Jahrgänge entscheiden sich immer weniger Schuldabgänger für eine ReNo-Ausbildung, so dass die Mitarbeitermotivation und vor allem die Mitarbeiterbindung eine immer größere Rolle in den Kanzleien spielen, da auch hier ein Fachkräftemangel herrscht. 93

Zunächst könnte man meinen, ein entsprechend hohes Gehalt würde ausreichen, um Mitarbeiter zufrieden zu stellen und langfristig an die Kanzlei zu binden. Dies ist jedoch nicht so. 94

Diverse Untersuchungen von Unternehmensberater haben ergeben, dass das Gehalt für einen Arbeitnehmer nur nachrangig wichtig ist. Natürlich muss ein gewisser Lohn- 95

Grundbetrag erreicht sein, den der Arbeitnehmer für seine Leistung als „angemessen" erachtet. Denn wer sich als „unterbezahlt" ansieht, wird nie die volle Arbeitsleistung erbringen.

96 Für eine erfolgreiche Mitarbeiterbindung/Motivation sind aber vielmehr die **Soft-Features einer Kanzlei** entscheidend.

Unter anderem sind dies:

- gutes Arbeitsklima,
- gute Arbeitsbedingungen,
- weitest gehende Autonomie und Mitbestimmung,
- Anerkennung und Förderung.

97 Die **Förderung eines guten Arbeitsklimas** sollte dabei äußerste Priorität haben. Nur ein Arbeitnehmer der morgens aufsteht und gerne zur Arbeit geht, kann längerfristig an die Kanzlei gebunden werden. In kleinen Kanzleien herrscht meistens ein familiäres Betriebsklima, so dass das Betriebsklima hier i.d.R. stimmt, da Streitigkeiten schnell beigelegt werden und sich jeder zugehörig fühlt. Aber bereits in mittleren Kanzleien kann es zu Problemen kommen, wenn sich Gruppen bilden und einzelne Mitarbeiter als Außenseiter geltend. Hier ist es Aufgabe des Rechtsanwalts und der Büroleitung eine Ausgrenzung einzelner Mitarbeiter zu verhindern und ein allseitiges gutes Miteinander zu ermöglichen. Hierzu können außerbetriebliche Veranstaltungen wie z.B. eine Weihnachtsfeier, ein Bowlingabend oder ein Ausflug helfen, damit sich die Mitarbeiter auch einmal außerhalb der Dienstzeit kennen lernen.

98 Auch **gute Arbeitsbedingungen** werden von Mitarbeitern sehr geschätzt, wobei das „Gut" im Auge des Betrachters liegt und individuell abweichen kann. Die Bedürfnisse der Mitarbeiter sollten daher Berücksichtigung finden.

99 Zu den Arbeitsbedingungen gehört zunächst einmal die **allgemeine Büroausstattung**. Niemand hat Spaß daran mit veraltetem und noch schlimmer mit fehlerhaften Ausstattungen dauerhaft zu arbeiten. Ist ein Bürostuhl z.B. massiv beschädigt, so sollte er ausgetauscht werden und nicht für Dauer „nur behelfsmäßig" repariert werden.

100 Daneben gehören auch die **Arbeitszeiten** zu den Arbeitsbedingungen, die immer wichtiger für die Mitarbeiter werden. Gerade in etwas größeren Kanzleien gibt es zwischenzeitlich – u.a. auch wegen einer Internationalisierung – eine Erreichbarkeit von morgens 8 Uhr bis abends 20 Uhr oder länger. Dies kann ein einzelner Mitarbeiter nicht mehr abdecken, so dass es zu einem „kleinen" Schichtplan von Früh-und Spätdiensten kommt. Hier muss die Büroleitung äußerst umsichtig handeln. Zum einem muss den Bedürfnissen der Eltern mit schulpflichtigen Kindern Rechnung getragen werden, zum anderen darf aber auch nicht bei den kinderlosen Mitarbeitern der Eindruck entstehen, dass die Last der „verlängerten" Bürozeiten nur auf ihren Schultern liegt. Hier muss aktiv der Dialog

zwischen den einzelnen Mitarbeitergruppen erfolgen, um eine tragfähige und für alle zufriedenstellende Lösung zu finden.

Des Weiteren wünschen sich Mitarbeiter eine weitest gehende **Autonomie**. In Rechtsanwaltskanzleien ist diese Umsetzung nicht immer ganz so einfach. Es besteht aber eindeutig ein Unterschied, ob der Mitarbeiter anhand seines Wissens eine eigene Kostenrechnung erstellen soll oder ob diese auch vom Anwalt mit diktiert wird. Je mehr Eigenverantwortung ein Mitarbeiter besitzt, umso engagierter ist er. Dies setzt jedoch voraus, dass der Anwalt auf die Fähigkeiten seiner Mitarbeiter vertraut und diese permanent fördert und auch schult. 101

Hierzu gehört es jedoch auch, **Fehler seiner Mitarbeiter** von Seiten der RA auszuhalten. Denn jeder Mensch macht mal Fehler. Sollte ein Fehler auftreten, so sollte eine Problemlösung gesucht werden und nicht der Fehler an sich „abgestraft“ werden. Dies hat auch den Vorteil, dass Fehler von Mitarbeitern sofort gemeldet werden und nicht verschleiert werden, um einer „Bestrafung“ zu umgehen. 102

Organisatorische Prozesse sollten ferner für die Mitarbeiter nachvollziehbar sein und so gestaltet sein, dass die Mitarbeiter eigene Anliegen und Vorschläge einbringen können. Hierzu ist es erforderlich die Mitarbeiter frühzeitig in Änderungsvorhaben einzubinden. Soll z.B. ein neues Dezernat ausgebaut werden, so würde es sich anbieten, die Mitarbeiten hierüber frühzeitig zu informieren und zu erfragen, welche Mitarbeiter sich grundsätzlich eine Mitarbeit in diesem Dezernat vorstellen könnten. Die freiwillig gemeldeten Mitarbeiter sind dabei deutlich motivierten, als wenn sie einfach nur auf Dienstanweisung „versetzt“ werden. Als Instrument für die Weitergabe von gesamtorganisatorischen Prozessen könnte z.B. eine wöchentlich stattfindende Teamsitzung dienen. 103

Anerkennung und **Förderung** wird als letzter Punkt für eine Arbeitszufriedenheit von vielen Mitarbeitern genannt. Dabei ist die Anerkennung meist wichtiger als die eigentliche Bezahlung. Und wer wünscht es sich nicht, dass seine Arbeit wertgeschätzt wird. Die unter Rdn 71 ff. dargestellten Feedbackgespräche können hierbei behilflich sein. Aber auch außerhalb der turnusmäßigen Gespräche sollte „sehr gute“ Arbeit anerkannt werden und der Mitarbeiter ein entsprechendes Lob erhalten. 104

Die **Fähigkeiten des Mitarbeiters** sollten durch interne und externe Fortbildungen gefördert werden, wobei diese nicht immer einen direkten Zusammenhang mit der Arbeit besitzen müssen. Auch ein Yoga-Kurs kann zur inneren Ausgeglichenheit eines Mitarbeiters führen, die dieser gleichfalls in seine Arbeitsleistung mit einbringt. 105

Für eine gute Arbeitsleistung im vergangen Jahr erhalten Mitarbeiter häufig auch einen „**Bonus**“. Auch hier gilt: Geldprämien bleiben nicht so lange im Gedächtnis des Mitarbeiters wie individuelle Geschenke, bei denen sich der RA Gedanken über seinen Mitarbeiter gemacht hat. Schenkt man z.B. seiner reiseliebenden ReNo einen Wochentrip nach Barcelona, so ist dieser wohl unvergesslicher als ein Bonus i.H.v. 300,00 €. 106

K. Steuerliche Behandlung von Zuwendungen an Mitarbeiter

107 Zu Herstellung einen besonders guten Arbeitsklimas gewähren einige Kanzlei ihren Mitarbeitern diverse „Annehmlichkeiten". Obwohl diese einen guten Zweck verfolgen, müssen hier die steuerlichen und sozialversicherungsrechtlichen Vorschriften beachtet werden, damit es zu keiner Mehrbelastung des Arbeitnehmers oder des Arbeitgebers führt.

108 Grds. gelten alle Zuwendungen, die der Arbeitgeber seinen Mitarbeitern im Rahmen seines Arbeitsverhältnisses macht, als Einnahmen des Mitarbeiters und wären demnach steuer-und sozialversicherungspflichtig. Unter bestimmten Voraussetzungen kann der Arbeitgeber seinen eigenen Mitarbeitern jedoch Zuwendungen zukommen lassen, ohne dass diese zum Arbeitslohn zählen.

109 Unabhängig von der Bewertung der Steuer- und Sozialversicherungsfreiheit sind alle Zuwendungen, die der Arbeitgeber seinen Mitarbeitern gegenüber macht, immer als **Betriebsausgabe** abzugsfähig.

Anders als z.B. Geschenke an Geschäftspartner, die die jährliche Freigrenze von derzeit 35,00 € übersteigen. Diese sind bei Überschreitung nicht mehr als Betriebsausgabe geltend zu machen.

110 Nachstehend sollen die Besonderheiten der nachstehenden Zuwendungen an Mitarbeiter kurz erläutert werden.

I. Kaffee und Gebäck

111 Vielfach werden den Mitarbeitern Kaffee und kalte Getränke wie Wasser oder Säfte zum Verzehr zur Verfügung gestellt. Gemäß § 19.6 Abs. 2 LStR gehören diese Getränke und Genussmittel, die der Arbeitgeber den Arbeitnehmern zum Verzehr im Betrieb unentgeltlich oder teilentgeltlich überlässt, als **sog. Aufmerksamkeiten** nicht zum Arbeitslohn und sind daher weder steuer- noch sozialversicherungspflichtig. Hierzu gehört i.Ü. auch Gebäck.

II. Mahlzeiten

112 Mahlzeiten, die arbeitstäglich oder routinemäßig (z.B. einmal pro Woche anlässlich zu einer Besprechung) unentgeltlich oder verbilligt an die Mitarbeiter abgegeben werden, sind als Arbeitsentgelt zu bewerten und somit steuer- und sozialversicherungspflichtig.

113 Versteuert wird jedoch nur der jeweilige **Sachbezugswert**. Die Sachbezugswerte werden jährlich erneut von der Finanzverwaltung festgesetzt. Im Jahr 2018 gelten folgende Sachbezugswerte:

- Frühstück 1,73 €
- Mittag- oder Abendessen 3,23 €

Wenn die Mahlzeiten jedoch nicht als Lohnbestandteil vereinbart sind, sondern „zusätzlich" gewährt werden, besteht die Möglichkeit der **Pauschalierung der Lohnsteuer** mit 25 % gem. § 40 Abs. 2 Satz 1 Nr. 1 EStG. Die Mahlzeiten werden dabei nicht auf die einzelnen Mitarbeiter verteilt, sondern vielmehr pauschal für alle Mitarbeiter abgeführt. 114

Dies hat auch den Vorteil das gem. § 1 Abs. 1 Satz 1 Nr. 3 SvEV (Sozialversicherungsentgeltverordnung) bei der Pauschalierung der Lohnsteuer **keine Sozialabgaben** anfallen. 115

Bei der Pauschalierung ist der Arbeitgeber Steuerschuldner. 116

III. Jobticket

Gewährt der Arbeitgeber seinem Mitarbeiter ein solches Jobticket, handelt es sich grundsätzlich um eine Sachzuwendung. Bis zu einem Betrag von 44,00 € pro Monat können diese den Mitarbeitern steuerfrei überlassen werden. Bei der Berechnung der monatlichen Freigrenze sind jedoch etwaige andere Sachbezüge zu berücksichtigen. Darunter fallen Gutscheine oder andere Sachgeschenke des Arbeitgebers. Wird die Freigrenze überschritten, ist der gesamte Sachbezug steuer- und sozialabgabenpflichtig. 117

Dies gilt i.Ü. auch, wenn das Jobticket bereits selbst die Freigrenze überschreitet. In Berlin z.B. würde gerade noch das Azubi-Ticket unter die 44,00 €-Grenze fallen. Für die teureren Tickets kann der Arbeitgeber aber auch hier gem. § 40 Abs. 2 Satz 2 EStG eine Pauschalierung der Lohnsteuer vornehmen, diesmal mit einem Steuersatz von 15 %, und diese dann für seinen Arbeitnehmer übernehmen Da es sich um eine **Freigrenze** und nicht um einen Freibetrag handelt, ist der Gesamtwert des Jobtickets bei der Versteuerung anzusetzen und nicht nur der die Freigrenze übersteigende Betrag. 118

Bei der Pauschalierung der Lohnsteuer **entfällt** wiederum die **Sozialversicherungspflicht**. 119

Für die Steuerfreiheit des Arbeitnehmers ist es zudem erforderlich, dass der Arbeitgeber die Kosten des Fahrausweises direkt an das Verkehrsunternehmen abführt. 120

Die Zahlungen an das Verkehrsunternehmen sind durchaus als Betriebsausgaben des Arbeitgebers abziehbar. Da es sich jedoch um einen „Lohnbestandteil" handelt, darf hieraus **nicht die Vorsteuer** gezogen werden. 121

Außerdem darf das Jobticket nicht als Lohnumwandlung gewährt werden, um die Steuerfreiheit zu garantieren. 122

Der Arbeitnehmer kann dann seine Fahrten zwischen Wohnung und Arbeitsstätte in seiner Lohnsteuererklärung nicht mehr als Werbungskosten geltend machen. 123

IV. Kindergartenzuschuss

124 Steuerfrei sind zusätzlich zum ohnehin geschuldeten Arbeitslohn erbrachte Leistungen des Arbeitgebers zur Unterbringung und Betreuung (inkl. Verpflegungskosten) von nicht schulpflichtigen Kindern der Arbeitnehmer in Kindergärten oder vergleichbaren Einrichtungen. Nach der Lohnsteuerrichtlinie 2018 bleiben Kindergartenzuschüsse des Arbeitgebers **bis zur Einschulung des Kindes** steuerfrei. Wegen des unterschiedlichen Schulbeginns in den einzelnen Bundesländern trägt diese Regelung zur Verwaltungsvereinfachung bei.

125 Die Überweisung an den Kindergarten muss wieder **direkt vom Arbeitgeber** erfolgen, um die Steuerfreiheit zu garantieren.

V. Betriebsveranstaltungen

126 Bislang wurden Zuwendungen bei Betriebsveranstaltungen, wie z.B. Weihnachtsfeier lediglich durch die Einkommenssteuer-Richtlinien steuerrechtlich geregelt. Erstmalig wurde durch das zum 31.12.2014 in Kraft getretene Zollkodex-Anpassungsgesetz in § 19 Abs. 1 Satz 1 EStG die neue Nr. 1a eingefügt und es wird nunmehr ab 2015 gesetzliche geregelt, dass Zuwendungen des Arbeitgebers an seinen Arbeitnehmer und dessen Begleitpersonen anlässlich einer Betriebsveranstaltung grundsätzlich zu den Einkünften aus nichtselbstständiger Arbeit zählen.

127 Unter Betriebsveranstaltungen fasst man dabei alle Veranstaltungen, die zwar gesellschaftlichen Charakter haben, darüber hinaus aber auch betrieblich veranlasst worden sind. Die Teilnahme muss daher grds. allen Betriebsangehörigen offen stehen.

128 Insbesondere gehören zu den Betriebsveranstaltungen

- Weihnachtsfeiern,
- Sommerfeste oder
- sonstige sportliche Aktivitäten.

129 Ausnahmsweise werden Betriebsveranstaltungen auch für Veranstaltungen angenommen, die nur für einen beschränkten Kreis interessant sind, sofern die Begrenzung nicht als Bevorzugung dieser bestimmten Gruppe erscheint.

130 Die Veranstaltung selbst und die erbrachten Zuwendungen müssen „üblich" sein.

Dabei wird die Üblichkeit der Veranstaltung. durch die Herkömmlichkeit (Häufigkeit) sowie die besondere Ausgestaltung der Betriebsveranstaltung abgegrenzt. Eine Betriebsveranstaltung ist dabei üblich, wenn nicht mehr als **zwei gleichartige Veranstaltungen jährlich** durchgeführt werden. Dabei wird nicht die Teilnahme des einzelnen Mitarbeiters betrachtet, sondern die Anzahl der Veranstaltungen in der gesamten Kanzlei. Auf die Dauer der Veranstaltung kommt es nicht an, auch eine mehrtägige Veranstaltung wäre denkbar.

Werden mehr als zwei Veranstaltungen von der Kanzlei erbracht, z.B. ein Sommerfest, ein Bowlingabend und eine Weihnachtsfeier, so hat die Kanzlei das **Wahlrecht**, welche beiden Veranstaltungen als übliche Betriebsveranstaltung geltend sollen. 131

Die **Kosten einer Betriebsveranstaltung** führen demnach beim Arbeitnehmer nur dann nicht zum Lohnzufluss, 132

- soweit der Freibetrag von 110,00 € – inklusive Umsatzsteuer – pro Veranstaltung und teilnehmendem Arbeitnehmer nicht überschritten ist und
- soweit nicht mehr als zwei begünstigte Veranstaltungen pro Jahr durchgeführt werden.

Seit 2015 hat sich der Gesetzgeber bewusst für einen **Freibetrag i.H.v. 110,00 €** anstatt der dahin geltenden Freigrenze entschieden.

In der Vergangenheit führte die Überschreitung um nur einen Cent dazu, dass der gesamte Betrag versteuert werden musste. Nunmehr wird nur der darüber hinausgehende Betrag steuer- und sozialversicherungspflichtig und muss grundsätzlich nach den individuellen Steuer- und Sozialversicherungsmerkmalen des jeweiligen Arbeitnehmers abgerechnet werden muss.

Dieser Paradigmenwechsel von der Freigrenze zum Freibetrag führt zu einer deutlichen Lohnsteuer-Erleichterung, da z.B. bei Kosten von 200,00 €/Mitarbeiter nur noch 90,00 € anstatt wie bislang die vollen 200,00 € versteuert werden müssen.

Als **übliche Zuwendungen**, die erbracht werden können, gelten 133

- Speisen und Getränke,
- Übernachtungs- und Fahrtkosten,
- Eintrittskarten für kulturelle und sportliche Veranstaltungen, wenn die Veranstaltung sich nicht nur auf den kulturellen oder sportlichen Event beschränkt und
- Ebenfalls einbezogen werden Geschenke. Während bis zum 31.12.2014 nur sogenannte übliche Geschenke bis zum Wert von 40,00 € (seit dem 1.1.2015: 60,00 €) betroffen waren, sind zukünftig auch größere Gaben einzubeziehen, zum Beispiel Verlosungsgewinne.

In der Vergangenheit wurde mehrfach über die Auslegung bzw. Erhöhung der Freigrenze von 110,00 € geklagt, wobei der BFH mit Urt. v. 12.12.2012 (Az. VI R 79/10) festgestellt hat, dass die Anpassung des Höchstbetrages nicht seine Aufgabe sei und hier der Gesetzgeber gefordert wäre. Der ursprüngliche Entwurf des Zollkodex-Anpassungsgesetzes sah daher auch eine Erhöhung der Freigrenze auf 150,00 € vor. Im Gesetzgebungsverfahren konnte sich dieser Entwurf jedoch – auch in den Folgejahren – nicht durchsetzen. 134

Gerade die „Betriebsveranstaltungen“ stehen immer wieder im Visier der steuerrechtlichen Gesetzgebung, so dass es ratsam ist, sich **stets zu Beginn eines Kalenderjahres** über die aktuelle Rechtslage zu informieren. 135

136 Nach § 40 Abs. 2 Nr. 2 EStG gibt es zumal die Möglichkeit einer Pauschalbesteuerung i.H.v. 25 % (zuzüglich Solidaritätszuschlag und Kirchensteuer) für eine nicht übliche Betriebsveranstaltung (z.B. die dritte Veranstaltung im Jahr) oder für den Überschussbetrag bei Überschreiten des Freibetrages.

137 Diese Pauschalierung muss allerdings beim Finanzamt gemäß § 40 Abs. 1 EStG beantragt werden und dieses muss der Pauschalierung zustimmen. Erfolgt eine Zustimmung nicht, so muss individuell versteuert werden.

138 Wird im Rahmen einer Lohnsteuerprüfung festgestellt, dass eine Betriebsveranstaltung nicht ordnungsgemäß versteuert wurde, werden die entsprechenden Aufwendungen i.d.R. gleichfalls mit einer Pauschalsteuer von 25 % (zuzüglich Solidaritätszuschlag und Kirchensteuer) gemäß § 40 EStG versteuert.

139 Gemäß § 40 Abs. 3 EStG ist der Arbeitgeber Schuldner der pauschalen Steuer und muss diese wiederum bis zum 10. des Folgemonats dem Finanzamt melden und abführen.

140 Wird die Betriebsveranstaltung pauschal nach § 40 EStG versteuert, so ergibt sich hieraus der Vorteil, dass **Beitragsfreiheit in der Sozialversicherung** auslöst wird.

141 Der BFH hat mit Urt. v. 9.12.2010 (Az. V R 17/10) festgestellt, dass bei unüblichen Betriebsveranstaltungen der Arbeitgeber keinen Anspruch auf Vorsteuerabzug hat, da der private Vorteil des Arbeitnehmers überwiegt. Die Vorsteuer ist daher entsprechend auf 0 % zu korrigieren.

> Werden die Weihnachtsgeschenke außerhalb der Weihnachtsfeier übergegen, so gilt die Freigrenze für sonstige Sachbezüge i.H.v. 44,00 € für die Geschenke (vgl. Rdn 157) und man hätte noch den vollen Freibetrag für Betriebsveranstaltungen von 110,00 € für die eigentliche Feier zur Verfügung. Beide Leistungen wären steuer- und sozialversicherungsfrei.

142 Mit zwei Entscheidungen hatte der BFH damals die Höchstgrenze von 110,00 € indirekt erhöht (vgl. BFH, 16.5.2013 – VI R 7/11 und VI R 90/10), indem Aufwendungen für die Ausgestaltung der Veranstaltung (z.B. Raummiete) unberücksichtigt blieben und bei der Teilnahme von Familienangehörigen an der Feier deren Anteil nicht dem Arbeitnehmer zugerechnet worden ist. Beides hat der Gesetzgeber nunmehr wieder anders geregelt.

143 Aus Vereinfachungsgründen wird der 110,00 €-Freibetrag ab 2015 wieder nach den insgesamt für die Betriebsveranstaltung angefallenen Aufwendungen und dem sich rechnerisch ergebenden Pro-Kopfanteil für den teilnehmenden Arbeitnehmer bestimmt. Dabei ist es unerheblich, ob die Kosten dem Arbeitnehmer individuell zugerechnet werden können. Die **Ausgestaltungskosten** (wie Raummiete) sind jetzt wieder **zu berücksichtigen**.

144 Der auf **Familienangehörige entfallende Aufwand** ist dem Arbeitnehmer bei der Berechnung, ob die Freigrenze überschritten ist, nunmehr wieder **zuzurechnen**.

145 Des Weiteren muss wie bisher pro Veranstaltung eine **Teilnehmerliste** gem. § 4 Abs. 2 Nr. 8 Lohnsteuerdurchführungsverordnung angelegt werden. In dieser sollten dann aber auch die Angehörigen als Teilnehmer aufgenommen werden und als solche gesondert gekennzeichnet und dem entsprechenden Mitarbeiter zugeordnet werden.

VI. Geschenke an Mitarbeiter

146 Grundsätzlich gelten Geschenke als Einnahmen des Mitarbeiters und sind demnach steuer-und sozialversicherungspflichtig.

Unter bestimmten Voraussetzungen kann der Arbeitgeber seinen eigenen Mitarbeitern jedoch außerhalb von Betriebsveranstaltungen Geschenke zukommen lassen, ohne dass diese zum Arbeitslohn zählen. Hierbei unterscheidet man in **Geschenke aus besonderem persönlichen Anlass und sonstige Sachbezüge/Geschenke**.

147 Erhält der Arbeitnehmer ein Geschenk aus besonderem persönlichem Anlass und ist dieses nicht mehr als **60,00 € wert**, so spricht man auch von einem sogenannten Gelegenheitsgeschenk oder einer Aufmerksamkeit, die nicht zum Arbeitslohn zählt (gem. Lohnsteuerrichtlinie R 19.6 Abs. 1 LStR). Bei derartigen Geschenken wird angenommen, dass die Zuwendung nicht für die Beschäftigung selbst gewährt wird, sondern weil sie im gesellschaftlichen Verkehr üblich ist.

Der Wert wurde übrigens 2015 nach langer Zeit deutlich von ehemals 40,00 € auf nunmehr 60,00 € erhöht, wurde seitdem aber auch nicht mehr angepasst.

148 Ein besonderer persönlicher Anlass ist beispielsweise

- der Geburtstag,
- die Hochzeit,
- die Geburt des Kindes, aber auch
- das Dienstjubiläum.

149 Zunächst einmal gilt diese Regelung nur für Sachzuwendungen (z.B. für ein Buch oder T-Shirt). Geldzuwendungen sind von dieser Regelung gänzlich ausgenommen und damit stets – unabhängig vom Wert – steuer- und sozialversicherungspflichtig.

150 **Geschenkgutscheine** waren in der Vergangenheit umstritten, unterliegen nunmehr aber auch der Regelung für Gelegenheitsgeschenke. In der Vergangenheit fielen hierunter lediglich Gutscheine, die keine Wertangabe besaßen. Der Bundesfinanzhof hat jedoch bereits im November 2010 in drei Urteilen entschieden, dass eine Wertangabe auf den Gutschein nicht hinderlich für die Anwendung dieser Regelung ist (vgl. BFH, 11.10.10 – VI R 21/09; VI R 27/09 und VI R 41/10), soweit der Gutschein **sachbezogen** ist (z.B. Benzingutschein). Anders wäre der Gutschein zu bewerten, wenn der Arbeitnehmer eine Wahlmöglichkeit zwischen dem Erhalt der Sache und einer Auszahlung des Barbetrages hätte.

Hier ist immer steuer- und sozialversicherungspflichtiger Arbeitslohn gegeben. In der Praxis gibt es jedoch nur wenige dieser „Wahl"- Gutscheine.

151 Bei dem Betrag von 60,00 € handelt es sich dabei um eine **Freigrenze** und nicht um einen Steuerfreibetrag. D.h. übersteigt der Wert des Geschenkes die Freigrenze auch nur um einen Cent, so ist das Geschenk im vollen Umfang steuer- und beitragspflichtig und zwar grundsätzlich nach den individuellen Besteuerungsgrundlagen des entsprechenden Arbeitnehmers. Wichtig ist auch, dass bei dieser Freigrenze immer der **Bruttobetrag** (einschließlich Umsatzsteuer) maßgeblich ist, da der Arbeitnehmer nicht vorsteuerabzugsfähig ist und somit um den Gesamtbetrag bereichert ist.

152 Insbesondere zu besonderen persönlichen Anlässen wie Hochzeiten und Dienstjubiläen wird die Wertgrenze häufig überschritten, um eine erhöhte Wertschätzung an den Mitarbeiter auszudrücken. Für den Arbeitgeber ist dabei besonders wichtig, dass er jedwede Geschenke an seine Mitarbeiter – unabhängig vom Wert – als **Betriebsausgabe** geltend machen kann. D.h. die Ausgabe für das Geschenk wirkt gewinnmindert.

153 In der Regel möchte man jedoch den beschenkten Mitarbeiter auch bei größeren Geschenken von der Steuerpflicht befreien, denn im Alltag geht kein Beschenkter von einer Steuerverpflichtung aus. Es besteht daher seit 1.1.2007 die Möglichkeit einer Pauschalversteuerung nach § 37b Abs. 2 EStG. mit einem **Pauschalsteuersatz von 30 %** (zzgl. Solidaritätszuschlag und Kirchensteuer). Die pauschale Lohnsteuer wird dabei alleine vom Arbeitgeber getragen und muss wie die sonstige individuell berechnete Lohnsteuer für die Gehälter bis zum 10. des Folgemonats an das Finanzamt gemeldet werden.

154 Geschenke, die wegen ihres Wertes pauschal nach § 37b EStG versteuert werden, sind dennoch Arbeitsentgelt i.S.v. § 14 Abs. 1 SGB IV und somit **weiterhin sozialversicherungspflichtig** (anders als bei Geschenke an Dritte)!

155 Das Wahlrecht, ob Geschenke über 60,00 € individuell oder pauschal versteuert werden, kann der Arbeitgeber innerhalb eines Wirtschaftsjahres nur einheitlich für alle Arbeitnehmer ausüben. Es ist daher ausgeschlossen, dass Mitarbeiter ungleich behandelt werden. Das Wahlrecht wird dabei durch die Anmeldung der Pauschalsteuer ausgeübt und kann innerhalb eines Jahres nicht widerrufen werden. In einem neuen Wirtschaftsjahr kann sich der Arbeitgeber jedoch wieder einheitlich für eine andere Versteuerungsmöglichkeit entscheiden.

156 Bei Weihnachten handelt es sich jedoch **nicht** um einen besonderen persönlichen Anlass, obwohl Geschenke zu diesem Anlass allgemein gesellschaftlich üblich sind. Der Anlass selbst wird jedoch nicht durch die Person des Arbeitnehmers ausgelöst, sondern ist vielmehr allgemeiner Art. Somit ist das Weihnachtsgeschenk als Einnahme i.S.d. § 8 EStG anzusehen, wonach Einnahmen alle Güter sind, die in Geld oder Geldeswert bestehen und dem Steuerpflichtigen (hier dem Arbeitnehmer) im Rahmen seiner Einkunftsart zufließen.

§ 8 Abs. 2, letzter Satz EStG regelt jedoch eine **allgemeine Sachbezugsgrenze von 44,00 € monatlich**. Übersteigt der Wert für ein Sachgeschenk ohne besonderen persönlichen Anlass (z.B. ein Weihnachtsgeschenk) diese Wertgrenze nicht, so gehört dieser Wertvorteil nicht zum Arbeitslohn und somit ist auch dieses Geschenk damit ebenfalls steuer- und sozialversicherungsfrei. 157

Auch bei diesem Grenzbetrag ist der Bruttowert maßgeblich, da der Arbeitnehmer nicht vorsteuerabzugsfähig ist und für den theoretischen Kauf sowohl den Nettobetrag als auch die hierauf entfallende Umsatzsteuer aufwenden müsste. 158

Die Freigrenze für sonstige Sachbezüge kann **jeden Monat** ausgeschöpft werden- ein Anlass ist nicht erforderlich. Der Arbeitgeber könnte z.B. jeden Monat seinen Mitarbeitern einen Tankgutschein über 44,00 € steuer- und beitragsfrei zukommen lassen. Die Sachbezüge müssen jedoch zusätzlich zum Arbeitslohn gewährt werden, eine Gehaltsumwandlung ist daher nicht zulässig. Im Dezember hätte man zudem dann das Problem, dass die Freigrenze bereits ausgeschöpft wäre. 159

Ein „**Ansparen“ des monatlichen Freibetrages** ist nicht möglich. Wird der Freibetrag in einem Monat nicht ausgeschöpft, so verfällt der restliche Freibetrag und es erhöht sich nicht der Freibetrag für den Folgemonat. Der Monatsfreibetrag von 44,00 € kann also nicht auf einen einmalige Jahresfreibetrag von 528,00 € angespart werden. 160

Die Freigrenze für Gelegenheitsgeschenke aus persönlichem Anlass und diejenige für sonstige Sachbezüge ohne besonderen persönlichen Anlass können jedoch **nebeneinander** angewendet werden. D.h., dem Mitarbeiter, der im Dezember Geburtstag hat, kann sowohl ein Geburtstagsgeschenk bis zur Höhe von 60,00 € brutto sowie ein Weihnachtsgeschenk (außerhalb der Weihnachtsfeier) bis zur Höhe von 44,00 € brutto steuer- und beitragsfrei im gleichen Monat zugewendet werden. 161

Wird die Freigrenze jedoch um nur einen Cent überschritten, so ist wiederum die Sachzuwendung im vollen Umfang steuer- und sozialversicherungspflichtig. Will der Arbeitgeber eine individuelle Versteuerung auf der Lohnabrechnung seines Mitarbeiters vermeiden, so ist auch hier eine Pauschalierung nach § 37b EStG mit einem Pauschalsteuersatz von 30 % möglich. 162

Auch hier gilt: alle Geschenke an eigene Mitarbeiter zuzüglich der evtl. hierauf entrichteten pauschalen Lohnsteuer sind stets als Betriebsausgabe abzugsfähig, unabhängig ob sie innerhalb der Freigrenze liegen oder diese übersteigen. 163

Für die abzugsfähigen Geschenke ist jedoch die Vorsteuer zu berichtigen, da es sich um lohnsteuerpflichtige Sachzuwendungen an Arbeitnehmer handelt und der Arbeitgeber auf diese Leistungen keinen Anspruch auf Vorsteuerabzug hat. 164

VII. Exkurs: Geschenke an Geschäftspartner (Klienten)

165 Geschenke an andere Personen, die nicht Arbeitnehmer der Kanzlei sind, sind vom Grundsatz her gem. § 4 Abs. 5 EStG vom **Betriebsausgabenabzug ausgeschlossen**, und wirken daher nicht gewinnmindert, auch wenn sie aus betrieblichen Gründen erfolgen.

166 Das Gesetz sieht lediglich eine einzige **Ausnahme** vor und zwar für Geschenke an Geschäftspartner, die betrieblich veranlasst sind und einem **Gesamtwert von 35,00 € pro Jahr und Empfänger** nicht übersteigen (§ 4 Abs. 5 Nr. 1 EStG).

167 Als betrieblich veranlasst werden grundsätzlich alle Werbegeschenke angesehen. Des Weiteren aber auch Geschenke ohne Werbeaufdruck, wenn diese als Geste für gute Zusammenarbeit oder zur Förderung der Zusammenarbeit verschenkt worden sind. Hierunter fallen zum Beispiel Präsentkörbe, Champagner oder Süßigkeiten zu Weihnachten oder zum Jahreswechsel. Abzugrenzen sind hier alle Privatgeschenke an Freunde und Verwandte, sofern sie in keiner Geschäftsbeziehung zur Kanzlei stehen.

168 Zu den **Kosten des Geschenkes** gehören sowohl die tatsächlichen Anschaffungskosten der Sache selbst als auch die anteiligen Kosten für eine evtl. Werbeanbringung (z.B. Grafikkosten). **Verpackungs-** und **Versandkosten** können hingegen herausgerechnet werden.

169 Hinzu kommt evtl. noch die Umsatzsteuer. Anders als bei der Freigrenzen für Mitarbeiter, die sich immer nach dem Bruttoanschaffungswert des Geschenkes richtet, unterscheidet man jedoch bei Geschäftspartnern, ob diese zum Vorsteuerabzug berechtigt sind oder nicht. Kostet ein Geschenk also 41,65 € brutto (= 35,00 € netto + 19 % USt i.H.v. 6,65 €), so kann es sein, dass das Geschenk an den Malerbetrieb als Betriebsausgabe abzugsfähig ist, bei dem nicht vorsteuerabzugsfähigen Zahnarzt als Klienten jedoch nicht.

170 Da es sich bei dem Betrag von 35,00 € wiederum um eine **Freigrenze** und um keinen Steuerfreibetrag handelt, führt das Überschreiten der Freigrenze um nur einen Cent dazu, dass das Geschenk im vollen Umfang nicht als Betriebsausgabe geltend gemacht werden kann und somit auch nicht mehr den Gewinn mindert. Im Übrigen hat dies auch zur Folge, dass die Kanzlei den Vorsteuerabzug auch nicht ziehen darf. Die kompletten Anschaffungskosten des Geschenkes (netto + Umsatzsteuer) sind nicht im Kanzleiergebnis zu berücksichtigen

171 Anders als bei eigenen Mitarbeitern gilt die **Freigrenze pro Empfänger** für ein ganzes Jahr. Sämtliche Zuwendungen in einem Kalenderjahr sind also zusammenzurechnen. Erhielt ein Geschäftspartner bereits ein Geburtstagsgeschenk für 25,00 €, so kann er nur noch ein Weihnachtsgeschenk über 10,00 € bekommen. Hat das Weihnachtsgeschenk jedoch auch einen Wert von 25,00 €, so liegt hier ein Gesamtwert von 50,00 € pro Empfänger vor und beide Geschenke können nicht mehr als Betriebsausgabe abgesetzt werden. In diesem Fall muss eine entsprechende Korrekturbuchung in der Vorsteuer und in den Betriebsausgaben vorgenommen werden. Beim Jahresabschluss werden also diese Geschen-

kaufwendungen außerhalb der Bilanz bzw. Einkommensüberschussrechnung dem Gewinn hinzugerechnet.

Zur Vermeidung würde es sich in diesen Fällen anbieten, das zweite Geschenk als Privatentnahme zu verbuchen, um so zumindest die erste Betriebsausgabe zu sichern.

Um den Steuerabzug sicher zu bekommen, müssen die Empfänger zu den Geschenken zusätzlich in der Buchführung erfasst werden. In der Praxis hat sich eine gesonderte Geschenkeliste bewährt, in dem der entsprechende Zahlungsbeleg dem jeweiligen Empfänger zugeordnet wird. Die Geschenke sind darüber hinaus auf einem gesondert dafür einzurichtenden Buchführungskonto zu verbuchen. 172

Nach der ständigen Praxis gibt es jedoch zwei Ausnahmen von der 35,00 €-Grenze: 173

- Können **Gegenstände ausschließlich beruflich und nicht privat genutzt werden**, so findet die 35,00 €-Grenze keine Anwendung und das Geschenk könnte auch bei höheren Werten als Betriebsausgabe abgezogen werden (z.B. ein Rechtsanwalt verschenkt Fachliteratur an Kollegen, mit denen er ständig zusammenarbeitet).
- Des Weiteren zählen **Kränze und Blumen** anlässlich von **Beerdigungen von Geschäftspartner/Klienten** nicht zu Geschenken im eigentlichen Sinne. Das Einkommenssteuergesetz enthält keine Definition vom Geschenk, so dass man sich der Definition des BGB bedienen muss. Nach § 516 Abs. 1 BGB erfolgt eine Schenkung durch die unentgeltliche Zuwendung an jemanden, der dann in seinem Vermögen bereichert ist. Beide Teile müssen sich darüber einig sein, dass die Zuwendung unentgeltlich erfolgt (Schenkungsvertrag). Ein Schenkungsvertrag mit einem Toten ist jedoch nicht möglich.

Neben der Frage des Betriebsausgabenabzuges ist es für die Kanzlei auch wichtig, die Geschenke richtig zu versteuern. Da der Beschenkte die Zuwendung im Berufsleben erhalten hat, muss er den Wert grds. als Einnahme versteuern lassen. Wird die Steuer dann nicht von der Kanzlei übernommen, so bleibt weiterhin der Beschenkte (Klient/Geschäftspartner) steuerpflichtig und hat hierdurch Unannehmlichkeiten in Form von Nachversteuerung. Dies widerspricht jedoch dem Grundgedanken des Schenkens, da man dem Klienten durch das (Weihnachts)geschenk eine Freude bereiten will und ihm nicht noch weitere Schwierigkeiten mit der Finanzbehörde aufbürden möchte. 174

Auch hier gibt es seit dem 1.1.2007 die Möglichkeit, dass der Schenker die Steuer des Empfängers bei Geschenken durch eine **Pauschalierung nach § 37b EStG i.H.v. 30 %** (zuzüglich Solidaritätszuschlag und Kirchensteuer) übernimmt, diese zusammen mit der sonstigen Lohnsteuer seiner eigenen Mitarbeiter abführt und somit den Beschenkten von seiner Steuerpflicht freistellt. 175

Lange Zeit war es dabei umstritten, ob die Pauschalierung nach § 37b EStG erst ab einem Überschreiten der Wertgrenze von 35,00 € Anwendung findet und somit kleinere Ge- 176 schenke an Geschäftspartner steuerfrei sind. In seiner Entscheidung vom 16.10.2013 stellte der BFH zum Az.VI R 52/11 jedoch unmissverständlich klar, dass hierunter alle Geschenke an Geschäftspartner fallen – unabhängig vom Wert.

177 Von der Übernahme der Steuer ist der Empfänger gem. § 37b Abs. 3 Satz 3 EStG zu unterrichten, damit er das Geschenk nicht selbst doppelt versteuert.

178 Die Pauschalsteuer kann jedoch nur als Betriebsausgabe geltend gemacht werden, wenn das Geschenk selbst betriebsausgabenfähig ist. Wird die Freigrenze von 35,00 € überschritten, so ist auch die für dieses Geschenk übernommene Pauschalsteuer nicht abzugsfähig und mindert nicht den Gewinn.

179 Eine Pauschalierung ist jedoch ausgeschlossen, wenn die Zuwendungen je Empfänger und Wirtschaftsjahr den Bruttobetrag von 10.000,00 € übersteigt. Diese Regelung kommt jedoch wohl eher in Großkonzernen als in Rechtsanwaltskanzleien zum Tragen.

180 Anders als bei eigenen Arbeitnehmer führt die Pauschalierung nach § 37b EStG bei Geschenken an Geschäftspartner zu einer **Beitragsfreiheit in der Sozialversicherung**. Dies ist nur zweckdienlich, da die Kanzlei nicht die sozialversicherungstechnischen Daten des Beschenkten wissen kann (anders als bei eigenen Mitarbeitern).

L. Social Media und Arbeitsrecht

181 In der freien Wirtschaft sind Social Media-Anwendungen wie Facebook, Instagram, Xing, Youtube oder eigene Blogs mittlerweile fester Bestandteil und dienen zum einem dem Marketing von Produkten und zum anderen der Mitarbeitersuche.

Teilweise werden Social Media nunmehr auch von Anwaltskanzleien genutzt, wobei m.E. jedoch äußerste Vorsicht geboten scheint. Zwar sollten sich Kanzleien immer auch als Wirtschaftsunternehmen verstehen, dennoch dürfen die Pflichten der Anwälte als Organ der Rechtspflege nicht vergessen werden. Insbesondere die **Verschwiegenheitspflicht** aus dem Mandatsverhältnis muss zu jeder Zeit sowohl vom RA als auch von der ReFa **zwingend beachtet werden**.

182 Dies im Hinterkopf kommt man jedoch nicht daran vorbei, sich mit dem Thema Social Media in der Kanzlei zu beschäftigen. Neben der offiziellen Website der Kanzlei wird das Image im zunehmenden Maße durch **indirekte Äußerungen** von Mandanten, Geschäftspartnern und Arbeitnehmern im Internet geprägt. Vor Mandatserteilung wird die Kanzlei unter Umständen von einem potentiellen Neumandanten oder zukünftigen Arbeitnehmer „gegoogelt".

Zum Teil ist es daher ratsam, dass die Kanzlei **indirekt für positives Feedback** sorgt und sich z.B. zu aktuellen Urteilen oder Gesetzesänderung äußert. Die Äußerung zu einem konkreten Mandat darf jedoch in keinen Fall geschehen.

Ferner kann **negatives Feedback** im Rahmen von Aufhebungsverträgen **aktiv unterbunden** werden, um so ein negatives öffentliches Nachhacken von ausgeschiedenen Mitarbeitern zu verhindern.

In der freien Wirtschaft gibt es **spezielle Social Media-Teams**, die gezielt positive Informationen über das Unternehmen verbreiten. In der klassischen Anwaltskanzlei gibt es ein solch gut ausgebildetes Team leider nicht. Unter Umständen ist es daher ratsam, sich Hilfe bei einem externen Spezialisten zu besorgen, der sich mit Sozialen Netzwerken auskennt.

Nichtsdestotrotz sind viele Mitarbeiter auch privat im Internet unterwegs und gerade hier liegt das Problem. Nicht alle Mitarbeiter wissen, wie sie sich dort als Mitarbeiter einerseits oder als Privatperson andererseits verhalten sollen.

Deshalb ist es umso notwendiger, den Mitarbeitern eine sogenannte **„Social Media-** 183
Richtlinie“ an die Hand zu geben, die Hinweise zum Verhalten in Sozialen Netzwerken enthalten soll.

Zunächst muss der RA die Grundentscheidung treffen, ob die **Kanzleizugehörigkeit** überhaupt vom Mitarbeiter genannt werden darf.

> *Praxistipp:*
>
> Da grds. auch **Privatäußerung** von Mitarbeitern zu einem negativen Feedback für die Kanzlei führen können, sollte eine Nennung der Kanzleizugehörigkeit am besten bereits im Arbeitsvertrag ausgeschlossen werden.

Sollte jedoch eine Nennung der Kanzleizugehörigkeit erlaubt sein, so sollten folgende Grundsätze in der Social Media-Richtlinie enthalten sein:

- Der Mitarbeiter soll – wie auch in der Kanzlei – stets **höflich und freundlich** sein.
- Auf keinen Fall sollte er den Gesprächspartner **beschimpfen oder bedrohen**.
- Der Mitarbeiter sollte immer klarstellen, dass es sich bei seiner Aussage um die **eigene Meinung** handelt und er nicht für die Kanzlei spricht.
- Er soll keine Behauptungen aufstellen, die er nicht nachweisen kann.
- Er soll **keine Zusagen oder Versprechungen** im Namen der Kanzlei abgegeben.
- Der Mitarbeiter darf keineswegs **kanzleiinterne oder mandantenbezogene Vorgänge** diskutieren.
- **Kritik an Kollegen und Vorgesetzten** ist auf keinen Fall über soziale Netzwerke, sondern kanzleiintern zu äußern.
- **Sensible Themen** wie Religion oder Politik sollten vermieden werden.

Die vorstehende Liste kann natürlich individuell von der Kanzlei angepasst werden.

184 *Praxistipp für Arbeitnehmer:*

Auch wenn ein „Ausgooglen“ eines Bewerbers nach dem Bundesdatenschutzgesetz grundsätzlich verboten ist, so sollte jedem Arbeitnehmer bewusst sein, dass dies in der Praxis dennoch erfolgen kann.

Jeder sollte daher von Zeit zu Zeit einmal selbst reflektieren, welches öffentliche Bild er mit seinen Postings in den Sozialen Netzwerken von sich kreiert.

§ 32 BDSG sieht vor, dass personenbezogene Daten eines Beschäftigten für Zwecke des Beschäftigungsverhältnisses erhoben, verarbeitet oder genutzt werden dürfen, wenn dies für die Entscheidung über die Begründung eines Beschäftigungsverhältnisses oder nach Begründung des Beschäftigungsverhältnisses für dessen Durchführung oder Beendigung erforderlich ist. Diese dehnbare Formulierung lässt durchaus Ausnahmen zu. Bewirbt sich z.B. eine 28 Jahre alte ReFa in der Kanzlei und gibt an, fünf Jahre Auslandserfahrung gesammelt zu haben, so kann die Kanzlei im Netz durchaus nach Hinweisen auf die Auslandsaufenthalte googeln, falls Bedenken hieran bestehen und dies für die Einstellung entscheiden wäre.

185 Die Nutzung von Social Media **während der Arbeitszeit** ist grundsätzlich **unzulässig**, es sei denn, der Arbeitgeber hat diese ausdrücklich gestattet.

Auch wenn die private Nutzung des Internets (z.B. E-Mail -Empfang) teilweise vom Arbeitgeber frei gegeben worden ist, so erstreckt sich dies nicht automatisch auf die Nutzung von Social Media. Hierfür ist immer eine **gesonderte Gestattung** notwendig.

M. Arbeitszeugnis

186 Der Anspruch auf ein Arbeitszeugnis ergibt sich für Arbeitnehmer aus § 109 GewO (Gewerbeordnung), für sonstige Personen (z.B. den Geschäftsführer einer GmbH) aus § 630 BGB. Die Zeugniserteilung lässt sich zudem auch aus den allgemeinen Fürsorgepflichten des Arbeitgebers ableiten.

187 Gem. § 109 Abs. 1 Satz 1 GewO hat der Arbeitnehmer **erst mit Beendigung des Arbeitsverhältnisses** den Anspruch auf das Zeugnis. Zwischen dem Zeitpunkt des Ausspruchs der Kündigung und dem endgültigen Beendigungszeitpunkt hat der Arbeitnehmer allerdings nach der Rechtsprechung einen Anspruch auf ein vorläufiges Zeugnis.

188 Ein Zwischenzeugnis wird nirgends im Gesetz ausdrücklich erwähnt und ergibt sich nur aus der allgemeinen Fürsorgepflicht. Nach der ständigen Rechtsprechung kann man ein Zwischenzeugnis insbesondere dann verlangen, wenn

- sich die berufliche Position verändert,
- der Vorgesetzte wechselt oder
- wenn man in Mutterschutz/Elternzeit geht.

Grundsätzlich muss das Zeugnis nur **die Art und die Dauer** der Tätigkeit enthalten (sogenanntes einfaches Zeugnis). 189

Nach § 109 Abs. 1 Satz 3 GewO kann der Arbeitnehmer jedoch verlangen, dass das Zeugnis auch Angaben zur **Leistung und zum Verhalten** im Arbeitsverhältnis enthält (sogenanntes qualifiziertes Zeugnis).

Der Arbeitgeber muss jedoch nicht von sich aus das Arbeitszeugnis erstellen. Es obliegt 190
vielmehr dem Arbeitnehmer dieses ausdrücklich zu verlangen, egal ob er ein einfaches oder qualifiziertes Zeugnis wünscht.

Mit Einführung des neuen Schuldrechts zum 1.1.2002 verjährt der **Anspruch auf Zeug-** 191
niserteilung nunmehr gem. § 195 BGB innerhalb von drei Jahren, vorher erst innerhalb von 30 Jahren. Nach der Rspr. kann jedoch dieser Anspruch vorzeitig verwirkt werden, wenn er längere Zeit nicht geltend gemacht worden ist. So nimmt das LAG Hamm dies nach einem Jahr an (vgl. LAG Hamm, Urt. v. 9.9.1999 – 4 Sa 714/99).

Evtl. gelten auch tarifvertragliche oder einzelvertragliche Ausschlussfristen. Eine einzel- 192
vertragliche Ausschlussklausel von zwei Monaten nach Beendigung des Arbeitsverhältnisses, die „alle Ansprüche, die sich aus dem Arbeitsverhältnis ergeben" betrifft, ist zulässig und erfasst auch den Anspruch auf Erteilung des qualifizierten Arbeitszeugnisses.

Grundsätzlich besteht auch eine **Abholpflicht des Arbeitnehmers**. Nur wenn sich der 193
Arbeitsgeber in Verzug befindet oder wenn es die äußeren Umstände gebieten (z.B. weil der Arbeitnehmer von Berlin nach München umgezogen ist), ist der Arbeitgeber verpflichtet, das Arbeitszeugnis an seinen ehemaligen Mitarbeiter zu verschicken.

Gem. § 109 Abs. 2 GewO muss das Zeugnis **klar und verständlich formuliert** sein. Es 194
darf keine Merkmale oder Formulierungen enthalten, die den Zweck haben, eine andere als aus der äußeren Form oder aus dem Wortlaut ersichtliche Aussage über den Arbeitnehmer zu treffen.

Die Rspr. hat hieraus auch Kriterien für die äußere Form eines Zeugnisses entwickelt, damit 195
die „positive" Wortaussage nicht durch die äußere Form negiert wird. Die Kriterien sind:

- Das Zeugnis muss unversehrt sein, d.h. es soll nicht gefaltet sein.
- Das Zeugnis soll auf sauberem Qualitätspapier erteilt werden, insbesondere darf es keine Flecken enthalten und soll dem gängigen Format DIN A4 entsprechen.
- Es soll der Original-Briefkopf des Arbeitnehmers verwendet werden, d.h. u.a. auch keine Kopien des Briefkopfes (z.B. keine schwarz-weiß Kopie eines farbigen Briefkopfes).
- Es darf keine Streichungen und Korrekturen enthalten.
- Rechtschreib- und Ausdrucksfehler dürfen nicht enthalten sein.
- Daneben sind auch Unterstreichen, Kursiv- oder Fettdruck sowie Ausrufe- und Fragezeichen nicht erlaubt.

196 Als Ausstellungsdatum des Zeugnisses sollte der **letzte Tag des Arbeitsverhältnisses** gewählt werden, um Streitigkeiten mit dem Arbeitnehmer zu vermeiden.

197 Der Beurteilungszeitraum muss dabei das **gesamte vertraglich festgelegte Arbeitsverhältnis** umfassen, auch bei einer Freistellung nach Ausspruch der Kündigung bis zur endgültigen Beendigung des Arbeitsverhältnisses.

198 Das Zeugnis muss ferner eine **Originalunterschrift** besitzen. Eine Übermittlung per Telefax, E-Mail oder dergleichen ist nicht rechtsgültig. Die Erteilung des Zeugnisses in elektronischer Form ist ausdrücklich in § 109 Abs. 3 GewO ausgeschlossen.

199 Das Zeugnis soll der Wahrheit entsprechend und dennoch **wohlwollend verfasst** sein. Hier besteht das eigentliche Streitpotential. Tätigkeiten, die nicht erbracht worden sind, dürfen auch nicht bescheinigt werden.

200 Hinsichtlich der Bewertung von Leistung und Verhalten des Arbeitnehmers im Vertragsverhältnis hat sich im Laufe der Jahre eine eigenständige Zeugnissprache (auch Zeugniscode genannt) entwickelt, die von den meisten Arbeitgebern nunmehr standardisiert verwendet wird. Hierzu gibt es diverse Fachbücher und auch die meisten Softwareprogramme der Lohnbuchhaltung erleichtern die Erstellung eines dem Zeugniscode entsprechenden Arbeitszeugnisses.

201 Wichtig ist dabei nur, sich etwas von der **Deutschen Grammatik zu distanzieren**. So wird die Gesamtnote üblicherweise in einem Satz ausgedrückt, der in etwa lautet: „Seine Leistungen waren stets zu unserer vollsten Zufriedenheit." Laut deutscher Grammatik lässt sich „voll" jedoch nicht steigern. Verwendet man jedoch „volle Zufriedenheit" bedeutet dies nur noch die Bewertung „gut" im Gegensatz zur Bewertung „sehr gut" mit „vollster Zufriedenheit". Wird dagegen das „stets" oder „jederzeit" weggelassen, sinkt die Bewertung allgemeinhin nur um eine halbe Stufe.

202 Ist der Arbeitnehmer nicht zufrieden mit dem ausgestellten Zeugnis, so sollte er dieses noch einmal von einem Fachmann (insbesondere einen Fachanwalt für Arbeitsrecht) überprüfen lassen und ggf. seinen Zeugnisberichtigungsanspruch einklagen, falls nicht bereits außergerichtlich eine Einigung erzielt werden kann.

203 Grundsätzlich sollte man heutzutage als Arbeitnehmer immer ein **qualifiziertes Zeugnis** vom Arbeitgeber verlangen, es sei denn, es handelt sich um nur eine sehr kurzfristige Anstellung. Legt man für ein langjähriges Anstellungsverhältnis nämlich bei einer Bewerbung nur ein einfaches Zeugnis vor, wird der potentielle neue Arbeitgeber mutmaßen, dass nur ungenügende Leistungen im alten Arbeitsverhältnis vorlagen, und deshalb kein qualifiziertes Zeugnis vorgelegt wird.

N. Ausbildung zur ReFa nach der Novellierung

Am 29.8.2014 wurde die novellierte Fassung der ReNoPat-Ausbildungsverordnung nebst Ausbildungsrahmenplan ausgefertigt und am 11.9.2014 im Bundesgesetzblatt verkündet. Die novellierte Ausbildungsordnung trat sodann für alle Ausbildungsverhältnisse in Kraft, die nach dem 1.8.2015 begründet worden sind. 204

Die Ausbildung soll nunmehr handlungsorientiert erfolgen und es wird mehr Wert auf die **Mandanten- und Beteiligtenbetreuung** gelegt. Den Auszubildenden sollen dabei Grundzüge des **elektronischen Rechtsverkehrs** und des Wirtschaftsrechts nähergebracht werden, zudem wird erstmalig die **Anwendung von englischen Sprachkenntnissen** gefordert. 205

Dies hat zunächst erhebliche Auswirkung auf die **berufsschulische Ausbildung**. Die bisherigen klassischen Fächer Rechts- und Wirtschaftskunde, Verfahrensrecht, Kostenrecht, Rechnungswesen und Textverarbeitung gibt es so nicht mehr. 206

Vielmehr wird das Wissen in **sogenannten Lernfeldern**, die sich an Situationen aus dem beruflichen Alltag orientieren, vermittelt. Daneben werden neuerdings aber auch **Softskills** wie z.B. Beschwerde- und Zeitmanagement vermittelt.

Die Lernfelder 1 bis 8 sind dabei für die angehenden ReFas, ReNos und NoFas identisch und vermitteln allgemeine Grundkenntnisse und Lerntechniken: 207

1. Ausbildungsjahr:

Lernfeld 1: Beruf und Ausbildungsbetrieb präsentieren

Lernfeld 2: Arbeitsabläufe im Team organisieren

Lernfeld 3: Schuldrechtliche Regelungen bei der Vorbereitung und Abwicklung von Verträgen anwenden

Lernfeld 4: Ansprüche außergerichtlich geltend machen

2. Ausbildungsjahr (1. Halbjahr):

Lernfeld 5: Aufgaben im Personalbereich wahrnehmen

Lernfeld 6: Geschäftsprozesse erfassen, kontrollieren und bewerten

Lernfeld 7: Wirtschaftliche Einflüsse auf betriebliche Entscheidungen beurteilen

Lernfeld 8: Sachenrechtliche Regelungen bei der Auftragsbearbeitung anwenden

Ab Mitte des zweiten Ausbildungsjahres erfolgt dann bis zum Ende des dritten Ausbildungsjahres eine Spezialisierung in den einzelnen Ausbildungsberufen mit unterschiedlichen Schwerpunkten bei den ReFas, ReNos und NoFas. Exemplarischen wird im Folgenden den Unterschied zwischen ReFa und ReNo dargestellt:

	Rechtsanwaltsfachangestellte	**Rechtsanwalts-und Notarfach-angestellte**
Lernfeld 9:	Aufgaben im gerichtlichen Mahnverfahren selbstständig bearbeiten	Dienstordnungs- und beurkundungsrechtliche Vorschriften anwenden
Lernfeld 10:	Zivilrechtliches Mandat im erstinstanzlichen Verfahren bearbeiten	Zivilrechtliche Zahlungsansprüche gerichtlich geltend machen

3. Ausbildungsjahr:

Lernfeld 11:	Rechtsbehelfs- und Rechtsmittelverfahren begleiten	Rechtsbehelfs- und Rechtsmittelverfahren begleiten
Lernfeld 12:	Vorgänge in der Zwangsvollstreckung bearbeiten (intensiv)	(nur) Vorgänge in der Zwangsvollstreckung wegen Geldforderung bearbeiten
Lernfeld 13:	In familien- und erbrechtlichen Angelegenheiten tätig werden	Ehe- und Partnerschaftsverträge vorbereiten und abwickeln
Lernfeld 14:	Besondere Verfahren bearbeiten	Urkunden in erbrechtlichen Angelegenheiten bearbeiten
Lernfeld 15:		Liegenschaftliche Angelegenheiten vorbereiten und abwickeln
Lernfeld 16:		Erstanmeldungen im Handels- und Gesellschaftsrecht vorbereiten und abwickeln

Die klassischen Unterrichtsfächer wie Kostenrecht oder Verfahrensrecht wurden dabei „aufgebrochen" und wieder **fallbezogen** in den Lernfeldern zusammengeführt. So werden z.B. in einem Lernfeld die rechtlichen Grundlagen für eine außergerichtliche Geltendmachung von Ansprüchen zusammen mit den jeweiligen Gebührenvorschriften (Beratungsgebühr, Geschäftsgebühr) unterrichtet.

Die Arbeitsabläufe im Lernfeld werden somit der Aktenbearbeitung im Kanzleialltag nachgebildet. Dies kann jedoch dazu führen, dass der Auszubildende teilweise nicht mehr den **„roten Faden"** im einzelnen Fach – z.B. im RVG – sieht. Hier muss evtl. von den Kanzleien nachgearbeitet werden.

208 Die Ausbildung zur ReFa/ReNo erfolgt wie vorher auch – **im dualen System** – und nicht nur durch die Berufsschule. Es gilt dabei das Prinzip, dass die **Berufsschule die fachtheoretische und der Betrieb/die Kanzlei die fachpraktische** Ausbildung übernimmt, wobei es in unserem Beruf auch in der Vergangenheit häufig zu Überschneidungen kam.

Es hat sich jedoch der Ausbildungsansatz bewährt, dass die kanzleiinterne Ausbildung mit der berufsschulischen Ausbildung korrespondiert. Von daher sind ggf. **kanzleiinterne Ausbildungspläne** an die neuen Lernfächer **anzupassen**.

Mit der Novellierung sind jedoch auch bisherige schulische Ausbildungsinhalte ersatzlos weggefallen. Neben den Grundzügen des Bußgeld- und des Strafrechts ist dies vor allem die **Textverarbeitung, die kein eigenständiges Prüfungsfach** mehr ist. In der Berufsschule werden nun die Grundzüge des elektronischen Rechtsverkehrs unterrichtet sowie rudimentär die Formatierung von Schriftsätzen nach DIN-Norm. Sollte eine Kanzlei auf schnelles „Maschineschreiben" weiterhin wert legen, so müsste ein eigener Kurs in der Kanzlei angeboten werden oder extern organisiert werden.

Nach der Novellierung soll die Abschlussprüfung auch **englische Sprachkenntnisse** abfragen. Hier sollten die Kanzleien eigenverantwortlich das Niveau der Auszubildenden einschätzen und ggf. die Sprachkompetenz durch ein Auslandspraktikum oder einen externen Sprachkurs fördern.

An der Berliner Hans-Litten-Berufsschule wurde z.B. zum Wintersemester 2017 eine spezielle **Europaklasse** für Rechtsanwaltsfachangestellte eingerichtet. Die Auszubildenden dieser Klasse sind verpflichtet, ein vierwöchiges Auslandspraktikum in der englischsprachigen EU zu absolvieren und haben auch im Gegensatz zu einer normalen Berufsschulklasse einen verstärkten Englischunterricht.

Auch die Prüfungsordnungen der einzelnen Rechtsanwaltskammern wurden im Zuge der Novellierung angepasst. **209**

Dabei ist auffällig, dass nunmehr die **Prüfungsbereiche nicht mehr gleichwertig** sind, sondern vielmehr **prozentual gewichtet** werden. Obwohl die schulische Ausbildung jetzt fallbezogen in Lernfeldern erfolgt, werden die Prüfungen sodann wieder in zusammengefassten Prüfungsbereichen abgenommen.

Die **schriftliche Prüfung** erfolgt in vier Bereichen:

Prüfungsbereich (für Refas, bei Renos leicht abgewandelt)	**Dauer der Prüfung**	**Gewichtung an Gesamtnote**
Geschäfts- und Leistungsprozesse (fallbezogene Aufgaben)	60 min	15 %
Rechtsanwendung im Rechtsanwaltsbereich (fallbezogene Aufgaben, Berücksichtigung der englischen Sprache)	150 min	30 %
Vergütung und Kosten (fallbezogene Aufgaben)	90 min	30 %
Wirtschafts- und Sozialkunde (fallbezogene Aufgaben)	60 min	10 %

Daneben gibt es noch einen **weiteren, eigenständigen** Prüfungsteil, der in mündlicher Form abgenommen wird.

Mandanten- und Beteiligtenbetreuung (fallbezogenes Fachgespräch, Berücksichtigung der englischen Sprache)	Ca. 15 min	15 %

Die Form des „Fachgesprächs“ ist gesetzlich nicht vorgeschrieben, so dass es unterschiedliche Ansätze in den jeweiligen Rechtsanwaltskammern gibt. Vom Rollenspiel bis zur Einzelprüfung mit und ohne Vorbereitungszeit (Aktenvortrag) ist alles dabei.

Die Abschlussprüfung ist bestanden, wenn die Leistungen wie folgt bewertet worden sind:

- in keinem der Prüfungsbereiche mit „ungenügend“;
- im Gesamtergebnis mit mindestens „ausreichend“ (hier kommt die Quotelung zu tragen);
- im Prüfungsbereich Rechtsanwendungen mit mindestens „ausreichend“ und
- in mindestens drei weiteren Prüfungsbereichen mit mindestens „ausreichend“
- (es müssen also somit mindestens vier von fünf Prüfungsbereichen „ausreichend“ sein).

Wurde die Prüfung jedoch nicht bestanden, so können erstmalig Prüfungsbereiche, die mit mindestens ausreichend benotet worden sind, für die **Wiederholungsprüfung stehengelassen werden**.

Stichwortverzeichnis

fette Zahlen = Paragrafen, magere Zahlen = Randnummern

Benutzerhinweise zur CD-ROM

Der Formularbrowser stellt Ihnen sämtliche im Buch enthaltenen Muster zur Verfügung. Sie haben die Möglichkeit, durch Blättern oder Navigieren im Inhaltsverzeichnis ein bestimmtes Muster auszuwählen und dieses dann in Ihrer Textverarbeitung weiterzubearbeiten. Im Druckwerk ist für jedes Formular eine Referenznummer vergeben, die Sie aus dem neben dem Formular angeordneten CD-ROM-Symbol entnehmen können.

Für den Start der Anwendung sind folgende **Systemvoraussetzungen** zu beachten:

- Windows Vista, 7, 8 oder 10
- Microsoft Word ab Version 2007 oder ein anderes Textverarbeitungsprogramm, das Word-Dateien öffnen kann.

Nachdem Sie die CD eingelegt haben, sollte die Anwendung automatisch starten. Sollte die Anwendung nicht automatisch starten, müssen Sie die Anwendung mit der Dateiendung „.exe" manuell von der CD starten.

Sie können die Anwendung auch auf Ihrer Festplatte installieren. Dafür benötigen Sie neben den oben genannten Voraussetzungen etwa 50 MB freien Speicherplatz. Führen Sie das Programm „setup.exe" von der CD-ROM aus, um die Installation zu starten. Folgen Sie danach bitte den weiteren Anweisungen am Bildschirm. Für die Installation müssen Sie über **Administrator-Rechte** verfügen.

Während der Installation wird, falls nicht bereits vorhanden, ein eigener Startmenü-Eintrag mit dem Namen des Verlags und der Buchreihe für die Anwendung eingerichtet. **Zum Öffnen der Anwendung genügt ein Klick auf das Icon unterhalb der Programmgruppe.**

Bei Nutzern von **Word** kann der Hinweis auf dem Bildschirm erscheinen, dass die Makros aktiviert werden müssen. Dies wird in den verschiedenen Wordversionen unterschiedlich gehandhabt:

Makroeinstellungen bei Office 2007

Klicken Sie zunächst auf das Startsymbol ganz links oben in Word und klicken dann links unten auf „Word Optionen" und als Nächstes in der linken Spalte auf das „Vertrauenscenter". Rechts unten finden Sie die Einstellungen zum Vertrauenscenter, in denen Sie die Makros aktivieren müssen. Wählen Sie die vierte Option „Alle Makros aktivieren" aus und klicken anschließend auf OK. Nun starten Sie die Formulare neu.

Makroeinstellungen bei Office 2010

In Office 2010 klicken Sie in Word auf „Datei" links oben und gehen anschließend zu „Optionen", wählen das „Sicherheitscenter" und Einstellungen für das Sicherheitscenter. Unter der Rubrik „Einstellungen für Makros" wählen Sie die vierte Option „Alle

Makros aktivieren" aus und klicken anschließend auf OK. Word muss neu gestartet werden, damit die Änderung wirkt.

Makroeinstellungen bei Office 2013 und 2016

In Office 2013 klicken Sie in Word auf „Datei" links oben und gehen anschließend zu „Optionen", wählen das „Trust Center" und Einstellungen für das Trust Center. Unter der Rubrik „Makros" wählen Sie die vierte Option „Alle Makros aktivieren" aus und klicken anschließend auf OK. Word muss neu gestartet werden, damit die Änderung wirkt.

Beachten Sie, dass die Einstellungen für alle Word-Dokumente gelten. Im Einzelfall kann es demnach sinnvoll sein, vor dem Öffnen eines „unsicheren" Word-Dokumentes die Sicherheitsstufe wieder auf „Hoch" zu setzen.

Zur **Auswahl des gewünschten Formulars** nutzen Sie entweder das Formularverzeichnis oder die Navigationsleiste links. Im Formularverzeichnis gelangen Sie mit einem Mausklick auf die entsprechende Titelzeile zum gewünschten Formular. In der Navigationsleiste klappen Sie das entsprechende Kapitel auf und klicken anschließend auf das gewünschte Formular. Des Weiteren können Sie mit dem Button „Vorheriges Formular" und „Nächstes Formular" oberhalb des Formulares das nächste Muster aufrufen.

Mit Klick auf „Formular als Worddokument" wird das Formular in Word geladen. Zur Bearbeitung müssen Sie zuerst in der **Symbolleiste** auf „Dokumentschutz aufheben" klicken.

Mit dem Button „Nächstes Feld" gelangen Sie an die Platzhalter-Stellen des Dokuments und können Ihre Ergänzungen vornehmen. Bei Word 2007 müssen Sie dafür in der Menüleiste auf den Reiter „Add-Ins" gehen. Anschließend können Sie das Formular auf Ihrem Filesystem speichern.

Sollten Sie den **Originalzustand eines Dokumentes wiederherstellen** wollen, benutzen Sie das Icon „Vorlage wiederherstellen".

Bearbeiten der Formulare mit einer anderen Textverarbeitung und/oder einem anderen Betriebssystem

Wenn Sie kein Word auf Ihrem Rechner installiert haben, können Sie die Dateien trotzdem aufrufen und bearbeiten. Gehen Sie dazu auf der CD in den Ordner „content\doc". Gehen Sie mit Rechtsklick auf die Datei und suchen im Menü Öffnen mit/Programm auswählen Ihr Textverarbeitungsprogramm aus.

Den Hilfetext können Sie auch auf der CD unter dem entsprechenden Feld aufrufen.